Systematische Bibliographie zum Städtebau

Stadtgeographie - Stadtplanung - Stadtpolitik

von Dr. Jürgen Tesdorpf

Carl Heymanns Verlag KG · Köln · Berlin · Bonn · München

Alle Rechte, auch die des Nachdrucks von Auszügen, der fotomechanischen Wiedergabe
und der Übersetzung, vorbehalten
Verlag und Copyright
© 1975 Carl Heymanns Verlag KG, Köln, Berlin, Bonn, München
Printed in Germany
1975 ISBN 3 452 17951 6

Inhalt

I.	Vorwort und Kommentierung	1
II.	Hilfswissenschaften zur Erforschung und Planung der Stadt	5
	1. Zukunftsforschung	5
	2. Kybernetik, Spieltheorie, Graphentheorie	10
	3. Informationstheorie	16
	4. Statistik und Wahrscheinlichkeitsrechnung	19
	5. Datenverarbeitung	31
	6. Kartographie, Vermessung, Luftbildwesen	44
	7. Architektur und Stadtbaukunst	51
	8. Bevölkerungswissenschaft (Demographie)	61
	9. Soziologie, Empirische Sozialforschung	65
	9.1 Lehr- und Handbücher sowie Allgemeine Werke zur Soziologie	65
	9.2 Sozialwissenschaftliche Grundkenntnisse über den Gesellschaftsaufbau	74
	9.3 Grundkenntnisse der Stadt- und Gemeindesoziologie, Stadtökologie	83
	9.4 Theorie, Standort und wichtige Werke der Sozialgeographie	91
	9.5 Sozialwissenschaftliche Methoden	94
III.	Kommunalwissenschaften	100
	1. Kommunalpolitik	100
	2. Bürgerschaftliche Partizipation	102
	3. Kommunaler Finanzausgleich und Raumordnungspolitik	107
	4. Kommunalrecht, Kommunalverwaltung und Gemeindeordnungen	112
	5. Gemeindehaushalts- und Wirtschaftsrecht	120
IV.	Stadt und Umwelt	129
	0. Allgemeine Lehr- und Sachbücher zur Umweltforschung	129
	1. Allgemeines Umweltschutzrecht	145
	2. Klima	149
	3. Luftverschmutzung und Luftreinhaltung	152
	4. Lärm und Lärmschutz	159
	5. Gewässerverschmutzung und Gewässerschutz	167
	6. Wasser- und Wasserschutzrecht	175
	7. Kernenergie und Strahlung	182

8.	Umwelt und Gesundheit	189
9.	Landschaftspflege, Landschafts- und Naturschutz	192

V. Die Analyse der Stadt in ihrer inneren Struktur und äußeren Verflechtung ... 199

1. Allgemeine Arbeiten zur Stadt ... 199
2. Grundlagen, Hilfsmittel und Methoden zur Analyse der Stadt ... 205
3. Wichtige Werke zur historischen Entwicklung der deutschen Stadt ... 211
4. Die Klassifizierung der Städte nach Funktion und Bedeutung ... 214
5. Neue Städte, Trabanten- und Satellitenstädte ... 216
6. City und Altstadt ... 221
7. Städtewachstum, Verstädterung, Urbanisierung ... 225
8. Stadtregion, Agglomeration ... 228
9. Die Stadt als zentraler Ort ... 234
10. Das Image von Städten ... 239

VI. Allgemeine Probleme von Stadtplanung/Städtebau ... 240

1. Zur Theorie und Operationalität der Planung ... 240
2. Lehr-, Hand- und Sachbücher zur Stadtplanung ... 248
3. Städtebauliche Dichte- und Richtwerte ... 250
4. Inhaltliche Probleme von Stadtplanung und Städtebau ... 255
5. Architektonisch-gestalterische Probleme des Städtebaus ... 273
6. Geschichte von Städtebau/Stadtplanung ... 281
7. Zukunftsweisender Städtebau/Stadtplanung ... 285
8. Mathematisch-statistische Probleme der Materialaufbereitung und Verarbeitung (Modellbildung) in der Stadtplanung ... 292
9. Flächennutzungsplanung und Bauleitplanung nach Bundesbaugesetz und Baunutzungsverordnung ... 302
10. Baurecht, Bauordnung, Nachbarrecht ... 313
11. Recht und Praxis der Umlegung und Erschließung ... 323
12. Bewertung von Grundstücken und Gebäuden ... 329
13. Bodenordnung, Bodenrecht, Bodenpolitik und Bodenplanung ... 333
14. Rechtliche Probleme der Stadterneuerung und des Städtebauförderungsgesetzes ... 345
15. Allgemeine Probleme der Stadterneuerung ... 350
16. Einrichtung von Fußgängerzonen ... 362

VII. Wohnbauplanung und -gestaltung ... 366

1. Wohnungsbau als Teil des Städtebaus ... 366

	1.1 Wohnwünsche der Bevölkerung	369
	1.2 Verdichtungsprobleme in neuen Wohngebieten	372
	1.3 Hochhaus	375
	1.4 Flachbau, Einfamilienhaus, Reihenhaus	377
	1.5 Moderne Hausformen	379
	1.6 Wohnungsbau, Grundrisse, Nutzungen und Gebäudetypen allgemein	381
	2. Zur Funktion des Wohnens allgemein	386
	2.1 Soziologie des Wohnens	388
	2.2 Neue architektonische Formen: flexibles, mobiles Wohnen	393
	2.3 Wohnhygienetechnik	395
	3. Wohnungs- und Bauwirtschaft	401
	3.1 Wohnungsbestand	401
	3.2 Industrialisierung und Rationalisierung im Wohnungsbau	404
	4. Wohnungsbaupolitik	408
	4.1 Sozialer Wohnungsbau	411
	4.2 Eigentum im Wohnungsbau	413
	4.3 Miet- und Wohnungswesen	420
	5. Sanierung von Altbauten	425
	6. Der Architekt und die Bauausführung	427
	7. Bibliographie Bauen und Wohnen	434
VIII.	Gewerbeplanung und -gestaltung	435
	1. Standort, Planung und Bau von Betrieben des Produzierenden Sektors	435
	2. Zur Theorie der Einzelhandels- und Handwerksstandorte	440
	3. Zur wirtschaftlichen Situation und Entwicklung des Handwerks	445
	4. Zur wirtschaftlichen Situation und Entwicklung des Einzelhandels	448
	5. Die City als innerstädtisches Einzelhandelszentrum	451
	6. Das Shopping Center	455
	7. Planung und Durchführung von Bauten des Handels	457
	8. Planung und Bau gastronomischer Betriebe	460
	9. Büro- und Verwaltungsbauten	462
IX.	Verkehrsplanung und -gestaltung	466
	1. Methodische Probleme der Verkehrsplanung und -prognose	466
	2. Inhaltliche Probleme der Verkehrsplanung	471
	3. Allgemeine Probleme des Stadtverkehrs	478
	3.1 Öffentlicher Personennahverkehr	485
	3.2 Parkprobleme	494
	3.3 Park and ride	497
	3.4 Pendelwanderung	498
	3.5 Straßenplanung und Straßenbautechnik	500
	4. Neue, bzw. zukünftige Verkehrssysteme	509

	5.	Verkehrsinvestitionen und Verkehrsinfrastruktur	512
X.	Kulturplanung und -gestaltung		515
	1.	Kirchenplanung und Kirchenbau	515
	2.	Schulplanung und Schulbau	518
	3.	Planung und Bau von Kultur- und Gemeinschaftseinrichtungen	524
XI.	Erholungsplanung und -gestaltung		527
	1.	Theorie und Soziologie der Freizeit	527
	2.	Probleme und Maßnahmen der Erholungsplanung	531
	3.	Grünplanung und öffentliche Plätze	540
	4.	Friedhofsplanung	548
	5.	Anlagen für Spiel und Sport	549
	6.	Bauten für Kinder	553
XII.	Bevölkerungs- und Sozialplanung		559
	1.	Das Phänomen der innerstädtischen Wanderung	559
	2.	Das Problem der Gastarbeiter	564
	3.	Das Problem der Alten- und Krankenversorgung	568
	4.	Der Sozialplan	572
	5.	Sozialarbeit, Sozialfürsorge, Sozialhilfe	574
	6.	Planung und Bau von Wohnheimen	580
	7.	Krankenhausplanung und -gestaltung	582
XIII.	Kommunale Ver- und Entsorgung sowie Infrastrukturplanung		586
	1.	Wassergewinnung, Wasserversorgung, Wasserbau	586
	2.	Abwasser und Abwasseraufbereitung	595
	3.	Stadtreinigung, Müll und Müllbeseitigung	607
	4.	Infrastrukturplanung und öffentliche Investitionen	613

I. Vorwort und Kommentierung

Wollte man unser Zeitalter mit einigen treffsicheren Kennzeichen versehen, so darf - neben dem Atom, der Technik, dem Computer, der Bürokratie oder der Freizeit - die "Verstädterung" nicht fehlen. Sie ist sowohl Ursache als auch Folge für eine Reihe von typischen Merkmalen der Gegenwart. Bereits 64 % der deutschen Bevölkerung leben heute in Städten mit über 10 000 Einwohnern - vor einem Jahrhundert (1871) waren es ganze 19 %! Ein derartig gewaltiger Umschichtungsprozeß konnte nicht ohne Rückwirkungen auf Wissenschaft und Planung bleiben. Immer mehr Fachbereiche wandten sich daher in den letzten Jahrzehnten und Jahren der Stadt als ergiebigem Arbeitsfeld zu. Waren es vor einem Jahrhundert zunächst nur die Fächer Architektur bzw. Städtebau, Geschichte und Geographie, so gibt es heute kaum noch eine Wissenschaft, in der sich nicht mindestens 1 Teilbereich mit den Phänomenen der Stadt beschäftigt:

Bedingt durch die Umweltverschmutzung und durch die Notwendigkeit, die drängenden Probleme in den Verdichtungsräumen rasch zu lösen, haben sich heute bei den Naturwissenschaften, insbesondere in der Meteorologie, der Klimatologie, der Physik (Akustik), der Hydrologie, der Biologie und der Medizin eigene Fachabteilungen gebildet, die speziell das Studium der städtischen Umwelt betreiben. Ähnliches läßt sich auch auf geistes-, wirtschafts- und sozialwissenschaftlichem Gebiet sagen. Aus der traditionsreichen Stadtgeschichte historischer Natur entwickelten sich Stadtgeographie einerseits und Stadtökologie, Stadtsoziologie andererseits. Architektur und Stadtbaukunst schließlich begründeten unsere heutige Stadtplanung, die bis zu Mitscherlichs Mahnrufen hin weitgehend technisch-künstlerisch war und sich erst seit 1 Jahrzehnt den anderen Disziplinen öffnete.

Nicht zuletzt sei auch die rechtliche Seite genannt, die mit zunehmender Aufgabenvermehrung der Öffentlichen Hände, bedingt durch die Hinwendung unserer Gemeinwesen zum Sozialstaat, an Bedeutung gewann. Aus den ursprünglichen Baulinienplänen und den wenigen damit verbundenen Rechtsverordnungen zur Errichtung gewisser Bauten, entwickelte sich ein heute engmaschiges Netz von Vorschriften und Verfahrensabläufen, in denen nicht nur Dachneigung, Fenstergröße oder Nutzung eines Gebäudes unverrückbar und sehr detailliert festgelegt sind, sondern in denen auch zunehmend Freiheiten und Rechte der Bewohner verankert werden.

Stadt und Mensch gehen so eine immer engere Verbindung ein und diese Abhängigkeit voneinander ist das Bestimmende der Gegenwart.

1. Neue Planungsziele

Weitgehend schon ist die Bindung jedoch negativ geworden: Meinungsumfragen zufolge wollen nur noch 26 % der Großstädter weiter in der Großstadt wohnen, 38 % bevorzugen die Randgebiete und 36 % würden am liebsten auf dem Land oder in Klein- und Mittelstädten wohnen. Groß ist die Gefahr, die Stadt als Heimat und Behausung des Menschen endgültig zu verlieren, immer noch nicht gelöst ist das Problem der Suburbanisierung in endlosen Einfamilienhausgebieten. Doch Architekten und Planer zeigen uns den Weg. Er heißt "Urbanes Wohnen", er soll die umweltbelasteten Stadtkerne wieder mit Wohnbevölkerung auffüllen. Eine große Rolle spielen dabei moderne Fomen des Wohnens, Service-Häuser etwa, in denen alle Dienstleistungen, einschließlich Kinderpflege und Arztversorgung vorhanden sind oder - etwas ganz Neues - zu einem festen Satz den Bewohnern angeboten werden. Flexibilität der Wohngrundrisse, Mobilität und Abwechslungsbedürfnis der Bewohner sind weitere Parameter der zukünftigen Entwicklung. Von ihnen und von der Befriedigung der steigenden Ansprüche an Wohnhygiene, an Klimatechnik und Freizeiteinrichtungen wird es ganz wesentlich abhängen, ob die Stadt ihre einstige Bedeutung auch für den Bewohner wiedergewinnen wird.

Stadtplanung und Stadtgestaltung muß also heute gleichbedeutend mit Rettung der Stadt sein. Rettung aus der Unrast, der Hetze, der Gemütsverarmung, der Wertblindheit, der Naturentfremdung und der Naturvernichtung. Mehr Milieu, mehr Psyche, mehr Leben ist zwar eine alte Forderung, doch erst jüngst besannen wir uns im Städtebau - vielleicht bestärkt durch die Nostalgiewelle - wieder auf die Behaglichkeit, Schönheit und Brauchbarkeit der Altbauten und der Altstädte.

Stadtplanung der Gegenwart wie in der nächsten Zukunft wird, bei überall rückläufiger Bevölkerungsentwicklung, kaum mehr der Errichtung von Satelliten und Trabanten dienen und nur noch in sehr bescheidenem Maße dem Neubau weiterer Stadtquartiere. Innerer Ausbau, Sanierung, Gesundung bestehender Strukturen sind die Eckpfeiler zukünftiger Stadtentwicklung. Wir werden also den Wandel von der quantitativen zur qualitativen Planung vollziehen müssen.

2. Veränderung in der fachlichen Zusammensetzung und Organisation der Planer

Dahinter steht der Anspruch, heute besser zu wissen, was menschengerechter Städtebau ist. Mit diesem Anspruch ist eine neue Generation von Städtebauern angetreten, die ihre Legitimation aus den mannigfaltigen Ergebnissen der Stadtforschung zieht. Erst diese Forschung von Medizin, Natur-, Geistes-, Sozial- und Wirtschaftswissenschaften legte den Grundstein für eine bessere Einsicht. In fast allen Großstädten bestehen heute in Stadtplanungsämtern, Stadtentwicklungsreferaten oder Stadtforschungsabteilungen Teams von Planern unterschiedlicher fachlicher Herkunft. Zwar sind Architekten und Bauingenieure noch meist in der Überzahl, doch nehmen Garten- und Landschaftsplaner, Ökologen, Wirtschafts- und Sozialgeographen, Soziologen, Psychologen und Volkswirte eine immer bedeutendere Rolle ein.

3. Veränderung der Planungsmethoden

Und noch etwas hat sich - im Gegensatz zur Planung der sechziger Jahre - sehr wesentlich geändert. Es sind die Methoden, derer sich die Planer bedienen. Mathematik, Statistik, EDV, Kybernetik sind die Stichworte, mit deren Hilfe heute Analysen durchgeführt, Prognosen aufgestellt, Strukturen und Entwicklungen beurteilt und Entscheidungen simuliert werden. Der Trend in den Wissenschaften, über die quantifizierte Aussage bessere Ergebnisse zu gewinnen, über die Statistik bisher unbekannte Hintergründe und Zusammenhänge aufzudecken und über die EDV das Material sinnvoll und rationell zu verarbeiten, hat sich auch in der Stadtplanung nachhaltig durchgesetzt. Intuitiv-genialische oder rein schematische Ansiedlung und Verteilung von Infrastruktureinrichtungen über ein Stadtgebiet sind wissenschaftlich exakter Standorterforschung und Bedürfnisprognosen gewichen. Entscheidungen fallen nicht mehr so unbesorgt um die Folgewirkungen wie früher, ganze Teams untersuchen die möglichen Auswirkungen und simulieren die politischen Begleitumstände.

4. Änderung des gesellschaftlichen Stellenwertes der Stadtplanung

So wie durch die bedeutende Verbreiterung der fachlichen Zusammensetzung der Planer sich die Methoden der Planung veränderten, so änderte sich auch durch die Demokratisierungstendenz in unserer Gesellschaft die Stellung des Planers zu ihr. Städtebauförderungsgesetz und Novelle zum Bundesbaugesetz holten die Planung aus ihrem administrativen Schneckenhaus und konfrontierten sie mit der gesellschaftlichen Wirklichkeit. Die Möglichkeit der Partizipation und ein allgemein verstärktes Planungsinteresse öffnen die Planung dem unmittelbaren politischen Interessenaustausch des Bürgers. Der Stadtplaner ist daher heute auch nur noch im seltensten Falle ein isolierter "Schreibtischstratege", er ist geradezu verpflichtet, in der Diskussion mit den Betroffenen ständig seine Argumente selbst zu überprüfen und neue Gesichtspunkte aufzunehmen.

5. Zweck der Literaturliste

Dieser vierfache Wandel in der Stadtplanung bedeutet eine erhebliche Ausweitung des Begriffes "Stadtplanung", und zwar insbesondere in Richtung Stadtforschung mit allen ihren Teildisziplinen. Die vorliegende Bibliographie gibt daher einen ausführlichen Überblick über das Schrifttum der sog. Hilfswissenschaften, die zur Analyse und Bewertung der Stadtstrukturen bedeutsam sind. Gerade hier hat es der Planer besonders schwer, an das häufig benötigte, doch meist nur in Universitätsstädten greifbare Material heranzukommen. Die Literaturliste soll diese Kommunikation verbessern, so daß jeder, der sich über ein Randgebiet der Stadt informieren möchte, eine Auswahl an neueren Monographien erhält. -

Die Literaturliste ist aber nicht nur für den Planer gedacht, sondern auch für den Kommunalpolitiker, der sich als Entscheidungsträger über zahlreiche fachliche Probleme genauer orientieren möchte. Die Bibliographie soll dazu beitragen, daß der Kommunalpolitiker in einigen wenigen Bereichen, für die er sich besonders interessiert, den Informationsvorsprung der Fachplaner durch Eigenlektüre verringern kann. Hierzu besteht sicher auch ein gewisser Bedarf, da eine wirksame Kontrolle der Verwaltung und ihrer Vorhaben durch die politischen Organe eine gewisse Sachkenntnis der Mandatsträger voraussetzt.

Schließlich will die Bibliographie auch allen Studenten und Wissenschaftlern der zahlreichen angesprochenen Fachbereiche als Nachschlagewerk dienen. Sie soll auch hier durch ihre Breite den Benutzer ermuntern, Gesichtspunkte anderer Wissenschaften aufzunehmen. Nur so kann man, sei es in Forschung, Planung oder politischer Praxis, dem Komplex der Stadt annähernd gerecht werden. Möge diese Literaturliste ein kleiner Baustein für eine umfassendere, eine bessere Planung sein!

II. Hilfswissenschaften zur Erforschung und Planung der Stadt

1. Zukunftsforschung

Anderson, S.(Hg)
Die Zukunft der menschlichen Umwelt. (Planning for Diversity and Choice)
Aus dem Engl. von J.u.C. Feest u. E. Wittig. Rombach Verlag Freiburg,
1971, 340 Seiten.

Böhle, J.B.
Wissenschaftliche Arbeitstagung zum Thema "Futurologie, Prognostik und
Planung" 1968. (= Tagungsbeiträge Politische Akademie Eichholz der Konrad-Adenauer-Stiftung 1/70), Redaktion Jutta Brigitte Böhle Wesseling,
1970.

Closets, F. de
Vorsicht! Fortschritt. Über die Zukunft der Industriegesellschaft.
(= Bd. BdW 6219), S. Fischer Verlag Frankfurt/M, 1972, 320 Seiten.

Cloud, P. (Hg.)
Wovon können wir morgen leben? (= Bücher des Wissens Bd. 6226), Fischer
Verlag Frankfurt/M, 1973, 256 Seiten.

Drucker, P.F.
Die Zukunft bewältigen. Aufgaben und Chancen im Zeitalter der Ungewißheit. Verlag Gebr. Mann Berlin, 1972, 363 Seiten.

Drucker, P.F.
Die Zukunft der Industriegesellschaft. Econ Verlag Düsseldorf, 1967,
260 Seiten.

Flechtheim, O.K.
Futurologie. Der Kampf um die Zukunft. Verlag Wissenschaft und Politik
Köln, 2. Auflage, 1971, 431 Seiten
und: Fischer Taschenbuch 6159, 1972, 299 Seiten.

Fourastié, J.
Die 40.000 Stunden. Aufgaben und Chancen der sozialen Evolution. Dt.
Übers. von "Les 40.000 heures". Econ Verlag Düsseldorf/Wien, 2. Aufl.,
1966.

Fourastié, J.
Die große Hoffnung des zwanzigsten Jahrhunderts, Bund Verlag Köln,
2. Aufl., 1969, 280 Seiten.

Fourastié, J.
Stunden, Aufgaben und Chancen. Econ Verlag Düsseldorf/Wien, 1968,
312 Seiten.

Fucks, W.
Formeln zur Macht. Prognosen über Völker, Wirtschaft, Potentiale.
Stuttgart, 1967, 188 Seiten. Und: (= rororo Sachbuch 6601), Rowohlt
Verlag Reinbeck bei Hamburg.

Gahse, S.
Mathematische Vorhersageverfahren und ihre Anwendung. Verlag Moderne Industrie München, 1971, 151 Seiten, 32 Abb., 14 Tab., 7 Aufz., 12 Beisp.

Gehmacher, E.
Methoden der Prognostik. Eine Einf. in d. Probleme der Zukunftsforschung und Langfristplanung. (= Rombach hochschul paperback Bd. 29). Rombach Verlag Freiburg, 1971, 126 Seiten, Abb., Tab., Lit. u. 1 Bl.Übers.

Graul, E.H. - Franke, H.W.
Die unbewältigte Zukunft. Blind in das dritte Jahrtausend. Kindler Verlag München, 1970, 303 Seiten, 57 Abb.

Greeley, A.
Eine Zukunft auf die man hoffen kann. Walter Verlag Freiburg, 1971, 208 Seiten.

Der Griff
nach der Zukunft. Planen und Freiheit. 19 Beiträge internat. Wissenschaftler, Schriftsteller u. Publizisten, mit Beitr.v. O.K. Flechtheim, W. Abendroth u.a. (= Modelle für eine neue Welt Bd.1). Desch Verlag München/Wien/Basel, 1964, 523 Seiten.

Häusler, J.
Planung als Zukunftsgestaltung. Betriebsw. Verlag Gabler Wiesbaden, 1969, 104 Seiten.

Jouvenel, B. de
Die Kunst der Vorausschau. Französische Originalausgabe: "L'Art de la Conjectture", übers.v.H. Roetger Ganslandt. (= Politica Bd. 34). Luchterhand Verlag Neuwied/Berlin, 1967, 337 Seiten.

Jungk, R.
Futurologie. Bayer. Schulbuchverlag München, 1974 (in Vorbereitung).

Jungk, R. (Hg.)
Technologie der Zukunft. Aus dem Engl. übersetzt von G. Breuer und M. Landau. (= Heidelberger Taschenbücher Bd. 75). Springer Verlag Heidelberg/Berlin/New York, 1970, IX, 201 Seiten, 48 Abb., Lit.-Ang.

Kahn, H.
Angriff auf die Zukunft. Die 70er und 80er Jahre: So werden wir leben. Molden Verlag Wien, 1972, 400 Seiten, Abb.

Kahn, H. - Wiener, A.
Ihr werdet es erleben. Voraussagen der Wissenschaft bis zum Jahre 2000. Molden Verlag Wien, 6. Aufl., 1968, 432 Seiten
und: rororo Sachbuch Bd. 6677, 41-55 Tsd., Juni 1972.

Klages, H.
Planungspolitik. Probleme und Perspektiven der umfassenden Zukunftsgestaltung. (= Reihe Kohlhammer). Kohlhammer Verlag Stuttgart/Berlin, 1971, 167 Seiten.

Koeck, W.
Keine Angst vor morgen. Wie Bildung, Planung und neue Formen der Zusammenarbeit die Zukunft sichern. Econ Verlag Düsseldorf, 1972, 300 Seiten.

Können wir
unsere Zukunft überleben? Ein Symposium. Hrsg. u. mit einer Einl.vers.
von G.R. Urban in Zus.arb. mit M. Glenny. (= Serie Piper 63). Piper Verlag München, 1973, 216 Seiten.

Kocher, G.
Zukunftsforschung in der Schweiz. Mit einem Beitrag von B. Fritsch: Kann
die Zukunft erforscht werden? Paul Haupt Verlag Bern, 1970, 55 Seiten.

Krelle, W. - Beckerhoff, D. - Langer, H.G. - Fuß, H.
Ein Prognosesystem für die wirtschaftliche Entwicklung der Bundesrepublik
Deutschland. Hain Verlag Meisenheim, 1969, XVI, 355 Seiten, 1 gr. Faltt.

Lohmann, M. (Hg.)
Gefährdete Zukunft. Prognosen anglo-amerikanischer Wissenschaftler.
(= Hanser-Umweltforschung 5). Hanser Verlag München, 1970, 190 Seiten,
2 Diagramme
und: dtv Band 920, 180 Seiten, Deutscher Taschenbuch Verlag München, 1973.

Lorenz, K.
Die Acht Totsünden der zivilisierten Menschheit. R. Piper Verlag München,
1973, 112 Seiten.

Maddox, J.
Unsere Zukunft hat Zukunft. Der jüngste Tag findet nicht statt. Deutsche
Verlags-Anstalt Stuttgart, 1973, 216 Seiten, zahlr. Qu.

Manstein, B.
Liebe und Hunger. Die Urtriebe im Licht der Zukunft. Modelle für eine
neue Welt. Hg. v. Jungk. Desch Verlag München/Berlin/Wien/Neuallschwil-
Basel, 1967, 248 Seiten.

Marolleau, J.
Die Zukunftsgesellschaft. Econ Verlag Düsseldorf, 1971, 304 Seiten.

Maser, S. - Schulte, H.O. - Stoffe, H.
Prognose und Simulation. (= Arbeitsberichte zur Planungsmethodik Bd. 8).
Krämer Verlag Stuttgart/Bern, 1973, etwa 200 Seiten.

Material
zum Thema Futurologie, Prognostik, Planung. Mit Beitr.v.A. Baumhauer,
J.-B. Böhle, E. Büller-Söhnke u.a. Angef.f.d.wiss. Arbeitstagung 28./29.
Okt. 1968 in d. Pol.Akad. Eichholz. Hrsg.v.d. Pol.Akad.Eichholz u. d.
Wiss.Inst.d. Konrad-Adenauer-Stiftung f. pol. Bildung u. Studienförderung
e.V., 1968, 210 Seiten, Tab., Lit.

Meadows, D. u.a.
Die Grenzen des Wachstums. Bericht des Club of Rome zur Lage der Menschheit. Amerik. Originalt.: The limits to growth. Aus d.Amerik.übers.von
H.-D-Heck. (= dva informativ). Deutsche Verlagsanstalt Stuttgart, 1972,
180 Seiten, Abb., Tab., Übers., Lit.

Netzer, H.J.
Die Gesellschaft der nächsten Generation. Beck Verlag München, 2. Aufl.,
1969, 173 Seiten.

Nussbaum, H. von (Hg.)
Die Zukunft des Wachstums. Kritische Antworten zum "Bericht des Club of
Rome". Bertelsmann Universitätsverlag Düsseldorf, 1973, ca. 340 Seiten.

Möglichkeiten
und Grenzen der Zukunftsforschung. Mit Beitr. von H. Klages, H. Mohr, K. Sontheimer, P. Hünermann. Hrsg. von der Arbeitsgem. Weltgespräch Wien, Freiburg. (= Weltgespräch 10). Herder Verlag Freiburg/Wien/London, 1970, 77 Seiten.

Müller, J.H.
Methoden zur regionalen Analyse und Prognose. Hg. von der Akad.f. Raumforschung und Landesplanung Hannover (= Taschenbücher zur Raumplanung Bd. 1). Jänecke Verlag Hannover, 1973, 200 Seiten.

Pforte, D. - Schwencke, O.
Ansichten einer künftigen Futurologie: Zukunftsforschung in der zweiten Phase. (= Reihe Hanser 112). Hanser Verlag München, 1973, 244 Seiten.

Picht, G.
Prognose, Utopie, Planung. Die Situation des Menschen in der Zukunft der technischen Welt. Klett Verlag Stuttgart, 3. Aufl., 1971, 62 Seiten.

Platt, J.R.
Programme für den Fortschritt. (= Hanser Umweltforschung). Hanser Verlag München, 1971, 239 Seiten.

Ein Prognosesystem
für die wirtschaftliche Entwicklung der Bundesrepublik Deutschland. Von W. Krelle, D. Beckerhoff, H.G. Langer u.a. Hain Verlag Meisenheim/Glan, 1969, 355 Seiten, Abb., Tab., Lit., Anh., Reg.

Prognosetechniken
in der Regionalplanung. Hrsg.: H.K. Schneider. Mit Beitr.v. D. Schröder, H. Biermann, H.-L. Fischer u.a. (= Inst.f. Siedlungs- u. Wohnungswesen d. Westf. Wilhelms-Univ. Münster, Vortr.u. Aufsätze H. 19). Münster/Westf. 1968, V, 73 Seiten, Abb., Tab., Lit. Maschinenschriftl. vervielf.

Proske, R. - u.a.
Modelle und Elemente künftiger Gesellschaften. Auf der Suche nach der Welt von morgen. (=rororo tele-Taschenbuchausgabe). Rowohlt Verlag Reinbeck bei Hamburg, 1971, 121 Seiten, 30 Abb.

Qualität
des Lebens. Beiträge zur vierten internat. Arbeitstagung der Industrie-Gewerkschaft Metall für die Bundesrepublik Deutschland, 11. bis 14.4.1972 in Oberhausen. (= Aufgabe Zukunft Bd. 1). Europäische Verlags-Anstalt Frankfurt/M, 1973, 256 Seiten, mit Abb.

Rothschild, K.W.
Wirtschaftsprognose. Methoden und Probleme. (= Heidelberger Taschenbuch 62), Springer Verlag Heidelberg, 1969, VII, 205 Seiten, 34 Abb.

Schmacke, E. (Hg.)
Zukunft im Zeitraffer. Droste Verlag Düsseldorf, 3. Aufl., 1969, 348 S.

Schneider, H.G.
Die Zukunft wartet nicht. Zerstörung der Umweltsysteme, Soziale Spannungen, Mißbrauch der Wissenschaft, Informationschaos, Sterbende Städte u.a. Deutsche Verlagsanstalt Stuttgart, 1971, 336 Seiten.

Scholder, K.
Grenzen der Zukunft. Aporien von Planung und Prognose. (=Urban Taschenbuch 851). Kohlhammer Verlag Stuttgart, 1973, 136 Seiten.

Schöpf, A.
Das Prognoseproblem in der Nationalökonomie. Versuch einer Gesamtbetrachtung. (= Beitr.z.ganzheitl. Wirtschafts- u. Gesellschaftslehre Bd.2).
Verlag Duncker u. Humblot, 1966, 229 Seiten, Lit.

Steinbuch, K.
Mensch, Technik, Zukunft. Basiswissen für die Probleme von morgen.
Deutsche Verlagsanstalt Stuttgart, 1971, 350 Seiten, zahlr. Abb., Reg.

Steinbuch, K.
Programm 2000. Deutsche Verlagsanstalt Stuttgart, 1970
und: dtv-Taschenbuch Bd. 785, Deutscher Taschenbuchverlag München, 1971,
205 Seiten.

Steinbuch, K.
System 69. Internationales Symposium über Zukunftsfragen, veranstaltet
von der Münchner Messe- u. Ausstellungs-GmbH.- Wiss. Tagungsl.K.Steinbuch. Deutsche Verlagsanstalt Stuttgart, 1970, 301 Seiten, mit Abb.

Swoboda, H.
Hat die Zukunft noch eine Zukunft? Vom Wachstum in einer endlichen Welt.
(= Texte und Thesen Bd. 25). A. Fromm Verlag Osnabrück, 1972, 60 Seiten.

Taylor, G.R.
Das Selbstmordprogramm. Zukunft oder Untergang der Menschheit. (= Fischer Taschenbuch Bd. 1369). Fischer Verlag Frankfurt/M, 1973, 336 Seiten.

Wagenführ, H.
Industrielle Zukunftsforschung. Moderne Industrie Verlagsservice München,
1970, 186 Seiten.

Waterkamp, R.
Futurologie und Zukunftsplanung. Forschungsergebnisse und Ansätze öffentlicher Planung. Kohlhammer Verlag Stuttgart, 2. Aufl., 1971, 178 Seiten,
34 Tafeln.

Der Weg
ins Jahr 2000. Bericht d. "Kommission für das Jahr 2000". Perspektiven,
Prognosen, Modelle. Desch Verlag München/Wien/Basel, 3. Aufl., 1970,
421 Seiten, Abb., Lit., Reg.

Wollny, G.
Die Zukunft ist anders. Harald Boldt Verlag Boppard, 2. Aufl., 1963,
263 Seiten.

Die Zukunft
aus dem Computer? Eine Antwort auf "Die Grenzen des Wachstums". Hrsg.
für die Science Policy Research Unit der Univ. Sussex. H.S.D.Cole u.a.
Vorw. (= Innovation). Luchterhand Verlag Neuwied/Berlin, 1973, XXXII,
356 Seiten, 47 Diagr.

Die Zukunft
unsere Stadt. Eine produktive Utopie. Justus v. Liebig Verlag Darmstadt,
1972, 92 Seiten, 8 Abb.

2. Kybernetik, Spieltheorie, Graphentheorie

Adam, A. - Helten, E. - Scholl, F.
Kybernetische Modelle und Methoden. Einführung für Wirtschaftswissenschaftler. Westdeutscher Verlag Opladen, 1970, 172 Seiten, mit Lit.-Verz. (S.161-166).

Anschütz, H.
Kybernetik kurz und bündig. Vogel Verlag Würzburg, 2. Aufl., 1970, 136 S. 89 Abb dreifarbig.

Arnaszus, H.
Spieltheorie und Nutzenbegriff. (=Suhrkamp Taschenbücher Wissenschaft Bd. 51). Suhrkamp Verlag Frankfurt/M., 1974.

Ashby, W.R.
Einführung in die Kybernetik. Aus dem Englischen von J.A. Huber. (=Suhrkamp Taschenbücher Wissenschaft Bd. 34). Suhrkamp Verlag Frankfurt/M., 1973.

Beer, St.
Kybernetik und Management. Fischer Verlag Frankfurt/M., 4. Aufl., 1970, 287 Seiten.

Biermann, H.
Kybernetische Prognosemodelle in der Regionalplanung. Verlag Duncker u. Humblot Berlin, 1970, 249 Seiten.

Borgmann, W. - Hanselmann, J. (Hg.)
Kybernetik als Herausforderung. Vorträge und Podiumsdiskussion einer Tagung im "Haus der Kirche" in Berlin. Spee Verlag Trier, 1970, 189 Seiten, Lit.-Verz. (S.185-189).

Brix, V.H.
Alles ist Kybernetik. Übersetzung aus dem Englischen mit Lizenz des Verlages David Rende London. Übersetzt v. E. Kukulies Frankfurt/M. Athenäum Verlag Frankfurt/M., 1971, 117 Seiten.

Bühlmann - Loeffel - Nievergelt
Einführung in die Theorie und Praxis bei Unsicherheit. Springer Verlag Berlin, 2. Aufl., 1969, 125 Seiten.

Burger, E.
Einführung in die Theorie der Spiele. Mit Anwendungsbeispielen, insbesondere aus Wirtschaftslehre und Soziologie. de Gruyter Verlag Berlin, 2. durchges. Aufl., 1966, 169 Seiten.

Couffignal, L.
Kybernetische Grundbegriffe. Agis Verlag Baden-Baden, 1962, 88 Seiten.

Cube, F.v.
Was ist Kybernetik? Grundbegriffe - Methoden - Anwendungen. Schünemann Verlag Bremen, 3. neu durchges. u. erg. Aufl., 1970.

Cube, F.v.
Was ist Kybernetik? Grundbegriffe - Methoden - Anwendungen. Ungekürzte Ausgabe nach der 3. Aufl. (=dtv Taschenbücher Bd. 4079). Deutscher Taschenbuchverlag München, 1971, 299 Seiten mit Abb.

Czayka, L.
Die Bedeutung der Graphentheorie für die Forschungsplanung. Verlag Dokumentation München-Pullach, 1971, IV, 44 Seiten.

Davis, M.D.
Spieltheorie für Nichtmathematiker. Mit einem Vorwort von O. Morgenstern. Aus dem Amerikanischen von M. Riese u. E. Schmutzer. Oldenbourg Verlag München, 1972, 216 Seiten, 49 Abb.

Deutsch, K.W.
Politische Kybernetik. Modelle und Perspektiven. Nach der erweiterten Neuausgabe von 1966 aus dem Amerikanischen übersetzt von Erwin Häckel. (=Sozialwissenschaft in Theorie und Praxis. Originaltitel: The Nerves of Government). Verlag Rombach Freiburg i.Brsg., 1970, 367 Seiten.

Dörfler, W. - Mühlbacher, J.
Graphentheorie für Informatiker. (=Sammlung Göschen Bd. 6016). de Gruyter Verlag Berlin, 1973, 140 Seiten.

Erismann, T.
Grundprobleme der Kybernetik. Zwischen Technik und Psychologie. Springer Verlag Berlin, 2. vollst. neubearb. Aufl., 1972, VIII, 203 Seiten, 73 Abb.

Flechtner, H.J.
Grundbegriffe der Kybernetik. Eine Einführung. Hirzel Verlag Stuttgart, 1972, XI, 423 Seiten, 152 Abb., 121 Literaturzitate.

Frank, H. (Hg.)
Kybernetik - Brücke zwischen den Wissenschaften. 29 Beitr. namhafter Wissenschaftler u. Ingenieure. Umschau Verlag Frankfurt/M., 7. neubearb. Aufl., 1970, 308 Seiten mit Abb.

Fuchs, W.R.
Knaurs Buch der Denkmaschinen. Informationstheorie und Kybernetik. Droemer Verlag München, 1970, 358 Seiten, 200 Abb.

Glaser, H. (Hg.)
Kybernetikon. Neue Modelle der Information und Kommunikation. Juventa Verlag München, 2. Aufl., 1972, 264 Seiten.

Gluschkov, V.M.
Einführung in die technische Kybernetik. Aus dem Russischen v. M. Peschel. Verlag Dokumentation München-Pullach, 1970, Band 1, 126 Seiten; Band 2 173 Seiten.

Gunzenhäuser, R.
Spieltheorie und Planungsrechnung. Schnelle Verlag Quickborn, 1965, 50 Seiten.

Händler, W. - Keidel, W.D. - Spreng, M.
Kybernetik 1973. Bericht über die Tagung Nürnberg 1973 der Deutschen Gesellschaft für Kybernetik. Oldenbourg Verlag München, 1974, ca. 400 Seiten, ca. 160 Abb.

Haidekker, A.
Kybernetik - Fibel für Manager. Verlag Moderne Industrie München, 1971, 102 Seiten.

Harary, F.
Graphentheorie. Aus dem Amerikanischen von W. Mader. Oldenbourg Verlag München, 1973, 304 Seiten, ca. 130 schwarz-weiss-Abb.

Haseloff, O. (Hg.)
Grundfragen der Kybernetik. (=Forschung und Information Bd. 1). Colloquium Verlag Berlin, Neuauflage 1971, 168 Seiten.

JUDAC
Recht - Datenverarbeitung - Kybernetik. Jurisprudence - Data Processing - Cybernetics. Internationale Bibliographie. Hg. v. W. Schubert, W. Steinmüller, E. Arldt, H. Hauser, K. Martin, U. Rothenbücher, K. Straube. Beck Verlag München, 1971, XVI, 300 Seiten.

Jursa, O.
Aktuelles Wissen - Kybernetik die uns angeht. Hg.und mit einem Vorwort versehen von R. Proske. Verlag Bertelsmann Lexikon Gütersloh, 1971, 324 Seiten, 180 Abb., Reg., Fachwörterverz.

Kaufmann, A.
Einführung in die Graphentheorie. Aus dem Franz.v. H. Scheiblechner. Oldenbourg Verlag München, 1971, 119 Seiten, 171 Abb.

Kiener, E.
Kybernetik und Ökonomie: Die Bedeutung der Kybernetik in Volkswirtschaftslehre und Wirtschaftspolitik. P. Haupt Verlag Bern, 1973, 104 Seiten.

Klaus, G. - Liebscher, H.
Was ist, was soll Kybernetik? Verlag Freistühler Schwerte, Lizenzausgabe, 1970, 135 Seiten mit 39 Abb. und 6 Fotos.

Klaus, G.
Wörterbuch der Kybernetik. (=Fischer Taschenbuch Bd. 6141/6142). Fischer Verlag Frankfurt/M., 1969, Band 1: 398 Seiten; Band 2: Seite 399 - 741.

Knödel
Graphentheoretische Methoden und ihre Anwendungen. Springer Verlag Berlin, 1969, VIII, 111 Seiten, 24 Abb.

Kroebel, W. (Hg.)
Fortschritte der Kybernetik. (= Beihefte z. Zeitschrift "Elektronische Rechenanlagen" Bd. 14). Bericht über die Tagung Kiel 1965 der Deutschen Arbeitsgemeinschaft Kybernetik. Oldenbourg Verlag München, 1967, 519 S. 250 Abb., 17 Tab.

Kybernetik
als soziale Tatsache. Anwendungsbereiche, Leistungsformen und Folgen f.d. industrielle Gesellschaft. Referent: O.W. Haseloff. Diskussionsleiter: K.G. Frhr.v. Stackelberg. (=Bergedorfer Protokolle Bd. 3). Verlag v. Decker Hamburg/Berlin, 1963, 138 Seiten.

Lange, O.
Einführung in die ökonomische Kybernetik. Wissenschaftl. bearb.v. G. Wintgen, übers.von K. König. Mohr Verlag Tübingen, 1970, 182 Seiten.

Lauschke, G.
Automation und Kybernetik. Wirtschaft und Gesellschaft im Wandel.
Verlag Diesterweg Frankfurt/M., 1968, VII, 295 Seiten.

Lerner, A.
Grundzüge der Kybernetik. Vieweg Verlag Braunschweig, 1971, 344 Seiten,
183 Abb.

Liebling, Th.
Graphentheorie in Planungs- u. Tourenproblemen am Beispiel des städt.
Straßendienstes. (=Lecture Notes in operations Research and Mathematical
Systems Bd. 21). Springer Verlag Berlin, 1970, IX, 118 Seiten, 41 Abb.

Lindemann, P.
Kybernetik. (=Das Gespräch H. 65). Verlag Jugenddienst Wuppertal-Barmen,
1966, 29 Seiten.

Lohberg, R. - Lutz, T.
Keiner weiß was Kybernetik ist. Eine verständliche Einführung in eine
moderne Wissenschaft. Franckh'sche Verlagsanstalt Stuttgart, 3. Aufl.,
1970, 192 Seiten, 50 Zeichn.

Lutz, Th.
Taschenlexikon der Kybernetik. Verlag Moderne Industrie München, 1972,
216 Seiten.

Marko, H. - Färber, G. (Hg.)
Kybernetik 1968. Berichtswerk über den Kongress der Deutschen Gesellschaft f. Kybernetik in München vom 23. - 26. April 1968. (=Beiheft zur
Zeitschrift "Elektronische Rechenanlagen" Bd. 18). Oldenbourg Verlag
München, 1968, 538 Seiten, 207 Abb., 7 Tab.

Meyer-Eppler, W.
Grundlagen und Anwendungen der Informationstheorie. Neu bearbeitet und
erweitert Heike, G. u. Löhn, K. Springer Verlag Berlin/Heidelberg/Bielefeld, 2. Aufl., 1969, XXVII, 549 Seiten, 205 Abb., 1 Taf.

Mirow, H.M.
Kybernetik. Betriebswirtschaftl. Verlag Gabler Wiesbaden, 1969, 159 S.

Morgenstern, O.
Spieltheorie und Wirtschaftswissenschaft. Oldenbourg Verlag München,
2. Aufl., 1966, 200 Seiten.

Moroni, R.
Kybernetische Automation morgen. Bachem Verlag Köln, 1969, 151 Seiten,
mit Abb.

Moroni, R.
Die kybernetische dritte Bilanz. Bachem Verlag Köln, 1970, 156 Seiten.

Müller, A. (Hg.)
Lexikon der Kybernetik. Schnelle Verlag Quickborn, 1964, 224 Seiten, mit
Lit.-Angaben.

Müller, D. (Hg.)
Kybernetik, Automation, Unterrichtstechnologie, Grenzgebiete. Jahreskatalog. Verlag Elwert u. Meurer Berlin, 1971, XXVI, 214 Seiten.

Neumann, J.v. - Morgenstern, O.
Spieltheorie und wirtschaftliches Verhalten. Unter Mitw. von F. Docquier, hg. v. F. Sommer, übers.v. M. Leppig. Physica Verlag Würzburg, 2. Aufl., 1967, XXIV, 668 Seiten.

Noltemeier, H.
Graphentheorie. de Gruyter Verlag Berlin, 1973, 128 Seiten.

Owen
Spieltheorie. Hochschultext. Aus dem Engl. übersetzt von H. Skarabis. Springer Verlag Berlin, VII, 1971, 230 Seiten, 22 Abb.

Passow, C.
Einführung in die Kybernetik für Wirtschaft und Industrie. Schnelle Verlag Quickborn, 1966, 101 Seiten.

Röck, H.
Entscheidungstheorie. Akademische Verlagsgesellschaft Frankfurt/M., 1973, ca. 200 Seiten.

Rothmann, M.A.
Kybernetik. Steuern, regeln, informieren. Deutsche Bearbeitung von Feidel, G., Wissen d. Welt. Union Verlag Stuttgart/Österr. Bundesverlag Wien, 1972, 128 Seiten.

Sachs, H.
Einführung in die Theorie der endlichen Graphen. Hanser Verlag München, 1971, 186 Seiten, 108 Bilder.

Sachsse, H.
Einführung in die Kybernetik. Vieweg Verlag Braunschweig, 1971, VIII, 267 Seiten, 77 Abb.

Schlesier, K.H.
Zur Anwendung kybernetischer und mathematischer Methoden in Städtebau und Stadtplanung (1-3). Diss. Weimar. Weimar 1965, 260 gez.Bl.Tab.

Sedlácek, J.
Einführung in die Graphentheorie. Aus dem Tschechischen. (=Deutsch Taschenbuch Bd. 10). H. Deutsch Verlag Frankfurt/M., 2. Aufl., 1972, 171 S., 73 Abb.

Shubik, M. (Hg.)
Spieltheorie und Sozialwissenschaften. S. Fischer Verlag Frankfurt/M., 1965, 395 Seiten.

Stachowiak
Denken und Erkennen im kybernetischen Modell. Springer Verlag Wien/New York, 2. verb.u. ergänzte Aufl., 1969, VIII, 277 Seiten, 10 Abb.

Steinbuch, K.
Automat und Mensch. Auf dem Weg zu einer kybernetischen Anthropologie. (=Heidelberger Taschenbücher Bd. 81). Springer Verlag Berlin, 4. neu bearb. Aufl., 1971, VII, 266 Seiten, 131 Abb.

Steinbuch, K. - Wagner, S.W.
Neuere Ergebnisse der Kybernetik. Bericht über die Tagung Karlsruhe 1963 der Deutschen Arbeitsgemeinschaft Kybernetik. (=Beiheft 7 zur Zeitschrift Elektron. Rechenanlagen). Oldenbourg Verlag München, 1964, 355 Seiten, 185 Abb. u. Tab.

Vajda, St.
Einführung in die Linearplanung und die Theorie der Spiele. Aus dem Engl. übersetzt v. W. Riedler. (=Beihefte z. Zeitschrift Elektronische Rechenanlagen Bd. 1). Oldenbourg Verlag München, 4. unveränd. Aufl., 1973, 70 Seiten, 8 Abb.

Vajda, S.
Theorie der Spiele und Linearprogrammierung. Aus dem Englischen. (The Theory of games and linear programming). Dt. Übersetzung aus dem Engl.: H. Kesting u. H. Rittel. de Gruyter Verlag Berlin, 1962, 129 Seiten.

Vogelsang, R.
Die mathematische Theorie der Spiele. Dümmler's Verlagsbuchhandlung Bonn, 1963, 254 Seiten, 43 Abb.

Vorobjoff, N.N.
Grundlagen der Spieltheorie und ihre praktische Bedeutung. Aus dem Russischen. Physica Verlag Würzburg, 2. Aufl., 1972, 84 Seiten.

Wagner, K.
Graphentheorie. (=Bi-Hochschultaschenbücher Bd. 248a). Bibliogr. Institut Mannheim, 1970, 220 Seiten, Abb.

Wentzel
Elemente der Spieltheorie. Aus dem Russischen. (=Deutsch Taschenbücher Bd.6). H. Deutsch Verlag Frankfurt/M., 2. Aufl., 1973, 66 Seiten.

Wiener, N.
Ich und die Kybernetik. (=Goldmanns Gelbe Taschenbücher Bd. 2830). Goldmann Verlag München, 314 Seiten.

Wiener, N.
Kybernetik. Regelung und Nachrichtenübertragung in Lebewesen und Maschine. (=rde Bd. 294). Rowohlt Verlag Reinbeck bei Hamburg, 1968, und Econ Verlag Düsseldorf, 4. Aufl., 1968.

Wiener, N.
Mensch und Menschmaschine. Kybernetik und Gesellschaft. Metzner Verlag Frankfurt/M./Berlin, 4. Aufl., 1972, 211 Seiten.

3. Informationstheorie

Adam, A.
Informatik. Probleme der Mit- und Umwelt. Westdeutscher Verlag Opladen, 1971, 133 Seiten, 1 Abb.

Bauer, F.L. - Goos
Informatik. Eine einführende Übersicht, Erster Teil. Sammlung Informatik. Hg. F.L. Bauer, M. Paul. (=Heidelberger Taschenbuch 80). Springer Verlag Heidelberg/Berlin, 1971, XII, 213 Seiten, 110 Abb.

Bauer, F.L. - Goos
Informatik. Eine einführende Übersicht. Zweiter Teil. Sammlung Informatik. Hg. F.L. Bauer, M. Paul. (=Heidelberger Taschenbuch 91). Springer Verlag Berlin/Heidelberg, 1971, XII, 200 Seiten, 70 Abb.

Chintschin, A.J.
Arbeiten zur Informationstheorie. I. Deutscher Verlag der Wissenschaften Berlin, 3. Aufl., 1967, 134 Seiten.

Denis-Papin - Cullmann
Aufgaben zur Informationstheorie. Vieweg Verlag Braunschweig, 1972, 200 Seiten, 39 Abb.

Dirlewanger, W. - Dobler, K.U. - Hieber, L. - Roos, P. - Rzehak, H. - Schneider, H. - Unger, C.
Einführung in die Teilgebiete der Informatik. I. (=Sammlung Göschen 5011) de Gruyter Verlag Berlin, 1972, 136 Seiten, 37 Abb.

Endebrock - Fischer - Lohse
Informatik. Stam Verlag Köln.
Band I : Theorie, Aufbau und Anwendung elektronischer Rechenanlagen, 1972, 168 Seiten.
Band II: Aufgaben und Lösungen aus Theorie, Aufbau und Anwendung elektronischer Rechenanlagen, 1972, 96 Seiten.

Fey, P.
Informationstheorie. Lanser Verlag Köln, 3. Aufl., 1969, 217 Seiten, 96 Abb., 16 Tab.

Fuchs, W.R.
Knaurs Buch der Denkmaschinen. Informationstheorie und Kybernetik. Droemer Verlag München, 1970, 358 Seiten, 200 Abb.

Haacke, W.
Informatik. K.H. Bock Verlag Bad Honnef, 1972, 80 Seiten.

Henze, E. - Homuth, H.H.
Einführung in die Informationstheorie. Vieweg Verlag Braunschweig, 3. überarb.u.erw. Aufl., 1970, IV, 84 Seiten.

Heyderhoff, P. - Hildebrand, T.
Informationsstrukturen. Einführung in die Informatik. Bibliogr. Institut Mannheim, 1973, 218 Seiten.

Hofmann, K.D.
Einführung in die Informationstheorie. Tutorial. Reihe Mathematik.
Pädagog. Verlag Schwann Düsseldorf, 1973, ca. 80 Seiten.

Informatik
Aspekte und Studienmodelle. Symposium zur Vorbereitung einer neuen
Studienrichtung in Österreich. Springer Verlag Wien/New York, 1972,
XI, 183 Seiten.

Informatik
Datenverarbeitung. Jahreskatalog. Verlag Elwert u. Meurer Berlin, 1971,
VI, 130 Seiten.

Informatik 1973
Datenverarbeitung. Jahreskatalog. Verlag Elwert u. Meurer Berlin, 3. Jg.,
1973, 128 Seiten, ca. 1000 Titel.

Kunz, W. - Rittel, H.
Die Informationswissenschaften. Ihre Ansätze, Probleme, Methoden und
ihr Ausbau in der Bundesrepublik Deutschland. Oldenbourg Verlag München,
1972, 136 Seiten, 4 Abb.

Martino, R.L.
Informationssysteme im modernen Management. Verlag Moderne Lndustrie
München, 1972, 320 Seiten.

Maser, S.
Grundlagen der allgemeinen Kommunikationstheorie. Berliner Union Verlag
Stuttgart, 1971, 205 Seiten, mit vielen Abb. u. Tab.

Meindl, U.
Überlegungen zur Informationsbedarfsanalyse bei der Entwicklung von Informationssystemen. Verlag Dokumentation München-Pullach, 1972, 61 S.

Meißner, H.
Datenverarbeitung und Informatik. Eine Einführung für Gymnasien und
Fachoberschulen. Ehrenwirth Verlag München, 1971, 116 Seiten, 42 Abb. u.
23 Flußdiagr.

Meyer-Eppler, W.
Grundlagen und Anwendungen der Informationstheorie. Springer Verlag
Berlin, 2. Aufl., 1969, 549 Seiten, 205 Abb., 1 Tafel.

Popp, W. (Hg.)
Informatik. TR-Verlagsunion München, 1971, 83 Seiten.

Raisbeck, G.
Informationstheorie. Eine Einführung für Naturwissenschaftler und Ingenieure. Das amerikan. Original übers. H.G. Harnisch. Oldenbourg Verlag München, 1970, 111 Seiten, 30 Abb., 2 Tab.

Raisbeck, G.
Informationstheorie. Eine Einführung für Naturwissenschaftler und Ingenieure. Aus dem Amerik. von H.G. Harnisch. Oldenbourg Verlag München,
1970, ca. 110 Seiten.

Rényi, A.
Wahrscheinlichkeitsrechnung. Mit einem Anhang über Informationstheorie.
(Übers. aus dem Ungarischen Ms. Peter Szüsz). (=Hochschulbücher für
Mathematik Bd. 54, mit Lit.-Verz.). VEB Deutscher Verlag der Wissenschaf-
ten Berlin/Ost, 1962, XI, 547 Seiten, 26 Abb.

Schlender, B.
Informatik: eine neue Grundlagenwissenschaft für die moderne Forschung.
Verlag Vandenhoeck u. Ruprecht Göttingen, 1971, 31 Seiten.

Schultze, E.
Einführung in die mathematischen Grundlagen der Informationstheorie.
Springer Verlag Berlin, 1969, 116 Seiten.

Wie funktioniert das?
Informatik. Hrsg. v.d. Fachredaktion Technik des Bibliogr. Inst. in Zusammenarbeit mit H. Teichmann. Redakt. Leitung J. Kunsemüller. Mannheim, Nachdruck 1971, 768 Seiten, mit 134 zweifarb. Schautafeln.

Zemanek, H.
Elementare Informationstheorie. (=Informationstheorie math.). Oldenbourg Verlag Wien/München, 1959, 120 Seiten.

4. Statistik und Wahrscheinlichkeitsrechnung

Ahrens, H.
Varianzanalyse. Hg. von U. Schröder. (=Das Wissenschaftl. Taschenbuch, Reihe Mathem. + Physik 49). Akademieverlag Berlin, 1967, 198 Seiten, 6 Abb.

Anderson, O.
Probleme der statistischen Methodenlehre in den Sozialwissenschaften. (=Einzelschriften der Dt. Stat. Gesellschaft Nr. 6). Physica Verlag Würzburg, 4. durchges. Auflage, 1962, VIII, 358 Seiten.

Athen, H.
Wahrscheinlichkeitsrechnung und Statistik. Verlag Schroedel Schöningh Paderborn, 3. Aufl., 1973, 111 Seiten.

Anwendungen
statistischer und mathematischer Methoden auf sozialwissenschaftl. Probleme. Hg. u. bearb.v. H. Aßmuß/P. Brucker/ J.Frohn/H.J.Lenz/P.Naeve/ H.Skarabis/R.Stäglin/P.Wäsch/H.Weiß/J.P.Weiß/H.Wessels. Physica Verlag Würzburg, 1972, 152 Seiten, 28 Abb., 8 Tab.

Bangen, G.
Wahrscheinlichkeitsrechnung und mathematische Statistik. (=Schriftenr. zur Mathematik H. 3). Diesterweg Verlag Frankfurt a.M., 5. Aufl., 1972, 80 Seiten, 32 Abb.

Baranow, L.v.
Grundbegriffe moderner statistischer Methodik. Hirzel Verlag Stuttgart.
Teil 1: Merkmalsverteilungen, 1950, VIII, 112 Seiten, 16 Abb.
Teil 2: Zeitliche und kausale Zusammenhänge, 1950, VI, 111 Seiten,
      32 Abb., 20 Tab.

Bartel, H.
Statistik für Psychologen, Pädagogen und Sozialwissenschaftler als Orientierungshilfe in der empirischen Forschung. Band 1 und 2. (=Uni-Taschenbuch Bd. 3 und 30). Stuttgart, Teil 1, 1971, 161 Seiten, Teil 2, 1972, 203 Seiten.

Basler, H.
Grundbegriffe der Wahrscheinlichkeitsrechnung und statistischen Methodenlehre. Physica Verlag Würzburg, 4. Aufl., 1972, 147 Seiten.

Becker, U.
Statistische Methoden. Bedeutung und Anwendung in Wirtschaft und Verwaltung. Verlag Damm Braunschweig, 1973.

Benninghaus, H.
Deskriptive Statistik. Statistik für Soziologen. Band 1. Teubner Verlag Stuttgart, 1973, 180 Seiten.

Bergmann, H.
Einführung in die Wahrscheinlichkeitsrechnung. Lehrprogramm für Mathematik. (=Lehrprogramme für Mathematik 15). Kallmeyer Verlag Wolfenbüttel, 1972, 52 Seiten.

Biermann, H.
Einführung in die Faktorenanalyse. Vortrag. Münster Westf. 1969.
(=Inst.f. Siedlungs-u. Wohnungswesen der Westfäl. Wilhelms-Univ. Münster.
Vortr.u. Aufs. H. 22). Münster/Westf. 1969, 31 Seiten, Abb.,Lit.

Billeter, E.P.
Grundlagen der Elementarstatistik. Beschreibende Verfahren. Springer
Verlag Wien, 1970, 198 Seiten, 21 Abb., 12 Diagr.

Billeter, E.
Grundlagen der erforschenden Statistik - Statistische Testtheorie.
Springer Verlag Wien, 1972, VIII, 217 Seiten, 13 Abb.

Billeter, E.
Grundlagen der repräsentativen Statistik. Stichprobentheorie und Versuchs-
planung. Springer Verlag Wien, 1970, X, 160 Seiten, 7 Abb., 8 Diagr.

Blume, J.
Statistische Methoden für Ingenieure und Naturwissenschaftler, Band I:
Grundlagen, Beurteilung von Stichproben, einfache lineare Regression,
Korrelation. VDI-Verlag Düsseldorf, 1970, 133 Seiten, 34 Bilder, 6 Taf.

Bradley, J. - Mc Clelland, J.N.
Grundlegende statistische Begriffe. Ein Text zur Selbstinstruktion, über-
tragen u. adaptiert v. M. Nüssli-Marolt u. H. Fischer. H. Huber Verlag
Bern, 3. Aufl., 1971, 172 Seiten.

Brandt, S.
Statistische Methoden der Datenanalyse. (=BI Hochschultaschenbücher
Bd. 816 a). Bibl. Institut Mannheim/Wien/Zürich, 1968, 267 Seiten.

Clauß, G. - Ebner, H.
Grundlagen der Statistik. Für Psychologen, Pädagogen und Soziologen.
Verlag Volk u. Wissen, Volkseigener Verein Berlin/Ost, 4. Aufl., 1970,
367 Seiten mit Abb.

Cochran, W.G.
Stichprobenverfahren. Titel der amerikanischen Originalausgabe: Sampling
Techniques, John Wiley u. Sons, Ins., New York. Deutsche Übers.: W. Böing.
de Gruyter Verlag Berlin, 1972, 474 Seiten.

Cramer, U.
Statistik für Sie. Band 1: Deskriptive Statistik. Verlag Hueber u. Holzmann Ismaning, 1973, 200 Seiten.

Dietrich, H. - Schmutzler, O.
Statistische Methoden in der Marktforschung. Verlag Die Wissenschaft
Berlin, 1968, 160 Seiten, mit Lit.verz.

Dixon, J.R.
Grundkurs in Wahrscheinlichkeitsrechnung. Ein programmiertes Lehrbuch.
Aus dem Amerikan.v. Cornides, T. Oldenbourg Verlag München, 1969, 422 S.

Eberhard, K.
Einführung in die Statistik für soziale Berufe. (=Jugend im Blickpunkt).
Luchterhand Verlag Neuwied, 1969, XII, 83 Seiten.

Engel, A.
Wahrscheinlichkeitsrechnung und Statistik. Klett Verlag Stuttgart, Bd. 1,
1973, 195 Seiten mit Abb.

Esenwein-Rothe, J.
Allgemeine Wirtschaftsstatistik. Kategorienlehre. Betriebswirtschaftlicher Verlag Wiesbaden, 2. Aufl., 1969, 416 Seiten, 43 Übers., 23 Tab.

Esenwein-Rothe, I.
Statistik im Städtebau. (= Studienhefte des Städtebauinstituts Nr. 13). Selbstverlag Städtebauinstitut Nürnberg, 2. Aufl., 1969, 50 Seiten.

Fabian, Václav
Statistische Methoden: mit 141 Tab. (Autoris.Übers. H.Ahrens, K.Lommatzsch). Deutscher Verlag d. Wissenschaften VEB Berlin/Ost, 1968, 2. Aufl. 1970, XVI, 529 Seiten, 64 graph. Darst., 141 Tab., Lit.-Verz. S. 515-522.

Feichtinger, G.
Bevölkerungsstatistik. Einführung in die Analyse demographischer Prozesse. de Gruyter Verlag Berlin, 1973, 152 Seiten.

Feichtinger, G.
Stochastische Modelle demographischer Prozesse. Springer Verlag Berlin, 1971, 404 Seiten, 9 Abb.

Fisz, M.
Wahrscheinlichkeitsrechnung und mathematische Statistik. Aus dem Poln. von H.u.R. Sulanke, J.Wloda, V. Ziegler. (=Hochschulbücher für Mathematik Bd. 40). VEB Deutscher Verlag der Wissenschaften Berlin/Ost, 6. ber. Aufl., 1971, 777 Seiten mit 37 Abb., 40 Tab., 8 Tafeln.

Flaskämper, P.
Allgemeine Statistik. Theorie, Technik und Geschichte der sozialwiss. Statistik. Verlag F. Meiner Hamburg, 2. Aufl. 1969. Nachdruck der 2. Aufl. 1949 Grundriss der Statistik Teil 1.

Flaskämper, P.
Statistische Aufgaben. 272 Aufgaben, vorwiegend aus den Gebieten der Bevölkerungs-, Wirtschafts- u. Sozialstatistik mit Anleitung zur Lösung und den Ergebnissen. Verlag F. Meiner Hamburg, 1953, VII, 175 Seiten.

Fliri, F.
Statistik und Diagramm. (=Das geogr. Seminar, Praktische Arbeitsweisen). Westermann Verlag Braunschweig, 1969, 82 Seiten.

Förstner, K. - Bamberg, G. - Henn, R.
Einführung in die Wahrscheinlichkeitsrechnung. Hain Verlag Meisenheim, 1973, XII, 356 Seiten.

Freudenthal, H.
Wahrscheinlichkeit und Statistik. Aus dem Holländischen v.H. Freudenthal. Oldenbourg Verlag München, 2. verb. Aufl., 1968, 144 Seiten, 23 Abb.

Gaensslen, H. - Schubö, W.
Einfache und komplexe statistische Analyse. Partielle Korrelation, multiple Korrelation u. Regression, Kanonische Analyse, Faktorenanalyse für Psychologen, Pädagogen, Sozialwissenschaftler und Mediziner. E. Reinhard Verlag München, 1973, 170 Seiten. ca. 25 Abb., 70 Tab.
und: (=UTB Band 274).

Gahse, S.
Mathematische Vorhersageverfahren und ihre Anwendung. Verlag Moderne Industrie München, 1971, 151 Seiten, 32 Abb., 14 Tab., 7 Aufg., 12 Beisp.

Gehmacher, E.
Methoden der Prognostik. Eine Einführung in die Probleme der Zukunftsforschung und Langfristplanung. (=Rombach hochschul paperback 29). Verlag Rombach Freiburg i.Brsg., 1971, 126 Seiten.

Gnedenko, B.W. - Chintschin
Elementare Einführung in die Wahrscheinlichkeitsrechnung. VEB Deutscher Verlag d. Wissenschaften Berlin/Ost, 8. Aufl., 1971, 136 Seiten, 16 Abb.

Gnedenko, B.W.
Lehrbuch der Wahrscheinlichkeitsrechnung. Durch die Dt. Akademie d.Wissenschaften zu Berlin, Inst.f. Mathematik besorgte Übers. Vom Autor neubearb. u. autoris. Ausgabe in deutscher Sprache. Hrsg.v. H.-J. Rossberg. (=Mathematische Lehrbücher und Monographien Abt.1 Bd. 9). Akademie Verlag Berlin/Ost, 3. erw. Aufl., 1962, XIII, 393 Seiten, 22 Abb., 22 Tab. und: Verlag Kunst und Wissen Stuttgart, 6. Aufl., 1971, 22 Abb., 22 Tab., 399 Seiten.

Goldberg, S.
Die Wahrscheinlichkeit. Eine Einführung in die Wahrscheinlichkeitsrechnung und Statistik aus dem Engl. von K.Wigand. Verlag Vieweg u. Sohn Braunschweig, 3. Aufl., 1972, VIII, 324 Seiten, 30 Abb., 44 Tab.

Gotkin, L. - Goldstein, L.
Grundkurs in Statistik. Aus dem Amerikan.v. G. Kirschmer, E. Groten. 2 Bände. Oldenbourg Verlag München.
Band 1: 3. verb. Aufl. 1971, XIV, 237 Seiten, 61 Tab., 74 Abb.
Band 2: 3. verb. Aufl. 1972, XIV, 209 Seiten, 128 Abb., 64 Tab.

Harbordt, St.
Computersimulation in den Sozialwissenschaften. Band 1: Einführung und Anleitung. Band 2: Beurteilung und Modellbeispiele. (=rororo studium Bd. 49/50). Rowohlt Verlag Reinbeck bei Hamburg, 1973.

Harder, Th.
Elementare mathematische Modelle in der Markt- und Meinungsforschung. Praktische Anwendung, Rechengang, Rechenaufwand. Oldenbourg Verlag München/Wien, 1966, 186 Seiten. Mit 10 Bildern.

Haseloff, O.W. - Hoffmann, H.-J.
Kleines Lehrbuch der Statistik für Naturwissenschaft und Technik, Psychologie, Sozialforschung und Wirtschaft. de Gruyter Verlag Berlin, 4. neubearb.u.erw. Aufl., 1970, XII, 330 Seiten, 59 Fig., 99 Tab., einem Anhang statist. Arbeitstabellen, Übungsaufgaben und 1 Ausschlagtafel.

Heiler, S. - Rinne, H.
Einführung in die Statistik. Hain Verlag Meisenheim, 1971, X, 132 Seiten.

Hengst, M.
Einführung in die Mathematische Statistik und ihre Anwendung. (= BI-Hochschultaschenbücher Bd. 42a). Bibliographisches Institut Mannheim/Wien/Zürich, 1967, 259 Seiten.

Henrysson, St. - Haseloff, O.W. - Hoffmann, H.-J.
Kleines Lehrbuch der Statistik für Naturwissenschaftler, Mediziner, Psychologen, Sozialwissenschafter und Pädagogen. de Gruyter Verlag Berlin, 1960, 173 Seiten.

Herfurth, G.
Der Umgang mit Zufallsgrößen. Teubner Verlag Leipzig.
Teil 1: Fehler- und Ausgleichsrechnung, 1970, 131 Seiten, 62 Abb.
Teil 2: Wahrscheinlichkeitsrechnung und mathemat. Statistik, 1969,
   139 Seiten, 65 Abb.

Heyn, W.
Stichprobenverfahren in der Marktforschung. Physica Verlag Würzburg, 1960.

Hillebrandt, F.
Elementare Statistik für Pädagogen, Psychologen und Soziologen.
E. Reinhardt Verlag München, 1965, 293 Seiten.

Hinderer, K.
Grundbegriffe der Wahrscheinlichkeitstheorie. Hochschultext. Springer Verlag Berlin, 1972, VII, 247 Seiten.

Hüttner, M.
Grundzüge der Wirtschafts- und Sozialstatistik. Gaber Verlag München, 1973, 396 Seiten.

Hummel, H.J.
Probleme der Mehrebenenanalyse. Studienskripten. (=Studienskripten zur Soziologie Bd. 39). Teubner Verlag Stuttgart, 1972, 160 Seiten, 18 graph. Darstellungen.

Ineichen, R.
Einführung in die elementare Statistik und Wahrscheinlichkeitsrechnung.
Räber Verlag Luzern, 2. Aufl., 1965, 103 Seiten, 31 Abb.

Jaglom, A.M. - Jaglom, I.M.
Wahrscheinlichkeit und Information. Übersetzung aus dem Russischen von H. Antelmann und D. König. VEB Deutscher Verlag der Wissenschaften Berlin/Ost, 2. Aufl., 1965, 354 Seiten, 24 Abb., mit Lit.verz.

Kaiser, H.J.
Statistischer Grundkurs. Eine Einführung in die deskriptiven Techniken statistischer Analyse. Kösel Verlag München/Gilching, 1972, 128 Seiten.

Kann
Theoretische Statistik - Statistik - I. (=Schaeffers Grundriß des Rechts und der Wirtschaft III, 99). Kohlhammer Verlag Stuttgart, 4.-6.Tsd., 1969, 220 Seiten, 39 Tab., 27 Abb.

Kellerer, H.
Statistik im modernen Wirtschafts- und Sozialleben. (=rowohlts deutsche enzyklopädie rororo Wissen Bd. 103). Rowohlt Verlag Reinbeck bei Hamburg, 1960, 302 Seiten.

Kliemann, W. - Müller, N.
Logik und Mathematik für Sozialwissenschaftler Bd. 1. Grundlagen formalisierter Modelle in den Sozialwissenschaften. (=UTB Bd. 208). Westdeutscher Verlag Opladen, 1973, 307 Seiten.

Kolmogoroff
Grundbegriffe der Wahrscheinlichkeitsrechnung. Reprint der 1. Auflage Berlin 1933. Springer Verlag Berlin, 1973, V, 62 Seiten.

Kreyszig, E.
Statistische Methoden und ihre Anwendungen. Verlag Vandenhoeck u. Ruprecht Göttingen, 3. Aufl., 1968, 422 Seiten.

Krickeberg, K.
Wahrscheinlichkeitstheorie. (=Mathematische Leitfäden). Teubner Verlag Stuttgart, 1963, 200 Seiten, mit 1 Fig.

Kriz, J.
Statistik in den Sozialwissenschaften. Einführung und kritische Diskussion. (=rororo Studium Bd. 29). Rowohlt Verlag Reinbeck bei Hamburg, 1973, 333 Seiten.

Lewandowski, R.
Prognose- und Informationssysteme und ihre Anwendungen. de Gruyter Verlag Berlin, 1973, Band I etwa 500 Seiten; Band II in Vorbereitung.

Lienert, G.A.
Verteilungsfreie Methoden der Biostatik. Verlag Hain Meisenheim/Glan, Band 1, 2. völl. neu bearb. Aufl., 1973, ca. 720 Seiten.

Linder, A.
Planen und Auswerten von Versuchen. Birkhäuser Verlag Stuttgart, 3. erw. Aufl., 1969.

Linder, A.
Statistische Methoden für Naturwissenschaftler, Mediziner und Ingenieure, Birkhäuser Verlag Stuttgart, 4. Aufl., 1964, 484 Seiten, 58 Abb.

Lippe, P.M. von der
Wirtschaftsstatistik. Grundriss der deskriptiven Statistik. (=UTB Bd. 209). Westdeutscher Verlag Opladen, 1973, 160 Seiten.

Loeffel, H.
Statistik und Entscheidungstheorie. Schultheß Polygraphischer Verlag Zürich, 1970, 46 Seiten.

Lohse - Ludwig
Statistik für Forschung und Beruf. Programmierter Lehrgang. Fachbuchverlag Leipzig, 1972, 360 Seiten, 354 Abb., 30 Tab., 320 Seiten Beilagen.

Mackenroth, G.
Methodenlehre der Statistik. (=Grundriß der Sozialwissenschaften Bd. 24). Verlag Vandenhoeck u. Ruprecht Göttingen, 3. Aufl., 1963, 210 Seiten, mit 38 Fig.

Mahnke, K.G.
Die amtliche Statistik als Informationsquelle. Kohlhammer Verlag Stuttgart, 1954, 92 Seiten.

Maibaum, G.
Wahrscheinlichkeitsrechnung. H. Deutsch Verlag Frankfurt a.M., 1972, 213 Seiten mit Abb., 4 Tafeln im Anhang.

Marinell, G.
Entscheidungshilfen für statistische Auswertungen. Oldenbourg Verlag München 1973, 270 Seiten, 81 Abb., 12 Taf.(Spiralband).

Marinell, G.
Grundbegriffe der Statistik. (=Volkswirtschaftliche Schriften H.138).
Verlag Duncker u. Humblot Berlin, 1969, 99 Seiten.

Marinell, G.
Statistische Rezeptsammlung. Formeln und Verfahren für Wirtschaft,
Technik und Wissenschaft. Oldenbourg Verlag München, 1970, 207 Seiten.
(Spiralband)

Marsal, D.
Statistische Methoden für Erdwissenschaftler. E. Schweizerbart'sche
Verlagsbuchhandlung Stuttgart, 1967, 152 Seiten.

Masser, I. - Karpe, H.J. - Ernst, R.
Die Einsatzmöglichkeiten des Lowry Modells in Deutschland, dargestellt
am Beispiel Dortmund, LOMODO. Selbstverlag Universität Dortmund, 1970,
27 Seiten.

Menges, G.
Grundriß der Statistik. Westdeutscher Verlag Opladen/Köln.
Teil 1: Theorie. 1968, 374 Seiten.
Teil 2: Daten. 1973, 475 Seiten.

Menges, G.
Stichproben aus endlichen Gesamtheiten. Theorie und Technik. (=Frankfurter wissenschaftliche Beiträge 17). Klostermann Verlag Frankfurt a.M.,
1959, 179 Seiten.

Meschkowski, H.
Elementare Wahrscheinlichkeitsrechnung und Statistik. (=BI-Hochschultaschenbücher Bd. 285a). Bibliographisches Institut Mannheim/Wien/Zürich,
1972, 188 Seiten.

Meschkowski, H.
Wahrscheinlichkeitsrechnung. Bibliographisches Institut Mannheim, 1968,
233 Seiten, mit Abb.

Mittenecker, E.
Planung und statistische Auswertung von Experimenten. Eine Einführung
für Psychologen, Biologen und Mediziner. (Nachdruck der 8. neu bearb.
und erw. Aufl.) Deuticke Verlag Wien, 1970/1971.

Möbius, G.
Zur Genauigkeit standardisierter Verbraucherbefragungen. (=Studienreihe
Betrieb und Markt 9). Gabler Verlag Wiesbaden, 1966, 108 Seiten.

Morgenstern, D.
Einführung in die Wahrscheinlichkeitsrechnung und mathematische Statistik.
(=Die Grundlehren der mathematischen Wissenschaften in Einzeldarstellungen
mit besonderer Berücksichtigung der Anwendungsgebiete Bd. 124). Verlag
Springer Berlin/Heidelberg/New York, 2. verb. Aufl., 1968, X, 249 Seiten,
6 Abb.

Moroney, M.J.
Einführung in die Statistik. Aus dem Engl. nach der 3. verb. Aufl.v.
H. Mittermeier. Oldenbourg Verlag München.
Teil 1: Grundlagen u. allgemeiner Teil, 1970, 272 Seiten, 81 Abb.,
55 Tab.
Teil 2: Besondere Verfahren und Techniken, 1971, 239 Seiten, 26 Abb.,
163 Tab.

Most, O.
Allgemeine Statistik. Nomos Verlag Baden-Baden, 8. neubearb. Aufl.,
1966, 159 Seiten.

Müller, P.H. (Hg.)
Lexikon Wahrscheinlichkeitsrechnung und mathematische Statistik. Verlag
Kunst und Wissen Stuttgart, 1970, 278 Seiten.

Müller, W.
Statistische Methoden und Wahrscheinlichkeitsrechnung. Athenäum Verlag
Frankfurt/M., 1973, 200 Seiten.

Neurath, P.
Statistik für Sozialwissenschaftler. Eine Einführung in das statistische
Denken. Verlag Enke Stuttgart, 1966, 487 Seiten.

Panknin, M.
Mengen. Zufall und Statistik. Taschenbuch zur gleichnamigen Fernsehserie
Hg.v. J. Bublath. Verlag Schroedel/Diesterweg/Schöningh Hannover, 1972,
156 Seiten.

Pfanzagl, J.
Allgemeine Methodenlehre der Statistik. de Gruyter Verlag Berlin.
Band I: Elementare Methoden unter besonderer Berücksichtigung der Anwendungen in den Wirtschafts- und Sozialwissenschaften. (= Sammlung
Göschen Bd.5746). 5. verb. Aufl., 1972, 265 Seiten, 49 Abb., 24 Tab.
Band II: Höhere Methoden unter besonderer Berücksichtigung der Anwendungen in Naturwissenschaften, Medizin und Technik. (= Sammlung Göschen
Bd. 747/a). 3. verb. Aufl., 1968, 315 Seiten, 41 Abb.

Post, J.J. - Harte
Anleitung zur Planung und Auswertung von Feldversuchen mit Hilfe der
Varianzanalyse. Springer Verlag Berlin, 1952, VI, 82 Seiten, 14 Abb.

Quante, P.
Lehrbuch der praktischen Statistik. Bevölkerungs-, Wirtschafts-, Sozialstatistik. de Gruyter Verlag Berlin, 1961, 433 Seiten.

Rasch, E.
Elementare Einführung in die mathematische Statistik. VEB Deutscher Verlag der Wissenschaften Berlin/Ost, 2. Aufl., 1970, 463 Seiten, 52 Abb.,
107 Tab.

Reichardt, H.
Statistische Methodenlehre für Wirtschaftswissenschaftler. Bertelsmann
Universitätsverlag Düsseldorf, 1973, 280 Seiten.

Renner, E.
Mathematisch-statistische Methoden in der praktischen Anwendung. Parey
Verlag Berlin, 1970, 116 Seiten, 11 Abb., 62 Tab.

Rényi, A.
Wahrscheinlichkeitsrechnung. Mit einem Anhang über Informationstheorie.
(Übers. aus dem Ungarischen Ms.P. Szüsz). (= Hochschulbücher für Mathematik Bd.54, mit Lit.verz.). VEB Deutscher Verlag der Wissenschaften
Berlin/Ost, XI, 547 Seiten, 26 Abb.

Richter, H.
Wahrscheinlichkeitstheorie. Springer Verlag Berlin/Göttingen/Heidelberg,
2. neubearb. Aufl., 1966, XII, 462 Seiten, 14 Abb.

Ritsert, J. - Becker, E.
Grundzüge sozialwissenschaftlich-statistischer Argumentation. Eine Einführung in statistische Methoden. (=UTB Taschenbuch Bd. 26). Westdeutscher Verlag Opladen, 1971, 237 Seiten.

Ritsert, J. - Stracke, E.
Grundzüge der Varianz- und Faktorenanalyse. (=Fischer Athenäum Taschenbuch Bd. 4032). Fischer Verlag Frankfurt a.M., 1974, ca. 250 Seiten.

Roppert, J. - Fischer, G.H.
Lineare Strukturen in Mathematik und Statistik. Physica Verlag Würzburg, 1965.

Rosanow, W.
Wahrscheinlichkeitstheorie. Hg. v. K. Schröder, aus dem Russischen von J. Küchler. (=Wissenschaftl. Taschenbuch Bd. 68). Vieweg Verlag Braunschweig, 2. Aufl., 1973, 170 Seiten, 13 Abb.

Sachs, L.
Statistische Auswertungsmethoden. Springer Verlag Berlin/New York,
3. Aufl., 1972, 548 Seiten, 59 Abb., Tab., Lit.

Sachs, L.
Statistische Methoden. Ein Soforthelfer für Praktiker in Naturwissenschaft, Medizin, Technik, Wirtschaft, Psychologie und Soziologie. Springer Verlag Berlin/New York/Heidelberg, 2. Aufl., 1973, 105 S.

Sahner, H.
Schließende Statistik. (=Teubner Studienskripten zur Soziologie Bd. 23). Teubner Verlag Stuttgart, 1971, 188 Seiten, 27 graph. Darst.

Sahner, H.
Statistik für Soziologen. Teubner Verlag Stuttgart, 1971, 188 Seiten.

Schlier, O.
Das regionale Moment in der Statistik. (=Abhandlungen der Akademie für Raumforsch. und Landesplanung Hannover Bd. 38). Jänecke Verlag Hannover, 1961, 84 Seiten.

Schmetterer, L.
Einführung in die mathematische Statistik. Springer Verlag Wien, 2. verb. u. wesentlich erw. Aufl., 1966, X, 597 Seiten, 11 Abb.

Schneider, G.
Aufgabensammlung zur statistischen Methodenlehre. Erläuterungen mit Musterbeispielen und Aufgaben mit Lösungen. (=Skripten d. Studentenwerks München) Akad. Buchhandlung München, 7. durchges. Aufl., 1968, II, XXXV, 213 S.

Slonim, M.
Stichprobentheorie - leicht verständlich dargestellt. Verlag Moderne Industrie München, 1969, 200 Seiten.

Stange, K.
Angewandte Statistik. Springer Verlag Berlin.
Teil 1: Eindimensionale Probleme. 1970, 592 Seiten, XVI, 277 Abb.
Teil 2: Mehrdimensionale Probleme. 1971, XI, 505 Seiten, 117 Abb.

Statistik
in unserer Zeit. Festschrift für H. Kellerer. Mit Beiträgen von
A.Adam/O.Anderson/R.Bauer/A.Blind/T.Dalenius/E.Deming/E.Fels/R.Gunzert/
M.Kendall/S.Koller/A.Linder/G.Menges/H.Münzner/J.Pfanzagl/K.Stange/H.
Strecker/G.Tintner/J.K.Sengupta/R.Wagenführ/W.Wetzel/W.Winkler/H.Wold.
(=Metrika 6). Physica Verlag Würzburg, 1963, 224 Seiten.

Stempell, D.
Programmierte Einführung in die Wahrscheinlichkeitsrechnung. Vieweg
Verlag Braunschweig, 2. ber. Aufl., 1970, 175 Seiten, 20 Abb.

Stoka - Theodorescu
Einführung in die Monte Carlo - Methode. VEB Deutscher Verlag der Wissenschaften Berlin/Ost, 1971, 300 Seiten, 50 Abb., 15 Tab.

Stenger, H.
Stichprobentheorie. Physica Verlag Würzburg, 1971, 228 Seiten.

Strehl, R.
Wahrscheinlichkeitsrechnung und Elementare statistische Anwendungen.
Herder Verlag Freiburg, 1973, 208 Seiten.

Sweschnikow, A.A. u.a.
Wahrscheinlichkeitsrechnung und Mathematische Statistik in Aufgaben.
Teubner Verlag Leipzig, 1970, 500 Seiten, 44 Abb.

Swoboda, H.
Knaurs Buch der modernen Statistik. (=Reihe Exakte Geheimnisse).
Droemer Verlag München, 1971, 359 Seiten, 315 Abb.

Takacs, L.
Stochastische Prozesse. Aufgaben und Lösungen. Aus dem Engl. übersetzt
von H.D. Weber. Oldenbourg Verlag München, 1966, 140 Seiten.

Thiel, M. - Hermes, H. - Mittenecker, E. (Hg.)
Methoden der Logik und Mathematik. Statistische Methoden. (=Enzyklopä=
die der geisteswissenschaftl. Arbeitsmethoden Liefg. 3). Oldenbourg
Verlag München/Wien, 1968, 141 Seiten.

Überla, K.
Faktorenanalyse. Eine systematische Einführung für Psychologen, Mediziner,
Wirtschafts- und Sozialwissenschaftler. Springer Verlag Berlin/Heidelberg/
New York, 2. Aufl., 1971, XII, 399 Seiten, 110 Abb.

Vauquois, B.
Wahrscheinlichkeitsrechnung. Übers.v. F. Cap. 8 Aufgaben mit Lösungen
und 31 Übungen. Vieweg Verlag Braunschweig, 1973, VIII, 173 Seiten,
42 Bilder.

Vogel, W.
Wahrscheinlichkeitstheorie. Verlag Vandenhoeck u. Ruprecht Göttingen,
1970, 386 Seiten, 28 Abb.

Waerden van der, B.L.
Mathematische Statistik. Springer Verlag Berlin/Heidelberg/New York,
3. Aufl., 1970, 360 Seiten, 39 Abb., 13 Zahlentafeln.

Wagenführ, R. - Tiede, M. - Voß, W.
Statistik leicht gemacht. Bund Verlag Köln.
Band 1: Einführung in die deskriptive Statistik, 6. völl.überarb.u.
    erw. Aufl., 1971, 332 Seiten.
Band 2: Einführung in die induktive Statistik, 1971, 610 Seiten.

Walker, H.M.
Mathematik für den statistischen Grundkurs. Ein Text zum Selbstunterricht. Aus dem Amerikan.v.W. Schütt. J. Beltz Verlag Weinheim, 1971, 361 Seiten.

Walker, H.M. - Lev, J.
Statistische Methoden für Psychologen, Soziologen und Pädagogen. Eine Einführung. Übersetzung aus dem Engl.v. H.Börger, J. Beltz Verlag Weinheim/Berlin/Basel, 1973.

Wallis, W.A. - Roberts, H.
Methoden der Statistik. Ein neuer Weg zu ihrem Verständnis. Übers. aus dem Engl. Anwendungsbereiche, 400 Beispiele, Verfahrenstechniken. (=rororo Bd. 6091). Rowohlt Verlag Reinbeck bei Hamburg, 1969, 574 Seiten.

Walter, E. (Hg.)
Statistische Methoden. Springer Verlag Berlin, 1970.
I. Grundlagen und Versuchplanung, VIII, 338 Seiten
II. Mehrvariable Methoden und Datenverarbeitung, IV, 157 Seiten.

Weber, P.
Elementare Statistik für Marktforscher. Kriterion Verlag Zürich,
2. Aufl., 1969, 82 Seiten.

Weinberg, F.
Grundlage der Wahrscheinlichkeitsrechnung und Statistik sowie Anwendungen im operations Research. Elemente des operations Research für Ingenieure. Springer Verlag Berlin, 1968, XII, 339 Seiten, 49 Abb.

Weinhold, G.
Kleines Wörterbuch der Wirtschaftsstatistik. Kohlhammer Verlag Stuttgart/Köln, 1955, 209 Seiten.

Wellnitz, K.
Klassische Wahrscheinlichkeitsrechnung. Vieweg Verlag Braunschweig,
6. durchges. Aufl., 1971, IV, 87 Seiten, 19 Abb.

Wellnitz, K.
Moderne Wahrscheinlichkeitsrechnung. Vieweg Verlag Braunschweig, 3. durchges. Aufl., 1971, IV, 101 Seiten, 8 Abb.

Wetzel, W.
Statistische Grundausbildung für Wirtschaftswissenschaftler. de Gruyter Verlag Berlin.
Band I: Beschreibende Statistik, 1971, 172 Seiten, 40 Abb und 54 Tab.
Band II: Schließende Statistik, 1973, 278 Seiten, 77 Abb., 49 Tafeln.

Wetzel, W. - Jöhnk, M.D. - Naeve, P.
Statistische Tabellen. de Gruyter Verlag Berlin, 1967, 170 Seiten.

Witting, H. - Nölle, G.
Angewandte mathematische Statistik. Optimale finite und asymptotische Verfahren. (=Leitfäden der angewandten Mathematik und Mechanik Bd. 14). Teubner Verlag Stuttgart, 1970, 194 Seiten, 97 Beisp., 123 Aufg.

Witting, H.
Mathematische Statistik. Eine Einführung in Theorie und Methoden. (=Leitfäden der angewandten Mathematik und Mechanik Bd. 9). Teubner Verlag Stuttgart, 1966, 223 Seiten, 7 Abb., 82 Beisp., 126 Aufgaben.

Wolf, W.
Statistik. Ein einführendes Buch für Sozialwissenschaftler. Band 1: Deskriptive Statistik, Grundlagen der Wahrscheinlichkeitsrechnung und Statistik. J. Beltz Verlag Weinheim, 1973.

5. Datenverarbeitung

Adam, A.
Systematische Datenverarbeitung bei der Auswertung von Versuchs- und Beobachtungsergebnissen. Physica Verlag Würzburg, 1963, 204 Seiten.

Adler, H.
So denken Maschinen. Brockhaus Verlag Wiesbaden, 2. Aufl., 1968, 186 Seiten, 75 Abb. u. Tab.

Ahrens, F. - Walter, H.
Datenbanksysteme. In Zusammenarbeit mit der GES-Gesellschaft für elektronische Systemforschung e.V. Bühl. de Gruyter Verlag Berlin, 1971, 152 Seiten, 74 Abb.

Allerbeck, K.
Datenverarbeitung in der empirischen Sozialforschung. Eine Einführung für Nichtprogrammierer. (=Teubner Studienskripten). Teubner Verlag Stuttgart, 1972, 187 Seiten.

Automatisierte
Datenverarbeitung in Forschung und Praxis. Mit Beiträgen von W. Fischer, L. Walter, P. Freiling, B. Hartmann, E. Herden, W. Hopperdietzel, H.P. Kicherer, G. Kirschner, G. Ernst, F. Wolf, J. Zuber, hg. von K. Haberlandt. Kiehl-Verlag Ludwigshafen, 1970, 222 Seiten.

Bell u. Griffin (Hg.)
Regelkreistheorie und Datenverarbeitung. Unter Mitarbeit zahlreicher Fachgelehrter. de Gruyter Verlag Berlin, 1971, 263 Seiten.

Billeter, E.
Der praktische Einsatz von Datenverarbeitungssystemen. Kybernetische u. betriebswirtschaftliche Aspekte. Springer Verlag Wien, 3. neubearb.u. erw. Aufl., 1968, VIII, 183 Seiten, 2 Abb., 40 Diagr.

Billing, H.
Lernende Automaten. Oldenbourg Verlag München, 1961, 240 Seiten, 107 Abb.

Bisani, F.
Datenverarbeitungspraxis für Führungskräfte. Verlag Moderne Industrie München, 1970, 336 Seiten.

Blüm, H.
Der Computer. Eine experimentelle Einführung in die Arbeitsweise des programmgesteuerten Rechners. Hg. von der Phywe AG Göttingen. Verlag Industrie-Druck Göttingen, 2. Aufl., 1970, 126 Seiten mit zahlr. Abb.

Böhling, K.H.
Endliche stochastische Automaten. Bibl. Institut Mannheim, 1972, 138 S.

Bolduan - Munter
Rechenmaschinen. Schilling Verlag Herne, 2. Aufl., 1967, 70 Seiten, 15 Abb.

Brandtner, G. u.a.
Einführung in die elektronische Datenverarbeitung. Organisation - Wirtschaftsführung - Verwaltung. Hg. von W. Laue. Verlag R.v. Decker Hamburg, 1973, XII, 404 Seiten.

Burhenne, W. - Perband, K.
EDV-Recht. Systematische Sammlung der Rechtsvorschriften, organisatorischen Grundlagen und Entscheidungen zur elektronischen Datenverarbeitung. Verlag E. Schmidt Berlin, ergänzbare Ausgabe im Ordner, Stand 1973.

Chapin, N.
Einführung in die elektronische Datenverarbeitung. Deutsch-englisches Fachwörterverzeichnis. Das amerikanische Original übersetzte R. Leitner. Oldenbourg Verlag München, 3. Aufl., 1967, 367 Seiten, 108 Abb.

Chorafas, D.
Computer erfolgreich einsetzen. Verlag Moderne Industrie München, 1970, 200 Seiten.

Claus, V.
Stochastische Automaten. Teubner Verlag Stuttgart, 1971, 184 Seiten, 30 Abb., 100 Aufgaben.

Dahncke, H. - Harbeck, G. - Jäschke, K.H. - Küster, J. - Reimers, B. - Starke, G.
Wie arbeitet ein Computer? Vieweg Verlag Braunschweig.
Band 1: Logikschaltungen, 2. durchges. Aufl., 1972
Band 2: Rechenwerk, 1972, VIII, 150 Seiten, 151 Abb.

Datenbanken
und Datenschutz. U. Damman, M. Karhausen, P. Müller, W. Steinmüller. Nachwort von E. Scheuch. Verlag Herder u. Herder Frankfurt, 1973, 176 Seiten.

Datenübertragung
VDE-Verlag Berlin, 528 Seiten, 401 Abb.

Datenübertragung
Datenfernverarbeitung. 3 Teilbände unter Mitarbeit von H. Cassens. Verlag R.v. Decker Hamburg.
Teilband 1: W. Tietz, Datendienste, 1971, XIV, 266 Seiten mit 130 Abb.
Teilband 2: H. Cassens - A. Kaltenbach - G. Schallert, Datenübertragungstechnik, 1971, 392 Seiten mit 262 Abb.
Teilband 3: in Vorbereitung.

Datenverarbeitung
in der Stadt- u. Regionalplanung. Bericht eines Seminars am Dt. Rechenzentrum v. 20.-24.10.1969. (=Schriftenreihe d. Dt. Rechenzentrums, H.S.10). Darmstadt, 1969, 87 Seiten, Abb., Übers., Lit., 3 Bl. Übers., Anh., Abb.

Datenverarbeitung
im Recht. (=Verhandlungen des 48. Dt. Juristentages Mainz 1970). Band 2, Beck Verlag München, 1970, 46 Seiten.

Dege, W.
Streifzüge durch die Datenverarbeitung und Rechentechnik. Urania Verlag Leipzig, 1970, 300 Seiten, 200 Abb.

Demmler, H.
Elektronische Datenverarbeitung bei kommunalen Unternehmen. Sigillum Verlag Köln, 1968, 32 Seiten.

Dieball, H.
Datenverarbeitung kurz und bündig. Grundlagenskelett der Datenverarbeitung. Vogel Verlag Würzburg/Berlin/Düsseldorf, 2. Aufl., 1971, 124 Seiten, 56 Abb. und graph. Darst.

Diemer, A. - Schilbach, H. - Henrich, U.
Computer. Medium der Informationsverarbeitung. Verlag C. Habel Regensburg, 1972, 288 Seiten, 288 Abb.

Dotzauer, E.
Grundlagen der Datenverarbeitung. Hanser Verlag München.
Teil 1: Informationsträger, Strukturen, Algorithmen u. methodische Mittel für ein wirtschaftliches Programmieren, 1968, 308 Seiten.
Teil 2: Informationsdarstellung, maschinengebundene Abläufe, Format u. peripherer Datenverkehr, 1971, Seiten 316 - 574.

Dotzauer, E.
Praktikum zur angewandten Informatik. Hanser Verlag München, 1973, 19 S. mit 50 graph. Darstellungen und 35 Computer-Protokollen.

Dworatschek, S.
Einführung in die Datenverarbeitung. de Gruyter Verlag Berlin/New York, 5. Aufl., 1973, 372 Seiten.

Ederer, L.
Der Schlüssel zur EDV-Logik. Econ Verlag Düsseldorf, 1972, 480 Seiten.

Einführung in die
elektronische Datenverarbeitung. Westermann Verlag Braunschweig, 1972, 72 Seiten.

Elektronische Datenverarbeitung
Ein PU-Lehrgang mit Steuertexten für Manager, Sachbearbeiter, EDV-Fachleute, Studenten, Allgemein Interessierte. 2 Bände, hg. v. IDV-Institut f. elektron. Datenverarbeitung Zürich: M. Kryka, P. Brunner, W. Stapfer, H. Zellweger. P. Haupt Verlag/de Gruyter Verlag Bern/Berlin, 1971,
Band 1: XVI, 291 Seiten   Band 2: 325 Seiten.

Die Elektronische
Datenverarbeitung von A bis Z. 11 Bände, R. Müller Verlag Köln.
Band 1 : Lehrbuch für die elektronische Datenverarbeitung, 3. Aufl., 1969, 176 Seiten.
Band 3 : IDS-Integrierte Daten-Speicherung, 186 Seiten.
Band 4 : Organisation und Technik der Datenfernübertragung, 100 Seiten.
Band 10: Allgemeine Grundlagen der EDV, 110 Seiten.
Band 11: Allgemeine Grundlagen der EDV, 110 Seiten.

Elektronische Datenverarbeitung
System Gemeindetag Rheinland-Pfalz. Einwohner - Einwohnermeldewesen Ausgabe A. Kohlhammer Verlag/Dt. Gemeindeverlag Stuttgart/Mainz, 1970.
Band 1: Systemdarstellung, 147 Blatt.
Band 2: Musterfälle, 2. Aufl., 1970, 108 Blatt.

Elgozy, G.
Der ComPuter-Wahn. Gefahr und Nutzen der Informationsmaschine. Econ Verlag Düsseldorf, 1973, 350 Seiten.

Endebrock - Fischer - Lohse
Informatik. Stam Verlag Köln.
Band I : Theorie, Aufbau und Anwendung elektronischer Rechenanlagen,
        1972, 168 Seiten.
Band II: Aufgaben und Lösungen aus Theorie, Aufbau und Anwendung
         elektronischer Rechenanlagen, 1972, 96 Seiten.

Erbach, K.
Elektronische Datenverarbeitung. (=Handbuch der Rationalisierung Nr.20)
Industrieverlag Gehlsen Heidelberg, 1970, 163 Seiten.

Euwe, M.
Einführung in die Grundlagen der Datenverarbeitung. Hg. v. T. Einsele.
Verlag Moderne Industrie München, 4. Aufl., 1971, 126 Seiten.

Fano, R.M.
Informationsübertragung. Oldenbourg Verlag München, 1966, 424 Seiten,
53 Abb.

Faßhauer, R. - Nagel, K. - Samuel, E. - Schiro, H.
Bibliographie zum Fachgebiet "Informationssysteme in Wirtschaft und
Verwaltung". Bibliographie Bd. II. Luchterhand Verlag Neuwied, 1973,
164 Seiten.

Fischbach, F. - Simon, O.
Datenübertragungswege. Verlag v. Hase u. Koehler Mainz, 1971, 110 Seiten.

Fischbach, F. - Büttgen, P.
IDS - Integrierte Datenspeicherung. Verlag v. Hase u. Koehler Mainz, 1967,
184 Seiten. Ringheftung. (=gleichzeitig Bd. 3 von "Die elektronische Datenverarbeitung von A bis Z").

Fischbach, F. - Büttgen, P.
Lehrbuch für die elektronische Datenverarbeitung. Verlag v. Hase u.
Koehler Mainz, 3. Aufl., 1969, 176 Seiten. (=gleichzeitig Bd. 1 von "Die
elektronische Datenverarbeitung von A bis Z").

Fischbach, F. - Büttgen, P.
Organisation und Technik der Datenübertragung. Verlag v. Hase u. Koehler
Mainz, 1968, 100 Seiten. (=gleichzeitig Bd. 4 von "Die elektronische Datenverarbeitung von A bis Z").

Fischer, F.A.
Einführung in die statistische Übertragungstheorie. Bibl. Institut Mannheim, 1969, 187 Seiten.

Frey, A.
Wie werden Computer wirtschaftlich eingesetzt? Verlag Industrielle
Organisation Zürich, 1970, 132 Seiten, Abb., Tab.

Fuchs, K.
Organisation, Technik und Einsatz der automatischen Datenverarbeitung
(ADV) in der öffentlichen Verwaltung. Maximilian Verlag Herford, 1973,
150 Seiten mit vielen Zeichnungen, graph. Darst., Tab.

Furrer, R.
Automatische Datenverarbeitung. (=Grundrisse der Rechts- u. Wirtschaftslehre, Betriebswirtschaftl. Reihe Bd. 1). Schulthess Verlag Zürich,
1972, 214 Seiten.

Furrer, R.
Die organisatorischen Grundlagen der automatisierten Datenverarbeitung.
Sperry Rand AG UNIVAC Zürich, 2. Aufl., 1969, 45 Seiten.

Gerteis, M.
Wie arbeiten Elektronengehirne? Organisator Verlag Glattburg/Schweiz, 1965, 116 Seiten.

Gerwin, R.
Intelligente Automaten. Die Technik der Kybernetik und Automation. (=Belser-Bücherei 10). Belser Verlag Stuttgart/Baden-Baden/Berlin/Zürich, 1964, 256 Seiten, 148 Abb.

Gerwin, R.
So rechnen Elektronen heute. Reich Verlag Düsseldorf, 4. Aufl., 1967, 244 Seiten, 64 Abb., 16 Tafeln.

Göttlinger, F.
EDV-Planung in der öffentlichen Verwaltung. Eine Einführung. (=EDV und Recht 2). J. Schweitzer Verlag Berlin, 1972, XIV, 230 Seiten.

Grochla, E. - Szyperski, N. - Seibt, D.
Ausbildung und Fortbildung in der automatisierten Datenverarbeitung. Eine Gesamtkonzeption. (=AWV - Fachbuch Nr. 249). Oldenbourg Verlag München, 1970, 80 Seiten.

Grochla, E. (Hg.)
Die Wirtschaftlichkeit automatisierter Datenverarbeitungssysteme. Betriebswirtschaftl. Verlag Gabler Wiesbaden, 1970, 334 Seiten.

Gruber, A. - Bös, W.
Was sollte der Verwaltungsangestellte über Datenverarbeitung wissen. Verlag Walhalla u. Praetoria Regensburg, 1973, 696 Seiten.

Grundlagen der
elektronischen Datenverarbeitung. Betriebswirtschaftl. Verlag Gabler Wiesbaden, 1970, 184 Seiten, mit Abb.

Grundsätze
ordnungsgemäßer Datenverarbeitung. Aus dem Engl.v. H. Göbel, G. Volk. Hg. vom Canadian Institute of Chartered Accountants. IdW-Verlag Düsseldorf, 1973, 128 Seiten.

Günther, B.
Elektronisches Rechnen. Eine Fibel. Werner Verlag Düsseldorf, 2. Aufl., 1966, 80 Seiten, 31 Abb.

Gunzenhäuser, R. (Hg.)
Nicht-numerische Informationsverarbeitung. Beiträge zur Behandlung nichtnumerischer Probleme mit Hilfe von Digitalrechenanlagen. Springer Verlag Wien, 1968, 529 Seiten, 116 Abb.

Gutenmacher, J.L.
Informationslogische Automaten. Oldenbourg Verlag München, 1966, 180 Seiten, 48 Abb., 3 Taf.

Hauff, V.
Wörterbuch der Datenverarbeitung. 950 Begriffe, Erläuterungen, Abkürzungen. Frankh'sche Verlagshandlung Stuttgart, 4. neubearb. Aufl., 1971, 224 Seiten.

Heinrich, L.
Mittlere Datentechnik. Hardware, Software und Anwendung tastaturorientierter Computer. Verlag R. Müller Köln, 3. Aufl., 1972, 338 Seiten, 55 Abb., 45 Taf.

Heinrich, L.J. - Baugut, G.
Modelle zur Auswahl von Datenverarbeitungsanlagen. Methoden der Planung
und Lenkung von Informationssystemen. Verlag R. Müller Köln, 1973,
203 Seiten.

Herholz, H.
Datenverarbeitung. 3 Bände. Vogel Verlag Wien.
Band 1: Anlagen, Auswahl, Funktion und Leistung. Wege zum optimalen Einsatz, 1971, 216 Seiten, 96 Abb.
Band 2: Organisation, Organ. Voraussetzungen für den Einsatz von Datenver.-Anlagen, 1972, 303 Seiten, 103 Abb.
Band 3: Beispiele. Neuartige Lösungsmöglichkeiten beim Einsatz von Datenverarb.-Anlagen, 1972, 271 Seiten, 160 Abb.

Herholz, H.
Datenverarbeitung heute. Systeme, Verfahren, Anwendung. Verlag R. Müller
Köln, 1969, 360 Seiten, 172 Abb.

Heßler, H. - Urban, H.
Computer. Aufbau, Funktion und Anwendung. Hg.v. D. Kirsch/J. Kirsch-Korn. Verlag O. Maier Ravensburg, 1972, 38 Seiten mit 105 meist farbigen Fotos u. Grafiken u. Zeichenschablone für Computer-Sinnbilder.

Hofer, H.
Datenfernverarbeitung. Außenstelle - Datenfernübertragung - Rechenzentrum -
Betriebsabwicklung. (=Heidelberger TaschenbuchBd. 120). Springer Verlag
Heidelberg, 1973, XII, 200 Seiten, 168 Abb.

Hoffmann, M.J.
Datenfernverarbeitung. Verkehrsarten und Wirtschaftlichkeit der Datenübertragung. de Gruyter Verlag Berlin, 1973, 155 Seiten, 42 Abb., 9 Tab.

Hoffmann, W. (Hg.)
Digitale Informationswandler. Probleme der Informationsverarbeitung in
ausgewählten Beiträgen. Vieweg Verlag Braunschweig, 1962, 740 Seiten,
173 Abb.

Hofmann, K.P.
Externe Datenverarbeitung. Möglichkeiten und Wege der Datenverarbeitung
außer Haus. Hg. vom Ausschuß für wirtschaftl. Verwaltung (AWV)e.V.
Verlag O. Schmidt Köln, 1972, 62 Seiten.

Hotz, G.
Informatik: Rechenanlagen. Struktur und Entwurf. Teubner Verlag Stuttgart,
1972, 136 Seiten, 55 Abb.

Huhn, G.
Grundlagen der elektronischen Datenverarbeitung. Westdeutscher Verlag
Opladen, 1969, 291 Seiten.

IDV - Lernprogramm
-Elektronische Datenverarbeitung. Hg. v. Institut für elektronische Datenverarbeitung Zürich 1971. de Gruyter Verlag Berlin, 1971, 2 Bände,
616 Seiten.

Informatik 1973
Datenverarbeitung. Jahreskatalog. 3. Jahrgang 1973, 128 Seiten, ca.
1.000 Titel. (jährlich erscheinende Bibliographie). Verlag Elwert u.
Meurer Berlin.

Jacob, H. (Hg.)
Grundlagen der elektronischen Datenverarbeitung. Betriebswirtschaftl.
Verlag Gabler Wiesbaden, 1970, 166 Seiten.

Jähnig, W.
Automatisierte Datenverarbeitung in der öffentlichen Verwaltung. (=Fortschrittl. Kommunalverwaltung Bd. 25). Grote Verlag Köln, 2. Aufl., 1973.

JUDAC
Recht - Datenverarbeitung - Kybernetik. Jurisprudence- Data Processing - Cybernetics. Internationale Bibliographie. Hg. v. W. Schubert, W. Steinmüller, E. Arldt, H. Hauser, K. Martin, U. Rothenbücher, K. Straube.
Beck Verlag München, 1971, XVI, 300 Seiten.

Kaden, H.
Theoretische Grundlagen der Datenübertragung. Oldenbourg Verlag München, 1968, 219 Seiten, 69 Abb.

Kämmerer, W.
Digitale Automaten, Theorie, Struktur, Technik, Programmieren. Verlag Kunst und Wissen Stuttgart, 1969, 482 Seiten, 270 Abb., 59 Tab.

Kaiser, E.
Numerikmaschinen. Hardware, Software, Programmiersprachen. Verlag R. Müller Köln, 1971, 99 Seiten.

Kent, A.
Einführung in die Informationswiedergewinnung. Oldenbourg Verlag München, 1966, 270 Seiten, 93 Abb., 9 Tab.

Kilian, W. - Lenk, K. - Steinmüller, W. (Hg.)
Datenschutz. (=Beiträge zur juristischen Informatik Bd. 1). Juristische Grundsatzfragen beim Einsatz elektronischer Datenverarbeitungsanlagen in Wirtschaft und Verwaltung. Athenäum Verlag Frankfurt/M., 1973, 332 Seiten.

Kley, A.
Elektronische Hybridrechner. Franckh Verlag Stuttgart, 1969, 114 Seiten, 40 Abb.

Köster, W. - Hetzel, F.
Datenverarbeitung mit System. (= Schriftenreihe Wirtschaftsführung, Kybernetik, Datenverarbeitung Bd.6). Luchterhand Verlag Neuwied, 1973, 229 Seiten.

Kraus, L.
Safe - Sicherheit in der Datenverarbeitung. Verlag Moderne Industrie München, 1973, 280 Seiten. (Ringheftung)

Kraushaar, R. - Jacob, L. - Goth, D.
Datenfernverarbeitung. Siemens AG - Verlag München, 1972, 180 Seiten, 79 Bilder.

Kriz, J.
Datenverarbeitung in den Sozialwissenschaften. (=rororo studium Bd. 45). Rowohlt Verlag Reinbeck bei Hamburg, 1973.

Kuhrt - Giesecke - Maurer
Datenfernübertragung. Westdeutscher Verlag Köln/Opladen, 1966, 178 Seiten, 32 Abb.

Lange, H.
Elektronische Digitalrechner. Franckh Verlag Stuttgart, 3. Aufl., 1969, 176 Seiten, 46 Abb., 5 Tab.

Lindemann, P. - Nagel, K. - Herrmann, G.
Organisation des Datenschutzes. (= Reihe Wirtschaftsführung, Kybernetik - Datenverarbeitung Nr.14). Luchterhand Verlag Neuwied, 1973. ca. 170 S.

Lindemann, P. - Nagel, K.
Datensicherung - Datenschutz. Luchterhand Verlag Neuwied, 1973, 250 Seiten.

Lindemann, P.
Praxis der elektronischen Datenverarbeitung. Teil 1: Aufbau und Arbeitsweise elektronischer Datenverarbeitungsanlagen. Agenor-Verlag Oberursel, 1967, 121 Seiten.

Lohberg, R. - Lutz, T.
Elektronenrechner sucht verantwortliche Position. Wie Computer in der modernen Wirtschaft, Technik und Wissenschaft arbeiten. Frankh'sche Verlagshandlung Stuttgart, 1966, 217 Seiten, 40 Zeichnungen, 8 Fotos.

Lohberg, R. - Lutz, T.
Was denkt sich ein Elektronengehirn? Eine verständliche Einführung in die Arbeitsweise der Elektronenrechner. Frankh'sche Verlagshandlung Stuttgart, 4. neu bearb. Aufl., 1969, 239 Seiten, 72 Zeichnungen, 14 Fotos.

Lutz, T.
Das computerorientierte Informationssystem (CIS). Eine methodische Einführung. de Gruyter Verlag Berlin, 1973, XII, 220 Seiten, 47 Abb.

Lutz, T. - Klimesch, H.
Die Datenbank im Informationssystem. Oldenbourg Verlag München, 1971, 232 Seiten, 62 Abb.

Lutz, T.
Datenverarbeitungsfibel für Manager. Verlag Moderne Industrie München, 1972, 130 Seiten.

Marcks, R.W.
Computerrechnen Schritt für Schritt. Mit Computer rechnen. Ein programmiertes Taschenbuch über die Rechensysteme der Datenverarbeitung und die nichtdezimalen Zählsysteme. (=Humboldt Taschenbuch 146). Humboldt-Verlag München, 1970, 126 Seiten.

Marsal, D.
Kleincomputer. Verlag Hanser München, 1972, 568 Seiten, 57 Abb., 210 Progr.

Martin, J. - Normann, A.R.
Halbgott Computer. Die phantastische Realität der 70er Jahre. BLV Verlag München, 1972, 450 Seiten, 30 Fotos, 34 Zeichn.

Martin, J.
Die Organisation von Datennetzen. Aus d. Engl.v. D. Letsche. Hanser Verlag München, 1972, 260 Seiten mit 126 Abb. u. 14 Tab.

Meincke, E.
Integrierte Datenverarbeitung in der öffentlichen Verwaltung unter besonderer Berücksichtigung der Kommunalverwaltung. (=Veröff.d. kommunalen Gemeinschaftsstelle f. Verwaltungsvereinfachung). Kohlhammer Verlag Stuttgart, 1970, 159 Seiten.

Meißner, H.
Datenverarbeitung und Informatik. Eine Einführung für Gymnasien und Fachoberschulen. Ehrenwirth Verlag München, 1971, 116 Seiten, 42 Abb. u. 23 Flußdiagramme.

Meller, H.
Grundlagen und organisatorische Möglichkeiten der Datenerfassung. Ergebnisse eines Studienkreises des Betriebswirtschaftl. Instituts für Organisation und Automation an der Univ. Köln. Betriebswirtschaftl. Verlag Gabler Wiesbaden, 1973, 212 Seiten.

Mertens, P.
Angewandte Informatik. (=Sammlung Göschen 5013). de Gruyter Verlag Berlin, 1972, 198 Seiten, 38 Abb.

Mertin, C.O.
Datenerfassung - eine Übersicht. Oldenbourg Verlag München, 1971, 95 Seiten, 32 Abb.

Meyer-Uhlenried, K.H. - Krischker, U.
Die Entwicklung eines Datenerfassungsschemas für komplexe Informationssysteme. Verlag Dokumentation München-Pullach, 1971, 194 Seiten.

Mösl, G.
Elektronische Tischrechenautomaten. Aufbau und Wirkungsweise. de Gruyter Verlag Berlin, 1970, 292 Seiten, 48 Abb.

Moos, L.
Struktur und Arbeitsweisen von Datenverarbeitungsanlagen. Siemens AG-Verlag München, 1972, 194 Seiten, 84 Bilder.

Müller, P. - Löbel - Schmid
Lexikon der Datenverarbeitung. Verlag Moderne Industrie München, 1973, 704 Seiten, 354 Abb. u. Tab., über 3000 Stichworte.

Nagel, K.
Bibliographie zum Fachgebiet "Revision und Kontrolle bei elektronischer Datenverarbeitung". Bibliographie Bd.I. Luchterhand Verlag Neuwied, 141 Seiten.

Nagel, K.
Bibliographie Datensicherung, Datenschutz. Luchterhand Verlag Neuwied, 1974 in Vorber.

Negus, R.
Computerwissen in Frage und Antwort. Bearb.v. K.F. Erbach. R. Müller Verlag Köln, 1972, 168 Seiten mit zahlr. Abb.

Neumann, J.
Die Rechenmaschine und das Gehirn. Oldenbourg Verlag München, 3. Aufl., 1970, 80 Seiten.

Neidhardt, P.
Informationstheorie und automatische Datenverarbeitung. Einführung in die mathemat. Voraussetzungen, Erkenntnisse u. Anwendungen sowie Grundlagen d. log. Schaltungen u. lernenden Automaten. VEB Verlag Technik Berlin, 2. überarb. u. erweit. Aufl., 1964, 268 Seiten.

Niederberger, A.R.
Documentation. Elektronische Rechenautomaten - Electronic Computers - Calculateurs Electroniques Loseblattausgabe. Verlag R.v. Decker Hamburg, o. J., ca. 520 Seiten.

Nolle, F.K.
Datenfernverarbeitung. Verlag R. Müller Köln, 1970, 109 Seiten, 88 Abb.

Olf, F.K.
Lesende Computer - Alternative der Datenerfassung. Verlag R. Müller Köln, 1973, 240 Seiten.

Podlech, A.
Datenschutz im Bereich der öffentlichen Verwaltung. Entwürfe eines Ges. zur Änderung des Grundges. (Art. 75 GG) zur Einführung einer Rahmenkompetenz für Datenschutz u. eines Bundesdatenschutz-Rahmengesetzes. (=DVR Datenverarbeitung im Recht, Beih.1). J. Schweitzer Verlag Berlin, 1973, XVI, 96 Seiten.

Rechberger, H.
Computer Technik, leicht verständlich. Verlag Radio - Foto - Kino - Technik Berlin, 1971, 226 Seiten, 76 Abb.

Rechenberg, P.
Grundzüge digitaler Rechenautomaten. Oldenbourg Verlag München, 2. Aufl., 1968, 220 Seiten, 130 Abb.

Reusch, B.
Lineare Automaten. Bibliogr. Institut Mannheim, 1969, 149 Seiten.

Schmidt-Schmiedebach, H.
Karten, Daten, Automaten. Technik und Verfahren der Datenverarbeitung mit Lochkarten. Christiani-Verlag, 2. Aufl., 1963, 328 Seiten, 157 Abb.

Schmitt, A.
Automaten - Algorithmen - Gehirne. (=suhrkamp wissen Bd. 16). Suhrkamp Verlag Frankfurt, 1971, 159 Seiten.

Schmitt, H.J.
Die gemeinsame Datenverarbeitung in der kommunalen Versorgungswirtschaft. Sigillum Verlag Köln, 1969, 156 Seiten.

Schneider, C.
Datenverarbeitung. Grundlagen, Systeme, Verfahren, Anwendungen. (=Sammlung Poeschel Bd. 72). Poeschel Verlag Stuttgart, 1972, 172 Seiten.

Schneider, C.
Datenverarbeitungslexikon. Betriebswirtschaftl. Verlag Gabler Wiesbaden, 1972, 252 Seiten.

Schneider, C.
EDVA - Einsatz. Planung - Vorbereitung - Durchführung. (=Taschenbücher für die Wirtschaft Nr. 20). Sauer Verlag Heidelberg, 1971, 154 Seiten.

Schneider, C.
Handlexikon Datenverarbeitung. Vom Autor durchgesehene Kurzausgabe des "Datenverarbeitungslexikons". (=Fischer Taschenbuch Bd. 6143). Fischer Verlag Frankfurt/M., 1972, 252 Seiten.

Schudrowitz, G.
So lernt man Datenverarbeitung. Taylorix Verlag StieglerStuttgart, 1972, 215 Seiten.

Schulze, H.H.
Datenverarbeitung - richtig einführen und einsetzen. Leitfaden für die Praxis. Mit einem Geleitwort v. E. Grochla. Hüthig Verlag Heidelberg, 1970, VIII, 227 Seiten, 21 Abb., davon 4 Klapptaf.

Seifert, J.
Automatische Schriftzeichenerkennung. Westdeutscher Verlag Köln/Opladen, 1969, 154 Seiten.

Simits, S.
Informationskrise des Rechts und Datenverarbeitung. (=Recht-Justiz-Zeitgeschehen Bd. 7). C.F. Müller Verlag Karlsruhe, 1970, 162 Seiten.

Smers, H.
Datenerfassung. Fachbuchverlag Leipzig, 2. Aufl., 1972, 264 Seiten, 135 Abb.

Solodov, A.V.
Theorie der Informationsübertragung in automatischen Systemen. Verlag Kunst und Wissen Stuttgart, 1972, 319 Seiten, 175 Abb.

Speiser, A.
Digitale Rechenanlagen. Springer Verlag Berlin, 2. Aufl. Neudruck 1967, 470 Seiten, 310 Abb.

Starke, P.
Abstrakte Automaten. VEB Deutscher Verlag der Wissenschaften Berlin/Ost, 1969, 392 Seiten, 23 Abb.

Stein, H.
Arbeitsfeld Datenverarbeitung. Aspekte Verlag Frankfurt, 1972, 112 S.

Steinbuch, K. (Hg.)
Taschenbuch der Nachrichtenverarbeitung. Springer Verlag Berlin, 2. Aufl., 1967, 1510 Seiten, 1204 Abb.

Tafel, H.J.
Einführung in die digitale Datenverarbeitung. Hanser Verlag München, 1971, 363 Seiten, 292 Abb.

Tietz, W. (Hg.)
Datenfernverarbeitung. Grundlagen und praktische Anwendung. (= Informatik-Script). Kohlhammer Verlag/Berliner Union Verlag Stuttgart, 1973, ca. 200 Seiten.

Trachtenbrot, B.A.
Wieso können Automaten rechnen? Eine Einführung in die logisch-mathematischen Grundlagen programmgesteuerter Rechenautomaten. VEB Dt. Verlag d. Wissenschaften Berlin/Ost, 6. Aufl., 1970, 101 Seiten, 19 Abb.

Vieweg, R.
Lochkartentechnik und elektronische Datenverarbeitung. Bertelsmann Verlag Gütersloh, 3. Aufl., 1971, 152 Seiten, 23 Abb.

Villiger, R.M.
Möglichkeiten, Probleme und Auswirkungen der Datenfernverarbeitung. Verlag R.v.Decker Hamburg, 1969, 176 Seiten.

Voigt, H.v.
Basis-Wissen EDV. Elektronische Daten-Verarbeitung in 12 Stunden. Deutsche Verlagsanstalt Stuttgart, 1971, 96 Seiten, rd. 80 farb. Abb.

Voigt, H.v.
Datenverarbeitung verständlich gemacht. (=Humboldt Taschenbuch 200). Humboldt Verlag München, 1973, 119 Seiten.

Waterkamp, R.
Mit dem Computer leben. Einführung in die Datenverarbeitung. Kohlhammer Verlag Stuttgart, 1972, 156 Seiten mit 30 Graphiken.

Weber, H.
Einführung in die elektronische Datenverarbeitung. Gehlen Verlag Bad Homburg, 1971, 89 Seiten, mit vielen Abb.

Wehrig, H.
Wie arbeiten Datenverarbeitungsanlagen? Einführung in Aufbau und Arbeitsweise. Franzis Verlag München, 2. Aufl., 1972, 172 Seiten.

Westermayer, H.
ABC der elektronischen Datenverarbeitung. Der Computer im Büro. Eine Einführung für Nicht-Mathematiker. Industrieverlag P. Linde Wien, 1972, 95 Seiten.

Wemper, D.
Elektronische Speicher. Franckh Verlag Stuttgart, 1967, 147 Seiten, 48 Abb.

Wiesmann, D. - Wemans, G.
Computer. Kleine Einführung in die Datenverarbeitung. (= Hallwag Taschenbuch Bd.97). Hallwag Verlag Bern, 1972, 95 Seiten.

Wilhelmy, A.
Nichtnumerische Datenverarbeitung. Lexika Verlag C. Halblitzel Döffingen, 1972, 160 Seiten.

Winterhager, H. - Engelhardt, H.
Einführung in die elektronische Datenverarbeitung. Ein Fernsehkurs im Medienverbund. Band 2, 1970, 136 Seiten.
TR-Verlagsunion München.
Band 1: Verlagsgesellschaft R. Müller Köln.
Band 2: Verlag Oldenbourg München.
Band 3: Betriebswissensch. Verlag Gabler Wiesbaden.
Glossar u. Prüfungsheft: C.E. Poeschel Verlag Stuttgart.
Koordination: Verlag für Bürotechnik Frankfurt.

Withington, F.G.
Was Computer können. Möglichkeiten und Grenzen der elektronischen Datenverarbeitung. Aus dem Engl.v. Franßen. Hanser Verlag München, 1971, 348 Seiten.

Witt, B.
Computers and data banks in government: A selected bibliography (Computer und Datenbanken in der Verwaltung: Eine Auswahlbibliographie).
(= Exchange Bibliography. Council of Planning Librarians.487). Monticello, Ill.: Council of Planning Librarians, 1973, 20 S.

Wittmann, A. - Klos, J. (Bearb.)
Fachwörterbuch der Datenverarbeitung. Oldenbourg Verlag München, 2. erw. u. revidierte Aufl., 1973, ca. 380 Seiten, ca. 4550 Leitbegriffe.
Die erste Auflage erschien unter dem Titel "Wörterbuch der Nachrichtenverarbeitung mit Anwendungsgebieten".

Wolff, F.
Das ist Datenverarbeitung. Einführung in die DV. (= Taylorix Wirtschafts-Taschenbuch 10). Taylorix Verlag Stiegler Stuttgart, 2. Aufl., 1971, 128 S.

Wolters, M.F.
Der Schlüssel zum Computer. Einführung in die elektronische Datenverarbeitung mit Leitprogramm. Econ Verlag Düsseldorf/Wien, 2 Bände, 3. Aufl., 1970. und: Deutscher Bücherbund Stuttgart, 1971, 54. Tsd. 2 Bände zus. rd. 660 Seiten, zahlr. Abb.u. Tab.

Worsch, P.
Kleines Lehrbuch der Datenverarbeitung. Verlag Moderne Industrie München, 1973, 220 Seiten.

Wortmann, H.
Informations- und Datenverarbeitung. Schiele u. Schön - Verlag Berlin, 1966, 112 Seiten, 24 Tab.

Zimmermann, D.
Strukturgerechte Datenorganisation. (= Schriftenreihe Wirtschaftsführung, Kybernetik, Datenverarbeitung Bd.10). Luchterhand Verlag Neuwied, 1973, 256 Seiten.

6. Kartographie, Vermessung, Luftbildwesen

Adler, E.
Einführung in das Kartenverständnis. (= Prögels schulpraktische Handbücher 28). Prögel Verlag Ansbach, 3. Aufl., 1968, 55 Seiten.

Arnberger, E.
Handbuch der thematischen Kartographie. F. Deuticke Verlag Wien, 1966, 554 Seiten.

Bachmann, E.
Vermessungskunde für Ingenieure und Techniker. Archimedes Verlag Kreuzlingen/Schweiz, 2., neu bearb.u.erw.Aufl., 1968, 304 Seiten, 146 Abb., 42 Tab., 120 Lehrbeisp.

Beck, W.
Geländeformen, Reproduktion, Topographische Karten und Karten-Abbildungen. (=Handbuch d. Vermessungskunde Bd. 1a). Metzler Verlag Stuttgart, 1957, XVI, 504 Seiten, 198 Tafeln u. teils mehrfarb. Landkartenausschnitte, viele Abb.

Bormann, W.
Allgemeine Kartenkunde. (= Kartographische Schriftenreihe, hg. von W. Bormann, Bd.1). Astra Verlag Lahr/Baden, 1954, 142 Seiten, 46 Sk., 30 Tafeln.

Bosse, H. (Hg.)
Thematische Kartographie. Gestaltung - Reproduktion. Textband. Bibliographisches Institut. Hochschultaschenbücher Verlag Mannheim/Wien/Zürich, 1970, 302 Seiten.

Die Bundesrepublik
Deutschland in Karten. Hrsg. Statistisches Bundesamt, Institut für Landeskunde, Institut für Raumordnung. Kohlhammer Verlag Mainz, 1970, 6 Bl. u. 97 Bl. Karten.

Deutscher
Planungsatlas Bd. 1: Nordrhein-Westfalen. Hrsg.: Akad.f. Raumforschung und Landesplanung. Jänecke Verlag Hannover, Lieferung 1 - 6, 1971 - 1974.

Deutscher
Planungsatlas Bd. 2: Niedersachsen und Bremen. Hrsg.: Akad.f. Raumforsch. u. Landesplanung in Verb.m.d.Niedersächs. Landesverw.amt. Jänecke Verlag Hannover, 1961, 108 Bl. Kt. Text.

Deutscher
Planungsatlas Bd. 3: Planungsatlas Schleswig-Holstein. Hrsg.: Min.präs. d.Landes Schleswig-Holstein, Landeskanzlei - Abt.II:Landesplanung; Akad.f.Raumforsch.u.Landesplanung Hannover. Dorn Verlag Bremen-Horn, 1960, 120 Bl. Kt. Text.

Deutscher
Planungsatlas Bd. 4: Land Hessen. Hrsg.: Akad.f.Raumforsch.u.Landesplanung Hannover in Verb.m.d.Hess.Min.d.Innern, Landesplanung Wiesbaden. Dorn Verlag Bremen-Horn, 1960, 90 Bl. Kt. Anh.: 10 Seiten Text.

Deutscher
Planungsatlas Bd. 5: Bayern. Hrsg.: Bayer.Arbeitsgem.f.Raumforsch. München in Verb.m.d.Akad.f.Raumforsch.u.Landesplanung u.d.Bayer.Staatsmin. f. Wirtsch.u. Verkehr München. Dorn Verlag Bremen-Horn, 1960. 73 Bl. Kt.u. Text. Beil.: Schlüsselverz. 24 Seiten.

Deutscher
Planungsatlas Bd. 6: Baden-Württemberg. Hrsg.: Akad.f.Raumforsch.u.Landesplanung u.d.Innenmin. Baden-Württemberg, Abt. VII: Landesplanung. Jänecke Verlag Hannover, 1969, 96 gez.Bl. Kt. Beil.: Schlüsselverz. Stuttgart 1958. 16 Seiten.

Deutscher
Planungsatlas Bd. 7: Rheinland-Pfalz. Hrsg.: Akad.f. Raumforsch.u. Landesplanung Hannover u. Staatskanzlei Rheinland-Pfalz, Abt. IV: Landesplanung. Jänecke Verlag Hannover, 1965, 111 Bl. Kt. u. Text. Beil.: Schlüsselverz. 39 Seiten.

Deutscher
Planungsatlas Bd. 8: Hamburg. Hrsg.: Akad.f. Raumforsch.u. Landesplanung. Jänecke Verlag Hannover, 1971 - 1974, 60 - 70 Kartenblätter mit Erläuterungstext. Lieferung 1 - 8.

Deutscher
Planungsatlas Bd. 9: Atlas von Berlin. Hrsg.: Akad.f. Raumforsch.u. Landesplanung u. W. Behrmann als Beauftr.d. Senats v. Berlin. Dorn Verlag Bremen-Horn, 1960, XI S. 101 Bl. Kt.

Deutscher
Planungsatlas Bd. 10: Planungsatlas Saarland. Hrsg.: Min.f. Öff.Arb.u. Wohnungsbau, Abt. IV: Landesplanung in Verb.m.d.Akad.f.Raumforsch. u. Landesplanung. Jänecke Verlag Hannover, 1965, 47 Bl. Kt., 2. Lieferung 1974, 37 Bl.

Engelhardt, W.D. - Göckel
Einführung in das Kartenverständnis. Texte zur Fachdidaktik. Klinkhart Verlag Bad Heilbrunn/Obb., 1973, 146 Seiten mit Zeichnungen.

Ernst, R.W. - Schraeder, W.F.
Computergestützte thematische Kartografie. Hg. von der Universität Dortmund, Selbstverlag 1971.

Fetzer, V.
Ortskurven und Kreisdiagramme. (=UTB Bd. 219). UTB Verlag Hüthig Heidelberg, 1973, 120 Seiten, 20 Abb., 30 Tab.

Finsterwalder, R. - Hofmann, W.
Photogrammetrie. Ein Lehrbuch. de Gruyter Verlag Berlin, 1968, 3., völl. neubearb. Aufl., 464 Seiten, 189 Abb., zahlr. Tab.

Fliri, F.
Statistik und Diagramm. (=Das geographische Seminar, Praktische Arbeitsweisen). Westermann Verlag Braunschweig, 1969, 82 Seiten.

Gassner, K. - Vonderhorst, P.
Das Luftbild als Datenquelle zur Nachführung des ORL-Informationsrasters
für besiedelte Gebiete. (=Studienunterlagen des Instituts für Orts-,
Regional- und Landesplanung der ETH Zürich Bd. 17). Selbstverlag Zürich,
1973, 55 Seiten.

Gierloff-Emden, H.G. - Schröder-Lanz, H.
Luftbildauswertung. Bibliographisches Institut. (=B.I. Hochschultaschen-
bücher). Hochschultaschenbücher Verlag Mannheim/Wien/Zürich.
Band I   : 358/358 a, 1970, 154 Seiten
Band II   : 367/367 a, 1970, 303 Seiten
Band III : 368/a/b,   1971, 499 Seiten

Großmann, W.
Vermessungskunde. de Gruyter Verlag Berlin.
Teil 1: Stückvermessung und Nivellieren (=Sammlung Göschen Nr. 4468).
        14., erw. Aufl., 1972, 167 Seiten, 132 Abb.
Teil 2: Horizontalaufnahmen und ebene Rechnungen (=Sammlung Göschen
        Nr. 4469). 11., erw. Aufl., 1971, 175 Seiten, 109 Abb.
Teil 3: Trigonometrische und barometrische Höhenmessung, Tachymetrie
        und Absteckungen (=Sammlung Göschen Nr. 862). 10., verb. Aufl.,
        1973, 145 Seiten, 101 Abb.

Grundsatzfragen
der Kartographie. Hrsg.: Österreichische Geographische Gesellschaft,
Selbstverlag Wien, 1970, 307 Seiten.

Heissler, V.
Kartographie.
Band 1: Kartenaufnahme, Netzentwürfe, Gestaltungsmerkmale, topogr.
        Karten, bearb.v. G. Hake (=Sammlung Göschen Bd. 30/30a/30b).
        de Gruyter Verlag Berlin, 4. Aufl., 1970, 213 Seiten.
Band 2: Thematische Karten, Atlanten, kartenverwandte Darstellungen,
        Kartentechnik, Kartenauswertung (=Sammlung Göschen 1245/1245a/
        1245b). de Gruyter Verlag Berlin, 1970.

Heyink, J.
Abstecktafeln für Kreisbogen im Städte- und Straßenbau. Werner Verlag
Düsseldorf, 1965, 456 Seiten, 11 Abb.

Hildebrand, G.
Bibliographie des Schrifttums auf dem Gebiet der forstlichen Luftbildauswertung 1887 - 1968. Hg.v. Inst.f.Forsteinrichtung u. forstliche Betriebswirtschaft der Univ. Freiburg i.Brsg., 1969, 307 Seiten.

Hofmann, W.
Geländeaufnahmen, Geländedarstellung. (=Das Geographische Seminar).
Westermann Verlag Braunschweig, 1971, 102 Seiten.

Imhof, E.
Gelände und Karte. Eugen Rentsch Verlag Erlenbach-Zürich, 1950, Neudruck
1958, 255 Seiten, 34 Tafeln. 3. Aufl. 1968, 260 Seiten, 343 Abb., 20 Kt.

Imhof, E.
Kartographische Geländedarstellung. de Gruyter Verlag Berlin, 1965,
425 Seiten, 222 Abb., 14 Tafeln.

Jensch, G.
Die Erde und ihre Darstellung im Kartenbild. (=Das Geographische Seminar).
Westermann Verlag Braunschweig, 1970, 175 Seiten.

Jordan, W. - Eggert - Kneissl, M.
Handbuch der Vermessungskunde. Metzler Verlag Stuttgart, 10 Auflagen
12 Bände (6 Hauptbände und 6 Ergänz.Bände).
Besonders: Band 1a: Geländeformen, Reproduktionen, Topogr. Karten, 1957,
504 Seiten, 198 Tafeln, viele Abb.

Kartographie
der bayerischen Kreise. Ein Anwendungsgebiet elektron. Datenverarbeitung.
Hrsg.v. Bayer. Statist. Landesamt. München 1971, 12 Seiten u. 94 gez.
Bl. Kt.

Kartographische
Nachrichten. Kirschbaum Verlag Bonn/Bad Godesberg, erscheint alle
2 Monate.

Kilchenmann - Steiner - Matt - Gächter
Computer Atlas der Schweiz. Bevölkerung, Wohnen, Erwerb, Landwirtschaft.
Eine Anwendung des GEOMAP-Systems für thematische Karten. Verlag Kümmerly
u. Frey Bern, 1972, 72 Seiten.

Kloppenburg, W.
Die kartographische Reproduktion. Geleitwort von H. Wittke. Dümmler Verlag Bonn, 1972, XVI, 327 Seiten, 177 Abb., 24 einfarb.u. 2 mehrfarb.Taf.

Kneissl, M.
Feld- und Landmessung. Absteckungsarbeiten. (=Handbuch der Vermessungskunde Bd. 2). Metzler Verlag Stuttgart, 1963, XVI, 816 Seiten mit zahlr.
Abb. und einem gesond. Anhang.

Kneissl, M.
Höhenmessung. Tachymetrie. (=Handbuch der Vermessungskunde Bd. 3).
Metzler Verlag Stuttgart, 1956, XIV, 794 Seiten mit zahlr. Abb.

Kriegel - Böhm
Das öffentliche Vermessungs- und Landkartenwesen in der Bundesrepublik
Deutschland. Vermessungs-Handbuch. Dümmler Verlag Bonn, 1961, 224 S.

Kroner, G.
Kartographische Grundlagen der Raumordnung. (= Informationsbriefe für
Raumordnung und Städtebau, hg. vom Bundesminister für Wohnungswesen,
Städtebau und Raumordnung R 1.6.1.). Kohlhammer Verlag/Dt. Gemeindeverlag
Mainz, 1965, 11 Seiten.

Lehmann, G.
Photogrammetrie. (=Sammlung Göschen Bd. 1188/1188a). de Gruyter Verlag
Berlin, 3. neubearb. Aufl., 1969, 220 Seiten.

Meine, K.H.
Atlas und Karte. Didaktik und Methodik der Kartographie. Kiepert Verlag
Berlin, 1971.

Meine, K.H.
Darstellung verkehrsgeographischer Sachverhalte. Ein Beitrag zur thematischen Verkehrskartographie. (=Forsch.Z.dt. Landeskunde Bd. 136).
Selbstverlag Bundesanst.f.Landeskunde u.Raumforsch. Bad Godesberg, 1967,
135 Seiten, Tab., Übers., Lit., Anh.: 46 Bl.,Kt.,Abb.,Pl., Übers.,
Beil.: 5 Kt.

Müller, H.
Darstellungsmethoden in Karten der Landeskunde und Landesplanung, Teil 1 Berufsverkehr. (= Veröffentlichungen des Niedersächs. Instituts für Landeskunde und Landesentwicklung an der Univ. Göttingen. Und: Schr.d. Wirtschaftswiss. Ges.u. Studium Niedersachsens e.V. R. A.I. Heft 77,1). Lax Verlag Hildesheim, 1964, 42 Seiten, 14 Abb., 7 Ktn., 1 Tafel. Teil Produzierendes Gewerbe, ebenda 1965, H.77, 2, 34 Seiten, 7 Abb., 11 Tafeln.

Müller, H.
Darstellungsmethoden in Karten der Landeskunde und Landesplanung. 3. Verkehr und Energiewirtschaft. (=Veröff.d.Niedersächs.Inst.f.Landeskunde u. Landesentw.a.d.Univ.Göttingen,A:Forsch.z.Landes-u.Volkskunde, I. Natur, Wirtschaft, Siedlung u. Planung Bd.77, H.3). Komm.-Verl.A. Lax Hildesheim, 1968, 32 Seiten, Abb., Lit., Anh.: 14 Bl.Kt.Abb.

Nachrichten
aus dem Karten- und Vermessungswesen. Zs.gestellt u.hrsg.v.Inst.f.Angewandte Geodäsie, Abt.II d.Dt.Geodät.Forsch.Inst. (=Deutsche Beiträge u. Informationen H.41). Verlag d.Inst.f.Angew.Geodäsie Frankfurt a.M., 1969, 114 Seiten, Abb., Tab., Lit.

Näbauer, M.
Vermessungskunde. Springer Verlag Berlin, 3. Aufl., 1949, 435 Seiten, 460 Abb.

Pirani, M.
Graphische Darstellung in Wissenschaft und Technik. Bearb.v. J. Fischer unt.Benutzung der von I. Runge besorgten 2. Aufl. (=Sammlung Göschen Bd. 728/728a). de Gruyter Verlag Berlin, 3. erw. Aufl., 1957, 216 Seiten, 104 Abb.

Preobrazensky, A.I.
Ökonomische Kartographie. VEB Verlag H. Haak Gotha, 1956, 228 Seiten, Kt., Abb.

Ramsayer, K.
Grundriß der Vermessungskunde. Wittwer Verlag Stuttgart, 1955, 129 Seiten, 56 Abb.

Rinner, K. - Burckhardt, R.
Photogrammetrie. (=Handbuch der Vermessungskunde Bd. 3a). Metzler Verlag Stuttgart, 1972, 2.400 Seiten in 3 Teilbänden.

Satzinger, W.
Entwicklung, Stand und Möglichkeiten der Stadtkartographie, dargest. vorwiegend an Beispielen aus Nürnberg. (=Dt. Geodät.Komm. bei der Bayer. Akad. der Wissenschaften. Reihe C: Dissertationen, H. 71). Verlag d.Bayer. Akad. d.Wissensch. in Komm.bei der C.H.Beck'schen Verlagsbuchhandlung München, 1964, 121 Seiten, 24 Anlagen.

Schmidt-Schmiedebach, H.
Karten, Daten, Automaten. Technik und Verfahren der Datenverarbeitung mit Lochkarten. Christiani Verlag Konstanz, 2. Aufl., 1963, 328 Seiten, 157 Abb.

Schneider, S.
Das Luftbild. (= Lehrbuch der Allgem. Geographie Bd.11). de Gruyter Verlag Berlin, 1973, 400 Seiten mit z.T. mehrfarb. Abb. u. Tab.

Schön, W.
Schaubildtechnik. Die Möglichkeiten bildlicher Darstellung von Zahlen- und Sachbeziehungen. Poeschel Verlag Stuttgart, 1969, 371 Seiten.

Schwarz, A.
Statistik durch Anschauung. Verlag Orell Füssli Zürich, 1945, 104 Seiten mit 130 Fig.

Schwidefsky, K. - Ackermann
Grundriß der Photogrammetrie. B.G. Teubner Verlagsgesellschaft Stuttgart, 7. Aufl., 1973, 362 Seiten.

Spörhase, R.
Karten zur Entwicklung der Stadt. Das Werden des Stadtgrundrisses im Landschaftsraum. Mitarbeiter: D.u.J. Wulff. Kohlhammer Verlag Stuttgart.
- Bern   : 10 Karten, 7 Tafeln, 1971
- Ellwangen : 8 Karten, 1 Textblatt, 1969
- Karlsruhe : 6 Doppelkarten, 1 Textblatt, 1970
- Osnabrück : 10 Doppelbl., 1 Dreifachbl., 1 Textblatt, 1968
- Paderborn : 3 Doppelkarten, 1 Dreifachkarte, 1 Textblatt, 1972
- Rottweil   : 6 Karten auf 4 Tafeln, 1 Textblatt, 1969

Troll, C.
Luftbildforschung und Landeskundliche Forschung. (= Erdkundliches Wissen Schriftenreihe f. Forschung und Praxis H.12). Steiner Verlag Wiesbaden, 1966, 164 Seiten, 28 Tafeln.

Untersuchungen
zur thematischen Kartographie. T.1. Ber.d.Forsch.gr. Thematische Kartographie d.Akad.f. Raumforsch.u. Landesplanung. Mit Beitr.v. W. Witt, E. Meynen, G. Jensch u.a. (= Veröff.d.Akad.f. Raumforsch.u. Landesplanung. Forsch.-u. Sitzungsber. Bd.51. Themat.Kartographie 1). Verlag Jänecke Hannover, 1969, V, 161 Seiten, Kt., Abb., Tab., Lit.

Untersuchungen
zur thematischen Kartographie. T.2. Forsch.ber.d.Ausschusses Thematische Kartographie d.Akad.f. Raumforsch.u. Landesplanung. (= Veröff.d.Akad.f. Raumforsch.u. Landesplanung. Forsch.-u.Sitzungsber. Bd.64. Themat. Kartographie 2). Verlag Jänecke Hannover, 1971, V, 187 Seiten, Kt., Abb., Tab., Übers., Lit. u. 20 gez.Bl., Kt.,Pl.,Abb., Beil.: Kt.

Untersuchungen
zur thematischen Kartographie. T.3. Forsch.ber.d. Ausschusses Thematische Kartographie d.Akad.f. Raumforsch.u. Landesplanung. (= Veröff.d.Akad. f. Raumforsch.u. Landesplanung, Forsch.-u. Sitzungsber. Bd.86. Themat. Kartographie 3). Verlag Jänecke Hannover, 1973, Bd.1 Textband VI, 194 S., Abb., Tab., Lit. Bd.2 Kt.beil.: 8 Kt.

Volquardts, H. - Matthews, K.
Vermessungskunde. Teubner Verlag Stuttgart.
Teil 1: Prüfung und Gebrauch der Meßgeräte bei einfachen Längen- und Höhenmessungen. Aufnahme und Darstellung von Lage- und Höhenplänen. 23.,überarb.Aufl., 1972, 141 Seiten, 209 Abb., 16 Taf.
Teil 2: Theodolit-Polygonmessungen, magnetische Messungen, Absteckungsarbeiten, trigonometrische Höhenmessungen, Tachymetrie, Flächenteilung und Grenzbegradigung. 12. Aufl., 1973, etwa 188 Seiten, 275 Abb., 23 Taf.

Walter, F.
Regionale Wirtschaftsstatistik nach Betrieben, ihre kartographische Auswertung und deren Bedeutung. (= Forschungsber.d.Landes Nordrhein-Westfalen Nr. 1250). Westdeutscher Verlag Köln, 1965, Teil 1 Textteil, 123 S. Kt., Pl.,Abb.,Tab., Lit. Teil 2 Karten, 49 Kt.

Wichmann
Jahrbuch 1971. Vermessungswesen - Geodäsie - Photogrammetrie - Kartographie. Wichmann Verlag Karlsruhe, 1970, 198 Seiten, mit vielen Abb. u. Tab.

Wilhelmy, H.
Kartographie in Stichworten. (= Hirt's Stichwortbücher). Hirt Verlag Kiel, 1966, 4 Lieferungen.

Witt, W.
Bevölkerungskartographie. (= Abhandlungen der Dt. Akad.f. Raumforschung und Landesplanung Hannover Bd.63). Jänecke Verlag Hannover, 1971, 190 Seiten.

Witt, W.
Pläne und Planzeichen in der Raumordnung. (= Informationsbriefe für Raumordnung, hg. vom Bundesminister des Innern R 1.6.2.). Kohlhammer Verlag/Dt. Gemeindeverlag Mainz, 1969, 11 Seiten.

Witt, W.
Planungskartographie. (= Akad.f. Raumforschung und Landesplanung, Forsch.- u. Sitzungsberichte, Forschungsgruppe Thematische Kartographie Bd.1). Jänecke Verlag Hannover, 1969.

Witt, W.
Thematische Kartographie. Methoden u. Probleme, Tendenzen u. Aufgaben. (=Veröff.d.Akad.f. Raumforschung und Landesplanung. Abh. Bd.49). Jänecke Verlag Hannover, 2. erw. Aufl., 1970, XII, 1151 Seiten, Kt.,Pl.,Abb., Tab., Lit. u.112 gez.Bl. Kt.,Pl.,Abb.

Wittke, H.
Einführung in die Vermessungstechnik. (=Geodätische Briefe). Dümmler Verlag Bonn, 4.,völl.neubearb.u.erw.Aufl., 1971, 542 Seiten, 948 Abb.

Wittke, H.
Vademekum für Vermessungstechnik. Metzler Verlag Stuttgart, 1948, 334 Seiten mit 133 Zeichn. u. 24 Tafeln.

7. Architektur und Stadtbaukunst

Achleitner, F. - Dimitriou, S. - Hollen, H. u.a.
Neue Architektur in Österreich 1945 - 1970. Bohmann Verlag Wien, 1969,
181 Seiten, zahlr. Abb.

Adam, E.
Vorromanik und Romanik. (=Epochen der Architektur). Umschau Verlag
Frankfurt, 1968, 211 Seiten, zahlr. Abb.

Adler, F. - Girsberger, H.
Architekturführer Schweiz. Artemis Verlag Zürich/Stuttgart, 1969, 242 S.,
300 Abb. und Pläne, Text dtsch., franz.,engl.

Altherr, A.
Neue Schweizer Architektur. Hatje Verlag Stuttgart, 1964, 212 Seiten
mit 450 Abb. Text deutsch, engl.

Andreae, H.
Kleine Stilgeschichte. Verlag Handwerk u. Technik Hamburg, 6.Aufl., 1969,
104 Seiten mit 170 Federzeichn.

Architektur
der Erde. Hrsg. H. Haber. Deutsche Verlagsanstalt Stuttgart, 1970,
103 Seiten mit Abb.u.Kt.

Architektur
Form + Funktion. Internationales Jahrbuch. Redaktion: A. Roth, A.Gaillard
u.a. Erscheint jährlich. Etwa 400 Seiten, rd. 600 Abb., Text dtsch.,engl.,
franz. Bucher Verlag Frankfurt.

Bandmann, G.
Mittelalterliche Architektur als Bedeutungsträger. Verlag Gebr. Mann
Berlin, 4. Aufl., 1972, 276 Seiten, 36 Abb., 16 Taf. mit 44 Abb.

Banham, R.
Brutalismus in der Architektur. Dokumente der modernen Architektur.
Engl. Ausgabe: The New Brutalism. Krämer Verlag Stuttgart/Bern, 1966,
200 Seiten, 303 Abb. und Pläne.

Banham, R.
Die Revolution der Architektur. Theorie und Praxis im ersten Maschinen-
zeitalter. (=rowohlts deutsche Enzyklopädie Nr. 209/210). Rowohlt Verlag
Reinbeck bei Hamburg, 1964, 297 Seiten mit Abb.

Baukunst
von den Anfängen bis zur modernen Architektur. Bertelsmann Verlag Gütersloh, 1966, 344 Seiten, 1026 Abb., 32 Farbtafeln.

Baumgart, F.
Stilgeschichte der Architektur. Du Mont'Verlag Schaumburg, Köln, 1973,
299 Seiten, 508 Abb.

Bentheim, R. - Müller, M.
Die Villa als Herrschaftsarchitektur. Versuch einer kunst- und sozialgeschichtlichen Analyse. (=Edition Suhrkamp 396). Suhrkamp Verlag Frankfurt, 1970, 188 Seiten, 10 Abb.

Benevolo, L.
Geschichte der Architektur des 19. und 20. Jahrhunderts. Eine umfassende Architekturgeschichte, die die künstlerischen, technischen, soziologischen sozialen und politischen Strömungen zusammenfaßt. Callwey Verlag München, 1964, 2 Bände mit zusammen 987 Seiten, 922 Abb.

Berndt, H. - Lorenzer, A. - Horn, K.
Architektur als Ideologie. (=ed. Suhrkamp Bd. 243). Suhrkamp Verlag Frankfurt a.M., 29. Tsd. 1971.

Brake, K. u.a.
Architektur und Kapitalverwertung. Veränderungstendenzen i. Beruf und Ausbildung der Architekten in der BRD. Mit Beitr.v.K. Brake, H. Frank, G. Hübener u.a. (=ed. Suhrkamp Bd. 638). Suhrkamp Verlag Frankfurt a.M., 1973, 255 Seiten.

Busch, H. - Edelmann, G.
Europäische Baukunst. Umschau Verlag Frankfurt a.M.
Romanik :   1970, 182 Seiten, zahlr. Abb.
Gotik: 1971, 198 Tafeln
Renaissance: 1972, 238 Seiten, 198 Abb.
Barock: 1970, 206 Seiten, zahlr. Abb.

Busch, K. - Reuther, H.
Welcher Stil ist das? Franckh'sche Verlagsges. Stuttgart, 4. Aufl., 1968, 209 Seiten, 255 Fotobilder, 5 Farbbilder, 1 Ausklapptafel.

Canter, D.V. (Hg.)
Architektur - Psychologie. Theorie - Feldarbeit - Laboruntersuchungen. 9 Forschungsberichte. Vorw.v.H. Striffler. (=Bauwelt Fundamente Bd. 35). Bertelsmann Fachverlag Berlin, 1973, 192 Seiten mit 310 Abb., Lit.-verz., Sachreg.

Chermayeff und Alexander, Ch.
Gemeinschaft und Privatbereich im neuen Bauen. Auf dem Wege zu einer humanen Architektur. Florian Kupferberg Verlag Mainz, 1971, 211 Seiten, zahlr. Abb.

Cichy, B.
Baukunst in Europa. Burkhard Verlag Essen, Neuauflage, 1969, 264 Seiten, 112 vierf. Abb.

Conrads, U.
Architektur - Spielraum für Leben. Ein Schnellkurs für Stadtbewohner. Bertelsmann Verlag Gütersloh, 1973, 192 Seiten, ca. 310 Abb.

Conrads, U. - Sperlich, H.G.
Phantastische Architektur. Hatje Verlag Stuttgart, 1960, 176 Seiten, 244 Abb.

Conrads, U.
Programme und Manifeste zur Architektur des 20. Jahrhunderts. (=Bauwelt Fundamente 1). Bertelsmann Verlag Berlin, 1964, 180 Seiten, 27 Abb.

Cook - Klotz
Architektur im Widerspruch. (=Reihe Studio-Paperback). Artemis Verlag
Zürich/Stuttgart, 1974, etwa 264 Seiten, rd. 193 Abb.

Döring, W.
Perspektiven einer Architektur. Taschenbuchausgabe. Suhrkamp Verlag
Frankfurt a.M., 1973, 126 Seiten, zahlr. Abb.

Doxiadis, C.A.
Architektur im Wandel. Architektur zwischen Tradition und Verwirrung.
Econ Verlag Düsseldorf, 1965, 232 Seiten, zahlr. Abb.

Drew, P.
Die dritte Generation. Architektur zwischen Produkt und Prozess.
Hatje Verlag Stuttgart, 1972, 176 Seiten, 470 Abb. u. Pläne.

Fischer, W.
Geborgenheit und Freiheit. Vom Bauen mit Glas. Scherpe Verlag Krefeld,
1970, 311 Seiten, zahlr. Abb.

Freckmann, K.
Proportionen in der Architektur. Callwey Verlag München, 1965, 230 Seiten,
zahlr. Zeichnungen.

Fusco, R.D.
Architektur als Massenmedium. Anmerkungen zu einer Semiotik der gebauten
Formen. (=Bauwelt Fundamente Bd. 33). Bertelsmann Fachverlag Berlin,
1972, 180 Seiten, 38 Abb.

Geschichte
und Theorie der Architektur. Hg.v.Inst.f. Geschichte u. Theorie der Architektur an der ETH Zürich. Birkhäuser Verlag Stuttgart, 13 Bände,
1967 ff.

Giedion, S.
Architektur und das Phänomen des Wandels. Die drei Raumkonzeptionen in
der Architektur. Wasmuth Verlag Tübingen, 1970, 268 Seiten, 212 Abb.,
12 Tafeln.

Giedion, S.
Der Beginn der Architektur. Ewige Gegenwart. Ein Beitrag zu Konstanz
u. Wechsel. Bd.2. Verlag Du Mont Schauberg Köln, 1965, 600 Seiten,
327 Abb., 18 Farbtaf.

Gollwitzer, G.
Augen auf für Architektur. Ein Lehr-, Lese- und Arbeitsbuch für Kunstfreunde und Lehrer. Henn Verlag Düsseldorf, 1973, 76 Seiten, 300 Abb.

Gradmann, E.
Aufsätze zur Architektur. (=Geschichte u. Theorie der Architektur Bd.6).
Birkhäuser Verlag Stuttgart, 1968, 59 Seiten, Abb.

Gradmann, E.
Baustilkunde. (=Hallwag Taschenbuch 15). Hallwag Verlag Bern, 1o. Aufl.,
1973, 96 Seiten, 99 Abb.

Gropius, W.
Architektur. Wege zu einer optischen Kultur. (=Fischer-Bücherei 127,
Bücher des Wissens). Fischer Verlag Frankfurt a.M., 1956, 138 Seiten.

Gropius, W.
Die neue Architektur und das Bauhaus. Neue Bauhausbücher. F. Kupferberg Verlag Mainz, 2. Aufl., 1967, 74 Seiten, 25 Abb.

Grote, L.
Deutsche Stilfibel. Staackmann Verlag Bamberg, 140.Tsd., 1964, 130 S., über 100 Zeichnungen.

Gurlitt, C.
Zur Befreiung der Baukunst. Ziele und Taten deutscher Architekten im 19. Jahrhundert. (=Bauwelt Fundamente Bd. 22). Bertelsmann Fachverlag Berlin, 1968, 167 Seiten, 19 Abb.

Handbuch
moderner Architektur. Eine Kunstgeschichte der Architektur unserer Zeit vom Einfamilienhaus bis zum Städtebau. Mit Beiträgen von H. Scharoun, F. Jaspert, E. May, O.E. Schweitzer, K. Selg, F.W. Kraemer, R. Hillebrecht, G. Hassenpflug, M. Elsässer, W. Harting, G. Langmaack, W. Weyres, R. Niemeyer. Safari Verlag Berlin, 1957, 959 Seiten.

Hatje, U.
Knaurs Stilkunde. Von der Antike bis zur Gegenwart. Taschenbuchausgabe in 2 Bänden. Verlag Droemer/Knaur München/Zürich, 1968, 536 Seiten, 840 Abb.

Hatje, G. u.a.
Lexikon der modernen Architektur. (=Knaur Taschenbuch Bd. 119), Droemer/Knaur Verlag München, 28. Tsd., 1969, 352 Seiten, 440 Abb.

Heckel, A.
Der Runde Bogen. Romanische Baukunst in Deutschland. (=Die Blauen Bücher). Verlag Langewiesche Nachf. Königstein, 8. Aufl., 1965, 96 Seiten, 91 Abb.

Helms, H.G. - Janssen, J.
Kapitalistischer Städtebau. 9 Beiträge und Analysen. Sonderausgabe. Luchterhand Verlag Neuwied, 1971, 240 Seiten, 39 Abb.

Herzog, E.
Die Ottonische Stadt. Die Anfänge der mittelalterlichen Stadtbaukunst in Deutschland. (=Frankf. Forsch.-Architekturgeschichte 2). Gebr. Mann Verlag Berlin, 1964, 256 Seiten mit 51 Abb., 25 Bildtaf.

Higgins, D. - Vostell, W.
Pop-Architectur. Concept art - Ideen - Manifeste - Pläne - Gedankenarchitektur. Droste Verlag Düsseldorf, 1969, 208 Seiten, 100 Abb.

Hilbersheimer, L.
Berliner Architektur der 20er Jahre. (=Neue Bauhausbücher). Florian Kupferberg Verlag Mainz, 1967, 104 Seiten, 56 Abb.

Hitchcock, H.-R.
Baukunst. Bertelsmann Verlag Gütersloh, 1966, 344 Seiten, 32 Farbtaf. u. 1026 Fotos u. Zeichn.

Hofmann, W. - Kultermann, U.
Baukunst unserer Zeit. Die Entwicklung seit 1850. Burkhard Verlag Essen, 1969, 186 Seiten, 126 Abb.

Hoffmann, G.
Reiseführer zur modernen Architektur Deutschlands. Daten und Anschriften zu rd. 1000 Bauten von 1900 bis heute. J. Hoffmann Verlag Stuttgart, 1968, 159 Seiten, etwa 500 Fotos, 10 Karten.

Holschneider, J.
Schlüsselbegriffe der Architektur und Stadtbaukunst. Eine Bedeutungsanalyse. Schnelle Verlag Quickborn, 1969, 148 Seiten.

Hubala, E.
Renaissance und Barock. (=Epochen der Architektur). Umschau Verlag Frankfurt a.M., 1968, 221 Seiten, zahlr. Abb.

Jacobus, J.M.
Architektur unserer Zeit. Zwischen Revolution und Tradition. (Übersetzt aus dem Engl. von A. Pehnt). Hatje Verlag Stuttgart, 1966, 216 Seiten, 397 Abb. u. Pläne.

Jaxtheimer, B.W.
Bausteine unserer Architektur. Eine Geschichte des Bauens und der Baustile. Lambert Müller Verlag München, 1966, 168 Seiten, 170 Abb.

Joedicke, J.
Für eine lebendige Baukunst. Kritische Beiträge zur Architektur der Gegenwart und zur Entwicklung der modernen Architektur. Krämer Verlag Stuttgart, 1965, 160 Seiten, Rd. 55 Abb.

Joedicke, J.
Geschichte der modernen Architektur. Synthese aus Konstruktion, Funktion und Form. Hatje Verlag Stuttgart, Neuauflage 1971, 224 Seiten, 451 Abb.

Joedicke, J.
Moderne Architektur - Strömungen und Tendenzen. Dokumente der modernen Architektur Bd. 7. Krämer Verlag Stuttgart, 1969, 184 Seiten, 467 Abb.

Keller, R.
Bauen als Umweltzerstörung. Alarmbilder einer Un-Architektur der Gegenwart. Verlag für Architektur im Artemis Verlag Zürich/Stuttgart, 1973, etwa 192 Seiten, über 150 Abb.

Kenzo, T.
Architektur und Städtebau 1946 - 1969. Hg. von U. Kultermann. Krämer Verlag Stuttgart, 1970, 304 Seiten, 160 Abb., 75 Pl. Text dtsch., franz., engl.

Kiemle, M.
Ästhetische Probleme der Architektur unter dem Aspekt der Informationsästhetik. Schnelle Verlag Quickborn, 1967, 136 Seiten mit Abb.

Kidder-Smith, G.E.
Moderne Architektur in Europa. Piper Verlag München, 1964, 388 Seiten, 252 Abb.

Koch, W.
Kleine Stilkunde der Baukunst. Illustriertes Taschenlexikon. Bertelsmann Ratgeber Verlag Gütersloh, 2. Aufl., 1971, 192 Seiten, etwa 800 Abb.

Koepf, H.
Baukunst in fünf Jahrtausenden. Kohlhammer Verlag Stuttgart, 6. Aufl., 1971, 247 Seiten, 880 Abb. u. Pläne.

Koepf, H.
Bildwörterbuch der Architektur. Etwa 2400 Stichworte. (=Kröner Taschenbuchausg. Bd. 194). Kröner Verlag Stuttgart, 489 Seiten, 1300 Abb.

Kükelhaus, H.
Unmenschliche Architektur. Von der Tierfabrik zur Lernanstalt. Gaia
Verlag Schulz Köln, 1973, 49 Seiten, illustr.

Kürth - Kutschmar
Baustilfibel. Verlag Volk und Wissen Berlin/Ost, 4. Aufl., 1969,
240 Seiten, 375 Abb., 16 Taf.

Kultermann, U.
Der Schlüssel zur Architektur von heute. Econ Verlag Düsseldorf, 1963,
292 Seiten mit Abb.

Le Corbusier
Ausblick auf eine Architektur. (Vers une Architecture). (=Bauwelt Fundamente 2). Übersetzt v. H. Hildebrandt, E. Gärtner. Bertelsmann Fachverlag Berlin, 2. Aufl., 1969, 216 Seiten, 231 Abb.

Le Corbusier
Feststellungen zu Architektur und Städtebau. (=Bauwelt Fundamente Bd. 12), mit einem amerikanischen Prolog u. einem brasilianischen Zusatz, gefolgt von "Pariser Klima" u. "Moskauer Atmosphäre" übers.v. Korssakoff- Schröder,H. Bertelsmann Fachverlag Berlin, 1964, 248 Seiten, 230 Abb.

Le Corbusier
Kinder der strahlenden Stadt. Aus dem Franz. übers. von H. Voss. Hatje
Verlag Stuttgart, 1968, 104 Seiten, 96 Abb. mit Text.

Lützeler, H.
Europäische Baukunst im Überblick. Architektur und Gesellschaft. (=Herder Bücherei Bd. 350-353). Herder Verlag Freiburg i.Brsg., 1969, 318 Seiten
Text, 386 Abb.

Maxwell, R.
Neue englische Architektur. Hatje Verlag Stuttgart, 1972, 192 Seiten mit
550 Abb. und Plänen.

Merten, K. u.a.
Das Frankfurter Westend. (=Studien zur Kunst des 19. Jahrhunderts Bd. 23).
Prestel Verlag München/Gmund am Tegernsee, 1973, etwa 120 Seiten, 240 Abb.

Mosso, L.
Direkte Architektur. Wissenschaftliche Untersuchungen und Ergebnisse zur
Umweltbestimmung des Menschen. Edition Kölling Frankfurt a.M., 1972,
400 Seiten.

Nagel, G.
Das mittelalterliche Kaufhaus und seine Stellung in der Stadt. Gebr. Mann
Verlag Berlin, 1971, 404 Seiten, 432 Abb., 10 Klapptaf.

Neue
deutsche Architektur II 1955 - 1962. Einleitung von U. Conrads. Hatje Verlag Stuttgart, 1962, 232 Seiten, 510 Abb. Text deutsch/englisch.

Norberg-Schulz, C.
Logik der Baukunst. (=Bauwelt Fundamente 15). Bertelsmann Fachverlag
Berlin, 1970, 308 Seiten, 117 Abb.

Pahl, J.
Die Stadt im Aufbruch der perspektivischen Welt. (=Bauwelt Fundamente Bd.9).
Bertelsmann Fachverlag Berlin, 1963, 176 Seiten, 86 Abb.

Pawlik, J. - Straßner, E.
Bildende Kunst - Begriffe und Reallexikon. Malerei, Plastik, Architektur, Gebrauchsform. Unter Mitarbeit von H. Kupfernagel u. F. Straßner. Verlag Du Mont Schauberg Köln, 1969, 401 Seiten.

Pawlik, J.
Große Baukunst. Eine Einführung in die Werkbetrachtung und Architekturgeschichte. Bitter Verlag Recklinghausen, 1963, 280 Seiten, mit Abb.

Pehnt, W.
Die Architektur des Expressionismus. Hatje Verlag Stuttgart, 1973, 232 S. mit 518 Abb.

Pehnt, W.
Neue deutsche Architektur 3 (1960-1967). Hatje Verlag Stuttgart, 1970, 240 Seiten mit 450 Abb. Text deutsch/englisch.

Petsch, J.
Architektur und Gesellschaft. Zur Geschichte der deutschen Architektur im 19. und 20. Jahrhundert. Verlag Böhlau Köln/Wien, 1973, 304 Seiten, 16 Abb., zahlr. Qu.

Pevsner, N.
Europäische Architektur. Von den Anfängen bis zur Gegenwart. Studienausgabe. Prestel Verlag München/Gmund am Tegernsee, 2. erw.u.erg.Aufl., 1967, 550 Seiten, 326 Abb.

Pevsner, N. - Fleming, J. - Honour, H.
Lexikon der Weltarchitektur. Lexikon der Architekten, Länder, Stile, Fachausdrücke. Prestel Verlag München, 1971, 640 Seiten, etwa 1000 Abb.

Phleps, H.
Vom Wesen der Architektur. Bruder Verlag Karlsruhe, 1950, 83 Seiten mit 186 Handzeichnungen.

Posener, J.
Anfänge des Funktionalismus. Von Arts and Crafts zum Deutschen Werkbund. (=Bauwelt Fundamente Bd. 11). Bertelsmann Fachverlag Berlin, 1964, 232 Seiten, 52 Abb.

Pothorn, H.
Baustile. Die Anfänge - Die grossen Epochen - Die Gegenwart. Taschenbuchausgabe. Südwest Verlag München/Ulm, 1968, 200 Seiten, zahlr. Abb.

Pothorn, H.
Bild-Handbuch Baustile. Architekturgeschichte, Vergleichende Stilkunde. Lexikon. (=Fischer Taschenbuch Bd. 6148). Fischer Taschenbuchverlag Frankfurt a.M./Hamburg, 1972.

Prestel, J.
Vitruv - Zehn Bücher über Architektur, übersetzt und erläutert. 5 Bände. Verlag Heitz Baden-Baden, 1959, zus. 483 Seiten, Text und 72 Tafeln mit Abb.

Prouvé, J.
Architektur aus der Fabrik. Krämer Verlag Stuttgart, 1971, 212 Seiten mit vielen Abb. Text deutsch/franz./engl.

Ragon, M.
Wo leben wir morgen? Die Stadt der Zukunft. Mensch und Umwelt - Der Architekt von morgen. Callwey Verlag München, 2. Aufl., 1970, 232 Seiten, 110 Abb.

Rainer, R.
Lebensgerechte Außenräume. Verlag für Architektur Artemis Zürich/Stuttgart, 1972, 228 Seiten mit 30 farb. und 300 sw. Abb.

Reitzenstein, A.v.
Deutsche Baukunst. Die Geschichte ihrer Stile. (=Reclams Universal-Biblioth.7838/40). Reclam Verlag Stuttgart, 5. Aufl., 1967, 240 Seiten, 70 Abb.

Rettelbusch, E.
Stilhandbuch. J. Hoffmann Verlag Stuttgart, 8. Aufl., 1969, 270 Seiten, 1242 Abb.

Rossi, A.
Die Architektur der Stadt. (=Bauwelt Fundamente Bd. 41). Bertelsmann Fachverlag Düsseldorf, 1973, 174 Seiten, Abb., Pl., Qu.

Schild, E.
Zwischen Glaspalast und Palais des Illusions. Form und Konstruktion im 19. Jahrhundert. (=Bauwelt Fundamente Bd. 20). Ullstein Verlag Berlin/Frankfurt a.M./Wien, 1967, 157 Bild., zahlr. Qu.

Schubert, O.
Optik in Architektur und Städtebau. Verlag Gebr. Mann Berlin, 1965, 100 Seiten, 54 Abb.

Schumacher, F.
Der Geist der Baukunst. (=Archiv f. Städtebau und Landesplanung 3). Wasmuth Verlag Tübingen, 1956, 297 Seiten. Unveränd. Nachdr.d. 1938 erschienenen Originalausgabe.

Schwab, A.
Das Buch vom Bauen. 1930 - Wohnungsnot, Neue Technik, Neue Baukunst, Städtebau aus sozialistischer Sicht. (=Bauwelt Fundamente Bd. 42). Bertelsmann Fachverlag Berlin, 1973, 216 Seiten, 41 Abb.

Sert, J.L.
Architektur und Stadtplanung. Krämer Verlag Stuttgart/Bern, 1967, 244 S., 231 Abb. u. Pl. Text deutsch/franz./engl.

Severino, R.
Totaler Raum. Quantität und Qualität im Bauen. (Bei allen Gebäuden und Entwürfen, die durch Photografien und Zeichn. dargestellt sind, handelt es sich um Originalarb.d. Autors). Die Übers. aus d. Engl. besorgte S.F. Hansmann. Callwey Verlag München, 1971, 162 Seiten, 147 Abb.

Sharp, D.
Architektur im 20. Jahrhundert. Praeger Verlag München, 1973, 304 Seiten, 969 Abb., davon 51 farb.

Siegel, C.
Strukturformen der modernen Architektur. Der formbildende Einfluss der modernen Konstruktion auf die architektonische Gestaltung. Callwey Verlag München, 3. Aufl., 1970, 308 Seiten, 937 Abb.

Simon, A.
Bauen in Deutschland. Engl./Franz./Span./Deutsch. R. Bacht Verlag Essen, 1970, 314 Seiten, 400 Abb.

Simon, A.
Bundesrepublik Deutschland: Planen und Bauen. Engl./Franz./Span./Deutsch. Domus Verlag Bonn, 1973, XXII, 154 Seiten, 260 Abb., 64 Pl., Grundr.

Sinn, B.H.
Und machten Staub zu Stein. Die faszinierende Archäologie des Betons von Mesopotamien bis Manhattan. Beton Verlag Düsseldorf-Oberkassel, 1973, etwa 240 Seiten, zahlr. Abb.

Straub, H.
Die Geschichte der Bauingenieurkunst. Ein Überblick von der Antike bis in die Neuzeit. Birkhäuser Verlag Stuttgart, 2. neubearb.u. erw. Aufl., 1964, 319 Seiten, 85 Abb.

Taut, B.
Frühlicht. Eine Folge für die Verwirklichung des neuen Baugedankens. (= Bauwelt Fundamente Bd. 8). Bertelsmann Fachverlag Berlin, 1963, 224 Seiten, 240 Abb.

Teut, A.
Architektur im Dritten Reich 1933 - 1945. (=Bauwelt Fundamente Bd. 19). Ullstein Verlag Berlin/Frankfurt a.M./Wien, 1967, 390 Seiten, 53 Bild., zahlr. Qu.

Twarowski, M.
Sonne und Architektur. Callwey Verlag München, 1963, 154 Seiten, 226 Abb., 8 Diagr.

Tzonis, A.
Das verbaute Leben. Vorbereitung zu einem Ausbruchsversuch. (=Bauwelt Fundamente Bd. 39). Bertelsmann Fachverlag Berlin, 144 Seiten, 4 Skiz.

Voss, H.
Neunzehntes Jahrhundert. Epochen der Architektur. Umschau Verlag Frankfurt a.M., 1969, 223 Seiten, Zahlr. Abb.

Wachsmann, K.
Wendepunkt im Bauen. (=rowohlts deutsche enzyklopädie Nr. 160). Rowohlt Verlag Reinbeck bei Hamburg, 1962, 128 Seiten, 34 Abb.

Wagner, A.
Keine Angst vor Kunstgeschichte. Eine Stilkunde der dt. Architekten und ihrer Vorbilder. Thiemig Verlag München, 1964, 112 Seiten, 274 Abb. mit Text.

Wieninger, K.
Grundlagen der Architekturtheorie. Springer Verlag Wien, 1950, VIII, 269 Seiten, 64 Abb.

Wingler, H.M.
Das Bauhaus 1919 - 1933. Eine umfassende Darstellung der Geschichte des Bauhauses. Verlag Du Mont Schauberg Köln, 2. Aufl., 1968, 556 Seiten, 762 Abb., davon 10 farb. Tafeln.

Wittkower, R.
Grundlagen der Architektur im Zeitalter des Humanismus. Beck Verlag München, 1969, 189 Seiten, 131 Abb.

Wright, F.L.
Humane Architektur. (=Bauwelt Fundamente Bd. 25). Bertelsmann Fachverlag Berlin, 1969, 276 Seiten, 52 Abb.

Wright, F.L.
Ein Testament. Deutsche Ausgabe. Langen-Müller Verlag München, 1959, 250 Seiten, 205 Abb.

8. Bevölkerungswissenschaft (Demographie)

Adebahr, H.
Die Lehre von der optimalen Bevölkerungszahl. Darstellung und Kritik.
(= Volkswirtschaftl. Schriften H.89). Verlag Duncker u. Humblot Berlin,
1965.

Beiträge
zur Frage der räumlichen Bevölkerungsbewegung. (= Veröff.d. Akad.f.
Raumforschung u. Landesplanung. Forsch.-u.Sitzungsber. Bd.55; Raum und
Bevölkerung 9). Verlag Jänecke Hannover, 1970, VIII, 113 Seiten, Abb.,
Tab., Übers., Lit., Beil.: 6 Kt.

Bevölkerungs- und
Sozialgeographie. Deutscher Geographentag in Erlangen 1971. Ergebnisse
der Arbeitssitzung 3 (= Münchner Studien zur Sozial- und Wirtschaftsgeographie Bd.8). Verlag Lassleben Kallmünz/Regensburg, 1972, 2 Bände,
Textband 123 Seiten, Kartenband 72 Abb.

Bevölkerungsverteilung
und Raumordnung. Referate u. Disk.ber. anläßlich d. Wiss. Plenarsitzung
1969 in Darmstadt. (= Veröff.d.Akad.f. Raumforschung u. Landesplanung.
Forsch.-u. Sitzungsber. Bd.58. 9. Wiss. Plenarsitzung). Verlag Jänecke
Hannover, 1970, VII, 80 Seiten, Abb., Übers., Lit., Zsfssg.

Bolte, K.M.
Struktur und Entwicklung der Bevölkerung. (= Beiträge zur Sozialkunde
Reihe B, 2). Leske Verlag Opladen, 3. neubearb. Aufl., 1967, 100 Seiten.

Bourgeois-Pichat, J.
Bevölkerungswissenschaft. Hauptströmungen der sozialwissenschaftlichen
Forschung. Herausgeg. von der UNESCO. Ullstein Verlag Frankfurt/Berlin/
Wien, 1973, 112 Seiten.

Boustedt, O.
Die Bedeutung der Bevölkerungsstatistik für die Raumordnung. (= Informa-
tionsbriefe für Raumordnung, hg. vom Bundesminister des Innern R 1.5.5.).
Kohlhammer Verlag/Dt. Gemeindeverlag Mainz, 1967, 12 Seiten.

Burgdörfer, F.
Bevölkerungsdynamik und Bevölkerungsbilanz. Entwicklung der Erdbevölkerung
in Vergangenheit und Zukunft. Verlag Lehmann München, 1951, 116 Seiten,
25 Tab., 30 Abb.

Cipolla, A.M. - Borchardt, K. (Hg.)
Bevölkerungsgeschichte Europas. (= Serie Piper Bd.19). Piper Verlag
München, 1970, 183 Seiten.

Demographische Grundlagen
der Stadt- und Regionalplanung. Einführung zu Grundtendenzen, Grundbegriffen und Orientierungsdaten der Bevölkerungsentwicklung und Bevölkerungs-
gliederung in Stadt und Region. Seminarber. Bearb.v. G. Hecking, H. Dieck-
mann, R. Langner u.a. Hrsg.: Städtebaul. Inst.d. Univ. Stuttgart. Stuttgart 1973, 174 Seiten, Kt., Abb., Tab., Lit.

Dietrichs, B.
Entwicklung der räumlichen Bevölkerungsverteilung. (= Informationsbriefe für Raumordnung, hg. vom Bundesminister des Innern R 2.1.5.). Kohlhammer Verlag/Dt. Gemeindeverlag Mainz, 1968, 10 Seiten.

Ehrlich, P.R. - Ehrlich, A.H.
Bevölkerungswachstum und Umweltkrise. Die Ökologie des Menschen.
(= Conditio humana - Ergebnisse aus den Wissenschaften vom Menschen).
Fischer Verlag Frankfurt, 1972, 533 Seiten.

Ehrlich, P.R.
Die Bevölkerungsbombe. Hanser Verlag München, 1971, und (= Fischer Taschenbuch Bd.6188) 1973.

Entwicklung der Bevölkerung
in den Stadtregionen. Mit Beiträgen von O. Boustedt, K. Haubner, K.H. Olsen, K. Schwarz. 2 Forschungsberichte des Ausschusses "Raum u. Bevölkerung" der Akad.f. Raumforschung und Landesplanung. (= Forschungs- u. Sitzungsber. d. Akad. für Raumforschung u. Landesplanung Bd.22, Raum und Bevölkerung 2). Verlag Jänecke Hannover, 1963, Textband: IX, 206 S., Kt., Abb., Tab., Lit; Kartenband: 6 Kt.

Evers, H.
Bevölkerung und Volkswirtschaft im Jahre 1980 unter besonderer Berücksichtigung d. Land- u. Forstwirtschaft. (= Sonderausg. von "Mensch, Wald und Forstwirtschaft im Jahre 1980", T.1, hg. v. F. Bauer). BVL Verlagsgesellschaft München, 1962, 68 Seiten, Tab., Lit., 1 Kt.

Feichtinger, G.
Bevölkerungsstatistik. Einführung in die Analyse demographischer Prozesse. de Gruyter Verlag Berlin, 1973, 152 Seiten.

Feichtinger, G.
Stochastische Modelle demographischer Prozesse. Springer Verlag Berlin, 1971, 404 Seiten, 9 Abb.

Flaskämper, P.
Bevölkerungsstatistik. (= Grundriß der Sozialwissenschaftl. Statistik T. II, Bd.1). Verlag F. Meiner Hamburg, 1962, 109 Seiten, mit 88 Tab. und 43 graph. Darst.

Haffner, P.
Der Einfluß der Bevölkerungsentwicklung und -struktur auf das Wirtschaftswachstum. Diss. Hochsch. St.Gallen. (= Veröff.d. Hochsch. St.Gallen f. Wirtsch.-u. Sozialwiss. Volkswirtsch.-wirtsch.-geogr. R., Bd.20). Polygraph. Verlag Zürich, 1970, XXVIII, 182 Seiten, Abb., Tab., Übers., Lit.

Jacobi, C.
Die menschliche Springflut. Ullstein Verlag Berlin, 1969, 211 Seiten.

Mackenroth, G.
Bevölkerungslehre. Theorie, Soziologie und Statistik der Bevölkerung.
(= Enzyklopädie der Rechts- und Staatswissenschaft). Springer Verlag Berlin/Göttingen/Heidelberg, 1953, XII, 531 Seiten, 45 Abb.

Mackensen, R. - Wewer, H.
Dynamik der Bevölkerungsbewegung. Strukturen, Bedingungen, Folgen. Aus der Arbeit d. Ver. Dt. Wissenschaftler. Hanser Verlag München, 1973, 220 Seiten.

Mayer, K.B.
Einführung in die Bevölkerungswissenschaft. (= Urban Taschenbuch Bd.161).
Kohlhammer Verlag Stuttgart, 1973, 143 Seiten.

Mälich, W.
Analyse und Prognose räumlicher Bevölkerungsverteilungen und ihrer Veränderungen. (= Schr.zu Regional- u. Verkehrsproblemen in Industrie- u. Entwicklungsländern Bd. 14). Verlag Duncker u. Humblot Berlin, 1973, 120 Seiten, Abb., Tab., Lit.

Pulte, P.
Bevölkerungslehre. Einführende Darstellung. (= Geschichte und Staat Bd. 166). Olzog Verlag München, 1972, 148 Seiten.

Regionale
Bevölkerungsprognose. Methoden u. Probleme. Mit Beitr.v. O. Boustedt, K. Schwarz, E.W. Buchholz u.a. (= Veröff.d.Akad.f. Raumforsch.u. Landesplanung. Forsch.-u. Sitzungsber. Bd. 29. Raum u. Bevölkerung 4). Verlag Jänecke Hannover, 1965, XI, 149 Seiten, Abb., Tab., Lit., Zsfssg.

Ruppert, K.
Bevölkerungsentwicklung und Mobilität. (= Westermann-Colleg Raum und Gesellschaft H.2). Westermann Verlag Braunschweig, 1973, 64 Seiten.

Schäfer, W.
Der kritische Raum. Über den Bevölkerungsdruck bei Tier und Mensch.
Verlag W. Kramer Frankfurt/M., 1972, 136 Seiten, 42 Abb.

Schraner, R.
Untersuchung über das Wachstum der Schweiz. Wohnbevölkerung bis zum Jahre 2000. (= Industriestandortstudie, Zwischenbericht Nr.3). Hg. vom Institut für Orts-, Regional- und Landesplanung der ETH Zürich, Selbstverlag 1964.

Schröder, D. u.a.
Strukturwandel, Standortwahl und regionales Wachstum. Bestimmungsgründe der regionalen Wachstumsunterschiede der Beschäftigung und der Bevölkerung in der BRD 1950-1980. Hrsg.: Prognos AG Basel. (= Prognos Studien 3). Kohlhammer Verlag Stuttgart, 1968.

Schwarz, K.
Analyse der räumlichen Bevölkerungsbewegung. (= Veröff.d.Akad.f. Raumforsch.u. Landesplanung. Abh. Bd.58). Verlag Jänecke Hannover, 1969, IX, 178 Seiten, Abb., Tab., Lit., Anh., Beil.: 7 Kt.

Schwarz, K.
Auswertungsmöglichkeiten der deutschen Volkszählungen für Raumforschung und Raumordnung. Hrsg.: Bundesminst.d. Innern. (= Informationsbriefe für Raumordnung. R 1.5.6.). Verlag Kohlhammer Mainz und Deutscher Gemeindeverlag, 1967, 11 Seiten, zahlr. Qu.

Schwarz, K.
Demographische Grundlagen der Raumforschung und Landesplanung. (= Abhandlungen der Dt. Akad.f. Raumforschung und Landesplanung Hannover Bd. 64). Verlag Jänecke Hannover, 1972, 279 Seiten.

Schwarz, K.
Prognosen der amtlichen Statistik für die Raumordnung. (= Informationsbriefe für Raumordnung und Städtebau, hg. vom Bundesminister f. Wohnungswesen, Städtebau und Raumordnung, R. 1.5.2.). Kohlhammer Verlag/Dt. Gemeindeverlag Mainz, 1965, 11 Seiten.

Schwarz, K.
Regionale Bevölkerungsprognose. Methoden und Techniken zur Vorausschätzung demographischer Daten auf regionaler Ebene. (= Taschenbücher zur Raumplanung Bd.4). Jänecke Verlag Hannover, 1974.

Schwarz, K.
Statistische Vorausschätzungen für regionale Pläne und Gutachten. (= Informationsbriefe für Raumordnung, hg. vom Bundesminister des Innern, R. 1.5.3.). Kohlhammer Verlag/Dt. Gemeindeverlag Mainz, 1966, 8 Seiten.

Statistisches Bundesamt (Hg.)
Fachserie A, Veröffentlichung Reihe 2"Natürliche Bevölkerungsbewegung" erscheint jährlich. Kohlhammer Verlag Mainz.

Statistische Methoden
und Materialien für Demographen, hg. von der Dt. Akademie f. Bevölkerungswissenschaft. (= Dt. Akad.f. Bevölkerungswissenschaft an d. Univ. Hamburg. Akademie-Veröffentlichung Reihe A, Nr.9).
Bd. 1: Grundlegende allgemein demographische, demographisch-methodische und bevölkerungsstatistische Beiträge. 1966, XIII, 122 Seiten.

Taylor, G.R.
Die Biologische Zeitbombe. Revolution der modernen Biologie. Aus dem Engl. übers.von G. Kreibich, R. Süß, W. Adolf. (= Fischer Taschenbuch Bd. 1213, 1971). G. Fischer Verlag Frankfurt/Hamburg, 1969, 308 Seiten.

Ungern-Sternberg, R.v. - Schubnell, H.
Grundriß der Bevölkerungswissenschaft. Demographie. Verlag Gustav Fischer Stuttgart, 1950, 602 Seiten, 26 Abb.

Wagenführ, R.
Wirtschafts- und Sozialstatistik. Haufe Verlag Freiburg, 1970, 2 Bände.

Wierling, L. - Zühlke, W.
Altersstruktur im Ruhrgebiet. (= Schriftenr. Siedlungsverb. Ruhrkohlenbez. 25). Selbstverlag Siedlungsverb. Ruhrkohlenbez. Essen, 1969, 12 Seiten, Kt., Abb., 15 Tab., Lit.

Winkler, W.
Demometrie. Verlag Duncker u. Humblot Berlin, 1969, 447 Seiten.

Witt, W.
Bevölkerungskartographie. (= Abhandlungen der Akad.f. Raumforschung und Landesplanung Bd. 63). Verlag Jänecke Hannover, 1971, 190 Seiten.

Wrigley, E.A.
Bevölkerungsstruktur im Wandel. Kindler Verlag München, 1969, 255 Seiten.

9. Soziologie, Empirische Sozialforschung

9.1. Lehr- und Handbücher sowie Allgemeine Werke zur Soziologie

Adorno, T.W. - Albert, H. u.a.
Soziologie zwischen Theorie und Empirie. Soziolog. Grundprobleme.
Hg. von W. Hochkeppel. (= Sammlung dialog sd 39). Nymphenburger Verlagsgesellschaft München, 1970, 238 Seiten.

Albert, H. u.a.
Theorie und Realität. Ausgewählte Aufsätze zur Wissenschaftslehre der Sozialwissenschaften. Mohr Verlag Tübingen, 2. veränd. Aufl., 1972, 431 Seiten.

Albrecht, G.
Sozialökologie. (= rororo-Studium Bd.24). Rowohlt Verlag Reinbek bei Hamburg, 1973.

Alewell, K. - Bolte, M. - Hättich, M. - Jürgensen, H.
Die Sozialwissenschaften. Eine Einführung für Studium und Beruf. Hg.v. R. Ballmann, nach einer Sendereihe des Zweiten Deutschen Fernsehens. Bertelsmann Univ. Verlag Düsseldorf, 1969, 160 Seiten.

Aron, R.
Deutsche Soziologie der Gegenwart. (= Kröners Taschenausgabe 214). Kröner Verlag Stuttgart, 3. Aufl., 1969.

Aron, R.
Hauptströmungen des soziologischen Denkens. 2 Bände. Aus dem Franz.v. F. Becker. (= Studien-Bibliothek). Verlag Kiepenheuer u. Witsch Köln, 1971, Band 1: 320 Seiten, Band 2: 272 Seiten.

Atteslander, P. - Roger, G. (Hg.)
Soziologische Arbeiten I. Im Auftrag der Schweiz. Gesellsch.f. Soziologie in Zus.Arbeit m.d. Schweiz.Ges.f. praktische Sozialforschung unter Mitarbeit v. H. Fischer u.a. Verlag Huber Bern/Stuttgart, 1966, 348 Seiten.

Bahrdt, H.P.
Wege zur Soziologie. Mit einem bibliographischen Schlußkapitel. (= "Wege in die soziologische Literatur" von H.P.Dreitzel). (= Sammlung dialog sd.10). Nymphenburger Verlag München, 7. erw. Aufl., 1974, 320 Seiten mit 20 Schaubildern.

Barley, D.
Grundzüge und Probleme der Soziologie. Eine Einführung in das Verständnis des menschlichen Zusammenlebens. Luchterhand Verlag Neuwied/Berlin, 5. durchges.u.erg. Aufl., 1972, 332 Seiten.

Bellebaum, A.
Soziologische Grundbegriffe. Wissenschaft und Soziale Praxis. Kohlhammer Verlag Stuttgart, 3. Aufl., 1973, 216 Seiten.

Berger, P.L.
Einladung zur Soziologie. Eine humanistische Perspektive. Walter Verlag Freiburg/Brsg., 2. Aufl., 1970, 206 Seiten.

Bernsdorf, W. (Hg.)
Wörterbuch der Soziologie. Enke Verlag Stuttgart, 2. Aufl., 1969, 1317 Seiten.

Bodzenta, E. (Hg.)
Soziologie und Soziologiestudium. Verlag Springer Wien/New York, 1966, 119 Seiten.

Bolz, W.
Einführung in die Soziologie. Familie - Gemeinde - Jugend - Betrieb. Verlag Handwerk und Technik/Büchner Hamburg, 1972, 128 Seiten.

Bouman, P.J.
Grundlagen der Soziologie. Aus dem Holländischen übers. Enke Verlag Stuttgart, 1968, 173 Seiten.

Braun, H. - Hahn, A.
Wissenschaft von der Gesellschaft. Entwicklung und Probleme. Alber Verlag Freiburg/Brsg., 1973, 162 Seiten.

Burghardt, A.
Einführung in die Allgemeine Soziologie. (= WISo-Kurzlehrbücher, Reihe Sozialwissenschaft). Vahlen Verlag München, 1972, XI, 271 Seiten.

Cuvillier, A.
Kurzer Abriß der soziologischen Denkweise. Probleme und Methoden. Übersetzung von "Introduction à la sociologie" durch F.H. Oppenheim und H. Maus. Enke Verlag Stuttgart, 1960, 187 Seiten.

Dahrendorf, R.
Einleitung in die Sozialwissenschaft. (= Reihe Arche Nova). Verlag Die Arche Zürich, 1971, 83 Seiten.

Eberlein, G.
Theoretische Soziologie heute. Von allgemeinen Sozialtheorien zum soziologischen Kontextualmodell. Hab.Schr.FU Berlin. Enke Verlag Stuttgart, 1971, VII, 207 Seiten.

Eisermann, G.
Die gegenwärtige Soziologie. (= Bonner Beiträge zur Soziologie Nr.2). Enke Verlag Stuttgart, 1967, 294 Seiten.

Eisermann, G.
Die Lehre von der Gesellschaft. Ein Lehrbuch der Soziologie. Enke Verlag Stuttgart, 2. völlig veränd. Aufl., 1969, 552 Seiten.

Eisermann, G. (Hg.)
Soziologisches Lesebuch. Enke Verlag Stuttgart, 1969, 406 Seiten.

Elias, N.
Was ist Soziologie? (= Grundfragen der Soziologie Bd.1). Juventa Verlag München, 2. Aufl., 1971.

Fichter, J.H.
Grundbegriffe der Soziologie. Springer Verlag Wien/New York, 3. Aufl., 1970, 255 Seiten.

Francis, E.K.
Wissenschaftliche Grundlagen soziologischen Denkens. (= Dalp Taschenbücher 339). Lehnen Verlag Bern/München, 3. Aufl., 1967, 143 Seiten.

Führer
durch die Sozialwissenschaften. Redaktion M. Bethge, Einführung v.
H.P. Bahrdt. Aus dem Engl.v. H. Maor. (= Sammlung dialog sd 34). Nymphenburger Verlag München, 1969, 384 Seiten.

Fürstenberg, F.
Soziologie. Hauptfragen und Grundbegriffe. (= Sammlung Göschen Bd.4000).
de Gruyter Verlag Berlin/New York, 1972, 154 Seiten.

Furth, P.
Vorarbeiten zur Kritik der Soziologie. (= ed. Suhrkamp Bd.656). Suhrkamp
Verlag Frankfurt/M., 1973.

Gehlen, A. - Schelsky, H. (Hg.)
Soziologie. Ein Lehr- und Handbuch der modernen Gesellschaftskunde.
Diederichs Verlag Düsseldorf/Köln, 8. Aufl., 1971, 376 Seiten.

Geiger, Th.
Arbeiten zur Soziologie. (= Soziolog. Texte Bd.7). Luchterhand Verlag
Neuwied, 1962, 484 Seiten.

Grieswelle, D.
Allgemeine Soziologie. Gegenstand - Grundbegriffe - Methode. (= Urban
Taschenbuch 177). Kohlhammer Verlag Stuttgart, 1973, 160 Seiten.

Grundbegriffe
der Sozialwissenschaften. Hg.v. J. Agnoli, P. Brückner, E. Krippendorf,
K. Meschkat, O. Negt, J. Seifert. 6 Bände. Suhrkamp Verlag Frankfurt/M.
(in Vorbereitung)

Habermas, J.
Zur Logik der Sozialwissenschaften. Suhrkamp Verlag Frankfurt/M., 2. Aufl.,
1970.

von dem Hagen, P.
Wirtschafts- und Sozialwissenschaften für Ingenieure. (= Hanser Studienbücher der Technischen Wissenschaften). Hanser Verlag München, 1972,
600 Seiten mit 138 Bildern.

Handwörterbuch
der Sozialwissenschaften. Neuauflage des Handwörterbuchs der Staatswissenschaften, Die Enzyklopädie des Wissens von Gesellschaft, Staat und
Wirtschaft. Hg. von E.v. Beckerath, 12 Bände und 1 Register. Verlage
Vandenhoeck u. Ruprecht/G. Fischer/S. Mohr, Göttingen/Stuttgart/Tübingen
1956 - 1969.

Hartmann, H.
Empirische Sozialforschung. Probleme und Entwicklungen. (= Grundfragen
der Soziologie Bd.2). Juventa Verlag München, 2. Aufl., 1972, 240 Seiten.

Hartmann, H.
Organisation der Sozialforschung. Westdeutscher Verlag Köln/Opladen,
1971, 135 Seiten.

Heintz, P.
Einführung in die soziologische Theorie. Enke Verlag Stuttgart, 2. erw.
Aufl., 1968, 299 Seiten.

Hochkeppel, W. (Hg.)
Soziologie zwischen Theorie und Empirie. Soziologische Grundprobleme von Th. Adorno, H. Albert u.a. (= Sammlung dialog sl 39). Nymphenburger Verlag München, 1970, 238 Seiten.

Homans, G.C.
Grundfragen der soziologischen Theorie. Aufsätze. Hrsg.u.m. Nachwort von V. Vanberg. Westdeutscher Verlag Köln/Opladen, 1972, 175 Seiten.

Homans, G.C.
Was ist Sozialwissenschaft? (= UTB Bd.190). Westdeutscher Verlag Köln/Opladen, 2. Aufl., 1972, 97 Seiten.

Hummell, H.J.
Grundbegriffe der Soziologie. (= Werner Studienreihe). Werner Verlag Düsseldorf, 1974. (in Vorbereitung)

de Jager, H. - Mok, A.L.
Grundlegung der Soziologie. Mit einem Vorwort von H.J. Helle. Aus dem Niederländ.v. W. Leson. Bachem Verlag Köln, 1972, 305 Seiten.

Jetzschmann, H. - Kallabis, H. - Schulz, R. - Taubert, H.
Einführung in die soziologische Forschung. Dietz Verlag Berlin, 1966, 265 Seiten.

Jonas, F.
Geschichte der Soziologie. 4 Bände. Rowohlt Verlag Reinbek bei Hamburg, 1968/69.
Band 1: Aufklärung - Liberalismus - Idealismus (= rde 302)
Band 2: Sozialismus - Positivismus - Historismus (= rde 304)
Band 3: Französische und italienische Soziologie (= rde 306)
Band 4: Deutsche und amerikanische Soziologie (= rde 308)

Kadelbach, G. (Hg.)
Wissenschaft und Gesellschaft. Einführung in das Studium von Politikwissenschaft, Neuere Geschichte, Volkswirtschaft, Recht, Soziologie. (= Fischer Bücherei 846), (= Funkkolleg zum Verständnis der modernen Gesellschaft Bd.1). Fischer Verlag Frankfurt/M., 1967, 342 Seiten.

Kerlinger, F.N.
Grundlagen der Sozialwissenschaften. (= Beltz Studienbücher). Verlag J. Beltz Weinheim, 1973, ca. 300 Seiten.

Kiss, G.
Einführung in die soziologischen Theorien. Westdeutscher Verlag Opladen.
Band 1: (= UTB 72), 1972, 288 Seiten
Band 2: (= UTB 238), 1973, 304 Seiten

Klages, H.
Geschichte der Soziologie. (= Grundfragen der Soziologie 3). Juventa Verlag München, 2. Aufl., 1972.

Klages, H.
Soziologie zwischen Wirklichkeit und Möglichkeit. (= WV-Sammlung Soziologie). Westdeutscher Verlag Köln/Opladen, 1968, 70 Seiten.

Klima, R.
Soziologie der Soziologie. (= rororo-Studium 36). Rowohlt Verlag Reinbek bei Hamburg, 1973, o.S.

Knebel, H.J.
Metatheoretische Einführung in die Soziologie. (= UTB Bd.164). Westdeutscher Verlag Köln/Opladen, 1973, 283 Seiten.

König, R. (Hg.)
Das Fischerlexikon: Soziologie. Neubearbeitung. (= Fischer Bücherei Bd. FL 10). Fischer Verlag Frankfurt/M., 1958 ff., 396 Seiten.

König, R. (Hg.)
Handbuch der empirischen Sozialforschung. Bearb.v. K.M. Bolte, H. Daheim, F. Fürstenberg u.a. Enke Verlag Stuttgart.
Band 1: 2. veränd. Aufl., 1967, XX, 841 Seiten
Band 2: 1969, XXI, 1395 Seiten, Abb., Tab., Lit., Reg.
und: dtv-Taschenbuch Bd. 4235 - 4238. Deutscher Taschenbuch Verlag München, 1973.

König, R.
Studien zur Soziologie. (= Fischer Taschenbuch Bd.6078). Fischer Verlag Frankfurt/M., 1971, 138 Seiten.

Kreutz, H.
Soziologie der empirischen Sozialforschung. Theoret. Analyse von Befragungstechniken und Ansätze z. Entwicklung neuer Verfahren. (= Soziologische Gegenwartsfragen: N.F. Nr.38). Enke Verlag Stuttgart, 1972, 209 Seiten, graph. Darst.

Kühne, O.
Allgemeine Soziologie. Band I. Die Lehre vom sozialen Verhalten und von den sozialen Prozessen. Verlag Duncker u. Humblot Berlin, 1958, 804 S.

Kunz, G.
Einführung in die empirische Sozialforschung. (= Luchterhand Arbeitsmittel). Luchterhand Verlag Neuwied, Teil 1: 1973, 200 Seiten.

Lambrecht, S.
Die Soziologie. Aufstieg einer Wissenschaft. Ein Leitfaden für Praxis und Bildung. Seewald Verlag Stuttgart, 3. Aufl., 1963, 487 Seiten mit Anm. u. Literaturhinw.

Lautmann, R.
Soziologie vor den Toren der Jurisprudenz. Zu einer Kooperation der beiden Disziplinen. (= Urban Taschenbuch Bd.821). Kohlhammer Verlag Stuttgart, 1971, 121 Seiten.

Lazarsfeld, P.F.
Soziologie: Hauptströmungen der sozialwissenschaftlichen Forschung. Hg. von der UNESCO. Aus dem Engl.v. A. Jaeger. (= Ullstein Taschenbuch 2956). Ullstein Verlag Berlin, 1973, 187 Seiten.

Lexikon
zur Soziologie. Hrsg.v. W. Fuchs u..a. Westdeutscher Verlag Opladen, 1973, 784 Seiten.

Mangold, W.
Empirische Sozialforschung. Grundlagen und Methoden. (= Gesellschaft und Erziehung). Verlag Quelle u. Meyer Heidelberg, 2. Aufl., 1969, 93 Seiten.

Mannheim, K.
Die Gegenwartsaufgaben der Soziologie. Ihre Lehrgestalt. Mohr Verlag Tübingen 1973 (in Vorbereitung).

Matthes, J.
Einführung in das Studium der Soziologie. (= rororo Studium Bd.15). Rowohlt Verlag Reinbek bei Hamburg, 1972.

Mayntz, R.
Formalisierte Modelle in der Soziologie. (= Soziologische Texte 39).
Luchterhand Verlag Darmstadt/Neuwied, 1967, 260 Seiten.

Mills, C.W.
Kritik der soziologischen Denkweise (1959). (= Sammlung Luchterhand 127).
Luchterhand Verlag Neuwied, 1963, 295 Seiten.

Naumann, H.
Soziologie. Ausgewählte Texte zur Geschichte einer Wissenschaft.
Verlag K.F. Koehler Stuttgart, 1958, 327 Seiten.

Niezing, J.
Aufgaben und Funktionen der Soziologie. Betrachtungen über ihre Bedeutung für Wissenschaft und Gesellschaft. Aus dem Holländ. übersetzt v.
J. Beyermann. Westdeutscher Verlag Köln/Opladen, 1967, 159 Seiten.

Ogburn, W.F.
Kultur und sozialer Wandel. Ausgewählte Schriften. (= Soziologische Texte 56). Luchterhand Verlag Neuwied, 1969, 472 Seiten.

Opp, K.
Methodologie der Sozialwissenschaften. Einführung in Probleme ihrer Theorienbildung. (= rde Bd.339). Rowohlt Verlag Reinbek bei Hamburg, 1970.

Opp, K.D.
Kybernetik und Soziologie. Luchterhand Verlag Darmstadt/Neuwied, 1970, 46 Seiten.

Opp, K.D. - Hummell, H.J.
Kritik der Soziologie. Probleme der Erklärung sozialer Prozesse 1.
Athenäum Verlag Frankfurt/M., 1973, 150 Seiten.

Oppenheimer, F.
System der Soziologie. 9 Teilbände. G. Fischer Verlag Stuttgart, 2. Aufl., 1964, 4.702 Seiten.

Ossowski, St.
Die Besonderheiten der Sozialwissenschaft. Aus dem Polnischen. (= ed. Suhrkamp Bd.612). Suhrkamp Verlag Frankfurt/M., Erstausg. 1973.

Parsons, T.
Beiträge zur soziologischen Theorie. Amerikanische Originalausgabe "Essays in Sociological Theory", ferner "The Incest Taboo" Hrsg.v.
D. Rüschemeyer, übers.v. B. Mitchell. Luchterhand Verlag Neuwied/Berlin, 2. unver. Aufl., 1968.

Parsons, T.
Zur Theorie sozialer Systeme. Hg. von St. Jensen. (= UTB Bd.150).
Westdeutscher Verlag/Leske Verlag Opladen, 1973, 250 Seiten.

Phillips, B.
Empirische Sozialforschung. Strategie und Taktik. Hg. v. E. Bodzenta.
Springer Verlag Wien, 1970, 405 Seiten, XI, 18 Abb.

Prim, R. - Tilmann, H.
Grundlagen einer kritisch-rationalen Sozialwissenschaft. (= UTB Bd.221).
Verlag Quelle u. Meyer Heidelberg, 1973, 179 Seiten.

Rex, J.
Grundprobleme der soziologischen Theorie. (Key Problems of Sociological Theory). Aus dem Engl.v. C. Feest und J. Feest. (= rombach hochschul paperback 16). Rombach Verlag Freiburg/Brsg., 1970, 194 Seiten.

Ritter, R.
Grundfragen der Soziologie. Eine Einführung für Relegionslehrer und praktische Theologen. Benzinger Verlag Köln, 1973, ca. 120 Seiten.

Rosenmayr, L. - Höllinger, S. (Hg.)
Soziologie-Forschung in Österreich. Methoden, theoretische Konzepte, praktische Verwertung. (= Wiener soziologische Studien). Verlag Böhlau Wien/Köln, 1969, VII, 631 Seiten, Kt., Abb., Tab., Übers., Lit.

Rüegg, W.
Soziologie. Fischer Verlag Frankfurt/M., 1969, 314 Seiten.

Schäfer, B.
Möglichkeiten und Grenzen soziologischer Beiträge zur Stadt- und Regionalplanung. Institut für Stadtbauwesen Aachen, 1973, 28 Seiten.

Schäfers, B. (Hg.)
Thesen zur Kritik der Soziologie. (= ed. Suhrkamp 324). Suhrkamp Verlag Frankfurt/M., 1969, 173 Seiten.

Schelsky, H.
Ortsbestimmung der deutschen Soziologie. Diederichs Verlag Düsseldorf/ Köln, 1967.

Schelsky, H. - Gehlen, A. (Hg.)
Soziologie. Diederichs Verlag Düsseldorf, 6. Aufl., 1966, 372 Seiten.

Scheuch, E.K. u.a.
Grundbegriffe der Soziologie. (= Teubner Studienskripten). Teubner Verlag Stuttgart.
Band 1: 200 Seiten, 1972
Band 2: 160 Seiten, 1973

Schneider, P.K.
Grundlegung der Soziologie. (= Urban Taschenbücher Reihe 80). Kohlhammer Verlag Stuttgart, 1973, 110 Seiten.

Schoeck, H.
Geschichte der Soziologie. Ursprung und Aufstieg der Wissenschaft von der menschlichen Gesellschaft. (= Herder Bücherei Bd.475). Herder Verlag Freiburg/Brsg., 1973, 400 Seiten.

Schoeck, H.
Soziologisches Wörterbuch. 535 alphabetisch angeordnete Stichwörter. (= Herder Bücherei Bd.312). Herder Verlag Freiburg/Brsg., 1969 ff, 400 Seiten.

Schrader, A.
Einführung in die empirische Sozialforschung. Leitfaden für die Planung und Bewertung von Forschungsprojekten. Kohlhammer Verlag Stuttgart, 2. Aufl., 1973, 252 Seiten.

Seger, J.
Knaurs Buch der modernen Soziologie. Mit einem Geleitwort v. R.V. Merton.
(= Exacte Geheimnisse). Droemer Verlag München, 1970, 336 Seiten mit
220 Abb.

Simmel, G.
Grundfragen der Soziologie. Individuum und Gesellschaft. (= Sammlung
Göschen Bd.1101). de Gruyter Verlag Berlin, 3. unveränd. Aufl., 1970,
98 Seiten.

Steinbacher, F.
Die Gesellschaft. Einführung in den Grundbegriff der Soziologie. (= Urban Taschenbücher Bd.80). Kohlhammer Verlag Stuttgart, 1971, 112 S.

Tönnies, F.
Einführung in die Soziologie. Nachdruck der ersten Auflage 1931. Enke
Verlag Stuttgart, 1965, 327 Seiten.

Topitsch, E. (Hg.)
Logik der Sozialwissenschaften. (= Neue wissenschaftliche Bibliothek 6 =
Abt. Sozialwissenschaften Logik/ Sozialwissenschaften X - 1965).
Verlag Kiepenheuer u. Witsch Köln/Berlin, 1967, 568 Seiten.

Verstehende Soziologie
Grundzüge und Entwicklungstendenzen. Elf Aufsätze, hg. und eingeleitet v.
W.L. Bühl. (= ntw 9). Nymphenburger Verlagsges. München, 1973, 318 Seiten.

Vierkandt, A. (Hg.)
Handwörterbuch der Soziologie. Enke Verlag Stuttgart, unveränd. Nachdruck der 1. Aufl., 1931/1961.

Wallner, E.M.
Soziologie/ Einführung in Grundbegriffe und Probleme. Verlag Quelle u.
Meyer Heidelberg, 2. Aufl., 1972, 274 Seiten, mit zahlr. Tab. u. Diagr.

Weber, M.
Soziologische Grundbegriffe. Mohr Verlag Tübingen, 2. Aufl., 1966,
44 Seiten.

Wiese, L.v.
Geschichte der Soziologie. (= Sammlung Göschen Bd.3101). de Gruyter
Verlag Berlin, 9. Aufl., 1971, 158 Seiten.

Wiese, L.v.
System der allgemeinen Soziologie, als Lehre von den sozialen Prozessen
und den sozialen Gebilden der Menschen (Beziehungslehre). Verlag Duncker
u. Humblot Berlin/München, 4. Aufl., 1966.

Wössner, J.
Soziologie - Einführung und Grundlegung. Böhlau Verlag Wien, 4. Aufl.,
1973, 300 Seiten, Skizzen und Tabellen.

Ziegenfuß, W. (Hg.)
Handbuch der Soziologie. Bearb. von W. Eichler u.a. Enke Verlag Stuttgart,
Band 1: 1955, 612 Seiten, Band 2: 1956, Seiten 613 - 1243.

Zimmermann, E.
Das Experiment in den Sozialwissenschaften. (= Teubner Studienskripten
Bd.37). Teubner Verlag Stuttgart, 1972.

9.2. Sozialwissenschaftliche Grundkenntnisse über den Gesellschaftsaufbau (Klasse, Schicht, Gruppe, Sozialstruktur)

Adorno, Th.W.
Aufsätze zur Gesellschaftstheorie und Methodologie. Suhrkamp Verlag Frankfurt/M., 1970, 244 Seiten.

Adorno, Th.W. (Hg.)
Spätkapitalismus oder Industriegesellschaft? (=Verhandlungen d. 16. Dt. Soziologentages). Enke Verlag Stuttgart, 1969, 300 Seiten.

Aufhäuser, S.
An der Schwelle des Zeitalters der Angestellten. Eine wachsende und dynamische Leistungsschicht in Wirtschaft und Verwaltung. Heenemann Verlag Berlin-Wilmersdorf, 1963, 143 Seiten.

Baumanns, H.L. - Grossmann, H.
Deformierte Gesellschaft? Soziologie der Bundesrepublik Deutschland. (=rororo Tele Bd. 7). Rowohlt Verlag Reinbeck bei Hamburg, 1969, mit 60 Abb.

Bayer, H. (Hg.)
Der Angestellte zwischen Arbeiterschaft und Management. Internationale Tagung der Sozialakademie Dortmund. Verlag Duncker u. Humblot Berlin, 1961, 468 Seiten.

Behrendt, R.F.
Dynamische Gesellschaft. Über die Gestaltbarkeit der Zukunft. Scherz Verlag Bern/Stuttgart, 1963, 176 Seiten.

Behrendt, R.F.
Der Mensch im Lichte der Soziologie. Versuch einer Besinnung auf Dauerndes und Wandelbares im gesellschaftlichen Verhalten. (=Urban Taschenbuch 60). Kohlhammer Verlag Stuttgart/Berlin/Köln/Mainz, 2. Auflage, 1969, 176 Seiten.

Biermann, B.
Die soziale Struktur der Unternehmerschaft. Enke Verlag Stuttgart, 1971, 229 Seiten.

Bolte, K.M. - Aschenbrenner, K. - Kreckel, R. - Schultz-Wild, R.
Beruf und Gesellschaft in Deutschland. Berufsstruktur und Berufsprobleme. (=Beiträge zur Sozialkunde R.B: Struktur + Wandel der Gesellschaft 8). Leske Verlag Opladen, 1970, 263 Seiten.

Bolte, K.M.
Bundesrepublik wohin? Gesellschaftsordnung, Gesellschaftskritik und gesellschaftspolitische Bestrebungen in der Bundesrepublik - eine Einführung. WWT-Verlag Bad Harzburg, 1974, 120 Seiten.

Bolte, K.M.
Deutsche Gesellschaft im Wandel. Leske Verlag Opladen.
Band I: 2. überarb. Aufl., 1967, 362 Seiten. (=Beiträge zur Sozialkunde, Reihe B, Sammelband der Grundhefte 1 - 4, Veröff.d.Akad.f. Wirtschaft u. Politik Hamburg).
Band II: 1970, 455 Seiten. (=Beiträge z. Sozialkunde, Reihe B, Sammelband d. Grundhefte 5-8, Veröff.d.Akad.f. Wirtschaft u. Politik Hamburg).

Bolte, K.M. - Aschenbrenner, K.
Die gesellschaftliche Situation der Gegenwart. (=Beiträge zur Sozialkunde Reihe B Bd. 1). Leske Verlag Opladen, 6. Aufl., 1970, 53 Seiten.

Bolte, K.M. - Kappe, D. - Neidhardt, F.
Soziale Schichtung. (=Beiträge zur Sozialkunde Reihe B Bd. 4). Leske Verlag Opladen, 2. überarb. Aufl., 1968, 119 Seiten.

Bolte, K.M.
Soziale Schichtung. Leske Verlag Opladen, 1973, 120 Seiten.

Bolte, K.M.
Sozialer Aufstieg und Abstieg. Eine Untersuchung über Berufsprestige und Berufsmobilität. (= Soziologische Gegenwartsfragen 5). Enke Verlag Stuttgart, 1959, 253 Seiten.

Bolte, K.M. - Kappe, D. - Ohrt, L.
Soziales Ansehen. (=Beiträge zur Wirtschafts- u. Sozialkunde Reihe B 4 a/c). Leske Verlag Opladen, 1965, 24 Seiten.

Bolte, K.M. - Kappe, D.
Struktur und Entwicklung der Bevölkerung. Leske Verlag Opladen, 3. Aufl., 1967, 100 Seiten.

Bosl, K.
Die Gesellschaft in der Geschichte des Mittelalters. (=Kl. Vandenhoeck-Reihe 231/231a). Verlag Vandenhoeck u. Ruprecht Göttingen, 2. erw. Aufl., 1969, 90 Seiten.

Bottomore, T.B.
Elite und Gesellschaft. Eine Übersicht über die Entwicklung des Eliteprogramms 1966. Beck Verlag München, 1966, 178 Seiten.

Bottomore, T.B.
Die sozialen Klassen in der modernen Gesellschaft. Aus dem Englischen von J. Wilhelm. Nymphenburger Verlagsbuchhandlung München, 1968, 143 S.

Braun, S. - Fuhrmann, J.
Angestelltenmentalität. Berufliche Position und gesellschaftliches Denken der Industrieangestellten. Bericht über eine industriesoziologische Untersuchung. (=Soziologische Texte 63). Luchterhand Verlag Neuwied, 1970, 572 Seiten.

Braun, R. - Fischer, W. - Großkreutz, H. - Volkmann, H. (Hg.)
Gesellschaft in der industriellen Revolution. Verlag Kiepenheuer u. Witsch Köln/Berlin, 1973, 400 Seiten.

Brepohl, W.
Industrievolk im Wandel von der agraren zur industriellen Daseinsform, dargestellt am Ruhrgebiet. (=Soziale Forschung u. Praxis 18). Tübingen 1957, 400 Seiten.

Bücher, K.
Arbeitsteilung und soziale Klassenbildung. (=Sozialökonomische Texte H.6). Verlag Klostermann Frankfurt/M., 1946, 38 Seiten.

Claessens, D. - Klönne, A. - Tschoepe, A.
Sozialkunde der Bundesrepublik. Diederichs Verlag Düsseldorf/Köln, 6. erg.u.erw. Aufl., 1973, 496 Seiten, 19 Schaubilder u. 63 Tabellen.

Claessens, D.
Status als entwicklungssoziologischer Begriff. (=Daten. Sozialwiss. Schriftenreihe 4). Ruhfus Verlag Dortmund, 1965, 174 Seiten.

Croner, F.
Die Angestellten in der modernen Gesellschaft. Humboldt Verlag Wien/ Frankfurt/M. 1954, 2. erw. Aufl. Köln 1962, 265 Seiten.

Daheim, H.J.
Der Beruf in der modernen Gesellschaft. Versuch einer soziologischen Theorie. Verlag Kiepenheuer u. Witsch Köln, erw. Neuauflage 1971, 328 Seiten.

Dahrendorf, R.
Gesellschaft und Demokratie in Deutschland. Piper Verlag München, 1971, 516 Seiten (und: dtv Bd. 757).

Dahrendorf, R.
Konflikt und Freiheit. Auf dem Weg zur Dienstklassengesellschaft. Gesammelte Abhandlungen II. Piper Verlag München, 1972, 336 Seiten.

Dahrendorf, R.
Soziale Klassen und Klassenkonflikt in der industriellen Gesellschaft. (=Soziol. Gegenwartsfragen NF). Enke Verlag Stuttgart, 1957, 270 Seiten.

Dreitzel, H.P.
Elitebegriff und Sozialstruktur. Eine soziologische Begriffsanalyse. Enke Verlag Stuttgart, 1962, 163 Seiten.

Dreitzel, H.P. (Hg.)
Sozialer Wandel. (= Soziologische Texte 41). Luchterhand Verlag Neuwied, 2. Aufl., 1972, 514 Seiten.

Eberhard, W.
Gedanken zur Schichtungstheorie. (=Sitzungsber.d. Bayer.Akad.d.Wissenschaften, Philosoph.Histor. Klasse). Verlag Bayer. Akad.d. Wissenschaften München, Jahrgang 1970, H.3.

Eickelpasch, R.
Mythos und Sozialstruktur. (=Studien zur Sozialwissenschaft Bd. 7). Bertelsmann Universitätsverlag Düsseldorf, 1973, 156 Seiten.

Eisermann, G. (Hg.)
Die Lehre von der Gesellschaft. Ein Lehrbuch der Soziologie. Enke Verlag Stuttgart, 2. völlig veränd. Aufl., 1969, 552 Seiten.

Engelsing, R.
Zur Sozialgeschichte deutscher Mittel- und Unterschichten. Hg.v. H. Berding, J. Kocka, H.Ch. Schröder, H.U. Wehler. (=Kritische Studien zur Geschichtswissenschaft Bd. 4). Verlag Vandenhoeck u. Ruprecht, 1973, 314 S.

Fürstenberg, F.
Das Aufstiegsproblem in der modernen Gesellschaft. Enke Verlag Stuttgart, 2. Aufl., 1969, 163 Seiten.

Fürstenberg, F.
Die Sozialstruktur der Bundesrepublik Deutschland. Ein soziologischer Überblick. (=UTB 191). Westdeutscher Verlag Opladen, 2. Aufl.,1972, 150 Seiten.

Gadamer, H.G. (Hg.)
Die Gesellschaft der Zukunft - Hoffnungen und Sorgen. Das Schwetzinger Gespräch mit N. Bischof, H.G. Gadamer, M.v.Galli, W. Haseloff, K. Steinbuch. Seewald Verlag Stuttgart, 1973, 60 Seiten, 2 Fotos.

Galbraith, J.K.
Die moderne Industriegesellschaft. Aus dem Amerikanischen übersetzt von N. Wölfle. Originalausgabe unter dem Titel: The New Industrial State. Droemer Verlag München/Zürich, 1967, 464 Seiten.

Geiger, Th.
Die Klassengesellschaft im Schmelztiegel. Verlag Kiepenheuer u. Witsch Köln, 1969, 228 Seiten.

Geiger, Th.
Die soziale Schichtung des deutschen Volkes. Soziographischer Versuch auf statistischer Grundlage. (=Soziolog. Gegenwartsfragen H. 1). Wiss. Buchgesellschaft Darmstadt, 1967, 142 Seiten. Nachdruck d.1. Ausgabe im Enke Verlag Stuttgart 1932.

Glass, D.W. - König, R. (Hg.)
Soziale Schichtung und soziale Mobilität. (=Kölner Zt.f. Soz.u. Sozialpsychologie Sonderheft 5, 1961). Westdeutscher Verlag Köln/Opladen, 4. Aufl., 1970, 345 Seiten.

Glenn, N.D. - Alston, J.P. - Weiner, D.
Social Stratification. A Research Bibliography. Berkeley, Glendessary Press 1970, XI, 466 S.

Grümer, K.W.
Der selbständige und unselbständige Mittelstand in einer westdeutschen Kleinstadt. Westdeutscher Verlag Köln/Opladen, 1970, 77 Seiten.

Habermas, J. - Luhmann, N.
Theorie der Gesellschaft oder Sozialtechnologie. Was leistet die Systemforschung? Theorie-Diskussion. Suhrkamp Verlag Frankfurt/M., 1971, 404 Seiten.

Hartfiel, G.
Angestellte und Angestelltengewerkschaften in Deutschland; Entwicklung und gegenwärtige Situation von beruflicher Tätigkeit, sozialer Stellung und Verbandswesen der Angestellten in der gewerblichen Wirtschaft. Verlag Duncker u. Humblot Berlin, 1961, 221 Seiten.

Hartfiel, G. - Sedatis, L. - Claessens, D.
Beamte und Angestellte in der Verwaltungspyramide. Hg. von O. Stammer. Verlag Duncker u. Humblot Berlin, 1964, 257 Seiten.

Hartmann, H. - Bock-Rosenthal, E. - Helmer, E.
Leitende Angestellte - Selbstverständnis und kollektive Forderung. Ergebnisse einer empirischen Untersuchung. Luchterhand Verlag Neuwied, 1973, 160 Seiten.

Hartwig, K. - Stoll, K.H.
Die Bundesrepublik Deutschland, Band 2, Wirtschaft und Gesellschaft. (=Materialien zur Gemeinschaftskunde). Verlag Diesterweg Frankfurt/M. Berlin/München, 1972, 190 Seiten.

Hesse, H.A.
Berufe im Wandel. Ein Beitrag zum Problem der Professionalisierung. (=Soziolog. Gegenwartsfragen 25). Enke Verlag Stuttgart 1968, 2. Aufl. 1972, 203 Seiten.

Herzog, D.
Klassengesellschaft ohne Klassenkonflikt. Eine Studie über William Lloyd Warner und die Entwicklung der neuen amerikanischen Stratifikationsforschung. Verlag Duncker u. Humblot Berlin, 1965, 170 Seiten.

Hörning, K.D. (Hg.)
Der "neue" Arbeiter. Zum Wandel sozialer Schichtstrukturen. (=Fischer Taschenbuch Bd. 6502). Fischer Verlag Frankfurt/M., 1971, 284 Seiten.

Hofbauer, H.
Zur sozialen Gliederung der Arbeitnehmerschaft. Arbeiter und Angestellte in der Gesellschaftshierarchie. (=Die industrielle Entwicklung Bd. 121). Westdeutscher Verlag Köln/Opladen, 1965, 169 Seiten.

Homans, G.C.
Elementarformen sozialen Verhaltens. Westdeutscher Verlag Köln/Opladen, 1968, 349 Seiten.

Homans, G.C.
Theorie der sozialen Gruppe. Titel der Originalausgabe: The Human Group, übersetzt von R. Gruner. Westdeutscher Verlag Köln/Opladen, 5. Aufl., 1970, 450 Seiten.

Internationale
Standardklassifikation der Berufe. Ausgabe 1968, Hg. vom Statistischen Bundesamt Wiesbaden. Kohlhammer Verlag Mainz, 1968.

Jaeggi, U. - Wiedemann, H.
Der Angestellte in der Industriegesellschaft. Kohlhammer Verlag Stuttgart, 1966, 167 Seiten.

Jaeggi, U.
Die gesellschaftliche Elite. Eine Studie zum Problem der sozialen Macht. Paul Haupt Verlag Bern/Stuttgart, 2. erw. Aufl., 1967, 163 Seiten.

Jantke, C.
Der vierte Stand. Die gestaltenden Kräfte der deutschen Arbeiterbewegung im 19. Jahrhundert. Herder Verlag Freiburg/Brsg., 1955, 237 Seiten.

Kersig, H.J.
Die nivellierte Mittelstandsgesellschaft. Diss. Köln 1961, IV, 148 S.

Kiss, G.
Einführung in die soziologischen Gesellschaftstheorien. Vergleichende Analyse soziologischer Hauptrichtungen Bd. 1.
1. (=Uni-TB 72) 1972
2. (=Uni-TB 238) 1973
Westdeutscher Verlag Köln/Opladen; erschienen auch als Habil.Schrift Bochum 1970.

Klassifizierung
der Berufe. Systematisches und alphabetisches Verzeichnis der Berufsbenennungen, Ausgabe 1970. Hg. vom Statistischen Bundesamt Wiesbaden. Kohlhammer Verlag Mainz, 1970, 284 Seiten.

Kluth, H.
Sozialprestige und sozialer Status. (=Soziolog. Gegenwartsfragen NF 1).
Enke Verlag Stuttgart, 1957, 101 Seiten.

Kraus, A.
Die Unterschichten Hamburgs in der ersten Hälfte des 19. Jahrhunderts.
Entstehung, Struktur und Lebensverhältnisse. Eine historisch-statistische
Untersuchung. G. Fischer Verlag Stuttgart, 1965, 112 Seiten.

Lehmann, J. - Liepe, J.
Gesellschaft im Wandel. Begleitheft zur Schulfernseh-Sendereihe des Senders Freies Berlin, hg. v.d. Landesbildstelle Berlin. Schroedel-Diesterweg-Schöningh Verlagsunion Berlin, 1971.

Leist, K.
Investitionen und Sozialstruktur in Westdeutschland. (=Staatswissenschaftl. Studien H. 21). Schulthess Polygraphischer Verlag Zürich,
1956, 87 Seiten.

Lepsius, R. (Hg.)
Soziale Schichtung und Mobilität. (=Neue Wissenschaftl. Bibliothek).
Verlag Kiepenheuer u. Witsch, Köln/Berlin.

Linde, H.
Sachdominanz in Sozialstrukturen. (=Gesellschaft und Wissenschaft Bd. 4).
Mohr Verlag Tübingen, 1972, 86 Seiten.

Linke, W.
Die Stellung der Angestellten in der modernen Gesellschaft. Bund Verlag
Köln, 1962, 86 Seiten.

v.d.Lippe, P.M.
Statistische Methoden zur Messung der sozialen Schichtung. Kümmerle Verlag Göppingen, 1972, 254 Seiten.

Maschke, E. - Sydow, J.
Gesellschaftliche Unterschichten in den südwestdeutschen Städten. Protokoll über die V. Arbeitstagung des Arbeitskreises für südwestdeutsche
Stadtgeschichtsforschung. (=Veröff.d.Komm.f.geschichtl. Landeskunde in
Baden-Württemberg.R.B. Forschgn. Bd. 41). Kohlhammer Verlag Stuttgart,
1967, VIII, 184 Seiten.

Mayer, K.W.
Die Sozialstruktur Österreichs. Österr. Bundesverlag f. Unterricht Wien,
1970, 125 Seiten.

Mayntz, R.
Soziale Schichtung und sozialer Wandel in einer Industriegemeinde. Eine
soziolog. Untersuchung der Stadt Euskirchen. (=Schriftenreihe des UNESCO-
Instituts für Sozialwissenschaften Köln Bd. 6). Enke Verlag Stuttgart,
1958, 281 Seiten.

Meschkat, K. - Negt, O.
Gesellschaftstrukturen. Suhrkamp Verlag Frankfurt/M., 1973, 318 Seiten.

Mills, C.W.
Die amerikanische Elite (1956). Holsten Verlag Hamburg, 1962, 448 Seiten.

Mills, Th.M.
Soziologie der Gruppe. (=Grundfragen der Soziologie Bd. 10). Juventa Verlag München, 3. Aufl., 1971, 215 Seiten.

Moore, W.E.
Strukturwandel der Gesellschaft. (=Grundfragen der Soziologie Bd. 4). Juventa Verlag München, 2. Aufl., 1968, 208 Seiten.

Müller, K.V.
Die Angestellten in der hochindustrialisierten Gesellschaft. (=Schriftenr. des Instituts f. Empirische Soziologie Bd. 4). Westdeutscher Verlag Köln/Opladen, 1957, 131 Seiten mit Abb.

Müller, P.
Die soziale Gruppe im Prozeß der Massenkommunikation. Enke Verlag Stuttgart, 1970, 261 Seiten.

Münke, St.
Die mobile Gesellschaft. Einführung in die Sozialstruktur der BRD. Kohlhammer Verlag Stuttgart, 1967, 192 Seiten, Tab., Übers., Qu.

Münster C.
Mengen, Massen, Kollektive. Kösel Verlag München, 1952, 211 Seiten.

Nawroth, E.E.
Raum und Gesellschaft morgen. Bachem Verlag Köln, 1969, 233 Seiten.

O.v. Nell-Breuning
Wirtschaft und Gesellschaft, Band I Grundfragen, 1956, 462 Seiten
Wirtschaft und Gesellschaft heute, Band II Zeitfragen, 1957, 436 S.
Wirtschaft und Gesellschaft heute, Band III Zeitfragen 1955 - 1959, 1960, 424 Seiten. Verlag Herder Freiburg/Brsg.

Neuloh, O.
Arbeits- und Berufssoziologie. (=Sammlung Göschen). de Gruyter Verlag Berlin, 1973, ca. 160 Seiten.

Neundörfer, L.
Die Angestellten. Neuer Versuch einer Standortbestimmung. (=Soziologische Gegenwartsfragen 11). Enke Verlag Stuttgart, 1961, 160 Seiten.

Noto, G.
Die Entwicklung der Berufsstruktur für Arbeiter und Angestellte in der wachsenden Wirtschaft. (=Veröff.d. Hochschule St. Gallen f. Wirtschafts- u. Sozialwissenschaften, Volkswirtsch. Reihe 24). Schulthess Polygraphischer Verlag Zürich, 1970, 144 Seiten.

Ossowski, St.
Die Klassenstruktur im sozialen Bewußtsein (1957). (= Soziologische Texte Bd.11). Luchterhand Verlag Neuwied, 1972, 300 Seiten.

Parsons, T.
Theorie der modernen Gesellschaft. (=Grundfragen der Soziologie Bd. 15). Juventa Verlag München, 1973, 250 Seiten.

Parsons, T.
Zur Theorie sozialer Systeme. Hg. von St. Jensen. (=UTB Bd.150). Westdeutscher Verlag Opladen, 1973, 250 Seiten.

Pelinka, A. - Rauch, H. - Wegscheider, H.
Sozialstruktur und Wählerverhalten. Wahlforschungsstudie Burgenland.
(=Forschungsber. d.Inst.f. Höhere Studien Wien H. 62). Fachverlag für
Wirtschaft und Technik Wien, 1971, 61 Seiten.

Popitz, H. - Bahrdt, H.P.
Das Gesellschaftsbild des Arbeiters. Soziologische Untersuchungen in der
Hüttenindustrie. Mohr Verlag Tübingen, 4. Aufl., 1972, X,288 Seiten.

Principe, C.
Wirtschaftliche Entwicklung und Sozialstruktur. Eine soziologische Untersuchung am Beispiel der Industriegemeinde Degersheim. (=Veröff.d.Hochschule St. Gallen f. Wirtschafts- u. Sozialwissenschaften Bd. 6). Schulthess Polygraphischer Verlag Zürich, 1965, 296 Seiten.

Reigrotzki, E.
Soziale Verflechtungen in der BRD. Elemente der sozialen Teilnahme in
Kirche, Politik, Organisation und Freizeit. Mohr Verlag Tübingen, 1956.

Ritter, R.
Schulsystem und Sozialstruktur. Eine Erhebung in 12 bayerischen Landkreisen. Ehrenwirth Verlag München, 1972, 146 Seiten mit zahlr. Tab.

Roeder, H.
Abschied vom Klassenbegriff? Ein Beitrag zur Analyse der marxist. Soziologie in der DDR. Westdeutscher Verlag Köln/Opladen, 1972, 230 Seiten.

Rössner, L.
Der Einzelne in der Gesellschaft. Eine Einführung in soziologische
Probleme. (=Schriften zur politischen Bildung). Verlag Diesterweg Frankfurt a.M./Berlin/München, 2. Aufl., 1973, 103 Seiten.

Ronneberger, F. - Rödel, U.
Beamte im gesellschaftlichen Wandlungsprozeß. Soziale Stellung und soziales Bewußtsein von Beamten in der BRD. (=Wissenschaftliche Reihe Bd. 8).
Bonn, Godesberger Taschenbuchverlag, 1971, 192 Seiten.

Seidel, B. - Jenkner, S.
Klassenbildung und Sozialschichtung. (=Wege der Forschung Bd. 137).
Wiss. Buchgesellschaft Darmstadt, 1968, 446 Seiten.

Stammer, O. (Hg.)
Angestellte und Arbeiter in der Betriebspyramide. Eine empirisch-soziol.
Studie über die Verteilung der Arbeitsplätze von Angestellten und Arbeitern in Betrieben der gewerblichen Wirtschaft. Westl.Verlagsgesellschaft
Berlin, 1959, 166 Seiten.

Stavenhagen, G. - Schmidt, K.H.
Der selbständige gewerbliche Mittelstand in Niedersachsen. (=Göttinger
Handwerksw. Studien 12). O. Schwartz Verlag Göttingen, 1967, 250 Seiten.

Steffen, H. (Hg.)
Die Gesellschaft in der BRD 1 und 2. (=Kleine Vandenhoeck Reihe 312 u.320).
Verlag Vandenhoeck u. Ruprecht Göttingen.
Teil 1 : 1970, 212 Seiten; Teil 2 : 1971, 186 Seiten.

Steinbacher, F.
Die Gesellschaft. Einführung in den Grundbegriff der Soziologie. (=Urban
Taschenbücher Reihe 80, Bd. 812). Kohlhammer Verlag Stuttgart, 1971,
112 Seiten.

Stieglitz, H.
Der soziale Auftrag der freien Berufe. Ein Beitrag zur Kultursoziologie
der industriellen Gesellschaft. (=Beiträge z. Soziologie und Sozialphilosophie Bd. 8). Diss.v.6.7.1959 Köln. Verlag Kiepenheuer u. Witsch Köln,
1960, 339 Seiten.

Tumin, M.M.
Schichtung und Mobilität. Titel der Originalsausgabe: Social Stratification, übers.v. V. Volkholz. (=Grundfragen der Soziologie Bd. 5). Juventa
Verlag München, 1968, 2. Aufl. 1970, 174 Seiten.

Unterschichten
Materialienband. Aspekte der Gesellschaft im Altertum, Mittelalter und
Neuzeit. Hg.v. K. Hasler, A. Kraus, H. Lukis, H. Schoppmeyer. (=Reihe
"JPS"). Pädagog. Verlag Schwann Düsseldorf, 1973, 196 Seiten.

Vorstudien
zur sozialwissenschaftlichen Computersimulation: Qualifikationsstruktur
und Schichtung. Hg. v.d. Arbeitsgruppe am Inst.f. Soziologie der TU Berlin.
Hain Verlag Meisenheim, 1972, VIII, 105 Seiten, 1 Falttafel.

Wald, R.
Industriearbeiter privat. Eine Studie über private Lebensformen und
persönliche Interessen. Enke Verlag Stuttgart, 1966, VII, 170 Seiten.

Wiehn, E.
Theorien der sozialen Schichtung. Eine kritische Diskussion. (=Studien
zur Soziologie 9). Piper Verlag München, 1968, 181 Seiten.

Wiese, L.v.
Gesellschaftliche Stände und Klassen. Francke Verlag Bern, 1950, 85 S.

Wössner, J.
Sozialnatur und Sozialstruktur. Studien über die Entfremdung der Menschen.
(=Soziologische Schriften Bd. 4). Verlag Duncker u. Humblot Berlin, 1965,
110 Seiten.

Zapf, W. (Hg.)
Beiträge zur Analyse der deutschen Oberschicht. (=Studien und Berichte
aus dem Soziolog. Seminar d. Univ. Tübingen III). Piper Verlag München,
2. Aufl., 1965, 166 Seiten.

Zapf, W. (Hg.)
Theorien des sozialen Wandels. (=Neue Wissenschaftl. Bibliothek 31).
Verlag Kiepenheuer u. Witsch Köln/Berlin, 3. Aufl., 1971, 534 Seiten.

Zapf, W.
Wandlungen der deutschen Elite. Ein Zirkulationsmodell deutscher Führungsgruppen 1919-1961. Phil. Diss. Tübingen 1965. (=Studien zur Soziologie 2).
Piper Verlag München, 2. Aufl., 1966, 260 Seiten.

Zimmermann, G.
Sozialer Wandel und ökonomische Entwicklung. (=Bonner Beiträge zur Soziologie Nr. 7). Enke Verlag Stuttgart, 1969, 159 Seiten.

Zoll, R. - Binder, H. (Hg.)
Die soziale Gruppe. Grundformen menschlichen Zusammenlebens. Diesterweg
Verlag Frankfurt/M., 5. Aufl., 1972, 184 Seiten.

9.3. Grundkenntnisse der Stadt- und Gemeindesoziologie, Stadtökologie

Allen, I.L.
Urbanism in the modern metropolis: a classified bibliography of selective sociological approaches to urban ways of life. Hrsg.: Council of Planning Librarians. (= Exchange Bibliography 155). Monticello, Ill., 1970, 38 Seiten. Maschinenschriftlich vervielf.

Angel, S.G. - Hyman, M.
Urban spatial interaction. (= Centre for Environmental Studies, Working Papers, CES WP 69). London 1971, 61 Seiten, Abb., Lit., Anh.: 9 gez.Bl. Maschinenschriftlich vervielf.

Aschenbrenner, K. - Kappe, D.
Großstadt und Dorf als Typen der Gemeinde. (= Beiträge z. Wirtschafts- u. Sozialkunde Reihe B, H.3). Westdeutscher Verlag Opladen, 1965, 68 Seiten.

Atteslander, P. - Hamm, B. (Hg.)
Siedlungssoziologie. (= Neue Wissenschaftliche Bibliothek Bd. 69). Verlag Kiepenheuer u. Witsch Köln, 1973, ca. 400 Seiten.

Bahrdt, H.P. - Hoselitz, B.F.
Großstadt und Stadtlandschaft. 2 Vorträge gehalten im Rahmen der Sendereihe "Funk-Universität" des Senders RIAS Berlin. (= Studienheft 23 des SIN-Städtebauinstituts Nürnberg H. 23). Selbstverlag SIN Nürnberg, 1967, 19 Seiten.

Bahrdt, H.P.
Die moderne Großstadt. Soziologische Überlegungen zum Städtebau. Hrsg. E. Grassi, Red.: U. Schwerin, W. Hesse, Sachgebiet Soziologie. (= rde 127, rowohlts deutsche enzyklopädie). Rowohlt Verlag Reinbek bei Hamburg, 1961, 150 Seiten.

Bahrdt, H.P.
Die moderne Großstadt. Soziol. Überlegungen zum Städtebau. Wegner Verlag Hamburg, 1969, 199 Seiten, Abb., Tab., Lit., Anh.: Herlyn, U.: Notizen z. stadtsoziol. Lit.d. 60er Jahre. Reg.

Bausinger, H. - Braun, M. - Schwedt, H.
Neue Siedlungen. Volkskundlich-soziologische Untersuchungen des Ludwig-Uhland-Instituts Tübingen. Kohlhammer Verlag Stuttgart, 2. veränd. Aufl., 1963, 210 Seiten, Kt., Abb., Lit. u. 10 Seiten Abb.

Beck, H.
Der Kulturzusammenstoß zwischen Stadt und Land in einer Vorortgemeinde. (= Beiträge zur Soziologie und Sozialphilosophie Bd. 6). Hg. von R. König. Regio Verlag Zürich, 1952, 189 Seiten.

Becker, H. - Keim, K.D.
Wahrnehmung in der städtischen Umwelt - Möglicher Impuls für kollektives Handeln. Kiepert Verlag Berlin, 1972, 161 Seiten.

Bennholdt-Thomsen, C. u.a.
Der Mensch in der Großstadt. Eine Vortragsreihe. (= Kröners Taschenausgabe Bd. 265). Kröner Verlag Stuttgart, 1960, 193 Seiten.

Berndt, H.
Das Gesellschaftsbild bei Stadtplanern. (= Beiträge zur Umweltplanung). Krämer Verlag Stuttgart/Bern, 1968, 176 Seiten.

Bobek, H. - Hammer, A. - Ofner, R.
Beiträge zur Ermittlung von Gemeindetypen. Selbstverlag der österreichischen Gesellschaft zur Förderung von Landesforschung und Landesplanung Klagenfurth, 1955, 87 Seiten, 1 Karte.

Brown, P.
Die sozialräumliche Gliederung Hamburgs. (= Weltwirtschaftliche Studien H. 10). Verlag Vandenhoeck u. Ruprecht Göttingen, 1968, 206 S.

Buchholz, H.J.
Formen städtischen Lebens im Ruhrgebiet - untersucht an sechs stadtgeographischen Beispielen. (= Bochumer Geogr. Arbeiten H. 8). Schöningh-Verlag Paderborn, 1970, 87 Seiten, 51 Tab., 33 Abb., 9 Farbkarten i.Anh.

Croon, H. - Utermann, K.
Zeche und Gemeinde. Untersuchungen über den Strukturwandel einer Zechengemeinde im nördlichen Ruhrgebiet. Mohr Verlag Tübingen, 1958, 304 S.

Diederich, J.
Soziographie und Städtebau mit Ergebnissen einer soziographischen Untersuchung in der Stadt Hanau. de Gruyter Verlag Berlin, 1971, LVI, 138 Seiten, 53 Tab. im Text, 38 Tab. im Anh., 33 teils farbige Schaubilder, davon 9 Falttafln.

Dittrich, G.G. (Hg.)
Neue Siedlungen und alte Viertel. Städtebaulicher Kommentar aus der Sicht der Bewohner. (= Die Stadt, hg. vom SIN-Städtebauinst. Nürnberg). Deutsche Verlags-Anstalt Stuttgart, 1973, 246 Seiten, 88 Tab., 39 Abb.

Dorsch, P.
Eine neue Heimat in Perlach. Das Einleben als Kommunikationsprozeß. Callwey Verlag München, 1972, 198 Seiten.

Drewe, P.
Ein Beitrag der Sozialforschung zur Regional- und Stadtplanung. (= Kölner Beiträge z. Sozialforschung u. angewandten Soziologie Bd. 7). Hain-Verlag Meisenheim, 1968, 250 Seiten.

Forsthoff, E.
Stadt und Bürger in der modernen Industriegesellschaft. (= Schriftenreihe des Deutschen Städtebundes 4). Verlag O. Schwartz Göttingen, 1965, 34 Seiten.

Frey, R. - Schmidt-Relenberg, N.
Totale Wohnung. Ein Gespräch zwischen Soziologie und Planer, mit 16 Fragen, dargestellt in Zeichnungen von P. Walser. (= Projekt: Ideen für die Umwelt von morgen, Projekt 1). Krämer Verlag Stuttgart, 1967, 75 Seiten, 5 Qu.

Gans, H.J.
Die Levittowner - Soziografie einer Schlafstadt. (= Bauwelt - Fundamente Bd. 26). Bertelsmann Verlag Gütersloh/Berlin, 1969, 366 Seiten.

Glaser, H.
Kleinstadt-Ideologie. Zwischen Furchenglück und Sphärenflug. (= Sammlung Rombach Bd. 16). Rombach Verlag Freiburg/Brsg., 1969, 178 Seiten.

Gleichmann, P.
Sozialwissenschaftliche Aspekte der Grünplanung in der Großstadt. (= Göttinger Abhandlungen zur Soziologie Bd. 8). Enke Verlag Stuttgart, 1963, VII, 109 Seiten, 2 Abb., 20 Tab.

Goffmann, E.
Verhalten in sozialen Situationen. Strukturen und Regeln der Interaktion im öffentlichen Raum. (= Bauwelt Fundamente Bd. 30). Bertelsmann Verlag Berlin, 1971, 228 Seiten.

Gradow, G.A.
Stadt und Lebensweise. Verlag Bauwesen Berlin/Ost, 1971, 248 Seiten, 190 Abb., 22 Tab.

Hamm, B.
Betrifft: Nachbarschaft. Verständigung über Inhalt und Gebrauch eines vieldeutigen Begriffs. (= Bauwelt-Fundamente Bd. 40). Bertelsmann Verlag Düsseldorf, 1973, ca. 133 Seiten.

Haseloff, O.W.
Die Stadt als Lebensform. Mit 18 Beiträgen. (= Forschung und Information Bd. 6). Colloquium Verlag Berlin, 1970, 191 Seiten.

Hartenstein, W. - Liepelt, K.
Man auf der Straße. Eine verkehrssoziologische Untersuchung. Mit einem Nachwort von R. Hillebrecht. (= Veröffentlichungen des Instituts für angewandte Sozialwissenschaften Bd. 1). Frankfurt/M., 1961, 154 Seiten, Abb., Tab., Lit.

Hartenstein, W. - Liepelt, K. - Lutz, B.
Beobachtungen zur Stadtentwicklung. Sozialwiss. Beiträge zur Stadt- und Regionalplanung. Hg. vom Inst.f. angewandte Sozialwissenschaften Bad Godesberg, 1962. Europäische Verlagsanstalt Frankfurt/M., 1963, 58 S., Tab.

Heidemann, C. - Stapf, K.H.
Die Hausfrau in ihrer städtischen Umwelt. Eine empirische Studie zur urbanen Ökologie am Beispiel Braunschweigs. (= Veröff. des Instituts f. Stadtbauwesen der TU Braunschweig H. 4). Braunschweig 1969, III, 156 Seiten, Abb., Pl., Tab., Lit.

Heil, K.
Kommunikation und Entfremdung. Menschen am Stadtrand - Legende und Wirklichkeit. (= Beiträge zur Umweltplanung). Krämer Verlag Stuttgart, 1971, 216 Seiten, 27 Abb., 58 Tab.

Herlyn, U.
Wohnen im Hochhaus. Eine empirisch-soziologische Untersuchung in ausgewählten Hochhäusern der Städte München, Stuttgart, Hamburg und Wolfsburg. (= Reihe Beiträge zur Umweltplanung). Krämer Verlag Stuttgart/Bern, 1970, 276 Seiten, zahlr. Tab.

Irle, M.
Gemeindesoziologische Untersuchung zur Ballung Stuttgart. Unter zeitweiliger Mitarbeit von G. Eberlein, U. Stock. (= Mitteilungen aus dem Inst. für Raumforschung H. 42). Bad Godesberg 1960, V, 76 Seiten, Pl., Tab., Lit.

Jacobs, J.
Stadt im Untergang. Thesen über den Verfall von Wirtschaft und Gesellschaft in Amerika. Ullstein Verlag Berlin, 1970, 264 Seiten.

Jacobs, J.
Tod und Leben großer amerikanischer Städte. (= Bauwelt-Fundamente Bd.4). Bertelsmann Verlag Berlin, 1963, 221 Seiten, 4 Abb.

Kätsch, S.
Teilstrukturen sozialer Differenzierung und Nivellierung in einer westdeutschen Mittelstadt. Aufwandsnormen und Einkommensverwendung in ihrer sozialen Schichtung. (= Forschungsberichte d. Landes Nordrhein-Westfalen Nr. 1460). Westdeutscher Verlag Köln/Opladen, 1965, 199 Seiten mit Abb.

Kamer, A.
Assimilation in einer wachsenden Industriestadt, dargestellt am Beispiel der Zuzüge in der zweisprachigen Gemeinde Biel. (= Berner Beiträge zur Soziologie 9. Arbeiten aus dem Institut f. Soziologie u. sozio-ökonomische Entwicklungsfragen a.d. Universität Bern). Haupt Verlag Bern, 1963, 123 Seiten.

Kaufmann, A. - Szücs, I.
Großstädtische Lebensweise. Teilbericht über die bisherigen Untersuchungen zur großstädtischen Lebensweise in Wien. Hg. vom Institut für Stadtforschung. Wien 1972, 116 Seiten.

Kinton, J.P.
The American community: a multi-disciplinary bibliography. Hrsg.: Council of Planning Librarians. (= Exchange Bibliography 151). Monticello Ill., 1970, 54 Seiten. Maschinenschriftl. vervielf.

Klages, H.
Der Nachbarschaftsgedanke und die nachbarliche Wirklichkeit in der Großstadt. (= Schriftenr. d.Ver.f. Kommunalwissenschaften Bd. 20). Kohlhammer Verlag Stuttgart, 2. erw. Aufl., 1968, 211 Seiten mit 29 Seiten Tab.

Kob, J. - Kurth, M. - Voss, R. - Schulte-Altedorneburg, M.
Städtebauliche Konzeption in der Bewährung: Neue Vahr Bremen. Lehren einer Fallstudie. (= Beiträge zur Stadt- und Regionalforschung 3). Verlag Vandenhoeck u. Ruprecht Göttingen, 1972, VII, 125 Seiten, Abb., Tab., Lit. (Masch.autogr.)

König, R.
Grundformen der Gesellschaft: Die Gemeinde. (= rowohlt deutsche enzyklopädie 79). Rowohlt Verlag Reinbek bei Hamburg, 1958, 200 Seiten.

König, R. (Hg.)
Soziologie der Gemeinde. (= Kölner Zt.f. Soziologie u. Sozialpsychologie Sonderheft 1, 1956). Westdeutscher Verlag Opladen, 4. Aufl., 1972, 229 S.

König, R. - Lange, G.
Die Stadt als Lebensform. (= Forschung und Information Bd. 6). Colloquium Verlag Berlin, 1970, 191 Seiten.

Korte, H. (Hg.)
Soziologie der Stadt. Hg. v. H. Korte unter Mitarbeit von E. Bauer, M. Riege, J. Korfmacher, S. Gude, K. Brake, U. Gerlach. (= Grundfragen der Soziologie Bd. 11). Juventa Verlag München, 1972, 206 Seiten.

Krämer, H.L.
Wohnen in der Altstadt von Trier. Empirisch-soziologische Untersuchung
des Instituts für empirische Soziologie der Univ. Saarbrücken. (= Bericht
Nr. II zur Altstadterneuerung der Stadt Trier). Auftraggeber Stadt Trier.
Selbstverlag 1973, 76 Seiten.

Krall, G. - Rosenmayr, L. - Schimka, A. - Strotzka, H.
Wohnen in Wien. Ergebnisse und Folgerungen aus einer Untersuchung
von Wiener Wohnverhältnissen, Wohnwünschen und städtischer Umwelt. Im
Auftrag der Abt. für Landes- u. Stadtplanung des Magistrates der Stadt
Wien. (= Der Aufbau, Monographie Nr. 8). Wien 1956, 108 Seiten.

Kühne-Büning, L.
Sanierungsgebiete und ihre Bewohner im rheinisch-westfälischen Industriegebiet. Forschungsarbeit im Auftrag des Bundesmin.f. Wohnungswesen, Städtebau u. Raumordnung, durchgef.v. Inst.f. Siedlungs- u. Wohnungswesen d.
Univ. Münster. (= Neues Bauen - neues Wohnen 3). Krämer Verlag Stuttgart,
1963, 96 Seiten, Ktn., Abb., Tab., Lit.

Künzler-Behnke, E.
Entstehung und Entwicklung fremdvölkischer Eigenviertel im Stadtorganis-
mus. Ein Beitrag zum Problem der "primären" Viertelsbildung. (= Frankfurter Geogr. Hefte, H.35). W. Kramer Verlag Frankfurt/M., 1960, 114 S.

Lang, L.
Urbane Utopien der Gegenwart. Analyse ihrer formalen und sozialen Zielsetzungen. (= IGMA Dissertationen 1). Krämer Verlag Stuttgart, 1972,
134 Seiten, 14 Abb.

Lebensgewohnheiten
Einstellungen und Erwartungen von Wohnwechslern zu ihrem neuen Standort
am Beispiel einer Großwohnhausanlage am Stadtrand von Wien (Großfeldsiedlung). Hg. vom Institut für empirische Sozialforschung Wien. Selbstverlag Wien, 1970.

Lenz-Romeiss, F.
Die Stadt - Heimat oder Durchgangsstation? Callwey Verlag München, 1970,
144 Seiten.

Ludmann, H.
Zentren in neuen Wohngebieten. Ausgewählt und eingeleitet von H. Ludmann,
H. Fischer und J. Riedel mit einem soziologischen Beitrag von N. Schmidt.
(= Architektur Wettbewerbe H. 37). Krämer Verlag Stuttgart, 1963, 162 S.,
Abb.

Mackensen, R. - Papalekas, J. - Pfeil, E. - Schütte, W. - Burckhardt, L.
Daseinsformen der Großstadt. Typische Formen sozialer Existenz in Stadtmitte, Vorstadt und Gürtel der industriellen Großstadt. (= Industrielle
Großstadt. Studien zur Soziologie u. Ökologie industrieller Lebensformen,
hg.v. G. Ipsen). Mohr Verlag Tübingen 1959, 375 Seiten, 4 Bl. Abb.

Mayntz, R.
Soziale Schichtung und sozialer Wandel in einer Industriegemeinde. Eine
soziologische Untersuchung der Stadt Euskirchen. (= Schriftenreihe des
Unesco-Instituts f. Sozialwiss. Köln Bd. 6). Enke Verlag Stuttgart, 1958,
281 Seiten.

Der Mensch
in der Großstadt. Eine Vortragsreihe mit Beiträgen von C. Bennholdt-
Thomsen, M. Bürger u.a. (= Kröners Taschenausgaben Bd. 268). Kröner
Verlag Stuttgart, 1960, 193, 32 S. Lit.

Merveldt, D.v.
Großstädtische Kommunikationsmuster. Soziologische Darstellung von
Kommunikationsmustern zur Kennzeichnung des Großstädters in seiner Um-
welt. Bachem Verlag Köln, 1971, 157 Seiten.

Obermaier, D.
Kommunikation auf öffentlichen Plätzen. Magisterarbeit Soziol. Institut
der Univ. Freiburg, 1972, 155 Seiten. Masch.Man.

Oswald, H.
Die überschätzte Stadt. Ein Beitrag der Gemeindesoziologie zum Städtebau. Diss. phil. Freiburg/Brsg. 1965. (= Studien des Instituts für Soziologie der Univ. Freiburg). Walter Verlag Freiburg/Brsg. und Olten/Schweiz,
1966, 230 Seiten.

Rosenmayr, L. - Höllinger, S.
Soziologie-Forschung in Österreich. Methoden - Theoretische Konzepte -
Praktische Verwertung. Böhlau Verlag Köln, 1969, 631 Seiten.

Peters, P.
Stadt für Menschen. Ein Plädoyer für das Leben in der Stadt. Callwey
Verlag München, 1973, 192 Seiten, etwa 120 Abb.

Pfeil, E.
Die Familie im Gefüge der Großstadt. Zur Sozialtopographie der Stadt.
(= Schriftenreihe der Ges. für Wohnungs- u. Siedlungswesen e.V. Hamburg).
Christians Verlag Hamburg, 1965, 80 Seiten.

Pfeil, E.
Großstadtforschung - Entwicklung und gegenwärtiger Stand. (= Veröff.d.
Akad.f. Raumforschung und Landesplanung Bd. 65 und: Veröff.d. Hochschule
f. Wirtschaft und Politik Hamburg). Jänecke Verlag Hannover, 2. neubearb. Aufl., 1972, 410 Seiten.

Poseck, U.
Geographische Auswirkungen der Verstädterung als Lebensform. Ein sozialgeographischer Beitrag zur Genese des Städtischen. Diss. Köln, 1966,
257 Seiten.

Schmidt-Relenberg, N. - Stumpf, U. u.a.
Gemeinschaftsorientiertes Wohnen. (= projekt 17). Krämer Verlag Stuttgart/
Bern, 1972, 48 Seiten, 34 Abb., 5 Tab.

Schmidt-Relenberg, N.
Soziologie und Städtebau. Versuch einer systematischen Grundlegung. (=Bei-
träge z. Umweltplanung). Krämer Verlag Stuttgart/Bern, 1968, 243 Seiten,
Lit.

Schrefler, R.
Probleme neuer Wohngebiete. Empir. Erhebung in einer Stadtrandsiedlung
v. Linz. Diss. Linz, 1971, 84 Seiten. Maschinenschr.

Schwonke, S.
Kommunikationsformen der Stadt. (= Veröff.d.Inst.f. Städtebau der Dt. Akad.f. Städtebau und Landesplanung Berlin Bd. 34/4). Selbstverlag Berlin, 1970, 19 Seiten.

Schwonke, M. - Herlyn, U.
Wolfsburg. Soziologische Analyse einer jungen Industriestadt. (= Göttinger Abhandlungen zur Soziologie Bd. 12). Enke Verlag Stuttgart, 1967, XV, 220 Seiten, 8 Abb., 4 Pl., 77 Tab.

Sozialgeographie Stadt
H. Schrettenbrunner: In der Gemeinschaft leben. 60 Lernschritte, 1970, 32 Seiten.
H. Schrettenbrunner: Sich Bilden. 57 Lernschritte. 1971, 33 Seiten.
H. Haubrich   : Sich Erholen. 53 Lernschritte. 1970, 34 Seiten.
Westermann Verlag Braunschweig.

Soziologie
im Städtebau. Fragestellungen und Materialien von K.G. Specht. (= Studienhefte des SIN-Städtebauinstituts Nürnberg H. 16). Selbstverlag Nürnberg, 1966, 20 Seiten, 7 Tab., 1 Abb.

Die Stadt
Wesen und Aufgabe. Beiträge von E. Becker, H. Friedemann, H. Habs, K. Lochner, W.v. Miller, A. Montaner. (= Kleine Schriften für den Staatsbürger H. 18). Metzner Verlag Frankfurt/M., 1954, 88 Seiten.

Stöckli, A.
Großstadtprobleme. Der urbane Mensch und seine Stadt. Patzer Verlag Hannover/Berlin, 1963, 95 Seiten, 8 Abb., Lit.

Stöckli, A.
Die Stadt. Ihr Wesen und ihre Problematik. Eine soziologische und städtebauliche Betrachtung. Bund Verlag Köln-Deutz, 1954, 160 Seiten.

Strotzka, H. u.a.
Kleinburg. Eine sozialpsychiatrische Feldstudie von H. Strotzka zus. mit J. Leitner, G. Czerwenkawenkstetten, S.R. Graupe, M.D. Simon. Österreichischer Bundesverlag f. Unterricht, Wissenschaft u. Kunst Wien/ München, 1969, 188 Seiten.

Vierecke, K.D.
Nachbarschaft. Ein Beitrag zur Stadtsoziologie Hrsg. im Inst.f. Soziol. der Rhein.-Westfäl. TH Aachen. (= Soziol. Studien Bd. 4). Bachem Verlag Köln, 1972, 134 Seiten, Tab., Lit.

Waterhouse, A.
Die Reaktion der Bewohner auf die äußere Veränderung der Städte. de Gruyter Verlag Berlin/New York, 1972, 181 Seiten., Abb., Tab., Lit.

Weeber, R.
Eine neue Wohnumwelt. Beziehungen der Bewohner eines Neubaugebietes am Stadtrand zu ihrer sozialen und räumlichen Umwelt. Krämer Verlag Stuttgart, 1971, 183 Seiten, 2 Abb., zahlr. Tab. u. Diagramme.

Werner, A.
Großstädte. Verhaltens- und Lebensweisen. Soziol. Erklärungsversuche. Hg. vom Städtebauinst. Univ. Stuttgart. Stuttgart 1969, 39 Seiten, Maschinen Man.

Wohnen in neuen
Stadtrandsiedlungen. Hg. vom Institut für empirische Sozialforschung
Wien. Selbstverlag Wien, 1968.

Zapf, K. - Heil, H. - Rudolph, J.
Stadt am Stadtrand. Eine vergleichende Untersuchung in vier Münchner
Neubausiedlungen. (= Veröff.d.Inst.f. angewandte Sozialwissenschaften
7). Europäische Verlagsanstalt Frankfurt/M., 1969, 373 Seiten, 131 Abb.,
141 Tab.

9.4. Theorie, Standort und wichtige Werke der Sozialgeographie

Bartels, D.
Wirtschafts- und Sozialgeographie. Mit Beitr.v. F.K. Schaefer, G. Hard, J.D. Nystuen u.a. (= Neue Wiss.Bibl. 35). Verlag Kiepenheuer u. Witsch, 1970, 485 Seiten, Abb., Tab., Lit., Reg.

Bartels, D.
Zur wissenschaftstheoretischen Grundlegung einer Geographie des Menschen. (= Beiheft 2 zur Geograph. Zeitschrift 18). Steiner Verlag Wiesbaden, 1968, 225 Seiten mit 17 Abb.

Bevölkerungs- und Sozialgeographie
Deutscher Geographentag in Erlangen 1971. Ergebnisse der Arbeitssitzung 3. (= Münchner Studien zur Sozial- und Wirtschaftsgeographie Bd.8). Verlag M. Laßleben Kallmünz/Regensburg, 1972, 2 Bände, Textband 123 Seiten, Kartenband 72 Abb.

Buchholz, H.J.
Formen städtischen Lebens im Ruhrgebiet - untersucht an sechs stadtgeographischen Beispielen. (= Bochumer Geogr. Arbeiten H.8). Schöningh Verlag Paderborn, 1970, 87 Seiten, 51 Tab., 33 Abb., 9 Farbkarten i.Anh.

Daseinsformen
der Großstadt. Typische Formen sozialer Existenz in Stadtmitte, Vorstadt und Gürtel der industriellen Großstadt. Bearb.v. R. Mackensen, J.C. Papalekas, E. Pfeil, W. Schütte, L. Burckhardt. (= Industrielle Großstadt, Studien zur Soziologie und Ökologie industrieller Lebensformen Bd.1), hg. von G. Ipsen. Mohr Verlag Tübingen, 1959, 376 Seiten, 18 Abb., 7 Tafeln, 1 Kt.

Diederich, J.
Soziographie und Städtebau mit Ergebnissen soziographischer Untersuchungen in der Stadt Hanau. (= Stadt- und Regionalplanung). de Gruyter Verlag Berlin/New York, 1971, LVI, 138 Seiten, Kt., Abb., Tab., Übers., Lit., Anh.: Tab., Lit.

Geipel, R.
Soziale Struktur und Einheitsbewußtsein als Grundlagen geographischer Gliederung. Dargestellt am Beispiel des "Ländchens" zwischen Frankfurt u. Wiesbaden. (= Rhein-Mainische Forschungen H.38). Kramer Verlag Frankfurt/M., 1952, 80 Seiten mit 21 Abb.

Geipel, R.
Die regionale Ausbreitung der Sozialschichten im Rhein-Main-Gebiet. (= Forschungen z.dt. Landeskunde 125). Selbstverlag d. Bundesanstalt f. Landeskunde u. Raumforschung Bad Godesberg, 1961, 48 Seiten, 10 Bl. Karten.

Gerling, W.
Zur Problematik der Sozialgeographie. Stahel Verlag Würzburg, 1968, 24 Seiten.

Haggett, P.
Einführung in die kultur- und sozialgeographische Regionalanalyse.
Aus dem Engl. übertragen von D. Bartels u. B.u.V. Kreibich. de Gruyter
Verlag Berlin/New York, 1973, 414 Seiten.

Jakle, J.A.
The spatial dimensions of social organization: a selected bibliography
for urban social geography. (= Exchange Bibliography 118). Hrsg.:
Council of Planning Librarians. Monticello, Ill., 1970, 50 Seiten.
Maschinenschriftl. vervielf.

Krymanski, R.
Bodenbezogenes Verhalten in der Industriegesellschaft. Hrsg.: Zentral-
inst.f. Raumplanung a.d.Univ. Münster. (= Materialien z. Raumplanung 2).
Münster 1967, 277 Seiten, Tab., Lit.

Maas, W.
Probleme der Sozialgeographie. Verlag Duncker u. Humblot Berlin, 1961,
205 Seiten.

Maas, W.
Geographie und Soziologie. Verlag d. Geogr. Inst. der Kant-Hochschule
Braunschweig, 1958, 288 Seiten.

Oswald, H.
Die überschätzte Stadt. Ein Beitrag der Gemeindesoziologie zum Städtebau. Diss. phil. Freiburg/Brsg. 1965. (= Studien des Instituts f. Soziologie der Univ. Freiburg). Walter Verlag Freiburg/Brsg. u. Olten/Schw.
1966, 230 Seiten.

Otto, K.
Das Aufkommen sozialgeographischer Betrachtungsweisen in der deutschen
Länderkundl. Literatur seit Beginn des 20. Jh. Rer.pol.Diss. Köln 1961,
IV, 55 Seiten.

Pfeil, E.
Das Einkaufsverhalten im Hamburger Umland. Sonderauswertung e. Modell-
erhebung d. Ges.f. Wohnungs- u. Siedlungswesen e.V. (GEWOS) Hamburg.
Hamburg 1969, III, 36 Seiten, Kt., Tab., Lit., Anh.: Tab., Fragebogen.

Ruppert, K. - Schaffer, F.
Sozialgeographische Aspekte urbanisierter Lebensformen. (= Veröff.d.
Akademie f. Raumforschung und Landesplanung. Abhandlungen. Bd.68).
Jänecke Verlag Hannover, 1973, 51 Seiten, Beil.: 8 Kt.

Schaffer, F.
Untersuchungen zur sozialgeographischen Situation in neuen Großwohn-
gebieten am Beispiel Ulm-Eselsberg. (= Münchner Geogr. Hefte 32).
Verlag Laßleben Kallmünz/Regensburg, 1968, 150 Seiten.

Sozialgeographie Stadt
H. Schrettenbrunner, In der Gemeinschaft leben. 60 Lernschritte, 1970,
            32 Seiten.
H. Schrettenbrunner, Sich Bilden, 57 Lernschritte, 1971, 33 Seiten.
H. Haubrich,   Sich Erholen, 53 Lernschritte, 1970, 34 Seiten.
Westermann Verlag Braunschweig.

Sozialgeographie
H. Haubrich, H. Schrettenbrunner. Am Verkehr teilehmen, 46 Lernschritte. Westermann Verlag Braunschweig, 1974, 40 Seiten.

Zum Standort
der Sozialgeographie. W. Hartke zum 60. Geburtstag. Beitr. zusammengest.
von K. Ruppert. Hrsg. vom Wirtsch.geogr.Inst.d.Univ. München. (= Münchner
Studien z. Sozial-u. Wirtschaftsgeogr. Bd.4). Verlag Laßleben Kallmünz/
Regensburg, 1968, 207 Seiten, Kt., Pl., Abb., Tab., Lit., Beil.: 3 Kt.

Steinberg, H.G.
Methoden der Sozialgeographie und ihre Bedeutung für die Regionalplanung.
(= Beitr.z. Raumplanung Bd.2), hg.v. Zentralinst.f. Raumplanung a.d.
Univ. Münster. Heymann Verlag Köln, 1967, 90 Seiten, Kt., Lit.

Steinberg, H.G.
Sozialräumliche Entwicklung und Gliederung des Ruhrgebiets. (= Forsch.
zur dt. Landeskunde Bd.166). Selbstverlag d. Bundesanstalt f. Landeskunde
Bad Godesberg, 1967, 281 Seiten, 29 Ktn.

Storkebaum, W. (Hg.)
Sozialgeographie. (= Wege der Forschung Bd. LIX). Wissenschaftliche
Buchgesellschaft Darmstadt, 1969, 530 Seiten.

Thomale, E.
Sozialgeographie. Eine disziplingeschichtl. Unters. zur Entwicklung d.
Anthropogeogr. Mit e. Bibl.Diss. (= Marburger Geogr.Schriften H.53).
Selbstverlag d. Geogr.Inst.d.Univ. Marburg, 1972, 264,95 Seiten, Lit.
u. 17 Bl. Abb., Übers.

9.5. Sozialwissenschaftliche Methoden

Allerbeck, K.R.
Datenverarbeitung in der empirischen Sozialforschung. Eine Einführung für Nichtprogrammierer. (= Teubner Studienskripten, Studienskripten zur Soziologie, hg.v. E.K. Scheuch). Teubner Verlag Stuttgart, 1972, 187 S., 18 Bilder.

Anderson, O.
Probleme der statistischen Methodenlehre in den Sozialwissenschaften. (= Einzelschriften der Dt. Stat. Gesellschaft Nr.6). Physica-Verlag Würzburg, 4. durchgesehene Aufl., 1962, VIII, 358 Seiten.

Anwendungen
statistischer und mathematischer Methoden auf sozialwissenschaftliche Probleme. Hg. u. bearb.von H. Aßmuß, P. Brucker, J. Frohn, H.J. Lenz, P. Naeve, H. Skarabis, R. Stäglin, P. Wäsch, H. Weiß, J.P. Weiß, H. Wessels. Physica Verlag Würzburg, 1972, 152 Seiten, 28 Abb., 8 Tab.

Atteslander, P.
Methoden der empirischen Sozialforschung. Unter Mitarbeit von K. Baumgartner, F. Haag, J. Oetterli, R. Steiner. (= Sammlung Göschen Bd.4229). de Gruyter Verlag Berlin, 2. Aufl., 1971, 291 Seiten.

Bartel, H.
Statistik für Psychologen, Pädagogen und Sozialwissenschaftler als Orientierungshilfe in der empirischen Forschung. Band 1 und 2. (= Uni-Taschenbuch Bd. 3 und 30). Stuttgart, Teil 1, 1971, 161 Seiten, Teil 2, 1972, 203 Seiten.

Bartholomew, D.J.
Stochastische Modelle für soziale Vorgänge. Aus dem Engl. übersetzt v. D. Pfaffenzeller. Oldenbourg Verlag München, 1970, 346 Seiten, 13 Abb., 45 Tab.

Bastin, G.
Die soziometrischen Methoden. Huber Verlag Bern/Stuttgart, 1967, 160 S.

Behrens, K. Ch.
Demoskopische Marktforschung. (= Studienreihe Betrieb und Markt Bd.1). Betriebswirtschaftl. Verlag Gabler Wiesbaden, 1961, 167 Seiten.

Benninghaus, H.
Statistik für Soziologen. Deskriptive Statistik Bd. 1. (= Teubner Studienskripten 22). Teubner Verlag Stuttgart, 1973, 180 Seiten.

Cicourel, A.V.
Methode und Messung in der Soziologie. Aus dem Amerikan. v. F. Haug. (= Theorie). Suhrkamp Verlag Frankfurt/M., 1970, 316 Seiten.

Clauß, G. - Ebner, H.
Grundlagen der Statistik für Psychologen, Pädagogen und Soziologen. H. Deutsch Verlag Frankfurt/M., 1972, 367 Seiten, zahlr. Abb. u. Tab., Tafelanhang.

Drewe, P.
Ein Beitrag der Sozialforschung zur Regional- und Stadtplanung. (= Kölner Beitr.z. Sozialforschung u. angew. Soziol. Bd.7). Hain Verlag Meisenheim/Glan, 1968, 250 Seiten, Lit.

Durkheim, E.
Die Regeln der soziologischen Methode. Franz. Originalausg.: Règles de la méthode sociologique. Übers.v. René König. (= Soziologische Texte 3). Luchterhand Verlag Neuwied, 3. unveränd. Aufl., 1970, 248 Seiten.

Eberhard, K.
Einführung in die Statistik für soziale Berufe. (= Jugend im Blickpunkt). Luchterhand Verlag Neuwied, 1969, XII, 83 Seiten.

Empirische Sozialforschung
Meinungs- und Marktforschung, Methoden und Probleme. (= Wissenschaftl. Schriftenreihe des Inst. zur Förderung öffentlicher Angelegenheiten e.V. Bd.13). Selbstverlag Frankfurt/M., 1952, 234 Seiten.

Erbslöh, E. - Esser, H. - Reschka, W. - Schöne, D.
Interview. Hain Verlag Meisenheim/Glan, 1973, 304 Seiten.

Flaskämper, P.
Bevölkerungsstatistik. Mit einleitenden Ausführungen über den Gegenstand der Besonderen Sozialwissenschaftlichen Statistik überhaupt. (= Grundriß der Sozialwissenschaftlichen Statistik T.II, Bd.1). Verlag Richard Meiner Hamburg, 1962, XVI, 496 Seiten, Abb., Tab., Lit.

Friedrichs, J.
Methoden empirischer Sozialforschung. (= rororo Studium Bd.28). Rowohlt Verlag Reinbek bei Hamburg, 1973, 430 Seiten.

Friedrichs, J. - Lüdtke, H.
Teilnehmende Beobachtung. Einführung in die sozialwissenschaftliche Feldforschung. Beltz Verlag Weinheim/Basel, 2. Aufl., 1973, 264 Seiten.

Gehmacher, E.
Methoden der Prognostik. Eine Einführung in die Probleme der Zukunftsforschung und Langfristplanung. (= rombach hochschul paperback Bd.29). Verlag Rombach Freiburg/Brsg., 1971, 126 Seiten, zahlr. Abb., Qu.

Goldberg, S.
Differenzgleichungen und ihre Anwendung in Wirtschaftswissenschaft, Psychologie und Soziologie. Aus dem Amerik.v. R. Weichhardt. Oldenbourg Verlag München, 1968, 366 Seiten.

Groß, H. - Meyer, J. - Savelsberg, G.
Wirtschafts- und sozialwissenschaftliches Arbeiten. Eine Einführung in Wesen, Methoden u. Bibliographie. Olzog Verlag München, 1969, 86 Seiten.

Harbordt, S.
Computersimulation in den Sozialwissenschaften. Rowohlt Verlag Reinbek bei Hamburg, 1973.
Band 1: Einführung und Anleitung (= rororo Studium 49).
Band 2: Beurteilung und Modellbeispiele (= rororo Studium 50).

Harder, T.
Dynamische Modelle in der empirischen Sozialforschung. Teubner Verlag Stuttgart, 1973, 120 Seiten.

Hillebrandt, F.
Elementare Statistik für Pädagogen, Psychologen und Soziologen.
E. Reinhardt Verlag München, 1965, 293 Seiten.

Höhn, E. - Schick, C.P.
Das Soziogramm. Die Erfassung von Gruppenstrukturen; eine Einführung
für die psychologische und pädagogische Praxis. Verlag für Psychologie
Hofrete Göttingen, 2. Aufl., 1963, 60 Seiten, 20 Abb.

Höttler, R.
Empirische Sozialforschung für Stadtplaner. (= Veröff.d. Inst. f.
Städtebau Berlin). Selbstverlag Berlin, o.J., 160 Seiten, 21 Tab.

Hülst, D. u.a.
Methodenfragen der Gesellschaftsanalyse. Aktuelle Probleme sozialwissenschaftlicher Methodendiskussion - insbesondere hinsichtlich des Verhältnisses von nichtmarxistischer und marxistischer Soziologie. (= Fischer
Taschenbuch Bd.4027). Fischer Verlag Frankfurt/M., 1973, 137 Seiten.

Hummel, H.J.
Probleme der Mehrebenenanalyse. (= Teubner-Studienskripten 39: Studienskripten zur Soziologie). Teubner Verlag Stuttgart, 1972, 160 Seiten.
Zugleich: Heidelberg, Univ. Evang.-Theol. Fak. Habil-Schr. 1969.

Jetzschmann, H. - Kallabis, H. - Schulz, R. - Taubert, H.
Einführung in die soziologische Forschung. Dietz Verlag Berlin, 1966,
265 Seiten.

Kießler-Hauschildt, K. - Becker, J. - Lißmann, H.J.
Dogmatismusgrad und die Fähigkeit, zwischen Herkunft und Inhalt politischer
Aussagen zu differenzieren. Inhaltsanalyse - Kritik einer sozialwissenschaftlichen Methode. Band I. (= Arbeitspapiere zur Politischen Soziologie 5). Olzog Verlag München, 1972, 80 Seiten.

Kliemann, W. - Müller, N.
Logik und Mathematik für Sozialwissenschaftler 1. Grundlagen formalisierter Modelle in den Sozialwissenschaften. (= UTB 208). W. Fink Verlag
München, 1973, 307 Seiten, 22 Abb., 48 Tab.

König, R. (Hg.)
Handbuch der empirischen Sozialforschung. Band II. Enke Verlag Stuttgart,
1969, XXI, 1395 Seiten.

König, R. (Hg.)
Das Interview. Formen, Technik, Auswertung. (= Praktische Sozialforschung
1). Verlag Kiepenheuer u. Witsch Köln, 7. erg. Aufl., 1972, 422 Seiten.
Zugl.: Wissenschaftl. Buchgesellschaft Darmstadt.

König, R. (Hg.)
Praktische Sozialforschung II: Beobachtung und Experiment in der Sozialforschung. Verlag für Politik und Wirtschaft Köln/Berlin, 8. Aufl.,
1972, 342 Seiten.

Kreutz, H.
Soziologie der empirischen Sozialforschung. Theoret. Analyse von Befragungstechniken und Ansätze zur Entwicklung neuer Verfahren. (= Soziologische Gegenwartsfragen NF 38). Enke Verlag Stuttgart, 1972, 209 Seiten,
graph. Darst.

Kriz, J.
Datenverarbeitung in den Sozialwissenschaften. (= rororo Studium 45).
Rowohlt Verlag Reinbek bei Hamburg, 1973.

Kriz, J.
Statistik in den Sozialwissenschaften. Einführung in die kritische Diskussion. (= rororo Studium 29). Rowohlt Verlag Reinbek bei Hamburg,
1973, 332 Seiten.

Kühn, A.
Das Problem der Prognose in der Soziologie. (= Soziol. Schriften Bd.7).
Verlag Duncker u. Humblot Berlin, 1970, 195 Seiten, Tab., Lit.

v.d. Lippe, P.M.
Statistische Methoden zur Messung der sozialen Schichtung. Kümmerle Verlag Göppingen, 1972, 254 Seiten.

Lüthy, H.
Die Mathematisierung der Sozialwissenschaften. Ein Versuch. (= Reihe
Arche Nova). Die Arche Verlag Zürich, 1970, 47 Seiten.

Mangold, W.
Empirische Sozialforschung. Grundlagen und Methoden. (= Reihe Gesellschaft und Erziehung von C.L. Furck). Verlag Quelle u. Meyer Heidelberg,
2. Aufl., 1969, 93 Seiten.

Mayntz, R. - Holm, K. - Hübner, P.
Einführung in die Methoden der empirischen Soziologie. Westdeutscher
Verlag Köln/Opladen, 3. Aufl., 1972, 240 Seiten.

Mayntz, R. (Hg.)
Formalisierte Modelle in der Soziologie. (= Soziologische Texte Bd.39).
Luchterhand Verlag Neuwied, 1967, 260 Seiten.

Methoden
der Sozialwissenschaften dargest.v. E. Fels u.a. (= Enzyklopädie d. geisteswiss.Arbeitsmethoden Lfg.8). Oldenbourg Verlag München, 1967, 258 S.

Mittenecker, E.
Planung und statistische Auswertung von Experimenten. Eine Einführung
für Psychologen, Biologen und Mediziner. Deuticke Verlag Wien, Neudruck
d.8. neu bearb.u.erw. Aufl., 1970, 168 Seiten.

Moreno, J.L.
Die Grundlagen der Soziometrie. Wege zur Neuordnung der Gesellschaft.
Westdeutscher Verlag Köln/Opladen, 2. Aufl., 1967, 492 Seiten.

Münch, W.
Datensammlung in den Sozialwissenschaften. (= Reihe Kohlhammer). Kohlhammer Verlag Stuttgart, 1973, 102 Seiten.

Neurath, P.
Statistik für Sozialwissenschaftler. Eine Einführung in das statistische
Denken. Enke Verlag Stuttgart, 1966, 478 Seiten, 81 Abb., 58 Tab.

Noelle-Neumann, E.
Umfragen in der Massengesellschaft. Einführung in die Methoden der Demoskopie. (= rde Bd.177/178). Rowohlt Verlag Reinbek bei Hamburg, 1963 ff,
332 Seiten.

Nowak, J.
Bausteine für eine sozialwissenschaftliche Methodologie der Simulation.
Hain Verlag Meisenheim/Glan, 1973, VI, 169 Seiten.

Opp, K.D.
Kybernetik und Soziologie. Zur Anwendbarkeit und bisherigen Anwendung
der Kybernetik in der Soziologie. Luchterhand Verlag Neuwied, 1970,
46 Seiten.

Opp, K.D.
Methodologie der Sozialwissenschaften. Einführung in Probleme ihrer Theoriebildung. (= rde 339). Rowohlt Verlag Reinbek bei Hamburg, 1972,
332 Seiten.

Phillips, B.S.
Empirische Sozialforschung - Strategie und Taktik. Aus dem Engl. übers.
v. L. Walentik, Hg.v. E. Bodzenta, fachl. bearb.v. I. Speiser. Springer
Verlag Berlin/Wien/New York, 1970, XI,405 Seiten, 18 Abb.

Prim, R. - Tilmann, H.
Grundlagen einer kritisch-rationalen Sozialwissenschaft. Studienbuch zur
Wissenschaftstheorie. (= UTB 221). Verlag Quelle u. Meyer Heidelberg,
1973, 179 Seiten.

Richter, H.J.
Die Strategie schriftlicher Massenbefragungen. Ein verhaltenstheoretischer
Beitrag zur Methodenforschung. Verlag f. Wissenschaft, Wirtschaft und
Technik Bad Harzburg, 1970, 287 Seiten.

Ritsert, J. - Becker, E.
Grundzüge sozialwissenschaftlich-statistischer Argumentation. Eine Einführung in statistische Methoden. (= UTB 26). Westdeutscher Verlag Köln/
Opladen, 1971, 239 Seiten.

Quante, P.
Lehrbuch der praktischen Statistik. Bevölkerungs-, Wirtschafts-, Sozialstatistik. de Gruyter Verlag Berlin, 1961, 433 Seiten.

Rosenmayr, L. - Höllinger, S. (Hg.)
Soziologie - Forschung in Österreich. Methoden, theoretische Konzepte,
praktische Verwertung. (= Wiener soziologische Studien). Böhlau Verlag
Graz/Wien/Köln, 1969, VII, 631 Seiten, Kt., Abb., Tab., Übers., Lit.

Sahner, H.
Statistik für Soziologen. Band 2. Schließende Statistik. (= Teubner Studienskripten). Teubner Verlag Stuttgart, 1971, 188 Seiten.

Schenk, K.E. (Hg.)
Systemanalyse in den Wirtschafts- und Sozialwissenschaften. (= Wirtschaftskybernetik und Systemanalyse Bd.1). Verlag Duncker u. Humblot Berlin, 1971,
215 Seiten.

Schrader, A.
Einführung in die empirische Sozialforschung. Ein Leitfaden für die Planung, Durchführung und Bewertung von nicht-experimentellen Forschungsprojekten. Unter Mitarbeit v. M. Malwitz-Schütte u. J. Sell. Kohlhammer
Verlag Stuttgart, 1971, 252 Seiten.

Schulz, W.
Kausalität und Experiment in den Sozialwissenschaften. (= Sozialwissenschaftliche Bibliothek Bd.4). v. Hase u. Koehler Mainz, 1970, 167 S.

Selltitz, C. - Jahoda, M. -Deutsch M. - St.W. Cook
Untersuchungsmethoden der Sozialforschung. Amerik. Originalausgabe: Research Methods in Social Relations, übers.v. H. Herkommer. (= Soziologische Texte 76/77). Luchterhand Verlag Darmstadt/Neuwied, 1972, Band 1: 282 Seiten, Band 2: 444 Seiten.

Shubik, M. (Hg.)
Spieltheorie und Sozialwissenschaften. Game Theory and related approades to social behaviors. Aus dem Amerik. übers.v. E. Selten unter Mitw.v. R. Selten. (= Fischer Paperbacks Welt im Werden). Fischer Verlag Frankfurt/M., 1965, 395 Seiten.

Silbel, W.
Die Logik des Experiments in den Sozialwissenschaften. Verlag Duncker u. Humblot Berlin/München, 1965, 253 Seiten.

Sodeur, W.
Empirische Verfahren zur Klassifikation. Teubner Verlag Stuttgart, 1972, 150 Seiten.

Systeme
und Methoden in den Wirtschafts- und Sozialwissenschaften. E.v. Beckerath zum 75. Geburtstag. Hg.v. N. Kloten, W. Krelle, H. Müller, F. Neumark. Mohr Verlag Tübingen, 1964, 732 Seiten.

Vorstudien
zur sozialwissenschaftlichen Computersimulation: Qualifikationsstruktur und Schichtung. Hg.v. der Arbeitsgruppe am Inst.f. Soziologie der TU Berlin. Hain Verlag Meisenheim/Glan, 1972, VIII, 105 Seiten, 1 Falttaf.

Walker, H.M. - Lev, J.
Statistische Methoden für Psychologen, Soziologen und Pädagogen. Eine Einführung. Aus dem Amerikan.v. H. Börger. Verlag J. Beltz Weinheim, 1973, 391 Seiten.

White, A.G.
Mathematics in urban science: II. Sociology (Mathematik in der Stadtforschung: 2. Soziologie). (= Exchange Bibliography. Council of Planning Librarians 431). Monticello, Ill.: Council of Planning Librarians, 1973, 12 S.

Wolf, W.
Statistik. Ein einführendes Buch für Sozialwissenschaftler. Band 1: Deskriptive Statistik, Grundlagen der Wahrscheinlichkeitsrechnung und Statistik. Beltz Verlag Weinheim, 1973.

Zimmermann
Das Experiment in den Sozialwissenschaften. Teubner Verlag Stuttgart, 1972, 308 Seiten.

III. Kommunalwissenschaften
1. Kommunalpolitik

Ashford, D.E.
Comparative urban politics and urbanization (Vergleichende Kommunalpolitik und Verstädterung). (=Exchange Bibliography. Council of Planning Librarians. 428). Monticello, Ill.: Council of Planning Librarians, 1973, 34 S.

Beer, R.R.
Die Gemeinde - Grundriß der Kommunalpolitik. (=Geschichte und Staat Bd. 143). Olzog Verlag München, 1970, 186 Seiten.

Beckel, A.
Kommunalpolitik. (=Freiheit und Ordnung Bd. 51). Pesch-Haus-Verlag Mannheim, 1967, 36 Seiten.

Bertram, J.
Staatspolitik und Kommunalpolitik. Notwendigkeit und Grenzen ihrer Koordinierung. Kohlhammer Verlag Stuttgart, 1967, 204 Seiten.

Bocklet, R. u.a.
Aspekte und Probleme der Kommunalpolitik. Hg. von Rausch/Stammen. Vogel Verlag München, 1972, 332 Seiten.

Croon, H. - Hofmann, W.
Kommunale Selbstverwaltung im Zeitalter der Industrialisierung. Mit einem Geleitwort von H. Herzfeld und einer Einleitung von G. Oestreich. Kohlhammer Verlag Stuttgart, 1971, 125 Seiten.

Freiberg, W.
Grundfragen der Kommunalpolitik. (=Politik in Grundrissen). Verlag von Hase u. Koehler Mainz, 1970, 148 Seiten.

Grauhan, R.R.
Großstadt-Politik, Texte zur Analyse und Kritik lokaler Demokratie. (=Bauwelt Fundamente Bd.38). Bertelsmann Fachverlag Gütersloh, 1972, 274 Seiten.

Grauhan, R.R.
Politische Verwaltung. Auswahl und Stellung der Oberbürgermeister als Verwaltungschefs deutscher Großstädte. Verlag Rombach Freiburg i.Brsg., 1970, 388 Seiten.

Gröttrup, H.
Die kommunale Leistungsverwaltung. Grundlagen der gemeindlichen Daseinsvorsorge. (=Schriften des Vereins f. Kommunalwissensch. 37). Kohlhammer Verlag Stuttgart, 1972, 292 Seiten.

Grundmann, W.
Die Rathausparteien. (=Göttinger Handwerkswirtschaftliche Studien Bd.31). Verlag O. Schwartz Göttingen, 1960, 111 Seiten.

Haus, W. (Hg.)
Kommunalwissenschaftliche Forschung. Kohlhammer Verlag Stuttgart, 1966, 231 Seiten, 3 Tab.

Hensel, W.
3 x Kommunalpolitik. Ein Beitrag zur Zeitgeschichte. 1926 - 1964.
Grote Verlag Köln, 1970, 253 Seiten, 26 Abb.

Klüber, H.
Handbuch der Kommunalpolitik. Verlag O. Schwartz Göttingen, 1971,
267 Seiten.

Kommunalpolitik
morgen. Hg. Deutscher Städtetag. Kohlhammer Verlag Stuttgart, 1963,
48 Seiten.

Lenort, N.J.
Strukturforschung und Gemeindeplanung. Zur Methodenlehre der Kommunalpolitik. (=Die industrielle Entwicklung Abtl. B 15). Westdeutscher Verlag Köln, 1960, 329 Seiten.

Linz, G.
Die politischen Parteien im Bereich der kommunalen Selbstverwaltung.
Nomos Verlag Baden-Baden, 1973, 180 Seiten.

Neuffer, M.
Entscheidungsfeld Stadt. Kommunalpolitik als Gesellschaftspolitik -
Standortüberprüfung der Kommunalen Selbstverwaltung. Deutsche Verlags-
Anstalt Stuttgart, 1973, 250 Seiten.

Oel, P.
Die Gemeinde im Blickfeld ihrer Bürger. (=Schriftenreihe des Vereins
f. Kommunalwissenschaften 35). Stuttgart 1972, 160 Seiten.

Pfizer, Th.
Kommunalpolitik. Möglichkeiten und Grenzen. Kohlhammer Verlag Stuttgart,
1971, 160 Seiten.

Pfizer, Th.
Kommunalpolitik. Praxis der Selbstverwaltung. Kohlhammer Verlag Stuttgart, 1973, 151 Seiten.

Schmidt - Suplie, K. - Schober, K.
Der Ratgeber für den Kommunalpolitiker. Unter Mitarbeit von H. Schaack,
F. Althaus/E. Görlitz/E.Klische/H. Leiss/W.Kropp/W. Kiesel/G. Sattler/
H. Knitter/P. Dümichen/K. Deuster. Maximilian Verlag Herford, 1965,
736 Seiten.

Schrötter, G.v.
Kommunaler Pluralismus und Führungsprozeß. Unters. an zwei städtebaul.
Projekten einer Großstadt. Mit einem Geleitwort v. G. Wurzbacher. Enke
Verlag Stuttgart, 1969, 187 Seiten, Tab.,Lit.

Ziebill, O.
Bürger - Städte - Staat. Kohlhammer Verlag Stuttgart, 1963, 199 Seiten.

Ziebill, O.
Geschichte des Deutschen Städtetages. 50 Jahre deutsche Kommunalpolitik.
Kohlhammer Verlag Stuttgart, 2. Aufl., 1956, 409 Seiten, 6 Abb., 10 Schaub.

2. Bürgerschaftliche Partizipation

Ammon, A.
Eliten und Entscheidungen in Stadtgemeinden. (= Soziologische Abhandlungen H.8). Verlag Duncker u. Humblot Berlin, 1967, 160 Seiten.

Bauer, E. - Brake, K. - Gude, S.
Zur Politisierung der Stadtplanung. Hg. von H. Korte. Bertelsmann Universitätsverlag Düsseldorf, 1971, 216 Seiten.

Becker, H.
Wahrnehmung in der städtischen Umwelt, möglicher Impuls für kollektives Handeln. Verlag Kiepert Berlin, 1972, 161 Seiten.

Becker, H. - Keim, D.
Wahrnehmung in der städtischen Umwelt als Impuls für kollektives Handeln. (= Veröff.d.Inst.f. Städtebau der Dt. Akad.f. Städtebau und Landesplanung Berlin Bd.33/5). Selbstverlag Berlin, 1971, 4 Seiten.

Brandt, St. - Fuchs, D. - Melville, G. u.a.
Methoden zur Beteiligung der Bevölkerung an der regionalen Bereichsplanung. Forschungsbericht i. Auftr.d. Innenmin. des Landes Baden-Württemberg, hg. vom Inst.f. Landschaftsplanung d. Univ. Stuttgart. Selbstverlag Stuttgart, 1971, 90 Seiten.

Bremen, Neue Vahr
... am Beispiel "Neue Vahr". Dokumentation der Arbeit des Bürgerausschusses zur Umgestaltung der Neuen Vahr, Bremen. Selbstverlag Neue Heimat Hamburg, 1972, 71 Seiten, Abb., Qu.

Britsch, K. - Dietze, P. - Flick, J. - Joerges, B. - Zerweck, P.
Nutzerbeteiligung an Planungsprozessen. (= Arbeitsberichte z. Planungsmethodik H.6). Krämer Verlag Stuttgart/Bern, 1972, 157 Seiten.

Bürger initiativ.
Mit Beitr.v. W.H. Butz, K. Dzuck, S. Haffner u.a. Deutsche Verlagsanstalt Stuttgart, 1974, 147 Seiten, Abb.

Citizen
and business participation in urban affairs (Beteiligung der Bürger und der Geschäftswelt an städtischen Aufgaben). A bibliography. Hrsg.: U.S. Dep. of Housing and Urban Development Library. Washington: U.S. Government Printing Office 1970, 84 Seiten.

Dienel, P.
Die Bedeutung des politischen Engagements für die Raumordnung. (= Inf.-Briefe f. Raumordnung R.3.1.5). Kohlhammer Verlag Mainz, 1970, 11 Seiten, Lit.

Dienel, P.
Techniken bürgerschaftlicher Beteiligung an Planungsprozessen. In: Partizipation - Aspekte politischer Kultur. (= Offene Welt Nr.101). C.W. Leske, Westdeutscher Verlag Opladen, 1970, 232 Seiten.

Dietze, P. - Franke, J. - Joerges, B. u.a.
Nutzerbeteiligung durch Nutzerbefragung? (= Arbeitsberichte zur Planungsmethodik Bd.7). Krämer Verlag Stuttgart/Bern, 1973, etwa 144 Seiten.

Draper, D.
Public participation in environmental decisionmaking (Beteiligung der Öffentlichkeit an umweltsbedingten Entscheidungsprozessen). (= Exchange Bibliography. Council of Planning Librarians.396). Monticello, Ill.: Council of Planning Librarians, 1973, 28 S.

Drewe, P.
Ein Beitrag der Sozialforschung zur Regional- und Stadtplanung. (= Kölner Beiträge zur Sozialforschung und angewandten Soziologie Bd.7). Hain-Verlag Meisenheim/Glan, 1968, 250 Seiten.

Eisfeld, D.
Die Stadt der Stadtbewohner. Neue Formen städtischer Demokratie. Deutsche Verlags-Anstalt Stuttgart, 1973, 63 Seiten, zahlr. Bild. u. Qu.

Engelhardt, R.
Die Mitwirkung des Bürgers in der Verwaltung baden-württembergischer Großstädte. Gesetzeswille, Wirklichkeit und rechtl. Problematik. (= Diss. in Tübingen 1966). Walter Verlag Ludwigsburg, 1966, 108 Seiten.

Esser, J. - Naschold, F. - Fäth, W.
Gesellschaftsplanung in kapitalistischen und sozialistischen Systemen. 11 Beiträge. (= Bauwelt-Fundamente Bd.37). Bertelsmann Fachverlag Gütersloh, 1972, 307 Seiten.

Faßbinder, H.
Demokratisierung der Planung. edition voltaire 1971.

Goffmann, E.
Verhalten in sozialen Situationen. Strukturen und Regeln der Interaktion im öffentlichen Raum. Bertelsmann Fachverlag Gütersloh, 1971, 228 Seiten.

Grauhan, R.R. (Hg.)
Großstadt-Politik. Texte zur Analyse und Kritik lokaler Demokratie. (= Bauwelt-Fundamente Bd.38). Bertelsmann Fachverlag Gütersloh, 1972, 276 Seiten.

Großhans, H.
Öffentlichkeit und Stadtentwicklungsplanung. Möglichkeiten der Partizipation. (= Schriftenreihe Gesellschaft und Kommunikation H.11). Bertelsmann Universitäts-Verlag Düsseldorf/Gütersloh, 1972, 340 Seiten.

Grossmann, H. (Hg.)
Bürgerinitiativen - Schritte zur Veränderung? (= Fischer Bücherei Bd.1233). Verlag S. Fischer Frankfurt/M., 1971, 174 Seiten.

Habermas, J.
Strukturwandel der Öffentlichkeit. Untersuchungen zu einer Kategorie der bürgerlichen Gesellschaft. (= Sammlung Luchterhand Bd.25). Luchterhand Verlag Neuwied, 1971, 340 Seiten.

Höbel, B. - Seibet, U.
Bürgerinitiativen und Gemeinwesenarbeit. Juventa Verlag München, 1973, 222 Seiten.

Hoffmann, P. - Patellis, N.
Demokratie als Nebenprodukt - Versuch einer öffentlichen Planung.
(= Reihe Hanser Bd.82). Hanser Verlag München, 1971, 140 Seiten.

Holzer, H.
Massenkommunikation und Demokratie in der Bundesrepublik Deutschland.
Verlag C.W. Leske Opladen, 1970, 92 Seiten.

Jungk, R. - Mundt, H.J.
Der Griff nach der Zukunft. Aufsatzsammlung mit Beiträgen von K.v.
Dohnanyi u. W. Fabian zur Bürgermitsprache. (= Modelle für eine neue
Welt 1). Verlag Desch München/Wien/Basel, 1964, 523 Seiten.

Klages, H.
Der Nachbarschaftsgedanke und die nachbarliche Wirklichkeit in der Großstadt. Hg. vom Verein für Kommunalwissenschaften (= Schriftenreihe Kommunalwissenschaften Bd.20). Kohlhammer Verlag Stuttgart/Berlin/Köln/
Mainz, 3. Aufl., 1969, 211 Seiten.

Laage, G.
Umwelt und Mitbestimmung. Ziele, Beteiligte, Methoden, Organisation der
Planung. Callwey Verlag München, 1973, 160 Seiten.

Lauritzen, L. (Hg.)
Mehr Demokratie im Städtebau. Beiträge zur Beteiligung der Bürger an
Planungsentscheidungen. Fackelträger Verlag Hannover, 1972, 303 Seiten.

Lampe, K.
Gesellschaftspolitik und Planung. (= Planung Perspektiven Bd.1). Verlag
Rombach Freiburg/Brsg., 1971, 330 Seiten.

Ledyard, J. (Bearb.)
Citizen participation in planning. Hrsg.: Council of Planning Librarians.
(= Exchange Bibliography 76). Monticello, Ill., 1969, 14 S. Maschinenschr.
vervielf.

Literaturzusammenstellung
Planung und Öffentlichkeit. Bürgerinitiative, Bürgerbeteiligung, Bürgermitverantwortung. Neubearbeitung durch S. Dietz im Institut für Wohnungs-
u. Planungswesen, Gottlob Binder-Institut e.V. Köln-Mülheim, Stand Dezember 1972, 9 Seiten.

Mayntz, R. (Hg.)
Bürokratische Organisation. Verlag Kiepenheuer u. Witsch Köln/Berlin,
1968, 460 Seiten.

Model, O. - Creifels, C.
Staatsbürgertaschenbuch. Verlag C.H. Beck München/Berlin, 10. Aufl.,
1971, 901 Seiten.

Mühlbradt, W. (Hg.)
Handbuch für die Öffentlichkeitsarbeit. Verlag Luchterhand Neuwied/Berlin,
10 Ergänzungslieferungen, 1969, Loseblattsammlung.

Müller, C. - Nimmermann, P. (Hg.)
Stadtplanung und Gemeinwesenarbeit. Texte und Dokumente. Juventa Verlag
München, 2. Aufl., 1973, 256 Seiten.

Negt, O. - Kluge, A.
Öffentlichkeit und Erfahrung. Zur Organisationsanalyse von bürgerlicher und proletarischer Öffentlichkeit. (= ed. Suhrkamp Bd.639). Suhrkamp Verlag Frankfurt/M., 1973, 489 Seiten.

Neuffer, M.
Entscheidungsfeld Stadt. Deutsche Verlags-Anstalt Stuttgart, 1973, 251 Seiten.

Nutzerbeteiligung
durch Nutzerbefragung? (= Arbeitsberichte zur Planungsmethodik Bd.7). Krämer Verlag Stuttgart, 1973, 144 Seiten, 34 Abb., Taf., graph. Darst.

Nutzerbeteiligung
an Planungsprozessen. (= Arbeitsberichte zur Planungsmethodik Bd.6). Krämer Verlag Stuttgart, 1972, 160 Seiten, zahlr. Abb.

Öffentlichkeit
und Landesplanung. 8 Vortr.v. L. Burckhardt, A. Peter, V. Rickenbach u.a. Ltg.d.Koll.: E. Winkler. Hrsg.: Inst.f. Orts-, Regional- und Landesplanung d. ETH. (= Schriften z. Orts-, Regional- u. Landesplanung Nr. 5). Zürich 1970, 93 Seiten, Tab., Lit.

Öffentlichkeitsarbeit
für Raumordnung und Landesplanung. Chancen, Möglichkeiten, Techniken. Tagungsber.ü.d. Kontaktseminar f. Landes- u. Regionalplanung veranst.v. Inst.f. Raumordnung am 14.u.15. Dez. 1972. (= Mitt.a.d.Inst.f. Raumordnung H.78). Selbstverlag d. Bundesforsch.anst.f. Landeskunde u. Raumordnung Bonn/Bad Godesberg, 1973, VIII, 129 Seiten, Lit. u. 6 Bl. Kt., Übers.

Oel, P.
Die Gemeinde im Blickfeld ihrer Bürger. (= Schr.d. Vereins f. Komm.Wiss. Berlin H.35). Kohlhammer Verlag Stuttgart, 1972, 170 Seiten.

Pflaumer, H.
Öffentlichkeit und Verwaltung in einem demokratisierten Planungsprozeß. Hrsg.: Landeshauptstadt München, Ref.f. Stadtforsch. u. Stadtentwicklung. (= Beitr.z. Stadtforsch.u. Stadtentwicklung Nr.4). München 1970, 111 Seiten, Tab., Lit. u. 1 Pl.

Preuß, U.
Zum staatsrechtlichen Begriff des Öffentlichen. Texte und Dokumente zur Bildungsforschung. Verlag Klett Stuttgart, 1969, 229 Seiten.

Rehbinder, E.
Bürgerklage im Umweltrecht. (= Beiträge zur Umweltgestaltung H. A 2). E. Schmidt Verlag Berlin/Bielefeld/München, 1973, 188 Seiten.

Riesmann, D.
Die einsame Masse. Rowohlt Verlag Reinbek bei Hamburg, 10 Aufl., 1966, 340 Seiten.

Ronneberger, F.
Verwaltung und Öffentlichkeit. Eine sozialwiss. Unters.ü. Verw.reform u. soziales Verhalten in Nordrhein-Westfalen. Unter Mitw.v. J. Walchshöfer. (= Schriftenr. Siedlungsverb. Ruhrkohlenbez. 38). Essen 1970, 90 Seiten, Kt., Abb., Lit., Tab.

Schäfers, B. (Hg.)
Gesellschaftliche Planung. Materialien zur Planungsdiskussion in der
BRD. Enke Verlag Stuttgart, 1973, 419 Seiten.

Schäfers, B.
Öffentlichkeits- und Interessenstrukturen in Planungsprozessen. Soziol.
Fallstud. am Beispiel e. kommunalen Neugliederung auf Kreisebene. Hrsg.:
Zentralinst.f. Raumplanung d. Univ. Münster. (= Materialien z. Raumplanung, Bd. 5). Münster/Westf., 1970, 128 Seiten Lit. u. 3 Kt.

Schäfers, B.
Planung und Öffentlichkeit. Drei soziol. Fallstudien: kommunale Neugliederung, Flurbereinigung, Bauleitplanung. Hrsg.: Zentralinst. f. Raumplanung d. Univ. Münster. (= Beitr. z. Raumplanung, Bd. 8). Bertelsmann
Verlag Düsseldorf, 1970, 210 Seiten, Abb., Tab., Lit., Anh.Reg.Zsfssg.

Schrötter, G.v.
Kommunaler Pluralismus und Führungsprozeß. Enke Verlag Stuttgart, 1969,
187 Seiten.

Städtebau
und Öffentlichkeit. Mit Beitr.v. G. Albers, U. Conrads, Ch. Farenholtz
u.a. (= Städtebauliche Beiträge des Inst.f. Städtebau und Wohnungswesen
der Dt. Akad.f. Städtebau und Landesplanung 1/1963). Institut f. Städtebau und Wohnungswesen der Dt.Akad.f. Städtebau und Landesplanung, Selbstverlag München, 1963.

Umfragen
'71 zur Stadtentwicklung. Repräs. Bevölkerungsumfrage u. Befragung meinungsbildender Persönlichkeiten. Bearb. H.E. Haverkampf, D.von Lölhöffel,
K. Trutzel. Hrsg.: Stadt Nürnberg, Arb.gr. Nürnberg-Plan. (= Beitr.z.
Nürnberg-Plan, R.C: Öffentlichkeitsbeteiligung H.1). 1971, 59, XXXII S.,
Pl., Abb., Tab., Übers. Maschinenschr. vervielf.

Weeber, R.
Eine neue Wohnumwelt. Beziehungen der Bewohner eines Neubaugebietes zu
ihrer sozialen und räumlichen Umwelt. (= Beiträge zur Umweltplanung).
(= Diss. Heidelberg 1970). Krämer Verlag Stuttgart/Bern, 1971, 183 S.

Woods, S. - Pfeufer, J.
Stadtplanung geht uns alle an. Krämer Verlag Stuttgart/Bern, 1973,
60 Seiten.

Zielgruppe
unbekannt? Kommunale Öffentlichkeitsarbeit im Ruhrgebiet. Von F. Landwehrmann, W. Bredemeier, H. Nobielski u.a. Hrsg.: Siedlungsverb. Ruhrkohlenbez.
Essen, 1971, 144 Seiten, Abb., Tab., Lit. = Teil 1. 607 Seiten, Abb., Tab.,
Lit. = Teil 2.

Zimpel, G.
Der beschäftigte Mensch - Beiträge zur sozialen und politischen Partizipation. (= Polit. Verhalten Bd.1). Juventa Verlag München, 1970, 247 S.

3. Kommunaler Finanzausgleich und Raumordnungspolitik

Altevogt, R.
Zur Berücksichtigung regionalpolitischer Forderungen bei der Gestaltung des kommunalen Einnahmensystems. Diss. Münster/Westf. 1972, 160 Seiten, Abb., Tab., Lit. u. 1Kt. Maschinenschr. vervielf.

Der Anteil
der Ballungsgebiete an den öffentlichen Haushalten unter besonderer Berücksichtigung der Investitionen. Dargest. an den Beispielräumen Bayern und Niedersachsen - Bremen. Forsch.ber.d. Ausschusses "Raum u. Finanzen" der Akad.f. Raumforsch. u. Landesplanung. (=Veröff.d.Akad.f. Raumforsch. u. Landesplanung. Forsch.-u. Sitzungsber. Bd.75; Raum u. Finanzen 2). Verlag Jänecke Hannover, 1972, VI, 250 Seiten, Kt., Abb., Tab., Lit.

Bohmann, H.
Das Gemeindefinanzsystem. (=Neue Schriften des Deutschen Städtetages H.2). Kohlhammer Verlag Stuttgart, 2. überarb. Aufl., 1967, 90 Seiten, Tab., Qu.

Brauchitsch, M.v. - Patzig, W.
Der kommunale Finanzausgleich. Ergänzungsband 2 der Verwaltungsgesetze des Bundes und der Länder. Heymanns Verlag Köln. 9 Lieferungen.
1. Lieferung Teil A und B 1966,
2. Lieferung Nordrhein-Westfalen 1966
3. Lieferung Saarland 1966
4. Lieferung Schleswig-Holstein 1966
5. Lieferung Niedersachsen 1966
6. Lieferung Rheinland-Pfalz 1966
7. Lieferung Hessen 1966
8. Lieferung Baden-Württemberg 1966
9. Lieferung Bayern 1966

Buchter, K.
Die Landkreise als Träger des interkommunalen Finanzausgleichs und als letzte Stufe des kommunalen Finanzausgleichssystems. Eine Unters. vor d. Hintergrund d. Sozialstaatlichkeit u.d. räuml. Ungleichgewichts. Diss. Erlangen-Nürnberg. (1969), 302 Seiten, Tab., Lit. Maschinenschr. vervielf.

Deppe, L.
Das Verhältnis der kommunalen Ausgaben zur Größe. Struktur, Funktion und Finanzkraft städtischer Gemeinden. Diss. Münster 1966, Selbstverlag, 331 Seiten.

Dietrichs, B.
Besteuerung und Raumordnung. Hrsg.: Bundesmin.d.Innern. (=Informationsbriefe f. Raumordnung, R 6.1.2). Kohlhammer Verlag und Dt. Gemeindeverlag Mainz, 1970, 11 Seiten, Lit.

Ehrlicher, W.
Kommunaler Finanzausgleich und Raumordnung. (=Veröff.d.Akad.f. Raumforsch. u. Landesplanung Abh., Bd. 51). Verlag Jänecke Hannover, 1967, 116 Seiten, Abb., Tab., Lit.

Ehrlicher, W.
Kommunaler Finanzausgleich und Raumordnung. (= Informationsbriefe für Raumordnung, hg. vom Bundesminister des Innern R 6.1.5.). Kohlhammer Verlag/Dt. Gemeindeverlag Mainz, 1970, 14 Seiten.

Elsner, H. - Schüler, M.
Das Gemeindefinanzreformgesetz. Einführung in die Gemeindefinanzreform und Erläuterungen zum Gemeindefinanzreformgesetz. Verlag Neue Gesellschaft Bonn-Bad Godesberg, 1970, 158 Seiten.

Finanzpolitik
als Gegenstand der Regionalplanung. Landesarbeitsgemeinschaft Bayern 1. (=Forschungs-u. Sitzungsber.d.Akad.f. Raumforschung und Landesplanung Hannover Bd. 45). Verlag Jänecke Hannover, 1969, 100 Seiten.

Finanzpolitik
und Landesentwicklung. Forsch.ber.d. Ausschusses "Raum u. Finanzen d. Akad.f. Raumforsch.u.Landesplanung. (=Veröff.d.Akad.f. Raumforschung u. Landesplanung, Forsch.-u. Sitzungsber. Bd. 84; Raum und Finanzen 3). Verlag Jänecke Hannover, 1972, VII, 70 Seiten, Lit.

Finanzpolitik
und Raumordnung. (=Veröff.d.Akad.f. Raumforschung und Landesplanung, Forschungs-u. Sitzungsberichte Bd.28, 3. Wissensch.Plenarsitzung 1963). Verlag Jänecke Hannover, 1964, 132 Seiten.

Die Finanzreform
und die Gemeinden. (=Schriftenreihe des Vereins f. Kommunalwissenschaften e.V. Berlin Bd. 14). Kohlhammer Verlag Stuttgart/Berlin/Köln/Mainz, 1966, XVI, 147 Seiten, 6 Tab., Zahlr. Qu.

Fröhner, K.
Gemeindefinanzreform und Finanzausgleich in Baden-Württemberg. Erläuterungen und Texte. Stand Oktober 1970. Loseblattwerk. Boorberg Verlag Stuttgart, 1970.

Fürst, D.
Die Kreisumlage. Analyse eines Instruments des Finanzausgleichs. (= Schriftenreihe des Vereins f. Kommunalwissenschaften e.V. Berlin Bd. 28). Kohlhammer Verlag Stuttgart, 1969, 141 Seiten.

Gerhardt, K.
Der kommunale Finanzausgleich in Baden-Württemberg. 1.-4. Lieferung Stand: Okt. 1971. Kohlhammer Verlag Stuttgart, 1971, 95 Blatt.

Handbuch
der kommunalen Wissenschaft und Praxis. 3 Bände, hg. in Verbindung mit den kommunalen Spitzenverbänden i.A.d. Forschungsinstituts f. Sozial- u. Verwaltungswissenschaften an der Univ. Köln von H. Peters. Springer Verlag Berlin, Band 3: Kommunale Finanzen und kommunale Wirtschaft, 1959, XXVIII, 1062 Seiten, zahlr. Tab.

Haus, W. (Hg.)
Kommunalwissenschaftliche Forschung. Mit Zusammenfassungen der einzelnen Beiträge in deutsch/engl./franz. (=Schriftenreihe des Vereins f. Kommunalwissenschaften Bd. 12). Kohlhammer Verlag Stuttgart, 1966, 231 Seiten, 3 Tab.

Haverkamp, H.E. - Haus, W.
Räumliche Streuung unterschiedlicher kommunaler Einnahmesysteme. Eine
Modellsimulation des kommunalen Finanzausgleichs am Beispiel Nordrhein-
Westfalens. (= Sonderband der Schriftenreihe des Vereins für Kommunal-
wissenschaften). Kohlhammer Verlag Stuttgart, 1971, 188 Seiten, 6 Falt-
tabellen.

Heckt, W.
Die Entwicklung des bundesstaatlichen Finanzausgleichs in der Bundes-
republik Deutschland. (= Institut Finanzen und Steuern H.103). Institut
Finanzen und Steuern Bonn. Stollfuß Verlag Bonn, 1973, 80 Seiten, Qu.

Hennings, G.
Grundlagen und Methoden der Koordination des Einsatzes raumwirksamer
Bundesmittel, dargestellt am Beispiel der Politikbereiche Raumordnungs-
politik, regionale Gewerbestrukturpolitik und regionale Arbeitsmarkt-
politik. Hrsg.: Institut für Siedlungs- u. Wohnungswesen der Universität
Münster. (= Beiträge zum Siedlungs- u. Wohnungswesen und zur Raumplanung
Bd.2). Selbstverlag Münster, 1972, XII, 344 Seiten, zahlr. Tab., Qu.,
Kt., schem Darst.

Hessing, F.J.
Gewerbesteuerausgleich und Raumordnung. Eine ländervergleichende Unter-
suchung des Gewerbesteuerausgleichs. (= Mitteilungen aus dem Institut f.
Raumordnung H.52). Bundesanstalt f. Landeskunde u. Raumforschung Bonn/
Bad Godesberg, Selbstverlag, 1963, 42 Seiten, 3 Falttaf.

Hessing, F.J.
Kommunale Steuern und Raumordnung. (= Informationsbriefe für Raumordnung
und Städtebau, hg. vom Bundesminister für Wohnungswesen, Städtebau und
Raumordnung R. 6.1.4.). Kohlhammer Verlag/Dt. Gemeindeverlag Mainz, 1965,
10 Seiten.

Hohns, F.
Gemeindefinanzierungsgesetz. Kommentar zum Gesetz über Finanzhilfen des
Bundes zur Verbesserung der Verkehrsverhältnisse der Gemeinden. Deutscher
Gemeindeverlag Köln, 1972, 240 Seiten.

Hunke
Finanzausgleich und Landesentwicklung. Untersuchungen des finanziellen
Zusammenwirkens von Bund und Ländern; mit einer Regionalbilanz für Nie-
dersachsen. (= Veröff.d.Akad.f. Raumforschung und Landesplanung, Reihe
Abhdlg. Bd.40). Verlag Jänecke Hannover, 1964, 38 Seiten.

Isenberg, G.
Finanzverfassung, Finanzreform und Raumordnung I und II. (= Informationsbriefe für Raumordnung, hg. vom Bundesminister des Innern, R.6.1.1.,
1. und 2. Teil). Kohlhammer Verlag/Dt. Gemeindeverlag Mainz, 1969, 8 und
11 Seiten.

Isenberg, G. - Sättler, M.
Erfassung der Existenzgrundlagen und Berechnung der Wirtschafts- und
Finanzkraft von neuen Städten. Modelltheoretische Studie mit Anwendungs-
beispiel. Studie erstellt im Auftr.d.Bundesmin.f. Bauordnung, Bauwesen
u. Städtebau im Rahmen eines Forsch.auftrages. (= Städtebauliche Forschung
Bd.03.010). Selbstverlag Bundesmin.f. Raumordnung, Bauwesen u. Städtebau,
Bonn 1973, 323 Seiten.

Jöhrens, E.
Wirkungen der Gemeindefinanzreform auf die Verteilung der kommunalen Finanzmasse. Diss. Freiburg i.Br. 1971, 169 Seiten, Tab., Lit., Zsfssg. u. 4 Bl. Tab. Maschinenschr. vervielf.

Korinsky, K.
Der kommunale Finanzausgleich in der BRD. (=Schriftenreihe des Instituts Finanzen und Steuern H. 97). Verlag W. Stollfuß Bonn, 1971, 96 Seiten.

Kommunale
Finanzreform. (=Schriftenreihe d. Forschungsstelle d. Friedrich Ebert - Stiftung). Verlag für Literatur und Zeitgeschehen Hannover, 1962, 112 S.

Krone, W. - Sauer, W.
Finanzierungshilfen für Gemeinden und Wirtschaft in Nordrhein-Westfalen. Zweckzuweisung, Struktur- und Wirtschaftsförderung. Deutscher Gemeinde-Verlag Köln, 1972, 340 Seiten.

Kühn, A.
Erarbeitung von praktisch anwendbaren Grundlagen und Methoden für die Koordinierung des Einsatzes raumwirksamer Bundesmittel in den Landkreisen Osnabrück, Melle, Wittlage, Bersenbrück und der kreisfreien Stadt Osnabrück. Gutachten. Hrsg.: Akademie für Raumforschung u. Landesplanung. Selbstverlag Hannover, 1972, 125 Seiten, Tab., 3 Kt.

Littmann, K.
Die Gestaltung des kommunalen Finanzsystems unter raumpolitischen Gesichtspunkten. Unter Mitarbeit von P. Halm, D. Moock u. Ch. Littmann-Steding. (=Veröff.d.Akad.f. Raumforsch. u. Landesplanung, Abh. Bd. 50). Verlag Jänecke Hannover, 1968, VII, 98 Seiten, Abb., Tab., Lit., Anh.: 16 Tab.

Meyer, H.
Die Finanzverfassung der Gemeinden. Ein Beitrag z. Stellung der Gemeinden in der Finanzverfassung des Bundes. (=Schriftenreihe d.Ver.f. Kommunalwiss. e.V. Berlin Bd. 22). Kohlhammer Verlag Stuttgart, 1969, 202 Seiten, Lit., Reg.

Recktenwald, H.C.
Finanzpolitik. (=Neue Wiss. Bibl. 36). Verlag Kiepenheuer u. Witsch Köln, 1969, 506 Seiten, Abb., Tab., Übers., Lit.

Schmidt, J.W.
Gemeindefinanzreformgesetz. Kommentar mit Einführung und Rechtsverordnungen. Deutscher Gemeindeverlag Köln etc., 1970, 216 Seiten.

Schneppe, F.
Raumbedeutsame Wirkungen des kommunalen Finanzausgleichs in Niedersachsen. (=Veröff.d.Akad.f. Raumforsch. u. Landesplanung Beitr. Bd. 2). Verlag Jänecke Hannover, 1968, VIII, 151 Seiten, Kt., Abb., Tab., Lit.

Stahl, F.
Gemeindefinanzreform und Raumordnung. (= Informationsbriefe für Raumordnung, hg. vom Bundesminister des Innern R 6.1.6.). Kohlhammer Verlag Dt. Gemeindeverlag Mainz, 1968, 12 Seiten.

Steenbock, R.
Allgemeine Zuweisungsrichtlinien. Verwaltungsvorschriften des Bundes und der Länder für Zuwendungen an die Gemeinden mit Erläuterungen. Deutscher Gemeindeverlag Köln, 1973, ca. 200 Seiten.

Timm, H. - Jecht, H. (Hg.)
Kommunale Finanzen und Finanzausgleich. (=Schriften d. Vereins f. Sozialpolitik, Gesellsch. f. Wirtschafts- u. Sozialwissenschaften N.F. Bd. 32).
Verlag Duncker u. Humblot Berlin, 1964, 300 Seiten.

Voigtländer, H.
Die raumordnungspolitische Problematik des Finanzausgleichs zwischen Land und Gemeinden (Gemeindeverbänden) in Schleswig-Holstein. Diss.
Hamburg 1969, 257 Seiten, Kt., Abb., Tab., Lit. Maschinenschr. vervielf.

Walprecht, D.
Das Gemeindeverkehrsfinanzierungsgesetz. Verlag O. Schwartz Göttingen, 1973 (in Vorb.).

Wittmann, W.
Einführung in die Finanzwissenschaft. 4 Bände. G. Fischer Verlag Stuttgart.
Teil 1: Die öffentlichen Ausgaben, 1970, 138 Seiten, 9 Abb.
Teil 2: Die öffentlichen Einnahmen, 1971, 210 Seiten, 26 Abb.
Teil 3: Öffentl. Schuld, öffentl. Haushalt, Finanzausgleich und regionale Budgetwirkungen, kommunale Finanzen, öffentliche Unternehmen, Sozialversicherung. 1972, XIV, 210 Seiten.
Teil 4: Finanzpolitik (in Vorbereitung).

Wixforth, G.
Die gemeindliche Finanzhoheit und ihre Grenzen. Geleitwort von H.A. Berkenhoff. Verlag Reckinger u. Co. Siegburg, 1964, 135 Seiten.

4. Kommunalrecht, Kommunalverwaltung und Gemeindeordnungen

Aktuelle Probleme
der Kommunalaufsicht. Vorträge und Diskussionsbeiträge des 31. Staatswissenschaftl. Fortbildungskurses d. Hochschule für Verwaltungswiss. Speyer 1963. (=Schriftenreihe d. Hochschule Speyer 19). Verlag Duncker u. Humblot Berlin, 1963, 153 Seiten.

Berkenhoff, H.A. - Weyer, W.
Die kreisangehörige Stadt im sozialen Rechtsstaat. Zwei Vorträge auf der Mitgliederversammlung d. Nordrhein-Westfäl. Städtebundes am 13.11.64 in Bünde. Verlag O. Schwartz Göttingen, 1965, 47 Seiten.

Bibliographie
zur Organisation von Staat, Verwaltung, Wirtschaft. Grote Verlag Köln, 3 Bände 1966 - 1969.

Bleutge, R.
Kommunalverfassungsstreit. (=Schriften zum Prozeßrecht). Diss. Univ. München. Verlag Duncker u. Humblot Berlin, 1970, 227 Seiten.

Bückmann, W.
Verfassungsfragen bei den Reformen im örtlichen Bereich. (=Schriftenr. d. Hochschule Speyer Bd. 49). Verlag Duncker u. Humblot Berlin, 1972, 220 Seiten Lit.

Croon, H. - Hofmann, W. - v. Unruh, G.
Kommunale Selbstverwaltung im Zeitalter der Industrialisierung. (=Schriftenreihe d. Vereins f. Kommunalwissenschaften Berlin Bd. 33). Kohlhammer Verlag Stuttgart, 1971, 125 Seiten.

Eilers, H.H.
Kommunalrechtliche Sonderstellungen kreisangehöriger Mittelstädte in der Bundesrepublik. (=Schriftenreihe d.Dt. Städtebundes H. 11). Verlag Schwartz Göttingen, 1968, XIV, 264 Seiten, Tab., Lit., Reg.

Elleringmann, R.
Amtsverband und amtsangehörige Gemeinde in ihrem Verhältnis zueinander. Kohlhammer Verlag Stuttgart, 1950, 43 Seiten.

Garantie
der kommunalen Selbstverwaltung. Nomos Verlag Baden-Baden, 1971.

Gehrmann
Versäumnisse der Gemeinden und ihre gerichtlichen Folgen. (=Veröff.d. Inst.f. Städtebau d.Dt. Akad.f. Städtebau u. Landesplanung Berlin Bd. 34/8). Selbstverlag Berlin, 1971, 18 Seiten.

Gellen, M.
Zweckzuweisungen und kommunale Selbstverwaltung. Eine verfassungsrechtliche Untersuchung. (=Band 2 der Reihe "Nordrhein-Westfälischer Städteu. Gemeindebund - Abhandlungen zur Kommunalpolitik). Deutscher Gemeindeverlag Köln etc., 1971, 160 Seiten.

Gemeindeordnungen
in Europa. Lois communales en Europe. Local government laws in Europe.
Leggi comunali in Eurqpa. Viersprachig. Stand Januar 1967. (=Schriften-
reihe des Vereins f. Kommunalwissenschaften 17). Kohlhammer Verlag
Stuttgart, 1967, VI, 533 Seiten.

Glass, C.P.
Die Realität der Kommunalaufsicht. (=Schriften zur Verwaltungslehre 1).
Verlag C. Heymann Köln, 1967, 171 Seiten.

Gönnewein, O.
Gemeinderecht. Mohr Verlag Tübingen, 1963, 608 Seiten.

Handbuch
der kommunalen Wissenschaft und Praxis. 3 Bände, hg. in Verbindung mit
den kommunalen Spitzenverbänden im Auftr.d. Forschungsinstituts f. Sozial-
u. Verwaltungswissenschaften an der Univ. Köln von H. Peters. Springer
Verlag Berlin, 1956 ff.
Band 1: Kommunalverfassung, 1956, XXXII, 692 Seiten.
Band 2: Kommunale Verwaltung, 1957, XXXIII, 954 Seiten.

Haus, W.
Kommunalwissenschaftliche Forschung. Mit Zusammenfassungen der einzelnen
Beiträge in deutsch, engl. u. franz. (=Schriften d.Vereins f. Kommunalwiss. Berlin Bd. 12). Kohlhammer Verlag Stuttgart, 1966, 231 Seiten,
3 Tab.

Hendler, R.
Gemeindliches Selbstverwaltungsrecht und Raumordnung. Verlag O. Schwartz
Göttingen, 1972, 64 Seiten.

Hofmeister, W.
Interessenkollisionen nach deutschem Gemeindeverfassungsrecht. Verlag
O. Schwartz Göttingen, 1955, XI, 138 Seiten.

Huber, H.
Die Ausführung von Bundesgesetzen durch die Gemeinden und Gemeinde-Ver-
bände. Verlag Uni Druck Novotny u. Söllner München, 2. Aufl., 1968.

Kleinsorg, F.J. - Röhder, A.
Die Haftpflicht der Gemeinden und ihre enteignungsrechtlichen Verpflichtungen im Lichte der Rechtsprechung. Über 600 Erkenntnisse der Gerichte
mit Literaturhinweisen. C. Heymann Verlag Köln, 3. neu bearb.u.erw. Aufl.,
1964, 165 Seiten.

Klüber, H.
Das Gemeinderecht in den Ländern der Bundesrepublik Deutschland. Springer
Verlag Berlin, 1972, XVIII, 367 Seiten.

Koettgen, A.
Die Gemeinde und der Bundesgesetzgeber. (=Schriftenr. d.Vereins zur
Pflege kommunalwiss. Aufgaben e.V. Berlin Bd. 1). Kohlhammer Verlag Stutt-
gart, 1957, 105 Seiten.

Koettgen, A.
Kommunale Selbstverwaltung zwischen Krise und Reform. Ausgewählte Schriften. (=Schriftenreihe d.Ver.f. Kommunalwiss. 25). Kohlhammer Verlag Stuttgart, 1968, 292 Seiten.

Kottenberg - Steffens - Henrichs - Rehn
Rechtsprechung zum kommunalen Verfassungsrecht. Loseblattsammlung,
Grundwerk mit allen Ergänzungen. Verlag Reckinger u. Co. Siegburg,
ca. 3650 Seiten.

Küchenhoff, G.
Kommunalrecht. Verlag Müller-Albrechts Düsseldorf/Kaiserswerth, 1972,
152 Seiten.

Kuntzmann-Auert, M.
Rechtsstaat und kommunale Selbstverwaltung. Die Vereinbarkeit rechtsstaatlicher Grundsätze mit einer von politischen Kräften getragenen Selbstverwaltung. Verlag Heymann Köln, 1967, XXI, 145 Seiten.

Laux, E.
Praktische Organisationskunde für kleinere und mittlere Kommunalverwaltungen. (=Fortschrittl. Kommunalverwaltung Bd. 1). Grote Verlag Köln,
1964, 180 Seiten.

Linz, G.
Die politischen Parteien im Bereich der kommunalen Selbstverwaltung.
Nomos Verlag Baden-Baden, 1973, 180 Seiten.

Mallmann, W.
Zur Stärkung der Verwaltungskraft der Gemeinden. Rechtsgutachten. (=Sachverständigenkomm.f. Verw.reform u. Verw.vereinfachung i. Hessen. Veröff.2). Wiesbaden 1968, 47 Seiten, Tab., Lit.

Mutius, A.v.
Dringlichkeitsentscheidungen im Kommunalrecht. Athenäum Verlag Frankfurt/M., 1973, 96 Seiten.

Neuhofer
Handbuch des Gemeinderechts. Organisation und Aufgaben der Gemeinden
Österreichs. Springer Verlag Wien, 1972, XVIII, 449 Seiten.

Oel, P.
Die Gemeinde im Blickfeld ihrer Bürger. (=Schriftenr.d.Ver.f. Kommunalwissenschaften 35). Kohlhammer Verlag Stuttgart, 1972, ca. 160 Seiten.

Pagenkopf, H.
Kommunalrecht. Heymann Verlag Köln/Berlin, 1971, 478 Seiten.

Petz, R.
Gemeindeverfassung 1962. Böhlau Verlag Wien, 1965, 197 Seiten.

Puls, K.
Die Garantie der kommunalen Selbstverwaltung und die Lehre von der Verbundverwaltung zwischen Staat und Gemeinden unter besonderer Berücksichtigung des Planungsrechtes der Gemeinden. Diss. Kiel 1973, 248 Seiten,
zahlr. Qu.

Reinicke, H.E.
Die Gemeinde und ihre Ordnung. Verlag O. Schwartz, Göttingen, 5. Aufl.,
1970, 100 Seiten.

Rosen von Hoewel, H.v.
Gemeinderecht mit kommunalem Verbandsrecht. (= Schaeffers Grundriß des Rechts u.d. Wirtschaft, Abt.II Bd.29/2). Kohlhammer Verlag Stuttgart, 19.-22. Tsd., 1972, 187 Seiten.

Schnapp, F.
Die Ersatzvornahme in der Kommunalaufsicht. Maximilian Verlag Herford, 1972, 120 Seiten.

Schnapp, F.E.
Zuständigkeitsverteilung zwischen Kreis und kreisangehörigen Gemeinden. Athenäum Verlag Frankfurt/M., 1973, VIII, 64 Seiten.

Schön, W.v. - Schneider, G.
Kommentar zum Gesetz über kommunale Gemeinschaftsarbeit. Eine auf die Praxis abgestellte Kommentierung mit einer Vielzahl von Sachhinweisen für eine sinnvolle Gestaltung der Gemeinschaftsarbeit. Kohlhammer Verlag/Dt. Gemeindeverlag Mainz, 1970, 152 Seiten.

Surén, F.K.
Gemeindeordnungen in der Bundesrepublik. Ein systematisch vergleichender Gesamtkommentar. (=Gemeindewirtschaftsrecht Bd. 2). Heymann Verlag Köln, 1960, XXIII, 983 Seiten.

BADEN-WÜRTTEMBERG

Dollmann, W. - Heppner, K. - Sixt, W.
Der Gemeinderat in Baden-Württemberg. Handbuch für die Gemeinderäte. Kohlhammer Verlag Stuttgart, 3. überarb. Aufl., 1971, 132 Seiten.

Göbel, K.
Gemeindeordnung für Baden-Württemberg vom 25. Juli 1955. Mit den späteren Änderungen. Textausgabe mit Einleitung, erg. Bestimmungen, Verweisungen und Sachregister. R. Boorberg Verlag Stuttgart/München/Hannover, 12. neubearb. Aufl., 1972, 217 Seiten.

Kunze, R.
Die Gemeindeordnung für Baden-Württemberg. Erste und zweite Durchführungsverordnung, Runderlaß des Innenmin. über die Ausführung der Gemeindeordnung, die Gemeindeprüfungsordnung u.d. Akten-u. Archivordnung sowie eine Einführung und ein Sachregister. Die Auflage berücksichtigt alle bis zum 15. August 1973 ergangenen Änderungen, namentlich die am 1. Januar 1974 in Kraft getretene Neufassung des Wirtschaftsteils der Gemeindeordnung. Kohlhammer Verlag Stuttgart, 11. Aufl., 272 Seiten.

Müller, T.
Landkreisordnung für Baden-Württemberg. Textausgabe mit Einleitung und Sachregister, Durchführungsverordnungen, Landratsamtgebäudegesetz und Auszug aus der Gemeindeverordnung. Kohlhammer Verlag Stuttgart, 1972, 107 Seiten.

Müller, T.
Die Landkreisordnung für Baden-Württemberg mit Durchführungsverordnungen und Auszug aus der Gemeindeordnung. (=Kohlhammer Kommentar). Kohlhammer Verlag Stuttgart, 2. Aufl., 1965, 183 Seiten.

Rehm, F.K.
Zweckverbandsgesetz für Baden-Württemberg mit der Verordnung des Innenministeriums über die Anwendung gemeindewirtschaftlicher Vorschriften auf Zweckverbände. (=Kohlhammer Taschenkommentar). Kohlhammer Verlag Stuttgart, 1964, 232 Seiten.

BAYERN

Gemeindeordnung
für den Freistaat Bayern. Handbuch für den Kommunalpolitiker mit Mustergeschäftsordnung und ergänzenden Rechts-u. Verwaltungsvorschriften.
Dt. Gemeindeverlag Köln, 1972, 136 Seiten.

Gemeindeordnung
Vollständige Textausgabe der Gemeindeordnung und der Landkreisordnung.
Carl Link Verlag Kronach/München, 1970.

Gilbert, J.
Gesetz über die kommunale Zusammenarbeit in Bayern. Taschenkommentar.
Kohlhammer Verlag/Dt. Gemeindeverlag Stuttgart/Köln etc., 1966, 176 S.

Helmreich, K. - Widtmann, J.
Bayerische Gemeindeordnung. Mit Erläuterungen, Nebenvorschriften und Sachregister. (=Beck'sche Textausgabe 9). Beck Verlag München, neubearb. Aufl., 1971, XII, 557 Seiten.

Heuser, E. - Geiger, H.
Handbuch für den bayerischen Bürgermeister und Gemeinderat. Vorschriftensammlung. 2 Bände. Loseblattsammlung. Dt. Fachschriftenverlag Wiesbaden, 3 Ergänzungslieferungen, 1967.

Heuser, E. - Geiger, H.
Handbuch für die Kommunalverwaltung in Bayern. Vorschriftensammlung.
Loseblattsammlung ohne Seitenangabe. Dt. Fachschriftenverlag Wiesbaden, 1971, 3 Erg.Lief. in Plastikordner = 14 Ergänzungslieferungen.

Hien, E.
Bayerische Kommunalgesetze. Textsammlung d.f.d. Bürgermeister, Gemeinderats- u. Kreistagsmitglieder unentbehrlichen Vorschriften u. ausführlichem Stichwortverz. (= Schriftenreihe des Bayerischen Gemeindetags.Bd.8).
Kommunalschriften-Verl. Jehle München, 4. neubearb. Aufl. Stand: 1. Jan.74.
1974, 222 Seiten.

Hölzl, J.
Gemeindeordnung für den Freistaat Bayern. Kommentar. Loseblattausgabe ohne Seitenangabe. Kommunalschriften-Verl. Jehle München, 5. neubearb. Aufl., 1972, 4. Lieferung 7/72.

Koch, H.v. - Tschira, O.
Gemeindeverordnung für den Freistaat Bayern. Das Gemeinderecht, Auszüge aus dem Grundgesetz und der Bayerischen Verfassung. Boorberg Verlag Stuttgart/München, 5. Aufl., 1972.

Motyl, M.
Die Gemeinden in der Landesplanung. Dargest. am Rechtsschutz gegenüber Maßnahmen der Landesplanung in Bayern. (= Schriften zur öffentlichen Verwaltung Bd.1). Verlag Schmitt u. Meyer Würzburg, 1973, 194 Seiten, zahlr.Qu.

Prandl, J. - Gillessen, J.
Verwaltungsgemeinschaft und Gesetz über die kommunale Zusammenarbeit.
Handkommentar von Prandl u. Gillessen. (=Schriftenreihe des bayer. Gemeindetags 4). Kommunalschriften Jehle München, 2. Aufl., 1971, XVIII, 187 Seiten.

Prandl, J. - Zimmermann
Gemeinderecht in Bayern. Ergänzende Textsammlung zum Kommunalrecht mit Leitsatzkommentar zur Kurzinformation über Verwaltung und Rechtssprechung.
C. Link Verlag Kronach/München, 11. Erg.Lief., 1968.

HESSEN

Kaul, W. - Gross, R.
Handbuch für Bürgermeister, Beigeordnete und Gemeindevertreter im Lande Hessen. Loseblattsammlung, 3. Aufl. Dt. Fachschriften Verlag Wiesbaden, 14. Erg.Lief., 1973.

Müller, K. - Göbel, K.
Hessische Gemeindeordnung. Hessisches Gemeinde- und Kreiswahlgesetz. Boorberg Verlag Stuttgart/München/Hannover, 7. Aufl., 1972.

Muntzke, K.
Hessische Gemeindeordnung und Hessische Landkreisordnung. Textausgabe m. erg. Rechtsvorschriften. Dt. Gemeindeverlag Köln etc., 4. neubearb.Aufl., 1972, ca. 150 Seiten.

Schneider, L.
Gemeinderecht in Hessen. Verlag O. Schwartz Göttingen, 4. neubarb. Aufl., 1966, XI, 246 Seiten.

NIEDERSACHSEN

Bautsch, J.
Niedersächsische Gemeindeordnung. Textausgabe mit ergänzenden Rechts- und Verwaltungsvorschriften. Deutscher Gemeindeverlag Köln etc., 11. neubearb. u. erw. Aufl., 1972, 168 Seiten.

Niedersächsische
Gemeindeordnung. (=Schwartz-Gesetzestexte H. 14). Verlag O. Schwartz Göttingen, 11. Aufl., 1972, 150 Seiten.

Weber, W.
Niedersächsisches Kommunalrecht. Textausg. des in Niedersachsen geltenden Kommunalrechts mit Ausführungsbestimmungen sowie Verweisungen und Sachverzeichnis. (=Schwartz Gesetzestexte H. 44). Verlag O. Schwartz Göttingen, 1964, VII, 511 Seiten.

NORDRHEIN-WESTFALEN

Althaus, E.
Die Hauptsatzungen der Gemeinden, Ämter und Landkreise in Nordrhein-Westfalen. Maximilian Verlag Herford, o.J., 14 Seiten.

Berkenhoff, H.A.
Kommunalverfassungsrecht in Nordrhein-Westfalen. (= Schriftenreihe Handbücherei für die Ausbildung und Verwaltungspraxis). Verlag Reckinger u. Co. Siegburg, vergriffen, 3. Aufl. unbest.

Berkenhoff, A. - Dahm, C.
Gemeindeordnung und Amtsordnung Nordrhein-Westfalen. Textausgabe mit Durchführungsbestimmungen und ergänzenden Rechts- und Verwaltungsvorschriften. (=Kommunale Schriften für NRW Bd. 1). Deutscher Gemeindeverlag Köln etc., 15. Aufl., 1973, 176 Seiten.

Bocks, G.
Der Rechtsschutz der Gemeinden in Nordrhein-Westfalen gegenüber Maßnahmen der Kommunalaufsicht und gegenüber Gesetzen unter besonderer Berücksichtigung der kommunalen Neuordnung. (=Kommunal- u. Landesrecht Bd. 1). Heymanns Verlag Köln, 1970, 73 Seiten Lit.

Bückmann, W.
Kommunalverfassung im Lande Nordrhein-Westfalen. Die Verfassungsstruktur der Gemeinde, des Amtes, des Landkreises und des Landschaftsverbandes. Stand 1. Juli 1965. Kohlhammer Verlag Stuttgart, 1965, 126 Seiten.

Elleringmann, R.
Amtsverband und amtsangehörige Gemeinde im nordrhein-westfälischen Amtsrecht. Kohlhammer Verlag Stuttgart, 1956, 41 Seiten.

Fechtrup, H.
Der sachkundige Bürger im Gemeinderatsausschuß. Eine Untersuchung zum nordrhein-westfälischen Gemeinderecht. Kohlhammer Verlag Stuttgart, 1957, XII, 104 Seiten.

Fisch, V.
Rats- und Verwaltungsbrevier. Ein Handbuch für Gemeinde- und Amtsvertreter, Ausschußmitglieder und Verwaltungen im Lande Nordrhein-Westfalen. Heymanns Verlag Köln/Berlin, 1957, 177 Seiten.

Gemeindeordnung
und Amtsordnung für Nordrhein-Westfalen mit Durchführungs- und Verwaltungsverordnungen. Textausgabe mit Stichwortverzeichnis. Reckinger Verlag Siegburg, 9. Aufl., 1973, 154 Seiten.

Gemeindeordnung
Amtsordnung Nordrhein-Westfalen. Textausgabe. Heggen Verlag Opladen, 1972, 62 Seiten.

Körner, H.
Gemeindeordnung Nordrhein-Westfalen. Kommentar. Deutscher Gemeindeverlag Köln etc., 1970, 400 Seiten.

Kottenberg, K. - Rehn, E.
Gemeindeordnung für das Land Nordrhein-Westfalen mit Eigenbetriebsverordnung, Amtsordnung, Gesetz über kommunale Gemeinschaftsarbeit, sowie Durchführungs- u. Nebenbestimmungen. Kommentar. Reckinger Verlag Siegburg, 10. Aufl., 1972, XX, 848 Seiten.

Kottenberg, K. - Steffens, S. - Henrichs, W.
Rechtsprechung zum kommunalen Verfassungsrecht des Landes Nordrhein-Westfalen. Gemeindeordnung, Amtsordnung, Landkreisordnung, Landschaftsverbandsordnung, Kommunalwahlgesetz. Loseblattsammlung 5 Ordner. Reckinger Verlag Siegburg.

Landesorganisationsgesetz
Landschaftsverbandsordnung, Gesetz über Kommunale Gemeinschaftsarbeit, Kreisordnung Nordrhein-Westfalen. Textausgabe. Heggen Verlag Opladen, 1972, 78 Seiten.

Odenbreit, W. - Hensel, A.W.
Gemeindeordnung, Amtsordnung, Gesetz über Kommunale Gemeinschaftsarbeit und Kommunalwahlgesetz in Nordrhein-Westfalen. Kommentar. (=Aschendorffs Juristische Handbücherei Bd. 3). Aschendorff Verlag Münster, 13. verb. Aufl., 1968, VIII, 552 Seiten.

Salzwedel, J.
Kommunalrecht in Nordrhein-Westfalen. Sonderausg. aus Loschelder/Salzwedel: Verfassungs- u. Verwlatungsrecht des Landes Nordrhein-Westfalen. Grote Verlag Köln.

Schwabe, J.
Kommunalverfassungsrecht in Nordrhein-Westfalen. Maximilian Verlag Herford, 1972, 224 Seiten.

Wagener, F.
Gemeindeverbandsrechte in Nordrhein-Westfalen. Kommentar zur Landkreisordnung, Amtsordnung, Landschaftsverbandsordnung und zum Gesetz über kommunale Gemeinschaftsarbeit. Heymann Verlag Köln, 1967, 592 Seiten.

Zuck, R.
Kommunales Verfassungsrecht in Nordrhein-Westfalen. Textausgabe. Heggen Verlag Opladen, 1972, 146 Seiten.

Zuhorn, K. - Hoppe, W.
Gemeinde-Verfassung. (= Das Gemeinderecht in NRW 1). Reckinger Verlag Siegburg, 2. völlig neubearb.u.erw. Aufl., 1962, 350 Seiten.

RHEINLAND-PFALZ

Bogner, W.
Selbstverwaltungsgesetz Rheinland-Pfalz. Textausgabe mit Gemeinde-, Verbandsgemeinde-, Landkreis- u. Bezirksordnung. Kohlhammer Verlag/Dt. Gemeindeverlag Köln/Stuttgart etc., 1972, 144 Seiten.

Rumetsch, R.
Landesrecht in Rheinland-Pfalz. Loseblattsammlung ohne Seitenangabe. Dt. Fachschriften Verlag Wiesbaden, 3. Aufl., 36. Ergänz.Lief. in 3 Plastikordnern, 1973.

Salzmann - Schunck - Hofmann - Schrick
Selbstverwaltungsgesetz für Rheinland-Pfalz. Kommentar. Verlag Reckinger Siegburg, 3. neubearb. Aufl., 1965, 664 Seiten.

Selbstverwaltungsgesetz
für Rheinland-Pfalz. Gesetz, Durchführungsverordnung, Hauptsatzung und Geschäftsordnung. Müssener Verlag Köln, 1964, 10 Seiten, Abb.

Verbandsgemeindeordnung
Rheinland-Pfalz. Taschenkommentar mit Durchführungsverordnungen und Vollzugsvorschriften. Dt. Gemeindeverlag Köln etc., 1969, 88 Seiten.

SCHLESWIG-HOLSTEIN

Willing, G.
Gemeindeverfassungsrecht Schleswig-Holstein. Vorschriftensammlung mit einer erläuternden Einführung. Deutscher Gemeindeverlag Köln etc., 1971, 248 Seiten.

5. Gemeindehaushalts- und Wirtschaftsrecht

Bauernfeind, E.
Kommunalabgabengesetz für Nordrhein-Westfalen. Verlag Reckinger u. Co. Siegburg, 4. erg. Aufl., 1971, 62 Seiten.

Bauernfeind, E. - Zimmermann, F.
Kommunalabgabengesetz für NRW. Kommentar. Verlag Schwann Düsseldorf, 1969, 370 Seiten.

Behrens, H. - Bräse, U.
Haushalts- und Kassenrecht für Schleswig-Holstein. Vorschriftensammlung mit erläuternder Einführung und einem synoptischen Stichwortverzeichnis. Deutscher Gemeindeverlag Köln etc., 1968, 308 Seiten.

Berkenhoff, H.A. - Sindermann, W.
Das Haushaltswesen der Gemeinden. Maximilian Verlag Herford, 4. Aufl., 1963, 160 Seiten.

Berkenhoff, H.A.
Entwurf und Begründung einer Gemeindevermögensverordnung. Verlag O. Schwartz Göttingen, 1964, 78 Seiten.

Berkenhoff, H.A.
Finanzwirtschaftliche Fragen der kreisangehörigen Stadt. Verlag O. Schwartz Göttingen, 1962, 32 Seiten.

Berkenhoff, H.A.
Kommunalfinanzen im Schatten von Konjunktur und Staatshaushalt. Verlag O. Schwartz Göttingen, 1964, 31 Seiten.

Bohley, E. - Krusch, H. - Foohs, L.
Handbuch des gemeindlichen Steuerrechts. Loseblattausgabe in 4 Ordnern. (= Kommunalschriften Jehle). Jehle Verlag München, 5. Aufl., 1969.
Ordner 1: Gemeindeabgabenrecht
Ordner 2: Gewerbesteuerrecht
Ordner 3: Grundsteuerrecht
Ordner 4: Finanzausgleich

Bohmann, H.
Das Gemeindefinanzsystem. Hg. vom Deutschen Städtetag. (= Neue Schriften des Dt. Städtetages 2). Kohlhammer Verlag Stuttgart, 2. überarb. Aufl., 1967, 91 Seiten.

Bolsenkötter, H.
Investitionsplanung kommunaler Versorgungsunternehmen. (= WIBERA-Fachschriften Neue Folge H. 1). Kohlhammer Verlag Stuttgart, 1968, 120 S.

Bräse, U.
Gemeindehaushaltsrecht in Schleswig-Holstein. Vorschriftensammlung zur neuen Gemeindehaushaltsverordnung mit Vordruckmustern und einer erläuternden Einführung. (=Kommunale Schriften für Schleswig-Holstein 17). Dt. Gemeindeverlag/Kohlhammer Verlag Köln/Stuttgart etc., 1973, ca. 240 Seiten.

Brauksiepe, J.
Versorgungswirtschaft und kommunale Neuordnung. (=WIBERA-Fachschriften Neue Folge Bd. 4). Kohlhammer Verlag Stuttgart, 1972, VIII, 82 Seiten, Lit.

Bronner, O.
Das Gemeindewirtschaftsrecht in Baden-Württemberg. Textausgabe mit Einführung. Verweisungen und Sachregister. Kohlhammer Verlag Stuttgart, 1972, 280 Seiten.

Bronner, O. - Eisele, E. - Dilger, F.
Das Gemeindewirtschaftsrecht in Baden-Württemberg. Kommentar zum Haushaltsrecht nebst den Verwaltungsvorschriften und den übrigen gemeindewirtschaftlichen Vorschriften. Kohlhammer Verlag Stuttgart, 1972, ca. 400 Seiten.

Dahmea, A. - Küffmann, G.
Kommunalabgabengesetz für das Land Nordrhein-Westfalen mit Verwaltungsanordnung und Satzungsentwürfen. Kommentar. Verlag Neue Wirtschaftsbriefe Herne, 1970, 645 Seiten.

Depiereux, S.
Das neue Haushaltsrecht der Gemeinden. Reckinger Verlag Siegburg, 3. Aufl., 1973, XII, 334 Seiten.

Depiereux, S.
Grundriß des Gemeindehaushaltsrechts. Reckinger Verlag Siegburg, 1973, XI 112 Seiten.

Deppe, L.
Das Verhältnis der kommunalen Ausgaben zur Größe, Struktur, Funktion und Finanzkraft städtischer Gemeinden. Untersucht am Beispiel der sozialen und kulturellen Ausgaben in Nordrhein-Westfalen. (= Sonderdrucke d. Inst.f. Siedlungs- und Wohnungswesen Münster, Bd. 36). Selbstverlag Münster, 1966, 331 Seiten. Vergriffen.

Donhauser, E.
Das neue Gemeindewirtschaftsrecht in Bayern. Dt. Gemeindeverlag Köln. In Vorb.

Drenseck, H.
Grenzen kommunaler Schulden. (= WIBERA-Fachschriften Neue Folge Bd. 2). Kohlhammer Verlag Stuttgart, 1970, 94 Seiten, mehrere Tab.

Dreydoppel, W. - Kraffke, H. - Sohnrey, A.
Hessisches Gemeindewirtschaftsrecht. Kommentar zur Gemeindehaushaltsverordnung, Rücklagenverordnung und Kassen- und Rechnungsverordnung mit einem Anhang erg. Rechtsvorschriften. Loseblattausgabe. Stand Juli 1970. Deutscher Gemeindeverlag Köln etc., 1. Lfg., 1970, 598 Seiten.

Dufhues - Jacobi
Kommunalwirtschaft in der Kommunalpolitik. Vorträge auf der Tagung der Landesgruppe NRW des Verbandes kommunaler Unternehmen in Münster am 19.5.1961. (= Beiträge zur kommunalen Versorgungswirtschaft H. 29). Sigillum Verlag Köln-Marienburg, 1961, 49 Seiten.

Eichhorn, P.
Struktur und Systematik kommunaler Betriebe. Verwaltung und Wirtschaft. Kohlhammer Verlag Stuttgart, 1970, 105 Seiten.

Fleissig, F.J.
Gemeindehaushaltsverordnung (GemHVO) Nordrhein-Westfalen. Mit Verwaltungsvorschriften, Anlagen, Gliederungs- u. Gruppierungsplan, Zuordnungsvorschriften. Textausgabe mit Stichwortverzeichnis und Einführung. Reckinger Verlag Siegburg, 3. Aufl., 1973, XX, 216 Seiten.

Friedrich, P.
Volkswirtschaftliche Investitionskriterien für Gemeindeunternehmen. (= Schriften zur angewandten Wirtschaftsforschung 22). Mohr Verlag Tübingen, 1969, XXIX, 409 Seiten.

Fröhner, K.
Gemeindefinanzreform und Finanzausgleich in Baden-Württemberg. Erläuterungen und Texte. Loseblattwerk. Boorberg Verlag Stuttgart, 1970. 5. Lieferung 1972.

Gellen, M.
Zweckzuweisungen und kommunale Selbstverwaltung. Eine verfassungsrechtliche Untersuchung. (= Band II der Reihe "Nordrhein-Westfälischer Städte- und Gemeindebund - Abhandlungen zur Kommunalpolitik").Deutscher Gemeindeverlag Köln etc., 1971, 160 Seiten.

Gemeindewirtschaft
und Unternehmerwirtschaft. Festgabe f. Rudolf Johns zum 65. Geburtstag hg. v. L. Mülhaupt u. K. Oettle. (= Studien der Forschungsges.f. Staats- u. Kommunalwirtschaft Frankfurt, Bd. 4). Verlag O. Schwartz Göttingen, 1965, XI, 384 Seiten.

Das Gemwindewirtschaftsrecht
in Baden-Württemberg. Das Recht der Haushaltswirtschaft, Wirtschaftsführung der Eigenbetriebe, Kassen- und Rechnungsprüfung der Gemeinden. Textausgabe mit Einf. u. Verw. bearb.v. O. Bronner. Kohlhammer Verlag Stuttgart, 1973, 333 Seiten.

Gemeindewirtschaftsrecht
Nordrhein-Westfalen. Vorschriftensammlung. Bearb.v. W. Teufert, W. Varnholt. (= Kommunale Schriften für NRW Sammlung kommunaler Gesetze 24). Dt. Gemeindeverlag Köln etc., 1967, XIII, 310 Seiten.

Goldmann, R.
Niedersächsisches Kommunalabgabengesetz. Text mit Einleitung, Ausführungsbestimmungen und ergänzenden Vorschriften. Boorberg Verlag Stuttgart/München/Hannover, 1973, 188 Seiten.

Gröttrup, H.
Die kommunale Leistungsverwaltung. Grundlagen der gemeindlichen Daseinsvorsorge. (= Schriftenr. des Vereins für Komm. Wissenschaften Bd. 37). Kohlhammer Verlag Stuttgart, 1973, 292 Seiten.

Hagen, H.
Kommunalwirtschaftsrecht und Raumordnung. (= Informationsbriefe für Raumordnung hg. vom Bundesminister des Innern R 4.3.2). Kohlhammer/Dt. Gemeindeverlag Mainz, 1968, 12 Seiten.

Halstenberg, F.
Die Versorgungswirtschaft im Städtebaurecht. Systematische Darstellung der die Versorgungswirtschaft betreffenden Vorschriften des Bundesbaugesetzes vom 23.6.1960. Sigillum Verlag Köln, 1963, 107 Seiten.

Handbuch
der kommunalen Wissenschaft und Praxis. 3 Bände, hg. in Verbindung mit
den kommunalen Spitzenverbänden im Auftrag des Forschungsinst. f. Sozial-
u. Verwaltungswissenschaft an der Univ. Köln v. H. Peters. Springer
Verlag Berlin 1956 ff.
Band 1: Kommunalverfassung, 1956, XXXII, 692 Seiten
Band 2: Kommunale Verwaltung, 1957, XXXIII, 954 Seiten
Band 3: Kommunale Finanzen und kommunale Wirtschaft, 1959,
    XXVIII, 1062 Seiten, mit zahlr. Tab.

Hauser, H. - Nyffeler, P.
Die längerfristige Finanzplanung in der Gemeinde. Anleitung für schweizerische Gemeinden. Hg. vom Institut für Finanzwirtschaft und Finanz-
recht an der Hochschule St. Gallen. Verlag P. Haupt Bern, 1972, 152 S.

Hauser, H. - Nyffeler, P.
Die längerfristige Finanzplanung in der Gemeinde. Formularsammlung zur
gleichnamigen Publikation. Verlag P. Haupt Bern, 1972, 100 Blatt lose
in Mappe.

Haushaltsplan
und Finanzstatistik der kleineren Gemeinden. Leitfaden zur Gliederung
und Gruppierung der Finanzvorfälle und ihre Einordnung in die Jahres-
rechnungsstatistik. Dt. Gemeindeverlag Köln, 1966, 104 Seiten, Pl.

Haushalts- und Kassenrecht
Schleswig-Holsteins. Vorschriftensammlung mit erläuternder Einführung
und einem synoptischen Stichwortverzeichnis. Dt. Gemeindeverlag Köln etc.
1968, 308 Seiten.

Heinke, S.
Probleme der Finanzierung öffentlicher Haushalte der Finanzplanung.
Vortr. gehalten auf der Mitgliederversammlung des Instituts "Finanzen
und Steuern" am 9. Mai 1973. (= Grüne Briefe. Institut Finanzen und
Steuern. Nr. 139). Institut Finanzen und Steuern Bonn, 1973, 27 Seiten.

Hendler, R.
Gemeindliches Selbstverwaltungsrecht und Raumordnung. Verlag O. Schwartz
Göttingen, 1972, 62 Seiten.

Hessisches
Gemeindewirtschaftsrecht. Kommentar zur Gemeindehaushaltsverordnung,
Rücklagenverordnung und Kassen- und Rechnungsverordnung mit einem Anhang
ergänzender Rechtsvorschriften. Dt. Gemeindeverlag Köln, 1970, 598 S.

Heuser, E. - Geiger, H.
Handbuch des kommunalen Finanzwesens in Bayern. Vorschriftensammlung,
Loseblattausgabe 3 Bände. Dt. Fachschriftenverlag Wiesbaden, 1972,
6 Erg.Lieferung Sept. 1972.

Hötte, F. - Mengert, F. - Weyershäuser, K.
Gemeindehaushalt in Schlagworten. Systematische Darstellung der Haus-
haltsplangliederung und -gruppierung mit Schlagwortverzeichnis sowie
Erläuterungen zur Finanzstatistik. Dt. Gemeindeverlag Köln etc., 4. neubearb. Aufl., 1969, 472 Seiten.

Hohns, F.
Gemeindeverkehrsfinanzierungsgesetz. Kommentar mit Ausführungsvorschrif-
ten der Länder. (= Neue Kommunale Schriften Bd. 22). Dt. Gemeindeverlag
Köln etc., 1972, 240 Seiten.

Isenberg, G. - Sättler, M.
Erfassung der Existenzgrundlagen und Berechnung der Wirtschafts- und
Finanzkraft von neuen Städten. Modelltheoretische Studie mit Anwendungs-
beispiel. Forschungsauftr. BMBau. (= Städtebauliche Forschung. 03.010).
Bundesminister für Raumordnung, Bauwesen und Städtebau Bonn/Bad Godes-
berg, 1973, 323 Seiten, zahlr. Übers. u. Tab.

Kommunalabgabengesetz
Schleswig-Holstein. Kommentar mit ergänzenden Rechtsvorschriften, Mustersatzungen und Satzungsmuster. Stand April 1971. Dt. Gemeindeverlag Köln,
1. Lfg. 1971, 256 Seiten, mit 9-teiligem Kst-Trennreg. im Ordner.

Kommunalabgabenrecht
Schleswig-Holstein. Vorschriftensammlung mit einer umfassenden, das
neue Kommunalabgabengesetz erläuternden Einführung. Dt. Gemeindeverlag
Köln etc., 1970, 232 Seiten.

Kommunale Finanzplanung
Handbuch mit Vorschriften und systematischen Erläuterungen für die mittelfristige Finanzplanung der Städte, Gemeinden und Gemeindeverbände ab
1970. Stand Februar 1972. Dt. Gemeindeverlag Köln etc. 1.-4. Lieferung
348 Seiten in Ordner.

Krumsiek - Lenz - Wimmer
Kommunaler Investitionsbedarf 1971 - 1980. (= Neue Schriften des Deutschen Städtetages 27). Kohlhammer Verlag Stuttgart, 1971, 72 Seiten.

Lampert, H. - Oettle, K.
Die Gemeinden als wirtschaftspolitische Instanzen. (= Schriftenreihe des
Vereins für Kommunalwissenschaften 26). Kohlhammer Verlag Stuttgart,
1968, 72 Seiten.

Loening, H. - Schmitz, A.
Kommunalabgabengesetz für das Land Nordrhein-Westfalen vom 21.10.1969.
(=Kohlhammer Kommentare). Kohlhammer Verlag Stuttgart, 1970, 298 Seiten.

Linden, E.
Theorie und Praxis der kommunalen Wirtschaftsförderung. Darstellung einer
unorthodoxen Aufgabe im Bereich kommunalpolitischer Tätigkeit. Projekt-
Verlag Düsseldorf, 1972, 302 Seiten, zahlr. Qu.

Matzner, E. u.a.
Wirtschaft und Finanzen österreichischer Städte. Hrsg.: Institut für
Stadtforschung. (= Kommunale Forschung in Österreich 2). Selbstverlag
Wien, 1971, 299 Seiten, Tab., Qu.

Möllenhoff, H.
Vom außerordentlichen Gemeindehaushalt zum Vermögenshaushalt. Zu den Auswirkungen der staatlichen Haushaltsreform auf das kommunale Haushaltsrecht. Athenäum Verlag Frankfurt, 1973, 140 Seiten.

Möller, F.
Kommunale Wirtschaftsförderung. Hrsg. Wirtschaftsberatung AG. Düsseldorf.
Kohlhammer Verlag Stuttgart, 1964, 221 Seiten.

Nicklisch, H.
Das Recht der kommunalen Wirtschaftsbetriebe in der Bundesrepublik und
in Westberlin. Textsammlung Amtl. Vorschriften. Hg. von der Wirtschaftsberatung Düsseldorf. (= Fachschriften zur Gemeindeprüfung und Gemeindeberatung). Institut d. Wirtschaftsprüfer Verlag Düsseldorf, 1962 ff.
Loseblattsammlung.

Niedersächsisches
Kommunalabgabengesetz. Textausgabe mit Stichwortverzeichnis. Verlag
O. Schwartz Göttingen, 1973, 36 Seiten.

Pagenkopf, H.
Gegenwartsprobleme der Gemeindefinanzwirtschaft. (=Institut "Finanzen
und Steuern"Bonn, Schriftenreihe 21.67). W. Stollfuß Verlag Bonn,
um 1962, 32 Seiten.

Pagenkopf, H.
Die Haushaltssatzung. Zugleich ein Beitrag zur Reform des Gemeindefinanzrechts. Heymann Verlag Köln, 1972, XXIII, 200 Seiten.

Possehl, W.
Kommunalabgabengesetz Nordrhein-Westfalen. Textausgabe mit Verwaltungsvorschriften und ergänzenden Rechtsvorschriften sowie einer erläuternden
Einführung. Dt. Gemeindeverlag Köln etc., 1970, 192 Seiten.

Raske, W.
Die kommunalen Investitionen in der Bundesrepublik. Struktur - Entwicklung - Bedeutung. (= Schriftenr. des Ver. f. Kommunalwiss.e.V. Berlin
Bd. 30). Kohlhammer Verlag Stuttgart, 1971, 188 Seiten, Abb., Tab., Lit.
Anh.: 5 Bl. Tab.

Rehm, F.K.
Zweckverbandsgesetz für Baden-Württemberg mit der Verordnung des Innenministeriums über die Anwendung gemeindewirtschaftl. Vorschriften auf
Zweckverbände. Kohlhammer Verlag Stuttgart, 1964, 232 Seiten.

Rehm, F.K. - Bosch
Kommunalabgabengesetz für Baden-Württemberg. Kohlhammer Verlag Stuttgart, 2. Aufl., 1969, 190 Seiten.

Röhricht, K.
Mittelfristige Bedarfsprognose in der Versorgungswirtschaft. Dargestellt
am Beispiel der kommunalen Stromversorgung. Fachschriften zur Gemeindeprüfung und Gemeindeberatung. Kohlhammer Verlag Stuttgart, 1966, 127 S.

Rösinger, H.M.
Grundlagen des modernen Budgetmanagements unter besonderer Berücksichtigung des "Planning-Programming-Budgeting-Systems" (PPBS). Diss. (= Europäische Hochschulschriften Reihe 5: Volks- und Betriebswirtschaft Bd. 30).
Verlag H. Lang Bern, 1970, 226 Seiten.

Rosen v. Hoewel, H.v., Weichsel, L.
Öffentliche Finanzwirtschaft, Finanzverfassung, Haushalt, Finanzplanung,
antizyklische Haushaltspolitik. (= Schaeffers Grundriß d. Rechts u.d.
Wirtschaft. Abt.II 37). Verlag Kohlhammer Stuttgart, Schäffer Berlin,
1971, 214 Seiten.

Rumetsch, R.
Kommunalabgabengesetz für Rheinland-Pfalz mit Durchführungsverordnungen
und Mustersatzungen sowie den ergänzenden Vorschriften des Bundes- und
Landesrechts. Kommentar unter Mitarbeit v. V. Müller, O. Hommel. Verlag
Reckinger Siegburg, 2. Aufl., 1966, 309 Seiten.

Schauwecker - Münch
Gesetz über die Eigenbetriebe der Gemeinden in Baden-Württemberg. Eigenbetriebsgesetz. (= Kohlhammer Gesetzestexte). Kohlhammer Verlag Stuttgart, 1963, 146 Seiten.

Scheel, W. - Steub, J.
Gemeindehaushaltsrecht Nordrhein-Westfalen. Vorschriftensammlung zum neuen Haushaltsrecht. Deutscher Gemeindeverlag Köln, 1973, 150 Seiten.

Scheel, W. - Steub, J.
Gemeindehaushaltsrecht. Kommentar zum neuen Haushaltsrecht. Deutscher Gemeindeverlag Köln etc., 1973, 450 Seiten.

Schmid, C. - Bronner, O.
Gemeindewirtschaftsrecht. Textausgabe mit synoptischem Stichwortverzeichnis. Kohlhammer Verlag Stuttgart, 9. Aufl., 1972, XII, 575 Seiten.

Schmid, C. - Bronner, O.
Gemeindewirtschaftsrecht. Text der Gemeindehaushaltsverordnung, Kassen- und Rechnungsordnung, Rücklagenverordnung, Eigenbetriebsverordnung mit Ausführungsanweisungen. Kohlhammer Verlag Stuttgart, 1972, 9. Aufl., 588 S.

Schmidt, G.
Kommunale Wirtschaft und Besiedlungspolitik. (= Schriften der Forschungsstätte für öffentliche Unternehmen Köln 3). Verlag O. Schwartz Göttingen, 1959, 305 Seiten.

Schmidt, W.
Gemeindefinanzreformgesetz. Kommentar mit Einführung und Rechtsverordnungen. Deutscher Gemeindeverlag Köln, 1970, 216 Seiten.

Schmitt, R.
Haushaltsrecht des Landes Baden-Württemberg. Textausgabe. Kohlhammer Verlag Stuttgart, 1971, 120 Seiten.

Schneider, R.
Die Gemeinde als wirtschaftspolitisches Entscheidungszentrum. Dargest. anhand d. Situation in der BRD. (= Volkswirtsch. Schriften H. 151). Verlag Duncker u. Humblot Berlin, 1971, 275 Seiten, Tab., Lit.

Schneider, K. - Vieregge, R.
Die Grundsteuer in der Finanzreform - Eine Studie zur wirtschafts- und finanzpolitischen Problematik der Grundsteuer. (= Sonderdrucke d. Inst. f. Siedlungs- u. Wohnungswesen der Univ. Münster H. 47). Selbstverlag Münster und Verlag Deutsche Wohnungswirtschaft Düsseldorf, 1969, 104 S. Tabellenanhang.

Schütze, H.
Haushalts-, Kassen- und Rechnungswesen der Gemeinden. Texte der Gemeindehaushaltsverordnung, Kassen- und Rechnungsverordnung, Rücklagenverordnung mit ausführlichem Stichwortverzeichnis. Heymann Verlag Köln, 1957, 536 S.

Settele, R.
Gesetz über die kommunalen Versorgungsverbände in Baden-Württemberg. (= Kohlhammer Taschenkommentar). Kohlhammer Verlag Stuttgart, 1965, 187 Seiten, Dachregister.

Seydel, P.
Die kommunalen Zweckverbände. Verlag O. Schwartz Göttingen, 1955, 182 Seiten.

Siedentopf, H.
Grenzen und Bindungen der Kommunalwirtschaft. (= Verwaltung und Wirtschaft Bd. 30). Kohlhammer Verlag Stuttgart, 1963, 101 Seiten.

Siedentopf, F.H.
Wirtschaftlichkeit in der öffentlichen Verwaltung. Institutionen zur Wirtschaftlichkeitsprüfung. (= Politik und Verwaltung, 8). Nomos Verlag Baden-Baden, 1969, 118 Seiten.

Sponheuer, Th.
Haushaltsrecht nach geltendem Gemeinderecht und ihre Problematik. (= Verwaltung und Wirtschaft 36). Kohlhammer Verlag Stuttgart, 1967, 135 S.

Stahl, L.
Kommunale Wirtschaftsförderung. Praxis und rechtliche Problematik. (= Programme, Analysen, Tatbestände H. 1). Grote Verlag Köln, 1970.

Steeb, G.
Die Folgekosten kommunaler Siedlungen und ihre Finanzierung. Fachschriften zur Gemeindeprüfung und Gemeindeberatung. Kohlhammer Verlag Stuttgart, 1965, 187 Seiten.

Steenbock, R.
Kommunale Haushaltsreform. Systematische Darstellung der neuen Vorschriften des Gemeindehaushaltsrechts. Deutscher Gemeindeverlag Köln etc., 1972, 184 Seiten.

Steenbock, R.
Kommunale Finanzen. Umfassende Vorschriftensammlung für das kommunale Finanzwesen. Deutscher Gemeindeverlag Köln etc., Loseblattausgabe, 1. Lieferung, 1972, ca. 160 Seiten.

Stern, K. - Puettner, G.
Die Gemeindewirtschaft. Recht und Realität. Zum staats- und kommunalverfassungsrechtlichen Standort der kommunalen Wirtschaft. (= Schriftenreihe d. Ver.f. Kommunalwissenschaften Bd. 8). Kohlhammer Verlag Stuttgart, 1965, 197 Seiten.

Stern, K.
Kommunalwirtschaft und Verfassungsrecht. Ein Vortrag. (= Beiträge zur kommunalen Versorgungswirtschaft H. 44). Sigillum Verlag Köln-Marienburg, 1970, 27 Seiten.

Steuer, A.
Das kommunale Abgabenrecht Nordrhein - Westfalen. Leitfaden für die Ausbildung der Verwaltungsschüler und die Praxis der Steuerämter. Deutscher Gemeindeverlag Köln etc., 1972, 128 Seiten.

Thiem, H.
Kommunalabgabengesetz Schleswig-Holstein. Kommentar mit ergänzenden Rechtsvorschriften, Mustersatzungen und Satzungsmustern. Loseblattausgabe. Kohlhammer/Dt. Gemeindeverlag Köln etc., 1. Lieferung, 1971, 256 Seiten mit 9-teiligem Kst-Trennreg. im Ordner.

Varnholt, W.
Einführung in das gemeindliche Finanz- und Haushaltswesen. Kohlhammer Verlag Stuttgart, 1967, 84 Seiten.

Weber, W.
Niedersächsisches Finanz- und Abgabenrecht. (= Schwartz Gesetzestexte 41). Verlag O. Schwartz Göttingen, 1963, 134 Seiten.

Weichsel, L.
Vergleichende Haushaltsbeschreibung und Haushaltsanalyse ausgewählter
Städte. Hrsg.: Ifo-Inst.f. Wirtschaftsforschung München. (= Wirtschaftl.
u. soz. Probleme d. Agglomerationsprozesses - Beitr. z. Empirie u. Theorie d. Regionalforsch. 11). München 1967, 62 Seiten, Tab., Lit., Anh.

Winkler, E.G.
Aufgaben und Grenzen der gemeindlichen Kreditnahme. (= Schriftenreihe
des IFO-Instituts für Wi.-Forschung 45). Verlag Duncker u. Humblot
Berlin, 1961, 114 Seiten.

Wittmann, W.
Einführung in die Finanzwissenschaft. 4 Bände. G. Fischer Verlag
Stuttgart.
Teil 1: Die öffentlichen Ausgaben, 1970, 138 Seiten, 9 Abb.
Teil 2: Die öffentlichen Einnahmen, 1971, 210 Seiten, 26 Abb.
Teil 3: Öffentliche Schuld, öffentl. Haushalt, Finanzausgleich u.
        regionale Budgetwirkungen, kommunale Finanzen, öffentliche
        Unternehmen, Sozialversicherung, 1972, XIV, 210 Seiten.
Teil 4: Finanzpolitik (in Vorbereitung).

IV. Stadt und Umwelt

0. Allgemeine Lehr- und Sachbücher zur Umweltforschung

Abercrombie, M. - Hickmann, C.J. - Johnson, M.L.
Taschenlexikon der Biologie. G. Fischer Verlag Stuttgart, 1971, 257 Seiten, 10 Abb.

ADAC (Hg.)
Auto und Umweltschutz. Erfahrungen, Vorschläge, Maßnahmen des ADAC.
(= Schriftenreihe Straßenverkehr Nr.10). ADAC-Verlag München, 1971,
116 Seiten.

Althaus, F.F. - Henggeler, A.
Denkmodell Stadtraum: Planung Mensch - Umwelt. Verlag Niggli Niederteufen/Schweiz, 1969, 88 Seiten, 18 Abb.

Analyse
der Referateorgane und anderer Sekundärquellen über Umweltschutz.
Survey of abstracting and other secondary services on environmental
science. Hrsg.: Bundesanst.f. Vegetationskunde, Naturschutz u. Landschaftspflege. Bonn/Bad Godesberg, 1972, 141 Seiten, Tab., Lit., Anh.:
1 Bl. Maschinenschr. vervielf.

Anderson, S. (Hg.)
Die Zukunft der menschlichen Umwelt. Mit zahlr. Beiträgen. (= Deutsche
Ausgabe von "Planning für Diversity and Choice"). Verlag Rombach Freiburg/Brsg., 1971, 339 Seiten.

Antweiler, H. u.a.
Probleme der Umweltforschung. (= Forschung und Information Bd.14).
Colloquium Verlag Berlin, 1973, 168 Seiten.

Apel, D.
Kraftverkehr und Umweltqualität von Stadtstraßen. Kohlhammer Verlag
Stuttgart, 1973, etwa 200 Seiten.

Auto
Mensch - Umwelt. Hrsg.: Automobil-Club der Schweiz ACS. Verlagsbuchhandlung Stämpfli u. Cie. Bern, 246 Seiten, 60 Abb., Tab., graph. Darst., 1973

Bachmann, H. - Meister, D.P.
Zur Ganzheitstheorie der Umweltplanung. (= Arbeitsberichte des Inst.f.
Umweltplanung.) Institut für Umweltplanung der Univ. Stuttgart.
Ulm 1972.

Bartsch, W.
Umweltschutz, Menschenschutz. Eine Dokumentation am Beispiel Frankfurts.
(= Fischer Taschenbücher Bd.1224). Fischer Taschenbuch Verlag Frankfurt/M.,
1972, 159 Seiten, Kt.

Beiträge
aus dem Gebiet der Umwelthygiene. Wasser, Abwasser, Luft, Lärm, Abfallstoffe. (= Schriftenreihe d. Vereins für Wasser-, Boden- und Lufthygiene
Bd.33). G. Fischer Verlag Stuttgart, 1970, 175 Seiten.

Beiser, A.
Die Erde. (= Life - Wunder der Natur). Time-Life International Amsterdam, 1970, 192 Seiten.

Berg, H.K. - Doedens, F. (Hg.)
Umweltschutz. Fortschritt ist für den Menschen da. Didaktischer Kommentar. Verlag Moritz Diesterweg Frankfurt/M., 1973, VIII, 53 Seiten, 4 Abb.

Bibliographie
Wörterbücher, Glossarien und Begriffserläuterungen über Umweltschutz und Landespflege. Hg. von der Bundesanstalt für Vegetationskunde, Naturschutz und Landschaftspflege. (= Bibliographie Nr.27). Bonn/Bad Godesberg, 1972, 461 nachgewiesene Titel, 52 Seiten.

Blumer, W.
Motorisierung. Seuche des Jahrhunderts. Rentsch Verlag Stuttgart/Erlenbach-Zürich, 1973, 80 Seiten, Qu.

Boisseree, K. - Müller-Merbach, H. - Röper, B.
Neue Strategien im Umweltschutz; Umweltplanung und Umweltschutz mit Hilfe des Operations Research. (= Schriftenreihe Arbeitsgemeinschaft für Rationalisierung des Landes NW. H.141). Verkehrs-u. Wirtschafts-Verlag Dr. Borgmann Dortmund, 1973, 53 Seiten.

Breitenstein, R.
Wir müssen nicht im Dreck ersticken, Umweltschutz in der Bundesrepublik. Econ Verlag Düsseldorf/Wien, 2. Aufl., 1972, 236 Seiten.

Bünermann, G.
Grundsätze des Immissionsschutzes bei der Bauleitplanung aus der Sicht der Gewerbeaufsicht. (= Veröff.d.Inst.f. Städtebau der Dt. Akad.f. Städtebau und Landesplanung Berlin Bd.34/7). Selbstverlag Berlin, 1971, 5 Seiten.

Bunz, A.R. (Bearb.)
Umweltpolitisches Bewußtsein 1972. Eine Untersuchung des Instituts für angewandte Sozialwissenschaft. (= Beiträge zur Umweltgestaltung H. B 5). Verlag E. Schmidt Berlin, 1973, 164 Seiten, 23 Abb., 13 Übers., 87 Tab.

Carson, R.
Der stumme Frühling. Biederstein Verlag München, 1963, 355 Seiten und: (= dtv Taschenbuch Bd.476), 34.-37.Tsd. 1970.

Cobb, J.B.
Der Preis des Fortschritts. Umweltschutz als Problem der Sozialethik. Claudius Verlag München, 1972, 187 Seiten.

Coenen, R. - Fehrenbach, R. - Fritsch, W. u.a.
Alternativen zur Umweltmisere. Raubbau oder Partnerschaft. Hanser Verlag München, 1972, 190 Seiten.

Coleman, D.J.
Highways and the environment. (= Exchange Bibliography. Council of Planning Librarians.394). Monticello, Ill.: Council of Planning Librarians, 1973, 22 S.

Commoner, B.
Wachstumswahn und Umweltkrise. Bertelsmann Verlag München, 1973, 294 S., zahlr. Qu.

Conrad, W. - Löbsack, Th.
Aufklärung über Umweltschutz. Kohlhammer Verlag Stuttgart, 1972,
32 Seiten.

Clugh, R.W. - Klain, A.
Urban and environmental resources: A bibliography of English language
periodicals (Quellen zum Thema: Stadt und Umwelt: Eine Bibliographie
englischer Periodika). (= Exchange Bibliography. Council of Planning
Librarians.494). Monticello, Ill.: Council of Planning Librarians,
1973, 30 Seiten.

Dahmen, F.W.
Die Erde hat keinen Notausgang. Umweltschutz ist Menschenschutz. (= Mer-
cator-Bücherei Bd.17). Mercator Verlag Gert Wohlfahrt Duisburg, 1971,
112 Seiten, zahlr. Abb.

Dahmen, F.W.
Was bedeutet Umwelt? (= Landschaftsverb. Rheinland, Referat Landschafts-
pflege, Arbeitsstud.Nr.21). Köln, 1971, IV, 23 Seiten, Anh.: 1 Übers.
Maschinenschriftl. vervielf.

Dasmann, R.F.
Bedrohte Natur. Der Mensch und die Biosphäre. E. Diederichs Verlag
Düsseldorf/Köln, 1974, 152 Seiten, 6 Abb.

Dee, S.R.
Basic environmental collection (Grundlagenmaterial zur Umwelt).
(= Exchange Bibliography. Council of Planning Librarians. 410).
Monticello, Ill.: Council of Planning Librarians, 1973, 15 S.

Deischl, E.
Umweltbeanspruchung und Umweltschäden durch den Verkehr in der BRD.
Vergleich zwischen Straße und Schiene. (= Diskussionsschriften H.1).
Studieninstitut für angewandte Haushalt- und Steuerpolitik e.V.
München, 1972, 104 Seiten, Tab., graph. Darst., Kt.

Dietrich, G. - Stöcker, W. (Hg.)
ABC Biologie. Ein alphabetisches Nachschlagewerk für Wissenschaftler u.
Naturfreunde. Verlag Harri Deutsch Frankfurt/M/Zürich, 1968, 916 Seiten,
etwa 5.000 Stichwörter, 950 Abb., 32 Bildtafeln.

DGB (Hg.)
Leitsätze des Deutschen Gewerkschaftsbundes zum Umweltschutz. Hrsg.:
Dt. Gewerkschaftsbund, Bundesvorstand, Abt. Gesellschaftspol. Düssel-
dorf, 1972, 15 Seiten.

Dokumentation
für Umweltschutz und Landespflege (bis 1970: Mitteilungen z. Landschaftspflege). Hg. von der Bundesanstalt f. Vegetationskunde, Naturschutz u.
Landschaftspflege. Kohlhammer Verlag Stuttgart, 4 mal jährlich.

Domsch, K.H. (Hg.)
Umweltschutz in Land- und Forstwirtschaft. (= Sammelbericht aus der
Zeitschrift "Berichte über Landwirtschaft"). Verlag P. Parey Hamburg/
Berlin, 1972, VIII, 792 Seiten, 54 Abb., 134 Tab., zahlr. Qu.

Dorst, J.
Natur in Gefahr. Übers. aus dem Franz. Verlag Orell-Füssli Zürich, 1966,
368 Seiten.

Ehrlich, P. - Ehrlich, A.
Bevölkerungswachstum und Umweltkrise. Die Ökologie des Menschen. Verlag
S. Fischer Frankfurt/M., 1972, 533 Seiten, 42 Abb.

Erb, H.F. - Vester, F. (Hg.)
Unsere Städte sollen leben. Pro Umwelt - Bilanz eines Ideenwettbewerbs.
Deutsche Verlagsanstalt Stuttgart, 1972, 156 Seiten, mit Abb.

Erste
Mitteilung der Kommission über die Politik der Gemeinschaft auf dem Gebiet des Umweltschutzes. In: Verh.d.Dt. Bundestages. 6. Wahlper. Anl.
zu d.stenogr. Ber., Drucks.Nr. VI/2537 v.30.8.1971, 81 Seiten, Lit.

Evang. Akademie (Hg.)
Umweltschutz - aber wie? Rechtliche Hindernisse, rechtliche Möglichkeiten. (= Schriftenreihe der Evangel. Akademie in Hessen und Nassau
H.95). Frankfurt 1972.

Farb, P.
Die Ökologie. Life - Wunder der Natur. Time-Life-International, Amsterdam, 1970, 192 Seiten.

Fieseler, H.
Sinnvolle Bauleitplanung - Voraussetzung für einen wirksamen Umweltschutz. (= Veröff.d.Inst.f. Städtebau der Dt.Akad.f. Städtebau und Landesplanung Berlin Bd.34/9). Selbstverlag Berlin, 1971, 23 Seiten.

Forrester, J.W.
Der teuflische Regelkreis. Das Globalmodell der Menschheitskrise.
Deutsche Verlagsanstalt Stuttgart, 1972, 128 Seiten, 50 Abb.

Forster, F.
Wohlstand ohne Grenzen? Die volkswirtschaftlichen und geistigen Voraussetzungen des Umweltschutzes. Verlag Peter Meili Schaffhausen, 1972,
83 Seiten, 7 Abb., Tab., Qu.

Frey, B.S.
Umweltökonomie. (= Kleine Vandenhoeck-Reihe 369). Verlag Vandenhoeck
u. Ruprecht Göttingen, 1972, 142 Seiten.

Fröhlich, W.
Probleme des Umweltschutzes. Umfang und Bedeutung. (= Berichte der Kernforschungsanlage Jülich Nr.779). Selbstverlag d. Zentralbibliothek d.
Kernforschungsanlage Jülich GmbH., Jülich, 1971, 24 Bl., 11 graph. Darst.

Glagow, M.
Umweltgefährdung und Gesellschaftssystem. Piper Verlag München, 1972,
243 Seiten.

Görgmaier, D.
Umweltschutz. Problem - Aufgabe - Lösung. Handbuch für die Praxis.
Verlag Harbeke München, 1973, 216 Seiten, Abb., Qu., Kt.

Goldsmith, E. - Allen, R.
Planspiel zum Überleben. Ein Aktionsprogramm. (= dva informativ). Deutsche Verlagsges. Stuttgart, 1972, 115 Seiten, Tab., Qu.

Graham, F. jr.
Seit dem "Stummen Frühling". Biederstein Verlag München, 1971, 317 Seiten.

Gräff, B. - Spegele, H.
Wörterbuch des Umweltschutzes. Begriffe, Erläuterungen, Abkürzungen.
Franckh'sche Verlagshdlg. Stuttgart, 1972, 144 Seiten, Tab.

Graul, E.H. - Franke, H.W.
Die unbewältigte Zukunft. Blind in das dritte Jahrtausend. Kindler Verlag München, 1970, 303 Seiten, 57 Abb.

Greeley, A.
Eine Zukunft auf die man hoffen kann. Walter Verlag Freiburg, 1971, 208 Seiten.

Görsdorf, K.
Umweltgestaltung. Einführung in ihre funktionellen und psychologischen Grundlagen. Verlag E. Reinhardt München, 1971, 371 Seiten, 14 Abb.

Gruen, V.
Das Überleben der Städte. Weg aus der Umweltkrise: Zentren als urbane Brennpunkte. Verlag Fritz Molden Wien/München/Zürich, 1973, 351 Seiten, Bild., graph. Darst., Grundr., Pl.

Grunewald, A.
Kann der Verkehr umweltfreundlicher werden? Verlag E. Schmidt Berlin/Bielefeld/München, 1973, 57 Seiten.

Grundfragen
und techn. Maßnahmen zur Reinhaltung der Biosphäre. (= Technik und Umweltschutz Nr.1). Deutscher Verlag für Grundstoffindustrie Leipzig, 1973, 166 Seiten, 48 Bild., 9 Tab.

Grundlagen
einer Umweltschutzpolitik, Ökonomische Aspekte der Humanökologie. (= Konrad Adenauer Schriftenreihe). Eichholz Verlag Bonn, 1973, 90 Seiten.

Gutachten
Auto und Umwelt. Veröffentlichungen des Sachverständigenrates für Umweltfragen. (= Schriftenreihe des Bundesministers des Innern). Kohlhammer Verlag Stuttgart, 1973, 90 Seiten.

Haack, P.
Erstes Lexikon der Umweltschäden und Zivilisationsgifte. Arbeitskreis für Umweltschutz (AKU), Selbstverlag Konstanz, 1972, 30 Seiten.

Haendler, H.
Umweltforschung. Ulmer Verlag Stuttgart, Band 1: 1971, Band 2: 1972, Band 3: 1973.

Häsler, A.A.
Mensch ohne Umwelt? Die Vergiftung von Wasser, Luft und Erde oder die Rettung unserer bedrohten Welt. Walter Verlag Olten/Freiburg, 1972, 203 Seiten.

Haferkamp, H. (Hg.)
Umweltschäden in industriellen Ballungsräumen. (= Schr.R.d. Zentralverb.d. Ärzte f. Naturheilverfahren Bd.11). Verlag Blume u. Co. Hamburg, 1964.

Halbritter, K.
Einführung in das Problem Kraftverkehr und Umwelt. Ges.f. Kernforschung mbH., Karlsruhe, 1972, 64 Seiten, 16 graph. Darst.

Harlacher, R.
Bedrohte Lebensordnung. Wirtschaftsverlag Klug München-Pasing, 1965, 97 Seiten, 4 Bl. Abb.

Hartkopf, G. - Jochimsen, R.
Raumordnung und Umweltschutz. Erfordernisse der Raumentwicklungsplanung. (= Kleine Schriften d.Dt. Verbandes f. Wohnungswesen, Städtebau u. Raumplanung 39). Stadtbau Verlag Bonn, 1971, 35 Seiten.

Hassenstein, D.
Der Mensch und seine Umwelt. Bertelsmann Verlag Gütersloh, 1958, 173 Seiten.

Heller, A. - Nehring, E. (Hg.)
Literaturberichte über Wasser, Abwasser, Luft und feste Abfallstoffe. G. Fischer Verlag Stuttgart, 1970, Band 18, 6 Hefte.

Herder
Lexikon Umwelt. Verlag Herder Freiburg, 1973, 215 Seiten, Abb. Mit rund 1800 Stichwörtern sowie über 300 Abb. u. Tab.

Hoffmann, P. - Patellis, N.
Demokratie als Nebenprodukt? Ist Umweltplanung Selbstzweck? Hanser Verlag München, 1971, 133 Seiten.

Horn, Ch. - Walterskirchen, M.P.v. - Wolff, J.
Umweltpolitik in Europa. Referate u. Seminarergebnisse d.2. Symposiums f. wirtschaftliche u. rechtliche Fragen d. Umweltschutzes an d. Hochsch. St. Gallen v. 31.10. bis 2.11.1972. BLV Verlágsges. München/Bern/Wien, 1973, 318 Seiten, Abb., Tab., Übers., Lit.

The human environment.
Vol. I: A selective, annotated bibliography of reports and documents on international environmental problems, Vol. II: Summaries of national reports. (= Environment Series 201). Washington: Woodrow Wilson International Center for Scholars, 1972, 171 S. (911 Qu.) + 109 S.

Industrialisierung
und Umweltschutz. Eine Dokumentation. Hrsg.: Deutscher Verband für Wohnungswesen, Städtebau u. Raumplanung Köln. Dt. Verband f. Wohnungswesen, Städtebau u. Raumplanung Düsseldorf/Essen, 1972, 52 Seiten.

Jacobi, C.
Die menschliche Springflut. Ullstein Verlag Berlin, 1969, 211 Seiten.

Jahrbuch
für Umweltschutz 1973. Fachbuch für alle Bereiche des Umweltschutzes. Schweizerische Vereinigung f. Gewässerschutz u. Lufthygiene. Chefred. H.E. Vogel. Verlag Keller u. Co. Luzern, 1973, 207 Seiten.

Kaan, W.G.
Autologie. Das Auto zwischen Anbetung und Verteufelung. Verlag Jugend und Volk München, 1974, ca. 160 Seiten.

Keller, R.
Bauen als Umweltzerstörung. Alarmbilder einer Un-Architektur der Gegenwart. Verlag für Architektur im Artemis Verlag Zürich/Stuttgart, 1973, etwa 192 Seiten, über 150 Abb.

Kentner, W.
Verkehrsökologie. Die Lehre von der Beziehung Verkehr und Umwelt. Vortrag Köln: Deutsche Verkehrswissenschaftliche Gesellschaft. (= Schriftenreihe der DVWG Reihe D, D 33). DVWG Verlag Köln, 1972, 39 Seiten.

Kiekeben, H.-H.
Versuche zum Umweltschutz. Aus dem Schwedischen übersetzt von Joan Louise Hörner und Horst Hörner. Verlag Julius Beltz Weinheim/Basel, 1972, 184 Seiten, 36 Abb., 12 Tab., Qu.

Kiekeben, H.-H. (Bearb.)
Thema: Umweltschutz. Aus dem Schwedischen übertragen von Joan Louise Hörner und Horst Hörner. Verlag Julius Beltz Weinheim, 1972, 152 Seiten, Tab., Qu.

Koeck, W.
Existenzfragen der Industriegesellschaft. Gefahren und Chancen d. techn. Fortschritts. Unter bes. Mitw.v. W. Greiling. Econ Verlag Düsseldorf/Wien, 1962, 360 Seiten.

Kommunalpolitische
Aspekte des Umweltschutzes in München. Problemstudie. Hrsg. Landeshauptstadt München. (= Arbeitsberichte zur Fortschreibung des Stadtentwicklungsplans Nr.3). Selbstverlag München, o.J. (ca.1972), 106 S.

Küpper, U.I. - Wolf, R.
Umweltschutz in Raumforschung und Raumordnung. Hrsg.: Bundesforschungsanstalt f. Landeskunde und Raumordnung. (= Mitteilungen aus dem Inst.f. Raumordnung H.79). Selbstverlag Bonn/Bad Godesberg, 1973, 79 Seiten, Abb., Qu.

Kurth, G. (Hg.)
Technische Zivilisation, Möglichkeiten und Grenzen. G. Fischer Verlag Stuttgart, 1969, 196 Seiten, mit 26 Abb.

Laage, G.
Umweltplanung und Mitbestimmung. Ziele, Beteiligte, Methoden, Organisation. Callwey Verlag München, 1973/74, etwa 180 Seiten, 91 Abb.

Lebensstandard
Lebensqualität. Umweltschutz zwischen Wunsch und Wirklichkeit. Deutsche Industrieverlags-GmbH. Köln, 2. erg. Aufl., 1973, 55 Seiten.

Lehnert, G. u.a.
Physikalische Umwelteinflüsse. Meßverfahren für Staub, Klima, Licht, Schall. Goldmann Verlag München, 1971, 248 Seiten, 145 Abb., 16 Tab.

Leibundgut H. (Hg.)
Schutz unseres Lebensraumes. Symposium an der Eidgen.Techn.Hochschule Zürich vom 10.-12. November 1970. Bayer. Landschriften Verlag München und Huber Verlag Frauenfeld, 1971, 523 Seiten.

Liebmann, H.
Ein Planet wird unbewohnbar. Ein Sündenregister der Menschheit von der Antike bis zur Gegenwart. Piper Verlag München, 1973, 240 Seiten, 99 Abb., zahlr. Qu.

Lohmann, M.
Gefährdete Zukunft - Prognosen anglo-amerikanischer Wissenschaftler.
Hanser Verlag München, 1970, 190 Seiten, 2 Diagr.

Lorenz, K.
Die acht Todsünden der zivilisierten Menschheit. (= Serie Piper 50).
Piper Verlag München, 7. Aufl., 1974, 112 Seiten.

Lützenkirchen, W.R.
Verbrechen ohne Richter. Mord an der Umwelt in der BRD. (= pocket 38).
Verlag Kiepenheuer u. Witsch Köln, 1972, 152 Seiten.

McHale, J.
Der ökologische Kontext. Suhrkamp Verlag Frankfurt/M., 1974, 288 Seiten,
viele Abb.u. Tab., zahlr. Qu.

Maddox, J.
Unsere Zukunft hat Zukunft. Der jüngste Tag findet nicht statt. Deutsche
Verlagsanstalt Stuttgart, 1973, 216 Seiten, zahlr. Qu.

Markowski, H.
Landschaft für morgen. Modelle zum Umweltschutz. M-und K-Hansa-Verlag
Hamburg, 1971, 112 Seiten, graph. Darst., Kt.

Materialienband
zum Umweltprogramm der Bundesregierung. In: Verh.d.Dt. Bundestages.
6. Wahlper. 1971. Anl.z.d.stenogr. Ber. zu Drucks.Nr. VI/2710. Vom 23.
Dez. 1971. 661 S., Kt., Abb., Tab., Übers., Lit. u. 4 Bl. Kt.

Mayer-Tasch, C. - Hinz, M. - Dorane, Ch.F.
Umweltschutz - Politik des peripheren Eingriffs. Hrsg.v. F. Benseler.
(= Reihe Demokratie u. Rechtsstaat Bd.24, und: Sammlung Luchterhand
Bd.132). Luchterhand Verlag Darmstadt/Neuwied, 1973, 170 Seiten.

Meadows, D.
Die Grenzen des Wachstums. Bericht des Club of Rome zur Lage der Menschheit. 17 Wissenschaftler sagen den Wachstumstod unserer Zivilisation
voraus. Deutsche Verlagsanstalt Stuttgart, 1972, 180 Seiten, zahlreiche
Grafiken.

Meinck, F.
Beiträge aus dem Gebiet der Umwelthygiene. Wasser, Abwasser, Luft, Lärm,
Abfallstoffe. G. Fischer Verlag Stuttgart, 1970, 175 Seiten, zahlr. Abb.

Meinck, F. (Hg.)
Literaturbericht über Wasser, Abwasser, Luft und feste Abfallstoffe.
G. Fischer Verlag Stuttgart, 1972, Band 20, 6 Hefte.

Millar, J.A.
Conservation: The scientific aspects: A guide to the literature (Naturschutz: Die wissenschaftlichen Aspekte: Einführung in die Literatur).
(= Exchange Bibliography. Council of Planning Librarians. 397). Monticello, Ill.: Council of Planning Librarians, 1973, 27 S.

Milne, L.u.M.
Das Gleichgewicht in der Natur. P. Parey Verlag Hamburg/Berlin, 1965,
288 Seiten.

Moll, W.L.H.
Taschenbuch für Umweltschutz. Band I: Chemische und technologische Informationen. (= Uni-Taschenbuch 197). Verlag D. Steinkopff Darmstadt, 1973, VIII, 237 Seiten.

Müller, W. - Renger, R.
Wer verteidigt unsere Umwelt? Grundlagen und Organisation des Umweltschutzes in der Bundesrepublik. Verlag Wissenschaft und Politik Köln, 1973, 156 Seiten, Tab., Qu.

Neumann, R.
Die qualitative und quantitative Beeinträchtigung der Umwelt durch den Kraftfahrzeugverkehr unter besonderer Berücksichtigung der Möglichkeiten einer monetären Erfassung und Zurechnung der bereits entstandenen und noch zu erwartenden Schäden. Inst.f. Industrie und Verkehrspolitik der Univ. Bonn. Bonn 1973, 86 Seiten, 16 Abb., 24 Tab.

Nicholson, M.
Umweltrevolution. Der Mensch als Spielball und als Herr der Erde. Desch Verlag München/Berlin/Wien/Neuallschwil, 1972, 252 Seiten, Zeichng., Reg.

Nowotny, E.
Wirtschaftspolitische Aspekte des Umweltschutzes (Arbeitstitel). (= Beiträge zur Wirtschaftspolitik, hg. von E. Tuchtfeldt). Rombach Verlag Freiburg/Brsg., 1974, ca. 350 Seiten.

Nur
eine Erde. Deutsche Ausgabe von The Stockholm Conference. UN-Conference on the Human Environment. Stockholm 9.-16. June 1972. Melzer Verlag Frankfurt/M., 1972, 170 Seiten.

Nussbaum, H.v. (Hg.)
Die Zukunft des Wachstums. Kritische Antworten zum "Bericht des Club of Rome". Bertelsmann Universitätsverlag Düsseldorf, 1973, 348 Seiten, Tab., Qu.

Olschowy, G.
Belastete Landschaft - Gefährdete Umwelt. (= Das wissenschaftliche Taschenbuch Nr.19). Goldmann Verlag München, 346 Seiten, 1973.

Osche, G.
Ökologie. Grundlagen - Erkenntnisse - Entwicklungen. (= studio visuell). Verlag Herder Freiburg/Brsg., 1973, etwa 140 Seiten, zahlr. Abb.

Osswald, A.
Umweltschutz - aus der Sicht von Staat und Wirtschaft. Hrsg.: Presse - u. Informationsabteilung der Hessischen Landesregierung. (= Hessen-Informationen H.2). Selbstverlag Wiesbaden o.J. (ca.1972), 40 Seiten, Abb.

Palmstierna, L.u.H.
Unsere geplünderte Welt. Aus dem Schwedischen übertragen und bearbeitet von D.u.P. Jacobi. Verlag Julius Beltz Weinheim/Basel, 1972, 191 Seiten, zahlr. Abb.

Partzsch, D.
Die Beeinträchtigung der natürlichen Umweltbedingungen. Hrsg.: Bundesmin. d. Innern. (= Inf.briefe f. Raumordnung.R.2.4.3.) Kohlhammer Verlag und Dt. Gemeindeverlag Mainz, 1969, 11 Seiten, Lit.

Petzold, V.
Modelle für morgen - Probleme von Städtebau und Umweltplanung. (= rororo tele Bd. 51). Rowohlt Verlag Reinbeck bei Hamburg, 1972, 135 Seiten, zahlr. Abb.

Pietzsch, W.
Ingenieurbiologie. Mensch und Natur. Vegetation und Umwelt. Biolog. Baumaßnahmen. Ernst Verlag Berlin/München, 1970, 132 Seiten, 92 Abb.

Ein Planet
verrottet. Diskussionsbeitrag zum Umweltschutz. Hrsg.: Siedlungsverband Ruhrkohlenbezirk (= Sonderveröffentlichungen des SVR). Siedlungsverband Ruhrkohlenbezirk Essen, 1971, 254 Seiten, Kt.

Planung
für den Schutz der Umwelt. Mit Beitr.v.P.Menke-Glückert, A.R. Kuklinski, J.P. Barde, C.S. Russel, F.R. Försund u. St. Ström sowie R. Thoss. (= Materialien zum Siedlungs- u. Wohnungswesen u. zur Raumplanung Bd. 2). Münster, Selbstverlag d.Inst.f. Siedlungs- und Wohnungswesen, 1973, 159 Seiten.

Platt, J.R.
Programme für den Fortschritt. (= Hanser Umweltforschung). Hanser Verlag München, 1971, 239 Seiten.

Zur Problematik
des Verursacherprinzips. Ergebnis der internat. Expertengespräche am 2. und 3. Juni 1972 - Veranst.v. Bundesministerium des Innern in Zusammenarbeit mit dem Inst.f. Angewandte Systemtechnik und Reaktorphysik des Kernforschungszentrums Karlsruhe. (= Beiträge zur Umweltgestaltung H.A 7). Verlag E. Schmidt Berlin/Bielefeld/München, 1972, 56 Seiten.

Probleme
der Umweltforschung. (= Forschung und Information Bd. 14). Colloquium Verlag Berlin, 1973, 168 Seiten.

Quick, H.-J.
Umweltaktivität zwischenstaatlicher Organisationen. (= Beiträge zur Umweltgestaltung H. A 14). Verlag E. Schmidt Berlin/Bielefeld/München, 1973, 75 Seiten, Qu.

Ragon, M.
Wo leben wir morgen? Mensch und Umwelt. Die Stadt der Zukunft. Callwey Verlag München, 2. Aufl., 1970, 208 Seiten.

Rauball, R. (Hg.)
Umweltschutz. Aktuelle Dokumente. de Gruyter Verlag Berlin, 1972, 267 Seiten.

Raumordnung
und Umweltschutz. Entschließung d. Ministerkonferenz f. Raumordnung (15.6.1972). Denkschr.d. Hauptausschusses d. Ministerkonferenz f. Raumordnung. Hrsg.: Bundesmin.f. Raumordnung, Bauwesen u. Städtebau; Ministerkonf.f. Raumordnung. Bonn-Bad Godesberg, 1973, 61 Seiten, Lit.

Referateblatt
zur Raumordnung. Hg. von der Bundesanstalt für Landeskunde und Raumordnung. Dokumentation II Bonn/Bad Godesberg. Verlag C. Heymann Köln, 1969 ff. 6. Jahrgang 1974, erscheint viermal jährlich.

Reimer, H.
Müllplanet Erde. (= Fischer Taschenbuch Bd. BdW 6189). Fischer Verlag Frankfurt, 1973, 217 Seiten.

Repenning, K.
Umweltschutz - eine Gemeinschaftsaufgabe. (= Schriften zur politischen Bildung). Verlag Moritz Diesterweg Frankfurt/M., 1972, 68 Seiten, zahlr. Tab.

Savary, Y.
Autobus und Umwelt. Bericht über die Tätigkeit des Ausschusses. (Internationaler Ausschuß f. Autobusfragen.) Hrsg.: Int. Verb.f. öffentl. Verkehrswesen-UITP. (= 40. Internationaler Kongreß, Den Haag 1973. H.4). Selbstverlag Brüssel, 1973, 72 Seiten, 8 Bilder, Tab., Schem., Qu.

Schlemmer, J. (Hg.)
Neue Ziele für das Wachstum. 12 Beiträge nach einer Studienreihe des "Studio Heidelberg" Süddeutscher Rundfunk. Piper Verlag München, 1973, 141 Seiten.

Schmassmann, H.
Praxis der Umwelthygiene. Bericht über die internationale Vortragstagung Pro Aqua - Pro Vita 1971 in Basel. Verlag Oldenbourg München/Wien, 1972, 382 Seiten, 97 Abb., 68 Tab.

Schmid, R.
Das Ende der Städte? Über die Zukunft der menschlichen Umwelt. Strukturen - Probleme - Pro(vo)gramme. (= Beiträge zur Umweltplanung). Krämer Verlag Stuttgart, 1968, 133 Seiten, 56 Abb.

Schneider, H.G.
Die Zukunft wartet nicht. Deutsche Verlagsanstalt Stuttgart, 1971, 334 Seiten.

Schütze, Chr.
Gift und Schmutz von A bis Z. Begriffe und Probleme des Umweltschutzes. Ein Handbuch für jedermann. Süddeutscher Verlag München, 1971, 152 Seiten, Reg.

Schultze, H.
Umwelt-Report. Unser verschmutzter Planet. Über 100 Experten berichten an Hand konkreter Beispiele über Umweltschäden und zeigen Wege, was gegen die Umweltverschmutzung unternommen werden kann. (= Bücher der Umschau). Umschau Verlag Frankfurt/M., 1972, 368 Seiten, Schaubild, Diagr., zahlr. Quellen.

Schulz, H.F.
Fachbuchkatalog Umweltschutz 1972. Grundlagen - Forschung - Praxis. Bearb. B. Schulz. Hans Ferdinand Schulz, Fachbuchh.f. Medizin u. Naturwiss. Freiburg i.Brsg., 1972, 95 Seiten. Maschinenschriftl. vervielf.

Schumacher, E.F.
Es geht auch anders. Jenseits des Wachstums. Technik und Wirtschaft nach Menschenmaß. Desch Verlag München, 1974, 237 Seiten, Qu.

Schwabe, G.H.
Umwelt heute. Beiträge zur Diagnose. Rentsch Verlag Stuttgart/Erlenbach-Zürich, 1973, 208 Seiten, Abb., Qu., 5 Ill.

Schweigart, H.A.
Lebensschutz oder Untergang. Ver. Lebenskunde Salzburg, 1970, 39 Seiten.

Seminarberichte
1972 "Umweltschutz". Rahmenthema der Vortragsfolge im Seminar des Lehrstuhls für Städtebau und Landesplanung, Univ. Karlsruhe. Selbstverlag Karlsruhe, 1972, 366 Seiten, 54 Abb., 22 Tab., zahlr. Qu., als Manuskript gedruckt.

Siebert, A.
Übersicht über Ziele und Bestrebungen in der Bundesrepublik Deutschland. Hrsg.: Akad.f. Raumforsch.u. Landesplanung. (= Materialien Umweltschutz u. Raumordnung H.1). Jänecke Verlag Hannover, 1971, 64 Seiten, Tab., Lit. Maschinenschr. vervielf.

Siebert, A.
Übersicht über Ziele und Bestrebungen in Europa. Hrsg.: Akad.f. Raumforsch. u. Landesplanung. (= Materialien Umweltschutz u. Raumordnung H.2-3). Jänecke Verlag Hannover, 1971-1972. 60; 63 Seiten, Abb., Lit.

Siebert, A.
Weltweite Aspekte der Umweltverschmutzung. Hrsg.: Akad.f. Raumforschung und Landesplanung. (= Materialien Umweltschutz und Raumordnung H.6). Jänecke Verlag Hannover, 1973, 66 Seiten.

Siebert, A.
Ziele und Bestrebungen in hochindustrialisierten außereuropäischen Ländern. Hrsg.: Akad.f. Raumforschung und Landesplanung. (= Materialien Umweltschutz und Raumordnung H.7). Jänecke Verlag Hannover, 1973, III, 63 Seiten, Qu.

Siebert, H.
Das produzierte Chaos. Ökonomie und Umwelt. Kohlhammer Verlag Stuttgart/Berlin/Köln, 1973, 184 Seiten, Qu.u. Abb.

Sioli, H.
Ökologie und Lebensschutz in internationaler Sicht. Verlag Rombach Freiburg/Brsg., 1973, 542 Seiten.

Sprout, H. - Sprout, M.
Ökologie, Mensch und Umwelt. Ökologische Betrachtungsweisen, Umweltabhängigkeit und Umweltanpassung, Verhaltensmodelle, Blick in die Zukunft. (= Das wissenschaftl. Taschenbuch, Abt. Soziologie Nr.6). Goldmann Verlag München, 1971, 203 Seiten.

Stahl, K. - Curdes, G.
Umweltplanung in der Industriegesellschaft. Lösungen und ihre Probleme. (= rororo tele Bd.30). Rowohlt Verlag Reinbek bei Hamburg, 1973, 123 Seiten, 59 Abb.

Steubing, L.
Pflanzenökologische Experimente zur Umweltverschmutzung. Luft-, Boden- und Wasserverunreinigung. (= Biologische Arbeitsbücher 11). Verlag Quelle und Meyer Heidelberg, 1972, 92 Seiten, graph. Darst.

Strohm, H.
Umweltsch(m)utz. Melzer Verlag Frankfurt/M., 1972, 140 Seiten.

Strohm, H. (Hg.)
Umweltvernichtungsreport. (Mit zahlreichen Beiträgen verschiedener Wissenschaftler und Politiker). Melzer Verlag Frankfurt/M., Band 1, 1972, 160 Seiten. Band 2, 1972, 160 Seiten.

Swoboda, H.
Die Qualität des Lebens. Vom Wohlstand zum Wohlbefinden. (= dva informativ). Deutsche Verlagsanstalt Stuttgart, 1973, 168 Seiten.

Taylor, G.R.
Das Selbstmordprogramm. Zukunft oder Untergang der Menschheit. Ökologische, klimatische und genetische Konsequenzen. 5. Aufl. 1971, 378 Seiten (= Fischer Bücherei Bd.1369). Fischer Verlag Frankfurt/M., Neuauflage 1973.

Thielcke, G. (Hg.)
Weltweite und regionale Umweltkrise. (= Umweltschutz am Bodensee Bd.2). DBV Verlag (Deutscher Bund für Vogelschutz) Stuttgart, 1972, 160 Seiten, Abb., Tab., Qu.

Umwelt
2000. Texte von W. Klausewitz, W. Schäfer, W. Tobias, Redakt.v. D. Tobias. (= Kleine Senckenberg-Reihe Nr.3). W. Kramer Verlag Frankfurt/M., 2. Aufl., 1971, 106 Seiten.

Umweltbericht
Hrsg.: Bayer. Staatsmin.f. Landesentwicklung u. Umweltfragen. München, 1972, 96 Seiten, Kt., Abb.

Umweltforschung
Umweltforschung. Aufgaben und Aktivitäten der Deutschen Forschungsgemeinschaft (DFG) 1950 - 1970. DFG Bonn-Bad Godesberg, 1971, 184 Seiten.

Umweltforschung 3
Vorträge des vierten Seminars Umweltforschung der Universität Hohenheim Januar 1973. (= Hohenheimer Arbeiten. Allgemeine Reihe 67). Verlag E. Ulmer Stuttgart, 1973, 77 Seiten.

Umweltforschung
Mit Beitr.v. H. Immler, U. Hampicke, M. Deutschmann u.a. In: TUB. Z.d. TU Berlin 5, (1973) 5, S.625-717. Abb., Lit.

Umwelt
und Gesellschaft. Der gefährdete Lebensraum in der Verantwortung der Gesellschaft. Verlagsges. Umwelt und Medizin Frankfurt/M., 1973, 125 Seiten.

Umwelthygiene
Landesplanung und Landschaftsschutz. (= Reihe Umwelt Aktuell Bd.1). Texte der Vortragsreihe zu "Umwelt 72", hg. von den Univ. Stuttgart u. Hohenheim, Koordinierung von H. Röhm und D. Strauch. C.F. Müller Verlag Karlsruhe, 1973, 184 Seiten.

Umwelthygiene
in der Raumplanung. Luftverunreinigung, Lärm, Grünflächen im Städtebau. Besonnung und natürliche Belichtung von Wohnungen. Vier Studienberichte aus dem Inst.f. Hygiene und Arbeitsphysiologie der Eidg. Technischen Hochschule Zürich. Hrsg.: E. Grandjean, A. Gilgen. Bearb.: E. Grandjean, A. Gilgen, A. Barrier. Verlag Ott Thun/München, 1973, XIV, 334 Seiten, zahlr. Abb., Tab., Qu.

Die kranke Umwelt
Um die Wiedergewinnung des ökologischen Gleichgewichts. Verlag Osang Bad Honnef, 1973, 92 Seiten.

Umweltplanung
Materialien zum Umweltprogramm der Bundesregierung, hg. vom Bundesmin. d. Innern Bonn-Bad Godesberg, 1971.

Umweltprobleme
im Unterricht. Fortbildungstagung der Erdkundelehrer. (= Reihe Umwelt Aktuell Bd.8). Texte der Vortragsreihe zu "Umwelt 72", hg. von den Universitäten Stuttgart und Hohenheim. C.F. Müller Verlag Karlsruhe, 1973, 100 Seiten.

Umwelt - Report
Unser verschmutzter Planet. Hrsg.: H. Schultze. Umschau Verlag Frankfurt/M., 1973, 352 Seiten, 50 Zeichn.

Umweltschutz
Beantwortung d. Großen Anfrage d. Abg. Bardens u.a. u.d. Fraktion der SPD, FDP - Drucks. VI/1275 - durch d. Bundesmin.d. Innern H.D. Genscher. in: Verh.d.Dt. Bundestages. 6. Wahlper. Anl.zu d. stenogr. Ber., Drucks. Nr. VI/1519 v. 4.12.1970. 14 Seiten.

Umweltschutz
Das Umweltprogramm der Bundesregierung. Mit einer Einführung von Hans-Dietrich Genscher. Verlag W. Kohlhammer Stuttgart, 3. erg. Aufl., 1973, 220 Seiten, Abb.

Umweltschutz
Kommission der Europäischen Gemeinschaften. Bibliographie Nr.12 (Stand 15. Oktober 1972). Europäische Gemeinschaften, Zentrale Dokumentationsstelle Brüssel, 1972, 17 Seiten (hektogr.)

Umweltschutz
aktuell. Karteiwerk mit Informationen aus allen Gebieten des Umweltschutzes. Grundwerk und Register. 2 Karteiblatt Lieferungen pro Monat. Umwelt-Fachverlag München.

Umweltschutzbericht
1971 für Baden-Württemberg. Erstellt v.Intermin. Ausschuß f. Umweltschutz unter Federführung d. Innenmin. Hrsg.: Innenmin. Baden-Württemberg. (= Sonderbeil. zu: Staatsanz.f. Baden-Württemberg 20 (1971) 69). Stuttgart 1971, 54 Seiten, Tab.

Umweltschutzprogramm 1971
Wortlaut der Botschaft Präsident Nixons an den US-Kongress. Verlag E. Schmidt Bielefeld/Berlin, 1971, 31 Seiten.

Umweltschutz
im Städtebau. Empirische Untersuchungen - analytische Erörterung - Empfehlungen zu Gegenmaßnahmen. (= Studien 3). Hg.v. SIN Städtebauinstitut Nürnberg. Selbstverlag Nürnberg, 1973, 206 Seiten, 11 Tab., 10 Abb.

Umweltschutz
Lärmbekämpfung, Bundes-Immissionsgesetz. Hrsg.: Presse- und Informationszentrum des Deutschen Bundestages, Bonn 1973.

Umweltvorsorge
und Gesundheitspolitik. Hrsg.: H. Kohlenberger. Verlag Grundmann Bonn, 1973, 146 Seiten, Qu.

UN-Umweltkonferenz
von Stockholm. Natur und Landschaft. Schwerpunktheft. Kohlhammer Verlag Stuttgart, 1972.

Verkehr
und Umweltschutz. Hrsg.: Deutsche Verkehrswissenschaftliche Gesellschaft. (= Schriftenreihe der DVWG, Reihe B, Bd. B 14). DVWG Köln, 1972, 184 S.

Vester, F.
Das Überlebensprogramm. Die Studiengruppe für Biologie und Umwelt informiert. Kindler Verlag München, 1972, 234 Seiten, zahlr. Abb. und schemat. Darst., Bibliogr.

Vogt, H.-H.
Wissenschaft von A bis Z: Naturwissenschaften, Medizin. (= Kosmos-Bibliothek Bd.269). Franckh'sche Verlagshandlg. Stuttgart, 1971, 96 S.

Vogt, H.-H.
Fortschritt ins Chaos. Müller Verlag Rüschlikon/Zürich, 1970, 240 S.

Voigt, J.
Das große Gleichgewicht. Zerstörung oder Erhaltung unserer Umwelt?
(= rororo tele Bd.17). Rowohlt Verlag Reinbek bei Hamburg, 1969, 120 Seiten.

Vorschläge
aus den USA für internationale Maßnahmen. Übersetzung eines Dokumentes des US-Außenministeriums. (= Beiträge zur Umweltgestaltung H. A 6). Verlag E. Schmidt Berlin/Bielefeld/München, 1972, 200 Seiten.

Wachstum
bis zur Katastrophe. Mit Beitr.v. Meadows, D.L., H.v. Nussbaum, K. Rihaczek. Pro und Contra zum Weltmodell. Hrsg.v.H.E. Richter. Deutsche Verlagsanstalt Stuttgart, 1974, 136 Seiten, Qu.

Walterskirchen, M.P.
Umweltschutz und Wirtschaftswachstum. Referate und Seminarergebnisse des ersten Symposiums f. wirtschaftl.u. rechtl. Fragen des Umweltschutzes an der Hochschule St. Gallen 19.-21. Okt.1971. BLV Verlag München, 1972, 309 Seiten.

Ward, B. - Dubos, R.
Wie retten wir unsere Erde? Umweltschutz: Bilanz und Prognose. Verlag Herder Freiburg/Brsg./Basel/Wien, 1973, 275 Seiten, Tab.

Wanner, G. - Fugmann, B. - Müller, H. u.a.
Auto und Umweltschutz. Erfahrungen, Vorschläge, Maßnahmen des ADAC.
(= Schriftenreihe Straßenverkehr H.10). ADAC Verlag München, 1973, 114 S., Tab., Abb.

Wasser-
und Luftverschmutzung, Lärm, Abfälle. Was tut die Industrie? Hrsg.:
World Wildlife Fund (WWF) Deutschland. Bonn 1969, 40 Seiten.

Weinzierl, H.
Das große Sterben. Umweltnotstand – das Existenzproblem unseres Jahrhunderts. (= Goldmann Politik und Zeitgeschehen Bd. 7005). Goldmann Verlag München, 1974, 158 Seiten.

Weizsäcker, E.v. (Hg.)
Humanökologie und Umweltschutz. Mit Beitr.v. H.B. Friedgood, G. Liedke, G.v.Wahlert u.a. Verlag E. Klett Stuttgart und Kösel-Verlag München, 1972, 141 Seiten, Lit. (= Studien z. Friedensforsch. Forsch.stätte d. Ev.Stud.gem. Bd.8).

Wellmann, B. (Hg.)
Die Umwelt-Revolte. Von der Ökonomie zur Ökologie. Beiträge zur Politik, Technologie und Ökonomie der nachindustriellen Epoche. Bachem Verlag Köln, 1972, 269 Seiten.

Wer macht was
wie und wo? Eine Dokumentation zur Umweltforschung. Hrsg.: Interparlamentar. Arbeitsgemeinschaft. (= Beiträge zur Umweltgestaltung H.6). Verlag Schmidt Berlin, 1973, Loseblatt.

Widener, D.
Kein Platz für Menschen. Der programmierte Selbstmord. Goverts Verlag Stuttgart, 1971, 216 Seiten.

Wüst, M. – Ohly, K.P.
Umweltforschung, Umweltschutz. Eine Auswahlbibliographie. Hrsg.: Inst. für Naturschutz. (= Schriftenreihe Institut für Naturschutz. Beiheft 24). Selbstverlag Darmstadt, 1972, 211 Seiten.

Zündorf, U.
Untergang in Raten? Umweltverseuchung in der Bundesrepublik. Droste Verlag Düsseldorf, 1972, 304 Seiten.

1. Allgemeines Umweltschutzrecht

Alberding, H.J.
Bundesimmissionsschutzgesetz und übrige Immissionsschutzgesetze.
Rehm Verlag München, 1973.

Amann, M. - Domhan, K.
Immissionsschutzrecht für Baden-Württemberg. Loseblattausgabe im Ordner.
Kohlhammer Verlag Stuttgart, 1964 ff.

Asal, K.
Naturschutz und Rechtssprechung. Verlag Goecke u. Evers Krefeld, 1958,
80 Seiten.

Blum, M.E.
Landschaftsschutzrecht im westlichen Europa. Die rechtl. Möglichkeiten
der Unterschutzstellung von Landschaftsteilen u. ihre Auswirkungen in
Staaten d. westl. Europas. Diss. Mit einer Einl.v. K. Mantel. (= Schriftenr.d. Forstl. Abt.d. Albert-Ludwigs-Univ. Freiburg/Brsg. Bd.10).
Bayer. Landwirtsch.verl. München/Basel/Wien, 1969, 168 Seiten, Lit.,
Anh.

Boisserée, K. - Oels, F.
Immissionsschutzrecht. Rechts- und Verwaltungsvorschriften des Bundes
und des Landes Nordrhein-Westfalen über den Schutz vor Luftverunreinigungen, Geräuschen und Erschütterungen. Vorschriftensammlung mit Einführung
und Anmerkungen sowie Kommentar zum Immissionsschutzgesetz NRW. Reckinger
Verlag Siegburg, 2. erw. Aufl., 1962, Loseblattsammlung.

Bothe, M. (Hg.)
Ausländisches Umweltrecht I. Hg.v. M. Bothe. (= Beiträge zur Umweltgestaltung H. A 3). Verlag E. Schmidt Berlin/Bielefeld/München, 1972,
80 Seiten.

Bothe, M. (Hg.)
Ausländisches Umweltrecht II. Hg.v. M. Bothe. (= Beiträge zur Umweltgestaltung H. A 12). Verlag E. Schmidt Berlin/Bielefeld/München, 1973,
116 Seiten.

Bühler, T.
Der Natur- und Heimatschutz nach schweizerischen Rechten. Schulthess
Polygraphischer Verlag Zürich, 1973, 110 Seiten.

Bünermann, G. - Streeck, G.
Immissionsschutz im Baurecht. Gebietsausweisung und Einordnung der Betriebe nach der Baunutzungs-Verordnung unter den Gesichtspunkten des
Lärm- und Erschütterungsschutzes. Maximilian Verlag Herford, 1966,
42 Seiten.

Burhenne, W. u.a.
Umweltrecht - Raum und Natur. Systematische Sammlung der Rechtsvorschriften, Entscheidungen und organisat. Grundlagen zur Raumplanung und Landespflege. Verlag E. Schmidt Berlin/Bielefeld/München, Stand 1973, 42 Lief.,
3.880 Seiten, Loseblatt-Ausgabe.

Ditton, R.B.
National environmental policy act of 1969 (P.L. 91-190): bibliography on impact assessment methods and legal considerations (Umweltschutzgesetz von 1969 - U.S.A. P.L. 91.190 - Eine Bibliographie über Methoden zur Bewertung der Umweltbelastung und Rechtsbetrachtungen). (= Exchange Bibliography. Council of Planning Librarians.415). Monticello, Ill.: Council of Planning Librarians, 1973, 22 S.

Emmelmann, O. - Gerhardt, K.
Umweltschutz Bundesrecht. Eine Sammlung der wichtigsten Vorschriften. Mit Stichwortverzeichnis. Verlag C.F. Müller Karlsruhe, 1973, Grundwerk 276 Seiten, Loseblattausgabe.

Emmelmann, O. - Gerhardt, K.
Umweltschutzrecht in Baden-Württemberg. Eine Sammlung der wichtigsten Vorschriften des Bundes und des Landes. Mit Stichwortverzeichnis. Verlag C.F. Müller Karlsruhe, 1973, 396 Seiten, Loseblattausgabe.

Entwurf
eines Bundesgesetzes für Landschaftspflege und Naturschutz (Landespflegegesetz). Mit einer Einf.v. B. Grzimek und einem Vorw.v.E. Stein. (= Sonderdr.a.: Aktuelle Rechtsprobleme in Umweltschutz, Landschaftspflege u. Naturschutz. Verh.Dt. Beauftragter f. Naturschutz u. Landschaftspflege Bd.20). Bonn/Bad Godesberg 1971, 52 Seiten, Abb., Lit.

Feldhaus, G.
Bundesimmissionschutzrecht. Kommentar und Entscheidungssammlung. Deutscher Fachschriftenverlag Stuttgart, 1972, 2 Bände, ca. 1600 Seiten.

Feldhaus, G. - Hansel, H.D.
Umweltschutz, Luftreinhaltung und Lärmbekämpfung. Rechts- und Verwaltungsvorschriften des Bundes und der Länder. Kohlhammer Verlag Stuttgart, 1971, 506 Seiten.

Forkel, H.
Immissionsschutz und Persönlichkeitsrecht. Eine privatrechtliche Untersuchung. (= Erlanger Juristische Abhandlungen Bd.1). Heymann Verlag Köln, 1968, 93 Seiten.

Kimminich, O.
Das Recht des Umweltschutzes. Land - Wasser - Luft - Müll - Lärm - Strahlen - Gifte - Abgase. (= Das Wissenschaftliche Taschenbuch, Abt. Rechts- und Staatswissenschaften Bd.32). Goldmann Verlag München, 1972, 340 Seiten, 435 Anm.u. Qu.

Klein, W.
Immissionsschutzrecht. Textsammlung der Rechts- und Verwaltungsvorschriften des Bundes und der Länder zum Schutz vor schädlichen Einwirkungen (insbesondere zur Reinhaltung der Luft und zur Lärmbekämpfung). Beck Verlag München, 1968, XIII, 280 Seiten.

Kleindienst, B.
Der privatrechtliche Immissionsschutz nach § 906 BGB. (= Recht und Staat in Geschichte u. Gegenwart Bd.298/299). Mohr Verlag Tübingen, 1964, 80 S.

Kloepfer, M.
Deutsches Umweltschutzrecht. Sammlung des Umweltschutzrechts des Bundes und der Länder. Verlag R.S. Schulz Percha a.Starnberger See, 1972, 2000 Seiten, Loseblattausgabe.

Kloepfer, M.
Zum Umweltschutzrecht in der Bundesrepublik Deutschland. Problematik - Bestandsaufnahme - Informationen. Verlag R.S. Schulz, Percha a. Starnberger See, 1972, 96 Seiten, zahlr. Qu.

Lärmbekämpfung
Bundes-Immissionsschutzgesetz. Aus der öffentl. Anhörung des Innenausschusses des Dt. Bundestages am 22. Mai 1973. (= Umweltschutz 3). Selbstverlag des Dt. Bundestages Bonn, 1973, 286 Seiten.

Mäding, E. - Zwanzig, G.W.
Baum, Strauch und Wald im Recht. Erläuternde Übersicht und systematische Zusammenstellung der Rechtsvorschriften. Hg. v.d. Schutzgemeinschaft Deutscher Wald. (= Schriftenreihe Nr.28). Koblenz 1963 u. Verlag R. Merkel Erlangen.

Matthes, W.
Das Wasser- und Uferrecht in seiner Bedeutung für das Vermessungs- und Liegenschaftswesen, Kataster und Grundbuch. Mit Hinweisen auf Flurbereinigung und ländliche Siedlung, Bergbau- u. Markscheidewesen, Wasserwirtschaft u. Gewässerverwaltung, Grenzen, Besitz, Eigentum und ihren Veränderungen an Gewässern, Ufern, Meer und Meeresstrand, (= Dümmlerbuch 7878). Dümmler Verlag Bonn, 1956, 249 Seiten, 9 Karten u. über 90 Bilder.

Rehbinder, E. - Burgbacher, H.-G. - Knieper, R.
Bürgerklage im Umweltrecht. (= Beiträge zur Umweltgestaltung H. A 2). Verlag E. Schmidt Berlin/Bielefeld/München, 1971, 188 Seiten.

Rehbinder, E. - Burgbacher, H.-G. - Knieper, R.
Ein Betriebsbeauftragter für Umweltschutz? (= Beiträge zur Umweltgestaltung H. A 5). Verlag E. Schmidt Berlin/Bielefeld/München, 1972, 32 S., zahlr. Qu.

Rummel, P.
Ersatzansprüche bei summierten Immissionen. Eine Untersuchung zu Fragen des Schadensersatz- und des Nachbarrechts. (= Rechtswissenschaft und Sozialpolitik 6). Manz Verlag Wien, 1969, 109 Seiten.

Schweizerisches Umweltschutzrecht
Hg. v. H.U. Müller-Stahel. verfaßt v. F. Bendel, A. Bühler, Th. Bühler, H. Giger, P. Hess, H. Hug, R. Jagmetti, R. Küchler, H. Langmack, M. Lendi, A. Meier-Hayoz, H.U. Müller-Stahel, R. Munz, P. Noll, K. Oftinger, P. Pfenniger, H. Rey, P. Rosenstock, L. Schürmann, E.W. Stark, H.E. Vogel, K. Wegmann, H. Zurbrügg. Schulthess Polygraphischer Verlag Zürich, 1973, 639 Seiten.

Sommer, M.
Das Immissionsrecht der öffentlichen Straßen. Hg. von der Forschungsgesellschaft für das Straßenwesen. (= Schriftenreihe Straßenverwaltung Bd.8). Kirschbaum Verlag Bonn/Bad Godesberg, 1973.

Stich, R.
Immissionsschutzrecht des Bundes und der Länder.(= Kohlhammer Kommentar).
Kohlhammer Verlag Stuttgart, 1972, 300 Seiten.

Umweltschutz
Luftreinhaltung - Lärmbekämpfung. Rechts- und Verwaltungsvorschriften
des Bundes und der Länder. Kohlhammer Verlag Stuttgart, 1971, 520 Seiten.

Umweltschutz
aber wie? Rechtl. Hindernisse, rechtliche Möglichkeiten. Mit Beitr.v.
K.M. Meyer-Abich, W.P.v. Eingel. (= Schriften der Evang. Akademie in
Hessen und Nassau H.95). Evangel. Presseverband f. Hessen u. Nassau
Frankfurt/M., 1972, 62 Seiten.

Wiethaup, H.
Schutz vor Luftverunreinigungen, Geräuschen und Erschütterungen. Kommentar zum Immissionsschutzgesetz NRW + Bundesrechtliche Vorschriften.
Immissionsschutzgesetze der Länder (mit Einlegeblatt Stand März 1970).
Verlag Neue Wirtschaftsbriefe Herne/Berlin, 2. erw. Aufl., 1970, 358 S.

Wiethaup, H.
Umweltschutzfibel. Polizei und Umweltschutz. Ein Grundriß mit Rechtsprechungsübersichten. (= Polizei aktuell Bd.5). Boorberg Verlag Stuttgart/Hannover/München, 1972, 128 Seiten.

2. Klima

Alissow, B.P. - Drosdow, O.A. - Rubinstein, E.S.
Lehrbuch der Klimatologie. VEB Deutscher Verlag d. Wissenschaften
Berlin/Ost, 1956, 536 Seiten.

Berg, H.
Einführung in die Bioklimatologie. Verlag H. Bouvier u. Co. Bonn,
1947, 131 Seiten.

Berenyi, D.
Mikroklimatologie. Mikroklima der bodennahen Atmosphäre. Verlag G.
Fischer Stuttgart, 1967, 328 Seiten.

Blüthgen, J.
Allgemeine Klimageographie. (= Lehrbuch der Allgemeinen Geographie
Bd. 2). de Gruyter Verlag Berlin, 1964, 599 Seiten.

Böer, W.
Klimaforschung im Dienste des Städtebaus. (= Schriften d. Forschungs-
inst.f. Städtebau). Dt. Bauakad. Berlin/Ost, 1954, 59 Seiten. (Zu beziehen: Henschelverlag Berlin/Ost).

Domrös, M.
Luftverunreinigung und Stadtklima im Rheinisch-westfäl. Industriegebiet
und ihre Auswirkungen auf den Flechtenbewuchs der Bäume. (= Arb.z. Rheinischen Landeskunde 23). Dümmler Verlag Bonn, 1966, 132 Seiten, 17 Abb.,
13 Tab.

Eimern, J.v.
Wetter- und Klimakunde für Landwirtschaft, Garten- und Weinbau. Ulmer
Verlag Stuttgart, 1971, 239 Seiten, 99 Abb., 26 Tab.

Flohn, H.
Witterung und Klima in Mitteleuropa. Mit regionalen Beiträgen von F. Lau-
scher über Österreich und M. Schüepp über die Schweiz. (= Forschung zur
dt. Landeskunde Bd.78). Hirzel Verlag Stuttgart, 2., überarb.u. erw. Auflage, 1954, 214 Seiten.

Foitzik, L. - Hinzpeter, H.
Sonnenstrahlung und Lufttrübung. (= Geophysikalische Monographien Bd.31).
Akad. Verlagsgesellschaft Geest u. Portig Leipzig, 1958, XII, 309 Seiten,
mit 80 Abb. und 8 farb. Diagr.

Geiger, R.
Das Klima der bodennahen Luftschicht. (= Die Wissenschaft Bd.78). Verlag
Vieweg u. Sohn Braunschweig, 4. Aufl., 1961, 646 Seiten.

Hamm, J.M.
Untersuchungen zum Stadtklima von Stuttgart. (= Tübinger Geogr. Studien
H. 29). Selbstverlag d. Geogr. Inst.d.Univ. Tübingen, 1969, IV, 150 S.,
Kt., Abb., Tab., Lit., Anh: 22 Tab. Maschinenschriftl. vervielf.

Hendl, M.
Einführung in die physikalische Klimatologie. Band II: Systematische
Klimatologie. VEB Deutscher Verlag d. Wissenschaften Berlin/Ost, 1963,
XI, 40 Seiten mit Abb.u. Taf.

Hentschel, G.
Die thermischen Empfindungen des Menschen unter natürlichen klimatischen
Bedingungen (= Abhandlungen d. Meteorolog. und Hydrologischen Dienstes
der DDR Nr. 58 Bd. 8). Akademie Verlag Berlin, 1961, 40 Seiten.

Hesse, W.
Grundlagen der Meteorologie für Landwirtschaft, Gartenbau und Forstwirtschaft. Akadem. Verlagsges. Leipzig, 1966, 568 Seiten.

Heyer, E.
Witterung und Klima. Eine allgemeine Klimatologie. B.G. Teubner Verlagsgesellschaft Leipzig, 2., verb. Aufl., 1972, 458 Seiten, 31 Tafeln.

Kratzer, P.A.
Das Stadtklima. (= Die Wissenschaft. Einzeldarstellungen aus d. Naturwiss. u.d. Technik Bd. 90). Verlag F. Vieweg u. Sohn Braunschweig,
1956, 184 Seiten.

Kügler, H.
Medizin - Meteorologie nach den Wetterphasen. Eine ärztliche Wetterkunde.
J.F. Lehmanns Verlag München, 1972, 122 Seiten.

Meteorologisches Taschenbuch (Neue Ausgabe)
Hrsg. F. Baur, Akademische Verlagsgesellschaft Geest u. Portig Leipzig.
Band I   : 2. Auflage 1962, VIII, 806 Seiten, 48 Abb., 28 Tab.
Band II : 2. verb. Aufl. 1970, 712 Seiten, 48 Abb., 154 Tab.
Band III : 1957 (vergriffen), XVI, 441 Seiten, 117 Abb.

Meteorologische Probleme
bei der Stadtplanung. (= FBW-Blätter Jahrgang 1973, H. 5). Hg. von der
Forschungsgemeinschaft Bauen und Wohnen, Stuttgart, Selbstverlag.

Möller, F.
Einführung in die Meteorologie. Band 1: Physik d. Atmosphäre. (= BI-
Hochschultaschenbücher Bd. 276). Bibliogr. Verlag Mannheim, 1973, 221 S.

Reuter, H.
Die Wissenschaft vom Wetter. (= Reihe Verständliche Wissenschaft Bd. 94).
Springer Verlag Berlin/Heidelberg, 1968, 146 Seiten.

Scherhag, R.
Einführung in die Klimatologie. (= Das Geographische Seminar). Westermann Verlag Braunschweig, 7., verb. Aufl., 1973, 165 Seiten, 12 Abb.

Schöpfer, S.
Wie wird das Wetter? Eine leicht verständliche Einführung in die Wetter-
kunde. (= Kosmos, Ges. der Naturfreunde). Franckh'sche Verlagsbuchhandl.
Stuttgart, 1960, 185 Seiten. 4. Aufl., 1972, 185 Seiten mit Abb.u.Taf.

Scultetus, H.R.
Klimatologie. (= Das Geographische Seminar, Praktische Arbeitsanweisungen).
Westermann Verlag Braunschweig, 1969, 163 Seiten, 26 Abb.

Seybold, A. - Woltereck, H. (Hg.)
Klima, Wetter, Mensch. Verlag Quelle u. Meyer Heidelberg, 2. Aufl., 1952, 293 Seiten.

Taubenheim, J.
Statistische Auswertung geophysikalischer und meteorologischer Daten. (= Geophysikal. Monographien Bd.5). Akad. Verlagsgesellschaft Geest u. Portig Leipzig, 1969, 386 Seiten, 61 Abb., 32 Tab.

Wachter, H.
Wie entsteht das Wetter? Meteorologie für jedermann. (= Wege zum Wissen). Umschau Verlag Frankfurt/M., 1969, 192 Seiten.

Wilmers, F.
Klimatologie. (= Veröff.d.Inst.f. Städtebau der Dt. Akad. für Städtebau und Landesplanung Berlin Bd. R 11/58). Selbstverlag Berlin, 1972, 22 S.

3. Luftverschmutzung und Luftreinhaltung

Abgasemmissionen
von Kraftfahrzeugen und ihre Bedeutung für die Luftreinhaltung. Kolloquium des Technischen Überwachungsvereins Rheinland e.V. am 23.7.1970. (= Sicherheit und Wirtschaftlichkeit in der Industrie H.2). Technischer Überwachungsverein Rheinland e.V. Köln, 1971, 47 Seiten mit Abb.

Abhandlungen
aus dem Arbeitsgebiet des Instituts für Wasser-, Boden- u. Lufthygiene. Hg. anläßlich des 60-jährigen Bestehens des Instituts. (= Schriftenreihe d. Vereins f. Wasser-, Boden- u. Lufthygiene 19). Verlag G. Fischer Stuttgart, 1961, 176 Seiten, 56 Abb.

Abwasser
Abgas, Schwebstofftechnik. (= Dechema-Monographien 59). Verlag Chemie Weinheim, 1968, 330 Seiten, zahlr. Abb.u. Tab.

ADAC (Hg.)
Auto und Umweltschutz. Erfahrungen, Vorschläge, Maßnahmen des ADAC. (= Schriftenreihe Straßenverkehr Nr.10). ADAC-Verlag München, 1971, 116 Seiten.

Air pollution
publications. A selected bibliography with abstracts, 1966-1968. Compiled by Science and Technology Division, Library of Congress for the National Air Pollution Control Administration. US-Department of Health, Education and Welfare. (= Public Health Service Publication Nr.979). Washington D.C. 1969, X, 522 S.

Apel, D.
Kraftverkehr und Umweltqualität von Stadtstraßen. (= Schriftenreihe des Vereins f. Kommunalwissenschaften Bd.40). Kohlhammer Verlag Stuttgart/Berlin/Köln/Mainz, 1973, XIV, 204 Seiten, Abb., Tab., Qu.

Beiträge
zum Problem der Luftreinhaltung. Tagung v.10.11.65. Veranst: Fraunhofer Gesellsch.z. Förderung d. angewandten Forschung e.V. München und Haus d. Technik Essen. Wissenschaftl. Leitg. H. Jebsen-Marwedel. (= Haus der Technik E.V. Essen. Vortragsveröffentl. H.68). Vulkan Verlag Classen Essen, 1966, 86 Seiten mit Abb.u.Kt.

Berge, H. - Jagge, O.
Immissionsschäden. Gas-, Rauch- und Staubschäden. Abwasserschäden einschl. der Schäden durch Müll. (= Sorauer, Handbuch der Pflanzenkrankheiten Bd.I. Verlag P. Parey Berlin, 1970, 241 Seiten, 35 teils farb. Abb., 23 Tab.

Blei und Umwelt
Hg. von der Kommission für Umweltgefahren des Bundesgesundheitsamtes Arbeitsgruppe Blei. Verein f. Wasser-, Boden- u. Lufthygiene Berlin, 1972, 111 Seiten, zahlr. Abb., Tab., Qu.

Büchi, M.J.
Industrie-Immissionen in der Orts-, Regional- und Landesplanung.
(= Industriestandortstudie - Zwischenbericht Nr.9). Institut für Orts-,
Regional- und Landesplanung an der ETH Zürich, 1966, 65 Seiten,
6 Bild., 1 Tab., 1 mehrfarb. Kt., 59 Qu. Maschinenschriftl. vervielf.

Domrös, M.
Luftverunreinigung und Stadtklima im Rheinisch-Westfäl. Industriegebiet
und ihre Auswirkungen auf den Flechtenbewuchs der Bäume. (= Arb.z. Rheinischen Landeskunde 23). F. Dümmler Verlag Bonn, 1966, 132 Seiten,
17 Abb., 13 Tab.

Dreyhaupt, F.J.
Luftreinhaltung als Faktor der Stadt- und Regionalplanung. Vorw.d.Hrsg.
A. Kuhlmann. (= Schriftenreihe Umweltschutz Bd.1). Heymann Verlag und
TÜV-Rheinland Köln, 1971, 159 Seiten, Abb., Tab., Lit.-Reg.

Dreyhaupt, F.J. - Bresser, H.
Schutzabstände als Instrument der Stadt- und Regionalplanung zur Berücksichtigung des Faktors Luftreinigung. (= TÜV-Akademie Nr.4). Hrsg.:
Vereinigung der Technischen Überwachungsvereine e.V., 1972, 94 Seiten,
10 Tab., 4 Abb.

Erfassung
und Auswirkungen von Luftverunreinigungen. (= Technik und Umweltschutz Nr.2).
Deutscher Verlag f. Grundstoffindustrie Leipzig, 1973, 184 Seiten, 47 Bild.,
35 Tab.

Estermann, M.
Der Einfluss von Fahrweise und Motorgröße auf die Abgasmenge des Personenkraftwagens im Stadtverkehr. (= Diss. der TH Wien 3). Notring-Verlag Wien,
1969, 65 Seiten, 40 Bl. Abb., Diagramme u. Tab.

Feldhaus, G.
Umweltschutz - Luftreinhaltung und Lärmbekämpfung. Rechts- und Verwaltungsvorschriften des Bundes und der Länder. Deutscher Gemeindeverlag
Köln/Berlin/Hamburg, 1971, 506 Seiten, zahlr. Abb. und Tab.

Garber, K.
Luftverunreinigung und ihre Wirkungen. Bornträger Verlag Berlin-Nikolassee, 1967, 279 Seiten, 78 Abb.

Georgii, H.W. u.a.
Untersuchungen der SO 2 Konzentrationsverteilung einer Großstadt in Abhängigkeit von meteorologischen Einflußgrößen. Berichte d. Inst.f. Meteorologie und Geographie. Frankfurt/M. 1968.

Gesundheitsschädliche
Arbeitsstoffe. Toxikologische arbeitsmedizinische Begründung von MAK-Werten. Verlag Chemie Weinheim/Bergstr., 1973, 179 Seiten, 4 Abb., 91 Tab.

Gossau, E. - Stephany, H. - Conrad, W. (Hg.)
Handbuch des Lärmschutzes und der Luftreinhaltung. Verlag E. Schmidt
Berlin/Bielefeld/München, 1972, 1774 Seiten.

Grunewald, A.
Kann der Verkehr umweltfreundlicher werden? Verlag E. Schmidt Berlin/Bielefeld/München, 1973, 57 Seiten.

Guderian, R. u.a.
Experimentelle Untersuchungen pflanzenschädlicher Fluorwasserstoff-Konzentration. (= Forschungsberichte d. Landes Nordrhein-Westfalen 2017). Westdeutscher Verlag Opladen, 1969, 54 Seiten.

Haut, A.v. u.a.
Experimentelle Untersuchungen über die Wirkung von Schwefeldioxyd auf die Vegetation. (= Forschungsber.d. Landes Nordrhein-Westfalen 884). Westdeutscher Verlag Opladen, 1960, 57 Seiten, zahlr. Abb.

Heller, A.
Luftverunreinigung und Abhilfemaßnahmen. Vorträge auf der Jahrestagung des Vereins für Wasser-, Boden- und Lufthygiene am 15. Juni 1960 in Köln. (= Schriftenreihe d. Vereins f. Wasser-, Boden- und Lufthygiene H.16). Fischer Verlag Stuttgart, 1960, 26 Seiten.

Heller, A. - Kettner, H.
Forschungsarbeiten über Blei in der Luft und in Staubniederschlägen. (= Schriftenreihe des Vereins f. Wasser-, Boden- und Lufthygiene H.29). Fischer Verlag Stuttgart, 1969, 61 Seiten, 12 Abb.

Herberich, E.
Untersuchungen über die zeitliche und räumliche Immissionsverteilung im Stadtgebiet München. (= Gießener Geogr. Schriften H.24). Selbstverlag d. Geogr.Inst.d.Univ. Gießen, 1971, 78 Seiten, Kt., Pl., Abb., Tab., Lit. Maschinenschriftl. vervielf.

Hermann, P. - Wesel, van H. - Guse, W.
Abgasuntersuchungen an Kraftfahrzeugen im Verkehr. (= Deutsche Kraftfahrtforschung und Straßenverkehrstechnik H.196). VDI-Verlag Düsseldorf, 1968.

Höschele, K.
Klimatologische Untersuchung der Luftverunreinigung in einem Stadtgebiet. (= Habil.-Schr.F.f. Naturwiss. Univ. Karlsruhe). Karlsruhe 1972, 72 gez. Bl. Maschinenschriftl. vervielf.

Hoffmann, A. - Wüstenberg, J.
Untersuchungen über den Anteil von Kohle und Eisen im Staubniederschlag innerhalb des mittleren Ruhrgebiets. (= Forschungsberichte des Landes Nordrhein-Westfalen 1139). Westdeutscher Verlag Köln/Opladen, 1963, 21 S.

Immissionsüberwachung
im Lande Nordrhein-Westfalen. (= Schriftenreihe der Landesanstalt f. Immissions- und Bodennutzungsrecht des Landes Nordrhein-Westfalen H.28). Verlag Girardet Essen, 1973, 98 Seiten, graph. Darst., Kt.

Israel, H. - Israel, G.W.
Spurenstoffe in der Atmosphäre. (= Bücher d.Zt. Naturwissenschaftl. Rundschau). Wiss. Verlagsgesellschaft Stuttgart, 1973, 116 Seiten.

Jung, H.
Luftverunreinigung und industrielle Staubbekämpfung. Verlag Kunst und Wissen Berlin/Ost, 2. Aufl., 1967, 467 Seiten, 309 Abb., 34 Tab., 4 Taf.

Kausch, H.G.
Grundzüge des Umweltrechts der USA am Beispiel der Luftreinhaltung. (= Beiträge zur Umweltgestaltung Reihe A, Bd.11). Verlag E. Schmidt Berlin, 1972, 134 Seiten.

Klein, A.
Reine Luft. Die Verschmutzung der Luft und die technischen und praktischen Möglichkeiten zur Wiederherstellung reiner Luft. (= Berichte aus der Kälte-, Wärme-, Klima- und Regeltechnik 5). Verlag C.F. Müller Karlsruhe, 1971, 165 Seiten, zahlr. Abb. und Tab.

Knop, W. - Heller, A. - Lahmann, E.
Technik der Luftreinhaltung. (= Krausskopf Taschenbücher Wasser, Luft, Betrieb). Krausskopf Verlag Mainz, 2. neubearb.u.erw. Aufl., 1972, 504 Seiten, 169 Abb., 9 Taf.

Lahmann, E.
Luftverunreinigung in den Vereinigten Staaten von Amerika. (= Schriftenreihe des Vereins für Wasser-, Boden- und Lufthygiene Bd.23). G. Fischer Verlag Stuttgart, 1965, 35 Seiten, 3 Abb., 20 Tab.

Lahmann, E.
Untersuchungen über Luftverunreinigungen durch den Kraftverkehr. (= Schriftenreihe des Vereins für Wasser-, Boden- und Lufthygiene Bd.28). G. Fischer Verlag Stuttgart, 1969, 80 Seiten, 12 Abb., 24 Tab.

Lahmann - Morgenstern - Grupinski
Schwefeldioxid-Immissionen im Raum Mannheim/Ludwigshafen. (= Schriftenreihe des Vereins für Wasser-, Boden- und Lufthygiene Bd.25). G. Fischer Verlag Stuttgart, 1967, 29 Seiten, 6 Abb., 13 Tab.

Leithe, W.
Die Analyse der Luft und ihrer Verunreinigungen in der freien Atmosphäre und am Arbeitsplatz. Wissenschaftl. Verlagsgesellschaft Stuttgart, 2. Aufl., 1973, 288 Seiten, 58 Abb.

Lindackers, K.H. - Mag, H. - Meinhardt, D. u.a.
Erhebung und katastermäßige Dokumentation der Emmissionen luftfremder Stoffe in die Atmosphäre. Aufbau und Auswertung des Emmissionskatasters. (= Schriftenreihe Umweltschutz Bd.2, Teil 1). Hrsg. TÜV Rheinland e.V. Heymann Verlag Köln, 1971, 125 Seiten, Abb., Tab., Übers., Lit.

Löbner, A.
Ergebnisse von Staubniederschlagsmessungen an verschiedenen Orten Deutschlands in den Jahren 1953 - 1959. (= Schriftenreihe des Vereins für Wasser-, Boden- und Lufthygiene Bd.15). G. Fischer Verlag Stuttgart, 1960, 8 Seiten, 1 Abb., 5 Tab.

Löbsack, Th.
Der Atem der Erde. (= dtv Taschenbuch 101). Deutscher Taschenbuchverlag Biederstein München, 1963.

Luftreinhaltung
und Energieerzeugung. Erfahrungen, Probleme und Programme aus deutscher und amerik. Sicht. Immissionsschutz-Forum 1966. Veranst.: Arbeits- und Sozialmin. d. Landes Nordrhein-Westfalen Düsseldorf und Haus der Technik e.V. Essen. Leitung: K. Schäff. (= Haus der Technik e.V.Essen. Vortragsveröff. H.85). Vulkan Verlag Classen Essen, 1966, 105 Seiten mit Abb.

Luft- und Wasserverschmutzung
Beiträge von W. Bolt, H. Brötzenberger, R. Eberan-Eberhorst, W. Halden, R. Kominek, V. Lachnit, W. Leithe, R. Liepolt, W. Resch, W. Undt. (= Sozialmedizinische Schriftenreihe 1). Facultas Verlag Wien, 1972, 85 Seiten.

Marterstock, R. - Reuter -u.a.
Vergleich zwischen Benzpyrengehalt und Rauchdichte bei Zweitakt- und
Viertakt-Dieselmotoren. (= Deutsche Kraftfahrzeugforschung Nr. 103).
VDI-Verlag Düsseldorf, 1957, 10 Seiten.

Maßnahmen
zur Reinhaltung der Luft im Raume Mannheim-Ludwigshafen. (= Schr.d.
Kommunalen Arbeitsgem. Rhein-Neckar H.6). Mannheim 1968, 34 Seiten,
Tab.

May, H. - Flassmann, E.
Abgasemissionen von Kraftfahrzeugen in Großstädten und industriellen
Ballungsgebieten. (= Schriftenreihe Umweltschutz des TÜV Rheinland Bd.3,
Teil 2). Heymann Verlag Köln, 1973, 172 Seiten.

Meß-
und Analysenverfahren zur Prüfung der Luftverunreinigung durch Feuerungsanlagen. Hrsg. Vereinigung der Großkesselbesitzer e.V. Vulkan Verlag
Essen, 1962, 116 Seiten, 38 Abb.

Meteorologie
und Lufthygiene. (= Schriftenreihe d. Vereins f. Wasser-, Boden- und
Lufthygiene 30). G. Fischer Verlag Stuttgart, 1970, 128 Seiten.

Naumann, E. - Heller, A.
Probleme der Verunreinigung von Grund- und Oberflächenwasser durch Mineralöle und Detergentien. Luftverunreinigung und Abhilfemaßnahmen. (= Schriftenreihe d. Vereins f. Wasser-, Boden- und Lufthygiene Berlin-Dahlem 16).
G. Fischer Verlag Stuttgart, 1960, 26 Seiten.

Neuzeitliche
Wasser-, Boden- und Lufthygiene. (= Schriftenreihe d. Vereins f. Wasser-,
Boden- und Lufthygiene 27). G. Fischer Verlag Stuttgart, 1968, 88 Seiten,
22 Abb.

Oels, H. - Surendorf, F.
Verordnung über genehmigungsbedürftige Anlagen nach § 16 der Gewerbeordnung
vom 7.7.1971 (BGbl.I S.888). Luftreinhaltung 1975. Textausgabe mit Einführung, Anmerkungen und Sachregister. Heymann Verlag Köln, 1971, 76 Seiten.

Reine
Luft für morgen. Ein Konzept für das Land NRW bis 1980. Hrsg.v. Min.f.
Arbeit, Gesundheit u. Soziales d. Landes NRW. Düsseldorf 1972, 81 Seiten,
Kt., Abb., Tab. u. 10 Bl. Abb.

Reinhaltung
der Luft. (= Bd.4 der Reihe Umwelt Aktuell, Texte der Vortragsreihe zu
"Umwelt 72", hg. von den Univ. Stuttgart und Hohenheim). Koordinierung
C. Alt, F. Weber. Verlag C.F. Müller Karlsruhe, 1973, 128 Seiten.

Reinhaltung
der Luft in Nordrhein-Westfalen. Ber.z. Kongress Reinhaltung der Luft in
Düsseldorf v.13.-17.10.1969. Hrsg.: Arbeits- u. Sozialmin.d. Landes Nordrhein-Westfalen. Verlag f. Wirtschaft u. Verwaltung Wingen Essen, 1969,
93 Seiten, Kt., Abb., Tab.

Reiter, R.
Felder, Ströme und Aerosole in der unteren Troposphäre. Nach Messungen
im Hochgebirge bis 3000 m NN. Steinkopff Verlag Darmstadt, 1964, 603 Seiten, 217 Abb.

Reuter, A. u.a.
Untersuchungen von Kraftfahrzeug-Auspuffgasen auf gesundheitsschädliche
Substanzen und deren Beseitigung durch Filter. (= Deutsche Kraftfahrzeugforschung Nr.126). VDI-Verlag Düsseldorf, 1959, 25 Seiten.

Rigoleth, R.
Das Recht im Kampf gegen die Luftverschmutzung. Schulthess Polygraphischer Verlag Zürich, 1973, 359 Seiten, zahlr. Qu.

Saubere Luft
Informationsschrift. Hrsg.: Presse- und Informationsamt der Bundesregierung Bonn. Selbstverlag Bonn, 1967, 20 Seiten.

Schütze, Ch.
Gift und Schmutz von A bis Z. Begriffe und Probleme des Umweltschutzes.
Ein Handbuch für jedermann. (= Bücher der Süddeutschen Zeitung, SVM-Tatsachen). Süddeutscher Verlag München, 1971, 152 Seiten.

Seidl, W. - Rahlenbeck, U.
Bibliographie Reinhaltung der Luft 1957 - 1966. Einführung. VDI-Verlag Düsseldorf, 1967, 38 Seiten.

Spengler - Beck u.a.
Die Schwefeloxyde in Rauchgasen und in der Atmosphäre. Ein Problem der Luftreinhaltung. VDI-Verlag Düsseldorf, 2. Aufl., 1965, 186 Seiten,
12 Abb., 34 Tab., 470 Schrifttumsnachweise.

Stell, K.W.
Bedeutung und Funktion industrieller Raumordnung im Zeichen der Lösungsversuche zur Reinhaltung der Luft in Industriegebieten. Diss. Tübingen
1960, 191 Seiten.

Stell, K.W.
Der Beitrag des Städtebaus und der Landesplanung zur Reinhaltung der Luft in Industriegebieten. (= Schriftenreihe d. Ministers f. Landesplanung, Wohnungsbau u. öffentl. Arbeiten d. Landes Nordrhein-Westfalen, Landesplanungsbehörde Düsseldorf H.15). Verlag Lintz Düsseldorf, 1962, 48 S.

Stephany, H. - Oels, H.
Reinhaltung der Luft und Abwehr von Arbeitslärm u.a. betriebl. Emissionen.
VDI-Richtlinien. Textausgabe mit Einführung, Anmerkungen und Sachregister.
Heymann Verlag Köln, 1960, 99 Seiten.

Stratmann, H. - Herpertz, E.
Staubniederschlagmessungen im Lande Nordrhein-Westfalen. Erste Mitteilung der Ergebnisse des 1. Meßprogramms nach § 7 des Immissionsschutzgesetzes NRW für die Zeit vom 4.11.63 - 31.10.1964. (= Schriftenreihe der Landesanstalt für Immissions- und Bodennutzungsschutz des Landes Nordrhein-Westfalen H.2). Essen 1966, S. 20-47.

Summer, W.
Die Geruchlosmachung von Luft und Abwasser. Oldenbourg Verlag München,
1970, 220 Seiten, 8 Abb., 43 Tab.

Technologie
der Abwasserreinigung und Emissionskontrolle der Luft. (= Technik und Umweltschutz Nr.3). Deutscher Verlag für Grundstoffindustrie Leipzig, 1973,
171 Seiten, 70 Abb., 7 Tab.

Umweltschutz II
Luftreinhaltung und Abfallbeseitigung. Hrsg.: Presse- und Informationszentrum. (= Zur Sache; Themen parlamentarischer Beratung, Jg.72 Nr.3).
Kohlhammer Verlag Stuttgart, 1972, 271 Seiten.

VDI (Hg.)
Begriffsbestimmungen Reinhaltung der Luft. (= VDI-Richtlinien 2104).
VDI-Verlag Düsseldorf, 1966, 6 Seiten.

VDI (Hg.)
Katalog der Quellen luftverunreinigender Stoffe. (= VDI-Richtlinien 2090).
VDI-Verlag Düsseldorf, 1961, 4 Bl.

VDI (Hg.)
SELECTA-International. VDI-Dokumentation Reinhaltung der Luft. VDI-Verlag Düsseldorf. Erscheint monatlich.

Die Verunreinigung
der Luft. Ursachen - Wirkungen - Gegenmaßnahmen. Hg. von der World Health Organization, übers.v. W.H. Schladnitz u.a. Verlag Chemie Weinheim/Bergstr. 1964, 478 Seiten.

Warren, J.L.
Green space for air pollution control (Grünflächen als Mittel der Luftreinhaltung). (= Exchange Bibliography. Council of Planning Librarians. 490).
Monticello, Ill.: Council of Planning Librarians. 1973, 23 S.

Wasser
und Luft in der Industrie. L'eau et l'air dans l'industrie - Water and Air in Industry. Bericht über die internationale Vortragstagung PRO AQUA 1969 in Basel. Redakt.H. Schmassmann. (= Pro Aqua - pro Vita Bd.4).
Oldenbourg Verlag München, 1970, 314 Seiten, 77 Abb., 35 Tab.

Wasser
und Luft in der Raumplanung. Eau et air dans les plans d'aménagement - Water and Air in Land Development. Bericht über die internationale Vortragstagung PRO AQUA 1965 in Basel. Redakt. H. Schmassmann. (= Pro Aqua - pro Vita Bd.3). Oldenbourg Verlag München, 1966, 424 Seiten, 166 Abb.

White, A.G.
Lead in the urban environment: A selected bibliography (Blei in der städtischen Umwelt: Eine ausgewählte Bibliographie). (= Exchange Bibliography. Council of Planning Librarians. 437). Monticello, Ill.: Council of Planning Librarians. 1973, 10 Seiten.

4. Lärm und Lärmschutz

Akustik
und Lärmbekämpfung. (Terra Technica). Reich Verlag Düsseldorf, 1972, ca. 160 Seiten, viele Abb.

Apel, D.
Kraftverkehr und Umweltqualität von Stadtstraßen. Kohlhammer Verlag Stuttgart/Berlin/Köln/Mainz, 1973, 204 Seiten, Ill., graph. Darst.

Baulärm -
Vorschriften. Textausgabe mit einer Einführung, dem Baulärmgesetz, der AVV Baulärm- und der Baulärm VO NW nebst Ausführungsvorschriften. Heymann Verlag Köln, 1971, 84 Seiten.

Beck, G.
Untersuchungen über Planungsgrundlagen für eine Lärmbekämpfung im Freiraum mit Experimenten zum artspezifischen Lärmminderungsvermögen verschiedener Baum- und Straucharten. Diss.agr. Berlin 1965, 262 Seiten mit Abb.

Beck, G.
Pflanzen als Mittel zur Lärmbekämpfung. (= Veröffentl.d. Instituts f. Landschaftsbau und Gartenkunst TU Berlin 12). Patzer Verlag Hannover/Berlin/Sarstedt, 1967, 95 Seiten mit Abb.

Bethge, D. - Hagen, A. - Lüpke, A.v.
Kommentar zur Technischen Anleitung zum Schutz gegen Lärm. Allgemeine Verwaltungsvorschrift über genehmigungsbedürftige Anlagen nach § 16 der Gewerbeordnung. Heymann Verlag Köln/Berlin/Bonn/München, 1969, 201 S.

Bibliographie
Lärmdämpfung durch raumplanerische Maßnahmen, Grünanlagen und Wald. (= Bibliographie Nr.6). Bearb.v. M. Kämpfer. Hg. von der Bundesanstalt für Vegetationskunde, Naturschutz und Landschaftspflege Bonn/Bad Godesberg, 3. erw. Aufl., 1970, 19 Seiten, 192 Titel.

Bruckmayer, F. - Lang, J.
Grundlagen für eine Lärmschutzzonung. (= Schriftenr.d. Österr.Ges.f. Raumforsch. u. Raumplanung Bd.13). Springer Verlag Wien/New York, 1971, 70 S., Abb., Tab., Lit.

Bruckmayer, F. - Lang, J.
Lärmschutz und Stadtplanung. Hg. vom Institut für Stadtforschung Wien. Verlag Jugend und Volk Wien/München, 1973, 123 Seiten.

Buchta, E.
Die Verteilung der Verkehrsgeräusche im Straßenraum einer Großstadt; mit Lärmkarte von Düsseldorf. (= Aus dem Forschungslabor f. Medizin, Akustik der HNO-Univ. Klinik Düsseldorf). Diss. Rhein-Westf. TH Aachen, 1968, 94 Seiten, 8 Abb., 12 Karten, 61 Diagr., 1 Tab., 98 Qu. Druck Düsseldorf 1969.

Bünermann, G.
Grundsätze des Immissionsschutzes bei der Bauleitplanung aus der Sicht der Gewerbeaufsicht. (= Veröff.d.Inst.f. Städtebau d.Dt. Akademie f. Städtebau u. Landesplanung Berlin Bd. 34/7). Selbstverlag Berlin, 1971, 5 Seiten.

Bürck, W.
Die Bedeutung der Lautstärkeempfindung, ihre Messung u. Beurteilung für die Lärmbekämpfung. Schallplatte und Leitfaden. Lehmanns Verlag München, 2. Aufl., o.J., 8 Seiten, 4 Abb., 2 Tab.

Bürck, W.
Die Schallmeßfibel für die Lärmbekämpfung. Eine Anleitung zur richtigen Verwendung von Luftschall- und Körperschall-Meßgeräten in der Praxis und zur sinngemäßen Beurteilung der Meßergebnisse. Hrsg.: Rohde u. Schwarz. Oldenbourg Verlag München, 4. unveränd.Aufl., 1968, 174 Seiten, 105 Abb.

Die Bundes-
und Landesvorschriften zum Schutz gegen Baulärm. Textausgabe mit Einleitung. Verordnungen und Verwaltungsvorschriften. Heymann Verlag Köln/Bonn, 1971, 93 Seiten.

Busch, F.
Lärmschutz an Bundesfernstraßen. (= Bundesanstalt für Straßenwesen Sonderdruck Nr.101). Bundesanstalt für das Straßenwesen Selbstverlag Köln, 1970, 4 Seiten.

Einfluß
städtebaulicher Einzelelemente auf die Lärmausbreitung. Forschungsauftrag des Bundesmin.f. Wohnungswesen und Städtebau, erst.v. Institut für Städtebau und Landesplanung der RWTH Aachen, Arbeitsgruppe E. Kühn, F.J. Meister, W.D. Knop, L. Schelhasse, H. Kuhn, M Haghnazarian, J.R. Wallmeier, S.P. Garg. Hg. vom Bundesminister f. Wohnungswesen u. Städtebau Bonn/Bad Godesberg, 1971, 164 Seiten Text, Literaturanhang.

Feldhaus, G.
Umweltschutz, Luftreinhaltung und Lärmbekämpfung. Rechts- und Verwaltungsvorschriften des Bundes und der Länder. Deutscher Gemeindeverlag Köln/Berlin/Hamburg, 1971, 506 Seiten.

Furrer, W. - Lauber, A.
Raum- und Bauakustik - Lärmabwehr. Ein ausführliches Handbuch mit vielen Beispielen aus der Praxis. Birkhäuser Verlag Stuttgart, 3. erw. Aufl., 1972, 282 Seiten, 210 Abb.

Gabler, W.
Lärmschutz in der städtebaulichen Planung. (= Veröff.d.Inst.f. Städtebau d.Dt. Akad.f. Städtebau u. Landesplanung Berlin Bd.34/4). Selbstverlag Berlin, 1971, 26 Seiten.

Gegen
den Lärm. Hrsg.: Schweizerische Liga gegen den Lärm Zürich, Löwenstr.55/57. Verlag O. Füssli Zürich. Erscheint vierteljährlich.

Geräuschminderung
an Nutzkraftfahrzeugen, dargest. am Beispiel d. VÖV Standard-Linienbusses. Hrsg.: Hamburg Consul Ges.f. Verkehrsberatung u. Verfahrenstechniken Hamburg, 1973, 49 Seiten.

Glück, K.
Entwicklung und zukünftige Aufgaben der baulichen Verkehrslärmbekämpfung.
Habil.-Schrift F.f. Bauwesen TH München 1967, 77 gez.Bl., Anh. Maschinenschriftl. vervielf.

Glück, K.
Möglichkeiten zur Erstellung und Verwendung von Lärmkarten als Hilfsmittel
für die Stadtplanung. Unter Mitarbeit von E. Schmitz, H. Raun, H. Grünleitner. (= Städtebauliche Forschung, Schriftenreihe des Bundesmin. f.
Raumordnung, Bauwesen und Städtebau H.03.013). Waisenhaus Verlag Braunschweig, 1973, 413 Seiten.

Glück, K. - Rucker, A.
Die Ausbreitung und Dämpfung des Straßenverkehrslärms in Bebauungsgebieten.
(= Schriftenreihe Straßenbau u. Straßenverkehrstechnik H.32). Bundesanst.
f. Straßenbau Köln Raderthal. Bundesminister f. Verkehr Abt. Straßenbau
Bonn, 1964, 54 Seiten mit Abb.

Gossrau, E. - Stephany, H. - Conrad, W.
Handbuch des Lärmschutzes. HdL. Ergänzbare Sammlung der öffentlich-rechtlichen u. zivilrechtlichen Lärmvorschriften des Bundes und der Länder mit
Anm.u.Erl.u. umfassender Übersicht der Rechtssprechung. Gesetze, Verordnungen, Verwaltungsvorschriften, techn. Normen. Verlag E. Schmidt Berlin/
Bielefeld/München, 1969 ff. Ergänzb.Ausg.Stand 1973, 1678 Seiten.

Halle-Tischendorf, F.v.
Medizinische Leitsätze zur Lärmbekämpfung zusammengestellt und neu bearb.
von einem ärztlichen Sachverständigengremium im Auftrag der Internationalen
Vereinigung gegen den Lärm. (Assciation Internationale contre le Bruit
AICB). Dt. Medizinischer Informationsdienst e.V. Selbstverlag Bad Godesberg,
1966, 7 Seiten mit Literaturhinweisen.

Hartig, H.
Lärmbekämpfung in der Industrie. Verlag Technik Berlin/Ost, 3. Aufl.,
1968, 164 Seiten, 91 Abb., 5 Taf.

Hartmann, G.
Praktische Akustik. Oldenbourg Verlag München.
Band I : Einführung. 1964, 107 Seiten, 66 Abb., 4 Tab.
Band II : Raum- und Bauakustik. 1968, 244 Seiten, 83 Abb., 9 Tab.

Hochgürtel, H.
Ist Fluglärm vermeidbar? Wison Verlag Köln, 1973.

Jansen, G.
Beeinflussung des natürlichen Nachtschlafes durch Geräusche. Westdeutscher
Verlag Köln/Opladen, 1970, 49 Seiten.

Jansen, G.
Zur nervösen Belastung durch Lärm. Steinkopff Verlag Darmstadt, 1967,
75 Seiten, 41 Abb.

Kampf
dem Lärm. Hrsg.: Deutscher Arbeitsring für Lärmbekämpfung Düsseldorf.
Verlag J. Lehmann München. Erscheint 6 x im Jahr.

Kampf
dem Lärm. Hrsg.v. Presse- und Informationsamt der Bundesregierung Bonn/
Bad Godesberg, 1967.

Klein, W.
Immissionsschutzrecht. Rechts- und Verw.Vorschr.des Bundes und der Länder
zum Schutz vor schädlichen Einwirkungen, insbesondere zur Reinhaltung der
Luft und zur Lärmbekämpfung. (= Rote Textsammlung). Beck Verlag München,
1968, XIII, 280 Seiten.

Krell, K.
Bautechnische Möglichkeiten des Lärmschutzes an Bundesfernstraßen.
(= Bundesanstalt für Straßenwesen Sonderdruck Nr.100). Bundesanstalt f.
Straßenwesen Selbstverlag Köln, 1970, 6 Seiten.

Krell, K.
Probleme des baulichen Lärmschutzes an Straßen. (= Bundesanstalt für
Straßenwesen Sonderdruck Nr.104). Bundesanstalt für Straßenwesen Selbst-
verlag Köln, 1970, 6 Seiten.

Kühne, H. (Bearb.)
Probleme der Lärmbekämpfung in der Stadtentwicklung. Hrsg.: Amt für
Grundlagenforschung und Stadtentwicklung der Stadt Ludwigshafen a.Rh.
(= Informationen zur Stadtentwicklung Ludwigshafen Nr.1). Selbstverlag
Ludwigshafen/Rh., 1972, 16 Seiten, schem.Darst., 9 Qu.

Kurtze, G. - Schmidt, H. - Thiele, R. - Westphal, W.
Physik und Technik der Lärmbekämpfung. Braun Verlag Karlsruhe, 1964,
500 Seiten, 301 Abb., 40 Taf.

Lärmbekämpfung
als gesundheitspolitische Aufgabe. Vier Beiträge zur Lärmbekämpfung v.
E. Schwarzhaupt, E. Goßrau, W. Willms, G. Feldhaus. Hrsg.v. Bundesmin.
für Gesundheitswesen Bad Godesberg, 1966, 38 Seiten, Abb.

Lärmbekämpfung
Bericht über den 1. Internationalen Kongress für die Lärmbekämpfung 1.-3.3.
1960 in Zürich und Baden. Hg. von der Internationalen Vereinigung gegen
den Lärm. Erlenbach-Zürich u. Stuttgart, 1960, 340 Seiten, Kt., Abb., Tab.,
Lit.

Lärmbekämpfung
Bundes-Immissionsschutzgesetz. Aus der öffentl. Anhörung d. Innenausschusses
d. Dt. Bundestages am 22. Mai 1973. (= Umweltschutz 3). Selbstverlag Bonn,
1973, 286 Seiten.

Lärmbekämpfung
Humanistisches Anliegen und gesellschaftliche Verpflichtung. VII. Lärm-
kongress der AICB Dresden. (= Technik und Umweltschutz Nr.4). Deutscher
Verlag für Grundstoffindustrie Leipzig, 1973, 148 Seiten, 20 Bild.,
9 Tab.

Lärmbekämpfung
Physikalische Grundlagen und praktische Maßnahmen der Lärmbekämpfung
an Maschinen und Produktionsanlagen. Verlag Tribüne Berlin, 1971, 538 S.,
Abb., 1 Beil.

Lärmminderung
(= Bd.5 der Reihe Umwelt Aktuell, Texte der Vortragsreihe zu "Umwelt 72")
Hg. von den Univ. Stuttgart u. Hohenheim. Koord.K. Gösele. C.F. Müller
Verlag Karlsruhe, 1973, ca. 144 Seiten.

Lärmminderung
in der Industrie. Hg.v. Verein Deutscher Eisenhüttenleute. Stahleisen-
Verlag Düsseldorf.
Band 1: Grundlagen. 1971, 98 Seiten, 173 Bilder.
Band 2: Planung und Organisation. 1972, 151 Seiten, 168 Bilder.

Lassally, O.
Deutsches Lärmbekämpfungsrecht. (= Schr.-Reihe d. Dt. Arbeitsringes f.
Lärmbekämpfung Bd.2). Verlag J.F. Lehmann München, 2. Aufl., 1967,
207 Seiten.

Lehmann, G.
Die Einwirkung des Lärms auf den Menschen. F.J. Meister: Geräuschmessungen an Verkehrsflugzeugen und ihre hörpsychologische Bewertung. (= Arbeitsgemeinsch.f. Forschung des Landes NRW. H.94). Westdeutscher Verlag Köln/Opladen, 1961, 190 Seiten mit Abb.

Lenz, K.H. - Pfafferrott, I.
Verkehrslärm-Probleme bei der Beurteilung seiner Auswirkung auf den Menschen. (= Bundesanstalt für Straßenwesen Sonderdruck Nr.105). Bundesanstalt für Straßenwesen Selbstverlag Köln, 1970, 5 Seiten.

Maschinenlärm
auf Baustellen. Hrsg.: Hauptverband der Deutschen Bauindustrie. Leitfaden zur Messung, Beurteilung und Planung. Bauverlag Wiesbaden/Berlin, 1973, etwa 80 Seiten.

Matschat, K. - Müller, E.A. - Zimmermann, G.
Zur Weiterentwicklung von Lärmindizes unter Berücksichtigung der Ergebnisse der Fluglärmuntersuchung der Deutschen Forschungsgemeinschaft in München. Max Planck-Institut f. Strömungsforschung Göttingen, 1973,
33 gez. Bl., Abb.

Meister, F.J.
Veränderung der Hörschärfe, Lautheitsempfindung und Sprachaufnahme während des Arbeitsprozesses bei Lärmarbeiten. (= Forschungsberichte des Landes NRW 39). Westdeutscher Verlag Köln/Opladen, 1957, 749 Seiten, 11
Abb., 40 Audiogramme.

Meister, F.J. - Buchta, E. - Ruhrberg, W.
Die Schallbelastung durch Straßenverkehr in den heutigen Stadtschulen.
(= Forschungsberichte des Landes NRW Nr.1715). Westdeutscher Verlag Köln,
1966, 88 Seiten.

Meister, F.J. - Ruff, G.
Über den Lärm von militär. Düsenflugzeugen im Bereich v. Flugplätzen der Luftwaffe und seine Wirkung auf die Bewohner der Umgebung. (= Deutsche Versuchsanstalt f. Luftfahrtberichte Nr.83). Westdeutscher Verlag Köln/
Opladen, 1959, 26 Seiten mit Abb.

Michalek, W.
Über die Lärmbelastung durch den Straßenverkehr in Kleinstädten. Diss.
Med.F. Univ. Leipzig 1967, 75 gez. Bl. mit Abb. Maschinenschriftl. vervielf.

Möglichkeiten
zur Erstellung und Verwendung von Lärmkarten als Hilfsmittel für die Stadtplanung, bearb.v. K. Glück u.a. (= Schriftenreihe "Städtebauliche Forschung" des Bundesministers f. Raumordnung, Bauwesen u. Städtebau Bd.03.013).
Bonn/Bad Godesberg 1973, 413 Seiten.

Moll, W.
Bauakustik. Verlag W. Ernst u.Sohn Berlin/München/Düsseldorf-Reisholz
Band 1: (= Bauingenieur-Praxis H.20). 1965, 179 Seiten, 98 Abb., 29 Tab.
Band 2: (= Bauingenieur-Praxis). In Vorbereitung.

Otto, J.
Schallschutz. Teil 2 von Praktische Bauphysik für Ingenieure und Architekten. (= Werner-Ingenieur-Texte Bd. 36). Werner Verlag Düsseldorf.
In Vorbereitung.

Reichow, H.B.
Lärmbekämpfung im Städtebau. Vorschläge für Straßenführungen und Hausgruppierungen. In: Raumplanung und Lärmprobleme. Vorträge der gleichnamigen Tagung vom Juli 1964. (= Haus der Technik - Vortragsveröffentlichungen Bd.21). Vulkan Verlag Essen, 1965, 58 Seiten, 59 Abb.

Reinhold, G.
Größen zur Kennzeichnung der Lärmsituation an Straßen. (= Fortschrittsberichte der VDI-Zeitschrift, Reihe 11, Nr.8). VDI-Verlag Düsseldorf, 1970, 28 Seiten.

Reinhold, G. - Burger, W.
Die funktionelle und betriebliche Erprobung absorbierender Lärmschutzwände an einer Autobahn. (= Bundesanstalt für Straßenwesen Sonderdruck Nr.109). Bundesanstalt für Straßenwesen Selbstverlag Köln, 1971, 9 S.

Roewer, H.
Ein Flugplatzbereichsgesetz als Vorschlag zur Lösung des Fluglärmproblems. (= Kl. Schr.d.Dt.Verb.f. Wohnungswesen, Städtebau u. Raumplanung Nr.9). Köln-Mülheim 1968, 43 Seiten, Tab., Anh.: Entwurf eines Gesetzes Schutz gegen Fluglärm (Bundestag-Drucks. V/355 u. V/356).

Rothfuchs, G.
Schall- und Wärmeschutz. Berechnungstabellen und Arbeitstafeln für Architekten und Bauingenieure. Bauverlag Berlin/Wiesbaden, 3. völlig neubearb. Aufl., 1964, 216 Seiten, 150 Tab., Taf.

Schmidt, H.
Schalltechnisches Taschenbuch. VDI-Verlag Düsseldorf, 1968, 208 Seiten, 43 Diagr.

Schreiber, L.
Lärmschutz im Städtebau. Schalltechnische Grundlagen, Städtebauliche Schutzmaßnahmen. Bauverlag Wiesbaden/Berlin, 2. durchges. Aufl., 1971, 80 Seiten, 24 Abb., 4 Taf., Lit.-Verz.

Schreiber, L. - Wittmann, H. - Volberg, G.
Schallausbreitung in der Umgebung von Verkehrswegen und Industriegebieten in Bodennähe in ebenem Gelände. Hrsg.: Bundesminister f. Raumordnung, Bauwesen und Städtebau. (= Städtebauliche Forschung Nr.03.008). Selbstverlag Bonn/Bad Godesberg, 1973, 95 Seiten, mit Abb.

Schremmer, W.
Lärmbekämpfung im Betrieb. Grundlagen und Möglichkeiten. A.W. Gentner Verlag Stuttgart, 1971, 57 Seiten, 10 graph. Darst.

Schulz, P.
Handbuch für den Schall- und Wärmeschutz im Innenausbau. Eine Arbeitshilfe für Praktiker und Lernende. Deutsche Verlagsanstalt Stuttgart, 1972, ca. 250 Seiten, 150 Abb., 25 Tab.

Schumacher, R. - Crone, J. - Lüscher, E.
Lärmdefinitionen und Messungen, Wirkungen und Minderungsmaßnahmen - Eine Übersicht 1972. (= VDI-Berichte Nr.12). VDI-Verlag Düsseldorf, 1973, 74 Seiten.

Schutz
gegen Straßenlärm im Wohnungsbau. Beispiel Wohnanlage Düsseldorf-Reisholz. (= FBW-Blätter Jg.1972, H.6). Hg. von der Forschungsgemeinschaft Bauen und Wohnen, Selbstverlag Stuttgart.

Schutz
vor Lärm. Hrsg.v. Presse- und Informationsamt der Bundesregierung zus. mit dem Bundesministerium für Gesundheitswesen. Verlag Bernecker Melsungen, 1967, 20 Seiten.

Steinicke, G.
Die Wirkung von Lärm auf den Schlaf des Menschen. (= Forschungsberichte d. Wirtschafts- u. Verkehrsministeriums Nordrhein-Westfalen Nr.416). Westdeutscher Verlag Köln/Opladen, 1957, 34 Seiten mit Abb.

Stevens, S.S. u.a.
Schall und Gehör. (= rororo Life). Rowohlt Verlag Reinbeck bei Hamburg, 1970, 190 Seiten, zahlr. Abb.

Straßenverkehrslärm
und Störung von Baugebieten. (= FBW-Blätter Jg.1971, H.2/3). Hg. von der Forschungsgemeinschaft Bauen und Wohnen Selbstverlag Stuttgart.

Umweltschutz
Lärmbekämpfung, Bundes-Immissionsgesetz. Hrsg.: Presse- und Informationszentrum des Deutschen Bundestages, Bonn 1973.

VDI (Hg.)
Beurteilung und Minderung von Arbeitslärm. Vorträge der VDI-Tagung Essen 1968. VDI-Verlag Düsseldorf, 1969, 67 Seiten, 77 Bilder, 9 Tab.

VDI (Hg.)
Gesetze und Vorschriften gegen den Baulärm. Vorträge der VDI-Tagung Aachen 1966. (= VDI-Bericht Nr.4). VDI-Verlag Düsseldorf, 1966, 34 S.

VDI (Hg.)
Dokumentation Fluglärm. VDI-Dokumentationsstelle, Fachdok. Lärmminderung. VDI-Verlag Düsseldorf, 1969, 80 Seiten, 291 Qu.

VDI (Hg.)
Dokumentation Straßenverkehrslärm. VDI-Dokumentationsstelle Lärmminderung. VDI-Verlag Düsseldorf, 1971, 112 Seiten.

VDI (Hg.)
Fachdokumentation Lärmminderung: Hrsg. Verein Deutscher Ingenieure (VDI) Dokumentationsstelle Lärmminderung. VDI-Verlag Düsseldorf, erscheint monatlich.

Verkehrslärmtagung
Bonn-Bad Godesberg 19./20. April 1971. Hrsg.: Deutscher Arbeitsring für
Lärmbekämpfung (DAL). Verlag J.F. Lehmanns München, 1972, 90 Seiten,
zahlr. Bild., schem Darst., Kt., Tab., Grund., Qu.

Wiethaup, H.
Lärmbekämpfung in der Bundesrepublik Deutschland. Mit einem Überblick über
das Lärmbekämpfungsrecht in Mitteldeutschland, Westeuropa und den USA.
Gesamtübersicht in physikalischer, medizinischer u. rechtlicher Hinsicht.
Heymann Verlag Köln/Berlin/Bonn/München, 1967, 647 Seiten.

Wiethaup, H.
Schutz vor Luftverunreinigung, Geräuschen und Erschütterungen. Kommentar
zum Immissionsschutzgesetz Nordrhein-Westfalen. Bundesrechtl. Vorschriften,
Immissionschutzgesetze der Länder. Verlag Neue Wirtschaftsbriefe Herne/
Berlin, 2. Aufl., 1970, 356 Seiten, mit Lit.-Verz.

Wilmes, O.
Lärmbekämpfung. Grundlagen und Übersicht. Bericht über den Hamburger Anti-
Lärm-Kongress mit Vortragsreferaten. (= Schr.-Reihe Lärmbekämpfung Bd.1).
Gildeverlag Alfeld/Leine, 1955, 175 Seiten, 39 Abb.

5. Gewässerverschmutzung und Gewässerschutz

Abhandlungen
aus dem Arbeitsgebiet des Instituts für Wasser-, Boden- und Lufthygiene. Hg. anläßlich des 60 jähr. Bestehens des Instituts. (= Schriftenreihe des Vereins für Wasser-, Boden- und Lufthygiene Bd. 19). G. Fischer Verlag Stuttgart, 1961, 176 Seiten, 56 Abb.

Abwärme
Koordinierung: Th.E. Schmidt, J. Wachter. (= Bd. 6 der Reihe Umwelt Aktuell, Texte der Vortragsreihe zu"Umwelt 72", hg. von den Universitäten Stuttgart u. Hohenheim). Verlag C.F. Müller Karlsruhe, 1973, 132 Seiten.

Abwasserreinigung
und Gewässerschutz. (= Bd. 2 der Reihe Umwelt Aktuell, Texte der Vortragsreihe zu "Umwelt 72", hg. von den Universit. Stuttgart u. Hohenheim). Koordinierung von B. Hanisch. C.F. Müller Verlag Karlsruhe, 1974, i. Vorb.

Altölbuch
König Verlag München, 1973, 100 Seiten.

Ant, H.
Biologische Probleme der Verschmutzung und akuten Vergiftung von Fließgewässern, unter besonderer Berücksichtigung der Rheinvergiftung im Sommer 1969. (= Schriftenreihe für Landschaftspflege und Naturschutz H. 4). Selbstverlag Bonn/Bad Godesberg, 1969.

Barde, J.Ph.
Untersuchungen über die Regulierung der Wasserqualität in Europa. Vortr. auf der Arbeitstagung des Instituts für Siedlungs- und Wohnungswesen der Westf. Wilhelms-Universität Münster. "Planung für den Schutz der Umwelt", 28./29. Sept. 1972. 15 Seiten.

Begemann, W.
Umweltschutz durch Gewässerpflege. Ingenieurbiologische Gewässerunterhaltung gemäß § 28 des Wasserhaushaltsgesetzes. DRW-Verlagsges. Stuttgart, 1971, 216 Seiten, 208 Abb.

Beurteilung
und Behandlung von Mineralölunfällen auf dem Lande im Hinblick auf den Gewässerschutz. Bearb.: Arbeitskreis "Wasser u. Mineralöl". Hrsg.: Bundesmin.f. Gesundheitswesen. Bad Godesberg 1969, 138 Seiten, Abb., Tab., Lit. Maschinenschriftl. vervielf.

Bewirtschaftung
und Reinhaltung des Wassers. Bericht über die internationale Vortragstagung PRO AQUA 1961 in Basel. (= pro aqua - pro vita Bd. 2). Oldenbourg Verlag München, 1963, 448 Seiten, 123 Abb.

Bibliographie Abwärme
(Thermal Pollution) Hydrobiologische Auswirkungen der Temperaturerhöhung durch die Einleitung von Kühlwasser. Zusammengestellt von M. Kämpfer, hg. von der Bundesanstalt für Vegetationskunde, Naturschutz und Landschaftspflege Bonn/Bad Godesberg, 1971, 38 Seiten, 412 Titel.

Bibliographie
Ölverschmutzung.(Ursachen, Folgen, Abwehr).Hg. von der Bundesanstalt
für Vegetationskunde, Naturschutz und Landschaftspflege in Bonn/Bad
Godesberg, 1971, 679 nachgewiesene Titel, Bibliographie Nr. 16.

Davis, K. - Day, J.
Das Wasser - Der Spiegel der Wissenschaft - Physik und Wasser. (= Sammlung Natur und Wissen Bd. W 16). Desch Verlag München/Wien/Basel, 1961, 222 Seiten.

Detergentien und
Öle im Wasser und Abwasser. Detergents and oils in Water and Sewage.
Möglichkeiten ihrer Zurückhaltung und Reinigung. (= Münchner Beiträge
zur Abwasser-, Fischerei- und Flußbiologie Bd. 9). Oldenbourg Verlag
München, 2. neu bearb. Aufl., 1967, 303 Seiten, 107 Abb., 16 Tab.

Deutsche Beiträge
zur Internationalen Konferenz und Ausstellung "Wasser für den Frieden"
Washington D.C. 23.-31. Mai 1967. Hg. vom Bundesministerium f. Gesundheitswesen. Bonn/Bad Godesberg, Selbstverlag 1968, 363 Seiten.

Dokumentation Wasser (DW)
Hg. von der Deutschen Dokumentationszentrale Wasser e.V. mit maßgeblicher
Unterstützung des Bundesministers für Gesundheitswesen. Monatlich 1 Heft
zu 41 Blättern. Verlag E. Schmidt Bielefeld.

Endrich, W.
Gefahren der Heizöllagerung. Verlag Kopf u. Co. Stuttgart, 1965,
108 Seiten, Abb.

Erhaltung
Anreicherung und Schutz des Grundwassers (Titelblatt). Richtlinien zur
Ausscheidung von Grundwasserschutzgebieten und Grundwasserschutzzonen.
1968. (= Provisorische Richtlinien zur Orts-, Regional- u. Landesplanung Nr. 516021). Hg. v. ORL-Institut der ETH Zürich. Selbstverlag
Zürich 1968.

Flemming, H.W.
Weltmacht Wasser. Musterschmidt Verlag Göttingen, 2. erw. Aufl., 1967,
519 Seiten.

Gaebert, H.W.
Der Kampf um das Wasser, die Geschichte unseres kostbarsten Rohstoffes.
Markus Verlag München, 1973, 340 Seiten, 120 Ill., graph. Darst., Kt.

Gawalek, G.
Wasch- und Netzmittel. (= Wiss. Taschenbücher Bd. 2 = Reihe Chemie).
Akademie-Verlag Berlin, 1962, 232 Seiten, 31 Abb.

Gewässer
und Pestizide. Fachgespräch im Institut für Wasser-, Boden- und Lufthygiene Berlin-Dahlem am 26.u.27.6.1970. (= Schriftenreihe des Vereins
f. Wasser-, Boden- u. Lufthygiene 34). G. Fischer Verlag Stuttgart, 1971,
149 Seiten.

Gilsenbach, R.
Wasser: Probleme, Projekte, Perspektiven (in Auszügen). Urania Verlag
Leipzig, 1971, 399 Seiten, mit Abb.

Gilsenbach, R.
Die Erde dürstet. 6000 Jahre Kampf ums Wasser. Urania Verlag Leipzig/
Jena/Berlin, 1961, 295 Seiten, 60 Taf., 44 Abb.

Über Grundlagen
und Grenzen der Gewässerreinhaltung. 41. und 42. Kolloquium 1967.
(= Stuttgarter Berichte zur Siedlungswasserwirtschaft Bd. 26). Oldenbourg Verlag München, 1967, 189 Seiten, 63 Abb., 15 Tab.

Heß, F.
Heizöllagerung ohne Risiko. FVÖ Verlagsgesellschaft Stuttgart, 1963,
208 Seiten, ca. 100 Abb.

Heyn, E.
Lebenselement Wasser. Schroedel Diesterweg Schöningh, Verlagsunion für
neue Lehrmedien Paderborn, 1973, 48 Seiten, 17 Abb., 1 Tab.

Heyn, E.
Wasser. Ein Problem unserer Zeit. (= Themen zur Geographie und Gemeinschaftskunde). Verlag Moritz Diesterweg Frankfurt/M., 1970, 96 Seiten,
22 Abb., 13 Tab., 3 Qu.

Heyn, E.
Wasserversorgung und Gewässerschutz als Gemeinschaftsaufgabe. (=Fragen-
kreise). Verlag F. Schöningh Paderborn o.J. (1972), 31 Seiten, 5 Abb.,
28 Qu.

Höll, K.
Wasser. Untersuchung, Beurteilung, Aufbereitung, Chemie, Bakteriologie,
Biologie. Unter Mitarbeit von H. Peter, D. Lüdemann. de Gruyter Verlag
Berlin, 5. neubearb. u. erw. Aufl., 1970, 423 Seiten mit 24 Abb.

Hornsmann, E.
Wasser - ein Problem jeder Zeit. (= Dalp-Taschenbücher Bd. 321). Francke
Verlag München, 1956, 119 Seiten.

Hübner, H. u.a. (Hg.)
Wasser-Kalender 1973. Jahrbuch für das gesamte Wasserfach. Verlag E.
Schmidt Berlin, 1972, 358+XXII Seiten, zahlr. Abb., Tab., Qu.

Hübner, H. (Hg.)
Wasser-Kalender 1974. Jahrbuch für das gesamte Wasserfach. Verlag E.
Schmidt Berlin/Bielefeld/München, 1973, 350 Seiten.

Hübner, G. - Jung, K. - Winkler, E.
Die Rolle des Wassers in biologischen Systemen. Hg. von H. Borris.
(= Wissensch. Taschenb. 78). Vieweg Verlag Braunschweig, 1970, 174 Seiten,
26 Abb.

Huber, R.
Das Wasser. Kurze Einführung in die Physik, Chemie und Biologie des
Wassers. (= Hallwag Taschenbücher Bd. 80). Hallwag Verlag Stuttgart,
1967, 64 Seiten, zahlr. Abb.

Jost, R.
Dokumentation Wasser. (= Grundlagen). Hg. vom Institut für Orts-,
Regional- und Landesplanung der ETH Zürich. Selbstverlag Zürich, 1969.

Kar
Siedlungs- und Industrie-Wasserwirtschaft und Gewässerschutz in
Österreich. (= Schriftenreihe des österr. Wasserwirtschaftsverbandes
Bd. 47). Springer Verlag Wien, 1968, 88 Seiten, 18 Abb.

Karbe, A.J.
Wasser - Segen und Gefahr. Verlag Klemm Freiburg i.Brsg., 1957,
267 Seiten.

Kaufmann, K.
Überbauung und Wasserhaushalt. (= Grundlagen). Hg. vom Institut für
Orts-, Regional- und Landesplanung der ETH Zürich. Selbstverlag Zürich,
1967.

Keller, R.
Gewässer und Wasserhaushalt des Festlandes. Eine Einführung in die
Hydrographie. Teubner Verlag Leipzig, 1962, 520 Seiten, 298 Abb.,
7 farb. Taf.

Knerr, G. - Knerr, M. - Sandner, H.
Das Wasser. Gest.v. M. Popp. Auer Verlag Pädagog. Stiftung Cassianeum
Donauwörth, 1972, 32 Seiten.

Koehne, W.
Grundwasserkunde. Schweizerbart'sche Verlagsbuchh. Nagel und Obermiller
Stuttgart, 2. neubearb. Aufl., 1948, 314 Seiten, 128 Abb.

Langer, W. - Kettner, H.
Vorträge auf der Jahrestagung des Vereins für Wasser-, Boden- u. Lufthygiene 1964 in Köln. (= Schriftenreihe des Vereins f. Wasser-, Boden-
und Lufthygiene 22). G. Fischer Verlag Stuttgart, 1964, 40 Seiten.

Lax, R. - Moosbrugger, B.
Wasser - Water - L'eau. Pendo Verlag Zürich, 1973, 72 Seiten, 31 Aufn.

Leopold, L.B. - Davis, K.S.
Wasser. (= Rororo: Das farbige Life Bildsachbuch Nr. 14). Rowohlt Verlag
Reinbek bei Hamburg, 1970, 190 Seiten mit Abb.

Lindner, K.
Tenside, Textilhilfsmittel, Waschrohstoffe. Wiss. Verlagsges. Stuttgart.
Band 1: 1964, 2089 Seiten, 468 Abb., 297 Tab.
Band 2: 1964, ohne Angaben.

Marx, W.
Bis das Meer zum Himmel stinkt. Wasser in Gefahr. Verlag A. Müller
Zürich-Rüschlikon, 2. Aufl., 1972, 120 Seiten, 16 Fotos.

Möhler
Auswertung von Erhebungen über Schadstoffe im Oberflächenwasser und
deren Grenzwerte für Bewässerungen. Verlag Wasser und Boden, A. Lindow
Hamburg, o.J., 194 Seiten.

Mühleck, H.
Wasserwirtschaftliche Rahmenplanung und Raumordnung. (= Informationsbriefe
für Raumordnung, hg. vom Bundesminister des Innern R 6.5.2.). Kohlhammer/
Dt. Gemeindeverlag Mainz, 1969, 8 Seiten.

Müller, W.J. (Hg.)
Bericht über Probleme der Reinhaltung von Gewässern. (= Wasser und Abwasser in Forschung und Praxis Bd. 6). E. Schmidt Verlag Bielefeld/Berlin, 1973, 104 Seiten.

Naumann, E.
Limnologische Terminologie. (=Handbuch der biologischen Arbeitsmethoden, Abt. IX, Teil 8). Verlag Urban u. Schwarzenberg Berlin/Wien, 1931, 776 Seiten.

Neuzeitliche
Wasser-, Boden- und Lufthygiene. (= Schriftenreihe des Ver.f. Wasser-, Boden- und Lufthygiene 27). G. Fischer Verlag Stuttgart, 1968, 88 Seiten, 22 Abb.

Overmann, M.
Wasser. Wasserhaushalt und Wasserwirtschaft als Weltprobleme. Deutsche Verlagsanstalt Stuttgart, 1971, 192 Seiten, 118 Abb.

Pantenburg, V.
Rettet das Wasser. Vom weltweiten Feldzug der Hydrologen. Verlag Schwann Düsseldorf, 1969, 166 Seiten, Zeichn., Fotos.

Platt, R.
Das Wasser. Substanz des Lebens. (The Wonder of Life.) Aus dem Amerikan. von R. Kaufmann. Verlag Wunderlich Tübingen, 1973, 319 Seiten.

Pracht, P.
Wasser. Unter Mitarbeit von H. Büskens, E. Ulrich. Hg. von der Deutschen Babcock- u. Wilcox-Dampfkesselwerke AG. Vulkan Verlag Essen, 1966, vergr. Neuaufl. in Vorbereitung.

Reinhaltung
der Gewässer. Eine Aufgabe moderner Gesundheitspolitik. Hrsg.v. Presse- und Informationszentrum der Bundesregierung, Bundesmin.f. Gesundheitswesen. Bonn 1967, 24 Seiten.

Rössert, R.
Grundlagen der Wasserwirtschaft und Gewässerkunde. Oldenbourg Verlag München, 1969, 302 Seiten, 153 Abb., 44 Taf.

Rondiere, P.
Kampf um das Wasser. Wissen der Welt. J.F. Schreiber/Union Verlag Stuttgart, Österr. Bundesverlag für Unterricht. 1971, 128 Seiten, mit über 100 Abb.

Schröder, B.
Wasser. (= suhrkamp Wissen Bd. 10). Suhrkamp Verlag Frankfurt/M., 1970, 259 Seiten, zahlr. Abb.

Schrooten, G. (Hg.)
Beiträge zur Ökologie der menschlichen Umwelt. Band 1: Wasser. (= Der Biologieunterricht 6, H. 4). Klett Verlag Stuttgart, 1970.

Schua, L.
Die Reinhaltung unserer Gewässer. (= Kosmos-Bibliothek Bd. 235). Franckhsche Verlagshandlung Stuttgart, 1962, 80 Seiten.

Schwoerbel, J.
Einführung in die Limnologie. (= UTB Uni-Taschenbücher Bd. 31). G. Fischer Verlag Stuttgart, 1971, 170 Seiten, 46 Abb., Zahlr. Tab., Qu.

Sloss, G.J.
Water-related environmental planning (Gewässerbezogene Umweltplanung).
(= Exchange Bibliography. Council of Planning Librarians. 365). Monticello, Ill.: Council of Planning Librarians, 1973, 15 S.

Strell, M.
Wasser und Abwasser. Reinhaltung der Gewässer. Oldenbourg Verlag München, 1955, XVI, 351 Seiten, mit 296 Abb.

Studie
über die thermische Belastbarkeit der fließenden Oberflächengewässer.
Bearb.: H. Glaser, K. Petrikat, W. Schmitz u.a. Hrsg.: Innenmin. Baden-Württemberg. Selbstverlag Stuttgart, 1969, 82 Seiten, Pl., Abb., Tab., Lit., Anh.: 1 Tab., Zsfss. Maschinenschriftl. vervielf.

Thurner, A.
Hydrogeologie. Springer Verlag Berlin, 1967, 350 Seiten, 187 Abb.

TÜV Essen (Hg.)
Bestimmungen über brennbare Flüssigkeiten. Hg. von der Vereinigung der TÜV Essen. Loseblattausgabe im Ordner. C. Heymann Verlag Köln/Bonn, 1970.

Umwelt + Wasser = Leben.
Information über Wasserwirtschaft und Umweltschutz. Hg. vom Österr. Bundesmin.f. Land- u. Forstwirtschaft (BMLF). Bundesminist.f. Land-u. Forstwirtschaft Wien, 2. Aufl., 1972, 119 Seiten, 10 Tab., 1 Kt.

Umweltschutz
(1) Wasserhaushalt, Binnengewässer, hohe See und Küstengewässer. Aus d. öff. Anhörungen d. Innenausschusses u.d. Ausschusses f. Jugend, Familie u. Gesundheit d. Dt. Bundestages. Hg. v. Presse-u. Informationszentrum der Bundesregierung. (= Zur Sache. Themen parlamentar. Beratung 3/71).

Unsere Sorge: Wasser.
Hrsg. Minister f. Ernährung, Landwirtschaft und Forsten des Landes Nordrhein-Westfalen als Vorsitzender der Länderarbeitsgemeinschaft Wasser. Verlag Wasser und Boden Axel Lindow Hamburg, 1972, 215 Seiten, 83 Abb.

Die Verunreinigung
des Rheins und seiner wichtigsten Nebenflüsse in der Bundesrepublik Deutschland. Zwischenbericht der Arbeitsgemeinschaft der Länder zur Reinhaltung des Rheins über den Stand 1971. Arbeitsgemeinschaft d. Länder z. Reinhaltung d. Rheins Wiesbaden, 2. Aufl., 1972, 43 Seiten, zahlr. Abb., Tab., Kt.

Vollmer, E.
Lexikon für Wasserwesen, Erd- und Grundbau. Fischer Verlag Stuttgart, 1973, 415 Seiten, 52 Ill., graph. Darst.

Vom Wasser
Hrsg.: Fachgruppe Wasserchemie in der Gesellschaft Deutscher Chemiker. Verlag Chemie Weinheim, Bd. 40, 1973, 399 Seiten, 157 Abb., 70 Tab.

Wärmebelastung
der Gewässer und der Atmosphäre. (= VDI-Berichte Nr. 204). VDI-Verlag Düsseldorf, 1973, 68 Seiten, Ill., graph. Darst.

Walder, P. (Hg.)
Gewässerbiologie und Gewässerschutz. Leitfaden für Lehrer. Eidgen. Dep.
Innern, Bern 1970, 86 Seiten.

Walther, K.A.
Wasser, bedrohtes Lebenselement. Montana Verlag Zürich, 1964, 249 Seiten,
35 Taf.

Wasser
Textauswahl von H. Krömler, Fotos von K. Jud. Aldus Manutius Verlag
Zürich, 1968, 38 Seiten mit Abb.

Wasser
und Abwasser. Preisprobleme und Gewässerschutz. (= Beiträge zur kommunalen
Versorgungswirtschaft 27). Sigillum Verlag Köln, 1960, 103 Seiten.

Wasser
und Luft in der Industrie. L'eau et l'air dans l'industrie - Water and
Air in Industry. Bericht über die internat. Vortragstagung Pro Aqua 1969
in Basel. Redaktion: H.J. Schmassmann. (= Pro Aqua - pro Vita Bd. 4).
Oldenbourg Verlag München, 1970, 314 Seiten, 77 Abb., 35 Tab.

Wasser
und Luft in der Raumplanung - Eau et air dans les plans d'aménagement -
Water and Air in Land Development. Bericht über die internat. Vortragstagung pro Aqua 1965 in Basel. Redaktion: H. Schmassmann. (= Pro Aqua -
pro Vita Bd. 3). Oldenbourg Verlag München, 1966, 424 Seiten, 166 Abb.

Wasserforschung
1950 - 1967. Bearb.v. Bundesmin.f. Ernährung, Landwirtschaft u. Forsten.
(= Schriftenr. d. Dt. Dokumentations-Zentrale Wasser e.V. (DZW), H.16).
Schmidt Verlag Bielefeld, 1969, 105 Seiten, Lit.

Wassergüte.
Erfüllung eines Anspruchs. Wasserfachliche Aussprachetagung der DVWG
und VGW Göttingen 1965. Zeitschrift f. Gas- u. Wasserfachmänner (ZfGW)-
Verlagsgesellschaft Frankfurt/M., 1965, 85 Seiten, Abb.u. Ktn.

Wasserversorgung
und Umweltschutz in der chemischen Industrie - dargestellt am Beispiel
der BASF Ludwigshafen. Die Ansprüche der modernen Industriegesellschaft
an den Raum, 3.T. Forsch.ber.d. Ausschusses "Raum und Natur" d. Akad.f.
Raumforsch. u. Landesplanung. (= Veröff.d.Akad.f. Raumforsch.u. Landesplanung, Forsch.-u.Sitzungsber., Bd. 79, Raum u. Natur 3). Verlag Gebr.
Jänecke Hannover, 1973, X, 165 Seiten, Abb., Tab., Übers., Lit. u. 18 Bl.
Kt., Abb., Übers.

Wechmann, A.
Hydrologie. Oberirdisches Wasser - Unterirdisches Wasser -,Hydrometeoro-
logie - Wasserhaushalt. Unter Mitarbeit von S. Narbe, H. Schubert, O.
Fischer, H. Buchwitz. Oldenbourg Verlag München/ Verlag f. Bauwesen
Berlin, 1964, 535 Seiten, 217 Abb., 38 Taf.

Weimann, R.
Verschmutzte Wasserläufe. Verseuchung, Verschmutzung, Vergiftung und Ver-
ödung der Gewässer. Hg. von der Vereinigung Deutscher Gewässerschutz.
VDG Frankfurt (= Schriftenreihe Nr. 4). Franckh'sche Verlagshandlung
Stuttgart, 1958, 120 Seiten.

Wundt, W.
Gewässerkunde. Springer Verlag Berlin/Göttingen/Heidelberg, 1953,
VI, 320 Seiten, 185 Abb.

Zimmermann, W.
Wasser und Mineralöle. (= Schriftenreihe GWF: Wasser - Abwasser 13).
Oldenbourg Verlag München, 1967, 199 Seiten, 53 Abb., 29 Tab.

6. Wasser- und Wasserschutzrecht

Baumgartner, R.
Vorschriften des Bundes und der Länder für die Lagerung von Heizöl.
Alfons W. Gentner Verlag Stuttgart, 1970, 56 Seiten.

Baetzner, P.
Heizölbehälter-Richtlinien für Baden-Württemberg. Textausgabe mit
Einführungserlaß und ergänzenden Bestimmungen. Kohlhammer Verlag Stuttgart, 1969, 72 Seiten.

Bayer. Wassergesetz
mit ergänzenden landesrechtl. Vorschriften, WasserhaushaltsG des Bundes
und Wasserverband VO. Becks Rote Textausgabe. Beck Verlag München,
3. Aufl., 1971, VIII, 271 Seiten.

Bendel, F.
Rechtsfragen des Gewässerschutzes in der Schweiz. Grundbegriffe, Verwaltungszwang, Rechtsmittel. Verlag Stämpfli Bern, 1970, 145 Seiten.

Berber, F.J.
Die Rechtsquellen des internationalen Wassernutzungsrechts. (="Das
Recht der Wasserwirtschaft" H. 2). Oldenbourg Verlag München, 1955,
206 Seiten.

Bergdolt, K.
Preußisches Wasserrecht. Schadenersatz, Gemeindegebrauch, Verleihung,
Ausbau von Wasserläufen. Verlag Otto Schmidt Köln, 1957, 312 Seiten.

Bochalli, A. - Arenstorff, C.v.
Das Wasser- u. Bodenverbandsrecht. Mit dem Text des Wasserverbandsgesetzes und der Ersten Wasserverbandsverordnung in der Fassung der
Veröffentlichung im Bundesgesetzblatt III 1966, S. 10 - 34. Systematische Darstellung, beg.v. A. Bochalli, fortgeführt von C.v.Arenstorff.
Heymann Verlag Köln, 4. völl. neu bearb. Aufl., 1972, XIV, 118 Seiten.

Breitenbach
Verordnungen über das Lagern von wassergefährdenden Flüssigkeiten.
Verlag Kopf u. Co. Stuttgart, 1967, 100 Seiten.

Bulling, M. - Finkbreiner, O.
Wassergesetz für Baden-Württemberg. Mit Durchführungsverordnungen und
Wasserhaushaltgesetz. Kohlhammer Verlag Stuttgart, 1968 ff, Loseblattsammlung (Grundwerk im Ordner).

Burghartz, J. - Weiß, E.
Wasserhaushaltsgesetz und Wassergesetz für das Land Nordrhein-Westfalen.
Beck Verlag München, 2. Aufl., 1974.

Czychowski, M.
Wasserrecht Nordrhein-Westfalen. Vorschriftensammlung mit erläuternder
Einführung. Deutscher Gemeindeverlag Köln, 2. Aufl., 1968, 288 Seiten.

Dahme, H.G. (Hg.)
Wasserrecht. (=BLV-Praxisbuch). Bayerischer Landwirtschafts-Verlag München/Basel/Wien, 1966, 190 Seiten.

Dittus, R.
Lagerbehälterverordnung Nordrhein-Westfalen. Kommentar zur Verordnung über das Lagern wassergefährdender Flüssigkeiten mit Verwaltungsvorschriften und ergänzenden Bestimmungen aus dem Wasser-, Bau- und Gewerberecht. Deutscher Gemeindeverlag Köln, 2. neubearb. u. erw. Aufl., ca. 200 Seiten.

Dräger, J.
Die Wasserentnahme aus internationalen Binnengewässern. (=Bonner rechtswissenschaftl. Abhandlungen 85). Röhrscheid Verlag Bonn, 1970, 126 S.

Ebersberg, H. - Gieseke, P.
Der Entwurf des Wasserhaushaltsgesetzes - Die Ergänzung des Wasserhaushaltsgesetzes durch Ländergesetze. 3. Vortragsveranstaltung des Instituts für das Recht der Wasserwirtschaft am 23.3.1956. (="Das Recht der Wasserwirtschaft" H. 4). Oldenbourg Verlag München, 1957, 64 Seiten.

Feldt, L.G.
Hessisches Wassergesetz vom 6. Juli 1960. Kommentar. (=Wasserrecht und Wasserwirtschaft 6). E. Schmidt Verlag, 1964, 263 Seiten.

Finkenbeiner, O.
Leitsätze zum Wasserrecht. Leitsätze zum Landesrecht Baden-Württemberg. Kohlhammer Verlag Stuttgart, 1973, 60 Seiten.

Finkler, F. - Gödecke, W.
Niedersächsisches Wasserrecht. Textausgabe mit ergänzenden Vorschriften. Verlag Otto Schwartz Göttingen, 2. erw. Auf., 1970, 739 Seiten.

Fragen
der Schadensverhütung und Schadenshaftung in der Wassergütewirtschaft nach dem neuesten Wasserrecht. 27. - 30. Kolloquium. (=Stuttgarter Berichte zur Siedlungswasserwirtschaft H. 7). Oldenbourg Verlag München, 1963, 131 Seiten.

Fritzsche, F.
Das Wasserrecht in Bayern. Wasserhaushaltsgesetz - Bayerisches Wassergesetz. Loseblattwerk mit Ergänzungslieferungen. Boorberg Verlag Stuttgart, 1965.

Gerne, O.
Lagern wassergefährdender Flüssigkeiten. VO für Baden-Württemberg mit Vollzugsvorschriften und sonst. bau- und gewerberechtl. Bestimmungen. Boorberg Verlag Stuttgart, 1967, 116 Seiten.

Gieseke, P.
Das Recht der Wasserwirtschaft. Veröffentlichungen des Instituts für das Recht der Wasserwirtschaft.
Band 1 - 10 Oldenbourg Verlag München
Band 11 ff Heymann Verlag Köln/Bonn

Gieseke, P. - Külz, H.R.
Rechtseinheit Wasserrecht? Eigentum und Verwaltungskompetenz an den Bundeswasserstraßen. 5. Vortragsveranstaltung des Inst. für das Recht der Wasserwirtschaft 1960. Oldenbourg Verlag München, 1961, 72 Seiten.

Gieseke, P. - Wiedemann, W.
Kommentar zum Wasserhaushaltsgesetz. Unter besonderer Berücksichtigung der Landeswassergesetze. Beck Verlag München, 2. Aufl., 1972, 592 Seiten.

Gieseke, P. - Külz, H.R. - Hartig, E.
Umfang und Behandlung der alten Rechte und Befugnisse nach dem Wasserhaushaltsgesetz. Wasserhaushaltsgesetz und Rechtsschutz durch die Verwaltungsgerichte. - Die Grundsätze des internationalen Wasserrechts nach bisherigen Völkerrechtstheorien und nach dem Kohaerenzprinzip. Vorträge der 4. Vortragsveranstaltung des Inst. für das Recht der Wasserwirtschaft am 30.10.1958. (=Das Recht der Wasserwirtschaft H. 7). Oldenbourg Verlag München, 1959, 73 Seiten.

Hartig, E.
Internationale Wasserwirtschaft und internationales Recht. (= Schriftenreihe des österr. Wasserwirtschaftsverbandes H. 28/29). Springer Verlag Wien, 1955, 99 Seiten.

Hartinger, A.
Wasserabgabesatzung. (= Carl Link Ortsrechtssammlung 7). C. Link Verlag Kronach/Bayern, 3. Aufl., 1969, 48 Seiten.

Hessische
Lagerverordnung. Taschenkommentar zur Hessischen Verordnung über das Lagern wassergefährdender Flüssigkeiten mit Verwaltungsvorschriften, technischen Bestimmungen und Prüfrichtlinien sowie ergänzender Vorschriften aus dem Wasser-, Bau- und Gewerberecht. Dt. Gemeindeverlag Köln, 1968, 164 Seiten.

Hofmann, K.
Die rechtlichen Grundlagen des Naturschutzes und ihre besonderen Probleme im Bau- und Wasserrecht. (= Rechtsfragen zur Erhaltung der Natur und der natürlichen Hilfsquellen Bd. 2). Merkel Verlag München/Erlangen, 1963, 327 Seiten, 10 Tafeln.

Hundertmark, D.
Rechtsstellung der Sondernutzungsberechtigten im Wasserrecht. (= Göttinger rechtswiss. Studien Bd. 63). Verlag O. Schwartz Göttingen, 1967, 180 Seiten.

Kaiser, P. - Linckelmann, K. - Schleberger, E.
Wasserverbandordnung. Wasserverbandgesetz - Wasserverbandvorschriften. Kommentar. Gleichz. 3. Aufl. des Kommentars zum Wasser- und Bodenverbandrecht begr.v. Bochalli. (= Sammlung Guttentag 212). de Gruyter Verlag Berlin, 1967, XII, 682 Seiten.

Kolb, F.
Das Gesetz zur Ordnung des Wasserhaushalts. Sigillum Verlag Köln, 1958, 234 Seiten, 9 Faltbl.

Kolb, F.
Die Wasserversorung und der Gewässerschutz im neuen Bundes- und Landesrecht. (= Wasserrecht und Wasserwirtschaft Bd. 9). Verlag E. Schmidt Berlin/Bielefeld/München, 1968, 386 Seiten.

Krzizek, F.
Kommentar zum Wasserrechtsgesetz. Verlag Manz Wien, 1962, 277 Seiten.

Kumpf, W.
Handbuch des deutschen Wasserrechts. Neues Recht des Bundes und der Länder. Loseblatt-Textsammlung und Kommentar. Verlag E. Schmidt Berlin, 50. Lieferung 1972.

Lohse, V. - Krause, P.
Planungs-, Wege-, Wasser-, Schul- und Presserecht des Saarlandes. Verlag Raueiser Saarbrücken, 1972, 391 Seiten.

Lagerbehälter -
Verordnung vom 19.4.1968. Verordnung über das Lagern wassergefährdender Flüssigkeiten und die Verwaltungsvorschriften zum Vollzug der VLwF vom 16.12.1968 in Lande NRW. Werner Verlag Düsseldorf, 1969, 40 Seiten.

Liebmann, H. (Hg.)
Fragen der Schadensverhütung und Schadenshaftung in der Wassergütewirtschaft nach dem neuesten Wasserrecht. (= Stuttgarter Berichte zur Siedlungswasserwirtschaft H. 7). Oldenbourg Verlag München, 1963, 131 S.

Matthes, W.
Wasser- und Uferrecht in seiner Bedeutung f.d. Vermessungs- und Liegenschaftswesen, Kataster und Grundbuch. Dümmler Verlag Bonn, 1956, 249 S. mit 9 Karten und zahlr. Bildern.

Merländer, R. u.a.
Anlagen zur Lagerung, Abfüllung und Beförderung brennbarer Flüssigkeiten zu Lande. Vorschriftensammlung mit Kommentar. Loseblattausgabe. Heymann Verlag Köln/Bonn, 2. Aufl., 1971.

Müller, H.U.
Der privatrechtliche Schutz vor Gewässerverunreinigung und die Haftung. Schulthess Verlag Zürich, 1968, 150 Seiten.

Niedersächsische
Lagerverordnung. Taschenkommentar zur Verordnung über das Lagern wassergefährdender Flüssigkeiten mit Durchführungsbestimmungen und ergänzenden Rechts- und Verwaltungsvorschriften. Deutscher Gemeindeverlag Köln, 1971, 168 Seiten.

Niedersächsisches
Wassergesetz. Kommentar mit Ausführungsbestimmungen zum NWG (Beiheft) und einer Karte des Landes Niedersachsen mit den Unterhaltungsverbänden. Dt. Gemeindeverlag Köln, 1971, 468 Seiten.

Penzinger, A. (Hg.)
Das österreichische Wasserrecht mit der einschläg. Rechtssprechung des Verwaltungsgerichtshofes und des Verfassungsgerichtshofes. (= Manz'sche Gesetzausg. Sonderausg. 24). Verlag Manz Wien, 1970, 239 Seiten.

Press, H.
Wasserwirtschaft, Wasserbau und Wasserrecht. Werner Verlag Düsseldorf, 1966, 269 Seiten, 208 Abb.

Rehder, J.
Niedersächsisches Wassergesetz. Dt. Gemeindeverlag Köln/Berlin/Hamburg, 4. vollst. neubearb. Aufl., 1971, 421 Seiten.

Roeber, H.
Wassersicherstellungsgesetz, Band II, Leitfaden für den Praktiker.
Loseblattausgabe. Rechtstand 1. Dezember 1973. Verlag für Verwaltungspraxis F. Rehm KG. München. 1. Ergänzungslieferung 64 Seiten.

Roth, H. - Brosowski, R.
Altölgesetz. Textausgabe mit Durchführungsverordnungen, Verwaltungsvorschriften und einer erläuternden Einführung. Dt. Gemeindeverlag Köln, 1972, ca. 100 Seiten.

Roth, H. - Dickenbrok, G.
Wassersicherstellungsgesetz. Teil I: Kommentar. (= Wasserrecht und Wasserwirtschaft Bd. 7). Verlag E. Schmidt Berlin/Bielefeld/München, 1967, 296 Seiten.

Salzwedel, J.
Die Entschädigungspflicht bei der Festsetzung von Wasserschutzgebieten. (= Wasserrecht und Wasserwirtschaft Bd. 11). Verlag E. Schmidt Berlin/Bielefeld/München, 64 Seiten.

Schrifttum
und Rechtsprechung des Wasserrechts 1961. Sonderheft der Zeitschrift für Wasserrecht. Hrsg.v. P. Gieseke und M. Abt. (=Das Recht der Wasserwirtschaft H. 11). Heymann Verlag Köln, 1962, 80 Seiten.

Schunk, J.
Bau- und Betriebsvorschriften für Feuerungsanlagen und Heizöllagerung in NRW. Werner Verlag Düsseldorf, 1963, 160 Seiten, 25 Abb. Mit Erg. 1969.

Schwerpunkte
und Entwicklungslinien des Wasserrechts. 4 Vorträge gehalten auf der 8. Vortragsveranstaltung des Inst. für das Recht der Wasserwirtschaft a.d. Universität Bonn von H.R. Külz, P. Gieseke, J. Salzwedel, H. Kloster Kemper. (= Das Recht der Wasserwirtschaft H. 15). Heymann Verlag Köln, 1967, 70 Seiten.

Stand
des deutschen Wasserrechts. 6 Vorträge gehalten auf der 7. Vortragsveranstaltung des Inst. f.d. Recht der Wasserwirtschaft a.d. Universität Bonn von P. Gieseke, E. Gossrau, J. Salzwedel, W. Gässler, H.H. Manitz, M. Abt. (= Das Recht der Wasserwirtschaft H. 13). Heymann Verlag Köln, 1964, 83 Seiten.

Stand
der wasserrechtlichen Entwicklung. 7 Vorträge gehalten auf der 6. Vortragsveranstaltung des Inst.f.d. Recht der Wasserwirtschaft an der Univ. Bonn v. P. Gieseke, R. Colas, H. Fischerhof, J. Salzwedel, W. Wiedemann, H. Weller, M. Abt. (= Das Recht der Wasserwirtschaft H. 12). Heymann Verlag Köln, 1962, 120 Seiten.

Thiem, H.
Wasserrecht in Schleswig-Holstein. Systematische Darstellung des im Lande Schleswig-Holstein geltenden Wasserrechts mit einem Anhang der wichtigsten Rechtsvorschriften. Dt. Gemeindeverlag Köln, 2. neubearb. Aufl., 1972, 208 Seiten.

Verordnungen
über die Errichtung und den Betrieb von Anlagen zur Lagerung, Abfüllung und Beförderung brennbarer Flüssigkeiten zu Land (Verordnung über brennbare Flüssigkeiten-VbF) in der Fassung vom 5. Juni 1970. Textausgabe. Kohlhammer Verlag Stuttgart, 1970, 84 Seiten.

Vogel, H.D.
Verordnungen über das Lagern wassergefährdender Flüssigkeiten für Baden-Württemberg. Erläuterte Textausgabe. Kohlhammer Verlag Stuttgart, 2. neubearb. u.erw. Aufl., 1970, 107 Seiten.

Wasserrecht
Loseblattkommentar von F. Sieder u.a. Beck Verlag München.
Band I : WasserhaushaltsG. Grundwerk mit I.ErgLfg. 1970, 850 Seiten.
Band II: Bayer. WasserG. I.-3. Grundlfg. 1970/71/73, rd. 1150 Seiten.

Wasserverbandsrecht
Vorschriftensammlung mit einer erläuternden Einführung und einem Satzungsmuster für Wasser- und (bzw.) Bodenverbände. Dt. Gemeindeverlag Köln, 1969, 224 Seiten.

Wichmann, R.H.
Vorschriften über das Lagern und Befördern brennbarer Flüssigkeiten. Bertelsmann Verlag Bielefeld, 1973, 632 Seiten.

Wiedemann, W.
Erfordernisse einheitlicher Regelung bei Vorschriften über die Benutzung der Gewässer sowie über den Schutz gegen Verunreinigung. Gutachten des Bundesminist. für Gesundheitswesen. E. Schmidt Verlag Berlin/Bielefeld/München, 1971, 65 Seiten.

Wiedemann, W. - Salzwedel, J. - Kaiser, P. - Niedermayer, H.
Notwendigkeit und Möglichkeiten einer gezielten Vereinheitlichung wasserrechtlicher Vorschriften. Die Wasserrechtssysteme der EWG-Mitgliedsstaaten. Wasserrecht und Gesundheitsbehörden. Rechtswegprobleme. 4 Vorträge v.d. 9. Vortragsveranstaltung des Inst.f.d. Recht der Wasserwirtschaft a.d. Univ. Bonn. Heymann Verlag Köln, 1969, 86 Seiten.

Witzel, G.
Wasserhaushaltsgesetz. Verlag Vahlen München, 5. neubearb. Aufl., 1964, 176 Seiten.

Wüsthoff, A.
Einführung in das deutsche Wasserrecht. Verlag E. Schmidt Berlin, 2. erw. Aufl., 1957, 181 Seiten.

Wüsthoff, A. - Kumpf, W.
Handbuch des deutschen Wasserrechts. Neues Recht des Bundes und der Länder. Loseblattausgabe in 5 Ordnern, Bd. 1 - 4. Verlag E. Schmidt Berlin/Bielefeld/München, 1958/72.

Ziegler, U.
Kommentar zum Wassergesetz für Baden-Württemberg. Loseblatt-Sammlung. Stand Frühjahr 1972. Boorberg Verlag Stuttgart, 800 Seiten.

Zimmich, K.
Wasserhaushaltsgesetz. Jehle Verlag München, 1972, 199 Seiten.

Zimniok, K.
Bayrisches Wasserrecht. Gesetz zur Ordnung des Wasserhaushalts v. 27.7.1957 und Bayr. Wassergesetz vom 7.12.70. Kommunalschriften-Verlag Jehle München, 2. völl. neubearb. Aufl., 1971, XII, 738 Seiten, graph. Darst.

Zimniok, K.
Wasserhaushaltsgesetz. Handkommentar mit Einführung und Anhang mit dem Bundeswasserstraßengesetz, dem Wassersicherstellungsgesetz und einem Auszug aus dem Bayer. Wassergesetz. Kommunalschriftenverlag Jehle München, 1972, 199 Seiten.

7. Kernenergie und Strahlung

Adam, H.
Einführung in die Kerntechnik. Oldenbourg Verlag München, 1967, 464 Seiten, 160 Abb.

Anders, G.
Endzeit und Zeitende. Gedanken über die atomare Situation. Beck Verlag München, 1972, 221 Seiten.

Angelopoulos, A.
Atomenergie und die Welt von morgen. Musterschmidt Verlag Göttingen, 1956, 209 Seiten.

Anwendung der Kernenergie
1. Tagung des Deutschen Atomforums 1960 in Karlsruhe. Karlsruhe 1961, 166 Seiten.

Arley, N. - Skov, H.
Atomkraft. Eine Einführung in die Probleme des Atomzeitalters. Übersetzer: K.de la Motte. (= Verständliches Wissen Bd.73). Springer Verlag Berlin/Heidelberg/Bielefeld, 1970, 196 Seiten.

Atomkernenergieanlagen
Werkstoffprobleme - Luftbehandlung. Vortragstagung 24.3.1965 in Zürich. (= Technica-Reihe Bd.11). Birkhäuser Verlag Stuttgart, 1965, 48 Seiten, 2 Tafeln.

Atomstrahlung
in Medizin und Technik. Hg. vom Deutschen Atomforum e.V. Bonn, der Isotopenstudiengesellschaft e.V. Frankfurt und der Studiengesellschaft zur Förderung der Kernenergieverwertung in Schiffbau und Schiffahrt e.V. Hamburg. K. Thiemig Verlag München, 1964, VIII, 408 Seiten, 241 Abb., 37 Tab.

Barr, D.
Atomenergie. (= Was ist Was? Bd.3). Tessloff-Verlag Hamburg, 1962, 48 S.

Bautechnische
Aufgaben bei Kernkraftwerken. Vorträge eines Kolloquiums. (= Konstruktive Ingenieurbau-Berichte 10). Vulkan Verlag Essen, 1971, 184 Seiten.

Beck, H.R. - Dresel, H. - Melching, H.J.
Leitfaden des Strahlenschutzes. Für Naturwissenschaftler, Techniker und Mediziner. Thieme Verlag Stuttgart, 1959, 253 Seiten.

Beck, P. - Göttling, D.
Umwelteinflüsse der Energieerzeugung. (= Beiträge zur Umweltgestaltung Bd.2). Verlag E. Schmidt Berlin/Bielefeld/München, 1971, 156 Seiten, zahlr. Abb.u. Tab.

Bibliographie
Abwärme (Thermal Pollution). Hydrobiologische Auswirkungen der Temperaturerhöhungen durch die Einleitung von Kühlwasser. Hg. von der Bundesanstalt für Vegetationskunde, Naturschutz und Landschaftsschutz.
(= Bibliographie Nr.24). Bonn/Bad Godesberg 1971, 38 Seiten, 412 nachgewiesene Titel.

Bockelmann, D.
Räumliches Gefährdungspotential von Kernkraftwerken. Strahlenbelastung bei Normalbetrieb. Hrsg.: Institut für Regionalwissenschaft der Univ. (TH) Karlsruhe. Selbstverlag Karlsruhe, 1973, 66 Seiten, Abb.

Böhler, G.
Elementare Übungen zur Kernstrahlenmessung. Hg.v. W. Hanle, M. Pollermann. (= Thiemig Taschenbuch 1). Thiemig Verlag München, 1962, VIII, 128 Seiten, 30 Abb.

Buch, A.
Planung und Standortwahl von Kraftwerken. Konzeption der Stromversorgung der BRD unter Berücksichtigung der Umweltbeeinflussung. Krausskopf Verlag Mainz, 1973, 126 Seiten, Abb., Tab., Lit., Anh. 4 Kt.

Cap
Physik und Technik der Atomreaktoren. Springer Verlag Wien, 1957, XXX, 487 Seiten, 100 Abb.

Dirmhirn, I.
Das Strahlungsfeld im Lebensraum. Akadem. Verlagsgesellschaft Frankfurt/M. Wiesbaden, 1964, 426 Seiten.

Emendörfer, D. - Höcker, K.
Theorie der Kernreaktoren. Bibliograph. Institut Mannheim.
Band 1: 1969, 232 Seiten mit Abb. (= BI-Hochschultaschenbuch Bd.411).
Band 2: 1970, 147 Seiten mit Abb. (= BI-Hochschultaschenbuch Bd.412).

v. Erichsen, L.
Friedliche Nutzung der Kernenergie, ihre Vorteile und ihre Gefahren. Springer Verlag Berlin, 1962, VIII, 235 Seiten, 46 Abb.

Erler, G. - Kruse
Deutsches Atomenergierecht - Ergänzbare Sammlung geltender Vorschriften auf dem Gebiet der Atomenergie - Deutsches Landesrecht und Euratom-Recht. (= Schwartz Handbücher u. Gesetzessammlungen). Verlag O. Schwartz Göttingen, 3. Aufl., Grundwerk in 7 Ordnern.

Fischerhof, H.
Deutsches Atomgesetz und Strahlenschutzrecht. Kommentar. Lutzeyer Verlag Baden-Baden, 1962, 864 Seiten.

Fischerhof, H.
Atomgesetz und Verordnungen. Nomos Verlag Baden-Baden, 4. Aufl., 1971, 189 Seiten.

Forst, D.
Praktischer Strahlenschutz. Eine Einführung in die Technik des Schutzes vor ionisierenden Strahlen für Nichtphysiker. de Gruyter Verlag Berlin, 1960, 194 Seiten.

Freytag, E.
Strahlenschutz an Hochenergie-Beschleunigern. (= Wissenschaft und Technik).
Verlag G. Braun, Karlsruhe, 1972, 120 Seiten.

Fuchs, E.
Wie arbeitet ein Kernkraftwerk. Ein Ellermann Technik-Bilderbuch. Verlag
Ellermann München, 1971, 27 Seiten mit 12 farbigen Doppelseiten.

Gaines, M.J.
Atomenergie. (= Delphin Taschenbuch 7). Delphin Verlag Stuttgart, 1970,
159 Seiten mit zahlr. Abb.

Gerlach, W.
Probleme der Atomenergie. Rede, geh. i.d. öffentl. Sitzung der Bayr.
Akademie d. Wiss. in München am 5.10.1948. Biederstein Verlag München,
1948, 15 Seiten.

Gerwin, R.
Atomenergie in Deutschland. Ein Bericht über Stand und Entwicklung der
Kernforschung und Kerntechnik in der Bundesrepublik Deutschland. Econ
Verlag Düsseldorf, 1964.

Gerwin, R.
Kernkraft heute und morgen. Kernforschung und Kerntechnik als Chance unserer Zeit. Dt. Verlagsanstalt Stuttgart, 1971, 128 Seiten, und König
Taschenbuch Bd.19, 1973.

Ginsburg, Th. u.a.
Die friedliche Anwendung von nuklearen Explosionen. (= Thiemig Taschenbuch Bd.21). Thiemig Verlag München, 1965, 231 Seiten.

Glasstone, S.
Die Wirkung der Kernwaffen. Heymann Verlag Köln/Bonn, 2. Aufl., 1964,
721 Seiten.

Graeub, R.
Die sanften Mörder. Atomkraftwerke demaskiert. Müller Verlag Rüschlikon/
Zürich, 1972, 200 Seiten, und Fischer Taschenbuch Bd.6241 (= Bücher des
Wissens), 1974, 176 Seiten.

Grosse, N.
Ökonomik der Kernenergie. (= Veröffentl. der List Gesellschaft, Reihe A:
Studien Bd.29). Mohr Verlag Tübingen, 1963, 256 Seiten.

Grundlagen
und Anwendung der Kerntechnik. VDI-Verlag Düsseldorf.
Band 1: Hülle - Kern - Strahlung. 1958, 157 Seiten, 51 Bilder, 2 Taf.
        (= Ingenieurwissen Bd.1).
Band 2: Strahlung als Werkzeug. 1959, 194 Seiten, 39 Bilder, 15 Taf.
        (= Ingenieurwissen Bd.2).
Band 3: Energie aus Kernprozessen. 1960, 379 Seiten, 149 Bilder, 30 Taf.
        (= Ingenieurwissen Bd.3/3a).

Hanle, W. - Pollermann, M. (Hg.)
Partikel - Beschleuniger. Bearb.v. G. Claussnitzer, G. Dupp, W. Hanle,
P. Kleinheins, H. Löb, K. Reich, A. Scharmann, H. Schneider, W. Schwertführer, K. Wölcken. (= Thiemig Taschenbuch 28). Thiemig Verlag München,
1967, XII, 285 Seiten, 98 Abb., 8 Tab.

Herrmann, W.
Über die Wirkung einer möglichen radioaktiven Verseuchung des Rheinwassers sowie Maßnahmen für eine Dekontamination in gängigen Wasseraufbereitungsanlagen. E. Schmidt Verlag Berlin/Bielefeld/München, 1966, 77 Seiten.

Höfling, O.
Strahlungsgefahr und Strahlungsschutz. Dümmler Verlag Bonn, 1961, 248 Seiten.

Höhne, P.
Kernreaktor-Praktikum. Hg.v. W. Hanle, M. Pollermann. (= Thiemig Taschenbuch Bd.30). Thiemig Verlag München, 1966, VIII, 116 Seiten, 50 Abb., 10 Tab.

Hug, J.H.
Haftpflicht für Schäden aus der friedlichen Verwendung von Atomenergie. (= Züricher Beiträge zur Rechtswissenschaft, NF Bd.352). Schulthess Polygraphischer Verlag Zürich, 1970, XX, 135 Seiten.

Israel, H.
Luftelektrizität und Radioaktivität. (= Verständliches Wissen Bd.62). Springer Verlag Berlin/Heidelberg/Bielefeld, 1957, 125 Seiten, 86 Abb.

Jaeger, T.
Grundzüge der Strahlenschutztechnik. Für Bauingenieure, Verfahrenstechniker, Gesundheitsingenieure, Physiker. Mit einem Geleitwort von E.P. Blizard. Springer Verlag Berlin, 1960, XVI, 392 Seiten, 224 Abb.

Kernenergie
als gemeinwirtschaftliche Aufgabe. Hg. von der Arbeitsgemeinschaft der österr. Gemeinwirtschaft. Verlag Jugend und Volk Wien, 1971, 91 Seiten.

Kernenergie
Hrsg.: Schweizerische Vereinigung f. Atomenergie (SVA). Schweizerische Vereinigung f. Atomenergie Bern, 1971, 32 Seiten, zahlr. Abb., Qu.

Kiefer, H. - Maushart, R.
Überwachung der Radioaktivität in Abwasser und Abluft. Teubner Verlag Stuttgart, 2. Aufl., 1967, 120 Seiten.

Kliefoth, W.
Vom Atomkern zum Kernkraftwerk. Hg.v. W. Hanle, M. Pollermann. (= Thiemig Taschenbuch Bd.19). Thiemig Verlag München, 3. Aufl., 1963, 64 S.

Kollath, W.
Der Mensch oder das Atom? Hyperion Verlag Freiburg, 1959, 130 Seiten.

Krawczynski, J.B.
Radioaktive Abfälle. Aufbereitung, Lagerung, Beseitigung. Hg.v. W. Hanle, M. Pollermann. (= Thiemig Taschenbuch Bd.27). Thiemig Verlag München, 1967, 300 Seiten.

Kuhlmann, A.
Einführung in die Probleme der Kernreaktorsicherheit. VDI-Verlag Düsseldorf, 1967, X, 236 Seiten, 94 Bilder, 15 Tab.

Kumpf, W. u.a.
Radioaktive Substanzen und Wasser. Oldenbourg Verlag München, 2. Aufl., 1960, 278 Seiten, 42 Abb.

Kurz, K.
Wege zur Atomenergie und ihre Verwendung. Eine wissenschaftsgeschichtliche Betrachtung. (= Monographien der Wittheit Bd.1). Schünemann Verlag Bremen, 1955, 90 Seiten, 7 Tafeln.

Langfristige Entwicklung
der Energieversorgung unter besonderer Berücksichtigung der Kernenergie. Vortrag u. Dis.beitrag d. 15. Arbeitstagung 13.-14.3.1969 in der Univ. Köln. (= Tagungsber. d. Energiewirtschaftl. Inst. H.15). Oldenbourg Verlag München, 1969, 173 Seiten, Abb., Übers., Lit.

Lindackers, K.H. u.a.
Kernenergie. Entfesselung und Bändigung der Atomkraft. (= rororo Sachbuch Bd.6780). Rowohlt Verlag Reinbek bei Hamburg, 1972, 208 Seiten.

Lindackers, K.H.
Kernenergie. Nutzen und Risiko. Deutsche Verlagsanstalt Stuttgart, 1970, 207 Seiten.

Lindackers, K.H.
Praktische Durchführung von Abschirmungsberechnungen. Hg.v. W. Hanle, M. Pollermann. (= Thiemig Taschenbuch Bd.3). Thiemig Verlag München, 1962, VIII, 108 Seiten, 21 Abb., 24 Tab.

Marfeld, A.F.
Atomenergie in Krieg und Frieden. Kernreaktoren und nukleare Waffen. (= Die Welt des Wissens). Safari Verlag Jaspert Berlin, 1966, 500 Seiten, 191 Fotos, 138 Textabb.

Meißner, J.
Kernenergie und Leben. Hg.v. W. Hanle, M. Pollermann (= Thiemig Taschenbuch Bd.20). Thiemig Verlag München, 1966, 80 Seiten.

Michaelis, H.
Atomenergie heute. (= Schriftenreihe des Energiewissenschaftl. Institutes 13). Oldenbourg Verlag München, 1966, 74 Seiten mit 7 Abb. u. 20 Tab.

Michaelis, H.
Kernenergie. (= dtv Taschenbuch 4137). Deutscher Taschenbuch Verlag München, 1973.

Moser, B. (Hg.)
Das Atomhaftpflichtgesetz. Bundesgesetz v.29.4.1964. (= Manz'sche Sondergesetzausgaben Bd.8). Manz Verlag Wien, 1964, 100 Seiten.

Moser, B.
Probleme und Grenzen der Atomgesetzgebung. Springer Verlag Wien, 1958, VI, 65 Seiten.

Moser, B. (Hg.)
Das Strahlenschutzgesetz. Bundesgesetz vom 11.6.1969. (= Manz'sche Sondergesetzausgaben 27). Manz Verlag Wien, 1970, 110 Seiten.

Novick, S.
Katastrophe auf Raten. Wie sicher sind Atom-Kraftwerke? Ehrenwirth Verlag München, 1971, 204 Seiten.

Oberhofer, M.
Strahlenschutzpraxis. Meßtechnik. Thiemig Verlag München, 2. Aufl., 1972, 285 Seiten.

Opfermann, H.C.
Atomgefahren. Was stimmt? Was kommt? Was tun? Heering Verlag Seebruck/Chiemsee, 1962, 240 Seiten mit Abb.

Reuss, W. - Fischerhoff, H. (Bearb.)
Energiewirtschafts- u. Atomenergierecht. Sonderdruck aus Brauchitsch "Verwaltungsgesetze des Bundes und der Länder." Band VIII, 2. Heymann Verlag Köln, 1964, 188 Seiten.

Röhrdanz, K.H.
Kerntechnik kurz und bündig. (= Kamprath-Kompendien). Vogel Verlag Würzburg, 1964, 120 Seiten, 106 Abb., dreif. 23 Tab.

Rolker, J.
Umwelteinflüsse der Kernenergieanlagen. E. Schmidt Verlag Berlin/Bielefeld/München, o.J., 160 Seiten.

Sauter, E.
Grundlagen des Strahlenschutzes. Siemens Verlag Berlin/Bielefeld, 1971, 464 Seiten.

Schenk, P. - Cautius, W.
Wärmeversorgung der Stadt - Stromerzeugung aus Kernenergie. (= Beiträge zur kommunalen Versorgungswirtschaft Bd.42). Sigillum Verlag Köln, 1969, 59 Seiten mit Abb.

Schmidt, G.
Kernenergie - Fakten und Prognosen. (= Die Welt des Wissens). Safari Verlag Jaspert Berlin, 1970, 248 Seiten, 121 Abb. auf Tafeln.

Schmidt, K.R.
Nutzenergie aus Atomkernen. Einführung in Physik und Technik von Kernreaktor und Atomkraftwerk. 2 Bände mit Beiträgen v. H. Heitmann, B. Logermann, W. Mayer, L. Schreyer. de Gruyter Verlag Berlin.
Band 1: 1959, 594 Seiten mit 423 Abb.
Band 2: 1960, 740 Seiten mit 510 Abb.

Schrüfer, E.
Strahlungsmeßtechnik in Kernkraftwerken. Mit Beiträgen v. K.H. Fischer, M. Große-Schulte, D.v. Haebler, R. Hock, E. Klar, W. Kollmar, L. Kuhn, K. Melchior, H. Schroeder, E. Steudel, M. Stimler, F. Wagner, H. Weiß. Elitera Verlag Berlin, 1974 (in Vorbereitung).

Schultz, M.A.
Steuerung und Regelung von Kernreaktoren und Kernkraftwerken. Aus dem Amerik.v. M. Macken. Kohlhammer Verlag Berlin/Wien/Stuttgart, 2. Aufl., 1965, 499 Seiten.

Schulz, H.
Vorkommnisse und Strahlenunfälle in kerntechnischen Anlagen. Aus 20 Jahren internationaler Erfahrung. Eine Dokumentation und griffbereite Übersicht über die erreichte Zuverlässigkeit in kerntechnischen Anlagen. Thiemig Verlag München, 1966, 416 Seiten.

Schuster, G. - Koczy, A.
Weltmacht Atom. Grundlagen, Nutzung, Schutzelemente. Maximilian Verlag Köln, 1959, 122 Seiten.

Stauber, E.
Grundzüge der Sicherheitsmaßnahmen bei Kernkraftwerken. Verlags-u. Wirtschaftsges. der Elektrizitätswerke Frankfurt/M., 1970, 99 Seiten.

Strahlenschäden
Strahlenschutz. 10 Jahre Strahlenforschung. 10. Tagung der Vereinigung Deutscher Strahlenschutzärzte e.V. 1969. Thieme Verlag Stuttgart/Würzburg, 1970.

Strahlenschutz
in Forschung und Praxis. Jahrbücher der Vereinigung Deutscher Strahlenschutzärzte e.V. Thieme Verlag Stuttgart, 1961 ff.
u.a. Band 3: Natürliche und künstl. radioaktive Stoffe in Forschung und Praxis (1963).

Thirring, H. - Grümm, H.
Kernenergie, gestern, heute und morgen. Oldenbourg Verlag München, 1963, 252 Seiten, 47 Abb., 20 Tab., 4 Tafeln.

Umwelteinflüsse
der Energieerzeugung. Selected Materials on Environmental Effects of Producing Electric Power. Zusammenfassung von P. Beck, D. Goettling u. H. Bach. E. Schmidt Verlag Berlin/Bielefeld/München, 1971, 75 Seiten.

Umwelteinflüsse
der Kernenergieanlagen. Environmental Aspects of Nuclear Power Stations. Zusammenfassung erstellt v. J. Rolker u. H. Bach. E. Schmidt Verlag Berlin/Bielefeld/München, 1971, 160 Seiten.

Wachsmann, F.
Strahlenschutz geht alle an. Thiemig Verlag München, 1969, 208 Seiten.

Walcher, W.
Das Atom als Energiequelle. (= Schriften der Philipps-Universität Marburg 2). Elwert Verlag Marburg, 1952, 15 Seiten.

Weckesser, A.
Betrieb von Kernkraftwerken. (= Thiemig Taschenbücher Bd.37). Thiemig Verlag München, 1969, 180 Seiten.

Weise, L.
Statistische Auswertungen von Kernstrahlungsmessungen. Oldenbourg Verlag München, 1971, 160 Seiten.

Werkstoff- und Prüfprobleme
bei Kernreaktoren. DVM - Kolloquium Jülich 1966. Hg. vom Dt. Verband f. Materialprüfung. Beuth Vertrieb Berlin, 1967, 205 Seiten, 162 Abb. u. 14 Tab.

8. Umwelt und Gesundheit

Bates, M.
Der Mensch und seine Umwelt. Biologie und Soziologie. (= Kosmos Studienbücher). Franckh'sche Verlagshandlung Stuttgart, 1967, 142 Seiten.

Beckenkamp, W.H.
Chronische Bronchitis und Lungenemphysem. Berufstätigkeitsbedingte, berufsunabhängige u. sozialstrukturgebundene Einflußgrößen. (= Arbeit und Gesellschaft 83). Thieme Verlag Stuttgart, 207 Seiten, 38 Abb., 80 Taf.

Beyer, H.J.
Der Gehalt der Luft an gesundheitsschädigenden Autoabgasen an Fußgängerüberwegen in Hamburg. Diss. Hamburg, 1971, 87 Seiten.

Bibliographie
Die Bedeutung des Grüns für Gesundheit und Erholung der Stadtbevölkerung. (= Bibliographie Nr. 13, bearb.v.M. Kämpfer). Hg. von der Bundesanstalt für Vegetationskunde, Naturschutz und Landschaftspflege Bonn/Bad Godesberg, 2. erw. Aufl., 1971, 50 Seiten, 544 Titel.

Blohmke, M.
Sozialmedizinische Aspekte der Industriegesellschaft. Gentner Verlag Stuttgart, 1967, 36 Seiten, 4 Abb.

Bodamer, J.
Gesundheit und technische Welt. Klett Verlag Stuttgart, 2. Aufl., 1960, 270 Seiten.

Bopp, K.P.
Chronische Bronchitis. Symposium Bad Ems, Februar 1968. Verlag Schattauer Stuttgart/New York, 1968, 537 Seiten, 208 Abb., 60 Tab.

Bruker, M.O.
Schicksal aus der Küche. Die ernährungsbedingten Zivilisationskrankheiten, ihre Ursache, ihre Verbreitung und ihre Heilbarkeit. Verlag W. Schnitzer St. Georgen/Schwarzw., 1970, 458 Seiten.

Bundesausschuß
für gesundheitliche Volksbelehrung (Hg.) Der Mensch in seiner Stadt. Weltgesundheitstag 1966. Bundesausschuß f. gesundheitl. Volksbelehrung Bad Godesberg, 1966, 166 Seiten, zahlr. Tab.

Ditfurth, H.v.
Die endogene Depression als Folge einer vegetativen Beziehung zur Umwelt. Kindler Verlag München, 1971, ca. 130 Seiten.

Düntzer, E.
Erfahrungen aus der Tätigkeit einer Berufsschulärztin. Gesundheit, Leistung und Leistungsfähigkeit bei weibl. berufstätigen Jugendlichen. Thieme Verlag Stuttgart, 1964, 144 Seiten, 5 Tab., 1 Abb.

Flury, F. - Zernik, F.
Schädliche Gase. Dämpfe, Nebel, Rauch- und Staubarten. Springer Verlag Berlin/Heidelberg/Bielefeld, 1931, Nachdruck 1969, 637 Seiten, 80 Abb.

Görsdorf, K.
Arbeitsumweltgestaltung. Bedeutung und Gestaltung der Umwelt im industriellen Arbeitsbereich. Verlag Aschendorf Münster, 1962, 164 Seiten.

Grahneis, H. - Horn, K. (Hg.)
Taschenbuch der Hygiene. VEB Verlag Volk und Gesundheit Berlin/Ost, 2. überarb. Aufl., 1972, 678 Seiten, 66 Tab., 1 Beil., zahlr. Qu.

Grandjean, E. - Gilgen, A.
Umwelthygiene in der Raumplanung. Handbuch für den Raumplaner. Ott Verlag Wien, 1973, 352 Seiten, 100 Abb. u. Tab., 120 Zeichn.

Haebel, H.-P.
Wirkung der Kraftfahrzeugabgase auf den Blut-Blei-Spiegel exponierter Bevölkerungsgruppen. Diss. Univ. Köln, 1972, 47 Seiten.

Harmsen, H.
Umwelthygiene und Raumordnung. (= Informationsbriefe für Raumordnung Hg.v. Bundesminister des Innern R 6.6.1.) Kohlhammer Verlag/Dt. Gemeindeverlag Mainz, 1969, 12 Seiten.

Heiss, F. - Franke, K.
Der vorzeitig verbrauchte Mensch. Enke Verlag Stuttgart, 1964, 466 Seiten, 37 Abb., 23 Tab.

Hellpach, W.
Geopsyche. Die Menschenseele unter dem Einfluß von Wetter und Klima, Boden und Landschaft. Enke Verlag Stuttgart, 1965, 275 Seiten, 13 Abb.

Hellpach, W.
Mensch und Volk der Großstadt. Enke Verlag Stuttgart, 2. Aufl., 1952, 153 Seiten.

Hentschel, G.
Die thermischen Empfindungen des Menschen unter natürlichen klimatischen Bedingungen. (= Abhandlungen d. Meteorolog. und Hydrologischen Dienstes der DDR Nr.58, Bd.8). Akademie Verlag Berlin/Ost, 1961, 40 Seiten.

Kopp, J.A.
Gesundheitsschädliche und bautenschädliche Einflüsse von Bodenreizen. Schweizer Verlagshaus Zürich, 1966, 68 Seiten, 21 Abb.

Krankheit und Kraftverkehr
Gutachten des Gemeinsamen Beirates für Verkehrsmedizin beim Bundesminister für Verkehr und beim Bundesminister für Jugend, Familie und Gesundheit. Bearb. von H. Lewrenz. Druck- und Verlagsanstalt Neue Presse Coburg, 1973, 141 Seiten.

Kügler, H.
Medizin-Meteorologie nach den Wetterphasen. Eine ärztliche Wetterkunde. Lehmanns Verlag München, 1972, 122 Seiten, 98 Abb.

Lehmann, G. - Tamm, J.
Die Beeinflussung vegetativer Funktionen des Menschen durch Geräusche. (= Forschungsberichte d. Wirtschafts-u. Verkehrsministeriums Nordrhein-Westfalen 257). Westdeutscher Verlag Köln/Opladen, 1956, 37 Seiten mit Abb.

Lehnert, G. u.a.
Physikalische Umwelteinflüsse. Goldmann Verlag München, 1971, 248 Seiten, 145 Abb., 16 Tab.

Liese, W.
Gesundheitstechnisches Taschenbuch. Oldenbourg Verlag München/Wien, 2. Aufl., 1969, 297 Seiten.

Neumann, B.
Der Zusammenhang zwischen Verkehrsunfällen, Wirtschaftsgrößen und Wetter. Eine faktoranalytische Untersuchung mit Kölner Daten für die Jahre 1960-1968. (= Faktor Mensch im Verkehr H.13). Diss.Math.Nat. Univ. Köln. Tetzlaff-Verlag Frankfurt/M., 1972, 166 Seiten.

Reinders, H.
Mensch und Klima. Klima, Klimapsychologie, Klimatechnik. VDI Verlag dt. Ingenieure Düsseldorf, 1969, 224 Seiten, 97 Abb., 31 Tab.

Renker, U.
Gesundheit und Arbeitsumwelt. (= Thesaurus-Reihe). Verlag Volk und Gesundheit Berlin/Ost, 1972, ca. 160 Seiten, 9 Abb.

Schmassmann, H.
Praxis der Umwelthygiene. Bericht über die internationale Vortragstagung Pro Aqua - Pro Vita 1971 in Basel. Oldenbourg Verlag München, 1972, 382 Seiten, 97 Abb., 68 Tab.

Teschner, J.
Krankheit und Gesellschaft. Erkenntnisse der Sozialmedizin. (= rororotele 5). Rowohlt Verlag Reinbek bei Hamburg, 1969, 123 Seiten, 54 Abb.

Umwelt
Erbgut und menschliche Persönlichkeit. Alber Verlag Freiburg, 1969, 210 Seiten.

Vogler, P. - Kühn, E.
Medizin und Städtebau. Mit Beiträgen namhafter Fachleute. Ein Handbuch für gesundheitlichen Städtebau. Städtebau, gesunde und kranke Landschaft - Die Idee der Stadtplanung - Gesundheitlicher Zustand des Städters - Der Garten am Haus - Ruheräume in der Stadt - Forderungen an die Wohnung unserer Zeit - Verkehrsvolumen und Städtebau - Großstadtsanierung u.a. Verlag Urban u. Schwarzenberg München/Berlin/Wien, 1957, 2 Bände zus. 1400 Seiten, 520 Abb.

Wickler, W.
Verhalten und Umwelt. Hoffmann u. Campe Verlag Hamburg, 1972, 160 Seiten.

Wobith, F.
Akute und chronische Wirkung von Straßenluft an verkehrsreicher Kreuzung auf die Lungenfunktion des Menschen. Diss. Univ. Bochum 1969, 53 gez. Blätter mit Abb. Maschinenschr. vervielf.

Wüstenberg, J. - Strotzka, H.
Städtische Umwelt und seelische Gesundheit. Probleme der Sozialhygiene. (= Schr.d. Siedlungsverbandes Ruhrkohlenbezirk 2). Selbstverlag Essen, 1966, 27 Seiten.

9. Landschaftspflege, Landschafts- und Naturschutz

Agrarstruktur
und Landespflege. Intern.wiss. Vortragstagung Mainz 6.u.7.11.1969.
Mit Beitr.v. K. Kötter, K. Hasel, K. Buchwald u.a. (= Schriftenr. d.
Forsch.rates f. Ernährung, Landwirtsch. u. Forsten.H.4). Selbstverlag
Bonn/Bad Godesberg, 1970, 92 Seiten Lit.

Ammer, U.
Möglichkeiten der Mitwirkung der Forstverwaltung im Rahmen der Bauleitplanung. Selbstverlag Landesforstverw. Baden-Württemberg Stuttgart, 1967, 20 Seiten, 8 Abb., 1 Falt-Plan.

Ant, H. - Engelke, H.
Die Naturschutzgebiete der Bundesrepublik Deutschland. Bearb. in d. Bundesanst.f. Vegetationskunde, Naturschutz u. Landschaftspflege. Hrsg.:
Bundesmin.f. Ernährung, Landwirtsch.u. Forsten. (= Angewandtes Wissen.
H.145). Selbstverlag Bonn/Bad Godesberg, 1970, 305 Seiten u. 5 gez. Bl.
Abb., Beil.: 1 Kt.

Asal, K.
Naturschutz und Rechtssprechung. Verlag Goecke u. Evers Krefeld, 1958,
80 Seiten.

Barthelmeß, A.
Wald - Umwelt des Menschen. Dokumente zu einer Problemgeschichte von
Naturschutz, Landschaftspflege und Humanökologie. Alber Verlag Freiburg
i. Brsg./München, 1972, 332 Seiten.

Bartram, E.
Die rechtlichen Möglichkeiten der Landschaftspflege beim Abbau von Kies
und Sand. (= Rechtsfragen zur Erhaltung der Natur und der natürlichen
Hilfsquellen 3). R. Merkel-Verlag Erlangen, 2. Aufl., 1967, 175 Seiten.

Belastung
der Landschaft. Hrsg.v.d. Bundesanst.f. Vegetationskunde, Naturschutz u.
Landschaftspflege. (= Schriftenr.f. Landschaftspflege u. Naturschutz H.4).
Selbstverlag Bad Godesberg, 1969, 158 Seiten, Kt., Abb., Tab., Lit.

Bericht
über die Arbeits- und Informationstagung "Landschaftsplanung - Landesplanung - Bauleitplanung". Methoden, Verfahren und Grundsätze des Landschaftsplanes vom 28.-30. Oktober 1964 in Hannover. Hrsg.v. Inst.f.
Landschaftspflege u. Naturschutz d. Fak.f. Gartenbau und Landeskultur
der TH. Selbstverlag Hannover, 1965, 97 Seiten.

Bernatzky, A.
Kommentar zum Gesetz über Naturschutz und Landschaftspflege. Deutscher
Fachschriftenverlag Wiesbaden, 1973 (in Vorbereitung).

Bibliographie
Landschaftsplanung. Bearb.v. M. Kämpfer, hg. von der Bundesanstalt f. Vegetationskunde, Naturschutz u. Landschaftspflege Bonn/Bad Godesberg.
(= Bibliographie Nr.17). Selbstverlag Bonn/Bad Godesberg, 1969, 37 Seiten,
367 Titel.

Borcke, W.-D.v.
Landespflege im Ruhrgebiet aus der Sicht der Landesplanung, insbesondere der Regionalplanung. Diss. TH Hannover, Fak.f. Gartenbau und Landeskultur 1964, 287 Seiten, zahlr. Abb., Tab., Qu.

Buchwald, K. - Engelhardt, W.
Handbuch für Landschaftspflege und Naturschutz. BLV Verlagsgesellschaft München, 4 Bände:
Band 1: Grundlagen, 1971, 245 Seiten.
Band 2: Pflege der freien Landschaft, 1971, 502 Seiten.
Band 3: Pflege der besiedelten Landschaft - Schutz der Landschaft, 1969, 272 Seiten.
Band 4: Planung und Ausführung, 1969, 256 Seiten.

Buchwald, K. - Engelhardt, W.
Landschaftspflege und Naturschutz in der Praxis. Schutz, Pflege und Entwicklung unserer Wirtschafts- u. Erholungslandschaften auf ökologischer Grundlage. BLV Verlagsgesellschaft München/Bern/Wien, 1973, 664 Seiten, 259 Abb., Qu.

Buchwald, K.
Die Zukunft des Menschen in der industriellen Gesellschaft und die Landschaft. Verlag H.A. Stolle Braunschweig, 1965, 43 Seiten, 9 Qu.

Bühler, T.
Der Natur- und Heimatschutz nach schweizerischen Rechten. Schulthess Polygraphischer Verlag Zürich, 1973, 110 Seiten.

Burhenne, W. (Hg.)
Raum und Natur. Raumordnung, Landesplanung, Landschaftspflege, natürl. Hilfsquellen. Loseblattsammlung. Verlag E. Schmidt Bielefeld/Berlin, 1962 ff.

Dahmen, F.W.
Landschaftsplanung eine notwendige Ergänzung der Landes-, Orts- und Raumbezogenen Fachplanung. Hrsg.: Dt. Verband für Wohnungswesen, Städtebau und Raumplanung e.V. (= Kleine Schriften H.51). Stadtbauverlag Bonn, 1972, 27 Seiten.

Dokumentation
für Umweltschutz und Landespflege. (= bis 1970: Mitteilungen zur Landschaftspflege). Hg. von der Bundesanstalt f. Vegetationskunde, Naturschutz und Landschaftspflege. Kohlhammer Verlag Stuttgart, 4 mal jährlich.

Egli, E.
Natur in Not. Gefahren der Zivilisationslandschaft. Hallwag Verlagsgesellschaft Stuttgart, 3. Aufl., 1971, 152 Seiten.

Erfassung
von Landschaftsschäden. Bearb.v. Arbeitskr. Landschaftsschäden im Niedersächs. Inst.f. Landeskunde u. Landesentwicklung d. Univ. Göttingen. (= Veröff.d. Niedersächs. Inst.f. Landeskunde u. Landesentwicklung d. Universität Göttingen. R.A.I.Bd.97. = Zugl. Schr.d.Wirtschafts.wiss.Ges.z. Stud. Niedersachsens, N.F.). Komm.verl. Wurm Göttingen, 1971, 36 Seiten Lit.

Erläuterungen
zu den Richtlinien zur Ausscheidung schützenswerter Naturobjekte und Landschaften. (= Provisorische Richtlinien zur Orts-, Regional- und Landesplanung Nr. 512622). Hg. vom ORL Institut der ETH Zürich. Selbstverlag Zürich, 1971.

Erz, W.
Naturschutz und Landschaftspflege in Stichworten. Hrsg.v.d. Bundesanst.
f. Vegetationskunde, Naturschutz u. Landschaftspflege u.d. Arbeitsgem.
Dt. Beauftragter f. Naturschutz u. Landschaftspflege e.V. Bonn/Bad Godesberg, 2. Aufl., 1970, 24 Seiten, Tab. Lit.

Fahrbach, G.
Naturschutz - eine politische Aufgabe. Mit Beiträgen von K. Buchwald u.a.
(= Politikum-Reihe 12). Verlag J. Funk Stuttgart, 1965, 105 Seiten.

Fossel, C. - Horneck, H.
Naturschutz von A - Z. Hg. v. Österreichischen Naturschutzbund. Imago-Verlag Graz, 1970, 1.u.2. Lieferung 60 Blatt.

Grebe, R.
Grünplanung, Landschaftspflege und Naturschutz in der Gemeinde. (= Schriftenr. fortschrittl. Kommunalverwaltung Bd.9). Grote Verlag Köln/Berlin, 1966, 195 Seiten, zahlr. Qu.

Grupe, H.
Gesunde und kranke Landschaft. (= Ergebnisse aus der Arbeit der Niedersächsischen Lehrerfortbildung 2). H. Schroedel Verlag Hannover, 1964, 105 Seiten, mit Abb.

Haber, W.
Naturschutz und Landesentwicklung. Forderung der Ökologie. Einführung von C.F.v. Weizäcker. (= Veröff.d. Bayer. Akademie der Schönen Künste 5). Callwey Verlag München, 1972, 36 Seiten.

Hasel, K.
Waldwirtschaft und Umwelt. Eine Einführung in die forstwirtschaftspolitischen Probleme der Industriegesellschaft. Parey Verlag Hamburg, 1971, 322 Seiten, 43 Tab.

Hofmann, K.
Die rechtlichen Grundlagen des Naturschutzes und ihre besonderen Probleme im Bau- und Wasserrecht. (= Rechtsfragen zur Erhaltung der Natur und der natürlichen Hilfsquellen Bd.2). R. Merkel Verlag Erlangen, 2. Aufl., 1967, 327 Seiten.

Hornsmann, E.
Allen hilft der Wald. Seine Wohlfahrtswirkungen. BLV Verlagsgesellschaft München/Bern/Wien, 1958, 260 Seiten Text, 81 Abb.

Jacsmann, J.
Einführung in die Landschaftsplanung. Inst.f. Orts-, Regional- und Landesplanung a.d. ETH Zürich. Selbstverlag Zürich, 1966, 63 Seiten, 33 Qu.

Jacsmann, J.
Zur Planung von stadtnahen Erholungswäldern. Diss. TH Zürich, 1971, 221 Seiten, geogr. Darst., Tab.

Kraus, O.
Zerstörung der Natur. Der Naturschutz im Streit der Interessen. Ausgewählte Abhandlungen und Vorträge. (= Die Schwarz-Weiß-Bücher Bd.66). Verlag Glock u. Lutz Nürnberg, 1966, 259 Seiten, 39 Abb.

Krymanski, R.
Die Nützlichkeit der Landschaft. Überlegungen z. Umweltplanung. Hrsg.v.
Zentralinst.f. Raumplanung d. Univ. Münster. (= Beitr.z. Raumplanung Bd.9).
Bertelsmann Univ.verlag Düsseldorf, 1971, 219 Seiten, Tab., Lit.

Landespflege
im Ruhrgebiet. Stellungnahme des Dt. Rates f. Landespflege. (= Schriftenr.
d.Dt. Rates f. Landespflege H.19). Bonn/Bad Godesberg 1972, 63 Seiten,
Kt., Abb., Tab.

Landespflege
und Raumordnung. Ref.u. Disk.bemerkungen anl.d.Wiss. Plenarsitzung 1967
in Mainz. Mit Beitr.v. K. Buchwald, G. Olschowy, W. Pflug u.a. (= Veröff.
d.Akad.f. Raumforsch.u. Landesplanung. Forsch.u. Sitzungsber. Bd.43.7.
Wiss. Plenarsitzung). Verlag Jänecke Hannover, 1968, VII, 85 Seiten,
Übers., Lit.

Landschaftspflege
in der Raumordnung. Aus d.Arb.d. Fachbeirates f. Landschaftspflege d.
Landwirtschaftskammer Rheinland 1964-1969. Mit Beitr.v. N. Ley, G. Kragh,
W. Pflug u.a. Hrsg.: Landwirtschaftskammer Rheinland. Bonn 1970, 147 S.,
Abb., Tab., Lit., Beil.: 5 Bl.Pl.

Landschaftspflege
an Verkehrsstraßen. Empfehlungen, Untersuchungsergebnisse, Berichte u.
Stellungnahmen. Hrsg.v. Bundesminister für Verkehr, Abt. Straßenbau.
(= Straßenbau und Straßenverkehrstechnik H.69). Bonn 1968, 54 Seiten
mit Abb.

Landschaftsplanung
BDGA-Schriftenreihe. Callwey Verlag München, 1970, 50 Seiten, zahlr.
Abb.

Landschaftsplanung
als Teil der Orts- u. Regionalplanung. Ein Beitr.z. Europ. Naturschutzjahr 1970. Von B. Schubert, C. Hug, J. Jacsman u.a. Sonderheft. (= Inf.
DISP.Inst.f. Orts-, Regional- u. Landesplanung Zürich 19). Selbstverlag
Zürich, 26 Seiten, Abb., Tab., Übers. u. 17 gez.Bl., Pl., Kt.

Landschaftsplanung
und Städtebau. H.-M. Roset, H. Rose-Herzmann, H. Keller, J. Sallmann,
A. Bernatzki. (= Studienhefte des SIN-Städtebauinstituts Nürnberg H.36).
Selbstverlag Nürnberg, 1970, 89 Seiten, 56 Abb.

Lingner, R.
Landschaftsgestaltung. Wissenschaft und Technik verständlich dargestellt.
Aufbau Verlag Berlin, 1952, 76 Seiten, Abb., Kt.

Loos, J.
Die rechtlichen Grundlagen des Naturschutzes. Ergänzungsheft. Verlag
Goecke u. Evers Krefeld, 1955, 126 Seiten.

Mäding, E.
Rechtliche Grundlagen der Landespflege. Stand: 31.6.1951. (= Mitteilungen aus dem Inst.f. Raumordnung H.7). Selbstverlag Bonn/Bad Godesberg, 2. Aufl., 1952, 85 Seiten, 12 Seiten mehrf. Tab.,maschinenschriftl.verv.

Makowski, H.
Landschaft für morgen - Modelle zum Umweltschutz. Verlag M + K Hansa Hamburg, 1971, 112 Seiten, 120 Abb.

Mattern, H.
Gras darf nicht mehr wachsen. Zwölf Kapitel über den Verbrauch der Landschaft. (= Bauwelt - Fundamente Bd.13). Bertelsmann Verlag Gütersloh, 1964, 184 Seiten, 40 Abb.

Mensch
und Landschaft im technischen Zeitalter. (Gestalt und Gedanke). Jahrbuch. Hrsg.v.d.Bayer. Akad.d. Schönen Künste. Red. Clemens Graf Podewils). Verlag R. Oldenbourg München, 1966, 154 Seiten, 18 Abb.

Mitscherlich, G.
Wald, Wachstum und Umwelt. Eine Einführung in die ökologischen Grundlagen des Waldwachstums. Bd.2: Waldklima und Wasserhaushalt. J.D. Sauerländers Verlag Frankfurt/M., 1971, 365 Seiten.

Müller, T. (Hg.)
Naturschutz. Aufgaben, Möglichkeiten und Grenzen in unserer modernen Gesellschaft. (= Landesstelle Naturschutz Landschaftspflege in Baden-Württemberg). Stuttgart 1971, 187 Seiten.

Natur-
und Landschaftsschutz. Richtlinien zur Ausscheidung schützenswerter Naturobjekte und Landschaften. (= Provisorische Richtlinien zur Orts-, Regional- und Landesplanung Nr. 512 621). Hg. vom ORL Institut der ETH Zürich. Selbstverlag Zürich, 1971.

Naturschutz
und Raumordnung. Beitr. zu d.v. Europarat proklamierten "Europ. Naturschutzjahr 1970". Mit Beitr.v.D. Bernt, W. Jäger, G. Wendelberger u.a. Hrsg.: Österr. Inst.f. Raumplanung. (= Beitr. zu aktuellen Fragen der Raumordnung,(H.)2). Wien 1969, 46 Seiten, Abb., Tab., Lit.

Niemeier
Der Naturschutz, sein Recht und seine Organisation. (= Veröff.d.Inst.f. Städtebau Berlin R.6/58).Selbstverlag Berlin, 1968. 13 Seiten.

Offner, H.
Die Zukunft der Landschaft in Europa. Mit Beitr.v.R.J. Benthem, R. Passino, M.E. Maldague u.a. (= Umweltforschung Bd.7). Hanser Verlag München, 1971, 191 Seiten, Tab., Lit.

Olschowy, G. (Hg.)
Belastete Landschaft - Gefährdete Umwelt. (= Das Wissenschaftliche Taschenbuch Bd.19 Abt. Naturwissenschaft). Goldmann Verlag München, 1971.

Olschowy, G.
Landschaft und Technik. Landespflege in der Industriegesellschaft. Patzer Verlag Hannover, 1970, 328 Seiten, Pl., Abb., Tab., Lit.u.4 Kt., Beil.: 1 Pl.

Olschowy, G.
Landschaftspflege, Naturschutz und Raumordnung. (= Informationsbriefe
für Raumordnung, hg. vom Bundesminister des Innern R 6.3.5.). Kohlhammer
Verlag/Dt. Gemeindeverlag Mainz,1966, 11 Seiten.

Patzsch, D.
Die Beeinträchtigung der natürlichen Umweltbedingungen. (= Informations-
briefe für Raumordnung, hg. vom Bundesminister des Innern R 2.4.3.).
Kohlhammer Verlag/Dt. Gemeindeverlag Mainz, 1969, 11 Seiten.

Pevetz, W.
Naturschutz und Landschaftspflege in ihren Beziehungen zu Land- und Forst-
wirtschaft. (= Schriftenr.d. Agrarwirtsch.Inst.d. Bundesmin.f. Land- und
Forstwirtsch.Nr.7 = Zugl. Sonderdruck a.: Land-u.forstwirtsch. Forsch. in
Österreich Bd.3). Wien 1968, 320 Seiten, Lit., Reg., Res.Dt./engl.

Peucker, H.
Maßnahmen der Landschaftspflege. (= Die gärtnerische Berufspraxis Bd.42).
Parey Verlag Berlin, 1973 in Vorbereitung.

Praxis
der Landschaftsplanung. Seminarberichte. Mit Beitr.v.A.Schmitt, W. Rauchbach, J.R. Weber u.a. Callwey Verlag München, 1970, 56 Seiten, Kt., Abb.,
Tab., Übers., Lit.

Probleme
der Nutzung und Erhaltung der Biosphäre. Bericht über ein intern. Coll.
d. Dt. UNESCO-Komm.v.17.-18.4.1968 i. Berchtesgaden. Mit Beitr.v.W. Mrass,
G. Olschowy, G. Rönicke u.a. Hrsg.: Dt. UNESCO-Komm.Köln, 1969, 198 Seiten, Abb., Tab., Lit., Zsfssg.

Raumordnung
und Landespflege. Tagungsber.ü.d.4. Seminar d. Inst.f. Raumordnung v.
27.-30.5.1969. (= Mitt.a.d.Inst.f. Raumordnung H.66). Selbstverlag der
Bundesforsch.anst.f. Landeskunde u. Raumordnung Bonn/Bad Godesberg, 1969,
IX, 303, 67 Seiten, Abb., Tab., Lit.

Röhm, H. - Strauch, D.
Umwelthygiene, Landesplanung und Landschaftsschutz. (= Reihe Umwelt Ak-
tuell Bd.1). Texte der Vortragsreihe zu "Umwelt 72", hg. von den Univ.
Stuttgart u. Hohenheim. C.F. Müller Verlag Karlsruhe, 1973, 184 Seiten.

Schreiber, K.-F.
Angewandte Landschaftsökologie. Die natürlichen Grundlagen für Planung
und Landschaftsentwicklung. Ulmer Verlag Stuttgart, 1973, 200 Seiten.

Seminare
im europäischen Naturschutzjahr 1970. Naturschutz und Erziehung. Landschaftsplanung - Bauleitplanung. Naturschutzgebiete u. ihre Probleme.
Hrsg.v.d.Bundesanst.f. Vegetationskunde, Naturschutz u. Landschaftspflege. (= Schriftenr.f. Landschaftspflege u. Naturschutz H.6). Selbstverlag Bonn-Bad Godesberg, 1971, 278 Seiten, Kt., Abb., Tab., Lit.
u.1 Pl.

Sonnemann, Th.
Die grüne Charta von der Mainau und der Deutsche Rat für Landespflege.
Vortrag. Hg.v. Verein f. Naturschutzparke e.V. Stuttgart, Pfizerstr.7;
Hamburg: Verein Naturschutzpark e.V., 1963, 8 Seiten.

Stichworte
zur Landschaftsplanung. Bearb. W. Rossow, R. Wormbs, H. Andreae u.a.
Hrsg.:Univ. Stuttgart, Inst.f. Landschaftsplanung. Arbeitskreis im Rahmen
d. Stud. generale, WS 1967/68. Stuttgart 1968, 85 Seiten Lit. Maschinensch.
vervielf.

Thesen
zur Entwicklung der Landschaft. Umschlagtext: Landschaftsentwicklung.
Hrsg.: Arbeitsgemeinschaft f. Landschaftsentwicklung (AGL). Bonn/Bad Godesberg 1971, 20 Seiten.

Verdichtungsraum
und Landschaft. Mit Beitr.v.S. Froriep, H. Leibundgut, K. Buchwald u.a.
(= Schriftenr. Siedlungsverband Ruhrkohlenbezirk H.41). Selbstverlag
Essen, 1972, 37 Seiten, Kt., Abb., Tab., Lit.

Weinzierl, H.
Natur in Not. Naturschutz - eine Existenzfrage. Eine Dokumentation des
Dt. Naturschutzrings. Gersbach Verlag München, 1966, 410 Seiten.

Weinzierl, H.
Die große Wende im Naturschutz. Hrsg.: Dt. Naturschutzring e.V. BLV-
Verlagsges. München/Basel/Wien, 1970, 109 Seiten, Abb.

Weiss, H.
Landschaft in Gefahr. E. Rentsch Verlag Erlenbach/Zürich, 1973, 120 S.

Wirksame
Landschaftspflege durch wissenschaftliche Forschung. Referate und Ergebnisse der 3. Jahrestagung d. Forschungsausschusses "Landschaftspflege
und Landschaftsgestaltung" am 8.u.9. Mai 1951 in Goslar. (= Forschungs-
u. Sitzungsbericht d. Akad.f. Raumforschung u. Landesplanung Bd.2).
Verlag W. Dorn Bremen-Horn, 1953, 298 Seiten, zahlr. Abb., Qu., 2 Falt-
Kt. i. Anh.

Zimmermann, J. (Hg.)
Naturschutz - Naturparke. Beiträge zur Landschaftspflege. (= Schriftenr.
der Landesstelle f. Naturschutz u. Landschaftspflege in NRW 6). Bongers
Verlag Recklinghausen, 1970, 102 Seiten mit 24 Abb., 6 Karten, 18 Zeichn.

Zur Landschaftsbewertung
für die Erholung. (= Veröff.d. Akad.f. Raumforschung und Landesplanung
Bd.76, Raum und Fremdenverkehr 3). Jänecke Verlag Hannover, 1972, 76 S.

V. Die Analyse der Stadt in ihrer inneren Struktur und äußeren Verflechtung (Stadtgeographie – Stadtforschung)

1. Allgemeine Arbeiten zur Stadt

Aurich, F. - Paysan, H.u.K.
Die Welt der großen Stadt. Thienemann Verlag Stuttgart, 1959, 408 Seiten.

Bahrdt, H.P.
Die moderne Großstadt. Soziologische Überlegungen zum Städtebau. Rowohlt Verlag Reinbek bei Hamburg, 1961, 150 Seiten
und: Chr. Wegner Verlag Reinbek bei Hamburg, 1969, 8.Tsd., 199 Seiten.

Bartels, D.
Nachbarstädte. Eine siedlungsgeographische Studie anhand ausgewählter Beispiele aus dem westl. Deutschland. (= Forschungen zur Dt. Landeskunde 120), Bad Godesberg, 1960, 147 Seiten.

Bestandsaufnahme
und Prognose der Siedlungsflächen in der Bundesrepublik Deutschland bis zum Jahre 1985, gegliedert nach den 78 statistischen Raumeinheiten. Gutachten erst. im Auftr.d.Bundesministers d.Innern Abt. Raumordnung, Statistik, Kommunalwesen. Bearb.v.M. Krause, H.-H.Menne, R. Niewöhner im Inst.f.Städtebau, Siedlungswesen u. Kulturtechnik d.Univ. Bonn. Selbstverlag Bonn, 2. erg. Aufl., 1972, 60 Seiten, zahlr. Abb.u.Qu., Anh.: zahlr. Tab.

Boesler, K.A.
Die städtischen Funktionen. (= Abhandlungen d.Geogr. Inst. der Freien Univ. Berlin Bd.6). Reimer Verlag Berlin, 1960, 80 Seiten.

Buchholz, H.J.
Formen städtischen Lebens im Ruhrgebiet - untersucht an sechs stadtgeographischen Beispielen. (= Bochumer geogr. Arbeiten H. 8). Schöningh Verlag Paderborn, 1970, 87 Seiten, 51 Tab., 33 Abb., 9 Farbkarten im Anh.

Burns, L.S. - Harmann, A.J.
Die räumliche Organisation der Großstadt. (Engl. Originalt.: The complex metropolis.) Übers.a.d.Engl.v.D.u.U.Wullkopf. (= Kl. Schriften d.Dt.Verb. f. Wohnungswesen, Städtebau u. Raumplanung 49). Stadtbau-Verlag Bonn, 1971, 41 Seiten, Kt., Abb., Tab., Lit.

Culemann, C.
Funktion und Form in der Stadtgestaltung. (= Veröff.d.Akad.f. Raumforschung u. Landesplanung, Abh. 31). Dorn Verlag Bremen, 1956, 69 Seiten.

Evangelische
Akademie Loccum (Hg.) Stadt und Verstädterung. Tagung vom 29.9. bis 1.10.1970. (= Loccumer Protokolle 11/1970). Selbstverlag Loccum 1971, 113 Seiten. Maschinenschr. vervielf.

Göök, R.
Die Hauptstädte Europas. Mit einer Einführung von G.St. Troller. Bertelsmann Verlag Gütersloh, 1971, 240 Seiten.

Grötzbach, E.
Geographische Untersuchungen über die Kleinstadt der Gegenwart in Süddeutschland. (= Münchner Geographische Hefte 24). Verlag Laßleben Kallmünz/Regensburg, 1963, 112 Seiten.

Großstadt und Stadtlandschaft
Hrsg.: Städtebauinstitut Nürnberg. (= Städtebauinstitut Nürnberg Studienheft 23). Selbstverlag Nürnberg, 1967, 19 Seiten.

Güldner, H.
Unsere Stadt - Tragödie einer Spätkultur. A. Beig Verlag Pinneberg, 1968, 242 Seiten.

Hall, P.
Weltstädte. Übersetzung aus dem Englischen. (= Kindlers Universitäts-Bibliothek). Kindler Verlag München, 1966, 255 Seiten.

Hallbauer, W.
Strukturwandel in Stadt und Land. Probleme und Ausblicke. Hg. von K. Brüning. (= Veröff.d.Akad.f. Raumforschung u. Landesplanung, Abhandlungen Bd. 34). Dorn Verlag Bremen-Horn, 1958, 154 Seiten.

Haseloff, O.W. (Hg.)
Die Stadt als Lebensform. Colloquium Verlag Berlin, 1970, 192 Seiten.

Hofmeister, B.
Stadtgeographie. (= Das geograph. Seminar). Westermann Verlag Braunschweig, 2. verb. Aufl., 1972, 206 Seiten, 16 Abb.

Iblher, P.
Hauptstadt oder Hauptstädte? Die Machtverteilung zw.d. Großstädten der BRD. Hrsg.v.H.-J. Winkler. (= Analysen Bd. 4). Leske Verlag Opladen, 1970, 138 Seiten, Tab., Lit.

Irving, D.J.
Und Deutschlands Städte sterben nicht. Ein Dokumentarbericht. Schweizer Druck- und Verlagshaus Zürich, 1963, 376 Seiten, 54 Bl. Abb.

Isbary, G.
Der Standort der Städte in der Raumordnung. (= Schriftenr. d. Dt. Städtebundes H.2). O. Schwartz Verlag Göttingen, 1964, 36 Seiten.

Jacobs, J.
Stadt im Untergang. Thesen über den Verfall von Wirtschaft und Gesellschaft in Amerika. Ullstein Verlag Berlin, 1970, 265 Seiten.

Jacobs, J.
Tod und Leben großer amerikanischer Städte. (= Bauwelt Fundamente Bd. 4). Bertelsmann Verlag Berlin, 1969, 220 Seiten.

Klein- und
Mittelstädte. Probleme ihrer städtebaulichen Entwicklung im Siedlungsnetz. Bearb.v.M.Battke, R.Günther, M.Pietz. Hrsg.: Dt. Bauakd. Inst.f. Städtebau u. Architektur. (= Schriftenr.d.Bauforsch. Reihe Städtebau u. Architektur H.32). Dt. Bauinf. Berlin/Ost, 1970, 112 Seiten, Kt., Abb., Tab., Lit. u. 2 gez.Bl.Kt. Maschinenschriftl. vervielf.

Krenz, G.
Städte und Stadtzentren in der DDR. Ergebnisse und reale Perspektiven
des Städtebaus in der Deutschen Demokratischen Republik. Berlin/Ost,
1969, 216 Seiten, Kt., Abb.

Le Corbusier
Vom Sinn und Unsinn der Städte. Aus dem Franz. von E. Klein. Benziger
Verlag Köln, 1973, 190 Seiten.

Lefèbvre, H.
Die Revolution der Städte. (= List Taschenbuch d. Wissenschaft Bd. 1603).
List Verlag München, 1972, 200 Seiten.

Lenz - Romeiß, F.
Die Stadt - Heimat oder Durchgangsstation. Callwey Verlag München,
1970, 141 Seiten.

Mantke, W.E.
Die räumliche Abgrenzung der Stadt nach bisherigen Methoden und aus einer
funktionellen Gesamtbetrachtung der Stadt auf sozialökonomischer Grundlage. Diss. Freiburg/Brsg. Freiburg 1965, 117 Seiten, Abb., Tab., Lit.
(masch. autogr.)

Mecking, L.
Die Entwicklung der Großstädte in Hauptländern der Industrie. (= Planung
2). Ellermann Verlag Hamburg, 1949, 102 Seiten.

Mittelstadt T.1
Beiträge zur vergleichenden Stadtforschung. (= Veröff.d.Akad.f. Raum-
forschung u. Landesplanung. Forsch.-u.Sitzungsber. Bd. 52. Stadtforsch.1).
Verlag Jänecke Hannover, 1969, V, 323 Seiten, Kt., Tab., Übers., Lit.

Mittelstadt T. 2
Untersuchungen ausgewählter Mittelstädte. (= Veröff.d.Akad.f.Raumforsch.
u. Landesplanung.Forsch.-u. Sitzungsber. Bd.69, Stadtforschung 2). Verlag
Jänecke Hannover, 1972, 275 Seiten.

Mittelstadt T. 3
Grundlagen und Entwicklungstendenzen der städtebaulichen Struktur ausge-
wählter Mittelstädte. (= Veröff.d.Akad.f. Raumforsch. u. Landesplanung.
Forsch.u. Sitzungsberichte Bd. 70, Stadtforschung 3). Verlag Jänecke
Hannover, 1972, 121 Seiten.

Müller-Ibold, K.u. Hillebrecht, R.
Städte verändern ihr Gesicht. (= Neues Bauen - neues Wohnen 2). Krämer
Verlag Stuttgart, 1962, 23 Seiten.

Mumford, L.
Die Stadt. Niggli Verlag Teufen, 1963, 800 Seiten, 64 Seiten Abb.

Moholy-Nagy, S.
Die Stadt als Schicksal. Geschichte der urbanen Welt. Deutsche Ausgabe
von "The Matrix of Man". Callwey Verlag München, 1970, 339 Seiten,
298 Abb.

Mumford, L.
Megalopolis. Gesicht und Seele der Großstadt. Bauverlag Wiesbaden, 1951,
270 Seiten.

Neundorfer, L.
Die Klein- und Mittelstädte in der modernen Gesellschaft. (= Schriftenr. des Deutschen Städtebundes H.6). Schwartz Verlag Göttingen, 1966, 53 Seiten, Tb.

Niemeier, G.
Siedlungsgeographie. (= Das Geographische Seminar 9). Westermann Verlag Braunschweig, 3. verb. Aufl., 1972, 181 Seiten, Abb., Qu.

Pfeil, E.
Großstadtforschung. Entwicklung und gegenwärtiger Stand. Veröffentlichungen der Hochschule für Wirtschaft und Politik Hamburg. (= Abhandlungen d. Akad.f. Raumforsch. u. Landesplanung Bd. 65). Verlag Jänecke Hannover, 1972, X, 410 Seiten.

Die politische
und administrative Gliederung der großen Stadt. Eine Diskussion. (= Forschungskolloquium d. Vereins für Kommunalwiss. 1). Verein f. Kommunalwissenschaft Berlin, 1965, 118 Seiten.

Ragon, M.
Die großen Irrtümer. Vom Elend der Städte. Callwey Verlag München, 1972, 188 Seiten.

Ragon, M.
Wo leben wir morgen? Mensch und Umwelt. Die Stadt der Zukunft. Callwey Verlag München, 1967, 208 Seiten.

Ray, W. - Lynch, Sh.
Urban studies in geography: A bibliography, 1970-1972 (Städtische Studien zur Geographie: Eine Bibliographie der Dissertationen u. Abhandlungen auf dem Gebiet der Geographie, 1970-1972). (= Exchange Bibliography. Council of Planning Librarians.421). Monticello, Ill.: Council of Planning Librarians, 1973, 35 S.

Reschke, H.
Wesen und Bedeutung der Großstadt. R. Hillebrecht: Die Stadtregion - Großstadt und Städtebau. (= Schriften d.Inst.f. Wohnungsrecht u. Wohnungswirtschaft a.d.Univ. Köln Bd. 25). Verlag O. Schwartz Göttingen, 1962, 3. Aufl., 54 Seiten, Abb.

Schöller, P.
Allgemeine Stadtgeographie. (= Wege der Forschung Bd. 181). Wiss. Buchges. Darmstadt, 1969, XIII, 378 Seiten, Kt., Abb., Tab., Lit.u. 181.Kt.

Schöller, P. - Blotevogel, H.H. - Buchholz, H.J. - Hommel,M.
Bibliographie zur Stadtgeographie. Deutschsprachige Literatur 1952-1970. (= Bochumer geogr. Arbeiten H.14). F. Schöningh-Verlag Paderborn, 1973, 139 Seiten.

Schöller, P.
Die deutschen Städte. (= Erdkundl. Wissen H. 17, Beihefte zur Geographischen Zeitschrift). Steiner Verlag Wiesbaden, 1967, 107 Seiten.

Schultze, J.H.
Zum Problem der Weltstadt. Festschrift zum 32. Deutschen Geographentag in Berlin 20. - 24.5.1959. de Gruyter Verlag Berlin, 1959, XX, 202 Seiten, 10 Abb., 41 Fig.im Text, 1 mehrfarb. Kte.

Sedlacek, P.
Zum Problem intra-urbaner Zentralorte - dargestellt am Beispiel der Stadt Münster. (= Beiträge zum Siedlungs-u. Wohnungswesen und zur Raumplanung Bd. 10) hg. vom Inst.f. Siedlungs-u. Wohnungswesen Münster, 1973, 80 Seiten, 13 Abb., 8 Anhangtab.

Schwarz, G.
Allgemeine Siedlungsgeographie. (= Lehrbuch der Allgemeinen Geographie Bd. VI). de Gruyter Verlag Berlin, 3. völl.neu bearb.u.erw.Aufl., 1966, XVI, 751 Seiten, 111 Abb.

Siedlungen
und Städte. (= architektur wettbewerbe. Schriftenr. für richtungsweisendes Bauen H.34). Krämer Verlag Stuttgart, 1962, 136 Seiten, 3 Faltbl. Ktsk., Pl., Abb., Übers., Lit.

Die Stadt
Wesen und Aufgabe. Beitr.v. E. Becker, H. Friedmann, H. Habs, K. Lochner, W.v.Miller, A. Montaner. (= Kleine Schriften f.d. Staatsbürger H.18). Metzner Verlag Frankfurt a.M./Berlin, 1954, 88 Seiten.

Die Stadt
unserer Erwartungen. Bauen und Planen für den modernen Menschen. (= Schrift. d.dt. Verbands f. Wohnungswesen, Städtebau u. Raumplanung H. 75). Selbstverlag Köln-Mülheim, 1968, 141 Seiten.

Die Stadt
muß leben - wenn ihr wollt. 12. Hauptversammlung des Deutschen Städtetages, Düsseldorf 27. - 29.6.1962. (= Neue Schriften des Deutschen Städtetages H. 9). Kohlhammer Verlag Stuttgart/Köln, 1962, 112 Seiten.

Stadt
und Landschaft. Raum und Zeit. Festschrift für Erich Kühn zur Vollendung seines 65. Lebensjahres. Hrsg. von A.C. Boettger, W. Pflug unter Mitarb. von B. Heinen, H. Huchtemann und dem Deutschen Verband für Wohnungswesen, Städtebau und Raumplanung e.V. Köln 1969, XII, 468 Seiten, Kt., Abb., Tab., Lit. Beil.: 1 Übers.

Städtebaubericht 1969
Hrsg.: Bundesminister für Wohnungswesen und Städtebau. Städtebauverlag Bonn, 1969, 201 Seiten, 47 mehrfarb. u. 9 einfarb. Graphiken, 15 Photos.

Städtebaubericht 1970
der Bundesregierung. (= Verhandlungen d.Dt. Bundestages 6. Wahlperiode Drucksache Nr. VI/1497 vom 1.12.1970). Bonn 1970, 96 Seiten, Abb., Tab., Lit.

Der städtische Lebensraum
in Österreich. Bearb. Österr.Inst.f.Raumplanung. Hrsg.: Inst.f. Stadtforsch. (= Kommunale Forschung in Österreich). Wien 1971, VIII, 170 S., Kt., Abb., Tab., Lit., Beil.: Bevölkerungsentwicklung 1951-1961-1971. 12 Seiten, Abb., Tab.

Stöckli, A.
Großstadtprobleme. Der urbane Mensch und seine Stadt. Verlag Bernh. Patzer Hannover/Berlin, 1963, 95 Seiten, Abb., Lit.

Strand, S.
Urban geography 1950-70. A comprehensive bibliography of urbanism as reflected in the articles and book reviews of 72 American, Canadian, British, Dutch and Scandinavian geographical periodicals (Stadtgeographie 1950-1970: Eine umfassende Bibliographie über den Urbanismus, dargest.in Aufsätzen und Buchbesprechungen von 72 amerikanischen, kanadischen, britischen, niederländischen und skandinavischen geographischen Zeitschriften). (= Exchange Bibliography. Council of Planning Librarians.358/359/360.) Monticello, Ill.: Council of Planning Librarians, 1973, 272 S.

Suter, G.
Die großen Städte. Was sie zerstört und was sie retten kann. Mit einem
Vorwort von Max Frisch. Lübbe Verlag Bergisch Gladbach, 1966, 257 S.

Toynbee, A.
Städte der Entscheidung. Metropolen im Brennpunkt des Weltgeschehens.
Ihre politische, wirtschaftliche und geistige Entwicklung. Schroll Verlag Wien/München, 1970, 376 Seiten, 442 Abb., teils farb., zahlr. Karten
und Tab.

Das Unrecht
an den Städten. Forderungen der Städte an den Bund und die Länder. Bericht
über die 65. Sitzung des Dt. Städtetages u. eine Pressekonferenz am 25.
Mai 1966 in Frankfurt a.M. Kohlhammer Verlag Stuttgart, 1966, 72 Seiten.

Vogel, H.-J.
Städte im Wandel. Kohlhammer Verlag Stuttgart, 1971, 114 Seiten.

Westecker, W.
Die Wiedergeburt der deutschen Städte. Econ Verlag Düsseldorf/Wien, 1962,
394 Seiten, Tab., Lit. u. 32 gez. Bl. Abb.

White, A.G.
A source list for the beginner in urban research (Quellenliste für den
Anfänger auf dem Gebiet der Stadtforschung). (=Exchange Bibliography.
Council of Planning Librarians.338). Monticello, Ill.: Council of Planning Librarians, 1972, 36. S.

Wyss, M.
eine sozio-ökonomische Abgrenzung des Einzugsgebietes der Arbeitsstätten
der Stadt Zürich. (= Studienunterlagen des Inst.f. Orts-, Regional- und
Landesplanung der ETH Zürich, Bd.11). Selbstverlag Zürich, 1972, 78 S.

Zwischen
Stadtmitte und Stadtregion. Berichte und Gedanken. Rudolf Hillebrecht zum
60. Geburtstag. Hrsg. von der Dt. Akad.f. Städtebau und Landesplanung.
(= Beiträge zur Umweltplanung). Krämer Verlag Stuttgart, 1970, 188 Seiten,
Abb., Tab., Lit.

2. Grundlagen, Hilfsmittel und Methoden zur Analyse der Stadt

Abele, G. - Herz, R. - Klein, H.-J.
Methoden zur Analyse von Stadtstrukturen. Vorw.: D. Bökemann. (= Karlsruher Studien z. Regionalwiss. H.2). Karlsruhe 1969, 113 Seiten, Kt., Abb., Tab., Lit. Maschinenschriftl. vervielf.

Abgrenzung
von Stadtregionen. Ein neues Verfahren zur Ermittlung von Abgrenzungskriterien. Bearb.: M. Sauberer, F. Schindegger, Österr. Inst.f. Raumplanung. Hrsg.: Inst.f. Stadtforschung. Verlagsges. Jugend u. Volk Wien/München, 1973, 137 Seiten, Kt., Abb., Tab., Lit.

Bartels, D. - Gaebe, W.
Abgrenzung der Agglomerationen Rhein-Main, Rhein-Neckar und Karlsruhe. Arb.a.d. Geogr.Inst.d.Univ. Karlsruhe. (= Sonderdruck aus: Vorschläge zur Neugliederung des Bundesgebietes gemäß Art.29 des Grundgesetzes. Materialien z.Ber.d. Sachverständigenkomm. Vorgel.im Dez.1972). Karlsruhe 1973, 25 gez.Bl., Kt., Tab., Lit., Beil.: 1 Kt.

Benutzerhandbuch
der Regionaldatenbank Baden-Württemberg 1973/1974, hg. vom Stat. Landesamt Baden-Württemberg Stuttgart, 1974, 129 Seiten.

Bergelt, K.
Mathematische Methoden im Städtebau. Beiträge zur Generalbebauungsplanung der Städte. Übers. aus dem Russ. Hrsg.: Deutsche Bauakademie Inst. für Städtebau und Architektur. (= Reihe Städtebau und Architektur H.21). Berlin/Ost, 1968, 40 Seiten, Abb., Tab., Lit. Maschinenschr. vervielf.

Bestandsaufnahme
der Informationsbasis im Bereich Wohnungswesen, Städtebau, Raumordnung und in angrenzenden Gebieten. Hrsg.: Deutscher Verband für Wohnungswesen, Städtebau und Raumplanung. Durchführungszeit: Juni 1967 bis März 1968. Köln 1968, 95 Seiten, Tab., Anh.: 11 gez.Bl., Lit. Maschinenschr. vervielf.

Beutel, M. - Spiegel, R.
Verschlüsselung und Verarbeitung territorialer Daten. Beiträge z. Koordinatenraster als Bezugssystem z. Optimierung d. Einzugsber. gesellschaftl. Einrichtungen u.z. automatischen graphischen Datenverarbeitung. Hrsg.: Dt. Bauakad. zu Berlin. (=Schriftenreihe d. Bauforsch. Reihe Städtebau u. Architektur H. 36). Dt. Bauinf. Berlin/Ost, 1971, 52 Seiten, Abb.,Tab., Übers., Lit.,Res.dt./engl./franz./russ. Maschinenschr. vervielf.

Biermann, H.
Einführung in die Faktorenanalyse. Vortrag. (=Inst.f. Siedlungs- und Wohnungswesen H. 22). Selbstverlag Münster, 1969, 23 Seiten.

Boustedt, O. - Ranz, H.
Regionale Struktur- und Wirtschaftsforschung. Aufgaben und Methoden. Geleitw. K. Brüning. (=Veröff.d.Akad.f. Raumforschung u. Landesplanung Abh. Bd. 33). Dorn Verlag Bremen-Horn, 1957, 218 Seiten, Tab.,Lit.,Anh.: Abb.,Tab.,Übers.,Lit.

Boustedt, O. - Lellau, W.
Zentrale Standorte zur Versorgung der Bevölkerung in Hamburg 1961.
Bestimmung und Analyse zentralörtlicher Erscheinungen in einer Großstadt. - Eine Studie zur empirischen Bestimmung zentraler Standorte mit Hilfe der Statistik. (= Hamburg in Zahlen Sonderh.1). Hamburg 1970, S. 1 - 40. Abb., Tab., Lit.

Budde, A.
Zur Erfassung von Verflechtungsbereichen und zu ihrer Verwendung in der Raumplanung. Diss. Univ. Bonn 1971, 134 Seiten, 46 Abb., 16 Taf., 114 Lit.

Burns, L.S. - Harman, A.J.
Die räumliche Organisation der Großstadt. Engl. Originalt.: The complex metropolis. Übers.a.d.Engl.v.D.u.U. Wullkopf. (= Kl. Schriften d.Dt.Verb. f. Wohnungswesen, Städtebau u. Raumplanung,49). Stadtbau-Verlag Bonn, 1971, 41 Seiten, Kt., Abb., Tab., Lit.

Datensammlung
Orts-Regional-Landesplanung. Von Ch. Plath, H.Ch.Schäfer u. H.U. Stockmann u. Mitarb.v. R.Cocea, P. Hövelborn, H.P. Kubach u.a. Hrsg.: Städtebaul.Inst. Abt. Inf.u. Dokumentation. Stuttgart 1969, 254 Seiten, Abb., Tab., Lit.

Datenverarbeitung
in der Stadt- und Regionalplanung. Ber. eines Seminars am Dt. Rechenzentrum v.20. - 24.10.1969. (=Schriftenr.d.Dt. Rechenzentrums H.S-10). Darmstadt 1969, 87 Seiten, Abb.,Übers.,Lit.u. 3 Bl. Übers.,Anh.: Abb. gez.Übers. Maschinenschriftl. vervielf.

Datenverarbeitung
in der Stadt- und Regionalplanung. Informationstagung 1970 d. Arbeitskr. f. Anwendung d. Datenverarbeitung in d.Stadt- u. Regionalplanung. Kurzfssg. d. Vorträge. (=Schriftenr.d.Dt. Rechenzentrums H.S-12). Darmstadt 1970, 98 Seiten, Abb.,Übers.,Lit. u. 16 gez.Bl.,Abb.,Übers. Maschinenschr.vervielf.

Dheus, E.
Geographische Bezugssysteme für regionale Daten. Möglichkeiten der räumlichen Zuordnung und Aggregation von Informationen. (=Zahl u. Leben H.10). Kohlhammer Verlag u. Deutscher Gemeindeverlag Stuttgart, 2.,neu bearb. u. erw. Aufl., 1972, 95 Seiten, 55 Abb.,1 Kt., 42 Qu.

Dheus, E.
Strukturanalyse und Prognose. Beitr.d.Statistik z. Stadtentwicklungsforschung. Vorw. O. Boustedt. (=Neue Schriften d.Dt. Städtetages H. 24). Kohlhammer Verlag Köln, 2. erg. Aufl., 1971, 115 Seiten.

DISPO
Datenbank und Inf.system f. Planung u. Organisation. Bearb.: H. Hansen, H. Klimesch. Hrsg.: DATUM-Dokumentations-u. Ausbildungszentrum f. Theorie u. Methode d. Regionalforsch.e.V. Selbstverlag Bonn-Bad Godesberg, 1971, 37 Seiten, Übers. Maschinenschriftl. vervielf.

Dittrich, G.G.
Städtebaulicher Bewertungsrahmen. Qualitative und quantitative Analyse des Bebauungsplans. (=Studienhefte des SIN-Städtebauinst. Nürnberg H. 7). Selbstverlag SIN Nürnberg, 3. unv.Aufl., 1967, 30 Seiten.

Dürholt, H.
Zur Entwicklung der Flächennutzung in verschiedenen Gemeindetypen und zur
Bestimmung des künftigen Flächenbedarfs. Eine empir. Unters. auf d. Basis
d. Daten von 784 ausgew. Gemeinden d. Landes Niedersachsen f.d. Zeitabschn.
v. 1950 - 1966. Diss. Hannover. Hannover 1972, 213 Seiten, Kt.,Ab.,Tab.,
Lit. Maschinenschr. vervielf.

Esenwein-Rothe, I. - Hess, B.
Das statistische Instrumentarium für kommunale Entwicklungsplanung.
(=Statist. Stud. Bd. 5). F. Steiner Verlag Wiesbaden, 1972, XV, 158 Seiten,
Abb.,Tab.,Lit.,Res. engl.

Esenwein-Rothe, I.
Statistik im Städtebau. Vortrag. (=Städtebauinst. Nürnberg,Studienheft 13).
Selbstverlag Nürnberg, 1966, 41 Seiten, Kt.,Abb.,Tab. Masch. autogr.

Fehl, G. - Frick, D.
Ein Bestandsaufnahmesystem für die Bauleitplanung. (=Arbeitsblätter d.
Inst.f. Städtebau u. Wohnungswesen der Dt.Akad.f. Städtebau u. Landesplanung 1/1970). Inst.f. Städtebau u. Wohnungswesen der Dt.Akad.f. Städtebau u. Landesplanung Selbstverlag München, 1970, 168 Seiten.

Fischer, A.
Die Struktur von Wirtschaftsräumen. Ein Beitr.z. Anwendung statist. Methoden i.d.Regionalforsch. (=Wirtsch.-u.Sozialwiss.Arb.d.Inst.f.Statistik d.
Univ.Erlangen-Nürnberg.Stat.Stud.Bd. 4). Steiner Verlag Wiesbaden, 1969,
124 Seiten, Abb.,Tab.,Lit.,Anh.: 4 Tab.

Gassner, K. - Vonderhorst, P.
Das Luftbild als Datenquelle zur Nachführung des ORL-Informationsrasters für besiedelte Gebiete. (=Studienunterlagen des Inst.f. Orts-,
Regional- u. Landesplanung der ETH Zürich Bd. 17). Selbstverlag Zürich,
1973, 55 Seiten.

Gesellschaft
für Regionalforschung. Deutschspr.Gr.d. Regional Sci.Ass. Seminarber.3.
Eine Zsfssg.d. im Seminar Hamburg-Harburg v.22.-25.9.1969 gehaltenen Ref.
Düsseldorf 1969, IV, 142 Seiten, Abb.,Tab.,Übers.,Lit. Text dt/engl.
Maschinenschr. vervielf.

Die Gliederung
des Stadtgebietes. Forschungsber. des Ausschusses Raum und Bevölkerung
der Akad.f. Raumforschung und Landesplanung. (=Veröff.d.Akad.f. Raumforschung und Landesplanung. Forschungs-u. Sitzungsber. Bd. 42, Raum u.
Bevölkerung 7). Jänecke Verlag Hannover, 1968, 232 Seiten, Kt.,Pl., Abb.,
Tab.,Übers.

Gehrig, R. - Leibundgut, H.
Grundlagen zur Abgrenzung und Typisierung von Planungsregionen. Hrsg.:
Inst.f.Orts-, Regional-u. Landesplanung der ETH Zürich. (=Arbeitsber.
z. Orts-, Regional- u. Landesplanung Nr. 27). Selbstverlag Zürich, 1971,
36 Seiten, Kt.,Lit. Maschinenschr. vervielf.

Göschel, W.
Anwendung des Programmpaketes STAF (Satistical analysis of files) bei
der Stadtentwicklungsplanung und Strukturforschung. (=Veröff. d.Inst.f.
Städtebau der Dt.Akad.f. Städtebau und Landesplanung Berlin Bd. 45/6).
Selbstverlag Berlin, 1973, 15 Seiten.

Händler, H.
Untersuchung der Verwendungsmöglichkeiten allgemeiner Stichprobenerhebungen in der Regionalforschung. Eine Unters.im Auftr.d. Rationalisierungs-Kuratoriums d.Dt.Wirtsch.e.V. (=RKW-Projekt A 67). Hrsg. Inst.f. Sozialwiss. Forsch. (ISF) Marburg/L., 1970, V, 117 Seiten, Tab.,Lit. Maschinenschr. vervielf.

Hagget, P.
Einführung in die kultur- und sozialgeographische Regionalanalyse. Aus dem Engl. übertr.v. D. Bartels u. B.u.V. Kreibich. (=De Gruyter Lehrbuch). de Gruyter Verlag Berlin/New York, 1973, 414 Seiten, Kt.,Abb.,Tab.,Lit.

Hase, K.
Informationsraster (landesplanerische Datenbank). Benützerhandbuch. (=Studienunterlagen des Inst.f.Orts-, Regional- u. Landesplanung der ETH Zürich,Bd. 14). Selbstverlag Zürich, 1973.

Hofmeister, B.
Stadtgeographie. (=Das Geograph. Seminar). Westermann Verlag Braunschweig, 2. verb. Aufl., 1972, 206 Seiten, 16 Abb.

Hollmann, H.
Die Gemeindestatistik im Dienste der Regionalplanung. Diss. F.f.Bauwesen TU Hannover, 1968, 242 Seiten.

Informationsraster
Teil 1 u. 2: D. Ackerknecht, Übersicht und Vorbereitungsarbeit, 1969, 74 Seiten.

Teil 3: D. Ackerknecht, Merkmale und Merkmalsverschränkungen, 1969, 8 Seiten.

Teil 4: K. Hase, Datenaufnahmen von Landkarten mit Lochstreifengeräten, 1969, 26 Seiten.

Teil 5: R. Breu, Datenaufnahmen von Landkarten mit Digitizer, 1969, 36 Seiten.

Teil 6: P. Vonderhorst, Auswahl der ersten Datensätze und Anwendungsbeispiele, 1970, 22 Seiten.

Teil 8: K. Hase, Zusammenfassende Darstellung der Ergebnisse und angewandte Methoden, 1971, 45 Seiten.

(= Berichte zur Orts-,Regional- und Landesplanung Bd. 4). Hrsg. vom ORL-Institut der ETH Zürich Selbstverlag.

Isbary, G. - v.d.Heide, H.-J. - Müller, G.
Gebiete mit gesunden Strukturen und Lebensbedingungen. Merkmale und Abgrenzungen. (=Veröff.d.Akad.f. Raumforschung und Landesplanung. Abhandlungen Bd. 57). Jänecke Verlag Hannover, 1969, 84 Seiten, 20 Bl.Kt., Beil. m. Lit.-Verz.

Kilchenmann, A.
Statistisch-analytische Arbeitsmethoden in der regional-geographischen Forschung. Ann Arbor Michigan. 1970, 86 Seiten.

Kläusli, B.
Der Gemeindespiegel als Ergänzung zum Informationsraster. (=Studienunterlagen des Instituts für Orts-, Regional-und Landesplanung der ETH Zürich Bd. 9). Selbstverlag Zürich, 1971, 43 Seiten.

Lölhöffel, D.v.
Statistik als Material und als Methode für die Stadtforschung. Dargest.
am Beispiel der Mittelstadt Erlangen. (=Statistische Studien Bd. 3).
Steiner Verlag Wiesbaden, 1969, 188 Seiten, 9 Abb., 60 Tab., 4 Übers.

Lutz, Th. - Klimesch, H.
Die Datenbank im Informationssystem. Verlag Oldenbourg München/Wien,
1971, 232 Seiten, Abb.,Übers.,Lit.

Mantke, W.E.
Die räumliche Abgrenzung der Stadt nach bisherigen Methoden und aus einer
funktionellen Gesamtbetrachtung der Stadt auf sozialökonomischer Grundlage. Diss. Freiburg i.Brsg. Freiburg 1965, 117 Seiten, Abb.,Tab.,Lit.
Masch. autogr.

Maurer, J.
Zur Stadtplanung und Stadtforschung. (Teilweise an Beispielen aus dem
Raum Zürich). Diss. TH. Zürich 1966. Verlag P.G. Geller Winterthur, 1966,
X, 163 Seiten.

Merkmale
kommunaler Gebietsstruktur. Bearb. E. Mäding, H. Hollmann. Hrsg.: Kommunale Gemeinschaftsstelle für Verw.vereinfachung. (=KGST-Bericht Nr. 16/
1972). Köln 1972, 66 Seiten, Tab.,Lit.

Methoden
der empirischen Regionalforschung. 1. Teil. (=Forschungs-u. Sitzungsberichte der Akad.f.Raumforschung u. Landesplanung Hannover Bd. 87).
Jänecke Verlag Hannover, 1973, 230 Seiten, Abb., Tab.

Müller, G.
Mittel und Methoden regionalstatistischer Strukturanalysen. (=Veröff.
d.Inst.f.Städtebau der Dt.Akad.f. Städtebau u. Landesplanung Berlin
Bd. 15/3). Selbstverlag Berlin, 1965, 20 Seiten.

Müller, J.H.
Methoden zur regionalen Analyse und Prognose. (=Veröff.d.Akad.f. Raum-
forsch. u. Landesplanung, Taschenbücher z. Raumplanung Bd. 1). Jänecke
Verlag Hannover, 1973, IX, 200 Seiten, Abb.,Tab.,Lit.

Pfeil, E.
Großstadtforschung. Entwicklung und gegenwärtiger Stand. (=Veröff.d.Akad.
f. Raumforsch. u. Landesplanung, Abh. Bd. 65, zugl. Veröff.d.Hochsch.f.
Wirtsch.u.Pol Hamburg). Jänecke Verlag Hannover, 2. neubearb. Aufl.,
1972, X, 410 Seiten, Tab.,Lit.

Reiche, J.-M.
Faktorenanalyse und ihre Anwendung auf regional-statistisches Datenma-
terial. Ber.ü.e. mit Mitteln d. DFG durchgeführtes Forsch.vorhaben.
Hrsg.:Inst.f. Regionalforsch.d.Univ. Kiel. Kiel,1971, 133 Seiten, Kt.,
Abb.,Tab.,Übers.,Lit.,Anh.: 1 Bl.Tab. Maschinenschr. vervielf.

Schamp, E.W.
Das Instrumentarium zur Beobachtung von wirtschaftlichen Funktional-
räumen. Diss. Wirtsch.-u. Sozialwiss.Fak.d.Univ. Köln. (=Kölner Forsch.
z. Wirtsch.-u.Sozialgeogr. Bd. 16). Steiner Verlag Wiesbaden, 1972,
184 Seiten, Abb.,Tab.,Übers.,Lit. Maschinenschr. vervielf.

Schlesier, K.H.
Zur Anwendung kybernetischer und mathematischer Methoden in Städtebau
und Stadtplanung(1-3). Diss. Weimar 1965, 260 Seiten.

Schlier, O.
Das regionale Moment in der Statistik. (=Veröff.d.Akad.f. Raumforsch.
u. Landesplanung. Abh. Bd. 38). Dorn Verlag Bremen-Horn, 1961, 84 Seiten,
Abb.,Tab.,Übers.,Lit.

Schneider, W. - Trutzel, K.
Statistik und Einwohnerwesen. Hg. von der Stadt Nürnberg, Arbeitsgruppe
Nürnberg-Plan. (=Beiträge z. Nürnberg-Plan, R.D: Kommunales Informations-
system planungsrelevanter Daten H. 1). Nürnberg,1971, 48 Seiten, Abb.,
Tab.,Übers.,Lit.,Anh.: 12 Bl.

Städtebauliche
Datenerfassung. Durchgeführt vom Städtebauinstitut Nürnberg e.V. im
Auftr.des Bundesministers f. Wohnungswesen und Städtebau. Selbstverlag
Nürnberg, 1968, 116 Seiten, Kt.,Anh.: 8 Bl.Abb.

Stempell,v.
EDV im Städtebau. Verlag für Bauwesen Berlin/Ost, 1971, 192 Seiten,
70 Abb.

Stremplat, A.
Die Flächenbilanz als neues Hilfsmittel für die Regionalplanung.
Dargestellt am Beispiel von Oberhessen. (= Gießener Geogr. Schriften
H.29). Selbstverlag d. Geogr.Inst.d. Univ. Gießen. Gießen 1973, 61 Sei-
ten, Kt., Pl., Abb., Tab., Übers., Lit., Anh.: 4 gez.Bl., Kt., Res.
dt./engl.

Voigt, H.
Abgrenzungsprobleme des Stadtgebietes. Ergebnisse und Methoden von Strukturuntersuchungen der Stadtregion. Hrsg.: Kommunale Gemeinschaftsstelle
für Verwaltungsvereinfachung. Köln,1956, 43 Seiten. Maschinenschr. vervielf.

Weidle, K.
Plananalyse als Teilbereich städtebaulicher Bestandsaufnahme. (= Studienhefte des SIN-Städtebauinstituts Nürnberg H.40). Selbstverlag Nürnberg,
1970, 39 Seiten, zahlr. Abb.

White, A.G.
A source list for the beginner in urban research (Quellenliste für den
Anfänger auf dem Gebiet der Stadtforschung). (= Exchange Bibliography.
Council of Planning Librarians.338). Monticello, Ill.: Council of Plan-
ning Librarians, 1972, 36 S.

White, A.G.
Mathematics in urban science: I. Political science and economics (Mathematik in der Stadtforschung: 1. Nationalökonomie und Wirtschaftswissenschaft.) (= Exchange Bibliography. Council of Planning Librarians.430).
Monticello, Ill.: Council of Planning Librarians, 1973, 9 S.

Wyss, M.
Eine sozio-ökonomische Abgrenzung des Einzugsgebietes der Arbeitsstätten
der Stadt Zürich. (= Studienunterlagen des Inst.f. Orts-, Regional- und
Landesplanung der ETH Zürich Bd.11). Selbstverlag Zürich, 1972, 78 Seiten.

Zum Konzept
der Stadtregionen. Methoden u. Probleme d. Abgrenzung v. Agglomerations-
räumen. Mit Beitr.v. K. Schwarz, O. Boustedt, K. König u.a. (= Veröff.d.
Akad.f. Raumforschung u. Landesplanung. Forsch.-u. Sitzungsber. Bd.59,
Raum u. Bevölkerung 10). Jänecke Verlag Hannover, 1970, VIII, 167 S.,
Kt., Abb., Tab., Übers., Lit.

3. Wichtige Werke zur historischen Entwicklung der deutschen Stadt

Buhr, H. de (Hg.)
Sozialgefüge und Wirtschaft des Mittelalters am Beispiel der Stadt.
Hirschgrabenverlag Frankfurt, 1973, 33 Seiten, 11 Abb.

Deutsche
Städte einst und jetzt-. Verlag Bassermann München, 1968, 155 Seiten, mit Abb.

Ebner, M.H.
The new urban history: Bibliography on methodology and historiography (Die neue Stadtgeschichte - Bibliographie über Methodenlehre und Geschichtsschreibung). (= Exchange Bibliography. Council of Planning Librarians. 445). Monticello, Ill.: Council of Planning Librarians, 1973, 10 S.

Eichhorn, E.
Die Entwicklung der Stadt. (= Studienhefte des SIN-Städtebauinstituts Nürnberg H. 17), Selbstverlag Nürnberg, 1966, 53 Seiten.

Ennen, E.
Die europäische Stadt des Mittelalters. Verlag Vandenhoeck u. Ruprecht Göttingen, 1972, 287 Seiten, 11 Bild., 952 Qu.

Grote, L. (Hg.)
Die deutsche Stadt im 19. Jahrhundert. Mit einer Einf.v.N.Pevsner.
Prestel Verlag München, 268 Seiten, 330 Abb.

Gruber, K.
Die Gestalt der deutschen Stadt. Ihr Wandel aus der geistigen Ordnung der Zeiten. Callwey Verlag München, 1952, 198 Seiten.

Haase, C.
Die Stadt des Mittelalters. Drei Bände. Wege der Forschung. Wissenschaftliche Buchgesellschaft.
Bd.I   : Darmstadt 1969, (Bd. CCXLIII), Begriff, Entstehung und Ausbreitung, 435 Seiten.
Bd.II : Darmstadt 1972, (Bd. CCXLIV), Recht und Verfassung, 299 Seiten.
Bd.III : Darmstadt 1974, (Bd. CCXLV), Wirtschaft und Gesellschaft, ca. 500 Seiten.

Hartog, R.
Stadterweiterungen im 19. Jahrhundert. (= Schriftenreihe des Vereins zur Pflege kommunalwissenschaftlicher Aufgaben Bd. 6). Kohlhammer Verlag Stuttgart, 1962, 124 Seiten, Ktsk., Pl., Abb., Tab., Lit., Anh.: 16 gez. S. Abb.

Hegel, K.v.
Städte und Gilden der germanischen Völker im Mittelalter. 2 Bände, Neudruck der Ausgabe 1891.Scientia Verlag Aalen, 1962, Band I = 457 Seiten, Band II = 516 Seiten.

Hegel, K. v.
Die Entstehung des deutschen Städtewesens. Neudruck der Ausgabe von 1898. Scientia Verlag Aalen, 1964, 192 Seiten.

Informationen
zur modernen Stadtgeschichte. Hg. vom Kommunalwiss. Forschungszentrum Berlin, 1970 ff. Zweimal jährlich 1 Heft mit ca. 30 - 45 Seiten.

Keyser, E. (Hg.)
Bibliographie zur Städtegeschichte Deutschlands. (Acta Collegii Urbanae Societatis). Böhlau Verlag Köln/Wien, 1969, XII, 404 Seiten, 1 Karte, enthält 4.700 Titel.

Keyser, E. (Hg.)
Deutsches Städtebuch. Kohlhammer Verlag Stuttgart.

I. Nordostdeutschland, 1939, 911 Seiten
II. Mitteldeutschland, 1941, 762 Seiten
III. Nordwestdeutschland.
 1. Niedersachsen und Bremen, 1952, 400 Seiten
 2. Westfalen, 1954, 396 Seiten
 3. Landschaftsverband Rheinland, 1956, 441 Seiten
IV. Südwestdeutschland.
 1. Hessen, 1957, 478 Seiten
 2.1 Baden, 1959, 422 Seiten
 2.2 Württemberg, 1962, 489 Seiten
 3. Rheinland-Pfalz u. Saarland, 1964, 550 Seiten
 4. Bayern, Teil 1: 1971, 637 Seiten
          Teil 2: 1972, 640 Seiten

Maschke, E. - Sydow, J.
Stadterweiterung und Vorstadt. Protokoll über die VI. Arbeitstagung des Arbeitskreises für südwestdt. Stadtgeschichtsforschung. Konstanz vom 10. bis 12. Nov. 1967. Kohlhammer Verlag Stuttgart, 1969, VIII, 134 Seiten, 8 Karten, 3 Abb., 1 Tab., 1 Faltkarte, 1 Faksimile.

Mauersberg, H.
Wirtschafts- und Sozialgeschichte zentral-europäischer Städte in neuerer Zeit. Dargest. an den Beispielen von Basel, Frankfurt a.M., Hamburg, Hannover und München. Verlag Vandenhoeck u. Ruprecht Göttingen, 1960, 604 Seiten, Abb., Tab., Lit.

Moholy-Nagy, S.
Die Stadt als Schicksal. Geschichte der urbanen Welt. Callwey Verlag München, 1968, 339 Seiten.

Münter, G.
Idealstädte. Ihre Geschichte vom 15. - 17. Jahrhundert. (= Studien zur Architektur- u. Kunstwissenschaft. Dt. Bauakad.Inst.f. Theorie u. Geschichte der Baukunst 1). Henschel Verlag Berlin/Ost, 1957, 104 Seiten.

Planitz, H.
Die deutsche Stadt im Mittelalter von der Römerzeit bis zu den Zunftkämpfen. Böhlau Verlag Graz/Köln, 1954, 520 Seiten.

Preuß, H.
Die Entwicklung des Deutschen Städtewesens. Band 1: Entwicklungsgeschichte der deutschen Städteverfassung. Neudruck der Ausgabe 1906. Scientia Verlag Aalen, 1965, 379 Seiten.

Rauda, W.
Die historische Stadt im Spiegel städtebaulicher Raumkulturen. Ein Beitrag zum Gestaltungswandel und zur Regenerierung der europäischen Stadt. Patzer Verlag Hannover/Berlin, 1969, 116 Seiten.

Rörig, F.
Die europäische Stadt und die Kultur des Bürgertums im Mittelalter. Hg. von L. Rörig. Verlag Vandenhoeck u. Ruprecht Göttingen, 2. Aufl., 1955, 134 Seiten.

Rörig, F.
Wirtschaftskräfte im Mittelalter. Abhandlungen zur Stadt- und Hansegeschichte. Hg. von P. Kaegbein. Böhlau Verlag Wien, 2., durchges.u. erg. Aufl., 1971, 748 Seiten.

Schlesinger, W.
Städte und Territorien. (= Beiträge zur deutschen Verfassungsgeschichte des Mittelalters Bd. 2). Verlag Vandenhoeck u. Ruprecht Göttingen, 1963, 269 Seiten.

Schmidt, R.W.
Deutsche Reichsstädte. Hirmer Verlag München, 1957, 128 Seiten.

Schmoller, G. v.
Deutsches Städtewesen in älterer Zeit. Neudruck der Ausgabe von 1922. Scientia Verlag Aalen, 1964, 428 Seiten.

Spörhase, R.
Karten zur Entwicklung der Stadt. Das Werden des Stadtgrundrisses im Landschaftsraum. Mitarbeiter: D. Wulff, J. Wulff. Kohlhammer Verlag Stuttgart.
-Bern: 10 Karten, 7 Tafeln, 1971.
-Ellwangen: 8 Karten, 1 Textblatt, 1969.
-Karlsruhe: 6 Doppelkarten, 1 Textblatt, 1970.
-Osnabrück: 10 Doppelbl., 1 Dreifachbl., 1 Textblatt, 1968.
-Paderborn: 3 Doppelkarten, 1 Dreifachkarte, 1 Textblatt, 1972.
-Rottweil: 6 Karten auf 4 Tafeln, 1 Textblatt, 1969.

Die Stadt
in der europäischen Geschichte. Festschrift E. Ennen. Hg.v. W. Besch/ K. Fehn/ D.Höroldt/ F.Irsigler/ M.Zender. Röhrscheid Verlag Bonn, 1972, 940 Seiten, 128 Abb.

Stoob, H.
Forschungen zum Städtewesen in Europa. Band I: Räume, Formen und Schichten der mitteleuropäischen Städte. Eine Aufsatzfolge. Böhlau Verlag Köln/ Wien, 1970, XI, 329 Seiten.

4. Die Klassifizierung der Städte nach Funktion und Bedeutung

Barth, A.
Funktionale Stadttypen in Württemberg. Eine Auseinandersetzung mit den Theorien über die Zentralität. Dissertationsauszug, Tübingen, 1954, 34 Seiten.

Bartels, D.
Nachbarstädte. Eine siedlungsgeographische Studie anhand ausgewählter Beispiele aus dem westlichen Deutschland. Arbeit aus dem Institut für Geographie und Wirtschaftsgeographie der Univ. Hamburg. (= Forschungen zur deutschen Landeskunde Bd. 120)Bad Godesberg, 1960, 147 Seiten, Abb., Tab., Lit.

Blankenburg, J.
Die Typisierung der Gemeinden nach sozial-ökonomischen und finanzwirtschaftlichen Strukturmerkmalen. (= Forschungsberichte des Landes Nordrhein-Westfalen Nr.1664). Köln 1965, 50 Seiten, Tab., Lit.

Bobek, H. - Hammer, A. - Ofner, R.
Beiträge zur Ermittlung von Gemeindetypen. Hg. von der österr. Gesellschaft zur Förderung von Landesforschung und Landesplanung. Selbstverlag Klagenfurth, 1955, 87 Seiten, 1 Karte.

Boustedt, O. - Dheus, E.
Gemeindetypisierung. Weiterentwicklung von Methoden zur Typisierung von Gemeinden, insbesondere von Städten, unter dem Gesichtspunkt der Bestimmung ihrer Wachstumskräfte und der Messung ihrer Attraktivität. (= Schriftenreihe des Bundesministers f. Städtebau u. Wohnungswesen, Städtebauliche Forschung Bd.03.002). Selbstverlag 1972, 137 Seiten, zahlr. Tab.

Braun, G.
Iphofen. Entwicklung und wirtschaftsgeographische Struktur mit besonderer Berücksichtigung der Stadt-Umland-Beziehungen und Fragen der Gemeindetypisierung. (= Würzburger Geographische Arbeiten H.29). Selbstverlag des Geogr. Instituts Würzburg, 1969, 221 Seiten.

Der städtische
Lebensraum in Österreich. Bearb.: Österr.Inst.f. Raumplanung. Hrsg.: Inst. f. Stadtforschung. (= Kommunale Forschung in Österreich). Wien 1971, VIII, 170 Seiten, Kt., Abb., Tab., Lit., Beil.: Bevölkerungsentwicklung 1951 - 1961 - 1971. 12 Seiten, Abb., Tab.

Göök, R.
Die Hauptstädte Europas. Mit einer Einführung von G.St. Troller. Bertelsmann Verlag Gütersloh, 1971, 240 Seiten.

Grötzbach, R.
Geographische Untersuchungen über die Kleinstadt der Gegenwart in Süddeutschland. (= Münchner Geographische Hefte 24). Verlag Lassleben Kallmünz-Regensburg, 1963, 112 Seiten.

Höhl, G.
Fränkische Städte und Märkte in geographischem Vergleich. Versuch einer funktionell-phänomenologischen Typisierung, dargestellt am Raum von Ober-, Unter- u. Mittelfranken. (= Forschungen zur dt. Landeskunde 139). Selbstverlag d. Bundesanstalt f. Landeskunde Bad Godesberg, 1962, 233 Seiten.

Iblher, P.
Hauptstadt oder Hauptstädte? Die Machtverteilung zwischen den Großstädten der BRD. Hrsg.v. J.-J. Winkler. (= Analysen Bd.4). Veröff.d. Hochschule für Wirtschaft und Politik Hamburg. Leske Verlag Opladen, 1970, 138 Seiten, Abb., Tab., Lit.

Kilchenmann, A.
Untersuchungen mit quantitativen Methoden über fremdenverkehrs- und wirtschaftsgeographische Struktur der Gemeinden im Kanton Graubünden. Diss. Zürich 1969. Juris Verlag Zürich, 1969, 88 Seiten, 5 Kt.

Lehmann, H.
Die Gemeindetypen. Beiträge z. siedlungskundlichen Grundlegung von Stadt- u. Dorfplanung. (= Schriften des Forschungsinstituts f. Städtebau und Siedlungswesen). Verlag Technik Berlin, 1956, 67 Seiten.

Die Mittelstadt
1. Teil: Beiträge zur vergleichenden Stadtforschung. Mit Beitr. von H. Evers, W.-D. Kaufmann, A. Kühn u.a. (= Veröff.d.Akad.f. Raumforschung und Landesplanung. Forschungs-u. Sitzungsber. Bd.52, Stadtforschung 1). Jänecke Verlag Hannover, 1969, V, 323 Seiten, Kt., Tab., Übers., Lit.

2. Teil: Untersuchungen ausgewählter Mittelstädte. Forsch.ber.d. Ausschusses "Stadtforschung" d.Akad.f.Raumforsch.u. Landesplanung. (= Veröff.d.Akad.f.Raumforsch.u. Landesplanung. Forsch.-u. Sitzungsber.Bd.69, Stadtforschung 2). Jänecke Verlag Hannover, 1972, VIII, 273 Seiten, Kt., Abb., Tab., Lit.u. 6 Bl.Kt., Abb.

3. Teil: Bearb.v.W. Bangert. Grundlagen und Entwicklungstendenzen der städtebaulichen Struktur ausgewählter Mittelstädte. Forsch.ber. d. Ausschusses "Stadtforschung" d.Akad.f. Raumforsch.u. Landesplanung. (= Veröff.d.Akad.f. Raumforsch.u. Landesplanung. Forsch.- u. Sitzungsber.Bd.70, Stadtforschung 3). Jänecke Verlag Hannover, 1972, XI, 121 Seiten.

Raum
und Wirtschaft. Volkswirtsch. Gesamtrechnung, Gemeindetypisierung. Hrsg.: Forsch.ausschuß f. reg.Wirtsch.fragen. Mit Beitr.v.H.J.Schneider, W. Hüfner, H. Linde u.a. (= Akad.f. Raumforsch. u. Landesplanung. Forsch.-u.Sitzungsber. Bd. 3 (1952). Dorn Verlag Bremen-Horn, 1953, 165 Seiten, Kt., Abb., Tab., Lit.

Schneppe, F.
Gemeindetypisierungen auf statistischer Grundlage. Die wichtigsten Verfahren u. ihre methodischen Probleme. (= Veröff.d.Akad.f. Raumforsch.u. Landesplanung. Beitr.Bd.5). Jänecke Verlag Hannover, 1970, IX, 95 Seiten, Abb., Tab., Lit.

Stammherr, W.
Schweizerische Gemeindetypen 1910 und 1960. Ein Beitrag zur Wirtschafts- u. Bevölkerungsgeographie der Schweiz. Diss. Univ. Zürich, 1964, 100 S.

Werczberger, E.
Gemeindetypisierung der Schweiz aufgrund der Berufsstruktur der Einwohner. (= Industriestandortstudie, Zwischenbericht Nr. 1). Hg. vom Inst. für Orts-, Regional- und Landesplanung der ETH Zürich, Selbstverlag, 1964.

5. Neue Städte, Trabanten- und Satellitenstädte

Bausinger, H. - Braun, M. - Schwedt, H.
Neue Siedlungen. Volkskundlich-soziologische Untersuchungen des Ludwig-
Uhland-Instituts Tübingen. Kohlhammer Verlag Stuttgart, 2., veränd.Aufl.,
1963, 210 Seiten, Kt.,Abb., Lit. u.10 Seiten Abb.

Beck, H.
Neue Siedlungsstrukturen im Großstadt-Umland. Aufgezeigt am Beisp. von
Nürnberg-Fürth. (=Nürnberger wirtschafts-u.sozialgeogr. Arbeiten Bd.15).
Wirtschafts-u. Sozialgeographisches Institut d. Friedrich-Alexander-
Univ. Nürnberg. Selbstverlag Nürnberg, 1972, 214 Seiten, Kt.

Beckermann, Th.
Die Eingliederung von Handwerks- und Einzelhandelsbetrieben in neue
Wohngebiete. Hrsg.: Rhein.-Westf. Inst.f. Wirtschaftsforschung Essen.
(=Schriftenreihe d.Rhein.-Westf.Inst.f.Wirtschaftsforsch. N.F. 9).
Selbstverlag Essen, 1955, 52 Seiten.

Bellinger, B.
Optimale Verkehrsbedienung von Trabantenstädten durch eine kommunale
Verkehrsunternehmung. Hrsg.: Bundesmin.f.Verkehr, Abt.Straßenbau, Bonn.
(=Straßenbau u.Straßenverkehrstechnik. Forsch.ber. H. 77). Bonn 1968,
123 Seiten, Abb., Lit., Zsfssg.

Branch, M.C.
Selected bibliography on new town planning and development (Eine ausgewählte Bibliographie über die Planung und Entwicklung neuer Städte).
(=Exchange Bibliography. Council of Planning Librarians. 363/364). Monticello, Ill.: Council of Planning Librarians, 1973, 88 S.

Brux, H.
Standortfragen der neueren Wohnsiedlungen am Beispiel der Städte Köln
und Essen. (=Kölner Geogr.Arb. 3). Selbstverlag des Geogr. Instituts
Köln, 1952, 73 Seiten.

Bunge, H.
Einzelhandels- und konsumnahe Handwerksbetriebe in neuen Wohnsiedlungen.
(=Schriftenreihe d. Forschungsstelle für den Handel. 3.Folge Nr.4).
Berlin 1969, 177 Seiten.

Burckhardt, L. - Frisch, M. - Kutter, M.
Die neue Stadt. Beiträge zur Diskussion. (=Basler polit. Schriften 3).
Verlag Handschin Basel/Zürich, 1956, 72 Seiten.

Dittrich, G.G. (Hg.)
Neue Siedlungen und alte Viertel. Städtebaulicher Kommentar aus der
Sicht der Bewohner. (= Die Stadt, Schriftenreihe des Städtebauinstituts
Nürnberg). Deutsche Verlagsanstalt Stuttgart, 1973, 246 Seiten.

Dittrich, G.G. - Toman, W. - Großhans, H. - Kugemann, W.
Kinder in neuen Städten, räumliche und funktionale Gestaltungselemente
im Erleben der Bewohner. Ergebnisse eines Zeichenwettbewerbs. (= Informationen aus der Praxis - für die Praxis Nr. 21, hg. vom Bundesmin.f.
Städtebau und Wohnungswesen). Bonn/Bad Godesberg 1970, 251 Seiten.

Dittrich, G.G. - Goslar, H. - Bohr, B.v. - Heidenreich, F.
Räumliche Gestaltung in neuen Städten. Konzeption und Wirkung von Straße
und Platz in einigen Demonstrativmaßnahmen. (= Informationen aus der
Praxis - für die Praxis Nr.25, hg. vom Bundesmin.f. Städtebau u. Wohnungswesen). Bonn/Bad Godesberg 1970/71, 185 Seiten.

Dorsch, P.
Eine neue Heimat in Perlach. Das Einleben als Kommunikationsprozeß.
Callwey Verlag München, 1972, 208 Seiten.

Einkaufen
Einrichtungen, Möglichkeiten und Gewohnheiten in neuen Wohngebieten
und älteren Vergleichsgebieten. Hg. vom SIN-Städtebauinstitut Nürnberg
(= Studien 2). Selbstverlag Nürnberg, 1973, 201 Seiten, 29 Tab., 19 Abb.

Gans, H.J.
Die Levittowner - Soziografie einer Schlafstadt. (= Bauwelt - Fundamente
Bd. 26). Bertelsmann Verlag Gütersloh/Berlin, 1969, 366 Seiten.

Hartz, L.
Espelkamp 1969. Wachstumsprobleme einer neuen Stadt. Münster 1969,
49 Seiten, Tab., Lit., Maschinenschriftl. vervielf.

Hartz. L.
Kosten und Finanzierung neuer Städte und neuer Stadtteile in Nordrhein-
Westfalen. (=Inst.f.Siedlungs-u.Wohnungswesen d.Westfäl.Wilhelms-Univ.
Münster, Sonderdr. 45). Münster 1968, 223 Seiten, Abb.,Tab.,Lit.
Maschinenschriftl. vervielf.

Heil, K.
Kommunikation und Entfremdung. Menschen am Stadtrand - Legende und Wirklichkeit. (=Beitrag zur Umweltplanung). Krämer Verlag Stuttgart, 1971,
216 Seiten, 27 Abb., 58 Tab.

Hoff, J. van d.
Neue Städte in Großbritannien. (=Studienunterlagen des Instituts für
Orts-, Regional- und Landesplanung der ETH Zürich Bd. 7). Selbstverlag
Zürich, 1971, 69 Seiten.

Howard, E.
Gartenstädte von morgen. Das Buch und seine Geschichte. Hrsg.v.J.Posener.
(= Bauwelt - Fundamente Bd. 21). Bertelsmann Verlag Berlin/Wien, 1968,
198 Seiten, 35 Abb., Tab., Lit.

Isenberg, G. - Sättler, M.
Erfassung der Existenzgrundlagen und Berechnung der Wirtschafts- und
Finanzkraft von neuen Städten. Modelltheoretische Studie mit Anwendungs-
beispiel. Studie erstellt im Auftr.d.Bundesmin.f.Raumordnung, Bauwesen
und Städtebau im Rahmen eines Forsch.auftrages. (=Städtebauliche Forschung Bd. 03.010). Selbstverlag Bundesmin.f.Raumordnung, Bauwesen u.
Städtebau Bonn, 1973, 323 Seiten.

Jones, P.
Expansionsstädte. Eine Lösung zum Problem des Wachstums von London.
(=Schriftenr.Siedlungsverb.Ruhrkohlenbezirk Nr. 15). Essen 1967, 19 Sei-
ten, Kt., Lit.

Kampffmeyer, H.
Die Nordweststadt in Frankfurt am Main. (=Wege zur neuen Stadt Bd.6).
Europäische Verlagsanstalt Frankfurt a.M., 1968, 110 Seiten.

Kob, J. - Kurth, M. - Voss, R. - Schulte-Altedorneburg, M.
Städtebauliche Konzeptionen in der Bewährung: Neue Vahr Bremen. Lehren einer Fallstudie. (=Beiträge zur Stadt-u.Regionalforschung 3). Verlag Vandenhoeck u. Ruprecht Göttingen, 1972, VII, 125 Seiten, Abb., Tab., Lit. Masch.autogr.

Leucht, K.W.
Die erste neue Stadt in der Deutschen Demokratischen Republik. Planungsgrundlagen und -ergebnisse in Stalinstadt. (=Schr.d.Forschungsinstituts f. Gebiets-, Stadt-u. Dorfplanung). Verlag Technik Berlin/Ost, 1957, 98 Seiten.

Lowinski, H.
Städtebildung in industriellen Entwicklungsräumen, untersucht am Beispiel der Stadt und des Amtes Marl. (=Sonderveröffentl.d.Inst.f.Siedlungs-u. Wohnungswesen d.Westf.Wilhelms-Univ.Münster). Bongers Verlag Recklinghausen, 1964, 402 Seiten.

Ludmann, H. - Riedel, J.
Neue Stadt Köln - Chorweiler. (= neues bauen - neues wohnen 6). Krämer Verlag Stuttgart/Bern, 1967, 116 Seiten, 122 Abb., 34 Tab., 12 Farbtaf., 1 Plan.

Ludmann, H.
Zentren in neuen Wohngebieten. Ausgewählt und eingeleitet von H.Ludmann, H. Fischer, J. Riedel mit einem soziologischen Beitrag von N. Schmidt. (= Architektur - Wettbewerbe H. 37). Krämer Verlag Stuttgart, 1963, 162 Seiten, Abb.

Muggli, H.W.
Greater London und seine New Towns. Stud.z.kulturräuml. Entwicklung u. Planung e.großstädt.Region.Hrsg.v.d.Geogr.-Ethnol.Ges.Basel. Diss. Basel. (=Baseler Beitr.z.Geogr. H.7). In Komm.b. Verlag Helbing u. Lichtenhahn Basel, 1968, 164 Seiten, Kt.,Abb., Tab., Lit. u.21 Bl.Kt.,Abb., Beil.: 1 Kt.

MV Plandokumentation
Märkisches Viertel. Kiepert Verlag Berlin, 1972, 165 Seiten, zahlr. Abb., Pl.

Neue Stadt
Wulfen I (=architektur wettbewerbe 1). Krämer Verlag Stuttgart, Sonderband, 1962, 72 Seiten, 66 Abb., 8 ausklappbare mehrfarb. Tafeln.
Planung Neue Stadt Wulfen II. (=architektur wettbewerbe 2). Krämer Verlag Stuttgart, Sonderband, 1965, 72 Seiten, 113 z.T. farb.Abb. Mit Beilage: 8-farbiger Gesamtaufbauplan.

Neue Städte
Bericht über die Jahrestagung 1960 in Saarbrücken. (=Mitteilungen des Dt. Verbandes für Wohnungswesen, Städtebau und Raumplanung 3). Selbstverlag Köln, 1960, 25 Seiten.

Neue Städte
in der Bundesrepublik. (=Schr.d.Dt. Verbandes f. Wohnungswesen, Städtebau und Raumplanung e.V. 50). Selbstverlag Köln-Mülheim. 1960.

Niemz, G.
Gravenbruch - eine Wohnstadt im Rhein-Main-Verstädterungsgebiet. (= Rhein-Mainische Forschungen H.70). Selbstverlag des Geogr.Instituts Frankfurt/M., 1970, 80 Seiten, 10 Abb., 8 Tab., 7 Bilder.

Pfeil, E.
Neue Städte auch in Deutschland. Stadtgründungen auf der Grundlage gewerblicher Flüchtlingsunternehmen. (= Monogr.z. Politik 3). Verlag Schwartz Göttingen, 1954, 129 Seiten.

Retzko, H.
Verkehrserschließung neuer Wohnsiedlungen in den USA. (= Schriftenreihe "Städtebauliche Forschung"des Bundesministers für Städtebau und Wohnungswesen Bd. 03.005). Waisenhaus Verlag Braunschweig, 1972, 135 Seiten, zahlr. Abb.

Rosner, R.
Neue Städte in England. Callwey Verlag München, 1962, 159 Seiten.

Schaffer, F.
Untersuchungen zur sozialgeographischen Situation in neuen Großwohngebieten am Beispiel Ulm-Eselsberg. (= Münchner Geogr. Hefte 32). Verlag Laßleben Kallmünz/Regensburg, 1968, 150 Seiten.

Schrefler, R.
Probleme neuer Wohngebiete. Empirische Erhebung in einer Stadtrandsiedlung von Linz. Diss. Linz 1971, 84 Seiten.

Schütz, O.
Die neuen Städte und Gemeinden in Bayern. (=Veröfentl. der Akad. für Raumforschung und Landesplanung. Abh. Bd.48). Verlag Jänecke Hannover, 1967, XI, 212 Seiten, 51 z.T.farb.Bilder, 27 Qu.

Schwagenscheidt, W.
Die Nordweststadt - Idee und Gestaltung. Text deutsch/englisch. Krämer Verlag Stuttgart, 1972, 96 Seiten, 100 Abb.

Spiegel, E.
Neue Städte in Israel. Krämer Verlag Stuttgart/Bern, 1966, 192 Seiten, 110 Abb., 30 Tab., 36 Taf.

Studien
zum Problem der Trabantenstadt (T.1). Untersuchungsergebnisse aus Agglomerationsräumen in der Bundesrepublik Deutschland. (=Veröff.d.Akad.f. Raumforsch.u. Landesplanung, Forschungs-u.Sitzungsberichte Bd.26, Raum und Bevölkerung 3). Jänecke Verlag Hannover, 1965, 272 Seiten.

Studien
zum Problem der Trabantenstadt (T.2). Untersuchungsergebnisse aus Agglomerationsräumen im Ausland. (=Veröff.d.Akad.f.Raumforsch.u.Landesplanung. Forschungs-u.Sitzungsberichte Bd.40, Raum und Bevölkerung 6). Jänecke Verlag Hannover, 1969, VII, 461 Seiten, Abb.,Tab.,Lit.,Zsfssg.

Weiss, E.
Neue Stadtteile. Rückblick und Ausblick. (=Wege zur neuen Stadt Bd.4). Europäische Verlagsanstalt Frankfurt/M., 1966, 59 Seiten.

Weyl, H.
Stadtsanierung und neue Städte in England. Im Auftr.d.Siedlungsverbandes Ruhrkohlenbezirk. Rich. Bacht Verlag Essen, 1961, 73 Seiten.

Wohnquartiere
Neue Städte. (= Baumeister Querschnitte I). Callwey Verlag München, 1966, 104 Seiten, Abb. u. Pläne.

Zapf, K. - Heil, K. - Rudolph. J.
Stadt am Stadtrand. Eine vergleichende Untersuchung in vier Münchener Neubausiedlungen. Mit einem Vorwort von H.J. Vogel und einer Einleitung von W. Hartenstein. (= Veröff.des Instituts für angewandte Sozialwissenschaft H.7). Europäische Verlagsanstalt Frankfurt/M., 1969, 372 Seiten, 131 Abb., 141 Tab., Anh. 4 gez.Bl., Pl.

6. City und Altstadt

Andrä, K. - Greiner, J. - Kirchherr, G. u.a.
Stadtzentren. Beiträge zur Umgestaltung und Neuplanung. (= Schriftenr. Bauforschung, Reihe Städtebau und Architektur H. 6). Deutsche Bauinformation Berlin/Ost, 1967, 178 Seiten.

Andrä, K. - Scheibel, W. - Kirchherr, G.
Stadtzentren - Kennziffern - Städtebauliche Varianten. (= Schriftenr. Bauforschung, Reihe Städtebau und Architektur 22 und Dt. Bau-Enzyklopädie 1304). Verlag Deutsche Bauinformation Berlin/Ost, 1968, 40 Seiten mit 3 Abb.

Aust, B.
Stadtgeographie ausgewählter Sekundärzentren in Berlin (West). (= Abh. des 1. Geographischen Instituts der Freien Universität Berlin Bd. 10). D. Reimer Verlag Berlin, 1970, IX, 151 Seiten, Pl., Abb., Tab., Lit., 8 Bl. Abb., Beil.: 7 Bl. Pl.

Bahrdt, H.P.
Die moderne Großstadt. Soziologische Überlegungen zum Städtebau. (= Rowohlt dt. Enzyklopädie Bd. 127). Nymphenburger Verlagshaus München, 3. Aufl., 1972, 199 Seiten mit 9 Zeichn. u. 18 Abb. auf Taf.

Bahrdt, H.P. - Herlyn, U. - Schaufelberger, H.J.
Innenstadt und Erneuerung. Eine soziologische Analyse historischer Zentren mittelgroßer Städte. Unter Mitarb.v. H. Faßhauer und B. Martwich. (= Schriftenr. "Städtebauliche Forschung" des Bundesministers f. Städtebau u. Wohnungswesen Bd. 03.007). Selbstverlag Bonn/Bad Godesberg, 1972, 597 Seiten.

Bökemann, D.
Das innerstädtische Zentralitätsgefüge dargest. am Beispiel der Stadt Karlsruhe. (= Karlsruher Studien zur Regionalwissenschaft H. 1). Selbstverlag Karlsruhe, 1967, VI, 117 Seiten, 39 Bilder, 127 Qu.

Braune, H. - Windelberg, J.
Auseinandersetzung mit zentralen Bereichen für höher verdichtete Zonen. Arbeitsblätter 1970 f. Studenten d. TU Hannover - Städtebau. 1.T.d. Dipl.arb. bearb. im SS 1970 am Lehrstuhl f. Städtebau, TU Hannover. Hannover 1970, 147 Seiten, Abb., Tab., Übers., Lit. Maschinenschriftl. vervielf.

Daseinsformen
der Großstadt. Typische Formen sozialer Existenz in Stadtmitte, Vorstadt und Gürtel der industriellen Großstadt. Bearb.v. R. Mackensen, J.C. Papalekas, E. Pfeil, W. Schütte, L. Burckhardt. (= Industrielle Großstadt, Studien zur Soziologie und Ökologie industrieller Lebensformen Bd. I, hg. von G. Ipsen). Mohr Verlag Tübingen, 1959, 376 Seiten, 18 Abb., 7 Taf., 1 Kt.

Funktion
und Komposition der Stadtzentren. Hg. von der Dt. Bauakademie, Inst.f. Städtebau und Architektur. (= Schriftenreihe Bauforschung, Reihe Städtebau und Architektur H. 4). Verlag Deutsche Bauinformation Berlin/Ost, 1967, 116 Seiten.

Gad, G.
Büros im Stadtzentrum von Nürnberg. Ein Beitrag zur City-Forschung.
(= Erlanger geogr. Arbeiten H. 23). Fränk. Geogr. Gesellschaft Erlangen, 1968, 8 Seiten, 38 Kartenskizzen, 11 Figuren, 14 Tab. im Text, 5 Karten als Beilage.

Geist, J.F.
Passagen, ein Bautyp des 19. Jh. (= Studien Kunst 19. Jh. 5). Prestel Verlag München, 1969, 544 Seiten.

Göschel, W.
Erfahrungsziffern, Faustzahlen und Kompositionsregeln im Bereich der öffentlichen und privaten Dienstleistungen und deren Bedeutung für die Raumordnung. Hrsg.: Bundesministerium des Innern. (= Informationsbriefe für Raumordnung. R.1.7.4.). Kohlhammer Verlag Stuttgart/Köln/Berlin/ Mainz und Deutscher Gemeindeverlag Köln/Berlin/Kiel/Mainz/München/ Wiesbaden, 1969, 11 Seiten.

Haag, S.
Der Standort Stadtmitte. Eine städtebaulich-statistische Untersuchung zur gegenwärtigen Situation und zur möglichen künftigen Planung des Standortes Stadtmitte. Diss. TH Stuttgart, 1962, 163 Seiten mit Abb.

Hartenstein, W. - Burkart, L.
City München. Eine Untersuchung der wirtschaftlichen Struktur und Dynamik der Münchener Innenstadt. (= Veröff.des Instituts für angewandte Sozialwissenschaften Bd. 4). Europäische Verlagsanstalt Frankfurt/M., 1963, 150 Seiten, Abb., Tab.

Hecking, G.
Die Verteilungs- und Dienstleistungswirtschaft als städtische Funktion. Ein Beitrag zur quantitativen Bestandsaufnahme, ihre Analyse und Methodik auf Grund empirischer Untersuchungen im Großraum Stuttgart und in ausgewählten Städten der Bundesrepublik. Diss.der TH Stuttgart. Stuttgart 1967, 147 Seiten, 65 Bilder, 22 Tab., zahlr. Qu. Als Manuskript vervielf.

Infas (Hg.)
Vergleichende City-Studie. Hg. vom Institut f. angewandte Sozialwissenschaften. - Allgemeiner Teil - Städtevergleich. - Grundlagen und Methoden. Selbstverlag des Inst.f. angewandte Sozialwissenschaften Bad Godesberg, 1966 u. 1965.

Kammerer, H. - Schwab, G.
Innerstädtische Zentren - Städtebau. (= architektur wettbewerbe H. 75). Krämer Verlag Stuttgart, 1973, etwa 100 Seiten, über 200 Abb.

Knickenberg, H.
Problem der geringen Einwohnerdichte der Innenstadt in dem strukturellen Gefüge der Stadtregion. Selbstverlag des Städtebaul. Inst. der Universität Stuttgart, 1970, 123 Seiten.

Krause, R.
Die Berliner City, frühere Entwicklung - gegenwärtige Situation - mögliche Perspektiven. (= Sonderheft 43 (NF) des Deutschen Instituts für Wirtschaftsforschung). Verlag Duncker u. Humblot Berlin, 1958, 110 S.

Krayenbühl, F.
Untersuchung über die Entstehung und das Wachstum der Zentren in der Stadt Zürich. Diss. ETH Zürich. Juris Verlag Zürich, 1963, XXI, 127 S.

Lange, S.
Wachstumstheorie zentralörtlicher Systeme. Eine Analyse der räumlichen Verteilung von Geschäftszentren. Hrsg.: Inst.f. Siedlungs- u. Wohnungswesen u. Zentralinst.f. Raumplanung d. Univ. Münster. (= Beitr.z. Siedlungs- u. Wohnungswesen u. z. Raumplanung Bd. 5). Münster 1973, XVI, 140 Seiten, Abb., Lit. Maschinenschriftl. vervielf.

Literaturzusammenstellung
Stadtzentren. Erneuerung und Strukturwandel. Literatur ab 1965. Bearbeitet im Deutschen Verband für Wohnungswesen, Städtebau und Raumplanung e.V. Köln-Mülheim. Stand Dezember 1969, 233 Titel auf 18 Seiten.

Ludmann, H.
Die City. Mit Beiträgen von H. Bruckmann, M. Tafuri und P. Jesberg. (= architektur wettbewerbe H. 43). Krämer Verlag Stuttgart, 1965, 120 S.

Monheim, H.
Zur Attraktivität deutscher Städte. Einflüsse von Ortspräf. auf die Standortwahl von Bürobetrieben. (= WGI-Ber. z. Regionalforsch. H. 8). München 1972, X, 125 Seiten, Kt., Tab., Lit., Anh.: 4 Bl. Fragebogen.

Mueller, W.H.
Die städtebauliche Eingliederung der zentralen Dienste des tertiären Erwerbssektors. Diss. F.f. Bauwesen TH Braunschweig, 1966, 133 Seiten.

Papageorgiou, A.
Stadtkerne im Konflikt. Die historischen Stadtkerne und ihre Rolle im künftigen räumlichen Gefüge. Wasmuth Verlag Tübingen, 1970, 180 Seiten, 355 Abb.

Polis und Regio
Von der Stadt- zur Regionalplanung. Frankfurter Gespräch der List-Gesellschaft 8.-10. Mai 1967, Protokolle - Gutachten - Materialien. Im Auftrag der List-Gesellschaft hg. von E. Salin, N. Bruhn, M. Marti. (= Veröff. der List-Gesellschaft Bd. 57 Reihe D: Gutachten und Konferenzen). Kyklos Verlag Basel und Mohr Verlag Tübingen, 1967, 411 Seiten.

Pfeil, E.
Großstadt-Forschung. Entwicklung und gegenwärtiger Stand. (= Bd. 65 der Abhandlungen der Akad.f. Raumforschung und Landesplanung). Jänecke Verlag Hannover, 2. Aufl., 1972, 410 Seiten.

Rauda, W.
Raumprobleme im europäischen Städtebau. Das Herz der Stadt - Idee und Gestaltung. Callwey Verlag München, 1956, 103 Seiten.

Schoof, H.
Das Büro als Element der Zentrenbildung. (= Kleine Schriften d. Dt. Verb. f. Wohnungswesen, Städtebau und Raumplanung 45). Stadtbau-Verlag Bonn, 1971, 42 Seiten.

Seidensticker, W.
Die City im Umbau. Vulkan Verlag Essen, 1967, 115 Seiten, 125 Bilder, 44 Qu.

Simon, H.
Das Herz unserer Städte. Essen 1963 - 1967. Zeichnungen europäischer Stadtzentren des Mittelalters in 3 Bänden. R. Bacht, Grafische Betriebe u. Verlag Essen. 1963-1967.

Soldner, H.
Die City als Einkaufszentrum im Wandel von Wirtschaft und Gesellschaft.
(= Betriebswirtschaftliche Schriften H. 27). Verlag Duncker u. Humblot
Berlin, 1968, 345 Seiten, Tab., Übers., Lit.

Stadt
und Verstädterung. Protokoll der Tagung 29.9.-1.10.1970 in Loccum.
Hrsg.: Pressestelle d.Ev. Akad. Loccum. (= Loccumer Protokolle Nr. 11).
Loccum 1971, 113 Seiten, Übers. Maschinenschriftl. vervielf.

Stadtzentren
Fußgängerbereiche. Town Centres - Pedestrian Areas. Mit Beiträgen von
J.C. Kirschenmann, B. Winkler. (= architektur wettbewerbe Bd. 75).
Krämer Verlag Stuttgart/Bern, 1973, 96 Seiten.

Städte
und Stadtzentren in der DDR. Ergebnisse und reale Perspektiven des
Städtebaus in der Deutschen Demokratischen Republik. Hrsg.: G. Krenz,
W. Stiebitz, C. Weidner. VEB Verlag für Bauwesen Berlin/Ost, 1969,
216 Seiten.

Städtebau
Gestaltung von Zentren. Urban design. Mit Beiträgen v. C.F. Ahlberg,
M. Eisele, G. Kilpper, H. Federdf. (= architektur wettbewerbe Bd. 52).
Krämer Verlag Stuttgart/Bern, 1967, 104 Seiten, zahlr. Bild., Pl.,
Schemata, Qu.

Städtische Zentren
(= Baumeister Querschnitte Bd. 13). Callwey Verlag München, 1973, 103 S.,
zahlr. Bild., Grundr., Schn.

Stöber, G.
Das Standortgefüge der Großstadtmitte. Ein Beitrag zur kommunalen Strukturforschung am Beispiel der City in Frankfurt/M. Diss. phil. Basel 1963.
(= Schriftenreihe der Verwaltung Bau und Verkehr der Stadt Frankfurt/M.,
Wege zur neuen Stadt). Europäische Verlagsanstalt Frankfurt/M., 1964,
104 Seiten, Pl. Abb.

Wurzer, R. (Hg.)
Funktionswandel und Gestaltungsprobleme in Stadtkernen - Gestaltungsprobleme des ländlichen Raumes. Raumplanungsseminare 1965 u. 1966. Mit
Beitr.v. K. Schaechterle, B. Klebel, H. Natmeessnig u.a. (= Schriftenr.
d. Inst.f. Städtebau, Raumplanung u. Raumordnung Techn. Hochschule Wien
Bd. 8). Selbstverlag d.Inst.f. Städtebau, Raumplanung u. Raumordnung,
Techn. Hochschule Wien, 1969, 140 Seiten, Pl., Abb., Tab., Res. engl.

Zwerenz, G.
Bericht aus dem Landesinnern. City - Strecke - Siedlung. S. Fischer Verlag Frankfurt/M., 1972, 250 Seiten, zahlr. Abb.

Zwischen Stadtmitte und Stadtregion
Berichte und Gedanken. R. Hillebrecht zum 60. Geburtstag. Hg. von der
Deutschen Akademie für Städtebau und Landesplanung. (= Beiträge zur Umweltplanung). Krämer Verlag Stuttgart/Bern, 1970, 188 Seiten.

7. Städtewachstum, Verstädterung, Urbanisierung

Ashford, D.E.
Comparative urban politics and urbanization (Vergleichende Kommunalpolitik und Verstädterung). (= Exchange Bibliography, Council of Planning Librarians 428). Monticello Ill.: Council of Planning Librarians, 1973, 34 S.

Beck, H.J.
Der Kulturzusammenstoß zwischen Stadt und Land in einer Vorortgemeinde. (= Beiträge zur Soziologie und Sozialphilisophie Bd.6). Hg. von R. König. Regio Verlag Zürich, 1952, 189 Seiten.

Bestandsaufnahme
und Prognose der Siedlungsflächen in der Bundesrepublik Deutschland bis zum Jahre 1985, gegliedert nach den 78 statistischen Raumeinheiten. Gutachten erstellt i.Auftr.d. Bundesministers des Innern, Abt. Raumordnung, Statistik, Kommunalwesen. Bearb.M. Krause, H.-H. Menne, R. Niewöhner im Inst.f. Städtebau, Siedlungswesen u. Kulturtechnik d. Univ. Bonn. Selbstverlag Bonn, 2. erg. Aufl., 1972, 60 Seiten, zahlr. Abb.u.Qu., Anh.: zahlr. Tab.

Boustedt, O.
Probleme des Städtewachstums aus der Sicht amerikanischer Erfahrungen und Forschungen. (= Sonderschrift des IFO-Instituts für Wirtschaftsforschung Nr.29). Selbstverlag Berlin/München, 1962, 28 Seiten, Tab.

Boustedt, O.
Die Wachstumskräfte einer Millionenstadt - dargestellt am Beispiel Münchens. Unter Mitarbeit von H. Schmid, W. Maier, G. Gill. K. Gerber Verlag München, 1961, 77 Seiten, Abb., Tab., Lit.

Davy, B.W.
Annotated bibliography on growth centres (Kommentierte Bibliographie über Wachstumszentren). (= Exchange Bibliography. Council of Planning Librarians 374-375). Monticello, Ill.: Council of Planning Librarians, 1973, 84 S.

Dietrichs, B.
Entwicklung der räumlichen Bevölkerungsverteilung. (= Informationsbriefe für Raumordnung, hg. vom Bundesminister des Innern R 2.1.5.). Kohlhammer Verlag/Dt. Gemeindeverlag Stuttgart, 1968, 10 Seiten.

Entwicklungsgesetze
der Stadt. Vorträge und Berichte. Hrsg. von der Landesgr. Nordrhein-Westfalen d. Dt. Akademie f. Städtebau und Landesplanung. Westdeutscher Verlag Köln/Opladen, 1963, 109 Seiten.

Europäische
Raumordnungsminister-Konferenz Bonn 9.-11.9.1970). Thema II: Verstädterung und große Ballungsgebiete in Europa. Probleme der Konzentration in Nordwesteuropa. Ber.vorgel.v.d.belg. Delegation. Hrsg.: Europarat. (= Europarat CMAT (70) 4). 1970, 29 Seiten, Abb., Anh.: Tab., Übers.

Evangelische
Akademie Loccum = Hrsg. Stadt und Verstädterung. Tagung vom 29.9. -
1.10.1970. (= Loccumer Protokolle 11/1970). Loccum, 1971, 113 Seiten.
Maschinenschr. vervielf.

Golz, E.
Die Verstädterung der Erde. (= Fragenkreise). Verlag Schöningh Paderborn,
1966, 40 Seiten, 13 Abb.

Grauhan, R.-R. - Linder, J.W.
Politik der Verstädterung. (= Sozialwissenschaftl. Sonderreihe Verwaltete
Politik Bd.4). Athenäum Verlag Frankfurt/M., 1973, ca. 180 Seiten. Und:
(= FAT 4030), Athenäum-Fischer Taschenbuch, Fischer Verlag Frankfurt/M.,
1. Quartal 1974.

Großstadtbildung
in industriellen Entwicklungsräumen. Das Beispiel Marl.' Mit Beitr.v.
P. Baumann, R. Heiland, J. Heuer, T. Hillenhinrichs, O. Karutz, H. Lubowski,
G. Marschall. (= Beiträge und Untersuchungen d.Inst.f. Siedlungs- u. Wohnungswesen d. Univ. Münster, NF d. Materialiensammlung Bd.53). Selbstverlag Münster, 1960, 90 Seiten mit 9 Lageplänen.

Klemmer, P.
Der Metropolisierungsgrad der Stadtregionen. (= Veröff.d. Akademie für
Raumforschung und Landesplanung Bd.62). Jänecke Verlag Hannover, 1971,
118 Seiten, 49 Tab.

Lésniewski, J.
Merkmale des Verstädterungsprozesses in Mitteleuropa. (Der Raum und seine
Struktur). Diss. TH Hannover. Hannover 1966, XII, 27 Seiten, Kt., Abb.,
Tab., Lit., Anh.: Lit. Maschinenschriftl. vervielf.

Lindauer, G.
Beiträge zur Erfassung der Verstädterung in ländlichen Räumen. Mit Beisp.
a.d. Kochertal. (= Stuttgarter Geogr.Stud.Bd.80). Selbstverlag d. Geogr.
Inst.d. Univ. Stuttgart, 1970, 247 Seiten, Abb., Tab., Lit. Maschinenschr.
vervielf.

Pfeil, E. - Buchholz, E.W.
Von der Kleinstadt zur Mittelstadt. Städtewachstum durch Vertriebenenwanderung. (= Mitteilungen aus dem Institut für Raumordnung H.32). Selbstverlag Bonn/Bad Godesberg, 1957, 41 Seiten mit 2 Abb., 35 Tab.

Polis und Regio
Von der Stadt- zur Regionalplanung. Frankfurter Gespräche der List-Gesellschaft 8.-10. Mai 1967, Protokolle - Gutachten - Materialien. Im Auftr.
der List-Ges. hg. von E. Salin, N. Bruhn, M. Marti. (= Veröff. der List-Gesellschaft Bd.57, Reihe D: Gutachten und Konferenzen). Kyklos Verlag
Basel und Mohr Verlag Tübingen, 1967, 411 Seiten.

Poseck, U.
Geographische Auswirkungen der Verstädterung als Lebensform. Ein sozialgeographischer Beitrag zur Genese des Städtischen. Diss. Köln, 1966,
257 Seiten.

Strand, S.
Urban geography 1950-70. (= Exchange Bibliography. Council of Planning
Librarians 358/359/360). Monticello, Ill.: Council of Planning Librarians,
1973, 272 S.

Toynbee, A.J.
Unaufhaltsam wächst die Stadt. Kohlhammer Verlag Stuttgart, 1971, ca. 210 Seiten.

Zwischen
Stadtmitte und Stadtregion. Berichte und Gedanken. Rudolf Hillebrecht z. 60. Geburtstag. Hrsg.v.d.Dt.Akad.f. Städtebau und Landesplanung. (= Beitr.z. Umweltplanung). Krämer Verlag Stuttgart/Bern, 1970, 188 Seiten, Kt., Abb., Tab., Lit. u. 10 Bl. Kt. Abb.

8. Stadtregion, Agglomeration

Abgrenzung
von Stadtregionen. Ein neues Verfahren zur Ermittlung von Abgrenzungskriterien. Bearb.v. M. Sauberer u. F. Schindegger, Österr. Inst.f.Raumplanung. Hrsg.: Inst.f. Stadtforschung. Jugend u. Volk Verlagsges.mbH., Wien/München, 1973, 137 Seiten, Kt., Abb., Tab., Lit.

Back, H.-J.
Das Social-cost-Problem unter besonderer Berücksichtigung ausgewählter Agglomerationsräume in der Bundesrepublik Deutschland. Hrsg.: Ifo-Inst. f. Wirtschaftsforsch.München. (=Wirtschaftl.u.soz.Probl.d.Agglomerationsprozesses - Beitr.z.Empirie u. Theorie d. Regionalforsch. 8). München 1967, 340 Seiten, Tab., Lit. (masch.autogr.)

Bahrdt, H.P. - Hoselitz, B.F.
Großstadt und Stadtlandschaft. (= Studienhefte des SIN-Städtebauinstituts Nürnberg H. 23). Selbstverlag Nürnberg, 1967, 19 Seiten.

Bartels, D. - Gaebe, W.
Abgrenzung der Agglomerationen Rhein-Main, Rhein-Neckar und Karlsruhe. Arb.a.d.Geogr.Inst.d.Univ. Karlsruhe. (=Sonderdr.aus: Vorschläge zur Neugliederung des Bundesgebietes gemäß Art. 29 des Grundges. Materialien z. Ber.d. Sachverständigenkomm. Vorgel.im Dez. 1972) (Karlsruhe 1973), 25 gez.Bl., Kt., Tab., Lit., Beil.: 1 Kt.

Baudrexl, L.
Beschreibungen der sozialen und wirtschaftlichen Entwicklung ausgewählter Agglomerationsräume. Hrsg.: Ifo-Inst.f.Wirtschaftsforsch. München. (= Wirtschaftl.u.soz.Probl.d. Agglomerationsprozesses - Beiträge z. Empirie u. Theorie d.Regionalforsch.6). München 1967, 481 Seiten, Kt. Tab., Lit. (masch.autogr.)

Bestandsaufnahme
der Informationsbasis im Bereich Wohnungswesen, Städtebau, Raumordnung und in angrenzenden Gebieten. Durchführungszeit: Juni 1967 bis März 1968. Hrsg.: Dt. Verband für Wohnungswesen, Städtebau und Raumplanung. Köln 1968, 95 Seiten, Tab., Anh.: 11 gez.Bl., Lit. (masch.autogr.)

Boustedt, O.
Probleme des Städtewachstums aus der Sicht amerikanischer Erfahrungen und Forschungen. (= Sonderschrift des Ifo-Instituts für Wirtschaftsforschung Nr. 29). Verlag Duncker u. Humblot,Berlin/München, 1962, 28 Seiten.

Boustedt, O.
Die Wachstumskräfte einer Millionenstadt - dargestellt am Beispiel Münchens. Unter Mitarbeit von H. Schmid, W. Maier, G. Gill. Gerber Verlag München, 1961, 77 Seiten, Abb., Tab., Lit.

Boustedt, O. - Müller, G. - Schwarz, K.
Zum Problem der Abgrenzung von Verdichtungsräumen unter Berücksichtigung der Möglichkeiten zur Messung von Verdichtungsschäden. Gutachten. Abgeschlossen Juli 1964. (= Mitt.a.d.Inst.f.Raumordnung H. 61). Selbstverlag d.Bundesforsch.anst.f.Landeskunde u. Raumordnung Bad Godesberg, 1968, VII, 115 Seiten, Tab., Lit. u. 9 Kt.

Braune, H. - Windelberg, J.
Auseinandersetzung mit zentralen Bereichen für höher verdichtete Zonen.
(= Arbeitsblätter 1970 für Studenten der TU Hannover - Städtebau).
1.Teil einer Diplomarbeit bearb. im SS 70 am Lehrstuhl für Städtebau,
TU Hannover. Hannover 1970, 147 Seiten, Abb., Tab., Übers., Lit.
Maschinenschriftl. vervielf.

Brede, H. - Ossorio-Capella, C.
Die Agglomerationsräume in der Bundesrepublik Deutschland - Demographische und ökonomische Aspekte des Agglomerationsprozesses. Hrsg.: Ifo-Inst.f. Wirtschaftsforsch. München. (=Wirtschaftl.u.soz.Probl.d.Agglomerationsprozesses - Beiträge z. Empirie u. Theorie d. Regionalforsch.
2). München 1967, XX, 268 Seiten, Kt., Abb., Tab., Lit., Anh.

Bredé, H. - Ossorio-Capella, C.
Begriff und Abgrenzung der Region, unter besonderer Berücksichtigung
der Agglomerationsräume. Hrsg.: Ifo-Inst.f. Wirtschaftsforsch. München.
(=Wirtschaftliche und soziale Probleme des Agglomerationsprozesses Bd.1).
München 1967, III, 144 Seiten, 1 Kt., zahlr.Qu.

Davy, B.W.
Annotated bibliography on growth centres (Kommentierte Bibliographie
über Wachstumszentren). (= Exchange Bibliography. Council of Planning
Librarians.374-375). Monticello, Ill.: Council of Planning Librarians.
1973, 84 S.

Entwicklung
der Bevölkerung in den Stadtregionen. Mit Beitr.v.K.H. Olsen, O. Boustedt, K. Schwarz u.a. (= Veröff.d.Akad.f.Raumforsch.u.Landesplanung.
Forsch.-u. Sitzungsber. Bd.22. Raum u. Bevölkerung 2). Verlag Jänecke
Hannover, 1963, IX, 206 Seiten, Abb., Tab., Lit., Anh.: Tab., Beil.:
6 Kt.

Europäische
Raumordnungsminister-Konferenz Bonn 9.-11.9. 1970. Thema II: Verstädterung und große Ballungsgebiete in Europa. Probleme der Konzentration
in Nordwesteuropa. Ber. vorgel.v.d.belg. Delegation. Hrsg.: Europarat.
(= Europarat. CMAT (70) 4). (1970), 29 Seiten, Abb., Anh.: Tab., Übers.

Großstadt
und Verdichtungsgebiete. Literaturzusammenstellung (Auswahl). Hrsg.:
Deutscher Verband f. Wohnungswesen, Städtebau und Raumplanung - Bücherei. Köln 1966, 7 Seiten. (masch.autogr.)

Großstadtbildung
in industriellen Entwicklungsräumen. Das Beispiel Marl. Mit Beitr.v.
P. Baumann, R. Heiland, J. Heuer, T. Hillenhinrichs, O. Karutz, H. Lubowski, G. Marschall. (=Beiträge u. Untersuchungen d.Inst.f.Siedlungs-u.
Wohnungswesen d.Univ. Münster. NF d.Materialiensammlung Bd. 53). Selbstverlag Münster, 1960, 90 Seiten mit 9 Lageplänen.

Guthsmuths, W.
Probleme der Raumplanung im Bereich von Ballungsräumen. In: Raumplanungsseminare 1962, 1963, 1964. (=Schriftenreihe Inst. Städtebau, Raumplanung
u. Raumordnung Techn. Hochschule Wien, Bd. 4). Selbstverlag Wien, 1967,
244 Seiten.

Heidenreich, G.
Stadt-Umland-Planung. Hrsg.: Bauakad.d.DDR, Inst.f.Städtebau u. Architektur. (=Schriftenr.d.Bauforsch., R.Städtebau u. Architektur H.40) Bauinformation DDR Berlin/Ost, 1972, 68 Seiten, Kt., Abb.,Tab.,Übers., Lit. Maschinenschr.vervielf.

Hillebrecht, R. - Reschke, H.
Wesen und Bedeutung der Großstadt. Stadtregion-Großstadt und Städtebau. (=Schr.Inst.Wohnungsrecht u.Wohnungswesen a.d.Univ.Köln) O. Schwartz Verlag Göttingen, 1962, 54 Seiten.

Hofstädter, M.
Kriterien zur Zielgrößenbestimmung bei Siedlungseinheiten in Randzonen von Verdichtungsgebieten. Dümmler Verlag Bonn, 1973.

Integrationsprobleme
der Regionalplanung in Verdichtungsräumen. Mit Beitr.v. W. Ernst, H.-G. Niemeier, R. Schnur u.a. (=Schriftenr.Siedlungsverb. Ruhrkohlenbez. 42). Essen 1971, 108 Seiten, Kt., Tab., Übers., Lit.

Irle, M.
Gemeindesoziologische Untersuchung zur Ballung Stuttgart. Unter zeitw. Mitarbeit v.G. Eberlein, U. Stock. (=Mitteilungen aus dem Institut für Raumforschung H. 42). Selbstverlag Bad Godesberg, 1960, V, 76 Seiten, Pl., Tab., Lit.

Isenberg, G.
Die Ballungsgebiete in der Bundesrepublik. Hrsg.: Inst.f. Raumforschung. (=Inst.f.Raumforsch.Vortr.Nr. 6). Bad Godesberg 1957, 55 Seiten, Kt.,Tab. Maschinenschriftl.vervielf.

Klein, H.-J.
Wohneigentum in der Stadtregion. Eine soziologische Analyse eigentumsbezogener Wohnerfahrungen und Wohnerwartungen. (=Karlsruher Studien zur Regionalwissensch. H.3). Selbstverlag des Inst.f.Regionalwissenschaft d. Univ. Karlsruhe, 1970, 269 Seiten, Tab., Lit.

Klemmer, P.
Der Metropolisierungsgrad der Stadtregionen. (=Veröff.d.Akad.f.Raumforsch. u. Landesplanung.Abh. Bd.62). Verlag Jänecke Hannover, 1971, IX, 118 Seiten, Kt., Abb., Tab., Lit.

Zum Konzept
der Stadtregionen.Methoden u. Probleme d.Abgrenzung v. Agglomerationsräumen. Mit Beitr.v.K.Schwarz, O. Boustedt, K. König u.a. (=Veröff.d. Akad. f. Raumforsch.u. Landesplanung. Forsch.-u. Sitzungsber. Bd.59. Raum und Bevölkerung 10). Verlag Jänecke Hannover, 1970, VIII, 167 Seiten, Kt., Abb., Tab., Übers., Lit.

Kraft, J.
Der Agglomerationsprozeß als Problem der Wirtschafts- und Raumordnungspolitik. Hrsg.: Ifo-Inst.f. Wirtschaftsforsch.München. (=Wirtschaftl. u. soz. Probl.d.Agglomerationsprozesses - Beiträge z. Empirie u. Theorie d. Regionalforsch. 12). München 1967, 428 Seiten, Kt., Tab., Lit.

Kraft, J.
Die Entwicklung des tertiären Sektors zwischen 1950 und 1961 und der Agglomerationsprozeß. Hrsg.: Ifo-Inst.f.Wirtschaftsforsch.München. (=Wirtschaftl.u.soz.Probl.d.Agglomerationsprozesses - Beiträge z.Empirie u. Theorie d.Regionalforsch.5). München 1967, T.A-B: 512 Seiten, Abb., Tab., Lit., Anh.Kartenbeil.: 13 Kt. (masch.autogr.)

Lenort, N.J.
Entwicklungsplanung in Stadtregionen. (=Die industr.Entwicklung.Abt.B,
Bd.16). Westdeutscher Verlag Köln, 1961, 275 Seiten, Tab., Übers., Lit.
Zsfssg.

Lésniewski, J.K.
Merkmale des Verstädterungsprozesses in Mitteleuropa. Der Raum und seine
Struktur. Diss. TH Hannover. Hannover 1966, 27, XII S., Kt., Abb., Tab.,
Lit., Anh.:Lit. Maschinenschriftl.vervielf.

Mantke, W.E.
Die räumliche Abgrenzung der Stadt nach bisherigen Methoden und aus einer
funktionellen Gesamtbetrachtung der Stadt auf sozialökonomischer Grundlage. Diss. rer.pol. Freiburg 1965, 118 Seiten.

Medert, K.M. - Streit, Ch.
Raumordnung in den Verdichtungsräumen. Hrsg.: Bundesmin.d.Innern. (=Inf.
briefe f. Raumordnung.R.5.1.2.) Kohlhammer Verlag und Dt. Gemeindeverlag
Mainz, 1970, 12 Seiten, Lit.

Müller, A.
Regionale Agglomerationen, Ballungsoptima und Möglichkeiten der industriellen Dezentralisation unter besonderer Berücksichtigung der Verhältnisse
in der Bundesrepublik Deutschland. Diss. Wirtsch.und Sozialwiss. Fak.
Freiburg/Schweiz. München 1968, 232 Seiten,Tab., Lit. Masch. autogr.

Müller-Ibold, K.
Die Stadtregion als Raum zentraler Orte. Der Strukturwandel großer
Stadtregionen und dessen Auswirkungen auf die Raumordnung und den Städtebau, dargest. am Beispiel von Hannover. Diss. Hannover 1961. Stuttgart
1962, 36 Seiten, mit Kt.,Skizzen.

Nellner, W.
Die Entwicklung der inneren Struktur und Verflechtung in Ballungsgebieten - dargestellt am Beispiel der Rhein-Neckar-Agglomeration. (=Veröff.
d.Akad.f.Raumf.u.Landesplanung. Beitr.Bd.4). Verlag Jänecke Hannover,
1969, VIII, 391 Seiten, Tab., Lit., u.16 S. Kt.Pl., Beil.: 6 Kt. Pl.

Neupert, K.
Die Stadtlandschaft der Zukunft. Dargestellt am Beispiel des Landes
Schleswig-Holstein. Dezentralisierung im Siedlungsraum.- Konzentration
des Siedlungskörpers. Forschungsstelle für Siedlungsgestaltung der Wohnungsbaukreditanstalt des Landes Schleswig-Holstein. Selbstverlag Kiel,
1969, 63 Seiten, Kt., Tab. Maschinenschriftl. vervielf.

Partzsch, D.
Die Struktur der großflächigen Verdichtungsräume. Hrsg.: Bundesmin.d.
Innern. (=Inf.briefe f. Raumordnung, R.2.3.1.). Kohlhammer Verlag und
Dt. Gemeindeverlag Mainz, 1969, 12 Seiten, Kt., Abb., Lit., Beil.: 1 Kt.

Prigge, M.
Beschreibung der sozialen und wirtschaftlichen Entwicklung ausgewählter
Agglomerationsräume. Hrsg.: Ifo-Inst.f.Wirtschaftsforsch.München. (=Wirt-
schaftl.u.soz.Probl.d.Agglomerationsprozesses - Beiträge z.Empirie u.
Theorie d.Regionalforsch. 7). München 1967, 326 Seiten, Kt., Abb., Tab.
Masch.autogr.

Region
und Stadtregion. Hrsg.v. Landkreistag Nordrhein-Westfalen, Düsseldorf.
Düsseldorf 1964, 40 Seiten, Lit., Anh., Zsfssg.

Die Regionalstadt
und ihre strukturgerechte Verkehrsbedienung. Forsch.ber.d.Ausschusses
"Raum u.Verkehr" d.Akad.f.Raumforsch.u.Landesplanung. (=Veröff.d.Akad.f.
Raumforsch.u.Landesplanung,Forsch.u.Sitzungsber.Bd.71. Raum u.Verkehr 10).
Verlag Jänecke Hannover, 1972, IX, 293 Seiten, Kt., Pl., Abb.,Tab.,Übers.,
Lit.u.18 Bl.Kt.,Abb.

Rissel, H.
Agglomeration und Erschließungsaufwand. (=Beitr.a.d.Inst.f.Verkehrswiss.
an d.Univ.Münster H.70). Verlag Vandenhoeck u. Ruprecht Göttingen, 1973,
212 Seiten, Abb.,Tab., Lt.

Ruppert, H.-R. P.
Bevölkerungsballungen. Analyse und Vergleich am Beispiel der Randstadt
Holland, der Rhein-Ruhr-Ballung und der Rhein-Main-Neckar-Ballung. (=Nürn-
berger Wirtsch.-u.Sozialgeogr.Arb. Bd.20). Selbstverlag d.Wirtschafts-u.
Sozialgeogr.Inst.d.Friedrich-Alexander-Univ.Nürnberg, 1973, 332 Seiten,
Kt., Tab., Lit. Maschinenschr. vervielf.

Saalfrank, K.
Untersuchung zur Bedarfsdeckung im Bereich ausgewählter öffentlicher Einrichtungen in Kernstädten von Agglomerationen der Bundesrepublik Deutschland. Hrsg.: Ifo-Inst.f.Wirtschaftsforsch.München. (=Wirtschaftl.u. soz.
Probl.d.Agglomerationsprozesses - Beiträge z. Empirie u.Theorie d.Regio-
nalforsch. 9). München 1967, 224 Seiten, Tab., Lit.

Schnur, R.
Verwaltungsprobleme in Ballungsräumen am Beispiel des Ruhrgebiets.
(=Schriftenr.Siedlungsverb. Ruhrkohlenbezirk Nr.18). Essen 1968, 27 Sei-
ten, Lit.

Schwarz, G.
Dichtezentren der Menschheit. (=Die bewohnte Erde 2). Schroedel Verlag
Hannover, 1953, 72 Seiten, 12 Abb.

Sechs metropolitane
Regionen. Vergleichende Stud.i.Auftr.d.Landes Nordrhein-Westfalen bearb.
v.K. Pfromm, R. Pfromm-Grünwald, Büro f. Environmental Planung Winterthur.
1969, 151 Seiten, Kt.,Abb.,Tab.,Lit.u. 24 Bl.Kt.

Sedlacek
Stadt und Stadtregion. (=Westermann-colleg Raum u. Gesellschaft H.1).
Westermann Verlag Braunschweig, 1973, 64 Seiten.

Seidensticker, W.
Megalopolis - Umwelt von morgen. Vulkan Verlag Essen, 1973, 120 Seiten,
mit vielen Abb.

Die Stadt
und ihre Region. Hg. vom Deutschen Städtetag. Kohlhammer Verlag Stuttgart, 1962, 196 Seiten, 11 Fotos, 16 Kartenskizzen, darunter 1 farbige.

Stadtregionen
in der Bundesrepublik Deutschland. Forsch.ber.d.Arbeitskr."Städt.Regional-
probleme" im Ausschuß "Raum u. Bevölkerung"d.Akad.f.Raumforsch.u.Landes-
planung. Mit Beitr.v.O.Boustedt, W. Matti, P. Möller u.a. (=Veröff.d.Akad.
f. Raumforsch.u.Landesplanung.Forsch.-u.Sitzungsber. Bd.14. Raum u.Bevöl-
kerung 1). Dorn Verlag Bremen, 1960, IX, 237 Seiten, Kt., Abb.,Tab.,Lit.,
Anh.:Tab.,Beil.: 1 Kt.

Stadtregionen
in der Bundesrepublik Deutschland 1961. (=Forschungs-u. Sitzungsberichte
d.Akad.f.Raumforsch.u. Landesplanung Bd. 32. Raum und Bevölkerung 5).
Verlag Jänecke Hannover, 1967, Textband, 308 Seiten.

Stadtregionen
in der Bundesrepublik Deutschland 1961. Ergänzungsband 1: Erläuterungen
zu den Ergebnissen der Volks- u. Berufszählung, der Gebäudezählung und der
nichtlandwirtschaftlichen Arbeitsstättenzählung von 1961. Anhang: Kennzeichen der Stadtregionen sowie Übersicht über die Bevölkerungsentwicklung
zwischen 1939 und Ende 1966. (=Forschungs-u.Sitzungsberichte der Akad.f.
Raumforschung und Landesplanung Bd.32. Raum u. Bevölkerung 5). Jänecke
Verlag Hannover,1968, VIII, 163 Seiten, Abb.,Tab.

Stadtregionen
in der Bundesrepublik Deutschland 1961. Ergänzungsband 2: Ergebnisse der
Volks- und Berufszählung 1961 für die Stadtregionen der BRD.H.1.2.(=Forsch.-
u.Sitzungsber.d.Akad.f.Raumforsch.u.Landesplanung Bd.32.Raum u. Bevölkerung
5). Verlag Jänecke Hannover, 1967, 897 Seiten, Tab.

Stadtregionen
in der Bundesrepublik Deutschland 1961. Ergänzungsband 3: Ergebnisse der
Gebäudezählung und der nichtlandwirtschftlichen Arbeitsstättenzählung 1961
für die Stadtregionen der BRD. (=Forsch.-u.Sitzungsber.d.Akad.f.Raumforsch.
u. Landesplanung Bd.32. Raum u. Bevölkerung 5). Verlag Jänecke Hannover,
1968, XVIII, 208 Seiten, Tab.

Städeli, H.
Die Stadtgebiete der Schweiz. Diss. Zürich 1969, 125 Seiten.

Tamms, F. - Wortmann, W.
Die Verbandsstadt - ein neues Stadtmodell. Düsseldorf 1972, 19 gez. Bl.,
Kt., Tab.

Voigt, H.
Abgrenzungsprobleme des Stadtgebietes. Ergebnisse und Methoden von Strukturuntersuchungen der Stadtregion. Hrsg.: Kommunale Gemeinschaftsstelle
für Verwaltungsvereinfachung - Köln 1956, 43 Seiten. Als Ms. vervielf.

Wächter, K.
Wohnen in der städt. Agglomeration des 20. Jahrhunderts. Krämer Verlag
Stuttgart, 1971, 77 Seiten, 84 Abb.

Wurzer, R.
Struktur und Probleme der Verdichtungsgebiete. (= Strukturanalyse des
österreichischen Bundesgebietes Bd. 2). Institut für Städtebau, Raumplanung und Raumordnung an der TH Wien. Selbstverlag Wien, 1970, 28 Seiten,
12 Karten.

Zentralörtliche Funktionen
in Verdichtungsräumen. Hg.v.d.Akad.f.Raumforsch.u.Landesplanung. (=Forschungs-u.Sitzungsberichte d.Akad.f.Raumforsch.u.Landesplanung 72).
Verlag Jänecke Hannover, 1972, 201 Seiten.

Zepf, E.
Modelle der Stadtregion, Städtebänder und Freiräume. Diss. im Inst.f. Orts-
Regional-u.Landesplanung, Lehrstuhl f.Städtebau u.Entwerfen (Prof.A.
Bayer), Fak.f.Architektur der Univ. Karlsruhe, 18. Dez.1963, 64 Seiten.

Zwischen Stadtmitte
und Stadtregion. Berichte u. Gedanken. R. Hillebrecht z.60.Geburtstag.
Hrsg.v.d.Dt.Akad.f.Städtebau u.Landesplanung (=Beiträge z.Umweltplanung).
Krämer Verlag Stuttgart, 1970, 188 Seiten, 50 Abb.

9. Die Stadt als zentraler Ort

Berry, B.J.L. - Pred, A.
Central Place Studies. A bibliography of Theory and applications.
Hg. vom Regional Science Research Institute, Philadelphia, Pennsylv.
(= Bibliography Series Nr.1). 1965, 152 und 50 Seiten.

Bohr, D. - Stegt, J.
Innen- und Außenbefragung - Methoden zur Ermittlung der Verflechtungsbereiche zentraler Orte. Dümmler Verlag Bonn, 1973.

Budde, A.
Zur Erfassung von Verflechtungsbereichen und zu ihrer Verwendung in der Raumplanung. Diss. Univ. Bonn 1971, 134 Seiten, 46 Abb., 16 Taf., 114 Lit.

Christaller, G.
Das Grundgerüst der räumlichen Ordnung in Europa. Die Systeme der europäischen zentralen Orte. (= Frankfurter Geographische Hefte 24. Jg., H.1). Kramer Verlag Frankfurt/M., 1950, 96 Seiten.

Christaller, W.
Die Zentralen Orte in Süddeutschland. Eine ökon.-geogr. Untersuchung ü. d. Gesetzmäßigkeit d. Verbreitung u. Entwicklung d. Siedlungen mit städt. Funktionen. Reprogr. Nachdr.d. 1. Aufl., Jena 1933. Wiss. Buchgesellsch. Darmstadt, 1968, 331 Seiten, Kt., Abb., Beil.

Dietrichs, B.
Räumliche Industriestruktur und zentralörtliche Gliederung. Hrsg.: Bundesmin.d. Innern. (= Inf.briefe f. Raumordnung. R 2.1.4.). Kohlhammer Verlag und Dt. Gemeindeverlag Mainz, 1970, 10 Seiten Lit.

Entwurf
einer Denkschrift des Innenministeriums über Zentrale Orte und Verflechtungsbereiche in Baden-Württemberg. Stand: 2.4.1968. Hrsg.v. Innenmin. Baden-Württemberg. Stuttgart 1968, 25 Seiten, Anh.: 4 Bl. Übers., Beil.: 1 Kt.

Franz, J.
Potentielle Bereiche zentraler Orte mittlerer Stufe dargestellt am Beispiel Baden-Württembergs. Diss. Wien. Wien,1973, 228, 12 Seiten, Kt., Abb., Tab., Lit.

Funktionale
Erfordernisse zentraler Einrichtungen als Bestimmungsgröße von Siedlungs- und Stadteinheiten in Abhängigkeit von Größenordnung und Zuordnung. Hrsg. Bundesministerium für Städtebau und Wohnungswesen. (=Städtebauliche Forschung. 03.003.). Selbstverlag Bonn-Bad Godesberg, 1972, 508 Seiten.

Grimme, L.
Ein Versuch zur Erfassung und Bewertung der zentralörtlichen Ausstattung der Gemeinden in Bayern auf der Grundlage der Ergebnisse der Arbeitsstättenzählung 1961.Ein method.-empir. Beitr.z. Bestimmung, Überprüfung u. Fortschreibung zentraler Orte aufgrund ihrer Ausstattung mit Hilfe d. EDV. Hrsg.: Lehrstuhl f. Raumforsch., Raumordnung u. Landesplanung, TU München. Diss. TU München. München 1971, Getr.Pag., Abb.,Tab., Lit.

Gustafsson, K.
Grundlagen zur Zentralitätsbestimmung dargestellt am Beispiel der Region "Westküste Schleswig-Holstein". (= Abhandlungen. Akademie f. Raumforschung und Landesplanung. Bd.66). Jänecke Verlag Hannover, 1973, VIII, 116 Seiten, zahlr. Tab., schem. Darst., Kt., Qu.

Hansmeyer, K.-H. - Fürst, D.
Die Ausstattung mit zentralörtlichen Einrichtungen ausgewählter zentraler Orte in Rheinland-Pfalz. Hrsg.: Staatskanzlei Rheinland-Pfalz - Oberste Landesplanungsbehörde. Mainz 1970, 158 Seiten, Tab., Lit.

Harlegard, S.
Zentralisieren oder dezentralisieren? Eine Fallstudie am Beispiel der durchgeführten Reorganisation eines Industrieunternehmens. Verlag P. Haupt Bern, 1971, 94 Seiten.

Helberg, H.
Zentrale Orte als Entwicklungsschwerpunkte in ländlichen Gebieten. Kriterien z. Beurteilung ihrer Förderungswürdigkeit. Hrsg.: Wiss.rat d. GEWOS e.V. Hamburg. (= Beitr.z. Stadt-u. Regionalforsch. 4). Verlag Vandenhoeck u. Ruprecht Göttingen, 1972, XIII, 125 Seiten, Kt., Abb., Tab., Übers., Lit.

Högy, U.
Das rechtsrheinische Rhein-Neckar-Gebiet in seiner zentralörtlichen Bereichsgliederung auf der Grundlage der Stadt - Land - Beziehungen. (=Heidelberger Geogr. Arbeiten Bd. 17, H.2). Selbstverlag des Geogr. Inst. Heidelberg, 1966, 199 Seiten.

Industrie
und zentrale Orte. (=Veröff.d.Akad.f. Raumforschung und Landesplanung, Forschungs- u. Sitzungsberichte 49; Raum u. Gewerbliche Wirtschaft H. 4). Verlag Jänecke Hannover, 1969, 73 Seiten.

Isbary, G.
Zentrale Orte und Versorgungsnahbereiche. Zur Quantifizierung d. Zentralen Orte in d. BRD. Gutachten. (=Mitt.a.d.Inst.f. Raumforsch., H.56). Selbstverlag d.Bundesanst.f. Landeskunde u. Raumforsch. Bad Godesberg, 1965, 149 Seiten, Tab., Lit. Maschinenschrift. vervielf.

Jochimsen, R. - Treuner, P.
Zentrale Orte in ländlichen Räumen unter besonderer Berücksichtigung der Möglichkeiten der Schaffung zusätzlicher außerlandwirtschaftlicher Arbeitsplätze. Forsch.ber. erstellt im Auftr.d.Bundesmind.d.Innern. (=Mitt.a.d. Inst.f. Raumforsch. H.58).Selbstverl.d.Bundesanst.f. Landeskunde u. Raumforsch. Bad Godesberg, 1967, VI, 181 Seiten, Abb., Tab., Lit., Beil.: 3 Kt. Maschinenschriftl. vervielf.

Klöpper, R.
Entstehung, Lage und Verteilung der zentralen Siedlungen in Niedersachsen. (=Forschungen z. dt. Landeskunde Bd. 71). Selbstverlag der Bundesanstalt f. Landeskunde Remagen, 1952, 125 Seiten.

Kluczka, G.
Nordrhein-Westfalen in seiner Gliederung nach zentralörtlichen Bereichen. Eine geogr.-landeskundl. Bestandsaufn. 1964-1968. Aufgenommen und bearb. v. Inst.f. Landeskunde. (=Landesentwicklung. Schriftenr. d.Min.präs. d. Landes Nordrhein-Westfalen, H.27). Düsseldorf, 1970, 42 Seiten, Tab., Lit., Beil.: 1 Kt.

Kluczka, G.
Südliches Westfalen in seiner Gliederung nach zentralen Orten und zentralörtlichen Bereichen. Hellwegbörden - Sauerland - Siegerland - Wittgenstein. Landeskundl. Darst. e. empir. Bestandsaufnahme d. Inst.f. Landeskunde. (= Forsch. z. dt. Landeskunde Bd. 182). Selbstverl. d. Bundesforsch.anst, f. Landeskunde u. Raumordnung, 1971, 171 Seiten, Tab., Lit., Beil.: 1 Kt.

Kluczka, G.
Zum Problem der zentralen Orte und ihrer Bereiche. Wissenschaftsgeschichtliche Entwicklung in Deutschland und Forschungsstand in Westfalen. (= Spieker Bd. 16). Münster 1967, 160 Seiten.

Kluczka, G.
Zentrale Orte und zentralörtliche Bereiche mittlerer und höherer Stufe in der Bundesrepublik Deutschland. Ber.d.Gemeinschaftsarbeit d. Zentralausschusses f.dt. Landeskunde, durchgeführt v.d. Geogr. Hochschulinst. unter Leitung d. Inst.f. Landeskunde m. Unterstützung d. DFG. (= Forsch. z.dt. Landeskunde Bd. 194). Selbstverlag d. Bundesforschungsanstalt f. Landeskunde u. Raumordnung, 1970, 46 Seiten, Tab., Lit. u. 5 Bl. Tab., Beil.: 1 Kt.

Lamping, H.
Zur Relevanz administrativer Zentren und Einheiten für die Entwicklung zentraler Orte und ihrer Bereiche. Eine Untersuchung am Beispiel d. unteren staatl. Verw.behörden in Unterfranken, 1800 - 1970. (=Würzburger Geogr.Arb.Mitt.d.Geogr.Ges. Würzburg H. 32). Selbstverlag des Geogr. Inst.d.Univ. Würzburg, 1970, 111 Seiten, Kt., Abb., Tab., Lit.

Lange, S.
Wachstumstheorie zentralörtlicher Systeme. Eine Analyse der räumlichen Verteilung von Geschäftszentren. (=Beiträge zum Siedlungs- u. Wohnungswesen und zur Raumplanung Bd. 5). Hg. vom Zentralinstitut für Raumplanung an der Universität Münster. Selbstverlag Münster, 1973, XVI, 140 S., 13 Abb.

Malchus, V.v. - Haase, F.O. - Niclas, M.
Zentrale Orte und ihre Verflechtungsbereiche in Baden-Württemberg. Ergebnisse eines Forschungsauftrages des Innenministeriums Baden-Württemberg. Eine Arbeit aus dem Institut für Agrarwissenschaft d. Univ. Freiburg. Freiburg i.Brsg. 1967, Neudruck 1968.

Mantke, W.E.
Die räumliche Abgrenzung der Stadt nach bisherigen Methoden und aus einer funktionellen Gesamtbetrachtung der Stadt auf sozialökonomischer Grundlage. Diss.rer.pol. Freiburg 1965, 118 Seiten.

Meinke, D.
Großstadt-Einflußbereiche. Struktur und wirtschaftliche Entwicklung unter Berücksichtigung von Entlastungszentren. Physica-Verlag Würzburg, 1973, 150 Seiten.

Meynen, E. - Klöpper, R. - Körber, J.
Rheinland-Pfalz in seiner Gliederung nach zentralörtlichen Bereichen. (= Forschungen z.dt. Landeskunde 100). Selbstverlag d. Bundesanstalt f. Landeskunde Remagen, 1957, 367 Seiten.

Mielitz, G.
Zentrale Orte in Oberhessen. Eine Untersuchung zur Bestimmung von zentralen Siedlungen und ihres Funktionswandels. (= Arch.f. Raumforsch.i. Hessen). Hrsg.: Hess.Min.d. Innern. Verlag W. Lautz Wiesbaden, 1967, 119 Seiten, Kt., Abb., Tab., Lit.

Müller, G. - Brack, G. - Treuner, P. u.a.
Neue Wege in der zentralörtlichen Forschung. 5. Arbeitstagung d. Verb.dt. Berufsgeographen. (= Münchner Geogr.H.34). Verlag Laßleben Kallmünz/Regensburg, 1969, 60 Seiten, Abb., Tab., Lit.

Müller, U. - Neidhardt, J.
Einkaufsort-Orientierung als Kriterium für die Bestimmung von Größenordnung und Struktur kommunaler Funktionsbereiche. Unters. auf empir.statist. Grundlage in d. Gemeinden Reichenbach a.d.Fils, Baltmannsweiler, Weil der Stadt, Münklingen, Leonberg-Ramtel, Schwaikheim. (= Stuttgarter Geogr.Stud. Bd.84). Selbstverlag d. Geogr.Inst.d.Univ. Stuttgart, 1972, X, 161 Seiten, Abb., Tab., Lt. Maschinenschriftl. vervielf.

Müller-Ibold, K.
Die Stadtregion als Raum zentraler Orte. Der Strukturwandel großer Stadtregionen u. dessen Auswirkungen auf die Raumordnung und d. Städtebau, dargest. am Beispiel Hannover. Diss. Hannover, 1962, 36 Seiten mit Kt. Sk.

Nahbereiche
und zentrale Orte. (= Schriften des Dt. Gemeindetages H.6). Bad Godesberg, 1966, 97 Seiten.

Neupert, K.
Die Theorie der zentralen Orte und ihre Bedeutung für die Dezentralisation und die Neugestaltung der Siedlungslandschaft. Kiel, 1967, II, 13 Seiten, 17 Qu.

Ofner, R.
Die regionale Situation der Gemeinden. (= Schriftenr.d.Österr.Ges.f. Raumforsch.u. Raumplanung Bd.14). Springer Verlag Wien/New York, 1971, 77 Seiten, Kt., Tab., Lit. u. 1 Bl. Kt.

Partzsch, D.
Die Siedlungsstruktur und das Netz der zentralen Orte. (= Informationsbriefe für Raumordnung, hg. vom Bundesminister des Innern R.2.1.2.). Kohlhammer Verlag/Dt. Gemeindeverlag Mainz, 1966, 11 Seiten.

Rechtmann, J.
Zentralörtliche Bereiche und zentrale Orte in Nord- u. Westniedersachsen. (= Forschungen zur dt. Landeskunde Bd.197). Selbstverlag der Bundesanstalt f. Landeskunde Bonn-Bad Godesberg, 1970.

Sättler, M.
Ein ökonomisches Simulationsmodell für Zentrale Orte als Instrument der Stadtentwicklungsplanung. (= Schriften zur wirtschaftswissenschaftl. Forschung Bd.64). Hain Verlag Meisenheim a.G., 1973, 160 Seiten, Abb., Qu.

Schöller, P.
Zentralitätsforschung. (=Wege d. Forschung Bd. 301). Wiss. Buchgesellschaft Darmstadt, 1972, XXI, 497 Seiten, Kt., Abb., Tab., Lit. u. 4 Bl. Kt.

Sedlacek, P.
Zum Problem intraurbaner Zentralorte. Dargestellt am Beispiel der Stadt Münster. (=Westfäl. Geogr. Studien 28). Selbstverlag d. Inst.f. Geographie u. Länderkunde u.d.Geogr. Kommission f. Westfalen, Münster, 1973, III, 80 Seiten, Abb., Tab., Lit. u. 1 Bl. Abb.

Treuner, P.
Die Kosten der Landschaftsstruktur in Abhängigkeit von der Größe und der Struktur der zentralen Orte niederster Stufe und ihrer Einzugsbereiche. (= Mitteilungen aus dem Institut für Raumordnung H.63). Selbstverlag Bonn-Bad Godesberg, 1968, IV, 121 Seiten.

Untersuchung
über die Hierarchie von Versorgungszentren und ihre weitere Entwicklung. Abschnitt A und B: Theoretische u. empirische Forsch.ergebn. Bearb.: Inst. f. Gebietsplanung u. Stadtentwicklung i.A. d. Bundesmin.f.Wirtschaft. Köln 1972, 154 Seiten, Tab., Lit. Maschinenschr. vervielf.

Untersuchung
zur Mindestgröße und Mindestausstattung zentraler Orte unter Berücksichtigung von privaten Versorgungseinrichtungen und der dafür erforderlichen Bevölkerungsbasis. I.A.d. Bundesmin.f.Wirtschaft. Hrsg.: Inst. Gewerbebetriebe im Städtebau, Ingesta. Köln 1971, 2. Aufl., VII, 125 Seiten, Tab., Lit. u. 13 Bl. Kt., Tab. Maschinenschr. vervielf.

Versorgungsnahbereiche
als Kleinzentren im ländlichen Raum. Forsch.ber.d. Ausschusses "Raum und Landwirtschaft" d.Akad.f. Raumforsch.u. Landesplanung. (=Veröff.d.Akad.f. Raumforsch.u. Landesplanung. Forsch.-u.Sitzungsber Bd. 47; Raum u. Landwirtsch.7). Verlag Jänecke Hannover, 1969, 244 Seiten, Abb., Tab., Lit., Zsfssg.

Wenk, U.
Die zentralen Orte an der Westküste Schleswig-Holsteins unter besonderer Berücksichtigung der zentralen Orte niederen Grades. Neues Material ü.e. wichtiges Teilgebiet d.Progr. Nord. (=Schr.d.Geogr.Inst.d.Univ. Kiel Bd. 28, H. 2). Selbstverlag d. Geogr.Inst.d.Univ. Kiel, 1968, 347 Seiten, Kt., Tab., Lit., Beil.: 2 Kt.

Zentrale
Orte. Hrsg.: Bundesvereinigung d. Kommunalen Spitzenverbände. Köln-Marienburg o.J. (1965) 16 Seiten.

Zentrale Orte
und Entwicklungsachsen im Landesentwicklungsplan. Forsch.ber.d. Landesarbeitsgem.Baden-Württemberg d.Akad.f. Raumforsch.u. Landesplanung. Mit Beitr.v.H. Langenhan, J.H. Müller u. P. Klemmer. Vorw.: J. Umlauf. (=Veröff.d.Akad.f. Raumforsch.u. Landesplanung. Forsch.-u.Sitzungsber. Bd.56; LAG Baden-Württemberg 1). Verlag Jänecke Hannover, 1969, VII, 24 Seiten, Lit., Beil.: 1 Kt.

Zentrale Orte
und Nahbereiche in Bayern. Landesentwicklung Bayern. Hrsg.v. Bayer. Staatsmin.f. Landesentwicklung u. Umweltfragen. München 1972, 98 Seiten, Tab., Beil.: 2 Kt.

10. Das Image von Städten

Antonoff, R.
Wie man seine Stadt verkauft. Kommunale Werbung und Öffentlichkeitsarbeit. VDI-Verlag Düsseldorf, 1971, 186 Seiten.

Hannover
aus der Sicht seiner Bevölkerung. Ergebn. einer Repräsentativerhebung 1969/70. Bearb.v. G. Wieting, P. Deckert. Hg. Landeshauptstadt Hannover, Ref.f. Stadtentwicklung, Hannover 1971. Maschinenschriftl. vervielf.

Iblher, P. - Jansen, G.-D.
Die Bewertung städtischer Entwicklungsalternativen mit Hilfe sozialer Indikatoren. Dargestellt am Beispiel der Stadt Zürich. (= Wirtsch.pol. Stud.a.d.Inst.f. Europ.Wirtsch.pol.d.Univ. Hamburg H.29). Verlag Vandenhoeck u. Ruprecht Göttingen, 1972, 658 Seiten, Kt., Abb., Tab., Lit. u.6 Bl.Kt., Anh.: 10 Bl. Kt.

Krymanski, R.
Bodenbezogenes Verhalten in der Industriegesellschaft. Hrsg. Zentralinst. f. Raumplanung a.d. Univ. Münster. (= Materialien z. Raumplanung 2). Münster/Westf., 1967, 277 Seiten, Tab., Lit.

Landwehrmann, F. - Nokielski, H.
Zielgruppe: Multiplikatoren. Das Ruhrgebiet: Meinungen, Mutmaßungen. Unter Mitarbeit v. G. Raeder, Inst.f. Stadt- und Regionalentwicklung. Hrsg. Siedlungsverb. Ruhrkohlenbez., Abtlg. Öffentlichkeitsarbeit. Essen,1973, 145 Seiten, Abb., Tab., Übers., Lit.

Monheim, H.
Zur Attraktivität deutscher Städte. Einflüsse von Ortspräferenzen auf die Standortwahl von Bürobetrieben. (= WGI-Berichte zur Regionalforschung 1972 H.8). Diss. München,1972. Geographische Buchhandlung München, 140 S.

Ruhl, G.
Das Image von München als Faktor für den Zuzug. (= Münchener Geogr. Hefte Nr.35). Verlag M. Lassleben Kallmünz/Regensburg, 1971, 123 Seiten, Kt., Tab., Lit.

VI. Allgemeine Probleme von Stadtplanung/Städtebau

1. Zur Theorie und Operationalität der Planung

Bardet, Ph.
Die Organisation der Planung. (= Gegenwartsfragen aus Wirtschaft und Gesellschaft Bd.1). Hrsg. von der Wirtschafts- und Sozialwissenschaftlichen Fakultät der Univ. Erlangen-Nürnberg. Kohlhammer Verlag Stuttgart, 1965, 36 Seiten.

Barby, J.v. - Fischer, K.
Der städtebauliche Bewertungsrahmen. (= Materialiensammlung Städtebau H.4). Dümmler Verlag Bonn, 1972, 38 Seiten, zahlr. Abb.

Bendixen, P. - Kemmler, H.W.
Planung - Organisation und Methodik innovativer Entscheidungsprozesse. de Gruyter Verlag Berlin/New York, 1972, 179 Seiten, 24 Abb.

Bergelt, K. (Bearb.)
Mathematische Methoden im Städtebau. Beiträge zur Generalbebauungsplanung der Städte. (= Schriftenreihe Städtebau und Architektur H.21). Übers. aus dem Russ. Hrsg.: Deutsche Bauakademie Institut für Städtebau und Architektur Berlin/Ost, 1968, 40 Seiten, Abb., Tab., Lit. Maschinenschriftl. vervielf.

Biermann, H.
Kybernetische Prognosemodelle in der Regionalplanung. (= Wirtschaftskybernetik u. Systemanalyse Bd.2). Verlag Duncker u. Humblot Berlin, 1970, 249 Seiten.

Blankenburg, W.
Entscheidungskriterien und -hilfen in der Stadtplanung unter dem Aspekt der Komplementärität zwischen privaten und öffentlichen Gütern. Diss. Erlangen-Nürnberg. 1970, XXXIV 179 Seiten, Übers., Lit. Maschinenschr. vervielf.

Brösse, U.
Ziele in der Regionalpolitik und in der Raumordnungspolitik. Zielforschung und Probleme der Realisierung von Zielen. Verlag Duncker u. Humblot Berlin, 1972, 181 Seiten.

Bühlmann, H. - Loeffel, H. - Nievergelt, E.
Einführung in die Theorie und Praxis der Entscheidung bei Unsicherheit. Unterlagen f.e. Kurs d.Schweiz.Ver.f.Operations Res. (= Lecture Notes in Operations Res. and Mathematical Econ.,1). Springer Verlag Berlin/New York, 1967, 122 Seiten, Abb., Tab., Lit.

Busch, F. - Fischer, T. - Schütte, K. u.a.
Seminar für Planungswesen. Vorträge. (= Veröffentlichungen des Seminars für Planungswesen der TU Braunschweig H.9). Braunschweig, 1973, 274 Seiten, Abb. u. Tab.

Daub, M.
Bebauungsplanung. Theorie - Methode - Kritik. (= Schriftenreihe des Vereins für Kommunalwissenschaften). Kohlhammer Verlag Stuttgart, 3. Aufl., 1973, 224 Seiten, 71 Übers. u. Abb., davon 9 farb.

Diederich, J.
Planer - Politiker - Soziologe. (= Veröff.d.Inst.f. Städtebau der Dt.
Akad.f. Städtebau und Landesplanung Berlin Bd. 33/9). Selbstverlag Berlin,
1970, 13 Seiten.

Diederich, N.
Das Berliner Planungssystem. (= Veröff.d.Inst.f. Städtebau der Dt. Akad.
f. Städtebau und Landesplanung Berlin Bd. 45/7). Selbstverlag Berlin,
1973, 9 Seiten.

Diederich, N.
Integrierte Stadtentwicklung: Grundzüge des Berliner Planungssystems.
(= Veröff.d.Inst.f. Städtebau der Dt. Akad.f. Städtebau und Landesplanung
Berlin Bd. 36/3). Selbstverlag Berlin, 1971, 13 Seiten.

Diedrich, H.
Mathematische Optimierung. Ihr Rationalisierungsbeitrag für die Stadt-
entwicklung. (= Beiträge zur Stadt- und Regionalforschung.Hg.von der
GEWOS H.1). Verlag Vandenhoeck u. Ruprecht Göttingen, 1970, XIV, 173 S.,
Abb., Tab., Übers., Lit.

Dittrich, G.G.
Städtebaulicher Bewertungsrahmen. Qualitative und quantitative Analyse
des Bebauungsplans. (= Studienhefte des SIN Städtebauinstituts Nürnberg
H.7). Selbstverlag SIN Nürnberg, 3. unv. Aufl., 1967, 30 Seiten.

Dittrich, G.G.
Städtebauliche Planung: Begriffe - Methodik - Bestandsaufnahme - Arbeitstechnik. (= Studienhefte des SIN Städtebauinstituts Nürnberg H.2). Selbstverlag Nürnberg, 3. unv. Aufl., 1967, 35 Seiten.

Dittrich, G.G. (Hg.)
Stadtplanung - interdisziplinär. Beiträge von 12 Wissenschaftlern zur
Bauleit- und Fachbereichsplanung. (= Reihe Die Stadt, hg. vom Städtebau-
institut Nürnberg). Deutsche Verlagsanstalt Stuttgart, 1972, 215 Seiten.

Dollezal
Netzplantechnik. Projektplanungs- und Überwachungsmethode. (= Veröff.
d.Inst.f. Städtebau der Dt.Akad.f. Städtebau und Landesplanung Berlin
Bd. 36/7). Selbstverlag Berlin, 2. Aufl., 1971, 24 Seiten.

Ellwein, Th.
Politik und Planung. (= Lebendiges Wissen). Kohlhammer Verlag Stuttgart,
1968, 87 Seiten.

Fehl, G. - Fester, M. - Kuhnert, N.
Planung und Information. Materialien zur Planungsforschung. (= Bauwelt
Fundamente Bd. 34). Bertelsmann Fachverlag Berlin, 1972, 318 Seiten,
19 Abb.

Fischer, G.
Praxisorientierte Theorie der Regionalforschung. Analyse räumlicher Ent-
wicklungsprozesse als Grundlage einer rationalen Regionalpolitik für die
Schweiz. Habilschr.St.Gallen. (= St. Galler Wirtsch.wiss. Forschungen
Bd. 29). Verlag J.C.B. Mohr Tübingen, 1973, X, 300 Seiten, Abb., Tab.,
Übers., Lit.

Friend, J.K. - W.Neil Jessop
Entscheidungsstrategie in Stadtplanung und Verwaltung. (Engl. Originalt.: Local government and strategic choice. An operational research approach to the process of public planning.) Gekürzte Fassung übers.v.W.G.O. Zwirner. (= Bauwelt Fundamente 36). Bertelsmann Fachverlag Düsseldorf, 1973, 233 Seiten, Abb., Tab., Übers., Lit.

Grundfragen
einer zusammenfassenden Darstellung raumbedeutsamer Planungen und Maßnahmen. Gemäß § 4 Abs.1 des Raumordnungsgesetzes vom 8.4.1965. Von R. Jochimsen, F. Ortmann, J.-U. Reiche u.a. Forsch.ber. erst. im Auftr.d. Bundesmin.d. Innern. (= Mitt.a.d. Inst.f. Raumordnung H.76). Selbstverlag d. Bundesforsch.anst.f. Landeskunde u. Raumordnung Bonn/Bad Godesberg, 1972, 187 Seiten, Abb., Tab., Lit.

Habermehrl, P.
System und Grundlagen der Planung. (= Taschenbücher d.Dt.Vrb.f.Wohnungswesen, Städtebau u. Raumplanung e.V. Bd.9). Stadtbau-Verlag Bonn, 1969 ?, 111 Seiten, Lit.

Hartel, H.G.
Städtebauliches Programm, Standort und Erschließung. Krämer Verlag Stuttgart, 1970, 253 Seiten, 5 Ktn.

Hasselmann, W.
Stadtentwicklungsplanung. Grundlagen - Methoden - Maßnahmen, dargestellt am Beispiel der Stadt Osnabrück. (= Sonderdrucke des Inst.f. Siedlungs- und Wohnungswesen der Univ. Münster H.39). Selbstverlag Münster, 1967, 470 Seiten.

Häusler, J.
Planung als Zukunftsgestaltung. Voraussetzungen, Methodik und Formen der Planung in soziotechnischen Systemen. (= Fortschrittliche Unternehmensführung. Schriftenreihe des Berliner Arbeitskreises für betriebliche Führungskräfte Bd. 1). Gabler Verlag Wiesbaden, 1969, 104 Seiten.

Heidemann, C.
Informative und normative Sätze in der Planung. (= Veröff.d.Inst.f. Städtebau der Dt.Akad.f.Städtbau und Landesplanung Berlin Bd. 41/1). Selbstverlag Berlin, 1973, 32 Seiten.

Heil, K.
Integrierte Stadtentwicklungsplanung. (= Veröff.d.Inst.f.Städtebau der Dt.Akad.f. Städtebau und Landesplanung Berlin Bd. 36/2). Selbstverlag Berlin, 1971, 5 Seiten.

Hesse, J.J.
Stadtentwicklungsplanung: Zielfindungsprozesse und Zielvorstellungen. (= Schriftenr.d.Ver.f.Kommunalwiss.e.V. Berlin Bd.38). Kohlhammer Verlag Stuttgart, 1972, 158 Seiten, Übers., Lit.u. 2 Bl.Übers.

Hilberseimer, L.
Entfaltung einer Planungsidee. (= Bauwelt Fundamente Bd. 6). Ullstein Verlag Berlin, 1963, 140 Seiten, 121 Abb.

Hoch, P.
Erfolgreiche Projektplanung mit Netzplantechnik. (= Veröff.d.Inst.f. Städtebau der Dt.Akad.f.Städtebau und Landesplanung Berlin Bd. 36/8). Selbstverlag Berlin, 1971, 11 Seiten.

Hövelborn, P. - Kubach, H.-P. - Schäfer, H.Ch.
Bibliographie Nr.19, Stadtentwicklungsplanung. Bearbeitet in der Abt.
Dokumentation des Städtebaulichen Instituts der Univ. Stuttgart. Selbstverlag Stuttgart, 1973, 65 Seiten.

Interdisziplinäre
Planung. Beispiele aus der Referendarausbildung. (= Schr.d.Inst.f. Städtebau und Raumordnung Stuttgart Bd.5). Hrsg.: Inst.f.Städtebau und Raumordnung Stuttgart, 1968, 79 Seiten, zahlr.Abb., Kt., Tab.

Interdisziplinäre
Zusammenarbeit. (Vorträge). In: Seminar f. Planungswesen der TU Braunschweig. (= Veröff.d.Seminars f. Planungswesen d. TU Braunschweig H.7) Braunschweig 1970, 222 Seiten, Pl., Abb., Tab., Lit. Maschinenschriftl. vervielf.

Kaiser, J.H. (Hg.)
Planung. Abhandlungsreihe in VI Bänden, Nomos Verlag, Baden-Baden.
Planung I : Recht und Politik der Planung in Wirtschaft u. Gesellschaft, 1965, 424 Seiten.

Planung II: Begriff und Institut des Plans, 1966, 372 Seiten.

Planung III:Mittel und Methoden planender Verwaltung, 1968, 428 Seiten.

Planung IV: Planung international, 1970, 464 Seiten

Planung V : Öffentlichrechtliche Grundlegung der Unternehmensverfassung, 1971, 364 Seiten

Planung VI: Neue integrierte Systeme der Budgetierung und Planung, 1972, 544 Seiten.

Klages, H.
Planungspolitik. Probleme u. Perspektiven d. umfassenden Zukunftsgestaltung. (= Reihe Kohlhammer). Kohlhammer Verlag Stuttgart, 1971, 167 Seiten, Lit.

Korte, H. (Hg.)
Zur Politisierung der Stadtplanung. Von E. Bauer, K. Brake, S. Gude u.a. Bertelsmann Universitätsverlag Düsseldorf, 1971, 212 Seiten, Lit.

Krüger, R.
Die Koordination von gesamtwirtschaftlicher, regionaler und lokaler Planung. Gedanken z. Einordnung reg. und lokaler Planung u. Pol. i.d. nationale Wirtsch.pol. (= Volkswirtsch. Schriften H.134). Verlag Duncker u. Humblot, 1969, 192 Seiten, Abb., Lit.

Küsgen, H.
Planungsökonomie - Was kosten Planungsentscheidungen? Krämer Verlag Stuttgart, 2. Aufl., 1971, 160 Seiten, mit vielen Tab. u. Diagr.

Lang, J.
Entwicklung des Planungsinstrumentes. (= Studienunterlagen des Instituts für Orts-, Regional- und Landesplanung der ETH Zürich Bd.1). Selbstverlag Zürich, 1970, 152 Seiten.

Laux, E.
Planung als Führungsmittel der Verwaltung. (= Politik und Verwaltung H.5). Nomos Verlag Baden-Baden, 1967, 57 Seiten, Lit.

Lenk, H.
Erklärung - Prognose - Planung. Skizzen zu Brennpunktfragen der Wissenschaftstheorie. (= rombach hochschul paperback Bd. 42). Verlag Rombach Freiburg/Brsg., 1972, 119 Seiten.

Lenort, N.J.
Strukturforschung und Gemeindeplanung. Zur Methodenlehre d. Kommunalpol. (Vorbem.v.K.G.Specht). (= Industr.Entw. Abt.B, Bd.15). Westdeutscher Verlag Köln, 1960, 329 Seiten, Abb., Tab., Übers., Anh.: Tab., Übers., Lit., Reg.

Lompe, K.
Gesellschaftspolitik und Planung. Probleme pol. Planung in der sozialstaatl. Demokratie. (= Planung Perspektiv Bd. 1). Verlag Rombach Freiburg/Brsg, 1971, 356 S.

Mausbach, H.
Einführung in die städtebauliche Planung. Kurzgefasstes Kolleg zu den Grundbegriffen von Raumordnung, Landesplanung und Stadtplanung. (= Werner Ingenieur-Texte H.5). Werner Verlag Düsseldorf, 2. Aufl., 1972, 108 S.

Müller, H.
Meinungsbildung bei ortsplanerischen Entscheidungen. (= Veröff.d.Inst.f. Städtebau der Dt.Akad.f. Städtebau und Landesplanung Berlin Bd. 17/4). Selbstverlag Berlin, 1966, 14 Seiten.

Nagel, A.
Leistungsfähige Entscheidungen in Politik und Verwaltung durch Systemanalyse. Ein generell anwendbares Verfahren zur systematischen Erarbeitung vertretbarer Tagesentscheidungen. Verlag Duncker u. Humblot Berlin, 1971, XXIII, 158 Seiten, 23 Übersichten.

Naschold, F.
Systemsteuerung. (= Narr (und) Naschold: Einführung in die moderne politische Theorie Bd.2). Kohlhammer Verlag Stuttgart/Berlin, 2. Aufl., 1969, 187 Seiten.

Niewerth, H. - Schröder, J. (Hg.)
Lexikon der Planung und Organisation. Unter Mitarbeit von P. Bendixen u. S. Peters u.a. Schnelle Verlag Quickborn, 1968, 209 Seiten.

Planung
und Information. Mat. zur Planungsforsch. Hrsg.v. G. Fehl, M. Fester, N. Kuhnert. (= Bauwelt Fundamente 34). Bertelsmann Fachverlag Gütersloh, 1972, 318 Seiten, Abb., Übers., Lit.

Planung
in Politik und Verwaltung in der Bundesrepublik Deutschland. (= Dt.Bundestag. Wiss.Dienste, Bibl., Nr.30). Bonn 1972, I, 96 Seiten. Maschinenschr. vervielf.

Planungstheorie
Ein Beitr.z. hierarch. Strukturierung komplexer Probleme. Von E. Biéler, F. Grazioli, P. Grosjean u.a. Hrsg.: Univ. Stuttgart, Inst.f. Umweltplanung. (= Inst.f. Umweltplanung. Arbeitsber. IUP 1). Ulm, 1970, 100 S., Abb., Tab., Übers., Lit. u. 3 Bl. Abb., Übers. Maschinenschriftl. vervielf.

Praxisprobleme
der Stadtteil- und Standortprogrammplanung. Hrsg.: Die kooperierenden Lehrstühle f. Planung an d. RWTH Aachen. (= Politik u. Planung 1). Dt. Gemeindeverlag Köln, Kohlhammer Verlag Stuttgart, 1973, 245 Seiten, Kt., Abb., Übers., Lit.

Raumplanung
und Entscheidungstheorie. Zsst.v.Vortr. anläßl.d.Coll. "Raumplanung u. Entscheidungstheorie" m.Beitr.v. G. Albers, C. Offe, G.J. Stöber u.a. Hrsg.: Inst.f. Städtebau u. Wohnungswesen d.Dt.Akad.f. Städtebau und Landesplanung München. (= Städtebaul. Beitr. 2). München, 1969, 138 Seiten, Abb., Übers., Lit. Maschinenschriftl. vervielf.

Recktenwald, C. (Hg.)
Nutzen - Kosten - Analyse und Programmbudget. Grundlage staatlicher Entscheidung und Planung. Mohr Verlag Tübingen, 1970, VIII, 443 Seiten.

Reichenbach, E.
Vergleich von Stadtentwicklungsmodellen. (= Veröff.d.Inst.f. Stadtbauwesen TU Braunschweig H.10). Braunschweig, 1972, 175 Seiten, Abb., Tab., Übers., Lit. Maschinenschrift. vervielf.

Richard, H. - Bohr, D.
Arbeitsmethodik und Entscheidungsfindung, dargestellt am Beispiel von Planungsabläufen. (= Materialiensammlung Städtebau 12). Dümmler Verlag Bonn, 1973, ca. 40 Seiten, zahlr. Abb.

Rieger, H.Ch.
Begriff und Logik der Planung. Versuch einer allgemeinen Grundlegung unter Berücksichtigung informationstheoretischer und kybernetischer Gesichtspunkte. (= Schriftenr.d. Südasien-Inst.d. Univ. Heidelberg Bd.2). Verlag Harrassowitz Wiesbaden, 1967, XIII, 103 Seiten, Abb., Tab., Übers., Lit., Reg., Res.engl.

Ruthenberg, R.
Volkswirtschaftliche Grundlagen der Stadtplanung. Möglichkeiten e. Objektivierung u. Systematisierung d. Wahl gesellschaftspol. Ziele u. städtebaul. Mittel. Diss. TH Darmstadt. Darmstadt 1967, 242 Seiten, Abb., Tab., Lit. Maschinenschriftl. vervielf.

Schäfers, B.
Gesellschaftliche Planung. Materialien zur Planungsdiskussion in der BRD. Enke Verlag Stuttgart, 1973, VIII, 419 Seiten.

Schäfers, B.
Planung und Öffentlichkeit. (= Beiträge zur Raumplanung Bd.8). Bertelsmann Verlag Gütersloh, 1970, 125 Seiten.

Schuler, U.
Eine Stadt plant. Bericht über das ressortübergreifende Planungssystem in Berlin. Hrsg.: Presse- und Informationsamt des Landes Berlin. (= Berliner Forum 7/72). Selbstverlag Berlin, 1972, 52 Seiten, Bild., schem. Darst.

Schulte, H.-O.
Ansätze zu einer theoretischen Grundlegung der Bau- und Stadtplanung. Hrsg.: Inst.f. Grundlagen der modernen Architektur (IGMA). (= IGMA-Dissertationen 4). Krämer Verlag Stuttgart (in Komm.), 1973, 191 Seiten, Abb., Qu.

Schuster, G.
Planung mit methodischen Bausteinen konkretisiert am Beispiel der Schulentwicklungsplanung. Hg. v.Inst.f. Städtebau, Wohnungswesen u. Landesplanung. Techn. Univ. Braunschweig, 1973, 44 Seiten, Schem., Qu.

Seminarbericht.
Gesellschaft für Regionalforschung. 7: Referate, geh. auf dem Winterseminar 14.-18. Februar 1972, Innsbruck, Hungerburg (einschließl. Nachträge vom Sommerseminar in Taxach 19.-25. Febr.1971). Hrsg.: Gesellschaft für Regionalforschung. Selbstverlag Heidelberg, 1973.

Stadtentwicklungsplanung
Methode und Verfahren dargestellt am Beispiel Esslingen, bearb. von Fornol, Schadow, Scholz, Seidel, Zeller. (= Schriftenr. der Institute für Städtebau der Techn. Hochschulen und Universitäten H.8). Krämer Verlag Stuttgart, 1971, 56 Seiten, zahlr. Abb., 1 mehrfarb. Klapptaf.

Stadtentwicklungsplanung
und Standortprogramm. Bearb.: W. Gelshorn, F.W. Heimann, W. Miethke, B. Schmaus, H. Walcha. Hrsg.: Inst.f. Gebietsplanung und Stadtentwicklung. (= Beitr.z. Entwicklungsplanung 1). Köln 1973, 34 gez. Bl., Kt., Lit.

Technische
und soziale Aspekte der Planung. Mitteilungen der Deutschen Akademie für Städtebau und Landesplanung, Dez. 1967. Bacht Verlag Düsseldorf, 1967, 120 Seiten.

Theorie
der allgemeinen und der regionalen Planung. Mit Beitr.v. P.G. Jansen, B. Schäfers, H. Schelsky, H.K. Schneider, H. Schulte, D. Storbeck, K. Töpfer u. H. Westermann. (= Beiträge zur Raumplanung Bd. 1). Hg. vom Zentralinstitut für Raumplanung Münster. Bertelsmann Universitäts-Verlag Bielefeld, 1969, 200 Seiten.

Umlauf, J.
Vom Wesen der Stadt und der Stadtplanung. Werner Verlag Düsseldorf, 1951, 64 Seiten.

Vente, R.E.
Planung wozu? Vers. e.Beantwortung v. Fragen nach einem zweckmäßigen Begriff, möglichen Verwendungen u. inhärenten Problemen d. volkswirtsch. Planung anhand e. Überprüfung d. Einsatzmöglichkeiten u. Leistungsgrenzen v. Planungstechniken. Habil.-Schr., Nomos Verlag Baden-Baden, 1969, 239 Seiten, Lit.

Wagener, F.
Ziele der Stadtentwicklung nach Plänen der Länder. Unter Mitarb.v. W. Büchsel, H.-D. Ewe, R. Wagener. (= Schriften z. Städtebau- u. Wohnungspol. Bd. 1). Schwartz Verlag Göttingen, 1971, XI, 187 Seiten, Tab., Lit.

Weidle, K.
Plan-Analyse als Teilbereich städtebaulicher Bestandsaufnahme. Dargest. am Beispiel d. Stadt Herrenberg. (= Städtebauinst. Nürnberg Studienh.40). Selbstverlag Städtebauinst. Nürnberg, 1970, 39 Seiten.

Wissenschaft
und Planung. Universitätstage 1965. de Gruyter Verlag Berlin, 1965, 252 Seiten, mit 17 Textabb.

Wittkau, K.
Rahmenplanung des Städtebaues. Politische Siedlungskontrolle und das Problem der Intervention. Habil.schr. TU Hannover. (= Volkswirtschaftl. Schriften 158). Verlag Duncker u. Humblot Berlin, 1971, 133 Seiten, Abb., Lit.

Woods, S. - Pfeufer, J.
Stadtplanung geht uns alle an. Krämer Verlag Stuttgart, 2. Aufl., 1968, 60 Seiten, 120 Abb.

2. Lehr-, Hand- und Sachbücher zur Stadtplanung

Boettger, A.C.
Städtebauliche Grundbegriffe. Diss. Aachen, 1965, 139 Seiten, 11 S. Tab.

Begriffsbestimmungen
aus dem Wohnungs- und Siedlungswesen, dem Städtebau und der Raumordnung.
(= Schriften des Dt. Verbandes für Wohnungswesen, Städtebau und Raumplanung e.V. H. 68). Selbstverlag Köln, 1966.

Brandt, J.
Planungsfibel. Technische und gesetzliche Grundlagen für den Städtebau.
Callwey Verlag München, 2. Aufl., 1972, 156 Seiten.

Brenken, G. - Schefer, A.
Handbuch der Raumordnung und Landes-, Regional-, Orts- und Fachplanung.
Deutscher Gemeindeverlag Köln/Stuttgart, 1966, 283 Seiten, Abb., Tab., Lit.

Deutscher Baunormenausschuß (Hg.)
Das internationale Bauwörterbuch. Berlin/Köln/Frankfurt/M, 1964.

Frommhold, H.
Bauwörterbuch. Begriffsbestimmungen. Werner Verlag Düsseldorf, 1967,
272 Seiten.

Halstenberg, F.
Baulexikon. Fachwörterbuch der Bauverwaltung, der Bauwirtschaft und der
Bauleitplanung. Verl. Die Demokratische Gemeinde, Bad Godesberg, 1963,
220 Seiten.

Handwörterbuch
der Raumforschung und Raumordnung. Hg. von der Akademie für Raumforschung
und Landesplanung. Jänecke Verlag Hannover, 1970, 3 Bände, 3974 Seiten.

Handwörterbuch
des Wohnungswesens, hg. v. Deutschen Verein für Wohnungsreform im Auftrag des Dt. Vereins für Wohnungswesen. Fischer Verlag Berlin/Jena,
1930, 881 Seiten.

Handbuch
für Siedlungsplanung. Städtebauliche Planungsgrundlagen f.d. Hamburger
Raum. Hrsg.v.d. Baubehörde d. Freien u. Hansestadt Hamburg. (= Hamburger Schriften zum Bau-, Wohnungs- u. Siedlungswesen H.37). Hammonia Verlag Hamburg, 1962, 78 Seiten mit 4 Abb.

Hövelborn, P. - Kubach, H.-P. - Schäfer, H.Ch.
Bibliographie Nr.19, Stadtentwicklungsplanung. Bearbeitet in der Abteilung
Dokumentation des Städtebaulichen Instituts der Univ. Stuttgart. Selbstverlag Stuttgart, 1973, 65 Seiten.

x Hofmeister, B.
Stadtgeographie. (= Das Geographische Seminar). Westermann Verlag Braunschweig, 1969, 200 Seiten.

Holschneider, J.
Schlüsselbegriffe der Architektur und Stadtbaukunst. Eine Bedeutungsanalyse. Diss. TH. Aachen und: Schnelle Verlag Quickborn, 1969, 148 S.

Lexikon
der Planung und Organisation. Hrsg.v. H. Niewerth und J. Schröder, unter Mitarbeit von P. Bendixen und S. Peters u.a. Schnelle Verlag Quickborn, 1968, 209 Seiten.

Mausbach, H.
Einführung in die städtebauliche Planung. Kurzgefaßtes Kolleg zu den Grundbegriffen von Raumordnung, Landesplanung und Stadtplanung. (= Werner-Ingenieur-Texte H.5). Werner Verlag Düsseldorf, 2. neubearb. Aufl., 1972, 108 Seiten, 164 Abb.

Mausbach, H.
Städtebaukunde der Gegenwart. Grundlagen heutiger Planung. Werner Verlag Düsseldorf, 4. verbess. Aufl., 1971, 184 Seiten, 133 Abb.

Meyer, K.
Daten zur Raumplanung. Zahlen - Richtwerte - Übersichten. Hrsg.v.d. Akad.f. Raumforschung u. Landesplanung. Jänecke Verlag Hannover, 1969, Getr., Pa., Kt., Abb., Tab., Übers., Lit.

Meyer, K.
Grundbegriffe der Raumordnung und Landesplanung. Hrsg.: Bundesmin. d. Innern. (= Inf.briefe f. Raumordnung R.1.3.1.). Dt. Gemeindeverlag/Kohlhammer Verlag Mainz, 1970, 11 Seiten.

Planungswörterbuch
Hrsg.: Dt. Verband f. Wohnungswesen, Städtebau und Raumplanung. Begriffe und Bezeichnungen aus der Landesplanung, Regionalplanung, Bauleitplanung, Bauplanung, Bodenordnung, Bauaufsicht, Betriebswirtschaft und Wohnungswirtschaft. Stadtbauverlag Bonn, 3. erweit. Aufl. von "Begriffsbestimmungen aus dem Wohnungs- und Siedlungswesen", 1972, 171 Seiten.

Pohl, W. - Germar, W.v. - Menzer
Bau-, Siedlungs- und Wohnungswesen. Stuttgart/Köln, 1963.

Schulte, H.O.
Ansätze zu einer theoretischen Grundlegung der Bau- u. Stadtplanung. Hg. vom Institut f. Grundlagen der Modernen Architektur (IGMA), Univ. Stuttgart, Leitung J. Joedicke. Diss. TH. Stuttgart 1973 (= IGMA-Dissertation 4). Krämer Verlag Stuttgart, 1973, III 191 Seiten, graph. Darst.

Tamms, F. - Wortmann, W.
Städtebau. Einführung und Leitfaden für Laien und Fachleute. Habel Verlag Darmstadt, 1973, 288 Seiten, 144 Abb.

Vogler, P. - Kühn, E.
Medizin und Städtebau. Ein Handbuch für gesundheitlichen Städtebau. Verlag Urban u. Schwarzenberg München/Berlin/Wien, 1957, 727 Seiten, 2 Bände.

Wandersleb, H. (Hg.)
Handwörterbuch des Städtebaues, Wohnungs- und Siedlungswesens. Kohlhammer Verlag Stuttgart, 1959, 1884 Seiten, 3 Bände.

3. Städtebauliche Dichte- und Richtwerte

Albers, G.
Richtwerte für die Strukturplanung. (= Institut für Städtebau und Wohnungswesen der Deutschen Akademie f. Städtebau u. Landesplanung H.1). Selbstverlag München, 1965, Arbeitsblätter, 25 Seiten, Tab., Lit.

Albers, G. - Borchard, K. - Michaelis, G.
Richtzahlen und Strukturmodelle im Städtebau. Unabhängige Kommission für den Aufbauplan der Freien und Hansestadt Hamburg, Unterausschuss "Städtebauliche Grundsätze", Selbstverlag d. Inst.f. Städtebau u. Wohnungswesen d. Dt. Akad.f. Städtebau u. Landesplanung München, 1967, 111 Seiten. Masch.Man.

Andrä, K. - Scheibel, W. - Kirchherr, G.
Stadtzentren - Kennziffern - Städtebauliche Varianten. (= Schriftenreihen der Bauforschung, R. Städtebau u. Architektur 22). Bauverlag Berlin/Ost, 1968.

Die Ausnützungsziffer
und ihre Anwendung. (= Provisorische Richtlinien zur Orts-, Regional- und Landesplanung Nr. 514 420). Hg. vom ORL Institut der ETH Zürich. Selbstverlag Zürich, 1966.

Boettger, A.C.
Städtebauliche Grundbegriffe. Diss. Aachen. Aachen, 1965, 139 Seiten, 11 Seiten Anh.

Borchard, K.
Orientierungswerte für die städtebauliche Planung (Neubearbeitung). (= Arbeitsblätter des Inst.f. Städtebau und Wohnungswesen der Dt. Akad. für Städtebau und Landesplanung 1/1973). Institut für Städtebau und Wohnungswesen der Dt. Akademie f. Städtebau und Landesplanung, Selbstverlag München, 1974.

Brandt, J.
Planungsfibel. Technische und gesetzliche Grundlagen für den Städtebau. Callwey Verlag München, 2. überarb. Aufl., 1972, 160 Seiten mit 16 Abb.

Brenken, G. - Schefer, A.
Handbuch der Raumordnung, Landes-, Regional-, Orts- und Fachplanung. Dt. Gemeindeverlag Köln, Kohlhammer Verlag Stuttgart, 1966, 283 Seiten, Abb., Tab., Lit.

Curdes, G.
Zur Anwendung von Faustzahlen in der Raumordnung. Hrsg.: Der Bundesminister des Innern. (= Informationsbriefe für Raumordnung R. 1.7.1). Kohlhammer Verlag/Dt. Gemeindeverlag Mainz, 1966, 7 Seiten, 18 Qu.

Dahlhaus, J. - Marx, D.
Flächenbedarf und Kosten von Wohnbauland, Gemeindebedarfseinrichtungen, Verkehrsanlagen und Arbeitsstätten. (= Veröffentlichungen der Akademie für Raumforsch. u. Landesplanung, Beiträge Bd.1). Jänecke Verlag Hannover, 1968, 47 Seiten.

Dichteprobleme
in Landesplanung und Städtebau. Eine Vortragsreihe der Landesgruppe
Nordrhein-Westfalen. (= Mitt.d. Dt. Akad.f. Städtebau u. Landesplanung
Jg.11, Sonderausg.1967). Bacht Verlag Essen, 1967, 132 Seiten, Tab., Lit.

Dürholt, H.
Zur Entwicklung der Flächennutzung in verschiedenen Gemeindetypen und z.
Bestimmung des künftigen Flächenbedarfs. Eine empir. Untersuchg. auf d.
Basis d. Daten von 784 ausgew. Gemeinden d. Landes Niedersachsen f.d.
Zeitabschnitt v. 1950 bis 1966. Diss. Hannover. Hannover 1972, 213 Seiten,
Kt., Tab., Abb., Lit. Maschinenschr. vervielf.

Erfassung
von städtebaulichen Daten bei Demonstrativbauvorhaben zur Auswertung für
Querschnittsberichtsuntersuchungen am Beispiel von 16 ausgewählten Bauvorhaben des Demonstrativbauprogramms. Erfahrungsber.ü. Methoden u. Arbeitseffektivität. Bearb.v. H. Rohrer i. Auftr.d. Bundesmin.f. Wohnungswesen u. Städtebau, Nürnberg. (= BMWo-Auftr.24 "Städtebauliche Datenerfassung", Schlußbericht). Nürnberg 1968, 64 Seiten, 50 Beil.i.getr. Pag.,
Abb., Tab., Zsfssg.

Feder, G.
Die neue Stadt - Versuch der Begründung einer neuen Stadtbaukunst aus
der sozialen Struktur der Bevölkerung. Springer Verlag Berlin, 1939,
480 Seiten, 287 Textabb., 4 Tafeln + zahlr. Tab.

Funktionelle
Erfordernisse zentraler Einrichtungen als Bestimmungsgröße von Siedlungs-
und Stadteinheiten in Abhängigkeit von Größenordnung und Zuordnung.
(= Schriftenr. "Städtebaul. Forsch." d. Bundesmin.f. Städtebau u. Wohnungswesen, 03.003.). Im Auftr.d. Bundesmin.f. Städtebau u. Wohnungswesen
bearb. im Inst.f. Städtebau, Wohnungswesen u. Landesplanung a.d. TU Hannover. Forsch.beauftragter: F. Spengelin. Bearb.: H. Bock, H. Braune,
H.W. Fahl u.a. Bonn/Bad Godesberg 1972, 505 Seiten, Tab., Lit.

Gerberding-Wiese, I.
Dichtewerte und Freiflächenzahl im Städtebau. Diss. TH Aachen, 1968,
132 Seiten. (Masch.).

Geschoßflächenzahlen
Grundlage neuzeitlicher Stadtplanung. Hg. von der Baubehörde der Freien
und Hansestadt Hamburg. (= Schriftenreihe zum Bau-, Wohnungs- und Siedlungswesen H.28). Hammonia Verlag Hamburg, 1960, 71 Seiten.

Göderitz, J.
Besiedelungsdichte, Bebauungsweisen und Erschließungskosten im Wohnungsbau. Bauverlag Wiesbaden/Berlin, 1954, 102 Seiten.

Göschel, W.
Erfahrungsziffern, Faustzahlen und Kompositionsregeln im Bereich der
öffentlichen und privaten Dienstleistungen und deren Bedeutung für die
Raumordnung. Hg. vom Bundesministerium des Innern. (= Informationsbriefe
f. Raumordnung R.1.7.4.), Kohlhammer Verlag Mainz, 1969, 10 Seiten.

Greiner, J.
Freiflächenkennwerte, Bestand - Entwicklung. Beiträge zur Generalbebauungsplanung. (= Schriftenreihe Städtebau und Architektur H.28). Deutsche
Bauakademie Berlin/Ost, 1969, 47 Seiten.

Handbuch
der Siedlungsplanung. Städtebauliche Planungsgrundlagen für den Hamburger
Raum. Hg.v.d. Baubehörde der Freien und Hansestadt Hamburg. (= Hamburger
Schriften zum Bau-, Wohnungs- u. Siedlungswesen H.37). Hammonia Verlag
Hamburg, 1962, 2. Aufl. 1966, 78 Seiten, 130 Abb.u.Tab.

Handwörterbuch
der Raumforschung und Raumordnung. Hrsg.: Akad.f. Raumforsch.u. Landesplanung. Jänecke Verlag Hannover, 2. Aufl. in 3 Bdn., 1970, XXXII 3974 S.,
Sp., Kt., Abb., Tab., Übers., Lit., Reg.

Hetzelt, F.
Städtebauliche Richtwerte in der alltäglichen Praxis. Vortrag im Rahmen
der Reihe "Strukturentwicklung durch Stadt-, Regional- u. Landesplanung",
d.Inst.f. Stadtbauwesen an der RWTH Aachen am 5.11.1969. Hg.v. Institut
f. Stadtbauwesen der Rheinisch-Westfäl. TH Aachen. (= Stadt, Region,
Land H.7). Selbstverlag Aachen, 1969.

Isenberg, G.
Existenzgrundlagen in Stadt- und Landesplanung. (= Schriftenr.d.Dt. Akad.
f. Städtebau u. Landesplanung Bd.14). Wasmuth Verlag Tübingen, 1965,
196 Seiten.

Jahke, R.
Die wirtschaftlichen Grundlagen der Einzelhandelsgeschäfte in neuen Wohngebieten. Ein Beitrag zur Frage der Ansetzung von Einzelhandelskapazitäten in der städtebaulichen Planung neuer Siedlungen. Gerlach Verlag
München, 1956, 128 Seiten.

Jahke, R.
Gewerbeplanung im Städtebau. Städtebauverlag Kirchheim/Teck, 1960,
189 Seiten.

Jeitler, H.
Probleme bei der Bestimmung der Größe eines städtischen Subzentrums für
einen Einzugsbereich von etwa 20.000 Einwohnern. Diplomarbeit am Lehrstuhl
für Städtebau u. Landesplanung der Universität Karlsruhe (G. Lammers).
Karlsruhe 1964, Masch. Manuskript.

Kilpper - Einsele
Richtwerte im Städtebau. Krämer Verlag Stuttgart, 1972, 120 Seiten,
80 Abb.

Korte, J.W.
Grundlagen der Straßenverkehrsplanung in Stadt und Land. Bauverlag Wiesbaden, 1960, 756 Seiten mit Abb.

Laux, E. - Naylor, H. - Eschbach, H.
Zum Standortproblem bei öffentlichen Einrichtungen. (= Veröff.d. Akad.f.
Raumforsch.u. Landesplanung, Abh. Bd.67). Jänecke Verlag Hannover, 1973,
VII, 90 Seiten, Abb., Tab., Lit.

Lehner, F.
Siedlung, Wohndichte und Verkehr. Verlag E. Schmidt Bielefeld, 1963,
54 Seiten mit Abb.

Ludmann, H. - Riedel, J.
Neue Stadt Köln-Chorweiler. (= neues bauen - neues wohnen H.6). Krämer
Verlag Stuttgart/Bern, 1967, 116 Seiten, 122 Abb., 34 Tab., 12 Falttafeln,
1 Plan.

Maurhofer, F. - Leibundgut, H.
Grundlagen zur Berechnung der Basisbevölkerung zentraler Einrichtungen. Hrsg.: Inst.f. Orts-, Regional- u. Landesplanung a.d. ETH. Vorwort M. Rotach. (= Arbeitsber.z. Orts-, Regional- u. Landesplanung Zürich Nr.7). Zürich 1969, III, 43 Seiten, Abb., Tab., Lit., Zsfssg. Maschinenschriftl. vervielf.

Meier, K.
Abhängigkeitsbeziehungen der Maße baulicher Nutzung zur Vorbereitung der Bauleitplanung. Mathemat. Ableitung u. deren nomograph. Darstellung. Kiepert Verlag Köln, 1968, 117 Seiten, 47 Taf.

Meyer, K.
Daten zur Raumplanung. Zahlen, Richtwerte und Übersichten in Loseblattsammlung als Nachschlagewerk mit ausführl. Stichwortverzeichnis. Jänecke Verlag Hannover, 1969, 533 Seiten, 600 Abb., Tab., Übers.
1. Ergänzungslieferung 1971
2. Ergänzungslieferung 1972
3. Ergänzungslieferung 1973
Weitere Ergänzungslieferungen in Vorbereitung.

Meyer, K.
Ordnung im ländlichen Raum. Ulmer Verlag Stuttgart, 1964, 367 Seiten mit 16 Abb.

Öffentliche Bauten
und Anlagen für flächenautarke Gebiete. Flächenbedarf und Standortbedingungen von öffentlichen Bauten und Anlagen. (= Provisorische Richtlinien zur Orts-, Regional- u. Landesplanung Nr. 515 501). Hg. vom ORL Institut der ETH Zürich. Selbstverlag Zürich, 1968.

Otto, K. - Rödel, E.
Erfahrungsziffern, Faustzahlen und Kompositionsregeln im Bereich der Wirtschaft und deren Bedeutung für die Raumordnung. (= Informationsbriefe für Raumordnung hg. vom Bundesmin.d. Innern R 1.7.2.). Kohlhammer Verlag/ Dt. Gemeindeverlag Mainz, 1968, 11 Seiten.

Otto, K.
Die Stadt von morgen. Gegenwartsprobleme für alle. Gebr. Mann Verlag Berlin, 1959, 191 Seiten.

Planungswörterbuch
Bearb.v. Terminologie-Ausschuß d.Dt.Verb.f. Wohnungswesen, Städtebau u. Raumplanung e.V. (= Taschenbücher d.Dt.Verb.f. Wohnungswesen, Städtebau u. Raumplanung e.V. Bd.11). 3. Wesentlich erw.u.verb. Aufl.d. "Begriffsbestimmungen aus dem Wohnungs- u. Siedlungswesen, dem Städtebau und der Raumordnung". Köln 1970, XXI, 171 Seiten.

Pohl, P.
Richtwerte für die Erschließung von größeren Wohnsiedlungen. (= FBW-Blätter, Aus der Forschung - für die Praxis 6). Hg. von der Forschungsgemeinschaft Bauen und Wohnen Stuttgart, Folge 6, 1970, 5 Seiten.

Prognos (Hg.)
Grunddaten für die Planung von Nachbarschaftszentren. Im Auftrag der Gemeinde Münchenstein Bl. Hg. von der Prognos Basel, Selbstverlag, 1972.

Real, W.H.
Erfahrungen und Möglichkeiten bei der Aufstellung von Richtlinien für
die Stadtplanung. Unter besonderer Berücksichtigung der Verhältnisse
in der Stadt Zürich. Diss. ETH Bern, 1950, 131 Seiten.

Rechenberg, F.
Das Einmaleins der Siedlung. Richtlinien f.d. Siedlungswesen. Ratgeber
f.d. Zahlenverhältnisse beim Entwurf von Siedlungen nach den Lebensbedürf-
nissen der Gemeinschaft. Springer Verlag Berlin, 1940, VI, 112 Seiten,
60 Abb., 23 Typenbl. + 9 Taf.

Reichow, H.B.
Organische Stadtbaukunst. Von der Großstadt zur Stadtlandschaft. Westermann
Verlag Braunschweig/Berlin/Hamburg, 1948, 212 Seiten mit Abb.

Richt- und Vergleichszahlen
zur Beschäftigtendichte auf Grundstücken der Industrie, des Handels
und anderer Dienstleistungen. Ausz.a.e. Gutachten i. Auftr. des Siedlungsverb. Ruhrkohlenbez. (= Schriftenr. Siedlungsverb. Ruhrkohlenbez.
Nr.21). Bearb. Borchard KG Essen, 1968, 17 Seiten, Tab., Abh.: 15 Bl.
Tafeln (Abb.,Tab.), Maschinenschriftl. vervielf.

Richtwerte
für die Erschließung von größeren Wohnsiedlungen. (= FBW Blätter Jg.1970,
H.6). Hg. von der Forschungsgemeinschaft Bauen und Wohnen Stuttgart,
Selbstverlag 1970.

Schoel, H.
Ermittlung des Flächenbedarfs privater und öffentlicher Einrichtungen
für einen Einzugsbereich von 17.000 Einwohnern. Diplomarbeit am Lehrstuhl
für Städtebau und Landesplanung G. Lammers, Karlsruhe, 1969. Masch.
Manuskript.

Scholz, H.
Erfahrungsziffern, Faustzahlen und Kompositionsregeln im Bereich des
Siedlungs- und Verkehrswesens und deren Bedeutung für die Raumordnung.
Hg. vom Bundesmin.d. Innern. (= Informationsbriefe für Raumordnung
R.1.7.3.). Kohlhammer Verlag Mainz, 1968, 12 Seiten, 6 Tab.

Städtebauliche
Grundlagen. Beispiele der Anwendung von Daten für die Zwecke der Stadt-
entwicklung und Bauleitplanung. Hrsg. Bauverwaltung der Stadt Stuttgart.
Bearb. Stadtplanungsamt, Abt. Städtebauliche Grundlagen. Verlag K. Krämer
Stuttgart, 1968, 133 Seiten, 24 Bl.Ktn., Lit.-Verz.

Steeb, G.
Folgekosten kommunaler Siedlungen und ihre Finanzierung. Hg. von der
Wirtschaftsberatung AG Düsseldorf. (= Fachschriften zur Gemeindeprüfung
und Gemeindeberatung). Kohlhammer Verlag Stuttgart/Köln, 1965, 187 S.

Triebel, W. - Achterberg,G. - Janik, E. - Kräntzer, K.R. u.a.
Coburg-Hörnleinsgrund. Städtebauliche Planung, Gebäudeplanung, Baudurchführung. 3 Teile:
1: Erfahrungsbericht, 2: Anlagen, 3: Planungsgrundlagen für Folgeeinrichtungen am Beispiel der Demonstrativbaumaßnahme. (= Informationen aus der
Praxis - für die Praxis 23, hg. vom Bundesm.f. Städtebau und Wohnungswesen). Bonn/Bad Godesberg, 1970, 323 Seiten.

4. Inhaltliche Probleme von Stadtplanung und Städtebau

Achterberg, G.
Hannover-Garbsen, interkommunale Zusammenarbeit, städtebauliche Planung, Gebäudeplanung, Erschließung. (= Information aus der Praxis für die Praxis Nr. 29). Bundesmin.f. Städtebau und Wohnungswesen, Selbstverlag Bonn-Bad Godesberg, 1971, 195 Seiten, graph. Darst.

Aebli, W. - Meyer, R. - Winkler, E. (Hg.)
Beiträge zum Thema Stadt und Umwelt. (= Festschrift zum siebzigsten Geburtstag von Ernst Egli). Rentsch Verlag Erlenbach-Zürich, 1964, 181 Seiten, Abb., Lit.

Albers, G.
Was wird aus der Stadt? Aktuelle Fragen der Stadtplanung. (= Serie Piper 27). Piper Verlag München, 1972, 126 Seiten, Lit.

Albrecht, H.
Das programmierte Chaos. Städteplanung in der Sackgasse. Schünemann Verlag Bremen, 1972, 251 Seiten, Qu.

Althaus, P.F. - Henggeler, A.
Denkmodell Stadtraum, Planung, Mensch, Umwelt. Niggli Verlag Teufen, 1969, 87 Seiten.

Altrup, H.F.
Die Flächennutzungsplanung im jüngsten Wachstumsprozess deutscher Großstädte. Untersucht an den Beispielen Wiesbaden, Karlsruhe, Darmstadt und Osnabrück. (= Kölner Forschungen zur Wirtschafts-u. Sozialgeographie Bd.6). Diss. Univ. Köln. Verlag F. Steiner Wiesbaden, 1969, 191 Seiten, 7 Karten.

Archiv
für Kommunalwissenschaften. Fachheft Stadtplanung, Städtebau und Regionalplanung. (= Archiv für Kommunalwissenschaften, Jg.6, 1967, Zweiter Halbjahresband S. 185 - 449). Kohlhammer/Dt. Gemeindeverlag Stuttgart/Köln.

Aufgaben
und Zusammenhänge baulicher und städtebaulicher Forschung. (= FBW Blätter Jg. 1973, H.2).Hg. von der Forschungsgemeinschaft Bauen und Wohnen Stuttgart, Selbstverlag.

Auswirkungen
technischer Fortschritte auf Raumordnung und Stadtplanung. Referate und Diskussionsbemerkungen anl. der 8. Wissenschaftl. Plenarsitzung 1968 in Wolfsburg. (= Forschungs- u. Sitzungsberichte der Akad.f. Raumforschg. und Landesplanung Bd. 46). Verlag Jänecke Hannover, 1969, 115 Seiten.

Bacon, E.N.
Stadtplanung - von Athen bis Brasilia. Artemis Verlag Zürich/Stuttgart, 1968, 296 Seiten, 33 farb. Abb., 311 Fotos, Pläne u. Skizzen.

Bahrdt, H.P.
Humaner Städtebau. Überlegungen zur Wohnungspolitik und Stadtplanung für eine nahe Zukunft. (= Sammlung dialog 65). Nymphenburger Verlagshandlung München, 6. Aufl., 1973, 232 Seiten.

Bahrdt, H.P.
Die moderne Großstadt. Soziologische Überlegungen zum Städtebau. Rowohlt
Verlag Reinbek bei Hamburg, 1961, Ch. Wegener Verlag, Hamburg
8. Tsd. 1971, 199 Seiten.

Barby, J.v.
Der städtebauliche Bewertungsrahmen. (= Materialiensammlung Städtebau
H.4). Dümmler Verlag Bonn, 1972, 36 Seiten, 8 graph. Darst.

Baumann, K. - Salzmann, I.
Stadtplanung im Unterricht. Planen und Wohnen als Umwelterfahrung und
soziales Verhalten. 6 Beispiele ästhetischer Erziehung. Verlag DuMont
Köln, 1974, 184 Seiten, zahlr. Abb.u.Qu.

Becker, H. - Ritter, J.
Wohnungsbau und Stadtentwicklung. Demonstrativbauvorhaben des Bundesministeriums für Wohnungswesen und Städtebau. Verlag Fackler München,
1967, 246 Seiten, Abb. u. Ktn.

Beiträge
zum neuen Städtebau und Städtebaurecht. Vorträge in den Kursen des Inst.
für Städtebau u. Wohnungswesen in München 1961. (= Schriftenreihe der Dt.
Akad.f. Städtebau und Landesplanung Bd.XII). Wasmuth Verlag Tübingen,
1962, 365 Seiten, Kt., Sk., Abb., Tab., Übers., Lit. u. 2 Taf. Abb.

Beiträge
zur kommunalen und regionalen Entwicklungsplanung. Festschrift für
E. Gassner. Dümmler Verlag Bonn, 1973, 224 Seiten mit 39 Abb.

Berndt, H.
Das Gesellschaftsbild bei Stadtplanern. (= Beiträge zur Umweltplanung).
Krämer Verlag Stuttgart/Bern, 1968, 176 Seiten, Lit.

Bernet, F.J.
Memento Urbi. Über die Misere der heutigen Städte. Hatje Verlag Stuttgart, 1973, 156 Seiten.

Bestandsaufnahme
und Prognose der Siedlungsflächen in der Bundesrepublik Deutschland bis
zum Jahre 1985, gegliedert nach den 78 statistischen Raumeinheiten.
Gutachten erstellt im Auftrag des Bundesmin.d. Innern. Hrsg.: Institut
für Städtebau, Siedlungswesen und Kulturtechnik der Univ. Bonn, Selbstverlag, 2. erg. Aufl., 1972, 60 Seiten, Tab., graph. Darst.

Bockelmann, W. - Hillebracht, R. - Lehr, A.M.
Die Stadt zwischen Gestern und Morgen. Planung, Verwaltung, Baurecht
und Verkehr. Mit einem Geleitwort von Edgar Salin. (= Sonderreihe der
List Gesellschaft e.V., Stimmen der Praxis Bd. 2). Kyklos/Mohr Verlag
Basel/Tübingen, 1961, XIII, 172 Seiten, Kt., Pl., Abb., Tab., Übers.

Börner, H.
Städtebau und Raumordnung ohne verkehrspolitische Konzeption, Vortrag
und Diskussion. (= Schriftenreihe des Dt. Verbandes für Wohnungswesen,
Städtebau u. Raumplanung. Kleine Schriften H.4). Dt. Verband f. Wohnungswesen, Städtebau u. Raumplanung, Selbstverlag Köln-Mülheim, 1968,
55 Seiten mit Lit.-Verz. über Stadtverkehr u. Städtebau von L.Mainczyk.

Bohnsack, G.
Gesellschaft - Raumordnung - Städtebau - Grund und Boden. Mit einem Ge-
leitwort von R. Hillebrecht. (= Sammlung Wichmann N.F. Schriftreihe H 6).
Wichmann Verlag Karlsruhe, 1967, 55 Seiten.

Bonczek, W. u.a.
Die Stadt unserer Erwartungen. Bauen und Planen für den modernen Menschen.
(= Schriften des Dt. Verbandes für Wohnungswesen, Städtebau u. Raumplanung H.75). Selbstverlag Köln-Mülheim, 1968, 141 Seiten mit Abb.

Bruckmann, H. - Gormsen, N. - Haller, H.
Siedlungen und Städte. Mit Beiträgen von N. Schmidt u. P. Pohl. (= Architektur-Wettbewerbe. Schriftenreihe für richtungsweisendes Bauern . 34).
Krämer Verlag Stuttgart, o.J., 136 Seiten, Abb.

Bünz, O.
Städtebau und Landesplanung. Wegweiser für Anfänger, Fortgeschrittene und Praktiker. C. Heymann Verlag Berlin, 1928, XII, 116 Seiten.

Burns, L. - Harmann, A.
Die räumliche Organisation der Großstadt. (= Kleine Schriften des Dt.
Verb.f. Wohnungswesen, Städtebau und Raumplanung Bd. 49). Hrsg.: Dt. Verband für Wohnungswesen, Städtebau u. Raumplanung e.V., Stadtbauverlag Bonn, 1972, 44 Seiten.

Christensen, L.L.
Introduction to sources of urban planning. Considerations and standards (Einführung in die Ursprünge der Stadtplanung. Überlegungen und Richtlinien). (= Exchange Bibliography. Council of Planning Librarians.506).
Monticello, Ill.: Council of Planning Librarians, 1973, 5 S.

Despo, J.
Die ideologische Struktur der Städte. (= Schriftenreihe d. Akad.d.Künste 4).
Gebr. Mann Verlag Berlin, 1973, 188 Seiten mit 177 Abb.

Dheus, E.
Strukturanalyse und Prognose. Beitrag der Statistik zur Stadtentwicklungsforschung. (= Neue Schriften des Deutschen Städtetages H. 24). Kohlhammer Verlag Köln, 2., erg. Aufl., 1971, 115 Seiten.

Diederich, J.
Soziographie und Städtebau. Mit Ergebnissen soziographischer Untersuchungen in der Stadt Hanau. (= Stadt- und Regionalplanung). de Gruyter Verlag Berlin/New York, 1971, LVI, 138 Seiten, St., Abb., Tab., Lit.

Dittrich, G.G. (Hg.)
Einkaufen, Einrichtungen, Möglichkeiten und Gewohnheiten in neuen Wohngebieten und älteren Vergleichsgebieten. (= SIN Studien H.2). Selbstverlag des SIN Städtebauinstituts Nürnberg, 1973, 201 Seiten, 29 Tab., 19 Abb.

Dittrich, G.G. (Hg.)
Neue Siedlungen und alte Viertel. Städtebaulicher Kommentar aus der Sicht der Bewohner. Deutsche Verlagsanstalt Stuttgart, 1972, ca. 190 S., ca. 50 Abb.

Dittrich, G.G.
Städtebauliche Planung: Begriffe - Methodik - Bestandsaufnahme - Arbeitstechnik. (= Studienhefte des SIN Städtebauinstituts Nürnberg H.2). Selbstverlag Nürnberg, 3. unv. Aufl., 1967, 35 Seiten.

Dittrich, G.G. (Hg.)
Über eine Untersuchung zur Entwicklung eines Systems interdisziplinärer Zusammenarbeit bei Stadtplanungsprozessen. (= Städtebauinstitut Meinungen 2/69). Selbstverlag Städtebauinstitut Nürnberg, 1969, 27 Seiten.

Dittrich, G.G. - Seegy, F.
Zur Problematik des Städtebaus in der Gegenwart. (= Studienhefte des
SIN-Städtebauinstituts Nürnberg H.15). Selbstverlag Nürnberg, 1967,
39 Seiten.

Döbler, H.
Von Babylon bis New York. Stadt, Technik, Verkehr. Bertelsmann Verlag
München/Gütersloh/Wien, 1973, 355 Seiten, zahlr. Ill.

Drewe, P.
Ein Beitrag der Sozialforschung zur Regional- und Stadtplanung. (= Kölner
Beiträge z. Sozialforschung und angewandten Soziologie 7). Verlag Hain
Meisenheim, 1968, 250 Seiten.

Drewe P. - Klaasen, L.H.
Urbanität - Plan oder Zufall. Stadtentwicklung als Aufgabe. (= Beiträge
zur Stadtforschung H. 3), hg.v.Amt f. Statistik u. Wahlen, Selbstverlag
Leverkusen, 1968, 70 Seiten.

Dürholt, H.
Zur Entwicklung der Flächennutzung in verschiedenen Gemeindetypen und
zur Bestimmung des künftigen Flächenbedarfs. Eine empir. Unters. auf
d. Basis d. Daten v. 784 ausgew. Gemeinden d. Landes Niedersachsen f.
d. Zeitabschn.v. 1950 bis 1966. Diss. Hannover. 1972, 213 Seiten, Kt.,
Abb., Tab., Lit. Maschinenschr. vervielf.

Eggeling, F.
Theorie und Praxis im Städtebau. Sein Werk als Stadtplaner, Architekt
und Lehrer. Ausgewählt und bearb. von D. Frick, G. Wittwer, R. Eggeling.
(= Schriftenreihe der Institute für Städtebau der THs und Universitäten
H.3). Krämer Verlag Stuttgart, 1972, 152 Seiten, 147 Abb., 1 Tab.

Eisfeld, D.
Die Stadt der Stadtbewohner. Deutsche Verlagsanstalt Stuttgart, 1973,
64 Seiten, 26 Abb.

Erläuterungen
zur Zweckmässigkeitsprüfung von Orts- und Regionalplanungen, Berechnung
der Siedlungsflächen. (= Provisorische Richtlinien zur Orts-, Regional-
und Landesplanung der ETH Zürich Nr.511542). Hg. vom ORL-Institut der
ETH Zürich. Selbstverlag Zürich, 1968.

Evers, H.U.
Bauleitplanung, Sanierung und Stadtentwicklung. (= Das Wiss. Taschenbuch
Bd.21). Goldmann Verlag München, 1972, 159 Seiten.

Fornol - Schadow - Scholz - Seidel - Zeller
Stadtentwicklungsplanung - Methode und Verfahren. Dargestellt am Beispiel
Esslingen a.N. Hrsg.: Städtebauliches Inst.d. Univ. Stuttgart, Projekt-
gruppe Esslingen (Fornol/Schadow/Scholz/Seidel/Zeller). (= Schriftenreihe
der Institute für Städtebau der Techn. Hochschulen und Universitäten H.8).
Krämer Verlag Stuttgart/Bern, 1971, 56 Seiten, zahlr. Abb. u. Schem.

Funktions-
und Gestaltwandel des öffentlichen Raumes. Verkehr, Netze, Standorte.
Städtebaul. Seminar 1965/66 am Lehrstuhl f. Städtebau und Siedlungswesen
der Technischen Universität Berlin. Selbstverlag Berlin, 1966, 219 Seiten,
mit Abb. u. Ktn.

Gassner, E.
Beiträge zur kommunalen und regionalen Entwicklungsplanung. Dümmler Verlag Bonn, 1973, 224 Seiten, 39 Abb.

Gassner, E.
Städtebau auf dem Lande. Aufgaben und Probleme. Rede zum Antritt des Rektorates der Rheinischen Friedrich-Wilhelms-Universität zu Bonn. (= Bonner Akademische Reden 34). Peter Hanstein Verlag Bonn, 2. erw. Aufl., 1972, 54 Seiten.

Gassner, E.
Städtebauliche Kalkulation. (= Materialsammlung Städtebau H.5). Dümmler Verlag Bonn, 1972, 32 Seiten, graph. Darst., Abb.

Geyer, M. (Bearb.)
Strukturuntersuchungen und Entwicklungsplanung. Örtliche und regionale Untersuchungen. Hrsg.: Kommunale Gemeinschaftstelle für Verwaltungsvereinfachung Köln. Selbstverlag Köln, 1970, 41 Seiten. Maschinenschrift vervielf.

Göderitz, J.
Besiedlungsdichte, Bebauungsweisen und Erschließungskosten im Wohnungsbau. Bauverlag Wiesbaden, 1954, 102 Seiten.

Göderitz, J. - Rainer, R. u.a.
Die gegliederte und aufgelockerte Stadt. (= Archiv für Städtebau und Landesplanung H.4). Wasmuth Verlag Tübingen, 2. Aufl., 1964, 104 Seiten, 50 Abb. und Pläne.

Grabe, H.
Kommunale Entwicklungsanalyse und städtebauliche Kalkulation. Krämer Verlag Stuttgart, 1970, 152 Seiten, 67 Abb., 69 Tab.

Greger, B.
Städtebau ohne Konzept. Kritische Thesen zur Stadtplanung der Gegenwart. Verlag Hoffmann u. Campe Hamburg, 1973, 177 Seiten, Qu.

Hallbauer, W.
Strukturwandel in Stadt und Umland. Probleme und Ausblicke. (= Veröff. d. Akad.f. Raumforschung und Landesplanung Abh.34). Dorn Verlag Bremen-Horn, 1958, 154 Seiten.

Haller, F.
Totale Stadt - Integral Urban. Ein Modell. Walter Verlag Freiburg/Olten, 1968, 71 Seiten mit farb. Plänen.

Hamann, U.
Bodenwert und Stadtplanung. Kohlhammer Verlag Stuttgart, 1969, 104 Seiten, 6 Abb.

Harloff, G.
Ein Optimierungsansatz zur Ordnung der Stadtinhalte. Institut für Stadtbauwesen Aachen, 1973, 21 Seiten.

Hartel, H.G.
Städtebauliches Programm - Standort und Erschließung. Ein kommunikationsorientiertes Analysemodell der Standortstruktur der Großstadt Stuttgart 1961. Krämer Verlag Stuttgart, 1969, 237 Seiten, 61 Abb., 5 Falttafeln.

Haseloff, O.W.
Die Stadt als Lebensform. Mit 18 Beiträgen. Colloquium Verlag Berlin,
1970, 191 Seiten.

Hasselmann, W.
Stadtentwicklungsplanung. Grundlagen, Methoden, Maßnahmen. Dargestellt
am Beispiel der Stadt Osnabrück. Diss. jur. Münster. (= Inst.f. Siedlungs-
u. Wohnungswesen d. Westf. Wilhelms-Univ. Münster. Sonderdruck 39).
Münster 1967, 470 Seiten mit Abb.

Hasselmann, W. u.a.
Methoden und Probleme der Stadt- und Regionalplanung. (= Beiträge und
Untersuchungen des Inst.f. Siedlungs- und Wohnungswesen der Univ. Münster
Bd.69). Selbstverlag Münster, 1968, 105 Seiten.

Hasselmann, W. - Geiß, D. - Klemmer, P. u.a.
Wirtschaftliche Aspekte der Stadtplanung. (= Städtebaul. Beiträge des Inst.
für Städtebau und Wohnungswesen der Dt. Akad.f. Städtebau und Landesplanung 2/1971). Institut für Städtebau u. Wohnungswesen der Dt. Akad.f. Städtebau und Landesplanung, Selbstverlag München, 1971, 147 Seiten.

Hebebrand, W. - Jaspert, F.
Städtebau gestern und heute; Stadttypen, Stadtformen, Stadtstruktur.
(= Städtebauinstitut Nürnberg Studienheft 1). Selbstverlag Nürnberg, 3. erw.
Aufl., 1967, 24 gez. Bl. mit Abb.

Helms, H.G. - Janssen, J.
Kapitalistischer Städtebau. Analysen. (= Soziolog. Essays). Luchterhand
Verlag Neuwied, 2. Aufl., 1971, 209 Seiten.

Henggeler, A. - Althaus, P.F.
Die Stadt als offenes System. (= Reihe Exploration Bd.1 des Inst. für
Geschichte und Theorie der Architektur ETH Zürich). Birkhäuser Verlag
Stuttgart, 1973, 182 Seiten, 68 Abb.

Herzner, E.
Die städtebauliche Ordnung in Stadt und Land. (= Schriftenreihe des Niedersächsischen Sozialministeriums Bd.1). Verlag Schwartz Göttingen,
2. Aufl., 1968, 101 Seiten, 1 Titelbild.

Hesse, J.J.
Stadtentwicklungsplanung. Zielfindungsprozesse und Zielvorstellungen.
(= Schriftenreihe d.Ver.f. Kommunalverw.e.V. 38). Kohlhammer Verlag Stutt-
gart, 1973, 158 Seiten.

Hessing, F.J.
Städtebau im Zeitalter der Massen. Ein Tagungsbericht. Selbstverlag der
Evangel. Akad. in Hessen und Nassau Arnoldshain im Taunus, 1961, 57 S.

Heuer, J.H.B. (Hg.)
Städtebau - Beispiel oder Experiment. (= Schriften für Sozialökologie
Bd.3). Stadtbauverlag Bonn, 1970, 42 Seiten.

Hillebrecht, R.
Die Auswirkungen des wirtschaftlichen und sozialen Strukturwandels auf
den Städtebau. (= Arbeitsgem.f. Forschung des Landes NRW 142). Westdeutscher Verlag Köln/Opladen, 1964, 82 Seiten.

Hillebrecht, R. - Reschke, H.
Wesen und Bedeutung der Großstadt. Stadtregion - Großstadt und Städtebau. (= Schr.d.Inst.f. Wohnungsrecht und Wohnungswesen an der Univ. Köln). Verlag O. Schwartz Göttingen, 1962, 54 Seiten.

Hövelborn, P. - Kubach, H.P. - Schäfer, H.Ch.
Bibliographie Nr. 19, Stadtentwicklungsplanung. Bearbeitet in der Abt. Dokumentation des Städtebaul. Instituts der Univ. Stuttgart. Selbstverlag Stuttgart, 1973, 65 Seiten.

Hofmeister, B.
Stadtgeographie. (= Das Geogr. Seminar). Westermann Verlag Braunschweig, 1969, 199 Seiten, Kt., Abb., Lit.

Hollatz, J.W.
Deutscher Städtebau 1968. Die städtebauliche Entwicklung von 70 deutschen Städten. Hg. v.d.Dt. Akad.f. Städtebau u. Landesplanung. Bacht Verlag Essen, 1970, 480 Seiten, 500 Abb.

Hollatz, J.W.
Urbane Bautradition und progressive Stadtentwicklung. (= Kleine Schriften d.Dt. Verbandes f. Wohnungswesen, Städteplanung und Raumplanung 46). Stadtbau-Verlag Bonn, 1971, 32 Seiten, Anh.

Holschneider, J.
Schlüsselbegriffe der Architektur und Stadtbaukunst. Eine Bedeutungsanalyse. Diss. TH Aachen. Schnelle Verlag Quickborn, 1969, 148 Seiten.

Hornig, E.
Forschung für den Städtebau - zur Lage. (= Kleine Schriften des Dt. Verbandes für Wohnungswesen, Städtebau und Raumplanung Nr.36). Stadtbau-Verlag Bonn, 1970, 51 Seiten.

Infas (Hg.)
Beobachtungen zur Stadtentwicklung. Sozialwissenschaftliche Beiträge zur Stadt- und Regionalplanung von W. Hartenstein, K. Liepelt, B. Lutz. Hg. vom Inst.f. angew. Sozialwissenschaft. Europäische Verlagsanstalt Frankfurt/M., 1963, 58 Seiten, Tab. (masch.autogr.)

Ingesta (Hg.)
Stadtentwicklungsplanung und Standortprogramme. Hrsg.: Inst.f. Gebietsplanung und Stadtentwicklung. (= Beiträge zur Entwicklungsplanung 1). Selbstverlag Köln, ca. 1973, 13 Abb., 1 Schem.

Irving, D.J.
Und Deutschlands Städte sterben nicht. Ein Dokumentarbericht. Schweizer Druck- und Verlagshaus Zürich, 1963, 376 Seiten, 54 Bl., 4 Abb.

Isbary, G.
Der Standort der Städte in der Raumordnung. (= Schriftenreihe des Dt. Städtebundes 2). Verlag Otto Schwartz Göttingen, 1964, 36 Seiten.

Isenberg, G.
Existenzgrundlagen in Stadt- und Landesplanung. (= Schriftenreihe der Dt. Akad.f. Städtebau u. Landesplanung Bd.14, hg.J. Göderitz). Wasmuth Verlag Tübingen, 1964, 196 Seiten, 2 mehrfarb. Übers.kt.

Jacobs, J.
Stadt im Untergang. Thesen über den Verfall von Wirtschaft und Gesellschaft in Amerika. Ullstein Verlag Berlin, 1970, 265 Seiten.

Jacobs, J.
Tod und Leben großer amerikanischer Städte. (= Bauwelt Fundamente Bd.4). Bertelsmann Verlag Berlin, Neuaufl., 1969, 220 Seiten.

Jahke, R.
Funktionsbestimmte Stadtplanung. Städtebauverlag Kirchheim/Teck, 1965, 118 Seiten.

Jürgensen, H.
Wohnungsbau und Stadtentwicklung. (= GEWOS-Schriftenreihe N.F.1). H. Christians Verlag Hamburg, 1970, 24 Seiten.

Jungk, R. - Spieker, H. - Maurer, H.
Konkretes zur Stadt von heute. (= Städtebau-Alternativen '73). dipa Verlag Frankfurt/M., 1973, 205 Seiten, zahlr. Abb.

Kapitalistischer
Städtebau. Analysen v. L. Burckhardt, H.H. Hehns, J. Jansen, J.C. Kirschenmann, K. Kraus, P. Neitzke u. J. Schlandt. (= Sammlung Luchterhand Bd.29). Luchterhand Verlag Darmstadt/Neuwied, 2. Aufl., 1971, 240 Seiten.

Kentner, W.
Wirtschaft, Verkehr und Städtebau. Zur Reform der Städtebaupolitik. (= Beiträge des Deutschen Industrie-Instituts, Jg.8, 1970, H.12). Deutsche Industriegesellschaft Köln, 1970, 31 Seiten.

Klaus, J.
Volkswirtschaftliche Aspekte städtebaulicher Planung. (= Studienhefte des SIN Städtebauinstituts Nürnberg H.31). Selbstverlag Nürnberg, 1968, 36 Seiten.

Kob, J. - Kurth, M. - Voss, R. - Schulte-Altedorneburg, M.
Städtebauliche Konzeptionen in der Bewährung: Neue Vahr Bremen - Lehren einer Fallstudie. (= Beiträge zur Stadt- u. Regionalforschung H.3, hg. von der GEWOS). Verlag Vandenhoeck u. Ruprecht Göttingen, 1972, 125 S.

Konzentration
und Verdichtung in Wohngebieten. Funktionelle, organisatorische und wirtschaftliche Probleme der Entwicklung städtischer Wohngebiete. Stand 1967. (= Schriftenreihe der Bauforschung. Reihe Städtebau und Architektur H.27). Deutsche Bauakademie Berlin/Ost, 1969, 50 Seiten.

Koordination
der Planungen. Mat.z. Stadtentwicklungsplan. Hrsg.: Komm. Gemeinschaftsstelle f. Verwaltungsvereinfachung Köln. Selbstverlag Köln, 1971, Getr., Pag., Tab., Übers., Lit. Maschinenschriftl. vervielf.

Korte, H. - Bauer, E. - Brake, K. - Gude, S. u.a.
Zur Politisierung der Stadtplanung. Bertelsmann Verlag Gütersloh, 1971, 212 Seiten.

Kraus, H.
Landesplanung und Städtebau in ihrer gegenseitigen Verflechtung und Abhängigkeit. (= Abhandlungen der Akad.f. Raumforschung und Landesplanung Hannover Bd. 42). Verlag Jänecke Hannover, 1963, 73 Seiten.

Küttner, L.
Zur Gebiets-, Stadt- und Dorfplanung. Ein Beitrag zur komplexen Planung. Technik Verlag Berlin/Ost, 1958, 399 Seiten mit Abb.

Lang, L.
Urbane Utopien der Gegenwart. Analyse ihrer formalen und sozialen Zielsetzungen. (= IMGA Dissertationen 1). Krämer Verlag Stuttgart, 1972, 138 Seiten, 50 Abb.

Lauritzen, L.
Aspekte des Wohnungs- und Städtebaus. Vortrag anl. der ersten Tagung der Landesgruppe Hessen des Dt. Verbandes für Wohnungswesen, Städtebau und Raumplanung e.V. am 30. Januar 1967. Hrsg.: Dt. Verband f. Wohnungswesen, Städtebau u. Raumplanung e.V. Köln-Mülheim. (= Schriften des Dt. Verbandes f. Wohnungswesen, Städtebau u. Raumplanung e.V. H.70). Selbstverlag Köln-Mülheim, 1967, 45 Seiten.

Lauritzen, L. (Hg.)
Mehr Demokratie im Städtebau. Beiträge zur Beteiligung der Bürger an Planungsentscheidungen. Fackelträger Verlag Hannover, 1972, 280 Seiten.

Lauritzen, L. - Stoltenberg, G. - Schoen
Städtebau und Wohnungswesen. (= Schriften des Zentralverbandes der Dt. Haus- und Grundeigentümer e.V. H 31). Verlag Dt. Wohnwirtschaft Düsseldorf, 1970, 58 Seiten.

Lauritzen, L.
Städtebau der Zukunft. Tendenzen, Prognosen, Utopien. Econ Verlag Düsseldorf, 5.-7. Tsd., 1970, 363 Seiten.

Laux, E. - Naylor, H.
Inhalt und Aufbau einer Bestandsaufnahme für die Aufstellung regionaler Entwicklungs- und Raumordnungspläne. (= Informationsbriefe für Raumordnung, hg. vom Bundesmin.d. Innern R 1.8.1.). Kohlhammer Verlag/Dt. Gemeindeverlag Mainz, 1970, 11 Seiten.

Le Corbusier
Grundfragen des Städtebaues. Aus dem Franz. übertragen von C.u.E. Neuenschwander. Titel der Originalausgabe von 1945 "Propos d'Urbanisme". Hatje Verlag Stuttgart, 4. Aufl., 1963, 116 Seiten, 67 Abb.

Le Corbusier
An die Studenten. Die "Charte d'Athènes". Mit einem Vorwort von Jean Giraudoux. (= rowohlts deutsche enzyklopädie 141). Rowohlt Verlag Reinbek bei Hamburg, 1962, 150 Seiten.

Lefèbvre, H.
Die Revolution der Städte. Aus dem Französichen von Ulrike Roeckl. (= List Taschenbücher der Wissenschaft Bd.1603). List Verlag München, 1972, 201 Seiten.

Lehmann, H.
Städtebau und Gebietsplanung. Über die räumlichen Aufgaben der Planung in Siedlung und Wirtschaft. (= Schriften d. Forschungsinst.f. Städtebau u. Siedlungswesen). Verlag Technik Berlin/Ost, 1955, 104 Seiten.

Lehner, F.
Siedlung, Wohndichte und Verkehr. Verlag E. Schmidt Bielefeld, 1963, 54 Seiten mit Abb.

Lehner, F.
Verkehr und Städtebau. Probleme der Gegenwart. (= Schriftenreihe f. Verkehr u. Technik H.48). Verlag E. Schmidt Bielefeld, 1971, 33 Seiten mit Abb.u. Ktn.

Lehner, F.
Wechselbeziehungen zwischen Städtebau und Nahverkehr. (= Schriftenreihe für Verkehr und Technik H.29). Verlag E. Schmidt Bielefeld, 1966, 61 S.

Lenort, N.J.
Entwicklungsplanung in Stadtregionen. Westdeutscher Verlag Köln-Opladen, 1961, 275 Seiten.

Lenort, N.J.
Strukturforschung und Gemeindeplanung. Westdeutscher Verlag Opladen, 1960, 328 Seiten.

Lindsay, J.V.
Städte brauchen mehr als Geld. New Yorks Major über seinen Kampf für eine bewohnbare Stadt. (= Bauwelt-Fundamente Bd. 31). Bertelsmann Verlag Gütersloh, 1971, 180 Seiten, zahlr. Abb.

Lynch, K.
Das Bild der Stadt. Übers.v. Korssakoff-Schröder, H./Michael, R. (= Bauwelt Fundamente 16). Bertelsmann Fachverlag Frankfurt/M./Berlin, 1971, 216 Seiten, 62 Abb., Stichwortverz.

Maurer, H.
Städtebau-Alternativen. Anstiftung zum Handeln. Piper Verlag Frankfurt/M, 1972, 188 Seiten, 18 Abb.

Maurer, J.
Zur Stadtplanung und Stadtforschung. (Teilweise an Beispielen aus dem Raum Zürich). Diss. TH Zürich 1966. Verlag P.G. Geller Winterthur, 1966, X, 163 Seiten.

Mausbach, H.
Einführung in die städtebauliche Planung. Kurzgefasstes Kolleg zu den Grundbegriffen von Raumordnung, Landesplanung und Stadtplanung. (= Werner-Ingenieur-Texte H. 5). Werner Verlag Düsseldorf, 2., neu bearb. Aufl., 1972, 108 Seiten, 164 Abb.

Mausbach, H.
Städtebaukunde der Gegenwart. Grundlagen heutiger Planung. Werner Verlag Düsseldorf, 4., verbess. Aufl., 1971, 184 Seiten, 133 Abb.

Meyer-Ehlers, G.
Raumprogramme und Bewohnererfahrungen. Krämer Verlag Stuttgart, Bd.9, 1971, 144 Seiten, 54 Abb., zahlr. Tab.

Mitscherlich, A.
Die Unwirtlichkeit unserer Städte. Anstiftung zum Unfrieden. (=edition suhrkamp Bd. 123). Suhrkamp Verlag Frankfurt/M, 1965, 168 Seiten.

Modelle
zur Stadtplanung. Rahmenthema z. Vortragsfolge im Seminar d. Lehrstuhls f. Städtebau u. Landesplanung d.Univ. Karlsruhe, SS 1970. (= Seminarberichte 1970). Hrsg.: Inst.f. Städtebau u. Landesplanung, Univ. Karlsruhe. Selbstverlag Karlsruhe, 1970, 255 Seiten, Abb., Tab., Übers., Lit. Maschinenschriftl. vervielf.

Müller, W.
Städtebau. Grundlagen, Bauleitplanung, Planungselemente, Verkehr, Versorgung, Grünflächen. Teubner Verlag Stuttgart, 1970, 474 Seiten, 277 Abb., 68 Tafeln.

Müller, C.W. - Nimmermann, P.
Stadtplanung und Gemeinwesenarbeit. Texte und Dokumente. Juventa-Verlag München, 1971, 255 Seiten.

Müller-Ibold, K. - Hillebrecht, R.
Städte verändern ihr Gesicht. Beispiel Hannover. (= Neues Bauen - neues Wohnen 2). Krämer Verlag Stuttgart, 1962, 24 Seiten mit 20 Falttafeln, 12 Abb., 15 Kt.

Netzer, R.
Probleme der Großstadt in der Demokratie eines Kleinstaates unter besonderer Berücksichtigung der Möglichkeiten der Planung. Haupt Verlag Bern/Stuttgart, 1965, 166 Seiten.

Neuffer, M.
Entscheidungsfeld Stadt. Deutsche Verlagsanstalt Stuttgart, 1973, 251 S.

Neuffer, M.
Städte für alle. Entwurf einer Städtepolitik. Wegner Verlag Hamburg, 1970, 226 Seiten.

Nutzen - Kosten -
Analysen im Städtebau - Wirtschaftlichkeitsüberlegungen für Einzelprojekte und Gesamtmaßnahmen der Stadtentwicklung. (= Studien 4) hg. vom SIN-Städtebau-Institut Nürnberg. Selbstverlag Nürnberg, 1974, 111 Seiten, 3 Abb.

Optimale
Wohngebietsplanung. Bd. I: Analyse, Optimierung und Vergleich der Kosten städtische Wohngebiete. Von H. Albach u. O.M. Ungers u. Mitarb.v. K. Viebering, A. Tönjes, M. Wegener. Betriebswirtsch.Verlag Gabler Wiesbaden, 1969, 384 Seiten, P., Abb., Tab., Lit., Zsfssg.

Ordnung
der Siedlungsstruktur (Stadtplanung 1). (= Forschungs- u. Sitzungsberichte der Akad.f. Raumforschung und Landesplanung Hannover Bd. 85). Jänecke Verlag Hannover, erscheint 1974.

Ortmann, W.
Städtebau früher und heute. Kurze Einführung in das Wesen des Städtebaues. Werner Verlag Düsseldorf, 1956, 99 Seiten.

Petzold, V.
Modelle für morgen - Probleme von Städtebau und Umweltplanung. (= rororo tele Bd. 51). Rowohlt Verlag Reinbeck bei Hamburg, 1972, 135 Seiten, zahlr. Abb.

Pfeil, E.
Großstadtforschung - Entwicklung und gegenwärtiger Stand. (= Abhandlungen der Akad.f. Raumforschung und Landesplanung Hannover Bd. 65). Jänecke Verlag Hannover, 2., neu bearb. Aufl., 1972, 410 Seiten.

Planen in Stadt und
Land. Vorträge und Berichte. (Stephan Prager gewidmet). Hrsg.von der Landesgruppe Nordrhein-Westfalen der Dt. Akad.f. Städtebau und Landesplanung. Westdeutscher Verlag Köln/Opladen, 1961, 99 Seiten mit Abb. u. 1 Faltkt.

Polis und Regio.
Von der Stadt- zur Regionalplaung. Frankfurter Gespräche der List-Gesellschaft 8.-10. Mai 1967, Protokolle - Gutachten - Materialien. Im Auftr. der List Ges.hg. von E. Salin, N. Bruhn, M. Marti. (= Veröff. der List-Gesellschaft Bd.57, Reihe D: Gutachten und Konferenzen). Kyklos Verlag Basel, Mohr Verlag Tübingen, 1967, 411 Seiten.

Politik
und Städtebau. Dokumentation ü.d.öff. Veranstaltungen i. Rahmen d. Jahreshauptversammlung d.Ges.f. Wohnungs- u. Siedlungswesen e.V. (GEWOS) am 25./26.9.1968. (= Schriftenr.d.Ges.f. Wohnungs-u. Siedlungswesen e.V. (GEWOS) 39). Christians Verlag Hamburg, 1969, 159 Seiten, Lit.

Pradel, D.
Wohnstätte und Arbeitsstätte. Wirtschaftliche und soziale Probleme der Zuordnung. (= Beiträge u. Untersuchungen d.Inst.f. Siedlungs- u. Wohnungswesen. NF d. Materialiensammlung Bd. 49). Selbstverlag Münster, 1957, 172 Seiten mit zahlr. Tab.

Probleme
der Stadtentwicklung. Protokoll d. Tagung v. 8.-11.10.1968 in Loccum. Hrsg.: Pressestelle d.Ev.Akad.Loccum. (= Loccumer Protokolle Nr. 18). Selbstverlag Loccum, 1969, 118 Seiten, Abb., Lit., Beil.: 3 Bl.Pl. Maschinenschr. vervielf.

Ragon, M.
Die großen Irrtümer. Callwey Verlag München, 1972, 162 Seiten Text, 16 Seiten Abb.

Raumordnung
Landesplanung, Städtebau. Referate und Diskussionen eines Fachseminars desDeutschen Industrie- und Handelstages, veranstaltet vom 7.-9. Juni 1961 in Münster. (= Deutscher Industrie- u. Handelstag Schriftenreihe H.75). Deutscher Industrie- u. Handelstag Bonn, 1961, 230 Seiten.

Real, W.H.
Erfahrungen und Möglichkeiten bei der Aufstellung von Richtlinien für die Stadtplanung. Unter bes. Berücksichtigung der Verhältnisse in der Stadt Zürich. Diss. ETH, Bern, 1950, 131 Seiten.

Reichenbach, E.
Vergleich von Stadtentwicklungsmodellen. (= Veröff.des Inst.f. Stadtbauwesen der TU Braunschweig H.10). Selbstverlag Braunschweig, 1972, 175 Seiten, Abb., Tab.

Rettet
unsere Städte jetzt! Vorträge, Aussprachen u. Ergebnisse d. 16. Hauptversammlung d.Dt. Städtetages 25.-27.5.1971 in München. Mit Beitr.v. J.K. Galbraith, L. Lauritzen, B. Merck u.a. (= Neue Schriften d.Dt. Städtetages H.28). Kohlhammer Verlag Stuttgart, 1971, 247 Seiten, Tab., Lit.

Röck, W.
Interdependenzen zwischen Städtebaukonzeptionen und Verkehrssystemen. Hrsg.: Institut für Verkehrswissenschaft der Universität Münster, 1973, ca. 300 Seiten.

Roedler, F.
Hygienische Gesichtspunkte in der städtebaulichen Planung. (= Veröff.
d.Inst.f. Städtebau der Dt. Akad.f. Städtebau und Landesplanung Berlin
Bd. 34/1). Selbstverlag Berlin, 1971, 14 Seiten.

Rose, H.
Sozialökonomische Aspekte der Stadtplanung. Diss. Wirtschaftswiss.F.
FU Berlin, 1967, 200 Seiten.

Roth, U.
Stadtplanung und Siedlungsbau. Unterrichtsmittel für das 4. bis 8. Semester der Abt. für Architektur an der ETH Zürich. Verlag Akad. Ingenieurverein ETH-Zürich, Zürich, 3. vollst. überarb. Aufl., 1972, II, 364 S.

Ruthenberg, R.
Volkswirtschaftliche Grundlagen der Stadtplanung. Möglichkeiten einer
Objektivierung und Systematisierung der Wahl gesellschaftspolitischer
Ziele und städtebaulicher Mittel. Diss. Darmstadt (1967). J.G. Bläschke
Verlag Darmstadt, 1967, 248 Seiten.

Schaechterle, K
Die Berücksichtigung des Verkehrs in der Stadt- und Regionalplanung.
Hg. vom Institut f. Verkehrsplanung und Verkehrswesen d. TH München,
als Ms. gedr. Selbstverlag München, 1967, 16 Seiten Text, 5 Seiten mit
8 Abb., 14 Lit.-Ang.

Schäfer, B.
Möglichkeiten und Grenzen soziologischer Beiträge zur Stadt- und Regionalplanung. Institut für Stadtbauwesen Aachen, 1973, 28 Seiten.

Schäfers, B.
Planung und Öffentlichkeit. Drei soziologische Fallstudien: kommunale
Neugliederung, Flurbereinigung, Bauleitplanung. (= Beiträge zur Raumplanung des Zentralinst.f. Raumplanung an der Universität Münster Bd.8).
Bertelsmann Universitätsverlag Gütersloh/Düsseldorf, 1970, 212 Seiten.

Schmidt-Relenberg, N.
Soziologie und Städtebau. Versuch einer systematischen Grundlegung.
(= Beiträge zur Umweltplanung). Krämer Verlag Stuttgart, 1968, 243 Seiten, Übers., Lit.

Schmitt, O.
Städtebau im gesellschaftlichen Bewußtsein. (= Schriften d. Dt. Verbandes
f. Wohnungswesen, Städtebau u. Raumplanung e.V.18). Köln-Mülheim, 1956,
19 Seiten.

Schneider, W. - Trutzel, K.
Integration von Stadtforschung. Statistik u. Einwohnerwesen. Hrsg.:
Stadt Nürnberg, Arbeitsgr. Nürnberg-Plan. (= Beitr.z.Nürnberg-Plan, R.D:
Kommunales Inf.system planungsrelevanter Daten H.1). Nürnberg, 1971,
48 Seiten, Abb., Tab., Übers., Lit., Anh: 12 Bl. Tab., Übers. Maschinenschriftl. vervielf.

Schoof, H.
Idealstädte und Stadtmodelle als theoretische Planungskonzepte.
Diss. im Inst.f. Orts-, Regional. und Landesplanung, Lehrstuhl für
Städtebau und Entwerfen, Fak.f. Architektur d. Univ. Karlsruhe,1965,
229 Seiten.

Schulte, H.O.
Ansätze zu einer theoretischen Grundlegung der Bau- und Stadtplanung.
(=IGMA-Dissertationen Bd.4). Krämer Verlag Stuttgart, 1973, 191 Seiten,
32 Abb.

Schultz, U. (Hg.)
Umwelt aus Beton oder unsere unmenschlichen Städte. (= rororo Bd. 1497).
Rowohlt Verlag Reinbeck bei Hamburg, 1971, 141 Seiten.

Schultze, J.H.
Stadtforschung und Stadtplanung. (= Veröff.d.Akad.f. Raumforschung
u. Landesplanung Bd. 23). Dorn Verlag Bremen, 3. Aufl., 186 Seiten,
22 Tafeln.

Schumacher, F.
Vom Städtebau zur Landesplanung und Fragen städtebaulicher Gestaltung.
(= Archiv f. Städtebau u. Landesplanung, hg. im Auftrag d. Dt. Akad.f.
Städtebau u. Landesplanung von J. Göderitz, H.2). Wasmuth Verlag Tübingen, 1951, 52 Seiten.

Schumpp, M.
Stadtbau-Utopien und Gesellschaft. Der Bedeutungswandel utopischer
Stadtmodelle unter sozialem Aspekt. (= Bauwelt Fundamente 32). Bertelsmann Fachverlag Gütersloh, 1972, 208 Seiten, Abb., Lit.

Seidensticker, W.
Umbau der Städte. (= Schriften des Dt. Verbandes f. Wohnungswesen, Städtebau u. Raumplanung e.V. H.74). Vulkan Verlag Essen, 1959, 106 Seiten.

Seidensticker, W.
Umbau der Umwelt. Humane Megalopolis. Vulkan Verlag Essen, 1973, 95 Seiten, 80 Abb.

Sellnow, R.
Kosten - Nutzen - Analyse und Stadtentwicklungsplanung. (= Schriften des
Dt. Instituts für Urbanistik Bd.43). Kohlhammer Verlag Stuttgart/Berlin,
1973.

9. Seminar
für Planungswesen an der Technischen Universität Braunschweig. (= Veröff.
des Seminars für Planungswesen der Techn. Univ. Braunschweig H.9). Selbstverlag Braunschweig, 1973, 274 Seiten, Abb., Qu.

Siedlungsplanung.
Hamburger Schriften zum Bau-, Wohnungs- und Siedlungswesen, H.37.

Spengelin, F. - Rösing, H.
Allgemeine Grundlagen der Raum- und Stadtplanung. Proseminar A. Teil 2:
Stadtplanung. Hrsg.: Lehrstuhl und Inst.f. Städtebau, Wohnungswesen u.
Landesplanung Techn.Univ. Hannover. (= Plan.6). Selbstverlag Hannover,
1972, 232 Seiten, schem. Darst., Qu., Diagr.

Spengelin, F.
Funktionelle Erfordernisse zentraler Einrichtungen als Bestimmungsgröße
von Siedlungs- u. Stadteinheiten in Abhängigkeit von Größenordnung u.
Zuordnung. Bearb.: H. Bock, H. Braune, H.W. Fahl u.a. (= Schriftenreihe
"Städtebauliche Forschung" d.Bundesmin.f. Städtebau u. Wohnungswesen
Nr. 03.003). Bonn-Bad Godesberg, 1972, 504 Seiten.

Stadt
und Landschaft - Raum und Zeit. Festschr.f.E. Kühn z. Vollendung seines
65. Lebensjahres. Hrsg.v. A.C.Boettger u. W.Pflug u. Mitarb.v.B. Heinen,
H. Huchtemann u.d.Dt.Verb.f. Wohnungswesen, Städtebau u. Raumplanung.
Köln, 1969, 468 Seiten, Abb., Tab., Lit., Beil.: Übers.

Stadt
zwischen gestern und morgen. Planung, Verwaltung, Baurecht und Verkehr.
(4 Vorträge, gehalten 1961 in einem Kolloquium an der Univ. Basel).
Mit einem Geleitwort von E. Salin. Kyklos Verlag Basel, Mohr Verlag
Tübingen, 1961, XIII, 172 Seiten mit 38 Abb.u. Lit.Verz. (= Sonderreihe 1, Stimmen der Praxis Bd.2).

Die Stadt
unserer Erwartungen. Bauen und Planen für den modernen Menschen. (= Schr.
d. Dt. Verbandes f. Wohnungswesen, Städtebau u. Raumplanung H.75).
Selbstverlag Köln-Mülheim, 1968, 141 Seiten.

Stadtentwicklung
und Stadterneuerung. Tagung vom 8. bis 10. April 1968 in Bad Boll.
Hrsg.: Evangelische Akademie Bad Boll, Pressestelle. (= Protokolldienst Nr. 26/1968). Selbstverlag Bad Boll, 1968, 110 Seiten, Abb.

Stadtentwicklungsplanung
Methode und Verfahren. Dargestellt am Beispiel Esslingen a.N. Hrsg.:
Städtebauliches Inst.d. Univ. Stuttgart, Projektgruppe Esslingen
(Fornol/Schadow/Scholz/Seidel/Zeller). (= H 8 der Schriftenreihe der
Institute für Städtebau der Techn. Hochschulen und Universitäten).
Krämer Verlag Stuttgart/Bern, 1971, 56 Seiten, zahlr. Abb. u. Schem.

Stadtplanung
interdisziplinär! Hrsg.: SIN Städtebauinstitut-Forschungsgesellschaft.
Beiträge von 11 Wissenschaften zur Bauleit- und Fachbereichsplanung.
Deutsche Verlagsanstalt Stuttgart, 1972, 215 Seiten, 7 Tab., 2 Funktions-
schemata.

Stadtplanung
Landesplanung, Raumordnung. Vorträge und Berichte. Hrsg. von der Landesgruppe Nordrhein-Westfalen der Dt. Akad.f. Städtebau und Landesplanung.
Westdeutscher Verlag Köln/Opladen, 1962, 134 Seiten, Ktsk., Tab., Anh.:
5 Faltkt.

Stadtstruktur
und Verkehrssystem. Ein Überblick über die einschlägige Fachliteratur
hg. vom Österreichischen Inst.f. Raumplanung Wien. Selbstverlag Wien,
1966, 44 Seiten mit Abb., Tab. u. Lit.-Ang. Maschinenschriftl. vervielf.

Städtebau
im Blickpunkt anderer Wissenschaften. Kurzreferate einer Vortragsveranstaltung Städtebau - Wissenschaft - Politik. (= Studienhefte des SIN
Städtebauinstituts Nürnberg H. 16). Selbstverlag Nürnberg, 1967, 38 S.,
8 Abb.

Städtebau
und Verkehrsbedienung, Hamburg-London. (= DVWG Reihe D, H.29/30).
Hrsg.: Deutsche Verkehrswissenschaftliche Gesellschaft e.V. Köln,
1971, 46 Seiten.

Städtebaubericht '69
Hrsg.: Bundesmin.f. Wohnungswesen u. Städtebau. Stadtbau Verlag Bonn, 1969, 201 Seiten, Abb., Tab., Anh.

Stahl, K. - Curdes, G.
Umweltplanung in der Industriegesellschaft. Lösungen und ihre Probleme. (= rororo tele Bd.30). Rowohlt Verlag Reinbek bei Hamburg, 1970, 123 S.

Stöckli, A.
Die Stadt - Ihr Wesen und ihre Problematik. Eine soziologische und städtebauliche Betrachtung. Bund Verlag Köln, 1954, 160 Seiten mit zahlr. Abb.

Studnitz, H.G.v. - Mausbach, H. - Dorow, R.
Städtebau - Stadterneuerung. (= Schriften des Zentralverbandes der Dt. Haus- und Grundeigentümer e.V. H.17). Düsseldorf, 1966, 51 Seiten, Abb.

Tamms, F. - Wortmann, W.
Städtebau. Wissenschaftler planen die Zukunft. C. Habel Verlag Darmstadt, 1973, 288 Seiten, 144 Abb.

Teichgräber, W.
Ermittlung der Gesamtkosten neuerer Wohnanlagen unterschiedlicher Bebauungsdichte unter besonderer Berücksichtigung der Erschließungs- und Stellplatzkosten. (= Forschungsarbeiten aus dem Straßenwesen H.88) Kirschbaum Verlag Bonn-Bad Godesberg, 1972, 200 Seiten.

Theorie und Praxis
bei der Abgrenzung von Planungsräumen, dargestellt am Beispiel Nordrhein-Westfalen. (= LAG Nordrhein-Westfalen 1. Forschungs-u. Sitzungsberichte der Akad.f. Raumforschung u. Landesplanung Bd.77). Jänecke Verlag Hannover, 1972, X, 79 Seiten, zahlr. Kt.u. Qu.

Toynbee, A.J.
Unaufhaltsam wächst die Stadt. Kohlhammer Verlag Stuttgart, 1971, ca. 240 Seiten.

Umlauf, J.
Vom Wesen der Stadt und der Stadtplanung. Werner Verlag Düsseldorf, 1951, 64 Seiten.

Unrecht
an den Städten. Forderungen der Städte an den Bund und die Länder. Bericht über die 65. Sitzung des Deutschen Städtetages und einer Pressekonferenz am 25. Mai 1966 in Frankfurt/M. Kohlhammer Verlag Stuttgart/Berlin/Köln/Mainz, 1966, 72 Seiten.

Vogel, H.J.
Städte im Wandel. Kohlhammer Verlag Stuttgart/Berlin/Köln, 1971, 114 S.

Wagener, F.
Ziele der Stadtentwicklung nach Plänen der Länder. Unter Mitarbeit von W. Büchsel, H.-D. Ewe, R. Wagener. Hg. vom Bundesmin.f. Städtebau und Wohnungswesen Bonn. (= Schr. z. Städtebau- u. Wohnungspolitik Bd.1). Schwartz Verlag Göttingen, 1971, XI, 187 Seiten, Tab., Lit.

Waterhouse, A.
Die Reaktion der Bewohner auf die äußere Veränderung der Städte. (= Stadt-
u. Regionalplanung, hg.v. Dittrich u. Koller). de Gruyter Verlag Berlin,
1972, 181 Seiten.

Westecker, W.
Die Wiedergeburt der Deutschen Städte. Econ Verlag Düsseldorf/Wien, 1962,
394 Seiten.

Wiegand, J.
Funktionsmischung. Zur Planung gemischter Gebiete als Beitrag zur Zu-
ordnung von Wohn- und Arbeitsstätten. (= Burckhardt-Berichte 1).
Verlag Arthur Niggli Teufen, 1973, XI, 314 Seiten, zahlr. Qu.

Wildermuth, B. (Hg.)
Stadtverkehr und Stadtplanung. Eine Sammlung von Referaten der am
20.10.1961 im Züricher Kongresshaus von verschiedenen Verbänden gemeinsam durchgeführten Tagung. Keller Verlag Winterthur, 1963, V, 82 Seiten.

Wirtschaftliche
Folgeeinrichtungen für Wohngebiete. Hg. vom Institut für Stadtforschung
u. Standortberatung Wien. Verlag Jugend und Volk, Wien, 1973, 30 Seiten.

Wittkau, K.
Rahmenplanung des Städtebaues. Polit. Siedlungskontrolle und das Problem
der Intervention. (= Volkswirtschaftl. Schriften H. 158) Verlag Duncker
u. Humblot Berlin, 1971, 133 Seiten, zahlr. Abb.

Wohnungs-
und Städtebau in der Konjunktur. Mit Beitr.v.H.K. Schneider, D. Duwendag,
R. Göb, Th. Paul, H. Jaschinski, R. Tarnow, J.H.B. Heuer und einem Dis-
kussionsber.v.D. Duwendag. (= Beitr.u. Untersuchungen d.Inst.f.Siedlungs-
u. Wohnungswesen d. Univ.Münster, NF d. Materialiensammlung Bd. 68).
Selbstverlag Münster, 1968, 200 Seiten.

Wohnungswesen
Städtebau, Raumplanung in der BRD. Hrsg.mit Förderung des Bundesmin.f.
Wohnungsbau. (= Schriften des Dt. Verbandes f. Wohnungswesen, Städtebau
u. Raumplanung H.44). Selbstverlag Köln, 1960, 54 Seiten, Tab., Lit.

Woods, Sh. - Pfeufer, J.
Stadtplanung geht uns alle an. Text deutsch/englisch/italienisch.
Krämer Verlag Stuttgart, 1973, 60 Seiten, 120 Abb.

Wortmann, W.
Festschrift. Die neue Stadt. Zum 75. Geburtstag. Aus seinen Arb. ausgew.
u. komm.v. K. Wittkau. (= Mitt.d.Dt.Akad.f. Städtebau u. Landesplanung 16).
März 1972, S.1-190. Abb.

Zens, H.
Stadt und Region - Umwelt des Menschen. (= Kleine Schriften des Dt. Ver-
bandes f. Wohnungswesen, Städtebau u. Raumplanung e.V.H.27). Stadtbau
Verlag Bonn, 1970, 53 Seiten.

Zentren
in neuen Wohngebieten. Ausgewählt und eingeleitet von H. Ludmann, H.
Fischer u. J. Riedel, mit einem soziologischen Beitrag von N. Schmidt.
(= Architektur Wettbewerbe H.37). Stuttgart, 1963, 162 Seiten, Abb.

Zwischen
Rostock und Saarbrücken. Städtebau und Raumordnung in beiden deutschen Staaten. Hrsg.v. Mitteldeutschen Kulturrat durch U. Rother u.a. Bearb.: E.H. Isenberg. Droste Verlag Düsseldorf, 1973, 244 Seiten, zahlr. Tab. u. Qu.

Zwischen
Stadtmitte und Stadtregion. Hrsg.: Dt. Akademie f. Städtebau u. Landesplanung. Rolf Hillebrecht zum 60. Geburtstag. (= Reihe Beiträge zur Umweltplanung). Krämer Verlag Stuttgart, 1970, 188 Seiten, 50 Abb.

5. Architektonisch-gestalterische Probleme des Städtebaus

Albers, G. - Angerer, F. - Burckhardt, L. u.a.
Die Form der Stadt. (= Städtebauliche Beiträge des Instituts für Städtebau und Wohnungswesen der Dt. Akad.f. Städtebau und Landesplanung 2/1964). Institut für Städtebau u. Wohnungswesen der Dt. Akademie f. Städtebau u. Landesplanung, Selbstverlag München 1964.

Albers, G.
Städtebau - eine schöne Kunst? Callwey Verlag München, 1972, 38 Seiten.

Albers, G.
Was wird aus der Stadt? Aktuelle Fragen der Stadtplanung. (= Serie Piper 27). Piper Verlag München, 1972, 126 Seiten.

Albers, G. - Herlyn, U. - Mergen, A. u.a.
Städtebau und Wohnungswesen. (= Städtebauliche Beiträge des Inst.f. Städtebau u. Wohnungswesen der Dt. Akad.f. Städtebau und Landesplanung 1/1971). Institut f. Städtebau u. Wohnungswesen der Dt. Akademie f. Städtebau u. Landesplanung, Selbstverlag München, 1971, 191 Seiten.

Archiv
für Kommunalwissenschaften Fachheft Stadtplanung, Städtebau und Regionalplanung. (= Archiv für Kommunalwissenschaften Jg.6, 1967, Zweiter Halbjahresband S.185 - 449). Kohlhammer Verlag/Dt. Gemeindeverlag Stuttgart/Köln.

Bernet, E.J.
Memento Urbi - Die Zukunft der Gesellschaft in der Stadt. Hatje Verlag Stuttgart, 1973, 156 Seiten, Qu.

Blum, O.
Städtebau. (= Handbibliothek für Bauingenieure T.2,1). Springer Verlag Berlin, 2. umgearb. Aufl., 1937, 244 Seiten.

Carol, H. - Werner, M.
Städte wie wir sie uns wünschen. Ein Vorschlag zur Gestaltung schweizerischer Großstadtgebiete, dargestellt am Beispiel von Stadt und Kanton Zürich. Regio Verlag Zürich, 1949, 147 Seiten.

Conrads, U.
Architektur. Spielraum für Leben. Ein Schnellkurs für Stadtbewohner. Bertelsmann Verlag München/Gütersloh/Wien, 1972, 192 Seiten, 310 Bilder, zahlr. Qu.

Coordes, C.
Stadtplanung - Wohnbau. (= architektur-wettbewerbe 65). Krämer Verlag Stuttgart, 1971, 98 Seiten mit zahlr. Fotos + Plänen.

Culemann, C.
Funktion und Form in der Stadtgestaltung. (= Veröff.d.Akad.f. Raumforsch. u. Landesplanung Abh.31). Dorn Verlag Bremen-Horn, 1956, 69 Seiten.

Dahinden, J.
Denken - Fühlen - Handeln. Mit einer Einführung von I. Schein und
K. Schwanzer. Deutsch/franz./engl. Krämer Verlag Stuttgart, 1974,
336 Seiten, 450 Abb.

Dittrich, G.G. - Goslar, H. - von Boh, B. - Heidenreich, F.
Räumliche Gestaltung in neuen Städten. Konzeption und Wirkung von Straße
und Platz in einigen Demonstrativmaßnahmen. (= Informationen aus der
Praxis - für die Praxis Nr.25). Hg. vom Bundesmin.f. Städtebau und Wohnungswesen Bonn/Bad Godesberg, 1970/71, 185 Seiten.

Duntze, K.
Der Geist der Städte baut. Planquadrat - Wohnbereich - Heimat. Radius
Verlag Stuttgart, 1972, 224 Seiten, 25 Abb.

Eggeling, F.
Theorie und Praxis im Städtebau. Sein Werk als Stadtplaner, Architekt u.
Lehrer. Ausgew.u.bearb.v. D. Frick, G. Wittwer, R. Eggeling. (= Schriftenr.
der Institute f. Städtebau der Techn. Hochschulen und Universitäten H.3).
Krämer Verlag Stuttgart, 1972, 152 Seiten, 147 Abb., 1 Tab.

Elsners Handbuch
für Städtischen Ingenieurbau. Hg. von O. Sill.
1. Jahrg. 1973, 568 Seiten, 44 Tab., 121 Abb.
2. Jahrg. 1974, 600 Seiten, zahlr. Tab. u. Abb.

Funktion
und Komposition der Stadtzentren. Hrsg.: Dt. Bauakad. Inst.f. Städtebau
u. Archit. (= Schriftenreihe Bauforsch. Reihe Städtebau u. Archit. H.4).
Dt. Bauinformation Berlin/Ost, 1967, 116 Seiten, Abb., Tab., Qu.

Gedanken
zur Gestalt der Stadt. Eine Vortragsreihe der Landesgruppe Nordrhein-Westfalen, Düsseldorf. (= Mitteilungen der Dt. Akad.f. Städtebau und
Landesplanung 13. Jg. Sonderausgabe 1969). Bacht Verlag Essen, 1969,
67 Seiten.

Geist, F.J.
Passagen, ein Bautyp des 19. Jahrhunderts. (= Studien zur Kunst des 19.
Jahrhunderts Bd.5). Prestel Verlag München, 1969, 544 Seiten.

Gerling, W.
Zur Frage der vertikalen Expansion größerer Städte. Formen städtebaulicher Entwicklung. Stahel'sche Universitätsbuchhandlung Würzburg, 1968,
28 Seiten.

Göderitz, J.
Besiedlungsdichte, Bebauungsweisen und Erschließungskosten im Wohnungsbau. Bauverlag Wiesbaden, 1954. 102 Seiten.

Göderitz, J. - Rainer, R. - Hoffmann, H.
Die gegliederte und aufgelockerte Stadt. (=Schriftenreihe d.Dt. Akad.f.
Städtebau u. Landesplanung, Archiv f. Städtebau u. Landesplanung H. 4).
Wasmuth Verlag Tübingen, 2. Aufl., 1964, 104 Seiten, 30 Abb.

Greger, B.
Städtebau ohne Konzept. Kritische Thesen zur Stadtplanung der Gegenwart.
(=Standpunkt). Hoffmann u. Campe Verlag Hamburg, 1973, 177 Seiten.

Gurlitt, C.
Handbuch des Städtebaus. Verlag Der Zirkel, Berlin, 1920, VIII, 464 Seiten, 566 Fig.

Hartel, H.G.
Städtebauliches Programm, Standort und Erschließung. Krämer Verlag
Stuttgart, 1969, 253 Seiten, 5 Ktn.

Hegemann, W.
Der Städtebau nach den Ergebnissen der Allgemeinen Städtebau-Ausstellung
in Berlin. 2 Bände. E. Wasmuth Verlag Berlin, 1911, 3 Tle. 1.Tl. 144 S.

Heiligenthal, R.
Deutscher Städtebau. Ein Handbuch für Architekten, Ingenieure, Verwaltungsbeamte und Volkswirtschaftler. C. Winter Verlag Heidelberg, 1921,
336 Seiten mit 101 Abb.

Helms, H.G. - Janssen, J.
Kapitalistischer Städtebau. 9 Beiträge und Analysen. Luchterhand Verlag
Neuwied, 1971, Sonderausgabe, 240 Seiten, 39 Abb.

Hillebrecht, R.
Wandlungen im Städtebau der Gegenwart. Festvortrag. (= Schriftenreihe
des Architekten-Ingenieur-Vereins zu Berlin H.20). Architekten-Ingenieur-
Verein Berlin, 1968, 19 Seiten.

Hillebrecht, R. - Reschke, H.
Wesen und Bedeutung der Großstadt. Stadtregion - Großstadt und Städtebau.
(= Schriften des Inst.f. Wohnungsrecht und Wohnungswirtschaft an der Univ.
zu Köln). Verlag O. Schwartz Göttingen, 1962, 54 Seiten.

Hollatz, J.W.
Deutscher Städtebau - 1968. Die städtebauliche Entwicklung von 70 deutschen Städten. Hg. v.der Dt. Akad.f. Städtebau- u. Landesplanung. Bacht
Verlag Essen, 1970, 480 Seiten, 500 Abb.

Holschneider, J.
Schlüsselbegriffe der Architektur und Stadtbaukunst. Eine Bedeutungsanalyse. Schnelle Verlag Quickborn, 1969, 148 Seiten.

Ikonnikow, A.W.
Gestaltung neuer Wohngebiete. (= Kleine Reihe Architektur). Verlag für
Bauwesen Berlin/Ost, 1970, 156 Seiten, 113 Abb.

Jobst, G.
Leitsätze für städtebauliche Gestaltung. (= Archiv f. Städtebau u. Landesplanung, hg. i.A.d.Dt. Akad.f. Städtebau u. Landesplanung v.J. Göderitz
H.1). Wasmuth Verlag Tübingen, 1949, 86 Seiten.

Jungk, R. - Spieker, H. - Maurer, H.
Städtebau - Alternativen '73. Konkretes zur Stadt von heute. Dipa Verlag
Frankfurt/M., 1973, 205 Seiten.

Koepf, H.
Stadtbaukunst in Österreich. Residenz Verlag Salzburg, 1972, 183 Seiten,
143 Abb., 61 Stadtpläne.

Lässig, K. - Rietdorf, W. - Wessel, G.
Straßen und Plätze. Beispiele zur Gestaltung städtebaulicher Räume.
Hg. Deutsche Bauakad. Institut für Städtebau u. Architektur Berlin.
Callwey Verlag München, 1968, 202 Seiten, ca. 200 Abb.

Lauritzen, L. - Berkenhoff, H.A.
Zur baulichen Entwicklung der Klein- und Mittelstädte. (= Schriftenreihe des Deutschen Städtebundes 12). Verlag O. Schwartz Göttingen, 1968, 48 Seiten.

Le Corbusier
An die Studenten. Die "Charte d'Athènes". Mit einem Vorwort von J. Giraudoux. (= rowohlts deutsche enzyklopädie 141). Rowohlt Verlag Reinbek bei Hamburg, 1962, 150 Seiten.

Le Corbusier
Grundfragen des Städtebaus. Hatje Verlag Stuttgart, 4. Aufl., 1963, 116 Seiten, 67 Abb.

Ludmann, H.
Von der Wohnzelle zur Stadtstruktur. Techn. Rationalisierung und Umwelt (Gestaltung). Projekt 4. Krämer Verlag Stuttgart, 1968, 455 Seiten, Fotos und Zeichn.

Mausbach, H.
Einführung in die städtebauliche Planung. Kurzgefasstes Kolleg zu den Grundbegriffen von Raumordnung, Landesplanung und Stadtplanung. (=Werner-Ingenieur-Texte H. 5). Werner Verlag Düsseldorf, 2. Aufl., 1972, 108 S.

Mausbach, H.
Städtebaukunde der Gegenwart. Planung und städtebauliche Gestaltung der Gegenwart. Werner Verlag Düsseldorf, 4. verb.u.erw. Aufl., 1971, 184 S., 133 Abb., 1 Kt.

Müller, W.
Städtebau. Grundlagen, Bauleitplanung, Planungselemente, Verkehr, Versorgung, Grünflächen. Unter Mitw.v. W. Bischof, R. Ehlgötz, K. Wessels, E.v. Wiarda. B.G. Teubner Verlag Stuttgart, 1970, XII, 474 Seiten, 277 Abb., 68 Tab., Übers., Lit.

Neumann, E.
Die städtische Siedlungsplanung unter besonderer Berücksichtigung der Besonnung. K. Wittwer Verlag Stuttgart, 2. Aufl., 1954. 143 Seiten mit 51 Abb.

Neutra, R.
Bauten und Projekte. Girsberger Verlag Zürich, 1955, 232 Seiten.

Öttinger, K. - Paschke, U.
Städtebauliche Denkmalpflege. (=Studienhefte des SIN-Städtebauinstituts Nürnberg H. 37). Selbstverlag Nürnberg, 1970, 23 Seiten.

Pahl, J.
Stadt im Aufbruch der perspektivischen Welt. Versuch über einen neuen Gestaltbegriff der Stadt. (= Bauwelt Fundamente 9). Bertelsmann Fachverlag Berlin/Frankfurt a.M., 1963, 176 Seiten, 85 Abb., Lit., Kt.

Pehnt, W. (Hg.)
Städtebau in der Bundesrepublik Deutschland. Reclam Verlag Stuttgart, 1974.

Pohl, P.
Wirtschaftlichkeit im Siedlungsbau. Social Costs bei unterschiedlichen Bebauungsweisen. (= Mitteilungen aus dem Institut für Raumordnung H.40). Selbstverlag Bonn/Bad Godesberg, 1959.

Rauda, W.
Lebendige städtebauliche Raumbildung. Asymmetrie und Rhythmus in der deutschen Stadt. J. Hoffmann Verlag Stuttgart, 1957, 412 Seiten, 82 Zeichn. 11 Fotos, 96 Pläne.

Rauda, W.
Raumprobleme im europäischen Städtebau. Das Herz der Stadt - Idee und Gestaltung. Callwey Verlag München, 1956, 103 Seiten.

Reichow, H.B.
Organische Stadtbaukunst. Band 1 und 2. Westermann Verlag Braunschweig, 1948, VII, 212 Seiten.

Rosenberg, F. - Hruska, E.
Städtebau in West und Ost. (=Schriftenreihe der Niedersächsischen Landeszentrale für politische Bildung, Gespräche zwischen Ost und West). Niedersächsische Landeszentrale für politische Bildung, Selbstverlag Hannover, 1969, 119 Seiten mit Abb.

Rossi, A.
Die Architektur der Stadt. Skizze zu einer grundlegenden Theorie des Urbanen. (=Bauwelt Fundamente 41). Bertelsmann Fachverlag Berlin, 1973, 216 Seiten, 37 Fotos.

Roth, U.
Stadtplanung und Siedlungsbau. Unterrichtsmittel für das 4. bis 8. Semester der Abteilung für Architektur an der ETH-Zürich. Verlag Akademischer Ingenieurverein ETH-Zürich, Zürich 1970.

Schmidt, H. u.a.
Gestaltung und Umgestaltung der Stadt. VEB Verlag für Bauwesen Berlin/Ost, 1970, 256 Seiten, 200 Abb.

Schmidt, W. - Wehner, B. - Flender, A. u.a.
Die Stadt unserer Erwartungen. Bauen und Planen für den modernen Menschen. Mit Beiträgen von W. Bonczek. (=Schriften des Dt. Verbandes für Wohnungswesen, Städtebau u. Raumplanung H. 75). Selbstverlag Köln, 1968, 141 S., Pl.,Abb.,Tab.,Übers.

Schoof, H.
Idealstädte und Stadtmodelle als theoretische Planungskonzepte. Beitrag zur räumlich funktionalen Organisation der Stadt. Diss. ing. Fak.f. Bauwesen der TH Karlsruhe 1965, 229 Seiten.

Schubert, O.
Optik in Architektur und Städtebau. Gebr. Mann Verlag Berlin, 1965, 100 Seiten, 54 Abb.

Schürmann, W.
Die Praxis des Städtebaues. Dümmler Verlag Bonn, 1948, 167 Seiten mit 99 Abb. + 7 farb. Tafeln.

Schultz, U. (Hg.)
Umwelt aus Beton oder Unsere unmenschlichen Städte. Mit einem Nachwort
von A. Mitscherlich. (= rororo aktuell Bd.1497). Rowohlt Verlag Reinbek
bei Hamburg, 1971, 142 Seiten.

Schwagenscheidt, W.
Die Nordweststadt - Idee und Gestaltung. Text deutsch/engl. Krämer Verlag
Stuttgart, 1962, 2. Aufl., 1972, 96 Seiten, 100 Abb.

Schwagenscheidt, W.
Die Raumstadt. Hausbau und Städtebau für jung und alt, für Laien und was
sich Fachleute nennt. Skizzen mit Randbemerkungen zu einem verworrenen
Thema. L. Schneider Verlag Heidelberg, 1949, 192 Seiten.

Schwagenscheidt, W.
Die Raumstadt und was daraus wurde. Hrsg.v.E. Hopmann u. T. Sittmann.
Krämer Verlag Stuttgart, 1971, 120 Seiten, 190 Abb.

Sert, J.L.
Architektur und Stadtplanung. Krämer Verlag Stuttgart/Bern, 1967,
244 Seiten, 231 Abb., Pl. Text deutsch/franz./engl.

Sharp, Th.
Städtebau in England. W. Ernst Verlag Berlin, 1948, 127 Seiten.

Siedler, W.J. u.a.
Die gemordete Stadt. Abgesang auf Putte und Straße, Platz und Baum.
Herbig Verlag Berlin, 3. Aufl., 1967, 192 Seiten, 405 Abb.

Sitte, C.
Der Städtebau nach seinen künstlerischen Grundsätzen. Nachdruck der 3.
Aufl., Wien 1901 und des Originalmanuskriptes aus dem Jahre 1889.
(=Schriftenreihe des Instituts für Städtebau, Raumplanung und Raum-
ordnung, T.H.Wien Bd. 19). Institut für Städtebau, Raumplanung und
Raumordnung TH Wien. Wien 1972, ca. 180 Seiten, zahlr. Abb.,Qu.

Stadtumbauten
(=Reihe e + p, Entwurf und Planung Bd. 15). Callwey Verlag München,
1972, 132 Seiten, 400 Pl. u. Schnitte.

Stadt- und
Wohnstruktur. (= IB-Heft 12). Vulkan Verlag Essen, 1973, 72 Seiten,
92 Abb.

Stadtzentren
Beiträge zur Umgestaltung und Neuplanung. Autorenkollektiv: K. Andrä,
J. Greiner, G. Kirchherr u.a.Hrsg. Deutsche Bauakademie, Inst.f.Städte-
bau und Architektur. (=Schriftenreihe Städtebau und Architektur H. 6).
Deutsche Bauinformation Berlin/Ost, 1967, 178 Seiten,Pl.,Abb.,Tab.,Qu.
masch.autogr.

Städte
und Stadtzentren in der DDR. Ergebnisse und reale Perspektiven des
Städtebaus in der Deutschen Demokratischen Republik. Hrsg. G. Krenz,
W. Stiebitz, C. Weidner. VEB Verlag für Bauwesen Berlin/Ost, 1969,
216 Seiten.

Städtebau
Gestaltung von Zentren. Urban design. Mit Beiträgen v. C.-F. Ahlberg, M. Eisele u.a. (=Architektur Wettbewerbe 52). Krämer Verlag Stuttgart/ Bern, 1967, 104 Seiten, zahlr. Bild., Pl.,Schemata, Qu.

Städtebauliche
Einzelaufgaben. I.) H. Wolff: Straße und Platz als städtebauliche Elemente.
II.) R. Grebe: Straße-Platz-Baum, Gestaltung der Einzelaufgaben. Vorträge gehalten im Rahmen der Städtebaulichen Nachausbildung und Weiterbildung für Architekten an der Akademie der bildenden Künste in Nürnberg. (=Städtebauinstitut Nürnberg Studienheft 20/21). Selbstverlag Städtebauinst. Nürnberg, 1967, 49 Seiten, 34 Bild., 1 Qu.

Städtische Zentren
Bauten für die Gemeinschaft.(=Baumeister Querschnitte Bd. 13). Callwey Verlag München, 1972, 104 Seiten mit 200-300 Fotos und Zeichnungen.

Tamms, F. - Wortmann, W.
Städtebau. Einführung und Leitfaden für Laien und Fachleute. C. Habel Verlag Darmstadt, 1973, 288 Seiten, 144 Abb.

Thormann-Wirz, E. - Thormann, F.
Wohnort Halen. Hatje Verlag Stuttgart, 2. Aufl., 1973, 120 Seiten, Anh. mit engl./franz. Text.

Tzonis, A.
Das verbaute Leben. Vorbereitung zu einem Ausbruchsversuch. (=Bauwelt Fundamente Bd. 39). Bertelsmann Fachverlag Düsseldorf, 1973, 128 S., zahlr. Qu.

Urbanismus
zur Krise des Städtebaues. Niggli Verlag Niederteufen, 1972, 60 Seiten.

Vogler, P. - Kühn, E. (Hg.)
Medizin und Städtebau. Ein Handbuch für gesundheitlichen Städtebau. 2 Bände. Urban u. Schwarzenberg Verlag München/Berlin/Wien, 1957, 727 Seiten.

Was ist
Städtebau - was will - wie arbeitet Städtebau. Hg. vom Deutschen Verband für Wohnungswesen, Städtebau u. Raumplanung. Verlag der Werkberichte Bueckschmitt Hamburg, 1959, 94 Seiten.

Wegner, H. (Hg.)
Stadt + Städtebau. Vorträge und Gespräche während der Berliner Bauwochen 1962. Staneck Verlag Berlin, 1963, 102 Seiten.

Weigelt, H.
Personen-Transportsysteme in großen Wohnsiedlungen. Institut z. Erforschung Technolog. Entwicklungslinien Hamburg, 1973, 68 Seiten, 25 Ill., graph. Darst.

Westecker, W.
Die Wiedergeburt der Deutschen Städte. Econ Verlag Düsseldorf/Wien, 1962, 394 Seiten.

Wolff, J.
Zeitfragen des Städtebaues. Callwey Verlag München, 1955, 118 Seiten.

Zens, H.
Stadt und Region - Umwelt des Menschen. (= Kleine Schriften des Dt.
Verbandes für Wohnungswesen, Städtebau u. Raumplanung e.V. H.27).
Stadtbauverlag Bonn, 1970, 53 Seiten.

Zur Rekonstruktion
der Stadtzentren. 1. Kolloquium für Städtebau an der Hochschule für Architektur und Bauwesen Weimar 1960. Selbstverlag der Hochschule für Architektur und Bauwesen Weimar, 1962, 114 Seiten.

6. Geschichte von Städtebau/Stadtplanung

Artelt, W.
Städte-, Wohnungs- und Kleidungshygiene des 19. Jahrhunderts in Deutschland. (= Studien zur Medizingeschichte des 19. Jahrh.Bd.3). Enke Verlag Stuttgart, 1969, 134 Seiten.

Benevolo, L.
Die sozialen Ursprünge des modernen Städtebaus. Lehren von gestern - Forderungen für morgen. (= Bauwelt Fundamente 29). Bertelsmann Verlag Gütersloh, 1971, 170 Seiten, 72 Abb.

Culemann, C.
Funktion und Form in der Stadtgestaltung. (= Veröff. der Akademie für Raumforschung und Landesplanung, Abhandlungen Bd.31). Dorn Verlag Bremen-Horn, 1956, 69 Seiten, 33 Abb.

Czok, K.
Die Stadt, ihre Stellung in der deutschen Geschichte. Urania Verlag Leipzig, 1969, 179 Seiten, mit Abb.

Deutsche
Städte einst und jetzt -. Bassermann Verlag München, 1968, 155 Seiten, Abb.

Egli, E.
Geschichte des Städtebaues. Rentsch Verlag Erlenbach-Zürich/Stuttgart
Band I: Von der Vorzeit bis zum Ausklang des antiken Städtebaues. 1959, 371 Seiten, 300 Abb und Pläne.
Band II: Das Mittelalter. 1962, 320 Seiten, rd. 350 Abb.u.Pläne.
Band III: Die Neuzeit. 1967, 416 Seiten, 339 Abb. und Pläne.

Gassner, E.
Zur Geschichte des Städtebaues. Eine kommentierte Bildersammlung.
Dümmler Verlag Bonn.
Teil 1: Alte Welt - Mittelalter - Absolutismus (= Materialiensammlung Städtebau H.1), 1972, 56 Seiten, 87 Abb.
Teil 2: Die Entwicklung im 19. Jahrhundert. Reformbestrebungen und ihre Auswirkungen - Neue Bestrebungen im Städtebau - Regionalstadt. (= Materialiensammlung Städtebau H.2), 1973, 64 Seiten, zahlr. Abb.

Grote, L. - Pevsner, N.
Die deutsche Stadt im 19. Jahrhundert. Prestel Verlag München, 1973, etwa 268 Seiten, rd. 330 Abb.

Gruber, K.
Die Gestalt der Deutschen Stadt. Ihr Wandel aus der geistigen Ordnung der Zeiten. Callwey Verlag München, 1957.

Hartog, R.
Stadterweiterungen im 19. Jahrhundert. (= Schriftenreihe des Vereins zur Pflege kommunalwissenschaftlicher Aufgaben Bd. 6). Kohlhammer Verlag Stuttgart, 1962, 124 Seiten, Ktsk., Pl., Abb., Tab., Lit. Anh.: 16 gez. S., Abb.

Hebebrand, W. - Jaspert, F.
Städtebau - gestern und heute, Stadttypen - Stadtformen - Stadtstruktur.
(= Studienhefte des Städtebauinstituts Nürnberg H.1). Selbstverlag Nürnberg, 3. erw. Aufl., 1967, 24 Seiten, 17 Abb.

Hegemann, W.
Der Städtebau. Nach den Ergebnissen der "Allgemeinen Städtebau-Ausstellungen". E. Wasmuth Verlag Berlin, 1911, 2 Bände. Neuauflage Berlin 1963, 1966, 3 Teile, 1. Teil 144 Seiten.

Herzog, E.
Die Ottonische Stadt. Die Anfänge der mittelalterlichen Stadtbaukunst in Deutschland. Verlag Gebr. Mann Berlin, 1964, 256 Seiten, mit 51 Abb., 25 Bildtafeln.

Hillebrecht, R.
Wandlungen im Städtebau der Gegenwart. Festvortrag. (= Schriftenreihe des Architekten-Ingenieur-Vereins zu Berlin H.20). Architekten- und Ingenieur-Verein Selbstverlag Berlin, 1968, 19 Seiten.

Hollatz, J.W. (Hg.)
Deutscher Städtebau 1968. Die städtebauliche Entwicklung von 70 deutschen Städten. Hg. von der Dt. Akademie für Städtebau und Landesplanung. Bacht Verlag Essen, 1970, 480 Seiten.

Hollatz, J.W.
Urbane Bautradition und progressive Stadtentwicklung. (= Kleine Schriften d. Dt. Verbandes f. Wohnungswesen, Städtebau und Raumplanung 46). Stadtbau-Verlag Bonn, 1971, 32 Seiten, Anh.

Jaspert, F.
Vom Städtebau der Welt. Safari Verlag Berlin, 1961, 530 Seiten, Pl., Abb., Tab., Lit.

Klein-
und Mittelstädte. Probleme ihrer städtebaulichen Entwicklung im Siedlungsnetz. Bearb.v. M.Battke, R.Günther, M.Pietz. Hrsg.:Dt. Bauakademie Inst.f.Städtebau und Architektur. (= Schriftenreihe d.Bauforschung, Reihe Städtebau u. Architektur H.32). Selbstverlag Berlin/Ost, 1970, 112 Seiten, Abb., Tab., Lit.

Koepf, H.
Stadtbaukunst in Österreich. Residenz Verlag Salzburg, 1972, 183 Seiten, zahlr. Abb.

Lembke, C.
Städte am Wasser. Von deutscher Stadtbaukunst und Städtekunde. Rembrandt-Verlag Berlin-Zehlendorf, 1952, 238 Seiten.

Moholy-Nagy, S.
Die Stadt als Schicksal. Geschichte der urbanen Welt. Deutsche Ausgabe von "The Matrix of Man". Callwey Verlag München, 1970, 399 Seiten, 298 Abb.

Müller-Ibold, K.
Städte verändern ihr Gesicht. Strukturwandel einer Großstadt, dargest. am Beispiel Hannover. (neues bauen - neues wohnen Bd.2). Krämer Verlag Stuttgart, 1962, 24 Seiten Text, mehrfarb. Plantafeln.

Münter, G.
Idealstädte. Ihre Geschichte vom 15. - 17. Jahrhundert. (= Studien zur Architektur und Kunstwissenschaft. Dt. Bauakad. Inst.f. Theorie und Geschichte der Baukunst 1). Henschel Verlag Berlin/Ost, 1957, 104 Seiten.

Ortmann, W.
Städtebau früher und heute. Kurze Einführung in das Wesen des Städtebaues. Werner Verlag Düsseldorf, 1956, 99 Seiten.

Rauda, W.
Raumprobleme im europäischen Städtebau. Das Herz der Stadt - Idee und Gestaltung. Callwey Verlag München, 1956, 104 Seiten.

Rauda, W.
Die historische Stadt im Spiegel städtebaulicher Raumkultur. Ein Beitrag zum Gestaltwandel und zur Regenerierung der europäischen Stadt. Patzer Verlag Hannover/Berlin/Sarstedt, 1969, 116 Seiten.

Rossi, A.
Die Architektur der Stadt. Skizze zu einer grundlegenden Theorie des Urbanen. (= Bauwelt Fundamente 41). Bertelsmann Fachverlag Düsseldorf, 1973, 174 Seiten, Abb., Pl., Qu.

Schoof, H.
Idealstädte und Stadtmodelle als theoretische Planungskonzepte. Beitrag zur räumlich funktionalen Organisation der Stadt. Diss. ing. Fak.f. Bauwesen der TH Karlsruhe, 1965, 229 Seiten.

Schwab, A.
Das Buch vom Bauen. 1930 - Wohnungsnot, neue Technik, neue Baukunst, Städtebau aus sozialistischer Sicht. Erschienen 1930 unter dem Pseudonym Albert Sigrist. (= Bauwelt Fundamente Bd.42). Bertelsmann Fachverlag Berlin/Düsseldorf, 1973, 216 Seiten, 41 Abb.

Siedler, W.J. - Niggemeyer, E. - Andress, G.
Die gemordete Stadt. Abgesang auf Putte und Strasse, Platz und Baum. Herbig Verlag Berlin, 1964, 192 Seiten.

Simon, H.
Das Herz unserer Städte. Handzeichnungen europäischer Stadtzentren des Mittelalters. Bacht Verlag Essen.
Band I: 1963, 91 Seiten, 44 farb. Zeichnungen und 55 Skizzen und Lagepläne.
Band II: 1966, 159 Seiten mit 173 Abb.
Band III: 1967, 82 Seiten, 79 Abb.

Spörhase, R. - Wulff, D.u.J.
Karten zur Entwicklung der Stadt. Das Werden des Stadtgrundrisses im Landschaftsraum. Kohlhammer Verlag Stuttgart.
- Bern, 1971, 7 Tafeln und 10 Karten
- Ellwangen, 1969, 8 Karten und 1 Textblatt
- Karlsruhe, 1970, 6 Doppelkarten, 1 Textblatt
- Osnabrück, 1968, 9 einf. Doppelblätter, 1 zweif. Doppelblatt, 1 Dreifachblatt, 1 Textblatt
- Paderborn, 1972, 3 Doppelkarten, 1 Dreifachkarte, 1 Textblatt
- Rottweil, 1969, 6 Karten auf 4 Tafeln, 1 Textblatt

Wedepohl, E. (Bearb.)
Deutscher Städtebau nach 1945. Hrsg. von der Deutschen Akademie für Städtebau und Landesplanung mit Unterstützung des Bundesministeriums für Wohnungsbau und der deutschen Städte. Bacht Verlag Essen, 1961, 423 Seiten, Kt., Abb., Tab. u.Pl.

Wolf, P.
Städtebau. Das Formproblem der Stadt in Vergangenheit und Zukunft. Verlag Klinkhardt u. Biermann, Leipzig, 1919, 224 Seiten.

7. Zukunftsweisender Städtebau/Stadtplanung

Albrecht, H.
Das programmierte Chaos. Städteplanung in der Sackgasse. Schünemann Verlag Bremen, 1972, ca. 320 Seiten.

Albers, G.
Gedanken zur zukünftigen Siedlungsstruktur. Landesplanungsgemeinschaft Westfalen. Selbstverlag Münster, 1969, 32 Seiten.

Albers, G.
Was wird aus der Stadt? Aktuelle Fragen der Stadtplanung. (= Serie Piper 27). Piper Verlag München, 1972, 126 Seiten.

Althaus, P. - Henggeler, A.
Denkmodell Stadtraum: Planung - Mensch - Umwelt. Niggli Verlag Niederteufen und Hatje Verlag Stuttgart, 1969, 87 Seiten.

Anderson, St. (Hg.)
Die Zukunft der menschlichen Umwelt (Planning for Diversity and Choice). Aus dem Engl.v. Ch. Feest, J. Feest u. E. Wittig. (= Sammlung Rombach NF Bd. 13). Rombach Verlag Freiburg/Brsg., 1971, 339 Seiten.

Die autogerechte
und autolose Stadt. Hrsg.: Aufbaugemeinschaft Bremen, 1973, 68 Seiten, zahlr. Abb.

Bahrdt, H.P.
Humaner Städtebau. Überlegungen zur Wohnungspolitik und Stadtplanung für eine nahe Zukunft. (= Sammlung dialog 65). Nymphenburger Verlagshandlung München, 6. Aufl., 1973, 232 Seiten.

Benevolo, L.
Die sozialen Ursprünge des modernen Städtebaus. Lehren von gestern - Forderungen für morgen. (= Bauwelt Fundamente Bd. 29). Bertelsmann Verlag Gütersloh, 1971, 170 Seiten, 72 Abb.

Beck - Erlang - Lünz
Stadt- und Wohnbau 1980. (= Projekt 12). Krämer Verlag Stuttgart, 1973, ca. 60 Seiten, Abb.

Beiträge
zum neuen Städtebau und Städtebaurecht. (= Schriftenreihe d. Dt. Akad. f. Städtebau und Landesplanung H. 12). Wasmuth Verlag Tübingen, 1961, 365 Seiten.

Bernet, E.J.
Memento Urbi. Die Zukunft der Gesellschaft in der Stadt. Niggli Verlag Teufen, 1973, 156 Seiten.

Bonczek, W. u.a.
Die Stadt unserer Erwartungen. Bauen und Planen für den modernen Menschen. (= Schriften des Dt. Verbandes f. Wohnungswesen, Städtebau und Raumplanung H. 75). Selbstverlag Köln-Mülheim, 1968, 141 Seiten mit Abb.

Brüggemann, J. u.a.
Wohnungswirtschaft und Städtebau in der Zukunft. (= Beiträge und Untersuchungen des Inst.f. Siedlungs- u. Wohnungswesen der Univ. Münster Bd. 71). Selbstverlag Münster, 1968, 168 Seiten.

Conrads, U.
Architektur. Spielraum für Leben. Ein Schnellkurs für Stadtbewohner. Bertelsmann Verlag München/Gütersloh/Wien, 1972, 192 Seiten, 310 Bild., zahlr. Qu.

Dahinden, J.
Stadtstrukturen für morgen. Analysen, Thesen, Modelle. Eine Bild-Dokumentation der Stadtbau-Utopien. Hatje Verlag Stuttgart, 1971, 224 Seiten, 450 Abb., Text deutsch-englisch.

Dittrich, G.G.
Stadtplanung - interdisziplinär. Beiträge von 12 Wissenschaften zur Bauleit- u. Fachbereichsplanung. Deutsche Verlagsanstalt Stuttgart, 1972, 400 Seiten, 15 Abb.

Drewe, P. - Klaasen, L.H.
Urbanität - Plan oder Zufall? Stadtentwicklung als Aufgabe. Hg. vom Amt f. Statistik und Wahlen Leverkusen. (= Beitrag zur Stadtforschung 3). Selbstverlag Leverkusen, 1968.

Duntze, K.
Der Geist der Städte baut. Planquadrat - Wohnbereich - Heimat. Radius-Verlag Stuttgart, 1972, 224 Seiten, 16 Taf., 25 Fotos.

Feder, G.
Die neue Stadt - Versuch der Begründung einer neuen Stadtbaukunst aus der sozialen Struktur der Bevölkerung. Springer Verlag Berlin, 1939, 480 Seiten, 287 Textabb., 4 Tafeln u. zahlr. Tab.

Gerling, W.
Zur Frage der vertikalen Expansion grösserer Städte. Formen städtebaulicher Entwicklung. Stahel'sche Universitätsbuchhandlung Würzburg, 1968, 28 Seiten.

Gruen, V.
Das Überleben der Städte. Wege aus der Umweltkrise: Zentren als urbane Brennpunkte. (Titel der amerikanischen Ausgabe: Centers of the Urban Environment 1973). Molden Verlag Wien/München/Zürich, 1973, 351 Seiten, 329 Abb.

Haller, F.
Totale Stadt - Integral Urban - ein Modell. Walter Verlag Freiburg/Brsg. Olten, 1968, 71 Seiten mit farb. Plänen.

Hammel, P.
Unsere Zukunft: Die Stadt. Eine Analyse des Phänomens Stadt und ihrer Probleme. (= Suhrkamp Taschenbuch 59). Suhrkamp Verlag Frankfurt/M., 1972, 226 Seiten, zahlr. Abb.

Hebebrand, W.
Zur Neuen Stadt. Ausgewählte Aufsätze und Vorträge. (= Schriftenr. der Akademie der Künste Bd. 5). Verlag Gebr. Mann Berlin, 1969, 189 Seiten, 1 Abb., 12 Taf.

Peters, P.
Stadt für Menschen. Ein Plädoyer für das Leben in der Stadt. Callwey
Verlag München, 1973, 192 Seiten, Abb., Qu.

Petzold, V.
Modelle für morgen. Probleme von Städtebau und Umweltplanung. (= rororo
tele Bd. 51). Rowohlt Verlag Reinbek bei Hamburg, 60 Abb. u. graph.
Darst.

Planen
für die menschliche Stadt. Die Rolle des Automobils. Hrsg.: Verband der
Automobilindustrie Frankfurt, 1973, 171 Seiten, Abb., Tab., graph.
Darst.

Politik und Städtebau
Dokumentation über die öffentlichen Veranstaltungen im Rahmen der Jahres-
hauptversammlung der GEWOS am 25.u.26. September 1968. H. Christians
Verlag Hamburg, 1968, 160 Seiten.

Ragon, M.
Wo leben wir morgen? Mensch und Umwelt - die Stadt der Zukunft. Callwey
Verlag München, 2. Aufl., 1970, 208 Seiten, 110 Abb.

Schmid, R. u.a.
Das Ende der Städte? Über die Zukunft der menschlichen Umwelt. Strukturen -
Systeme - Pro(vo)gramme. Krämer Verlag Stuttgart, 1968, 133 Seiten,
56 Abb.

Schneider, H.K.
Wohnungswirtschaft und Städtebau in der Zukunft. Mit Beitr.v. J. Brüggemann, A. Flender, A. Machtemes u.a. (= Inst.f. Siedlungs- u. Wohnungswesen d. Westfäl. Wilhelms-Univ. Münster. Beitr.u.Unters. N.F. Bd. 71).
Selbstverlag Münster, 1968, 168 Seiten, Tab., Lit.

Schulze-Fielitz, E.
Stadtsysteme I - Urban Systems (= projekt, Ideen für die Umwelt von
morgen Bd. 10). Krämer Verlag Stuttgart, 1971, 60 Seiten.

Schulze-Fielitz, E.
Stadtsysteme II - Urbans Systems II (= projekt, Ideen für die Umwelt von
morgen Bd. 13). Krämer Verlag Stuttgart, 1973, 60 Seiten, 73 Abb.
deutsch/englisch.

Schumpp, M.
Stadtbau-Utopien und Gesellschaft. Der Bedeutungswandel utopischer
Stadtmodelle unter sozialem Aspekt. (= Bauwelt - Fundamente 32). Bertels-
mann Fachverlag Gütersloh, 1972, 208 Seiten, 55 Abb., Lit.

Seidensticker, W.
Megalopolis - Umwelt von morgen. Vulkan Verlag Essen, 1973, 120 Seiten
mit vielen Abb.

Seidensticker, W.
Umbau der Umwelt. Humane Megalopolis? Vulkan Verlag Essen, 1973, 95 S.,
Abb., Qu.

Sombart, N.
Stadtgestaltung der Zukunft. (= Veröff.d.Inst.f. Städtebau der Dt. Akad.
f. Städtebau u. Landesplanung Berlin Bd. 32/9). Selbstverlag Berlin,
1970, 18 Seiten.

Lindsay, J.V.
Städte brauchen mehr als Geld. New Yorks Mayor über seinen Kampf für eine bewohnbare Stadt. (= Bauwelt - Fundamente 31). Bertelsmann Fachverlag Berlin, 1971, 180 Seiten.

Lynch, K.
Das Bild der Stadt. (= Bauwelt - Fundamente 16). Übers.v. H. Korssakoff-Schröder u. R. Michael. Bertelsmann Verlag Frankfurt/Berlin, 2. Aufl., 1971, 216 Seiten, 62 Abb.

Maurer, H.
Anstiftung zum Handeln. (= Städtebau-Alternativen '72). dipa-Verlag Frankfurt/M., 2. Aufl., 1972, 188 Seiten, zahlr. Abb. u. Qu.

Mitscherlich, A.
Thesen zur Stadt der Zukunft. (= suhrkamp Taschenbuch st. 10). Suhrkamp Verlag Frankfurt/M., 1971, 161 Seiten.

Mitscherlich, A.
Wege in die städtische Zukunft. Verlag Trautvetter u. Fischer Marburg, 1972, 31 Seiten.

Nawroth, E. - Erpenbeck, F. - Geiger, H. u.a.
Städtebau als gesellschaftspolitische Aufgabe. Eichholz Verlag Bonn, 1970, 71 Seiten.

Die neue Stadt
Hrsg. Deutsche Akademie für Städtebau und Landesplanung. (= Mitteilungen 16. Jg.). Selbstverlag München, 1972, 191 Seiten.

Neuffer, M.
Entscheidungsfeld Stadt. Deutsche Verlagsanstalt Stuttgart, 1973, 160 S.

Neuffer, M.
Städte für Alle. Entwurf einer Städtepolitik. Wegner Verlag Hamburg, 2. Aufl., 1970, 226 Seiten, 1 Faltplan.

Otto, K.
Die Stadt von morgen. Verlag Gebr. Mann Berlin, 1959, 192 Seiten mit 194 Abb. u. Plänen.

Pahl, J.
Die Stadt im Aufbruch der perspektivischen Welt. Versuch über einen neuen Gestaltbegriff der Stadt. (= Bauwelt - Fundamente Bd. 9). Bertelsmann Fachverlag Frankfurt/Berlin, 1963, 176 Seiten, 86 Abb.

Papageorgiou, A.
Stadtkerne im Konflikt. Die historischen Stadtkerne und ihre Rolle im künftigen räumlichen Gefüge. Wasmuth Verlag Tübingen, 1970, 180 Seiten.

Perényé, J.
Die Moderne Stadt. Gedanken über die Vergangenheit und Zukunft der Stadtplanung. Verlag Akadémiai Kiado Budapest, 1970, 154 Seiten, 266 Abb.

Perspektiven
für die Zukunft unserer Städte und Dörfer. Beitr.z. Raumordnung und Kommunalreform v. B. Merk, H. Borcherdt, D. Engelhardt u.a. Mit einem Vorw.v. J. Hampel. Zsgest.u. bearb.v. W. Fink. (= Schriftenr.d. Akad. f. Pol. u. Zeitgeschehen d. Hanns-Seidel-Stiftung e.V. H.5). G. Olzog-Verlag München/Wien, 1971, 130 Seiten, Lit.

Heisenberg, W. - Mitscherlich, A.
Neue Städte. Die Evolution ist kein Betriebsunfall. Gespräche aufgezeichnet von A. Reif. Die Arche-Verlag Zürich, 1973, 48 Seiten.

Henggeler, A. - Althaus, P.F.
Die Stadt als offenes System. (= Reihe Exploration Bd. 1 des Inst.f. Geschichte u. Theorie der Architektur ETH Zürich). Birkhäuser Verlag Stuttgart, 1973, 182 Seiten, 68 Abb.

Hillebrecht, R.
Entwicklungsmöglichkeiten unserer Städte. (= Vortragsreihe der Niedersächs. Landesregierung zur Förderung der wissenschaftlichen Forschung in Niedersachsen H. 34). Verlag Vandenhoeck u. Ruprecht Göttingen, 1966, 25 Seiten.

Hornig, E.
Forschung für den Städtebau, zur Lage. (= Kleine Schriften des Dt. Verb. f. Wohnungswesen, Städtebau u. Raumplanung Nr. 36). Stadtbau-Verlag Bonn, 1970, 51 Seiten.

Kob, J. - Kurth, M. - Voss, R. - Schulte-Altedorneburg, M.
Städtebauliche Konzeption in der Bewährung: Neue Vahr Bremen. Lehren einer Fallstudie. Hg. von der GEWOS. (= Beiträge zur Stadt- und Regionalforschung Bd. 3). Verlag Vandenhoeck u. Ruprecht Göttingen, 1972, 125 Seiten, zahlr. Tab.

Jacobs, J.
Tod und Leben großer amerikanischer Städte. (= Bauwelt - Fundamente 4). Bertelsmann Fachverlag Gütersloh/Berlin, Neuauflage, 1969, 220 Seiten.

Jungk, R. - Spieker, H. - Maurer, H.
Konkretes zur Stadt von Heute. (= Städtebau-Alternativen '73). dipa-Verlag Frankfurt/M., 1973, 205 Seiten, zahlr. Abb. u. Qu.

Klein- und Mittelstädte
Probleme ihrer städtebaulichen Entwicklung im Siedlungsnetz. Bearb.v. M. Battke, R. Günther, M. Pietz. Hrsg.: Dt. Bauakad., Inst.f. Städtebau u. Architektur. (= Schriftenr.d. Bauforsch. Reihe Städtebau u. Architektur H. 32). Dt. Bauinf. Berlin/Ost, 1970, 112 Seiten, Kt., Abb., Tab., Lit. u. 2 gez. Bl. Kt. Maschinenschriftl. vervielf.

Lang, L.
Urbane Utopien der Gegenwart. Analyse ihrer formalen und sozialen Zielsetzungen. (= IGMA Diss.-Inst. für Grundlagen der modernen Architektur Univ. Stuttgart Bd. I). Krämer Verlag Stuttgart, 1972, 134 Seiten, 14 Abb., zahlr. Tab.

Leben in der Stadt
Vorträge, Aussprachen und Ergebnisse der 13. Hauptversammlung des Deutschen Städtetages. Kohlhammer Verlag Stuttgart, 1965, 240 Seiten.

Lefèbvre, H.
Die Revolution der Städte. Aus dem Französischen von U. Roeckl. (= List Taschenbücher d. Wissenschaft Bd. 1603). 1972, 201 Seiten.

Sombart, N.
Stadtstrukturen von morgen. (= Schriftenr. Siedlungsverband Ruhrkohlenbezirk Nr. 24). Selbstverlag Siedlungsverband Ruhrkohlenbezirk Essen, 1969, 16 Seiten.

Sorgen
um die Zukunft. Ein Notruf der Städte. Kohlhammer Verlag Stuttgart, 1966, 47 Seiten.

Städtebau
im Blickpunkt anderer Wissenschaften. Kurzreferate einer Vortragsveranstaltung "Städtebau-Wissenschaft-Politik". Hrsg. Städtebauinstitut Nürnberg. (= Städtebauinstitut Nürnberg Studienheft 16). Selbstverlag Nürnberg, 1967, 38 Seiten, 8 graph. Darst.

Städtebau
der Zukunft. Tendenzen, Prognosen, Utopien. Mit Beitr.v. A. Speer, O. Aicher, R. Schwedler u.a. Hrsg.v. L. Lauritzen, unter Mitarbeit von H.J. Winkel. Econ Verlag Düsseldorf/Wien, 1969, 363 Seiten, Lit.

Städtebaubericht 1970
der Bundesregierung. In: Verh.d.Dt. Bundestages. 6. Wahlper., Drucks.Nr. VI/1497 v. 1.12.1970, 96 Seiten, Abb., Tab., Lit.

Die Stadtlandschaft
der Zukunft. Dargest. am Beispiel des Landes Schleswig-Holstein. Dezentralisierung im Siedlungsraum - Konzentration d. Siedlungskörper- Bearb.: K. Neupert. Hrsg.: Forsch.stelle f. Siedlungsgestaltung d. Wohnungsbaukreditanst.d. Landes Schleswig-Holstein. Kiel 1969, 63 Seiten, Kt., Tab. Maschinenschriftl. vervielf.

Tamms, F. - Wortmann, W.
Städtebau, Umweltgestaltung: Erfahrungen und Gedanken. Habel Verlag Darmstadt, 1973, 285 Seiten, Abb., Kt.

Technische Möglichkeiten
von morgen. Das Stadtbild von morgen: Der innerstädtische Verkehr von morgen. Econ Verlag Düsseldorf, 1973, 93 Seiten.

Vogel, H.J.
Städte im Wandel. (= Reihe Kohlhammer). Kohlhammer Verlag Stuttgart, 1973, 120 Seiten.

Wagener, F.
Ziele der Stadtentwicklung nach Plänen der Länder. Hrsg.: Der Bundesminister f. Städtebau u. Wohnungswesen Bonn. (= Schriften zur Städtebau- u. Wohnungspolitik Bd. 1). Verlag Schwartz Göttingen, 1971, 187 Seiten.

Wege
zur menschlichen Stadt. Kohlhammer Verlag Köln, 1973, 282 Seiten.

W. Wortmann-Festschrift
Die neue Stadt. Zum 75. Geburtstag v. W. Wortmann. Aus seinen Arbeiten ausgew.u.komm. v. K. Wittkau. (= Mitt.d.Dt. Akad.f. Städtebau u. Landesplanung 16). März 1972, S. 1-190. Abb.

Die Zukunft
unserer Stadt. Eine produktive Utopie. J.v. Liebig Verlag Darmstadt, 1972, 92 Seiten, 8 Abb.

Die Zukunft
unserer Städte in einer grossen Gesellschaft. (= Studienheft 11 des Städtebauinstituts Nürnberg). Selbstverlag SIN Nürnberg, 1966, 38 gez. Bl.

8. Mathematisch-statistische Probleme der Materialaufbereitung und Verarbeitung (Modellbildung) in der Stadtplanung

Albach, H. - Ungers, O.
Optimale Wohngebietsplanung. Bd.I: Analyse, Optimierung und Vergleich
der Kosten städtischer Wohngebiete. U. Mitarb.v. K. Viebering, A. Tönjes,
M. Wegener. Betriebswirtschaftl. Verlag Gabler Wiesbaden, 1969, 384 S.,
Pl., Abb., Tab., Lit., Zsfssg.

Ammer, U. - Popp, W. - Stradal. O.
Vorstudie für ein Simulationsmodell mit Computer-Programmen für ein integrales System der städtebaulichen Planung. (= Städtebauliche Forschung,
Kurzfassungen der vom Bundesmin.f. Städtebau und Wohnungswesen geförderten Forschungsarbeiten, Folge 6). Bundesmin.f.Städtebau und Wohnungswesen
Bonn/Bad Godesberg Selbstverlag, 1971, 11 Seiten. Maschinenschr. vervielf.

Anwendung
mathematischer Modelle in der Stadt- und Regionalplanung. Arbeitssem.v.
15.-16.3.1971 Inst.f. Städtebau u. Wohnungswesen d. Dt.Akad.f. Städtebau
u. Landesplanung München. Beitr.v. Israel Inst.of Urban Stud. Ltd.
München, 1971, 10, 12, 8 Seiten, Abb., Tab. u. 3 Bl.Abb. Übers.

Barby, J.v. - Fischer, K.
Der städtebauliche Bewertungsrahmen (= Materialiensammlung Städtebau H.4)
Dümmler Verlag Bonn, 1972, 36 Seiten, 8 graph. Darst.

Baunhauer, A. - Böhle, J.-B. u.a.
Material zum Thema Futurologie, Prognostik, Planung. Verantw. G. Elschner.
Konzeption u. Koordination H. Pütz. Angef.f.d. wissenschaftliche Arbeitstagung am 28.u.29. Oktober 1968 in der Politischen Akademie Eichholz und
dem Wissenschaftlichen Institut der Konrad-Adenauer-Stiftung für politische
Bildung und Studienförderung, Bonn/Bad Godesberg, 1968, 210 Seiten.

Ben-Shahar, H. - Mazor, A. - Pines, D.
Stadtplanung und Wohlstandsmaximierung. Methodologie eines Verfahrens.
Hrsg.v. Israel Inst.of Urban Stud. Tel Aviv Univ.-Tel Aviv, 1970, 17 S.
Abb., Lit. Maschinenschriftl. vervielf.

Benutzerhandbuch
der Regionaldatenbank Baden-Württemberg 1973/74. Hg. vom Stat. Landesamt
Baden-Württemberg Stuttgart, 1974, 129 Seiten.

Bergelt, K. (Bearb.)
Mathematische Methoden im Städtebau. Beiträge zur Generalbebauungsplanung
der Städte. Übers. aus dem Russ. Hrsg.: Deutsche Bauakademie Inst.f.
Städtebau und Architektur. (= Schriftenreihe Städtebau und Architektur
H.21). Berlin/Ost, 1968, 40 Seiten, Abb., Tab., Lit. Maschinenschr. vervielf.

Beutel, M. - Spiegel, R.
Verschlüsselung und Verarbeitung territorialer Daten. Beitr.z. Koordinatenraster als Bezugssystem, z. Optimierung d. Einzugsbereiche gesellschaftl.
Einrichtungen u.z. automatischen graphischen Datenverarbeitung. Hrsg.:
Dt. Bauakad. zu Berlin. (= Schriftenr.d. Bauforsch. Reihe Städtebau und
Architektur H.36). Deutsche Bauinf. Berlin/Ost, 1971, 52 Seiten, Abb., Tab.,
Übers., Lit., Res.dt./engl./franz./russ. Maschinenschriftl. vervielf.

Bergelt, K. (Bearb.)
Mathematische Methoden im Städtebau. Beiträge zur Generalbebauungsplanung der Städte. Übers. aus dem Russ. Hrsg.: Deutsche Bauakademie Inst.f. Städtebau und Architektur. (= Schriftenreihe Städtebau und Architektur H.21). Berlin/Ost, 1968, 40 Seiten, Abb., Tab., Lit. Maschinenschriftl. vervielf.

Biermann, H.
Einführung in die Faktorenanalyse. Vortrag. (= Inst.f. Siedlungs- und Wohnungswesen H.22). Selbstverlag d.Inst.f. Siedlungs-u. Wohnungswesen Münster, 1969, 23 Seiten.

Biermann, H.
Kybernetische Prognosemodelle in der Regionalplanung. (= Wirtsch.kybernetik u. Systemanalyse Bd. 2). Verlag Duncker u. Humblot Berlin, 1970, 249 Seiten, Kt., Abb., Tab., Übers., Lit. u. 2 Bl. Übers.

Böhle, J.B. (Hg.)
Wissenschaftliche Arbeitstagung zum Thema "Futurologie, Prognostik und Planung" 1968. (= Tagungsbeiträge der Politischen Akademie Eichholz der Konrad- Adenauer-Stiftung H.1/70). Wesseling, 1970.

Boustedt, O.
Grundriß der empirischen Regionalforschung. (= Taschenbücher zur Raumlanung B.3). Jänecke Verlag Hannover, 1974. (In Vorbereitung).

Braedt, J.
EDV als Werkzeug räumlicher Entwicklungsplanung.
A. Erfahrungen mit der Landesplanungs-Datenbank der bayerischen Obersten Landesplanungsbehörde
B. Das Forschungsprojekt "Informationssystem für Raumordnung und Landesplanung"
(= Veröff.d.Inst.f. Städtebau der Dt.Akad.f. Städtebau und Landesplanung Berlin Bd. 41/5) Selbstverlag Berlin, 1973, 16 Seiten.

Brenken, G. - Schefer, A. (Bearb.)
Handbuch der Raumordnung und Landes-, Regional-, Orts- und Fach-Planung. Köln/Stuttgart, 1966, 283 Seiten, Abb., Tab., Lit.

Bunselmeier, E.
Computer application in planning, architecture, design - a bibliography (die Anwendung von elektronischen Rechnern in Planung, Architektur und Entwurf). Selbstverl.d.Verf. Bremen, 1973, 167 Seiten. Maschinenschriftl. vervielf.

Cherulupalle, N.D.
Application of multivariate statistical methods to urban and regional planning. With the assistance of Sheung-Ling Chan. (= Exchange Bibliography 136). Hrsg.: Council of Planning Librarians. Monticello, Ill. 1970, 12 S.

Daniels, A. - Yeates, D. - Erbach, K.
Grundlagen der Systemananlyse. Verlagsges. R. Müller Köln/Hamburg, 1971, 228 Seiten, 61 Abb.

Datensammlung
Orts-Regional-Landesplanung. Von Ch. Plath, H.Ch. Schäfer u. H.-U. Stockmann u. Mitarb.v. R. Cocea, P. Hövelborn, H.P. Kubach u.a. Hrsg.: Städtebaul. Inst., Abt. Inf.u. Dokumentation. Stuttgart 1969, 254 Seiten, Abb., Tab., Lit.

Datenverarbeitung
in der Stadt- und Regionalplanung. Ber.e. Seminars am Dt. Rechenzentrum
v. 20.-24.10.1969. (= Schriftenr.d.Dt. Rechenzentrum H.S-10). Darmstadt
1969, 87 Seiten, Abb., Übers., Lit. u. 3 Bl. Übers. Anh.: Abb. gez. Übers.
Maschinenschriftl. vervielf.

Datenverarbeitung
in der Stadt- und Regionalplanung. Informationstagung 1970 d. Arbeitskr.
f. Anwendung d. Datenverarbeitung in d. Stadt- u. Regionalplanung. Kurzfssg.
d. Vorträge. (= Schriftenr.d.Dt. Rechenzentrums H.S-12). Darmstadt, 1970,
98 Seiten, Abb., Übers., Lit. u. 16 gez.Bl., Abb., Übers.

Dheus, E.
Geographische Bezugssysteme für regionale Daten. Möglichkeiten der räumlichen Zuordnung und Aggregation von Informationen. (= Zahl und Leben H.10).
Kohlhammer Verlag/Dt. Gemeindeverlag Stuttgart/Köln/Mainz etc., 1972,
95 Seiten Text, 55 Abb., 1 Kt.

Dheus, E.
Strukturanalyse und Prognose. Beitr.d. Statistik z. Stadtentwicklungsforschung. Vorw.: O. Boustedt. (= Neue Schr.d.Dt. Städtetages H.24).
Kohlhammer Verlag Köln, 1969, 2. erg. Aufl., 1971, 115 Seiten.

Diedrich, H.
Mathematische Optimierung. Ihr Rationalisierungsbeitrag für die Stadtentwicklung. (= Beiträge zur Stadt- und Regionalforschung hg. von der
GEWOS Bd.1). Verlag Vandenhoeck u. Ruprecht Göttingen, 1970, 173 Seiten.

Dietz, S.
Literaturzusammenstellung. Simulationsmodelle - Mathematische Modelle
in der Stadtplanung. Hg. vom Institut für Wohnungs- u. Planungswesen -
Gottlob-Binder-Institut e.V. - in Verbindung mit dem Dt. Verband für
Wohnungswesen, Städtebau und Raumplanung e.V. Köln-Mülheim. Köln-Mülheim
Stand September 1973, 23 Seiten, 288 Titel. Maschinenschriftl. vervielf.

Direkte Übertragung
von Volkszählungsergebnissen in den Informationsraster. Bearb. vom ORL-
Institut der ETH Zürich in Zusammenarbeit mit dem Eidgenöss. Amt für
Statistik. Hg. von der Sektion Richtlinien und Leitbilder. ETH Zürich,
Frühjahr 1970.

DISPO
Datenbank u. Inf.system f. Planung u. Organisation. Bearb.: H. Hansen,
H. Klimesch. Hrsg.: DATUM-Dokumentations-u. Ausbildungszentrum f. Theorie
u. Methode d. Regionalforschung e.V. Selbstverlag Bonn/Bad Godesberg,
1971, 37 Seiten, Übers. Maschinenschriftl. vervielf.

Dröner, G.
Automatisierte Informationsgewinnung als Entscheidungshilfe für Fach- und
Stadtentwicklungsplanung. Hrsg.: Amt für Stadtforschung und Statistik Wuppertal. (= Wuppertal '72. Sonderheft 10). Selbstverlag Wuppertal, 1972,
49 Seiten, zahlr. Tab., 1 Kt.

EDV
im Städtebau. Verlag Bauwesen Berlin/Ost, 1971, 192 Seiten, 70 Abb.

Einsatz
der elektronischen Datenverarbeitung bei der Entwicklung und Prüfung
eines Modells zur Bestimmung des Angebots an Gewerbe- und Dienstleistungsflächen im Rahmen der Stadterneuerung, dargest. aufgrund einer Bestandsaufnahme in einem typischen Fall. Ber.ü.e. Forsch.arb. i.Auftr.d. Bundes-
min.f. Wohnungswesen u. Städtebau. (Arb.abschn.I) v. E. Bieber, G. Fehl,
D. Frick u.a. Hrsg.: Techn. Univ. Berlin, Lehrstuhl f. Stadt- u. Regionalplanung, Arb.gr.f. Regionalplanung. Vorw.: F. Gunkel. Berlin 1969, 118 S.,
Abb., Lit., Anh. A-C (54. 15. 75 S. Abb., Formbl.). Zsfssg.

Esenwein-Rothe, I. - Hess, B.
Das statistische Instrumentarium für kommunale Entwicklungsplanung. (=
Statist. Studien Bd.5). Franz Steiner Verlag Wiesbaden, 1972, XV, 158 Sei-
ten, Abb., Tab., Lit. Res.engl.

Esenwein-Rothe, I.
Statistik im Städtebau. Vortrag. (= Städtebauinst. Nürnberg Studienh.13)
Selbstverlag Städtebauinst. Nürnberg, 1966, 41 Seiten, Kt., Abb. (Masch.
autogr.)

Farenholtz, Ch.
Städtebauliche Grundlagen Stuttgart. Hrsg.: Bauverwaltung der Stadt Stuttgart. Beispiele der Anwendung von Daten für die Zwecke der Stadtentwicklung und Bauleitplanung. Krämer Verlag Stuttgart, 1968, 133 Seiten, div.
Tab., 24 meist mehrfarb. Falttafeln.

Fehl, G.
Informations-System, Verwaltungsrationalisierung und die Stadtplaner.
Hrsg.: Dt. Verband für Wohnungswesen, Städtebau und Raumplanung. (= Ta-
schenbuch Wohnungswesen, Städtebau und Raumplanung Bd. 13). Stadtbau
Verlag Bonn, 1972, 128 Seiten.

Fehl, G.
Informations-Systeme in der Stadt- und Regionalplanung. Überarb. Diss.
TU München. In Komm. Krämer Verlag Stuttgart/Bern, 1973, 140 Seiten, Abb.,
Anh.: Übers., Lit. Maschinenschriftl. vervielf.

Fehl, G. - Frick, D.
Ein Bestandsaufnahmesystem für die Bauleitplanung. Hg. vom Institut für
Städtebau und Wohnungswesen der Dt. Akademie für Städtebau und Landes-
planung München. (= Arbeitsblätter 1, 1970). München 1970, 168 Seiten.

Fehl, G. - Fester, M. - Kuhnert, N.
Planung und Information. Materialien zur Planungsforschung. Bertelsmann
Fachverlag Gütersloh, 1972, 318 Seiten, Abb.

Fischer, A.
Die Struktur von Wirtschaftsräumen. Ein Beitrag zur Anwendung statistischer
Methoden in der Regionalforschung. (= Statistische Studien Bd.4). Steiner
Verlag Wiesbaden, 1969, 124 Seiten, 18 Abb., 4 Falttaf., Lit.-Verz.

Forßmann, J. - Knoch, P.
DIPLASP-Planspiel: Sanierungsmaßnahme nach dem Städtebauförderungsgesetz.
Institut für Städtebau und Wohnungswesen der Dt. Akad.f. Städtebau und
Landesplanung, Selbstverlag München, 1. Aufl. 1972, 2. geänderte Aufl.
1973.

Friedrich, P.
Die Variationsrechnung als Planungsverfahren der Stadt- und Landesplanung.
(= Veröff. der Akad.f. Raumforschung und Landesplanung, Reihe Abh. Bd.32).
Dorn Verlag Bremen-Horn, 1956, 58 Seiten.

Gehrig, R. - Leibundgut, H.
Grundlagen zur Abgrenzung und Typisierung von Planungsregionen. (= Berichte zur Orts-, Regional- und Landesplanung Bd. 27) hg. vom ORL Inst. der ETH Zürich. Selbstverlag Zürich, 1971, 36 Seiten.

Geiger, M.
Die Entwicklung des ORL-Planungsspieles. Selbstverlag Inst.f. Orts-, Regional- und Landesplanung der ETH Zürich, 1968.

GEWOS (Hg.)
Aufbau eines Informationssystems für die Stadt- und Regionalforschung. (Hauptstudie.) Forschungsauftr. der Ges.f. Wohnungs- u. Siedlungswesen e.V. erstattet dem Bundesministerium für Raumordnung, Bauwesen und Städtebau. Mitarb. O. Boustedt u.a. Selbstverlag des Hrsg. Hamburg, 1973, 371, 3 S. zahlr. Qu.

Göschel, W.
Anwendung des Programmpakets STAF (Satistical analysis of files) bei der Stadtentwicklungsplanung und Strukturforschung. (= Veröff.d.Inst.f. Städtebau der Dt.Akad.f. Städtebau und Landesplanung Berlin Bd. 45/6). Selbstverlag Berlin, 1973, 15 Seiten.

Göschel, W.
a) Datenverarbeitung als Instrument der Stadtplanung
b) Anwendung von STAF bei der Stadtentwicklungsplanung und Stadtforschung
(= Veröff.d.Inst.f. Städtebau der Dt.Akad.f. Städtebau und Landesplanung Berlin Bd. 41/6). Selbstverlag Berlin, 1973, 23 Seiten.

Gunkel, F.
Prognosetechnik. (= Veröff.d.Inst.f. Städtebau der Dt.Akad.f. Städtebau und Landesplanung Berlin, Bd.R 15/37). Selbstverlag Berlin, 1972, 7 Seiten.

Gunzert, R.
Regionalstatistik und repräsentative Methoden. Eine Schicksalsfrage d. dt. Städtestatistik. Stat. Amt u. Wahlamt Frankfurt/M., Selbstverlag Frankfurt/M., 1955, 18 Seiten.

Hansen, H.
Metro - Ein Planspiel - Simulationsmodell. Stadtentwicklung im Planspiel. Hrsg.: Dokumentations- und Ausbildungszentrum für Theorie und Methode der Regionalforscheng. DATUM-Selbstverlag Bonn-Bad Godesberg, 1970, 207 Seiten.

Hansen, H.
Planspiel - Simulation als Hilfsmittel für die städtebauliche Planung und für die Planerausbildung - Untersuchungen am Beispiel der Planspiel-Simulation "Metro". Hrsg.: Dokumentations- und Ausbildungszentrum für Theorie und Methode der Regionalforschung. DATUM-Selbstverlag Bonn-Bad Godesberg, Juli 1971, 4. Folge.

Harloff, G.
Ein Optimierungsansatz zur Ordnung der Stadtinhalte. Institut für Stadtwesen Aachen, 1973, 21 Seiten.

Hase, K.
Informationsraster (landesplanerische Datenbank). Benützerhandbuch.
(= Studienunterlagen des Instituts für Orts-, Regional- und Landesplanung der ETH Zürich Bd.14). Selbstverlag Zürich, 1973.

Hasselmann, W.
Stadtentwicklungsplanung. Grundlagen, Methoden, Maßnahmen. Dargestellt am Beispiel der Stadt Osnabrück. Diss. Rechts-u. Staatswiss. Fak. Univ. Münster. (= Sonderdruck Nr.39 des Inst.f. Siedlungs-u. Wohnungswesen d. Univ. Münster). 1967, 470 Seiten mit Abb.

Heinrichs, B.
Zur Bewertung von Siedlungsstrukturen für die Landesplanung unter besonderer Berücksichtigung numerischer Methoden. Hrsg.: Lehrstuhl f. Raumforsch., Raumordnung u. Landesplanung, TU München. Diss. TU München. München 1972, 237 Seiten, Abb., Tab., Lit. Maschinenschr. vervielf.

Hezel, D. - Müller, H.-U.
Seminarbericht Modelle in der Orts- und Regionalplanung, SS 71 - WS 1971/72 Städtebauliches Institut d. Univ. Stuttgart. Selbstverlag Stuttgart, 1973, 113 Seiten.

Hoffmann, F.
Die Entwicklung der deutschen Gemeindestatistik und ihre Bedeutung für die deutsche Landeskunde. Amt f. Landeskunde, Selbstverlag Remagen, 1951, 28 Seiten.

Hollmann, H.
Die Gemeindestatistik im Dienste der Regionalplanung. Diss. F.f. Bauwesen TU Hannover, 1968, 242 Seiten.

Hollmann, H.
Statistische Grundlagen der Regionalplanung. (= Veröff.d. Akad.f. Raumforsch. u. Landesplanung Beiträge Bd.3). Jänecke Verlag Hannover, 1968, 242 Seiten.

Informationsraster
(= Berichte zur Orts-, Regional- u. Landesplanung Bd.4). Hg. vom ORL Institut der ETH Zürich. Selbstverlag Zürich.
D. Ackerknecht, Teil 1 + 2: Übersicht und Vorbereitungsarbeit, 1969, 74 Seiten.

D. Ackerknecht, Teil 3 : Merkmale und Merkmalsverschränkungen, 1969, 8 Seiten.

K. Hase, Teil 4 : Datenaufnahmen von Landkarten mit Lochstreifengeräten, 1969, 26 Seiten.

R. Breu, Teil 5 : Datenaufnahmen von Landkarten mit Digitizer, 1969, 36 Seiten.

P. Vonderhorst, Teil 6 : Auswahl der ersten Datensätze und Anwendungsbeispiele, 1970, 22 Seiten.

K. Hase, Teil 8 : Zusammenfassende Darstellung der Ergebnisse und angewandte Methoden, 1971, 45 Seiten.

Informationssystem
für die Stadt- und Regionalforschung. Im Auftrag des Bundesmin.f. Raumordnung, Bauwesen u. Städtebau erstellt durch die GEWOS mit D. Boustedt, H.E. Schnurr, E. Söker, H. Hansen, G. Müller. (= Schriftenreihe Städtebauliche Forschung Bd. 03.019). Selbstverlag des BuMi RBSt. 1974, 452 S.

Kläusli, B.
Der Gemeindespiegel als Ergänzung zum Informationsraster. (= Studienunterlagen des Inst.f. Orts-, Regional- und Landesplanung der ETH Zürich Bd.9). Selbstverlag Zürich, 1971, 43 Seiten.

Knigge, R.
Kosten und Nutzen. Anwendungsmöglichkeiten von Kosten-Nutzen-Analysen im Bereich der raumplanenden Verwaltung. (= Landesentwicklung. Schriftenreihe des Ministerpräsidenten des Landes Nordrhein-Westfalen (Landesplanungsbehörde) H.29). Düsseldorf, 1971, 73 Seiten.

Kommunale Planung.
Projektbericht S 707-3. Beitrag zur Problemanalyse im Stadtplanungsbereich. Bearb.: J. Braedt, Siemens AG. München 1971, 29 Seiten, Abb., Übers.

Kroker, G.
Modelle in der Stadtplanung der Vereinigten Staaten. Institut für Stadtforschung Hamburg. Selbstverlag Hamburg, 1970, 86 Seiten.

Lang, J. - Stradal, O.
Entwicklung des Planungsinstrumentes ORL-MOD 1. (= Studienunterlagen zur Orts-, Regional- u. Landesplanung Nr.1). Hg. vom ORL-Institut der ETH Zürich. Selbstverlag Zürich, 1970.

Literaturzusammenstellung
Simulationsmodell - Mathematische Modelle - in der Stadtplanung. Hg. vom Inst.f. Wohnungs- u. Planungswesen (Gottlob-Binder-Institut e.V.) in Verbindung mit dem Dt. Verband für Wohnungswesen, Städtebau und Raumplanung e.V. Bearbeitet in der Dokumentationsstelle des Inst.f. Wohnungs- u. Planungswesen durch S. Dietz. Stand September 1973, 23 Seiten, 288 Titel.

Lölhöffel, D.v.
Statistik als Material und als Methode für die Stadtforschung. Dargest. am Beispiel d. Mittelstadt Erlangen. (= Statist. Stud.Wirtsch.-u. sozialwiss.Arb.a.d.Inst.f. Statistik d. Univ. Erlangen-Nürnberg Bd.3). Steiner Verlag Wiesbaden, 1969, VIII, 188 Seiten, Abb., Tab., Lit., Reg., Res. engl.

Lutz, Th. - Klimesch, H.
Die Datenbank im Informationssystem. Oldenbourg Verlag München/Wien, 1971, 232 Seiten, Abb., Übers., Lit.

Mäcke, P.A.
Eine anwendungsgemäße Form des Lowry-Modells. (= Stadt, Region, Land.25). Institut für Stadtbauwesen der RWTH Aachen. Aachen 1973, 9 Seiten.

Maser, S. - Schulte, H.O. - Stoffe, H.
Prognose und Simulation. (= Arbeitsberichte zur Planungsmethodik Bd.8). Krämer Verlag Stuttgart/Bern, 1973, etwa 200 Seiten.

Masser, I. - Karpe, H.J. - Ernst, R.
Die Einsatzmöglichkeiten des Lowry Modells in Deutschland, dargestellt am Beispiel Dortmund. (= LOMODO 61). Universität Dortmund Selbstverlag, 1970, 27 Seiten.

Mathematisches Verfahren
und moderne Informationssysteme als Hilfsmittel einer verbesserten Planungs- und Leistungstätigkeit. (= Wissenschaftliche Schriftenreihe des Instituts für Verkehrsforschung H. 15). Institut für Verkehrsforschung Berlin, 1970, 163 Seiten.

Mausbach, H.
Einführung in die städtebauliche Planung. Kurzgefasstes Kolleg zu den Grundbegriffen von Raumordnung, Landesplanung und Stadtplanung. Werner Verlag Düsseldorf, 2. Aufl., 1972, 108 Seiten, 164 Abb.

Meier, C.
Theoretische Bauleitplanung. Mathematische Methoden für die Entscheidungsvorbereitung. de Gruyter Verlag Berlin, 1970, XII, 224 Seiten, mit 27 Taf., dav. 10 Ausschlagtaf. (Stadt- und Regionalplanung).

Methoden
der empirischen Regionalforschung. 1.T. Forschungsbericht d. Arbeitskreises "Methoden der empirischen Regionalforschung" d. Akad.f. Raumforschung u. Landesplanung. (= Veröff.d. Akad.f. Raumforsch.u. Landesplanung, Forsch.-u. Sitzungsber. Bd.87). Jänecke Verlag Hannover, 1973, IX, 230 Seiten, Abb., Tab., Lit.

Methoden
und Probleme der Stadt- und Regionalplanung. Mit Beitr.v. W. Hasselmann, R. Vieregge, G. Brack u. P.G. Jansen. (= Beitr.u. Untersuchungen d. Inst. f. Siedlungs- u. Wohnungswesen d. Univ. Münster, NF d. Materialiensammlung Bd.69). Selbstverlag Münster, 1967, 105 Seiten.

Modelle
zur Stadtplanung. Rahmenthema der Vortragsfolge im Seminar des Lehrstuhls für Städtebau und Landesplanung der Univ. Karlsruhe - Sommersemester 1970. Selbstverlag Karlsruhe, 1970, 255 Seiten, Maschinenschriftl. vervielf.

Müller, G.
Regionalstatistische Unterlagen für die Raumordnung. (= Informationsbriefe für Raumordnung und Städtebau, hg. vom Bundesmin.f. Wohnungswesen, Städtebau u. Raumordnung R 1.5.1.). Kohlhammer Verlag Stuttgart etc., 1965, 11 Seiten.

Müller, J.H.
Methoden zur regionalen Analyse und Prognose. (= Taschenbücher zur Raumplanung 1). Hrsg.: Akademie für Raumforschung und Landesplanung, Hannover, 1973, 200 Seiten.

Münnich, F.
Regionalmodelle als Planungsinstrumente. (= Stadt, Region, Land.24). Institut für Stadtbauwesen, Rhein.-Westf. Techn. Hochschule Aachen, 1972, 28 Seiten.

Nagel, A.
Leistungsfähige Entscheidungen in Politik und Verwaltung durch Systemanalyse. Ein generell anwendbares Verfahren zur systematischen Erarbeitung vertretbarer Tagesentscheidungen. Verlag Duncker u. Humblot Berlin, XXIII, 1971, 158 Seiten, 23 Übers.

Naschold, F.
Systemsteuerung. (=Narr u. Naschold: Einführung in die moderne politische Theorie Bd. 2). Kohlhammer Verlag Stuttgart/Berlin, 2. Aufl., 1969, 187 S.

Netzband, K.-B. - Heide, H.
Möglichkeiten und Grenzen der praktischen Verwendbarkeit von Regionalmodellen. Vortr.vor d. Ausschuß f. Regionalstatistik auf d. 43. Jahreshauptversamml.d.Dt. Statist. Ges. am 27.9.1972. Hrsg.: Hess. Landesentwicklungs-u. Treuhandges.m.b.H. Wiesbaden, 1972, 13 Seiten, Maschinenschr. vervielf.

Nowak, J.
Simulation und Stadtentwicklungsplanung. (= Schriften des Dt. Instituts für Urbanistik Bd.41). Kohlhammer Verlag Stuttgart/Berlin/Köln, 1973, 143 Seiten, Abb., Qu.

Optimierung
des Konzentrationsprozesses im Siedlungsnetz. Mathemat. Modelle u. Lösungsverfahren z. dynam. Optimierung d. Prozesses d. Konzentration d. Wohnbausubstanz. Beitr.z. Generalbebauungsplanung d. Bez. Bearb.: G. Boßdorf, H. Krause, W. Grundmann u.a. Hrsg.: Dt. Bauakad. Inst.f. Städtebau u. Architektur. (= Schriftenr.d. Bauforsch.R. Städtebau u. Architektur H. 39). Dt. Bauinf. Berlin/Ost, 1972, 28 Seiten, Kt., Abb., Lit.

Optimierung
von Siedlungssystemen. Beiträge z. Optimierung ihrer baulichen Entwicklung im Rahmen d. Generalbebauungsplanung d. Bezirke. Bearb.: G. Wagner, H. Lindner, W. Grundmann u.a. Hrsg.: Dt. Bauakad. Inst.f. Städtebau und Architektur. (= Schriftenr.d. Bauforsch. Reihe Städtebau und Architektur H. 34). Dt. Bauinf. Berlin/Ost, 1971, 47 Seiten, Abb., Tab., Lit.

Popp, W.
Entwicklung des Planungsmodells SIARSSY. Unter Mitarbeit von U. Ammer, B. Dejon, O. Stradal, E. Zepf u.a. (= Schriftenreihe des Bundesmin.f. Raumordnung, Bauwesen und Städtebau, Städtebauliche Forschung Bd. 03.018). Bonn/Bad Godesberg, 1974, 207 Seiten.

Praxisprobleme
der Stadtteil- und Standortprogrammplanung. Hrsg.: Die kooperierenden Lehrstühle für Planung an der RWTH Aachen. (= Politik und Planung 1). Deutscher Gemeindeverlag Köln und Kohlhammer Verlag Stuttgart, 1973, 245 Seiten.

Prognosetechniken
in der Regionalplanung. Hrsg.: H.K. Schneider. Mit Beitr.v. D. Schröder, H. Biermann, H.-L. Fischer u.a. (= Inst.f. Siedlungs-u. Wohnungswesen d. Univ. Münster. Vortr.u. Aufsätze H.19). Selbstverlag Münster, 1968, V, 73 Seiten, Abb., Tab., Lit.

Rattel, P.N. - Göttlinger, F. - Kobes, H. - Miller, F.
Rahmen-Soll-Konzept Grundstücksdatenbank. (= Arbeitspapiere Rechtsinformatik 5). J. Schweitzer Verlag Berlin, 1971, XX, 274 Seiten. Mit Lit.-Verz.

Reiche, J.-M.
Faktorenanalyse und ihre Anwendung auf regional-statistisches Datenmaterial. Ber.ü.e. mit Mitteln d. DFG durchgeführtes Forsch.vorhaben. Hrsg.: Inst. f. Regionalforsch.d. Univ. Kiel. Kiel 1971, 133 Seiten, Kt., Abb., Tab., Übers., Lit., Anh.: 1 Bl. Tab. Maschinenschriftl. vervielf.

Reichenbach, E.
Vergleich von Stadtentwicklungsmodellen. Hrsg.: Inst. für Stadtbauwesen der TU Braunschweig. (= Veröff.d.Inst.f. Stadtbauwesen der TU Braunschweig H.10). Selbstverlag Braunschweig, 1972, 175 Seiten, zahlr. Abb. u. Tab.

Schlesier, K.
Zur Anwendung kybernetischer und mathematischer Methoden in Städtebau und Stadtplanung. (1-3) Diss. Weimar. Weimar, 1965, 260 gez. Bl. Tab.

Schneider, W. - Trutzel, K.
Integration von Stadtforschung. Statistik u. Einwohnerwesen. Hrsg.: Stadt Nürnberg, Arbeitsgr. Nürnberg-Plan. (= Beitr.z. Nürnberg-Plan, R.D: Kommunales Inf.system planungsrelevanter Daten H.1). Nürnberg 1971, 48 Seiten, Abb., Tab., Übers., Lit., Anh.: 12 Bl. Tab. Übers.

Schwarz, K.
Prognosen der amtlichen Statistik für die Raumordnung. (= Informationsbriefe für Raumordnung und Städtebau, hg. vom Bundesmin.f. Wohnungswesen, Städtebau u. Raumordnung R 1.5.2.). Kohlhammer Verlag/Dt. Gemeindeverlag Mainz, 1965, 11 Seiten.

Schwarz, K.
Statistische Vorausschätzungen für regionale Pläne und Gutachten. (= Informationsbriefe für Raumordnung, hg. vom Bundesmin. des Innern R.1.5.3.). Kohlhammer Verlag/Dt. Gemeindeverlag Mainz, 1966, 8 Seiten.

Simulationsmodell POLIS.
Benutzerhandbuch. Vorläufige Ausg. Aug. 1972. (= Schriftenreihe "Städtebauliche Forschung" des Bundesmin.f. Raumordnung, Bauwesen und Städtebau Bd. 03.012). Selbstverlag Bonn/Bad Godesberg, 1973, 207 Seiten, Abb., Qu.

Städtebau
und Grundstücksdatenbank. (= Beiträge zur kommunalen und regionalen Entwicklungsplanung. Dümmler Verlag Bonn, 1973.

Stradal, O. - Popp, W.
Das Garin-Lowry Modell als simultane Betrachtungsweise bei der Stadtplanung. (= Schriften des Instituts f. Städtebau und Raumordnung Stuttgart Bd. 6). Selbstverlag des Inst.f. Städtebau u. Raumordnung Stuttgart, 1969, 61 Seiten.

Stradal, O. - Sorgo, K.
ORL - MOD 1. Ein Modell z.reg. Allokation v. Aktivitäten. Ber. 1: Formulierung, Kalabrierung, Prüfung. Hrsg.: Inst.f. Orts-, Regional- u. Landesplanung d. ETH, Gruppe f. exakte Methoden Zürich. (= Arbeitsber.z. Orts-, Regional-u. Landesplanung Nr. 24.1). Selbstverlag Zürich, 1971, 64 Seiten, Abb., Übers., Anh. 1 Bl. Lit.

Stradal, O.
ORL-MOD 1, Modell zur regionalen Allokation von Aktivitäten. (= Berichte zur Orts-, Regional- und Landesplanung Bd. 24/2,)hg. vom ORL Institut der ETH Zürich, Selbstverlag, 1972, Bericht 2, 92 Seiten.

Stradal, O.
Übersicht über mögliche Anwendungen der Systemanalyse in der Landesplanung. Im Auftrag d. ORL-Inst. ETH verfaßt. Selbstverlag Zürich, 1969, II, 98 Seiten, Abb., Tab., Übers., Lit. Maschinenschriftl.vervielf.

Strassert, G.
Möglichkeiten und Grenzen der Erstellung und Auswertung regionaler Input-Output-Tabellen, unter besonderer Berücksichtigung der derivativen Methode. Diss. Rechts- und Staatswiss.f. Univ. Freiburg/Brsg., 1967, 123 Seiten.

Wellar, B.S.
Bibliography on urban and regional information systems: Focus on geographic perspectives (Bibliographie über städtische und regionale Informationssysteme: Blick auf geographische Aspekte). (= Exchange Bibliography. Council of Planning Librarians. 316/317). Monticello, Ill.: Council of Planning Librarians. 1972, 88 S.

9. Flächennutzungsplanung und Bauleitplanung nach Bundesbaugesetz und Baunutzungsverordnung

Abhandlungen
zum neuen Städtebau und Städtebaurecht. Wasmuth-Verlag Tübingen, 1963, 262 Seiten mit Abb.

Altrup, H.F.
Die Flächennutzungsplanung im jüngsten Wachstumsprozess deutscher Großstädte. Untersucht an den Beispielen Wiesbaden, Karlsruhe, Darmstadt und Osnabrück. (= Kölner Forschungen zur Wirtschafts- u. Sozialgeographie Bd.6). Steiner Verlag Wiesbaden, 1969, 196 Seiten.

Bauleitplanung
Hrsg. Deutsches Volksheimstättenwerk. Merkblatt. Selbstverlag Volksheimstättenwerk Köln, 1968, 54 Seiten.

Bauleitplanung
Referate der fachwissenschaftlichen Tagung über Fragen der Bauleitplanung. Hg. von der Württembergischen Verwaltungs- u. Wirtschaftsakademie Stuttgart, 1964, 124 Seiten.

Bauleitplanung
Referate der fachwissenschaftlichen Tagung über Fragen der Bauleitplanung. Kohlhammer Verlag Stuttgart, 1966, 124 Seiten.

Bauleitplanung
Seminarbericht 1967. Hg. vom Bund Deutscher Garten- und Landschaftsarchitekten. (= BDGA-Schriftenreihe Bd.3). Bonn 1967, 45 Abb.

Bauleitplanung
Leitfaden durch formelle Fragen der Bauleitplanung in Schleswig-Holstein. Hg. von der Arbeitsgemeinschaft für zeitgemäßes Bauen (= Bauen in Schleswig-Holstein H.36). Kiel 1970, 121 Seiten.

Baulicher
Zivilschutz. Unter Mitarbeit von H. Bergmann u.a. T.1,2. (= Zivilschutz und Zivilverteidigung H.C.). Verlag Osang Bad Honnef, 1974, 487 Seiten, Abb.

Baumann, H. - Jung
Arbeitsmappe Bauleitplanung. Rationelle Aufstellung der Bauleitpläne mit vorgedruckten Texten. Deutscher Gemeindeverlag Köln etc., 1971, 64 Seiten im Ringbuch.

Baunutzungsverordnung
Kommentar unter besonderer Berücksichtigung des Umweltschutzes mit ergänzenden Rechts- und Verwaltungsvorschriften zur Bauleitplanung. Deutscher Gemeindeverlag Köln, 1971, 496 Seiten, Pl.

Baunutzungsverordnung
Merkblatt. Hg. vom Dt. Volksheimstättenwerk. Selbstverlag Köln, 1970, 44 Seiten.

Beenken, R.
Überprüfbarkeit der Bauleitpläne nach dem Bundesbaugesetz. (= Schriften zur Rechtslehre und Politik Bd.51). Bouvier Verlag Bonn, 1967, 316 S.

Beiträge
zum Neuen Städtebau und Städtebaurecht. (= Schriftenreihe d.Dt. Akademie Städtebau und Landesplanung H.12). Wasmuth Verlag Tübingen, 1961, 365 S.

Bericht
über die Arbeits- und Informationstagung "Landschaftsplanung - Landesplanung - Bauleitplanung". Methoden, Verfahren und Grundsätze des Landschaftsplanes vom 28.-30.10.1964 in Hannover. Hg. vom Institut für Landschaftspflege und Naturschutz der TH Hannover. Hannover 1965, 97 Seiten.

Beyer, H.
Immissionsschutz und Bauleitplanung. (= Ingesta-Institut Gewerbebetriebe im Städtebau, Beiträge zur Gewerbeplanung H.6). Selbstverlag Köln, 1968, 36 Seiten.

Bielenberg, W.
Bauleitplanung und Raumordnung. (= Informationsbriefe für Raumordnung, hg. vom Bundesminister des Innern R 4.3.1.). Kohlhammer Verlag/Dt. Gemeindeverlag Mainz, 1967, 12 Seiten.

Bielenberg, W.
Baunutzungsverordnung und Planzeichenverordnung. Kommentar. (= Sonderausgabe aus Ernst-Zinkahn-Bielenberg, Baugesetz). Beck Verlag München, 1973, XII, 553 Seiten.

Bielenberg, W.
Die rechtliche Bindung der Bauleitplanung an die Ziele der Raumordnung und Landesplanung. Vortrag. Hrsg.: Inst.f. Städtebau d. Dt. Akad. f. Städtebau u. Landesplanung Berlin. Berlin 1968, 18 Seiten. (Maschinenschriftl. vervielf.).

Bielenberg, W.
Reform des Städtebaurechts und der Bodenordnung in Stufen. Zu den Aufgaben d. 6. Dt. Bundestages. (= Schriftenr. d. Ges.f. Wohnungs- u. Siedlungswesen e.V. GEWOS). Christians Verlag Hamburg, 1969, 51 Seiten Lit.

Bihr, W. - Veil, J. - Marzahn, K.
Die Bauleitpläne. Eine Anleitung zur Aufstellung von Flächennutzungs- u. Bebauungsplänen. Krämer Verlag Stuttgart, korrig. Neudruck, 1973, 248 S. 180 Abb., größtenteils farb. (Planzeichen, Planbeispiele, Bebauungs- u. Lageplanentwürfe), Musterpläne als Falttafeln.
Ergänzungslieferung. (Teil I: Sanierung, Teil II: Nachtrag zum Grundwerk), 1973, etwa 80 Seiten, rd. 20 ganzseit., z.T. mehrfarf. Abb.

Bodensteiner - Spatz
Die Gemeinde und das Bundesbaugesetz. Lehmann Verlag München, 3. Aufl., 1963, 60 Seiten.

Boeddinghaus, G.
Das Planungsrecht als Instrument des Städtebaus. Erläuterungen und Hinweise für die Planungspraxis zur Anwendung der Vorschriften über das Maß der baulichen Nutzung. Bauverlag Wiesbaden/Berlin, 1969, 120 Seiten, 116 Abb.

Boeger, W. - Ctwrtecka, E.
Bauplanungsrecht in der Praxis. Übersichten, Rechtssprechung, Hinweise.
Verlag Neue Wirtschaftsbriefe Herne, 1967, 174 Seiten.

Bonath, H.G.
Entscheidungen zum Planungsrecht. Systematische Sammlung gerichtlicher
Entscheidungen auf dem Gebiet des Städtebau-, Landesplanungs- und Raumordnungsrechts mit Besprechungen. Hrsg.: Inst. f. Städtebau, Wohnungswirtschaft und Bausparwesen (Arnold-Knoblauch-Institut) e.V., Bonn.
Selbstverlag Bonn, 1967 ff, Loseblattsammlung in Lfg.

Bonczek, W. - Halstenberg, F.
Bauleitplanung und Bodenpolitik. Systematische Darstellung des Bundesbaugesetzes. Hammonia Verlag Hamburg, 1963, 453 Seiten, Pl., Abb., Tab., Übers.

Brandt, J.
Planungsfibel. Technische und gesetzliche Grundlagen für den Städtebau.
Callwey Verlag München, 2. Aufl., 1972, 156 Seiten.

Breuer, R.
Die hoheitliche raumgestaltende Planung. Wirkungsbereich und Zusammentreffen von Planfeststellungen, fachlichen Nutzungsregelungen, Bauleitplänen und Plänen der Raumordnung. (= Bonner rechtswissenschaftl. Abhandlungen Bd. 80). Diss. Rechts- u. Staatswiss. Fak. Univ. Bonn. Röhrscheid Verlag Bonn, 1968, 233 Seiten.

Buff, A.
Die bestimmenden Faktoren der Deutschen Bauordnungen im Wandel der Zeit.
Diss. Hannover, 1970, 195 Seiten.

Bundesbaugesetz
Textausgabe mit Einführung und Sachregister. Verlag C. Heymanns Köln/
Berlin, 1960, 134 Seiten.

Bundesbaugesetz
mit Baunutzungsverordnung, Planzeichenverordnung, Verkehrswertverordnung, Raumordnungsgesetz, Städtebauförderungsgesetz, Gesetz zum Schutze gegen Baulärm und Verwaltungsvorschriften. (= Goldmann Taschenbücher 8024).
Goldmann Verlag München, 3. Aufl., 1973, 265 Seiten.

Bundesbaugesetz
Loseblattkommentar von Staatssekr.a.D. Prof.Dr. Werner Ernst, Min.Dir.
Prof.Dr. Willy Zinkahn, Min.Rat Dr. Walter Bielenberg u. Mitarbeit von
Min.Rat. Hartmut Dyong, Richter am Verw.Ger. Dr. Werner Kalb, Prof Dr.
Eberhard Schmidt-Assmann, Ltd. Liegenschaftsdir. Dr. Heinz Stemmler.
Beck Verlag München, 1. - 16. Grundlfg. 1973, 3200 Seiten.

Bundesbaugesetz
mit Städtebauförderungsgesetz. VO über Grundsätze für die Ermittlung des Verkehrswertes von Grundstücken, BaunutzungsVO, PlanzeichenVO, ReichsgaragenO, VO über brennbare Flüssigkeiten, BaulärmG und baurechtliche Nebenvorschriften sowie Vorschriften des Raumordnungsrechts. (= Becks Rote Textausgabe). Beck Verlag München, 11. Aufl., 1973, 687 Seiten.

Bundesbaugesetz
mit VO über Grundsätze für die Ermittlung des Verkehrswertes von Grundstücken, Baunutzungsverordnung, PlanzeichenVO, Raumordnungsgesetz, Ges. zum Schutz gegen Baulärm und Verwaltungsvorschriften, Städtebauförderungsgesetz. Textausgabe mit ausführl. Sachverz. und einer Einführung von
W. Zinkahn. (=dtv-Taschenbuchausgabe Bd. 5018). DTV-Verlag München, 5.
Aufl., 1973, 233 Seiten.

Bundesbaugesetz
mit der Verordnung über Grundsätze für die Ermittlung des Verkehrswertes
von Grundstücken, der Verordnung über die bauliche Nutzung der Grundstücke und der Verordnung über die Ausarbeitung der Bauleitpläne sowie
über die Darstellung des Planinhaltes (Planzeichenverordnung). Textausgabe mit Sach- und Stichwortverzeichnis. Hrsg.: Deutsches Volksheimstättenwerk. Selbstverlag Köln, 1972, 180 Seiten.

Bundesbaugesetz
Mit den Durchführungsverordnungen des Bundes und der Länder. (= Kohlhammer-Kommentar). Von Dr. H. Brügelmann, H. Förster, G. Grauvogel, H. Meyer,
W. Pohl u. S. Stahnke. Kohlhammer Verlag Stuttgart, 1.-20. Lieferung, 1973,
rd. 3100 Seiten, 34 z.T. farbige Schaubilder und Tab., 16 Seiten mit farbigen Darstellungen der Planzeichen. Loseblattausgabe.

Das Bundesbaugesetz
und andere aktuelle Probleme des Städtebaus und Wohnungswesens. Hg. vom
Institut für Städtebau und Wohnungswesen München, Vorträge vom 5.-7. Oktober 1960. Wasmuth Verlag Tübingen, 1961, 388 Seiten.

Carpenter, R.D.
Zoning fundamentals: A bibliography of selected references (Grundsätze
der Planfeststellung: Eine Auswahlbibliographie). (= Exchange Bibliography. Council of Planning Librarians. 495). Monticello, Ill.: Council of
Planning Librarians, 1973, 10 Seiten.

Clasen, H.
Die Veränderungssperre nach dem Bundesbaugesetz. Luchterhand Verlag Neuwied, 1969, 84 Seiten.

Daub, M.
Bebauungsplanung. Theorie - Methode - Kritik. (= Schriftenreihe des
Vereins für Kommunalwissenschaftn e.V. Berlin. Bd.32). Kohlhammer Verlag
Stuttgart, 3. erg. Aufl., 1973, 225 Seiten mit zahlreichen Tabellen und
Karten.

Decker, G.
Die Zulassung von Bauvorhaben auf künftigen Baugrundstücken für den Gemeinbedarf, Verkehrs-, Versorgungs- und Grünflächen nach dem Bundesbaugesetz.
(= Schriften des Instituts für Wohnungsrecht und Wohnungswirtschaft an d.
Univ. Köln 30). R. Müller Verlag Köln-Braunsfeld, 1964, 139 Seiten.

Deutscher Städtetag (Hg.)
Besseres Planungs- und Bodenrecht. (= Deutsche Städtetag Beiträge zur
Stadtentwicklung, Reihe E., H.2). Selbstverlag Köln, 1973, 36 Seiten.

Dittrich, G.G.
Der Bebauungsplan nach dem Bundesbaugesetz - Verfahren und Darstellung -
mit dem amtlichen Text der Planzeichenverordnung. (= Studienhefte des
SIN Städtebauinstituts Nürnberg H. 3). Selbstverlag SIN Nürnberg,
3. Aufl., 1967, 32 Seiten.

Dittrich, G.G.
Städtebauliches Planungsrecht. (= Studienhefte des SIN Städtebauinstituts
H. 8). Selbstverlag SIN Nürnberg, 3. neu bearb. Aufl., 1968, 44 Seiten.

Dittus, R.
Bundesbaugesetz. Städtebaurechtliche Textsammlung mit erläuternden Einführungen und Städtebauförderungsgesetz. Dt. Gemeindeverlag Köln/Berlin/
Hamburg, 7.,neubearb. u. erweit. Aufl., 1973, 360 Seiten.

Eggstein, G.
Baunutzungsverordnung. Erläuterte Textausgabe der Baunutzungsverordnung 1962, nebst Baunutzungserlaß für Baden-Württemberg vom 23.5.1969 und dem Erlaß zu § 33 BBauG von 1969. Kohlhammer Verlag Stuttgart, 5. Aufl., 1969, 47 Seiten.

Erfahrungen
mit dem Bundesbaugesetz. (= Nordrhein-Westfalen baut Bd.14). Verlag für Wirtschaft und Verwaltung Essen, 1963, 135 Seiten.

Ernst, W.
Die künftigen Aufgaben des Städtebaues und das Bundesbaugesetz. (= Vorträge und Aufsätze des Instituts für Siedlungs- und Wohnungswesen der Westfäl. Wilhelms-Univers. Münster H.12). Verlag R, Müller Köln-Braunsfeld, 1961, 24 Seiten.

Ernst, W. - Bonczek, E. - Halstenberg, F. - Zinkahn, W.
Grundgedanken des Bundesbaugesetzes. (= Verwaltung und Wirtschaft Bd.25). Kohlhammer Verlag Stuttgart, 1961, 79 Seiten.

Evers, H.U.
Bauleitplanung, Sanierung und Stadtentwicklung. Recht, Instrumentarium, Verfahren und Sicherung der Bauleitplanung. (= Das Wissenschaftliche Taschenbuch Bd. 21). Goldmann Verlag München, 1973, 159 Seiten.

Fickert, H.C. - Fieseler, H.
Baunutzungsverordnung. Kommentar unter besonderer Berücksichtigung des Umweltschutzes mit ergänzenden Rechts- und Verwaltungsvorschriften zur Bauleitplanung. (= Neue Kommunale Schriften Nr.3). Dt. Gemeindeverlag Köln, 3. völl. neubearb. u. erw. Aufl., 1973, 467 Seiten.

Fickert, C. - Fieseler, H.
Baunutzungsverordnung. Kommentar zur Baunutzungsverordnung in der Änderungsverordnung vom 26. Nov. 1968 mit ergänzenden Rechts- u. Verwaltungsvorschriften und Fundstellenübersichten. Dt. Gemeindeverlag/Kohlhammer Verlag Köln, Mainz, Stuttgart,3. Aufl., 1973, 467 Seiten.

Förster, H.
Baunutzungsverordnung (BauNVO 1968) Kommentar. (= Kohlhammer Kommentar - Sonderdruck aus Brügelmann/Förster/Grauvogel/Meyer/Pohl/Stahnke "Bundesbaugesetz"). Kohlhammer Verlag Stuttgart, 2. neubearb. Aufl., 1969, 167 Seiten, 3 Falttafeln.

Förster, H.
Die Neufassung der Baunutzungsverordnung. (= Veröff.d.Inst. f. Städtebau Berlin Bd. 27/5). Selbstverlag Berlin, 1968, 27 Seiten.

Förster, H.
Städtebaurecht. (= Veröff. d. Inst. f. Städtebau der Dt. Akademie für Städtebau und Landesplanung Berlin Bd. R 4/31). Selbstverlag Berlin, 1967, 9 Seiten.

Forsthoff, E. - Blümel, W.
Raumordnungsrecht und Fachplanungsrecht. Hrsg. von H.J. Kaiser. (= Planungsstudien Bd. 7). Verlag Metzner Frankfurt a.M., 1970, 191 Seiten.

Gade, H.
Die Mitwirkung des Vermessungsingenieurs beim Aufstellen von Bebauungsplänen. (= Veröff. d. Inst. f. Städtebau d. Dt. Akad.f. Städtebau und Landesplanung Berlin Bd. 18/7). Selbstverlag Berlin, 1966, 11 Seiten.

Gehrmann, W.
Die Bebauungspläne im Spiegel der Rechtssprechung. Entscheidungen höherer Gerichte, 1963 - 1972. Bertelsmann Verlag Düsseldorf, 1973, 255 S.

Gelzer, K.
Das neue Bauplanungsrecht. Bauplanungsrecht und seine Abgrenzung zum Bauordnungsrecht - Die gemeindlichen Bauleitpläne - Die Bebauungsgenehmigung - Die Sicherung der Bauleitplanung - Entschädigung für bauplanerische Maßnahmen. Schmidt Verlag Köln, 2. überarb. Aufl., 1972, 636 Seiten.

Giese, W.
Zur materialrechtlichen Überprüfbarkeit gemeindlicher Bauleitpläne. Diss. Berlin 1969, 202 Seiten.

Göb. R. - u.a. (Hg.)
Raumordnung und Bauleitplanung im ländlichen Raum. (= Schriften des Inst. f. Städtebau und Raumordnung Stuttgart Bd.1). Kohlhammer Verlag Stuttgart, 1967, 189 Seiten.

Göderitz, J. (Hg.)
Abhandlungen zum neuen Städtebau und Städtebaurecht. Vorträge in den Frühjahrskursen des Inst.f. Städtebau und Wohnungswesen in München 1962. (= Schriftenreihe d.Dt. Akademie f. Städtebau und Landesplanung H. XIII). Wasmuth Verlag Tübingen, 1963.

Götz, V.
Bauleitplanung und Eigentum. A. Metzner Verlag Berlin/Frankfurt/M., 1969, 58 Seiten.

Grabe, H.
Kommunale Entwicklungsplanung und städtebauliche Kalkulation. Studien im Rahmen der Bauleitplanung für eine Kleinstadt. (= Schriftenreihe d. Institute für Städtebau der TH H.6). Krämer Verlag Stuttgart, 1970, 152 S.

Grabe, H.
Technische Erläuterungen zur baulichen Nutzung von Grundstücken. (= Materialiensammlung Städtebau H.11). Dümmler Verlag Bonn, 1973, 56 Seiten, zahlr. Abb.

Großhans, H.
Verfahren und Methoden der Flächennutzungsplanung. (= Studienhefte des SIN Städtebauinst. Nürnberg H.29). Selbstverlag Nürnberg, 1968, 119 Seiten, 11 Tab., 1 Abb.

Großmann, J.
Rechtsgrundlagen für die Bauleitplanung in Baden-Württemberg. Boorberg Verlag Stuttgart, 3. Aufl., 1970, 182 Seiten. Loseblatt-Ausgabe.

Halstenberg, F.
Baulexikon. Fachwörterbuch der Bauverwaltung der Bauwirtschaft und der Bauleitplanung. Verlag Die demokratische Gemeinde Bad Godesberg, 1962, 220 Seiten.

Halstenberg, F.
Die Versorgungswirtschaft im Städtebaurecht. Systematische Darstellung der die Versorgungswirtschaft betreffenden Vorschriften des Bundesbaugesetzes vom 23.6.1960. Sigillum Verlag Köln, 1963, 107 Seiten.

Halstenberg, F.
Die Verzahnung von Bundesraumordnung, Landesplanung und gemeindlicher Bauleitplanung. Hrsg.: Inst. f. Wohnungsrecht u. Wohnungswirtschaft an der Universität Köln. (= Schriften d. Instituts f. Wohnungsrecht und Wohnungswirtschaft an der Univ. Köln, Bd.32). Köln, 1966, 24 Seiten.

Hausen, H.v. - v.d. Heide, H.J.
Bundesbaugesetz vom 23.6.1960. Handkommentar mit einer umfangreichen
Einführung. (= Kova-Handkommentare). Kommunalschriftenverlag Jehle
München, 1961, 324 Seiten.

Heitzer, S. - Oestreicher, E.
Bundesbaugesetz und Städtebauförderungsgesetz mit Ausführungsvorschriften des Bundes einschl. Baunutzungsverordnung, Hinweis auf die Ländervorschriften sowie mit Raumordnungsgesetz und Landesplanungsgesetzen.
Kommentar. (= Sammlung Guttentag). de Gruyter Verlag Berlin, 5., neu
bearb. Aufl., 1973, 1284 Seiten.

Hess, W.
Bibliographie zum Bau-, Boden- und Planungsrecht der Schweiz, 1900 -
1967. (= Schriftenr. d. Schweiz. Ges. f. Koordination und Förderung d.
Bauforsch. Bd. 2). Verlag Bauforschung Zürich, 1968, 259 Seiten.

Holdheide, H.-G.
Das Zusammenwirken der Gemeinde und der Baugenehmigungsbehörde nach dem
Bundesbaugesetz. Hrsg. vom Inst. für Siedlungs- und Wohnungswesen der
Westfäl. Wilhelms-Univ. Münster. (= Beiträge zum Siedlungs- und Wohnungswesen und zur Raumplanung Bd. 4). Selbstverlag Münster, 1973, 235 Seiten.

Hoppe, W.
Die Bauleitplanung der Gemeinden aus der Sicht einer Genehmigungsbehörde.
(= Veröff. d. Inst.f.Städtebau Berlin Bd. 18/1). Selbstverlag Berlin,
1966, 6 Seiten.

Hoppe, W. - Rengeling, H.W.
Die kommunale Bauleitplanung anhand ausgewählter Entscheidungen exemplarisch dargestellt im Hinblick auf die Eigentumsgarantie und das planerische Abwägungsgebot. (= Materialien zum öffentlichen Recht Bd. 4).
Richard Boorberg Verlag Stuttgart, 56 Seiten.

Ingenstau, H.u.J.
Kommentar zum Erbbaurecht. Werner Verlag Düsseldorf, 4., neu bearb. u.
erweit. Aufl., 1972, 336 Seiten.

Kieburg, H.-P.
Bauen im Aussenbereich. Diss. Hamburg, 1968, 124 Seiten, zahlr. Qu.

Kister, W. - Schulte, G.
Bundesbaugesetz. Text mit Erläuterungen und Rechtsverordnungen sowie
ergänz. Vorschriften und BaunutzungsVO von 1968. Reckinger Verlag Siegburg, 3., neu bearb. Aufl., 1967, 432 Seiten.

Knaup, H.
Bundesbaugesetz. Mit Rechtsverordnungen und Verwaltungsbestimmungen des
Bundes und Raumordnungsgesetz, farb. PlanzeichenVO. Werner Verlag Düsseldorf, 5., erw. Aufl., 1966, 216 Seiten.

Knaup, H.
Kommentar zur Baunutzungsverordnung. Werner Verlag Düsseldorf, 5.,
verb. Aufl., 1970, 245 Seiten.

Knaup, H. - Ingenstau, H.
Bundesbaugesetz mit Kommentar. Für die Hand des Baufachmannes. Werner
Verlag Düsseldorf, 4., neu bearb. Aufl., 1969, 508 Seiten.

Kriegel, O.
Bauleitplanung und Bodenordnung nach dem Bundesbaugesetz. Gesetzestext mit Begründung. Anhand der amtlichen Drucksachen zusammengestellt. Dümmler Verlag Bonn, 1960, 61 Seiten.

Krueger, Th.
Bundesbaurecht systematisch. Bd. 1 Bauleitplanung, Recht der Bebaubarkeit, Ausgleichsansprüche. Selbstverlag Wiesbaden, 1969, 464 Seiten.

Kühner, H.
Der Ersatz von Planungsschäden nach dem Bundesbaugesetz. Diss. Jur. F. Universität Heidelberg, 1968, 120 Seiten.

Landentwicklung
durch Bauleitplanung. Von Helmut Weckwerth, Max Großmann, Birgit Lamprecht u.a. (= AVA-Arbeitsgem. z. Verbesserung d. Agrarstruktur in Hessen e.V. H.20). Selbstverlag Wiesbaden, 1969, 325 Seiten, Kt., Pl., Abb., Tab., Übers.

Martens, U.
Die Rechtswirkungen des Flächennutzungsplans. Diss. jur. Hamburg, 1969, IX, 124 Seiten.

Meier, C.
Theoretische Bauleitplanung. Mathematische Methoden für die Entscheidungsvorbereitung. de Gruyter Verlag Berlin, 1970, 224 Seiten, 27 Taf.

Meyer, K.
Gerichtliche Überprüfung der Bauleitplanung. (= Veröff.d.Inst.f. Städtebau der Dt. Akad.f. Städtebau und Landesplanung Berlin Bd.22/2). Selbstverlag Berlin, 1967, 15 Seiten.

Meyer, K.
Gerichtliche Überprüfung der raumbezogenen Planung. (= Veröff.d.Inst.f. Städtebau der Dt. Akad.f. Städtebau und Landesplanung Berlin Bd.27/4). Selbstverlag Berlin, 1968, 15 Seiten.

Meyer, K. - Stich, R. - Tittel, H.J.
Bundesbaurecht. (= Brauchitsch/Ule: Verwaltungsgesetze des Bundes und der Länder, Bd.V., 1. Halbbd.). Heymann Verlag Köln, 1966, 687 Seiten.

Müller, F.H. - Neuffer, O.
Die Baunutzungsverordnung kommentiert. Boorberg Verlag Stuttgart/München/Hannover, 4. Aufl., 1973, 172 Seiten.

Müller, G.
Raumordnung in Bund, Ländern und Gemeinden. (= Zahl und Leben 3). Kohlhammer Verlag Stuttgart, 1965, 160 Seiten, 3 Taf.

Müller, H.
Mitwirkung des Vermessungsingenieurs bei der Aufstellung des Bebauungsplans und der Ordnung des Grund und Bodens. (= Veröff.d.Inst.f. Städtebau der Dt. Akad.f. Städtebau und Landesplanung Berlin Bd.12/4). Selbstverlag Berlin, 1964, 13 Seiten.

Müller, W.
Städtebau. Grundlagen, Bauleitplanung, Planungselemente, Verkehr, Versorgung, Grünflächen. Teubner Verlag Stuttgart, 1970, 474 Seiten, 227 Abb., 68 Taf.

Neuffer, O.
Bundesbaugesetz. Text mit Einleitung, Durchführungsbestimmungen und Anmerkungen, einschl. Baunutzungsverordnung. Boorberg Verlag Stuttgart, 6. Aufl., 1973, 314 Seiten.

Oldiges, M.
Grundlagen eines Plangewährleistungsrechts. (= Schr. z. Wirtsch.-verfassungs-u.Wirtsch.verwaltungsrecht Bd.1). Verlag Gehlen Bad Homburg v.d.H./ Zürich, 1970, 258 Seiten.

Pilgrim, M.
Formen interkommunaler Zusammenarbeit auf dem Gebiet der Bauleitplanung. Diss. Göttingen. Göttingen, 1970, XXVI, 324 Seiten, Tab., Lit. (Maschinenschriftl. vervielf.)

Planungswörterbuch
Hrsg.: Deutscher Verband für Wohnungswesen, Städtebau und Raumplanung. Begriffe und Bezeichnungen aus der Landesplanung, Regionalplanung, Bauleitplanung, Bauplanung, Bodenordnung, Bauaufsicht, Betriebswirtschaft und Wohnungswirtschaft. Stadtbau-Verlag Bonn, 3. erw. Aufl. von "Begriffsbestimmungen aus dem Wohnungs- und Siedlungswesen", 1972, 171 Seiten.

Planzeichenverordnung
vom 26.1.1965 nebst Planzeichenerlaß f. Baden-Württemberg vom 13.4.66. Kohlhammer Verlag Stuttgart, 38 Seiten, davon 22 Seiten mit farbigen Symbolen und Zeichen.

Raumordnung
und Bauleitplanung im ländlichen Raum. Hrsg.: Institut für Städtebau und Raumordnung Stuttgart, Vorträge vom Sommer 1966 in Stuttgart. Kohlhammer Verlag Stuttgart, 1967, 189 Seiten, 7 Abb., 2 Schaubilder.

Richtlinien
zur Ausarbeitung von Generalbebauungsplänen der Städte. Hg. von der Deutschen Bauakademie, Inst. für Städtebau und Architektur Berlin. Selbstverlag Berlin, 1966, 100 Seiten.

Rößler, H.G.
Baunutzungsverordnung. Kommentar. Heymann Verlag Köln, 1966, 117 Seiten.

Rößler, H.G.
Bauordnungsrecht zur Bauleitplanung. (= Veröff.d.Inst.f. Städtebau der Dt. Akad.f. Städtebau und Landesplanung Berlin Bd. R 15/20). Selbstverlag Berlin, 1972, 10 Seiten.

Rößler, H.G.
Fachplanungen im Bereich der Bauleitplanung. (= Veröff.d.Inst.f. Städtebau der Dt. Akad.f. Städtebau und Landesplanung Berlin Bd. R 15/21). Selbstverlag Berlin, 1972, 6 Seiten.

Schlegl
Arbeitsanleitungen. Verfahren zur Aufstellung und Genehmigung eines Flächennutzungsplanes nach dem BBauG - Verfahren zur Aufstellung, Genehmigung und Rechtsverbindlichkeit eines Bebauungsplanes nach dem BBauG - Verfahren bei vereinfachter Änderung des Bebauungsplanes nach § 13 des BBauG - Aufstellung von Behörden und Stellen, die Träger öffentlicher Belange sind - Inhalt der Erläuterungen von Flächennutzungsplänen - Begründung von Bebauungsplänen. (= Veröff.d.Inst.f. Städtebau der Dt. Akad. f. Städtebau und Landesplanung Berlin Bd. 15/12a). Selbstverlag Berlin, 1965, 18 Seiten.

Schirrmacher, H.
Rechtsgrundlagen der Bauleitplanung. (= Veröff.d.Inst.f. Städtebau der Dt. Akad.f. Städtebau und Landesplanung Berlin Bd. 14/9). Selbstverlag Berlin, 2. Aufl., 1965, 12 Seiten.

Schmidt-Assmann, E.
Grundfragen des Städtebaurechts. Habil.-Schrift Göttingen. (= Göttinger rechtswissenschaftl. Studien Bd. 87). O. Schwartz Verlag Göttingen, 1972, 354 Seiten.

Schöning, C.G. - Wolff, J.
Kommentar zur Baunutzungsverordnung und zur Planzeichenverordnung. VO über die bauliche Nutzung der Grundstücke (Baunutzungs-VO) und VO über die Ausarbeitung der Bauleitpläne sowie über die Darstellung des Planinhaltes (Planzeichen-VO). Krämer Verlag Stuttgart, 2., überarb. und ergänzte Aufl., 1970, 290 Seiten, 33 Abb., 2 Tabellen.

Schröter, H.
Bundesbaugesetz. Vorwiegend prozeß- und verwaltungsrechtlicher Kommentar. Vahlen Verlag Berlin, 3., neu bearb. Aufl., 1973, 945 Seiten.

Schütz, W. - Frohberg, G.
Kommentar zum Bundesbaugesetz. Juristischer Kommentar. Luchterhand Verlag Neuwied, 3. Aufl., 1970, 844 Seiten.

Schultze, H.
Raumordnungspläne u. gemeindliche Selbstverwaltung. Die Anpassung der Bauleitpläne an die Ziele der Raumordnung und Landesplanung. Hrsg.: Dt. Verband für Wohnungswesen, Städtebau und Raumplanung. (= Schriftenreihe H.80). Stadtbauverlag Bonn, 1970, 153 Seiten.

Seele, W.
Vollzug der Bauleitplanung durch Bodenordnung. (= Studienheft des SIN-Städtebauinstituts Nürnberg H.23). Selbstverlag Nürnberg, 1968.

Seminar
Landschaftsplanung - Bauleitplanung. Hg. von der Bundesanstalt für Vegetationskunde, Naturschutz und Landschaftspflege. (= Schriftenreihe für Landschaftspflege und Naturschutz 6). Selbstverlag Bonn/Bad Godesberg, 1971, zahlr. Abb., Pl., Tab.

Sendler, H.
Zulässigkeit von Vorhaben nach §§ 29 bis 34 des Bundesbaugesetzes. (= Veröff.d.Inst.f. Städtebau der Dt. Akad.f. Städtebau und Landesplanung Berlin Bd.22/4). Selbstverlag Berlin, 1967, 23 Seiten.

Stahnke, S. - Schipp, G.
Das Bundesbaugesetz. Erläutert in Stichworten und Übersichten. Kohlhammer Verlag Stuttgart, 1969, 80 Seiten.

Steffens, H.
Bundesbaugesetz in der Rechtsprechung. Verlag O. Schwartz Göttingen, 1966, 68 Seiten.

Stich, R.
Grundbegriffe Raumplanungs- und Baurecht. Eine Einführung an Hand von Fällen. Kohlhammer Verlag Stuttgart, 1973, etwa 120 Seiten.

Walter, K.
Städtebau nach neuem Recht. Verlag Neue Gesellschaft Bonn/Bad Godesberg, 1971, 164 Seiten.

Wiebel, E. - Schmidt, H.U.
Bauleitplanung in Bayern. Planungsrichtlinien mit Vorschriftensammlung, Mustern und einer Einführung. Boorberg Verlag München, 1968, 208 Seiten, mit Ergänzung 1969.

Wittkau, K.
Rahmenplanung des Städtebaues. Pol. Siedlungskontrolle u.d. Problem d. Intervention. Habil.-Schr. TU Hannover. (= Volkswirtsch.Schr. H.158). Verlag Duncker u. Humblot Berlin, 1971, 133 Seiten, Abb., Lit., Reg. u. 4 Bl. Abb.

Wolff, J. - Franzen, W. u.a.
Das Bundesbaugesetz und die Gemeinden. Krämer Verlag Stuttgart, 1964, 240 Seiten, 3 Schemata.

Zu einer Novellierung
des Bundesbaugesetzes. Eine Zwischenbilanz. Referate und Diskussionsbeiträge der Arbeitstagung des 8. Dt. Volksheimstättentages am 28. Sept. in Wiesbaden. Hg. vom Dt. Volksheimstättentag Köln. (= Wissenschaftliche Reihe Folge 18). Köln 1967, 48 Seiten.

Zulässigkeit
von Bauvorhaben nach dem Bundesbaugesetz. Merkblatt. Hg. vom Dt. Volksheimstättenwerk. Selbstverlag Köln, 1969, 56 Seiten.

10. Baurecht, Bauordnung, Nachbarrecht

Baumann, H. - Jung
Arbeitsmappe Bauleitplanung. Die rationelle Aufstellung der Bauleitpläne mit vorgedruckten Texten. Dt. Gemeindeverlag Köln etc., 1971, 64 Seiten.

Blass, G. - Rauball, J.
Bau- und Siedlungsrecht. Verlag f. Wirtschaft u. Verwaltung Essen, 1966, 32 Seiten.

Boeger, W. - Ctwrtecka, E.
Bauordnungsrecht in der Praxis. Rechtsprechung, Hinweise, Musterbauordnung. Verlag Neue Wirtschaftsbriefe Herne, 1968, 254 Seiten.

Boetsch, K.W.
Das Recht zu bauen in seiner verfassungs- und verwaltungsrechtlichen Ausgestaltung. Diss. Univ. Würzburg, 1969, 224 Seiten.

Buff, A.
Bauordnung im Wandel. Historisch-politische, soziologische und technische Aspekte. Callwey Verlag München, 1971, 194 Seiten, 13 Abb., 4 Tab.

Buff, A.
Die bestimmenden Faktoren der Deutschen Bauordnungen im Wandel der Zeit. Diss. Hannover 1970, 195 Seiten.

Erkens, P.
Bauordnung und Baukosten. (= Schriften d. Inst.f. Wohnungsrecht u. Wohnungswirtschaft an d. Univ. Köln Bd.26). R. Müller Verlag Köln-Braunsfeld, 1962, 31 Seiten.

Finnern, R.u.H. - Mahnken, W.H.
Bauvertragsrecht in der Praxis. Werner Verlag Düsseldorf,
Teil 1: Verträge und Bauauftrag. 1972, (= Werner-Ingenieur-Texte 32), 120 Seiten.
Teil 2: (= Werner-Ingenieur-Texte 33). 1973, 120 Seiten.

Förster, H.
Zur gegenwärtigen Situation des Baurechts. (= Veröff.d.Inst.f. Städtebau der Dt. Akad.f. Städtebau und Landesplanung Berlin Bd.29/2). Selbstverlag Berlin, 1969, 11 Seiten.

Förster, H.
System des Baurechts. (= Veröff.d.Inst.f. Städtebau der Dt. Akad.f. Städtebau und Landesplanung Berlin Bd. R 15/2). Selbstverlag Berlin, 1972, 7 Seiten.

Gelzer, K.
Das neue Bauplanungsrecht. Bauplanungsrecht und seine Abgrenzung zum Bauordnungsrecht - Die gemeindlichen Bauleitpläne - Die Bebauungsgenehmigung - Die Sicherung der Bauleitplanung - Entschädigung für bauplanerische Maßnahmen. Schmidt Verlag Köln, 2. überarb. Aufl., 1972, 636 S.

Glaser, H.
Das Nachbarrecht in der Rechtsprechung. Verlag Neue Wirtschaftsbriefe Herne/Berlin, 2. Aufl., 1972, 521 Seiten.

Glaser, H. - Dröschel, W.
Das Nachbarrecht in der Praxis. Verlag Neue Wirtschaftsbriefe Herne/Berlin, 3. Aufl., 1971, 575 Seiten.

Grabe, H.
Technische Erläuterungen zur baulichen Nutzung von Grundstücken. (= Materialiensammlung Städtebau H.11). Dümmler Verlag Bonn, 1973, 56 Seiten, zahlr. Abb.

Grundei, A.H.
Der Nachbarschutz im Bauordnungsrecht und seine Auswirkungen auf den Städtebau. (= Veröff.d.Inst.f. Städtebau der Dt. Akad.f. Städtebau und Landesplanung Berlin Bd.29/8). Selbstverlag Berlin, 1969, 19 Seiten.

Haase, G.
Die Landesbauordnungen. Vergleichende Textausgabe auf der Grundlage der Musterbauordnung. Bauverlag Wiesbaden, 2. Aufl., 1971, 736 Seiten.

Harms, J. - Sprenger, H.
Bauaufsichtliche Vorschriften Band I. Bauordnung für das Land Nordrhein-Westfalen mit Durchführungsverordnung, Garagen VO, AbstandflächenVO mit Erläuterungen u. Bildern, BaunutzungsVO, LagerbehälterVO, Verzeichnis der technischen Baubestimmungen, Auszügen aus d. BBauG, den Straßengesetzen, den Wassergesetzen, der Gewerbeordnung, der Technischen Anleitung z. Schutz gegen Lärm sowie Erlassen u. ergänzenden Bestimmungen über Anwendung und Auslegung der BauO.N-W., Richtzahlen f.d. Stellplatzbedarf v. Kraftfahrzeugen. Mit Anmerkungen, Hinweisen und Stichwortverzeichnis v. J. Harms u. H. Sprenger. (= Schriftenreihe Handbuchsammlung f.d. Verwaltungspraxis). Reckinger Verlag Siegburg, 3. Aufl., 1971, 515 Seiten.

Harms, J. - Sprenger, H.
Bauaufsichtliche Vorschriften Band II. Sonderbauten mit Erläuterungen, Hinweisen u. Stichwortverzeichnis. Reckinger Verlag Siegburg, 1972, 485 Seiten.

Herding, W. - Schmalzl, M.
Vertragsgestaltung und Haftung im Bauwesen. Gestaltung von Architekten- und Ingenieur-Verträgen - Bauherrnrisiko bei großen, speziellen Bauten - Haftung der Prüfingenieure bei nicht baugenehmigungspflichtigen Bauvorhaben - Gestaltung der Verträge mit ausführenden Unternehmern - Vertragsgestaltung bei Bau von Fertigteilhäusern - Fragen der VOB und sonstiger zweckmäßiger Verdingungsunterlagen - Vertragspflichten bei Planung und Ausführung neuartiger Bauweisen - Voraussetzungen bei Mangelbeseitigungsansprüchen nach BGB, VOB und sonstiger Vereinbarungen - Schadenersatzverpflichtung des Bauherrn - Schadenersatzverpflichtung des Bauunternehmers - Schadenersatzverpflichtung des Architekten - und des Bauingenieurs.
Beck Verlag München, 3. Aufl., 1973/74, 758 Seiten.

Holdheide, H.G.
Das Zusammenwirken der Gemeinde und der Baugenehmigungsbehörde nach dem Bundesbaugesetz. (= Beiträge zum Siedlungs- u. Wohnungswesen und zur Raumplanung Bd.4). Institut für Siedlungs-u. Wohnungswesen der Universität Münster, 1973, 235 Seiten + XV, zahlr. Qu.

Ingenstau, H.u.J.
Kommentar zum Erbbaurecht. Werner Verlag Düsseldorf, 4. neubearb.u.
erweit. Aufl., 1972, 336 Seiten.

Knaup, H. - Ingenstau, H.
Handbuch des Grundstücks- und Baurechts. Neue Ausgabe, Loseblatt-Ausgabe
1973 in 6 Ordnern. Monatl. Ergänzungslieferung. Werner Verlag Düsseldorf.

Koehn, G.
Das Baurecht nach dem Zivilgesetzbuch. Anwendung und Regelung in den
Kantonen. Studio-Verlag Ittigen b.B./Zürich, 1972, 62 Seiten, Abb., Tab.,
Qu.

Kübler, H. - Speidel, R.
Handbuch des Baunachbarrechts. Eine systematische Erläuterung des Bundes-
und Landesbaurechts, des Verwaltungsverfahrens und des Verwaltungsprozeß-
rechts an Hand der Rechtsprechung und des Schrifttums. Boorberg Verlag
Stuttgart/München/Hannover, 1970, 452 Seiten.

Nell-Breuning, O.v.
Baugesetze der Gesellschaft (= Herder Bücherei Bd.315). Herder Verlag
Freiburg/Brsg., 1968, 156 Seiten.

Meisner, C. - Stern, H. - Hodes, F.
Nachbarrecht im Bundesgebiet (ohne Bayern) und in West-Berlin. Schweitzer
Verlag Berlin, 5. verb.u.verm. Aufl., ab der 2. Aufl.bearb.v. F. Hodes.
Zitierweise: M.-S.-Hodes, Bundesnachbarrecht. - 1970, XXX, 923 Seiten.

Meyer, K.
Der vorläufige Rechtsschutz des Nachbarn im öffentlichen Baurecht nach
geltendem Recht und in rechtspolitischer Sicht. (= Veröff.d.Inst.f.
Städtebau d.Dt. Akad.f. Städtebau u. Landesplanung Berlin Bd.29/9).
Selbstverlag Berlin, 1969, 12 Seiten.

Musterbauordnung
Hg. vom Bundesministerium für Städtebau und Wohnungswesen. (= Schriftenr.
des Bundesmin.f. Städtebau und Wohnungswesen Bd.16/17). Kommunalverlag
Recklinghausen, 1960, XII, 168 Seiten.

Opitz, G.
Kleine Rechtskunde für den Baufachmann. Bauverlag Wiesbaden/Berlin, 1963,
108 Seiten.

Pohl, W. - Kerstan, U.
Rechtsprechungsübersicht zur Baugenehmigung im Außenbereich. (= Kleine
Arbeiten aus dem Institut für Wohnungsrecht und Wohnungswirtschaft an d.
Universität zu Köln Nr.7). Domus Verlag Bonn, 2. Aufl., 1969.

Rößler, H.G.
Bauordnungsrecht zur Bauleitplanung. (= Veröff.d.Inst.f. Städtebau d.Dt.
Akad.f. Städtebau u. Landesplanung Berlin Bd. R.15/20). Selbstverlag
Berlin, 1972, 10 Seiten.

Rößler, H.G.
Bauordnung für das Land Nordrhein-Westfalen (BauONW). C. Heymanns Verlag
Köln, 1973, 379 Seiten, 16 Abb.

Saran, W.
Baufluchtliniengesetz. Gesetz betr. die Anlegung und Veränderung von Strassen u. Plätzen in Städten u. ländlichen Ortschaften v.2. Juli 1875. Nachdr.
der 2. Aufl. 1921. Heymann Verlag Köln, 1954, 623 Seiten.

Schäfer, H. - Finnern, R.
Rechtsprechung der Bau-Ausführung. Loseblatt-Sammlung, Stand Anfang 1973, 10 Leinenordner, monatliche Ergänzungslieferungen. Werner Verlag Düsseldorf.

Schieder, H. - Zick, A.
Die Prüfung des Bauantrages durch die Gemeinde. Rehm Verlag München, 4. Aufl., 1969, 34 Seiten.

Schmalzl, M.
Die Haftung des Architekten und des Bauunternehmers. (= Schriftenreihe der Neuen Juristischen Wochenschrift H. 4). Beck Verlag München, 2. Aufl., 1972, XV, 149 Seiten.

Sendler, H.
Der Nachbarschutz im Städtebaurecht. (= Veröff.d.Inst.f. Städtebau der Dt. Akad.f. Städtebau und Landesplanung Berlin Bd. 29/7). Selbstverlag Berlin, 1969, 35 Seiten.

Stich, R.
Grundbegriffe Raumplanungs- und Baurecht. Eine Einführung an Hand von Fällen. Kohlhammer Verlag Stuttgart, 1973, 120 Seiten.

Thiel, F.
Baurechtsammlung. Rechtsprechung der Verwaltungsgerichte u.a. aus dem Bau- und Bodenrecht u.a. 1954-1973: 25 Bände. Werner Verlag Düsseldorf, Bd. 25, 1973, 383 Seiten.

Ullrich, W. - Knitter, U.
Das gesamte Boden- und Baurecht. Auskunftswerte für die Bauwirtschaft, das Maklergewerbe und die Baubehörden. Loseblattausgabe in 12 Ordnern. Luchterhand Verlag Neuwied, Neuaufl., 1969 ff.

Ullrich, W. - Drevermann, W.
Rechtslexikon für den Architekten. Luchterhand Verlag Neuwied, 2., neu bearb. u. erg. Aufl., 1970, 600 Seiten.

Ullrich, W.
Das Umlegungsverfahren nach dem Bundesbaugesetz. Rechts-ABC - Entscheidungen - Formblätter. Luchterhand Verlag Neuwied, 1967, 152 Seiten.

Werner, U. - Pastor, W.
Baurechts-Alphabet. (= Beck Text im dtv-Taschenbuch Bd. 5052). DTV Verlag München, 1974, 254 Seiten.

Werner, U.
Rechtsfragen beim Bauen. (= dtv-Taschenbuch Bd. 5095). DTV Verlag München, 2. Aufl., 1973, 243 Seiten.

Winkler, W.
Lexikon der Bauvorschriften. Bauvorschriften der Musterbauordnung und der Länderbauordnungen in lexikalischem System mit Hinweisen auf andere einschlägige Vorschriften. Bertelsmann Verlag Gütersloh, 1971, 429 Seiten.

Wussow, H.
Rechtslexikon für das Bauwesen. Erläuterungen und Hinweise auf Baurecht des Bundes und der Länder, Vertragsrecht, Vergabewesen, Versicherungsrecht u.a. Verlag R. Müller Köln/Hamburg, 1965, 238 Seiten.

Zinkahn, W.
Baugesetze des Bundes und der Länder. Textsammlung im Ordner. Beck Verlag München, 1966 ff. Lfd. Erg.

"Landesbauordnungen der deutschen Bundesländer"

1.) Baden-Württemberg

Emmelmann, O. - Fuchs, W.
Landesbauordnung für Baden-Württemberg. 4. neubearb. Auflage des Sonderdrucks aus der Sammlung "Staats- u. Verwaltungsrecht". C.F. Müller Verlag Karlsruhe, 1972, 98 Seiten.

Großmann, J.
Rechtsgrundlagen für die Bauleitplanung in Baden-Württemberg. Loseblatt-Ausgabe. Boorberg Verlag Stuttgart, 3. Aufl., 1970, 182 Seiten.

Holch, P. - Höh - Gauger, H. u.a.
Das Baurecht in Baden-Württemberg. Kohlhammer Verlag Stuttgart.
Teil 1 : Gesetze, Verordnungen, Verwaltungsvorschriften (enthält auch das Bundesbaugesetz). Stand Frühj. 1973, Loseblatt-Ausgabe 10 Lieferungen, rd. 1000 Seiten.
Teil 2 : Bautechnische Bestimmungen. Sammlung baurechtlicher Vorschriften unter bes. Berücksichtigung bautechnischer Bestimmungen mit Einführungen und Anmerkungen. Stand März 1973, Loseblattausgabe, 12. Lieferung, rd. 760 Seiten.

Holch, P. - Sauter, H.
Landesbauordnung für Baden-Württemberg. Mit Erläuterungen. Enthält Text mit Durchführungsverordnungen, GaragenVO. Kohlhammer Verlag Stuttgart, 6. Aufl., 1973, etwa 562 Seiten.

Holch, P. - Sauter, H. - Rentschler - Krohn, H.J.
Kommentar zur Landesbauordnung für Baden-Württemberg. Loseblatt-Ausgabe, Stand Juni 1973. Kohlhammer Verlag Stuttgart, 9. Lieferung, 95 Blatt.

Kühnle, F. - Vetter, E.
Das baden-württembergische Nachbarrecht. Erläuterte Textausgabe. Kohlhammer Textausgabe. Kohlhammer Verlag Stuttgart, 12. Aufl., 1971, 115 S.

Neuffer, O.
Landesbauordnung für Baden-Württemberg in der Fassung der Bekanntmachung vom 20. Juni 1973 mit erg. Bestimmungen. Boorberg Verlag Stuttgart, 6. Aufl., 1973, 508 Seiten.

Neuffer, O.
Das Neue Baurecht. Eine Loseblatt-Sammlung der in Baden-Württemberg geltenden bundesrechtlichen und landesrechtlichen Bestimmungen mit Kommentaren zu den wichtigsten Gesetzen wie Bundesbaugesetz - Landesbauordnung - Baunutzungsverordnung. Boorberg Verlag Stuttgart/München/Hannover, 20 Erg.Lief. in 3 Ordnern, 1973, 3500 Seiten.

Pelka, F.
Das Nachbarrecht in Baden-Württemberg. Mit Erläuterungen. Ulmer Verlag Stuttgart, 1972, 6. Aufl., 191 Seiten, 21 Abb.

Planzeichenverordnung
vom 26. Januar 1965 nebst Planzeichenerlaß Baden-Württemberg vom 13.4.1966. Kohlhammer Verlag Stuttgart, 1966, 38 Seiten, zahlr. Abb.

Sauter, H. - Krohn, H.J.
Landesbauordnung für Baden-Württemberg. Textausgabe. Die 3. Aufl., entspricht dem Stand vom Okt. 1973. Zus. aufgenommen wurden u.a. die Allgemeine Ausführungsverordnung zur Landesbauordnung, die Garagenverordnung vom 25. Juli 1973 nebst Garagenerlaß vom 10. Juli 1973, der Durchführungserl. zur Bauvorlagenverordnung vom 13. Juli 1973 und ein Verzeichnis der unteren Baurechtsbehörden. Kohlhammer Verlag Stuttgart, 3. Aufl., 1973, 236 Seiten.

Schlez, G.
Landesbauordnung für Baden-Württemberg mit den Durchführungs-Bestimmungen. Kommentar. Beck Verlag München, 2. Aufl., 1973, XVI, 637 S.

Ullrich, W.
Landesbauordnung Baden-Württemberg. Luchterhand Verlag Neuwied, 1973, 341 Seiten.

Ziegler, U. - Kappler, A.
Baurechtliche Vorschriften für Baden-Württemberg. Enthält u.a. Landesbauordnung, Bautechn. Bestimmungen, Straßen- und Wegerecht, Bundesbaugesetz, Baunutzungsverordnung, Wohnungsbaugesetz, 2. Berechnungsverordnung, Nachbarrecht. Müller Verlag Köln, 2. Aufl., 1973/74, etwa 900 S.

2.) Bayern

Baumgartner, E. - Reuter, K.
Bayerische Bauordnung. Erläut. Textausgabe. Kommunalschriften-Verlag Jehle München, 2. Aufl., 1969, etwa 643 Seiten. Mit Nachtrag 1972.

Bayerische Bauordnung
Textausgabe mit ergnzd. Bestimmungen (Garagen-VO, Bauvorlagen-VO sowie Bay. Architektengesetz u.a.). Beck Verlag München, 1973, 17. Aufl., VII, 494 Seiten.

Koch, H.
Technische Baubestimmungen zur Bayerischen Bauordnung. Loseblattausgabe. Stand Frühjahr 1973. Rehm Verlag München, 1973, etwa 800 Seiten.

Koch, H. - Molodovsky, P.
Bayerische Bauordnung. Handausgabe mit Erläuterungen und Durchführungsvorschriften. Verlag f. Verwaltungspraxis F. Rehm München, 6., überarb. und erweit. Aufl., 1972, 1200 Seiten.

Mang, J. - Simon, A.
Bayer. Bauordnung mit ausführl. Erläuterungen, Übersichten und graphischen Darstellungen, den Durchführungsbestimmungen sowie dem Bundesbaugesetz und weiteren bundes- u. landesrechtl. Vorschriften. Loseblattsammlung. Beck Verlag München, 4. Aufl., 1973, 3300 Seiten.

Meisner, Ch. - Ring, J. - Ring, W.
Nachbarrecht in Bayern. Begr.f. Ch. Meisner, in der 4.u.5. Aufl. fortgef. von J. Ring, in der 6. Aufl. neubearb.v. W. Ring. J. Schweitzer Verlag Berlin, 6. Aufl., 1972, 758 Seiten.

Schieder, H. - Zick, A.
Die Prüfung des Bauantrags durch die Gemeinde. F. Rehm Verlag München, 4. Aufl., 1969, 34 Seiten.

Weinisch, K. - Wiebel, E. - Baumgartner, R.
Das Bau- und Wohnungsrecht in Bayern. Loseblatt-Ausgabe des gesamten in Bayern geltenden Planungs-, Bau-, Boden-, Wohnungs- und Siedlungsrechts. Mit Erläuterungen. Stand Frühjahr 1973, 5580 Seiten (mit 93 Erg.-Lief.) Boorberg Verlag München.
Das Baurecht in Bayern. Teilausgabe des obigen Werkes ohne das Wohnungsrecht. Stand 1973. 3000 Seiten (mit 33 Erg.-Lief.).

Wiebel, E. - Schmidt, H.U.
Bauleitplanung in Bayern. Planungsrichtlinien mit Vorschriftensammlung, Mustern und einer Einführung. Boorberg Verlag München, 1968, 208 Seiten, mit Ergänzung 1969.

3.) Berlin

Förster, H. - Grundei, A.H.
Bauordnung für Berlin vom 29. Juli 1966. Kommentar mit Rechtsverordnungen und Ausführungsvorschriften. Ullstein Verlag Frankfurt, 1971, 516 S.

4.) Freie Hansestadt Bremen

Hofmann, W. - Zander, H.
Bremische Landesbauordnung. Textausgabe mit erläut. Einführung, weiteren Bauvorschriften und Architektengesetz, mit einem Vorwort von S. Seifriz. Dt. Gemeindeverlag Köln/Berlin/Hamburg, 1971, 224 Seiten.

5.) Freie Hansestadt Hamburg

Hambeck, F. - Alexejew, I.
Hamburgische Bauordnung. Textausgabe mit erläuternder Einführung und weiteren Bauvorschriften. Deutscher Gemeindeverlag Hamburg, 2. Auflage, 1973, 124 Seiten.

Hambeck, F. - Alexejew, I.
Hamburgische Bauordnung. Textausgabe mit Durchführungsverordnungen und weiteren Bauvorschriften sowie einer erläuternden Einführung. Kohlhammer Verlag Stuttgart, 3., erw. Aufl., 1972, 256 Seiten.

Hambeck, F. - Alexejew, I.
Hamburgisches Bauordnungsrecht. Kommentar zur Hamburgischen Bauordnung mit Durchführungsbestimmungen und ergänzenden Rechts- u. Verwaltungsvorschriften. Deutscher Gemeindeverlag Köln, 3. neubearb. Aufl., 1973, 218 Seiten.

Ullrich, W.
Hamburger Bauordnung. Nebst Rechtsvorschriften zum bauaufsichtlichen Verfahren. Stand 1.5.1972. Luchterhand Verlag Neuwied, 2., erw. Aufl., 1972, 231 Seiten.

6.) Hessen

Hessische Bauordnung
Textausgabe vom 6.7.1957 in der Fassung der Verordnung vom 23.3.1971. Kohlhammer Verlag Stuttgart, 6., neubearb. u. erweit. Aufl., 1971, 480 Seiten.

Hodes, F.
Hessisches Nachbarrecht. J. Schweitzer Verlag Berlin, 2. erw. Aufl., 1967, XVI, 182 Seiten.

Hoof, R.
Das Nachbarrecht in Hessen. Boorberg Verlag Stuttgart/München/Hannover, 5. Aufl., 1973, 180 Seiten.

Müller, F.H.
Das Baurecht in Hessen. Loseblatt-Ausgabe des gesamten in Hessen geltenden Baurechts. Mit Erläuterungen. Stand 1973, rd. 3100 Seiten. Boorberg Verlag Stuttgart, 1959 ff (mit 33 Erg.-Lief.).

7.) Niedersachsen

Groschupf, O. - Blumenbach, M.
Kommentar zur Bauordnung für Niedersachsen. Boorberg Verlag Hannover, in Vorbereitung.

Grosse-Suchsdorf, U.- Schmaltz, H.K. - Wiechert, R.
Niedersächsische Bauordnung. Textausg. mit erg. Rechtsvorschriften. Vincentz-Verlag Hannover, 1973, 200 Seiten.

Hoof, R. - Djuren, H.
Das Nachbarrecht in Niedersachsen. Boorberg Verlag Hannover, 2. Aufl., 1970, 192 Seiten.

Korff, C.
Nachbarrechtsfibel für Niedersachsen. Dt. Gemeindeverlag Köln/Berlin/Hamburg, 2. überarb. Aufl., 1972, 107 Seiten.

Niedersächsische
Bauordnung
nebst Rechtsvorschriften zum bauaufsichtlichen Verfahren einschl. der Neufassung der VOB Teile A und B. Stand: 1. März 1974. Zusammengestellt von W. Ullrich. Luchterhand Verlag Neuwied, 1974, XII, 274 Seiten.

Niedersächsisches
Nachbarrechtsgesetz (= Schwartz-Gesetzestexte H.49). Verlag O. Schwartz Göttingen, 5. Aufl., 1972, 56 Seiten.

Niedersächsisches
Nachbarrechtsgesetz. Kommentar. (= Schwartz-Kommentare, Reihe B. Landesgesetze 3). Verlag O. Schwartz Göttingen, 1968, 234 Seiten.

Salfeld, F.
Landesbauordnung Niedersachsen. Textausgabe. Dt. Gemeindeverlag Köln, 1969, 140 Seiten.

8.) Nordrhein - Westfalen

Clasen, H.
Die ordnungsrechtliche Grundstücksbebauung nach der Bauordnung des Landes Nordrhein-Westfalen. Luchterhand Verlag Neuwied, 1972, 257 Seiten.

Fickert, H.C.
Landesbauordnung NRW. Text mit Erläuterungen und sonst. Vorschriften für die Baugenehmigung. Dt. Gemeindeverlag Köln, 10. Aufl., 1973, 392 Seiten mit 20 Abb. u. Plänen.

Gädtke, H.
Kommentar zur Bauordnung für das Land NRW mit Durchführungsverordnungen. Werner Verlag Düsseldorf, 4. neubearb. und verb. Aufl., 1973, 768 Seiten.

Harms, J. - Sprenger, H.
Bauordnung für das Land Nordrhein-Westfalen. Reckinger Verlag Siegburg.
Band 1: Bauaufsichtliche Vorschriften I. Textausgabe mit Anmerkungen
    u. Hinweisen sowie Rechts- u. Verwaltungsvorschriften. 2. Aufl.,
    1970, 493 Seiten.
Band 2: Bauaufsichtliche Vorschriften II. Sonderbauten. Textausgabe mit
    Anmerkungen u. Stichwortverzeichnis. 1973, ca. 400 Seiten.

Hippel, E.v. - Rehborn, H.
Bauordnung für das Land Nordrhein-Westfalen. Mit Durchführungsverordnungen, Garagenverordnung, Lagerbehälter-Verordnung, Geschäftshausverordnung, Versammlungsstättenverordnung, Abstandsflächenverordnung und Nachbarrechtsgesetz. Beck Verlag München, 3. Aufl., 1973, 246 Seiten, Qu.

Loewe, L.
Bebilderte Bauordnung NRW. Werner Verlag Düsseldorf, 3. neubearb. Aufl., 1972, 166 Seiten, 732 Abb.

Nordrhein-westfälisches Nachbarrechtsgesetz. Textausgabe (= Schwartz-Gesetzestexte 53). Verlag O. Schwartz Göttingen, 1970, 58 Seiten.

Rössler, H.G.
Bauordnung für das Land Nordrhein-Westfalen, bearbeitet und erläutert. Verlag C. Heymanns Köln, 8. verb. Aufl., 1973, 379 Seiten.

Rössler, H.G.
Kommentar zur Landesbauordnung von Nordrhein-Westfalen. Verlag C. Heymanns Köln, 1971, 595 Seiten.

Schäfer, H.
Nachbarrechtsgesetz für das Land NRW. Kommentar. Beck Verlag München, 2. neu bearb. Aufl., 1972, 151 Seiten.

Schlöbke, W.
Landesbauordnung NRW mit Durchführungsverordnungen und Garagenverordnungen. Text mit Anmerkungen. Werner Verlag Düsseldorf, 11. völlig neubearb. Aufl., 1974, XX, 266 Seiten.

Thiel, F. - Rössler, H.G. - Schumacher, W.
Baurecht in Nordrhein-Westfalen. Kommentar. Loseblatt-Ausgabe Stand Frühjahr 1973, C. Heymanns Verlag Köln, 1973, 29 Ergänzungs-Lieferungen, 2900 Seiten in 6 Ordnern.

Ullrich, W.
Landesbauordnung Nordrhein-Westfalen. Nebst Rechtsvorschriften zum bauaufsichtlichen Verfahren einschl. d. Neufassung der Garagenverordnung vom 16. März 1973. (Stand 1. Juli 1973). Luchterhand Verlag Neuwied, 3. überarb. u.erw. Aufl., 1973, 249 Seiten.

Zimmermann, H. - Steinke, H.
Kommentar zum nordrhein-westfälischen Nachbarrechtsgesetz. (= Schwartz-Kommentare, Reihe B, Landesgesetze 9). Verlag O. Schwartz Göttingen, 1969, 208 Seiten.

9.) Rheinland-Pfalz

Baurecht
in Rheinland-Pfalz. Loseblatt-Sammlung. Dt. Gemeindeverlag Köln/Berlin/Hamburg, Stand 1973, Gesamtumfang etwa 960 Seiten in 2 Ordnern,
Band I: Bauplanungsrecht - Bundesbaugesetz. Von R. Stich und H. Jung.
Band II: Bauaufsichtsrecht - Landesbauordnung. Von G. Weiler.

Landesbaurecht
Rheinland-Pfalz. Loseblatt-Sammlung. Schmidt Verlag Köln, Stand Frühjahr 1973, 1300 Seiten. (Grundwerk und 7 Erg.-Lief. 1970) in 2 Ordnern.

Ullrich, W.
Landesbauordnung Rheinland-Pfalz. Textausgabe. Luchterhand Verlag Neuwied, 1973, 150 Seiten.

Weiler, G. - Bonin, P.
Landesbauordnung Rheinland-Pfalz. Textausgabe mit Rechts- und Verwaltungsvorschriften zur Bauordnung, sonstige Vorschriften für die Baugenehmigung und einer erläuternden Einführung. Kohlhammer Verlag Stuttgart und Dt. Gemeindeverlag Mainz, 7. Aufl., 1973/74, 280 Seiten.

Weiler, G. - Langemann - Bonin, P.
Baurecht in Rheinland-Pfalz. Handbuch für die Praxis der Verwaltung und die Bauwirtschaft. (= Kommunale Schriften für Rheinland-Pfalz Bd.15). Dt. Gemeindeverlag Mainz, 1968, Loseblatt-Ausgabe.

10.) Saarland

Bauordnung
für das Saarland. Landesbauordnung - LBO vom 12. Mai 1965. Textausgabe mit Verwaltungserlassen und 1. bis 12. Durchführungsverordnungen. Hrsg. H. Pfisterer. Verlag Raueiser Saarbrücken, 1972, 257 Seiten.

Bauordnungsrecht
für das Saarland. Text der Landesbauordnung mit Durchführungs-VO, Garagen-VO, Baunutzungsverordnung. Müssener Verlag Köln, 1966, 162 Seiten (Beilage mit der VO von 1968).

Pfisterer, H. - Limburg, W. - Köhl, A.
Baurecht im Saarland. Raueiser Verlag Saarbrücken, Stand Frühjahr 1973, 2 Lieferungen in 2 Ordnern.

11.) Schleswig-Holstein

Bassenge, P.
Nachbarrecht in Schleswig-Holstein. Kommentar. Dt. Gemeindeverlag Köln, 1971, 200 Seiten.

Bauaufsichtsrecht
Schleswig-Holstein. Handbuch zur Landesbauordnung mit Erläuterungen, zeichnerischen Darstellungen, Durchführungsbestimmungen und ergänzenden Rechts- und Verwaltungsvorschriften. Dt. Gemeindeverlag Köln etc. 1. Lieferung: Stand August 1968, 234 Seiten, 117 Blatt mit Kst.-Reg.

Holstein, E.
Landesbauordnung Schleswig-Holstein. Textausgabe mit Durchführungsverordnungen, Verwaltungsvorschriften und sonstigen Vorschriften für die Baugenehmigung und einer erläuternden Einführung. Dt. Gemeindeverlag Köln, 6. überarb. und erw. Aufl., 1972, 352 Seiten.

11. Recht und Praxis der Umlegung und Erschließung

Achterberg, G. - Heckmann, H.
Erschließung von Wohngebieten. Anwendung neuer Verfahren. (= Berichte aus der Bauforschung, Forschungsber. des Bundesmin.f. Wohnungsbau 67). Verlag W. Ernst Berlin, 1970, 64 Seiten, 80 Bilder, 13 Zahlentafeln.

Alder, C.
Rechtliche Voraussetzungen und Grundsätze der Baulandumlegung unter bes. Berücksichtigung der Verwirklichung von Gesamtüberbauungen und der neuen Gestaltung überbauter Grundstücke. (= Schriftenreihe zur Orts-, Regional- und Landesplanung Nr.9). Selbstverlag des Inst.f. Orts-, Regional- u. Landesplanung Zürich, 1972, 83 Seiten, 8 Abb., Qu.

Barby, J.v.
Städtebauliche Analysen und Modellrechnungen zur Aufschließung von Baugebieten. Forschungsauftrag des Bundesministers für Städtebau und Wohnungswesen. Bearbeitet im Institut für Städtebau, Siedlungswesen und Kulturtechnik der Univ. Bonn. Bonn 1972.

Barocka, E.
Die Umlegung der Kosten der Grundstücksanschlüsse an öffentliche Entwässerungs- u. Abwasseranlagen. Eine kritische Untersuchung der Rechts- u. Zweifelsfragen - ein Beitrag zum Umfang der gemeindlichen Satzungsgewalt und zum rechtlichen Wesen der Gebühr, des Leistungsentgelts und des Erstattungsanspruchs. Reckinger Verlag Siegburg, 1965, 250 Seiten.

Bauch, B. - Schmidt, R.
Landbeschaffungsgesetz und Schutzbereichsgesetz. Kommentar. (= Kohlhammer Kommentar). Kohlhammer Verlag Stuttgart, 1958, 220 Seiten.

Baulandumlegung
Richtlinien zur Baulandumlegung. (= Provisorische Richtlinien zur Orts-, Regional- und Landesplanung der ETH Zürich Nr. 513 321). Hg. vom ORL-Institut der ETH Zürich. Selbstverlag Zürich, 1972.

Boeger, W. - Ctwrtecka, E.
Das Erschließungsbeitragsrecht in der Praxis. Übersichten, Rechtssprechung und Erlasse. 95 Urteile. Verlag Neue Wirtschaftsbriefe Herne/Berlin, 1968, 342 Seiten.

Bonczek, W. - Förster, H. - Gassner, E.
Vorschläge zur Fortentwicklung des Beitragsrechts für städtebauliche Aufschließungsmaßnahmen. Unter Mitarbeit von G. Henning, G.v. Barby. (= Städtebauliche Forschung, Schriftenreihe des Bundesministers für Raumordnung, Bauwesen und Städtebau 03.011). Waisenhausverlag Braunschweig, 1973, 127 Seiten.

Cholewa, E.W.
Erschließungsbeitragsrecht. Erschließen und Erschließungsbeiträge nach dem Bundesbaugesetz. Kommentar der §§ 123 - 135 und § 180 BBauG. Deutscher Gemeindeverlag Köln/Berlin/Hamburg, Neuauflage, 1973, 333 S.

Clauss
Aus der Rechtsprechung des Bundesverwaltungsgerichts zum Erschließungsbeitragsrecht. (= Veröff.d.Inst.f. Städtebau der Dt. Akad. f. Städtebau
und Landesplanung Berlin Bd. 32/3). Selbstverlag Berlin, 1970, 15 Seiten.

Dahm, C.
Erschließung und Erschließungsbeiträge in der kommunalen Praxis. (= Fortschrittliche Kommunalverwaltung 3). Grote Verlag Köln, 1965, 175 Seiten.

Die Erhebung
von Erschließungsbeiträgen nach dem Bundesbaugesetz. Arbeitsmappe mit
Verfahrensdarstellung, Arbeitsanleitung, Rechtsgrundlagen, Satzungsmuster,
Karteivordrucken und Formblättern. Deutscher Gemeindeverlag Köln, 1970,
172 Seiten.

Ernst, W.
Die Erschließung im System des Baurechts. (= Veröff.d.Inst.f. Städtebau
der Dt. Akad.f. Städtebau und Landesplanung Berlin Bd.32/1). Selbstverlag
Berlin, 1970, 19 Seiten.

Erschließungsbeitragsrecht.
Erschließung und Erschließungsbeiträge nach dem Bundesbaugesetz. Dt.
Gemeindeverlag Köln, 3. Aufl., 1967, 352 Seiten.

Das Erschließungsrecht
nach dem Bundesbaugesetz. Merkblatt. Hg. vom Dt. Volksheimstättenwerk,
Selbstverlag Köln, 2. überarb. Aufl., 1971, 52 Seiten.

Finkler, F.
Das Erschließungsrecht. Kommentar zu den §§ 123 - 135 und 180 BBauG,
zum Recht der Kanalanschlußgebühren (§4 pr. KAG) und zum Beitragsrecht
nach § 9 pr. KAG. (= Schwartz-Kommentare, Reihe A, Bundesgesetze 11).
Verlag O.Schwartz Göttingen, 3. Aufl., 1972, ca. 230 Seiten.

Fischer, K. - Barby, J.v.
Der Städtebauliche Bewertungsrahmen. (= Materialiensammlung Städtebau
H.4). Dümmler Verlag Bonn, 1972, ca. 40 Seiten, zahlr. Abb.

Förster, H.
Ausgewählte Fragen des Erschließungsrechts. (= Veröff.d.Inst.f. Städtebau der Dt. Akad.f. Städtebau und Landesplanung Berlin Bd.27/10). Selbstverlag Berlin, 1968, 12 Seiten.

Fröhner, K.
Die Rechtsprechung über Erschließungsbeiträge und Entwässerungs- (Kanal-)
beiträge. 67 Urteile - 67 Präzedenzfälle. Boorberg Verlag Stuttgart/Mün-
chen/Hannover, 1967, 136 Seiten.

Fröhner, K.
Die Rechtsprechung über Erschließungsbeiträge und Entwässerungs- (Kanal-)
beiträge. 74 Urteile - 74 Präzedenzfälle. Band 3. Boorberg Verlag Stutt-
gart/München/Hannover, 1974, 177 Seiten.

Gassner, E.
Aufschließung städtebaulicher Entwicklungsflächen. (= Schriftenreihe des
Deutschen Städtebundes H.17). Verlag O. Schwartz Göttingen, 1972, 72 Seiten,
Kt., Qu.

Gassner, E.
Das Problem der Aufschließung bei städtebaulichen Sanierungs- und Entwicklungsmaßnahmen. Hg. vom Institut für Städtebau Berlin der Dt. Akad. f. Städtebau und Landesplanung. Berlin 1974 (in Vorbereitung).

Gassner, E.
Vorschläge zur Fortentwicklung des Beitragsrechts für städtebauliche Aufschließungsmaßnahmen. Institut f. Städtebau, Siedlungswesen und Kulturtechnik. (= Schriftenreihe Städtebauliche Forschung. Bundesminister f. Raumordnung, Bauwesen und Städtebau H. 03.011). Selbstverlag Bundesmin. Bonn/Bad Godesberg, 1973, 125 Seiten.

Gassner, E.
Planungselemente III: Erschließung, wirtschaftl. Betrachtungen zum Bebauungsplan. (= Studienhefte des SIN Städtebauinstituts Nürnberg H.6). Selbstverlag SIN Nürnberg, 3. überarb. Aufl., 1967, 55 Seiten, 3 Tab., 23 Abb.

Gassner, E.
Erschließung und Bebauung von Hang- und Hügelgelände. (= Materialiensammlung Städtebau H.3). Dümmler Verlag Bonn, 1972, 32 Seiten, zahlr. Abb.

Gassner, E.
Die Erschließung von Wohngebieten als technisch-wissenschaftliche Gestaltungsaufgabe. Veröffentlichung in der Schriftenreihe des Instituts für Städtebau, Raumplanung und Raumordnung an der Technischen Hochschule Wien vorgesehen. 1974.

GEWOS (Hg.)
Bodenrechtsreform im sozialen Rechtsstaat II. Sonderdarstellungen zum Umlegungsrecht, Nachbarrecht und Bergrecht. Vorgelegt im Dezember 1973. (= GEWOS-Schriftenreihe NF 10). Hammonia Verlag Hamburg, 1973, 100 S.

Göderitz, J.
Besiedlungsdichte, Bebauungsweisen und Erschließungskosten im Wohnungsbau. Bauverlag Wiesbaden, 1954, 102 Seiten.

Grabe, H.
Kommunale Entwicklungsanalyse und städtebauliche Kalkulation. Krämer Verlag Stuttgart, 1970, 152 Seiten, 67 Abb., 69 Tab.

Grundsätze
für die Erschließungsplanung. Dümmlers Verlag Bonn, 1973, 12 Seiten.

Hartel, H.
Städtebauliches Programm - Standort und Erschließung. Krämer Verlag Stuttgart, 1970, 254 Seiten, 61 Abb., 5 Taf.

Hartz, L.
Kosten und Finanzierung neuer Städte und neuer Stadtteile in Nordrhein-Westfalen. (= Inst.f. Siedlungs- u. Wohnungswesen d. Westfäl. Wilhelms-Univ. Münster, Sonderdr.45). Münster 1968, 223 Seiten, Abb., Tab., Lit. Maschinenschriftl. vervielf.

Hoppe, W.
Rechtsschutz bei der Planung von Straßen und anderen Verkehrsanlagen. (= NJW-Schriftenreihe H.8). Beck Verlag München, 1971, XVI, 112 Seiten.

Hübner
Die Einleitung der Umlegung und deren Rechtsfolgen. (= Veröff.d.Inst.f.
Städtebau der Dt. Akad.f. Städtebau und Landesplanung Berlin Bd.21/2).
Selbstverlag Berlin, 1967, 14 Seiten.

Hudelmaier, W.
Erschließung in der Bauleitplanung. Erw. Manuskript eines im Rahmen der
Seminarveranstaltung "Systeme technischer Infrastruktur" am Inst. für
Regionalwissenschaft (Univ. Karlsruhe) am 31.1.1973 gehaltenen Vortrages.
Selbstverlag Inst.f. Städtebau und Landesplanung, Univ. Karlsruhe, 1973,
41 Seiten, 17 Abb., 26 Qu.

Kuhn
Verfahrensfragen und katastertechnische Bearbeitung von Umlegungen,
insbesondere Maßnahmen zu ihrer Beschleunigung. (= Veröff.d.Inst.f.
Städtebau der Dt. Akad.f. Städtebau und Landesplanung Berlin Bd.21/4).
Selbstverlag Berlin, 1967, 29 Seiten.

Ludwig
Entschädigungspflicht bei Verzögerungen und Beschränkungen im Umlegungs-
verfahren. (= Veröff.d.Inst.f. Städtebau der Dt. Akad.f. Städtebau und
Landesplanung Berlin Bd.20/3). Selbstverlag Berlin, 1967, 10 Seiten.

Lutz, J.
Die Beitragspflicht der Grundstückseigentümer zu den Straßenbaukosten.
(= Schriften des Zentralverbandes der Dt. Haus- und Grundeigentümer H.26).
Verlag Dt. Wohnungswirtschaft Düsseldorf, 1969, 31 Seiten.

Maurer, J. - Wittwer, H.J.
Großerschließungen. Die Problemstellung in schweizerischer Sicht. (= Grund-
lagen). Hg. vom Institut für Orts-, Regional- und Landesplanung der ETH
Zürich. Selbstverlag Zürich, 1967.

Meyer, K.
Der Erschließungsvertrag nach § 123 Abs.3 BBauG. (= Veröff.d.Inst.f.
Städtebau der Dt. Akad.f. Städtebau und Landesplanung Berlin Bd.32/8).
Selbstverlag Berlin, 1970, 12 Seiten.

Müller-Hahl, B.
Erschließungsbeitrags-Satzung. (= Carl Link Ortsrechtsammlung H.7).
C. Link Verlag Kronach, 2. Aufl., 1968.

Neuffer, O.
Vorkaufsrecht, Umlegung, Grenzregelung nach dem Bundesbaugesetz. Boorberg
Verlag Stuttgart, 1962, 80 Seiten.

Nürtingen-Roßdorf
Ein Beispiel für wirtschaftliche Wärmeversorgung. Im Auftr. des Bundes-
min.f. Raumordnung, Bauwesen u. Städtebau. Bearb.: Forschungsgemein-
schaft Bauen und Wohnen. (= Informationen aus der Praxis - für die
Praxis. 01.042). Bundesmin.f. Raumordnung, Bauwesen und Städtebau Bonn/
Bad Godesberg, 1973, 165 Seiten, Anh., zahlr. Abb.

Offterdinger, D.
Flächenwidmungsplan und Erschließungsaufgaben der Gemeinde. (= Berichte
zur Raumforschung und Raumplanung H.2). Institut für Städtebau, Raumplanung und Raumordnung an der Techn. Hochschule Wien, 1970, 4 Seiten,
1 Abb.

Paul
Zur Bewertung in der Umlegung. (= Veröff.d.Inst.f. Städtebau der Dt. Akad.f. Städtebau- und Landesplanung Berlin Bd.21/7). Selbstverlag Berlin, 1967, 16 Seiten.

Pohl, P.
Richtwerte für die Erschließung von größeren Wohnsiedlungen.(= Aus der Forschung für die Praxis. FBW Blätter Folge 6, 1970). Hg. von der Forschungsgemeinschaft Bauen und Wohnen Stuttgart, 1970, 5 Seiten.

Rissel, H.
Agglomeration und Erschließungsaufwand. Verlag Vandenhoeck u. Ruprecht Göttingen, 1973, 212 Seiten, 5 graph. Darst.

Roesler, A.
Einführung in die Baulandumlegung und Grenzregelung. Wichmann Verlag Karlsruhe, 1969, 59 Seiten.

Schmidt, H.
Handbuch des Erschließungsrechts. Monographische Darstellung des Erschließungsrechts und Erschließungsbeitragsrechts. Dt. Gemeindeverlag/ Kohlhammer Verlag Stuttgart, 3. völl. neubearb. Aufl., 1972, 630 Seiten.

Schmidt, H.
Hauptprobleme des Erschließungsbeitragsrechts. (= Veröff.d.Inst.f. Städtebau der Dt. Akad.f. Städtebau und Landesplanung Berlin Bd.22/9). Selbstverlag Berlin, 1967, 19 Seiten.

Schmidt, W.
Steuerliche Probleme in der Umlegung. (= Veröff.d.Inst.f. Städtebau der Dt. Akad.f. Städtebau und Landesplanung Berlin Bd.21/5). Selbstverlag Berlin, 1967, 11 Seiten.

Seele, W.
Verteilungsfragen in der Umlegung. (= Veröff.d.Inst.f. Städtebau der Dt. Akad.f. Städtebau und Landesplanung Berlin Bd21/8). Selbstverlag Berlin, 1967, 19 Seiten.

Steeb, G.
Folgekosten kommunaler Siedlungen und ihre Finanzierung. Hg. von der Wirtschaftsberatung AG Düsseldorf. (= Fachschriften zur Gemeindeprüfung und Gemeindeberatung). Kohlhammer Verlag Stuttgart/Köln, 1965, 187 S.

Strack, H.
Erschließungssysteme und deren Wirtschaftlichkeit. (= Studienhefte des SIN-Städtebauinstituts Nürnberg H.35). Selbstverlag Nürnberg, 1970, 42 Seiten, 2 Tab., 11 Abb.

Strack, H.
Bebauungsplan und Erschließungsaufwand. Eine Untersuchung über die Anforderungen an Erschließungsanlagen und deren Kosten in Abhängigkeit von der Bebauungsplangestaltung. Zus. mit E. Gassner. Institut für Städtebau, Siedlungswesen u. Kulturtechnik d. Univ. Bonn. Bonn 1965 (vervielf. Manuskript).

Strack, H.
Planung und Erschließung von Industriegebieten. (= Materialiensammlung Städtebau H.9). Dümmler Verlag Bonn, 1973, 76 Seiten, zahlr. Abb.

Straßenkostenbeiträge
bei fertiggestellten Straßen. Taschenkommentar zu §9 pr. KAG. Dt. Gemeindeverlag Köln, 1967, 308 Seiten.

Suderow, W.
Der Entwurf eines Grundstücksneuordnungsverfahrens unter Berücksichtigung seiner Bezüge zu den geltenden Bodenordnungsmaßnahmen. Zentralinst. für Raumplanurg an der Univ. Münster, 1973, 151 Seiten.

Teichgräber, W.
Ermittlung der Gesamtkosten neuer Wohnanlagen unterschiedlicher Bebauungsdichte unter besonderer Berücksichtigung der Erschließungs- u. Stellplatzkosten. (= Forschungsarbeiten aus dem Straßenwesen 88). Kirschbaum Verlag Bonn/Bad Godesberg, 1972, 96 Seiten, 56 Abb., 44 Tab.

Thünker, H. - Heckenbücker, B.
Die Koordinierung der Erschließung. (= Materialiensammlung Städtebau H.10). Dümmler Verlag Bonn, ca. 48 Seiten, zahlr. Abb.

Thünker, H.
Koordinierung der Erschließung. Wohngebiet für 6.000 Einwohner: Bad Godesberg-Heiderhof. Untersuchungsauftrag des Bundesminist.f. Wohnungswesen und Städtebau. (= Informationen aus der Praxis - für die Praxis H. 18). Selbstverlag des Bundesmin.f. Wohnungs- u. Städtebau Bonn/Bad Godesberg, 1968/69, 107 Seiten.

Triebel, W. - Achterberg, G. - Heckmann, H. - Richter, G.
Wirtschaftliche Erschließung neuer Wohngebiete. Maßnahmen und Erfolge. Querschnittsbericht über Untersuchungen und Erfahrungen bei Demonstrativbauvorhaben des Bundesministeriums für Wohnungswesen und Städtebau. (= Informationen aus der Praxis - für die Praxis Nr. 11, hg. vom Bundesmin.f. Wohnungswesen u. Städtebau). Selbstverlag Bad Godesberg, 1966, 97 Seiten.

Ullrich, W.
Das Umlegungsverfahren nach dem Bundesbaugesetz. Rechtsvorschriften, Rechts-ABC, Bearbeitungsanleitungen, Formblätter. Luchterhand Verlag Neuwied/Berlin, 1967, 152 Seiten mit 19 Anl., 20 Qu.

Vorschläge
zur Fortentwicklung des Beitragsrechts für städtebauliche Aufschließungsmaßnahmen. (= Schriftenreihe Städtebauliche Forschung des Bundesministers für Raumordnung, Bauwesen und Städtebau. Bd.03.011.). Selbstverlag Bonn/Bad Godesberg, 1973, 127 Seiten, Abb.

Wachsmuth, H.
Der Erschließungsvertrag und der Architektenvertrag in der Bauleitplanung. Boorberg Verlag München, 1969, 127 Seiten.

12. Bewertung von Grundstücken und Gebäuden

Aule, O.
Analyse der Baulandpreise in der Bundesrepublik Deutschland unter regionalen Gesichtspunkten. Hrsg.: Ifo-Inst.f. Wirtschaftsforsch. München.
(= Wirtschaftl.u.soz.Probl.d.Agglomerationsprozesses.- Beiträge
z. Empirie u. Theorie d. Regionalforsch. 10). München, 1967, 63 Seiten,
Kt., Abb., Tab., Lit. masch. autogr.

Bielenberg, W. - Mayer-Steudte, U. - Dieterich, H. u.a.
Bodenordnung und Grundstückswertermittlung nach BBauG und StBauFG.
(= Städtebauliche Beiträge des Inst.f. Städtebau und Wohnungswesen der
Dt. Akad.f. Städtebau und Landesplanung 1/1973). Institut für Städtebau
und Wohnungswesen der Dt. Akademie für Städtebau u. Landesplanung,
Selbstverlag München, 1973, 142 Seiten.

Bosch, H.
Die Wertermittlung von Grundstücken. Gutachterausschuß nach d. Bundesbaugesetz, gemeinderätl. Schätzung (gilt nur für Baden-Württemberg).
(= Vorschriftensammlung f.d. Gemeindeverwaltung in Baden-Württemberg,
503). Boorberg Verlag Stuttgart, 1962, 112 Seiten.

Brückner, O.
Verkehrswert von Grundstücken gemäß Bundesbaugesetz und Städtebauförderungsgesetz. Stand 1.12.1972. (= Handbücher der Grundstückswertermittlung Bd.3). Werner Verlag Düsseldorf, 1973, XII, 163 Seiten.

Brückner, O. - Clauss, F.
Grundstücks- und Gebäudewerte in der Rechts-, Bau- und Wirtschaftspraxis. Verlag Neue Wirtschaftsbriefe Herne/Berlin, 2. Aufl., 1968,
371 Seiten.

Deinert, K.
Entscheidungen über Entschädigung nach dem Bundesbaugesetz und ihr Einfluß auf Wertermittlungen. (= Veröff.d.Inst.f. Städtebau der Dt. Akad.
f. Städtebau und Landesplanung Berlin Bd.16/7). Selbstverlag Berlin,
1966, 12 Seiten.

Ermittlung
von Grundstückswerten nach Bundesbaugesetz und Städtebauförderungsgesetz.
Merkblatt. Hg. vom Dt. Volksheimstättenwerk. Selbstverlag Köln, 1972,
44 Seiten.

Ermittlung
von Grundstückswerten 1963 - 1971. Bearb.von T. Gerardy, R. Elstner,
R. Möckel, G. Schlegtendal, M. Tiemann. Pro Jahrgang ein Heft, jeweils
36 - 78 Seiten. Ab 1972 als Loseblattausgabe mit 5 Lief. pro Jahr.
H. Wichmann Verlag Karlsruhe.

Felde, H.W. vom
Die volkswirtschaftliche Problematik der Erfassung von Wertsteigerungen
des Bodens. (= Beiträge und Untersuchungen d. Inst.f. Siedlungs- und Wohnungswesen d. Westfäl. Wilhelms-Univ. Münster 47). R. Müller Verlag Köln-Braunsfeld, 1954, 215 Seiten.

Friedrich, H.
Ermittlung von Grundstückswerten, Wertermittlung für sozialen Wohnungsbau und Behandlung von Sonderfällen. (= Veröff.d.Inst.f. Städtebau der Dt. Akad.f. Städtebau und Landesplanung Berlin Bd.16/6). Selbstverlag Berlin, 2. Aufl., 1966, 12 Seiten.

Friedrich, H.
Probleme der Grundstücksbewertung in förmlich festgelegten Sanierungsgebieten und städtebaulichen Entwicklungsbereichen. (= Veröff.d.Inst. f. Städtebau der Dt. Akad.f. Städtebau und Landesplanung Berlin Bd.43/6). Selbstverlag Berlin, 1972, 12 Seiten.

Gerardy, Th.
Praxis der Grundstücksbewertung. Verlag Moderne Industrie München, 1971, 467 Seiten mit graph. Darst.u. Tab.

Gerardy - Schlegtendal - Tiemann
Zur Ermittlung von Grundstückswerten. Wichmann Verlag Karlsruhe. (= Sammlung Wichmann NF Schriftenreihe).
- 1965: 1966, 40 Seiten, H.4
- 1966: 1967, 67 Seiten, H.5
- 1967: 1968, 78 Seiten, H.7
- 1968: 1969, 66 Seiten, H.9
- 1969: 1970, 67 Seiten, H.11
- 1970: 1971, 66 Seiten, 8 Abb., H.16

GEWOS (Hg.)
Sind die bisherigen Baupreissteigerungen unser Schicksal? (= GEWOS-Schriftenreihe Neue Folge H. 4). H. Christians Verlag Hamburg, 1971, 46 Seiten.

Grundstückswerte
ihre Ermittlung und Beziehung zu städtebaulichen Maßnahmen. Fachtagung des Instituts für Städtebau und Wohnungswesen der Dt. Akad. für Städtebau und Landesplanung München, im Oktober 1966. (= Städtebauliche Beiträge 1/1967). Vertrieb Düsseldorf: Deutsche Akad. für Städtebau und Landesplanung, o.J., 222 gez. Seiten, 1 Beil., 9 Anl., 6 Beisp., masch.-vervielf. in Mappe.

Günther, R. - Stiehler, G. - Tennert, K.-H.
Ermittlung des Baulandflächenwerts. Vorschlag einer Methode. (= Schriftenreihe Bauforsch., Reihe Städtebau u. Architekt. H 7). Berlin: Dt. Bauinform., 1967, 95 Seiten, 28 Abb., 24 Tab., 62 Qu., 5 Anl.

Hamann, U.
Bodenwert und Stadtplanung. Deutsche und englische Ansätze zum Planungswertausgleich. (= Schriftenreihe d. Ver.f. Kommunalwiss.e.V. Berlin Bd.24). Kohlhammer Verlag Stuttgart, 1969, 102 Seiten, 6 Abb.

Just, K.W. - Brückner, O.
Ermittlung des Bodenwertes. Werner Verlag Düsseldorf, 2., neu bearb. u. erw. Aufl., 1969, 270 Seiten.

Just, K.W. - Brückner, O.
Verkehrswert von Grundstücken gemäß Bundesbaugesetz und Städtebauförderungsgesetz. Werner Verlag Düsseldorf, 3., neu bearb. Aufl., 1973, etwa 176 Seiten.

Just, K.W. - Brückner, O.
Wertermittlung von Grundstücken. Stand 1.5.1967. (= Handbücher der Grundstückswertermittlung Bd. 1). Werner Verlag Düsseldorf, 3., neubearb. u. erw. Aufl., 1967, 325 Seiten.
Erlasse und Richtlinien mit Kommentar, 4., neu bearb.u.erw. Aufl., 1973, 384 Seiten.

Lucas
Einfluß der Eintragungen in Abt. II des Grundbuches auf die Wertermittlung. (= Veröff.d.Inst.f. Städtebau der Dt. Akad. f. Städtebau und Landesplanung Berlin Bd. 24/7). Selbstverlag Berlin, 1968, 18 Seiten.

Mattar, S.G. - Fazio, P.P.
A bibliography and review of building evaluation schemata and practices (Bibliographie und Überblick über Schemata und Praxis der Gebäudewertermittlung). (= Exchange Bibliography. Council of Planning Librarians 470). Monticello, Ill.: Council of Planning Librarians, 1973, 21 Seiten.

Merkblatt
über Ermittlung von Grundstückswerten nach BBauG und StBauFG. Deutsches Volksheimstättenwerk, Selbstverlag Köln, 2. überarb.u.erg. Aufl., 1973, 42 Seiten.

Müller, H.
Bewertung von Baugrundstücken. Oppermann Verlag Hannover, 1968, 208 Seiten.

Müller, H.K.R.
Die Baulandbewertung, Bewertungsregeln und Schätzungstabellen für die tägliche Praxis. Wichmann Verlag Berlin-Wilmersdorf, 1955, 37 Seiten.

Müller, H.K.R.
Die städtische Grundrente und die Bewertung von Baugrundstücken. (= Schriftenreihe d. Dt. Akad. für Städtebau und Landesplanung H.5). Wasmuth Verlag Tübingen, 1952, 309 Seiten.

Naegeli, W.
Die Wertberechnung des Baulandes, überbauter und unüberbauter Grundstücke. Polygraphischer Verlag Zürich, 1958, 96 Seiten.

Rösch, A. - Kurandt, F.
Bodenschätzung und Liegenschaftskataster. Gesetz mit amtlicher Begründung. Durchführungsbestimmungen u. Verwaltungsvorschriften. Kommentar. C. Heymann Verlag Köln, 3. Aufl. 1950. Unveränd. photo-mech. Nachdruck 1968, 300 Seiten mit zahlr. Mustern u. Karten im Text sowie einer farb. Karte im Anh.

Roesler, A.
Einführung in die Bewertung bebauter und unbebauter Grundstücke. Wichmann Verlag Karlsruhe, 1971, 126 Seiten, 28 Abb., zahlr. Tab.

Rössler, R.
Bodenwert-Richtlinien. (= Richtlinien für die Finanzämter zur Ermittlung der Bodenwerte). Industrieverlag Gehlsen Siegburg/Heidelberg/Berlin, 1957, 78 Seiten.

Rössler, R. - Langner, J.
Grundsätze zur Ermittlung von Grundstückswerten. Kommentar zur Verordnung über Grundsätze für die Ermittlung des Verkehrswertes von Grundstücken. Luchterhand Verlag Neuwied, 1961, 120 Seiten.

Rössler, R. - Langer, J.
Neue Einheitswerte für Grundstücke. Handbuch zur steuerlichen Neubewertung des Grundvermögens mit dem Wortlaut des neuen Bewertungsgesetzes. Luchterhand Verlag Neuwied, 1965, 189 Seiten.

Rössler, R. - Langner, J.
Schätzung und Ermittlung von Grundstückswerten. Eine umfassende Darstellung der Rechtsgrundlagen und praktischen Möglichkeiten einer zeitgemässen Wertermittlung. Luchterhand Verlag Neuwied/Berlin, 2., neu bearb. u. erw. Auflage, 1966, XVI, 643 Seiten mit Abb. u. Lit.-Verz.

Roß, W. - Brachmann, R.
Ermittlung des Bauwertes von Gebäuden und des Verkehrswertes von Grundstücken. Bodenwertermittlung, Tabellen für den Bauwert, Bauindex, Hochbaukosten und umbauter Raum, Lebensdauer und Wertminderung, Ertragswert, Verkehrswertschätzung, Hinweise für die Einheitsbewertung, Gebührenordnung für Architekten und Ingenieure, Baunutzungsverordnung, II. Berechnungsverordnung. Oppermann Verlag Hannover, 22., neu bearb.u.erw. Aufl., 1974, 424 Seiten, zahlr. Tabellen.

Runge, E.
Grundstücksbewertung. Verlag Ernst u. Sohn Berlin, 3. Aufl., 1955, 200 Seiten, 6 Abb.

Seele, W. - Kiehlmann, J. - Schlegtendahl, G. u.a.
Bodenordnung und Grundstücksbewertung. (= Städtebauliche Beiträge des Inst.f. Städtebau und Wohnungswesen der Dt. Akad.f. Städtebau und Landesplanung 1/1969). Institut für Städtebau und Wohnungswesen der Dt. Akad.f. Städtebau u. Landesplanung, Selbstverlag München, 1969, 175 Seiten.

Stolberg
Kaufpreissammlung - Spiegelbild des Grundstückmarktes. (= Veröff.d.Inst. f. Städtebau der Dt. Akad. f. Städtebau und Landesplanung Berlin Bd. 24/5). Selbstverlag Berlin, 1968, 12 Seiten, mit Anlagen 47 Seiten.

Stolberg
Optimale Informationsaufnahme bei der Sammlung von Grundstückspreisen. (= Veröff.d.Inst. f. Städtebau der Dt. Akad. f. Städtebau und Landesplanung Berlin Bd. 16/3). Selbstverlag Berlin, 1966, 8 Seiten und Anlagen.

Tiemann, M.
Die Bewertung von Grundstücken in Sanierungs- und Entwicklungsgebieten nach dem Städtebauförderungsgesetz. (= Veröff.d.Inst.f. Städtebau der Dt. Akad. f. Städtebau und Landesplanung Berlin Bd. 38/6). Selbstverlag Berlin, 1972, 30 Seiten.

13. Bodenordnung, Bodenrecht, Bodenpolitik und Bodenplanung (Enteignung einschl. Grundbuchwesen)

Agrarsoziale Gesellschaft (Hg.)
Das Grundstücksverkehrsrecht der Bundesrepublik. Erfahrungen, internationaler Vergleich. Hg. von der Agrarsozialen Gesellschaft in Göttingen. Göttingen 1964, 54 Seiten.

Arnold, W.
Zur Geschichte des Eigentums in den deutschen Städten. Mit Urkunden. Neudruck der Ausgabe 1861. Verlag Scientia Aalen, 1966, XXV, 486 Seiten.

Bernouilli, H.
Die Stadt und ihr Boden. Verlag für Architektur Erlenbach Zürich, 2. veränd. Aufl., 1949, 127 Seiten.

Becker
Die Grenzregelung in der Praxis. (= Veröff.d.Inst.f. Städtebau der Dt. Akad.f. Städtebau und Landesplanung Berlin Bd.20/9). Selbstverlag Berlin, 1967, 11 Seiten.

Bielenberg, W.
Empfehlen sich weitere bodenrechtliche Vorschriften im städtebaulichen Bereich? (= Verhandlungen d.49. Dt. Juristentages Teil B). Beck Verlag München, 1972, 141 Seiten.

Bielenberg, W.
Reform des Städtebaurechts und der Bodenordnung in Stufen. Zu den Aufgaben des 6. Deutschen Bundestages. (= Schriftenreihe der Gesellschaft für Wohnungs- u. Siedlungswesen e.V. GEWOS). Christians Verlag Hamburg, 1969, 51 Seiten.

Bielenberg, W. - Mayer-Steudte, U. - Dieterich, H. u.a.
Bodenordnung und Grundstückswertermittlung nach BBauG und StBauFG (= Städtebauliche Beiträge des Instituts für Städtebau und Wohnungswesen der Dt. Akademie f. Städtebau und Landesplanung 1/1973). Institut für Städtebau und Wohnungswesen der Dt. Akad.f. Städtebau und Landesplanung, Selbstverlag München, 1973, 142 Seiten.

Bleibinhaus, H.
Fetisch Eigentum. Wie privat sind Grund und Boden? Aufsätze. (= Reihe Hanser Bd.39). Hrsg.: E. Spoo. Verlag Hanser München, 1972, 94 Seiten.

Bochalli, A.v. - Arenstorff, C.v.
Das Wasser- und Bodenverbandsrecht. Systematische Darstellung. Heymann Verlag Köln, 4. völlig neubearb. Aufl., 1972, XIV, 118 Seiten.

Bodenordnung.
Vorschläge u. Verbesserung d. Sozialfunktion d. Bodeneigentums. Ref.v. W. Hofmann, U. Pfeiffer, A. Müller u.a. auf d. Tagung "Reform der Bodenordnung .." d.Ev. Akad.Berlin unter Mitw.d. Zentralinst.f. Städtebau d. TU Berlin v. 10.-12.5.68. Hrsg.v. F. Schreiber. (= Beiträge zur Umweltplanung). Krämer Verlag Stuttgart/Bern, 1973, 101 Seiten Lit.

Bodenordnung
und Bodenpolitik. Mit Beiträgen von W. Ernst, K. Ravens, U. Pfeiffer,
B. Weinberger, Th. Paul und H. Henjes. (= Beiträge u. Untersuchungen d.
Inst.f. Siedlungs- u. Wohnungswesen d. Univ. Münster, NF d. Materialiensammlung Bd.78). Selbstverlag Münster, 1972, 148 Seiten.

Die Bodenordnung
nach dem Bundesbaugesetz. Merkblatt. Hg. vom Dt. Volksheimstättenwerk
Selbstverlag Köln, 1969, 56 Seiten.

Bodenwirtschaft -
Bodenordnung. Erfahrungen mit dem Bundesbaugesetz. Verlag für Wirtschaft
und Verwaltung H. Wingen Essen, 1963, 135 Seiten.

Bohnsack, G.
Gesellschaft - Raumordnung - Städtebau - Grund und Boden. Mit einem Ge-
leitwort von R. Hillebrecht. (= Sammlung Wichmann N.F. Schriftenreihe H.6).
Verlag H. Wichmann Karlsruhe, 1967, 55 Seiten, zahlr. Qu.

Bonczek, W. - Halstenberg, F.
Bau-Boden. Bauleitplanung und Bodenpolitik. Systematische Darstellung
des Bundesbaugesetzes. Hammonia Verlag Hamburg, 1963, 453 Seiten, Pl.,
Abb., Tab., Übers.

Boruttau, E.P. - Klein, O.
Grunderwerbssteuergesetz. Kommentar. Bearb.v. H. Egly, H. Sigloch. Text-
ergänzungsband 1973. (= Beck'sche Steuerkommentare). Beck Verlag München,
1973, XVII, 378 Seiten.

Büchs, H.
Grunderwerb und Entschädigung beim Straßenbau. Ein Handbuch. Boorberg
Verlag Stuttgart/München/Hannover, 1967, XXXI, 483 Seiten.

Conradi, P. - Dieterich, H. - Hauff, V.
Notwendigkeiten und Möglichkeiten. Europäische Verlagsanstalt Stuttgart,
1973, 154 Seiten.

Dokumentation
zur Bodenrechtsreform 1963 - 1973. Hg. vom Institut f. Wohnungs- und
Planungswesen u. dem Dt. Verband f. Wohnungswesen, Städtebau und Raumplanung, Selbstverlag Köln-Mülheim, 1973, 325 Seiten.

Dreier, W.
Raumordnung als Bodeneigentums- und Bodennutzungsform. Habil.schr. Kath.-
Theol. Fak. Mainz. Verlag Bachem Köln, 1968, 304 Seiten, Abb., Tab., Lit.,
Reg.

Enteignung
und Entschädigung. Merkblatt. Hg. v. Dt. Volksheimstättenwerk, Selbstverlag Köln, 1970, 60 Seiten.

"Enteignungsrecht"
Sonderheft der Zeitschrift das "Deutsche Verwaltungsblatt" Nr. 5/6.
Verlag C. Heymanns Köln/Berlin/Bonn/München, 1969.

Entscheidungssammlung
Boden- und Baurecht. Loseblatt-Sammlung, Stand Frühjahr 1971 (85 Lief.).
Luchterhand Verlag Neuwied.

Ernst, W.
Bodenrecht - Fragen zur Neuordnung. (= Kleine Schriften des Dt. Ver-
bandes für Wohnungswesen, Städtebau und Raumplanung e. V. Bd. 22).
Selbstverlag Köln-Mülheim, 1970, 22 Seiten.

Ernst, W. - Bonczek, W.
Zur Reform des städtischen Bodenrechts. (= Veröff.d.Akad.f. Raumforsch.
u. Landesplanung. Abh. Bd.61). Verlag Jänecke Hannover, 1971, VII,
87 Seiten, Abb., Tab., Lit., Zsfssg. u. 5 gez. Bl.Abb.

Ernst, W. - Hoppe, W.
Städtisches Bau- und Bodenrecht. Kurzlehrbuch. Beck Verlag München,
erscheint im Herbst 1974.

Farenholtz, Chr.
Bodenrecht, Bodennutzung und Stadtentwicklung. (= Veröff.d.Inst.f.
Städtebau der Dt. Akad.f. Städtebau und Landesplanung Berlin Bd.29/3).
Selbstverlag Berlin, 1969, 7 Seiten.

Fischer, F. (Hg.)
Handbuch des Grundstücks- und Baurechts. Loseblatt-Sammlung. Verlag
Werner Düsseldorf, 1960.

Fritzen, A.
Entschädigungsregelung beim Landentzug. Rechtsgrundlagen und Bundesrichtlinien, Berechnungsbeispiele. Ulmer Verlag Stuttgart, 2. neubearb. Aufl.,
1966, 121 Seiten, 18 Tab.

Fröhner, K.
Die Baulandsteuer. Boorberg Verlag Stuttgart, 1961, 56 Seiten.

Funken, M.
Das Problem unserer Zeit. Die ungelöste Frage als Quelle der Störungen
in der Wirtschafts- und Sozialordnung. Vaterland Verlag Neuwied, 1973,
40 Seiten, 11 Qu.

Gantzer, P.
Grundbuchordnung. (= Sammlung Göschen 6003). de Gruyter Verlag Berlin,
1973, 130 Seiten.

Gelzer, K.
Der Umfang des Entschädigungsanspruchs aus Enteignung und enteignungsgleichem Eingriff. (= NJW-Schriftenreihe H.2). Beck Verlag München,
2. Aufl., erscheint im Frühjahr 1974.

GEWOS (Hg.)
Bodenrechtsreform im sozialen Rechtsstaat. Vorschläge f. gesetzgeberische
Initiativen. Gutachten d. Komm.z. Erarbeitung v. Vorschlägen f.d. Bodenrechtsreform. Vorgel. im April 1973. Hrsg.: Ges.f. Wohnungs- u. Siedlungswesen e.V. (= GEWOS-Schriftenreihe N.F.9). Hammonia Verlag Hamburg, 1973,
144 Seiten, Abb., Tab., Lit.

GEWOS (Hg.)
Bodenrechtsreform im sozialen Rechtsstaat II. Sonderdarstellungen zum Umlegungsrecht, Nachbarrecht und Bergrecht. Vorgelegt im Dezember 1973.
(= GEWOS-Schriftenreihe N.F.10). Hammonia Verlag Hamburg, 1973, 100 S.

GEWOS (Hg.)
Verfassung, Städtebau, Bodenrecht. Rechtswiss. Gutachten ü.d.b.e.
Enteignung im städtebaul.Bereich zu berücksicht. Eigentumsinhalt u.
d. verfassungsmäßigen Rahmen f.e.gesetzl. Bestimmung d. Entschädigung.
(= Schriftenreihe d. Ges.f. Wohnungs- u. Siedlungswesen e.V. GEWOS).
Christians Verlag Hamburg, 1969, 185 Seiten Lit.

Giese, F.
Enteignung und Entschädigung früher und heute. Eine verfassungstheoretische Untersuchung. Mohr Verlag Tübingen, 1950, 46 Seiten.

Glaser, H.
Rechtsprechung aus dem Bau-, Grundstücks- und Nachbarrecht. J. Schweitzer Verlag Berlin. Bd. 1 - VIII, 186 Seiten, 1957. Bd. 2 - VIII, 198 S., 1958.

Götz, V.
Bauleitplanung und Eigentum. A. Metzner Verlag Berlin/Frankfurt/M., 1969, 58 Seiten.

Goldstein, G.
Der Bodenwertausgleich im Baurecht. Domus Verlag Bonn, 1956, 104 Seiten.

Gollasch, F.
Boden- und Baurecht. (= Der Verwaltungsbeamte 10). Verlag O. Schwartz u. Cie. Göttingen, 2., völl. überarb. Aufl., 1963, 84 Seiten.

Grundbuchordnung
Mit Ausführungsverordnung, Grundbuchverfügung, Wohnungseigentumsgesetz, Grundstücksrecht und wichtige Nebenbestimm. (= Beck'sche Rote Textausgabe). Beck Verlag München, 9., neu bearb. Aufl., 1971, 559 Seiten.

Grundstücksverkehrsgesetz
mit Ausführungsbestimmungen, Siedlungs- und Höferecht und Vorschriften über das gerichtliche Verfahren in Landwirtschaftssachen. Textausgabe, Stand 1.7.1962. C.H. Beck Verlag München/Berlin 1962, 235 Seiten.

Gürsching, L. - Stenger, A.
Die Baulandsteuer. Kommentar (Zugl. Ergänzung zu Gürsching-Stenger, Grundsteuergesetz). (= Beck'sche Steuerkommentare). Beck Verlag München/Berlin, 1963, 233 Seiten.

Gürsching, L. - Stenger, A.
Grundsteuergesetz mit Durchführungsverordnung und den Vorschriften der Wohnungsbaugesetze über Steuervergünstigungen. Kommentar. Beck Verlag München, 2. Aufl., 1973, 827 Seiten.

Haegele, K.
Grundbuchrecht. (= Handbuch der Rechtspraxis. HRP Bd.4). Beck Verlag München, 4. Aufl., 1971, XXXVII, 900 Seiten.

Hahn, G.
Grundstück und Grundbuch. Muth Verlag Stuttgart, 1964, 206 Seiten.

Haman, U.
Bodenwert und Stadtplanung. Dt.u. engl. Ansätze z. Planungswertausgleich. (= Schriftenreihe d.Ver. f. Kommunalwiss.e.V. Berlin Bd. 24). Kohlhammer Verlag Stuttgart, 1969, 102 Seiten, Abb., Tab., Lit., Reg., Zsffsg.

Hanraths, J.
Grundstücks- und Gebäudewerte in der Steuerbilanz und Steuerpraxis. Neue Wirtschaftsbriefe Herne Berlin, 1965, 472 Seiten.

Hansestadt Hamburg (Hg.)
Die Enteignung als ein Mittel zur Baulandbeschaffung. Hg. von dem Baurechtsamt der Baubehörde d. Freien und Hansestadt Hamburg. (= Schriften zum Bau-, Wohnungs- und Siedlungswesen). Hammonia Verlag Hamburg, 1960, 75 Seiten.

Henrich, F. - Kerber, W.
Eigentum und Bodenrecht. Materialien und Stellungnahmen. Kösel Verlag München, 1972, 152 Seiten.

Herminghausen, P.
Beiträge zum Grundstücksverkehrsgesetz. Beck Verlag München/Berlin, erw. Nachdruck, 1963, IX, 237 Seiten.

Hesse - Saage - Fischer
Grundbuchordnung nebst Ausführungsverordnung, Grundbuchverfügung, den wichtigsten erg. Vorschriften und Sachregister. Kommentar. (= Sammlung Guttentag 42). Verlag de Gruyter Berlin, 4. Aufl., neu bearb., 1957, XXIX, 898 Seiten.

Heusinger, A.v.
Gedanken zum Wiederaufbau. Die Notwendigkeit einer städtischen Bodenreform und das Einfamilienhaussystem. Hrsg.: Forschungsstelle f. Siedlungsgestaltung bei der Wohnungsbaukreditanstalt des Landes Schleswig-Holstein. Selbstverlag Kiel, 1966, XI, 69 Seiten, zahlr.Tab.u. Übers., 19 Qu.

Hess, W.A.
Bibliographie zum Bau-, Boden- und Planungsrecht der Schweiz, 1900 - 1967. (= Schriftenr.d.Schweiz.Ges.f. Koordination u. Förderung d. Bauforsch. Bd.2). Verlag Bauforschung Zürich, 1968, XXVIII, 259 Seiten.

Hövelborn, P. - Kubach, H.P. - Schäfer, H.Ch.
Bibliographie Nr. 18: Stadterneuerung - Sanierung. Bearbeitet in der Abteilung Dokumentation des Städtebaulichen Instituts der Univ. Stuttgart. Selbstverlag Stuttgart, 1973, 42 Seiten.

Horber, E.
Grundbuchordnung. Mit Ausführungsbestimmung, Grundbuchverfügung und den wichtigsten Nebenbestimmungen. Kommentar. Beck Verlag München, 12., neu bearb. Aufl., 1972, 999 Seiten.

Hurlebaus, H.-D.
Die Praxis des Grundstücksverkehrsgesetzes in großstädtischen Randgebieten. Eine Untersuchung landwirtschaftsgerichtlicher Entscheidungen in einem ausgewählten Untersuchungsgebiet Baden-Württembergs unter bes.Berücksichtigung des Ballungsraumes Groß-Stuttgart. Diss. Universität Tübingen, 1969.

Isbary, G.
Die Sozialverpflichtung des Eigentums in der Raumordnung. (= Veröff.d. Inst.f. Städtebau der Dt. Akad.f. Städtebau und Landesplanung Berlin Bd. R 3/47). Selbstverlag Berlin, 1966, 10 Seiten.

Jürgens, K.-P.
Die Beschränkungen des Grundeigentums im Rahmen der Städteplanung auf Grund der neuesten Gesetzgebung. Diss. Köln, 1965, 230 Seiten.

Klein, F.
Eigentumsbindung, Enteignung, Sozialisierung und Gemeinwirtschaft im Sinne des Bonner Grundgesetzes. (= Schriften zur Kooperationsforschung Abt.B: Vorträge, H.1). Mohr Verlag Tübingen, 1972, 28 Seiten.

Kleinsorg, F.J. - Röhder, A.
Die Haftpflicht der Gemeinden und ihre enteignungsrechtlichen Verpflichtungen im Lichte der Rechtsprechung. Über 600 Erkenntnisse der Gerichte und Literaturhinweise. C. Heymann Verlag Köln, 3. neu bearb.u.erw. Aufl., 1964, 165 Seiten.

Knaup, H. - Ingenstau, H.
Handbuch des Grundstücks- und Baurechts. Loseblatt-Sammlung, Stand Frühjahr 1973. Monatliche Ergänzungslieferung mit 32 Seiten, Werner Verlag Düsseldorf.

Kriegel, O.
Bauleitplanung und Bodenordnung nach dem Bundesbaugesetz. Gesetzestext mit Begründung. Anhand der amtlichen Drucksachen zusammengestellt. Dümmler Verlag Bonn, 1960, 61 Seiten.

Kriegel, O.
Grundstücksteilungen und -vereinigungen. Die Verbindung zwischen Kataster und Grundbuch bei Veränderungen im Grundstücksbestand. Dümmler Verlag Bonn, 1967, 92 Seiten, zahlr. Abb.

Kühne, J.
Das Bodenrecht, die wirtschaftliche und gesellschaftliche Bedeutung des Bodens. Hrsg.v.d.Österr.Ges.f. Raumforsch.u. Raumplanung. (= Schriftenr.d.Österr. Ges.f. Raumforsch.u. Raumplanung Bd.10). In Imm. Verlag Springer Wien/New York, 1970, 140 Seiten, Tab., Lit.

Kuntze, J. - Ertl, R. - Herrmann, H. - Eickmann, D.
Grundbuchrecht. Kommentar zur Grundbuchordnung, Grundbuchverfügung, Wohnungseigentumsverfügung (= Sammlung Guttentag). Verlag de Gruyter Berlin, 1973.

Kunzmann, K.R.
Grundbesitzverhältnisse in historischen Stadtkernen und ihr Einfluß auf die Stadterneuerung. (= Schriftenreihe der Österr. Ges.f. Raumplanung und Raumforschung Bd. 16). Verlag Springer Wien/New York, 1972, 176 Seiten, 109 z.T. farb. Abb.

Krüger, Th.
Die Enteignung, entwickelt insbesondere am Baurecht. Wiesbadener Kurier Druckhaus-u. Verlags-GmbH. Wiesbaden, 1960, 215 Seiten.

Landesenteignungsrecht
Rheinland-Pfalz. Vorschriftensammlung mit systematischer Einführung. Dt. Gemeindeverlag Köln, 1966, 112 Seiten.

Lange, R.
Grundstückverkehrsgesetz. Kommentar. Beck Verlag München, 2. Aufl., 1964, XIX, 526 Seiten.

Lauritzen, L.
Bedeutung der Bodenfrage. In: Raumordnung, Verkehrspolitik und Städtebau. (= Schriftenreihe der Gesellschaft für Wohnungs- u. Siedlungswesen). Hans Christians Verlag Hamburg, 1967, 114 Seiten.

Lilje, H.
Freiheit und Eigentum. Bemerkungen und Betrachtungen. (= Schriften des Zentralverbandes der Deutschen Haus- und Grundstückseigentümer e.V.H.22). Verlag Deutsche Wohnungswirtschaft Düsseldorf, 1968, 15 Seiten.

Lubahn, J.
Bodenrechtsreform oder Kommunismus? Selbstverlag Hohenschwangau, 1965,
4 Seiten.

Lubahn, J.
Bodenspekulation - große Gefahr für Freiheit und Recht. Selbstverlag
Hohenschwangau/Füssen, 1966, 15 Seiten.

Material
zur Reform des Bodenrechts. Von B. Gebauer, E.-M. Lackmann, F.Schuster.
Hrsg.: Inst.f. Kommunalpolit. Bildung u.Forsch.d.Polit.Akad. Eichholz
d. Konrad-Adenauer-Stiftung f. Polit. Bildung u. Studienförderung e.V.
Eichholz, 1968, 202 Seiten Lit.

Matthes, W.
Deutsches Bodenrecht mit Randgebieten. Nach Gesetzen des Bundes und der
Länder. Ein Hilfsbuch für Wirtschaft und Verwaltung auf dem Gebiete der
Grundstücks- und Bodenwirtschaft. Nach dem Stand von 1962. Dümmler Verlag
Bonn, 1962, XVI, 773 Seiten.

Maunz, Th.
Das Verhältnis der Baulandentschädigung zum Grundgesetz. Werner Verlag
Düsseldorf, 1955, 44 Seiten.

Meikel, G. - Imhof, W. - Riedel, H.
Grundbuchrecht. Kommentar zur Grundbuchordnung. J. Schweitzer Verlag
Berlin.
Bd.1: Gesetzestexte, Einleitg. §§1-12 GBO. XXIV, 1018 Seiten, 1965.
Bd.2: §§ 13 - 37 GBO. VI, Seiten 1019 - 2037, 1968.
Bd.3: §§ 38 - 124 GBO u. Anhang. VIII, Seiten 2039 - 3569.
Bd.4: Ergänzungen und Berichtigungen, Anhang, Nachtrag, Gesetzesreg.,
      Sachreg. IV, Seiten 3571 - 4085, 1971.

Meyer, K.
Rechtsfragen im Zusammenhang mit der Bodenverkehrsgenehmigung nach dem
BBauG. (= Veröff.d.Inst.f. Städtebau der Dt. Akad.f. Städtebau und Lan-
desplanung Berlin Bd.29/4). Selbstverlag Berlin, 1969, 12 Seiten.

Möller, H.
Der Boden in der politischen Ökonomie. (= Sitzungsberichte der Wissen-
schaftl. Ges. an der Johann Wolfgang Goethe Univ. Frankfurt/M. Bd.VI,
Nr.1). Verlag F. Steiner Wiesbaden, 1967, 49 Seiten, zahlr. Qu.

Müller, H.
Mitwirkung des Vermessungsingenieurs bei der Aufstellung des Bebauungsplans und der Ordnung des Grund und Bodens. (= Veröff.d.Inst.f. Städtebau der Dt. Akad.f. Städtebau u. Landesplanung Berlin Bd.12/4). Selbstverlag Berlin, 1964, 13 Seiten.

Müller, W.
Die Ordnung des Baubodenmarktes in der Bundesrepublik Deutschland.
Diss. Tübingen, 1963, 247 Seiten.

Münch, D.
Bodenpolitik international. Konzepte, Resultate, Konsequenzen. Hrsg.:
Dt. Verband f. Wohnungswesen, Städtebau u. Raumplanung e.V.; Inst.f.
Siedlungs-u. Wohnungswesen der Westfäl. Wilhelms-Univ. Münster.
(= Schr.d.Dt. Verbandes f. Wohnungswesen, Städtebau u. Raumplanung H.82).
Stadtbau Verlag Bonn, 1970, XI, 148 Seiten, Abb., Tab., Lit.

Negro, F.
Das Eigentum, Geschichte und Zukunft. Beck Verlag München/Berlin, 1963,
XII, 233 Seiten.

Nell-Breuning, O.
Besteuerung des Bodenwertzuwachses? Hrsg.: Deutsches Volksheimstätten-werk. (= Aktuelle Schriftenreihe 4). Selbstverlag Köln, 1972, 28 Seiten.

Nell-Breuning, O.v.
Das Bundesbaugesetz und die Probleme einer sozialen Bodenordnung. In: Zu einer Novellierung des Bundesbaugesetzes. (= Wissenschaftliche Reihe Folge 18). Deutsches Volksheimstättenwerk Selbstverlag Köln, 1967, 48 S.

Neuffer, O.
Vorkaufsrecht, Umlegung, Grenzregelung nach dem Bundesbaugesetz. Boorberg Verlag Stuttgart, 1962, 80 Seiten.

Ohlmer, H. - Walper, K.H.
Eine bessere Bodenverfassung - aber wie? (= Kleine Schriften des Dt. Verbandes für Wohnungswesen, Städtebau und Raumplanung e.V. H.13). Selbstverlag Köln-Mülheim, 1969, 32 Seiten.

Pagendarm
Die Enteignungsentschädigung. (= Veröff.d.Inst.f. Städtebau der Dt. Akad.f. Städtebau und Landesplanung Berlin Bd. 22/7). Selbstverlag Berlin, 1967, 20 Seiten.

Paul, G.
Stadterneuerung und Bodenordnung. I. Die Bodenordnung als Instrument der Stadterneuerung dargestellt am Beispiel der Innenstadt Offenbach II. Die Bodenordnung nach dem Städtebauförderungsgesetz. (= Veröff.d. Inst.f. Städtebau der Dt. Akad.f. Städtebau und Landesplanung Berlin Bd. 40/3). Selbstverlag Berlin, 1973, 31 Seiten.

Peters, K.H.
Wertzuwachssteuer. Ein Beitrag zur Bodenreform. (= Kleine Schriften des Dt. Verbandes für Wohnungswesen, Städtebau und Raumplanung H.38). Stadt-bauverlag Bonn, 1971, 47 Seiten.

Pfannschmidt, M.
Vergessener Faktor Boden. Marktgerechte Bodenbewertung und Raumordnung. (= Schr.d.Dt. Ver.f. Wohnungswesen, Städtebau und Raumplanung H.79). Stadtbauverlag Bonn, 1972, XII, 211 Seiten, Tab., Lit., Anh.
Nachtrag:
Vergessener Faktor Boden. Marktgerechte Bodenbewertung und Raumordnung. Stadtbau-Verlag Bonn, 1972, 17 Seiten. (maschschr. vervielf. Nachtrag).

Pfannschmidt, M.
Wertzuwachssteuer oder Bodenwertsteuer? Die raumwirtschaftlichen Wirkungen der Bodenwertsteuer. (= Schriftenreihe des Dt. Verb. für Wohnungswesen, Städtebau und Raumplanung H.33). Selbstverlag Köln-Mülheim, 1958.

Pohl, W.
Enteignungsentschädigung und Härteausgleich nach dem Städtebauförde-rungsgesetz. (= Veröff.d.Inst.f. Städtebau der Dt. Akad.f. Städtebau und Landesplanung Berlin Bd.43/11). Selbstverlag Berlin, 1972, 16 S.

Pohl, W.
Die neue Rechtsprechung des Bundesgerichtshofes zur klassischen Enteig-nung. (= Kl. Arb.a.d.Inst.f. Wohnungsrecht u. Wohnungswirtsch.a.d.Univ. Köln Nr. 8). Domus Verlag Bonn, 1969, 47 Seiten, und:
Die neue Rechtsprechung des Bundesgerichtshofs zur klassischen Enteig-nung (= Veröff.d.Inst.f. Städtebau d.Dt. Akad.f. Städtebau und Landes-planung Berlin Bd. 27/7). Selbstverlag Berlin, 1968, 47 Seiten.

Raumordnung
und Bodenpolitik als Grundlage der Strukturänderung des Ruhrgebietes.
(= Schriftenr.d. Ministers f. Wohnungsbau u. öffentliche Arbeiten des
Landes Nordrhein-Westfalen, "Nordrhein-Westfalen baut" Bd.24). Verlag
für Wirtschaft und Verwaltung Hubert Wingen Essen, 1968, 120 Seiten.

Raumordnung
und Grundstücksmarkt. Mit Beiträgen von N. Ley, W. Bonczek und Karl
Becker. (= Inst.f.Siedlungs- und Wohnungswesen der Westfäl. Wilhelms-
Universität Münster, Beiträge und Untersuchungen Bd. 64). Münster/Westf.,
1967, 89 Seiten, Kt., Tab., Übers., Qu.

Richter, D.H.
Das materielle und formelle Deutsche Grundbuchrecht mit seiner Beziehung zum Liegenschaftskatasterdienst mit besonderer Berücksichtigung
der bayerischen und rheinpfälzischen Verhältnisse. J. Schweitzer Verlag Berlin, 1950, XV, 204 Seiten.

Roesler, A.
Einführung in die Baulandumlegung und Grenzregelung. Wichmann Verlag
Karlsruhe, 1969, 59 Seiten.

Rommen, H.A.
Grenzen des privaten Bodeneigentums. (= Vaterland H.6). Vaterland Verlag Heiligenhaus/Düsseldorf, 1958, 23 Seiten.

Rudolph, K.
Die Bindungen des Eigentums. Eine Rechtsvergleichende Studie. (= Unter-
suchungen zur vergleichenden allg. Rechtslehre und zur Methodik der
Rechtsvergleichung 3). Mohr Verlag Tübingen, 1960, 130 Seiten.

Schäfers, B.
Bodenbesitz und Bodennutzung in der Großstadt. Eine empir.-soziol. Untersuchung a. Beisp. Münster. (= Beitr.z. Raumplanung. Hrsg.v.Zentralinst.
f. Raumplanung a.d. Univ. Münster Bd. 4). Bertelsmann Univ.-Verlag Bielefeld, 1968, 138 Seiten, Tab., Lit.

Scharnberg, R.
Das bodenrechtliche Instrumentarium des Städtebauförderungsgesetzes.
(Veröff.d.Inst.f. Städtebau der Dt.Akad.f. Städtebau und Landesplanung
Berlin Bd. 38/3). Selbstverlag Berlin, 1972, 17 Seiten.

Schneider, K. - Münch, G.
Bodenpolitik international. (= Kleine Schriften des Dt. Verbandes für
Wohnungswesen, Städtebau und Raumplanung H.19). Selbstverlag Köln, 1969,
39 Seiten.

Schrader, A.
Die soziale Bedeutung des Besitzes in der modernen Konsumgesellschaft.
(= Dortmunder Studien zur Sozialforschung Bd.32). Westdeutscher Verlag
Köln/Opladen, 1966, 166 Seiten.

Schröder, G.
Baulandumlegung und Enteignung. Eine verfassungsrechtliche Untersuchung
anhand des nordrhein-westfälischen "Gesetzes über Maßnahmen zum Aufbau in
den Gemeinden". Diss. Münster. Kramer Verlag München, 1960, 95 Seiten.

Schroeder, K. - Münch, D.
Bodenpolitik international. (= Kleine Schriften des Dt. Verbandes für Wohnungswesen, Städtebau und Raumplanung Nr. 19). Selbstverlag Köln, 1969, 39 Seiten.

Schulthes, J.
Die Höhe der Enteignungsentschädigung vom Preußischen Enteignungsgesetz bis zum Bundesbaugesetz. (= Wissenschaftliche Reihe Folge 17). Verlag Deutsches Volksheimstättenwerk Köln, 1965, 109 Seiten.

Seele, W.
Vollzug der Bauleitplanung durch Bodenordnung. (= Studienhefte des SIN-Städtebauinstituts Nürnberg N.25). Selbstverlag Nürnberg, 1968, 47 Seiten, 24 Abb.

Seele, W. - Kiehlmann, J. - Schlegtendahl, G. u.a.
Bodenordnung und Grundstücksbewertung. (= Städtebauliche Beiträge des Inst.f. Städtebau und Wohnungswesen der Dt. Akad. für Städtebau und Landesplanung 1/1969). Institut für Städtebau u. Wohnungswesen der Dt. Akad. f. Städtebau und Landesplanung, Selbstverlag München, 1969, 175 Seiten.

Seifarth, F.
Landbeschaffung und Bodenordnung im städtischen Wiederaufbau. (= Schriftenreihe des Dt. Verbandes für Wohnungswesen, Städtebau und Raumplanung e.V. H.22). Selbstverlag Köln-Mülheim, 1957, 25 Seiten.

Sellmann, M.
Neue bodenrechtliche Vorschriften für die städtebauliche Sanierung. Allg. Bemerkungen u. besondere Erläuterungen zu den §§ 19 bis 23 des Entwurfs für ein Städtebauförderungsgesetz. (= Schriften des Zentralverbandes d. Dt. Haus- und Grundeigentümer H.25). Verlag Dt. Wohnungswirtschaft Düsseldorf, 1969, 66 Seiten.

Seufert, G.
Bayerisches Enteignungsrecht. Kommentar zum Zwangsabtretungsgesetz vom 17.11.1837 und zum Gesetz über die Enteignung aus Gründen des Gemeinwohls vom 1.8.1933 mit erg. bundes- u. landesrechtlichen Vorschriften. J. Schweizer Verlag Berlin, 1957, 405 Seiten.

Soziale Ordnung
des Baubodenrechts. Ein gemeinsames Memorandum der Kammer für soziale Ordnung der EKD und des Arbeitskreises "Kirche und Raumordnung" beim Kommissariat der katholischen Deutschen Bischöfe. Mit einem Vorwort von J. Döpfner, H. Dietzfelbinger. Gütersloher Verlagshaus Gütersloh, 1973, 38 Seiten.

Stahlkopf, H.
Baulandbeschaffungsgesetz. Kommentar. Verlag für Technik und Kultur Berlin-Charlottenburg, 1953, 111 Seiten.

Stahnke, S.
Die Bodenordnung als Bestandteil der städtebaulichen Entwicklung. (= Veröff.d.Inst.f. Städtebau der Dt. Akad.f. Städtebau und Landesplanung Berlin Bd. 21/1). Selbstverlag Berlin, 1967, 8 Seiten.

Stahnke, S.
Zur Bodenordnung in förmlich festgelegten Sanierungsgebieten. (= Veröff.
d.Inst.f. Städtebau der Dt. Akad.f. Städtebau und Landesplanung Berlin
Bd.43/4). Selbstverlag Berlin, 1972, 12 Seiten.

Steffens, H.
Bodenverkehrsgenehmigung. Verlag O. Schwartz Göttingen, 1963, 32 Seiten.

Steffen, J. u.a.
Fetisch Eigentum. Wie privat sind Grund und Boden? (= Reihe Hanser Nr.93).
Hanser Verlag München, 1972, 96 Seiten.

Stemmler
Sanierung und Bodenordnung. (= Veröff.d.Inst.f. Städtebau der Dt. Akad.
f. Städtebau und Landesplanung Berlin Bd.21/6). Selbstverlag Berlin,
1967, 23 Seiten.

Stich, R.
Grundbegriffe Raumplanungs- und Baurecht. Eine Einführung an Hand von
Fällen. Kohlhammer Verlag Stuttgart, 1973, 120 Seiten.

Storck, L.
Die Reform des Bodenrechts. Hammonia Verlag Hamburg, 1973, 22 Seiten.

Storck, L. - Jürgensen, H.
Stadterneuerung und Bodenrecht in der BRD. Wirtschaftswachstum und Stadtstruktur. Hg. vom Dt. Verband f. Wohnungswesen, Städtebau und Raumplanung
e.V. Köln. Stadtbau Verlag Bonn, 1970, 35 Seiten.

Suderow, W.
Der Entwurf eines Grundstücksneuordnungsverfahrens unter Berücksichtigung
seiner Bezüge zu den geltenden Bodenordnungsmaßnahmen. (= Beiträge zum
Siedlungs- u. Wohnungswesen und zur Raumplanung Bd.11). Selbstverlag d.
Inst.f. Siedlungs-u. Wohnungswesen Münster, 1973, XVI, 151 Seiten.

Thiedemann, J.
Die Ordnung des Baulandmarktes im Deutschen und Schweizerischen Recht.
(= Göppinger Akademische Beiträge Bd.58). Kümmerle Verlag Göppingen, 1972,
XLIV, 223 Seiten.

Thiel, F.
Baurechtsammlung. Rechtsprechung der Verwaltungsgerichte u.a. aus dem
Bau- und Bodenrecht. u.a. 1954-1973: 25 Bände. Werner Verlag Düsseldorf,
Band 25, 1973, 383 Seiten.

Tuntke, R.
Die Behandlung der Bodenwertsteigerungen im englischen Recht unter besonderer Berücksichtigung der "development charge" und der Gesetzgebung
über die "Land Commission." Diss. Köln. Düsseldorf o.J.(1969), XX, 171 S.,
Lit. Maschinenschr. vervielf.

Ullrich, W.
Das gesamte Boden- und Baurecht. Auskunftswerk für die Bauwirtschaft,
das Maklergewerbe und die Baubehörden. Stand 1973, Loseblatt-Sammlung,
Luchterhand Verlag Neuwied, 1973.

Ullrich, W.
Das Umlegungsverfahren nach dem Bundesbaugesetz. Rechtsvorschriften,
Rechts-ABC, Bearbeitungsanleitungen, Formblätter. Luchterhand Verlag
Neuwied/Berlin/, 1967, 152 Seiten, 19 Anl., 20 Qu.

Vorwerk, J. - Spreckeisen, H.v.
Grundstücksverkehrsgesetz mit landesrechtlichen Ausführungsvorschriften.
Kommentar. BLV-Verlagsgesellschaft München, 1963, 111 Seiten.

Warfsmann, G.
Enteignung und Eigentumsbildung im Baurecht. Diss. Göttingen, 1962,
195 Seiten.

Weimar, W. - Weimar-Gläser, Ch.
Das Grundstück im Rechtsleben. Beck-Text im dtv-Verlag München Bd. 5082,
1970, 197 Seiten.

Weitz, G.
Die Beschränkungen des Grundeigentums im Rahmen der Stadtplanung. Diss.
Köln, 1960, 142 Seiten.

White, A.G.
Urban property taxation: II - land and location (Städtische Vermögens-
besteuerung II: Boden und Standort). (= Exchange Bibliography. Council
of Planning Librarians.480). Monticello, Ill.: Council of Planning Librarians, 1973, 12 Seiten.

Winter, K. - Mainczyk, L. (Bearb.)
Boden. Eine Dokumentation. Empfehlungen, Thesen, Pläne, Gesetze. Hg. vom
Dt. Verband f. Wohnungswesen, Städtebau und Raumplanung e.V. Bonn, 1968.
4 Bände: Band 1: 283 Seiten
         Band 2: 280 Seiten
         Band 3: 316 Seiten
         Band 4: 263 Seiten

Zinkahn, W.
Enteignung und Eigentumspolitik. (= Veröff.d.Inst.f. Städtebau der Dt.
Akad.f. Städtebau und Landesplanung Berlin Bd. R 1/57). Selbstverlag
Berlin, 1964, 14 Seiten.

14. Rechtliche Probleme der Stadterneuerung und des Städtebauförderungsgesetzes

Bauernfeind, E.
Städtebauförderungsgesetz. Textausgabe mit Einführung und Mustern für Sanierungs- und Entwicklungsverträge. (= Fortschrittliche Kommunalverwaltung 24). Grote Verlag Köln, 2. Aufl., 1972, 224 Seiten.

Baumeister, L. - Baumeister, H.H.
Städtebauförderungsgesetz. Gesetz über städtebauliche Sanierungs- und Entwicklungsmaßnahmen in den Gemeinden. Kommentar. (= Aschendorffs Juristische Handbücher Bd.79). Aschendorff Verlag Münster, 1971, 237 S.

Bielenberg, W. - Kerneck, R. - Roosch, H.
Städtebauförderungsgesetz. Loseblatt-Kommentar mit den Ausführungsgesetzen und -verordnungen des Bundes und der Länder. F. Vahlen Verlag München, 1973, rd. 980 Seiten.

Bundesbaugesetz
mit Baunutzungsverordnung, Planzeichenverordnung, Verkehrswertverordnung, Raumordnungsgesetz, Städtebauförderungsgesetz, Gesetz zum Schutz gegen Baulärm und Verwaltungsvorschriften. (= Goldmann Taschenbücher 8024). Goldmann Verlag München, 3. Aufl., 1973, 265 Seiten.

Bundesbaugesetz
mit Städtebauförderungsgesetz. (= Becks Rote Textausgabe). Beck Verlag München, 11. neu bearb. Aufl., 1973, 550 Seiten.

Bundesbaugesetz
mit VO über Grundsätze für die Ermittlung des Verkehrswertes von Grundstücken, Baunutzungsverordnung, PlanzeichenVO, Raumordnungsgesetz, Gesetz zum Schutz gegen Baulärm und Verwaltungsvorschriften, Städtebauförderungsgesetz. Textausgabe mit ausführl. Sachverz. und einer Einführung von W. Zinkahn. (= dtv-Taschenbuchausgabe). DTV-Verlag München, 5. Auflage, 1973, 233 Seiten.

Bundesvereinigung
der kommunalen Spitzenverbände (Hg.). Städte und Gemeinden zum Städtebauförderungsgesetz. Appell der kommunalen Spitzenverbände an den 6. Bundestag. Köln, 1969, 32 Seiten.

Cholewa, E.W. - v.d. Heide, H.J.
Städtebauförderungsgesetz. Textausgabe mit einer erläuternden Einführung und Mustersanierungsverträgen. Deutscher Gemeindeverlag Kiel, 1971, 250 Seiten.

Dieterich, H.
Der Betroffene im Städtebauförderungsgesetz. (= Veröff.d.Inst.f. Städtebau der Dt. Akad.f. Städtebau und Landesplanung Berlin Bd. 43/10). Selbstverlag Berlin, 1972, 17 Seiten.

Dieterich, H. - Farenholtz, Chr.
Städtebauförderungsgesetz für die Praxis. Gesetzestext und systematische Darstellung des praktischen Verfahrensablaufs von Sanierungs- und Entwicklungsmaßnahmen. R. Boorberg Verlag und Krämer Verlag Stuttgart, 1972, 240 Seiten.

Dittus, R.
Bundesbaugesetz - Städtebauförderungsgesetz. Städtebaurechtliche Textsammlung mit erläuternden Einführungen. Dt. Gemeindeverlag Köln/Berlin/Hamburg, 7. neubearb. u. erw. Aufl., 1973, 360 Seiten.

Dittus, R. - Pohl, W.
Die Sanierungsvorschriften des Bundesbaugesetzes. Wissenschaftliche Untersuchungen und Vorträge. (= Folge 15, hg. vom Deutschen Volksheimstättenwerk). Köln, 1961.

Dörge, H.
Das Recht der Denkmalpflege in Baden-Württemberg. Allgemeine rechtliche Grundlagen zum Schutz der Kulturdenkmale. Kommentar. Kohlhammer Verlag Stuttgart, 1971, 224 Seiten.

Ernst, W.
Rechtliche und wirtschaftliche Probleme der Erneuerung unserer Städte und Dörfer. (= Vorträge und Aufsätze d.Inst.f. Siedlungs- und Wohnungswesen der Univ. Münster Bd. 17). Selbstverlag Münster, 1965, 33 Seiten.

Ernst, W.
Rechtsfragen des Städtebauförderungsgesetzes - Gutachten. (= Schriften des Zentralverbandes der Deutschen Haus- und Grundeigentümer e.V. H.30). Verlag Dt. Wohnungswirtschaft GmbH Düsseldorf, 1970, 32 Seiten.

Förster, H.
Die Sanierung im gegenwärtigen und künftigen Baurecht. (= Veröff.d.Inst. f. Städtebau der Dt.Akad.f. Städtebau und Landesplanung Berlin Bd. 13/6). Selbstverlag Berlin, 2. Aufl., 1964, 14 Seiten.

Förster, H.
Das Städtebauförderungsgesetz im System des Städtebaurechts. (= Veröff. d. Inst.f. Städtebau der Dt.Akad.f. Städtebau und Landesplanung Berlin Bd. 43/1). Selbstverlag Berlin, 1972, 11 Seiten.

Gaentzsch, G.
Die Aufgaben der Gemeinde nach dem Städtebauförderungsgesetz. (= Veröff. d.Inst.f. Städtebau der Dt.Akad.f. Städtebau und Landesplanung Berlin Bd. 35/8). Selbstverlag Berlin, 1971, 13 Seiten.

Gaentzsch, G.
Städtebauförderungsgesetz. Kommentar. Reckinger Verlag Siegburg, 2. überarb.u. erg. Aufl., 1972, XV, 285 Seiten.

Gehrmann, W.
Städtebauförderungsgesetz. Einführung und Kommentar. Bertelsmann Fachverlag Gütersloh, 1971, 271 Seiten.

GEWOS (Hg.)
Entwurf eines Gesetzes zur Sicherung gesunder Wohnverhältnisse mit ausführlicher Begründung. Ein Diskussionsbeitrag zum Sanierungsproblem. (= GEWOS-Schriftenreihe, Ges.f. Wohnungswesen und Städtebau Hamburg). H. Christians Verlag Hamburg, 1968, 77 Seiten.

GEWOS (Hg.)
Verfassung, Städtebau, Bodenrecht. Rechtswissenschaftliche Gutachten über den bei einer Enteignung zu berücksichtigenden Eigentumsinhalt und den verfassungsmäßigen Rahmen für eine gesetzliche Bestimmung der Entschädigung. (= Schriftenreihe der Ges.f. Wohnungs- u. Siedlungswesen). Verlag H. Christians Hamburg, 1969, 185 Seiten.

Göderitz, J.
Stadterneuerung. Organisatorische, wirtschaftliche und rechtliche Voraussetzungen für die Sanierung ungesunder Wohngebiete. Forschungsarbeit i.A. des Bundesmin.f. Wohnungswesen, Städtebau u. Raumordnung. Bauverlag Wiesbaden/Berlin, 1962, 110 Seiten.

Hans, W. (Hg.)
Städtebauförderungsgesetz. Gesetz über städtebauliche Sanierungs- und Entwicklungsmaßnahmen in den Gemeinden sowie Sammlung des einschlägigen Bundes- und Landesrechts einschl. der Verwaltungsvorschriften. Kommentar. Verlag R.S. Schulz München u. Percha am Starnberger See, Stand 15.12.73, 15. Ergänzungslieferung.

Hein, E.
Städtebauförderungsgesetz. Kommentar. (= Schwartz-Kommentare, Reihe A, Bundesgesetze 13). Verlag O. Schwartz Göttingen, 1971, 298 Seiten.

Heitzer, S. - Östreicher, E.
Bundesbaugesetz und Städtebauförderungsgesetz mit Ausführungsvorschriften des Bundes einschließlich Baunutzungsverordnung, Hinweis auf die Ländervorschriften sowie mit Raumordnungsgesetz und Landesplanungsgesetzen. de Gruyter Verlag Berlin, 5. neu bearb. Aufl., 1973, 1284 Seiten.

Hövelborn, P. - Kubach, H.P. - Schäfer, H.Ch.
Bibliographie Nr. 18: Stadterneuerung - Sanierung. Bearbeitet in der Abt. Dokumentation des Städtebaulichen Instituts der Univ. Stuttgart. Selbstverlag Stuttgart, 1973, 42 Seiten.

Knipp, H.-J.
Die Überleitung begonnener Sanierungsvorhaben auf das Recht des Städtebauförderungsgesetzes. (= Veröff.d.Inst.f. Städtebau der Dt.Akad.f. Städtebau und Landesplanung Berlin Bd. 35/6). Selbstverlag Berlin, 1971, 27 Seiten.

Knipp, H.-J.
Zur Zulässigkeit von städtebaulichen Sanierungsmaßnahmen außerhalb des Anwendungsbereichs des Städtebauförderungsgesetzes. (= Veröff.d.Inst.f. Städtebau der Dt.Akad.f. Städtebau und Landesplanung Berlin Bd. 46/2). Selbstverlag Berlin, 1973, 11 Seiten.

Küppers, H. - Müller, G.
Handbuch der Städtebauförderung Nordrhein-Westfalen. Hubert Wingen Verlag Essen, 1973, ca. 100 Seiten.

Krüger, Th.
Gesetz über Sanierungs- und Entwicklungsmaßnahmen in den Gemeinden. (Städtebauförderungsgesetz). Kommentar. Hg. Der Gemeindetag, Mülheim/M, 1971, 142 Seiten.

Lange - Pohl - Knipp - Bauernfeind
Städtebauförderungsgesetz. Gesamtwerk mit 2 Lieferungen, Stand: Januar 1973. Kohlhammer Verlag Stuttgart.

Meyer, K.
Leitsätze zur verfassungskonformen Auslegung des Städtebauförderungsgesetzes und zu den Möglichkeiten des Rechtsschutzes. (= Veröff.d.Inst. f. Städtebau der Dt.Akad.f. Städtebau und Landesplanung Berlin Bd. 35/10). Selbstverlag Berlin, 1971, 3 Seiten.

Maincyk, L.
Städtebauförderungsgesetz. Kurzkommentar mit Einf. erg. Vorschriften
und Sachverzeichnis. Verlag Heggen Opladen, 1971, 167 Seiten.

Meyer, K.
Rechtsschutzprobleme des Städtebauförderungsgesetzes. (= Veröff.d.Inst.
f. Städtebau der Dt.Akad.f. Städtebau und Landesplanung Berlin Bd. 39/9).
Selbstverlag Berlin, 1972, 12 Seiten.

Meyer, K. - Stich, R. - Schlichter, O.
Städtebauförderungsgesetz. Loseblatt-Kommentar. (= Verwaltungsgesetze
des Bundes und der Länder, Bd. V, zweiter Halbband). Carl Heymanns Verl.
Köln, 1972, 448 Seiten, 1. Lieferung.

Püttner, G. - Schöning, G.G.
Kommentar zum Städtebauförderungsgesetz. Werner Verlag Düsseldorf, 1972,
160 Seiten.

Redding, H.
Entwicklungsmaßnahmen nach dem Städtebauförderungsgesetz. (= Veröff.d.
Inst.f. Städtebau der Dt.Akad.f. Städtebau und Landesplanung Berlin
Bd. 38/4). Selbstverlag Berlin, 1972, 24 Seiten.

Reinartz, B.
Städtebauförderung und Steuerrecht. (= Veröff.d.Inst.f. Städtebau der Dt.
Akad.f. Städtebau und Landesplanung Berlin Bd. 35/9). Selbstverlag Berlin,
1971, 24 Seiten.

Scharnberg, R.
Das bodenrechtliche Instrumentarium des Städtebauförderungsgesetzes.
(= Veröff.d.Inst.f. Städtebau der Dt.Akad.f. Städtebau und Landesplanung
Berlin Bd. 38/3). Selbstverlag Berlin, 1972, 17 Seiten.

Schornstein, J.
Warum brauchen wir ein Städtebauförderungsgesetz? Mit einem Literaturnachweis über Städtebau und Dorferneuerung von L. Mainczik. (= Kleine
Schriften des Dt. Verbandes für Wohnungswesen, Städtebau und Raumplanung H.1). Köln 1968, 31 Seiten.

Städte und Gemeinden
zum Städtebauförderungsgesetz. Appell der kommunalen Spitzenverbände an
den 6. Bundestag. Hrsg.: Bundesvereinigung der kommunalen Spitzenverbände.
Köln 1969, 32 Seiten Lit.

Städtebauförderung
und Städtebaufinanzierung aus der Sicht der Gemeinden und Kreise.
4. Bonner Gespräch am 23. Februar 1970. Hrsg.: Dt. Verband für Wohnungswesen, Städtebau und Raumplanung. (= Kleine Schriften des Dt. Verbandes
für Wohnungswesen, Städtebau und Raumplanung H.28). Stadtbau-Verlag Bonn,
1970, 38 Seiten.

Städtebauförderungsgesetz
Gesetz über städtebauliche Sanierungs- und Entwicklungsmaßnahmen in den
Gemeinden. Textausgabe. Beck Verlag München, 1971, 87 Seiten.

Städtebauförderungsgesetz
Gesetz über städtebauliche Sanierungs- und Entwicklungsmaßnahmen in den
Gemeinden. (= Schwartz-Gesetzestexte 58). Verlag O. Schwartz Göttingen,
1971, 114 Seiten.

Städtebauförderungsgesetz
Kohlhammer-Kommentar. Von H.-G. Lange, W. Pohl, H.-J. Knipp, O. Stahnke, M. Tiemann, K.-H. Neuhausen, W. Vogel und J.W. Schmidt. Loseblatt-Ausgabe. Kohlhammer Verlag Stuttgart, 1973, rd. 500 Seiten, 1. bis 3. Lieferung.

Städtebauförderungsgesetz
in der Praxis. Rechtsschutz, Beteiligung, Finanzierung, steuerl. Bestimmungen. Sanierungsträger. (= Schriftenreihe Städtebau Nr.1). Verlag Dt. Wohnungswirtschaft Düsseldorf, 1972, 112 Seiten.

Städtebauförderungsgesetz
Textausgabe mit einer erläuternden Einführung und Mustersanierungsverträgen. Dt. Gemeindeverlag Köln, 1971, 160 Seiten.

Städtebauförderungsgesetz
Textausgabe. Hg. vom Dt. Volksheimstättenwerk. Selbstverlag Köln, 3. Aufl., 1972, 96 Seiten.

Stadterneuerung
und der private Haus- und Grundbesitz. (= Schriftenreihe des Zentralverbandes der Dt. Haus- und Grundbesitzer H.6). Düsseldorf, 1961, 70 Seiten.

Stadt Stuttgart (Hg.)
Arbeitsgruppe Städtebauförderungsgesetz. Darstellung von Sanierungs- und Entwicklungsmaßnahmen nach dem Entwurf zum Städtebauförderungsgesetz. Stuttgart, 1971.

Stich, R.
Die Rechte der Gemeinden zur Sicherung der Sanierung. (= Veröff.d.Inst.f. Städtebau der Dt.Akad.f. Städtebau und Landesplanung Berlin Bd. 43/9). Selbstverlag Berlin, 1972, 5 Seiten.

Ullrich, W.
Städtebauförderung. Das Städtebauförderungsgesetz, der Städtebaubericht der Bundesregierung und Rechtsvorschriften der Bundesländer. Luchterhand Verlag Neuwied, 2., erw. Aufl., 1972, 333 Seiten.

Vogel, W.
Abbruchgebot, Bau- und Modernisierungsgebot. (§§ 19-21 StBauFG). (= Veröff.d.Inst.f. Städtebau der Dt.Akad.f. Städtebau und Landesplanung Berlin Bd. 43/8). Selbstverlag Berlin, 13 Seiten.

Walter, K.
Städtebau nach neuem Recht. Grundriß d. Städtebauförderungsgesetzes. Mit einer Einführung v. L. Lauritzen. Verl. Neue Gesellschaft Bonn-Bad Godesberg, 1971, 164 Seiten, Abb.

Walter, K. - Albers, G. - Abreß, H. u.a.
Städtebauförderungsgesetz, Stadterneuerung und Stadtentwicklung. (= Arbeitsblätter des Inst.f. Städtebau und Wohnungswesen der Dt. Akademie für Städtebau und Landesplanung 1/1971). Institut für Städtebau und Wohnungswesen der Deutschen Akademie für Städtebau und Landesplanung Selbstverlag München, 1972, 246 Seiten.

Zinkahn, W. - Schwender, H.W.
Städtebauförderungsgesetz. Loseblatt-Kommentar. Beck Verlag München, 1974.

Zinkahn, W.
Das Städtebauförderungsgesetz in rechtspolitischer Sicht. (= Veröff. d.Inst.f. Städtebau der Dt.Akad.f. Städtebau und Landesplanung Berlin Bd. 35/2). Selbstverlag Berlin, 1971, 16 Seiten.

15. Allgemeine Probleme der Stadterneuerung

Abel, A.
Regeneration der Städte. Verlag f. Architektur Artemis Erlenbach/Zürich, 1950, 95 Seiten.

Albers, G.
Was wird aus der Stadt. Aktuelle Fragen der Stadtplanung. (= Serie Piper Nr. 27). Piper Verlag München, 1972, 127 Seiten.

Albers, G. - Conrads, U. - Dittus, W. u.a.
Fragen der Stadterneuerung. (= Städtebauliche Beiträge des Inst.f. Städtebau und Wohnungswesen der Dt. Akad.f. Städtebau und Landesplanung H.1/1966). Selbstverlag des Instituts f. Städtebau und Wohnungswesen der Dt. Akad.f. Städtebau und Landesplanung, München 1966.

Aspekte
der Stadterneuerung. (= Schriften des Dt. Verbandes für Wohnungswesen, Städtebau und Raumplanung e.V. H.73). Selbstverlag Köln-Mülheim, 1967, 178 Seiten.

Bahrdt, H.P. - Herlyn, U. - Schaufelberger, H.J.
Innenstadt und Erneuerung. Eine soziologische Analyse historischer Zentren mittelgroßer Städte. Unter Mitarbeit von H. Faßhauer und B. Martwich. (= Schriftenreihe Städtebauliche Forschung des Bundesministers f. Städtebau und Wohnungswesen Bd.03.007). Selbstverlag Bonn/Bad Godesberg, 1972, 597 Seiten.

Becker - Keim
Wahrnehmung in der städtischen Umwelt als Impuls für kollektives Handeln. (= Veröff.d.Inst.f. Städtebau der Dt. Akad.für Städtebau und Landesplanung Berlin Bd.33/5). Selbstverlag Berlin, 1971, 4 Seiten.

Becker, K. - Paul, G.
Stadtkernerneuerung. Planung - Satzung - Bodenordnung. (= Veröff.d.Inst. f. Städtebau der Dt. Akad.f. Städtebau und Landesplanung Berlin Bd.5). Selbstverlag Berlin, 3. Aufl., 1973, 59 Seiten, 18 Abb., mit Satzungs- u. Vertragstexten.

Bernoulli, H.
Die organische Erneuerung unserer Städte. Ein Vorschlag unterbreitet den städtischen Parlamenten und Behörden. (= Aufbau-Sonderhefte 9). Verlag Wepf u. Co. Basel, 1942, 72 Seiten. Verlag J. Hoffmann Stuttgart, 2. erw. Aufl., 1949, 48 Seiten.

Bielenberg, W.
Allgemeine Anforderungen an gesunde Wohnverhältnisse. Ein rechtswissenschaftl. Gutachten insbesondere im Hinblick auf die Voraussetzungen für die städtebauliche Sanierung. (= Schriftenreihe d. Ges.f. Wohnungs- und Siedlungswesen e.V.). H. Christians Verlag Hamburg, 1968, 95 Seiten.

Bihr, W. - Veil, J. - Marzahn, K.
Sanierung. Planung und Vorbereitung. (= Teil 1 der Ergänzungslieferung zu W. Bihr, J. Veil, K. Marzahn, Die Bauleitpläne.) Krämer Verlag Stuttgart, 1973, ca. 40 Seiten.

Birkhold, H.
Vorschriften über die Stadt- und Dorferneuerung. Stand Okt. 1971. Hammonia Verlag Hamburg, 1972, 452 Seiten.

Brunne, K.
Formwerte der Altstadt. Hrsg.: Landesamt für Baupflege Münster. (= Mitteilungen zur Baupflege in Westfalen H.22). Selbstverlag Münster, 1971, 14 Seiten, zahlr. Qu.

Brunne, K.
Altstadtsanierung und Bewahrung alten Baugutes. Hrsg. Landesamt für Baupflege Münster. (= Mitteilungen zur Baupflege in Westfalen H.23). Selbstverlag Münster, 1971, 23 Seiten, zahlr. Bild. u. Grundr.

Bundt, W.
Probleme der Sanierungsvorbereitung. (= GEWOS-Schriftenreihe Neue Folge H. 2). H. Christians Verlag Hamburg, 1970, 20 Seiten.

Bundt, W. - Roosch, H.
Sanieren - aber wie? Eine Systematik der Vorbereitung städtebaulicher Sanierungsmaßnahmen. (= GEWOS-Schriftenreihe Neue Folge H. 6). H. Christians Verlag Hamburg, 1972, 288 Seiten, Abb., Tab., Übers., Lit. und 1 Faltbl.

Dahlhaus
Probleme der Gewerbebetriebe bei der Stadterneuerung in Berlin. (= Veröff.d.Inst.f. Städtebau der Dt. Akad.f. Städtebau und Landesplanung Berlin Bd. 31/4). Selbstverlag Berlin, 1970, 9 Seiten.

Diederich, J. - Sijbrandij, F.N. - Koller, P.
Bereitschaft der Bevölkerung zur Erneuerung von Orten und Ortsteilen. (= Schriftenreihe "Städtebauliche Forschung" des Bundesministers für Städtebau und Wohnungswesen Bd. 03.006). Bonn/Bad Godesberg/Melsungen, 1972, 403 Seiten.

Dittrich, G.G.
Handel und Stadterneuerung. (= Studienhefte des SIN-Städtebauinstituts Nürnberg H. 19). Selbstverlag Nürnberg, 1967, 33 Seiten, 3 Tab.

Dix, H.
Gesellschaftspolitische Ziele der Stadterneuerung. (= Veröff.d.Inst.f. Städtebau der Dt. Akad.f. Städtebau und Landesplanung Berlin Bd. 31/10). Selbstverlag Berlin, 1970, 14 Seiten.

Dörge, H.
Das Recht der Denkmalpflege in Baden-Württemberg. Erläuternde Textausgabe mit ausführlicher Einleitung. Kohlhammer Verlag Stuttgart, 1971, 224 S.

Dokumentation
Denkmalpflege und Wiederverwendung historischer Bauwerke. Literatur 1957 - 1972. Hg. von der Dokumentationsstelle für Bautechnik in der Fraunhofer Gesellschaft Stuttgart, Selbstverlag 1973, Nr. N 1821, 39 nachgew. Titel.

Duwendag, D.
Internationale Finanzierungsmethoden und -praktiken: Wohnungsbau, Instandhaltung, Modernisierung und Stadterneuerung (Sanierung). (= Sonderdrucke d.Inst.f. Siedlungs-u. Wohnungswesen Münster Bd.37). Selbstverlag Münster, 2. Aufl., 1968, 110 Seiten.

Eekhoff, J.
Nutzen-Kosten-Analyse der Stadtsanierung. Methoden, Theorien. (= Europäische Hochschulschriften. Reihe V. Volks-u. Betriebswirtschaft Bd.47). Verlag P. Lang Frankfurt/M., 1972, 230 Seiten.

Einsatz
der elektronischen Datenverarbeitung bei der Entwicklung und Prüfung eines Modells zur Bestimmung des Angebots an Gewerbe- und Dienstleistungsflächen im Rahmen der Stadterneuerung, dargestellt aufgrund einer Bestandsaufnahme in einem typischen Fall. Hrsg.: Techn. Univ. Berlin, Lehrstuhl f. Stadt- u. Regionalplanung, Arb.gr.f. Regionalplanung. Berlin 1969, 118 Seiten, Abb., Lit.Anh. A-C.

Einsele, M.
Stadterneuerung dargestellt am Beispiel Hattingen. (= projekt Bd.9). Krämer Verlag Stuttgart/Bern, 1971, 60 Seiten, 45 Abb.

Epping, G.
Städtebaulicher Erneuerungsbedarf und Infrastruktur. Ein methodischer Beitrag zur Erfassung und Bewertung der Beziehungen zwischen städtebaulicher Erneuerung und Infrastruktur. (= Beiträge zum Siedlungs- u. Wohnungswesen und Zur Raumplanung Bd.7), hg. vom Inst.f. Siedlungs- und Wohnungswesen Münster. Selbstverlag Münster, 1973, VI und 195 Seiten, 10 Abb.

Erneuerung
unserer Städte. (= Neue Schriften des Deutschen Städtetages H.6). Kohlhammer Verlag Stuttgart/Köln, 1960, 223 Seiten.

Ernst, K.H. - Wolff, W.
Stadtsanierung - Hauserneuerung. Planerische Aufgabe, sozialer Prozess. Verlag A. Koch Stuttgart, 1973, 207 Seiten, zahlr. Bild., Sk., Grundr., Pläne.

Ernst, W.
Rechtliche und wirtschaftliche Probleme der Erneuerung unserer Städte und Dörfer. (= Vorträge und Aufsätze des Inst.f. Siedlungs- u. Wohnungswesen der Westfäl. Wilhelms-Univ. Münster H.17). R. Müller Verlag Köln-Braunsfeld, 1965, 32 Seiten.

Ernst, W. u.a.
Sanierung und Raumbedeutung der kreisangehörigen Stadt. Verlag O. Schwartz Göttingen, 1963, 74 Seiten.

Evers, H.U.
Bauleitplanung, Sanierung und Stadtentwicklung. Recht, Instrumentarium, Verfahren und Sicherung der Bauleitplanung. Goldmann Verlag München, 1973, 160 Seiten.

Fickel, F. - Ott
Absatzwirtschaftliche Grundlagen zur Stadtsanierung. (= Veröff.d.Inst.f. Städtebau der Dt. Akad.f. Städtebau u. Landesplanung Berlin Bd.31/3). Selbstverlag Berlin, 1970, 15 Seiten.

Fickel, F.
Gewerbeplanung bei der Stadterneuerung. (= Veröff.d.Inst.f. Städtebau der Dt. Akad.f. Städtebau und Landesplanung Berlin Bd.40/8). Selbstverlag Berlin, 1973, 10 Seiten.

Zur Finanzierung
der Stadterneuerung. Untersuchung zur Finanzierung von Sanierungsmaßnahmen und Folgerungen für das künftige Städtebauförderungsgesetz.
(= Schriftenreihe des Dt. Verbandes für Wohnungswesen, Städtebau und Raumplanung e.V. H.69). Selbstverlag Köln/Mülheim, 1966, 66 Seiten.

Die Finanzierung
der Stadt- und Dorferneuerung. Mit Beiträgen von G. Grünewald, H. Langer, Dr. H. Lowinski, Dr.A.Steiger, A. Vietor und einer Einführung von Dr.J.Heuer. (= Vorträge und Aufsätze d. Inst.f. Siedlungs- u. Wohnungswesen d. Univ. Münster, Bd.15). Selbstverlag Münster, 1965, 64 Seiten.

Foramitti, H. - Leisching, P.
Wiederbelebung historischer Stadtviertel. Die Lösung in Frankreich als mögliches Vorbild. (= Stud.z. Denkmalschutz u. Denkmalpflege). Verlag Böhlau Graz/Köln, 1965, 58 Seiten.

Forßmann, J. - Knoch, P.
DIPLASP - Planspiel: Entwicklungsmaßnahme nach dem Städtebauförderungsgesetz. Hrsg.: Inst.f. Städtebau und Wohnungswesen der Dt. Akad.f. Städtebau und Landesplanung. Selbstverlag München, 1973, 20 Seiten, zahlr. Qu., Anh.

Gebhard, H.
System, Element und Struktur in Kernbereichen alter Städte, dargest. an der Stadt Dinkelsbühl und den Nachbarstädten Rothenburg o.d.T., Nördlingen und Donauwörth. (= Schriftenreihe der Institute für Städtebau der THen 2). Krämer Verlag Stuttgart/Bern, 1969, 100 Seiten, 58 Abb.

GEWOS (Hg.)
Grundlagen eines Bewertungssystems zur Beurteilung von Sanierungserfordernissen. (= Schriftenreihe d. Ges.f. Wohnungs- u. Siedlungswesen e.V. 39). H. Christians Verlag Hamburg, 1966, 31 Seiten.

Göderitz, J.
Sanierung erneuerungsbedürftiger Baugebiete. Untersuchung von Wohnbaugebieten in Berlin und Hannover. (= neues bauen - neues wohnen H.1, Schriftenreihe des Bundesmin.f. Wohnungsbau). Krämer Verlag Stuttgart in Komm., 1960, 126 Seiten.

Göderitz, J.
Sanierungsbedürftige Wohnungen in der Bundesrepublik Deutschland. Bauliche und städtebauliche Erneuerung und Sanierung von Stadt und Dorf. Untersuchungen über die Erhebungen zur Feststellung des sanierungs- u. erneuerungsbedürftigen Wohnungsbestandes in der Bundesrepublik Deutschland. (= neues bauen - neues wohnen H.5, Schriftenreihe des Bundesmin. für Wohnungswesen und Städtebau) Bad Godesberg 1966, 129 Seiten.

Göderitz, J.
Stadterneuerung. Organisatorische, rechtliche und wirtschaftliche Voraussetzungen für die Sanierung ungesunder Wohngebiete. Bauverlag Wiesbaden, 1962, 128 Seiten, 30 Abb.

Gockel - Dannebom - Brandt - Stedtler
Stadt- und Dorferneuerung in der Praxis. Erfahrungen aus der Praxis der Stadt- und Dorferneuerung in Nordrhein-Westfalen. Verlag für Wirtschaft und Verwaltung H. Wingen Essen, 1967, 106 Seiten, Kt., Pl., Abb., Tab., Lit.

Heikoff, J.M. - Sturm-Kegel - Speer, A.
Die Zukunft unserer Städte in einer grossen Gesellschaft. Stadterneuerung in den USA - Der Stand der Luftreinhaltung in den USA und Europa-Die Innenstadtsanierung von Philadelphia. (= Studienhefte des Städtebauinstituts Nürnberg H.11). Selbstverlag SIN Nürnberg, 1966, 38 Seiten.

Herlyn, U. - Schaufelberg, H.-J.
Innenstadt und Erneuerung. Eine soziologische Analyse historischer Zentren mittelgroßer Städte. (= Städtebauliche Forschung. 03.007). Bundesministerium für Städtebau und Wohnungswesen Bonn/Bad Godesberg, 1972, 597 Seiten, zahlr. Abb., Tab. u. Qu.

Heuer, J.
Neue Städte und Slumsanierung in Deutschland. Hg. v. Inst. f. Siedlungs- und Wohnungswesen d. Westf. Univ. Münster, R. Müller Verlag Köln-Braunsfeld, 1959, 118 S.

Hess, B.
Methoden zur Abgrenzung von Sanierungsgebieten. Voruntersuchung zur Abgrenzung erneuerungsbedürftiger Baugebiete im Hinblick auf die Anwendung des Städtebauförderungsgesetzes. Erstellt im Auftrag der Stadt Nürnberg o.J. (1971). Masch. Manuskript 178 Seiten Text, Lit.

Hiller
Die Berücksichtigung des Gewerbes bei der Vorbereitung der Stadterneuerung. (= Veröff.d.Inst.f. Städtebau der Dt. Akad.f. Städtebau und Landesplanung Berlin Bd. 31/6). Selbstverlag Berlin, 1970, 11 Seiten.

Hövelborn, P. - Kubach, H.P. - Schäfer, H. Ch.
Bibliographie Stadterneuerung - Sanierung. (= Veröff. des Städtebaulichen Instituts der Universität Stuttgart, Selbstverlag Stuttgart, o.J. (1972/73), 42 Seiten.

Hollatz, H.T.
Beurteilung der baulichen Sanierungsbedürftigkeit von Wohngebieten. Diss. TH Braunschweig, 1959, 118 Seiten.

Hollatz, J. W.
Probleme der Stadterneuerung. Dokumentation des aus Anlass der Deutschen Bauausstellung DEUBAU 66 im September 1966 in Essen veranstalteten Internationalen Baukongresses. (= Schriftenreihe des Vereins Deutsches Bauzentrum H. 3). Vulkan Verlag D.W. Classen, Essen, 1967, 78 Seiten mit 61 Bildern.

Iben, G.
Menschen unterm Planquadrat. Sozialpolitische und sozialpädagogische Aspekte der amerikanischen Stadterneuerung, Verlag Hanser München, 1971, 176 Seiten.

Isenberg, G.
Volkswirtschaftliche Voraussetzungen der Erneuerung in Stadt und Land. (= Veröff.d.Inst.f. Städtebau der Dt. Akad.f. Städtebau und Landesplanung Berlin Bd. 13/8). Selbstverlag Berlin, 1964, 2. Aufl., 10 Seiten.

Jacobs, J.
Stadt im Untergang (The Economy of Cities). Thesen über den Verfall von Wirtschaft und Gesellschaft in Amerika. Aus dem Amerik. von E. Ortmann. Ullstein Verlag Berlin, 1973, 266 Seiten.

Jacobs, J.
Tod und Leben großer amerikanischer Städte. (= Bauwelt Fundamente H.4).
Übers.v.E. Gärtner. Bertelsmann Verlag Berlin, gekürzte Ausgabe, 1971,
224 Seiten, 4 Abb.

Jahrbuch
für Geschichte der oberdeutschen Reichsstädte. Hg. v.d. Arbeitsgemeinschaft
für reichsstädtische Geschichtsforschung, Denkmalpflege u. bürgerschaftl.
Bildung, Redaktion O. Borst. (= Esslinger Studien Bd.17). Selbstverlag
Stuttgart, 1971, 208 Seiten.

Jürgensen, J.
Wohnungsbau und Stadtentwicklung. (= GEWOS-Schriftenreihe N.F.1).
H. Christians Verlag Hamburg, 1970, 24 Seiten.

Ketter, A.
Technik der Altstadtsanierung. (= Sammlung Wichmann 2). Verl.d. Allg.
Vermessungsnachrichten H. Wichmann Bad Liebenwerda/Berlin, 1935, 76 S.

Korte, J.W.
Grundlagen der Straßenverkehrsplanung in Stadt und Land. Bauverlag Berlin/
Wiesbaden, 2. erw. Aufl., 1960, etwa 800 Seiten, rd. 517 Abb. u. graph.
Darst.

Krämer, H.L.
Wohnen in der Altstadt von Trier. Empirisch-soziologische Untersuchung
des Instituts für empirische Soziologie der Univ. Saarbrücken. (= Bericht
Nr. II zur "Altstadterneuerung der Stadt Trier"). Auftraggeber Stadt
Trier. Selbstverlag 1973, 76 Seiten.

Kühne-Büning, L.
Sanierungsgebiete und ihre Bewohner im rheinisch-westfälischen Industriegebiet. (= Neues Bauen - neues Wohnen. Schriftenr.d.Bundesmin.f.Wohnungs-
wesen, Städtebau u. Raumordnung, 3). Forsch.arb.im Auftr.d. Bundesmin.f.
Wohnungswesen, Städtebau u. Raumordnung, durchgef.v.Inst.f. Siedlungs-
u. Wohnungswesen d.Univ. Münster. Krämer Verlag Stuttgart, 1962, 96 Seiten, Kt., Pl., Abb., Tab., Lit.

Küppers, H.
Die Finanzierung der Sanierungs- und Entwicklungsmaßnahmen nach dem
Städtebauförderungsgesetz. (= Veröff.d.Inst.f. Städtebau der Dt. Akad.
f. Städtebau und Landesplanung Berlin Bd. 38/5). Selbstverlag Berlin,
1972, 10 Seiten.

Kunzmann, K.R.
Grundbesitzverhältnisse in historischen Stadtkernen und ihr Einfluss
auf die Stadterneuerung. (= Schriftenr.der österr. Gesellschaft für Raumplanung und Raumforschung Bd. 16). Springer Verlag Wien, 1972, 175 S.

Lauritzen, L.
Städtebau und Stadterneuerung. Vortrag am 24. Mai 1968 in Helgoland.
(= Kleine Schriften des Deutschen Verbandes f. Wohnungswesen, Städtebau und Raumplanung 5). Anh.: Literaturnachweis über Städtebau und Stadterneuerung (Bau- u. Bodenrecht), bearb.v.L. Mainczyk. Köln, 1968, 32 S.

Laux, E. - Mausbach, H.
Stadtsanierung - Organisation und Durchführung. Düsseldorf 1965.

Lehle
Erfahrungen mit der städtebaulichen Sanierung in ländlichen Gemeinden, Ergebnisse eines Forschungsvorhabens des Bundesmin. für Städtebau und Wohnungswesen. (= Veröff.d.Inst.f. Städtebau der Dt. Akad.f. Städtebau und Landesplanung Berlin Bd. 33/3). Selbstverlag Berlin, 1971, 9 Seiten.

Literaturzusammenstellung
Stadtzentren - Erneuerung und Strukturwandel - Literatur ab 1965 bis 1969. Stand Dezember 1969, hg. vom Deutschen Verband f. Wohnungswesen, Städtebau und Raumplanung e.V. Köln-Mülheim, Selbstverlag, 233 Titel, 18 Seiten.

Ludwig, G.
Möglichkeiten und Probleme der Anwendung von Nutzen-Kosten-Analysen bei Projekten der Wohngebietssanierung. (= Sonderdrucke d. Inst.f. Siedlungs- u. Wohnungswesen d.Univ. Münster Bd.52). Selbstverlag Münster, 1972, 265 Seiten.

March, W. - Balg, I.
Umsetzung von Gewerbebetrieben im Sanierungsgebiet Kreuzberg von Berlin. Eine wirtschaftliche und soziologische Untersuchung. Mit Beihilfe des Senators für Wirtschaft und im Benehmen mit dem Senator für Bau- und Wohnungswesen von Berlin. Berlin, 1967, 287 Seiten, zahlr.Bild., Pl., Kt., Tab. u. graph.Darst., Diagr.u. Grundr., 82 Qu.

Mausbach, H.
Die Planung der Stadtkernerneuerung. Ein Erfahrungsbericht mit sechs Beispielen aus Mittel- und Kleinstädten. Krämer Verlag Stuttgart, 1972, 88 Seiten, 45 Fotos, 125 Zeichn., 5 Tab.

Mielke, F.
Fremdenverkehr, Altstadt und Denkmalpflege. (= Kleine Schriften d. Dt. Verbandes f. Wohnungswesen, Städtebau u. Raumplanung 44). Stadtbau Verlag GmbH. Bonn, 1971, 23 Seiten.

Müller-Trudrung, J.
Die regionale Zentrenstruktur als Entwicklungsrahmen für die Stadterneuerung. (= Veröff.d.Inst.f. Städtebau d. Dt.Akad.f. Städtebau und Landesplanung Berlin Bd. 31/9). Selbstverlag Berlin, 1970, 18 Seiten.

Neue Zentren
in alten Städten - Stadtsanierung. (= architektur wettbewerbe Bd. 71). Krämer Verlag Stuttgart/Bern, 1972, 104 Seiten, rd. 130 Abb.

Osgood, F.W.
A bibliography for a program for continuous renewal of our cities and metropolitan regions: a design for improvement management, decision-making and action. (= Exchange bibliography 184). Hg.: Council of Planning Librarians. Monticello, Ill. 1971, 42 Seiten.

Papageorgiou, A.
Historische Stadtkerne. Studien zu ihrer Erhaltung und über ihre Rolle im künftigen Raumgefüge. Diss. Berlin 1970, zugleich: Stadtkerne im Konflikt. Die historischen Stadtkerne und ihre Rolle im künftigen räumlichen Gefüge. Wasmuth Verlag Tübingen, 1970.

Paschke, U.K.
Die Idee des Stadtdenkmals. Ihre Entwicklung und Problematik im Zusammenhang des Denkmalpflegegedankens. Mit einer Darstellung am Einzelfall: der Stadt Bamberg (= Erlanger Beiträge zur Sprach- und Kunstwissenschaft Bd.45). H. Carl Verlag Nürnberg, 1972, 203 Seiten.

Patellis, S. - Kikitas-Pokora, D.
Stadtumbau - Stadtsanierung. Bestandsaufnahme und Planung. (= Entwurf und Planung 15). Hg.: Paulhans Peters. Callwey Verlag München, 1973, 119 Seiten, zahlr. Abb.

Pfeil, E.
Soziologische Gesichtspunkte zur Sanierung. (= Veröff.d.Inst.f. Städtebau d.Dt.Akad.f. Städtebau und Landesplanung Berlin Bd. 13/4). Selbstverlag Berlin, 2. Aufl.,1964, 13 Seiten.

Querschnittsuntersuchungen
über Methoden der Bauleitplanung im Hinblick auf die städtebaulichen Sanierungs-, sonstigen Erneuerungs- und Entwicklungsmaßnahmen sowie über finanzpolitische Möglichkeiten der praktischen Verwirklichung von Dorferneuerung. Ergebnisber.bearb.i.Inst.f. Städtebau, Siedlungswesen u. Kulturtechnik d.Univ.Bonn. Bonn 1968, 146 Seiten, Abb., Tab., Lit. (Maschinenschriftl. vervielf.)

Rauda, W.
Die historische Stadt im Spiegel städtebaulicher Raumkulturen. Ein Beitrag zum Gestaltwandel und zur Regenerierung der europäischen Stadt. Verlag Patzer Sarstedt/Hannover/Berlin, 1969, 116 Seiten mit Abb. u. Ktn.

Reinhard, E.
Die Sanierung der Altstädte. (= Schriftenreihe zur Frage der Arbeitsbeschaffung.Bautechn. Reihe Nr. 11). Polygraphischer Verlag AG. Zürich, 1945, 267 Seiten.

Rettet unsere Städte jetzt!
Vorträge, Aussprachen und Ergebnisse d. 16. Hauptversammlung d. Deutschen Städtetages vom 25.-27. Mai 1971 in München. (= Schriften d.Dt. Städtetages H. 28). Kohlhammer Verlag Köln, 1971, 247 Seiten.

Sanierung
von Städten und Dörfern in Bayern. Eine Ausstellung über die Sanierung von Städten und Dörfern und den Sanierungsablauf nach dem Städtebauförderungsgesetz mit Beispielen aus Bayern. Hrsg.: Bayerisches Staatsministerium des Innern, Oberste Baubehörde. Selbstverlag München, 1973, 105 S., zahlr. Bild. u. Pl.

Schaufelberger, H.-J.
Soziologische Analyse alter Mittelstadtzentren und Erneuerung. (= Veröff.d.Inst.f. Städtebau d. Dt.Akad.f. Städtebau und Landesplanung Berlin Bd. 40/2). Selbstverlag Berlin, 1973, 18 Seiten.

Schmidt, H. - u.a.
Gestaltung und Umgestaltung der Stadt. VEB Verlag für Bauwesen Berlin/Ost, 1970, 256 Seiten, 200 Abb.

Schmidt-Brümmer, H. - Lee, F.
Die bemalte Stadt. Initiativen zur Veränderung der Straßen in den USA. Beispiele in Europa. Du Mont Verlag Köln, 1973, 198 Seiten, zahlr. Abb.,Qu.

Schmidt-Relenberg, N. - Feldhusen, G. - Luetkens, Ch.
Sanierung und Sozialplan. Mitbestimmung gegen Sozialtechnik. Callwey
Verlag München, 1973, 138 Seiten, 16 Seiten Abb.

Schoof, H.
Die Altstadt als Sanierungsgebiet. Das Beispiel Ettlingen. (= Schriftenr.
der Institute für Städtebau der THs und Universitäten 4). Krämer Verlag
Stuttgart/Bern, 1969, 104 Seiten, 10 Abb., 12 Taf., 24 Pl.

Schuster, G.
Ermittlung eines Bewertungsrahmens für raumbezogene Erneuerungsmaßnahmen.
Beitr. z. Klärung d. Bewertungsmethodik i.d. Raumplanung. Diss. Fak. f.
Bauwesen der TU Braunschweig. 1969, 99, XXIII S. Abb., Tab., Lit., Reg.

Schwedler, R.
Die Aufgaben der Stadt- und Dorferneuerung. (= Schriften des Dt. Verbands
f. Wohnungswesen, Städtebau u. Raumplanung e.V. H.62). Selbstverlag Köln-
Mülheim, 1965, 55 Seiten.

Sellmann, M.
Neue bodenrechtliche Vorschriften für die städtebauliche Sanierung. Allg.
Bemerkungen u. bes. Erläuterungen zu den §§ 19 bis 23 des Entwurfs für
ein Städtebauförderungsgesetz. (= Schriften des Zentralverbandes d. Dt.
Haus- und Grundeigentümer H.25). Verlag Dt. Wohnungswirtschaft Düssel-
dorf, 1969, 66 Seiten.

Seminarberichte 1969
Stadtsanierung. Rahmenthema der Vortragsfolge im Seminar des Lehrstuhls
f. Städtebau und Landesplanung, Univ. Karlsruhe. Selbstverlag Karlsruhe,
1969, 173 Seiten, 10 Schem., 2 Diagr., 8 Tab., 10 Pl., zahlr. Qu., als
Manuskript gedruckt.

Siedler, W.J. - Niggemeyer, E.
Die gemordete Stadt. Abgesang auf Putte und Straße, Platz und Baum.
Verlag Herbig München, 3. Aufl., 1967, 192 Seiten mit vielen Fotos.

Sijbrandij, F.N.
Ermittlung der Erneuerungsbereitschaft in Gemeinden mit Sanierungsab-
sichten. (= Veröff.d.Inst.f. Städtebau d. Dt. Akad.f. Städtebau und Landesplanung Berlin Bd.33/7). Selbstverlag Berlin, 1971, 6 Seiten.

SIN (Hg.)
Neue Siedlungen und alte Viertel. Städtebaulicher Kommentar aus der
Sicht der Bewohner. Deutsche Verlagsanstalt Stuttgart, 1973, 246 Sei-
ten, 50 Abb.

Stadtentwicklung
und Stadterneuerung. Tagung v. 8.-10.4.1968 in Bad Boll. Hrsg.: Evang.
Akad., Pressestelle. (= Ev. Akademie, Pressestelle, Protokolldienst
Nr. 26). Bad Boll, 1968, 110 Seiten, Abb. (Maschinenschriftl. vervielf.)

Stadterneuerung
Aufgaben, Methoden und Verfahren. Bayerischer Städteverband München,
1969, 32 Seiten.

Stadterneuerung
in der Bundesrepublik Deutschland. Beitrag zum 28. Weltkongress des
Internationalen Verbandes für Wohnungswesen in Tokio. (= Schriftenreihe
des Dt. Verbandes für Wohnungswesen, Städtebau und Raumplanung e.V.
H. 63). Selbstverlag Köln-Mülheim, 1966, 52 Seiten Text, 20 Seiten
Bilder.

Stadterneuerung
und gemeinnützige Wohnungswirtschaft. Gesamt-Exposé. Eine zukunftsweisende Orientierungshilfe für Wohnungsbauer. (= Die gemeinnützige Wohnungswirtschaft H.31). Hrsg.: Österr. Verband gemeinn. Bau-, Wohnungs- und Siedlungsvereinigungen. Selbstverlag Wien, 1973.

Stadterneuerung
und der private Haus- und Grundbesitz. (= Schriftenreihe des Zentralverbandes der Deutschen Haus- u. Grundbesitzer H.6). Selbstverlag Düsseldorf, 1961, 70 Seiten, Abb.

Stadt- und Dorf-
erneuerung. Dokumentation ü.d.Seminar d. Bundesmin.f. Städtebau und Wohnungswesen, Bonn 9.-11-6-1970.(= Materialien z. Städtebauförderungsgesetz). Hrsg.: Bundesmin.f. Städtebau u. Wohnungswesen in Verb.mit d. Dt. Verb.f. Wohnungswesen, Städtebau u. Raumplanung e.V. Stadtbau-Verlag Bonn, 1970, 4 Bde., Kt., Abb., Reg.

Stadt- und Dorf-
erneuerung in der Praxis. Erfahrungen aus der Praxis der Stadt- und Dorferneuerung in Nordrhein-Westfalen. Verlag für Wirtschaft u. Verwaltung H. Wingen Essen, 1967, 106 Seiten, 15 Bild., 1 Pl., 15 Qu.

Stadt- und Gemeinde-
erneuerung. Hrsg.: Institut für Städtebau und Raumordnung Stuttgart. (= Schriften des Instituts für Städtebau und Raumordnung Stuttgart Bd.2). Kohlhammer Verlag Stuttgart/Berlin/Köln/Mainz, 1967, 112 Seiten, 16 Taf., 4 Diagr., 4 Übers.-Kt., 6 Grundr.

Städteerneuerung
und Eigentumsordnung. Vorträge und Diskussionsbeiträge der verwaltungswiss. Arbeitstagung der Hochschule für Verwalungswissenschaften Speyer vom 25.-27.9.1963. (= Schriftenreihe der Hochschule Speyer H. 21). Verlag Duncker u. Humblot Berlin, 1964, 268 Seiten.

Stadtzentren
Beiträge zur Umgestaltung und Neuplanung. Autorenkollektiv: K. Andrä, J. Greiner, G. Kirchherr u.a. Hrsg.: Dt. Bauakademie, Inst. für Städtebau u. Architektur. (= Schriftenreihe Städtebau u. Architektur H.6.) Deutsche Bauinformation Berlin/Ost, 1967, 178 Seiten, Pl, Abb., Tab., Qu.

Stahnke, S.
Zur Bodenordnung in förmlich festgelegten Sanierungsgebieten. (= Veröff.d.Inst.f. Städtebau der Dt. Akad.f. Städtebau und Landesplanung Berlin Bd.43/4). Selbstverlag Berlin, 1972, 12 Seiten.

Stanjek, U.
Mitwirkungsbereitschaft Sanierungsbetroffener und Auswirkungen auf die Durchführung der Sanierungsmaßnahmen. Diplomarbeit am Lehrstuhl für Städtebau und Landesplanung der Univ. Karlsruhe (G. Lammers).Karlsruhe 1972, Masch. Manuskript.

Storck, L. - Jürgensen, H.
Stadterneuerung und Bodenrecht in der BRD. Wirtschaftswachstum und Stadtstruktur. Stadtbau-Verlag Bonn, 1970, 35 Seiten.

Studnitz, H.G.v. - Mausbach, H. - Dorow, R.
Städtebau - Stadterneuerung. (= Schriften des Zentralverbandes der Dt. Haus- und Grundeigentümer e.V.17). Selbstverlag Düsseldorf, 1966, 51 Seiten, Abb.

Tiemann, M.
Die Bewertung von Grundstücken in Sanierungs- u. Entwicklungsgebieten nach dem Städtebauförderungsgesetz. (= Veröff.d.Inst.f. Städtebau d. Dt. Akad.f. Städtebau und Landesplanung Berlin Bd.38/6). Selbstverlag Berlin, 1972, 30 Seiten.

Triebel, W. - Kräntzer, K.R. - Kothe, B.
Die Erneuerung einer Wohnanlage durch Verdichtung. Beispiel Hannover-Leinhausen. (= Informationen aus der Praxis - für die Praxis Nr.20). Hg. vom Bundesminister für Städtebau und Wohnungswesen, Bonn/Bad Godesberg 1970, 119 Seiten.

Troidl, H.
Stadtsanierung und Stadtentwicklung. Leitfaden. Verlag Rauch München, 1971, 30 Seiten.

Uhlig - Schaechterle - Dittrich
Städtesanierung und Verkehrsplanung - Stadterneuerung in den USA - Anwendung der Erfahrungen in Deutschland - Verkehrsplanung im Rahmen der Stadterneuerung in den USA und Deutschland - Stadterneuerung - Aufgabe der Stadtentwicklung in Deutschland. (= Studienhefte des SIN-Städtebauinst. Nürnberg H.26). Selbstverlag Nürnberg, 1968, 52 Seiten, 24 Abb.

Veil, J. - Trieb, M.
Neue Zentren in alten Städten - Stadtsanierung. (= architektur wettbewerbe H.71). Krämer Verlag Stuttgart, 1972, 104 Seiten, 130 Abb.

Vieregge, R.
Sozialökonomische Grundlagen der Stadtsanierung. Dargestellt am Beispiel eines Problemgebietes in Münster/Westf. Hrs.: Inst.f. Siedlungs- und Wohnungswesen der Univ. Münster. (= Sonderdruck des Inst.f. Siedlungs- u. Wohnungswesen 48). Münster 1969, 495 Seiten, 122 Tab., 16 Abb., 32 Kt.

Vogt, K.
Zur Rentabilität von Maßnahmen der Stadt- und Dorferneuerung. (= Weltwirtsch. Stud.a.d.Inst.f. Europ.Wirtsch.pol.d.Univ. Hamburg H.12). Verlag Vandenhoeck u. Ruprecht Göttingen, 1969, 169 Seiten, Abb., Tab., Lit.

Wagner, G.
Die Mitwirkung des Sanierungsträgers bei der Sanierung. (= Veröff.d.Inst. f. Städtebau der Dt. Akad.f. Städtebau u. Landesplanung Berlin Bd.40/1). Selbstverlag Berlin, 1973, 12 Seiten.

Walter, K. - Albers, G. - Abreß, H. u.a.
Städtebauförderungsgesetz, Stadterneuerung und Stadtentwicklung. (= Arbeitsblätter des Inst.f. Städtebau und Wohnungswesen der Dt. Akad.f. Städtebau und Landesplanung 1/1971). Institut für Städtebau und Wohnungswesen der Dt. Akademie für Städtebau und Landesplanung, Selbstverlag München, 1972, 246 Seiten.

Wörner, D.
Analyse verschiedener Sanierungsarten und ihre Auswirkungen auf die Struktur der Stadt. Diplomarbeit am Lehrstuhl für Städtebau und Landesplanung G. Lammers, Karlsruhe 1968. Masch. Manuskript.

Wurzer, R. (Hg.)
Funktionswandel und Gestaltungsprobleme in Stadtkernen - Gestaltungsprobleme des ländlichen Raumes. Raumplanungsseminare 1965 u. 1966. (= Schriftenreihe d. Inst.f. Städtebau, Raumplanung u. Raumordnung TH Wien Bd.8). Selbstverlag d.Inst.f. Städtebau, Raumplanung u. Raumordnung Techn. Hochsch. Wien, 1969, 140 Seiten, Pl., Abb., Tab., Res.engl.

Zapf, K.
Rückständige Viertel. Eine soziologische Analyse der städtebaulichen Sanierung in der BRD. Europäische Verlagsanstalt Frankfurt, 1969, 257 Seiten.

Zapf, K.
Soziologische Aspekte der Wohngebietssanierung. (= Veröff.d.Inst.f. Städtebau der Dt. Akad.f. Städtebau und Landesplanung Berlin). Selbstverlag Berlin, 2. Aufl., 17 Seiten.

Zur Rekonstruktion
der Stadtzentren. 1. Kolloquium für Städtebau an der Hochschule für Architektur und Bauwesen Weimar 1960. Selbstverlag der Hochschule für Architektur und Bauwesen Weimar, 1962, 114 Seiten.

16. Einrichtung von Fußgängerzonen

Abel, A.
Regeneration der Städte - des Villes - Of Towns. Mit Zeichnungen und
Mitarbeit von W. Eichberg. Verlag für Architektur Erlenbach Zürich,
1950, 96 Seiten.

Assmann, K.
Zentrale Fußgängerbereiche. Eine Dokumentation im Auftrag des Münchner
Forum. Hrsg. vom "Münchner Bauforum" e.V. im Auftrag des Münchner Forums.
(= Münchner Bauforum Nr.3). Selbstverlag München, 1969, 150 Seiten.

Die "autogerechte"
und "autolose" Stadt. Hrsg.: Aufbaugemeinschaft Bremen. Selbstverlag
Bremen, 1973, 68 Seiten, zahlr. Abb.

Bahrdt, H.P. - Herlyn, U. - Schaufelberg, H.J.
Innenstadt und Erneuerung. Eine soziologische Analyse historischer Zentren mittelgroßer Städte. Unter Mitarbeit von H. Faßhauer und B. Martwich.
(= Schriftenr. "Städtebauliche Forschung" des Bundesministers für Städtebau und Wohnungswesen Bd. 03.007). Selbstverlag Bonn/Bad Godesberg,
1972, 597 Seiten.

DIHT (Hg.)
Für Fußgänger. Erfahrungen mit autofreien Geschäftsstraßen. (= Schriftenreihe des Deutschen Industrie- und Handelstages H.136). DIHT Selbstverlag
Bonn, 1973, 33 Seiten.

Dokumentation
Fußgängerbereiche und fahrzeugfreie Zonen. Literatur 1967-1972. Hg. von
der Dokumentationsstelle für Bautechnik in der Fraunhofer-Gesellschaft
Stuttgart. (= N 1824). Selbstverlag Stuttgart, 1972, 45 nachgewiesene
Titel.

Freytag, N. - Vajna, O.
Fußgängerzonen. Erfahrungen aus wirtschaftlicher Sicht. (Bremen, Essen,
Den Haag, Hamburg, Kiel, Hannover, Köln, München, Nürnberg, Oldenburg,
Amsterdam, Rotterdam, Wien). Kammer der Gewerblichen Wirtschaft, Selbstverlag Wien, 1972, 185 Seiten.

Fußgängerschutz
in den USA. (= Straßenverkehr H.7). ADAC-Verlag München, 1971, 39 Seiten
mit Abb.

Fußgänger-Unterführungen
Hg. von der Vereinigung schweizerischer Straßenfachmänner, Selbstverlag
Zürich, 1968, 95 Seiten mit Abb.

Fußgänger-Unterführungen
Richtlinien und Arbeitsgrundlagen, hg. vom Tiefbauamt der Stadt Zürich,
Selbstverlag Zürich, 1970, 40 Bl.

Garbrecht, D.
Pedestrian movement: a bibliography. Hrsg.: Council of Planning Librarians. (= Exchange bibliography Nr.225). Monticello, Ill., 1971, 27 S. Maschinenschr. vervielf.

Hartenstein, W. - Liepelt, K.
"man" auf der Straße. (= Veröffentlichungen des Inst.f. angewandte Sozialwissenschaft Bad Godesberg Bd.1). Europäische Verlagsanstalt Frankfurt/M., 1961, 154 Seiten.

Heidemann, C.
Gesetzmäßigkeiten städtischen Fußgängerverkehrs. Diss. TH Braunschweig 1966. (= Heft 68 N.F. Forschungsarbeiten aus dem Straßenwesen). Kirschbaum Verlag Bad Godesberg, 1967, 143 Seiten mit 36 Abb., Lit.-Ang.

Hallbauer, W.
Strukturwandel in Stadt und Land. Probleme und Ausblicke. (= Veröff.d. Akademie f. Raumforschung und Landesplanung, hg.v.K.Brüning, Abhandl., Bd.34). Dorn Verlag Bremen-Horn, 1958, 154 Seiten.

ingesta (Hg.)
Kaufen und Parken. (= Beiträge zur Gewerbeplanung H.2). Hg. vom Institut Gewerbebetriebe im Städtebau, Selbstverlag Köln, 2. Aufl., ca. 1966, 27 Seiten.

Kirsch, H.
Leistungsfähigkeit und Dimensionierung von Fußgängerüberwegen. Diss. TH Aachen 1963 und (= Straßenverkehr und Straßenverkehrstechnik H.33). Hrsg.: Bundesminister für Verkehr, Abt. Straßenbau Bonn, 1964, 48 S. mit Abb.

Leitsätze
für die Erschließung von Fußgängerbereichen durch öffentliche Verkehrsmittel. Hrsg.: Verband Öffentlicher Verkehrsbetriebe Selbstverlag Köln, 1973, 13 Seiten.

Linde, R.
Fußgängerschutz in Städten. (= ADAC-Schriftenreihe Straßenverkehr Nr.3). ADAC Verlag München, 1966, 88 Seiten.

Ludmann, H. - Adrian, H.
Fußgängerbereiche in deutschen Städten. Beispiele und Hinweise für die Planung. Zsgest. von der Planerzusammenkunft des Deutschen Städtetages. Deutscher Gemeindeverlag/ Kohlhammer Verlag Köln, 1972, 112 Seiten, 150 Pl. u. Abb.

Literaturzusammenstellung
Fußgängerzonen. Bearb.von D. Manger, M. Andras in der Dokumentationsstelle des Instituts f. Wohnungs- u. Planungswesen, hg. vom Institut für Wohnungs- u. Planungswesen - Gottlob Binder Institut e.V. - und dem Deutschen Verband f. Wohnungswesen, Städtebau u. Raumplanung e.V. Köln. Selbstverlag Köln-Mülheim, Stand Oktober 1973, 338 Titel auf 27 Seiten.

Marschall, G.
Fußgängerwege in der Innenstadt. Habilitationsschrift Hannover 1951, 196 Seiten mit Abb.

Müller, P.
Fußgängerverkehr in Wohnsiedlungen. Diss. TH Darmstadt 1971, zugl.:
(= Straßenbau und Straßenverkehrstechnik H.121). Hg. von der Bundes-
anstalt für das Straßenwesen Köln, 1971, 94 Seiten, Abb., Tab.

Oeding, D.
Verkehrsbelastung und Dimensionierung von Gehwegen und anderen Anlagen
des Fußgängerverkehrs. (= Schriftenreihe Straßenbau und Straßenverkehrstechnik H.22). Hg.v. Bundesminister für Verkehr Abt. Straßenbau Bonn,
Sternstr.100, 1963, 62 Seiten.

Papageorgiou, A.
Historische Stadtkerne. Studien zu ihrer Erhaltung und über ihre Rolle
im künftigen Raumgefüge. Diss. Berlin 1970, 176 Seiten.

Peters, P.
Stadt für Menschen. Ein Plädoyer für das Leben in der Stadt. Callwey
Verlag München, 1973, 192 Seiten.

Petzoldt, H.
Innenstadt - Fußgängerverkehr - Räumliche Verteilung und funktionale
Begründung am Beispiel der Nürnberger Altstadt. (= Nürnberger wirtschafts-
und sozialgeographische Arbeiten 21). Selbstverlag Nürnberg, 1974,
288 Seiten, 36 Karten, 26 Tab.

Richards, B.
Stadtverkehr von Morgen. Callwey Verlag München, 1970, 110 Seiten,
146 Fotos u. Zeichn.

Richtlinien
für Anlagen des Fußgängerverkehrs, Ausgabe 1972. Köln: Forschungsgesellschaft für das Straßenwesen, Arbeitsgruppe Planung u. Verkehr - Stadtstraßen. Selbstverlag Köln, 1972, 44 Seiten.

Richtlinien
für Verkehrserhebungen. Hg. von der Forschungsgesellschaft für das
Straßenwesen e.V. Arbeitsausschuß"Verkehrszählungen," Ausgabe 1970.
Selbstverlag Köln, 1970, 112 Seiten.

Scholz, G.
Planung von Fußgängerverkehrsanlagen. Im Auftrag des Hessischen Ministers
für Wirtschaft und Verkehr. Selbstverlag Wiesbaden, 1963. Masch.Man.

Schubert, H.
Planungsmaßnahmen für den Fußgängerverkehr in den Städten. (= Heft 56
Straßenbau u. Straßenverkehrstechnik, hrsg. Bundesminister f. Verkehr
Abt. Straßenbau Bonn). Zu beziehen über Bundesanstalt für Straßenwesen
Köln-Raderthal, 1967, 70 Seiten mit Lit.-Verz.

Stadtzentren
Fußgängerbereiche. Town Centres - Pedestrian Areas. Mit Beiträgen von
J.C. Kirschenmann, B. Winkler. (= architektur wettbewerbe Bd.75). Krämer
Verlag Stuttgart/Bern, 1973, 96 Seiten.

Zweite Fußgängerebene. Städtebauliche, technische und rechtliche Voraussetzungen. Bearb.: Lenz Planen + Beraten GmbH, Ges.für technische, wirtschaftliche und soziologische Umweltplanung. Wiesbaden 1969, 118 Seiten.

Weeber, H.
Als Fußgänger beim Einkauf in der City. Leistungsbereitschaft, Zeitaufwand und beeinflussende Faktoren. (= Veröff.d. Forschungsgemeinschaft Bauen und Wohnen, Stuttgart, H.97). Diss. Stuttgart, 1973, 156 Seiten.

VII. Wohnbauplanung und -gestaltung
1. Wohnungsbau als Teil des Städtebaus

Achterberg, G. - Heckmann, H.
Erschließung von Wohngebieten - Anwendung neuer Verfahren. (= Berichte aus der Bauforschung H.67). Ernst Verlag Berlin/München, 1970, 64 Seiten, 80 Abb., 13 Zahlentafeln.

Albach, H. - Ungers, O.-M.
Optimale Wohngebietsplanung. Bd.1 Analyse, Optimierung und Vergleich der Kosten städtischer Wohngebiete. Betriebswirtschaftl. Verlag Gabler Wiesbaden, 2. Aufl. 1972, 410 Seiten.

Albers, C. - Herlyn, U. - Morgen, A. u.a.
Städtebau und Wohnungswesen. (= Städtebauliche Beiträge des Inst. für Städtebau u. Wohnungswesen der Dt. Akademie für Städtebau und Landesplanung 1/1971). Institut für Städtebau und Wohnungswesen der Deutschen Akademie für Städtebau und Landesplanung, Selbstverlag München, 1971, 191 Seiten.

Beck - Erlang - Lünz
Stadt- und Wohnbau 1980. (= Projekt 12). Krämer Verlag Stuttgart, 1973, ca. 60 Seiten, Abb.

Becker, H. - Ritter, J.
Wohnungsbau und Stadtentwicklung. Demonstrativbauvorhaben des Bundesministeriums für Wohnungswesen und Städtebau. Verlag Fackler München, 1967, 246 Seiten mit Abb., Kt.

Culemann, C.
Funktion und Form in der Stadtgestaltung. (= Veröffentlichungen der Akad. für Raumforschung und Landesplanung, Abhandlungen Bd. 31). Dorn Verlag Bremen-Horn, 1956, 69 Seiten, 33 Abb.

Coordes, C.
Stadtplanung - Wohnbau. (= architektur-wettbewerbe 65). Krämer Verlag Stuttgart, 1971, 98 Seiten mit zahlr. Fotos u. Plänen.

Dittrich, G.G. (Hg.)
Wärmeversorgung von Wohngebieten. (= Die Stadt, Schriftenreihe des Städtebauinstituts Nürnberg). Deutsche Verlagsanstalt Stuttgart, 1972, 178 Seiten.

Duntze, K.
Der Geist der Städte baut. Planquadrat - Wohnbereich - Heimat. Radius Verlag Stuttgart, 1972, 224 Seiten, 25 Abb.

Enzenhofer, R.
Hangbebauung. (= Österreich. Institut für Bauforschung, Forschungsbericht 82). Selbstverlag des Österreichischen Instituts für Bauforschung Wien, 1973, 74 Seiten, 34 Abb., 15 Tab.

Gassner, E.
Erschließung und Bebauung von Hang- und Hügelgelände. (= Materialsammlung Städtebau H.3). Dümmler Verlag Bonn, 1971, 32 Seiten, 28 Abb.

Göderitz, J.
Besiedlungsdichte, Bebauungsweise und Erschließungskosten im Wohnungsbau. Bauverlag Wiesbaden/Berlin, 1954, 102 Seiten.

Heuer, J.H.B.
Infrastrukturelles Bauen. Hrsg.: Deutscher Verband für Wohnungswesen, Städtebau u. Raumplanung e.V. (= Schriften zur Sozialökologie Bd.5). Stadtbauverlag Bonn, 1972, 51 Seiten.

Ikonnikow, A.W.
Gestaltung neuer Wohngebiete. Verlag für Bauwesen Berlin/Ost, 1970, 156 Seiten.

Jürgensen, H.
Wohnungsbau und Stadtentwicklung. (= GEWOS Schriftenreihe Neue Folge H.1). H. Christians Verlag Hamburg, 1970, 23 Seiten.

Keller, R.
Bauen als Umweltzerstörung. Alarmbilder einer Un-Architektur der Gegenwart. Verlag f. Architektur Artemis Zürich, 1973, 192 Seiten, Abb.

Ludmann, H.
Von der Wohnzelle zur Stadtstruktur. Technische Rationalisierung und Umweltgestaltung. (= Projekt, Ideen für die Umwelt von morgen Bd.4). Krämer Verlag Stuttgart/Bern, 1968, 455 Seiten.

Müller, G.F.
Besiedlung von Hanglagen. (= Arbeitsgemeinschaft zur Verbesserung der Agrarstruktur in Hessen (AVA) H.27). Arbeitsgem. z. Verbesserung der Agrarstruktur in Hessen Wiesbaden, o.J., 142 Seiten, zahlr. Abb., Pl., Qu.

Neuzeitliche
Siedlungs- und Wohnformen. Beispiele aus dem Städtebauprogramm des Landes Nordrhein-Westfalen. Hrsg.: Der Minister f. Landesplanung, Wohnungsbau und öffentliche Arbeiten des Landes Nordrhein-Westfalen. Verwaltungs-Verlag München, 1967, 157 Seiten, zahlr. Fotos, Skizzen und Entwürfe.

Schmidt, W. - Wehner, B. - Flender, A. u.a.
Die Stadt unserer Erwartungen. Bauen und Planen für den modernen Menschen. (= Schriften des Dt. Verbandes f. Wohnungswesen, Städtebau u. Raumplanung H.75). Stadtbauverlag Köln/Bonn, 1968, 141 Seiten.

Studien
zur Wohnungswirtschaft und Städtebau. Gedenkschrift für O. Kämper. Mit Beiträgen von J. Fischer-Dieskau, O. Kämper, O.v. Nell-Breuning, H. Jaschinski, K. Schneider, L. Kühne-Büning, H.J. Seraphim, J. Heuer, N. Cremer. (= Sonderveröffentlichungen des Inst.f. Siedlungswesen u. Wohnungswesen Münster). Verlagsgesellschaft R. Müller Köln-Braunsfeld, 1963, 232 Seiten.

Thormann-Wirz, E. - Thormann, F.
Wohnort Halen. Fotos von L. Bezzola, Anhang mit engl./franz. Text. Hatje Verlag Stuttgart, 2. Aufl., 1973, 120 Seiten.

Wertheim-Wartberg
Wohnanlage am Hang mit Geschoßflächenzahl 0,5. (= Schriftenreihe Versuchs-und Vergleichsbauten und Demonstrativmaßnahmen, Informationen aus der Praxis für die Praxis des Bundesmin.f. Raumordnung, Bauwesen und Städtebau Bd. 01.043). Selbstverlag Bonn/Bad Godesberg, 1973, 162 Seiten, Abb.

Wohnen
in neuen Siedlungen. Demonstrativbauvorhaben der Bundesregierung.
Hrsg. vom Bundesminister f. Wohnungswesen, Städtebau und Raumordnung.
(= neues bauen - neues wohnen Bd.4). Krämer Verlag Stuttgart, 1965,
166 Seiten.

Wohnkultur
und Städtebau. Die gesellschaftliche Aufgabe der Weckung des Gemein-
schaftsbewußtseins und ihre Bedeutung für Städtebau und Wohnkultur.
Von W. Forstmann - Community Development in New Towns, von L.E. White.
(= Vorträge und Aufsätze d. Inst.f. Siedlungs- und Wohnungswesen der
Univ. Münster Bd.13). Selbstverlag Münster, 5. Aufl., 1963, 58 Seiten.

Wohnquartiere -
Neue Städte. (= Baumeister Querschnitte I). Callwey Verlag München,
1966, 104 Seiten, Abb. u. Pläne.

Wohnungswirtschaft
und Städtebau der Zukunft. Mit Beiträgen von J. Brüggemann, A. Flender,
A. Machtemes, H.K. Schneider, K.G. Specht, F. Tamms, G. Thiel, W. Zinkahn
und einem Diskussionsbericht von D. Duwendag, G. Ludwig und H. Mrosek.
(= Beiträge und Untersuchungen d. Inst.f. Siedlungs- und Wohnungswesen
der Univ. Münster, NF der Materialiensammlung Bd.71). Selbstverlag Münster,
1968, 168 Seiten.

1.1. Wohnwünsche der Bevölkerung

Baumann, R. - Zinn, H.
Kindergerechte Wohnungen für Familien. Hg. vom Eidgenöss. Büro für
Wohnungsbau. (= Schriftenreihe Wohnungsbau 23 d). Bern 1973, 172 Seiten.

Dittrich, G.G. (Hg.)
Menschen in neuen Siedlungen, Befragt - gezählt. (= Die Stadt, hg. vom
SIN-Städtebauinstitut Nürnberg). Deutsche Verlagsanstalt Stuttgart, 1972,
190 Seiten.

EMNID-Institut
Wohnwünsche und Wohnaufwand. (" Emnid-Informationen"). Emnid-Institut
Selbstverlag Bielefeld, 1964.

Freisitzer, K.
Wohnverhältnisse und Wohnwünsche in Graz. Hg. vom Statistischen Amt des
Magistrats der Stadt Graz und dem Institut für empirische Soziologie
und Statistik der Univ. Graz. Graz, 1965.

Fürstenberg, F. - Mayer, K.
Wohnverhältnisse und moderne Lebensformen. Der Einfluß der Wohnverhältnisse auf die Heranbildung moderner Lebensformen. Vom Bundesministerium
für Bauten und Technik geförderte Untersuchung der Forschungsgesellschaft
für Wohnen, Bauen und Planen. (= Schriftenreihe der Forschungsgesellschaft
für Wohnen, Bauen und Planen H.48). Selbstverlag Wien, 1972, 40 Seiten.

GEWOS
Wohnungsverhältnisse und Tendenzen des Wohnverhaltens im Hamburger Wirt-
schaftsraum. Ergebnisse einer Modell-Erhebung. Hrsg.: Ges.f. Wohnungs- u.
Siedlungswesen e.V. Hamburg 1968, II, 88 Seiten, Kt., Tab., Anh.: 13 Bl.
Tab. Maschinenschriftl. vervielf.

Glance, R. - Freund, E.C.
The urban environment and residential satisfaction with an emphasis on
new towns - An annotated bibliography (Die städtische Umwelt und die Wohn-
befriedung unter besonderer Berücksichtigung Neuer Städte - eine kommentierte Bibliographie. (= Exchange Bibliography. Council of Planning
Librarians.429). Monticello, Ill.: Council of Planning Librarians, 1973,
72 S.

Hannover
aus der Sicht seiner Bevölkerung. Erg. einer Repräsentativerhebung
1969/70. Bearb. R.G. Wieting, P. Deckert. Hrsg.: Landeshauptstadt Hannover, Ref.f. Stadtentwicklung. Hannover, 1971. 4 Bände. Maschinenschriftl.
vervielf.

Hönigschmied, H.
Wohnwünsche und Wohnerfahrungen im Raum Innsbruck. Aus dem Forschungs-
programm der Österr. Gesellschaft zur Förderung von Landesforschung und
Landesplanung (ÖGLL) Wien. Selbstverlag Wien, 1963.

Hövelborn, P. - Martell, E.
Sozialpsychologie im Städtebau. Interesse - Emanzipation - Anstoß zur
Alternative. Hg. vom Institut für Städtebau der TH Stuttgart, 1973,
31 Seiten. Maschinenschriftl. vervielf.

Kistner, K.P.
Faktorenanalyse und Wohnwert. Diss. rer. pol. Bonn 1969, 101 Seiten.

Klein, H.-J.
Wohneigentum in der Stadtregion. Eine soziologische Analyse eigentumsbezogener Wohnerfahrungen und Wohnerwartungen. (= Karlsruher Studien zur Regionalwissenschaft H.3). Selbstverlag des Instituts für Regionalwissenschaft der Universität Karlsruhe, 1970, III, 269 Seiten, Tab., Übers., Lit.

Kluth, H. - Pfeil, E. - Trautwein, F.
Die gesellschaftlich bedingten Veränderungen in den Wohnpräferenzen. Gutachten der unabhängigen Kommission für den Aufbauplan der Freien und Hansestadt Hamburg. Hamburg 1966.

Krall, G. - Rosenmayr, L. - Schimka, A. - Strotzka, H.
Wohnen in Wien. Ergebnisse und Folgerungen aus einer Untersuchung von Wiener Wohnverhältnissen, Wohnwünschen und städtischer Umwelt. Im Auftrage der Abt. für Landes- u. Stadtplanung des Magistrates der Stadt Wien. (= Der Aufbau, Monographie Nr.8). Wien, 1956, 108 Seiten.

Laage, G. - Herr, M.W.
Die Wohnung von heute für Ansprüche von morgen. Definition und Entwicklung e.dt. Wohnungsstandards. (= GEWOS-Schriftenr. N.F.5). Christians Verlag Hamburg, 1971, 130 Seiten, Abb., Tab., Lit.

Meyer-Ehlers, G.
Raumprogramme und Bewohnererfahrungen. Krämer-Verlag Stuttgart, 1971, 144 Seiten, 54 Abb., zahlr. Tab.

Meyer-Ehlers, G.
Wohnerfahrungen. Ergebnisse einer Wohnungsuntersuchung. Unter Mitarbeit von Ch. Reichert und M. Haussknecht.- Bauverlag Wiesbaden/Berlin, 1963, 283 Seiten, Pl., Abb., Tab., Lit., Anh.: Kt.

NEUE HEIMAT
Zufrieden - Ergebnis einer Repräsentativbefragung von Neue Heimat-Mietern. (= NEUE HEIMAT Nr. 6, Seite 1 - 6). Verlag NEUE HEIMAT Hamburg, 1966.

Pfeil, E.
Wohnwünsche der Bergarbeiter. Soziologische Erhebung. Deutung und Kritik der Wohnvorstellungen eines Berufes. (= Soziale Forschung und Praxis Bd. 12). Verlag Mohr Tübingen, 1954, 121 Seiten.

SIGMA-Institut
Wie wollen junge Leute wohnen? Aus einer Untersuchung des Sigma-Instituts für angewandte Psychologie und Marktforschung Berlin-Zehlendorf. (= Mein Eigenheim 1969, Nr. 4, S. 138 - 144). Verlag "Mein Eigenheim" Ludwigsburg, Wüstenrothaus, 1969.

Silbermann, A.
Vom Wohnen der Deutschen. Eine soziologische Studie über das Wohnerlebnis. Westdeutscher Verlag Köln/Opladen, 1963, 261 Seiten Frankfurt/M. 1966. (= Fischer Bücherei Bd.730).

SIN
Neue Siedlungen und alte Viertel. Städtebaulicher Kommentar aus der Sicht der Bewohner. Hrsg.: SIN-Städtebauinstitut - Forschungsgesellschaft Nürnberg. (= Die Stadt). Deutsche Verlagsanstalt Stuttgart, 1973, 246 Seiten, 39 Abb., 88 Tab.

Thürstein, U.
Die Wohnwünsche der Bundesbürger. 2 Bände. Gutachten erstellt im Auftrage des Bundesministeriums des Innern, Bearbeitung divo inmar, Gesellschaft für Marktforschung, Marktplanung und Marketing Beratung in Frankfurt. Selbstverlag divo inmar Frankfurt/Main, 1972, Bd. I = 199 Seiten, Bd. II: = 175 Seiten.

Trebuth, G.
So möchte ich wohnen. Ergebnisse einer wohnungswirtschaftlichen Befragung der Bevölkerung in 11 deutschen Städten. Hg. von der NEUEN HEIMAT. Verlag NEUE HEIMAT Hamburg, 1955, Bd. I = 129 Seiten, Bd. II = 259 Seiten (Tabellenteile).

Waterhouse, Alan
Die Reaktion der Bewohner auf die äussere Veränderung der Städte.
de Gruyter Verlag Berlin/New York, 1972, 181 Seiten.

Weeber, R.
Eine neue Wohnumwelt. Beziehungen der Bewohner eines Neubaugebietes am Stadtrand zu ihrer sozialen und räumlichen Umwelt. Krämer Verlag Stuttgart/Bern, 1971, 184 Seiten, 2 Abb., 16 Diagr., 53 Tab.

Wohnungsbauumfrage
des Deutschen Familienverbandes Freiburg. Hg. Dt. Familienverband, Kreisverband Freiburg, Selbstverlag 1973, 18 Seiten. Masch.Man.

1.2. Verdichtungsprobleme in neuen Wohngebieten

Albach, H. - Ungers, O.M.
Optimale Wohngebietsplanung. Bd.1: Analyse, Optimierung und Vergleich der Kosten städtischer Wohngebiete. Unter Mitarbeit von K. Viebering, A. Tönjes, M. Wegener. Forschungsauftrag des Bausenators Berlin. Bauverlag Wiesbaden, 1969, 384 Seiten, Pl., Abb., Tab., Übers.lt.

Beck, G.
Freiraumbedarf als Grundlage zur Planung und Bewertung von Wohnsiedlungen. (= Schriftenreihe Techn.Univ. Berlin H.14). Patzer Verlag Hannover, o.J., 47 Seiten, 9 Abb., 3 Tab., 9 Qu.

Bley, W. - Bensemann, K.-H.
Planungsgrundlagen für dichte Wohnbebauungen in Hanglagen. (= Städtebauliche Forschung, Schriftenr. des Bundesministers für Raumordnung, Bauwesen und Städtebau Bd. 03.015). Bonn/Bad Godesberg, 1974, 245 Seiten.

Dahlhaus, J. - Marx, D.
Flächenbedarf und Kosten von Wohnbauland, Gemeinbedarfseinrichtungen, Verkehrsanlagen und Arbeitsstätten. (= Veröff.d.Akad.f. Raumforschung u. Landesplanung, Beitr., Bd.2). Verlag Jänecke Hannover, 1968, VIII, 47 Seiten, Tab., Lit.

Dichteprobleme
in Landesplanung und Städtebau. Eine Vortragsreihe der Landesgruppe Nordrhein-Westfalen, Düsseldorf. (= Mitteilungen der Dt. Akademie für Städtebau u. Landesplanung, 11. Jahrg.), Sonderausgabe 1967, Bacht-Verlag Essen, 132 Seiten.

Faller, P. - Schröder, H. - Armansberg, F.v. - Schellenberg, H. - Stein, K.
Städtebauliche Verdichtung durch terrassierte Bauten in der Ebene. Beispiel Wohnhügel. (= Schriftenreihe des Bundesministers f. Raumordnung, Bauwesen und Städtebau "Städtebauliche Forschung" Bd.03.009). Bonn/Bad Godesberg 1973, 376 Seiten, zahlr. Abb. u. Qu.

Gerberding-Wiese, J.
Dichtewert und Freiflächenzahl im Städtebau. Diss. Aachen 1968, 132 Seiten mit Abb.

Göderitz, J.
Besiedlungsdichte, Bebauungsweisen und Erschließungskosten im Wohnungsbau. Bauverlag Wiesbaden/Berlin, 1954, 102 Seiten.

Ikonnikow, A.W.
Gestaltung neuer Wohngebiete. Verlag f. Bauwesen Berlin/Ost, 1970, 156 Seiten, 113 Abb.

Kistner, K.P.
Faktorenanalyse und Wohnwert. Diss. Bonn 1969, 101 Seiten.

Konzentration
und Verdichtung in Wohngebieten. Funktionelle, organisatorische und wirtschaftliche Probleme der Entwicklung städtischer Wohngebiete. (= Schriftenreihen d. Bauforschung, Städtebau u. Architektur H.27). Verlag f. Bauwesen Berlin/Ost, 1969.

Kress, S. - Rietdorf, W.
Wohnen in Städten. Planung und Gestaltung der Wohngebiete. Hrsg. Bauakademie der DDR. Inst.f. Städtebau und Architektur. VEB Verlag f. Bauwesen Berlin/Ost, 1973, 288 Seiten, 351 Abb., 100 Taf., Qu.

Nagel, S. - Linke, S. (Hg.)
Reihenhäuser - Gruppenhäuser - Hochhäuser. Verdichtete Wohnformen.
(= DBZ-Baufachbücher Bd.20). Bertelsmann Verlag Gütersloh, 1970, 208 Seiten mit 600 Abb.

Petyka, H.
Verdichteter Flachbau. (= Neues Bauen - Neues Wohnen Bd.8). Krämer Verlag Stuttgart, 1970, 76 Seiten, 99 Abb.

Pohl, P.
Richtwerte für die Erschließung von größeren Wohnsiedlungen. (= FBW-Blätter, Aus der Forschung - für die Praxis). Hg. von der Forschungsgemeinschaft Bauen und Wohnen Stuttgart, Folge 6, 1970, 5 Seiten.

Rissel, H.
Agglomeration und Erschließungsaufwand. (= Beitr.a.d.Inst.f. Verkehrswiss. an d. Univ. Münster H.70). Verlag Vandenhoeck u. Ruprecht Göttingen, 1973, 212 Seiten, Abb., Tab., Lit.

Ronningen, J.
Residential densities (Wohndichten). (= Exchange Bibliography. Council of Planning Librarians.416). Monticello, Ill.: Council of Planning Librarians, 1973, 43 S.

Stadtplanung
Wohnbau (Town planning, housing). mit Beitr.v. E. Sharon, C. Coordes u.a. (= Architekturwettbewerbe Nr.65). Krämer Verlag Stuttgart, 1971, 115 Seiten mit Abb. u. Kart.

Stadt-
und Wohnstruktur. (= IB-Heft 12). Vulkan Verlag Essen, 1973, 72 Seiten, 92 Abb.

Städtische Wohngebiete
Historische Entwicklung - internationale Tendenzen - Konzeption. Hrsg. Dt. Bauakad. Inst.f. Städtebau u. Archit. Berlin, (= Dt. Bauinform.), 1967, 114 Seiten, 78 Abb., 93 Qu.

Teichgräber, W.
Ermittlung der Gesamtkosten neuerer Wohnanlagen unterschiedlicher Bebauungsdichte unter bes. Berücksichtigung der Erschließungs- u. Stellplatzkosten. (= Forschungsarbeiten aus dem Straßenwesen H.88). Kirschbaum Verlag Bonn/Bad Godesberg, 1972, 92 Seiten.

Triebel, W. - Achterberg, G. - Heckmann, H. - Richter, G.
Wirtschaftliche Erschließung neuer Wohngebiete. Maßnahmen und Erfolge. Querschnittsbericht über Untersuchungen und Erfahrungen bei Demonstrativbauvorhaben des Bundesministeriums f. Wohnungswesen und Städtebau. (= Informationen aus der Praxis - für die Praxis Nr. 11). Hg. vom Bundesmin.f. Wohnungswesen und Städtebau. Selbstverlag Bad Godesberg, 1966, 97 Seiten.

Triebel, W. - Kräntzer, K.R. - Kothe, B.
Die Erneuerung einer Wohnanlage durch Verdichtung. Beispiel Hannover - Leinhausen. (= Informationen aus der Praxis - für die Praxis Nr.20). Hg. vom Bundesminister f. Städtebau und Wohnungswesen. Selbstverlag Bad Godesberg, 1970, 119 Seiten.

Wächter, K.
Wohnen in der städtischen Agglomeration des 20. Jahrhunderts. (= Schriftenreihe d. Inst.f. Städtebau H.7). Krämer Verlag Stuttgart, 1971, 77 Seiten, 84 Abb.

Wandersleb, H. (Hg.)
Handwörterbuch des Städtebaues, Wohnungs- u. Siedlungswesens. Kohlhammer Verlag Stuttgart, 1959, 3 Bände, 1884 Seiten.

Weiß, E.
Neue Stadtteile. Rückblick und Ausblick. (= Schriftenreihe Wege zur neuen Stadt der Stadt Frankfurt). Europäische Verlagsanstalt Stuttgart, 1966, 20 Seiten Text, 40 Taf.

Wiener Institut f. Standortberatung (Hg.)
Wirtschaftliche Folgeeinrichtungen für Wohngebiete. Hg. vom Inst. für Stadtforschung. Verlag Jugend und Volk Wien, 1973, 30 Seiten.

Wohnen in neuen Gebieten
(= architektur wettbewerbe Bd.69). Krämer Verlag Stuttgart, 1972, 110 Seiten, 234 Abb.

Wohnquartiere -
Neue Städte. (= Baumeister-Querschnitte Bd.1). Callwey Verlag München, 1966, 104 Seiten, zahlr. Abb.u. Pläne.

Wohnungswesen
Städtebau, Raumplanung in der Bundesrepublik Deutschland. Hrsg. mit Förderung des Herrn Bundesministers f. Wohnungsbau. (= Schriftenreihe des Deutschen Verbandes f. Wohnungswesen, Städtebau u. Raumplanung H.44). Selbstverlag Köln, 1960, 54 Seiten, Tab., Lit.

1.3. Hochhaus

Aregger, Hans - Claus, Otto
Hochhaus und Stadtplanung - Highrise building and urban design - Maisonstours et Urbanisme. Hrsg. Schweizer Vereinigung f. Landesplanung. (Résumé in engl. u. franz. Sprache). Verlag für Architektur Artemis Zürich, 1967, 220 Seiten, zahlr. Bild., Grundr. u. Handskizz., 1 Tab. der Durchschnittswerte, 1 Tab. d. Analysen.

Bergtold, Fritz
Die Turmstadt - Vorschlag für die Stadt von übermorgen. Verlag J. Schneider Berlin, 1965, 120 Seiten.

Döscher, Helmut
Hochhaus und Boden. (=Medizin und Städtebau), hg. von P. Vogler u. E. Kühn, Verlag Urban u. Schwarzenberg Berlin/München/Wien, 1957.

Dokumentation
Hochhäuser, Stahlbeton. Horizontale Kräfte auf ansteigende Scheiben und Kernsysteme. Literatur 1961-1972. Hg. von der Dokumentationsstelle für Bautechnik in der Fraunhofer-Gesellschaft (= Nr. N 1847). Selbstverlag Stuttgart, 1973, 44 nachgewiesene Titel.

Forschungsgemeinschaft Bauen und Wohnen (Hg.)
Das Wohnhochhaus. Hinweise für Planung, Ausführung und Betrieb. (= Heft 68). Bauverlag Wiesbaden/Berlin, 1962, 89 Seiten.

Hassenpflug, G. - Peters, P.
Scheibe, Punkt und Hügel. Neue Wohnhochhäuser. Callwey Verlag München, 1966, 59 Seiten Text, 154 Seiten Abb.

Herlyn, U.
Wohnen im Hochhaus. Eine empirisch-soziologische Untersuchung in ausgewählten Hochhäusern der Städte München, Stuttgart, Hamburg und Wolfsburg. (= Beiträge zur Umweltplanung). Krämer Verlag Stuttgart/Bern, 1970, 275 Seiten.

Kistner, K.P.
Faktorenanalyse und Wohnwert. Diss. Bonn 1969, 101 Seiten.

Nagel, S. - Linke, S. (Hg.)
Reihenhäuser, Gruppenhäuser, Hochhäuser. Verdichtete Wohnformen, hg.v. d. Deutschen Bauzeitschrift. (= DBZ-Baufachbücher Bd.2). Bertelsmann Fachverlag Gütersloh, 2. Aufl., 1970, 207 Seiten, 600 Abb.

Rafeiner, F.
Hochhäuser. Planung - Kosten - Bauausführung. Bauverlag Wiesbaden, 2., völl. neugef. Aufl., 1973, 208 Seiten.

Reuter, T.
Wohnzentren. Projekte und Bauten. Mehrfamilienhäuser, Reihenhäuser, Hochhäuser, Terrassenhäuser. Dt. Verlagsanstalt Stuttgart, 1971, 128 Seiten, etwa 150 Abb., etwa 150 Grundr.

Zumpe, Manfred
Wohnhochhäuser. Band 2: Scheibenhäuser. VEB Verlag für Bauwesen Berlin/
Ost, 1967, 256 Seiten, 228 Bild., Det., Grundr., Schn., graph. Darst.,
68 Qu.

1.4. Flachbau, Einfamilienhaus, Reihenhaus

Baumert, G.-H.
Individuelle Reihenhäuser. (= Veröff.d.Inst.f. Städtebau der Dt. Akad.
f. Städtebau und Landesplanung Berlin Nr.2). Selbstverlag Berlin, 1967,
34 Seiten, 23 Bilder, Lagepläne und Grundrisse, 1 Farbfoto.

Bruckmann, A. - Koller, L.
Bruckmanns 150 Eigenheime. L. Bruckmann Verlag München, 14. veränd. Aufl.,
1969, 128 Seiten, 201 Abb., 239 Pl.

Deilmann, H. - Ridderström, E.
Einfamilienhaus von morgen. (= Reihe "Projekt" Bd.3). Krämer Verlag
Stuttgart, 4. Aufl., 1973, 48 Seiten, 60 Abb.

Einfamilienhäuser
einzeln und in Gruppen. (= Baumeister-Querschnitte Bd.12). Callwey
Verlag München, 1972, 104 Seiten, zahlr. Abb.

Einfamilienhäuser
in der Gruppe. Krämer Verlag Stuttgart, 1965, 144 Seiten, rd. 300 Fotos,
Grundr., Pläne und Schnitte, Text dtsch. u. engl.

Fengler, M. - Neubauer, J.
Modernes Wohnen: Einfamilienhäuser. A. Koch Verlag Stuttgart, 1969,
101 Seiten, 195 Abb., 72 Pläne.

Hoffmann, H.
Neue Einfamilienhäuser. J. Hoffmann Verlag Stuttgart, 2. Folge 1962,
160 Seiten, 317 Abb., 209 Grundr. u. Schnitte.

Kräntzer, K.R.
Grundrißbeispiele für Geschoßwohnungen und Einfamilienhäuser. Nach DIN
18011 Stellflächen, Abstände und Bewegungsfläche im Wohnungsbau sowie
DIN 18022 Küche, Bad, WC und Hausarbeitsraum. Bearb.vom Inst.f. Bauforschung Hannover. (= Schriftenreihe Wirtschaftlich bauen 10). Bauverlag
Wiesbaden/Berlin, 3. durchges. Aufl., 1972, 84 Seiten, 20 Abb., 51 Grundr.

Meyer-Bohé, W.
Ebenerdig wohnen. J. Hoffmann Verlag Stuttgart, 1963, 136 Seiten, 98 Fotos, 56 Pläne, 100 Grundr. und 43 Schaubilder.

Meyer-Bohé, W.
Neue Wohnhäuser. Einfamilienhäuser. Koch Verlag Stuttgart, 1966, 176 Seiten, rd. 240 Abb. und etwa 50 Pläne.

Nagel, S. - Linke, S. (Hg.)
Einfamilienhäuser, Bungalows, Ferienhäuser. Offene Wohnformen, hg.v.d.
dt. Bauzeitschrift. (= DBZ Baufachbücher Bd.1). Bertelsmann Verlag Gütersloh, 2. Aufl., 1969, 212 Seiten, 316 Abb., 135 Grundr. u. Pläne.

Nagel, S. - Linke, S.
Kleine Wohnhäuser, Ferienhäuser, Verbundhäuser. Bertelsmann Verlag Gütersloh, 1972, 206 Seiten, 784 Abb. u. Pläne.

Nagel, S. - Linke, S. (Hg.)
Reihenhäuser, Gruppenhäuser, Hochhäuser. Verdichtete Wohnformen. Hg.v. d. dt. Bauzeitschrift. (= DBZ Baufachbücher Bd.2). Bertelsmann Verlag Gütersloh, 2. Aufl., 1970, 208 Seiten.

Odenhausen, H.
Einfamilienhäuser in Stahlbauweise. Verlag Stahleisen Düsseldorf, 1961, 396 Seiten, 821 Abb.

Peters, P.
Einfamilienhäuser aus 12 Ländern. (= Baumeister-Querschnitte 4). Callwey Verlag München, 1967, 103 Seiten, ca. 270 Bild., Det., Grundr., Schn., Lagepl., graph. Darst.

Pfau - Zietzschmann
33 Architekten - 33 Einfamilienhäuser. Verlag Maier Ravensburg, 1964, 72 Seiten mit vielen Abb.

Ringel, G.K.
Der große Hausbau-Ratgeber. Verlag Moderne Industrie München, 8. Aufl., 1972, 758 Seiten, 150 Abb.

Schwab, G.
db - Einfamilienhäuser 1 - 50. 50 Beispiele moderner Einfamilienhäuser aus der Zeitschrift "db - Deutsche Bauzeitung". Deutsche Verlagsanstalt Stuttgart, 3. Aufl., 1968, 224 Seiten, rd. 700 Abb., Grundr. u. Schn.

Schwab, G.
db - Einfamilienhäuser 51 - 100. Deutsche Verlagsanstalt Stuttgart, 1966, 228 Seiten, rd. 700 Abb. u. Grundr.

Sting, H.
Der Einfamilienhaus-Grundriß als Element integrierter Wohnanlagen. Koch Verlag Stuttgart, 2. neu bearb. Aufl., 1974, etwa 80 Seiten, zahlr. Abb.

Strebel, O. (Hg.)
Der Wochenend-, Ferien- und Zweithaus-Katalog. 150 Ferienhäuser mit Grundrissen, Baubeschreibungen, Bezugsnachweis und Preisen. Fachschriften-Verlag Fellbach, 1973, 267 Seiten, zahlr. Abb.

Triebel, W. - Achterberg, G. - Kräntzer, K.R.
Wohnungen in Demonstrativbauvorhaben. Eine Grundrißsammlung. Teil II: Einfamilienhäuser. (= Informationen aus der Praxis - für die Praxis Nr.13). Hg. vom Bundesminister für Wohnungswesen und Städtebau, Selbstverlag Bad Godesberg, 1967, 136 Seiten, Anl.

Weidert, W.
Einfamilienhäuser - international. Hatje Verlag Stuttgart, 1967, 168 S., 412 Abb., Text deutsch/engl.

Wolff, R.
Das kleine Haus. Callwey Verlag München, 3. überarb. Aufl., 1973, etwa 84 Seiten, zahlr. Abb.

1.5. Moderne Hausformen (Hügel-, Atrium-Terrassenhaus)

Benkert, K.
Terrassenhäuser am Hang. Grundlagen für Entwurf und Konstruktion.
Deutsche Verlagsanstalt Stuttgart, 1974, etwa 137 Seiten, 303 Abb.

Berger, H.
Modernes Wohnen: Neue Folge - Wohnhäuser. A. Koch Verlag Stuttgart, 1970, 120 Seiten, 200 Abb. u. Pläne.

Burckhard, L. - Beutler, U.
Terassenhäuser. (= Werk Buch Bd. 3). Krämer-Verlag Stuttgart/Bern, 1968, 110 Seiten, 215 Abb.

Enzenhofer, R. - Pfeiler, W.
Das Terrassenhaus. (= Österreichisches Institut für Bauforschung, Forschungsbericht 79). Strassen, Chemie und Technik, Verlagsgesellschaft Heidelberg, 1973, 235 Seiten, 79 Abb., 26 Tab.

Faller, P. - Schröder, H.
Städtebauliche Verdichtung durch terrassierte Bauten in der Ebene. Beispiel Wohnhügel. (= Schriftenreihe Städtebauliche Forschung des Bundesmin. f. Raumordnung, Bauwesen und Städtebau, Nr. 03.009). Selbstverlag Bonn, 1973, 360 Seiten.

Hoffmann, O. - Repenthien, Vhr.
Neue urbane Wohnformen. Gartenhofhäuser, Teppichsiedlungen, Terrassenhäuser. Mit einem Abschnitt über Rechtsfragen von R. Flotho. Bertelsmann Fachverlag Gütersloh, 3. überarb. Aufl., 1969, 223 Seiten, 850 Abb.

Hoffmann, H.
Urbaner Flachbau. Reihenhäuser, Atriumhäuser, Kettenhäuser. Hatje Verlag Stuttgart, 1967, 176 Seiten, 233 Abb., 317 Pl. Text deutsch/engl.

Jungk, R. - Filmer, W.
Terrassenturm und Sonnenhügel. Internationale Experimente für die Stadt 2000. Schwann-Verlag Düsseldorf, 1970, 160 Seiten.

Lüdtke, H.
Bauform und Wohnverhalten. Eine Vergleichsuntersuchung der Terrassenhäuser in einer Siedlung des soz. Wohnungsbaus in Hbg.-Eidelstadt.
(= GEWOS-Schriftenreihe, Neue Folge, Heft 8). Hans Christians Verlag Hamburg, 1973, 241 Seiten.

Meyer-Bohe, W.
Neue Wohnformen. Atrium-, Hang- und Terrassenhäuser. Wasmuth-Verlag Tübingen, 1970, 208 Seiten, 411 Abb.

Neue Atriumhäuser
(=Baumeister-Querschnitte Bd.3). Callwey-Verlag München, 1967, 103 Seiten, 128 Bild., ca. 150 Zeichn.

Reuter, T.
Wohnzentren. Projekte und Bauten. Mehrfamilienhäuser, Reihenhäuser, Hochhäuser, Terrassenhäuser. Deutsche Verlagsanstalt Stuttgart, 1971, 128 Seiten, 150 Abb., 150 Grundrisse.

Riccabona, C. - Wachberger, M.
Terrassenhäuser. 60 int. Beispiele. (= Reihe e + p - Entwurf und Planung, Bd. 14). Callwey-Verlag München, 1972, 131 Seiten, rd. 400 Abb.

Ruccius, Bernd - Warhaftig, Myra
Spiel mit Wohnkuben. (= projekt Bd. 7). Krämer-Verlag Stuttgart/Bern, 1970, 60 Seiten.

1.6. Wohnungsbau, Grundrisse, Nutzungen und Gebäudetypen allgemein

Baecker, W.
Eine Betrachtung zu Wohnungsgrundriß, Bevölkerung, Bebauungsweise.
Gemeinnützige Akt.-Ges. für Wohnungsbau Köln. Selbstverlag Köln, 1973,
23 Seiten, zahlr. Pl., Tab., Qu.

BATELLE-Institut
Nutzwertanhebung durch technischen Ausbau. Stufe 1. Künftige Anforderungen an den Nutzwert von Wohnungen. Soziologische Voruntersuchung. (= Schr. reihe Bau- und Wohnforschung des Bundesministers für Raumordnung, Bauwesen und Städtebau. 04.003). Bundesmin.f. Raumordnung, Bauwesen u. Städtebau Bonn/Bad Godesberg, 1973, 143 Seiten, zahlr. Tab.u. Qu.

Baumann, R. - Zinn, H.
Kindergerechte Wohnungen für Familien. Hg. vom Eidgenöss. Büro für Wohnungsbau. (= Schriftenreihe Wohnungsbau 23 d). Bern 1973, 172 Seiten.

Bauzentrum Hamburg (Hg.)
Planen und Bauen mit der SAR-Methode. Selbstverlag Hamburg, 1972, 52 S.

Beck-Erlang - Lünz
Stadt und Wohnbau 1980 (= projekt 12). Krämer Verlag Stuttgart/Bern,
1973, 60 Seiten.

Berger, H.
Modernes Wohnen Neue Folge: Wohnhäuser. Verlagsanstalt A. Koch Stuttgart,
1970, 120 Seiten mit 236 Fotos und 66 Plänen.

Breuhaus de Groot, F.A.
Landhäuser. Wasmuth Verlag Tübingen, 3. Aufl., 1961, 144 Seiten, 150 Abb.

Daub, M.
Fertighäuser und Bauleitplanung. (= Veröff.d.Inst.f. Städtebau der Dt.
Akad.f. Städtebau u. Landesplanung Berlin Nr. 1). Selbstverlag Berlin,
1966, 10 Textseiten, 1 Tab., 18 Diagramme.

Deilmann, H. - Bickenbach, G. - Pfeiffer, H.
Wohnen - Wohnungsbau. Einleit. Beiträge. (= architektur wettbewerbe H.74).
Krämer Verlag Stuttgart, 1973, etwa 100 Seiten, über 200 Abb.

Deilmann, H. - Kirschenmann, J.C. - Pfeiffer, H.
Wohnungsbau. Nutzungstypen, Grundrißtypen, Wohnungstypen, Gebäudetypen.
(= Dokumente der modernen Architektur Bd.8). Krämer Verlag Stuttgart,
1973, 176 Seiten, 385 Abb., 15 Tab. Text deutsch, engl., franz.

Dippel, H.G.
Der Wohnhof. (= Gartenschönheit. Ill. Gartenmagazin f.d. Garten- und Blumenfreund, Liebhaber und Fachmann H.4). Verlag der Gartenschönheit Aachen,
1969, 32 Seiten, 36 Abb.

Dokumentation
Kollektive Wohnformen. Literatur 1970 - 1972. Hg. von der Dokumentationsstelle für Bautechnik in der Fraunhofer Gesellschaft Stuttgart. Selbstverlag Stuttgart, 1972, Nr. N 1803, 53 nachgewiesene Titel.

Frey, R. - Schmidt-Relenberg, N.
Totale Wohnung. (= projekt Bd.1). Krämer Verlag Stuttgart, 1969, 75 S.

Frey, H. - Sutter, U. - Wiegand, J.
Wohnungsbewertung. Ansprüche an Wohnungen und Messung der Wohnungsqualität. Hatje Verlag Stuttgart, 1973, etwa 200 Seiten, viele Tab.

Frommhold, H.
Wohnungsbaunormen. Grundnormen, Gebäudeplanung. Schutzmaßnahmen. Werner Verlag Düsseldorf, 13. Aufl., 1972, 668 Seiten.

Göhnerswil
Wohnungsbau im Kapitalismus. Autorenkollektiv an der Architekturabteilung der ETH Zürich. Eine Untersuchung über die Bedingungen und Auswirkungen der privatwirtschaftlichen Wohnungsproduktion am Beispiel der Vorstadtsiedlung Sunnebüel in Volketswil bei Zürich und der Generalunternehmung E. Göhner AG. Verlagsgenossenschaft Zürich, 3. Aufl., 1972, 242 Seiten, zahlr. Abb.

Hausgruppen
Mehrfamilienhäuser. (= Baumeister-Querschnitte Bd.8). Callwey Verlag München, 1970, 107 Seiten, zahlr. Abb.u. Pläne.

Hoffmann, H. - Repenthien, V.
Neue urbane Wohnformen. Gartenhofhäuser, Teppichsiedlungen, Terassenhäuser. Bertelsmann Verlag Gütersloh, 3. Aufl., 1969, 223 Seiten, 850 Abb.

Hoffmann, H.
Urbaner Flachbau. Reihenhäuser, Atriumhäuser, Kettenhäuser. Hatje Verlag Stuttgart, 1967, 176 Seiten, 233 Abb., 317 Pl. Text deutsch/engl.

Hönisch, M.
Lexikon der Wohnungswirtschaft. Beck Verlag München, 1967, 373 Seiten.

Jelpke, F.
Planungselemente I: Wohnformen und Bauweisen. (= Studienhefte des SIN-Städtebauinstituts Nürnberg H.4). Selbstverlag Nürnberg, 3. überarb. Aufl., 1967, 32 Seiten.

Kleinhäuser
und Bungalows. Verlag de May Lausanne, 1963, 36 Seiten, 63 Abb.

Kräntzer, K.R.
Grundrißbeispiele für Geschoßwohnungen und Einfamilienhäuser. Nach DIN 18011 Stellflächen, Abstände und Bewegungsfläche im Wohnungsbau sowie DIN 18022 Küche, Bad, WC und Hausarbeitsraum. Bearb.v. Institut für Bauforschung Hannover. Bauverlag Wiesbaden/Berlin, 3. durchges. Aufl., 1972, 84 Seiten, 20 Abb., 51 Grundr.

Kräntzer, K.R. - Nicola, G.
Kosten von Wohnungsbauten. Einflüsse der Wohnungsgröße, Geschoßzahl, Hausform und Ausstattung. Verlag W. Ernst u.Sohn Berlin, 1970, 77 Seiten.

Laage, G. - Herr, M.W.
Die Wohnung von heute für Ansprüche von morgen. Definition und Entwicklung eines deutschen Wohnungsstandards. (= GEWOS-Schriftenreihe Neue Folge H.5). H. Christians Verlag Hamburg, 1971, 130 Seiten, 49 Abb.

Lewicki - Karwowski - Pawlikowski
Wohngebäude aus Beton und Stahlbeton. Werner Verlag Düsseldorf, 1971, 274 Seiten, 246 Abb., 19 Tafeln.

Mackay, D.
Kollektiver Wohnungsbau. Hatje Verlag Stuttgart, 1974/75, etwa 200 Seiten, etwa 500 Abb.u. Pläne.

Meyer-Bohe, W.
Apartments - Wohnformen der Großstadt. Verlag A. Koch Stuttgart, 1970, 162 Seiten, 400 Abb.

Meyer-Bohe, W.
Ebenerdig wohnen. J. Hoffmann Verlag Stuttgart, 1963, 136 Seiten, 98 Abb., 56 Pl., 100 Grundr., 43 Schaubilder.

Meyer-Ehlers, G.
Raumprogramme und Bewohnererfahrungen. Planungsgrundlagen für den Wohnungsbau. Krämer Verlag Stuttgart, 1971, 144 Seiten, mit Abb.

Mindestanforderungen
an eine Wohnung. Hrsg.: Forschungsgesellschaft für Wohnen, Bauen und Planen. (= Schriftenreihe der Forschungsgesellschaft f. Wohnen, Bauen und Planen H.49). Selbstverlag Wien, 1972, 51 Seiten.

Neuzeitliche
Siedlungs- und Wohnformen. Beispiele aus dem Städtebauprogramm des Landes Nordrhein-Westfalen. Hrsg.: Der Minister f. Landesplanung, Wohnungsbau u. öffentliche Arbeiten des Landes Nordrhein-Westfalen. Verwaltungs-Verlag München, 1967, 157 Seiten, zahlr. Fotos, Skizzen und Entwürfe.

Oesterle-Schwerin, J.
Grundriß Einraumwohnung: planen - einrichten - wohnen. (= Reihe: Grundrißreihe). Verlag Koch Stuttgart, 1973, 76 Seiten, 30 Fotos, 40 Grundrisse.

Oesterle-Schwerin, J.
Einraumwohnung, die Wohnform für Alleinstehende. Koch Verlag Stuttgart, 1973, ca. 60 Seiten, ca.30 Fotos, 16 Detailzeichn., 24 Grundrißtypen.

d'Ortschy, B.
Vorraum, Balkon, Terasse, Garten. Verlag Koch Stuttgart, 1963, 96 Seiten, mit Abb.

Parkwohnanlage
Nürnberg-Zollhaus. Hrsg.: Städtebauinstitut Nürnberg. (= Reihe neues bauen - neues wohnen Bd.7). Krämer Verlag Stuttgart, 1969, 112 Seiten, 87 Abb., 18 Taf., 31 Tab. Grundrisse, Schnitte, Fotos.

Peters, P.
Häuser in Reihen. Mehrfamilienhäuser, Kettenhäuser, Häusergruppen. (= e + p - Entwurf und Planung Bd.19). Callwey Verlag München, 1973, 132 Seiten, rd. 400 Abb.

Reuter, T.
Wohnzentren. Projekte und Bauten. Mehrfamilienhäuser, Reihenhäuser, Hochhäuser, Terrassenhäuser. Deutsche Verlagsanstalt Stuttgart, 1971, 128 S., 150 Abb., 150 Grundr.

Rinnebach, R.
Raumelement im Wohnungsbau. Koch Verlag Stuttgart, 1974, ca. 160 Seiten, zahlr. Grundrisse u. Konstr.zeichn.

Schmitt, K.W.
Mehrgeschossiger Wohnbau. Hatje Verlag Stuttgart/New York, Washington, 1966, 216 Seiten, rd. 350 Abb.u. Pläne. Text deutsch/engl.

Schwab, G.
Mehrfamilienhäuser. Deutsche Verlagsanstalt Stuttgart, 1964, 192 Seiten, 242 Abb., 161 Grundr.

Schwab, G.
Wohnanlagen. Krämer Verlag Stuttgart, 1974, etwa 110 Seiten, etwa 300 Fotos, Grundrisse u. Schnitte. Text deutsch/engl./franz.

Severino, R.
Totaler Raum. Quantität und Qualität im Bauen. Callwey Verlag München, 1971, 160 Seiten.

Sting, H.
Der Grundriß im mehrgeschossigen Wohnungsbau. Eine umfassende Dokumentation. (= a + w Studienbücherei). Koch Verlag Stuttgart, 1969, 57 Seiten mit 141 Abb.

Sting, H.
Der Einfamilienhaus-Grundriß als Element integrierter Wohnanlagen. Koch Verlag Stuttgart, 2. neubearb.Aufl., 1974, etwa 80 Seiten, zahlr. Abb.

Teichgräber, W.
Ermittlung der Gesamtkosten neuerer Wohnanlagen unterschiedlicher Bebauungsdichte unter besonderer Berücksichtigung der Erschließungs- und Stellplatzkosten. (= Forschungsarb.a.d. Straßenwesen, H.88). Kirschbaum Verlag Bonn/Bad Godesberg, 1972, 96 Seiten, 56 Abb., 44 Tab.

Triebel, W. - Achterberg, G.
Wirtschaftliche Ausführung von Mehrfamilienhäusern. Querschnittsbericht über Untersuchungen und Erfahrungen bei Demonstrativbaumaßnahmen des Bundesmin.f. Wohnungswesen u. Städtebau. (= Informationen aus der Praxis - für die Praxis Nr.16), hg. vom Bundesmin.f. Wohnungswesen u. Städtebau Bonn/Bad Godesberg, 1968, 168 Seiten.

Triebel, W. - Kräntzer, K.R. - Kothe, B.
Wirtschaftliche Planung von Mehrfamilienhäusern. Querschnittsbericht über Untersuchungen und Erfahrungen bei Demonstrativbaumaßnahmen des Bundesministeriums für Wohnungswesen und Städtebau Bad Godesberg. (= Informationen aus der Praxis - für die Praxis Nr.15), hg. vom Bundesmin. f. Wohnungswesen u. Städtebau Bad Godesberg, 1968, LXV, 67 Seiten.

Triebel, W. - Achterberg, G. - Kräntzer, K.R.
Wohnungen in Demonstrativbauvorhaben. Eine Grundrißsammlung. Teil I: Mehrfamilien-häuser. (= Informationen aus der Praxis - für die Praxis Nr.12), hg.vom Bundesmin.f. Wohnungswesen u. Städtebau Bad Godesberg, 1967, 114 Seiten, Anl.

Triebel, W. - Achterberg, G. - Kräntzer, K.R.
Wohnungen in Demonstrativbauvorhaben. Eine Grundrißsammlung. Teil II:
Einfamilienhäuser. (= Informationen aus der Praxis - für die Praxis
Nr.13), hg. vom Bundesminister für Wohnungswesen u. Städtebau Selbstverlag Bad Godesberg, 1967, 136 Seiten, Anl.

Weeber, R.
Eine neue Wohnumwelt. Krämer Verlag Stuttgart, 1971, 184 Seiten, zahlr.
Tab. u. Diagramme.

Wieders, R.
Einführung in die Grundriß- u. Mikrostandortoptimierung. Teubner Verlag
Stuttgart, 1970, 152 Seiten, 64 Abb., 16 Taf.

Das Wohnhaus
Bearb.v.d. Red. Deutsche Bauzeitung. Entwurfs-, Planungs- u. Bauablauf
gezeigt an einem Beispiel mit allen entspr. Skizzen, Plänen u. Konstr.-
Zeichn. Deutsche Verlagsanstalt Stuttgart, 1966, 172 Seiten, mit vielen
Hundert Abb.

Die gute Wohnung
Anregungen und Beispiele aus Schweden. Deutschsprach. Ausg. Hrsg.: Ges.
f. Wohnungs- u. Siedlungswesen e.V. (GEWOS) Hamburg in Zusammenarbeit
mit Schweizerische Zentralstelle für Baurationalisierung Zürich. (= Schriftenreihe der Gesellsch.f. Wohnungs-u. Siedlungswesen e.V. Hamburg GEWOS).
Hamburg 1967, 83 Seiten, 4 Beil.

Wolff, R.
Das kleine Haus. Callwey Verlag München, 2. Aufl., 1969, 84 Seiten mit
vielen Abb.

2. Zur Funktion des Wohnens allgemein

Bahrdt, H.P.
Humaner Städtebau. Überlegungen zur Wohnungspolitik und Stadtplanung
für eine nahe Zukunft. (= Sammlung dialog sd.65). Nymphenburger Verlag
München, 5. Aufl., 1972, 232 Seiten.

Bernt, A.
Deutsche Bürgerhäuser. Wasmuth Verlag Tübingen, 1969, 224 Seiten,
258 Abb.

Bruckmann, H. - Lewis, D.L.
Neuer Wohnbau in England. Krämer Verlag Stuttgart, 1960, 131 Seiten.

Camesasca, E. (Hg.)
Das Haus. Vom Pfahlbau bis zur Wohnmaschine - eine umfassende Geschichte
des mittelständischen Hauses. Bertelsmann Fachverlag Gütersloh, 1971,
432 Seiten, 966 teils farb. Abb.

Chermayeff, S. - Alexander, Ch.
Gemeinschaft und Privatbereich im neuen Bauen. Auf dem Wege zu einer
humanen Architektur. Verlag F. Kupferberg Mainz, 1971, 211 Seiten, zahlr.
Abb.

Handwörterbuch
des Wohnungswesens. Hg. v.Dt. Verein f. Wohnungsreform Berlin. Verlag
G. Fischer Jena, 1930, 881 Seiten.

Markelin, A. - Plück, W.
Seminarbericht Wohnen als Städtische Funktion. Städtebauliches Institut
der Universität Stuttgart SS 1972. Selbstverlag Stuttgart, 1973, 120 S.

Meier-Oberist, E.
Kulturgeschichte des Wohnens im abendländischen Raum. Holzmann Verlag
Hamburg, 1956, 344 Seiten, 220 Abb.

Meyer-Ehlers, G.
Wohnerfahrungen. Ergebnisse einer Wohnungsuntersuchung. Unter Mitarbeit
von Ch. Reichert und M.Haussknecht, Wiesbaden,1963, 283 Seiten, Pl., Abb.,
Tab., Lit., Anh.: 1 Kt.

Mitscherlich, A.
Die Unwirtlichkeit unserer Städte. Anstiftung zum Unfrieden. Suhrkamp
Verlag Frankfurt/M., 1965, 168 Seiten.

Pinder, W.
Bürgerbauten deutscher Vergangenheit. (= Die Blauen Bücher). Verlag
Langewiesche Königstein/Taunus, 1957, 112 Seiten, zahlr. Abb.

Veltheim-Lottum, L.
Kleine Weltgeschichte des städtischen Wohnhauses. Verlag L. Schneider
Heidelberg, 1952, 342 Seiten.

Völckers, O.
Deutsche Hausfibel. (= Die Staackmann-Fibeln). Staackmann-Verlag Bamberg, Neuaufl., 1955, 135 Seiten, über 100 Zeichn.

Wandersleb, H. (Hg.)
Handwörterbuch des Städtebaues, Wohnungs- und Siedlungswesens. Kohlhammer-Verlag Stuttgart, 1959, 3 Bände, 1884 Seiten.

2.1. Soziologie des Wohnens

Albach, H. - Ungers, O.M.
Optimale Wohngebietsplanung. Betriebswirtschaftl. Verlag Bonn, 1968,
2 Bände, Bd.1 : 384 Seiten.

Bächtold, R.
Der moderne Wohnungs- u. Siedlungsbau als soziologisches Problem. Deutung
einer empirischen Untersuchung in der Stadt Bern. Diss. Basel 1964.
Kirschgarten Verlag Basel, 1964, 214 Seiten mit Abb. u. Tab.

Bahrdt, H.P.
Die wohnliche Stadt. In: Die Kunst zu Hause zu sein. Von H.P. Bahrdt u.a.
Eine Sendereihe des Hess. Rundfunks, 11 Beiträge. Piper Verlag München,
1965, 161 Seiten = Piper Paperback.

Bartholomew, R.
Residential environments and human behavior (Wohnumwelt und menschliches
Verhalten). (= Exchange Bibliography. Council of Planning Librarians.501).
Monticello, Ill.: Council of Planning Librarians, 1973, 5 S.

Baumann, R. - Zinn, H.
Kindergerechte Wohnungen für Familien. Hg. vom Eidgenöss. Büro für Wohnungsbau. (= Schriftenreihe Wohnungsbau 23 d). Bern 1973, 172 Seiten.

Becker, H. - Keim, D.K.
Wahrnehmung in der städtischen Umwelt - möglicher Impuls für kollektives
Handeln. Kiepert Verlag Berlin, 1972, 161 Seiten.

Blücher, Graf V.
Wohnungssoziologie. (= Wörterbuch der Soziologie, hg.v. W. Bernsdorf).
Enke Verlag Stuttgart, 2. Aufl., 1969, Seiten 1306-1309.

Breitling, P.
Der Einfluß sozialer, wirtschaftlicher, gestalterischer und rechtlicher
Gesichtspunkte auf Hausform und Bauweise. Ein Beitrag zur systematischen
Kritik von Wohnbebauungen. Diss. TH Braunschweig 1967, 209 Seiten.

Chermayeff, S. - Alexander, Ch.
Gemeinschaft und Privatbereich im neuen Bauen. Auf dem Wege zu einer humanen Architektur. Verlag F. Kupferberg Mainz/Berlin, ca. 1971, 210 Seiten,
Bild., graph. Darst., Grundr.

Chombart de Lauwe, P.H.
Soziologie des Wohnens. (= Bauen und Wohnen H.6). Verlag Bauen und Wohnen
München, 1961, 16. Jg.

Daseinsformen
der Großstadt. Typische Formen sozialer Existenz in Stadtmitte, Vorstadt
und Gürtel der industriellen Großstadt. Bearb.v. R. Mackensen, J.C. Papalekas, E. Pfeil, W. Schütte, L. Burckhardt. (= Industrielle Großstadt,
Studien z. Soziologie u. Ökologie industrieller Lebensformen Bd.1). Hg.v.
G. Ipsen. Mohr Verlag Tübingen, 1959, 376 Seiten, 18 Abb., 7 Taf., 1Kt.

Dittrich, G.G. (Hg.)
Neue Siedlungen und alte Viertel. Städtebaulicher Kommentar aus der
Sicht der Bewohner. (= Die Stadt, hg. vom SIN-Städtebauinstitut Nürnberg).
Deutsche Verlags-Anstalt Stuttgart, 1973, 246 Seiten, 88 Tab., 39 Abb.

DIVO (Hg.)
Wohnprobleme in der modernen Gesellschaft. Hrsg.: DIVO-Institut, Abt.
Angewandte Psychologie. (= Sozialpsychologische Schriftenreihe H.1).
Selbstverlag Frankfurt/M., 1967, III, 29 Seiten, 31 Qu.

Feil, J.
Wohngruppe, Kommune, Großfamilie. Gegenmodelle zur Kleinfamilie. (= rororo
Sachbuch 6726). Rowohlt Verlag Reinbek bei Hamburg, 1972, 136 Seiten.

Fischer, F.
Der Wohnraum - Eine psychoanalytische Studie. (= Veröffentl. des Richard-
Neutra-Instituts). Verlag f. Architektur im Artemis Verlag Zürich/Stutt-
gart, 1965, 73 Seiten, zahlr. Skizz., 1 Farbtafel.

Freisitzer, K.
Wohnverhältnisse und Wohnwünsche in Graz. Hg. vom Statistischen Amt des
Magistrats der Stadt Graz und dem Institut für empirische Soziologie
und Statistik der Univ. Graz. Graz 1965.

Fürstenberg, F. - Mayer, K.
Wohnverhältnisse und moderne Lebensformen. Der Einfluß der Wohnverhältnisse auf die Heranbildung moderner Lebensformen. Vom Bundesministerium
für Bauten und Technik geförderte Untersuchung der Forschungsgesellschaft
für Wohnen, Bauen und Planen. (= Schriftenreihe der Forschungsgesellschaft
für Wohnen, Bauen und Planen H.48). Selbstverlag Wien, 1972, 40 Seiten.

GEWOS
Wohnverhältnisse und Tendenzen des Wohnverhaltens im Hamburger Wirtschafts-
raum. Ergebnisse einer Modellerhebung. Hg. von der Ges.f. Wohnungs- und
Siedlungswesen e.V. Selbstverlag Hamburg, 1968, 88 Seiten.

Gradow, G.A.
Stadt und Lebensweise. Verlag f. Bauwesen Berlin/Ost, 1971, 248 Seiten.

Gunzert, R.
Frankfurts Wohnungen und ihre Bewohner. Ergebnisse einer Repräsentativerhebung im Dez.1950/Jan. 1951 der Sozialforschungsstelle b. Stat. Amt
der Stadt Frankfurt. (= Schriften der Sozialforschungsstelle b. Stat.
Amt der Stadt Frankfurt/M. 1). Selbstverlag Frankfurt/M., 1952, 325 S.

Heil, K.
Kommunikation und Entfremdung. Menschen am Stadtrand - Mythos und Wirklichkeit. Eine vergleichende Studie in einem Altbauquartier und in einer
neuen Großsiedlung in München. (=Beiträge zur Umweltplanung). Krämer-
Verlag Stuttgart/Bern, 1970, 216 Seiten.

Hönigschmied, H.
Wohnwünsche und Wohnerfahrungen im Raum Innsbruck. Aus dem Forschungs-
programm der Österr. Gesellschaft zur Förderung von Landesforschung und
Landesplanung (ÖGLL) Wien. Selbstverlag Wien.,1963.

Hövelborn, P. - Martell, E.
Sozialpsychologie im Städtebau. Städtebauliches Institut Stuttgart.
Stuttgart,1973, 31 Seiten. Maschinenschriftl. vervielf.

Infas (Hg.)
Wohnen am Stadtrand. Materialberichte über eine soziologische Studie in Münchner Wohnsiedlungen. Selbstverlag des Inst.f. angew. Sozialforschung Bad Godesberg, 1965.

Kaufmann, A. - Szücs, I.
Großstädtische Lebensweise. Teilbericht über die bisherigen Untersuchungen zur großstädtischen Lebensweise in Wien. Hg. vom Institut für Stadtforschung Wien. Selbstverlag Wien, 1972, 116 Seiten, 16 Seiten Tabellenanhang.

Kistner, K.P.
Faktorenanalyse und Wohnwert. Diss. rer. pol. Bonn 1969, 101 Seiten.

Klein, H.J.
Wohneigentum in der Stadtregion. Eine soziologische Analyse eigentumsbezogener Wohnerfahrungen und Wohnerwartungen. (= Karlsruher Studien zur Regionalwissenschaft H.3). Selbstverlag des Inst.f. Regionalwissenschaft der Univ. Karlsruhe, 1970, 269 Seiten, Tab., Lit.

Krämer, H.L.
Wohnen in der Altstadt von Trier. Empirisch-soziologische Untersuchung des Instituts für empirische Soziologie der Univ. Saarbrücken. Bericht Nr. II zur "Altstadterneuerung der Stadt Trier". Auftraggeber Stadt Trier. Selbstverlag 1973, 76 Seiten.

Krall, G. - Rosenmayr, L. - Schimka, A. - Strotzka, H.
Wohnen in Wien. Ergebnisse und Folgerungen aus einer Untersuchung von Wiener Wohnverhältnissen, Wohnwünschen und städtischer Umwelt. Im Auftrage der Abteilung für Landes- u. Stadtplanung des Magistrates der Stadt Wien. (= Der Aufbau, Monographie Nr.8). 1956, 108 Seiten.

Lebensgewohnheiten,
Einstellungen und Erwartungen von Wohnwechslern zu ihrem neuen Standort am Beispiel einer Großwohnhausanlage am Stadtrand von Wien (Großfeldsiedlung). Hg. vom Institut für empirische Sozialforschung Wien. Selbstverlag Wien, 1970.

Lüdtke, H.
Bauform und Wohnverhalten. Eine Vergleichsuntersuchung der Terrassenhäuser in einer Siedlung des sozialen Wohnungsbaus in Hamburg-Eidelstedt. (= GEWOS-Schriftenreihe Neue Folge H.8). H. Christians Verlag Hamburg, 1973, 247 Seiten.

Meyer-Ehlers, G.
Kollektive Wohnformen. Erfahrungen, Vorstellungen, Raumbedürfnisse in Wohngemeinschaften, Wohngruppen und Wohnverbänden. Bauverlag Wiesbaden, 1973, 284 Seiten.

Meyer-Ehlers, G.
Raumprogramm und Bewohnererfahrungen. Planungsgrundlagen für den Wohnungsbau. Im Auftrag d. Bundesministers f. Städtebau und Wohnungswesen. (= Neues Bauen - neues wohnen H.9). Krämer Verlag Stuttgart/Bern, 1971, 144 S. mit Abb.

Meyer-Ehlers, G.
Wohnerfahrungen. Ergebnisse einer Wohnungsuntersuchung. Bauverlag Wiesbaden/Berlin, 1963, 283 Seiten.

Meyer-Ehlers, G.
Wohnung und Familie. Deutsche Verlagsanstalt Stuttgart, 1968, 212 Seiten mit vielen Abb., Plänen und Tab.

Mitscherlich, A.
Die Unwirtlichkeit unserer Städte. Anstiftung zum Unfrieden. (= Suhrkamp Bd.123). Suhrkamp Verlag Frankfurt/M., 10. Aufl., 1971, 165 Seiten.

Mitscherlich, A.
Thesen zur Stadt der Zukunft. (= suhrkamp taschenbuch 10). Suhrkamp Verlag Frankfurt/M., 21.-35. Tsd., 1971, 152 Seiten.

Nohl, W.
Das Erlebnis der Umwelt. Informationserwerb und seine Voraussetzungen: Neuheit, Überraschung und Unsicherheit. (= Kleine Schriften des Dt. Verbandes f. Wohnungswesen, Städtebau und Raumplanung e.V. H.32). Stadtbau-Verlag Bonn, 1970, 41 Seiten.

Pfeil, E.
Großstadtforschung. Entwicklung und gegenwärtiger Stand. (= Akademie f. Raumforschung und Landesplanung, Abhandlungen Bd.65 und Veröffentlichungen der Hochschule für Wirtschaft und Politik Hamburg). Jänecke Verlag Hannover, 1972, 2. neubearb. Aufl., 410 Seiten.

Rosenmayer, L.
Wohnverhältnisse und Nachbarschaftsbeziehungen. (= Wohnen in Wien). Wien 1956.

Schmidt-Relenberg, N. - Frey, R.
Totale Wohnung. Ein Gespräch zwischen Soziologe und Planer. Krämer-Verlag Stuttgart, 1969, 75 Seiten.

Schmidt-Relenberg, N. - Feldhusen, G. - Paul, D.
Wohnen im Hügelhaus. Ein soziologischer Forschungsbericht. (= Architektur-Wettbewerbe Bd.57). Krämer Verlag Stuttgart, 1969.

Schmidt-Relenberg, N. - Stumpf, U. - Tönshoff, H. - Hübenecker, K.
Gemeinschaftsorientiertes Wohnen. (= Projekt Bd.17). Krämer Verlag Stuttgart/Bern, 1973, 48 Seiten.

Schmidt-Relenberg, N.
Soziologie und Städtebau. Versuch einer systematischen Grundlegung. (= Beiträge zur Umweltplanung). Krämer Verlag Stuttgart/Bern, 1968, 243 Seiten.

Schmidt-Relenberg, N.
Wohnung und Wohngebiet als soziale Räume. (= architektur wettbewerbe H.46 Wohnung und Wohngebiet). Krämer Verlag Stuttgart, Mai 1966.

Schüler, J.
Die Wohnsiedlung im Ruhrgebiet. Ein Beitr.z. Soz.d. Wohnens im industriestädt. Ballungsraum. (= Ökol. Forsch. Bd.1). Bochum 1971, V, 197 Seiten, Abb., Tab., Lit., Anh.: 18 gez.Bl., Kt., Abb., Lit. Maschinenschr.vervielf.

Schwarzenauer, W.
Soziologische Untersuchungen über den Zusammenhang zwischen Siedlungsform und subjektivem Wohlbefinden. (= Gesundheit und Siedlungsbau. Sondernummer der Zeitschrift Präventivmedizin Bd.11). Wissenschaftl. Verlagsgesellschaft Stuttgart, 1966.

Silbermann, A.
Vom Wohnen der Deutschen. Eine soziologische Studie über das Wohnerlebnis. Westdeutscher Verlag Köln/Opladen, 1963, 261 Seiten. - Und Fischer Bücherei Bd. 730, Fischer Verlag Frankfurt/M.

SIN (Hg.)
Menschen in neuen Siedlungen. Deutsche Verlagsanstalt Stuttgart, 1973, etwa 190 Seiten, etwa 66 Abb.

SIN (Hg.)
Wohnen Alleinstehender. Eine soziolog., medizin., psycholog. Untersuchung. Deutsche Verlagsanstalt Stuttgart, 1972, 248 Seiten, 25 Abb., 140 Tab.

Treinen, H.
Symbolische Ortsbezogenheit. Eine soziologische Untersuchung zum Heimatproblem. (= Kölner Zt.f. Soziologie und Sozialpsychologie Jg.17). Westdeutscher Verlag Köln/Opladen, 1965.

Wächter, K.
Wohnen in der städtischen Agglomeration des 20. Jahrhunderts. (= Schriftenreihe d. Inst.f. Städtebau Nr.7). Krämer Verlag Stuttgart, 1971, 77 Seiten, 84 Abb.

Waterhouse, A.
Die Reaktion der Bewohner auf die äussere Veränderung der Städte. (= Stadt- und Regionalplanung). de Gruyter Verlag Berlin, 1972, 181 Seiten, mit Darst. u. Tab.

Weeber, R.
Eine neue Wohnumwelt. Beziehungen der Bewohner eines Neubaugebietes zu ihrer sozialen und räumlichen Umwelt. (= Beiträge zur Umweltplanung). Diss. Heidelberg 1970. Krämer Verlag Stuttgart/Bern, 1971, 184 Seiten, 2 Abb., 16 Diagr., 53 Tab.

Wohnen
in Gemeinschaft. (= Baumeister Querschnitte). Callwey Verlag München, 1968, 103 Seiten, zahlr. Abb. u. Pläne.

Wohnen
in neuen Stadtrandsiedlungen. Hg. vom Institut für empirische Sozialforschung Wien. Selbstverlag Wien, 1968.

2.2. Neue architektonische Formen: flexibles, mobiles Wohnen

Deilmann, H. - Pfeiffer, H. - Krause, K.J.
Die anpassungsfähige Wohnung. (= Bauen und Wohnen H.3), Verlag Bauen und Wohnen München, 25. Jahrg., 1970.

Frey, R. - Schmidt-Relenberg, N.
Totale Wohnung. (= projekt 1). Krämer-Verlag Stuttgart, 1969, 75 Seiten.

Graaf, Heinz - Schweger, Peter P.
Planungsbeispiel für variable Wohnungen. (= Bauen und Wohnen H.9), Verlag Bauen und Wohnen München, 26. Jahrg., 1971.

Henkel, Heinar
Flexibilität im bäuerlichen Wohnhaus. Wohnbedürfnisse und Wohnungsangebot. (= Beiträge zum ländlichen Bau- und Siedlungswesen H.3). Dissertation TH Hannover. Als Manuskript gedruckt. Selbstverlag Hannover, 1967, 232 Seiten, zahlr. Bild., Det., Grundr., graph. Darst., 69 Qu.

Laage, G. - Herr, W.M.
Wohnung von heute für Ansprüche von morgen. (= Schriften der Ges. f. Wohnungs- und Siedlungswesen e.V. Hamburg (GEWOS) Neue Folge H. 5), Hamburg 1971.

Meyer-Ehlers, G. - Haußknecht, M. - Rughöft, S.
Denkmodelle von Architekten und Meinungen von Bewohnern zum Problem der Flexibilität. Forschungsarbeit im Auftr. des Bundesmin. f. Städtebau u. Wohnungswesen. Druck- und Verlagsanstalt Neue Presse Coburg, 1970, 62 Seiten.

Meyer-Ehlers, G.
Wohnung und Familie. Ergebnisse einer Untersuchung im Auftr. des Bundesmin. f. Wohnungswesen. Bewohnererfahrungen nach Räumen und Raumgruppen, Funktionszusammenhänge und Raumzuordnung, Familienstruktur und Flexibilität, Wohnung und Umwelt, Wohnungstypen und Wohnungsleistungen. Deutsche Verlagsanstalt Stuttgart, 1968, 211 Seiten, viele Abb., teils farb. Grundrisse, Tab. u. Diagr.

Mozatti, Roland
Stahlbausystem für veränderliche Nutzung. (= projekt Bd.11), Krämer-Verlag Stuttgart/Bern, 1972, 60 Seiten.

Spengelin, F. - Röher, A.
Wohnen 2000. (= Kleine Schriften des Dt. Verbandes f. Wohnungswesen, Städtebau u. Raumplanung Bd. 23), Stadtbau-Verlag Bonn/Köln, 1970, 37 Seiten.

Tiedemann, L.
Wohnen nach eigenem Maß. (= Bauwelt Sonderheft 69). Bertelsmann Fachverlag Ullstein Berlin/Frankfurt/Wien, 1966, 24 Seiten.

Triebel, W. - Kräntzer, K.R. - Kothe, B.
Bau - Wettbewerb Flexible Wohnungsgrundrisse. (= Schriftenreihe "Wettbewerbe" des Bundesmin. für Städtebau und Wohnungswesen Nr. 05.001), Bonn, 1972, 113 Seiten.

Votteler, Arno
Multimobiles Wohnen 1980. Bewohner, Wohnungen, Möbel. (= projekt Bd.16), Krämer-Verlag Stuttgart/Bern, 1973, 120 Seiten.

Weeber, R.
Eine neue Wohnumwelt. Krämer-Verlag Stuttgart/Bern, 1971, 184 Seiten.

Wohnsysteme
Dwelling Systems. (= Architekturwettbewerbe Nr.74). Krämer Verlag Stuttgart, 1973, 88 Seiten, zahlr. Abb., Pl.

2.3. Wohnhygienetechnik

Akustik
und Lärmbekämpfung. (Terra Technica). Verlag Reich Düsseldorf, 1972,
160 Seiten, viele Abb.

Arbeitsmappe
Heizung, Lüftung, Klimatechnik. Hg.: VDI. Verlag VDI Düsseldorf, 5. Aufl.,
1. Lieferung 1968, 77 Arbeitsblätter,
2. Lieferung 1971, 24 Arbeitsblätter.

Barth, H.
Planungsbeispiele und Ausführungsregeln für den Wärme- und Schallschutz
im Wohnungsbau. Bauverlag Wiesbaden, 1965, 178 Seiten, 26 Abb., 4 Tab.,
160 Planungsbeisp.

Bibliographie
Wohnen und Gesundheit, hg. v. Dt. Verband für Wohnungswesen, Städtebau u.
Raumplanung. Selbstverlag Köln, 1973, 107 Titel.

Bock, H.
Über den Wirkungsgrad in der Klimatechnik. Verlag Allgemeine Wärmetechnik Frankfurt/M., 2. Aufl., 1969, 24 Seiten, 6 Fig., 2 Tab.

Borstelmann, P.
Handbuch der elektr. Raumheizung. Hüthig Verlag Heidelberg, 4. Aufl.,
1970, 436 Seiten, 383 Abb., 38 Tab.

Brockmeyer, H.
Akustik für den Lüftungs- und Klimaingenieur. Verlag C.F. Müller Karlsruhe, 1971, 136 Seiten, 73 Abb.

Bruckmayer, F.
Handbuch der Schalltechnik im Hochbau. Schall-, Lärm-, Erschütterungsschutz, Raumakustik. Deuticke Verlag Wien, 1962, 809 Seiten, 522 Abb. u.
Taf.

Cammerer, J.S. - Zeller, W.
Tabellarium aller wichtigen Größen für den Wärme-, Kälte- und Schallschutz, sowie Raumakustik. Verlag Reinhold u. Mahla Mannheim, 10. Aufl.,
1967, 304 Seiten.

Danz, E.
Sonnenschutz. Text deutsch/englisch. Hatje Verlag Stuttgart, 1967, 152 S.,
300 Abb.

DIN-Taschenbücher
Band 23: Zentralheizungs- und Lüftungsnormen. Beuth-Vertrieb
1967, 286 Seiten.

Elektrische Raumheizung.
Erfahrungen aus der Praxis, Empfehlungen für die Weiterentwicklung. Verlags- u. Wirtschaftsges.d. Elektrizitätswerke Frankfurt. Frankfurt/M.,
1966, 170 Seiten mit Abb.

Elsner - Kraft
Lehrbuch der Heizungs-, Lüftungs- u. Klimatechnik. Steinkopf Verlag Dresden.
Band 1: Heizungstechnik, 1969, 386 Seiten, 288 Abb., 63 Taf., 8 Diagr.
Band 2: Lüftungs- u. Klimatechnik, 1972, 500 Seiten, 350 Abb., 40 Taf.

Erb, H.F.
Der Mensch im Nullfeld - Klima und Baustoff. Hintergründe einer Pressekampagne. Beton Verlag Düsseldorf-Oberkassel, 1969, 121 Seiten, zahlr. Abb.

Fischer, F.
Der Wohnraum - Eine psychoanalytische Studie. Veröffentlichung des Richard-Neutra-Instituts. Verlag für Architektur im Artemis Verlag Zürich/Stuttgart, 1965, 76 Seiten, zahlr. Skizzen, 1 Farbtafel.

von Flotow, P.
Gas-Handbuch für Architekten. Bauverlag Wiesbaden, 2. Aufl., 1963, 150 Seiten, 265 Abb., 26 Tab.

Frank, W. u.a.
Sonneneinstrahlung, Fenster, Raumklima. (= Berichte aus der Bauforschung H.66). Ernst Verlag Berlin/München, 1970, 64 Seiten, 62 Abb., 10 Taf.

Franken, W.
Brandschutz, Wärmeschutz, Schallschutz. Normen, Gesetze, Verordnungen mit Erläuterungen. Verlag R. Müller Köln, 1965, 462 Seiten, zahlr. Abb. und Tab.

Frey, H. - Sutter, U. - Wiegand, J.
Wohnungsbewertung. Ansprüche an Wohnungen und Messung der Wohnungsqualität. Hatje Verlag Stuttgart, etwa 200 Seiten mit vielen Tab.

Frommhold, H.
Wohnungsbaunormen. Grundnormen, Gebäudeplanung. Schutzmaßnahmen. Werner Verlag Düsseldorf, 13. Aufl., 1972, 668 Seiten.

Furrer, W. - Lauber, A.
Raum- und Bauakustik - Lärmabwehr. Ein ausführliches Handbuch mit vielen Beispielen aus der Praxis. Birkhäuser Verlag Stuttgart, 3. erw. Aufl., 1972, 282 Seiten, 210 Abb.

Garms, M.
Handbuch für den Heizungsingenieur. VEB Verlag Bauwesen Berlin/Ost, 11. Aufl., 1971, 410 Seiten, 352 Abb., 45 Taf., 16 Tab.

Geisler, H.
Grundlagen des baulichen Wärmeschutzes. Verlags- u. Wirtschaftsgesellsch. d. Elektrizitätswerke Frankfurt. Frankfurt/M., 1966, 72 Seiten.

Gerber - Böbel
Wärmebedarf und Kühllast von Aufenthaltsräumen. Verlags- u. Wirtschaftsges. d. Elektrizitätswerke Frankfurt/M., 1972, 100 Seiten.

GEWOS (Hg.)
Allgemeine Anforderungen an gesunde Wohnverhältnisse. Ein rechtswissenschaftliches Gutachten, insbes. im Hinblick auf die Voraussetzungen für die städtebauliche Sanierung. (= GEWOS Schriftenreihe, Ges.f. Wohnungswesen u. Städtebau Hamburg). H. Christians Verlag Hamburg, 1968, 95 S.

GEWOS (Hg.)
Entwurf eines Gesetzes zur Sicherung gesunder Wohnverhältnisse mit ausführlicher Begründung. Ein Diskussionsbeitrag zum Sanierungsproblem.
(= GEWOS Schriftenreihe, Ges.f. Wohnungswesen u. Städtebau Hamburg).
H. Christians Verlag Hamburg, 1968, 77 Seiten.

Gösele, K. - Schüle, W.
Schall, Wärme, Feuchtigkeit. Grundlagen, Erfahrungen und praktische Hinweise für den Hochbau. (= Veröff.d. Forschungsgemeinschaft Bauen und Wohnen Bd.75). Bauverlag Wiesbaden, 2. erw. Aufl., 1972, 271 Seiten mit 131 Abb. und 53 Tafeln.

Grandjean, E.
Wohnphysiologie. Grundlagen gesunden Wohnens. Verlag für Architektur Artemis Zürich, 1973, 371 Seiten, zahlr. Abb., 301 Qu.

Hadenfeldt u.a.
Heizen mit Strom - die ideale Heizung. A.W. Gentner-Verlag Stuttgart, 1969, 60 Seiten, 110 Abb., Tab.

Haeder, W. - Reichow, G.
Lexikon der Heizungs-, Lüftungs- u. Klimatechnik. Marhold Verlag Berlin, 1971, 531 Seiten, über 2.000 Stichworte, 300 Abb.

Kämper - Hottinger - v. Gonzenbach
Die Heiz- und Lüftungsanlagen in den verschiedenen Gebäudearten einschl. Warmwasserversorgungs-, Befeuchtungs-, Entnebelungs- u. Klimaanlagen.
Springer Verlag Berlin, 3. Aufl., 1954, 343 Seiten, 113 Abb.

Knobloch - Lindeke
Handbuch der Gesundheitstechnik. Techn. Grundlagen für Entwässerung und Ausführung von gesundheitstechnischen Anlagen und Einrichtungen für Wohn-, Gesellschafts- u. Industriebauten. VEB Verlag Bauwesen Berlin/Ost, 4.Aufl., 1970, 496 Seiten, 233 Abb., 23 Tab., 145 Taf.

Koehn, G.
Humane Aspekte des Wohnungsbaues. Studio-Verlag Ittingen b. Bern, 1972, 24 Seiten, zahlr. Qu. Maschinenschriftl. vervielf.

Laage, G. - Herr, M.-W.
Die Wohnung von heute für Ansprüche von morgen. Definition und Entwicklung e.dt. Wohnungsstandards. (= GEWOS-Schriftenr. N.F.5). H. Christians Verlag Hamburg, 1971, 130 Seiten, Abb., Tab., Lit.

Lampe, G. u.a.
Lüftungs- u. Klimaanlagen in der Bauplanung. Bauverlag Wiesbaden, 1973, 300 Seiten, 489 Abb. u. Tab.

Lenz, H.
Heizungs-, Lüftungs-, Klimatechnik. (= a + w Studienbücherei). Koch Verlag Stuttgart, 1969, 63 Seiten mit 262 Fotos, Zeichn. u. Schnitte.

Liese, W.
Gesundheitstechnisches Taschenbuch. Oldenbourg Verlag München, 2. Aufl., 1969, 297 Seiten, 150 Abb., 110 Taf., 20 Anh.

Lueder, H.
Neue Methoden und Möglichkeiten der Raum- u. Bauklimatik. A.W. Gentner-Verlag Stuttgart, 1965, 24 Seiten, 25 Abb., 1 Tab.

Lüdtke, H.
Bauform und Wohnverhalten. Eine Vergleichsuntersuchung der Terrassenhäuser in einer Siedlung des sozialen Wohnungsbaus in Hamburg-Eidelstedt. (= GEWOS-Schriftenreihe Neue Folge H.8). H. Christians Verlag Hamburg, 1973, 247 Seiten.

Moll, W.
Bauakustik. Verlag W. Ernst u. Sohn Berlin/München/Düsseldorf-Reisholz.
Band 1: (= Bauingenieur-Praxis H.20). 1965, 179 Seiten, 98 Abb., 29 Tab.
Band 2: (= Bauingenieur-Praxis). In Vorbereitung.

Moritz, K.
Richtig und falsch im Wärmeschutz, Feuchtigkeitsschutz, Bautenschutz. Temperaturspannungen - Dampfdiffusion - Feuchtigkeitsausfall - Eigenfeuchtigkeit - Ausblühungen. Bauverlag Wiesbaden, 2., überarb. Aufl., 1971, 618 Seiten mit 320 Abb. und 49 Tab.

Mürmann, H.
Wohnungslüftung. C.F. Müller Verlag Karlsruhe, 1971, 75 Seiten, 85 Abb. u. Tab.

Neumann, E.
Die städtische Siedlungsplanung unter besonderer Berücksichtigung der Besonnung. Wittwer Verlag Stuttgart, 1954, 151 Seiten, 58 Abb. und 1 Kegelplan.

Piperek, M.
Grundaspekte einer Baupsychologie. Die psychologischen Wohnbedürfnisse als Grundlage der Bauplanung. Bericht der Forschungsgesellschaft für Wohnen, Bauen und Planen. Wien 1970, 280 Seiten.

Prömmel, A.
Kommentar zur DIN - 18022. Ausstattung und Einrichtung von Wirtschafts- u. Sanitärräumen in Wohnungen. Pfriemer Verlag München, 1968, 176 Seiten, 42 Abb.

Raumklima -
Wärmeschutz - Untersuchungen. 1. Raumklimatische Untersuchungen in Wohnhäusern des Hansaviertels in Berlin. - 2. Wärmeschutzuntersuchungen bei Versuchs- und Vergleichsbauten. (= Informationen aus der Praxis - für die Praxis Nr.3, hg. vom Bundesmin.f. Wohnungswesen und Städtebau). Selbstverlag Bad Godesberg, 1962.

Recknagel - Sprenger
Taschenbuch für Heizungs-, Lüftungs- u. Klimatechnik. Oldenbourg Verlag München, 57. Aufl., 1972, 1408 Seiten, 1461 Abb., 335 Taf.

Reinders, H.
Mensch und Klima. VDI-Verlag Düsseldorf, 1969, 218 Seiten, 97 Abb., 32 Taf.

Reinke, W.
Lüftung, Klimatisierung - Entstaubung. Fachbuchverlag Leipzig, 2. Aufl., 1968, 252 Seiten, 188 Abb., 20 Tab.

Rietschel - Raiß
Heiz- und Klimatechnik. 15. Aufl., Springer Verlag Berlin.
Band 1: Grundlagen, Systeme, Ausführung. 1968, 421 Seiten, 467 Abb., 37 Tab.
Band 2: Verfahren und Unterlagen zur Berechnung. 1970, 443 Seiten, 286 Abb., 55 Tab., 62 Taf., 15 Arb.Bl.

Rothfuchs, G.
Schall- und Wärmeschutz. Berechnungstabellen und Arbeitstafeln für Architekten und Bauingenieure. Bauverlag Wiesbaden, 3., völl. neubearb. u. erw. Aufl., 1964, 216 Seiten mit Tab. u. Tafeln.

Sander, T.
Technischer Hauslärm. Ursachen und Bekämpfung. Marhold Verlag Berlin, 1959, 53 Seiten, 7 Abb.

Scholz, M. (Hg.)
Heizungs-, Luft- und Klimatechnik. Jahrbuch 1972. A.W. Gentner Verlag Stuttgart, 1971, 158 Seiten mit Abb.

Schreiber, L.
Lärmschutz im Städtebau. Schalltechnische Grundlagen - Städtebauliche Schutzmaßnahmen. Bauverlag Wiesbaden/Berlin, 2. durchges. Aufl., 1971, 80 Seiten mit 24 Abb., 4 Taf. und ausführl. Lit.Verz.

Schulz, P.
Handbuch für den Schall- und Wärmeschutz im Innenausbau. Eine Arbeitshilfe für Praktiker und Lernende. Dt. Verlagsanstalt Stuttgart, 1972, ca. 250 Seiten, 150 Abb., 25 Tab.

Schwabe, A.
Kunststoffe im Bauwesen. (= a + w Studienbücherei). Koch Verlag Stuttgart, 1971, 56 Seiten mit 89 Fotos, 44 Grundr. u. Zeichn.

Steimle, F.
Klimakursus. C.F. Müller Verlag Karlsruhe, 2. Aufl., 1970, 252 Seiten, 156 Abb. u. Tab.

Thiesenhusen, H.
Zentralheizungsanlagen - kritisch betrachtet. VDI-Verlag Düsseldorf, 1970, 81 Seiten, 14 Abb., 2 Tab.

Tonne, F.
Besser Bauen mit Besonnungs- und Tageslicht-Planung. Hofmann Verlag Schorndorf b. Stuttgart, 1954, 41 Seiten Text, 66 Seiten Abb. und 7 transparente Kurvenblätter.

Triebel, W. - Kräntzer, K.R. - Richter, G.
Baukosten und Wohnwert von Demonstrativbauten. Aufgaben und Erfolge der Rationalisierung. (= Informationen aus der Praxis - für die Praxis Nr. 14, hg. vom Bundesmin. f. Wohnungswesen und Städtebau). Selbstverlag Bad Godesberg, 1967, 120 Seiten.

Twarowski, M.
Sonne und Architektur. Callwey Verlag München, 1963, 156 Seiten, 242 Abb., 8 Diagramme.

Völckers, O. - Becker-Freyseng, A.
Licht und Sonne im Wohnungsbau. (= Veröff.d. Forschungsgemeinschaft Bauen und Wohnen Bd.39). Selbstverlag Stuttgart, 1955, 51 Seiten, 56 Abb., 18 Tab.

Weise, E.
Die Wahl der richtigen Heizungsart für Wohnhaus und Wohnung. Ratgeber für Käufer von Einzelöfen und Zentralheizungen. Bauverlag Wiesbaden, 3. Aufl., 1973, 96 Seiten, mit 42 Bildern und 7 Kosten-Berechnungstab.

Wietfeld, W.
Lüftung, Absaugung und Klimatisierung von Arbeits- und Aufenthaltsräumen. Hanser Verlag München, 1967, 239 Seiten, 200 Abb.

Wittkau, K.
Einfluß von Besonnung und Belichtung auf Grundriß, Stellung und Dichte von Wohnbauten. Diss. TH Hannover. Hannover 1961, 92 Seiten, Abb., Tab. u. Anh.

Wohnkomfort
durch neuzeitliche Heizungsanlagen. Marhold Verlag Berlin, 1965, 64 S., mit vielen Abb.

3. Wohnungs- und Bauwirtschaft

3.1. Wohnungsbestand

Baustatistisches Jahrbuch 1973
Hrsg. vom Hauptverband der Deutschen Bauindustrie e.V. Selbstverlag
Frankfurt/Main, 1973, XI, 93 Seiten, zahlr. Tab.

Brüggemann, Josef - Flender, August - Nachtemes, A. - u.a.
Wohnungswirtschaft und Städtebau in der Zukunft. (= Institut f. Siedlungs- und Wohnungswesen d. Westfäl. Wilhelms-Universität Münster, Beiträge und Untersuchungen Bd. 71). Selbstverlag Münster, 1968, 168 Seiten.

Deutsche Bau- und Bodenbank(Hg.)
Überblick über den Wohnungsbau - Städtebau - Wohnungswirtschaft im Jahre 1972. Selbstverlag Berlin/Frankfurt, 1973, 96 Seiten.

Dietz, H.L.
Preisindizes für den Wohnungsbau. Bemerkungen zur Berechnung und Anwendung von Preismeßziffern in der Bauleistungsstatistik.(= Veröffentl. des Inst. für Städtebau und Landesplanung Univ. Karlsruhe).Selbstverlag Karlsruhe, 1973, 46 Seiten, 8 Abb., 4 Tab., 11 Qu.

Duwendag, D.
Methoden und Determinanten einer Wohnungsbedarfs-, Kosten- und Mietprognose für die Bundesrepublik Deutschland bis 1975. (= Sonderveröffentlichungen d. Inst.f. Siedlungs- u. Wohnungswesen,Münster). Selbstverlag Münster, 1970, 373 Seiten, 69 Tab., 6 Abb.

Duwendag, D. - Bucher, H. - Epping, G. - Mrosek, H.
Wohnungsbedarfsprognose für die Bundesrepublik Deutschland bis 1985. Hg. vom Institut f. Siedlungs- und Wohnungswesen u. Zentralinstitut f. Raumplanung an der Univ. Münster (= Beiträge zum Siedlungs- u. Wohnungswesen u. zur Raumplanung Bd.3). Selbstverlag Münster, 1972, 164 Seiten.

Erkens, P.
Der Normalverbraucher im Wohnungs- und Siedlungswesen. (= Sonderdrucke d. Inst.f. Siedlungs- und Wohnungswesen Münster Bd.24). Selbstverlag Münster, 1960, 29 Seiten.

GEWOS (Hg.)
Stadtentwicklungsprogramme/Wohnungsbedarfsprognose. GEWOS-Gespräch zwischen Forschung und Praxis. Bearbeitet von Vogt/Kramer. Hg. von der Ges.f. Wohnungs- u. Siedlungswesen e.V. Hamburg. Selbstverlag Hamburg, 20.12.1973, 3 Seiten.

GEWOS (Hg.)
Wohnungsmarkt/Wohnungsmarktforschung. GEWOS-GESPRÄCH zwischen Forschung und Praxis. Bearb.von Kramer/Vogt. Hg. von der GEWOS. Selbstverlag Hamburg, 25.10.1973, 4 Seiten.

Gorynski, J.
Fragen des Wohnungsbaues in der Deutschen Bundesrepublik. (= Sonderdrucke d. Inst.f. Siedlungs- u. Wohnungswesen Münster Bd.18). Selbstverlag Münster, 1957, 14 Seiten.

Hardes, H.D.
Prognosemodell der Wohnungsbauinvestitionen. (= Sonderdrucke d. Inst.f. Siedlungs- u. Wohnungswesen d. Univ. Münster Bd.54). Selbstverlag Münster, 1971, 162 Seiten.

Hönisch, M.
Lexikon der Wohnungswirtschaft. Unter Mitarbeit von H. Dörfelt-Claus u. G. Schulz. Verlag C.H. Beck München/Berlin, 1967, IX, 374 Seiten.

Jürgensen, H.
Wohnungsbau und Stadtentwicklung. (= GEWOS-Schriftenreihe N.F.1, Schriftenreihe der Ges.f. Wohnungs- u. Siedlungswesen e.V.). H. Christians-Verlag Hamburg, 1970, 23 Seiten.

Kirner, W. - Noack, G.
Zeitreihen für das Bauvolumen in der Bundesrepublik Deutschland für die Jahre 1960 bis 1971. Ergebnisse einer Neuberechnung. Hrsg.: Deutsches Institut für Wirtschaftsforschung. (= Deutsches Institut für Wirtschaftsforschung Sonderheft 97). Verlag Duncker u. Humblot Berlin, 1973, 77 S., Tab.

Lackinger, O.
Methode zur Quantifizierung und Klärung des Wohnungsschwundes im Jahrzehnt 1961/71. Hrsg.: Forschungsgesellschaft für Wohnen, Bauen und Planen. (= Arbeitsunterlage.A 760. Forschungsgesellsch.f. Wohnen, Bauen und Planen). Selbstverlag Wien, 1972, 48 Seiten.

Methode
der Bewertung geplanter/bestehender Wohnungstypen. Teil 1. Hrsg.: Österr. Institut für Bauforschung. (= Forschungsberichte des Österr. Institutes f. Bauforschung.87). Selbstverlag Wien, 1971, 128 Seiten, zahlr. Tab., Qu.

Neubeck, K.
Eigentumswohnungen und Stadtentwicklung in München. Eine empirische Analyse der Folgewirkungen des zunehmenden Baus von Eigentumswohnungen. Hg. vom Referat für Stadtforschung und Stadtentwicklung der Landeshauptstadt München, Untersuchungsprogramm Münchner Wohnungsmarkt. Selbstverlag München, 1973, 144 Seiten Text, 20 Seiten Anhang Tabellen und Fragebogen.

Onibokun, A. - Atwal, A. - Rich, G.
Housing need. An annotated bibliography (Wohnungsbedarf. Eine kommentierte Bibliographie). (= Exchange Bibliography. Council of Planning Librarians. 454). Monticello, Ill.: Council of Planning Librarians, 1973, 42 S.

Schlüsselzahlen
für den Wohnungsbau. Hrsg.: Österr. Institut für Bauforschung. Selbstverlag Wien, 1970, 38 Seiten, zahlr. Qu.

SIN (Hg.)
Wohnverhältnisse und Wohnungsbedarf bei Alleinstehenden und Eheschließenden untersucht am Beispiel der Städte Nürnberg und Fürth/Bayern, unter besonderer Berücksichtigung der Zusammenhänge zwischen demografischen Daten und der Wohnungsbautätigkeit, bearb. von A. Légrády. (= Werkberichte des Städtebauinstituts Nürnberg Nr.2). Selbstverlag Nürnberg, 1968, 108 Seiten.

Sobotschinski, A. - Schneider, G.
Wohnungsbau in der Zukunft - Tendenzen und Probleme. (= Kleine Schriften des Dt. Verbandes f. Wohnungswesen, Städtebau u. Raumplanung e.V. H.12). Köln-Mülheim 1969, 25 Seiten.

Statistisches Bundesamt Wiesbaden (Hg.)
Fachserie E: Bauwirtschaft, Bautätigkeit, Wohnungen. Reihe 1: Ausgewählte Zahlen für die Bauwirtschaft. Kohlhammer Verlag Mainz.

Statistisches Bundesamt Wiesbaden (Hg.)
Fachserie E: Bauwirtschaft, Bautätigkeit, Wohnungen. Veröffentlichungsreihe 3: Bautätigkeit. Kohlhammer Verlag Mainz.

Statistisches Bundesamt Wiesbaden (Hg.)
Fachserie E: Bauwirtschaft, Bautätigkeit, Wohnungen. Veröffentlichungsreihe 6: Bestand an Wohnungen. Kohlhammer Verlag Mainz.

Wohnungsmarkt
und Wohnungsbedarf. Beiträge zur Marktforschung. Mit Beiträgen von H.W. Krahe, J. Heuer, W. Kliemt, K.H. Peters und E. Zahn und einer Einführung von J. Heuer. (= Beiträge und Untersuchungen d. Inst.f. Siedlungs- und Wohnungswesen d. Univ. Münster, Neue Folge der Materialiensammlung Bd.62). Selbstverlag Münster, 1966, 67 Seiten.

Wohnungswirtschaftliches Jahrbuch
1970/1973. Hrsg.: Gesamtverband gemeinnütziger Wohnungsunternehmen e.V. Hammonia Verlag Hamburg, 1973, 610 Seiten, zahlr. Tab.

Zentralverband
der Deutschen Haus-, Wohnungs- u. Grundeigentümer e.V. (Hg.). Jahrbuch 1972/73. Verlag Dt. Wohnungswirtschaft Düsseldorf, 1973, 366 Seiten.

3.2. Industrialisierung und Rationalisierung im Wohnungsbau

Bau-Wettbewerb
ELEMENTA 72. (= Schriftenreihe "Wettbewerbe" des Bundesministers für Raumordnung, Bauwesen und Städtebau Bd. 05.002.). Selbstverlag Bonn/Bad Godesberg, 1973, 113 Seiten.

Berndt, K.
Die Montagebauarten des Wohnungsbaues in Beton. Bauverlag Wiesbaden, 1969, 284 Seiten, rd. 600 Abb.

Daub, Martin
Fertighäuser und Bauleitplanung. Hrsg. Institut f. Städtebau Berlin der Deutschen Akademie f. Städtebau und Landesplanung. (=Inst. f. Städtebau Berlin der Deutschen Akademie f. Städtebau u. Landesplanung Nr. 1). Selbstverlag Berlin, 1966, 11 + 18 gez. Seiten, 18 Schemata.

Drees, Gerhard - Schmidt, Heinrich Th.
Kunststoffe im Wohnungsbau. Vorgefertigte Installationen. Ergebnisbericht des Ländervergleichsprogramms: Rationalisierung des Innenausbaus unter bes. Berücksichtigung von Kunststoffen. Teil B. im Auftr. des Bundesmin. für Wohnungswesen und Städtebau. (= Berichte aus der Bauforschung, H.53). Verlag Wilhelm Ernst u. Sohn, Berlin, 1967, 35 Seiten, 68 Bild., 11 Zahlentafeln.

Feierbach, Wolfgang
Kunststoffhaus fg 2000. Eine Arbeit zur Entwicklung von Bauelementen für ein Bausystem aus Kunststoffen. Im Auftr. des Bundesmin. für Raumordnung, Bauwesen und Städtebau durchgef. (=Schriftenreihe "Bau-und Wohnforschung des Bundesmin. f. Raumordnung, Bauwesen und Städtebau". Nr.1). Hrsg. Bundesmin. für Raumordnung, Bauwesen und Städtebau Bonn-Bad Godesberg, 1973, 119 Seiten, zahlr. Abb.

Fertigbausysteme
im internationalen Vergleich. Fertigbausysteme und Erfahrungen in Schweden, Polen und Frankreich. Arbeitstagung d. Verb. Niedersächs. Wohnungsunternehmen e.V. Hammonia-Verlag Hamburg, 1972, 72 Seiten.

Gangl, N.
Die Engpässe für eine konsequent industrialisierte Wohnbauwirtschaft. Krämer-Verlag Stuttgart, 1970, 230 Seiten, Tab. u. Diagr.

Keller, S.
Rationalisierung der Gebäudeplanung mittels Datenverarbeitung. Grundrißoptimierung in der Entwurfsplanung. J. Beltz Verlag Weinheim, 1970, 225 Seiten mit Abb. und Tab.

Koncz, T.
Handbuch der Fertigteilbauweise mit großformatigen Stahl- und Spannbetonelementen. Konstruktion, Berechnung und Bauausführung. Bauverl. Wiesbaden.

Band 1: Grundlagen. Dach- und Deckenelemente. 3., völlig neu bearb. Aufl., 1973, ca. 320 Seiten, 563 Abb. u. 10 Tafeln.

Band 2: Hallen- und Flachbauten, Zweckbauten. 3. Aufl., 1971, 427 Seiten, 900 Abb.

Band 3: Mehrgeschoßbauten der Industrie. Öffentliche Bauten. Schulbauten, Wohnungsbauten in Großtafelbauweise. 4. Aufl., 1973.

Koob, H.K.
Vorfertigung und Montage im Innenausbau. (= a + w Studienbücherei).
Koch Verlag Stuttgart, 1970, 52 Seiten, 99 Abb.

Kunststoff
Baumaterial der Zukunft - Revolution oder Illusion? Fachtagung des Dt.
Verbandes für Wohnungswesen, Städtebau und Raumplanung e.V. (= Kleine
Schriften des Deutschen Verbandes H.47). Stadtbau-Verlag Köln/Bonn,
1972, 81 Seiten.

Ludmann, H.
Von der Wohnzelle zur Stadtstruktur. Techn. Rationalisierung und Umwelt-
Gestaltung. (= Projekt 4). Krämer Verlag Stuttgart, 1968, 455 Seiten,
Fotos u. Zeichn.

Meyer-Bohe, W.
Beton-Fertigteilbau. (= Reihe Elemente des Bauens Bd.1). Koch Verlag
Stuttgart, 1972, 88 Seiten, 439 Abb.

Meyer-Bohe, W.
Stahlbetonbau. (= Reihe Elemente des Bauens Bd.6). Koch Verlag Stuttgart,
1974, 88 Seiten, ca. 306 Abb. u. Konstruktionszeichn.

Meyer-Bohe, W.
Stahlhochbau. (= Reihe Elemente des Bauens Bd.5). Koch Verlag Stuttgart,
1974, ca. 100 Seiten, ca. 300 Konstruktionszeichn.

Meyer-Ehlers, G.
Raumprogramm und Bewohnererfahrungen. Planungsgrundlagen für den Wohnungs-
bau. Im Auftr. des Bundesmin.f. Städtebau und Wohnungswesen. Mitarbeit
M. Haußknecht, S. Rughöft. (= Neues bauen - neues wohnen 9). Krämer Verlag
Stuttgart/Bern, 1971, 139 Seiten, zahlr. Abb.u. Qu.

Meyer-Keller, D.
Raumzellenbauweisen - Entwicklungsstand und Tendenzen. Bauverlag Wiesbaden,
1972, 338 Seiten, mit vielen Abb. u. Tafeln.

Ohl, H. - Ryffé, P.
Werkbericht Wohnanlage Saarlouis-Beaumarais. Städtebau und Industrialisie-
rung. (= Informationen aus der Praxis - für die Praxis Nr.30). Hg. vom
Bundesminister für Städtebau und Wohnungswesen. Selbstverlag Bonn/Bad
Godesberg, 1971, 121 Seiten.

Planen und Bauen
mit der Sar-Methode. Hrsg. Bauzentrum Hamburg. Bd.1. Selbstverlag Hamburg,
1972, 52 Seiten, Grundr., graph. Darst.

Rationalisierung
im Hoch- und Wohnungsbau. Aufgaben, Mittel, Erfolge 1946 - 1966. Hrsg.
Institut für Bauforschung e.V. Bauverlag Wiesbaden/Berlin, 1966, 180 Seiten, 92 Bild., Schn., Grundr., Schemata, Diagr. u. Tab., 154 Qu.

Rationalisierung
im Wohnungsbau. Ergebnisse einer Studientagung. Mit Beitr.v. F. Berger -
H. Hubacher u.a. (= Schriftenreihe der Stiftung "Im Grüene". Bd. 34).
Verlag Paul Haupt Bern/Stuttgart, 1967, 185 Seiten, 1 Bild, 1 Pl.,
5 Grundr.

Rationalisierung
im Wohnungsbau. Hrsg. Deutsches Volksheimstättenwerk e.V. (=Aktuelle
Schriftenreihe. H. 6). Selbstverlag Köln, 1973, 68 Seiten.

Rationalisierung
im Wohnungsbau - Werkblätter. Hrsg.: Innenminister des Landes Nordrhein-
Westfalen. Verlag für Wirtschaft und Verwaltung Wingen Essen, 1971,
94 Werkblätter mit zahlr. Abb.

Rationalisierungskatalog
für den sozialen Wohnungsbau. Überblick über mögliche Auflagen und Prüfungskriterien bei der Bewilligung von öffentlichen Förderungsmitteln
für den Wohnungsbau zum Zweck einer verstärkten Rationalisierung. Hg. v.
Bundesmin.f. Städtebau u. Wohnungswesen. Dt. Gemeindeverlag Köln, 1971,
24 Seiten.

Röhm, W.
Architekt und Fertigteilbau. Bauverlag Wiesbaden, 1973, 128 Seiten mit
Abb.

Schmidt, H.Th.
Kunststoffe im Wohnungsbau. Ergebnisbericht des Ländervergleichsprogrammes
"Rationalisierung des Innenausbaues unter bes. Berücksichtigung von Kunst-
stoffen". Teil A im Auftr. des Bundesmin.f. Wohnungswesen und Städtebau.
(= Berichte aus der Bauforschung H.52). Verlag W. Ernst u. Sohn Berlin,
1967, 82 Seiten, 115 Bilder, 8 Zahlentaf.

Schwabe, A.
Kunststoffe im Bauwesen. (= a + w Studienbücherei). Koch Verlag Stuttgart,
1971, 56 Seiten mit 89 Fotos, 44 Grundr. u. Zeichn.

Sebestyén, G.
Großtafelbauweise im Wohnungsbau. Übers.a.d. Ungarischen. Deutsche Bearb.
v. J. Otto. Werner Verlag Düsseldorf, 1969, 549 Seiten, 359 Abb., 44 Tab.

Stamm, K. - Witte, H.
Sandwichkonstruktionen. Berechnung - Fertigung - Ausführung. (= Ingenieurbauten - Theorie und Praxis Bd.3). Springer Verlag Berlin, 1974.

Testa, C.
Die Industrialisierung des Bauens. Einführung - Organisation - Beispiele -
Erfahrungen. Verlag für Architektur Artemis Zürich/Stuttgart, 1972,
199 Seiten, zahlr. Abb., Text deutsch/engl.

Triebel, W. - Kräntzer, K.R. - Richter, G.
Baukosten und Wohnwert von Demonstrativbauten. Aufgaben und Erfolge der
Rationalisierung. (= Informationen aus der Praxis - für die Praxis Nr.14).
Hg. vom Bundesminister für Wohnungswesen und Städtebau Bad Godesberg,
1967, 120 Seiten.

Triebel, W. - Achterberg, G. - Janik, E. - Kräntzer, K.R. u.a.
Salzgitter-Fredenberg. Weiterentwickelte traditionelle und industria-
lisierte Bauverfahren. (= Informationen aus der Praxis - für die Praxis
Nr.26). Hg. vom Bundesminister für Städtebau und Wohnungswesen Bonn/Bad
Godesberg, 1971, 227 Seiten.

Triebel, W. - Achterberg, G. - Hampe, K.H. - Müller, W. - Treptow, H.J.
Berlin-Buckow-Rudow und Hannover-Garbsen. Montagebauverfahren mit großformatigen schweren Betonfertigteilen. (= Informationen aus der Praxis -
für die Praxis Nr.34). Hg. vom Bundesminister für Städtebau und Wohnungswesen Bonn/Bad Godesberg, 1972, 197 Seiten.

Triebel, W. - Achterberg, G. - Kräntzer, K.R.
Rationalisierungsfibel als Kommentar (erste Fassung) zum Rationalisierungskatalog. Leitsätze für die Rationalisierung im Wohnungsbau. Ergebnisse und Erfahrungen aus Forschung und Praxis bei Versuchs- und Vergleichsbauten und Demonstrativmaßnahmen. (= Informationen aus der Praxis - für die Praxis Nr. 39). Hg. vom Bundesmin.f. Städtebau und Wohnungswesen Bonn/Bad Godesberg, 1972, 247 Seiten.

Vaessen, F.
Bauen mit vorgefertigten Stahlbetonteilen. (= Ingenieurbauten - Theorie und Praxis Bd.2). Hrsg. K. Sattler, P. Stein. Springer Verlag Berlin, 1973, 160 Seiten, etwa 150 Abb.

4. Wohnungsbaupolitik

Allgemeiner
Deutscher Bauvereinstag Karlsruhe 1972. Wohnungswirtschaft und Gesellschaftspolitik - Auftrag der gemeinnützigen Wohnungsunternehmen. Eine Dokumentation. Hrsg. Gesamtverband gemeinnütziger Wohnungsunternehmen e.V. (= Schriftenreihe des Gesamtverbandes gemeinnütziger Wohnungsunternehmen e.V. H. 6-7). Hammonia Verlag Hamburg, 1972, 263 Seiten, Bild.

Bahrdt, H.P.
Humaner Städtebau. Überlegungen zur Wohnungspolitik und Stadtplanung für eine nahe Zukunft. (= Sammlung dialog). Nymphenburger Verlagsbuchhandlung München, 6. Aufl., 1973, 232 Seiten.

Brehme, J.
Wohnungsbaupolitik und Raumordnung. Hrsg. Bundesmin.d.Innern. (= Inf. briefe f. Raumordnung R 6.6.2). Kohlhammer Verlag/Dt. Gemeindeverlag Mainz, 1969, 11 Seiten Lit.

Brüggemann, J. u.a.
Wohnungswirtschaft und Städtebau in der Zukunft. (= Beiträge und Untersuchungen d. Instituts f. Siedlungs- und Wohnungswesen d. Westfäl. Wilhelms-Univ. Münster Bd.71). Selbstverlag Münster, 1968, 168 Seiten.

Fey, W.
Die Hebung des Wohnungsstandards im Wohnungsbestand als Aufgabe. Aufriß eines Zehnjahresprogramms der Modernisierung. (= Schriftenreihe d. Inst. f. Städtebau, Wohnungswirtschaft u. Bausparwesen e.V. - Arnold-Knoblauch-Institut - Nr.26). Domus Verlag Bonn, 1972, 96 Seiten.

Forschungsges.f. Wohnen, Bauen u. Planen (Hg.)
Mindestanforderungen an eine Wohnung. (= Schriftenreihe d. Forschungsges. f. Wohnen, Bauen und Planen H.49). Selbstverlag Wien, 1972, 51 Seiten.

Häring, D.
Zur Geschichte und Wirkung staatlicher Interventionen im Wohnungssektor. Bd.1,2. Soziographisches Inst. an der Johann-Wolfgang-Goethe Universität Frankfurt/M., 1973, V, 336 Seiten, zahlr. Tab., Qu. Maschinenschriftl. vervielf.

Hollatz, J.W.
Urbane Bautradition und progressive Stadtentwicklung. (= Kleine Schriften d. Dt. Verbandes f. Wohnungswesen, Städtebau und Raumplanung Bd.46). Stadtbau-Verlag Bonn, 1971, 32 Seiten.

Jaschinski, H.
Lehren aus der Wohnungspolitik. (= Vorträge und Aufsätze H.21 d. Inst.f. Siedlungs- u. Wohnungswesen d. Westfäl. Wilhelms-Universität Münster). Selbstverlag Münster, 1969, 32 Seiten.

Jenkis, H.W.
Ursprung und Entwicklung der gemeinnützigen Wohnungswirtschaft. Eine wirtschaftliche und sozialgeschichtliche Darstellung. (= Schriftenreihe des Inst.f. Städtebau, Wohnungswirtschaft und Bausparwesen e.V. - Arnold-Knoblauch-Institut - 24). Domus Verlag Bonn/Hammonia Verlag Hamburg, 1973, 300 Seiten.

Jürgensen, H.
Wohnungsbau und Stadtentwicklung. (= GEWOS-Schriftenreihe Neue Folge H.1).
H. Christians Verlag Hamburg, 1970, 23 Seiten.

Lauritzen, L.
Aspekte des Wohnungs- und Städtebaus. Vortr. anl. der ersten Tagung der
Landesgruppe Hessen des Dt. Verbandes für Wohnungswesen, Städtebau u. Raumplanung e.V. am 30. Januar 1967. Hrsg. Dt. Verband für Wohnungswesen,
Städtebau u. Raumplanung e.V. Köln-Mülheim. (= Schriften des Dt. Verbandes
für Wohnungswesen, Städtebau u. Raumplanung e.V. H.70). Selbstverlag
Köln-Mülheim, 1967, 45 Seiten.

Lauritzen, L.
Städtebau der Zukunft. Tendenzen - Prognosen - Utopien. Econ Verlag
Düsseldorf, 5.-7. Tsd., 1970, 363 Seiten.

Lauritzen, L. - Stoltenberg, G. - Schön
Städtebau und Wohnungswesen. Verlag Dt. Wohnungswirtschaft Düsseldorf,
1970, 58 Seiten.

Lehmann, W. (Hg.)
Privates Bausparwesen 1973. Domus Verlag Bonn, 1973, 143 Seiten, Tab.,
Qu.

Lowinski, L.
Grundlagen, Zielsetzungen und Methoden der Wohnungspolitik in der sozialen Marktwirtschaft. (= Sonderveröffentlichung d. Inst.f. Siedlungs- u.
Wohnungswesen d. Westfäl. Wilhelms-Univ. Münster/Westf.). Verlag R. Müller Köln-Braunsfeld, 1965, 160 Seiten.

Mairose, R. - Orgaß, G.
Wohnungs- und Bodenpolitik in der Bundesrepublik Deutschland. Kostenmiete,
Städtebaurecht, Wohnungseigentum durch Mietkauf. (= Analysen. Veröffentl.
d. Hochschule für Wirtschaft und Politik Hamburg 14). Leske Verlag Opladen, 1973, 155 Seiten, Qu.

Münch, D.
Ziele, Maßnahmen und Ergebnisse staatlicher Wohnungspolitik in Europa
(Bundesrepublik Deutschland, Großbritannien, Schweden, Belgien, Schweiz,
Frankreich). Hrsg. Inst.f. Siedlungs- und Wohnungswesen d. Westfäl. Wilhelms-Univ. Münster/Westfl. (= Inst.f. Siedlungs- und Wohnungswesen der
Westf. Wilhelms-Univers. Münster Sonderdruck 41). Münster, 1967, XVI
405 Seiten, 54 Übers., zahlr. Qu.

Nowak, W.
Das "Gemeinnützige Unternehmen" als Instrument der Wohnungspolitik.
(= Veröffentl. des Forschungsinstituts für Wirtschaftspolitik an der
Universität Mainz Bd.30). Verlag Duncker u. Humblot Berlin, 1973,
297 Seiten, Tab., Qu.

Schneider, D.
Selbsthilfe - Staatshilfe - Selbstverwaltung. Ein Streifzug durch Theorie
und Praxis der Wohnungspolitik. Hrsg. zum fünfzigjährigen Bestehen der
Nassauischen Heimstätte. Selbstverlag Frankfurt/M., 1973, 253 Seiten, Abb.

Schneider, H.K.
Wohnungsbestandspolitik und Marktforschung. Mit Beitr.v. L. Lauritzen,
V.E. Preusker, P. Nevermann u.a. (= Inst.f. Siedlungs- und Wohnungswesen
d. Westfäl. Wilhelms-Univ. Münster. Beitr.u. Unters. N.F. Bd.70).
Münster/Westf., 1968, 158 Seiten, Abb., Lit., Anh.

Schneider, H.K. - Schuppener, C.
Soziale Absicherung der Wohnungsmarktwirtschaft durch Individualsubventionen. (= Beiträge zur Stadt- und Regionalforschung, hg. von der GEWOS H.2). Verlag Vandenhoeck u. Ruprecht Göttingen, 1971, 98 Seiten.

Statistisches Bundesamt Wiesbaden (Hg.)
Fachserie E: Bauwirtschaft, Bautätigkeit, Wohnungen. Veröffentlichungsreihe 3: Bautätigkeit. Kohlhammer Verlag Mainz, 1971, 43 Seiten.

Wawrzyn, L. (Hg.)
Wohnen darf nicht länger Ware sein. (= Sammlung Luchterhand 164). Luchterhand Verlag Neuwied/Darmstadt, 1974, 224 Seiten.

Wohnungsbau
und Stadtentwicklung. 10 Jahre Demonstrativbauvorhaben des Bundesministeriums für Wohnungswesen und Städtebau. Hrsg. Bundesministerium für Wohnungswesen und Städtebau. Buchverlag F. Fackler, Inh.C.W. Steimle München, 1967, 156 Seiten, S. A 1 - A 90, zahlr. Bild., Grundr. u. Pl.

Wohnungsbaugesetze
des Bundes. Textausgabe, hg. vom Dt. Volksheimstättenwerk. Selbstverlag Köln, 9. Aufl., 1972, 180 Seiten.

Wohnungsbauverordnungen
des Bundes. Textausgabe. Hg. vom Dt. Volksheimstättenwerk. Selbstverlag Köln, 2. Aufl., 1971, 184 Seiten.

Wohnungs- und Städtebau
in der Konjunktur. Mit Beitr.v. H.K. Schneider, D. Duwendag, R. Göb, Th. Paul, H. Jaschinski, R. Tarnow, J.H.B. Heuer und einem Diskussionsbericht von D. Duwendag. (= Beiträge u. Untersuchungen d. Inst.f. Siedlungs- u. Wohnungswesen d. Univ. Münster, NF d. Materialiensammlung Bd.68). Selbstverlag Münster, 1968, 200 Seiten.

Wohnungsbaupolitik (I)
Vermögens- und Eigentumsbildung im sozialen Wohnungsbau. Aus d. Debatte d. Deutschen Bundestages v. 24.5.1973 u.d. öffentl. Anhörung d. Bundestagsausschusses für Raumordnung, Bauwesen u. Städtebau v. 19.9.1973. Hrsg. Presse-u. Informationszentrum d. Deutschen Bundestages. (= Zur Sache, 1, 1974). Bonn/Bad Godesberg 1974, 176 Seiten.

Wohnungsbestandspolitik
und Marktforschung. Mit Beitr.v. L. Lauritzen, V.E. Preusker, P. Nevermann, K. Göckmann, M.G. Hauff, W. Bellemann u. O. Aule. (= Beiträge u. Untersuchungen d. Inst.f. Siedlungs-u. Wohnungswesen d. Univ. Münster, NF der Materialiensammlung Bd.70). Selbstverlag Münster, 1968, 158 Seiten.

4.1. Sozialer Wohnungsbau

Duwendag, D.
Methoden und Probleme einer Liberalisierung des Sozialwohnungsbestandes.
(= Sonderveröffentlichungen d.Inst.f. Siedlungs- u. Wohnungswesen Münster).
Verlagsges. R. Müller Köln-Braunsfeld, 1965, 298 Seiten.

Kornemann, Rolf
Fehlsubventionierung im öffentlich geförderten sozialen Wohnungsbau.
Bilanz einer systemwidrigen Marktintervention. (= Schriftenreihe des
Inst.f. Städtebau, Wohnungswirtschaft und Bausparwesen e.V., Arnold-
Knoblauch-Institut, Nr. 25). Domus-Verlag Bonn, 1973, XV, 332 Seiten,
zahlr. Qu.

Lüdtke, Hartmut
Bauform und Wohnverhalten. Eine Vergleichsuntersuchung der Terrassenhäuser in einer Siedlung des sozialen Wohnungsbaus in Hamburg-Eidelstedt. (= GEWOS-Schriftenreihe Neue Folge H. 8). Hans Christians Verlag Hamburg, 1973, 247 Seiten.

Mieter -
Miteigentum und Wohnkauf. XI. Königsteiner Gespräch - Referate und Diskussionen. (= Schriftenreihe d. Instituts f. Städtebau, Wohnungswirtschaft und Bausparwesen e.V., Arnold-Knoblauch-Institut, H.27).
Domus-Verlag Bonn, 1973.

Pohl, Werner
Sozialer Wohnungsbau gestern, heute und morgen. Hrsg. Gesellschaft f.
Wohnungsrecht und Wohnungswirtschaft Köln e.V. (= Kleine Arbeiten aus
dem Institut für Wohnungsrecht und Wohnungswirtschaft a.d. Universität
Köln, Nr. 4). Selbstverlag Köln, 1967, 35 Seiten.

Rationalsisierungskatalog
für den sozialen Wohnungsbau. Hrsg. Bundesminister für Städtebau und
Wohnungswesen. Überblick über mögliche Auflagen und Prüfungskriterien
bei der Bewilligung von öffentlichen Förderungsmitteln für den Wohnungsbau zum Zweck einer verstärkten Rationalisierung. Deutscher Gemeindeverlag Köln/Berlin/Hamburg, 1971, 23 Seiten.

Sozialer
Wohnungsbau - Wohin? Krise und Neubeginn. XII. Königsteiner Gespräch -
Referate und Diskussionen. (= Schriftenreihe des Inst.f. Städtebau, Woh-
nungswirtschaft und Bausparwesen e.V. (Arnold-Knoblauch-Institut).Bd.29).
Domus Verlag Bonn, 1973, 87 Seiten.

Stadler, O.
Handbuch der Wohnungsbauförderung und des sozialen Wohnungsbaus. Beck
Verlag München/Berlin, 1955, 556 Seiten.

Stadler, O.
Leitfaden für den sozialen Wohnungsbau in Bayern. Mit Wohnungsbauförde-
rungsbestimmungen. Boorberg Verlag München, 8. Aufl., 1971, 249 Seiten.
Mit Nachtrag 1972.

Statistisches Bundesamt Wiesbaden (Hg.)
Fachserie E: Bauwirtschaft, Bautätigkeit, Wohnungen. Veröffentlichungsreihe 4: Bewilligungen im öffentlich geförderten sozialen Wohnungsbau. Kohlhammer Verlag Mainz.

Storz, K.A.
Das Mietpreisrecht für den sozialen Wohnungsbau. Ein leicht verständliches Rechtsbuch für alle Vermieter, Mieter, Anwälte, Gerichte und Behörden mit einer ausführlichen Anleitung zur Ermittlung der Kostenmiete. Unter Mitarbeit von K. Lang, E. Fröscher, K. Löbner. Kohlhammer Verlag Stuttgart, 1970, 160 Seiten.

Tepper, H.
Sozialer Wohnungsbau in einer Sackgasse. Hrsg. Gemeinnützige Akt.-Ges. für Wohnungsbau, Selbstverlag Köln, 1973, 10 Seiten.

Ullrich, W. (Hg.)
Darlehens-, Beihilfen und Förderungsbestimmungen für den Wohnungsbau des Bundes und der Länder. Luchterhand Verlag Neuwied. Loseblatt-Ausgabe bis zum Liefertag ergänzt, etwa 5000 Seiten.

Untersuchung
der Fragen, die sich bei der Verwaltung, der Instandhaltung und den Reparaturen im Mietsektor des sozialen Wohnungswesens stellen. Antworten von 13 Ländern Europas und von Israel. Hrsg.: Internat. Verband für Wohnungswesen, Städtebau und Raumordnung, Ständiger Internat. Ausschuß für Soziales Wohnungswesen. IVWSR Den Haag/Paris, 1973, 158 Seiten. Auch in franz. u. engl. Sprache erschienen.

Zur Förderung
von Wohnungseigentum und Wohnbesitz im sozialen Wohnungsbau. Gutachtliche Stellungnahmen des Deutschen Verbandes für Wohnungswesen, Städtebau und Raumplanung e.V. Köln. Selbstverlag Köln-Mülheim, 1974, 78 Seiten.

Zweckbindungen
von Sozialwohnungen. Merkblatt. Hg. vom Dt. Volksheimstättenwerk. Neuester Stand durch Ergänzungsblätter vom Januar 1972. Selbstverlag Köln, 1971, 60 Seiten.

4.2. Eigentum im Wohnungsbau

Allgemeines
Wohnungsbaurecht. Merkblatt. Hg. vom Dt. Volksheimstättenwerk. Selbstverlag Köln, 1970, 60 Seiten.

Art und Umfang
der öffentlichen Förderung der von den zukünftigen Eigentümern zu bewohnenden Wohnung. Untersuchung des Ständigen Ausschusses "Miete und Familieneinkommen" des Internat. Verbandes für Wohnungswesen, Städtebau und Raumordnung. Abgeschlossen: Juni 1973. Luxemburg: IVWSR 1973, 173 Seiten, Anh.

Bärmann, J.
Praxis des Wohnungseigentums. Mit Formularen und Mustern. Beck Verlag München, 2., veränd. Aufl., 1968, XIV, 582 Seiten.

Bärmann, J. - Pick, E.
Wohnungseigentumsgesetz mit Richtl. f.d. Baubehörden und Grundbuchverf. Mit Erläuterungen. Beck Verlag München, 6. Aufl. 1972, mit Nachtrag 1973, XIII, 259 und 5 Seiten.

Bärmann, J. - Merle, W. - Pick, E.
Wohnungseigentumsgesetz. Kommentar. Beck Verlag München, 2. Aufl. 1973, mit Nachtrag 1973, XV, 1055 und 6 Seiten.

Barth, D.
Wohnungsbau in Deutschland. Die Eigentumswohnung und ihre Finanzierung. Diss. Insbruck 1966.

Beul, H. - Hantelmann, Ch.v. - Lindner, W.
Das eigene Haus. Planen, Finanzieren, Bauen, Einrichten. Keysersche Verlagsbuchhandlung München, Neuaufl., 1973, 359 Seiten, zahlr. Abb.

Beuthner, J.
Finanzieren und Bauen von Eigenheimen, Eigentumswohnungen und Miethäusern. Ein Ratgeber für Bauherren und solche, die es werden wollen. Verlag Wolf Karlsruhe, 1972, 224 Seiten.

Bruckmann, A. - Koller, L.
Bruckmanns 150 Eigenheime. Bruckmann Verlag München, 14. veränd. Aufl., 1969, 128 Seiten, 444 Abb.

Brüggemann, J.
Wohnungseigentum. Ein Leitfaden für die Praxis. Unter Mitwirkung von M. Hönisch, H. Koepp, E. Zergiebel. Hrsg.: Gesamtverband gemeinnütziger Wohnungsunternehmen. Hammonia Verlag Hamburg, 1965, 205 Seiten, 11 Anh., 26 Qu.

Burhoff, A.
Besteuerung des Miethausbesitzes. Verlag Neue Wirtschaftsbriefe Herne/Berlin, 3., neubearb. Aufl., 1973, 146 Seiten.

Dehnen, H.
Das Eigenheim in der Etage. Ratgeber zum Bau oder Erwerb einer Eigentumswohnung. Domus Verlag Bonn, 4., überarb.u. erw. Aufl., 1972, 48 Seiten.

Diester, H.
Die Rechtsprechung zum Wohnungseigentumsgesetz nebst Erläuterungen für die Praxis. Beck Verlag München/Berlin, 1967, XVI, 210 Seiten, zahlr. Qu.

Diester, H.
Wichtige Rechtsfragen des Wohnungseigentums. (= Schriftenreihe der Neuen Juristischen Wochenschrift H.19). Beck Verlag München, 1973.

Dittmann, O.
Erbbaurecht. Kommentar. Beck Verlag München. In Vorbereitung.

Das Eigenheim
in der Etage. Ratgeber zum Bau oder Erwerb einer Eigentumswohnung. Hrsg.: Inst.f. Städtebau, Wohnungswirtschaft und Bausparwesen (Arnold-Knoblauch-Institut). Domus Verlag Bonn, 4. überarb.u.erw. Aufl., 1972, 48 Seiten, Tab.

Eigentumsfrage
in der Wohnungs- u. Raumwirtschaft. Mit Beitr.v. W. Wortmann, H. Hämmerlein, G. Thiel, W. Kock, P. Autschbach, H. Geiger. (= Beitr.u. Unters. des Inst.f. Siedlungs- u. Wohnungswesen d. Univ. Münster, N.F. der Materialiensammlung Bd.61). Selbstverlag Münster, 1965, 119 Seiten.

Eisenblätter, K. - Heisel, K.
Einfamilienhaus und Wohnungseigentum. Besteuerung und Bewertung. Verlag Neue Wirtschaftsbriefe Herne, 1967, 250 Seiten.

Erbbaurecht.
Merkblatt. Hg. vom Dt. Volksheimstättenwerk. Selbstverlag Köln, 1968, 64 Seiten.

Ertner, U.
Eigentumswohnungen mit Steuervorteilen als Kapitalanlage. Berlinförderung - Zonenrandförderung - Kölner Modelle. Verlag Neue Wirtschaftsbriefe Herne/Berlin, 1973, 71 Seiten, zahlr. Qu.

Fibel
für die Verwaltung von Eigentumswohnungen. Hg. vom Dt. Volksheimstättenwerk. Selbstverlag Köln, 2. Aufl., 1969, 24 Seiten.

Frank, K.
So komme ich zum Eigenheim. Finanzierung und Steuervorteile. (= Goldmann-Taschenbücher 10511). Goldmann Verlag München, 5., überarb.u. verbess. Aufl., 1973, 169 Seiten.

Frank, K.
So komme ich zur Eigentumswohnung. (= Goldmann Taschenbuch Reihe "Ratgeber Bd.10509 und Goldmanns GelbeTaschenbücher Deutsches Recht Bd. 2803). Goldmann Verlag München, 1973, 188 Seiten.

Franzke, H.
Die Eigentumswohnung in der Praxis. Walhalla u. Praetoria Verlag Regensburg, 1970, 84 Seiten.

Die Gebäudeabschreibung
nach § 7 und § 7b EStG. Deutsches Volksheimstättenwerk Selbstverlag Köln, 29. überarb. Aufl., 1973, 62 Seiten.

Görz, H.
Mein Weg zum Eigenheim. Verlag Leopold Stocker, 1971, 336 Seiten,
8 Kunstdrucktaf., 70 Illustr.

Goosens, F.
Wie baue und finanziere ich mein Haus? Verlagsservice Moderne Industrie
München, 9. Aufl., 1971, 230 Seiten, 30 Formulare, Zeichnungen und Übersichten.

Gritschneder, O.
Grundstückskauf und Hausbau. (= Ullstein Taschenbuch 4014). Ullstein
Verlag Berlin, 1969, 178 Seiten.

Hanraths, J.
Grundstücks- und Gebäudewerte in der Steuerbilanz und Steuerpraxis.
Verlag Neue Wirtschaftsbriefe Herne, 3. Aufl., 1973, 531 Seiten.

Hasenjäger, S. - Schumacher, W.
Werners Baukalender 1974. Werner Verlag Düsseldorf, 24. Jahrgang, 542
Seiten, zahlr. Tab. Erscheint jährlich neu im Herbst.

Heuer, J. - Lowinski, L.
Das Eigenheim. Eine soziologische und volkswirtschaftliche Analyse.
(= Beiträge und Untersuchungen d.Inst.f. Siedlungs- u. Wohnungswesen
d. Univ. Münster Bd.48). R. Müller Verlag Köln-Braunsfeld, 1955,
236 Seiten.

Hilker, W.
Haus- und Wohnungseigentum. Erwerb, Finanzierung, Verkauf. O. Schmidt
Verlag Köln, 5. überarb.u.erweit. Aufl., 1972, 232 Seiten.

Hilker, W.
Erwerb, Verkauf und Finanzierung von Haus- und Grundbesitz. O. Schmidt
Verlag Köln, 5. Aufl., 1973, 180 Seiten.

Hoen, K.H.
Die Sorgen des Bauherrn. Finanzierung, Grundstückserwerb, Baugenehmigung.
(= Goldmanns Gelbe Taschenbücher 2494). Goldmann Verlag München, 1969,
176 Seiten.

Hofbauer, M.A.
Handbuch für den Haus- und Grundbesitzer. Unter Mitarbeit maßgebender
Fachleute. Verlagsservice Moderne Industrie München, 1969, 1100 Seiten,
zahlr. Abb. u. Tab.

Horowski, W.
Die Steuern des Hausbesitzers. Boorberg Verlag Stuttgart, 3. Aufl.,
1969, 120 Seiten.

Jahrbuch
1972/1973. Hrsg. Zentralverband der Deutschen Haus-, Wohnungs- und Grundeigentümer e.V. Selbstverlag Düsseldorf, 1973, XXVIII, 366 Seiten.

Jaschinski, H. u.a.
Probleme der Wohnungsbaufinanzierung. (= Schriften des Inst.f. Wohnungsrecht und Wohnungswirtschaft an der Universität zu Köln). Verlag O.
Schwartz Göttingen, 1958, 72 Seiten.

Klein, H.-J.
Wohneigentum in der Stadtregion. Eine soziol. Analyse eigentumsbezogener Wohnerfahrungen u. Wohnerwartungen. (= Karlsruher Stud. zur Regionalwiss. Schriftenr.d.Inst.f. Regionalwiss.d. Univ. Karlsruhe H.3). Karlsruhe 1970, III, 269 Seiten, Tab., Übers., Lit. Maschinenschriftl. vervielf.

Köhler, H.
Haus- und Grundbesitz. Erwerb, Besitz, Verwaltung. Verlag Moderne Industrie München, 1973, 256 Seiten.

Köhler, K.
Eigentumswohnungen. Erwerb, Besitz, Verwaltung. Moderne Industrie Verlagsservice München, 1971, 3. Aufl., 218 Seiten.

Köhler, K.
Kauf und Besitz von Eigentumswohnungen. (= Moderne Industrie (MI).- Taschenbücher Bd.501). Moderne Industrie Verlagsservice München, 1973, 160 Seiten.

Köhler, M.M.
Marktforschung für Kaufeigenheime und Kaufeigentumswohnungen. Möglichkeiten und Grenzen. Hammonia Verlag Hamburg, 1973, 83 Seiten, Abb., Qu.

Koepp, H.
Wohnungseigentum in der Praxis. Mit Wohnungseigentumsgesetz u. erg. Vorschriften sowie Vertragsmustern u. Musterformblättern für die Verwaltung. Hrsg.: Gesamtverband gemeinnütziger Wohnungsunternehmen e.V. Hammonia Verlag Hamburg, 4. verb. u. erw. Aufl., 1973, 329 Seiten, Abb., Tab., Qu.

Kottendorf, P. - Trippen, L.
Gegenwärtige und zukünftige Wohnungsversorgung durch gemeinnützige Wohnungsunternehmen. Perspektiven der Eigentums- und Vermögensbildung im Wohnungsbau. Verbandstag 1972 in Trier. Vorträge und Jahresberichte des Verbandes rheinischer Wohnungsunternehmen e.V. Düsseldorf. Selbstverlag Düsseldorf, 1972, 136 Seiten, Tab.

Kuntze, J. - Ertl, R. - Herrmann, H. - Eickmann, D.
Grundbuchrecht. Kommentar zur Grundbuchordnung, Grundbuchverfügung, Wohnungseigentumsverfügung. (= Sammlung Guttentag). de Gruyter Verlag Berlin, 1973. Im Druck.

Kurtz, G.
Mein Eigenheim. (= Olzog Ratgeber Bd.12). Olzog Verlag München, 1967, 160 Seiten.

Linden, R. - Ullrich, W.
Rechts- und Steuerhandbuch für Haus-, Grund- und Wohnungseigentümer. Luchterhand Verlag Neuwied, Neuauflage 1973, etwa 2400 Seiten, Loseblattwerk.

Merkblatt
über die Grundsteuervergünstigung im Wohnungsbau. Hrsg.: Dt. Volksheimstättenwerk. Selbstverlag Köln, 2. überarb. Aufl., 1973, 56 Seiten.

Merkblatt
über das Reichsheimstättenrecht. Hrsg.: Deutsches Volksheimstättenwerk. Selbstverlag Köln, 8. Aufl., 1973, 47 Seiten.

Merkblatt
über das Wohnungseigentum. Hrsg.: Dt. Volksheimstättenwerk. Selbstverlag Köln, 5. überarb. Aufl., 1972, 51 Seiten.

Nagel, S. - Frank, K.
Unser Haus. Planen, Finanzieren, Bauen. Bertelsmann Verlag Gütersloh, Neudruck 1969, 220 Seiten, 188 Abb.

Neubeck, K.
Eigentumswohnungen und Stadtentwicklung in München. Eine empirische Analyse der Folgewirkungen des zunehmenden Baus von Eigentumswohnungen. Hg. von der Landeshauptstadt München, Stadtentwicklungsreferat. Selbstverlag München, 1973, 161 Seiten.

Pinger, W.
Funktion und dogmatische Einordnung des Eigentümer-Besitzer-Verhältnisses. Die §§ 987 - 1003 als wechselseitig haftungsverschärfendes Schuldverhältnis. (= Schriften d.Inst.f. Arbeits- u. Wirtschaftsrecht a.d. Univ. Köln Bd.33). Beck Verlag München, 1973, XX, 227 Seiten.

Private Vermögensbildung
im Wohnungsbau. Mit Beitr.v. L. Storck, H. Iden, W. Burda, L. Neumann. (= Materialien zum Siedlungs- u. Wohnungswesen u. zur Raumplanung Bd.4). Hg. v.Inst.f. Siedlungs- u. Wohnungswesen Münster. Selbstverlag Münster, 1973, 123 Seiten.

Ratgeber
beim Kauf einer Eigentumswohnung. Worauf man beim Kauf einer Eigentumswohnung achten muß. Hg. vom Dt. Volksheimstättenwerk. Selbstverlag Köln, 3. überarb. Aufl., 1972, 23 Seiten.

Rechts- und
Steuerhandbuch für den Haus- und Grundbesitz. Luchterhand Verlag Neuwied, Erg.-Lfg. 76, 77, 1972, 64 und 80 Seiten.

Reichsheimstättengesetz
und Erbbaurechtsverordnung. Textausgabe. Hg. vom Dt. Volksheimstättenwerk. Selbstverlag Köln, 1966, 44 Seiten.

Reichsheimstättenrecht.
Merkblatt. Hg. vom Dt. Volksheimstättenwerk. Selbstverlag Köln, 7. überarb. Aufl., 1969, 48 Seiten.

Ressel, P.
Die Wahl des richtigen Fertighauses. Worauf ist beim Kauf zu achten? (= wohnen + werken). Bauverlag Wiesbaden/Berlin, 2. überarb. Aufl., 1973, 175 Seiten, zahlr. Abb.

Ringel, G.K.
Der große Hausbau-Ratgeber. Ein ausführliches Handbuch für alle Fragen der Finanzierung, Planung und des Bauens von Eigenheimen. Moderne Industrie Verlag München, 8. Aufl., 1972, 758 Seiten, 150 Abb., zahlr. Tab.

Ringel, G.K.
333 Tips für den privaten Bauherrn. Hinweise für den Bau von Eigenheimen. Moderne Industrie Verlag München, 1969, 354 Seiten mit Abb.

Schäffner, K. - Kühne, H.
Was muß jeder von den Hypotheken und vom Grundbesitz wissen? Verlag Handwerk u. Technik Hamburg, 12. verb. Aufl., 1971, 176 Seiten.

Schiebel, H.
Die Eigentumswohnung. Rechtliche, wirtschaftliche und soziologische Aspekte. Diss. TH Karlsruhe 1963, 111 Seiten.

Schürmann, B.
Die Bedeutung des Wohnungseigentums in rechtlicher und wirtschaftlicher
Beziehung. (= Sonderdrucke d.Inst.f. Siedlungs- u. Wohnungswesen Münster
Bd.13). Selbstverlag Münster, 1955, 130 Seiten.

SIN (Hg.)
Selbsthilfe beim Bau von Familienheimen. (= Schriftenreihe des Städtebauinstituts Nürnberg H.2). Selbstverlag Nürnberg, 1967, 72 Seiten.

Steuer-,
Prämien und sonstige Vergünstigungen für Bausparer. Hrsg.: Inst. für
Städtebau, Wohnungswirtschaft und Bausparwesen Bonn. Stand Okt. 1969.
Domus Verlag Bonn, 1969, 64 Seiten.

Taschenbuch
für den Wohnungswirt 1973. Hammonia Verlag Hamburg, 1972, 360 Seiten,
zahlr. Tab. u. Qu.

Taschenbuch
für den Wohnungswirt 1974. Hammonia Verlag Hamburg, 1973, 319 Seiten,
Tab.

Uhlig, K.
Mehr Wohneigentum durch neue Finanzierungsmethoden. (= Kleine Schriften
des Dt. Verbandes für Wohnungswesen, Städtebau u. Raumplanung e.V.
Köln-Mülheim H.26). Stadtbau-Verlag Bonn, 1970, 44 Seiten.

Ullrich, W.
Wohnungseigentumsgesetz 1972. Rechtsgrundlagen, Rechtsprechung, Verfah-
rensvorschriften. Luchterhand Verlag Neuwied, 1973, 300 Seiten.

Ullrich, W.
Wohnungseigentumsrecht ab 1. Oktober 1973 mit Entscheidungen des Bundes-
gerichtshofes u.d. Oberlandgerichte sowie Merk- u. Formbl. Luchterhand
Verlag Neuwied, 1973, 182 Seiten.

Vermögensbildung
im Wohnungs- und Städtebau. Hrsg.: Dt. Volksheimstättenwerk. (= Aktuelle
Schriftenreihe H.5). Selbstverlag Köln, 1972, 40 Seiten.

Vietor, A.
Neue Wege zur wohnungswirtschaftlichen Vermögensbildung. Hammonia Verlag
Hamburg, 1972, 28 Seiten.

Vom Grundstückserwerb
zur Bauabnahme. Ein Wegweiser für Bauherren, Bauunternehmer, Architekten,
Notare, Baubehörden und Gemeinden. Dt. Gemeindeverlag Köln, 1963, 60 S.

Watermann, R.
Die Zwischenfinanzierung von Wohnungsbauvorhaben. (= Schriften des Inst.
f. Wohnungsrecht und Wohnungswirtschaft an der Univ. Köln). Verlag O.
Schwartz Göttingen, 1960, 108 Seiten.

Weber, A.
Eigentums-Wohnung. Juristischer Ratgeber für jedermann. Friedmann Verlag
Bad Waldsee, 6. Aufl., 1972, 139 Seiten.

Weber, K.
Eigentumswohnungen - Erwerb, Besitz, Verwaltung. Verlag Moderne Industrie
München, 1970, 160 Seiten.

Der Weg
zum eigenen Haus. Ein Wegweiser durch den Paragraphendschungel für
Bauherren, Bauunternehmer, Architekten, Notare, Behörden und Gemeinden
unter besonderer Berücksichtigung der im Lande Hessen geltenden Bauvorschriften. Dt. Gemeindeverlag Köln, 1967, 152 Seiten.

Weimar, W. - Weimar-Gläser, Ch.
Die Eigentumswohnung. (= Beck-Text im dtv-Bd.5096). DTV Verlag München,
2. Aufl., 1973, 214 Seiten.

Weimar, W.
Taschenbuch für Haus-, Wohnungseigentümer und Mieter. Walhalla u. Praetoria Verlag Regensburg, 1970, 180 Seiten.

Weitnauer, A. - Wirths, C.
Wohnungseigentumsgesetz. Handkommentar mit Musterbeispielen. Vahlen
Verlag Berlin, 4. neu bearb. Aufl., 1972, 404 Seiten.

Wohnungsbaufinanzierungs-
Bestimmungen 1973. (= Schriftenreihe "Wohnungsbau in NRW" Bd.52). Textausgabe. Verlag für Wirtschaft und Verwaltung Wingen Essen, 1973,
282 Seiten.

Wohnungsbaufinanzierung.
Grundlagen - Träger - Aufgaben. Mit Beitr.v. G. Herber, H. Jaschinski,
E. Kiock, L. Kühne-Büning, G. Letschert, F. Sandgänger, W. Schenke.
(= Beiträge u. Untersuchungen d.Inst.f. Siedlungs- u. Wohnungswesen
Münster, NF d. Materialiensammlung Bd.58). Selbstverlag Münster, 1964,
116 Seiten.

Wohnungseigentumsgesetz
in der ab 1. Oktober 1973 gültigen Fassung. Textausgabe mit Stichwortverzeichnis. Hrsg.: Dt. Volksheimstättenwerk. Selbstverlag Köln, 6. Aufl.,
1973, 36 Seiten.

Wolff, R.
Das große Bau- und Wohn-ABC. Lexikale Erläuterung aller für den Bauherrn
wissenswerten Fachbegriffe. Piper Verlag München, 1971, 423 Seiten, 476
Abb. u. Farbtaf.

Wübbenhorst, F.
Der neue "Wübbenhorst". Und woher das Geld zum Bauen - Kaufen? Ein Wegweiser und Ratgeber aus der Praxis für die Praxis. Selbstverlag Oldenburg, 65. Aufl., 1972, 512 Seiten, Tab., Qu.

Zeller, Th. u.a.
Der Hausbesitzer. Rechtshandbuch für Vermieter. Boorberg Verlag München,
6., überarb. Aufl., 1965, 512 Seiten.

Zur Förderung
von Wohnungseigentum und Wohnbesitz im sozialen Wohnungsbau. Gutachtliche
Stellungnahmen des Dt. Verbandes für Wohnungswesen, Städtebau und Raumplanung e.V. Köln. Selbstverlag Köln-Mülheim, 1974, 78 Seiten.

4.3. Miet- und Wohnungswesen (rechtliche und steuerliche Probleme)

Anderegg
Zweites Wohngeldgesetz. Mit einschlägigen Vorschriften. (= Schwartz-Fachvorbereitungsbücher 57). Verlag O. Schwartz Göttingen, 2. Aufl., 1972, ca. 90 Seiten.

Die Berechnung
der Kostenmiete. Anleitung zur Wirtschaftlichkeitsberechnung auf Grund der Zweiten Berechnungsverordnung. Vahlen Verlag München, 9., überarb. Aufl., 1972, 46 Seiten, Anh. Formblätter.

Birkhold, H.
Vorschriften im Miet- und Wohnungsbaurecht. Stand Juni 1973. Hammonia Verlag Hamburg, 7. Aufl., 1973, etwa 600 Seiten.

Bodien, L. - Nimtz, H.
Das Gesetz über die Gemeinnützigkeit im Wohnungswesen und die Verordnung zur Durchführung des Gesetzes über die Gemeinnützigkeit im Wohnungswesen mit Hinweisen auf ergänzende Rechts- und Verwaltungsvorschriften. Stand: Sept. 1972. Hammonia Verlag Hamburg, 4. neubearb. Aufl., 1973, 98 Seiten.

Bormann, H. - Schade, H. - Schubart, H.-G.
Soziales Miet- und Wohnrecht. Kommentar. (= WK Reihe Bd.116). Einschl. 4. Erg.-Lieferung. Verlag Kommentator Frankfurt/M., 1972.

Felberg, B.
Das Wohngeld. Eine Untersuchung seiner wirtschaftlichen und sozialen Bedeutung und ein Vergleich mit anderen Subventionsformen. (= Schriften des Inst.f. Wohnungsrecht und Wohnungswirtschaft an der Universität Köln Bd.40). Domus-Verlag Bonn, 1972, VI, 217 Seiten.

GEWOS (Hg.)
Wohnwert und Miete. Vier Referate von J.W. Huber, M. Kurth, S. Thiberg, N.J. Habraken. (= GEWOS-Schriftenreihe Neue Folge H.7). Ges.f. Wohnungswesen und Städtebau Hamburg. H. Christians Verlag Hamburg, 1973, 85 S.

Glaser, H. - Warncke, F. - Warncke, Th.
Das Maklerrecht in der Praxis. Grundzüge, Rechtsprechung und Schrifttum. Verlag Neue Wirtschaftsbriefe Herne/Berlin, 5. Aufl., 1973, 430 Seiten.

Günther, H. - Schenkel-Tappert, P.
Wie kommt der Mensch zu seiner Wohnung? Wohnungsvermittlung - öffentlich oder privat? Rowohlt Verlag Reinbek bei Hamburg. In Vorbereitung.

Jenkis, H.W.
Die Unternehmensmiete. Notwendigkeit und Problematik der Neuorientierung der Mietenpolitik. (= Sonderveröffentlichungen d. Inst.f. Siedlungs- u. Wohnungswesen Münster). Selbstverlag Münster, 1968, 179 Seiten.

Kiefersauer - Glaser, H.
Grundstücksmiete. Wohnungsmietrecht - Mieterschutz - Wohnraumbewirtschaftung - Mietzinsbildung. 10., völl. neu bearb. Aufl., J. Schweitzer Verlag Berlin, 1965, XVI, 717 Seiten.

Kiefersauer - Glaser, H.
Nachtrag zur Grundstücksmiete. Wohnungsmietrecht - Mieterschutz - Wohnraumbewirtschaftung - Mietzinsbildung. J. Schweitzer Verlag Berlin, 10., völl. neu bearb. Aufl., 1967, 99 Seiten.

Die Kostenmiete.
Merkblatt. Hg. vom Dt. Volksheimstättenwerk. Selbstverlag Köln, 1972, 60 Seiten.

Lutz, J.
Das neue Mietrecht des BGB. Ein Kommentar f.d. tägl. Praxis. Verlag Dt. Wohnungswirtschaft Bad Harzburg, 2. Aufl., 1970, 143 Seiten.

Mietberechnungen.
Die Neubaumietenverordnung und die Zweite Berechnungsverordnung mit Ausführungsvorschriften anhand von Rechtsprechung und Literatur. Stand 1.5.1973. Erl. von W. Ullrich. Luchterhand Verlag Neuwied, 3. erg. Aufl., 1973, 175 Seiten.

Mietenbericht 1972.
Zweiter Bericht über die Entwicklung der Mieten für Wohnraum. BMBau Bonn-Bad Godesberg, 1973, 14 Bl., Tab. Maschinenschriftl. vervielf.

Mietengesetze.
Textausgabe mit Verweisungen und Sachverzeichnis. Mietrecht des BGB, Wohnraumkündigungsschutzgesetz, Mietrechtsverbesserungsgesetz, Wohnungsvermittlungsgesetz, Wohnungsbindungsgesetz, Neubaumieten-BerechnungsVO, Wohngeldgesetz. Zweit. Wohnungsbaugesetz. Zweite BerechnungsVO u.a. Beck Verlag München, 13., neu bearb. Aufl., 1972, 319 Seiten.

Mietengesetze.
Mietrecht des BGB, Bundesmietenges., WohnraumkündSchutzG, MietrechtsverbessG, WohnungsvermittlG, BerechnungsVO, Wohnungsbindungs 1965, WohngeldG mit WohngeldVO. (= Beck-Texte im dtv Band 5013). dtv Verlag München, 9. Aufl., 1974, ca. 250 Seiten.

Miet-, Wohn-
und Wohnungsbaurecht. Miete und Mieterschutz, Mietpreisrecht, Wohnungseigentum, Wohnraumbewirtschaftung und Wohnungsbau unter Berücksichtigung des Rechts der Länder. Textausgabe mit Verweis und Sachverzeichnis. Jetzt als Loseblatt-Ausgabe. Beck Verlag München, 14., neu bearb. Aufl., 1973, 1430 Seiten.

Mietrecht
Das neue. Verlag Dt. Volksheimstättenwerk Köln, 5. Aufl., 1973, 47 S.

Das neue
Recht für Mieter. Was jeder Mieter über das neue Mietgesetz wissen sollte. Hrsg.: Deutscher Mieterbund e.V. Verlagsges.d. Dt. Mieterbundes Köln, 17. Aufl., 1974, 32 Seiten.

Neue Ziele
im Wohnungs- und Städtebaurecht. Hrsg.: Deutsches Volksheimstättenwerk. (= Aktuelle Schriftenreihe 7). Selbstverlag Köln, 1973, 48 Seiten.

Otto, F.
Das Miet- und Pachtrecht. Eine allgemein verständliche Darstellung für Vermieter und Mieter, Verpächter und Pächter. Haufe Verlag Freiburg, 3., neu bearb.u.erw. Aufl., 1972, 135 Seiten.

Pergande, H.-G. - Schubart, H.-G.
Neubaumietenverordnung 1970 (NMV) 1970. Verordnung über die Ermittlung
d. zulässigen Miete für preisgebundene Wohnungen vom 14. Dez. 1970
(Stand 1. Juni 1972). Verlag R. Müller Köln-Braunsfeld, 1972, 113 Seiten,
Qu.

Pergande, H.G.
Wohnraummietrecht. Loseblattkommentar zum Mietrecht des BGB. Beck Verlag
München. Mit 3. Lfg. Sept. 1968, 830 Seiten, wird nicht mehr fortgeführt.

Roquette, H.
Geschäftsraummiete. Verlagsges. Recht und Wirtschaft Heidelberg, 2. Aufl.,
1971, 24 Seiten.

Roquette, H.
Das Mietrecht des Bürgerlichen Gesetzbuches. Systematischer Kommentar.
Mohr Verlag Tübingen, 1966, XII, 757 Seiten.

Roquette, H.
Neues soziales Mietrecht. Kommentar zum 3. Mietrechtsänderungsgesetz.
Mohr Verlag Tübingen, 1969, XI, 160 Seiten.

Schmidt-Futterer, W.
Miete und Pacht. (= Beck-Text im dtv Bd.5099). dtv Verlag München, 1972,
258 Seiten.

Schmidt-Futterer, W.
Mietrecht. (= Beck-Rechtslexika dtv Bd.5044). dtv Verlag München, 1973.

Schmidt-Futterer, W.
Wohnraummietrecht. Kommentar. Beck Verlag München, 1973.

Schmidt-Futterer, W.
Wohnraumschutzgesetze. Kündigung, Mieterhöhung, Mietwucher, Zweckentfremdung. Kommentar. Beck Verlag München, 1974, XVIII, 312 Seiten.

Schwerz, G.
Das neue Wohngeldrecht. Handbuch mit systematischer Einführung, einer umfassenden Sammlung von Rechts- u. Verwaltungsvorschriften u. Kommentar
zum 2. Wohngeldgesetz. 1. Lieferung: Stand 1972. Dt. Gemeindeverlag Köln,
1972, 160 Seiten.

Schwerz, G.
Zweites Wohngeldgesetz. Kommentar. Dt. Gemeindeverlag Köln/Berlin/
Hamburg, 1971, 271 Seiten.

Skopalik, O.
Muster und Formulare für Mietverträge. Goldmann Verlag München, 1972,
184 Seiten.

Skopalik, O.
Deine Rechte als Mieter. (= Goldmann Gelbe Taschenb. Bd.2720). Goldmann
Verlag München, 3. Aufl., 1974, 159 Seiten.

Skopalik, O.
Deine Rechte als Vermieter. (= Goldmann Gelbe Taschenb. Bd.2721). Goldmann Verlag München, 1972.

Stadler, O.
Leitfaden für den sozialen Wohnungsbau in Bayern. Mit Wohnungsbauförderungsbestimmungen. Boorberg Verlag München, 8. Aufl., 1971, 249 Seiten, mit Nachtrag 1972.

Stadler, O. - Gutekunst, D.
Zweites Wohngeldgesetz vom 14.12.1970. Kommentar. Loseblattwerk. Boorberg Verlag Stuttgart/München, 1973, 1.-4. Lieferung etwa 300 Seiten.

Storz, K.-A.
Das Mietpreisrecht im sozialen Wohnungsbau. Kohlhammer Verlag Stuttgart, 1970, 160 Seiten.

Ullrich, W.
Höhere Miete? Höheres Wohngeld! Höheres Heizgeld! Erl. zum Zweiten Wohngeldgesetz i.d.F. 1. Jan. 1974 m. Tab. z. Ablesen v. Wohngeldbeträgen u.e. Auszug der Heizgeldbestimmungen. Luchterhand Verlag Neuwied/Berlin, 4. neubearb. Aufl., 1974, 56 Seiten, zahlr. Tab.

Ullrich, W.
Mietberechnungen. Erläuterungen u. Text der NeubaumietenVO und Zweite BerechnungsVO. Luchterhand Verlag Neuwied, 3. erw. Aufl., Stand 1. Mai 1973, 182 Seiten.

Ullrich, W. - Böckel, E.
Das gesamte Miet- und Wohnungsrecht. Ergänzbares Handbuch für die Wohnungswirtschaft, für Haus- und Grundstückseigentümer usw. Loseblatt-Ausgabe, Luchterhand Verlag Neuwied, 1973, 15.000 Seiten in 11 Sammelordnern, Ergänzungen fortlaufend.

Ullrich, W.
Rechtslexikon für den Immobilienmakler. Luchterhand Verlag Neuwied/Berlin, 2. erw. Aufl., 1972, 228 Seiten.

Weimar, W.
ABC des Miet- und Wohnungsrechts nach dem BGB. Werner Verlag Düsseldorf, 1972, 69 Seiten.

Wohngeld.
Merkblatt. Hg. vom Dt. Volksheimstättenwerk. Selbstverlag Köln, 11. Aufl., 1972.

Wohngeld.
Zweites Wohngeldgesetz. Wohngeldverordnung. Allgemeine Verwaltungsvorschrift. Stand: 1. Jan. 1974. Verlag f. Wirtschaft und Verwaltung H. Wingen Essen, 1974, 82 Seiten.

Wohngeld '72.
Wohngeldberechnung leicht gemacht. Hrsg.: Verlagsges. des Deutschen Mieterbundes. Selbstverlag Köln, 1972, 23 Seiten, zahlr. Tab.

Wohngeld '74.
Wohngeldberechnung leicht gemacht. Hrsg.: Deutscher Mieterbund. Selbstverlag Köln, 1973, 32 Seiten.

Wohngeldgesetz.
Textausgabe. Hg. vom Dt. Volksheimstättenwerk. Selbstverlag Köln, 3. Aufl., 1972, 124 Seiten.

Zweite Berechnungsverordnung
(IIBV) und Neubaumietenverordnung (NMv 1970). (= Schriftenreihe "Wohnungsbau in Nordrhein-Westfalen" Bd. W 54). Stand: Juni 1972. Verlag für Wirtschaft und Verwaltung Wingen Essen, 1972, 74 Seiten.

Zweites Wohngeldgesetz.
Kommentar. Deutscher Gemeindeverlag Köln, 1971, 288 Seiten mit zahlr. Tab.

Zweites Wohngeldgesetz (2.WoGG).
Wohngeldverordnung (WoGV). Allgemeine Verwaltungsvorschrift (WoGVwv). Textausgabe 1974. Hrsg.: Bundesministerium für Raumordnung, Bauwesen und Städtebau. Bonn/Bad Godesberg 1974, 135 Seiten, Tab.

Zweites Wohngeldgesetz.
Rote Textausgabe zugl. Nachtrag zu Mietengesetze. Beck Verlag München, 1971, 50 Seiten.

5. Sanierung von Altbauten

Aus alt
mach neu. Ratgeber zur Modernisierung und Instandsetzung von Wohngebäuden. Hrsg.: Inst.f. Städtebau, Wohnungswirtschaft und Bausparwesen (Arnold-Knoblauch-Institut). Domus Verlag Bonn, 4. überarb.u.erw. Aufl., 1972, 39 Seiten.

Balkowski, D.
Modernes Wohnen in alten Häusern. Durch Ausbau und Umbau zur Wertsteigerung. (= wohnen + werken). Bauverlag Wiesbaden, 1973, 115 Seiten, zahlr. Abb.

Beul, H.
Reparieren im eigenen Haus. Keyser'sche Verlagsbuchhandlung München, 1970, 295 Seiten, zahlr. Abb.

Bielenberg, W.
Allgemeine Anforderungen an gesunde Wohnverhältnisse. Ein rechtswissenschaftl. Gutachten, insbes.i.Hinblick a.d. Voraussetzungen f.d. städtebaul. Sanierung. (= Schriftenr.d.Ges.f. Wohnungs-u. Siedlungswesen e.V. (GEWOS), Hamburg). Christians Verlag Hamburg, 1968, 95 Seiten, Tab., Lit.

Bramhas, E.
Kriterien für die Beurteilung der Erhaltungs- und Sanierungswürdigkeit alter Wohnungen, Wohnhäuser und Wohngebiete. (= Österreichisches Inst. für Bauforschung, Forschungsbericht 91). Verlag Straßenbau, Chemie u. Technik Heidelberg, 1974.

Debaigts, J.
Alte Häuser - umgebaut und neu eingerichtet. Callwey Verlag München, 1973, 164 Seiten, 195 Abb., 14 Farbtaf.

Düttmann, B.
Modernisierung des Wohnungsbestandes. Möglichkeiten, techn. und wirtschaftl. Grenzen. (= Schriften d. Bundesvereinigung deutscher Heimstätten H.3). Hg. Bundesvereinigung deutscher Heimstätten Selbstverlag Bonn, 1962, 28 Seiten.

Ernst, K.H. - Wolff, W.
Stadtsanierung Häusererneuerung. Planerische Aufgabe, sozialer Prozeß. Verlag A. Koch Stuttgart, 1973, 207 Seiten, zahlr. Bild., Sk., Grundr., Pl.

Fey, W.
Die Hebung des Wohnstandards der vorhandenen Wohnungen als Aufgabe. Aufriß eines Zehnjahresprogramms der Modernisierung. (= Schriftenreihe des Instituts für Städtebau, Wohnungswirtschaft und Bausparwesen Bd.26). Domus Verlag Bonn, 1972, etwa 110 Seiten, zahlr. Tab.

Göderitz, J.
Untersuchungen über die Erhebungen zur Feststellung des sanierungs- und erneuerungsbedürftigen Wohnungsbestandes in der Bundesrepublik Deutschland. (= neues bauen - neues wohnen, Schriftenreihe des Bundesministeriums f. Wohnungswesen u. Städtebau H.5). Bad Godesberg, 1966, 129 Seiten.

Grebin - Liebich - Picht
Neue Wohnungen in alten Gebäuden. Verlag Bauwesen Berlin/Ost, 2. Aufl., 1966, 80 Seiten, 95 Abb.

Hilfe
für das alte Haus. Förderung von Modernisierung und Instandsetzung durch Zinszuschüsse und Darlehen. Hrsg.: Zentralverband der Deutschen Haus- u. Grundeigentümer e.V. Verlag Deutsche Wohnungswirtschaft GmbH Düsseldorf, 1967, IV, 21 gez. Seiten.

Kraßnig, H. (Hg.)
Das Wohnungsverbesserungsgesetz. Mit Erl. und Hinweisen für die Praxis. (= Manzsche Gesetzausgaben. Sonderausg. Nr.307). Manzsche Verl.-u. Univ.-Buchh. Wien, 1972, 49 Seiten.

Listokin, D. - Burchell, R. - Paulus, V.
Housing rehabilitation: restraints, prospects, policies (Die Modernisierung von Altbauten: Beschränkungen, Aussichten, Verfahrensweisen). (= Exchange Bibliography. Council of Planning Librarians. 356). Monticello, Ill.: Council of Planning Librarians. 1973, 45 S.

Möglichkeiten
der Selbsthilfe bei Herstellung, Instandhaltung und Umbauten von Familienheimen. Katalog geeigneter Baustoffe, Bauverfahren und Bauelemente. Hrsg.: Bundesminister f. Raumordnung, Bauwesen und Städtebau. Selbstverlag des Instituts f. Bauforschung Hannover, ca. 1974, 80 Seiten, zahlr. Tab.

Mrosek, H.
Die sozialökonomische Bedeutung der Instandsetzung und Modernisierung des Altbauwohnungsbestandes unter besonderer Berücksichtigung der Verhältnisse in Nordrhein-Westfalen. (= Sonderdrucke d. Inst.f. Siedlungs- und Wohnungswesen Münster Bd.58). Selbstverlag Münster, 1972, Textband 451 Seiten, Tabellenband 225 Seiten.

Schmitt, H.
Eigenheime, Wohnungen, Rentenhäuser umbauen, modernisieren. Verlagsservice Moderne Industrie München, 1968, 300 Seiten.

Semmer, M.
Sanierung von Mietkasernen. Form und wirtschaftliche Entwicklung Berliner Miethäuser - Möglichkeiten zur Modernisierung. de Gruyter Verlag Berlin, 1970, 128 Seiten, 19 Abb., 25 Tab., Lit.-Verz., Stichwortverz.

Wullkopf, U.
Wohnungssanierung als wirtschaftspolitisches Problem. (= Die industrielle Entwicklung Bd.17). Westdeutscher Verlag Köln/Opladen, 1967, 132 Seiten.

6. Der Architekt und die Bauausführung
(Bauplanung, -technik, -recht)

Aicher, O. - M. Krampen
Zeichensysteme. Handbuch für Planer, Architekten, Designer und Organisatoren. Koch Verlag Stuttgart, 1974, ca. 200 Seiten, zahlr. Pictogr. u. Abb.

Auger, B.
Der Architekt und der Computer. Hatje Verlag Stuttgart, 1973, ca. 96 S. mit ca. 70 Abb. und Zeichn.

Bauen
mit oder ohne Architekt? Hrsg.: Verband der Architekten und Ingenieure. Eine Schrift, die in die Hand eines jeden Bauherrn gehört. Mit Architektengesetz. Callwey Verlag München, 8. Aufl., 48 Seiten, illustriert.

Baumann, H. - Jung
Arbeitsmappe Bauleitplanung. Die rationelle Aufstellung der Baupläne mit vorgedruckten Texten. Deutscher Gemeindeverlag Köln etc., 1971, 64 Seiten (in Ringbuchmappe).

Bauforschungstag 1971
15. und 16. November 1971, Kongreßhalle Berlin, Kompendium der Referate und schriftliche Beiträge. (= RKW-skript). Kohlhammer Verlag Stuttgart, 1971, 381 Seiten.

Boeger, W. - Ctwrtecka, E.
Bauplanungsrecht in der Praxis. Übersichten, Rechtssprechung, Hinweise. Verlag Neue Wirtschaftsbriefe Herne, 1967, 174 Seiten.

Buff, A.
Die bestimmenden Faktoren der Deutschen Bauordnung im Wandel der Zeit. Diss. Hannover 1970, 195 Seiten.

Burckhardt, L. - Förderer, W.
Bauen ein Prozeß. Niggli Verlag Niederteufen, 2. Aufl., 1972, 72 Seiten, mit zahlr. Abb.

Daub, W.
Baupreisrecht der Bundesrepublik, Sammlung der Preisvorschriften für Bauleistungen mit wichtigen Gerichtsentscheidungen, Runderlassen und erläuternden Hinweisen. Werner Verlag Düsseldorf, 2. neubearb. Aufl., 1973, 224 Seiten.

Deutscher Baukatalog 1974
Handbuch für Architekten, Bautechniker, Bauträger. Orientierungen zur Planung u. Detaillierung, Hinweise zur Ausschreibung und Ausführung. Fakten zur Unterrichtung bei der Produktwahl. Deutsche Baukatalog Verlagsgesellschaft München, 1973, 880 Seiten, etwa 2.000 Abb.

Dimitrov, N.
Bautechnik von A - Z. (= Taschenbuchausgabe von LUEGER-Lexikon Bd. 10 u.11). 7 Bände. Rowohlt Verlag Reinbek bei Hamburg, 1972.

Dokumentation
Wohnungsbau, Bewertungsprobleme. Literatur 1964-1971, hg. von der Dokumentationsstelle für Bautechnik in der Fraunhofer Gesellschaft Stuttgart, Selbstverlag 1972, Nr. N 1800, 11 nachgewiesene Titel.

Domke, H.
Grundlagen konstruktiver Gestaltung. Zeichnerische Darst. von U. Hegewald. Bauverlag Wiesbaden, 1972, 320 Seiten, 497 Abb., zahlr. Tab.

Dres - Finnern - Mahnken
Bauvertragsrecht in der Praxis. Werner Verlag Düsseldorf.
Teil 1: Verträge und Bauauftrag (= Werner-Ingenieur-Texte 32), 1972, 120 Seiten.
Teil 2: Rechtsbeziehungen des Bauenden zum Dritten. Bauschäden innerhalb und außerhalb des Vertrages, Nachbarrecht, Strafrecht (= Werner-Ingenieur-Texte 33), 1973, 121 Seiten.

Fischer, F. (Hg.)
Handbuch des Grundstücks- und Baurechts. Werner Verlag Düsseldorf, 1960, Loseblattsammlung.

Frank, K.
Handlexikon für Wohnungsbau, Hausbesitzer, Wohnungseigentümer. Ein praktischer Ratgeber. Goldmann Verlag München, 1973, 320 Seiten, Abb., Lit.

Franke, F.
System der Datenverarbeitung im Baubetrieb. Anwendung in der mittel- und kurzfristigen Planung sowie bei der Abrechnung und Analyse. Verlag für Bauwesen Berlin/Ost, 1971, 158 Seiten mit Abb.

Frommhold, H.
Bauwörterbuch. Begriffsbestimmungen aus dem Bauwesen. Werner Verlag Düsseldorf, 1967, XV, 272 Seiten.

Glaser, H.
Das Architektenrecht in der Praxis. Verlag Neue Wirtschaftsbriefe Herne, 2. Aufl., 1971, 530 Seiten.

Gottsch, H. - Hasenjäger, S.
Technische Baubestimmungen. Hochbau, Tiefbau, Baulenkung. Das umfassende Nachschlagewerk auf diesem Gebiet. Verlagsgesellschaft R. Müller Köln, 6. Aufl., 1971, Stand Frühjahr 1973: 12 Lieferungen. Loseblattausgabe.

Grohe - Kuhn - Link
Handbuch für Architekten. Deutscher Fachschriften Verlag Wiesbaden, 1972, Loseblattausgabe.

Günther, B.
Die Datenverarbeitung als Hilfsmittel des Ingenieurs. (= Werner-Ingenieur-Texte Bd.11). Werner Verlag Düsseldorf, 1971, 144 Seiten, zahlr. Abb.

Häckelmann, F.
Taschenbuch für Architekten. Tabellen für die Baupraxis. Oldenbourg Verlag München, 1959, 318 Tab. mit Diagrammen u. Abb.

Häring, H.
Der Fertighausbau und seine Rechtsprobleme. Luchterhand Verlag Neuwied, 1968, 145 Seiten.

Halstenberg, F.
Baulexikon - Fachwörterbuch der Bauverwaltung der Bauwirtschaft und der Bauleitplanung. Die demokratische Gemeinde Bad Godesberg, 1962, 220 Seiten.

Harms, J. - Sprenger, H.
Bauaufsichtliche Vorschriften. Reckinger Verlag Siegburg.
Band 1: Bauordnung für NRW. 3. Aufl., 1971, 493 Seiten.
Band 2: Sonderbauten. 1972, 493 Seiten.

Henselmann, I. u.a.
Projektiert, gebaut, bewohnt. Verlag Bauwesen Berlin/Ost, 1968, 296 Seiten, 384 Abb., 70 Taf.

Hasenjäger, S. - Schumacher, W.
Werners Baukalender. 24. Jg. 1974. Werner Verlag Düsseldorf, 1974, 542 Seiten, zahlr. Abb., Tab. (Erscheint jährlich neu im Herbst).

Herding, W. - Schmalzl, M.
Vertragsgestaltung und Haftung im Bauwesen. Beck Verlag München, 2. Aufl., 1967, 735 Seiten. 3. Aufl. erscheint voraussichtl. im Sommer 1974, 758 Seiten.

Hereth, F. - Crone, H.
Baupreisrecht. Handausgabe mit Erläuterungen. Beck Verlag München, 3.Aufl., 1973, XXIV, 518 Seiten. Stand: Nov. 1972.

Hess, W.
Bibliographie zum Bau-, Boden- und Planungsrecht der Schweiz, 1900 - 1967. (= Schriftenr.d. Schweiz. Ges.f. Koordination u. Förderung der Bauforschung Bd.2). Verlag Bauforschung Zürich, 1968, XXVIII, 259 S.

Höfler, H. - Joedicke, J. u.a.
Entwurfsmethoden in der Bauplanung. (= Arbeitsberichte zur Planungsmethodik Bd.4). Krämer Verlag Stuttgart, 1970, 155 Seiten, zahlr. Tab. und Diagramme.

Höfler, H.
Problem-Darstellung und Problem-Lösung in der Bauplanung. (= IGMA Diss. Bd.3). Krämer Verlag Stuttgart/Bern, 1972, 284 Seiten, 140 Abb.u. Tab.

Hoenisch, M.
Lexikon der Wohnungswirtschaft. Beck Verlag München, 1967, 374 Seiten.

Hofbauer, M.A. - Barth, W. - Maier, K.
Immobilienlexikon. Verlag Moderne Industrie München, 1973, 416 Seiten.

Hottinger, M.
Bauhandbuch 1973. Enthält Schweizer Richtpreise sämtlicher Baukosten. Schweizer Verlagshaus Zürich, 94. Ausgabe, 1973, etwa 800 Seiten, zahlr. Abb.

Jastram, C.-G.
Rationelle Baubewertung. Ein Leitfaden aus der Praxis eines IHK-Sachverständigen. Oppermann Verlag Hannover, 1972, 218 Seiten, 20 Abb.

Jänike, J. u.a.
Einführung in die automatisierte Projektierung. (= Beiträge zur Technologie d. Projektierung 1). Verlag f. Bauwesen VEB Berlin/Ost, 2. Aufl., 1970, 159 Seiten, 130 Abb., 45 Taf.

Jendges, K.H.
Grundlagen der Bauplanung und deren Ermittlung. Begriffe, Methoden, Darstellung. Krämer Verlag Stuttgart/Bern, 1969, 162 Seiten, 49 Abb., 4 Falttaf.

Joedicke, J. u.a.
Bewertungsprobleme in der Bauplanung. (= Arbeitsberichte zur Planungsmethodik Bd.1). Krämer Verlag Stuttgart/Bern, 1970, 220 Seiten, zahlr. Tab. u. Diagramme.

Juraschek, R.
Integrale Datenverarbeitung Bauwesen. Systemschlüssel, Ausschreibung, Angebotssummenermittlung. Krämer Verlag Stuttgart, 1970, 256 Seiten, 50 Systemskizzen u. Datenflußdiagramme.

Jurecka, W. - Zimmermann, H.-J.
Operations Research im Bauwesen. Optimierung und Entscheidung von Ingenieurproblemen. Springer Verlag Berlin, 1972, 288 Seiten, 125 Abb.

Kieburg, H.-P.
Bauen im Aussenbereich. Diss. Hamburg 1968, 124 Seiten, zahlr. Qu.

Knaup, H. - Ingenstau, H.
Handbuch des Grundstücks- und Baurechts. Neue Ausgabe. Loseblatt-Sammlung. Werner Verlag Düsseldorf, Stand Frühjahr 1973, monatliche Erg.-Lieferung mit 32 Seiten.

Kopatsch, H.
Haftung und Beweissicherung bei Bauschäden. Bauverlag Wiesbaden, 2. Aufl., 1972, 88 Seiten.

Küsgen, H.
Planungsökonomie - Was kosten Planungsentscheidungen? (= Arbeitsberichte zur Planungsmethodik Bd.3). Krämer Verlag Stuttgart, 1970, 160 Seiten, 28 Abb.

Lexikon
der Bautechnik. Von N. Dimitrov u. O. Henninger u.a. (= LUEGER-Lexikon der Technik Bd.10 u.11). Baustatik - Bodenmechanik - Vermessungstechnik - Baunormung - Baumaschinen - Massivbau - Stahlbau - Holzbau - Straßenbau - Grundbau - Tiefbau - Wasserbau - Baustoffe - Bautenschutz - Schall- und Wärmeschutz - Reaktoranlagen - Flughafenbau - Luftschutzbau - Gleisbau - Landwirtschaftsbau. Dt. Verlagsanstalt Stuttgart, 1966, 2 Bände, 1574 S., rd. 1930 Zeichn., 320 Fotos, 350 Tab., insges. etwa 12.000 Stich- und Hinweiswörter.

Lotter, L.
Haftpflicht- und Bauwesenversicherungsschutz im Baugewerbe. Luchterhand Verlag Neuwied, 1973, 96 Seiten.

Mejer, C.
Abhängigkeitsbeziehungen der Maße baulicher Nutzung zur Vorbereitung der Bauleitplanung. Mathemat. Ableitungen und deren nomografische Darstellung. Kiepert Verlag Berlin, 1969, 172 Seiten, zahlr. Diagramme.

Meyer-Ehlers, G.
Das Wohninterview als Unterlage der Bauplanung. Deutsche Verlagsanstalt Stuttgart, 1968, 108 Seiten.

Neuenfeld, C.
Handbuch des Architektenrechts. Vertragswesen, Haftung, Versicherungswesen, Kooperationsformen, Honorarrecht, Urheberrecht u.a. Kohlhammer Verlag Stuttgart, Stand März 1971, 2 Lieferungen, Loseblatt-Sammlung.

Neufert, E. - Rösel, W.
Bauzeitplanung. Bauablauf im Netzwerk mit und ohne Computer. Bauverlag Wiesbaden, 1973, ca. 200 Seiten.

Neumann-Duesberg, H. - Ullrich, W.
Das Berufsrecht des Architekten. Rechtsvorschriften, Berufsgrundsätze, Satzungen der Arch.-Vereinigungen, Gebührenordnungen. Luchterhand Verlag Neuwied, 2. Aufl., 1973/74, 528 Seiten.

Müller, J.
Standardisierung im Bauwesen. VEB Verlag f. Bauwesen Berlin/Ost, 3. Aufl., 1972, 310 Seiten mit vielen Abb.

Peter, W.G.
Bauforschung. Volkswirtschaftliche, betriebswirtschaftliche, rechtliche, soziologische, hygienische Aspekte. (= Schriftenreihe der Schweiz, Ges. f. Koordination und Förderung der Bauforschung H.1). Verlag Bauforschung Zürich, 1965, 190 Seiten.

Quak, K.
DIN Begriffslexikon. Benennungen und Begriffe aus den deutschen Normen. Hrsg. vom Deutschen Normenausschuß (DNA). Beuth-Vertrieb Berlin/Köln/Frankfurt/M., 1961, 530 Seiten.

Reber, H.J.
Rechtshandbuch für Bauunternehmer, Bauherr und Architekt. Baufachverlag Dietikon, 1968, 196 Seiten.

Ringer, K.
CPM - Bauplanung und Ausführung ohne Computer. Callwey Verlag München, 1966, 72 Seiten mit Abb., Tab., u. Plänen.

Rößler, H.G. - Dittus, R.
Architektengesetz für das Land Nordrhein-Westfalen. (Arch.G. NW). Textausgabe mit Einführung, Verweisungen, Nebengesetzen und Sachregister. Heymann Verlag Köln, 2. erw. Aufl., 1971, ca. 80 Seiten.

Rybalskij, V.J.
Automatisierte Systeme der Planung und Leitung im Bauwesen. VEB Verlag Bauwesen Berlin/Ost, 1970, 88 Seiten, 10 Abb.

Rybalskij, V.J.
Kybernetische Systeme im Bauwesen. VEB Verlag Bauwesen Berlin/Ost, 1967, 240 Seiten, 50 Abb., 1 Tafel.

Schmalzl, M.
Die Haftung des Architekten und des Bauunternehmers. (= Schriftenreihe der Neuen Juristischen Wochenschrift 4). Beck Verlag München, 2. Aufl., 1972, XV, 149 Seiten.

Schulte, H.O.
Ansätze zu einer theoretischen Grundlegung der Bau- und Stadtplanung. Hg. vom Institut f. Grundlagen der Modernen Architektur (IGMA) der Univ. Stuttgart, Leitung J. Joedicke. Diss. Universität Stuttgart 1973 (= IGMA-Dissertationen Nr. 4). Krämer Verlag Stuttgart, 1973, III, 191 Seiten, graph. Darst.

SIN (Hg.)
Sieben Demonstrativbauvorhaben - Planentwicklung. (= Schriftenreihe des Städtebauinstituts Nürnberg H.5). Selbstverlag Nürnberg, 1967, 40 Seiten.

Triebel, W. - Achterberg, G. - Janik, E. - Kräntzer, K.R. u.a.
Coburg-Hörnleinsgrund. Städtebauliche Planung, Gebäudeplanung, Baudurchführung. 3 Teile.
Teil 1: Erfahrungsbericht
Teil 2: Anlagen
Teil 3: Planungsgrundlagen für Folgeeinrichtungen am Beispiel der Demonstrativbaumaßnahme
(= Informationen aus der Praxis - für die Praxis 23), hg. vom Bundesmin. f. Städtebau und Wohnungswesen Bonn/Bad Godesberg, 1970, 323 Seiten.

Triebel, W. - Achterberg, G. - Janik, E. - Kräntzer, K.R., u.a.
Mainz-Lerchenberg. Nutzung von Kostenvorteilen im Wohnungsbau durch Koordinierung der Bauarbeiten. (= Informationen aus der Praxis - für die Praxis Nr. 37), hg. vom Bundesmin.f. Städtebau u. Wohnungswesen Bonn/Bad Godesberg, 1972, 230 Seiten.

Ullrich, W.
Das gesamte Boden- und Baurecht. Auskunftswerk für die Bauwirtschaft, das Maklergewerbe und die Baubehörden. Luchterhand Verlag Neuwied, Stand 1973, Loseblattsammlung, 5500 Seiten.

Vom Grundstückserwerb
zur Bauabnahme. Ein Wegweiser für Bauherren, Bauunternehmer, Architekten, Notare, Baubehörden und Gemeinden. Dt. Gemeindeverlag Köln, 1963, 60 S.

Wachsmuth, H.J.
Erschließungsvertrag und Architektenvertrag in der Bauleitplanung. Boorberg Verlag Stuttgart, 1969, 127 Seiten.

Werner, U. - Pastor, W.
Baurecht. Beck-Rechtslexika im dtv. (= dtv 5052). dtv Deutscher Taschenbuchverlag München, 1974, 254 Seiten.

Werner, U. - Pastor, W.
Rechtsfragen beim Bauen. (= dtv Beck-Rechtsinformation 5095). dtv Deutscher Taschenbuch Verlag München, 2. Aufl., 1973, 243 Seiten.

Wieders, R.
Grundriß- und Mikrostandortoptimierung. Eine Einführung. Teubner Verlag Stuttgart, 1970, 152 Seiten, 64 Abb., 16 Tafeln.

Winkler, W.
Hochbaukosten, Flächen, Rauminhalte. Kommentar und Wortlaut zu DIN 276, 277 Blatt 1, 18 011, 18022 und Bilderläut. zu DIN 277 Bl.1 und DIN 18022. (Kosten von Hochbauten, Kostengliederung, Kostenermittlung; Grundflächen und Rauminhalte von Hochbauten - Begriffe, Berechnungsgrundlagen; Stellflächen, Abstände und Bewegungsflächen im Wohnungsbau; Küche, Bad, WC und Hausarbeitsraum). Bertelsmann Fachverlag Berlin, 1973, 2. stark veränd. Aufl., 284 Seiten, 34 mehrfarb. Taf.

Wolff, R.
Das große Bau- und Wohn- ABC. Lexikale Erläuterung aller für den Bauherrn wissenswerter Fachbegriffe. Piper Verlag München, 1971, 423 Seiten, 476 Abb. und Farbtafeln.

Wussow, H.
Haftung und Versicherung bei der Bauausführung. Verlag R. Müller Köln, 3. überarb.u.erw. Aufl., 1972, 513 Seiten.

7. Bibliographie Bauen und Wohnen

Bauforschung
Übersicht über das deutsche Schrifttum. Bearb. von der Dokumentationsstelle für Bautechnik. Rossipaul Verlag Stammheim/Calw.
Band 1: 1945 - 1958. 1961, 2. Aufl., 292 Seiten.
Band 2: 1959 - 1960. 1962, 311 Seiten.
Band 3: 1961 - 1962. 1964, 224 Seiten.
Band 4: 1963 - 1966. 1968, 331 Seiten.
Band 5: 1967 - 1970. 1972, 291 Seiten.

Bauverlag-
Katalog 1973 hg. vom Bauverlag Wiesbaden, 1973, 83 Seiten.

Bibliographie
Neue Bücher für Architektur und Planung. Hg. von der Arbeitsgemeinschaft Baufachverlage (ABV). Bauverlag Wiesbaden 1973/74, 63 Seiten.

Bibliographie
Neue Bücher für den Ingenieurbau. Hg. von der Arbeitsgemeinschaft Baufachverlage (ABV). Bauverlag Wiesbaden, 1973/74, 62 Seiten.

Bibliographie
der Zeitschriftenliteratur aus dem Bereich Hauswirtschaft, Bauen - Wohnen u. Haushaltstechnik 1960 - 1968. Hg. Bundesforschungsanstalt f. Hauswirtschaft. Stuttgart, 1969.

Elsners Handbuch
für Städtischen Ingenieurbau 1974. Hrsg. O. Sill. 2. Jg. Verlags-Ges. O. Elsner Darmstadt, 1974, 612 Seiten.

Führer durch die
Technische Literatur. 60. Ausgabe 1973. Katalog technischer Werke für Studium und Praxis. Verlag F. Weidemanns H. Witt Hannover, 1973, 683 Seiten.

Furstenberg, G.M.v.
Discrimination in housing: A selected bibliography (Diskriminierung im Wohnungswesen: Eine ausgewählte Bibliographie). (= Exchange Bibliography. Council of Planning Librarians. 298). Monticello, Ill.: Council of Planning Librarians, 1972, 7 S.

Hornig, E.
Forschung für den Städtebau - zur Lage. (= Kl. Schr.d. Dt. Verbandes f. Wohnungswesen, Städtebau u. Raumplanung H.36). Stadtbau Verlag Köln-Bonn, 1970, 51 Seiten.

Krämer, K. (Hg.)
Baufachbücher, Bibliographie 1974, Krämer Fachbuchhandlung Stuttgart, 22. Auflage, 4.800 Titel, 355 Seiten.

Schrifttumskartei
Bauwesen. Begr.v. O. Graf, Hg. von der Dokumentationsstelle f. Bautechnik in der Fraunhofer Gesellsch. Stuttgart. Verlag Wilhelm Ernst u. Sohn, 1972, 19. Jg.
Ausgabe A
Ausgabe B (Architektur 96 Karten)
Ausgabe C (Bauingenieurwesen)

VIII. Gewerbeplanung und -gestaltung

1. Standort, Planung und Bau von Betrieben des Produzierenden Sektors

Aggteleky, B.
Fabrikplanung. Optimale Projektierung, Planung und Ausführung von Industrieanlagen. Hanser Verlag München, 1971, 400 Seiten, 108 Abb. u. Tab.

Bloech, J.
Optimale Industriestandorte. Physica Verlag Würzburg/Wien, 1970, XV, 244 Seiten, Abb., Tab., Übers., Lit., Anh.: Abb., Tab., Lit.Reg.

Brachmann, R.
Ermittlung des Bauwertes von Industriebauten und von Fabrikgrundstücken. Oppermann Verlag Hannover, 1968, 391 Seiten, mit Abb.

Brede, H.
Bestimmungsfaktoren industrieller Standorte, eine empir. Untersuchung. (=Schriftenr.d. Ifo-Inst.f.Wirtsch.forsch. Nr. 75). Verlag Duncker u. Humblot Berlin, 1971, 189 Seiten, Tab., Lit., Anh.: 2 Bl.

Dietrichs, B.
Räumliche Industriestruktur und zentralörtliche Gliederung. (= Informationsbriefe für Raumordnung, hg. vom Bundesminister des Innern R 2.1.4.). Kohlhammer Verlag /Dt. Gemeindeverlag Mainz, 1970, 10 Seiten.

Dolezalek, C.M. - Baur, K.
Planung von Fabrikanlagen. Programmplanung, Standortplanung, Generalbebauungsplan, Organisationsplanung u.a. Springer Verlag Berlin, 1973, etwa 365 Seiten, 130 Abb.

Elsasser, H.
Industrieflächenbedarf. (= Studienunterlagen des Inst.f. Orts-, Regional- und Landesplanung der ETH Zürich Bd.2). Selbstverlag Zürich, 1971, 27 S.

Förtsch, H.J.
Industriestandorttheorie als Verhaltenstheorie. Ein Beitrag zur positiven Theorie des Industriestandorts aus der Sicht der sozialökonomischen Verhaltensforschung. Diss. Wirtschafts-u. sozialwiss. Fak. Köln. Köln 1973, 205 Seiten, Tab., Lit.

Fürst, D. - Hausmeyer, K.-H. - Zimmermann, K.
Standortwahl industrieller Unternehmen. Ergebnisse einer Unternehmensbefragung. (=Schriftenreihe Gesellschaft für Regionale Strukturentwicklung Bd. 1). Gesellschaft für Regionale Strukturentwicklung Bonn, 1973, XXI, 210 Seiten Text, 191 Seiten Anh.

Gaugele, E.
Betriebs- und Gebäudeplanung in metallverarbeitenden Klein- und Mittelbetrieben. Hrsg.: Landesgewerbeamt Baden-Württemberg, Planung, Einrichtung, Bauelemente gewerblicher Betriebsstätten. Krämer Verlag Stuttgart, 1969, 108 Seiten, 133 Abb.

Gehrig, R.
Fremdenverkehr und Erholung als Standortbedingungen der Industrie. Hrsg.: Inst.f.Orts-, Regional- u. Landesplanung an der ETH Zürich. (=Industriestandortstudie, Zwischenbericht Nr. 10). Selbstverlag Zürich, 1967, IV, 48 Seiten, Tab., Lit., Anh. Maschinenschriftl. vervielf.

Greiner, J. - Setzinger, K. - Hessenauer, R.
Arbeitsstätten-Richtlinien. Richtlinien für arbeitshygienische und unfallschutztechnische Anforderungen an Arbeitstätten. Werk Verlag Gräfelfing, Entwurf Dezember 1967, Loseblatt-Sammlung, etwa 250 Seiten.

Grube, O.W.
Industriebauten - international. Hatje Verlag Stuttgart, 1971, 200 Seiten, 500 Abb., Text deutsch/engl.

Grundke, G.
Die Bedeutung des Klimas für den industriellen Standort. (=Petermanns Geographische Mitteilungen, Erg.H.255). Gotha 1955., 127 Seiten.

Hautau, H.
Produktivitätsorientierte Industrieansiedlung in der Stadt- und Regionalplanung. Dargest. am Beispiel des Unterweserraums. Hrsg.: Wissenschaftsrat d.Ges.f.Wohnungs- und Siedlungswesen (GEWOS e.V.) Hamburg. (=Beitr.z.Stadt- u. Regionalforsch. 5). Verlag Vandenhoeck u. Ruprecht, Göttingen, 1972, 178 Seiten, Kt.,Tab.,Übers.,Lit.

Heidtmann, W.
Die Industrieansiedlung in ländlichen Gebieten - Erfolge, Enttäuschungen, Entwicklungen. (=Schriftenr.f.Ländl. Sozialfragen H. 57). Verlag Schaper Hannover, 1969, 80 Seiten, Tab., Lit.

Henn, W.
Industriebau. 4 Bände, Callwey Verlag München.
Band 1: Planung, Entwurf, Gestaltung, 1974.
Band 2: Entwurfs- u. Konstruktionsatlas, 2. Aufl., 1966, 438 Seiten, über 4000 Abb.
Band 3: Internationale Beispiele, 1962, 372 Seiten, rd. 1400 Abb.
Band 4: Sozialbauten der Industrie, 1966, 480 Seiten, über 1000 Abb.

Holdt, W.
Industrieansiedlungen und ihre Auswirkungen auf das Arbeitsplatzangebot dargest. am Beispiel ausgewählter Städte und Kreise des Landes Nordrhein-Westfalen. (=Landesentwicklung, Schriftenr.d.Min.präs.d.Landes NRW H. 32). Düsseldorf 1972, 51 Seiten, Abb.,Tab.,Lit. u. 1 Kt.

Information
über Industriestandorte. Hrsg.v.Bundesverb.d.Dt. Industrie e.V., Abt. Raumordnung u. Regionalpol.Lfg.1 ff. Deutscher Gemeindeverlag Köln, 1971 ff., Loseblattsammlung.

Industrie
und zentrale Orte. Forsch.ber.d. Ausschusses Raum u. gewerbl. Wirtsch. d.Akad.f. Raumforsch.u. Landesplanung. Mit Beitr.v.W. Mieth, S. Klatt, R. Klöpper. Vorw.: G. Isenberg. (=Veröff.d.Akad.f.Raumforsch.u. Landesplanung 49)(Forsch.-u.Sitzungsber., Raum u. Gewerbl.Wirtsch.4). Verlag Jänecke Hannover, 1969, VIII, 73 Seiten, 7 Abb., 11 Tab., Lit.

Industrieansiedlung
und Stammgleisplanung. Hrsg.: Bundesvereinigung d. kommunalen Spitzenverbände; Dt. Bundesbahn. Redactor Verlag Frankfurt a.M., 1970, 51 S., Abb., Tab.

Jochimsen, R. - Treuner, P. - Gustafsson, K.
Kommunale Industrie- und Gewerbeförderung. Mit e.Anh.v.U.Casper. Hrsg.:
Dt. Gemeindetag. (=Schriftenr.Fortschrittl. Kommunalverw. Bd. 17).
Grote Verlag Köln, 1970, 143 Seiten, Lit.

Jüchser, J.
Die städtebauliche Eingliederung der Industriebetriebe. Diss. Techn.
Univ. Berlin, 1962, 129 Seiten.

Kleinindustrie-
und Gewerbebetriebe. (=Baumeister-Querschnitte Bd. 14). Callwey Verlag
München, 1973, 104 Seiten, rd. 380 Abb.

Koller
Gewerbeplanung in der Ortsplanungspraxis. (=Veröff.d.Inst.f. Städtebau
d.Dt.Akad.f. Städtebau und Landesplanung Berlin Bd. 31/8). Selbstverlag
Berlin, 1970, 16 Seiten.

Kovarik, E.
Industriebau Band 1: Industriewerke. Verlag Bauwesen Berlin/Ost, 1967,
252 Seiten, 189 Abb., 75 Taf.

Leitfaden
zur Industrieansiedlung. Hrsg.: Bundesverband der Deutschen Industrie e.V.,
Deutscher Gemeindetag, Deutscher Industrie- u. Handelstag, Deutscher Landkreistag. Verlag Joh. Heider Bergisch Gladbach, 1967, 41 Seiten.

Massacesi, E.
Standortbestimmung und Erschließung von Industriegelände. Bd. 1: In den
Ländern der europäischen Gemeinschaft, in Großbritannien und in den Ver-
einigten Staaten gesammelte Erfahrungen. Hrsg.: Europäische Gemeinschaft
für Kohle und Stahl, Hohe Behörde. (=Regional- u. wirtschaftspol. Stu-
dienr.I. Die industrielle Umstellung in Europa, VII. Zugl.Eurobücher
Bd. 20a). Eurobuch-Verl.A.Lutzeyer Freudenstadt, 1967, 342 Seiten, Tab.,
Lit.

Mittler
für Industrieansiedlung. Jahresschr.f. Industriekontakt u. kommunale
Planung. 1. Ausg.1970. Verlag Jaeger Intern.Publ.GmbH. Darmstadt, 1969,
Getr.Pag., Kt., Abb., Tab., Übers.

Mittler
für Industrieansiedlung. Jahresschr.f. Industriekontakt u. kommunale
Planung. 2. Ausg. 1971. Verlag Jaeger Intern.Publ.GmbH. Darmstadt, 1970,
Getr., Pag., Kt., Abb., Tab., Übers.

Nagel, S. - Linke, S. (Hg.)
Industriebauten. Industrielle Flach-, Hallen-, Geschoß- u. Sonderbauten -
Labor- u. Forschungsbauten - Sozialbauten Planungsgrundlagen von Ferber.
(= DBZ-Baufachbücher Bd. 5). Bertelsmann Verlag Gütersloh, 1971, 208 S.
mit 617 Abb.

Neufert, E.
Industriebauten. Herausgegeben, bearbeitet und dargest.v. J.P. Heymann-
Berg, R. Netter, H. Netter. Bauverlag Wiesbaden, 1973, 356 Seiten, mit
vielen Abb.

Neufert, E.
Welche Hallen für die Industrie? Bedarfsuntersuchung und Marktangebot
für vorgefertigte Hallen. Beuth-Vertrieb Berlin/Köln/Frankfurt a.M.,
2. Aufl., 1965, 44 Seiten, 5 Tab.

Otremba, E.
Standortbedingungen und -verflechtungen der Industrie in der Bundesrepublik Deutschland. (=Fragenkreise). Verlag Schöningh Paderborn, 4. Aufl., 1973, 32 Seiten, 4 Tab.

Schilling, H.
Standortfaktoren für die Industrieansiedlung. Ein Katalog f.d.reg.u. kommunale Entwicklungspol. sowie Standortwahl v. Unternehmungen. (= Österr. Inst.f. Raumplanung Wien Veröff.Nr. 27). Wien 1968, VIII, 95 Seiten, Tab., Lit., Beil.: Standortfaktoren-Katalog.

Schmalohr, R.
Industriebauplanung. Werner Verlag Düsseldorf, 1971, 352 Seiten, 307 Abb., 40 Taf.

Schramm, W.
Chemische und biologische Laboratorien. Planung, Bau, Einrichtung. Callwey Verlag München, 3., erw. Aufl., 1969, 412 Textseiten mit 1135 Abb., Schnitte u. Details sowie Bezugsquellennachweis.

Schramm, W.
Physikalische und technologische Laboratorien. Planung, Bau und Einrichtung. Callwey Verlag München, 1962, 312 Seiten, 691 Abb., 4 Aufklapptafeln.

Schweitzer, M.
Industriebetriebslehre. (= Sammlung Göschen Bd.6046). de Gruyter Verlag Berlin, 1973, 210 Seiten.

Standortentscheidung
und Wohnortwahl. Folgerungen für die regionalpolitische Praxis aus zwei empirischen Untersuchungen. Hrsg.: Gesellschaft für Regionale Strukturentwicklung. (= Kleine Schriften der Gesellschaft für Regionale Strukturentwicklung.) Selbstverlag Bonn, 1973, 115 Seiten, Qu.

Die Standortwahl
der Industriebetriebe in der Bundesrepublik Deutschland mit Berlin/West. Verlagerte, neuerrichtete und stillgelegte Industriebetriebe in den Jahren 1968 und 1969. Bearb. im Institut für Raumordnung nach Erhebungen der Bundesanstalt für Arbeit. Hrsg. vom Bundesministerium für Arbeit und Sozialordnung. Bonn 1971.

Standortwahl
und Entwicklung von Industriebetrieben sowie Stillegungen in der Bundesrepublik Deutschland mit Berlin/West von 1955 bis 1967. Bearb. im Inst. f. Raumordnung nach Erhebungen d. Bundesanst.f.Arbeit v. G. Kroner u. K. Schliebe u. Mitarb.v.M.ten Brink u. H.v.Schilling. Hrsg.: Bundesmin. f. Arbeit u. Sozialordnung. Bonn 1973, 226 Seiten, Tab., Anh.: 12 Kt., Beil.: 4 Kt. Maschinenschr. vervielf.

Steuerungsmöglichkeiten
der industriellen Standortwahl. Bearb.: H.R. Mock, J. Kundt. Hrsg.: Inst. f. Orts-, Regional- u. Landesplanung d.ETH Zürich. (=Arbeitsber.z. Orts-, Regional- u. Landesplanung Nr. 12). Zürich 1970, III, 64 Seiten, Tab., Lit. Maschinenschr. vervielf.

Strack, H.
Planung und Erschließung von Industrie- und Gewerbebetrieben. (= Materialiensammlung Städtebau H.9). Dümmler Verlag Bonn, 1973, 76 Seiten, zahlr. Abb.

Uebe, W.
Industriestruktur und Standort. Regionale Wachstumsunterschiede der Industriebeschäftigung in der BRD 1950 - 1962. (= Prognos-Studien 1). Kohlhammer Verlag Stuttgart, 1967, XVI, 131 Seiten.

Urbat, F.
Die Bedingungen für die Entscheidung zur Selbständigmachung im Hinblick auf die Ansiedlung kleiner und mittlerer Unternehmen unter besonderer Berücksichtigung strukturell gefährdeter oder problematischer Gebiete Gutachten erst. i.A. des Bundesmin.f.Wirtsch.im Inst.f. Mittelstandsforsch., Soz.Abt. Köln 1970, 97 Seiten, Lit. Maschinenschr. vervielf.

Wacker, D.
Planung und Einrichtung von Fahrzeuglackierwerkstätten. Deutsche Verlagsanstalt Stuttgart, 1967, 104 Seiten, 39 Abb.

Wheeler, J.O.
Industrial location: A bibliography, 1966 - 1972. (Industriestandorte: Bibliographie, 1966-1972). (=Exchange Bibliography, Council of Planning Librarians. 436). Monticello, Ill.: Council of Planning Librarians, 1973, 68 S.

Wiegand, J.
Funktionsmischung. Planung gemischter Gebiete als Beitrag zur Zuordnung von Wohn- und Arbeitsstätten. (=Burckhardt-Berichte 1). Verlag A. Niggli Teufen und Hatje Verlag Stuttgart, 1973, 314 Seiten, mit vielen Abb. u. Tab.

Wild, F.
Kraftfahrzeug-Betriebe. (=Reihe e + p - Entwurf und Planung Bd. 18). Callwey Verlag München, 1973, etwa 132 Seiten, zahlr. Abb.

Wild, F. - Peters, P.
Gewerbebetriebe. (=Reihe e + p - Entwurf und Planung). Callwey Verlag München, etwa 130 Seiten, rd. 400 Abb. In Vorbereitung.

Wild, F. - Peters, P. (Hg.)
Industriebau/ Fertigungsbetriebe. (= Entwurf und Planung 1). Callwey Verlag München, 1969, 120 Seiten, ca. 400 Abb. u. Pläne.

2. Zur Theorie der Einzelhandels- und Handwerksstandorte

Alvensleben, R.v.
Zur Theorie und Ermittlung optimaler Betriebsstandorte. (= Schriften z. wirtsch.wiss. Forschung Bd. 49). Hain Verlag Meisenheim/Glan, 1973, 160 Seiten, Kt., Abb., Tab., Lit.

Beckermann, Th.
Die Eingliederung von Handwerks- und Einzelhandelsbetrieben in neue Wohngebiete. (= Schriftenr. des Rheinisch-Westf. Instituts f. Wirtschaftsforschung N.R. Nr. 9). Essen 1955, 52 Seiten.

Beckermann, Th.
Das regionale Bild des Handwerks. (= Schriftenr. des Rheinisch-Westf. Instituts f. Wirtschaftsforschung N.F. Nr. 19). Verlag Duncker u. Humblot Berlin, 1961, 83 Seiten.

Behrens, K. Ch.
Allgemeine Standortbestimmung mit einem Anhang über Raumordnung. Westdeutscher Verlag Köln/Opladen, 1961, 159 Seiten, Lit.

Behrens, K.Ch.
Allgemeine Standortbestimmungslehre. (= UTB - Bd. 27). Westdeutscher Verlag Köln/Opladen, 2. Aufl., 1971, 120 Seiten.

Behrens, K.Ch.
Der Standort der Handelsbetriebe. (= Standort d. Betriebe Bd. 2). Westdeutscher Verlag Köln/Opladen, 1965, XVI, 239 Seiten.

Bibliographie
des Handwerks und Gewerbes. Jahresverzeichnisse der Neuerscheinungen zuletzt 1970. Verlag O. Schwartz Göttingen, 1972, IV, 117 Seiten.

Bunge, H.
Einzelhandels- und konsumnahe Handwerksbetriebe in neuen Wohnsiedlungen. Die Wirtschaftliche Lage der Betriebe und die Versorgung der Bevölkerung in neuen Wohnsiedlungen West-Berlins. (= Schriftenreihe der Forschungsstelle für den Handel 3. Folge, Nr. 4).
Verlag Duncker u. Humblot Berlin, 1969, 177 Seiten, Tab., Lit., Anh.: 10 Bl. Pl. Abb.

Bunge, H.
Geplante Standorte für Einzelhandels- und Handwerksbetriebe. (= Schr.d. Dt. Verbandes f. Wohnungswesen, Städtebau u. Raumplanung H. 85). Stadtbau-Verlag Bonn, 1970, 137 Seiten.

Bunselmeier, E.
Computerized location - allocation (Standortplanung -zuordnung mit Hilfe der EDV). (= Exchange Bibliography. Council of Planning Librarians. 414). Monticello, Ill.: Council of Planning Librarians, 1973, 51 Seiten.

Dietrichs, H.E.
Wirtschaft und Handel im Städtebau. Eine Sonderdokumentation mit textlicher Auswertung (37 S.), ca. 600 bibl. Nachweisungen (47 S.), 96 Kurzreferaten, ausführlichem Personen-Stichwort- u. Ortsregister. Hg. Deutscher Verband f. Wohnungswesen, Städtebau u. Raumforschung e.V. Köln-Mülheim. (= Schr.d.Dt. Verb.f. Wohnungswesen, Städtebau u. Raumplanung e.V. H. 74). Selbstverlag Köln-Mülheim, 1968, 142 Seiten.

Dittrich, G.G. (Hg.)
Einkaufen. Einrichtungen, Möglichkeiten und Gewohnheiten in neuen Wohngebieten und älteren Vergleichsgebieten. (= SIN-Studien H. 2). Selbstverlag des SIN-Städtebauinstituts Nürnberg, 1973, 201 Seiten, 29 Tab., 19 Abb.

Einsatz
der elektronischen Datenverarbeitung bei der Entwicklung und Prüfung eines Modells zur Bestimmung des Angebots an Gewerbe- und Dienstleistungsflächen im Rahmen der Stadterneuerung, dargestellt aufgrund einer Bestandsaufnahme in einem typischen Fall. Ber.ü.e. Forsch.arb.i. Auftr. d. Bundesmin.f. Wohnungswesen u. Städtebau (Arb.abschn.I) v. E. Bieber, G. Fehl, D. Frick u.a. Hrsg.: Techn. Univ. Berlin, Lehrstuhl f. Stadt- u. Regionalplanung, Arb.gr.f. Regionalplanung. Vorw.: F. Gunkel. Berlin 1969, 118 Seiten, Abb., Lit., Anh.A-C(54, 15, 75 Seiten, Abb., Formbl.) Zsfssg.

Fuchs, H.
Planung und Probleme des Standortes von Kreditinstituten. Diss. Köln. Köln 1969, 227 Seiten, Abb., Tab., Lit. Maschinenschriftl. vervielf.

Goebel, R.
Die Standorterfordernisse der Klein- und Mittelbetriebe in der Großstadt. Untersuchung der Grundlagen zur Entflechtung der gemischten Wohn- u. Gewerbeflächen am Beispiel Kiel. Diss. Braunschweig 1954. Kiel 1955 123 Seiten, mit Karten und Skizzen.

Handel
und Stadterneuerung. Vorträge gehalten auf dem Internationalen Kongreß "Handel und Städtebau" in Brüssel. (= SIN-Studien H. 19). Selbstverlag des SIN-Städtebauinstituts Nürnberg, 1967, 33 Seiten, 3 Tab., 7 Qu.

Heinle, W.
Der Standort des Bankbetriebes. Eine Unters. u.d. Einflußkomponenten d. bankbetriebl. Standortwahl. Diss. Mannheim. 1970, IV, 169 Seiten, Lit. Maschinenschriftl. vervielf.

Herhaus, W.
Handwerk und Stadtplanung. Vortrag Hannover, Niedersächs. Handwerkskammertag 1961. Selbstverlag Hannover, 1961, 24 Seiten.

Ingesta (Hg.)
Gewerbeplanung im Städtebau. Seminar, veranst.v. ingesta Institut Gewerbebetriebe im Städtebau, am 1.u.2. Dezember 1966 in Köln. (= Beiträge zur Gewerbeplanung H. 4). Selbstverlag Köln, 1967, 98 Seiten.

Institut für Gewerbezentren (Hg.)
Bibliographie über Gewerbezentren (über 1.000 Titelhinweise) erscheint voraussichtlich Frühjahr 1974 in Starnberg.

Jahke, R.
Die wirtschaftlichen Grundlagen der Einzelhandelsgeschäfte in neuen Wohngebieten. Ein Beitrag zur Frage der Ansetzung von Einzelhandelskapazitäten in der städtebaulichen Planung neuer Siedlungen. Gerlach Verlag München, 1957, 128 Seiten.

Jahke, R.
Gewerbeplanung im Städtebau. Städtebauverlag Kirchheim/Teck, 1960, 189 Seiten, mit Ktn. und Darst.

Kalussis, D.
Betriebslehre des Einzelhandels. Westdeutscher Verlag Köln/Opladen, 1960, 195 Seiten.

Knoll, P.
Quantifizierung von Standortfaktoren im Einzelhandel, dargest. am Beispiel der Apotheken in der Hansestadt Bremen und Ableitung eines optimalen Standorts. (= Schr.d. Bremer Ausschusses f. Wirtschaftsforschung). Selbstverlag Bremen, 1971, XIII, 156 Seiten.

Kremer, A.
Die Lokalisation des Einzelhandels in Köln und seinen Nachbarorten. (= Schriften zur Handelsforschung 21). Verlag O. Schwartz Göttingen, 1961, 134 Seiten.

Liebmann, H.P.
Grundlagen betriebswirtschaftlicher Standortentscheidungen. Diss. TU Berlin. Berlin 1969, III, 274 Seiten, Abb., Tab., Übers., Lit., Anh.: Übers., Lit. Maschinenschriftl. vervielf.

Liebmann, H.P.
Die Standortwahl als Eintscheidungsproblem. Ein Beitrag z. Standortbestimmung v. Produktions- u. Handelsbetrieben. Physica-Verlag Würzburg/Wien, 1971, 207 Seiten, Abb., Tab., Übers., Lit.

Meichsner, E.
Wirtschaftsstrukturelle Probleme großer Siedlungszentren. Ein empirischer Beitrag zur Frage des Zusammenhangs zwischen Wettbewerbsposition und Standort des Einzelhandels. (= Sonderdrucke d. Inst.f. Siedlungs- u. Wohnungswesen d. Univ. Münster H. 43). Selbstverlag Münster, 1968, 452 Seiten.

Meyer, W.
Die Theorie der Standortwahl. (= Volkswirtschaftl. Schriften 54). Verlag Duncker u. Humblot Berlin, 1960, 298 Seiten.

Müller, H.W.
Die städtebauliche Eingliederung der zentralen Dienste des tertiären Erwerbssektors. Diss. Braunschweig, 1966, 133 Seiten.

Müller, U. - Neidhardt, J.
Einkaufsort - Orientierungen als Kriterium für die Bestimmung von Grössenordnung und Struktur kommunaler Funktionsbereiche. Untersuchungen auf empirisch-statistischer Grundlage in den Gemeinden Reichenbach a.d. Fils, Baltmannsweiler, Weil der Stadt, Münklingen, Leonberg-Ramtel, Schwaikheim.(= Stuttgarter Geographische Studien Bd. 84). Geographisches Institut der Universität Stuttgart. Stuttgart 1972, 161 Seiten, zahlr. Tab., Kt., schem. Darst., Qu.

Nauer, E.
Standortwahl und Standortpolitik im Einzelhandel. Diss. St. Gallen.
Verlag P. Haupt Bern/Stuttgart, 1970, 192 Seiten.

Potthoff, E.
Raumplanung und Standorte des Einzelhandels. Hrsg.: Zentralverband
deutscher Konsumgenossenschaften e.V. Hamburg. (= Genossenschaftliche
Schriftenreihe H. 34). Verlagsgesellschaft Deutscher Konsumgenossenschaften Hamburg, 1964, 46 Seiten.

Romaus, R. - Heil, K.
Standort Wies'nviertel. Standortbedingungen und -bedürfnisse von Betrieben in einem Münchener City-Randgebiet. Ergebnisse einer empirischen
Untersuchung. Hg. vom Referat für Stadtforschung und Stadtentwicklung
der Landeshauptstadt München. Selbstverlag München, 1971, 71 Seiten.

Ruppmann, R.
Die Standortbestimmung für Verkaufsstätten im Einzelhandel. Entwurf einer
theoretischen Grundkonzeption u. deren Anwendung in der Praxis. (= Beiträge zur Unternehmenspolitik,= Betriebspolitische Schriften hg. v. C.W.
Meyer Bd. 2). Verlag Duncker u. Humblot Berlin, 1968, 166 Seiten.

Sack, F.
Integration und Anpassung des Handwerks in der industriellen Gesellschaft. Diss. Köln 1963, VIII, 276 Seiten.

Schmidt, K.H.
Die regionale Verteilung des Handwerks im Ballungsraum - dargestellt am
Beispiel des Großraums Hannover und anderer Ballungszentren.
(= Göttinger handwerkswirtschaftliche Studien Bd. 9). Verlag O. Schwartz
Göttingen, 1966, IX, 243 Seiten, Abb., Tab., Lit.

Schmidt, M.
Die betriebswirtschaftliche Standortsuche - ein Beitrag zur Standortbestimmungslehre. Diss. Braunschweig 1967, III, 191 Seiten.

Siepmann, J.D.
Die Standortfrage bei Kreditinstituten. Eine Analyse der Standortfaktoren,
Standortstruktur u. Standortpolitik des Westdeutschen Bankensystems.
(= Unters. über das Spar-, Giro- und Kreditwesen. Schriften des Instituts
f. das Spar-, Giro- u. Kreditwesen an der Univ. Bonn Bd. 40). Verlag
Duncker u. Humblot Berlin, 1968, 377 Seiten.

Stäbler, W.
Der betriebliche Standort im Friseurhandwerk. Standortwahl, Standorteinflüsse, Standortrisiken. (= Kurzveröff.d. Instituts f. Handwerkswirtschaft München H. 22). Selbstverlag München, 1962, 61 Seiten.

Staub, W.
Grundriss einer allgemeinen Wirtschafts- u. Handelsgeographie. (= Reinhardts Grundrisse Naturwissenschaften). E. Reinhardt Verlag München,
1951, 336 Seiten mit Abb.

Stavenhagen, G.
Standorttypen des Handwerks. (= Göttinger Handwerkswirtschaftl. Studien
4). Verlag O. Schwartz Göttingen, 1963, VIII, 204 Seiten.

Strassert, G.
Zur Bestimmung von Richtwerten für die Branchenstruktur im Rahmen
der regionalen Gewerbeförderung. (= Ges.f. Regionalforschung, Disk.
materialien Nr. 2). Möglichkeiten und Probleme. o.O. (Heidelberg),
1970, 21 Seiten, Lit.

Thomas, E. - Gries, G. - Wolff, J.
Einzelhandel im Städtebau. Shopping Centers in den USA, Europäische
Konsequenzen. Verlag für Wirtschaftspraxis Frankfurt/M., 1964, 90 S.

Tietz, B.
Die Standort- und Geschäftsflächenplanung im Einzelhandel. Ein Beitrag
zur regionalen Handelsforschung. (= Schriftenreihe d. Gottlieb Dutt-
weiler-Instituts Nr. 42). Gdi-Verlag Rüschlikon/Zürich, 1969, XII,
272 Seiten.

Tietz, B. - Schoof, H.
Handbuch für Großhandelszentren und Industrieparks. Die ök. u. techn.
Planung v. Dispositions- u. Lagerzentren in Industrie und Handel. gdi-
Verlag Gottlieb-Duttweiler Inst.f. wirtsch.u. soz. Studien Rüschlikon-
Zürich, 1970, 877 Seiten, Abb., Tab., Übers., Lit.

Voraussetzungen
Möglichkeiten und Erfordernisse der Standortentwicklung gewerblicher
Versorgungseinrichtungen. Eine Unters. im Auftr.d.Min.f. Wirtschaft,
Mittelstand u. Verkehr des Landes NRW. Durchgef.v.d.Arb.gr. G. Eickel-
berg, G. Bennauer, J. Busch u.a. Hrsg.: Inst. Gewerbebetriebe im Städtebau. Köln 1970, 148 Seiten, Abb., Tab., Lit., Anh.: 2 Bl. Tab. Maschinenschriftl. vervielf.

Werner, R.
Der Einfluß des Standortes auf die Versorgung der Haushalte. Hrsg.v.d.
Dt. Ges.f. Hauswirtschaft e.V. Bad Godesberg u. d. Bundesforsch.anst.f.
Hauswirtsch. Stuttgart-Hohenheim. (= Hauswirtsch.u. Wiss., Sonderbd. 3).
Verlag Lipp München, 1970, 118 Seiten, Abb., Tab., Übers., Lit.

Wotzka, P.
Standortwahl im Einzelhandel. Standortbestimmung u. Standortanpassung
großstädt. Einzelhandelsbetriebe. (= Veröff.d. HWWA-Inst.f. Wirtsch.
forsch.) Verl. Weltarch. Hamburg, 1970, 518 Seiten, Abb., Tab., Übers.,
Lit. Anh.: Tab., Lit., Zsfssg.

Wurth, R.
Die Bewertung der Filialstandorte von Einzelhandelsunternehmungen.
(= Schriften zur Handelsforschung H. 42). Westdeutscher Verlag Köln/
Opladen, 1970.

Zentrale Standorte
zur Versorgung der Bevölkerung in Hamburg 1961. Boustedt, O.: Bestimmung
und Analyse zentralörtlicher Erscheinungen in einer Großstadt. -
Lellau, W.: Eine Studie zur empirischen Bestimmung zentraler Standorte
mit Hilfe der Statistik. In: Hamburg in Zahlen, Jg. 1970, Sonderheft 1,
S. 1-40.

3. Zur wirtschaftlichen Situation und Entwicklung des Handwerks

Abel - u.a.
Handwerksgeschichte in neuer Sicht. (= Göttinger Handwerkswirtschaftliche Studien Bd. 16). Verlag O. Schwartz Göttingen, 2. Aufl., 1972, ca. 280 Seiten.

Batzer, E. - Laumer, H.
Das Handwerk als Konkurrent des Einzelhandels. Verlag Duncker u. Humblot Berlin/München, 1958, 31 Seiten.

Beckermann, Th. - Schlaghecken, A.
Einzelhandel und Handwerk 1965 und 1975. Absatz und Fläche. (= Schriftenreihe des Rheinisch-Westfälischen Instituts für Wirtschaftsforschung Nr.27) Verlag Duncker u. Humblot Berlin, 1968, 105 Seiten mit zahlr. Tab.

Beckermann, Th.
Die Handwerkswirtschaft. Eine volkswirtschaftliche Analyse. (= Rhein.-Westf. Institut f. Wirtschaftsforschung, Schriftenr. NF 23). Essen 1965, 191 Seiten.

Beckermann, Th.
Das regionale Bild des Handwerks. (= Rhein.-Westf. Institut f. Wirtschaftsforschung, Schriftenr. NF 19). Essen 1961, 83 Seiten mit Karten.

Bibliographie
des Handwerks und Gewerbes (einschliessl. Small Business).
Jahresverzeichnis der Neuerscheinungen 1967, 1970, 90 Seiten.
Jahresverzeichnis der Neuerscheinungen 1968, 1971, 108 Seiten.
Jahresverzeichnis der Neuerscheinungen 1969, 1971, 90 Seiten.
Jahresverzeichnis der Neuerscheinungen 1970, 1972, 117 Seiten.
Verlag O. Schwartz Göttingen.

Fleck, W.
Leistungsüberschneidungen zwischen Einzelhandel und Handwerk. (= Schriftenreihe der Forschungsstelle für den Handel, III. Folge, Bd. 3).
Verlag Duncker u. Humblot Berlin, 1964, 134 Seiten.

Goebel, R.
Die Standorterfordernisse der Klein- und Mittelbetriebe in der Großstadt. Untersuchung der Grundlagen zur Entflechtung der gemischten Wohn- und Gewerbeflächen am Beispiel Kiel. Diss. TH Braunschweig 16.12.1954. Kiel, 1955, 123 Seiten.

Ihle, A.
Handwerksbetriebe im Urteil ihrer Kunden. (= Göttinger Handwerkswissenschaftl. Studien H. 3). Verlag O. Schwartz Göttingen, 1963, 88 Seiten.

Keutmann, D. - Dieck, M.
Auswirkungen der Konzentrationstendenzen auf das Handwerk. (= Schriften d. Seminars f. Genossenschaften an der Univ. Köln 16). Verlag O. Schwartz Göttingen, 1971, 338 Seiten.

Kleinen, H.
Die Einzelhandelstätigkeit des Handwerks. (= Schriften der Mittelstandsforschung Bd. 8, Betriebswirtschaftl. Abt.). Westdeutscher Verlag Köln/Opladen, 1963, 171 Seiten.

Klein- und Mittelbetriebe
in der wachsenden Wirtschaft. Bearb.v. K. Aßmann, R. Flick, D. Kleine, N. Maharens, S. Hoffmann, K.H. Schmidt, L.v. Wartenberg. (= Göttinger Handwerkswirtschaftl. Studien Bd. 21). Verlag O. Schwartz Göttingen, 1972, VIII, 298 Seiten.

Die Lage
der Kleinbetriebe des Einzelhandels in der Bundesrepublik Deutschland. (= Schriften zur Handelsforschung 47). Verlag O. Schwartz Göttingen, 1971, 198 Seiten.

Linke, W.
Handbuch des Handwerks. Verlag O. Meißner, Bleckede, 3 Teile.
1. Recht im Handwerk von P. Wollnik, 1964, 138 Seiten.
2. Betriebswirtschaft von R. Putensen, 1965, 159 Seiten.
3. Handwerkskunde v. U. Müllges, 1964, 175 Seiten.

Möbius, U.
Das Westberliner Handwerk 1955 - 1965. (= Sonderhefte des Dt. Instituts für Wirtschaftsforschung Bd. 78). Verlag Duncker u. Humblot Berlin, 1967, 91 Seiten.

Sack, F.
Integration und Anpassung des Handwerks in der industriellen Gesellschaft. Dargestellt am Schreinerhandwerk in Deutschland. Diss. Köln 1963. (= Schriften z. Mittelstandsforschung, Soz. Abteilung, Bd. 16). Köln 1965, 276 Seiten.

Schlaghecken, A.
Der ökonomische Differenzierungsprozeß im heutigen Handwerk. (= Schriftenreihe des Rheinisch-Westfälischen Inst.f. Wirtschaftsforschung Bd.29). Verlag Duncker u. Humblot Berlin, 1969, 146 Seiten.

Schmidt, K.H.
Regionales Wirtschaftswachstum und Handwerksentwicklung im Zonenrandgebiet der Bundesrepublik Deutschland. (= Göttinger Handwerkswissenschaftl. Studien 11). Verlag O. Schwartz Göttingen, 1967, IX, 222 S.

Schmidt, K.H.
Regionalpolitik und Betriebsgrößenstruktur unter besonderer Berücksichtigung des Handwerks. (= Göttinger Handwerkswirtsch. Studien Bd. 17). Verlag O. Schwartz Göttingen, 1970, VIII, 365 Seiten, Abb., Tab., Lit.

Schüller, A.
Dienstleistungsmärkte in der BRD. Sichere Domänen selbständ. mittelständ. Unternehmen? (= Abhandlungen zur Mittelstandsforschung Nr. 25). Westdeutscher Verlag Köln/Opladen, 1967, 342 Seiten.

Statistisches Bundesamt Wiesbaden (Hg.)
Fachserie D, Industrie und Handwerk Reihe 7: Handwerk erscheint
vierteljährlich. Kohlhammer Verlag Mainz.

Strukturveränderungen
im städtischen Handwerk. Dargestellt am Beispiel der Stadt Offenbach/M.
(= Bericht Nr. 35 des Forschungsinstituts f. Handwerkswirtschaft an der
Univ. Frankfurt/M.). Selbstverlag Frankfurt/M., 1961.

4. Zur wirtschaftlichen Situation und Entwicklung des Einzelhandels

Batzer, E. u.a.
Marktstrukturen und Wettbewerbsverhältnisse im Einzelhandel. In: Struktur und Wachstum. Hg. v. Ifo-Institut f. Wirtschaftsforschung, unter Mitarb. von R. Greml. (= Struktur u. Wachstum Reihe Absatzwirtschaft H. 3). Verlag Duncker u. Humblot Berlin/München, 1971, 339 Seiten, mit Lit.-Verz. (S.335-339).

Batzer, E. - Laumer, H.
Das Handwerk als Konkurrent des Einzelhandels. (= Schriftenreihe des Ifo-Instituts f. Wirtschaftsforschung 34). Verlag Duncker u. Humblot Berlin/München, 1958, 31 Seiten.

Beckermann, Th. - Schlaghecken, A.
Einzelhandel und Handwerk 1965 und 1975, Absatz und Fläche. (= Schriftenreihe d. Rheinisch-Westfälischen Instituts f. Wirtschaftsforschung Essen NF 27). Verlag Duncker u. Humblot Berlin, 1968, 105 Seiten mit zahlr. Tab.

Behrens, K.C.
Wandel im Handel. (= Betrieb und Markt H. 6). Betriebswirtschaftl. Verlag Gabler Wiesbaden, 2. Aufl., 1966, 224 Seiten.

Bengelsdorf, R.
Gruppierung der Einzelhandelsbetriebe - Ordnung und Entwicklungstendenzen - Eine typologische Studie. Diss. rer. pol. Hamburg. Hamburg, 1965, 217 S.

Deutsch, P.
Die Betriebsformen des Einzelhandels. Eine betriebswirtschaftliche Struktur- und Entwicklungsanalyse auf internat. Ebene. Poeschel Verlag Stuttgart, 1968, 137 Seiten.

Disch, W.K.A.
Der Groß- und Einzelhandel in der Bundesrepublik. (= Absatzwirtschaft, Schriftenr. hg. von C. Kapferer u. WKA Disch, Veröff. des Hamburgischen Weltwirtschafts-Archivs Bd. 2). Westdeutscher Verlag Köln/Opladen, 1966, 159 Seiten.

Ehrlinger, E.
Die Konzentration im Einzelhandel. Ihre Ursachen und Auswirkungen. Diss. rer. pol. Erlangen-Nürnberg 1962, XXX, 198 Seiten.

Fischer, O.
Allgemeine Handelskunde. Eine Einführung in den Handel, seine Einrichtungen und sein Recht, unter besonderer Berücksichtigung der schweizerischen Verhältnisse. Neu bearb.v. A. Meier, A. Rasi, W. Schmid-Fischer, W. Siegfried. Schulthess Polygraphischer Verlag Zürich, 7. Aufl., 1966, XII, 277 Seiten.

Gartmayr, E.
Nicht für den Gewinn allein. Die Geschichte des deutschen Einzelhandels. Verlag für Wirtschaftspraxis Frankfurt/M., 1964, 182 Seiten. Mit Lit.-Verz. (S.179-182).

Gérard, F.
Der Raum als Betriebsfaktor der Ladeneinzelhandlungen. (= Schriften
zur Handelsforschung H. 25). Westdeutscher Verlag Köln/Opladen,
1963, 95 Seiten, Lit.-Verz. (S.89-91).

Institut f. Mittelstandsforschung (Hg.)
Entwicklungstendenzen mittelständischer Einzelhandlungen in den Jahren
1951 - 1959. (= Abhandlungen zur Mittelstandsforschung Nr. 10). Westdeutscher Verlag Köln/Opladen, 1964, XIV, 201 Seiten.

Jefferys, J.B. - Knee, D.
Europas Einzelhandel. (Retailing in Europe). Ein Vergleich. Formen der
Gegenwart, Möglichkeiten der Zukunft. Aus dem Engl. von F. Schneider
unter Mitw.v. G. Breiting-Wolfsholz. Verlag Lorch Frankfurt/M., 1965,
176 Seiten.

Kalussis, D.
Betriebslehre des Einzelhandels. Westdeutscher Verlag Köln/Opladen,
1960, 195 Seiten.

Die Lage
der Kleinbetriebe des Einzelhandels in der BRD. (= Inst.f. Mittelstandsforschung Köln Bd. 51, gleichzeitig Bd. 47 d. Schr.z. Handelsforschung,
hg.v. Inst.f. Handelsforschung Köln). Verlag O. Schwartz Göttingen,
1971, 210 Seiten.

Marré, H.
Funktionen und Leistungen des Handelsbetriebes. (= Schriften zur Handelsforschung 16). Westdeutscher Verlag Köln/Opladen, 1960, 103 Seiten.

Moje, A.
Lebensmitteleinzelhandel heute und morgen. Behr Verlag Wiesbaden,
1960, 83 Seiten.

Neubohn, H.J. - Seifert, U.
Entwicklungstendenzen im westdeutschen Einzelhandel. (= Sparkassen-
hefte Nr. 42. Deutscher Sparkassenverlag Stuttgart, 1969, 56 Seiten.

Seyffert, R. (Hg.)
Entwicklungstendenzen mittelständischer Einzelhandlungen in den Jahren
1951 bis 1959. (= Abhandlungen zur Mittelstandsforschung, hg. vom Inst.
für Mittelstandsforschung Köln H. 10). Westdeutscher Verlag Köln/Opladen,
1964, 202 Seiten.

Seyffert, R.
Wirtschaftslehre des Handels. Hg. v. E. Sundhoff. Westdeutscher Verlag
Köln/Opladen, 5. neu bearb. Aufl., 1972, 767 Seiten.

Statistisches Bundesamt Wiesbaden (Hg.)
Fachserie F: Groß- und Einzelhandel, Gastgewerbe, Reiseverkehr.
Veröffentlichungsreihe 3: Einzelhandel. Kohlhammer Verlag Mainz

Sundhoff, E. (Hg.)
Struktur- und Leistungsanalysen von Einzelhandelsbetrieben der haupt-
sächlichen Branchen. (= Schriften zur Handelsforschung 39). Westdeutscher Verlag Köln/Opladen, 1969, 89 Seiten.

Tietz, B.
Konsument und Einzelhandel. Strukturwandlungen in der BRD von 1950
bis 1975. Deutscher Fachverlag Frankfurt/M., 1966, 826 Seiten, 244 Tab.,
Übersichten.

Tietz, B.
Unterschiede und Wandlungen der regionalen Handelsstruktur in der Bundesrepublik Deutschland 1950 und 1961. (= Schriften zur Handelsforschung Nr. 35). Westdeutscher Verlag Köln/Opladen, 1967, 586 S. mit 4 Karten.

Woll, A.
Der Wettbewerb im Einzelhandel. Zur Dynamik der modernen Vertriebsformen. (= Quaestiones Oeconomicae Bd. 2). Verlag Duncker u. Humblot Berlin, 1964, 358 Seiten.

Zopp, H.
Differenzierungsgründe der Leistung bei gleichgearteten Einzelhandelsbetrieben. (= Schriften z. Handelsforschung Nr. 31). Westdeutscher Verlag Köln/Opladen, 1965, 211 Seiten.

5. Die City als innerstädtisches Einzelhandelszentrum

Bahrdt, H.P. - Herlyn, U. - Schaufelberger, H.J.
Innenstadt und Erneuerung. Eine soziologische Analyse historischer
Zentren mittelgroßer Städte. Unter Mitarbeit von H. Faßhauer u. B. Martwich. (= Schriftenr. Städtebauliche Forschung des Bundesministers f.
Städtebau und Wohnungswesen Bd. 03.007). Selbstverlag Bonn/Bad Godesberg,
1972 597 Seiten.

Boustedt, O. - Lellau, W.
Zentrale Standorte zur Versorgung der Bevölkerung in Hamburg 1961.
(=Hamburg in Zahlen 1970), Sonderheft 1, 40 Seiten.

Dietrichs, H.-E.
Wirtschaft und Handel im Städtebau. Eine Sonderdokumentation mit textlicher Auswertung (37 S.), ca. 600 bibliograph. Nachweisungen (47 S.),
96 Kurzreferaten, ausführl.Personen-, Stichwort- u. Ortsregister.
(=Schriften des Dt. Verbandes für Wohnungswesen, Städtebau u. Raumplanung e.V. H. 74). Hrsg.: Dt. Verband f. Wohnungswesen, Städtebau und
Raumplanung e.V. Selbstverlag Köln-Mülheim, 1968, 142 Seiten.

Einkaufszentren
in Form von integrierten oder selbständigen Siedlungsgebilden. Tagung
vom 17. Februar 1966. (=Haus der Technik e.V. Essen, Vortragsveröff.
H. 76). Vulkan Verlag W. Classen Essen, 1966, 104 Seiten, Pl., Bild.,
Qu. u. 1 Bl. Bild.

Funktionelle
Erfordernisse zentraler Einrichtungen als Bestimmungsgröße von Siedlungs-
und Stadteinheiten in Abhängigkeit von Größenordnung und Zuordnung. Bearb.
von F. Spengelin u.a. (= Schriftenreihe Städtebauliche Forschung des Bundesministers für Städtebau und Wohnungswesen 03.003). Waisenhaus Verlag
Braunschweig, 1972, 504 Seiten.

Goebel, R.
Die Standorterfordernisse der Klein- und Mittelbetriebe in der Großstadt.
Untersuchung der Grundlagen zur Entflechtung der gemischten Wohn- und
Gewerbeflächen am Beispiel Kiel. Diss. TH Braunschweig 16.12.54. Kiel
1955, 123 Seiten.

Greipl, E.
Einkaufszentren in der Bundesrepublik Deutschland. Bedeutung, sowie
Grundlagen u. Methoden ihrer ökonomischen Planung. (= Schriftenr.d. Ifo-
Inst.f. Wirtschaftsforschung Nr.79). Verlag Duncker u. Humblot Berlin,
1972, 210 Seiten, Abb., Tab., Lit.

Haag, S.
Der Standort Stadtmitte. Eine städtebaulich-statistische Untersuchung
zur gegenwärtigen Situation und zur möglichen künftigen Planung des Standortes Stadtmitte. Diss. TH Stuttgart, 1962, 163 Seiten.

Hartenstein, W. - Burkart, L.
City München. Eine Untersuchung der wirtschaftlichen Struktur und Dynamik der Münchner Innenstadt. (=Veröff.d.Inst.f. angewandte Sozialwissenschaft Bad Godesberg Bd. 4). Europäische Verlagsanstalt Frankfurt a.M., 1963, 151 Seiten.

Hecking, G.
Die Verteilungs- und Dienstleistungswirtschaft als städtische Funktion. Ein Beitrag zur quantitativen Bestandsaufnahme, ihre Analyse und Methodik auf Grund empirischer Untersuchungen im Großraum Stuttgart und in ausgewählten Städten der Bundesrepublik. Diss. der TH Stuttgart, 1967, 147 S.

Ingesta (Hg.)
Innerstädtische Geschäftszentren und neue Einkaufszentren. Empfehlungen zur Erhaltung, Erneuerung und Planung innerstädtischer Geschäftszentren. Forderungen u. Empfehlungen für Planung und Bau gewerblicher Versorgungszentren. (=Beiträge zur Gewerbeplanung H.1). Schriftenreihe des Instituts Gewerbebetriebe im Städtebau. Köln 1965, 15 Seiten.

Ingesta (Hg.)
Gewerbeplanung im Städtebau: Seminar veranst.v. Ingesta Institut Gewerbebetriebe im Städtebau, am 1.u.2. Dezember 1966 in Köln. (=Beiträge zur Gewerbeplanung H. 4). Köln 1967, 98 Seiten.

Jahke, R.
Der Stadtkern als Ladenzentrum. Grenzen seiner Entwicklungsmöglichkeiten. (= Veröff. der Forschungsgemeinschaft Bauen und Wohnen Bd.90). Selbstverlag Stuttgart, 1971, 25 Seiten.

Kaufen
und Parken. Hrsg.: Ingesta-Institut Gewerbebetriebe im Städtebau. (= Beiträge zur Gewerbeplanung H.2). Köln, 2. Aufl., 1966, 27 Seiten.

Kremer, A.
Die Lokalisation des Einzelhandels in Köln und seinen Nachbarorten. (= Schriften z. Handelsforschung Nr.21). Westdeutscher Verlag Köln/Opladen, 1961, 133 Seiten.

Ladenzentren
Zusammengestellt von T. Braun. Hg. v.d. Freien und Hansestadt Hamburg, Baubehörde. (= Hamburger Schriften zum Bau-, Wohnungs- u. Siedlungswesen H.45). Hammonia Verlag Hamburg, 73 Seiten.

Lange, S.
Wachstumstheorie zentralörtlicher Systeme. Eine Analyse der räumlichen Verteilung von Geschäftszentren. Zentralinstitut für Raumplanung an d. Univ. Münster. Münster 1973, 140 Seiten, 13 Abb.

Meichsner, E.
Wirtschaftsstrukturelle Probleme großer Siedlungszentren. Ein empirischer Beitrag zur Frage des Zusammenhangs zwischen Wettbewerbsposition und Standort des Einzelhandels. (= Inst.f. Siedlungs- u. Wohnungswesen der Westfäl. Wilhelms-Univ. Münster Sonderh.43). Im Auftrag des Ministeriums für Wirtschaft, Mittelstand und Verkehr des Landes Nordrhein-Westfalen. Münster 1968, 429 Seiten, Tab., Lit. Maschinenschr. vervielf.

Müller, H.
Die städtebauliche Eingliederung der zentralen Dienste des tertiären Erwerbssektors. Diss. TH Braunschweig. Braunschweig 1966, 133 Seiten.

Orgeig, H.D.
Der Einzelhandel in den Cities von Duisburg, Düsseldorf, Köln und Bonn. (= Kölner Forschungen zur Wirtschafts- u. Sozialgeographie Bd.17). Steiner Verlag Wiesbaden, 1972, 164 Seiten.

Otto, K. - Rödel, E.
Erfahrungsziffern, Faustzahlen und Kompositionsregeln im Bereich der Wirtschaft und deren Bedeutung für die Raumordnung. (= Informationsbriefe für Raumordnung, hg. vom Bundesminister des Innern R 1.7.2.). Kohlhammer Verlag/Dt. Gemeindeverlag Mainz, 1968, 11 Seiten.

Rangordnung
und Entwicklung von Wiener Geschäftsstraßen. Verfasst und zusammengestellt v. Wiener Institut für Standortberatung. (=Schriftenr. Wiener Inst. f. Standortberatung Bd. 2). Wien 1966, 39 Seiten, 2 Kt., 4 Tab. hektogr.

Soldner, H.
Die City als Einkaufszentrum im Wandel von Wirtschaft und Gesellschaft. (=Betriebswirtsch. Schriften H. 27). Verlag Duncker u. Humblot Berlin, 1968, 345 Seiten, Tab., Lit.

Sonneborn, W. Ch.
Die Großstadt als Einkaufszentrum. Dargelegt am Beispiel der Textilkäufe in der Stadt Münster. (=Schriften zur Textilwirtschaft 4). Forschungsstelle für allgemeine und textile Marktwirtschaft an der Univ. Münster. Münster 1959, 180 Seiten.

Stöber, G.
Das Standortgefüge der Großstadtmitte. Diss. Frankfurt a.M. 1963. Ein Beitrag zur kommunalen Strukturforschung am Beispiel der City in Frankfurt a.M. und: (=Wege zur neuen Stadt, Schriftenreihe der Verwaltung Bau und Verkehr der Stadt Frankfurt a.M. Bd. 3), Europ. Verlagsanstalt Frankfurt a.M., 1964, 104 Seiten, 3 Seiten Abb.

Tietz, B.
Konsument und Einzelhandel, Strukturwandlungen in der Bundesrepublik Deutschland von 1950 bis 1975. Deutscher Fachverlag Frankfurt/M., 1966, 826 Seiten.

Toepfer, H.
Die Bonner Geschäftsstraßen. Räumliche Anordnung, Entwicklung und Typisierung der Geschäftskonzentrationen. (=Arbeiten zur rheinischen Landeskunde, hrsg. vom Geographischen Inst. der Univ. Bonn H. 26). Dümmler Verlag Bonn, 1968, 81 Seiten, Abb., Tab., Lit., Beil.: 3 Kt.

Wolf, K.-H.
Städtebauliche Probleme bei der Einordnung und Ausbildung von Verkaufsstellen. Diss. TU Dresden. Dresden 1968, 183 gez. Blätter mit Abb., Maschinenschr. vervielf.

Wolf, K.
Stadtteil - Geschäftsstraßen. Ihre geographische Einordnung, dargestellt am Beispiel der Stadt Frankfurt a.M. (=Rhein-Mainische Forschungen Bd. 67). W. Kramer Verlag Frankfurt a.M., 1969, 152 Seiten, 25 Fig., 26 Tab.

Wolf, K.
Geschäftszentren. Nutzung u. Intensität als Maß städtischer Größenordnung. Ein empirisch-methodischer Vergleich von 15 Städten der BRD. (=Rhein-Mainische Forschungen H. 72). W. Kramer Verlag Frankfurt a.M., 1971, 251 Seiten, 164 Abb., 15 Tab.

6. Das Shopping Center

Aravantinos, A.J.
Großstädtische Einkaufszentren. Der Einfluß des Verkehrs auf die Struktur und Funktion der Zentren. Vulkan Verlag Classen Essen, 1963, 110 Seiten, mit Abb.

Dokumentation
Einkaufszentren. Literatur 1971 - 1972. Hg. von der Dokumentationsstelle für Bautechnik in der Fraunhofer Gesellschaft Stuttgart Nr. N 1823, Selbstverlag Stuttgart, 1972, 23 nachgewiesene Titel.

Einkaufszentren
in Form von integrierten oder selbständigen Siedlungsgebilden. Tagung vom 17. Februar 1966. (= Haus der Technik e.V. Essen, Vortragsveröffentlichungen H. 76). Vulkan Verlag Classen Essen, 1966, 104 Seiten, Pl., Bild., Qu., 1 Bl.Bild.

Falk, B.R. (Hg.)
Shopping Center Handbuch. GWJ-Verlag München, 1973, 350 Seiten, 16 Seiten Bilder.

Gasser, T.P.
Das Shopping Center in Nordamerika. Einkaufszentren in Europa. (= Schriftenreihe der Forschungsstelle für den Handel an der Handels-Hochschule St. Gallen Nr. 2). Haupt Verlag Bern, 1960, 239 Seiten, Fig. 8 Tafeln.

Greipl, E.
Einkaufszentren in der Bundesrepublik Deutschland. Bedeutung, sowie Grundlagen u. Methoden ihrer ökonomischen Planung. (= Schriftenr.d.Ifo-Inst.f. Wirtsch.forsch.Nr. 79). Verlag Duncker u. Humblot Berlin, 1972, 210 Seiten, Abb., Tab., Lit.

Ingesta (Hg.)
Innerstädtische Geschäftszentren und neue Einkaufszentren. Hrsg.: ingesta Institut Gewerbebetriebe im Städtebau. (= Beiträge zur Gewerbeplanung H.1). Selbstverlag Köln, 2. Aufl., o.J.

Ladenzentren
Zusammengestellt von T. Braun. Hg.v.d. Freien und Hansestadt Hamburg. Baubehörde. (= Hamburger Schr. zum Bau-, Wohnungs- und Siedlungswesen H.45). Hammonia Verlag Hamburg, 73 Seiten.

Nagel, S. - Linke, S.
Bauten des Handels, Läden, Warenhäuser, Einkaufszentren. Hrsg.: Deutsche Bauzeitschrift. (= DBZ-Baufachbücher 14). Bertelsmann Fachverlag Gütersloh/Düsseldorf, 1973, 208 Seiten, rd. 700 Abb.

Scharpf, D.F.
Struktur und Erfolgsfaktoren der Verbrauchermärkte unter besonderer Berücksichtigung des Standorts. Diss.Freiburg/Schweiz. - Karlsruhe, 1972, 296, XXXXV Seiten, Kt., Abb., Tab., Lit. Maschinenschr. vervielf.

Schwedische
und deutsche Ladenzentren - ein Vergleich ihrer Planung und Einrichtung.
Bericht über die gleichnamige Arbeitstagung am 23.1.1961 in der Handels-
kammer Hamburg. Mit Beiträgen von Schmidt u. F. Forbat. Hrsg. Handels-
kammer Hamburg, Baubehörde der Freien und Hansestadt Hamburg, Handwerks-
kammer Hamburg, Studiengesellschaft für die Errichtung von Einzelhandelsbetrieben in neuen Wohnsiedlungen und Einkaufszentren e.V. Hamburg.
Hamburg, 1961, 103 Seiten, Abb., Übers. (masch. autogr.)

Shopping Center
Tagung '73. Dokumentation der Shopping-Center-Tagung 1973 in München,
veranstaltet vom IfG-Institut für Gewerbezentren, Starnberg. Starnberg,
Selbstverlag 1973. o.S.

Stephen, D.
Shopping Centres. Hatje Verlag Stuttgart, in Vorb., etwa 180 Seiten,
etwa 500 Abb.

Das Shopping
Center in Europa. Hrsg. Stiftung "Im Gruene", Rüschlikon/Zürich, 1957,
110 Seiten.

SIN (Hg.)
Einkaufen - Einrichtungen, Möglichkeiten und Gewohnheiten in neuen Wohngebieten und älteren Vergleichsgebieten. (= Studien 2) hg. vom SIN-
Städtebauinstitut Nürnberg, Selbstverlag Nürnberg, 1973, 201 Seiten,
29 Tab., 19 Abb.

SIN (Hg.)
Planungsgrundlagen: Einkaufszentren. 1. Teil: Dimensionierung - Berech-
nungsmethode. Hrsg. Städtebauinstitut Nürnberg. (= Städtebauinstitut Nürnberg, Schriftenreihe H.6). Selbstverlag Nürnberg, 1966, 47 Seiten, 28 Tab.
im Text, 10 Tab. im Anhang.

Tietz, B.
Konsument und Einzelhandel, Strukturwandlungen in der Bundesrepublik
Deutschland von 1950 bis 1975. Dt. Fachverlag Frankfurt/M., 1966,
826 Seiten.

Thomas, E.
Das Gemeinschaftswarenhaus Beispiel Schweden. (= Deutscher Industrie- u.
Handelstag Schriftenreihe Nr. 103). Selbstverlag Bonn, 1967, 114 Seiten.

Thomas, E. - Gries, G. - Wolff, J.
Einzelhandel im Städtebau. Shopping Centers in den USA, Europäische Kon-
sequenzen. Hg. vom Rationalisierungs-Kuratorium der Deutschen Wirtschaft.
Verlag für Wirtschaftspraxis Frankfurt/M., 1964, 90 Seiten.

Wild, F. - Pawlik, W.
Warenhaus und Einkaufszentrum. (= Reihe e + p, Entwurf und Planung 11).
Callwey Verlag München, 1972, 132 Seiten.

7. Planung und Durchführung von Bauten des Handels

Arnet, J. u.a.
Normierung im Ladenbau. Ergebnisse einer internat. Studientagung.
Mit Beitr.v. J. Arnet u.a. (= Schriftenreihe d. Stiftung Im Gruene
Bd. 35). Haupt Verlag Bern/Stuttgart, 1966, 130 Seiten, 25 Abb.

Baumgartner, R.
Versammlungsstätten und Geschäftshäuser. Bau- und Betriebsvorschriften.
Heymann Verlag Köln, 1971, 423 Seiten.

Bauten
für das Verkaufen. (= Baumeister Querschnitte Bd. VI). Callwey Verlag
München, 1969, 104 Seiten, zahlr. Abb.

Bunge, H.
Geplante Standorte für Einzelhandels- und Handwerksbetriebe. Die Standortplanung privater Versorgungsbetriebe in der Marktwirtschaft, insbesondere die Einplanung in neue Wohnsiedlungen. (= Schriften des Dt. Verbandes für Wohnungswesen, Städtebau u. Raumplanung H. 85). Stadtbau-Verlag Bonn, 1970, 137 Seiten.

Clasen, W.
Ausstellungen und Messestände. Hatje Verlag Stuttgart, 1968, 208 Seiten,
441 Abb. u. Pl. Text englisch/deutsch.

Döhnert, H.
Messe- und Ausstellungsbauten. Callwey Verlag München, 1961, 88 Seiten,
150 Abb.

Einkaufen
Einrichtungen, Möglichkeiten und Gewohnheiten in neuen Wohngebieten und
älteren Vergleichsgebieten. Hg. vom SIN-Städtebauinstitut Nürnberg.
(= Studien 2). Selbstverlag SIN Nürnberg, 1973, 201 Seiten, 29 Tab.,
19 Abb.

Einzelhandel
im Städtebau. Hrsg.: Rationalisierungs-Kuratorium der Deutschen Wirtschaft. Mewes-Druck Frankfurt/M., 1973.

Franck, K.
Ausstellungen. Text deutsch/Englisch. Hatje Verlag Stuttgart, 1961,
252 Seiten, 593 Abb.

Geschäftshausverordnung,
Versammlungsstättenverordnung und Verordnung über technische Bühnenvorstände. Werner Verlag Düsseldorf, 1969, 111 Seiten.

Gutmann, R.
Ausstellungsstände 2. Verlag A. Koch Stuttgart, 1962, 272 Seiten,
490 Abb. u. Pläne.

Gutmann, R. - Koch, A.
Ladengestaltung 2. Fotos und Pläne von Läden vieler Branchen, Reiseagenturen, Geschäftshäusern und Ausstellungsräumen. Koch Verlag Stuttgart, 1967, 240 Seiten, 325 Fotos u. Pl.

Ingesta (Hg.)
Gewerbeplanung im Städtebau. Ein Seminar, veranst.v. ingesta, Inst. für Gewerbebetriebe im Städtebau am 1.u.2. Dezember 1966 in Köln. (= Beiträge zur Gewerbeplanung H. 4). Selbstverlag ingesta Köln, 1967, 98 S., 8 Abb.

Ingesta (Hg.)
Innerstädtische Geschäftszentren und neue Einkaufszentren. Hg. vom Institut für Gewerbebetriebe im Städtebau. (= Beiträge zur Gewerbeplanung H.1). Selbstverlag Köln, ca. 1965, 15 Seiten.

Ingesta (Hg.)
Kaufen und Parken. Hg. vom Institut für Gewerbebetriebe im Städtebau. (= Beiträge zur Gewerbeplanung H. 2). Selbstverlag Köln, 2. Aufl., o.J. 27 Seiten.

Mahly, W.
Bau- und Betriebsvorschriften für Lichtspieltheater, Theater, Versammlungsräume, Zirkusanlagen, Waren- und Geschäftshäuser. Mit Erläuterungen, dem Gesetz über Sicherheitskinefilm (Sicherheitsfilmgesetz) u.d. Vorschriften f. elektr. Anlagen. Für das Gebiet der Bundesrepublik Deutschland u. Westberlin Hrsg.v. C. Prenzlow. Heymann Verlag Köln, 4. neu bearb. Aufl., 1957, 279 Seiten mit 10 Skizzen.

Mahly, W.
Bau- und Betriebsvorschriften f. Lichtspieltheater, Theater, Versammlungsräume, Zirkusanlagen, Waren- und Geschäftshäuser und geschlossene Bahnen und Hallen f. Radrennen u. Motorsportveranstaltungen. Mit Erläuterungen, den Vorschriften f. elektr. Anlagen u.d. Gesetz über Sicherheitskinefilme (Sicherheitsfilmgesetz) mit Ausführungsbestimmungen. Ergänzungsband zur 4. Aufl., Bearb.v.R. Nowak. Heymann Verlag Köln, 1960, 140 Seiten. vergr.

Nagel, S. - Linke, S.
Bauten des Handels. Läden, Warenhäuser, Einkaufszentren. (= DBZ-Baufachbücher 14). Bertelsmann Fachverlag Gütersloh/Düsseldorf, 1973, 208 S., rd. 700 Abb.

Röper, C.
Lagergestaltung und Lagerhäuser. Hrsg.v.d. VDJ/AWF-Fachgruppe Förderwesen. VDJ Verlag Düsseldorf, 1963, 112 Seiten, 65 z.T. mehrf. Abb., 1 Falttafel.

Schramm, W.
Handbuch Lager und Speicher. Planung, Bau und Einrichtung von Lagern und Speichern für Stück- und Schüttgüter sowie für flüssige und gasförmige Stoffe. Bauverlag Wiesbaden, 1965, 400 Seiten, über 2200 Abb.

Tietz, B. - Schoof, H.
Handbuch für Großhandelszentren und Industrieparks. Die ökonomische und technische Planung von Dispositions- u. Lagerzentren in Industrie und Handel. gdi-Verlag G. Duttweiler Institut Rüschlikon/Zürich, 1970, 877 Seiten, zahlr. Abb.

Wild, F.
Güterumschlag - Lagern und Verteilen. Hochraumlager, Flächenlager, Umschlaggebäude. (= Reihe e + p - Entwurf und Planung Bd. 5). Callwey Verlag München, 1970, 136 Seiten, zahlr. Abb.

Wild, F. - Pawlik, W.
Warenhaus und Einkaufszentrum. (= Reihe e + p - Entwurf und Planung Bd. 11). Callwey Verlag München, 1972, 132 Seiten, etwa 400 Abb.

Wolf - Bönewitz
Kaufhallen. Kohl Verlag Frankfurt/M., 1967, 168 Seiten, 199 Abb., 17 Taf.

8. Planung und Bau gastronomischer Betriebe

Busche-Sievers, U.
Kneipen, Pubs und Restaurants. Raum und Einrichtung. Callwey Verlag München, 1973, 116 Seiten mit über 200 z.T. farbigen Abb., zweisprachig deutsch/engl.

Dahinden, J. - Kühne, G.
Neue Restaurants. Ein internationaler Querschnitt. Hatje Verlag Stuttgart und Callwey Verlag München, 1973, 156 Seiten, 227 Abb., 19 Farbtafeln, Text deutsch/engl.

Dokumentation
Restaurants, Kaffees, Caféterias. Literatur 1970 - 1972. Hg. von der Dokumentationsstelle für Bautechnik in der Fraunhofer Gesellschaft Stuttgart, Selbstverlag, 1973, Nr. N 1870, 40 nachgewiesene Titel.

Eisenberg, A. - Gösele, K. - Karadi, J. - Koch, S. - Lakatos, B. - Schneider, P.
Schallschutz bei Lüftungsschächten, Aufzügen und Heizanlagen. Erhöhter Luftschallschutz bei Gaststätten, Luftschalldämmung von Bauteilen, Kurzverfahren. (= Berichte aus der Bauforschung H.68). Verlag W. Ernst Berlin, 1970, 93 Seiten, 99 Bilder, 7 Zahlentafeln.

Fengler, M.
Restaurants, Cafés, Kantinen, Mensen. A. Koch Verlag Stuttgart, 1969, 200 Seiten, 550 Abb.

Hotels,
Feriendörfer. (= Baumeister Querschnitte 7). Callwey Verlag München, 1969, 104 Seiten mit vielen Abb.

Kantine
und Mensa. Planungsbeiträge zur Gemeinschaftsverpflegung. V.D.v. Beulwitz u.a. Mit einer engl./franz./span. u. russ. Zusammenfassung. Dt. Verlagsanstalt Stuttgart, 1973, 159 Seiten, zahlr. Tab., Abb., Qu.

Koch, A. - Fengler, M.
Hotelbauten. Hotels im Wandel der Zeit. Erfahrungen beim Bau von Groß-Hotels. Planungsgrundlagen für den Hotelbau. A. Koch Verlag Stuttgart, 1969, 12 Seiten Textteil, 192 Seiten Bildteil, zahlr. Bild., Pl., Grundrisse.

Mütsch-Engel, A.
Rustikale Restaurants. Historische und renovierte Gaststätten, moderne Restaurants mit rustikalem Charakter. A. Koch Verlag Stuttgart, 1972, 112 Seiten mit über 200 Abb.

Peters, P. - Erben, Ch.
Kongreßzentren - Kongreßhotels. (= Reihe e + p - Entwurf und Planung Bd.20). Callwey Verlag München, 1973, 132 Seiten, rd. 400 Abb.

Steinbüchel-Rheinwall, R.v.
Hotel - und Restaurantbauten. Stadthotels - Ferienhotels - Gästehäuser - Motorhotels - Motels - Schiffe - Jugendherbergen - Restaurants - Bars - Cafés - Mensen. Planungsgrundlagen und Beratung. (= DBZ-Baufachbücher Bd.8). Bertelsmann Verlag Gütersloh, 1970, 208 Seiten mit 771 Abb.

Weisskamp, H.
Hotels - international. Hatje Verlag Stuttgart, 2. Aufl., 1971, 212 S., 540 Abb. u. Pläne, Text deutsch/engl.

Wenzel, K.
Hotelbauten. Verlag Bauwesen Berlin/Ost, 1967, 224 Seiten, 236 Abb., 9 Tafeln.

9. Büro- und Verwaltungsbauten

Alsleben, K. - Büttner, E. - Hess, C.W. - Schnelle, W. - Siegel, C. - Wonneberg, R.
Bürohaus als Großraum. (Büroneubau d. C.F. Boehringer u. Söhne, Mannheim). Zielsetzung, Planung und Erfahrungen. Schnelle Verlag Quickborn, 1961, 141 Seiten mit Abb.

Bäte, U.
Verwaltungsbauten. (= architektur wettbewerbe Bd.35). Krämer Verlag Stuttgart, 1963, 120 Seiten, rd. 232 Abb. u. Pläne.

Baumgartner, R.
Versammlungsstätten und Geschäftshäuser. Bau- und Betriebsvorschriften. Heymann Verlag Köln, 1971, XII, 423 Seiten.

Behne, A.
Der moderne Zweckbau. (= Bauwelt - Fundamente Bd.10). Bertelsmann Verlag Berlin, 1964, 132 Seiten, 95 Abb.

Berg, R.
Systematische Büro- und Verwaltungsbauplanung. Verlag Industrielle Organisation Zürich, 1970, 157 Seiten mit Abb. u. Tab.

Berlin
und seine Bauten. Teil 9: Industriebauten, Bürohäuser. Hg. vom Architekten- und Ingenieur-Verein zu Berlin. Schriftleitung E. Heinrich, K. Weber. W. Ernst Verlag Berlin, 1971, VIII, 261 Seiten, 319 Bilder.

Büro
und Verwaltung. (= Baumeister Querschnitte Bd.10). Callwey Verlag München, 1971, 104 Seiten, 250 Abb.

Dokumentation
Bankgebäude. Literatur 1970 - 1972. Hg. von der Dokumentationsstelle für Bautechnik in der Fraunhofer Gesellschaft Stuttgart, Selbstverlag, 1973, Nr. N 1858, 24 nachgewiesene Titel.

Eiermann, E. - Kuhlmann, H.
Planungsstudie Verwaltungsgebäude am Beispiel für die IBM Deutschland. (= projekt Bd.2). Krämer Verlag Stuttgart, 2. Aufl., 1968, 66 Seiten, 45 Abb.

Funktionelle
Erfordernisse zentraler Einrichtungen als Bestimmungsgröße von Siedlungs- und Stadteinheiten in Abhängigkeit von Größenordnung und Zuordnung. Bearb. von F. Spengelin u.a. (= Schriftenreihe Städtebauliche Forschung des Bundesministers f. Städtebau und Wohnungswesen Bd.03.003). Waisenhaus Verlag Braunschweig, 1972, 504 Seiten.

Geschäftshausverordnung
Versammlungsstättenverordnung und Verordnung über technische Bühnenvorstände in NRW. Textausgabe. Werner Verlag Düsseldorf, 1969, 111 Seiten.

Gesundheitsschutz
in Handelsbetrieben und Büros.
- vorläufiger Bericht. 1963, 102 Seiten.
- Antworten der Regierungen. 1963, 266 Seiten.
- Textentwürfe zur Übermittlung an die Regierungen. 1964, 72 Seiten.
- Revidierte Textentwürfe zur Vorlage an die Konferenz. 1964, 100 S.
ILO-Verlag des Internationalen Arbeitsamtes, Zweigstelle Bonn,
Bonn/Bad Godesberg.

Göschel, W.
Erfahrungsziffern, Faustzahlen und Kompositionsregeln im Bereich der
öffentlichen und privaten Dienstleistungen und deren Bedeutung für die
Raumordnung. (= Informationsbriefe für Raumordnung, Hg. vom Bundesmin.
des Innern R 1.7.4). Kohlhammer Verlag/Dt. Gemeindeverlag Mainz, 1969,
11 Seiten.

Gottschalk, O.
Flexible Verwaltungsbauten. Entwurf, Ausbau, Einrichtung, Kosten.
Schnelle Verlag Quickborn, 1968, 2. überarb. Aufl., 287 Seiten, 141 Abb.
u. Tab.

Höckel, G. u.a.
Zukunftskonzepte für Bürohäuser. Zwölf Experten berichten aus den USA.
Hrsg. v. Schilling-Verlag zusammen mit dem Dt. Institut für Betriebswirtschaft Frankfurt. Schilling-Verlag für Informationstechnik Herne,
1972, 100 Seiten, zahlr. Abb.

Hohl, R.
Bürogebäude - international. Hatje Verlag Stuttgart, 1969, 176 Seiten,
400 Abb. u. Pläne, Text engl/deutsch.

Joedicke, J.
Bürobauten. Internationale Beispiele kleiner, mittlerer und großer
Bauten, bes. auch Bürohäuser. Hatje Verlag Stuttgart, 1959, 228 Seiten,
613 Abb., Grundrisse u. Details.

Kraemer, F.W.
Verwaltungsbauten: Typen, Planung. (= A + W - Studienbücherei). Verlag
Koch Stuttgart, 1973, ca. 100 Seiten.

Kraemer, F.W. - Meyer, D.
Bürohaus-Grundrisse. (= Grundrißreihe). Koch Verlag Stuttgart, 1974,
152 Seiten, ca. 300 Zeichn. und Grundr.

Kraemer, F.W. - Sieverts, E. - Huth, H.
Großraumbüros. Dargestellt am Beispiel der DKV Köln (= Reihe Projekt
Bd.5). Krämer Verlag Stuttgart/Bern, 2. Aufl., 1972, 59 Seiten, 77 Abb.,
2 Tab.

Krekler, B.
Verwaltungszentrum Procter und Gamble. Callwey Verlag München, 1972,
76 Seiten, 80 Abb.

Lappat, A. - Gottschalk, O. (Hg.)
Organisatorische Bürohausplanung und Bauwettbewerb. Am Beispiel des Ver-
waltungsgebäudes der BP Benzin und Petroleum AG. Hamburg. Schnelle Verlag
Quickborn, 1965, 142 Seiten mit Abb.

Laux, E. - Naylor, H. - Eschbach, H.
Zum Standortproblem bei öffentlichen Einrichtungen. (= Abhandlungen der Akademie f. Raumforschung u. Landesplanung Bd.68). Akademie für Raumforschung und Landesplanung Hannover, 1973, 90 Seiten, Abb.

Monheim, H.
Zur Attraktivität deutscher Städte. Einflüsse von Ortspräferenzen auf die Standortwahl von Bürobetrieben. Diss. München 1972. (= WGI-Berichte zur Regionalforschung H.8). Geographische Buchhandlung München, 1972, 140 Seiten, 13 Abb., 6 Kt.

Nagel, S. - Linke, S. (Hg.)
Verwaltungsbauten. Staatliche, kommunale Verwaltungsgebäude und der Wirtschaft - Büro- und Geschäftshäuser - Banken und Sparkassen. (= DBZ-Baufachbücher Bd.4). Planungsgrundlagen von Paelke, Gottschalk und Henjes. Bertelsmann Fachverlag Gütersloh, 1971, 208 Seiten mit 630 Abb.

Nowack, R.
Geschäftshausverordnung und andere Verordnungen. Textausgabe mit Kommentar. Werner Verlag Düsseldorf, 1974 (in Vorbereitung).

Ostertag, R.
Rathäuser und kommunale Zentren. (= e + p - Entwurf u. Planung Bd.22). Callwey Verlag München, 1973, etwa 132 Seiten, rd. 400 Pläne u. Schnitte.

Paelke - Gottschalk, O. - Henjes
Verwaltungsbauten. Bertelsmann Verlag Gütersloh, 1971, 208 Seiten, 630 Abb.

Peters, P.
Klöckner - Humbold - Deutz - AG. Verwaltungsgebäude. Callwey Verlag München, 1966, 96 Seiten, 89 Abb.

Petzold, F. u.a.
Das Büro. Bauliche und betriebswirtschaftliche Planungsgrundlagen. Westdeutscher Verlag Opladen, 1965, 146 Seiten, 70 Abb.

Rüth, A.
Verkehrliche Auswirkungen von Bürohochhäusern in Innenstädten. Diss. Stuttgart, 1973.

Schnelle, E. - Wankum, A.
Architekt und Organisator. Probleme und Methoden der Bürohausplanung. Verlag Schnelle Quickborn, 2. erw. Aufl., 1965, 115 Seiten, 48 Bilder, Schemaskizzen, Tab., u. Grundr., 30 Qu.

Schoof, H.
Das Büro als Element der Zentrenbildung. (= Kleine Schriften d.Dt. Verbandes f. Wohnungswesen, Städtebau u. Raumplanung 45). Stadtbau-Verlag Bonn, 1971, 42 Seiten.

Schulze, S. - Krause, C.
Bürobauten. VEB Verlag für Bauwesen Berlin, Verlag Krämer Stuttgart/Bern, 1967, 264 Seiten, 350 Bild., Det., Grundr., Schn., graph. Darst., 13 Tab., 95 Qu.

Siegel, C. - Solf, C.
Bürobaukosten. Untersuchungen über die Wirtschaftlichkeit von Büro- und Verwaltungsbauten. Schnelle Verlag Quickborn, 1967, 114 Seiten, 36 z.T. mehrf. Taf., Grundrisse und Schnitte von 47 Gebäuden

Städtische Zentren -
Bauten für die Gemeinschaft. (= Baumeister Querschnitte Bd.13). Callwey Verlag München, 1972, 104 Seiten mit 200-300 Fotos und Zeichn.

Tamms, F.
Ideenwettbewerb Rathaus Düsseldorf. (= architektur wettbewerbe, Sonderband). Krämer Verlag Stuttgart, 1961, 64 Seiten, 168 Abb.

Verwaltung -
Banken - Rathäuser. (= architektur wettbewerbe Bd.66). Krämer Verlag Stuttgart, 1971, 110 Seiten, zahlr. Abb.

Verwaltungen -
Rathäuser - Bürobauten. Administration - Town halls - Office buildings, eingeleitet von U. Bäte mit Beitr.v. H. Kammerer, H. Ludmann u. R. Ostertag. (= architektur wettbewerbe H.49). Krämer Verlag Stuttgart/Bern, 1967, XVI, 120 Seiten, üb. 300 Bild., Grundr., Schn., Lagepl., 2 Falttafeln, 5 Qu. Zusammenfassung in engl. Sprache.

Verwaltungsbauten
Von B. Krekler, Hentrich-Petschnigg & Partner und Ch. Erben. (= e + p - Entwurf und Planung Bd.10). Callwey Verlag München, 1973, 131 Seiten, rd. 400 Abb.

Zentrale Standorte
zur Versorgung der Bevölkerung in Hamburg 1961. Hg. vom Stat. Landesamt Hamburg. (= Hamburg in Zahlen, Jahrgang 1970, Sonderheft 1).

Zukunftskonzepte
für Bürohäuser. 12 Experten berichten aus den USA. Hrsg. vom Deutschen Institut für Betriebswirtschaft Frankfurt. Schilling-Verlag Herne, 1972, 99 Seiten, Bild., Tab.

IX. Verkehrsplanung und -gestaltung

1. Methodische Probleme der Verkehrsplanung und -prognose

Aurbach, G.
Vorhandene und notwendige statistische Erfassung des Binnenverkehrs in der Bundesrepublik Deutschland. (= Verkehrswiss.Forsch., Schriftenr. d.Inst.f. Industrie- u. Verkehrspol.d.Univ.Bonn Bd.17). Verlag Duncker u. Humblot Berlin, 1967, 203 Seiten, Abb., Tab., Lit., Reg., Res. engl., franz.

Bayliss, B.T.
Methodische Probleme von Verkehrsprognosen. Vortrag. (= Vortrag u. Stud. a.d.Inst.f. Verkehrswiss.d.Univ. Münster H.10). Verlag Vandenhoeck u. Ruprecht Göttingen, 1970, 29 Seiten, Abb., Lit.

Becker, J.
Probleme regionaler Güterfernverkehrsprognosen. (= Beitr.a.d.Inst.f. Verkehrswiss. an d.Univ. Münster H.67). Verlag Vandenhoeck u. Ruprecht Göttingen, 1972, 304 Seiten, Kt., Abb., Tab., Übers., Lit.

Beilner, H.
Über Modelle und Methoden zur Prognose der Aufteilung des Straßenverkehrs in Abhängigkeit von der Verkehrsmenge. Diss. Univ. Stuttgart, 1969, 119 Seiten.

Bellinger, B.
Optimale Verkehrsbedienung von Trabantenstädten durch eine kommunale Verkehrsuntersuchung. Forschungsberichte aus dem Forschungsprogramm des Bundesministeriums. Hrsg.: Bundesminister für Verkehr, Abt. Straßenbau. (= Straßenbau und Straßenverkehrstechnik H.77). Bonn 1968, 123 Seiten, Abb., Tab., Lit.

Böhlk, W.
Methodik der Generalverkehrsplanung und ihre Beziehung zur Regional- und Flächennutzungsplanung. (= Veröff.d.Inst.f. Städtebau Berlin Bd.42/9). Selbstverlag Berlin, 1972, 8 Seiten.

Böhme, U.
Grundlagen zur Berechnung des städtischen Personenverkehrs. VEB Entwurfs- u. Ingenieurbüro d. Straßenwesen, Betriebsteil Berlin, Leitstelle f. Information u. Dokumentation des Straßenwesens. (= Wissenschaft u. Technik im Straßenwesen 13). Berlin/Ost 1971, 104 Seiten mit Abb.

Brilon, W.
Der Zusammenhang zwischen räumlich-zeitlichen Kennwerten des Verkehrsablaufs und lokal ermittelten Parametern. Hrsg.: Inst.f. Verkehrswesen d. Univ. Karlsruhe, 1973, 26 Seiten, 10 Abb.

Cerwenka, P.
Eine Methode zur Erstellung von PKW-Motorisierungsprognosen. Hrsg.: Institut für Straßenbau und Verkehrswesen TH Graz. (= Schriftenreihe Straßenforschung des BMfBUT H.1). Verlag Forschungsges. aus dem Straßenwesen im ÖITAV Wien, 1972, 88 Seiten, 26 Abb.

Christfreund, W. - Förschner, G. - Böhme, U.
Schriftliche Verkehrsbefragungen als Grundlage der Generalverkehrsplanung. Prinzipien für Vorbereitung, Durchführung und Aufbereitung. Versuchs- und Entwicklungsstelle des Straßenwesen, Abt. Berlin. (= Wissenschaft und Technik im Straßenwesen Nr.11). Berlin/Ost, 1969, 94 Seiten mit Abb.

Cypra, R.
Moderne Erhebungsmethoden im Verkehr. Eine Untersuchung über die Anwendbarkeit der telefonischen Befragung privater Haushalte zur Ermittlung von Daten für die Verkehrsplanung. Diss. Univ. Stuttgart, 1970, 158 S., Tab., 86 Qu.

Cypra, R.
Untersuchung über die Anwendbarkeit der telefonischen Befragung privater Haushalte zur Ermittlung von Daten für die Verkehrsplanung. Forsch.ber. a.d.Forsch.programm d. Bundesverkehrsmin.u.d.Forsch.ges.f.d. Straßenwesen e.V. Arb.a.d.Inst.f. Straßen- u. Verkehrswesen, Univ. Stuttgart, Hrsg.v. Bundesmin.f. Verkehr, Abt. Straßenbau, Bonn. (= Straßenbau u. Straßenverkehrstechnik H.108). Bonn 1970, 61 Seiten, Abb., Tab., Lit., Zsfssg.

Doormann, J.
Dynamische Modelle in der Straßenverkehrstechnik. Hrsg.: Techn. Univ. Braunschweig. (= Veröff.d. Instituts für Stadtbauwesen H.11). Braunschweig 1973, 109 Seiten, 44 Abb., 11 Tab.

Droste, M.
Stochastische Methoden der Erfassung und Beschreibung des ruhenden Verkehrs. Inst.f. Verkehrswesen d. Univ. Karlsruhe. (= Schriftenreihe des Inst.f. Verkehrswesen H.5). Selbstverlag Karlsruhe, 1971, 122 Seiten, 48 graph. Darst.

Ermittlung
des Zeitgewinnes im Verkehr und seine volkswirtschaftliche Bewertung. Ergebn. e. Forsch.auftr.d. Bundesverkehrsmin. Bearb.: M. Geiger, Inst. f. Verkehrswirtsch.u. öff. Wirtsch.d.Univ. München. München 1971, VI, 298 Seiten, Abb., Tab., Lit. Maschinenschriftl. vervielf.

Gerhardt, H.
Verkehrserzeugung und Verkehrsprognose des Personenverkehrs in Ballungsgebieten. (= Verkehrswiss. Stud.a.d.Inst.f. Verkehrswiss.d.Univ. Hamburg 19). Verlag Vandenhoeck u. Ruprecht Göttingen, 1971, XIII, 125 Seiten, Abb., Tab., Lit.

Grevsmähl, J.
Adaptive Verkehrsplanung. Verlag Duncker u. Humblot Berlin, 1971, 219 Seiten.

Habekost, H.
Vorträge im Arbeitsseminar des Instituts für Stadtbauwesen. Mathematische Modelle - Verkehr und Städtebau. (= Veröff.d.Inst.f. Stadtbauwesen d. TU Braunschweig H.7). Inst.f. Stadtbauwesen Braunschweig, 1971, 81 Seiten.

Hensel, H.
Über die Konvergenz des Algorhythmus der Verkehrsanalyse. Institut für Stadtbauwesen Aachen, 1973, 22 Seiten.

Hensel, H.
Arbeitsmethode der Verkehrsplanung. Institut für Stadtbauwesen Aachen, 1973, 75 Seiten.

Herz, R.
Abbau von Verkehrsspitzen in städtischen Verkehrssystemen mit Hilfe einer koordinierten Verschiebung der Arbeitszeiten. Hrsg.: Institut für Städtebau und Landesplanung der Univ. Karlsruhe. Selbstverlag Karlsruhe, 1972, 210 Seiten, 53 Abb., 5 Tab.

Informatik
im Verkehr. Verbesserung von Verkehrssystemen mit Hilfe techn. Informationssysteme. Hrsg.: Dt. Verkehrswissenschaftliche Gesellschaft e.V. Köln. (= Schriftenreihe der DVWG). Köln 1973, 397 Seiten, Ill., graph. Darst.

Kessel, P.
Beitrag zur Beschreibung des werktäglichen Personenverkehrs von Städten und Kreisen durch beobachtete Verhaltensmuster und deren mögliche Entwicklung. Diss. Aachen, 1971, 74 Seiten, Anl.

Kirchhoff, P.
Verkehrsverteilung mit Hilfe eines Systems bilinearer Gleichungen. Ein Beitrag zur Entwicklung von Verkehrsverteilungsmodellen. Technische Universität Braunschweig. (= Veröff.d. Inst.f. Stadtbauwesen H.5). Braunschweig 1970, 120 Seiten mit 20 Abb.

Koessler, W.
Mathematische Analyse des Verkehrsflusses mit Überholen. Diss. TU München, 1972, 102 Seiten.

Kofoed, J. - Ruske, W. - Wermuth, M. - Kutter, E.
Verkehrserzeugungsmodelle als Grundlage der Verkehrsplanung. Zusammenhänge zwischen städtebaulichen Daten und dem Verkehr. Hrsg.: Techn. Univ. Braunschweig. (= Veröff.d. Inst.f. Stadtbauwesen). Braunschweig 1973, 135 Seiten, zahlr. Abb., Tab.

Korte, J.W.
Grundlagen der Straßenverkehrsplanung in Stadt und Land. Bauverlag Wiesbaden, 1960, 756 Seiten mit Abb.

Koziol, W.
Die Verkehrsprognose als Teil der städtischen Verkehrsplanung. (= Battele Information 8). Batelle-Institut Frankfurt, 1970.

Krug, W.
Städtebauliche Planungselemente IV. Verkehrsplanung - Verkehrstechnik. Nach einer Vorlesung. (= Städtebauinstitut Nürnberg, Studienheft 22). Nürnberg 1968, 86 Seiten, Abb., Tab., Lit. Zsfssg.

Kutter, E.
Demographische Determinanten städtischen Personenverkehrs. (= Veröff.d. Inst.f. Stadtbauwesen, TU Braunschweig H.9). Braunschweig 1972, 177 S., Abb., Tab., Übers., Lit.

Lenz, K. - Garsky, J.
Anwendung mathematisch-statistischer Verfahren in der Straßenverkehrstechnik. Kirschbaum Verlag Bonn/Bad Godesberg, 1968, 104 Seiten, 19 Abb., 13 Tab.

Lenz, K.
Ein Beitrag zur Anwendung der Theorie der Warteschlangen im Verkehrswesen. Kirschbaum Verlag Bonn/Bad Godesberg, 1966, 104 Seiten mit Abb.

Leutzbach, W.
Einführung in die Theorie des Verkehrsflusses. Springer Verlag Berlin, 1972, 155 Seiten, 109 Abb.

Lünsdorf, P.
Güternahverkehr und Straßenbelastung in der Bundesrepublik Deutschland, insbesondere in Ballungsgebieten. Hrsg.: Dt. Inst.f. Wirtsch.forsch. (= Beitrag z. Strukturforschung H.24). Verlag Duncker u. Humblot Berlin, 1972, 98 Seiten, Abb., Tab., Lit.

Mäcke, P.A.
Prognosemodell zur Quantifizierung des Verkehrsaufkommens auf Grund von Strukturdaten. Hrsg.: Gesellschaft für Regionalforschung. (= Seminarberichte der Gesellschaft für Regionalforschung H.3). 1969.

Mäcke, P.
Das Prognoseverfahren in der Straßenverkehrsplanung. Bauverlag Wiesbaden, 1964, 114 Seiten, 27 Abb.

Mathematisch-statistische
Methoden zur Ermittlung der Verkehrsnachfrage im Personenverkehr. Auswahlbibliographie (Erfassungszeitraum: 1891-1968). Inst.f. Verkehrsforschung Zentrale Leitstelle f. Information und Dokumentation im Verkehrswesen, Berlin/Ost, 1968, 41 Seiten.

Meine, K.-H.
Darstellung verkehrsgeographischer Sachverhalte. Ein Beitrag zur themat. Verkehrskartographie. Hrsg.: Bundesanstalt f. Landeskunde u. Raumforschung Bad Godesberg. (= Forschungen zur dt. Landeskunde u. Raumforschung). Bad Godesberg 1967, 135 Seiten, 45 Bl. Ktn., 5 Ktn.-Beil., mit ausführl. Lit.-Verz.

Merkblatt
für die Vorausschätzung des Verkehrsaufkommens von städtischen Wohnsiedlungen. Hg. von der Forschungsgesellschaft für das Straßenwesen, Arbeitsgruppe "Planung und Verkehr - Stadtstraßen". Selbstverlag Köln, 1969, 22 Seiten.

Plath, F.
Ökonomische Bewertung öffentlicher Investitionen. Grundlagen und ihre spezielle Anwendung auf Planungsvarianten zum Ausbau städtischer Verkehrssysteme. (= Inst.f. Städtebau Berlin d.Dt. Akad.f. Städtebau und Landesplanung Nr. 6). Berlin 1972, XI, 180 Seiten, Abb., Lit. Maschinenschriftl. vervielf.

Potthoff, G.
Analyse von Verkehrssystemen. (= Verkehrsströmungslehre Bd.4). Transpress, Verlag für Verkehrswesen VEB Berlin/Ost, 1972, 160 Seiten, 43 Abb., 78 Tab.

Potthoff, G.
Die Korrelationsrechnung im Verkehrswesen. Westdeutscher Verlag Köln/Opladen, 1968, 101 Seiten, 22 Abb., 39 Taf.
Gleichzeitig erschienen im Transpress VEB Verlag für Verkehrswesen Berlin/Ost.

Rieke, H.
Die künftige Entwicklung des Straßenverkehrs in der Bundesrepublik
Deutschland. Fahrleistungen, Kraftstoffverbrauch u. Mineralölsteuer-
aufkommen. Hrsg.: Dt. Inst.f. Wirtsch.forsch. (= Beitr.z. Struktur-
forsch. H.22). Verlag Duncker u. Humblot Berlin, 1972, 87 Seiten, Tab.
Übers.

Richter, K.-J. - Schneider, H.
Statistische Methoden für Verkehrsingenieure. Technische Statistik.
Transpress VEB Verlag für Verkehrswesen Berlin/Ost, 1968, 356 Seiten
mit Abb.

Richter, K.-J.
Verkehrsökonometrie. Transpress VEB Verlag für Verkehrswesen Berlin/
Ost.
Band 1: Kybernetische Analyse verkehrsökonomischer Systeme, 1971,
    455 Seiten, 108 Abb., 52 Tab.
Band 2: Ökonomisch-mathematische Entscheidungsmodelle im Verkehrs-
    wesen, 1972, 360 Seiten, 70 Abb., 85 Tab.

Richtlinien
für Verkehrserhebungen. Ausg. 1970. Bearb.: Forsch.ges.f.d. Straßenwesen, Arbeitsausschuß "Verkehrszählungen". Selbstverlag Köln, 1970,
112 Seiten, Pl., Abb., Tab. u. 5 gez.Bl. Tab.

Ruske, W.
Verkehrserzeugungsmodelle - Möglichkeiten und Grenzen ihrer Anwendung.
Hrsg.: Technische Universität Braunschweig. (= Veröff.d.Inst.f. Stadt-
bauwesen H.12). Braunschweig 1973, 135 Seiten mit Abb.

Ruske, W. - Stelling, H.
Wertung und Weiterentwicklung der als Grundlage für Straßenverkehrs-
planungen dienenden Verkehrserhebungsmethoden. Hrsg.: Bundesmin.f. Ver-
kehr, Abt. Straßenbau Bonn. (= Straßenbau u. Straßenverkehrstechnik,
Forsch.ber. H.79). Bonn 1968, T. 1: 18 Seiten, Tab., Lit., Anh.: Abb.
T. 2: 33 Seiten, Tab., Lit., Anh.: Abb., Tab., Anl.

Sammer, G.
Beitrag zur Stichprobenmethode bei Verkehrsstromerhebungen. Diss. Graz
1971, 165 Bl. mit Abb.

Schaechterle, K.-H. - Braun, J. - Wermuth, M.
Modelltechniken in der Verkehrsplanung - Bemerkungen zu ihrer Entwicklung.
Institut f. Verkehrsplanung und Verkehrswesen der TU München. München
1973, 6 Seiten, 5 Abb.

Schneider, W.L.
Bestimmungsgründe für Verkehrsnachfrage und Verkehrswegeplanung. Zwei
Beitr.z. Analyse u. Vorausschätzung d. Verkehrsnachfrage u.z. Planung
v. Verkehrswegen. (= Schriftenr.d. Ifo-Inst.f. Wirtschaftsforschung 78).
Verlag Duncker u. Humblot Berlin, 1972, 84 Seiten, Lit.

Schütte, K.
Vorausschätzung des Verkehrsaufkommens von städtischen Wohngebieten auf
Grund von Untersuchungen über Fahrtenhäufigkeit und Fahrtenzweck von
PKW in Wohnvororten. Diss. TH Braunschweig 1966, VII, 188 S. mit Abb.

Wermuth, M.
Genauigkeit von Modellen zur Verkehrsplanung. Hrsg.: Technische Univ.
Braunschweig. (= Veröff.d.Inst.f. Stadtbauwesen H.12). Braunschweig
1973, 135 Seiten mit Abb.

2. Inhaltliche Probleme der Verkehrsplanung

Abbau
von Verkehrsspitzen. Hrsg.: Deutsche Verkehrswacht Bonn-Beuel.
(= Schriftenreihe der deutschen Verkehrswacht H.55). Bonn-Beuel
1973, 39 Seiten.

Albers, G. - Steiner, A. - Schaechterle, K.-H. u.a.
Verkehr und räumliche Planung. (= Städtebauliche Beiträge des Instituts
für Städtebau und Wohnungswesen der Deutschen Akademie für Städtebau
und Landesplanung 1/1972). Institut für Städtebau und Wohnungswesen der
Dt. Akademie für Städtebau und Landesplanung, Selbstverlag München,
1972, 294 Seiten.

Arnold, B.
Die integrierte Bundesverkehrswegeplanung. Aufgaben und Probleme. Vortrag. Hrsg.: Dt. Verkehrswiss. Ges.e.V. DVWG. (= Schriftenr.d.Dt. Verkehrswiss.Ges.e.V. DVWG R.D,18). Köln 1970, 31 Seiten, Zsfssg.

Begriffsbestimmungen -
Straßenplanung und Straßenverkehrstechnik. Hrsg.: Forschungsgesellschaft
für das Straßenwesen Köln, 1973, 57 Seiten.

Beiträge
zum Generalverkehrsplan in Stadtgebieten. (= Forschungsgemeinschaft für
Straßenverkehr und Verkehrssicherh. Bd.XI). Kirschbaum Verlag Bonn/
Bad Godesberg, 1964, 114 Seiten, 32 Abb. und Diagramme.

Bundesverkehrswegeplan
1. Stufe. Hrsg.: Bundesmin.f. Verkehr. (= Verh.d.Dt. Bundestages Drucks.
7/1045). Bonn 1973, 151 Seiten, Kt., Tab., Anh.: 13 Kt.

Carl, D.
Koordinierte Verkehrsplanung in Stadtregionen. (= Industrie u. Verkehr
Schriftenr.d.Ges.f. Wirtsch.-u. Verkehrswiss. Forsch. Bd.1). Kirschbaum
Verlag Bonn/Bad Godesberg, 1969, 151 Seiten, Abb., Tab., Lit.

Coblentz, H.S.
Verkehrsplanung und ihre sozialen Auswirkungen. Funktion und deren
Störung. Inst.f. Verkehrswesen d. Univ. Karlsruhe, 1971, 57 Seiten.

Deutsche Shell AG (Hg)
Die Entwicklung der Motorisierung in der Bundesrepublik und in den einzelnen Bundesländern sowie Westberlin bis 1985.
A) Die Shell-Prognose des Gesamtbestandes an Kraftfahrzeugen
B) Regionale Prognose des PKW-Bestandes
Hamburg, 5. Ausg., 1967, 23 gez. Bl. mit Abb.

Dittrich, G.G. - Uhlig, K. - Schaechterle, K.-H.
Städtesanierung und Verkehrsplanung. Studienheft 26 des Städtebauinstituts Nürnberg). Selbstverlag Nürnberg, 1968, 48 Seiten, Abb.

Die voraussichtliche Entwicklung
der Nachfrage nach Personenverkehrsleistungen in der Bundesrepublik
bis zum Jahre 1980. (= Schriftenr.d.Ifo-Inst.f. Wirtschaftsforsch.66).
Verlag Duncker u. Humblot Berlin, 1967, 142 Seiten, Tab., Lit., Reg.

Entwicklungstendenzen
des Kraftfahrzeugverkehrs in der Bundesrepublik Deutschland bis 1980.
Eine Unters.d. Ifo-Inst.f. Wirtsch.forsch.München. Bearb.: W.L. Schneider, T. Huber, S. Wieczorek u.a. (= Schriftenr.d.Verb.d. Automobilindustrie (VDA) Nr.5). Frankfurt/M. 1970, 94 Seiten, Abb., Tab., Lit., Anh.: 4 Bl. Abb.

Feuchtinger, M.E. - Murányi, T. - Billinger, H.
Untersuchungen über Gesetzmäßigkeiten im Verkehrsablauf auf den Straßen in der Bundesrepublik Deutschland. Hrsg.v. Bundesminister f. Verkehr. (= Straßenbau und Straßenverkehrstechnik H.10). Selbstverlag Bonn, 1960, 30 Seiten, 14 Bl. Tab.

Fischer, L.
Die Berücksichtigung raumordnungspolitischer Zielsetzungen in der Verkehrsplanung, dargestellt am Beispiel der Industrieansiedlung als Folgewirkung des Baues von Autobahnen. Forsch.ber.a.d. Forsch.programm d. Bundesverkehrsmin.u.d. Forsch.ges.f.d. Straßenwesen e.V. Hrsg.v. Bundesmin.f. Verkehr, Abt. Straßenbau. (= Straßenbau u. Straßenverkehrstechnik H.115). Bonn 1971, 74 Seiten, Kt., Abb., Tab., Übers., Lit.

Flächennutzung
und Verkehr. Rahmenthema d. Vortragsfolge im Sem.d. Lehrstuhls f. Städtebau u. Landesplanung d. Univ. Karlsruhe. SS 1971. Mit Beitr.v. G. Lammers, K. Füsslin, R. Herz u.a. Hrsg.: Inst.f. Städtebau u. Landesplanung Univ. Karlsruhe. Karlsruhe 1971, 222 Seiten, Kt., Abb., Tab., Übers., Lit. Maschinenschriftl. vervielf.

Gerhardt, H.
Verkehrserzeugung und Verkehrsprognose des Personenverkehrs in den Ballungsgebieten. (= Verkehrswissenschaftl. Studien H.19). Verlag Vandenhoeck u. Ruprecht Göttingen, 1971, 125 Seiten.

Gesamtwirtschaftliche
Bedeutung der Verkehrswegeplanung. Wiss. Leitung: R. Willeke, Inst.f. Verkehrswissenschaft an d. Univ. Köln. Red.: K. Schmidt. (= Schriftenr. d.Dt. Verkehrswiss.Ges.e.V. (DVWG), R.B: Seminar B.15). Köln 1973, XIX, 262 Seiten, Abb., Lit.

Giesen, K. (Hg.)
Wie sieht die Zukunft des Verkehrs in den Ballungsgebieten in der Bundesrepublik aus? (= Haus der Technik Vortragsveröff. Nr.261). Vulkan Verlag Classen Essen, 1971, 18 Seiten, 8 Abb., 19 Lit.

Grabe, W.
Fließender und ruhender Individualverkehr. Beispiel für 8.000 Einwohner: Lüneburg-Kaltemoor. (= Informationen aus der Praxis - für die Praxis Nr.17, hg. vom Bundesminister für Wohnungswesen und Städtebau). Bonn/Bad Godesberg, 1969, 45 Seiten.

Grevsmähl, J.
Adaptive Verkehrsplanung. Ein Versuch z. Berücksichtigung gesamtwirtsch. Gesichtspunkte u.d. Unsicherheitsmoments in e. Teilbereich d. Infrastrukturplanung. (= Verkehrswiss. Forsch.Schriftenr.d.Inst.f. Industrie-u. Verkehrspol.d.Univ. Bonn Bd.23). Verlag Duncker u. Humblot Berlin, 1971, 219 Seiten, Abb., Tab., Lit.u. 2 Bl. Übers.

Heidtmann, W. - Noth, E. - Schelkes, W.
Grundlagen für eine regionale Verkehrsplanung. Untersuchung über den Einfluß des Verkehrsgefüges auf die wirtschaftliche und soziale Entwicklung ländlicher Gemeinden. Westdeutscher Verlag Köln/Opladen, 1968, 38 Seiten, 5 Tab.

Herrmann, G.
Einfluß der Kapazität von Stadtschnellbahnen auf die Wohn- und Arbeitsstättenkapazitäten der Schnellbahneinflußzonen. Diss. Aachen 1969, 119 Seiten mit Abb.

Herz, R.
Abbau von Verkehrsspitzen in städtischen Verkehrssystemen mit Hilfe einer koordinierten Verschiebung der Arbeitszeiten. Institut f. Städtebau und Landesplanung Karlsruhe. (= Schriftenr. des Inst.f. Städtebau und Landesplanung der Univ. Karlsruhe H.2). Karlsruhe 1972, 210 Seiten, zahlr. Qu.

Huber, P.
Straßenverkehrsplanung. (= Bauingenieur-Praxis H.81). Ernst Verlag Berlin/München, 1969, 111 Seiten mit Abb. u. Kt.

Jelinovic, Z.
Transport von Personen und Gütern als Aufgabe der Stadtplanung. (= Österr. Institut f. Bauforschung). Straßen, Chemie und Technik Verlagsgesellsch. Heidelberg, 1966, 41 Seiten, 8 Abb.u. Tab.

Kadas, K.
Technisch-ökonomische Steuerung von Verkehrsabläufen mit Hilfe kybernetischer Systeme. (= Vorträge u. Studien aus dem Inst.f. Verkehrswissenschaft an der Univ. Münster H.9). Verlag Vandenhoeck u. Ruprecht Göttingen, 1970, 21 Seiten.

Kessel, P.
Reisemittelwahl in Hamburg. Institut für Stadtbauwesen Aachen. Selbstverlag Aachen, 1973, 89 Seiten, 53 Abb.

Korte, J.W.
Grundlagen der Straßenverkehrsplanung in Stadt und Land. Bauverlag Wiesbaden, 2. neubearb. Aufl., 1961, 800 Seiten, 517 Abb., graph. Darst.

Krämer-Badoni, Th. - Grymer, H. - Rodenstein, M.
Zur sozio-ökonomischen Bedeutung des Automobils. (= ed. Suhrkamp Bd.540). 1970, 319 Seiten.

Krink, J.
Standorte von Verkehrsbetrieben. (= Verkehrswiss. Studien 17). Verlag Vandenhoeck u. Ruprecht Göttingen, 1971, 138 Seiten.

Krug, W.
Planungselemente IV: Verkehrsplanung - Verkehrstechnik. (= Studienhefte des SIN-Städtebauinstituts Nürnberg H.22). Selbstverlag Nürnberg, 1968, 86 Seiten, 1 Tab., 36 Abb.

Kubin, J.
Autobahn und Umland. Ein Beitr. zu d. Problem d. verkehrsstrukturellen u. wirtsch. Auswirkungen d. Autobahnen. Forsch.ber.a.d. Forsch.programm d. Bundesverkehrsmin.u.d. Forsch.ges.f.d. Straßenwesen e.V. Hrsg.v. Bundesmin.f. Verkehr, Abt. Straßenbau. (= Straßenbau u. Straßenverkehrstechnik H.105). Bonn 1970, 77 Seiten, Kt., Abb., Tab., Lit.

Kuhlmann, F.
Die Abhängigkeit des Verkehrsaufkommens von der konjunkturellen Entwicklung. (= Vorträge aus dem Inst.f. Verkehrswissenschaft an d. Univ. Münster 36). Verlag Vandenhoeck u. Ruprecht Göttingen, 1965, 51 Seiten.

Kutter, E.
Areales Verhalten des Stadtbewohners - Folgerungen für die Verkehrsplanung. Hrsg.: Technische Univ. Braunschweig. (= Veröff. des Inst. für Stadtbauwesen H.12). Braunschweig 1973.

Lang, H.
Empirische Aussagen über Charakteristiken des privaten Einkaufsverkehrs. Institut für Verkehrsplanung und Verkehrswesen der TU München. München 1973, 38 Seiten, 15 Abb.

Lang, H.
Generalverkehrsplan und Bauleitplanung. (= Städtebauliche Beiträge I/1972 des Inst.f. Städtebau u. Wohnungswesen München). Selbstverlag München, 1972, 23 Seiten.

Lang, H.
Verkehr und Bauleitplanung. (= Arbeitsblätter des Inst.f. Städtebau u. Wohnungswesen der Dt. Akademie f. Städtebau u. Landesplanung 1/1969). Inst.f. Städtebau u. Wohnungswesen der Dt. Akad.f. Städtebau u. Landesplanung. Selbstverlag München, 1969, 79 Seiten.

Leutzbach, W. - Baron, P.
Beiträge zur Theorie des Verkehrsflusses. Referat anl. des 4. Internat. Symposiums über die Theorie des Verkehrsflusses in Karlsruhe - Juni 1968. (= Straßenbau und Straßenverkehrstechnik, hg. v. Bundesmin.f. Verkehr, Abt. Straßenbau H.86). Kirschbaum Verlag Bonn, 1969.

Leutzbach, W.
Einführung in die Theorie des Verkehrsflusses. Springer Verlag Berlin/Heidelberg/New York, 1972, 155 Seiten, 109 graph. Darst.

Mäcke, P.A. - Hölsken, D. - Kessel, P.
Wahl des Verkehrsmittels. Verhaltensmuster - Meinungen - Motive. Institut f. Stadtbauwesen RWTH Aachen. (= Stadt, Region, Land 25). Aachen 1973, 35 Seiten, zahlr. Abb. u. Qu.

Martin, E.
Verkehrswegenetze in Siedlungen. Ein Versuch zur Koordinierung siedlungsspezifischer und verkehrsplanerischer Forderungen. (= Schriftenreihe d.Inst.f. Städtebau u. Landesplanung d. Fak.f. Bauingenieur-u. Vermessungswesen Univ. Karlsruhe H.1). Karlsruhe 1971, 277 Seiten, Abb., Tab., Lit. Maschinenschriftl. vervielf.

Meine, K.H.
Darstellung verkehrsgeographischer Sachverhalte. Ein Beitrag zur thematischen Verkehrskartographie. (= Forschungen zur deutschen Landeskunde, Veröff.d. Zentralausschusses f. Landeskunde u.d.Inst.f. Landeskunde H.136). Bundesanstalt f. Landeskunde u. Raumforschung. Selbstverlag Bad Godesberg, 1967, 135 Seiten mit zahlr. Kt. u. Abb.

Die Motorisierung
am Beginn ihrer zweiten Entwicklungsphase. 10 Jahre bestätigen PKW-Prognose d.Dt. Shell AG. Zweitwagen beeinflussen d. künftige Entwicklung. Hrsg.: Dt. Shell AG. (= Aktuelle Wirtsch.analysen 5). Hamburg 1971, 20 Seiten, Abb., Tab., Anh.: 2 Bl. Abb., Tab.

Planung
im Verkehrssektor. Ber.d. Arbeitstagung d. Studienkreises d."Ges.z.
Förderung d.Inst.f. Verkehrswiss.a.d.Univ.Münster e.V." am 28./29.11.68
in Telgte/Westf. Bearb.v.H.-J. Ewers m. Beitr.v.H. Georgie, H.J. Ewers,
J. Becker u.a. (= Beitr.a.d.Inst.f. Verkehrswiss.a.d.Univ. Münster H.54).
Verlag Vandenhoeck u. Ruprecht Göttingen, 1969, 288 Seiten, Abb., Tab.,
Lit., Zsfssg.

Der Raumbedarf
des Verkehrs. Raum und Verkehr 8. (= Forsch.u. Sitzungsber.d.Akad.f.
Raumforschung u. Landesplanung Bd.37). Jänecke Verlag Hannover, 1967,
XII, 249 Seiten, Kt., Pl., Abb., Tab., Übers., Lit.

Raumordnung
als Grundlage der Bundesfernstraßenplanung. Beiträge z. Berücksichtigung
d. Raumordnung im Ausbauplan f.d. Bundesfernstraßen 1971-1985. Bearb.
im Auftr.d. BMI durch d. Inst.f. Raumordnung in d. Bundesforsch.anst.f.
Landeskunde u. Raumordnung. (= Mitt.a.d.Inst.f. Raumordnung H.67).
Selbstverl.d. Bundesforsch.anst.f. Landeskunde u. Raumordnung Bonn/
Bad Godesberg, 1970, XII, 122 Seiten, Kt., Abb., Tab., Übers., Lit.

Raumordnung
und Verkehrsplanung. 4. Wiss. Kontaktsem. 20.-25.9.1971 in Hinterzarten
v.Ges.u.Inst.f. Regionalpol. u. Verkehrswiss.d.Univ. Freiburg/Brsg.
Kurzfssg.d.Ref.v.J.H. Müller, H.St. Seidenfus, A. Heimes u.a. Freiburg
1971, Getr., Pag., Übers. Maschinenschriftl. vervielf.

Retzko, H.-G.
Verkehrstechnische Fragen bei der Bebauungsplanung. (= Studienhefte des
SIN-Städtebauinstituts Nürnberg H.33). Selbstverlag Nürnberg, 1968,
39 Seiten, 23 Abb.

Retzko, H.G.
Probleme der Detailverkehrsplanung als Teil der Bebauungsplanung. In:
Verkehrsplanung. Hrsg.: Technische Universität Berlin, Zentralinstitut
für Städtebau. (= Zentralinstitut für Städtebau TU Berlin H.15). Buchh.
Wasmuth Berlin, 1969, S.3-45.

Ritschl, H.
Vom Verkehrschaos zur Verkehrsordnung. (= Zeitfragen Nr. 5). Verlag
Wegner Hamburg, 1968, 156 Seiten.

Röck, W.
Interdependenzen zwischen Städtebaukonzeptionen und Verkehrssystemen.
Hrsg.: Inst. für Verkehrswissenschaft der Univ. Münster, 1973, ca. 300 S.

Schaechterle, K.-H.
Die Berücksichtigung des Verkehrs in der Stadt- und Regionalplanung.
(= Institut f. Verkehrsplanung und Verkehrswesen der TH München). Selbst-
verlag München, 1967, 16 Seiten Text, 5 Seiten mit 8 Abb., 14 Lit.-Ang.

Scholz, H.
Erfahrungsziffern, Faustzahlen und Kompositionsregeln im Bereich des
Siedlungs- und Verkehrswesens und deren Bedeutung für die Raumordnung.
(= Informationsbriefe für Raumordnung, hg.v. Bundesminister des Innern
R 1.7.3.). Kohlhammer Verlag/Dt. Gemeindeverlag Mainz, 1968, 12 Seiten.

Schubert, H.
Der Generalverkehrsplan der Mittel- und Kleinstädte. (= Schriftenreihe des Deutschen Städtebundes H.8). Verlag O. Schwartz Göttingen, 1967, 168 Seiten, 44 Abb.

Schubert, H.
Straßenverkehrstechnik und Straßenverkehrsplanung in den Gemeinden. (= Schriftenreihe des Niedersächsischen Sozialministeriums Bd.2). Verlag O. Schwartz Göttingen, 1968, 124 Seiten.

Seminarbericht 1971
"Flächennutzung und Verkehr". Rahmenthema der Vortragsfolge im Seminar des Lehrstuhls für Städtebau und Landesplanung Univ. Karlsruhe. Selbstverlag Karlsruhe, 1971, 222 Seiten, 100 Abb., 1 Schem., 3 Tab., zahlr. Qu. Als Manuskript gedruckt.

Tietzsch, K.H. - Gadegast, J.
Verkehr und Landesplanung. (= Wissenschaftl. Ver.f. Verkehrswesen e.V. Essen H.45). Essen 1957, 16 Seiten, 9 Abb.

Ventker, R.
Die ökonomischen Grundlagen der Verkehrsnetzplanung. (= Verkehrswiss. Studien aus dem Inst.f. Verkehrswiss.d. Univ. Hamburg H.11). Verlag Vandenhoeck u. Ruprecht Göttingen, 1970, 174 Seiten.

Verkehr
und Raumordnung. (= Veröff.d.Akad.f. Raumforschung und Landesplanung, Reihe Forschungs- u. Sitzungsberichte Bd. 35, 5. Wissenschaftliche Plenarsitzung). Jänecke Verlag Hannover, 1966, 66 Seiten.

Verkehr
und räumliche Planung. Hrsg.: Inst.f. Städtebau und Wohnungswesen der Dt. Akad.f. Städtebau und Landesplanung München. (= Städtebauliche Beiträge 1/1972). Selbstverlag München, 1972, 295 Seiten, schem. Darst., Pl., Grundr., Qu.

Verkehrsplanung
Vorträge. Hrsg.: TU Berlin, Zentralinstitut f. Städtebau. Red.: P.G. Ahrens u.a. (= Veröffentl. des Zentralinstituts für Städtebau der TU Berlin). Wasmuth Verlag Berlin, 1970, 159 Seiten mit Ktn.

Verkehrsplanung
Verkehrstechnik, Verkehrsfluß. (= Forschungsgemeinschaft für Straßenverkehr und Verkehrssicherheit Bd. XVI). Kirschbaum Verlag Bonn/Bad Godesberg, 1970, 88 Seiten, 21 Abb., 15 Tab.

Verkehrsplanung
in Städten. (The urban transportation planing process). Paris: OECD, Organisation for Economic Cooperation and Development/Organisation f. wirtschaftliche Zusammenarbeit und Entwicklung). (= OECD-Veröff.Nr. 28049). 1971, 352 Seiten, 131 Lit.

Voigt, F.
Theorie der regionalen Verkehrsplanung. Ein Beitrag zur Analyse ihrer wirtschaftlichen Problematik. Verlag Duncker u. Humblot Berlin, 1964, 263 Seiten.

Weich, G.
Straßenverkehr 1985. Motorisierung, Straßenbau, Finanzierung, Sicherheit. Hrsg.: Dt. Shell AG. (= Aktuelle Wirtschaftsanalysen 3). Hamburg 1970, 39 Seiten, Kt., Abb., Tab., Lit.

Winter, K.
Verkehrsordnung in Städten und Regionen. (= Bauingenieur-Praxis H.112). Verlag W. Ernst München, 1968, 123 Seiten, 86 Bilder, 8 Tab.

Ziegler, M.
Wegewahl als Regelkreis. Untersuchungen über den Zusammenhang zwischen Wegewahl, Reisezeiten und Verkehrsmengen. Der Bundesminister f. Verkehr, Abt. Straßenbau. (= Straßenbau u. Straßenverkehrstechnik H.99). Bonn 1970, 23 Seiten mit 53 Abb.

3. Allgemeine Probleme des Stadtverkehrs

Agglomeration
und Verkehr. Nahverkehrsprobleme d. Auslandes aus dt. Sicht. (Erg. e. Studienreise d. Arbeitskreises Stadtverkehr d.Dt. Industrie- u. Handelstages nach Basel, Zürich, Bern u. Mailand im Sept. 1971). Bonn 1972, 46 Seiten. Maschinenschriftl. vervielf.

Aregger, H. u.a.
Ersticken unsere Cities im Verkehr? Ergebnisse der Tagung vom 22.u.23. Okt. 1970. (= Probleme im Gespräch Bd.1). Verlag Lang Bern/Frankfurt, 1971, 176 Seiten, graph. Darst.

Die "autogerechte" + "autolose" Stadt
eine Utopie. Hrsg.: Aufbaugemeinschaft Bremen. Wiederaufbau Verlag Bremen, 1973, 68 Seiten, zahlr. Abb. u. Übers.

Bockelmann, W. - Hillebrecht, R. - Lehr, A.M.
Die Stadt zwischen Gestern und Morgen. Planung, Verwaltung, Baurecht und Verkehr. Mit einem Geleitwort von E. Salin. (= Sonderreihen der List Gesellschaft e.V., Stimmen der Praxis Bd.2). Basel/Tübingen 1961, XIII, 172 Seiten, Kt., Pl., Abb., Tab., Übers.

Bockemühl, A. - Bandi, F.
Die Trennung des öffentlichen und privaten Verkehrs: ein Gebot für die Gesundung der Städte. Hrsg.: Internationaler Verband für öffentliches Verkehrswesen UITP. (= XXXV. Internationaler Kongreß UITP Wien 1963 Bericht Bd. 1, Internationaler Verkehrsausschuß). Selbstverlag Brüssel, 1963, 189 Seiten, zahlr. Bild., Tab., Pl., Qu.

Böhme, U.
Grundlagen zur Berechnung des städtischen Personenverkehrs. VEB Entwurfs- u. Ingenieurbüro d. Strassenwesens, Betriebsteil Berlin, Leitstellte f. Information u. Dokumentation des Strassenwesens. (= Wissenschaft und Technik im Straßenwesen 13). Berlin/Ost, 1971, 104 Seiten mit Abb.

Buchanan, C.
Traffic in Towns - Verkehr in Städten. Übersetzt von H. Lehmann-Grube. Vulkanverlag W. Classen Essen, 1964, 223 Seiten mit Abb.

DIHT (Hg.)
Der innerstädtische Verkehr. Ein Problem der Wirtschaft. Anlaß und Ergebnis einer Untersuchung des Deutschen Industrie- u. Handelstages. (= Deutscher Industrie- u. Handelstag Schriftenr. H.64). Selbstverlag Bonn, 1960, 40 Seiten.

DIHT (Hg.)
Stadtverkehr - Pulsschlag der Wirtschaft. Ergebnisse einer Untersuchung des Deutschen Industrie- u. Handelstages. (= Schriftenreihe des DIHT H.84). Selbstverlag Bonn, 1963, 111 Seiten.

Dittrich, G.G. - Uhlig, U. - Schaechterle, K.H.
Städtesanierung und Verkehrsplanung. Stadterneuerung in den USA - Anwendung der Erfahrungen in Deutschland - Verkehrsplanung im Rahmen der Stadterneuerung in den USA und in Deutschland. Stadterneuerung - Aufgabe der Stadtentwicklung in Deutschland. SIN-Städtebauinstitut Forschungsges.mbH., Nürnberg. (= Studienheft SIN 26). Selbstverlag Nürnberg, 1970, 48 Seiten.

Farenholtz, Ch. - Hartenstein, W. - Willeke, R.
Innerstädtischer Verkehr heute und morgen. Analysen, Alternativen und Modelle. Zsfssg.f.d. VDA-Presse-Koll. in Travemünde 8.-9.6.1971. Hg. v. Verb.d. Automobilindustrie e.V. Frankfurt/M. (= VDA-Pressedienst Nr.11). Frankfurt/M. 1971, 20 Seiten u. 12 Bl. Abb., Anh.: 3 Bl. Tab., Lit.

Fobbe, K.
Gemeingebrauch und Kraftverkehr. Zum Verkehrsproblem der Städte. Kohlhammer Verlag Stuttgart, 1965, 132 Seiten.

Forschung Stadtverkehr
Mitteilungen über Forschungen zur Verbesserung der Verkehrsverhältnisse der Gemeinden. Hrsg.: Bundesminister für Verkehr, Abt. Allgem. Verkehrspolitik, Verkehrswirtschaft u. Planung H.6/7). Kirschbaum Verlag Bonn/Bad Godesberg, 1973, 91 Seiten. Text in engl. u. dt. Sprache.

Forschung Stadtverkehr
des Bundesministers für Verkehr. Hrsg.: BMV, Abt. Allgemeine Verkehrspolitik, Verkehrswirtschaft u. Planung. Kirschbaum Verlag Bonn/Bad Godesberg, 1971, 64 Seiten.

Fragen
des Werkverkehrs. Deutsche Verkehrswissenschaftliche Gesellschaft Köln. (= Schriftenr. der Deutschen Verkehrswissenschaftl. Gesellschaft e.V., DVWG, Reihe B: Seminar Bd.10). Köln 1970, 127 Seiten.

Gerhardt, H.
Verkehrserzeugung und Verkehrsprognose des Personenverkehrs in Ballungsgebieten. (= Verkehrswiss. Studien 19). Verlag Vandenhoeck u. Ruprecht Göttingen, 1971, 125 Seiten.

Grünärml, F.
Der innerstädtische Verkehr: Preispolitische Möglichkeiten der Steuerung des innerstädtischen PKW-Verkehrs. (= Marburger Rechts- und Staatswiss. Abhandlungen Reihe B: Staatswiss. Abh. Bd.4). Elwert Verlag Marburg, 1971, 169 Seiten. Zugl. Diss. Marburg.

Hartenstein, W. - Liepelt, K.
Man auf der Straße. Eine verkehrssoziologische Untersuchung. Mit einem Nachwort von R. Hillebrecht. (= Veröff.d.Instituts für angewandte Sozialwissenschaften Bad Godesberg Bd.1). Frankfurt/M. 1961, 154 Seiten, Abb., Tab., Lit.

Herz, R.
Abbau von Verkehrsspitzen in städtischen Verkehrssystemen mit Hilfe einer koordinierten Verschiebung der Arbeitszeiten. (= Schriftenreihe d.Inst.f. Städtebau u. Landesplanung d. Univ. Karlsruhe H.2). Karlsruhe 1972, 210 Seiten, Kt., Abb., Tab., Übers., Lit.

Hölsken, D.
Der mehrspurige Verkehrsablauf auf Stadtstraßen. Leistungsfähigkeit
von zweispurigen Spurwechselstrecken. VDI-Verlag Düsseldorf, 1965, 310
Seiten mit Abb.

Huber, R.
Der Verkehr in schweizerischen Stadt- und Vorortsgemeinden. Strukturen
u. öff. Aufwendungen. Haupt Verlag Bern/Stuttgart, 1969, XXVIII, 282 S.,
Abb., Tab., Übers., Lit.

Fließender Individualverkehr
Untersuchungen. Schriftenreihe der Verwaltung Bau und Verkehr der Stadt
Frankfurt. Europäische Verlagsanstalt Stuttgart, 1967, 65 Seiten Text,
68 ganzseit. farb. Tafeln, 110 Tab. im Text.

Kentner, W.
Planung und Auslastung der Verkehrsinfrastruktur in Ballungsräumen.
(= Buchreihe des Inst.f. Verkehrswissenschaft der Univ. Köln Bd.29).
Diss. Köln 1973. Verlag Hellendorn Bentheim, 1973, 523 Seiten.

Kentner, W.
Wirtschaft, Verkehr und Städtebau. Zur Reform der Städtebaupolitik.
(= Beiträge des Deutschen Industrie-Inst. Jg.8, 1970, H.12). Deutsche
Industriegesellschaft Köln, 1970, 31 Seiten.

Kölz, G. - Schuler, H.
Seminarbericht Städtischer Verkehr. Hg. vom Städtebaulichen Institut
der Univ. Stuttgart (Kossak/Markelin). Selbstverlag Stuttgart, 1973,
80 Seiten. Masch.man.

Korte, J.W. u.a.
Stadtverkehr gestern, heute und morgen. Verkehrsraumnot, Verkehrsstädte-
bau, Nahverkehr, fließender, ruhender und arbeitender Verkehr; Methoden
der Straßenverkehrstechnik, Straßenverkehrsforschung, Verkehrssicherheit.
Springer Verlag Berlin, 1959, 240 Seiten, 212 Abb.

Kurzak, H.
Verkehrsgerechte Stadt. (= Schriftenreihe des Verb.d. Automobilindustrie
e.V. (VDA) H.15). Inst.f. Verkehrsplanung und Verkehrswesen der TU München, 1973, 12 Seiten, 11 Abb.

Kutter, E.
Demographische Determinaten städtischen Personenverkehrs. (= Veröff.d.
Inst.f. Stadtbauwesen TU Braunschweig H.9). Braunschweig 1972, 177 Sei-
ten, Abb., Tab., Übers., Lit.

Labs, W.
Personennahverkehr in Stadt und Region. (= Schriftenr. Fortschrittliche
Kommunalverwaltung 23). Grote Verlag Köln, 1971, 120 Seiten, Abb., Tab.

Lehner, F.
Verkehr und Städtebau. Probleme der Gegenwart. (= Schriftenreihe für
Verkehr und Technik H.48). Verlag E. Schmidt Bielefeld, 1971, 33 Seiten,
mit Abb.u. Kt.

Lehner, F.
Wechselbeziehungen zwischen Städtebau und Nahverkehr. (= Schriftenreihe
f. Verkehr und Technik H.29). Verlag E. Schmidt Bielefeld, 1966, 61 S.

Leibbrand, K.
Verkehr und Städtebau. Entwicklung des Verkehrs. Entwicklung der Städte. Verkehrsgerechter Städtebau. Birkhäuser Verlag Stuttgart, 1964, 394 Seiten, 247 Abb.

Linienführung
der Ortsstraßen. Hrsg.: Städtebauinstitut Nürnberg. (= Städtebauinstitut Nürnberg, Studienheft 18). Selbstverlag Nürnberg, 1967, 24 Seiten, 14 Bild., 2 Tab., 3 Qu.

Lohse, D.
Modelluntersuchungen für den städtischen Personenverkehr. Diss. Dresden 1970, 116 gez. Bl. mit Abb.

Mäcke, P.A.
Wechselwirkungen zwischen Stadt- und Regionalstruktur und Verkehr. (= Schriftenreihe"Stadt, Region, Land"H.3). Inst.f. Stadtbauwesen der TH Aachen. Selbstverlag Aachen, 1968.

Marschall - Kurzak, H. - Linde, R.
Stadt und Verkehr. (= Schriftenreihe Straßenverkehr Nr. 13). ADAC-Verlag München, 1972, 119 Seiten.

Mayerhofer, R.
Umfahrungsstraßen und ihre Bedeutung für die Stadtentwicklung. Bd.1,2. Diss. TH Wien, 1970, 305 Bl., Abb., 190 Taf.
und: (= Schriftenreihe d. Österr. Ges.f. Raumforschung und Raumplanung Bd. 15). Springer Verlag Wien/New York, 1971, 119 Seiten, 45 Abb., 6 Tab., Anl.

Mitteilungen
über Forschungen zur Verbesserung der Verkehrsverhältnisse in den Gemeinden. Hrsg.: Bundesminister für Verkehr. (= Forschung Stadtverkehr 1-3.). Kirschbaum Verlag Bonn/Bad Godesberg, 1971, 74 Seiten.

Mönnich, H.
Die Autostadt. Abenteuer einer technischen Idee. Verlag Hoffmann u. Campe Hamburg, 1969, 305 Seiten mit Abb.

Müller, W.
Städtebau. Grundlagen, Bauleitplanung, Planungselemente, Verkehr, Versorgung, Grünflächen. Teubner Verlag Stuttgart, 1970, 227 Abb., 68 Taf.

Oehm, E.
Stadtautobahnen. Handbuch für Planung, Bau und Betrieb. Bauverlag Wiesbaden, 1973, ca. 400 Seiten mit vielen Abb.u.Tab.

Planen
für die menschliche Stadt. Die Rolle des Automobils. Hrsg.: Verband der Automobilindustrie. Selbstverlag Frankfurt, 1973, 171 Seiten, Abb., Tab., graph. Darst.

Plath, F.
Ökonomische Bewertung öffentlicher Investitionen. Grundlagen und ihre spezielle Anwendung auf Planungsvarianten zum Ausbau städtischer Verkehrssysteme. (= Veröff.d.Inst.f. Städtebau der dt. Akad.f. Städtebau und Landesplanung Berlin Bd.6). Selbstverlag Berlin, 1973, 180 Seiten.

Prigge, E.
Praktische Möglichkeiten einer optimalen Nutzung der Verkehrsflächen in den Städten. (= Vorträge und Studien aus dem Inst.f. Verkehrswesen an der Univ. Münster H.6). Verlag Vandenhoeck u. Ruprecht Göttingen, 1968, 46 Seiten.

Die Regionalstadt
und ihre strukturgerechte Verkehrsbedienung. Hrsg.: Akad.f. Raumforschung und Landesplanung. (= Veröff.d. Akad.f. Raumforschung und Landesplanung, Forschungs- u. Sitzungsberichte Bd.71). Jänecke Verlag Hannover, 1972, 294 Seiten.

Reichow, H.-B.
Die autogerechte Stadt. Ein Weg aus dem Verkehrschaos. (= Schriften des Dt. Verbandes f. Wohnungswesen, Städtebau u. Raumplanung e.V. H.74). O. Maier Verlag Ravensburg, 1959, 91 Seiten mit Abb.

Richards, B.
Stadtverkehr von morgen. Callwey Verlag München, 1970, 112 Seiten, 146 Abb.

Rönnebeck, T.
Stadterweiterung und Verkehr im neunzehnten Jahrhundert. (= Schriftenr. der Institute für Städtebau der Technischen Hochschulen und Universitäten Bd.5). Krämer Verlag Stuttgart, 1971, 62 Seiten, 81 Abb.

Rönnebeck, T.
Der städtische Bebauungsplan in der Mitte des 19. Jahrhunderts in Mitteleuropa unter dem Einfluss der Verkehrseinrichtungen. Techn. Diss. TH Hannover 1968.

Rothschuh, B.
Die Sicherung des Raumbedarfs für den Straßenverkehr. Gassner, E.: Der Raumbedarf für den fließenden und ruhenden Verkehr in Baugebieten. (= Straßenbau und Verkehrstechnik H.66). Hg. vom Bundesminister für Verkehr, Abt. Straßenbau, Bonn 1968, 124 Seiten mit Abb. und Kt.

Sanchez-Arcas, M.
Stadt und Verkehr. Verkehrs- und Stadtplanung in den USA und in Westeuropa. Hrsg.: Deutsche Bauakademie, Institut für Städtebau und Architektur. (= Schriftenreihe Städtebau u. Architektur H.5). Berlin/Ost 1968, 113 Seiten, Pl., Abb., Lit. Maschinenschr. vervielf.

Schaechterle, K.H.
Verkehrsentwicklung in deutschen Städten. Red.: G. Hedler. (= ADAC-Schriftenreihe Straßenverkehr Bd.6). ADAC-Verlag München, 1970, 32 S. mit graph. Darst. u. Zeichn.

Scholz, G. - Wolff, H. - Heusch, H. u.a.
Untersuchungen über die Struktur und Nutzung des Verkehrsraumes in städtischen Verkehrsnetzen. Stadtstrukturen, Netzform, Verkehrsdichte. Hrsg.: Der Bundesminister f. Verkehr, Abt. Straßenbau Bonn. (= Straßenbau u. Straßenverkehrstechnik H.124). Bundesanstalt f. Straßenwesen Köln, 1972, 81 Seiten, 69 Abb., Lit.

Schubert, H.
Planungsmaßnahmen für den Fußgängerverkehr in den Städten. (= H.56 Strassenbau u. Straßenverkehrstechnik). Hrsg.: Bundesminister f. Verkehr, Abt. Straßenbau Bonn. Bundesanstalt f. Straßenwesen Köln-Raderthal, 1967, 70 Seiten mit Lit.-Verz.

Schütte, K.
Gemeinden als Verkehrsknoten sowie Ziel und Ausgang von Verkehr.
(= Informationsbriefe für Raumordnung, hg. vom Bundesminister des
Innern R 6.2.6.) Kohlhammer Verlag/Dt. Gemeindeverlag Mainz, 1968,
12 Seiten.

Seidensticker, W.
Umbau der Städte. Vulkan Verlag Essen, 1959, 106 Seiten mit Abb.

Sill, O. - Seitz, P.
Stadtstruktur und Verkehr. Hg. v. Bundesminister für Wohn- u. Städtebau.
Teil 1: Bestandsaufnahme von Strukturdaten.
Teil 2: Verkehrsdaten.
Teil 3: Beziehungen zwischen beiden.
Beispiel: Bremen, Düsseldorf, Essen, Hamburg, Hannover, Köln.
Selbstverlag Bad Godesberg, 1966, 75 Seiten.

Stadt und Verkehr
Hg.: Forschungsgesellschaft für das Straßenwesen. Kirschbaum Verlag
Bonn/Bad Godesberg, 1973.

Stadt und Verkehr
Gestern, heute, morgen: Eine Dokumentation über die Abteilung Stadtverkehr der Internationalen Verkehrsausstellung München 1965. Hg.v.
Fachausschuß Stadtverkehr. Harbeke Verlag München, 1966, 212 Seiten,
277 Abb.

Stadtstruktur
und Verkehrssystem. Ein Überblick über die einschlägige Fachliteratur.
Verf. im Auftrag d. Magistrats der Stadt Wien vom Österr. Institut f.
Raumplanung. Wien 1966, 44 Seiten mit Abb.

Städtebau
und Verkehrsbedienung (Hamburg-London). (= Schriftenreihe der DVWG Reihe
D, Bd. D 29/30). Deutsche Verkehrswissenschaftliche Gesellschaft e.V.
Selbstverlag Köln, 46 Seiten.

Städtebauseminar
15.-17.6.1966: Verkehr und Städtebau. Institut f. Gebietsplanung und
Städtebau der Hochschule f. Architektur und Bauwesen Weimar, 1966,
224 Seiten mit Abb.

Statistisches Bundesamt Wiesbaden (Hg.)
Fachserie H: Verkehr. Veröffentlichungsreihe 5: Straßenverkehr.
Kohlhammer Verlag Mainz.

Statistik
des öffentlichen Stadtverkehrs. Hrsg.: Internationaler Verband für
öffentliches Verkehrswesen UITP. Selbstverlag Brüssel, 2. Auflage,
1967, 211 Seiten.

Verkehr und Stadttechnik
Kennzahlen. (= Schriftenreihe der Bauforschung, Reihe Städtebau und
Architektur H.35, Deutsche Bau-Enzyklopädie). Deutsche Bauinformation
bei d. Deutschen Bauakademie Berlin/Ost, 1971, 88 Seiten mit Abb.

Verkehrs-Lexikon
Hg. von W. Linden. Betriebswirtschaftlicher Verlag Gabler Wiesbaden,
1966, 977 Seiten.

Verkehr in Zahlen
Verkehrsstatistisches Taschenbuch Hrsg.: Der Bundesminister für Verkehr, Bonn. Westdeutscher Verlag Opladen, 1973, 176 Seiten.

Verkehrsmittel
im Berufsverkehr. Eine Untersuchung d. Inst.f. angew. Sozialwissenschaft Bonn/Bad Godesberg. Bearb.v.P. Deckert, W. Hartenstein. (= Schriftenr. d.Verb.d. Automobilindustrie e.V. Nr.10). Frankfurt/M. 1971.

Die Verkehrsprobleme
der Städte. Eine Denkschrift des Deutschen Städtetages. (= Neue Schriften des Deutschen Städtetages H.10). Kohlhammer Verlag Stuttgart/Köln, 1963, 100 Seiten, Tab.

Voigt, F.
Verkehr. Band 1, Hälfte 1 und 2. Verlag Duncker u. Humblot Berlin, 1973. 1 = 559 Seiten, graph. Darst.   2 = 421 Seiten.

Wildermuth, B. (Hg.)
Stadtverkehr und Stadtplanung. Eine Sammlung von Referaten der am 20.10. 1961 im Züricher Kongresshaus von verschiedenen Verbänden gemeinsam durchgeführten Tagung. Keller Verlag Winterthur, 1963, VI, 84 Seiten.

Winter, K.
Verkehrsordnung in Städten und Regionen. (= Bauingenieur-Praxis H.112). Ernst Verlag Berlin/München, 130 Seiten, 86 Abb., 8 Tab.

Der Wirtschaftsverkehr
in den Städten. Hrsg.: Inst. Gewerbebetriebe im Städtebau. (= Beiträge zur Gewerbeplanung H.3). Selbstverlag Köln, o.J., 27 Seiten, 14 Qu.

Wie sieht die Zukunft
des Verkehrs in den Ballungsgebieten der Bundesrepublik aus? Vortragsveranstaltung v.2.9.1970. Veranstalter: Haus der Technik e.V. Essen. Leitung: E. Thiemer. (= Haus der Technik Vortragsveröff. Nr.261). Vulkan Verlag Claßen Essen, 1971, 18 Seiten, 8 Abb., 19 Lit.

Zukunftsprobleme
und -projekte des Verkehrs in den Ballungsräumen. Ref. gehalten a.d. Tagung d. Verkehrsparlaments d. Süddt.Ztg. am 3.6.1969 in München. (= Stadt, Region, Land. Schriftenr.d.Inst.f. Stadtbauwesen d. Rhein-Westf. TH Aachen (1970) 11/12). Selbstverlag Aachen, 1970, 39 S. Disk.

3.1. Öffentlicher Personennahverkehr

Agglomeration
und Verkehr. Nahverkehrsprobleme d. Auslandes aus dt. Sicht. Erg. einer Studienreise d. Arbeitskreises Stadtverkehr d. Dt. Industrie- u. Handelstages nach Basel, Zürich, Bern u. Mailand im Sept. 1971. Bonn 1972, 46 Seiten. Maschinenschriftl. vervielf.

Ahner, H.
Betriebs- und volkswirtschaftliche Konsequenzen eines unentgeltlichen Angebots der öffentlichen Nahverkehrsmittel in Ballungsräumen. Ergebnisse eines Forschungsauftrages an d. Inst. f. Verkehrswirtsch. u. Öff. Wirtschaft d. Univ. München. München 1970, 207, XV Seiten, Tab., Lit. Maschinenschriftl. vervielf.

Bellinger, B.
Betriebsvergleiche im öffentlichen Personennahverkehr. (= Betriebswirtschaftliche Schriften H. 44). Verlag Duncker u. Humblot Berlin, 1970, 173 Seiten.

Besserer Verkehr
in Stadt und Region. Wege und Ziele des öffentlichen Personennahverkehrs. Verband Öffentlicher Verkehrsbetriebe Köln. Selbstverlag Köln, 1970, 31 Seiten.

Bibliographie
über das Fachschrifttum für U-Bahnen, 1970-1971. Hrsg.: Union Internationale des Transports Publics, Brüssel 1973, 225 Seiten.

Brockhoff, E.
Kooperation im öffentlichen Personennahverkehr. Tarifgemeinschaft, Verkehrsgemeinschaft, Verkehrsverbund. Alba Buchverlag Düsseldorf, 1973, 60 Seiten.

Cabeza, M.
Einsatz elektronischer Kontrollmittel zur Verbesserung des öffentlichen Oberflächenverkehrs. Hrsg.: Internationaler Verband für Öffentliches Verkehrswesen Brüssel. Selbstverlag Brüssel, 1973, 27 Seiten.

Cirenei, M.
Koordination zwischen U-Bahnen und anderen Verkehrsmitteln auf regionaler Ebene. Internationaler U-Bahn-Ausschuß. Hrsg.: Int. Verb. f. öffentliches Verkehrswesen - UITP. (= 40. Internationaler Kongreß, Den Haag 1973, H. 3a). Selbstverlag Brüssel, 1973, 44 Seiten, Schem., Tab.

Deckert, P. - Hartenstein, W.
Verkehrsmittel im Berufsverkehr. Eine Untersuchung d. Inst. f. angewandte Sozialwissenschaft Bonn/Bad Godesberg. (= Schriftenreihe d. VDA Nr. 10). Verband der Automobilindustrie Frankfurt/M. 1971, 81 Seiten.

Definierung
eines Beförderungsstandards im öffentlichen Personenverkehr. Hrsg.: Hamburg Consul, Gesellschaft für Verkehrsberatung und Verfahrenstechniken. Selbstverlag Hamburg, 1973, 107 Seiten.

Enderlein, H.
Verkehr in Zahlen 1973. Hrsg.: Deutsches Institut für Wirtschaftsforschung. Westdeutscher Verlag Berlin/Köln/Opladen, 1973, 20 Schaubilder, 125 Tab.

Faller, P.
Möglichkeiten von Kostenvergleichen zwischen individuellem und öffentlichem Personennahverkehr. Diss. oec. Wirtsch.hochsch. Mannheim, o.O. 1966, IV, 194 Seiten, Abb., Tab., Lit.

Farenholtz, Ch. - Hartenstein, W. - Willeke, R.
Innerstädtischer Verkehr heute und morgen. Analysen, Alternativen u. Modelle. Zsfssg.f.d.VDA-Presse-Koll. in Travemünde 8.-9.6.1971. Hrsg.: Verb.d.Automobilindustrie e.V. (= VDA-Pressedienst Nr. 11). Selbstverlag Frankfurt/M., 1971, 20 Seiten u. 12 Bl. Abb., Anh.: 3 Bl. Tab., Lit.

Fiedler, J.
Grundlagen der Bahntechnik, S-, U- und Straßenbahnen. Werner Verlag Düsseldorf, 1973, 251 Seiten.

Giesen, K. (Hg.)
Bericht über den Stand der Arbeiten an S- und Stadtbahn im Ruhrgebiet. (= Vortragsveröffentlichungen Nr. 325, Haus der Technik Essen). Vulkan Verlag Essen, 1973.

Giesen, K. (Hg.)
Stadtbahn im Ruhrgebiet. (= HDT-Vortragsveröff. Nr. 290). Vulkan Verlag Essen, 1971, 43 Seiten, 23 Abb.

Giesen, K. (Hg.)
Wie sieht die Zukunft des Verkehrs in den Ballungsgebieten der Bundesrepublik aus? Vortragsveranst. im Haus der Technik Essen. (= HDT-Veröff. H. 261). Vulkan Verlag Essen, 1971, 18 Seiten, 8 Abb.

Girnau, G. - Blennemann, F.
Verknüpfung von Nahverkehrssystemen. (= Forschung u. Praxis, U-Verkehr und unterirdisches Bauen Bd. 9). Studiengesellschaft für unterirdische Verkehrsanlagen, STUVA Düsseldorf, 1970, 152 Seiten, 143 Abb., 41 Tab.

Graf, H.
Die Gesamtplanung öffentlicher Nahverkehrsbetriebe. Diss. Wirtsch.-u. Sozialwiss.F. Univ. Köln, 1968, 315 Seiten, mit Abb.

Gragt, van der F.
Moderne Straßenbahnen. Großraum- und Gelenkwagen in Europa seit 1928. Alba Buchverlag Düsseldorf, 1973, 228 Seiten, 253 Abb., 39 Zeichn.

Grassmann, E.
Planung, Bau und Betrieb des Schnellverkehrs in Ballungsräumen. Vorträge der dritten wissenschaftlichen Tagung vom 5.u.6. November 1968 in Berlin. Inst.f. Eisenbahnwesen TU Berlin. Bauverlag Wiesbaden, 1968, 300 Seiten.

Gutknecht, R.
Alternativen in der Tarifgestaltung der öffentlichen Verkehrsmittel und ihre Auswirkungen auf die Verkehrsleistungen und die Einnahmen. (Internat. Ausschuß für Verkehrswirtschaft.) Hrsg.: Int.Verb.f. Verkehrswesen. (= 40. Internationaler Kongreß, Den Haag 1973 H. 5a). Selbstverlag Brüssel, 1973, 44 Seiten, Schem., Tab.

Handbuch
der Verkehrswirtschaft öffentlicher Personen-Nahverkehrs-Unternehmen.
Hrsg.: R. Gutknecht. Alba Buchverlag Düsseldorf, 1973.

Handbuch
öffentlicher Verkehrsbetriebe. Angaben über Stadtschnellbahnen, Straßenbahnen, Obusbetriebe sowie kommunale und gemischtwirtschaftliche Omnibusbetriebe im Gebiet der Bundesrepublik Deutschland und in Berlin/West.
Hrsg.: Verband öffentlicher Verkehrsbetriebe VÖV. Verlag E. Schmidt Berlin/Bielefeld/München, 1973/74, 191 Seiten, 1 Übersichtskt., 1 Faltblatt.

Harbour, B.H.
Die Rolle der U-Bahnen im öffentlichen Verkehr der Großstädte. Hrsg.: Internat. Verband f. Öffentliches Verkehrswesen, UITP Brüssel. (= XXXIV. Internat. Kongreß UITP, Kopenhagen 1961, Bericht Bd. 3 Ausschuß U-Bahnen). Selbstverlag Brüssel, 1961, 46 Seiten, zahlr. Tab.

Havers, Hardd u. C.P.
Die Untergrundbahnen der Welt. Moderne Verlags-GmbH München, 1967, 309 Seiten, 98 Abb.

Hebung
der Anziehungskraft des öffentlichen Verkehrs - Marketing - Marktforschung im öffentlichen Verkehr. Hrsg.: Internat. Verband für Öffentliches Verkehrswesen UITP Brüssel. (= 39. Internat. Kongreß Rom 1971 H. 1 a/b). Selbstverlag Brüssel, 1972, 42 Seiten.

Heinrich, K.
Ein neues Personenverkehrs-System mit Fern-S-Bahnen. Ein Beitr.z. Lösung d. Probleme d. Regionalverkehrs. Diss. TU Berlin. Berlin 1970, 150 Seiten, Kt., Abb., Tab., Übers., Lit. Maschinenschriftl. vervielf.

Helling, J.
Demand-Bus, ein öffentliches Nahverkehrssystem mit weitgehend individuellem Charakter. Hrsg.: Institut für Kraftfahrwesen der TH Aachen. Selbstverlag Aachen, 1973, 7 Seiten.

Herrmann, G.
Einfluß der Kapazität von Stadtschnellbahnen auf die Wohn- und Arbeitsstättenkapazitäten der Schnellbahneinflußzonen. Diss. Verkehrswiss. Inst. der TH Aachen 1969. (= Veröff.des Verkehrswissenschaftlichen Instituts der TH Aachen H. 10). Aachen 1969, 118 Seiten, 52 Anl.

Herz, R.
Abbau von Verkehrsspitzen in öffentlichen Nahverkehrssystemen mit Hilfe einer koordinierten Verschiebung der Arbeitszeiten. Diss. Ing. TH Karlsruhe, 1972, 210 Seiten.

HSB-Studie
über ein Schnellverkehrssystem. Systemanalyse und Ergebnisse. Hrsg.: Bundesminister für Verkehr Bonn. (= Schriftenreihe des Bundesministers f. Verkehr H. 42). Bonn 1973, 87 Seiten, 21 Abb., 24 Tab.

Individualverkehr
Öffentlicher Nahverkehr im Rahmen des Generalverkehrsplanes. Forschungsgemeinschaft für Straßenverkehr und Verkehrssicherheit Bd. XII. 6 Vorträge, u.a.: Die Anwendbarkeit des Buchanan-Report auf die deutschen Städte. Kirschbaum Verlag Bonn/Bad Godesberg, 1965, 130 Seiten.

Juhnke, K.J.
Die Bedeutung und Gestaltung der Eisenbahnen für den Personenverkehr in Ballungsräumen. (= Verkehrswissenschaftliche Forschungen Bd. 14). Verlag Duncker u. Humblot Berlin/München, 1966, 284 Seiten, 21 Tab., 7 Abb., Lit.

Kegel, F.D.
U-Bahnen in Deutschland. Planung, Bau, Betrieb. Alba Buchverlag Düsseldorf, 1971, 96 Seiten, 63 Abb., 13 Pl.

Kern - Willeke - Tappert
Steigerung der Wirtschaftskraft des öffentlichen Personennahverkehrs. Hrsg.: Verband öffentlicher Verkehrsbetriebe. (= Schriftenreihe für Verkehr und Technik H. 51). Verlag E. Schmidt Bielefeld, 1972, 37 S.

Klaas, H.
Konkurrenz im Personenlinienverkehr mit Omnibussen. Diss.Univ. Marburg 1969. Clausthal-Zellerfeld 1969, 175 Seiten.

Klopotov, K.
Erhöhung der Leistungsfähigkeit von U-Bahnen. (Internat. U-Bahn-Ausschuß,). Hrsg.: Internat.Verb.f. öffentliches Verkehrswesen UITP. (= 40. Internat. Kongreß, Den Haag 1973, H.3b). Selbstverlag Brüssel, 1973, 54 Seiten, Abb., Tab., Qu.

Klühspies, K.
Öffentlicher Verkehr. Hrsg.: Münchener Forum, Münchener Diskussionsforum für Entwicklungsfragen. (= Beiträge zur Fortschreibung des Münchener Städteentwicklungsplanes. Sammlungsreihe Aug.73.H.9). Selbstverlag München, 1973, 77 Seiten, zahlr. Abb., Qu.

Konzept
zur Verbesserung des öffentlichen Personennahverkehrs. (= Schriftenreihe des Bundesministeriums f. Verkehr H. 41). Verlag Hoermann Hof/Saale, 1972/73, 82 Seiten.

Kooperation
und Rationalisierung. Möglichkeiten zur Steigerung der Leistungsfähigkeit öffentlicher Verkehrsunternehmen. (= Schriftenreihe für Verkehr und Technik H. 54). Verlag Schmidt Bielefeld, 1973, 71 Seiten, zahlr. Abb.

Kornfell, R.
Die verkehrspolitischen Probleme des Städtenahverkehrs und ihre Lösungen in der Bundesrepublik Deutschland und Österreich. Ein Vergleich unter besonderer Berücksichtigung der Wiener Probleme. Diss. Hochschule für Welthandel Wien, 1967, 264 Seiten, 46 Bl. Maschinenschr.

Künne, H.D.
V-Bahn Stuttgart. Red. H. Recknagel. (= Stuttgarter Beitr. H.1). Krämer Verlag Stuttgart, 1966.

Labs, W.
Neue Wege im öffentlichen Personenverkehr. Vortrag. (= Schriftenr.d.Dt. Verkehrswiss.Ges.e.V. (DVWG), Reihe D: Vorträge, D 2). Köln 1968, 27 S. Maschinenschriftl. vervielf.

Labs, W.
Personennahverkehr in Stadt und Region. (= Schriftenr. Fortschrittl. Kommunalverw. Bd. 23). Grote Verlag Köln, 1971, 120 Seiten, Abb., Tab.

Labs, W.
Struktur und Unternehmensformen des öffentlichen Personennahverkehrs.
Alba Buchverlag Düsseldorf, 1972, 49 Seiten.

Lehner, F.
Wechselbeziehungen zwischen Städtebau und Nahverkehr. (= Schriftenr.
für Verkehr und Technik H. 29). Verlag Schmidt Bielefeld, 1966, 61 S.
mit Abb. u. Kart.

Leitlinien
für den Nahverkehr in Hamburg. Drucks.d. Senats Nr. 2522. (= Schriftenr.
d. Behörde f. Wirtsch.u. Verkehr d. Freien und Hansestadt Hamburg H. 7).
Hamburg 1970, 58 Seiten, Tab. u. 3 Bl. Abb., Tab., Beil.: 3 Kt.

Leitsätze
für die Erschließung von Fußgängerbereichen durch öffentliche Verkehrsmittel. Hrsg.: Verband Öffentlicher Verkehrsbetriebe Köln, 1973, 13 S.

Linden, W.
Verkehrs-Lexikon. Betriebswirtschaftlicher Verlag Gabler Wiesbaden,
1966, 977 Seiten.

Linder, W.
Der Fall Massenverkehr. Verwaltungsplanung und städtische Lebensbedin-
gungen. (= Sozialwissenschaftliche Sonderreihe "Verwaltungspolitik"
Bd. 1). Athenäum Verlag Frankfurt/M., 1973, ca. 380 Seiten.

Mäcke, P.A. - Hölsken, D. - Kessel, P.
Wahl des Verkehrsmittels, Verhaltensmuster - Meinungen - Motive.
Institut für Stadtbauwesen Aachen, 1973, 46 Seiten.

Mäcke, P.A. u.a.
Zukunftsprobleme des Verkehrs in den Ballungsräumen. Hrsg.v. Institut
f. Stadtbauwesen an der TH Aachen. (= Schriftenreihe "Stadt-Region-Land"
H. 11/12). Aachen 1970.

Maßstäbe
und Verbesserungen der Produktivität im öffentlichen Oberflächen-Stadt-
verkehr. Hrsg.: Internat. Verb.f. öffentliches Verkehrswesen (UITP).
(= 39. Internat. Kongreß Rom 1971 H. 5). Selbstverlag Brüssel, 1972,
70 Seiten, 1 Anh.

Merkel, H.
Die Häufigkeitsverteilung der Reiselängen in großstädtischen Nahverkehrs-
betrieben. Diss. Bauwesen TH Aachen, 1972, 78 S., 6 Abb.

Meyer, L.
Abschätzung des Verkehrsaufkommens im öffentlichen Personennahverkehr
in Wohngebieten. Forsch.ber. aus d. Forsch.programm d. Bundesverkehrs-
min.u. der Forsch.ges.f. Straßenwesen. Hrsg.v. Bundesmin.f. Verkehr,
Abt. Straßenbau. (= Straßenbau u. Straßenverkehrstechnik H. 120). Bonn
1971, 49 Seiten, Abb., Tab., Lit.

Mross, M.
Die Verkehrsfamilie. Ein Weg in eine bessere Zukunft d. öff. Personen-
Nahverkehrs. (= Schriftenr.f. Verkehr und Technik H. 46). Verlag Schmidt
Bielefeld, 1970, 61 Seiten, Kt., Abb., Tab., Lit.

Mross, M.
Verkehrsverbund. Eine verkehrspolitische Notwendigkeit. Hrsg. Siedlungsverband Ruhrkohlenbezirk. (= Schriftenreihe Siedlungsverband Ruhrkohlenbezirk Nr. 14). Selbstverlag Essen, 1967, 22 Seiten, 4 Bild., 1 Qu. Maschinenschriftl. vervielf.

Neue Bahnsysteme
für den öffentlichen Personen-Nahverkehr. Hg. Wissenschaftl. Verein für das Verkehrswesen e.V. (= Schriftenreihe d. Wiss.Vereins f. Verkehrswesen e.V. H. 95). Essen 1972, 28 Seiten.

Neue Wege
im Nahverkehr, Städtebau und Tunnelbau. Hrsg.: Studiengesellschaft f. unterirdische Verkehrsanlagen, Forschung und Praxis. (= U-Verkehr und unterirdisches Bauen Bd. 5). Alba Buchverlag Düsseldorf, 1968, 35 S., 57 Abb.

Optimierung
des Busbetriebes in Stadtbereichen. (= Schriftenreihe für Verkehr und Technik H. 53). Verlag Schmidt Bielefeld, 1973, 62 Seiten.

Pampel - Thiemer - Nasemann - Lehmann
Bessere Zusammenarbeit und Ordnung im Personennahverkehr. (= Schriftenr. Verkehr und Technik H. 32). Verlag E. Schmidt Bielefeld, 1967, 92 Seiten, 44 Abb.

Peters, S.
Die Planung des Fahrzeugeinsatzes im öffentlichen Personennahverkehr. (= Verkehrswiss. Studien aus dem Inst.f. Verkehrswiss. Univ. Hamburg Nr. 8). Verlag Vandenhoeck u. Ruprecht Göttingen, 1968, 175 Seiten, mit Lit.-Verz. Zugl. Diss. Univ. Göttingen.

Planung
Bau und Betrieb des Schnellverkehrs in Ballungsräumen. Vortr.d.3.wiss. Tagung v.5.-6.11.1968 in Berlin. Mit Beitr.v. E. Graßmann, K.H. Kuckuck, K. Schreiber u.a. Schriftl.: K. Heinrich. Hrsg.: Inst.f. Eisenbahnwesen d. Techn. Univ. Berlin. Berlin 1969, 269 Seiten, Pl., Abb., Tab., Lit., Zsfssg. Maschinenschriftl. vervielf.

Prigge, E.
Determinanten der Nachfrage und Ordnungsmöglichkeiten im Personennahverkehr. (= Beitr. aus dem Inst.f. Verkehrswissenschaft a.d.Univ. Münster H. 45). Verlag Vandenhoeck u. Ruprecht Göttingen, 1967, 161 Seiten, mit ausführl. Lit.-Verz.

Pusch, R.
Ökonomie des Faktors Zeit im Personenverkehr. Lang Verlag Bern/Frankfurt, 1973, 263 Seiten, graph. Darst. Zugl. Diss. Bonn 1972.

Radel, R.
Die Bedeutung des öffentlichen Personennahverkehrs für die Raumordnungspolitik in den ländlichen Regionen der Bundesrepublik Deutschland. (= Verkehrswiss. Forsch. Schriftenr.d.Inst.f. Industrie-u. Verkehrspol. d. Univ. Bonn Bd. 21). Verlag Duncker u. Humblot Berlin, 1970, 205 Seiten, Tab., Lit. u. 1 Bl. Tab.

Richrath, K.
Siedlungsstruktur und Nahverkehr in Agglomerationen. Zur Kritik städtebaulicher Planungskonzepte unter dem Aspekt des Personennahverkehrs. 18.1.1974. Diss. im Inst.f. Orts-, Regional- und Landesplanung, Lehrstuhl für Städtebau u. Entwerfen (A. Bayer), Fakultät für Architektur der Univ. Karlsruhe.

Rinke, W.
Der öffentliche Personennahverkehr in Landkreisen. Veröff.d.Inst.f. Städtebau Berlin Bd. 17/9). Selbstverlag Berlin, 1966, 11 Seiten.

Risch, C. - Lademann, F. (Hg.)
Der öffentliche Personennahverkehr. Springer Verlag Berlin, 1957, 471 Seiten, Abb.

Schnellbahnenbau
im In- und Ausland I. Ein wirksames Mittel gegen die Verkehrsnot in den Städten. (= Schriftenreihe f. Verkehr und Technik H. 31). Verlag E. Schmidt Bielefeld, 1967, 87 Seiten, 60 Bilder.

Scheucken, H. - Thiemer, E.
Moderne Fahrzeuge - moderne Organisation des öffentlichen Personennahverkehrs. Vorträge auf der Jahresmitgliederversammlung des VÖV am 27. Juni 1969 in Essen. (= Schriftenr. für Verkehr und Technik H. 41). Verlag E. Schmidt Berlin/Bielefeld/München, 1969, 58 Seiten.

Schreck, K. - Strumpf, R. - Meyer, H.
S-Bahnen in Deutschland. Planung - Bau - Betrieb. Alba Buchverlag Düsseldorf, 1972, 120 Seiten, 40 Abb., 17 Pl.

Schuler, H. u.a.
Schnellbahnbau im In- und Ausland. Ein wirksames Mittel gegen die Verkehrsnot in den Städten. (= Schriftenr. für Verkehr und Technik H. 31). Verlag E. Schmidt Bielefeld, 1967, 87 Seiten, mit Abb u. Ktn.

Seidenfus, H.St.
Rationalisierung des öffentlichen Personen-Nahverkehrs. (= Vortr.u.Stud. a.d.Inst.f. Verkehrswiss.d.Univ. Münster H. 11). Verlag Vandenhoeck u. Ruprecht Göttingen, 1970, 24 Seiten, Lit.

Steierwald, G. - Goldbach, J.
Untersuchung über Betriebszustand und Wirtschaftlichkeit von Omnibustypen im Linienbetrieb städtischer Nahverkehrs-Unternehmen. (= Forschungsberichte des Landes NRW Nr. 2146). Westdeutscher Verlag Köln/Opladen, 1971, 68 Seiten.

Steimel, K.
Was erwarten wir vom öffentlichen Personennahverkehr der Zukunft? Verkehrs- und Wirtschaftsverlag Dortmund, 1973, 55 Seiten.

Tappert, H. u.a.
Aktuelles vom öffentlichen Personen-Nahverkehr. Lage, Ziel, Kooperation. (= Schriftenreihe f. Verkehr und Technik H. 49). Verlag E. Schmidt Berlin/Bielefeld, 1971, 66 Seiten.

Tappert - Elliger - Laurien u.a.
Kooperation und Rationalisierung. Möglichkeit zur Steigerung der Leistungsfähigkeit öffentlicher Verkehrsunternehmen. Verlag E. Schmidt Bielefeld, 1973, 71 Seiten.

Teloeken, A.
NaTaBu Nahverkehrstaschenbuch 74. Teloeken Verlag/Alba Buchverlag
Düsseldorf, 1973, 383 Seiten.

Thiemer
Öffentlicher Nahverkehr der 70er Jahre in Ballungsräumen. (= Technische
Mitteilungen Nr. 8). Wissenschaftlicher Verein für Verkehrswesen e.V.
Essen, 1970, 5 Seiten, 4 Abb.

U-Bahnen
und S-Bahnen in der Bundesrepublik Deutschland. Mit Beiträgen von F.
Busch, E. Hüttebräucker, K. Zimnick. Planung - Bau - Betrieb. Harbeke
Verlag München, 1971, 270 Seiten, 200 Abb., Ktn.

U-Bahn
für München. Eine Dokumentation. Vorwort: H.J. Vogel. Hrsg.: Landeshauptstadt München, U-Bahn-Referat, in Zusammenarbeit mit den Stadt-
werken, Verkehrsbetrieben u.d. Deutschen Bundesbahn, Direktion München.
Süddeutscher Verlag München, 1971, 181 Seiten, 133 Ill.

Unkonventionelle Personentransportsysteme
dreisprachige internationale Bibliographie mit 2.425 Literaturangaben.
Hrsg.: Internationaler Verband für Öffentliches Verkehrswesen UITP Brüssel, 1973, 320 Seiten.

Vogel, H.
Der optimale Einsatz der öffentlichen Verkehrsmittel. Verlag Schellenberg Winterthur, 1973, 207 Seiten.

Voigt, F.
Arbeitsstätte - Wohnstätte - Nahverkehr. Die Bedeutung des großstädti-
schen Nahverkehrssystems für die optimale Zuordnung von Wohnstätte und
Arbeitsstätte - unter besonderer Berücksichtigung des Hamburger Wirt-
schaftsraumes. Unter Mitarb.v.D.C.u. H. Lose. (= Schriftenr.d.Ges.f.
Wohnungs- u. Siedlungswesen e.V. (GEWOS) Hamburg). Christians Verlag
Hamburg, 1968, 203 Seiten, Kt., Abb., Tab., Lit.

Volkswirtschaftlicher
Vergleich alternativer städtischer Verkehrssysteme(dargestellt am Beispiel der Landeshauptstadt Hannover).D. Apel, V. Arnold, F. Plath, u.
Mitarbeit von F. Haferkorn. Hg. vom Bundesverkehrsminister 1971. (= Ver-
öff.d.Inst.f. Städtebau d.Dt. Akad.f. Städtebau u. Landesplanung Berlin
Bd. 7). Selbstverlag Berlin, 2. Aufl., 1973, 211 Seiten mit zahlr. Tab.
und Diagrammen, 10 ausfaltbare Abb. u. Kart.

Vorrang
für den öffentlichen Personennahverkehr. Wege und Ziele. Hrsg.: Verband
Öffentlicher Verkehrsbetriebe Köln. A. Teloeken Verlag Düsseldorf, 1973,
31 Seiten.

Vorrang
dem öffentlichen Personennahverkehr: Materialien zur Nahverkehrskonzep-
tion der Gewerkschaft ÖTV. Hauptvorstand der Gewerkschaft Öffentliche
Dienste, Transport u. Verkehr Stuttgart, 1972, 75 Seiten, graph. Darst.

Walther, K.
Nachfrageorientierte Bewertung der Streckenführung im öffentlichen Per-
sonennahverkehr. Diss. Aachen 1973. (= Forschungsber.d. Landes Nordrhein-
Westfalen Nr. 2356). Westdeutscher Verlag Opladen, 1973, 140 Seiten.

Waltking, D.
Straßenbahnen in Deutschland. Geschichte der Straßenbahngesellschaften.
Alba Buchverlag Düsseldorf, 1971, 108 Seiten, 95 Abb.

Weckerle, A.
Die Struktur von Flächennutzungen unter dem Einfluß des öffentlichen
Personennahverkehrs. Diss. oec. Wirtsch.hochsch. Mannheim. 1967,
IV, 143 Seiten, Tab., Lit. Maschinenschr.

Wie sieht die Zukunft
des Verkehrs in den Ballungsgebieten der Bundesrepublik aus? Vortragsveranstaltung v.2.9.1970. Veranstalter: Haus d. Technik e.V. Essen. Gemeinsam mit: Wiss.Ver.f. Verkehrswesen e.V.(WVV), Bezirksver.Rhein-Ruhr
d. DVWG u. Bezirksver. Köln d. DVWG. Leitung: E. Thiemer. (= Haus der
Technik e.V. Essen - Vortragsveröff. H. 261). Classen Verlag Essen,
1971, 18 Seiten, Abb., Lit.

Wienand, B.
Systemanalytische Untersuchung über die vermutlichen Auswirkungen der
Einführung eines Nulltarifes bei den öffentlichen Verkehrsmitteln West-
Berlins. Inst.f. Raumfahrtechnik der TU Berlin. Berlin 1971, 72 Seiten,
graph. Darst.

Winter, K.
Städtische Untergrund-Verkehrsbauten. Teil II: Verkehrsbauwerke. (= Bauingenieur-Praxis H. 115). Verlag Ernst Berlin/München/Düsseldorf, 1970,
140 Seiten, 158 Bilder.

Wolf, J.
Ermittlung des hinsichtlich der Reisezeit zweckmäßigen Haltestellenab-
standes im städtischen Nahverkehr. Diss. Hochschule f. Verkehrswesen
Dresden, 1970, 107 gez. Bl., Anl.

Ziegler, M. - Klemm, W.
Neue Nahverkehrssysteme. Verkehrsmittel der Zukunft. Eine internationale
Dokumentation. Bauverlag Wiesbaden, 1972, 184 Seiten, 198 Abb.

Van Zuylen, H.J.
Der Mensch und der öffentliche Verkehr. Soziologische Betrachtungen über
die Beziehungen zwischen dem Menschen und dem öffentlichen Verkehr.
(=Internationaler Verband für öffentliches Verkehrswesen UITP - 37. Internationaler Kongress Barcelona 1967). Selbstverlag Brüssel, 1967, 26 Seiten
mit Abb.

Zum Verlust verurteilt?
Die wirtschaftlichen Grundlagen des öffentlichen Nahverkehrs. Deutscher
Industrie- und Handelstag Bonn, 1970, 28 Seiten.

3.2. Parkprobleme

Angerer, K. - Potyka, H. - Schwarzacher, W.
Kosten von Garagenbauten im Zusammenhang mit Wohnhausanlagen. (= Österreichisches Institut für Bauforschung, Forschungsbericht 62). Straßen-, Chemie- u. Technik Verlagsgesellschaft Heidelberg, 1972, 73 Seiten, 15 Abb., 16 Tab.

Ausreichender Parkraum
Lebensfrage unserer Städte. Zur Einbeziehung bestehender baulicher Anlagen in die Stellplatzvorschriften für Kraftfahrzeuge. Deutscher Industrie- und Handelstag, Selbstverlag Bonn, 1966, 15 Seiten.

Büttner, O.
Parkplätze und Großgaragen - Bauten für den ruhenden Verkehr. VEB Verlag für Bauwesen Berlin/Ost/Krämer Verlag Stuttgart, 2. Aufl., 1970, 328 Seiten, 315 Abb., 33 Taf.

Dittrich, G.G. - Menge, H.
Tiefgaragen. Grundlagen, Planung, Wirtschaftlichkeit. Hrsg.: Städtebauinstitut Nürnberg, Forschungsges.mbH. (= Schriftenreihe "Die Stadt"). Desch Verlag München, 1973, 320 Seiten, 147 Abb.

Droste, M.
Stochastische Methoden der Erfassung und Beschreibung des ruhenden Verkehrs. Inst.f. Verkehrswesen d. Univ. Karlsruhe. (= Veröff. des Inst. f. Verkehrsw. H.5). Karlsruhe 1971, 122 Seiten, 48 graph. Darst.

Dunker, L.
Untersuchungen zur Bemessung von Verkehrsflächen für Personenkraftwagen im ruhenden Verkehr. Hrsg.: Der Bundesminister f. Verkehr, Abt. Straßenbau, Bonn. (= Straßenbau u. Straßenverkehrstechnik H.123). Bundesanstalt f. Straßenwesen Köln, 1971, 124 Seiten, 15 Tab.

Förster, F. (Hg.)
Parkhäuser. Oasen im Verkehr. Red.: I. Jungclaus, Text: K. Graak, Ill.: G. Klaus. BP Benzin und Petroleum AG. Hamburg, 1970, 56 Seiten.

Funktionelle
Erfordernisse zentraler Einrichtungen als Bestimmungsgröße von Siedlungs- und Stadteinheiten in Abhängigkeit von Größenordnung und Zuordnung. Bearbeitet von F. Spengelin u.a. (= Schriftenreihe Städtebauliche Forschung des Bundesministers f. Städtebau und Wohnungswesen 03.003). Waisenhaus Verlag Braunschweig, 1972, 504 Seiten.

Grabe, W.
Fließender und ruhender Individualverkehr. Beispiel für 8.000 Einwohner: Lüneburg-Kaltenmoor. (= Informationen aus der Praxis - für die Praxis Nr. 17, hg. v. Bundesminister f. Wohnungswesen und Städtebau). Bonn/Bad Godesberg, 1969, 45 Seiten.

Häberli, R.
Parkierungsverhältnisse in Wohnquartieren. (= Verkehrsplanung des Inst. für Orts-, Regional- und Landesplanung der ETH Zürich). Selbstverlag Zürich 1965.

Hedler, G. - Linde, R.
Parken in Städten. (= Schriftenreihe Straßenverkehr H.12). ADAC-Verlag
München, 2. Aufl., 1973, 74 Seiten, 17 Tab., Fotos.

Heymann, G.
Aufteilung einer Parkfläche. Optimale und verkehrsgerechte Aufteilung
einer Parkfläche. Werner Verlag Düsseldorf, 1970, 48 Seiten, 43 Abb.
und Bemessungstafeln.

Heymann, G.
Wirtschaftlichkeit einiger verkehrstechnischer und konstruktiver Elemente von Parkhäusern mit Rampenanlagen. Diss.f. Bauwesen TH München,
1966, 166 gez. Bl. mit z.T. eingeklebten Abb., Bl. 167 - 254 mit Abb.
Maschinenschriftl. vervielf.

Hottenstein, H.
Das Parkierungsproblem in ökonomischer Sicht. (= Züricher Volkswirtschaftliche Forschungen N.F. Bd.16). Polygraphischer Verlag Zürich,
1969, 221 Seiten.

Kleffner, W.
Kommentar zur Garagenordnung. Mit praktischen Lösungsvorschlägen.
Wortlaut der Reichsgaragenordnung v.17.2.1939. Ullstein Fachverlag
Berlin, 1958, 141 Seiten mit Abb.

Klose, D.
Parkhäuser und Tiefgaragen. Texte deutsch/englisch. Hatje Verlag Stuttgart, 1964, 248 Seiten, 792 Abb. u. Pläne.

Nagel, S. - Linke, S.
Bauten des Verkehrswesens. Parkhäuser, Tankstellen, Bahnhöfe, Flughäfen.
Hrsg.v.d. Deutschen Bauzeitschrift. (= DBZ-Baufachbücher 15). Bertelsmann Fachverlag Gütersloh/Düsseldorf, 1973, 208 Seiten, Abb.

Oberg, P.
Fertiggaragen. Hinweise zur richtigen Auswahl. Bauarbeiten, Lieferprogramme, Anordnung, Preise. Bauverlag Wiesbaden/Berlin, 1974, etwa 90 S.,
zahlr. Abb.

Parkbauten
Hrsg.: Beratungsstelle für Stahlverwendung, Selbstverlag Düsseldorf,
2. Aufl., 1972, 91 Seiten, zahlr. Abb.

Pieper, F.
Grundlagen für die Planung von Fußgängerbereichen und Parkbauten in
Innenstädten. In: Straßennetze in Städten. Hg.v. K. Giesen. (= Schriftenreihe Vortragsveröffentlichungen, Haus der Technik H.109). Vulkan
Verlag Essen, 1967, S. 45-54, 16 Abb., 1 Tab.

Prigge, E.
Praktische Möglichkeiten einer optimalen Nutzung der Verkehrsflächen in
den Städten. (= Vorträge und Studien aus dem Inst.f. Verkehrswissensch.
a.d.Univ. Münster H.6, Hrsg.v.H.St. Seidenfus). Verlag Vandenhoeck u.
Ruprecht Göttingen, 1968, 48 Seiten.

Schiller, H. - Heinze, W.
Untersuchungen über Parkraumprobleme in Städten. Der Bundesminister für
Verkehr, Abt. Straßenbau . (= Straßenbau und Straßenverkehrstechnik H.
109). Bonn 1970, 80 Seiten mit 7 Anl.

Schilling, H.R. - Steffen, J.
Parkflächenbedarf. Arb.ber. zum Forschungsauftrag Nr. 8/68, 1. Teilbericht. (= Verkehrsplanung des Inst.f. Orts-, Regional- und Landesplanung der ETH Zürich). Selbstverlag Zürich, 1970.

Schmitz, K.
Der Geschoss- und Parkflächenbedarf von größeren Betrieben des tertiären Sektors. Eine Wirtschafts-geographische Untersuchung ausgewählter Branchen in München. Diss. Wirtschaftswiss.F.Univ. München, 1968, 265 Seiten.

Schultz, G.
Parkprobleme in Stadtzentren. Verkehrstechnische, städtebauliche und prognostische Aspekte. Diss. Deutsche Bauakad. Berlin, 1970, 117 Seiten mit Abb.

Sill, O.
Parkbauten. Handbuch für Planung, Bau und Betrieb von Park- und Garagenbauten. Bauverlag Wiesbaden, 2. völl. überarb.u.erw. Aufl., 1968, 271 S. 276 Abb.

Stat. Bundesamt (Hg.)
Straßenverkehr. Straßen, Brücken, Parkeinrichtungen. Hrsg.: Statistisches Bundesamt Wiesbaden. (= Fachserie H.) Kohlhammer Verlag Mainz, 1971.

Straßen
Brücken, Parkeinrichtungen. Hrsg.: Statistisches Bundesamt Wiesbaden. (= Reihe 5 Straßenverkehr). Wiesbaden 1973, 217 Seiten.

Teichgräber, W.
Ermittlung der Gesamtkosten neuerer Wohnanlagen unterschiedlicher Bebauungsdichte unter besonderer Berücksichtigung der Erschließungs- und Stellplatzkosten. Köln: Forschungsges.f.d. Straßenwesen 1972. (= Forschungsarbeiten aus dem Straßenwesen H.88). Kirschbaum Verlag Bonn/Bad Godesberg, 1972, 92 Seiten.

Tiefgaragen
Hrsg.: SIN-Städtebauinstitut-Forschungsgesellschaft. Untersuchung der Problemlösung. Tiefgaragen aus städtebaulicher, wirtschaftlicher, planerischer und konstruktiver Sicht. Deutsche Verlagsanstalt Stuttgart, 1973, etwa 320 Seiten, etwa 147 Abb.

Winter, K.
Städtische Untergrund-Verkehrsbauten. Teil II: Verkehrsbauwerke. (= Bauingenieur-Praxis H.115). Ernst Verlag Berlin/München/Düsseldorf, 1970, 140 Seiten, 158 Bilder.

3.3. Park and ride

Ausbau
des Park-and-Ride-Systems im Hamburger Raum. Analyse - Prognose -
Empfehlungen. (= Schriftenr.d. Hamburger Verkehrsverbundes H.2).
Selbstverlag Hamburg, 1970, 51 Seiten, Kt., Abb., Tab., Lit.

Girnau, G. - Blennemann, F.
Zeit-Weg-Fragen beim Park-and-Ride-System. Studiengesellschaft für
Unterirdische Verkehrsanlagen STUVA Düsseldorf. (= STUVA-Nachrichten
H.27). Alba-Buchverlag Düsseldorf, 1970, 10 Seiten, 7 Abb.u.Tab.

Pampel, F.
"Park-and-Ride" als künftiger Bestandteil des Verkehrs in den Verdichtungsräumen. (= Verkehr und Technik 1969, Nr.12).

Park and Ride
Organisation und Betrieb. Hrsg.: Intern. Verband für öffentliches Verkehrswesen UITP. (= 39. Intern.Kongreß Rom 1971 Heft 1c). UITP Selbstverlag Brüssel, 1972, 36 Seiten.

Schenk, G.
Elemente des Park-and-Ride-Systems aus der Sicht der Berufspendler.
Diss. Fak.f. Bauwesen TH Stuttgart, 1967, 97 Seiten, 34 An., 48 Qu.
und: (= Forschungsarbeit d. Verkehrswiss. Inst.a.d. Univ. Stuttgart
Ber.4). Selbstverlag Stuttgart, 1968.

Steinecke, F.-E.
Methode zur Ermittlung der Zeit-und Kostenvorsprünge beim Park-and-
ride-System. (= Forsch.arb.d. Verkehrswiss.Inst.d. Univ. Stuttgart
(TH) Ber.5). Selbstverlag Stuttgart, 1970, 78 Seiten, Tab., Lit.,
Anh.: 21 gez. Bl., Kt., Abb., Tab.

3.4. Pendelwanderung

Asemann, K.H.
Die Pendelwanderung nach Frankfurt/M. Eine Untersuchung über das Erscheinungsbild des Einpendlers und über seinen Weg zum Arbeitsplatz nach den Ergebnissen der Volkszählung vom 6. Juni 1961. Hrsg. vom Statistischen Amt Frankfurt/M. (= Sonderheft 14 der Statistischen Monatsberichte Frankfurt/M. 25. Jg.1963). Frankfurt/M. 1963, 44 Seiten, Kt., Abb., Tab., Lit.

Banz, M.
Die deutschen und französischen Grenzgänger auf dem baselstädtischen Arbeitsmarkt. Diss. Basel. (= Mitteilungen des Statistischen Amtes von Basel-Stadt Bd.78). Basel 1964, VIII, 73 Seiten, Abb., Tab., Lit.

Bibliographie zur Wanderungsstatistik und zur Statistik der Pendelwanderungen. Hg. vom Stat. Bundesamt Wiesbaden Abt. VII A, Stand 31.12.68. Wiesbaden, o.J., o.S.

Breyer, F.
Die Wochenendpendler des Bayerischen Waldes und Östlichen Oberpfälzer Waldes. Eine wirtsch.geogr. Regionalstudie unter bes. Berücksichtigung d. Einpendlerzentrums München. (= WGI-Ber.z. Regionalforschung H.4). München 1970, IX, 247 Seiten, Kt., Abb., Tab., Lit., Beil.: 9 Bl. Kt.

Ganser, K.
Sozialgeographische Analyse regionaler Mobilitäten. Der tägliche Arbeitsweg in Rheinland-Pfalz. Habil-Schrift TH München. München 1969, 81 gez. Bl., Anh.

Die Einordnung
des Werkverkehrs in die Verkehrswirtschaft. Mit Beitr.v. G. Meyer, P.R. Puf, H. Georgi u.a. (= Beitr.a.d. Inst.f. Verkehrswiss.d.Univ. Münster H.60). Verlag Vandenhoeck u. Ruprecht Göttingen, 1970, 214 S., Kt., Tab., Lit.

Kessel, P.
Verhaltensweisen im werktäglichen Personenverkehr. Hrsg.v. Bundesmin. f. Verkehr Abt. Straßenbau. (= Straßenbau u. Straßenverkehrstechnik H.132). Kirschbaum Verlag Bonn/Bad Godesberg, 1972, 101 Seiten, Kt., Abb., Tab., Lit.

Knüppel, G.R.
Pendler und Berufsverkehr im Hamburger Umland. Sonderauswertung einer Modellerhebung d.Ges.f. Wohnungs- u. Siedlungswesen e.V. (GEWOS). Hamburg 1969, 60 Seiten, Kt., Tab., Anh.: 8 Bl. Tab., Lit. Maschinenschr. vervielf.

Kreibich, V.
Analyse und Simulation der Wahl des Arbeitsstandortes bei Erwerbspersonen. Eine Sozialgeographische Untersuchung des Pendelverkehrs in einem Teilgebiet der Stadtregion München. Diss. TU München, 1972.

Lutz, B. - Kreuz, D.
Wochenendpendler. Eine Extremform d. Erwerbsverhaltens in wirtsch. schwachen Gebieten, dargest. am Beispiel Ostbayerns. Hrsg.: Inst.f. Sozialwiss. Forsch.e.V. München. München 1968, VI, 169 Seiten, Tab., Lit. Maschinenschriftl. vervielf.

Müller, H.
Darstellungsmethoden in Karten der Landeskunde und Landesplanung, Teil 1 Berufsverkehr. (= Veröff. des Niedersächs. Instituts für Landeskunde und Landesentwicklung an der Univ. Göttingen. Und: Schr.d. Wirtschaftswiss. Ges.u. Studium Niedersachsens e.V. R.A.I. H.77,1). Lax Verlag Hildesheim, 1964, 42 Seiten, 14 Abb., 7 Ktn., 1 Tafel. Teil Produzierendes Gewerbe, ebenda 1965, H.77, 2, 34 Seiten, 7 Abb. 11.

Pendelwanderung
in Rheinland-Pfalz. Struktur, Entwicklungsprozesse und Raumordnungskonsequenzen. Bearb.v. Geogr.Inst.d.Techn. Hochschule München. Hrsg.: Staatskanzlei Rheinland-Pfalz, Oberste Landesplanungsbehörde. (= Schriftenreihe d. Staatskanzlei Rheinland-Pfalz, Oberste Landesplanungsbehörde). Mainz 1969, 61 Seiten, Abb., Tab., Lit., Beil.: 6 Kt. Maschinenschriftl. vervielf.

Pradel, D.
Wohnstätte und Arbeitsstätte, volkswirtschaftliche und soziologische Probleme der Zuordnung. (= Inst.f. Siedlungs-u. Wohnungswesen d. Westf. Wilhelms Univ. Münster, Beitr.u. Untersuchungen 49). Verlag R. Müller Köln-Braunsfeld, 1957, 172 Seiten mit Abb.

Schenk, G.
Elemente des Park-and-Ride-Systems aus der Sicht der Berufspendler. Diss. F. f. Bauwesen TH Stuttgart 1967, und (= Forschungsarbeit d. Verkehrswiss. Inst. an der Univ. Stuttgart Ber. 4). Selbstverlag Stuttgart, 1968, 97 Seiten, 34 An., 48 Qu.

Schwarz, K.
Analyse der räumlichen Bevölkerungsbewegungen. (= Veröff.d. Akademie f. Raumforschung u. Landesplanung Bd.58). Jänecke Verlag Hannover, 1969, IX, 178 Seiten, 6 Tafeln.

Staubach, H.
Pendelwanderung und Raumordnung. Der Einfluß der Pendelwanderung auf die Standortpolitik im Wohnungs- und Siedlungswesen. Im Auftrag des Herrn Bundesmin.f. Wohnungsbau bearbeitet. Westdeutscher Verlag Köln/Opladen, 1962, 75 Seiten, Tab., Lit., Anh.: 17 gez. Bl., Kt., Abb.

Stöckmann, W.
Die Wohnort- und Arbeitsplatzmobilität der Bevölkerung in ländlichen Räumen. Gutachten erstellt i.A.d. Bundesministeriums d. Innern. METRA DIVO Beratungen GmbH., Stadt- und Regionalforschung Frankfurt/M., 1971, 102 Seiten, Anh.

Verkehrsmittel
im Berufsverkehr. Eine Unters.d.Inst.f. angewandte Sozialwiss. Bonn/ Bad Godesberg. Bearb.: P. Deckert, W. Hartenstein. (= Schriftenreihe d. Verb.d. Automobilindustrie e.V. (VDA) Nr.10). Frankfurt/M. 1971, Abb., Tab., Lit.

Voigt, F. - Carl, D. - Lose, H.
Arbeitsstätte, Wohnstätte, Nahverkehr. Die Bedeutung des großstädtischen Nahverkehrssystems für die optimale Zuordnung von Wohnstätte u. Arbeitsstätte - unter bes. Berücksichtigung des Hamburger Wirtschaftsraumes. (= Schriftenr.d.Ges.f. Wohnungs-u. Siedlungswesen e.V. GEWOS). Christians Verlag Hamburg, 1968, 203 Seiten.

3.5. Straßenplanung und Straßenbautechnik

Albrecht, J.
Beziehungen zwischen Straßenverkehr und Wirtschaftsstruktur. Teil 1 und 2. (= Forschungsberichte des Landes Nordrhein-Westfalen Nr. 1125 und 1126). Westdeutscher Verlag Köln/Opladen,
Teil 1: 1963, 93 Seiten.   Teil 2: 1964, 73 Seiten.

Aldrup, D.
Theorie der Straßenplanung. (= Forschungen a.d. Institut f. Verkehrswissenschaft a.d. Universität Münster Bd. 15). Verlag Vandenhoeck u. Ruprecht Göttingen, 1963, 108 Seiten.

Ausbau
der Bundesfernstraßen 1971-1985. Hrsg.v. Bundesmin.f. Verkehr. Bonn 1970, 27 Seiten, Abb., Tab. u. 6 Bl. Kt., Abb., Übers. Beil.: 5 Kt.

Ausbauplan
für die Bundesfernstraßen 1971-1985. Im Auftr.d. Bundesmin.f. Verkehr, Abt. Straßenbau. Bonn 1971.
Bd. A: T. 1-3: 1, 83, 253 S., Kt., Abb., Tab., Beil.: 6 Kt.
Bd. B: T. 4-5: 149, 243 S., Kt., Abb., Tab., Lit.
Bd. C: T. 6-7: 69, 27 S., Kt., Abb., Tab., Lit., Beil.: 2 Kt.

Der zweite Ausbauplan
(1971-1985) für die Bundesfernstraßen. Mit Beitr.v. H. Eymann, W. Heubling, W. Reichelt u.a. Sonderdr.a. Straße u. Autobahn H.6. Kirschbaum Verlag Bad Godesberg, 1968, 40 Seiten, Abb., Tab. u. 2 Bl. Kt.

Autobahnplanung
vom Raumordnungsgesetz her beleuchtet. Eine raumordnungsrechtliche u. planungssystematische Kritik. Hrsg.: Aktionsgem. Remstal Schurwald Berglen f. umweltgerechte Verkehrsplanung. Schorndorf 1972, 25 Seiten. Maschinenschriftl. vervielf.

Bauhütte II
Grundbau, Verkehrsbau, Wasserbau. Enthält u.a. 300 Seiten über Straßenbau und Verkehrsbau. 1970, 29. neu bearb. Aufl., 852 Seiten, 1166 Abb., 178 Tab.

Begriffsbestimmungen
Straßenplanung und Straßenverkehrstechnik. Hrsg.: Forschungsgesellschaft für das Straßenwesen Köln, 1973, 57 Seiten.

Bender, K.
Beeinflussung des Verkehrsablaufs in städtischen Hauptverkehrsstraßen durch Anlage getrennter Fahrbahnen. Diss. Univ. Stuttgart TH. Hrsg.: Bundesminister f. Verkehr, Abt. Straßenbau Bonn. (= Straßenbau und Strassenverkehrstechnik H. 59). Selbstverlag Bonn, 1967, 88 Seiten, 135 Bild., Diagr., Lagepl., graph. Darst., 7 Tab., 52 Qu.

Beth, H.L.
Ökonomische Grundlagen der Planung von Straßen. (= Verkehrswiss. Forsch., Schriftenr.d.Inst.f. Industrie-u. Verkehrspol.d.Univ. Bonn Bd. 13). Verlag Duncker u. Humblot Berlin, 1966, 241 Seiten, Abb., Tab., Lit., Reg., Res. engl., franz.

Blumer, M.
Praktischer Straßenbau. Abgestimmt auf Schweizer Verhältnisse. Baufachverlag Zürich-Dietikon, 1972.
Band 1: Grundlagen, 175 Seiten, 76 Abb., 5 Tab.
Band 2: Straßenbautechnik, 345 Seiten, 150 Abb.

Böhm, H. - Heusch, H.
Anwendung der Monte-Carlo-Methode in der Straßenverkehrstechnik. (= Strassenbau und Straßenverkehrstechnik H. 73). Bundesmin. f. Verkehr, Abt. Straßenbau Bonn, 1968, 52 Seiten, mit Abb.

Bökemann, D. - Herz, R.
Funktionsgerechte Gestaltung von Stadtstraßen. Ein Diskussionsbeitrag zum Entwurf der neuen RAST-Q-. Lehrstuhl für Städtebau und Landesplanung Univ. Karlsruhe, Manuskript, 15 S., Maschinenschriftl. vervielf. (= Veröffentl. in Straßen-Verkehrs-Technik H. 3/4 1967). Kirschbaum Verlag Bad Godesberg.

Bole, K.
Planung und Ausbau von Wohnstraßen. Patzer Verlag Hannover/Berlin/Sarstedt, 1968, 32 Seiten, zahlr. Abb.

Brilon, W. - Petersen, D.
Verkehrsaufkommen und Verkehrsablauf in Wohnstraßen in Abhängigkeit von der Gestaltung der Netze und von ausgewählten Strukturwerten. Überarbeitete Fassung zweier studentischer Vertieferarbeiten am Lehrstuhl für Städtebau und Landesplanung Univ. Karlsruhe. Selbstverlag Karlsruhe, 1969, 82 Seiten, 16 Abb., 17 Diagr., 5 Tab., 7 Qu.

Bruder, St.
Die Ermittlung der durchschnittlichen Wartezeit an nicht lichtsignalgeregelten Kreuzungen. Ein Beitrag zur Anwendung der Warteschlangentheorie in der theoretischen Straßenverkehrsforschung. Diss. TU Berlin, 1970, 113 Seiten mit Abb.

Bucher, R. - Burgherr, G.
Begriffe im Verkehrsingenieurwesen. (= Berichte zur Orts-, Regional- u. Landesplanung Bd. 20). Hg. vom ORL-Institut der ETH Zürich. Selbstverlag Zürich, 1973, 100 Seiten.

Büchs, H.
Grunderwerb und Entschädigung beim Straßenbau. Ein Handbuch. Boorberg Verlag Stuttgart/München/Hannover, 1967, 483 Seiten.

Bundesverkehrswegeplan
1. Stufe. Hrsg.: Bundesminister für Verkehr. o.O. ca. 1973, 151 Seiten, zahlr. Tab., Abb. u. Kt. als Beil.

Cabeza, M.C.
Einsatz elektronischer Kontrollmittel zur Verbesserung des öffentlichen Oberflächenverkehrs. Internationaler Ausschuß für Verkehr u. Städtebau. Hrsg.: Int.Verb.f. öffentliches Verkehrswesen UITP. (= 40. Internationaler Kongreß, Den Haag 1973 H. 1). Selbstverlag Brüssel, 1973, 27 Seiten, Tab., 3 Anh.

Döbler, H.
Von Babylon bis New York. Stadt, Technik, Verkehr. Bertelsmann Verlag
München/Gütersloh/Wien, 1973, 355 Seiten, zahlr. Ill.

Doormann, J.
Dynamische Modelle in der Straßenverkehrstechnik. (= Veröffentl. des
Instituts für Stadtbauwesen der TU Braunschweig H.11). Braunschweig
1973, 109 Seiten, Abb, Qu.

Der Elsner
Hrsg.: E. Goerner. Handbuch für Straßenbau- und Straßenverkehrstechnik.
Elsner Verlag Darmstadt, 1974, 28. Jahrgang, etwa 1000 Seiten, zahlr.
Abb. und Tab. Erscheint jährlich neu.

Gassner, E. - Stoffel, F.
Linienführung der Ortsstraßen. (= Studienhefte des SIN-Städtebauinstituts
Nürnberg H. 18). Selbstverlag Nürnberg, 1967, 24 Seiten, 2 Tab., 14 Abb.

Gassner, E. - Strack, H.
Kommentar zu den von der Forschungsgesellschaft für das Straßenwesen
herausgegebenen Richtlinien für die Anlage von Stadtstraßen, Teil Erschließung (RAST-E), Abschnitt 1-4. (= Materialiensammlung Städtebau
H. 7). Dümmler Verlag Bonn, 1973, etwa 64 Seiten, zahlr. Abb.

Goerner, E. - Kühn, H.
Straßenbau von A-Z. Bearbeitet von der Forschungsgesellschaft für das
Straßenwesen e.V. Sammlung amtlicher Bestimmungen und technischer Richt-
linien für Planung, Bau und Unterhaltung von Autobahnen, Landstraßen
und städtischen Straßen. Verlag E. Schmidt Berlin/Bielefeld/München,
Grundwerk einschl. 5 Ordnern, Stand 1973, 96. Lieferung, etwa 6000 S.
Ergänzungslieferungen erscheinen nach Bedarf.

Grundlagen
der Straßentrassierung. Mit Beiträgen der Mitglieder der Arbeitsgruppe
"Planung und Verkehr - Landstraßen"der Forschungsgesellschaft für das
Straßenwesen. Enthält Abhandlungen zur Neubearbeitung der RAL-L (Linienführung), zur Neufassung der RAL-Q (Querschnittsgestaltung) und zum
Entwurf der RAL-K (Knotenpunkte). Kirschbaum Verlag Bad Godesberg, 1968,
132 Seiten, zahlr. Abb. u. Taf., 1 Falttab.

Harder, G.
Ein-Richtungsstraßen als Elemente von Ein-Richtungsstraßen-Systemen.
Ein Beitrag zur Gestaltung und Bewertung von Stadtstraßennetzen. (= For-
schungsarbeiten aus dem Straßenwesen. N.F. H.71). Kirschbaum Verlag
Bonn/Bad Godesberg, 1967, 199 Seiten mit zahlr. Abb.

Heeb, A. - Gerstlauer, H.
Straßenbau. Teubner Verlag Stuttgart, 3. neubearb. Aufl., 1963, 330 S.,
338 Abb., 84 Tafeln.

Heinzerling, H.
Ein Beitrag zur Entwicklung von technischen Systemen zur automatischen,
verkehrsabhängigen Signalregelung an Straßenkreuzungen. Diss. Aachen,
1973.

Heusch, H. - Schmidt, G. - Vaeßen, P.
Verkehr auf den Bundesautobahnen. Ergänzende Analysen zu d. Ergebnissen
d. Verkehrszählung mit automat. Zählgeräten f.d.J. 1968 u. 1969. Hrsg. v.
Bundesmin.f. Verkehr, Abt. Straßenbau. (= Straßenbau u. Straßenverkehrs-
technik H. 137). Bonn 1972, 12 Seiten, Tab., Lit., Anh.: 22 S.Kt., Abb.,
Tab.

Hitzer, H.
Die Straße. Vom Trampelpfad zur Autobahn - Lebensadern von der Urzeit
bis heute. Callwey Verlag München, 1971, 349 Seiten, 439 Abb.

Huber, P.
Entwurf und Gestaltung von Straßen. (= Bauingenieur-Praxis H.80).
Verlag W. Ernst Berlin, 1967, 82 Seiten, 89 Abb.

Huber, P.
Straßenverkehrsplanung. (= Bauingenieur-Praxis H.81). Verlag W. Ernst
Berlin, 1969, 117 Seiten, 66 Abb., versch. Tab.

Jacobs, F.
Untersuchungen zur stochastischen Theorie des Verkehrsablaufes auf
Straßen. Diss. Univ. Stuttgart. Stuttgart 1969, 97 Seiten.

Kienbaum, G.
Ökonomische Probleme des Straßenverkehrs. Verlag Vandenhoeck u. Ruprecht
Göttingen, 1966, 18 Seiten.

Kind, F.
Straßenbau-Taschenkalender 1974. Krauskopf-Verlag Mainz, 14. Jahrgang,
etwa 448 Seiten. (320 Seiten Tageskalendarium). Erscheint jährlich neu.

Klinger, B.
Datenlexikon für den Straßenbau. Das Wichtigste aus Normen, Richtlinien
und Regeln in Kurzfassung. Bauverlag Wiesbaden, 1970, 202 Seiten.

Knopflacher, H.
Richtlinien für Entwurf und Bemessung von Lichtsignalanlagen. (= Kleine
Fachbuchreihe des Kuratoriums für Verkehrssicherheit Wien). Wien 1972,
88 Seiten, 55 Abb.

Kühn, H. - Münster, G.
Forschung im Straßenwesen. Zusammenstellung laufender und abgeschlossener
Forschungsarbeiten. Hrsg.: Forschungsgesellschaft für das Straßenwesen.
Selbstverlag Köln, 1972, 210 Seiten.

Kunath, H.
Moderne Hilfsmittel der Straßenverkehrsplanung und Straßenverkehrstechnik.
(= Mitt. Lehrstuhl Verkehrsbau u. Verkehrsplanung H.2). Hochsch. Archit.
Bauwesen Weimar, 1967, 167 Seiten, 47 Abb., 2 Tab., 63 Qu.

Lämmlein, A. u.a.
Taschenbuch Straßenbau. Franckh Verlag Stuttgart, 1964, 520 Seiten, Zahlr.
Abb. und Tafeln.

Lässig, K. u.a.
Straßen und Plätze. Beispiel zur Gestaltung städtebaulicher Räume. Hrsg.:
Deutsche Bauakademie, Inst.f. Städtebau und Architektur. Callwey Verlag
München, 1968, Lizenz d. VEB Verlag für Bauwesen Berlin, 212 Seiten,
Abb. m. Text, Lit.-Ang.

Landschaftspflege
an Verkehrsstraßen. Empfehlungen, Untersuchungsergebnisse, Berichte und
Stellungnahmen. (= Straßenbau und Straßenverkehrstechnik H.69). Bundesminister für Verkehr, Abt. Straßenbau Bonn, 1968, 54 Seiten mit Abb.

Lehner, F.
Verkehr und Städtebau. Probleme der Gegenwart. (= Schriftenreihe f. Verkehr und Technik H.48). Verlag E. Schmidt Bielefeld, 1971, 33 Seiten, Abb., Ktn.

Lenz, K.-H. - Garsky, J.
Anwendung mathematisch-statistischer Verfahren in der Straßenverkehrstechnik. Kirschbaum Verlag Bad Godesberg, 1968, 104 Seiten.

Lenz, K.-H.
Verbesserung des Verkehrsflußes. (= Bundesanstalt für Straßenwesen Sonderdruck Nr. 119). Bundesanstalt f. Straßenwesen Köln, 1971, 4 S.

Lexikon
der Wirtschaft - Band Verkehr. Transpress, Verlag für Verkehrswesen VEB Berlin/Ost, 1972, 392 Seiten, 61 Abb., 60 Tab., 8 Ktn.

Liebling, Th.M.
Graphentheorie in Planungs- und Tourenproblemen am Beispiel des städtischen Straßendienstes. (= Lecture Notes in Operations Research and Mathematical Systems Bd.21). Springer Verlag Berlin/Heidelberg/New York, 1970, 118 Seiten mit 41 Abb.

Linden, W.
Verkehrs-Lexikon. Betriebswirtschaftlicher Verlag Gabler Wiesbaden, 1966, 977 Seiten.

Lohse, D.
Modelluntersuchungen für den städtischen Personenverkehr. Diss. Dresden 1970, 116 gez. Bl. mit Abb.

Martin, E.
Verkehrswegenetze in Siedlungen. Ein Versuch zur Koordinierung siedlungsspezifischer und verkehrsplanerischer Forderungen. Dr.-Ing.Dissertation. (= Schriftenr.des Inst.f. Städtebau u. Landesplanung Univ. Karlsruhe H.1). Selbstverlag Karlsruhe, 1971, 227 Seiten, 143 Abb., 2 Tab., 200 Qu.

Merkbuch
für den Straßenbau. Verlagsges. R. Müller Köln, 1972, 443 Seiten, graph. Darst.

Müller-Elschner, F.
Fachkunde für Straßenbauer. Teubner Verlag Stuttgart, 8. überarb. Aufl., 1964, 160 Seiten, 285 Abb.

Nagel, S. - Linke, S.
Bauten des Verkehrswesens. Enthält Tankanlagen, Parkhäuser, Bahnhöfe, Flughäfen und Bauten des Nachrichten- und Postwesens. Bertelsmann Verlag Gütersloh, 1973, 208 Seiten, rd. 700 Abb.

Nielsen, E.
Erfahrungen aus zehnjährigem Kampf gegen die Verkehrsstockungen. Hrsg.: Internationaler Verband für Öffentliches Verkehrswesen UITP Brüssel. (= XXXVI. Internat. Kongreß UITP, Tel Aviv 1965, Bericht Bd. 1, Internationaler Verkehrsausschuß). Selbstverlag Brüssel, 1965, 34 Seiten, 9 Bilder, 2 Pl., zahlr. Tab.

Niklas, J.
Verkehrsstromzählungen als Grundlage für die Berechnung von Routenverläufen im Straßenverkehr. Ein Beitrag zur Routenbestimmung von Verkehrsströmen in der Volkswirtschaft. (= Vierteljahreshefte zur Wirtschaftsforschung Nr. 4/72). Verlag Duncker u. Humblot Berlin, 1972, 12 Seiten.

Oehm, E.
Stadtautobahnen. Planung, Bau, Betrieb. Bauverlag Wiesbaden/Berlin, 1973, 548 Seiten, 367 Abb., 72 Tab., Pl., Qu.

Pavel, G.
Planen von Signalanlagen für den Straßenverkehr. Kirschbaum Verlag Bonn/Bad Godesberg, 1973, etwa 200 Seiten, zahlr. Abb.

Pietzsch, W.
Straßenplanung. (= Werner-Ingenieur-Texte 37). Werner Verlag Düsseldorf, 1973, 228 Seiten, 181 Abb.

Pitzinger, P. - Sulzer, E.R.
Lichtsignal-Anlagen für den Straßenverkehr. Bauverlag Wiesbaden/Berlin, 1968, 243 Seiten, zahlr. Abb.

Prigge, E.
Praktische Möglichkeiten einer optimalen Nutzung der Verkehrsflächen in den Städten. (= Vorträge und Studien aus dem Inst.f. Verkehrswesen an der Univ. Münster H.6). Verlag Vandenhoeck u. Ruprecht Göttingen, 1968, 46 Seiten.

Rabe, W.
Bestimmung des Längenbedarfs typisierter Stadtstraßen im Straßennetz von Siedlungen in Abhängigkeit von Strukturkennwerten. Forschungsarbeit im Auftrag des Bundesministeriums für Verkehr. Institut für Städtebau und Landesplanung, Univ. Karlsruhe. Selbstverlag des Inst.f. Städtebau u. Landesplanung Karlsruhe, 1972, 324 Seiten, 54 Abb., 26 Taf., 169 Qu., Anhang mit Ablaufdiagrammen, 31 Abb., 17 Taf.

Rabe, W.
Verfahren zur Ermittlung kostenminimaler Varianten von Erschließungsstraßennetzen in Wohngebieten. Dr.-Ing.-Dissertation an der Fakultät für Bauingenieur- und Vermessungswesen der Univ. Karlsruhe. Selbstverlag Karlsruhe, 1971, 253 Seiten, 33 Abb., 19 Tafeln, 155 Qu., Anhang mit Ablaufdiagrammen, 31 Abb., 17 Tafeln.

RAL
Amtliche technische Richtlinien für die Anlage von Landstraßen. RAL - Q, RAL - L. (= Sonderdruck aus Straßenbau von A - Z). Verlag E. Schmidt Berlin, 1973, 8. Aufl., 138 Seiten.

RAL
Richtlinien für die Anlage von Landstraßen. Verlag E. Schmidt Berlin.
Teil I   : RAL-Q: Querschnitte. Entwurf 1970, 24 Seiten, 8 Abb., 1 Taf., 15 Tab.
Teil II : RAL-L-1: Linienführung. 1973, 20 Seiten, 29 Abb.
           RAL-L-2: Räumliche Linienführung. 1970, 20 Seiten, 52 Abb.
Teil III : RAL-K: Knotenpunkte Abschnitt 1: Plangleiche Knotenpunkte. 1969, 54 Seiten, 49 Abb., 9 Tab.
Teil IV : RAL-N: Straßennetzgestaltung Abschnitt 1: Text. 1970, 4 S.

RAST
Richtlinien für die Anlage von Stadtstraßen. Hg. von der Forschungsgemeinschaft f. das Straßenwesen Köln. Kirschbaum Verlag Bonn/Bad Godesberg.
Teil RAST-I : Ausgabe 1953: 1969, 36 Seiten, 38 Abb.
Teil RAST-Ö : Anlagen des öffentlichen Personennahverkehrs. 1961. 1968, 32 Seiten, 25 Abb.
Teil RAST-Q : Querschnittsgestaltung. 1968, 32 Seiten, 11 Abb., 2 Taf., 6 Tab.
Teil RAST-E : Erschließung. 1971, 35 Seiten, 25 Abb.

Der Raumbedarf
des Verkehrs. (= Raum und Verkehr 8), (= Forschungs-u. Sitzungsberichte der Akad.f. Raumforschung und Landesplanung Hannover Bd. 37). Jänecke Verlag Hannover, 1967, 249 Seiten.

RE - Richtlinien
für die Entwurfsgestaltung im Straßenbau. Kirschbaum Verlag Bad Godesberg, Ausgabe 1966, 7 Seiten Text, 32 z.T. mehrfarb.u. großformat. Faltkarten u. Pläne.

Retzko, H.-G.
Entwicklung geeigneter Formen von Wendeanlagen. (= Forschungsarbeiten aus dem Straßenwesen H.87). Kirschbaum Verlag Bonn/Bad Godesberg, 1972, 36 S., 16 Abb., 8 Tab.

Retzko, H.-G.
Vergleichende Bewertung von Stichstraßen und Schleifenstraßen. (= Schriftenreihe Forschungsarbeiten aus dem Straßenwesen H.84). Kirschbaum Verlag Bonn/Bad Godesberg, 1972, 84 Seiten, 57 Abb.

Retzko, H.-G.
Verkehrserschließung neuer Wohnsiedlungen in den USA. (= Schriftenreihe Städtebauliche Forschung des Bundesministers für Städtebau und Wohnungswesen Bd. 03.005). Waisenhaus Verlag Braunschweig, 1972, 135 Seiten, zahlr. Abb.

Richtlinien
für Entwurf, Bau und Betrieb von Lichtsignalanlagen im Straßenverkehr. Ausgabe 1966, Forschungsges.f.das Straßenwesen Köln, 1966, 39 Seiten.

Richard, H.
Kommentar zu den von der Forschungsgesellschaft für das Straßenwesen herausgegebenen Richtlinien für die Anlage von Stadtstraßen; Teil Linienführung (RAST-L). (= Materialiensammlung Städtebau H.6). Dümmler Verlag Bonn, 1973, etwa 64 Seiten, zahlr. Abb.

Richard, H. - Barby, J.v.
Kommentar zu den von der Forschungsgesellschaft für das Straßenwesen herausgegebenen Richtlinien für die Anlage von Stadtstraßen; Teil Erschließung (RAST-E), Abschnitt 5-8. (= Materialiensammlung Städtebau H.8). Dümmler Verlag Bonn, 1973, etwa 64 Seiten, zahlr. Abb.

Rothschuh, B.
Die Sicherung des Raumbedarfs für den Straßenverkehr. Gassner, E.: Der Raumbedarf für den fließenden und ruhenden Verkehr in Baugebieten. Hrsg.: Bundesmin.f. Verkehr, Abt. Straßenbau Bonn. (= Straßenbau und Verkehrstechnik H.66). Kirschbaum Verlag Bonn/Bad Godesberg, 1968, 124 Seiten mit Abb. und Karten.

Schiller, H.
Die Gestaltung und Bemessung des Straßennetzes als raumordnerische
Aufgabe. Forsch.ber. a.d. Forschungsprogramm d. Bundesverkehrsmin.u.
d. Forsch.ges.f.d. Straßenwesen e.V. Hrsg.v. Bundesmin.f. Verkehr, Abt.
Straßenbau. (= Straßenbau u. Straßenverkehrstechnik H.116). Kirschbaum
Verlag Bonn/Bad Godesberg, 1971, 73 Seiten, Abb., Tab., Lit.

Scholz, H.
Erfahrungsziffern, Faustzahlen und Kompositionsregeln im Bereich des
Siedlungs- und Verkehrswesens und deren Bedeutung für die Raumordnung.
Hrsg.: Der Bundesminister des Innern. (= Informationsbriefe für Raum-
ordnung, R.1.7.3.). Kohlhammer Verlag Mainz, 1968.

Scholz, G. - Wolff, H. - Heusch, H. u.a.
Untersuchungen über die Struktur des Verkehrsraumes in städtischen Verkehrsnetzen. Stadtstruktur - Netzform - Verkehrsdichte. Forsch.ber.a.d.
Forsch.programm d. Bundesverkehrsmin.u.d. Forsch.ges.f.d. Straßenwesen
e.V. Hrsg.v. Bundesmin.f. Verkehr, Abt. Straßenbau. (= Straßenbau und
Straßenverkehrstechnik H. 124). Kirschbaum Verlag Bonn/Bad Godesberg,
1972, 81 Seiten, Kt., Abb., Tab., Übers., Lit.

Schreiber, H.
Verkehr: Seine Wege, Mittel und Möglichkeiten. Habel Verlag Berlin/
Darmstadt, 1971, 228 Seiten, graph. Darst.

Schubert, H.
Straßenverkehrstechnik und Straßenverkehrsplanung in den Gemeinden.
(= Schriften des Niedersächsischen Sozialministeriums 2). Verlag O.
Schwartz Göttingen, 1968, 124 Seiten.

Schulze, H.
Straßen für das Jahr 2000. Plädoyers für ein neues Verkehrssystem.
(= Reihe Grenzgespräche Bd.1). Neukirchener Verlag des Erziehungsvereins
Neukirchen-Vluyn, 1971, 228 Seiten.

Sill, O.
Elsners Handbuch für Städtischen Ingenieurbau. Verlagsges. D. Elsner
Darmstadt, 1973, ca. 500 Seiten, zahlr. Abb., Tab.

Statistisches Bundesamt Wiesbaden (Hg.)
Fachserie H: Verkehr. Veröffentlichungsreihe 5: Straßenverkehr. Kohlhammer Verlag Mainz.

Steidlinger, K.-F.
Ermittlung der notwendigen Verkehrsflächen für den fließenden und ruhenden
Individualverkehr bei öffentlichen Einrichtungen in Wohnsiedlungen. Über-
arbeitete Fassung einer studentischen Vertieferarbeit am Lehrstuhl für
Städtebau und Landesplanung Univ. Karlsruhe. Selbstverlag Karlsruhe, 1970,
26 Seiten, 12 Tab., 25 Diagr., 1 Kt., 6 Qu.

Strack, H.
Zur Querschnittsbemessung von Erschließungsstraßen und -wegen. (= Studienhefte des SIN-Städtebauinstituts Nürnberg H.38). Selbstverlag Nürnberg, 1970, 38 Seiten, 19 Abb.

Straßen
für die Städte. Jetzt muß gehandelt werden. (= Neue Schriften des Dt.
Städtetages H.15). Kohlhammer Verlag Stuttgart, 1965, 48 Seiten,
8 Seiten Abb.

Straßenbau von A - Z
Sammlung d. amtl. Bestimmungen und techn. Richtlinien f. Planung, Bau
und Unterhaltung von Autobahnen, Landstraßen und städtischen Straßen.
Bearb.v.d. Forschungsgesellschaft f.d. Straßenwesen E.V. v. E.W. Goerner. Loseblatt-Ausgabe. Verlag E. Schmidt Berlin/Bielefeld/München.
Nachlieferung 63, - 1966.

Straßenbaubericht 1972
Bericht d. Bundesmin.f. Verkehr über d. Fortgang d. Bundesfernstraßenbaues im Jahre 1972. Hrsg.: Bundesmin.f. Verkehr. Bonn 1973, 42 Seiten,
Abb., Tab. u. 3 Kt.,Beil.: 1 Kt.

Straßennetze
in Städten. (= Vortragsveröff. Haus der Technik e.V. Essen H.109).
Vulkan Verlag W. Classen Essen, 1967, 54 Seiten.

Verkehr
und Stadttechnik. Kennzahlen. (= Schriftenreihen der Bauforschung,
Reihe Städtebau u. Architektur H.35, Deutsche Bau-Enzyklopädie). Deutsche Bauinformation bei d. Deutschen Bauakademie Berlin/Ost, 1971,
88 Seiten, mit Abb.

Die strukturgerechte Verkehrsbedienung
ländlicher Räume. Hrsg.: Akademie für Raumforschung und Landesplanung.
Forschungs-u. Sitzungsberichte Bd.57). Jänecke Verlag Hannover, 1969,
203 Seiten, 11 Abb., 13 Tab.

Verkehrsplanung
Verkehrstechnik, Verkehrsfluß. (= Forschungsgemeinschaft für Straßenverkehr u. Verkehrssicherheit Bd. XVI). Kirschbaum Verlag Bonn/Bad
Godesberg, 1970, 88 Seiten, 21 Abb., 15 Tab.

Verkehrssicherheit
auf Landstraßen. Kolloquium über Notwendigkeit und Möglichkeiten der
Zusammenarbeit von Ingenieuren und Psychologen und Physiologen bei der
Entwicklung von Grundlagen für die Straßenplanung. Kirschbaum Verlag
Bonn/Bad Godesberg, 1971, 64 Seiten, Abb.

Wehner, B. - Siedek, P.
Handbuch des Straßenwesens. Band 1: Straßenbau. Springer Verlag Berlin.
In Vorbereitung.

Weich, G.
Straßenverkehr 1985. Motorisierung, Straßenbau, Finanzierung, Sicherheit. (= Aktuelle Wirtschaftsanalysen Bd.30). Deutsche Shell AG Hamburg,
1970, 39 Seiten.

Wolff, H. - Grebe, R.
Städtebauliche Einzelaufgaben I/II.
I Straße und Platz als städtebauliche Elemente
II Straße-Platz-Baum, Gestaltung der Einzelaufgabe
(= Studienhefte des SIN-Städtebauinstituts Nürnberg H.20/21). Selbstverlag Nürnberg, 1967, 49 Seiten, 34 Abb.

4. Neue, bzw. zukünftige Verkehrssysteme

Amerika
plant für seine Städte. Leitplan und Diala-Bus. Alba-Buchverlag Düsseldorf, 1972, 128 Seiten.

Der Autobus
von morgen - Bericht über die Tätigkeit des Ausschusses für Autobusfragen. Hrsg.: Intern. Verband für öffentliches Verkehrswesen (UITP). (= 39. Intern. Kongress Rom 1971, H. 4a/b). UITP Selbstverlag Brüssel, 1972, 59 Seiten, 1 Anl.

Diekmann, A.
Straßenverkehr der Zukunft. Vortrag. Aberle, G.: Vom Rapport Allais zum Wegekostenbericht des Bundesverkehrsministeriums. Zwischenbilanz oder Schlußbilanz. Vortrag. (= Schriftenr.d.Verb.d. Automobilindustrie e.V. VDA Nr. 3). Frankfurt/M. 1969, 42 Seiten, Tab., Lit.

Erb, H.F. - Vester, F.
Unsere Städte sollen leben. Pro Umwelt-Bilanz eines Ideenwettbewerbs. Deutsche Verlags-Anst. Stuttgart, 1972, 156 Seiten, Bild., schem.Darst.

HSB
Studie über ein Schnellverkehrssystem. Systemanalyse u. Ergebnisse. Bearb.: K. Althammer, M. Baumann, F. Clar u.a. Im Auftr.d. Bundesmin. f. Verkehr erstellt v.d. Hochleistungs-Schnellbahn Studienges.m.b.H. (HSB). 1971, 6 Bde. Getr., Pag., Abb., Tab., Übers., Lit.

HSB
Studie über ein Schnellverkehrssystem. Kurzber.: Systemanalyse u. Ergebnisse. Im Auftr.d.Bundesmin.f. Verkehr erstellt v.d. Hochleistungsschnellbahn Stud.ges.m.b.H. (= Schriftenr.d. Bundesmin.f. Verkehr H. 42). Hoermann Verlag Hof/Saale, 1972, 87 Seiten, Abb., Tab.

Kadas, K.
Technisch-ökonomische Steuerung von Verkehrsabläufen mit Hilfe kybernetischer Systeme. (= Vorträge und Studien aus dem Inst.f. Verkehrswissenschaft an der Univ. Münster H. 9). Verlag Vandenhoeck u. Ruprecht Göttingen, 1970, 21 Seiten.

Lambert, W.
Verkehrswert und Netzbelastung bei konventionellen und projektierten individualisierten Nahverkehrssystemen. Hrsg.: Verkehrswissenschaftliches Institut an der Univ. Stuttgart, 1973, 189 Seiten.

Das gesellschaftliche Leitbild
für den Verkehr der Zukunft und die Aufgabe koordinierter Planung. Kolloquium 3 - Saarbrücken v.22.-25.10.1969. Mit Beitr.v. S. Balke, W. Ernst, W. Holste u.a. (= Schriftenr.d.Dt. Verkehrswiss. Ges.e.V.R.B: Seminar, B.9). Köln 1970, V, 134 Seiten, Übers., Lit.

Mäcke, P.A. u.a.
Zukunftsprobleme des Verkehrs in den Ballungsräumen. Hrsg.v.Inst.f. Stadtbauwesen an der TH Aachen. (= Schriftenreihe "Stadt-Region-Land" H.11/12. Aachen 1970.

Möglichkeiten
neuer Verkehrssysteme für die Entwicklung unserer Städte. Dokumentation
zum II. Erfahrungsaustausch Stadtentwicklung am 29.u.30. Mai 1973 in
Basel. Hrsg.: Prognos AG., Abt. Stadtentwicklung/Regionalplanung. Selbstverlag Basel, 1973, ca. 200 Seiten, zahlr. Abb.

Mönnich, H.
Die Autostadt. Abenteuer einer technischen Idee. Verlag Hoffmann u.
Campe Hamburg, 1969, 305 Seiten mit Abb.

Neue Bahnsysteme
für den öffentlichen Personen-Nahverkehr. Hrsg.: Wissenschaftl. Verein
für Verkehrswesen e.V. (= Schriftenreihe des Wissenschaftl. Vereins f.
Verkehrswesen e.V. (WVV) H. 95). 1972, 28 Seiten, 45 Abb.

Neue Wege
im Nahverkehr, Städtebau und Tunnelbau. Hrsg.: Studiengesellschaft f.
unterirdische Verkehrsanlagen, Forschung und Praxis, U-Verkehr und
unterirdisches Bauen, Bd.5. Alba-Buchverlag Düsseldorf, 1968, 35 Seiten,
57 Abb.

Nickel, B.E.
Neue Personentransportsysteme und ihre historischen Ursprünge. Harbeke
Verlag München, 1973, 300 Fotos und Zeichnungen.

Richards, B.
Stadtverkehr von morgen. Callwey Verlag München, 1970, 96 Seiten, 146 Abb.

Scheucken, H. - Thiemer, E.
Moderne Fahrzeuge - moderne Organisation des öffentlichen Personennahverkehrs. Vorträge auf der Jahresmitgliederversammlung des VÖV am 27.
Juni 1969 in Essen. (= Schriftenreihe f. Verkehr und Technik H. 41).
Verlag E. Schmidt Berlin/Bielefeld/München, 1969, 58 Seiten.

Schienenschnellverkehr
Ein Beitrag zur Lösung gegenwärtiger und zukünftiger Probleme im Fernverkehr. Tagung Hannover vom 4.-6.10.1972. Mit Beitr.v. G. Aberle, W.D.
Graf zu Castell, F. Halstenberg u.a. (= Schriftenr.d.Dt. Verkehrswiss.
Ges.e.V. (DVWG), R.B: Seminar, B 16). Köln 1973, VIII, 402 Seiten, Kt.,
Pl., Abb., Tab., Übers., Lit.

Schnellbahn
im In- und Ausland I. Ein wirksames Mittel gegen die Verkehrsnot in den
Städten. (= Schriftenr. für Verkehr und Technik H. 31). Verlag E. Schmidt
Bielefeld, 1967, 87 Seiten, 60 Bilder.

Schreiber, H.
Verkehr. Wissenschaftler planen die Zukunft. C. Habel Verlag Darmstadt,
1973, 287 Seiten.

Schulze, H.
Straßen für das Jahr 2000. Plädoyer für ein neues Verkehrssystem.
(= Grenzgespräche Bd. 1). Neukirchener Verlag Neukirchen-Vluyn, 1971,
228 Seiten.

Technische Möglichkeiten
von morgen. Das Stadtbild von morgen: Der innerstädtische Verkehr von
morgen. Econ-Verlag Düsseldorf, 1973, 93 Seiten.

Unkonventionelle
Personentransportsysteme, dreisprachige internationale Bibliographie
mit 2.425 Literaturangaben. Hrsg.: Internationaler Verband für Öffentliches Verkehrswesen UITP. Selbstverlag Brüssel, 1973, 320 Seiten.

Verkehr
der Zukunft. Möglichkeiten und Aussichten. Vorstudie f.d.Verb.d. Automobilindustrie erarb.v. Battelle-Inst.e.V. Frankfurt/M. (= Schriftenr. d.Verb.d. Automobilindustrie e.V. (VDA) Nr. 6). Frankfurt/M. 1970, 169 Seiten, Kt., Abb., Tab., Lit.

Verkehrs-Lexikon
Hg. von W. Linden. Betriebswirtschaftl. Verlag Gabler Wiesbaden, 1966, 977 Seiten.

Weigelt, H.
Personen-Transportsysteme in großen Wohnsiedlungen. Institut z. Erforschung Technolog. Entwicklungslinien, Selbstverlag Hamburg, 1973, 68 S., 25 Ill., graph. Darst.

Weigelt, H. - Götz, R. - Wiess, H.
Stadtverkehr der Zukunft. Teloeken Verlag/Alba Buchverlag Düsseldorf, 1973, 148 Seiten, 92 Abb., 47 Tab.

Ziegler, M. - Klemm, W.
Neue Nahverkehrssysteme. Verkehrsmittel der Zukunft. Bauverlag Wiesbaden/Berlin, 1972, 184 Seiten, 198 Abb., Qu.

5. Verkehrsinvestitionen und Verkehrsinfrastruktur

Aberle, G.
Verkehrsinfrastrukturinvestitionen im Wachstumsprozeß entwickelter
Volkswirtschaften. (= Buchr.d.Inst.f. Verkehrswiss.an d. Univ. Köln
Nr. 27). Verlag Handelsblatt Düsseldorf, 1972, 218 Seiten, Lt.

Ahner, H.
Kriterien der Anwendung von Operations Research-Modellen bei Entscheidungen über regionale Verkehrsinvestitionen. Diss. Mannheim. 1969, IV,
258 Seiten, Lit. Maschinenschriftl. vervielf.

Bartholmai, B.
Analyse des Angebotspotentials und Projektion des Investitionsbedarfs
im Verkehr in der Bundesrepublik Deutschland. Hrsg.: Dt. Inst.f. Wirtsch.
forsch. (= Beitrag z. Strukturforschung H. 20). Verlag Duncker u. Humblot Berlin, 1972, 176 Seiten, Tab., Lit., Res. engl.

Binder, V.
Bewertungskriterien für Infrastrukturverbesserungen im Straßenverkehr.
(= Schriften zur wirtschaftswissenschaftlichen Forschung Bd. 67). Hain
Verlag Meisenheim a. Glan, 1973, 179 Seiten, zahlr. Qu.

Ellen, E.R. - Philipps, J.
Finanzierung von Investitions- und Betriebskosten öffentlicher Verkehrsbetriebe. (Internationaler Ausschuß für Verkehrswirtschaft.). Hrsg.:
Int. Verb.f. öffentl. Verkehrswesen - UITT. (= 40. Internationaler Kongress, Den Haag 1973. H.56). Selbstverlag Brüssel, 1973, 30 Seiten,
Schem.,Tab.

Dahlhaus, J. - Marx, D.
Flächenbedarf und Kosten von Wohnbauland, Gemeinbedarfseinrichtungen,
Verkehrsanlagen und Arbeitsstätten. (= Veröff.d.Akad.f. Raumforschung
u. Landesplanung, Beitr., Bd. 1). Verlag Jänecke Hannover, 1968, VIII,
47 Seiten, Tab., Lit.

Frey, René L.
Infrastruktur. Grundlagen der Planung öffentlicher Investitionen. (= Handu. Lehrbücher aus dem Gebiet der Sozialwissenschaften). Mohr Verlag Tübingen und Schulthess Verlag Zürich, 2. erg. Aufl., 1972, 132 Seiten,
graph. Darst.

Gälli, A. - Leibfritz, W. - Sprenger, R.U.
Struktur und Entwicklung der Verkehrsinvestitionen der öffentlichen Hand
in Ballungsräumen. Unter Mitarbeit v.H. Buss. Hrsg.: Ifo-Inst.f. Wirtschaftsforsch.e.V. München. (= Ifo Stud.z. Verkehrswirtschaft 1). München
1972, V, 143 S., Tab., Lit. Maschinenschriftl. vervielf.

Georgi, H.
Cost-benefit-analysis als Lenkungsinstrument öffentlicher Investitionen
im Verkehr. (= Forsch.a.d.Inst.f. Verkehrswiss.d.Univ. Münster Bd.17).
Verlag Vandenhoeck u. Ruprecht Göttingen, 1970, 237 Seiten, Abb., Tab.,
Übers., Lit. Zsffsg.

Grevsmähl, J.
Adaptive Verkehrsplanung. Ein Versuch zur Berücksichtigung gesamtwirtschaftlicher Gesichtspunkte und des Unsicherheitsmomentes in einem Teilbereich der Infrastrukturplanung. (= Verkehrswiss. Forschungen, Schriftenr.d.Inst.f. Industrie- u. Verkehrspolitik d. Univ. Bonn, Bd. 23). Verlag Duncker u. Humblot Berlin, 1971, 219 Seiten. Zugl. Diss. Bonn.

Grünärml, F.
Der innerstädtische Verkehr: Preispolitische Möglichkeiten der Steuerung des innerstädtischen PKW-Verkehrs. (= Marburger Rechts- u. Staatswiss. Abhandlungen, Reihe B: Staatswiss. Abhandl. Bd. 4). Verlag Elwert Marburg, 1971, 169 Seiten. Zgl. Diss. Marburg.

Hellmann, H.
Ballungsabgaben im innerstädtischen Verkehr. Eine ök. Unters.z. Problem d. Individualverkehrs in Ballungszentren. (= Karlsruher Stud.z. Regionalwiss. H. 4). Karlsruhe 1971, IX, 225 Seiten, Abb., Tab., Lit. Maschinenschriftl. vervielf.

John, G.
Ermittlung und Analyse der Investitionen und des Anlagevermögens im Verkehr in der Bundesrepublik Deutschland. (= DIW-Beiträge zur Strukturforschung 17). Verlag Duncker u. Humblot Berlin, 1971, 86 Seiten mit zahlr. Tab.

Kentner, W.
Planung und Auslastung der Verkehrsinfrastruktur in Ballungsräumen. (= Buchr.d.Inst.f. Verkehrswiss. an d. Univ. Köln Nr. 29). Verlag Handelsblatt Düsseldorf, 1972, 523 Seiten, Abb., Tab., Lit. Maschinenschr. vervielf.

Keun, F.
Die optimale Infrastrukturausstattung einer Region unter Berücksichtigung dynamischer Aspekte. Verlag Vandenhoeck u. Ruprecht Göttingen, 1973, 151 Seiten, 11 Tab., 13 Abb.

Kienbaum G.
Ökonomische Probleme des modernen Stadtverkehrs. (= Vortr.u.Stud. aus d. Inst.f. Verkehrswiss. an der Univ. Münster 2). Verlag Vandenhoeck u. Ruprecht Göttingen, 1966, 18 Seiten.

Knagge, B.
Unternehmerische Investitionsentscheidungen im Verkehrssektor. - Determinanten u. staatliche Einflußmöglichkeiten. (= Beitr.a.d.Inst.f. Verkehrswiss.a.d.Univ. Münster H. 49). Verlag Vandenhoeck u. Ruprecht Göttingen, 1968, 189 Seiten, Abb., Tab., Lit.

Maywald, W.
Möglichkeiten z. Verbesserung d. Koordination bei der Planung u. Durchführung d. Verkehrs-Infrastruktur-Investitionen. Hrsg.: Inst.f. Verkehrswissensch.d. Univ. Münster. Verlag Vandenhoeck u. Ruprecht Göttingen, 1973, 182 Seiten.

Meyke, U.
Cost-Effectiveness-Analysis als Planungsinstrument - unter besonderer Berücksichtigung von Infrastrukturinvestitionen im Verkehr. (= Forschungen aus dem Inst.f. Verkehrswissenschaft an der Univ. Münster 18). Verlag Vandenhoeck u. Ruprecht, 1973, ca. 200 Seiten.

Plath, F.
Ökonomische Bewertung öffentlicher Investitionen. Grundlagen und ihre spezielle Anwendung auf Planungsvarianten zum Ausbau städtischer Verkehrssysteme. Hrsg.: Institut für Städtebau Berlin der Dt. Akademie für Städtebau u. Landesplanung. (= Inst.f. Städtebau Berlin der Deutschen Akademie f. Städtebau u. Landesplanung 6). Selbstverlag Berlin, 1973, 180 Seiten, zahlr. Qu.

Richter, K.-J.
Verkehrsökonometrie Bd. 1. Kybernetische Analyse verkehrsökonomischer Systeme. Transpress VEB Verlag f. Verkehrswesen Berlin/Ost, 2. Aufl., 1971, 455 Seiten.

Richter, K.-J.
Verkehrsökonometrie Bd. 2. Ökonomisch-mathematische Entscheidungsmodelle im Verkehrswesen. Transpress VEB Verlag f. Verkehrswesen Berlin/Ost, 1972, 360 Seiten, 70 Abb., 85 Tab.

Roeckmann, W.
Planung der Verkehrsinfrastruktur in den Städten. (= Beiträge aus dem Inst.f. Verkehrswissenschaft Münster Bd. 75). Verlag Vandenhoeck u. Ruprecht Göttingen, 1973, 150 Seiten.

Spary, P.
Wachstums- und Wohlstandseffekte als Entscheidungskriterien bei öffentlichen Straßenbauinvestitionen. (= Finanzwiss. Forsch.Arbeit N.F.H.37). Verlag Duncker u. Humblot Berlin, 1968, 266 Seiten, Tab., Lit.

Stolley, K.M.
Produktivitätseffekte öffentlicher Nahschnellverkehrsinvestitionen. Erfassungs- u. Berwertungsansätze unter Kosten-Nutzen-Gesichtspunkten. Diss. Hamburg. Hamburg 1972, V, 164 Seiten, Abb., Tab., Lit. Maschinenschriftl. vervielf.

Ventker, R.
Die ökonomischen Grundlagen der Verkehrsnetzplanung. (= Verkehrswiss. Stud.a.d.Inst.f. Verkehrswiss.d.Univ. Hamburg H.11). Verlag Vandenhoeck u. Ruprecht Göttingen, 1970, 174 Seiten, Abb., Tab., Lit.

X. Kulturplanung und -gestaltung
1. Kirchenplanung und Kirchenbau

Burgen Gottes -
Zelte der Gemeinde. Architektur und Kunst in der Evangelischen Kirche
im Rheinland. Bildband. Presseverband der Evang. Kirche im Rheinland e.V.
Düsseldorf, 1968, 188 Seiten mit Abb.

Ehlgötz, R.
Gartenarchitektur-Wettbewerbe Teil 1: Friedhöfe, Gedenkstätten, Kapellenbauten. Parey Verlag Berlin, 1965, 69 Seiten, 97 Abb.

Funktionelle
Erfordernisse zentraler Einrichtungen als Bestimmungsgröße von Siedlungs- und Stadteinheiten in Abhängigkeit von Größenordnung und Zuordnung. Bearb. von F. Spengelin u.a. (= Schriftenreihe Städtebauliche Forschung des Bundesministers für Städtebau und Wohnungswesen Bd. 03.003). Waisenhaus-Verlag Braunschweig, 1972, 504 Seiten.

Gieselmann - Aebli
Neue Kirchen. Text deutsch/engl. Krämer Verlag Stuttgart, 1959, 150 Seiten, 150 Abb.

Gieselmann, R.
Neue Kirchen. Text deutsch/engl. Hatje Verlag Stuttgart, 1972, 176 Seiten, 380 Abb.

Hellwag, R. (Hg.)
Kirchenbau in der Zivilisationslandschaft. 12. Evangelische Kirchenbautagung in Essen. Wittig Verlag Hamburg, 1965, 129 Seiten mit Abb.

Heymann, D.v.
Kirchen, Schulen, Internate. Verlag Vandenhoeck u. Ruprecht Göttingen, 1971, 315 Seiten.

Kidder-Smith, G.E.
Neuer Kirchenbau in Europa. Hatje Verlag Stuttgart, 1964, 292 Seiten, 553 Abb., 200 Pl.

Kimmig, E.
Kirchen. (= architektur wettbewerbe Bd.54). Krämer Verlag Stuttgart/Bern, 1968, 144 Seiten, 328 Abb.

Kimmig, E.
Kirchliche Gemeindezentren. (= architektur wettbewerbe Bd.44). Krämer Verlag Stuttgart/Bern, 1965, 116 Seiten mit Abb.

Kirche -
Haus der Gemeinde. 20 Jahre kirchliches Bauen der Diözese Würzburg.
Echter Verlag Würzburg, 1969, 292 Seiten, 273 Abb.

Kirchen -
Gemeindezentren. (= Baumeister Querschnitte 2). Callwey Verlag München, 1966, 104 Seiten mit Abb. u. Pl.

Der Kirchenbau
der Gegenwart. (= Neudorfer Gespräche 1. Folge). Akad. Druck- und Verlagsanstalt Graz, 1969, 158 Seiten Text, 46 Abb. auf 22 Tafeln.

Langmaack, G.
Evangelischer Kirchenbau im 19. und 20. Jh. in Deutschland. Stauda Verlag Kassel, 1971, 384 Seiten, 400 Abb.

Matisse, H. - Léger, F. - Le Corbusier
Moderne Kirchen. Die persönlichen Zeugnisse der Künstler über die Kirchen von Vence, Audincourt und Ronchamp. Hg. in Zusammenarbeit mit C.W. David, R. Escholier. Aus dem Französischen übersetzt von S. Bütler. Verlag Die Arche Zürich, 4. Aufl., 1962, 80 Seiten.

Maurer, H.A.
Moderner Kirchenbau in Deutschland. Lometsch Verlag Buch und Kunst Kassel, 2. Aufl., 1970, 76 Seiten, 60 Bildtafeln und Grundrisse.

Merkle, G.
Kirchenbau im Wandel. Eine Dokumentation der Grundlagen des Kirchenbaus im 20. Jahrhundert und seiner Entwicklung in der Diözese Rottenburg. Schwabenverlag Stuttgart, 1973, 276 Seiten, 242 Abb.

Nagel, S. - Linke, S. (Hg.)
Kirchliches Bauen. Kirchen - Kapellen - Gemeindezentren - Klöster - Friedhofsbauten. Planungsgrundlagen von den Architekten Legge und Henjes. (= DBZ-Baufachbücher Bd.3). Bertelsmann Verlag Gütersloh, 1968, 210 Seiten mit 520 Abb.

Odenhausen, H. - Gladischefski, H.
Stahl im Kirchenbau. Stahleisen Verlag Düsseldorf, 1962, 208 Seiten mit 292 teilweise vierfarb. Bildern.

Poscharsky, P.
Ende des Kirchenbaues? (= urban Taschenbuch Reihe 80). Kohlhammer Verlag Stuttgart, 1970, 80 Seiten, 4 Bildtafeln, 20 Zeichng.

Poscharsky, P.
Neue Kirchen. Kirchenzentren und Friedhofskapellen in der Braunschweigischen evangel.-luther. Landeskirche. Callwey Verlag München, 1968, 84 Seiten mit vielen Abbildungen.

Pralle, L.
Neue Kirchen im Bistum Fulda. Hg. Bischöfliches Dom-Kapitel. Parzeller Verlag Fulda, 1970, 124 Seiten, 108 Abb.

Rombold, G.
Kirchen für die Zukunft bauen. Beiträge zum neuen Kirchenverständnis. Verlag Herder Freiburg/Brsg., 1969, 223 Seiten, zahlr. Abb.

Schade, H.
Moderner Kirchenbau. (= Entscheidung Bd.28). Verlag Butzon und Bercker Kevelaer, 1962, 31 Seiten.

Schnell, H.
Der Kirchenbau des 20. Jahrhunderts in Deutschland. Dokumentation, Darstellung, Deutung. Verlag Schnell u. Steiner München/Zürich, 1973, 268 S., 276 Abb., 20 Farbtaf., 325 Grundr.u.Schn.

Schwarz, R.
Kirchenbau. Kerle Verlag Heidelberg, 1960, 351 Seiten mit Abb.

Schwemmer, G.
Problematik und Aufgabe des christlichen Kirchenbaus. Katzmann Verlag Tübingen, 1964, 84 Seiten.

Thulin, O.
Kirchenbauten in weiter Welt. VSEKB/Ev. Verlagsanstalt Berlin, 1972, 128 Seiten mit ca. 60 Fotos.

Tradition
und Aufbruch im evangelischen Kirchenbau. 13. evangelische Kirchenbautagung in Hannover 1966. Hg. von H. Johnsen. Wittig Verlag Hamburg, 1967, 143 Seiten mit Abb.

Werner, C.M.
Das Ende des "Kirchen"-Baus. Theolog. Verlag Zürich, 1971, XVI, 307 S.

Weyres, W. - Bartning, O.
Kirchen. Grundlagen, Planung, Neue Kirchenbauten. (= Handbücher zur Bau- und Raumgestaltung). Callwey Verlag München, 1959, 448 Seiten, rd. 1500 Abb., Zeichnungen, Grundrisse u. Details.

Winter, F.G.
Kleinkirchen. Scherpe Verlag Krefeld, 1960, 96 Seiten mit Abb., Lagepl., Grundr.

2. Schulplanung und Schulbau

Allgemeine
Schulbaurichtlinien für Baden-Württemberg (ASR). Neckar Verlag Villingen, 1970, mit Änderungen bis Herbst 1972, 40 Seiten.

Bachmann, W. - Stagneth, E.
Ganztags-Sonderschulen. Leitfaden zur Planung und Realisierung. In Zusammenarbeit mit der gemeinnützigen Ges. Tagesheimschule e.V. Frankfurt/M. Verlag Schindele Neuburgweier (Karlsruhe), 1972, 257 Seiten, graph. Darst., Literaturangaben.

Banser, K.W. - Eckert, B. - Uder, E.
Modell eines Gesamt-Schulzentrums für behinderte und nichtbehinderte Kinder. Unter besonderer Berücksichtigung der Anforderungen körperbehinderter Kinder. J. Beltz Verlag Weinheim/Bergstr., 1971, 154 Seiten, mit Abb. u. Tab.

Bauer, E.
Schulbau pädagogisch gesehen. (= Schriftenreihe für die praktische Schularbeit). Neckar Verlag Villingen, 1963, 168 Seiten, 76 Abb.

Bauer, E. u.a.
Schulbau für morgen. (= architektur wettbewerbe 60). Krämer Verlag Stuttgart, 1969, 196 Seiten.

Bauer, E. u.a.
Schulen gebaut nach Wettbewerben. (= architektur wettbewerbe H.55). Krämer Verlag Stuttgart/Bern, 1968, 144 Seiten, 288 Abb.

Bauer, E. - Gross, R. - Kroner, W. - u.a.
Tendenzen im Schulbau. (= architektur wettbewerbe Bd.51). Krämer-Verlag Stuttgart/Bern, 1967, 138 Seiten, 268 Abb. und Pläne.

Baumann, H. - Ketterer, B. - Krebs, K. - Zinser, V.
Vorfertigung im Schulbau. Kiepert-Verlag Berlin, 1971, 251 Seiten, zahlr. Abb.

Bechert - Heermann - Lohmann
Schulbau für heute und morgen. Beiträge zur Ökonomie und Variabilität im Schulbau. Julius Beltz-Verlag Weinheim/Bergstr., 1973.

Berger, W.
Schulbau von heute für morgen. Musterschmidt Verlag Göttingen, 184 Seiten, 232 Abb., 1 Kt.

Berufsbildende Schulen
Vocational Training Schools. (= architektur wettbewerbe Nr.76). Krämer Verlag Stuttgart, 1973, 96 Seiten.

Brändle, K.
Schulbau durch Vorfertigung. Beuth-Vertrieb Berlin, 1966, 91 Seiten
mit vielen Abb.

Budde, F. - Theil, H.W.
Schulen. Handbuch für die Planung und Durchführung von Schulbauten.
(= Aus der Reihe "Handbücher zur Bau- und Raumgestaltung"). Callwey
Verlag München, 1969, 256 Seiten, 1090 Fotos, Grundrisse u. Zeichn.

Deilmann, H.
Schulbauten. Primarschulen - Sekundarschulen: Hauptschulen, Realschulen,
Gymnasien, Schulzentren - Berufs- und Fachschulen - Sonderformen. (= DBZ-
Baufachbücher Bd.10). Bertelsmann Verlag Gütersloh, 1971, 208 Seiten
mit 740 Abb.

Deutscher Bildungsrat (Hg.)
Empfehlungen der Bildungskommission. Zum Schulbau. Klett Verlag Stuttgart, 2. Aufl., 1970, 24 Seiten.

Dörr, A. - Hischer, E.
Die Schule für Körperbehinderte. Schindele Verlag Karlsruhe, 2. erw.
Aufl., 1973, 205 Seiten, zahlr. Abb.

Dokumentation
Schulen aus Fertigteilen. Literatur 1969 - 1972. Hg. von der Dokumentationsstelle für Bautechnik in der Fraunhofer Gesellschaft Stuttgart,
Selbstverlag 1972, Nr. N 1822. 78 nachgewiesene Titel.

Eller, F. - Gaube, E. u.a.
Schulbau Entwurfsgrundlagen. Bd.1: Größen von Klassen-, Kurs- und
Gruppenräumen. (= Reihe "Die Schule in NRW" H.13). Henn Verlag Wuppertal, 1968, 112 Seiten mit Abb.

Entscheidungsvorbereitung
für den Bauwettbewerb einer Gesamtschule. Hg. vom Institut für Grundlagen der modernen Architektur an der Universität Stuttgart. (= Arbeitsberichte zur Planungsmethodik 5). Krämer Verlag Stuttgart, 1972.

Friedl, G.M.
Neue Schulen in alten Bauten. Drei Beispiele für die Nutzung alter
Schulgebäude, wenn den pädagogischen Anforderungen Priorität eingeräumt
wird. J. Beltz Verlag Weinheim/Bergstr., 1973/74.

Funktionelle
Erfordernisse zentraler Einrichtungen als Bestimmungsgröße von Siedlungs-
u. Stadteinheiten in Abhängigkeit von Größenordnung und Zuordnung. Bearb.
von F. Spengelin u.a. (= Schriftenreihe Städtebauliche Forschung des
Bundesministers für Städtebau und Wohnungswesen 03.003). Waisenhaus-Verlag
Braunschweig, 1972, 504 Seiten.

Gesamtschule
Nürnberg-Langwasser - Entscheidungsvorbereitung für den Bauwettbewerb.
(= Arbeitsberichte zur Planungsmethodik Bd. 5). Krämer-Verlag Stuttgart,
1972, 160 Seiten, zahlr. Abb.

Gesamtschulen -
Schulmodelle. (= architektur wettbewerbe H. 63). Krämer-Verlag Stuttgart,
1970, 122 Seiten.

Grundschulen -
Kindergärten. (= architektur wettbewerbe H. 70). Krämer-Verlag Stuttgart,
1972, 97 Seiten.

Herzog, K. - Oddie, G.
Technologische oder ökonomische Lösung des Schulbauproblems. Wirtschaftlichkeit im Schulbau. Hg. vom Max-Planck-Institut Berlin. (= Studien u. Berichte des Max-Planck-Instituts für Bildungsforschung Berlin Bd.10). Selbstverlag Berlin, 1968, 316 Seiten.

Heymann, D.v.
Kirchen - Schulen - Internate. Verlag Vandenhoeck u. Ruprecht Göttingen, 1971, 315 Seiten.

Hirsch, W. - Höfler, H. - Kandel, L. - Krebs, E.
Schulzentren. (= architektur wettbewerbe H.73). Krämer Verlag Stuttgart, 1973, 100 Seiten, 262 Abb.

Höfler, H. - Kandel, L. - Krebs, E.
Berufsschulen. (= architektur wettbewerbe H.76). Krämer Verlag Stuttgart/ Bern, 1973, etwa 100 Seiten, über 200 Abb.

Jörg, H.
Pädagogische Reformbestrebungen neuerer Zeit und ihre Auswirkungen auf die Schulbaubestimmungen in den einzelnen Ländern der Bundesrepublik. Henn Verlag Wuppertal, 1970, 228 Seiten mit 75 Abb.

Klaffke, K.
Schulstandort und Schulregion. Merkmale des Besuchs allgemeiner Schulen - Folgerungen für die regionale Schulplanung. Jänecke Verlag Hannover, 1969, 150 Seiten, zahlr. Abb.u.Tab.

Kledzik, U.J. (Hg.)
Entwurf einer Hauptschule. Eine Analyse der Erfahrung, Probleme und Möglichkeiten unter besond. Berücksichtigung eines 10. Pflichtschuljahres in Berlin. (= Auswahl. Reihe B Bd.6/7). H. Schroedel Verlag Hannover, 1967, 210 Seiten.

Klein, F. - Fabricius, F.
Das Recht auf Bildung und seine Verwirklichung im Ballungsraum. (= Verwaltung und Wirtschaft 39). Kohlhammer Verlag Stuttgart, 1969, 43 Seiten.

Klein, H.- Stüve, H.
Schulbauhandbuch Nordrhein-Westfalen. Förderungs- und Planungsbestimmungen für den kommunalen Schulbau in NRW mit einer erläuternden Einführung. Dt. Gemeindeverlag Köln, 1970, 456 Seiten.

Kommunaler Schulbau
in Nordrhein-Westfalen. Eine Einführung in die neuen Förderungsgrundsätze für das Schulbauprogramm in NRW mit den Zuweisungsrichtlinien vom 13.9.1971 und den vorläufigen Richtlinien für die Errichtung von Schulzentren und für die Aufstellung des Raumprogramms vom 13.7.1971. (= Nordrhein-Westfäl. Städte- und Gemeindebund. Abh.z. Kommunalpolitik 5). Dt. Gemeindeverlag Köln, 1971, 80 Seiten.

Kroner, W. - Berthold, G.
Gymnasien. (= architektur wettbewerbe H. 48). Krämer-Verlag Stuttgart/ Bern, 1966, 132 Seiten, 246 Abb. und Pläne.

Kroner, W.
Schule im Wandel, Wandel im Schulbau. Hatje-Verlag Stuttgart, 1974, etwa 180 Seiten, etwa 500 Abb.

Mastmann, Horst - Flößner, Wolfram - Teschner, Wolfgang
Gesamtschule. Ein Handbuch der Planung und Einrichtung. Wochenschau-Verlag Schwalbach b. Frankfurt/M., 1968, 206 Seiten.

Meyer-Bohe, O.u.W.
Neue Schulen. Rund 40 Beispiele von Schulzentren, Mittelpunktschulen und Gesamtschulen. Wasmuth-Verlag Tübingen, 1973/74, etwa 208 Seiten, rd. 410 Abb.

Modell
einer Ganztagesschule. Programmierung und Auswertung für das Gymnasium Osterburken. (= Bildung in neuer Sicht Reihe A Nr. 13). Neckar-Verlag Villingen, 1968, 246 Seiten, zahlr. Abb.

Moser, F.
Schulstandort und Stadtplanung. Schulstandort und Stadtplanung gezeigt am Beispiel Graz. (= Schriftenreihe des Instituts für Städtebau, Raumplanung und Raumordnung an der TH Wien, Bd. 9). Springer-Verlag Wien, 2. Aufl., 1973, 88 Seiten, 103 Abb., 9 Faltpläne.

Mundt, W.
Die Bauplanung von Schulen, Spiel- und Sportanlagen, Krankenhäusern, Bauten der Jugend, sozialem Wohnungsbau, Schutzraumbauten. Zusammenstellung der Richtlinien für Nordrhein-Westfalen. Werner-Verlag Düsseldorf, 3., überarb. Aufl., 1969, 271 Seiten. Mit Ergänzungsheft 1972, 72 Seiten.

Nagel, S. - Linke, S.
Bauten für Bildung und Forschung. Hrsg. Deutsche Bauzeitschrift. Museen, Bibliotheken, Institute. Bertelsmann Verlag Gütersloh, 1971, 206 Seiten, 745 Abb.

Otto, K.
Schulbau 2. Berufs- und Fachschulen, Höhere Fachschulen. 65 internationale Beispiele. Verlag Koch Stuttgart, 1964, 320 Seiten, rd. 500 Abb. u. Pläne.

Peters, P. - Schwarze, D.v. - Günther, S.
Die neuen Schulen. (= Reihe e + p - Entwurf und Planung Bd. 3). Callwey-Verlag München, 1969, 136 Seiten, zahlr. Abb.

Progressive
Schulen. (= architektur wettbewerbe H. 67). Krämer-Verlag Stuttgart, 1971, 100 Seiten.

Rationalisierung
im Schulbau. Planungshinweise, Kostenrichtwerte, Bildung in neuer Sicht (= Schriftenreihe d. Kultusministers Baden-Württemberg zur Bildungsforschung, Bildungsplanung und Bildungspolitik Reihe A, Nr. 11). Neckar-Verl. Villingen 1968.

Richtlinien
für die Planung von Schul- und Hochschulbauten. Hrsg.v.Minister f. Wohnungsbau u. öffentl. Arbeiten des Landes Nordrhein-Westfalen. (= Schriftenreihe "Nordrhein-Westfalen baut", Bd.21). Wingen-Verlag Essen, 1967, 32 Seiten, 12 Bild., 2 Tab.

Roth, A.
Das neue Schulhaus. 32 Beispiele aus 12 verschiedenen Ländern. Text deutsch/engl./franz. 4. neubarb. Aufl., 1966, 304 Seiten, 500 Abb.

Ruf, H. - Seufert, W.
Kommentar zu den Schulbau-Richtlinien: Bau von Schulanlagen für Volksschulen in Bayern. Rechtsvorschriften, Empfehlungen des Arbeitskreises Schulbau, Amtliche Schulbau-Richtlinien. Link Verlag Kronach/Bayern/München, 1968, 256 Seiten, 20 Abb.

Schmalscheidt, H.
Häuser für Studenten. (= Reihe e + p - Entwurf und Planung Bd.21). Callwey Verlag München, 1973, 132 Seiten, rd. 400 Pläne u. Schnitte.

Schmittlein, K.
Berechnungsmodell für die Vorausschätzung der Zahl der Schüler und Schulabgänger. Method. Stud.m.d. Ergebn.e. ersten Rechnung f. Bayern. (= Schriften d. Staatsinst.f. Bildungsforsch.u. -planung). Klett Verlag Stuttgart, 1969, 73 Seiten, Tab., Übers., Lit.

Schneider, H.
Schulhausbauten aus der Sicht des Lehrers. Ein Beitrag für Architekten, Behörden und Schulen. Werk-Verlag Gräfelfing, 1969, 70 Seiten, rd. 72 Abb.

Schulbau
Entwurfsgrundlagen. Bd.1: Größen von Klassen-, Kurs- und Gruppenräumen. Bearb.: E. Gaube, J. Maas, H. Budde, K. Pfeiffer. Hrsg. Kultusminister des Landes Nordrhein-Westfalen. (= Die Schule in Nordrhein-Westfalen H.13). Henn Verlag Düsseldorf, 1967, 112 Seiten, 42 Bild., Tab., 1 Falttafel, 4 Qu.

Schulbau
für heute und morgen. Beiträge zur Ökonomie und Variabilität im Schulbau. Hg.v. G. Bechert, G. Heermann, J. Lohmann. (= Veröffentl. des Pädagog. Zentrums Berlin, Reihe C: Berichte Bd.19). Verlag J. Beltz Weinheim, 1973, 162 Seiten.

Schulen
und Schulzentren. (= Baumeister Querschnitte 11). Callwey Verlag München, 1971, 104 Seiten, mit Abb. u. Plänen.

Schulentwicklungsplanung
(= Beiträge zur Stadtentwicklung (Stadt Stuttgart) Bd.1). Krämer Verlag Stuttgart.
Band 1: 1972, 180 Seiten, 17 Pläne, 43 Tab., 5 Falttaf.
Band 2: 1972, 120 Seiten, 9 Pläne, 20 Taf., 13 Faltpläne.

Schulhausbauten
Hrsg.: VSZS Verband Schweizerischer Ziegel- und Steinfabrikanten. (= Element H.15). Selbstverlag Zürich, 1967, 97 Seiten, 140 Bild., Grundr., Schn., graph. Darst., Lagepl., Tab., 12 Qu.

Schulzentren
School-Centers. Mit Beitr.v. W. Hirsch, H. Höfler, L. Kandel, E. Krebs. (= Architektur Wettbewerbe Nr.73). Krämer Verlag Stuttgart, 1973, XII, 88 Seiten, Grundr., zahlr. Abb.

Schulze, W.
Turnhallen. Hinweise zur wirtschaftlichen Planung und Bauausführung.
Bauverlag Wiesbaden, Bd.2, 1971, 109 Seiten mit 22 Abb., 74 Seiten Anh.
mit Produktnachweisen für Planung und Ausstattung von Turnhallen.

Schuster, G.
Planung mit methodischen Bausteinen konkretisiert am Beispiel der Schulentwicklungsplanung. Hrsg.: Inst.f. Städtebau, Wohnungswesen und Landesplanung TU Braunschweig. Selbstverlag Braunschweig, 1973, 44 Seiten, Schem., Qu.

Stadt -
Gesellschaft - Schule. Grundlagen und Zukunft der städtischen Schulen mit Statistik-Anhang "Zahlen und Daten". (= Neue Schr.d. Dt. Städtetages H.21). Kohlhammer Verlag Stuttgart, 1967, 114 Seiten, 44 Bildtafeln.

Tendenzen
im Schulbau. Trends in school design. Mit Beitr.v. Eugen Bauer, Gert Berthold u.a. (= architektur wettbewerbe H. 51). Verlag Karl Krämer Stuttgart/Bern, 1967, 106 Seiten, zahlr. Bild., Grundr., Schn., Schemata, Qu.

Testa, C.
Neue Erziehungsräume. Verlag f. Architektur Artemis München, 1973, ca. 208 Seiten mit ca. 250 Abb. Bibliographie. Deutsch und englisch.

Weber, J. - Riekmann, J.
Die Superschule. Von der Gesamtschule zum Bildungszentrum für alle.
Droste Verlag Düsseldorf, 1973, etwa 200 Seiten.

Wellek, A. - Friedling, H. - Hofstätter, P.R. - Riedel, H. - Rath, K.v. - Simmat, W.E.
Die Einheit der Sinne und das Farbenhören in ihrer Bedeutung für die bildende Kunst. Die psychologische Wirkung der Farben als Anliegen bildender Künstler. Objektive Methoden zur Erfassung von Anmutsqualitäten. Form und Farbe in der Informationsästhetik. Informationsästhetik - einige Anmerkungen zum Thema. Schularchitektur im Urteil von Schülern und Schülerinnen verschiedener Altersstufen. (= Exakte Ästhetik. Methoden u. Ergebnisse empirischer und experimenteller Ästhetik Bd.3/4). Nadolski-Verlag Karlsruhe-Durlach, 1966, 82 Seiten, 20 Abb.

Wild, F. - Nebel, I.
Ausbildungszentren. (= Reihe e + p - Entwurf u. Planung Bd.7). Berufsfachschulen, Lehrwerkstätten, Trainingszentren. Callwey Verlag München, 1970, 132 Seiten, etwa 400 Abb.

Wild, F. - Peters, P.
Die neuen Schulen. (= Reihe e + p - Entwurf u. Planung 3). Callwey Verlag München, 1970, 132 Seiten, ca. 400 Pl.

3. Planung und Bau von Kultur- und Gemeinschaftseinrichtungen

Baumgartner, R.O.
Versammlungsstätten und Geschäftshäuser. Bau- und Betriebsvorschriften.
Heymann Verlag Köln, 1971, XII, 423 Seiten.

Bode, P.
Kinos. Anlage, Bau und Ausstattung von Kinos und Filmvorführungsräumen
aller Art. (= In der Reihe "Handbücher zur Bau- und Raumgestaltung").
Callwey Verlag München, 1957, 288 Seiten, rd. 850 Abb., Pläne u. Details,
4 Farbtafeln.

Brawne, M.
Bibliotheken - Architektur und Einrichtung. Hatje Verlag Stuttgart, 1970,
184 Seiten, 500 Abb., Text deutsch-englisch.

Brawne, M.
Neue Museen. Hatje Verlag Stuttgart, 1965, 210 Seiten, über 600 Abb.
und Pläne, text deutsch-englisch.

Davis, M.E.
Community mental health centers: Planning, systems analysis and program
evaluation (Gemeinschaftszentren für geistiges Gesundheitswesen: Planung,
Systemanalyse, Programmermittlung). (= Exchange Bibliography. Council of
Planning Librarians. 469). Monticello, Ill.: Council of Planning Libra-
rians, 1973, 11 S.

Dokumentation
Theaterbauten, Opernhäuser, Schauspielhäuser. Literatur 1969 - 1972.
Hg. von der Dokumentationsstelle für Bautechnik in der Fraunhofer Ge-
sellschaft Stuttgart, Selbstverlag 1973, Nr. N 1863, 62 nachgewiesene
Titel.

Funktionelle
Erfordernisse zentraler Einrichtungen als Bestimmungsgröße von Siedlungs-
und Stadteinheiten in Abhängigkeit von Größenordnung und Zuordnung. Bearb.
von F. Spengelin u.a. (= Schriftenreihe Städtebauliche Forschung des Bundesministers für Städtebau und Wohnungswesen 03.003). Waisenhaus Verlag
Braunschweig, 1972, 504 Seiten.

Gemeinschaftseinrichtungen
(= architektur wettbewerbe Bd. 59). Krämer Verlag Stuttgart, 1969,
128 Seiten, 264 Abb., 3 Falttafeln.

Gerhardt, H. - Kühnbaum, F.
Verordnung über Versammlungsstätten mit Erläuterungen. Verlag Wilhelm
Ernst u. Sohn Berlin/München/Düsseldorf-Reisholz, 1972, 97 Seiten.

Geschäftshausverordnung
Versammlungsstättenverordnung und Verordnung über technische Bühnenvorstände in NRW. Werner Verlag Düsseldorf, 1969, 111 Seiten.

Graubner, G.
Theaterbau. Aufgabe und Planung. Callwey Verlag München, 2., unveränd. Aufl., 1970, 130 Seiten, 131 Abb.

Holstein, E.
Versammlungsstättenverordnung Schleswig-Holstein. Textausgabe mit einer erläuternden Einführung. Deutscher Gemeindeverlag Köln etc., 1971, 84 S.

Hugelmann, H.
Die Volksbücherei. Wesen, Aufgabe und Organisation. Schwab Verlag Stuttgart/Schopfheim, 1952, 280 Seiten.

Job, H. - Ostertag, R.
Theater für morgen. (= Reihe Projekt Bd. 8). Krämer Verlag Stuttgart, 1970, 60 Seiten, 100 Abb.

Kimmig, E.
Kirchliche Gemeindezentren. Parish Centres. (= Architektur-Wettbewerbe 44). Krämer Verlag Stuttgart/Bern, 1965, 112 Seiten, zahlr. Bild., Grundr., Schn., Qu.

Künzel, F. (Hg.)
Bibliotheksbaufragen. Im Auftrag der Kommission f. Baufragen des VdB. Verlag Dokumentation München-Pullach, 1973, 200 Seiten.

Ledermann, A. - Trachsel, A.
Spielplatz und Gemeinschaftszentrum. Hatje Verlag Stuttgart, 2. Auflage, 1968, 176 Seiten, 450 Abb., Text deutsch-englisch.

Liebers, G. (Hg.)
Bibliotheksneubauten in der Bundesrepublik Deutschland. (= Zeitschrift f. Bibliothekswesen u. Bibliographie. Sonderh. 9). Klostermann Verlag Frankfurt, 1968, XII, 343 Seiten.

Mevissen, W.
Büchereibauten. Heyer Verlag Essen, 1958, 256 Seiten.

Mobiler Spielraum -
Theater der Zukunft? Mit Beiträgen von K.Braun/M. Kagel/C. Marowitz/ W. Minks/G. Assum/R. Badran/K. Boedeker/E. Heilmann/J. Jourdan/W.Turk. S. Fischer Verlag Frankfurt/M, 1970, 137 Seiten.

Nagel, S. - Linke, S.
Bauten für Bildung und Forschung. Museen - Bibliotheken - Institute. Bertelsmann Verlag Gütersloh, 1971, 206 Seiten, 745 Abb., Grundr.Schnitte.

Peters, P. - Erben, Ch.
Kongreßzentren. Kongreßhotels. (= Reihe e + p = Entwurf und Planung 20). Callwey Verlag München, 1973, 132 Seiten, zahlr. Pl.

Plovgaard, S.
Systemplanung von Büchereibauten. Dänische Normen und Typenpläne für Büchereiräume. Verlag Harrassowitz Wiesbaden, 1970, 150 Seiten, 23 Abb., 23 Tab., 6 Pläne.

Ruhnau, W. - Nagel, S.
Versammlungsstätten. Vorperspektivische, ein- und mehrperspektivische Theaterbauten und Stadthallen. Bertelsmann Verlag Gütersloh, 1969, 208 Seiten, 615 Abb.

Schubert, H.
Moderner Theaterbau. Internationale Situation, Dokumentation, Projekte, Bühnentechnik. Krämer Verlag Stuttgart, 1971, 222 Seiten, 663 Abb.

Spengelin, F.
Planungselemente II: Gemeinschaftseinrichtungen und Zentren. (= Studienhefte des SIN-Städtebauinstituts Nürnberg H. 5), SIN-Städtebauinstitut Nürnberg Selbstverlag, 3. überarb. Aufl., 1967, 16 Seiten, 4 Skizzenbl.

Theil, W.
Saalbau. Eine Gebäudelehre für Saalbauten und Kulturzentren aller Art. (= In der Reihe "Handbücher zur Bau- und Raumgestaltung"). Callwey Verlag München, 1959, 256 Seiten, rd. 850 Abb., Grundrisse und Details, 10 Farbtafeln.

Unruh, W.
Theatertechnik. Fachkunde und Vorschriftensammlung. Klasing Verlag Bielefeld, 1970, 400 Seiten, 348 Abb.

Versammlungsstättenverordnung
Schleswig-Holstein. Textausgabe der Landesverordnung über den Bau und Betrieb von Versammlungsstätten mit einer erläuternden Einführung. Dt. Gemeindeverlag Köln etc., 1971, 96 Seiten.

Wild, F.
Bibliotheken für Lehre und Forschung. (= Reihe e + p - Entwurf und Planung Bd. 2). Callwey Verlag München, 1969, 136 Seiten, rd. 400 Abb.

Wild, F. - Nebel
Mehrzweckgebäude für gesellschaftliche Funktionen. Film, Konzert, Vortrag, Diskussion, Spiel, Theater. (= Reihe e + p - Entwurf und Planung Bd. 6). Callwey Verlag München, 1970, 133 Seiten, rd. 400 Abb.

XI. Erholungsplanung und –gestaltung
1. Theorie und Soziologie der Freizeit

Andreae, C.A.
Ökonomik der Freizeit. Zur Wirtschaftstheorie der modernen Freizeit.
(= rde 330/331). Rowohlt Verlag Reinbek bei Hamburg, 1970, 247 S.

Arndt, F. - Baubkus, L. - Lorenz, J. - Protzmann, H. - Wolf, K.
Das Freizeitverhalten der Bewohner von Frankfurt-Nordweststadt.
Dokumentation einer studentischen Projektgruppe. (= Rhein-Mainische
Forschungen H. 75). W. Kramer Verlag Frankfurt/M., 1972, 66 Seiten
Text, Anhang, 11 Abb., 53 Tab., 2 Karten.

Bahr, K.E.
Totale Freizeit. Hrsg. Evang. Zentralstelle für Weltanschauungsfragen
i. Zusammenarbeit mit dem Dt. Nationalkomitee des Luther. Weltbundes.
Kreuz Verlag Stuttgart, 1963, 77 Seiten.

Blücher, V. Graf
Freizeit in der industriellen Gesellschaft. Dargestellt an der jüngeren
Generation. Enke Verlag Stuttgart, 1956, XII, 138 Seiten, 9 Abb., 42 Tabellen.

Böttcher, H.
Erholung in der industriellen Gesellschaft als sozialerzieherisches
Problem. Verlag A. Henn Wuppertal, 1969, 314 Seiten.

Dittrich, G.G. (Hg.)
Freizeit und Erholung. (= SIN-Studien H. 1). Selbstverlag des SIN-
Städtebauinstituts Nürnberg, 1973, 289 Seiten, 51 Tab., 16 Abb.

Först, W.
Umwelt, Arbeit, Freizeit. Kohlhammer/Grote Verlag Köln/Stuttgart,
1973, 200 Seiten.

Freizeit
Wochenende und Urlaub. Hrsg. in Verb. mit E. Haberer, G. Franke,
P. Reeger. (= Dienst am Wort 17). Verlag Vandenhoeck u. Ruprecht,
Göttingen, 1966, 300 Seiten.

Freizeit
und Erholung. Hrsg. Arbeitsgemeinschaft für Freizeit und Erholung
Frankfurt/M. Selbstverlag Frankfurt/M., 1967, 48 Seiten, 9 Bilder.

Freizeit '70
Erster Dt. Freizeitkongreß 23.-26-6-1970. Mit Beitr.v. V. Graf Blücher,
A. Ledermann, E.K. Scheuch u.a. Hrsg. Siedlungsverband Ruhrkohlenbez.
Selbstverlag Essen 1971, 108 Seiten, Abb., Tab., Lit.

Freizeit '72
Zweiter Deutscher Freizeitkongreß 27.9.-29.9.1972. Hrsg. Siedlungsverband Ruhrkohlenbezirk (SVR) und Deutsche Gesellschaft für Freizeit.
Essen 1973, 218 Seiten, zahlr. Abb.

Freizeit
im Ruhrgebiet. Unters.ü.d. Freizeitverhalten u.d. Freizeitbedürfnisse
der Bevölkerung. Im Auftrag d. SVR Essen durchgef.v. EMNID-Institut
Bielefeld. Bielefeld 1971.
Band 1: Textband: VIII, 266 Seiten, Abb., Tab., Übers., Lit. u. 13 Bl.
   Abb., Anh.: 5 Tab.
Band 2: Tab.bd.: Getr.Pag., Kt., Abb., Tab., Übers.

Freizeitaktivitäten
und Freizeitplanung im ländlichen Raum. Eine Literatur- und Forschungsdokumentation. Im Auftr. d. Bundesmin.f. Ernährung, Landwirtschaft u.
Forsten erst. im Sekretariat d. Agrarsoz.Ges.e.V. durch R. Hülsen,
W. Heidtmann, E. Lehmkuhl u.a. (= Materialsammlung d. ASG, 112). Göttingen 1973, 128, LXVII Seiten, Abb., Tab., Lit. Maschinenschriftl. vervielf.

Giesecke, H.
Freizeit und Konsumerziehung. Daten, Meinungen, Analysen. (= Pädagogica
Bd. 2). Verlag Vandenhoeck u. Ruprecht Göttingen, 2. Aufl., 1971,
260 Seiten.

Hanhart, D.
Arbeiter in der Freizeit. Eine sozial-psychologische Untersuchung.
(= Schriften zur Sozialpsychologie Nr. 3). Verlag H. Huber Bern/Stutt-
gart, 1964, 271 Seiten. Mit Lit.-Verz. (S.269-271).

Hezel, D. - Kubach, P. - Sage, S.
Freizeiteinrichtungen. Die zunehmende Freizeit in ihrer Auswirkung auf
Standortfaktoren und Flächenbedarf von Freizeiteinrichtungen für die
Bauleitplanung auf Grund empirischer Untersuchungen im Grossraum Stutt-
gart (Vorstudie). (= Schriftenreihe Städtebauliche Forschung d.BMSt.
Nr. 03.001). Bundesmin. für Städtebau und Wohnungswesen Bonn/Bad Godes-
berg, 1972, 49 Seiten, Lit.

Höbermann, F.
Kritische Bibliographie der Bücher und Sammelbände zur Freizeitsoziologie.
Angefertigt im Auftrag des Siedlungsverbandes Ruhrkohlenbezirk im Seminar
f. Sozialwissenschaften der Univ. Hamburg. Selbstverlag des Sem.f. Sozialwissenschaften Hamburg, 1971.

Höbermann, F. - Prosenc, M.
Kritische Zeitschriftenbibliographie der Freizeitsoziologie. Hrsg.:
Seminar für Sozialwissenschaften der Univ. Hamburg. Hamburg 1970.

Kaufmann, A. - Szücs, I.
Großstädtische Lebensweise. Teilbericht über die bisherigen Untersuchungen
zur großstädtischen Lebensweise in Wien. Hg. vom Institut für Stadtforschung Wien. Selbstverlag Wien, 1972, 116 Seiten, 16 Seiten Tabellenanhang.

Kieslich, G.
Freizeitgestaltung in einer Industriestadt. Ergebnisse einer Befragung
in Marl/Westf. Durchgeführt vom Institut für Publizistik der Westfälischen
Wilhelms-Universität Münster in Verb. mit d. Bildungswerk der Stadt Marl.
Hrsg. Walter Hagemann. Wulff Verlag Dortmund/Lütgendortmund, 1956, 150 S.
mit Abb.

Kluth, H.
Freizeit im Schatten der industriellen Arbeit. Verlag Vandenhoeck u.
Ruprecht Göttingen, 1966, 21 Seiten.

Külp, B. - Mueller, R.
Alternative Verwendungsmöglichkeiten wachsender Freizeit. Ökonomische und sozialpolitische Implikationen. (= Schriften d. Komm.f. wirtschaftl. u. sozialen Wandel Bd. 4). Verlag O. Schwarz Göttingen, 1973, VIII/ 165 Seiten.

Küng, E.
Arbeit und Freizeit in der nachindustriellen Gesellschaft. Mohr Verlag Tübingen, 1971, XII, 267 Seiten.

Lehmkuhl, E.
Das Freizeitverhalten in Bayern. Eine Materialsammlung. Im Auftr.d. Bayer. Staatsmin.f. Landesentwicklung u. Umweltfragen erst. im Dt. Wirtschaftswiss. Inst.f. Fremdenverkehr an d. Univ. München. München 1972, 160 Seiten, Tab., Lit. Maschinenschriftl. vervielf.

Lüdtke, H.
Freizeit in der Industriegesellschaft. Emanzipation oder Anpassung? Hrsg. von H. Bilstein. (= Analysen Bd. 12). Leske Verlag Opladen, 1972, 95 Seiten.

Lüdtke, H. - Grauer, G.
Jugend - Freizeit - offene Tür. Methoden und Daten der empirischen Erhebung in Jugendfreizeitheimen. (Untersuchungen von Jugendfreizeitheimen; T.3). (Veröffentlichungen/Pädagog. Zentrum Reihe E, Untersuchungen Bd.13). Verlag J. Beltz Weinheim/Basel 1973, 399 Seiten, Lit.-Verz.395-399.

Lüdtke, H.
Jugendliche in organisierter Freizeit. Ihr soziales Motivations- und Orientierungsfeld als Variable des inneren Systems von Jugendfreizeitheimen. (= Veröffentlichungen des Pädagog. Zentrums, Reihe E: Untersuchungen Bd. 2 der Untersuchung von Jugendfreizeitheimen). Verlag J. Beltz Weinheim/Basel, 1972, 292 Seiten.

Nahrstedt, W.
Die Entstehung der "Freizeit" zwischen 1750 und 1850. Dargestellt am Beispiel Hamburgs. Ein Beitrag zur Strukturgeschichte und zur strukturgeschichtlichen Grundlegung der Freizeitpädagogik. Diss. Hamburg 1969. Verlag Vandenhoeck u. Ruprecht Göttingen, 1972, 372 Seiten.

Pelegrino, D.A.
An annotated bibliography on leisure. Hrsg.: Council of Planning Librarians. (= Exchange Bibliography 345). Monticello/Ill. 1973, 16 Seiten. Maschinenschriftl. vervielf.

Plessner, H. - Bock, H.E. - Grupe, O. (Hg.)
Sport und Leibeserziehung. (=Erziehung in Wissenschaft und Praxis Nr. 4, hg. von A. Flitner). Piper Verlag München, 1967, 400 Seiten, mit Tab.

Prosenc, M.
Intensiv-Studie Hammer-Park. Ein Stadtteil, sein Freizeitpark und seine Bevölkerung. Forschungsgruppe Freizeit, Seminar für Sozialwissenschaften der Univ. Hamburg, Bearbeitungszeitraum 1970. Hamburg, 32 Seiten Text und 142 Tab., 1 Abb., 1 Kt.

Riesmann, D.
Die einsame Masse. (= Rororo Deutsche Enzyklopädie Nr. 72). Rowohlt Verlag Reinbek bei Hamburg, 1972, 340 Seiten.

Scheuch, K.E. - Meyersohn, R.
Soziologie der Freizeit. (= Neue Wiss. Bibliothek, Soziol., 46).
Verlag Kiepenheuer u. Witsch Köln, 1972, 346 Seiten, Abb., Tab., Lit.

Schilling, J.
Jugend und Freizeit. Eine kritische Analyse empirischer Arbeiten.
Elly Huth Verlag Tübingen, 1973, 300 Seiten.

Schmidtchen, G. - Noelle-Neumann, E. - Ludwig, H. - Schneller, H.
Die Freizeit. Eine sozialpsychologische Studie unter Arbeitern und Angestellten. Eine Repräsentationserhebung des Instituts für Demoskopie.
Selbstverlag des Inst.f. Demoskopie Allensbach, 1958, 2 Bände.

Schmidt-Scherzer, R.(Hg).
Freizeit. Beiträge von Scheuch, Cunningham, Reindell u. Roskamm, Funcke, Lehr, Thomae, Heckhausen und Andreae. (= Akademische Reihe: Psychologie).
Athenäum Verlag Frankfurt/M., 1973, 512 Seiten.

Schmitz-Scherzer, R.
Freizeit und Alter. Diss. Bonn 1969, 181 Seiten.

Schorb, A.A.
Wem gehört die Freizeit? (= Freiheit und Ordnung 15, Schriftenreihe zu sozialen Fragen der Gegenwart). Pesch-Haus-Verlag Mannheim, 2. Aufl., 1960, 28 Seiten.

Seminarberichte 1973
"Freizeit". Hrsg.: Inst.f. Städtebau und Landesplanung der Univ. Karlsruhe, 1973, 200 Seiten.

Strzelewicz, W.
Jugend in ihrer freien Zeit. (= Überblick zur wissenschaftlichen Jugendkunde Bd. 11). Hg. vom Deutschen Jugendinstitut. Juventa Verlag München, 1965, 71 Seiten.

Utermann, K.
Freizeitprobleme bei der männlichen Jugend einer Zechengemeinde. Beiträge zur Soziologie der Gemeinden Nr. 477, hg. von der Sozialforschungsstelle an der Univ. Münster zu Dortmund. Westdeutscher Verlag Köln/Opladen, 1957, 305 Seiten.

Wald, R.
Industriearbeiter privat. Eine Stuide über private Lebensformen und persönliche Interessen. Enke Verlag Stuttgart, 1966, 170 Seiten.

Weber, E.
Das Freizeitproblem.Anthropologisch-pädagogische Untersuchung. Reinhardt Verlag München, 1963, 359 Seiten.

Weissgerber, H.
Der Mensch in der Freizeit. Handreichung zu einem modernen Problem.
Ludgerus Verlag Essen, 1973, 116 Seiten.

Zielinski, J.
Freizeit und Erziehung. Zur Theorie und Praxis einer erzieherischen Gestaltung des Freizeitlebens. Hg. vom Arbeitskreis Heim und Freizeit e.V. München. Verlag Steinebach Düsseldorf, 1954, 155 Seiten.

2. Probleme und Maßnahmen der Erholungsplanung

Ammer, U.
Erholungsplanung in Baden-Württemberg aus forstlicher Sicht. Hrsg.:
Landesforstverwaltung Baden-Württemberg und Arbeitsgruppe Landespflege
der Forstwissenschaftlichen Fakultät Freiburg. Stuttgart, 1970, 31 S.,
1 Kt. im Anh.

Bericht
über die Arbeits- und Informationstagung "Landschaftsplanung-Landes-
planung-Bauleitplanung". Methoden, Verfahren und Grundsätze des Landschaftsplanes vom 28.-30. Oktober 1964 in Hannover. Inst.f. Landschaftspflege u. Naturschutz d.Fak.f. Gartenbau u. Landeskultur der TH Hannover, Selbstverlag, 1965, 97 Seiten.

Bernt, D.
Zweitwohnungen für Freizeit und Erholung. Österr. Inst.f. Raumplanung.
Hrsg.: Inst.f. Stadtforschung. Wien 1972, 22 Seiten, Tab., Lit. Maschinen-
schrift vervielf.

Bibliographie
Die Bedeutung des Grüns für Gesundheit und Erholung der Stadtbevölkerung. Bearb.v. M. Kämpfer. (=Bibliographie Nr. 13). Hg. von der Bundesanstalt f. Vegetationskunde, Naturschutz und Landschaftspflege. Bonn/
Bad Godesberg, 2. erw. Aufl., 1971, 50 Seiten, 544 Titel.

Bibliographie
Lärmdämpfung durch raumplanerische Maßnahmen, Grünanlagen und Wald.
(=Bibliographie Nr. 6). Bearb.v. M. Kämpfer, Hg. von der Bundesanstalt
für Vegetationskunde, Naturschutz und Landschaftspflege Bonn/Bad Godesberg, 3. erw. Aufl., 1970, 19 Seiten, 192 Titel.

Bibliographie
Landschaftsplanung. Bearb.v. M. Kämpfer, hg. von der Bundesanstalt f.
Vegetationskunde, Naturschutz und Landschaftspflege, Bonn/Bad Godesberg.
(=Bibliographie Nr. 17). Selbstverlag 1969, 37 Seiten, 367 Titel.

Bibliographie
Wochenendhäuser und andere Bauten im Außenbereich. (=Bibliographie Nr.4).
Hg. von der Bundesanstalt für Vegetationskunde, Naturschutz und Land-
schaftspflege Bonn/Bad Godesberg, 2. erw. Aufl., 1971, 27 Seiten, 263
Titel.

Bichlmaier, F.
Die Erholungsfunktion des Waldes in der Raumordnung. Dargestellt am Bei-
spiel eines Naherholungsgebietes. (=Forstwiss. Forsch., Beihefte z.
"Forstwiss.Cbl." H.30. =Zugl. Münchener Univ.sch.d.Staatswirtsch.Fak.)
Parey Verlag Hamburg, 1969, 79 Seiten, Kt., Abb., Tab., Lit., Anh., Zsfssg.

Buchwald, K. - Engelhardt, W.
Handbuch für Landschaftspflege und Naturschutz. Schutz, Pflege und Entwicklung unserer Wirtschafts- und Erholungslandschaften auf ökologischer Grundlage. 4 Bände, Bayer. Landwirtschafts Verlag München/Basel/Wien.
Band 1: Grundlagen, 2. Aufl., 1971, 245 Seiten.
Band 2: Pflege derfreien Landschaft, 2. Aufl., 1971, XVI, 502 Seiten.
Band 3: Pflege der besiedelten Landschaft, 1969, XVI, 271 Seiten.
Band 4: Planung und Ausführung, 1969, XVI, 252 Seiten.

Burhenne, W. (Hg.)
Raum und Natur. Raumordnung, Landesplanung, Landschaftspflege, Natürl. Hilfsquellen. 2 Bände im Ordner, Loseblatt. E. Schmidt Verlag Bielefeld/Berlin, 1962 ff.

Candilis, G.
Planen und Bauen für die Freizeit. Deutsch, engl.,franz. (=Dokumente der Modernen Architektur Bd. 9). Krämer Verlag Stuttgart/Bern, 1972, 144 Seiten, Sk., Bild., Pl.

Christaller, W.
Der künftige Bedarf an Erholungsflächen und seine Deckung. Dargestellt am Beispiel des Landes Schleswig-Holstein. (=Akademie f. Raumforschung u. Landesplanung, Forschungsausschuß Raum und Fremdenverkehr). Jänecke Verlag Hannover, 1969. Maschinenschr. vervielf.

Dahmen, F.W.
Landschaftsplanung eine notwendige Ergänzung der Landes-, Orts- und Raumbezogenen Fachplanung. Hrsg.: Deutscher Verband f. Wohnungswesen, Städtebau und Raumplanung e.V. (=Kleine Schriften H. 51). Stadtbauverlag Bonn, 1972, 27 Seiten.

Dahmen, F.W.
Landschaftsplanung, eine notwendige Ergänzung der Landes-, Orts-, und raumbezogenen Fachplanung. Methodische Studie z. Integration landschaftl. Gesichtspunkte in d. Raumplanung. (=Beitr.z. Landesentwicklung Nr. 23). Hrsg.: Landschaftsverb. Rheinland - Referat Landschaftspflege. Köln,1971, 24 Seiten, Lit., Anh.: 3 Bl. Übers. Maschinenschr. vervielf.

Dittrich, G.G. (Hg.)
Freizeit und Erholung. (=SIN-Studien H. 1). Selbstverlag d. SIN-Städtebau-Instituts Nürnberg, 1973, 189 Seiten, 51 Tab., 16 Abb.

Dokumentation
Freizeit- und Erholungszentren. Literatur 1969 - 1972. Hg. von der Dokumentationsstelle für Bautechnik in der Fraunhofer Gesellschaft Stuttgart, Selbstverlag, 1972, Nr. N 1804, 27 nachgew. Titel.

Dokumentation
für Umweltschutz und Landespflege. (bis 1970: Mitteilungen zur Landschaftspflege). Hg. von der Bundesanstalt f. Vegetationskunde, Naturschutz u. Landschaftspflege. Kohlhammer Verlag Stuttgart, 4 mal jährlich.

Dürk, P.
Die hygienische Funktion des Waldes und ihre soziologischen, ökologischen und forstpolitischen Auswirkungen, mit besonderer Berücksichtigung der Bedeutung des Waldes in den Erholungsreisegebieten. Diss. Univ. Freiburg, 1965, 204 Seiten, 24 Abb., 3 Ktn., 41 Tab.

Empfehlungen
zur Planung, Schaffung und Erhaltung von Spiel- und Erholungsanlagen für Jugend und Familie. Grote Verlag Köln, 1972, 76 Seiten.

Erholungswesen
und Raumordnung. (=Veröff.d.Akad.f. Raumforschung u. Landesplanung, Forsch-
u. Sitzungsber. Bd.25, 2. Wiss. Plenarsitzung 1962). Verlag Jänecke Hannover, 1963, 114 Seiten.

Erz, W.
Naturschutz und Landschaftspflege in Stichworten. Hrsg.v.d.Bundesanst.
f. Vegetationskunde, Naturschutz u. Landschaftspflege u.d. Arbeitsgem.
Dt. Beauftragter f. Naturschutz u. Landschaftspflege e.V. Bonn/Bad Godesberg, 2. Aufl., 1970, 24 Seiten, Tab., Lit.

Die Freiflächen
in Landesplanung und Städtebau. Hg. von der Dt. Akademie f. Städtebau
u. Landesplanung. (=Mitteilungen d.Dt. Akad.f. Städtebau u. Landesplanung 12). Bacht Verlag Essen, 1968, 95 Seiten.

Freizeit
(=architektur wettbewerbe H. 64). Krämer Verlag Stuttgart, 1970, 116 S.

Freizeit '70
Erster Deutscher Freizeitkongreß 23. - 26.6.1970. Hg. vom Siedlungsverband Ruhrkohlenbezirk Essen, 1971, 108 Seiten, Abb., Tab., Lit.

Freizeit '72
Zweiter Deutscher Freizeitkongreß 27.9. - 29.9.72. Hg. vom Siedlungsverband Ruhrkohlenbezirk und der Dt. Ges.f. Freizeit. Essen, 1973, 218 Seiten, zahlr. Abb.

Freizeit
und Erholung. Hrsg.: Arbeitsgemeinschaft für Freizeit und Erholung.
Selbstverlag Frankfurt/M., 1967, 48 Seiten, 9 Bild.

Freizeit
und Erholung in diesem Jahrzehnt. Ansprüche an den ländlichen Raum.
Mit Beitr.v. T. Tröscher, F. Brünner, M. Franke u.a. Hrsg.v.d. Agrarsoz.
Ges.e.V. Göttingen. (=Schriftenr. f. ländl. Sozialfragen H. 67). Verlag
M.u.H. Schaper Hannover, 1973, 107 Seiten, Übers., Lit.

Freizeit
und Erholungswesen als Aufgabe der Raumplanung. Mit Beisp. aus Österreich,
d. Schweiz u.d. Niederlanden. Forsch.ber.d.Forsch.ausschusses "Raum u.
Fremdenverkehr" d.Akad.f. Raumforsch.u. Landesplanung. (=Veröff.d.Akad.
f. Raumforsch.u. Landesplanung, Forsch.-u. Sitzungsber. Bd. 73. Raum u.
Fremdenverkehr 2). Verlag Jänecke Hannover, 1972, IX, 48 Seiten, Kt.,
Tab., Lit.

Freizeit-
und Sportanlagen in Naherholungsgebieten. Hrsg.: Deutscher Sportbund,
Inst.f. Sportstättenbau.(= 8. Arbeitstagung Sportstättenbau Offenburg
26. - 28. Okt. 1966.)Selbstverlag Köln-Mungersdorf, 1967, 72 Seiten.

Freizeitaktivitäten
und Freizeitplanung im ländlichen Raum. Eine Literatur- u. Forschungsdokumentation. Im Auftr.d.Bundesmin.f. Ernährung, Landwirtschaft u. Forsten erst. im Sekretariat d. Agrarsoz. Ges.e.V. durch R. Hülsen, W. Heidtmann, E. Lehmkuhl u.a. (=Materialsamml.d.ASG 112). Göttingen 1973, LXVII,
128 Seiten, Abb., Tab., Lit. Maschinenschr. vervielf.

Das Freizeitproblem
im Wohnungs- und Städtebau - Finanzierung der Infrastruktur. Hg. von d.
Arbeitsgemeinschaft f. Wohnungswesen, Städteplanung u. Raumordnung. Ruhr-
Universität Bochum 1973. Selbstverlag Bochum, 1973.

Freizeitwerte
einer Stadtregion. Analysen, planerische Problematik u. Gestaltung.
Mit Beitr.v. E. Wertz, F. Spengelin, W. Landholt u.a. Hrsg.: Techn.
Vorlesungswesen d. Freien u. Hansestadt Hamburg, Städtebausem.
Hamburg 1969, 71 Seiten. Maschinenschr. vervielf.

Froriep, S.
Freizeitprobleme in der Stadt des Jahres 2000. Vortrag. (=Planen und
Bauen, Vorträge im Rathaus Bielefeld 2). Hrsg.: Stadt Bielefeld Selbstverlag, 1969, 24 Seiten. Maschinenschr. vervielf.

Funktion
und Nutzung des Freiraums. Mit Beitr.v. H.G. Niemeier, W. Schopen,
H.G. Priefer, H. Lowinski, H. Spitzer und P.H. Burberg. (=Materialien
zum Siedlungs- u. Wohnungswesen und zur Raumplanung Bd. 3). Selbstverlag
d. Inst.f. Siedlungs-u. Wohnungswesen in Münster, 1973, 144 Seiten.

Funktionelle
Erfordernisse zentraler Einrichtungen als Bestimmungsgröße von Siedlungs-
und Stadteinheiten in Abhängigkeit von Größenordnung und Zuordnung. Bearb.
von F. Spengelin u.a. (= Schriftenreihe Städtebauliche Forschung des Bundesministers für Städtebau und Wohnungswesen 03.003). Waisenhaus Verlag
Braunschweig, 1972, 504 Seiten.

Gartenbau,
Gartenarchitektur, Grünplanung, Landschaftspflege. Hg. vom Bund der
Diplomgärtner (BDG). Bad Godesberg 1967, 96 Seiten, zahlr. Abb. u. Diagr.

Gleichmann, P.
Sozialwissenschaftl. Aspekte der Grünplanung in der Großstadt. (=Göttinger Abhandlungen zur Soziologie u. ihrer Grenzgebiete Bd. 8). Enke Verlag Stuttgart, 1963, 109 Seiten, 2 Abb., 20 Tab.

Grebe, R.
Grünplanung, Landschaftspflege und Naturschutz in der Gemeinde. (=Schr.
Reihe fortschrittl. Kommunalverwaltung Bd. 9). Grote Verlag Köln/Berlin,
1966, 194 Seiten, zahlr. Qu.

Grebe, R.
Planungselemente V: Grünflächen und Erholungseinrichtungen. (=Studienhefte
des SIN-Instituts Nürnberg H. 28). Selbstverlag Nürnberg, 1968, 55 Seiten,
15 Abb.

Greiner, J.
Stadtnahe Erholungsgebiete. Beispiele und Grundlagen für die Bearbeitung
von Generalbebauungsplänen. (=Schriftenreihen d. Bauforsch., R. Städtebau u. Architektur H. 19). Berlin/Ost, 1968.

Grünflächen
in der Stadtregion. Hrsg.: Deutsche Akademie für Städtebau und Landesplanung. Bacht Verlag Essen, 1967, 94 Seiten, mit Abb.

Gutbier, R. - Markelin, A. - Hezel, D. - Kubach, P.
Freizeiteinrichtungen. Die zunehmende Freizeit in ihrer Auswirkung auf Standortfaktoren und Flächenbedarf von Freizeiteinrichtungen für die Bauleitplanung auf Grund empirischer Untersuchungen im Großraum Stuttgart. Vorstudie.
(= Schriftenreihe "Städtebaul. Forschung" d. Bundesmin.f. Städtebau u. Wohnungswesen 03.001). Bonn/Bad Godesberg, 1972, 49 Seiten.

Heitmann, G. - Muhs, Ch. (Bearb.)
Freiraumplanung Berlin. Untersuchungen über den Bedarf und die Lokalisierung von Erholungseinrichtungen im öffentlichen Freiraum von Berlin(West) im Hinblick auf optimale Nutzbarkeit bei niedrigem Aufwand an Raum und Mitteln. Inst.f. Landschaftsbau u. Gartenkunst d. Techn. Univ. Berlin. Selbstverlag Berlin, 1971, 52 Seiten, zahlr. Abb., Kt., Tab. Qu.

Höpping Mosterin, U.
Die Ermittlung des Flächenbedarfs für verschiedene Typen von Erholungs-, Freizeit- und Naturschutzgebieten. Hrsg.: Inst.f. Siedlungs-u. Wohnungswesen u. Zentralinst.f. Raumplanung d. Univ. Münster. (=Beitr.z. Siedlungs- u. Wohnungswesen u.z. Raumplanung Bd. 6). Münster, 1973, XII, 170 Seiten, Tab., Lit. Maschinenschr. vervielf.

Jacsmann, J.
Einführung in die Landschaftsplanung. Hrsg.: Inst.f. Orts-, Regional- u. Landesplanung a.d. ETH Zürich. Zürich 1967, 60 Seiten, Abb., Lit., Maschinenschr. vervielf.

Jacsmann, J.
Zur Planung von stadtnahen Erholungswäldern. Hrsg.: Inst.f. Orts-, Regional- u. Landesplanung d. ETH Zürich. (=Schriftenr. z. Orts-, Regional- u. Landesplanung Nr. 8). Zürich 1971, IX, 220 Seiten, Abb., Tab., Lit., Anh,: 1 Kt. Maschinenschr. vervielf.

Kieburg, H.-P.
Bauen im Aussenbereich. Diss. Hamburg, 1968, 124 Seiten, zahlr. Qu.

Kiemstedt, H.
Zur Bewertung der Landschaft für die Erholung. Diss. TH Hannover. (=Beitr. z. Landespflege, Sonderh. 1). Geleitwort K. Meyer. Ulmer Verlag Stuttgart, 1967, 151 Seiten, Abb., Tab., Lit., Anh., Zsfssg. Maschinenschr. vervielf.

Köhl, W. - Füsslin, K. - Rabe, W.
Gedanken zur Planung der Freizeitlandschaft. Bericht über den Mainau-Preis 1970, Vortrag auf der Fortbildungstagung auf dem Gebiet der Landespflege am 27.10.1970, veranst. vom Ministerium f. Ernährung, Landwirtschaft, Weinbau u. Forsten Baden-Württemberg, Abt. Landesforstverwaltung Stuttgart. Institut f. Städtebau u. Landesplanung Univ. Karlsruhe. Selbstverlag Karlsruhe, 1970, 33 Seiten, 9 Diagr., 2 Schem., 34 Qu.

Köhl, W.
Standortgefüge und Flächenbedarf von Freizeitanlagen. Hrsg.: Inst.f. Städtebau u. Landesplanung der Univ. Karlsruhe. (=Schriftenr. des Inst.f. Städtebau u. Landesplanung der Fakultät f. Bauingenieur- u. Vermessungswesen Univ. Karlsruhe Nr. 4). Selbstverlag Karlsruhe, 1973, 211 Seiten.

Kroés, G.
Infrastrukturbedarf in Erholungsgebieten. (=Ländl. Planungsprobleme in der Diskussion, S.1-9; KTBL-Arbeitspapier 1/1972). Kuratorium f. Technik u. Bauwesen in der Landwirtschaft Frankfurt/M., 1972.

Kruedener, A.v.
Ingenieurbiologie. Praktische Hinweise für zeitgemäßes Planen und Bauen unter Anpassung an die landschaftlichen Verhältnisse und deren Ausnutzung. Reinhardt Verlag Basel, 1951, 172 Seiten, 32 Abb.

Landespflege
im Ruhrgebiet. Stellungnahme d. Dt. Rates f. Landespflege u. Berichte v. Sachverständigen ü. landespflegerische Probleme d. Ruhrgebiets u. seiner Randzonen. (=Schriftenr.d.Dt. Rates f. Landespflege H. 19). Bonn/Bad Godesberg, 1972, 63 Seiten, Kt., Abb., Tab., Lit.

Landschaft
und Erholung. Stellungnahme d. Dt. Rates f. Landespflege u. Gutachten z. verschiedenen Projekten a.d. Sicht d. Landespflege. (=Schriftenr. d. Dt. Rates f. Landespflege H. 11). Bonn/Bad Godesberg, 1969, 54 Seiten, Kt., Abb., Lit.

Zur Landschaftsbewertung
für die Erholung. Forsch.ber. d. Forsch.ausschusses "Raum u. Fremdenverkehr" d. Akad.f. Raumforsch. u. Landesplanung. (=Veröff.d. Akad.f. Raumforsch.u. Landesplanung, Forsch.-u. Sitzungsber. Bd. 76. Raum und Fremdenverkehr 3). Verlag Jänecke Hannover, 1972, VI, 76 Seiten, Tab., Übers., Lit., Beil.: 5 Kt.

Landschaftspläne
und Grünordnungspläne im Rahmen der Bauleitplanung. Materialien und Empfehlungen. (=Schriftenr. Städtebaul. Forschung des Bundesmin.f. Raumordnung, Bauwesen und Städtebau Band 03.014). Bonn/Bad Godesberg, 1973, 233 Seiten.

Landschaftsplanung
(=BDGA-Schriftenreihe). Callwey Verlag München, 1971, 50 Seiten, zahlr. Abb.

Landschaftsplanung
als Teil der Orts- und Regionalplanung. Ein Beitr.z. Europ. Naturschutzjahr 1970. Von B. Schubert, C. Hug, J. Jacsmann u.a. (=In: Inf. DISP. Inst.f. Orts-, Regional-u. Landesplanung Zürich 19). Zürich,1970, 26 Seiten, Abb., Tab., Übers. u. 17 gez. Bl. Pl., Kt.

Landschaftsplanung
und Städtebau v. H.M. Roset, H. Rose-Herzmann, H. Keller, J. Sallmann u. A. Bernatzki. (=Studienhefte des SIN-Städtebauinstituts Nürnberg Nr.36). Selbstverlag Nürnberg, 1970, 89 Seiten, 56 Abb.

Lingner, R.
Landschaftsgestaltung. Wissenschaft und Technik verständlich dargestellt. Aufbau-Verlag Berlin, 1952, 76 Seiten, Abb., Kt.

Lüdtke, H.
Jugendliche in organisierter Freizeit. Ihr soziales Motivations- und Orientierungsfeld als Variable des inneren Systems von Jugendfreizeitheimen. (= Veröffentlichungen des Pädagog. Zentrums, Reihe E: Untersuchungen Bd.2 der Untersuchung von Jugendfreizeitheimen). J. Beltz Verlag Weinheim/Basel, 1972, 292 Seiten.

Mellinghoff, K. - Stolzenwald, R.
Die Naherholungswälder des Ruhrgebiets. (=Schriftenr. Siedlungsverb. Ruhrkohlenbezirk 26). Essen, 1969, 44 Seiten, Tab., Lit., Beil.: 3 Kt.

Olschowy, G.
Landschaft und Technik. Landespflege in der Industriegesellschaft. Patzer Verlag Hannover, 1970, 328 Seiten, Pl., Abb., Tab., Lit. u. 4 Kt., Beil.: 1 Pl.

Partzsch, D.
Fremdenverkehr und Raumordnung. Hrsg.: Bundesminister des Innern. (=Informationsbriefe f. Raumordnung R 6.4.4). Kohlhammer Verlag und Deutscher Gemeindeverlag Mainz, o.J., 11 Seiten, 2 Pl., 1 Tab., 27 Qu.

Peucker, H.
Maßnahmen zur Landschaftspflege. (=Die gärtnerische Berufspraxis Bd. 42). Parey Verlag Berlin, 1973 in Vorb.

Praxis
der Landschaftsplanung. Seminarberichte. Mit Beitr.v. A. Schmitt, W. Rauchbach, J.R. Weber u.a. (=Landschaftsplanung H. 9). Callwey Verlag München, 1970, 56 Seiten, Kt., Abb., Tab., Übers., Lit.

Raumordnung
und Landespflege. Tagungsber.ü.d.4. Seminar d. Inst.f. Raumordnung v. 27. - 30.5.1969. (=Mitt.a.d.Inst.f. Raumordnung H. 66). Bundesforsch.anst. f. Landeskunde u. Raumordnung Selbstverlag Bonn/Bad Godesberg, 1969, IX, 303, 67 Seiten, Abb., Tab., Lit.

Roskam, F. - Roskam, A.
Sportstättenbau, Spiel-, Sport- und Erholungsanlagen. (=Fortschrittl. Kommunalverwaltung Bd. 13). Grote Verlag Köln, 2. verb. Aufl., 1973, 150 Seiten.

Ruppert, K.
Der Stadtwald als Wirtschafts- und Erholungswald. Bayer. Landwirtschaftsverlag München, 1960, 174 Seiten, 52 Abb., 1 Kt., 17 Qu.

Ruppert, K.
Zur Beurteilung der Erholungsfunktion siedlungsnaher Wälder. Aus d. Inst. f. Forstpol., Holzmarktlehre, Forstgeschichte u. Naturschutz d. Univ. Göttingen. (=Mitt.d. Hess. Landesforstverw. Bd. 8). Verlag Sauerländer Frankfurt/M., 1971, 142 Seiten, Abb., Tab., Lit.

Ruppert, K. - Maier, J.
Zur Geographie des Freizeitverhaltens. Beitr. z. Fremdenverkehrsgeogr. (=Münchner Stud.z. Sozial-u. Wirtschaftsgeogr. Bd.6). Verlag Laßleben Kallmünz/Regensburg, 1970, 90 Seiten, Kt., Abb., Tab., Übers., Lit., Res. Dt., engl., franz., russ.

Schulz, A.
Das Freizeit- und Erholungsangebot im Freiraum. (=Beiträge zur Landesentwicklung Nr. 24). Landschaftsverband Rheinland, Ref. Landschaftspflege Köln, 1971, 16 Bl. vervielfältigt.

Seminarberichte
1968 "Erholung". Rahmenthema der Vortragsfolge im Seminar des Lehrstuhls für Städtebau u. Landesplanung, Univ. Karlsruhe. Selbstverlag Karlsruhe, 1968, 194 Seiten, 30 Tab., 3 Schemata, 11 Abb., zahlr. Qu., als Manuskript gedruckt.

Seminarberichte
Gesellschaft für Regionalforschung. 6: Referate, geh. auf dem Sommerseminar 10.-25. Sept. 1971, Taxach-Hallein, Österr. Hrsg.: Gesellschaft f. Regionalforschung. Selbstverlag Heidelberg, 1973, 166 Seiten, zahlr. Abb. u. Qu.

Sport-
Spiel- u. Erholungsstätten. (=architektur wettbewerbe Bd. 68). Krämer Verlag Stuttgart, 1971, 100 Seiten, 45 Fotos, 237 Zeichn.

Stichworte
zur Landschaftsplanung. Bearb.: W. Rossow, R. Wormbs, H. Andreae u.a. Hrsg.: Univ. Stuttgart, Inst.f. Landschaftsplanung, Arbeitskreis im Rahmen d. Stud. generale, WS 1967/68. Stuttgart 1968, 85 Seiten, Lit. Maschinenschr. vervielf.

Struktur- und
Ausstattungsbedarf in Erholungsorten der BRD. Bearb.v. R. Klöpper, Ott, H. Schulze-Göbel, Stillger. Im Auftr.d. Bundesmin.f. Wirtschaft. Hrsg.: Akad.f. Raumforschung u. Landesplanung, in Zsarb.m.d. Dt. Fremdenverkehrsverband u.d. Dt. Landkreistag. Hannover, 1972, 213, 35 Seiten, Abb., Tab. Lit.

Thesen
zur Entwicklung der Landschaft. Hg. von der Arbeitsgemeinschaft f. Landschaftsentwicklung. Selbstverlag Bonn/Bad Godesberg, 1971, 20 Seiten.

Turowski, G.
Bewertung und Auswahl von Freizeitregionen. (=Schriftenr.d.Inst.f. Städtebau u. Landesplanung d. Fak.f. Bauingenieur-u. Vermessungswesen, Univ. Karlsruhe H. 3). Karlsruhe 1972, 130 Seiten, Abb., Tab., Übers., Lit., Anh.: 1 Bl. Tab.

Verdichtungsraum
und Landschaft. Mit Beitr.v.S. Froriep, H. Leibundgut, K. Buchwald u.a. (=Schriftenr.Siedlungsverband Ruhrkohlenbezirk 41). Essen, 1972, 37 Seiten, Kt., Abb., Tab., Lit.

Voraussichtlicher
Bedarf an Erholungsflächen und ihre Standorte in Nordrhein-Westfalen. Im Auftr.d.Min.präs.d. Landes NRW, Landesamt f. Forsch., bearb.v. Agrar- u. Hydrotechnik GmbH, Essen. Leitung: Laszlo Czinki. Essen, 1970, 143 S. Abb., Tab., Anh.: 66 gez. Bl., Kt., Abb., Tab., Lit. Maschinenschr. vervielf.

Wernicke, R.
Die Wochenendhauserholung in Bayern. Ein raum- und landschaftsplanerisches Problem. Diss. TH München. München 1969, 135 Seiten, Kt., Abb., Tab., Lit. Maschinenschr. vervielf.

Wirksame
Landschaftspflege durch wissenschaftliche Forschung. Referate und Ergebnisse der 3. Jahrestagung d. Forschungsausschusses "Landschaftspflege und Landschaftsgestaltung am 8.u.9. Mai 1951 in Goslar. (=Forschungs-u. Sitzungsber.d.Akad.f. Raumforschung u. Landesplanung (1951) Bd. 2). Verlag W. Dorn Bremen-Horn, 1953, 298 Seiten, zahlr. Abb., Qu., 2 Falt-Kt. i. Anh.

Wright, S. - Dentino, K.A.
A bibliography of recreational communities and leisure land development
(Eine Bibliographie über Erholungsgemeinden und Geländeerschließungen
zum Zwecke der Freizeitgestaltung). (= Exchange Bibliography. Council
of Planning Librarians 426). Monticello, Ill.: Council of Planning
Librarians, 1973, 4 S.

Zeh, W.
Zur Bewertung von Erholungseinrichtungen. Ein Beitrag zur monetären
Messung der Ausstattung mit Erholungseinrichtungen und zum Strukturvergleich des touristischen Angebots - entwickelt in den niedersächsischen
Feriengebieten Ostfriesische Inseln, Harz und Lüneburger Heide. (= Schriftenreihe des Harzer Verkehrsverbandes H.7). Harzer Verkehrsverband, Goslar,
1972, V, 214 Seiten, zahlr. Qu. u. Tab.

3. Grünplanung und öffentliche Plätze

Aufgaben
der Grünplanung in Ballungsgebieten der Industrie. Berichtsheft über
die Arbeitstagung des BDGA vom 14.-17.1.1963 in Rheydt. Hrsg.: Bund
Deutscher Garten- u. Landschaftsarchitekten. BDGA Selbstverlag Bonn,
1963, 103 Seiten, zahlr. Abb.

Bächer, M. - Luz, H.
Urbane Grünformen. Bertelsmann Verlag Gütersloh, 1973, ca. 200 Seiten,
ca. 200 Abb.

Bärtels, A.
Taschenbuch der Gartengehölze. Ulmer Verlag Stuttgart, 1973, etwa 400 S.,
300 Abb., 20 Farbtaf.

Beck, G.
Freiraumbedarf als Grundlage zur Planung und Bewertung von Wohnsied-
lungen. (=Schriftenreihe Techn. Univ. Berlin H.14). Patzer Verlag
Hannover, 1968, 47 Seiten, 9 Abb., 3 Tab., 9 Qu.

Beck, G.
Pflanzen als Mittel zur Lärmbekämpfung. (=Schriftenreihe TU Berlin H.12).
Patzer Verlag Berlin/Hannover/Sarstedt, 1967, 95 Seiten, 30 Abb., 11 Qu.

Bendfeldt, K.D.
Grünplanung im Bebauungsplan. (=Veröff.d.Inst.f. Städtebau d.Dt.Akad.f.
Städtebau u. Landesplanung Berlin Bd. 18/10). Selbstverlag Berlin, 1966,
14 Seiten.

Bernatzky, A.
Grünplanung in Baugebieten. Grün in Baugebieten - Grün im Wohnbereich
und Bäume in Baugebieten. Deutscher Fachschriftenverlag Stuttgart/Wies-
baden, 1972, 126 Seiten, 57 Abb.

Bernatzky, A.
Von der mittelalterlichen Stadtbefestigung zu den Wallgrünflächen von
heute. Ein Beitrag zum Grünflächenproblem deutscher Städte. Patzer Verlag Berlin/Hannover, 1960, 123 Seiten.

Bibliographie
Bäume. Schutz, Schäden, Pflege, Wertabschätzung, Verkehrssicherheit.
(=Bibliographie Nr. 22). Hg. von der Bundesanstalt für Vegetationskunde,
Naturschutz und Landschaftspflege Bonn/Bad Godesberg, 1971, 265 nachgew.
Titel.

Bibliographie
Die Bedeutung des Grüns für Gesundheit und Erholung der Stadtbevölkerung.
(=Bibliographie Nr. 13), bearb.v.M. Kämpfer, hg. von der Bundesanstalt
für Vegetationskunde, Naturschutz und Landschaftspflege Bonn/Bad Godesberg, 2. erw. Aufl., 1971, 50 Seiten, 544 Titel.

Bibliographie
Lärmdämpfung durch raumplanerische Maßnahmen, Grünanlagen und Wald.
(=Bibliographie Nr. 6), bearb.v. M. Kämpfer, hg. von der Bundesanstalt
für Vegetationskunde, Naturschutz und Landschaftspflege Bonn/Bad Godesberg, 3. erw. Aufl., 1970, 19 Seiten, 192 Titel.

Bichlmaier, F.
Die Erholungsfunktion des Waldes in der Raumordnung. Dargestellt am
Beispiel eines Naherholungsgebietes. (=Forstwissensch. Forschung, Beih.
z. Forstwiss. Cbl. H 30). Parey Verlag Hamburg/Berlin, 1969, 79 Seiten,
10 Abb., 23 Tab., 423 Qu.

Boeker, P. - Hansen, R. - Stählin, A.
Handbuch des Rasens. Ulmer Verlag Stuttgart.
Band 1: Grundlage der Rasenanlage und -pflege, 1973, 240 Seiten.
Band 2: Spezielle Rasenformen. In Vorbereitung.

Boerner, F.
Gartengehölze von A - Z. (=Sonderheft von Pflanze und Garten). Ulmer
Verlag Stuttgart, 1960, 42 Seiten, Tabellen, Kulturanweisungen und Bilder.

Bohn, R.
Die Technik in der Landschaftsgärtnerei. Loseblatt-Sammlung. 4 Lieferungen (Stand 1970). Ulmer Verlag Stuttgart, 1973, 220 Seiten.

Brodbeck, Ch.
Baum und Strauch in der Planung. (=Schriftenr. Natur und Landschaft H.6).
B. Schwabe Verlag Basel, 1963, 64 Seiten, 74 Abb.

Bronder, H.
Großgrüngestaltung und Städtebau. Dt. Bauernverlag Berlin, 1954, 279 S.,
zahlr. Abb., Darst., 1 Tab.

Däumel, G.
Beton im Garten. Beton Verlag Düsseldorf, 4. Aufl., 1969, 64 Seiten,
86 Abb.

Decker, G.
Die Zulassung von Bauvorhaben auf künftigen Baugrundstücken für den Gemeinbedarf, Verkehrs-, Versorgungs- und Grünflächen nach dem Bundesbaugesetz. (=Schriften des Inst.f. Wohnungsrecht und Wohnungswirtschaft an
der Univ. Köln 30). R. Müller Verlag Köln-Braunsfeld, 1964, 139 Seiten.

Deubau 69
Deutsche Bauausstellung in Essen vom 1.-9. Februar 1969. Fachtagung
"Stadtplanung - Grünlandplanung", hg. vom Deutschen Bauzentrum. (=Schriftenreihe d. Ver. Dt. Bauzentrum e.V. H.4). Selbstverlag Essen, 1969,
57 Seiten.

Dürk, P.
Die hygienische Funktion des Waldes und ihre soziologischen, ökologischen
und forstpolitischen Auswirkungen, mit besonderer Berücksichtigung der
Bedeutung des Waldes in den Erholungsreisegebieten. (=Mitt.Inst.f. Forstu. Holzwirtschaftspolitik d.Univ. Freiburg i.Brsg.). Diss. Univ. Freiburg i.Brsg., 1965, 204 und 16 Seiten, 24 Abb., 3 Kt., 41 Tab., zahlr. Qu.

Ehlers, M.
Baum und Strauch in der Gestaltung der Deutschen Landschaft. Parey Verlag
Berlin, 1960, 279 Seiten, 50 Abb., Tafelanh.m.32 Seiten.

Ehlgötz, R.A.E.
Gartenarchitektur - Wettbewerbe. Dokumente Deutscher Gartenarchitektur.
Teil 2: Öffentliche Grünflächen. Parey Verlag Berlin, 1968, 80 Seiten,
63 Abb.

Eisele, Ch.
Rasen, Gras und Grünflächen. Parey Verlag Berlin, 2. neubearb. Aufl.,
1973, 135 Seiten, 28 Abb.

Erholungswesen
und Raumordnung. (=Veröff.d. Akad.f. Raumforschung und Landesplanung,
Forschungs- u. Sitzungsberichte Bd. 25, 2. Wissenschaftl. Plenarsitzung
1962). Verlag Jänecke Hannover, 1963, 114 Seiten.

Fischbacher - Dröge
Gartenhöfe. Callwey Verlag München, 1966, 96 Seiten, 140 Abb.

Die Freiflächen
in Landesplanung und Städtebau. Hrsg.: Deutsche Akademie f. Städtebau u.
Landesplanung. (=Mitteilungen d. Dt. Akad.f. Städtebau und Landesplanung
Jg. 12). Bacht Verlag Düsseldorf, 1968, 95 Seiten.

25 Jahre Fakultät
für Gartenbau und Landeskultur der Technischen Universität Hannover. Hg.
von der Fakultät f. Gartenbau und Landeskultur der TU Hannover. Eine Dokumentation 1947 - 1972, 150 Seiten, 7 Abb., 3 Tab., zahlr. Qu.

Funktion
und Nutzung des Freiraums. Mit Beitr.v. H.G. Niemeier, W. Schopen, H.G.
Priefer, H. Lowinski, H. Spitzer und P.H. Burberg. (=Materialien zum
Siedlungs- u. Wohnungswesen und zur Raumplanung Bd. 3). Hg. vom Institut
für Siedlungs- u. Wohnungswesen der Univ. Münster. Selbstverlag Münster,
1973, 144 Seiten.

Gartenbau,
Gartenarchitektur, Grünplanung, Landschaftspflege. Hg. vom Bund der Diplomgärtner (BDG). Selbstverlag Bonn/Bad Godesberg, 1967, 96 Seiten, zahlr.
Abb. u. Diagramme.

Gleichmann, P.
Sozialwissenschaftliche Aspekte der Grünplanung in der Großstadt. (=Göttinger Abhandlungen zur Soziologie und ihrer Grenzgebiete Bd. 8). Enke
Verlag Stuttgart, 1963, 109 Seiten, 2 Abb., 20 Tab.

Gollwitzer, G. - Wirsing, W.
Dachflächen - bewohnt, belebt, bepflanzt. Callwey Verlag München, 1971,
136 Seiten, 125 Abb.

Grebe, R.
Grünplanung, Landschaftspflege und Naturschutz in der Gemeinde. (=Schriftenr. fortschrittl. Kommunalverwaltung Bd. 9). Grote Verlag Köln/Berlin,
1966, 194 Seiten, zahlr. Qu.

Grebe, R.
Städtebauliche Planungselemente V, Grünflächen und Erholungseinrichtungen.
(=Studienheft 28 des Städtebauinstituts). Selbstverlag Nürnberg, 1968,
55 Seiten, 15 Abb., Tab., Qu.

Greiner, J. - Hoffmann, A.
Fragen der Grünplanung im Städtebau. (=Dt. Bauakad., Schr.d.Forschinst.f.
Städtebau u. Siedlungswesen). Henschel Verlag Berlin, 1955, 91 Seiten,
71 Abb.

Greiner, J.
Freiflächen-Kennwerte, Bestand - Entwicklung. Beiträge zur Generalbebauungsplanung. (=Schriftenreihe Städtebau und Architektur H. 28). Deutsche Bauakademie Berlin/Ost, 1969, 47 Seiten.

Greiner, J.
Grünanlagen für mehrgeschossige Wohnbauten. Hrsg.: Dt. Bauakademie, Inst. f. Städtebau u. Architektur. Verlag für Bauwesen Berlin/Ost, 1966, 152 S., 120 Bild., 23 Taf.

Grossmann, M.
Beitrag zur Erforschung des Bedarfs einer Großstadt an öffentlichen Garten- und Parkanlagen, nach Untersuchungen im Berliner Gebiet. Diss. Inst.f. Gartenkunst u. Landschaftsgestaltung der TU Berlin 1968. Patzer Verlag Berlin, 1968, 150 Seiten, 5 Abb., 54 Taf., 94 Qu.

Das Grün im Städtebau
Hrsg.: Institut f. Gartenkunst und Landschaftsgestaltung Berlin. Drittes Gespräch 1964: Der Stadtrand - Begegnung von Stadt und Land. Berlin 1964, 150 Seiten.

Das Grün im Städtebau
Hrsg.: Institut f. Landschaftsbau u. Gartenkunst d. TU Berlin. (=Schriftenr. d. Inst.f. Landschaftsbau u. Gartenkunst d. TU Berlin H. 11). Patzer Verlag Berlin, 1966, 68 Seiten, zahlr. Abb.

Das kleine und das große Grün
Komm. Krämer Verlag Stuttgart, 1967, 52 Seiten, zahlr. Abb., Sk.

Soziales Grün in Wien
(=Der Aufbau H. 24). Verlag f. Jugend u. Volk Wien, 3. Aufl., 1963, 95 Seiten, zahlr. Abb.

Grün und Wasser in der Stadt
Stadt - Landschaft. Vorträge der Arbeitstagung des Bundes Deutscher Gartenarchitekten und der Vereinigung Deutscher Gewässerschutz am 19./20. Juni 1956 in Frankfurt/M. (=Schriftenr. Vereinigung Dt. Gewässerschutz Frankfurt/M. Nr. 2). Selbstverlag Frankfurt/M., 1956, 125 Seiten, Abb.

Grüne Arbeit im Ruhrgebiet
Hrsg.: Siedlungsverband Ruhrkohlenbezirk Essen. Selbstverlag Essen, 1966, 55 Seiten, 53 Abb., 12 Kt., 36 Qu.

Die Grüne Charta
von der Mainau 1961. (=Schriftenreihe d. Dt. Gartenbaugesellschaft e.V. H. 10). Neske Verlag Pfullingen, 1961.

Die Grünflächen in den Gemeinden.
Richtlinien. Hrsg.: Schweizerische Vereinigung f. Landesplanung. (=Schriftenfolge d. Schweiz. Verein.f. Landesplanung Nr. 3). Verlag Graf u. Neuhaus Zürich, 1959.

Grünflächen in der Stadtregion
Vorträge und Berichte. Hrsg.: Landesgruppe Niedersachsen/Bremen der Dt. Akademie f. Städtebau und Landesplanung. Bacht Verlag Essen, 1967, 94 S., 13 Bild., 2 Lagepl., 11 Tab., 51 Qu.

Grzimek, G.
Gedanken zur Stadt- und Landschaftsarchitektur seit Friedrich Ludwig von Sckell. (=Schriftenreihe der Bayer. Akad. der Schönen Künste Bd. 11). Callwey Verlag München, 1973, 47 Seiten, Abb.

Haldenbegrünung
im Ruhrgebiet. Mit Beitr.v. W. Knabe, K. Mellinghoff, F. Meyer u.a.
(=Schriftenr. Siedlungsverb. Ruhrkuhlenbez. Nr. 22). Selbstverlag Essen,
1968, 147 Seiten, Abb., Tab., Lit.

Hennebo, D. - Zander, R.
Anleitungen zur Grundlagenforschung in Grünplanung und Gartenkunst.
Technik - Methodik - Manuskriptgestaltung. Patzer Verlag Berlin, 1956,
58 Seiten, 15 Abb., 51 Qu. Neue Ausgabe 1963.

Hennebo, D. - Hoffmann, A.
Geschichte der deutschen Gartenkunst. Broschek Verlag Hamburg.
Band I   : Gärten des Mittelalters, 1962, 200 Seiten, 38 Abb.
Band II : Der architektonische Garten. Renaissance und Barock, 1965,
           432 Seiten, 153 Abb.
Band III: Der Landschaftsgarten, 1963, 303 Seiten, 126 Abb.

Hennebo, D.
Geschichte des Stadtgrüns.1. Von der Antike bis zur Zeit des Absolutismus. Mit Beitr. über d. Stadtgrün im antiken Griechenland von J. Dörn.
Patzer Verlag Berlin, 1969, 142 Seiten mit Abb. und Ktn.

Hennebo, D.
Staubfilterung durch Grünanlagen. (=Wiss.Ber. Folge II Bauwesen H. 19).
VEB Verlag Technik Berlin/Ost,1955,79 Seiten, 22 Abb., 222 Qu.

Hirt, F.H.
Sanierung im regionalen Grünflächensystem des Ruhrgebiets. Unter Mitarb.
v. H. Wolters, H. Gintzel, U. Lang u.a. Hrsg.: Siedlungsverb. Ruhrkohlenbez. (=Schriftenr. Siedlungsverb. Ruhrkohlenbezirk Nr. 30). Selbstverlag
Essen, 1970, 24 Seiten, Kt., Abb., Tab., Lit., Zsfssg.

Howard, E.
Gartenstädte von morgen. Das Buch und seine Geschichte. Hrsg.v. J. Posener. (=Bauwelt Fundamente 21). Bertelsmann Verlag Berlin/Wien, 1968,
198 Seiten, 35 Abb., Tab., Lit.

100 Jahre Berliner Grün
Hrsg. vom Senator f. Bau- und Wohnungswesen Berlin. Selbstverlag Berlin,
1970, 62 Seiten, zahlr. Abb.

Innerstädtisches Grün
als Beitrag zur Umweltplanung. Hrsg.: BDLA. (=Schriften d. Bundes Deutscher Landschaftsarchitekten BDLA H. 13). Callwey Verlag München, 1972,
91 Seiten.

Jacob, H.
Zur Messung der Erlebnisqualität von Erholungs-Waldbeständen. Eine experimentalpsychologische Analyse als Beitrag zur Umweltgestaltung. (= Landschaft + Stadt, Beih.9). Ulmer Verlag Stuttgart, 1973, 124 Seiten, Abb.,
Tab., Lit.

Jacsman, J.
Zur Planung von stadtnahen Erholungswäldern. (= Schriftenreihe zur Orts-,
Regional- u. Landesplanung Nr.8). Selbstverlag d. Inst.f. Orts-, Regional-
u. Landesplanung Zürich, 1971, 220 Seiten, Abb., Qu.

Jantzen, F. (Hg.)
Grünflächenbedarf, Parkanlagen. Katalog dringender Forschungsaufgaben.
Hg. vom Deutschen Städtetag, Konferenz der Gartenbauamtsleiter, Arbeitsgruppe "Grünflächenbedarf" Hamburg. Selbstverlag d. Hansestadt Hamburg, Baubehörde, Garten- u. Friedhofsamt, 1967, 42 Seiten.

Krüssmann - Siebler - Tangermann
Die winterharten Gartenstauden. Parey Verlag Berlin, 1970, 493 Seiten, 360 Abb.

Kühn, R.
Die Straßenbäume. Handbuch der Bepflanzung und Pflege von Straßenbäumen. Patzer Verlag Berlin, o.J., 200 Seiten, 85 Abb.

Landschaftspläne
und Grünordnungspläne im Rahmen der Bauleitplanung. Materialien und Empfehlungen. (=Schriftenr. Städtebauliche Forschung des Bundesmin. f. Raumordnung, Bauwesen und Städtebau Bd. 03.014). Bonn/Bad Godesberg, 1973, 233 Seiten.

Lehr, R.
Taschenbuch für den Garten- und Landschaftsbau. Parey Verlag Berlin, 2. neubearb. u. erweit. Aufl. in Vorbereitung.

Luchterhand, J. - Barz, W.
Grünverbau. Leitfaden des Lebendverbaues. Bauverlag Wiesbaden/Berlin, 1966, 199 Seiten, 37 Abb.

Luz, H. - Bächer, M.
Urbane Gartenformen. Öffentliches und privates Grün in verdichteten Wohngebieten. Bertelsmann Verlag Gütersloh, etwa 180 Seiten mit zahlr. Abb. In Vorbereitung.

Mattern, H.
Gärten und Gartenlandschaften. Hatje Verlag Stuttgart, 1960, 144 Seiten, 170 Abb.

Meier-Hayoz, A. - Rosenstock, P.
Zum Problem der Grünzonen. Insbesondere über die Bemessung der für das Freihaltegebiet der stadtzürcherischen Bauordnung von 1963 zu leistenden Bauverbotsentschädigung. (=Abhandlungen zum schweizerischen Recht H.375) Verlag Stämpfli Zürich, 1967, 114 Seiten, mit Lit.-Verz. S.XII-XIII.

Der Mensch in seiner Stadt
Weltgesundheitstag 1966. Hg. vom Bundesausschuß für gesundheitliche Volksbelehrung. Bundesausschuß f. Gesundheitl. Volksbelehrung, Selbstverlag Bad Godesberg, 1966, 166 Seiten, zahlr. Abb.

Müller, W.
Städtebau. Grundlagen, Bauleitplanung, Planungselemente, Verkehr, Versorgung, Grünflächen. Teubner Verlag Stuttgart, 1970, 474 Seiten, 227 Abb., 68 Taf.

Neuer Kommentar
zur Grünen Charta von der Mainau. Drei Betrachtungen im Jahre 1973. Hrsg.: Deutsche Gartenbau-Gesellschaft e.V. (= Der Grüne Kreis Folge 27). Selbstverlag Bonn/Bad Godesberg, 1973. o. Pag.

Olschowy, G. - Schmidt, U. - Werkmeister, F.
Grünordnung in der ländlichen Gemeinde. Landschaftsplanung und Grünordnungsplan. Patzer Verlag Berlin, 1967, 206 Seiten, 113 Abb. u. Pl.

Pro Grün
Für mehr Grün in unseren Städten. Hrsg.: Gemeinnütziger Grünflächenverein e.V. Wattenscheid. Selbstverlag Wattenscheid, o.J., 119 Seiten, zahlr. Abb.

Prückner, R.
Die Technik der Lebendverbauung. BLV Verlags-Gesellschaft München, 1965, 200 Seiten, 52 Abb.

Rainer, R.
Das Grün in der Stadt. Unsere Städte - trotz Verdichtung grün. Hg. vom Arbeitskreis f. Garten- und Landschaftskultur im Zentralverband des Dt. Gartenbaues. Selbstverlag Bad Godesberg, 1965.

Rücke, K.H.
Städtebau und Gartenkunst. Studie über ein vernachlässigtes Thema. (=IGA Schriftenr. d. Internat. Gartenbau-Ausstellung 1963 Nr. 2). H. Christians Verlag Hamburg, 1962, 96 Seiten.

Ruppert, K.
Der Stadtwald als Wirtschafts- und Erholungswald. Bayer. Landwirtschaftsverlag München, 1960, 174 Seiten, 52 Abb., 1 Kt.

Ruppert, K.
Zur Beurteilung der Erholungsfunktion siedlungsnaher Wälder. Arbeit aus dem Institut f. Forstpol., Holzmarktlehre, Forstgeschichte u. Naturschutz d. Univ. Göttingen. (=Mitt.d. Hessischen Landesforstverw. 8). Sauerländer Verlag Frankfurt/M., 1971, 142 Seiten, Abb., Tab., Lit.

Schatz, R. - Niesel, A.
Gartentechnik. Anleitung für die Ausführung landschaftsgärtnerischer Arbeiten. Parey Verlag Berlin, 1968, 5. völl. neubearb.Aufl., 139 Seiten, 33 Taf., 21 Tab.

Schiechtl, H.M.
Sicherungsarbeiten im Landschaftsbau. Grünverbauung. Lebendverbauung - Grundlagen - Lebende Baustoffe - Methoden. Callwey Verlag München, 1973/74, etwa 312 Seiten, 306 Abb. u. Tab.

Schiller, H.
Gartengestaltung. Die Gestaltungsgesetze. Planung und Durchführung öffentlicher Grünanlagen und privater Gärten. Parey Verlag Berlin, 2. völlig neubearb. Aufl., 1958, 443 Seiten mit 550 Abb. u. Plänen.

Schiller-Bütow, H.
Grundlagen der Gartengestaltung. Mitarb.: B. Kesting. Patzer Verlag Berlin/Hannover.
Band 1, 1973, 88 Seiten nur Ill.u. graph. Darst.
Band 2, 1973, 105 Seiten nur Ill. u. graph. Darst.

Schindler, N.
Berliner Stadtgrün. (=Veröff.d. Inst.f. Städtebau der Dt. Akad.f. Städtebau und Landesplanung Berlin Bd. R 15/5). Selbstverlag Berlin, 1972, 14 Seiten.

Schlüter, U.
Lebendbau. Ingenieurbiologische Bauweisen und lebende Baustoffe. Callwey Verlag München, 1971, 98 Seiten, 118 Abb.

Schulz, U.
Rechtliche Sicherung der Grünflächen in der Bauleitplanung. (=Veröff.d. Inst.f. Städtebau der Dt. Akad.f. Städtebau u. Landesplanung Berlin Bd. 34/2). Selbstverlag Berlin, 1971, 18 Seiten.

Strebel, O. (Hg.)
Der große Gartenkatalog. 1000 Anregungen für Planung, Gestaltung, Pflege. Fachschriften Verlag Schmiden, 1971, 250 Seiten, 400 Abb.

Untersuchung
der Wirtschaftlichkeit von Erholungseinrichtungen in Berlin/West. Nutzwert-Kosten-Analyse von öffentlichen Grünanlagen. Bd.1-4. Selbstverlag TU Berlin, 1973, getr.Pag., Abb., Qu.

Ursprunger, H.
Herstellungskosten für Grünflächen. Verlag Jugend und Volk Wien, 1973, 75 Seiten.

Valentien, O.
Gärten. Anlage und Gestaltung von Wohngärten. Wasmuth Verlag Tübingen, 3. verb. Aufl., 1961, 88 Seiten Text mit 130 Zeichnungen, 120 Bildseiten mit rd. 200 Abb.

Werkmeister, H.F.
Grünflächen im Bebauungsplan. (=Veröff.d.Inst.f. Städtebau d. Dt. Akad.f. Städtebau und Landesplanung Berlin Bd. 12/7). Selbstverlag Berlin, 1964, 7 Seiten.

Wüstenberg, J. - Strotzka, H.
Problemeder Sozialhygiene. Aufgaben der Grünplanung in Ballungsgebieten der Industrie. Hg. v. Bund Dt. Garten- und Landschaftsarchitekten. Selbstverlag Bonn 1963.

4. Friedhofsplanung

Boehlke, H.-K.
Friedhofsbauten. Kapellen, Aufbahrungs- und Aussegnungshallen, Krematorien. Callwey Verlag München, 1973, etwa 114 Seiten, rd. 300 Abb.

Boehlke, H.-K.
Der Gemeindefriedhof. Gestalt und Ordnung. (= Schriftenreihe fortschrittl. Kommunalverwaltung 6). Grote Verlag Köln, 1966, 246 Seiten.

Ehlgötz, R.
Friedhöfe, Gedenkstätten, Kapellenbauten. (= Heft 1 der Reihe "Gartenarchitektur-Wettbewerbe"). Parey Verlag Berlin/Hamburg, 1965, 69 Seiten, 97 Abb.

Friedhof- und
Bestattungswesen. Das Friedhof- und Bestattungswesen in Württemberg mit Dienstvorschriften für Totengräber. Neu bearb.v. Th. Holl. Kohlhammer Verlag Stuttgart, 1952, 95 Seiten.

Friedhofsplanung
BDGA-Schriftenreihe Heft 15. Callwey Verlag München, 1973, 64 Seiten, etwa 20 Abb.

Funktionelle
Erfordernisse zentraler Einrichtungen als Bestimmungsgröße von Siedlung- und Stadteinheiten in Abhängigkeit von Größenordnung und Zuordnung. Bearb. v. F. Spengelin u.a. (= Schriftenreihe Städtebauliche Forschung des Bundesministers für Städtebau und Wohnungswesen 03.003). Waisenhaus Verlag Braunschweig, 1972, 504 Seiten.

Krumme, F.
Untersuchungen zum Flächenbedarf der Friedhöfe. Dissertation TH Hannover, 1964, 202 Seiten.

Leicher, D.
Grabmale. Aus der Werkstatt des Steinmetzen und Bildhauers. Callwey Verlag München, 1971, 96 Seiten, 180 Abb.

Pfister, R.
Friedhoffibel. Callwey Verlag München, 2. Aufl., 1955, 160 Seiten, 250 Abb.

Rohlfs, G. - u.a.
Die Friedhofsgärtnerei. Ulmer Verlag Stuttgart, 1963, 338 Seiten, 156 Zeichn. u. 32 Bildtaf.

Schwenkel, H.
Der Friedhof auf dem Lande. Kohlhammer Verlag Stuttgart, 1965, 220 Seiten, 148 Abb.

Valentien, O.
Der Friedhof. Gärtnerische Gestaltung - Bauten - Grabmale. Bayer. Landwirtschaftsverlag München/Basel/Wien, 2. überarb. Aufl., 1963, 206 Seiten, davon 100 Seiten Plandarstellungen.

5. Anlagen für Spiel und Sport

Arbeitstagung
Sportstättenbau. Protokoll. 9. Arbeitstagung Sportstättenbau in Köln 24./25. Sept. 1968. Thema: Neue Baustoffe im Sportstättenbau. Selbstverlag des Dt. Sportbundes, Inst.f. Sportstättenbau Köln, 1968, 158 Bl.

Architektur
Wettbewerbe H.23. Sportanlagen, Hallenbäder, Freibäder. Krämer Verlag Stuttgart, 1958, 119 Seiten.

Bahm, G.
Dimensionierungsverfahren für Freibäder. Überarb. Fassung einer studentischen Vertieferarbeit am Lehrstuhl f. Städtebau und Landesplanung, Univ. Karlsruhe. Selbstverlag Karlsruhe, 1973, 79 Seiten, 27 Abb., 7 Tab., 1 Fragebogen, 14 Qu.

Baller, H. - Uehlinger, H.
Freizeit. Hallenbäder, Freibäder, Freizeitzentren - Sportanlagen. (= architektur wettbewerbe 64). Krämer Verlag Stuttgart, 1970, 116 Seiten, 191 Abb.

Blechner, G.
Der Garten als Kinderspielplatz - nach modernen pädagogischen Gesichtspunkten. Bauverlag Wiesbaden/Berlin, 1973, 64 Seiten mit Abb.

Bechtel, M.
Vergleichende Standortuntersuchung für ein Hallenbad. Überarb. Fassung einer Diplomarbeit am Lehrstuhl f. Städtebau u. Landesplanung Univ. Karlsruhe. Selbstverlag Karlsruhe, 1969, 34 Seiten, 10 Diagr., 8 Tab., 8 Qu.

Candilis, G.
Planen und Bauen für die Freizeit. Krämer Verlag Stuttgart, 1972, 144 Seiten, 450 Abb., alle Texte deutsch/englisch/französisch.

Deutsche Olympische Gesellschaft (Hg.)
Der goldene Plan in den Gemeinden. Ein Handbuch. Selbstverlag Frankfurt/M., 1961, 117 Seiten.

Deutsche Olympische Gesellschaft (Hg.)
Richtlinien für die Schaffung von Erholungs-, Spiel- und Sportanlagen in Gemeinden mit 5000 und mehr Einwohnern. 1967.

Deutscher Sportstättenbund (Hg.)
Sportstättenplanung 1968. Hg. vom Dt. Sportbund, Institut für Sportstättenbau Selbstverlag Köln, 1968.

Fabian, D.
Bäderbauten. Handbuch für Bäderbau und Badewesen. Anlage, Ausstattung, Betrieb, Wirtschaftlichkeit.
Band 1 : Entwurfsgrundlagen, Konstruktions- und Ausstattungsdetails. 1973/74.
Band 2 : Beispielesammlung. Hallenbäder, Hallenfreibäder, wandelbare Bäder, Schwimmzentren (für Vereine, Schulen, Universitäten usw.) Wellenbäder, Privatbäder, Hotelbäder, Saunabäder, mediz. Bäder u. Kurbäder. Internationale Bäderbaurichtlinien. Callwey Verlag München, 1970, 498 Seiten, 1750 Abb.

Fabian, D.
Moderne Schwimmstätten der Welt. Schünemann Verlag Bremen, 6. Aufl., 1968, 146 Seiten, 245 Abb., 131 Pl.

Freizeit
Hallenbäder, Freibäder, Freizeitzentren. (= architektur wettbewerbe Bd.64). Krämer Verlag Stuttgart/Bern, 1970, 156 Seiten, 250 Abb.

Freizeit-
und Sportanlagen in Naherholungsgebieten. Hrsg.: Deutscher Sportbund, Institut f. Sportstättenbau Köln. (= 8. Arbeitstagung Sportstättenbau Offenburg 26.-28.Okt.1966). Selbstverlag Köln-Mungersdorf, 1967, 72 S.

Gollwitzer, G.
Spiel und Sport in der Stadtlandschaft. Erfahrungen und Beispiele für morgen. Die Anlagen für die Olympischen Spiele 1972. Callwey Verlag München, 1972, 136 Seiten, zahlr. Abb. und Pläne.

Hendriock, P.
Der Einfluß der künstlichen Wassererwärmung in Freibädern auf die Besucherzahlen. (= Archiv des Badewesens H.10). Schrickel Verlag Düsseldorf, 1965.

Köhl, W.
Standortgefüge und Flächenbedarf von Freizeitanlagen. (= Schriftenreihe d.Inst.f. Städtebau u. Landesplanung d.Fak.f. Bauingenieur- u. Vermessungswesen d. Univ. Karlsruhe H.4). Selbstverlag Karlsruhe, 1973, 211 S.

Mundt, W.
Die Bauplanung von Schulen, Spiel- und Sportanlagen, Krankenhäusern, Bauten d. Jugend, sozialem Wohnungsbau, Schutzraumbauten. Zusammenstellung der Richtlinien für NRW. Werner Verlag Düsseldorf, 3. überarb. Aufl., 1969, 271 Seiten, Ergänzungsband 1972, 72 Seiten.

Nentwig, M.
Zur Situation der Bäder und des Freizeitraumes in einer mittleren Großstadt am Beispiel Kiel. (= Archiv des Badewesens Bd.12). Schrickel Verlag Düsseldorf/Oberstdorf, 1964.

Normal-
und Kleinschwimmhallen. Hg.v.d. Deutschen Gesellschaft für das Badewesen. Selbstverlag Essen, 1967, 92 Seiten, 52 Abb.

Ortner, R.
Sportbauten. Anlage, Bau, Ausstattung. (= Handbücher zur Bau- und Raumgestaltung). Callwey Verlag München, 2. völl. überarb.u.erw. Aufl., 1956, 324 Seiten.

Petersen, K.
Empfehlungen zur Planung, Schaffung und Erhaltung von Spiel- und Erholungsanlagen für Jugend und Familie. Grotesche Verlagsbuchhandlung Köln, 1972, 75 Seiten.

Richtlinien
für den Bau von Hallen-, Frei-, Lehr- und Schulschwimmbädern, medizinischen Bädern und Sauna-Anlagen. (= Handbuch für Bädertechnik, hg. von der Dt.Ges. für das Badewesen e.V. in Essen). Schrickel Verlag Düsseldorf, 4. Aufl., 1965, 287 Seiten.

Roskam, F.
Bauten für Sport und Spiel. Sportzentren - Spiel- und Sportplätze - Turn- und Sporthallen - Hallen, Frei- und Hallenfreibäder - Sonderformen. (= DBZ Baufachbücher Bd.9). Bertelsmann Fachverlag Gütersloh, 1970, 208 Seiten mit 643 Abb.

Roskam, F.
Sportstättenbau. Spiel-, Sport- und Erholungsanlagen. (= Schriftenreihe Fortschrittliche Kommunalverwaltung Bd.13). Grote Verlag Köln/Berlin, 2. verb. Aufl., 1973, ca. 150 Seiten.

Roskam, F.
Turnen - Sport - Erholung. (= architektur wettbewerbe Bd.56). Krämer Verlag Stuttgart/Bern, 1968, 132 Seiten, 285 Abb., 2 Falttaf.

Schnitzer, U.
Reitanlagen. Untersuchungen zur Planung von Reitanlagen. Hrsg.v. Kuratorium für Technik und Bauwesen in der Landwirtschaft e.V. Landwirtschaftsverlag Hiltrup, 3. Aufl., 1972, 235 Seiten, 78 Abb.

Schnitzer, U.
Reitanlagen - Beispielentwürfe. Landwirtschaftsverlag Hiltrup, 1973, 68 Seiten, 10 Faltblätter, zahlr. Abb. u. Tab.

Schulze, W.
Turnhallen. Hinweise zur wirtschaftlichen Planung und Bauausführung. Bd.2. Bauverlag Wiesbaden, 1971, 109 Seiten, 22 Abb., 74 Seiten Anhang mit Produktnachweisen für Planung und Ausstattung von Turnhallen.

Schwarz, W.
Schwimmen als Erholung, Volks- und Leistungssport. (= Archiv des Badewesens Bd.11). Schrickel Verlag Düsseldorf, 1964.

Sport-
und Erholungsstätten. (= architektur wettbewerbe Bd.68). Krämer Verlag Stuttgart/Bern, 1971, 96 Seiten, rd. 200 Abb.

Sport-
Freizeit-, Badeanlagen. Hrsg. Bund Deutscher Gartenarchitekten. Callwey Verlag München, 1971, 84 Seiten mit Abb.

Sportplätze
Hrsg.: Deutscher Sportbund u.a. Selbstverlag Köln-Müngersdorff, 1967, 132 Seiten, zahlr. Bild., Lagepl., Grundr., Schn., Det. u. Tab.

Sportplätze
Hrsg. Deutscher Sportbund. Sportplätze, Freianlagen für den Schulsport, Sonderanlagen, Sportplatzgebäude. Planung – Bau – Ausstattung. Pflege. Verlag für Wirtschaft und Verwaltung Wingen Essen, 1973, 4. Aufl., 132 Seiten, 159 Abb.

Sportplätze
Turnhallen – Schwimmbäder. Planung und Bau von Turn- und Sportanlagen für die Schule. Hrsg.v. Ausschuß für Leibeserziehung in der AG deutscher Lehrerverbände. Limpert Verlag Frankfurt/M., 3. erw. Aufl., 1959, 92 Seiten, 37 Abb.

Sportstättenbau
und Bäderanlagen. Amtl. Organ d. Internat. Arbeitskreises Sportstättenbau. Hauptschriftl. F. Roskam. SB-Verlagsgesellschaft Köln, 1967, erscheint 2 monatlich.

Trachsel – Ledermann
Spielplatz und Gemeinschaftszentrum. Hatje Verlag Stuttgart, 1959, 175 Seiten.

Turn-
und Sporthallen. Bruderverlag Karlsruhe, 1961, 36 Seiten.

Turn-
und Sporthallen. Hrsg. Deutscher Sportbund. Veranstaltungshallen, Leichtathletikhallen, Tennishallen, Reithallen, Eissporthallen. Verlag für Wirtschaft und Verwaltung Wingen Essen, 1971, 250 Seiten, zahlr. Abb.

Weitzdörfer, R.E.
Spielfeld- und Gerätemaße. Limpert Verlag Frankfurt/M., 4. überarb. u. erweit. Aufl.v. "Sportgeräte, Sportbauten, Spielfelder", 1973, 448 Seiten, etwa 400 Abb.

Weitzdörfer, R.E.
Bau und Einrichtung von Turn-, Spiel- und Gymnastikhallen. H. Putty Verlag Wuppertal, 1954, 64 Seiten.

Wild, F. – Peters, P.
Sporthallen und Sportanlagen. (= Reihe e + p, Entwurf u. Planung Bd.9). Callwey Verlag München, 1971, 132 Seiten, rd. 400 Abb.

Wilhelm, G. – Schwarz, J.
Erfahrungen bei Planung und Bau von Hallenbädern. Vergleichende Betrachtungen an Hand von vier eigenen Projekten und Bauten aus den vergangenen 10 Jahren. (= Bauen + Wohnen 22). Verlag Bauen und Wohnen München, 1967, Nr. 9 S. 332 – 341, 35 Bild.

6. Bauten für Kinder (Kinderspielplätze)

Abenteuerspielplatz -
wo verbieten verboten ist. Autorengruppe Abenteuerspielplatz Märkisches Viertel. Experiment und Erfahrung Berlin, Märkisches Viertel. (= rororo Taschenbuch Bd.6814). Rowohlt Verlag Reinbek bei Hamburg, 1973, 270 Seiten mit Abb.

Abt, R.
Beton in öffentlichen Spiel- und Sportanlagen. Kinderspielplätze, Spielplätze, Rollschuhbahnen, Kunsteisbahnen, Leichtathletikanlagen, Tennisplätze. Beton Verlag Düsseldorf, 1964, 53 Seiten.

Abt, U.
Kind und Wohnen. Eine entwicklungspsychologische Studie über die Gestaltung des Wohnbereichs. Hatje Verlag Stuttgart, 1972, 680 Seiten mit vielen Abb.

Ausubel, D.P. - Sullivan, E.V.
Das Kindesalter. Ein internationales Standardwerk der Kinderpsychologie, das systematisch den gegenwärtigen Forschungsstand erschließt. Juventa Verlag München, 1973, ca. 848 Seiten.

Bartholomew, R.
Indoor and outdoor space for children in nursery-kindergarten programs (Innen- und Außenräume für Kinder im Rahmen von Tageshort- und Kindergartenprogrammen). (= Exchange Bibliography. Council of Planning Librarians.502). Monticello, Ill.: Council of Planning Librarians, 1973, 15 S.

Bartholomew, R.
Indoor and outdoor space for mentally and physically handicapped children (Innen- und Außenräume für geistig und körperlich behinderte Kinder). (= Exchange Bibliography. Council of Planning Librarians.503). Monticello, Ill.: Council of Planning Librarians, 1973, 9 S.

Bauen
für junge und alte Menschen. Hrsg.: Baubehörde der Freien und Hansestadt Hamburg, Hochbauamt. (= Hamburger Schriften zum Bau-, Wohnungs- und Siedlungswesen H.42). Selbstverlag Hamburg, 1967, 54 Seiten, 119 Bild., Grundr., Lagepl.

Bengtsson, A.
Ein Platz für Kinder. Plädoyer für eine kindergemäße Umwelt. Spielanlagen, Tummelplätze, Abenteuerspielplätze. Bauverlag Wiesbaden, 2. Aufl., 1973, 225 Seiten, 505 Bilder, Grundr.

Bengtsson, A.
Ein Platz für Robinson. Internationale Erfahrungen mit Abenteuerspielplätzen. Bauverlag Wiesbaden, 1972, 155 Seiten mit zahlr. Abb. u. Grundrissen.

BDLA (Hg.)
Das Kind in der Stadt. Hg. vom Bund deutscher Landschaftsarchitekten. (= BDLA-Schriftenreihe H.14). Callwey Verlag München, 1973, 80 Seiten.

Bilz, D.
Kinder- und Jugendheime. Hatje Verlag Stuttgart, 1972, 120 Seiten, 232 Abb.

Blechner, G.
Der Garten als Kinderspielplatz. Nach modernen pädagogischen Gesichtspunkten. (= Reihe wohnen und werken). Bauverlag Wiesbaden/Berlin, 1973, etwa 60 Seiten, 66 Abb.

Boeminghaus, D. - Korr, W. - Mehler, R.
Kinderspielplätze. Beurteilungskriterien und Planungshilfen. Modell Ölmühle, Düren. Hrsg.: Institut für Umweltgestaltung Aachen. (= Arbeitsblätter zur Umweltgestaltung.2). Krämer Verlag Stuttgart in Komm., 122 Seiten, Abb., 1 Faltbl.

Corbusier, le
Kinder der Strahlenden Stadt. Hatje Verlag Stuttgart, 1968, 87 Seiten, 87 Abb.

Dittrich, G.G. - Toman, W. - Großhans, H. - Kugemann, W.
Kinder in neuen Städten, räumliche und funktionale Gestaltungselemente im Erleben der Bewohner. Ergebnisse eines Zeichenwettbewerbs. (= Informationen aus der Praxis - für die Praxis Nr.21, hg. vom Bundesmin.f. Städtebau und Wohnungswesen). Bonn/Bad Godesberg 1970, 251 Seiten.

Dokumentation
Kinderspielplätze. Literatur 1969 - 1972. Hg. von der Dokumentationsstelle für Bautechnik in der Fraunhofer Gesellschaft Stuttgart. (= Nr. N 1803). Selbstverlag Stuttgart, 1972, 53 nachgewiesene Titel.

Eick, G.
Die Befreiung des Kindes. Kleine Kulturgeschichte des Spiels und des Kinderspielplatzes. (= Jga-Schriftreihe 1). Verlag Christians Hamburg, 1962, 77 Seiten, 11 Abb.

Empfehlungen
zur Planung, Schaffung und Erhaltung von Spiel- und Erholungsanlagen für Jugend und Familie. (= Kleinere Schriften d.Dt. Vereins f. öffentl. u. priv. Fürsorge.45). Grote Verlag Köln, 1972, 76 Seiten.

Engel, H.
Kindergartengesetz für Baden-Württemberg. Erläuterte Textausgabe. Kohlhammer Verlag Stuttgart, 1972, 107 Seiten.

Friedeburg, L.v.
Jugend in der modernen Gesellschaft. (= Neue Wissenschaftliche Bibliothek 5). Verlag Kiepenheuer u. Witsch Köln, 7. Aufl., 1971, 572 Seiten.

Friedemann, W. - Busche-Sievers, U.
Kinderheime und Kinderdörfer. (= Reihe e + p, Entwurf und Planung 16). Callwey Verlag München, 1973, 131 Seiten mit zahlr. Zeichn.

Fürstenau, P.
Soziologie der Kindheit. (= Gesellschaft u. Erziehung T.3, Pädagog. Forschungen. Reihe: Erziehungswiss. Studien 40). Verlag Quelle u. Meyer Heidelberg, 3. Aufl., 1971, 155 Seiten.

Gollwitzer, G. - Ortner, R.
Kinderspielplätze. Callwey Verlag München, 1957.

Grassel, E.
Der familiennahe Kinderspielplatz. Notwendigkeit, Einsatz für gesetzliche Einführung, pädagogische und architektonische Gestaltung. (= Beihefte der Zt. "Unsere Jugend" N.F. Nr.1). Verlag E. Reinhardt München/Basel, 1965, 66 Seiten.

Hemmer, F.D.
Tagesstätten für Kinder. Hg. vom Dt. Jugendinstitut. Juventa Verlag München, 1967, 208 Seiten, 124 Bilder.

Jans, K.W. - Müller, E.
Kindergärten, Horte, Kindertagesstätten. (= Schriftenreihe fortschrittliche Kommunalverwaltung Bd.10). Grothe Verlag Köln/Berlin, 2. Aufl., 1972, 160 Seiten.

Kein Platz
zum Spielen. Soll es so bleiben? Spielplätze, Spielplatzgesetz. Bericht und Dokumentation zur Studientagung des "sozialer dienst familie e.V." am 15. Mai 1973 im Konzertsaal des Kurhauses in Bad Honnef. (= Familie 1973, Nr.3). 1973, 72 Seiten, Qu.

Kellermann, B.
Anregungen und Empfehlungen für die Anlage von Kinderspielplätzen im Wohnungsbau. Planung, Gestaltung und Einrichtung. Hrsg.: Freie und Hansestadt Hamburg, Baubehörde. (= Hamburger Schriften zum Bau-, Wohnungs- u. Siedlungswesen H.52). Hammonia Verlag Hamburg, 1972, 25 Seiten, Abb.

Kiene, M. (Hg.)
Das Kind im Kindergarten. Lambertus Verlag Freiburg, 3. Aufl., 1964, 192 Seiten.

Das Kind
in unserer Zeit. (= Kröners Taschenausgabe Bd.262). Kröner Verlag Stuttgart, 3. Aufl., 1964.

Kinder in neuen Städten
Teil I : Räumliche und funktionale Gestaltungselemente im Erleben der Bewohner. Ergebnisse eines Zeichenwettbewerbs. Hg. vom Bundesminister f. Städtebau u. Wohnungswesen. (= Informationen aus der Praxis - für die Praxis Nr.20). Selbstverlag Bonn/Bad Godesberg, 1970, 251 Seiten.

Kinder in neuen Städten
Teil II : Spielumgebung, Spielanlagen und Spielverhalten von Kindern in städtischen Gebieten. Ergebnisse einer städtebaulichen Datenerfassung mit Kinderzeichenwettbewerb. Hg. vom Bundesminister f. Städtebau und Wohnungswesen. (= Informationen aus der Praxis - für die Praxis Nr.27). Selbstverlag Bonn/Bad Godesberg, 1971, 211 Seiten.

Kindergärten
Grundschulen. (= architektur wettbewerbe Bd.70). Krämer Verlag Stuttgart/Bern, 1972, 100 Seiten, rd. 120 Abb.

Kindergärten
und Volksschulen. Mit Beiträgen von E. Bauer, R. Gross, E. Günther. (= architektur wettbewerbe H.41). Krämer Verlag Stuttgart/Bern, 1965, 110 Seiten.

Kindergärten
baut man heute anders. Nutzungs-, Programm- und Bauplanung für den Elementarbereich nach dem Lübecker Modell. Von J. Blenk, M. Goepfert, J.U. Hansen, G. Naffin, G. Spangenberg. Bauverlag Wiesbaden/Berlin, 1973, 112 Seiten mit zahlr. Abb. u. Tab.

Kindergerechte
Wohnungen für Familien. Bearb.v. R. Baumann, H. Zinn an d. Metron Planungsgrundlagen Brugg. (= Schriftenreihe Wohnungsbau 23 d, hg. von Eidgenöss. Forschungskommission Wohnungsbau). Bern 1973, 172 Seiten.

Kinderspielplätze
Kindertagesstätten. Literatur ab 1963, bearb. vom Deutschen Verband für Wohnungswesen, Städtebau und Raumplanung e.V. Köln-Mülheim, Stand 1.8.1971, 6 Seiten Literaturnachweise.

Kinderspielplätze
im Wohnungsbau. (= Hamburger Schriften zum Bau-, Wohnungs- und Siedlungswesen H.52). Hammonia Verlag Hamburg, 1973, 26 Seiten.

Kreutz, H.
Soziologie der Jugend. Eine kritische Bestandsaufnahme der soziologischen Theorien zum Jugendalter und ein Überblick über den gegenwärtigen Stand der Jugendforschung. Juventa Verlag München, 1973, ca. 220 Seiten.

Krüger, K.H. - Vogt, H.
Spielplatznot! So helfen Eltern sich und ihren Kindern. Klett Verlag Stuttgart, 1973, 151 Seiten, zahlr. Abb., Qu.

Ledermann, A. - Trachsel, A.
Spielplatz und Gemeinschaftszentrum. Hatje Verlag Stuttgart, 2. erg. u. überarb. Aufl., 1968, 176 Seiten, 458 Abb.

Lüdtke, H.
Jugendliche und organisierte Freizeit. Ihr soziales Motivations- und Orientierungsfeld als Variable des inneren Systems von Jugendfreizeitheimen. Verlag J. Beltz Weinheim/Bergstr./Berlin/Basel, 1972, 392 S.

Maurer, H.
Der Turnspielgarten. An Kindertagesstätten, an Schulen, als öffentliche Anlage. Hoffmann Verlag Schorndorf b. Stuttgart, 1969, 64 Seiten, 68 Abb.

Mayrhofer, H. - Zacharias, W.
Aktion Spielbus. Spielräume in der Stadt - mobile Spielplatzbetreuung. Unter Mitarbeit v. G. Grüneisl. Verlag J. Beltz/Weinheim/Bergstr./ Basel, 1973, 174 Seiten, zahlr. Abb.

Meyer-Bohe, W.
Bauten für die Jugend. Structures for children. Verlag Koch Stuttgart, 1972, 160 Seiten, rd. 370 Fotos, Grundr. u. Schnitte, Text deutsch/engl.

Mombaur, P.M. - Siebenmorgen, E.
Kindergartengesetz NW Erläuterte Textausgabe mit Durchführungsverordnungen, den entsprechenden Bestimmungen des Jugendwohlfahrtsgesetzes und einem Rahmenplan. (= Fortschrittliche Kommunalverwaltung.27). Grote Verlag Köln, 1972, 168 Seiten.

Mundt, W.
Die Bauplanung von Schulen - Spiel- und Sportanlagen - Krankenhäusern - Wohnheimen. Zusammenstellung der neuesten Richtlinien für Nordrhein-Westfalen. Werner Verlag Düsseldorf, 3. neu bearb. Aufl., 1969, 271 Seiten, mit Ergänz. 1972, 72 Seiten.

Nagel, S. - Linke, S. (Hg.)
Heimbauten. Kindergärten - Kindererholungsheime - Jugendheime - Jugendzentren - Studenten-, Schwestern- und Personalwohnheime - Alten-, Pflege- und Erholungsheime. Planungsgrundlagen von Jesberg und Langer. (= DBZ-Baufachbücher Bd.7). Bertelsmann Verlag Gütersloh, 1970, 208 Seiten mit 604 Abb.

Pfeil, E.
Das Großstadtkind. (= Reihe Bedrohte Jugend - Drohende Jugend, Heilpädagogische Schriftenreihe H.35). Hg. von J. Spieler. Verlag E. Reinhardt München/Basel, 1965, 61 Seiten.

Roskam, F.
Bauten für Sport und Spiel. Hg. von der Dt. Bauzeitschrift, bearb. von S. Nagel u. S. Linke. (= DBZ-Baufachbücher Bd.9). Bertelsmann Fachverlag Gütersloh, 1970, 200 Seiten.

Roskam, F. - van der Schoot, P.
Spielplätze, Planung - Entwurf - Ausbau. Forschungsauftrag des Bundesministeriums für Wohnungsbau. Selbstverlag Köln, 1959.

Schiller-Bütow, H.
Spielplatzbau - Kinder müssen spielen. Patzer Verlag Berlin, 1972, 155 S., Ill. u. graph. Darst.

Schudrowitz, R.
Pädagogischer Kindergartenbau. Textzusammenfassung und Legenden englisch/französisch. Krämer Verlag Stuttgart, 1973, 104 Seiten, 150 Fotos, 86 Zeichn., 2 Tab.

Schulz-Dornburg, U.
Abenteuer-Spielplätze. Ein Plädoyer für wilde Spiele. Econ Verlag Düsseldorf, 1972, 208 Seiten, 230 Abb.

Simon, J.
Spiellandschaften - Spielplätze - Spielräume - Spielgeräte. Hatje Verlag Stuttgart, 1974/75, etwa 200 Seiten, etwa 400 Abb. u. Pläne.

Spielen und Lernen
(= architektur wettbewerbe Bd.62). Kindergärten, Kindertagheime, Kinderpflegeheime. Krämer Verlag Stuttgart/Bern, 1970, 126 Seiten, 245 Abb.

Spielplätze
und Sportstätten in Wien. Hg. vom Stadtbauamt Wien. (= Der Aufbau Bd.45). Verlag für Jugend und Volk Wien, 1963, 78 Seiten.

Spielplätze
für Wohnanlagen. Flächen und Ausstattungen für Spiele im Freien - Planungsgrundlagen. Hg. vom Deutschen Normenausschuß, Fachnormenausschuß Bauwesen und Fachnormenausschuß Sport- und Freizeitgeräte. (= DIN 18 034). Beuth-Vertrieb Berlin 1971.

Sozialplanung
Jugend, Kindergärten. Vorgel. von der Projektgruppe Sozialplanung Braunschweig. Hrsg.: Stadt Braunschweig. (= Schriften der Stadt Braunschweig zur kommunalen Planung.H.8). Selbstverlag Braunschweig, 1973, 28 Seiten, zahlr. Abb. u. Qu.

Strassberger, G. - Schulke, E.H. - Beham, H.
Bayrisches Kindergartengesetz. Taschenkommentar mit ergänzenden Rechts-
und Verwaltungsvorschriften. (= Kommunale Schriften f. Bayern Bd.2).
Deutscher Gemeindeverlag Köln, 1973, XIII, 144 Seiten.

Turnen
Sport - Erholung. (= architektur wettbewerbe H.56). Mit Beitr.v. M. Prosenc
u. F. Roskam. Krämer Verlag Stuttgart/Bern, 1968, 115 Seiten.

Volbehr, H.
Kindergärten. Callwey Verlag München, 1966, 87 Seiten, 90 Abb.

Wild, F. - Busche-Sievers, U.
Kinderheime und Kinderdörfer. (= Reihe e + p - Entwurf und Planung Bd.16).
Callwey Verlag München, 1973, 131 Seiten, rd. 400 Abb.

Wild, F.
Bauten für Kinder. Kinderkrippen, Kindergärten, Vorschulen. (= Reihe e + p
Entwurf u. Planung Nr.8). Callwey Verlag München, 1971, 136 Seiten, 400
Abb.

Wohlin, H. u.a.
Freiflächen für Kinder. Wo spielen sie morgen? Callwey Verlag München,
1972, 284 Seiten.

Zündorf, U.
Ene mene mu - und wo spielst Du? Kinderspielplätze in der Bundesrepublik.
Droste Verlag Düsseldorf, 1973, 175 Seiten, zahlr. Abb.

XII. Bevölkerungs- und Sozialplanung
1. Das Phänomen der innerstädtischen Wanderung

Albrecht, G.
Soziologie der geographischen Mobilität. Zugl. ein Beitrag zur Soziol.
d. soz. Wandels. Vorw. R. König. Enke Verlag Stuttgart, 1972, XI,
332 Seiten, Tab., Lit.

Analyse
der Wanderungsmotive in der Mainz-Wiesbadener Stadtregion. T.A: Außenwanderungen in der Mainz-Wiesbadener Stadtregion im Jahre 1971. Bearb.:
J. Geisler, H. Hasbach, K.H. Heckert. Hrsg.: Landeshauptstadt Mainz,
Landeshauptstadt Wiesbaden. (=Mainz-Wiesbaden, Daten - Diagramme - Analyse H. 2). Mainz 1973, VIII, 72 Seiten, Lit. u. 15 Bl. Kt., Abb., Tab.,
Übers., Anh.: 65 Bl. Tab. Maschinenschr. vervielf.

Anderseck, K.
Innerfamiliäre Wanderungsentscheidungen. Der Einfluß der Ehefrau in
seiner Bedeutung für das regionalpolitische Instrumentarium. (=Schriftenreihe d. Ges.f. Regionale Strukturentwicklung e.V. Bd. 2a). Bonn 1973,
X, 167 Seiten.

Beck, H.
Neue Siedlungsstrukturen im Großstadt-Umland aufgezeigt am Beispiel
von Nürnberg-Fürth. (=Nürnberger Wirtsch.-u. Sozialgeogr. Arb. Bd.15).
Selbstverlag d. Wirtsch.-u. Sozialgeogr. Inst.d.Univ. Nürnberg, 1972,
XXXIX, 214 Seiten, Kt., Tab., Lit. Maschinenschr. vervielf.

Beiträge
zur Frage der räumlichen Bevölkerungsbewegung. (=Veröff.d.Akad.f. Raumforschung und Landesplanung. Forschungs-u. Sitzungsberichte Bd. 55,
Raum u. Bevölkerung Bd. 9). Jänecke Verlag Hannover, 1969, 113 Seiten.

Bevölkerungsverteilung
und Raumordnung. Referate und Diskussionsberichte anl. der wissenschaftl.
Plenarsitzung 1969 in Darmstadt. (=Veröff.d.Akad.f. Raumforsch.u. Landesplanung, Forschungs-u. Sitzungsber. Bd. 58, 9. wiss. Plenarsitzung).
Jänecke Verlag Hannover, 1970, 80 Seiten.

Bevölkerungs-u. Sozialgeographie
Ergebnisse der Arbeitssitzung 3 des Dt. Geographentages in Erlangen
1971. (=Münchner Studien zur Sozial-u. Wirtschaftsgeographie Bd. 8).
Verlag Laßleben Kallmünz/Regensburg, 1972, 123 Seiten.

Bibliographie
zur Wanderungsstatistik und zur Statistik der Pendelwanderungen. Hg.v.
Stat. Bundesamt Wiesbaden Abteilung VII A Stand 31.12.1968. Wiesbaden.

Drewe, P.
Ein Beitrag der Sozialforschung zur Regional-u. Stadtplanung. (=Kölner
Beiträge zur Sozialforschung und Angewandten Soziologie Bd. 7). Hain
Verlag Meisenheim am Glan, 1968, 250 Seiten.

Fricke, W. - Hantschel, R. - Jacobs, G.
Untersuchungen zur Bevölkerungs-u. Siedlungsentwicklung im Rhein-Main-
Gebiet. (=Rhein-Mainische Forsch. H. 71). Kramer Verlag Frankfurt/M.,
1971, 270 Seiten, Kt., Pl., Abb., Tab., Lit., Anh.: 7 Bl. Kt., Tab.

Heuer, J.H.B. (Hg.)
Wohnungsprobleme sozialer Randgruppen. Mit Beitr.v. K. Ravens u.a. und einer Einführung von J.H.B. Heuer. Hg. Arbeitsgemeinschaft für Wohnungswesen, Städteplanung und Raumordnung a.d. Ruhr-Universität Bochum. (= Schriften für Sozialökologie 11). Selbstverlag Bochum, 1974, 76 S.

Hoffmann-Nowotny, H.J.
Migration. Ein Beitr. zu einer soziol. Erklärung. Enke Verlag Stuttgart, 1970, VIII, 155 Seiten, Abb., Tab., Lit.

Iblher, P. - Jansen, G.D.
Die Bewertung städtischer Entwicklungsalternativen mit Hilfe sozialer Indikatoren. Dargest. am Beispiel der Stadt Zürich. (=Wirtsch.pol. Stud. a.d.Inst.f. Europ. Wirtsch.pol.d. Univ. Hamburg H. 29). Verlag Vandenhoeck u. Ruprecht, 1972, 658 Seiten, Kt., Abb., Tab., Lit. u. 6 Bl. Kt., Anh.: 10 Bl. Kt.

infas (Hg.)
Räumliche Mobilität: Präferenzen, Motive, Tendenzen. Bearb.: W. Hartenstein, J. Schulz-Heising, S. Röck. Im Auftr.d. Presse-u. Informationsamtes d. Bundesregierung. Selbstverlag des Inst.f. Angew. Sozialwissenschaft Bonn/Bad Godesberg, 1972, 70 Seiten, Tab., Übers.

infas (Hg.)
Regionale Mobilität in Nordrhein-Westfalen, als Manuskript vervielf. Selbstverlag des Inst.f. Angewandte Sozialwissenschaft Bonn/Bad Godesberg, 1969.

infas (Hg.)
Wanderungen und Wanderungsmotive. Ergebnisse einer soziologischen Strukturuntersuchung im Raum Schleswig-Holstein Mitte/Kiel. Als Manuskript vervielf. Selbstverlag des Inst.f. Angewandte Sozialwissenschaft Bonn/ Bad Godesberg, 1969.

Kaufmann, A.
Wohnungsmobilität in Innsbruck. Forschungsberichte des Instituts für Stadtforschung Wien. (=Beilage zu den is-informationen 9/1973). Selbstverlag des Instituts für Stadtforschung Wien, 12 Seiten.

Kaufmann, A.
Wohnungsmobilität in den österreichischen Großstadtregionen. Ein Forschungsauftrag des Instituts für Stadtforschung. Selbstverlag des Inst. f. Stadtforschung Wien, 1973, 9 Seiten. Masch.Man.

Knickenberg, H.
Das Problem der geringen Einwohnerdichte d. Innenstadt in dem strukturellen und funktionalen Gefüge der Stadtregion. Städtebaul. Institut Stuttgart, 1970, 123 Seiten.

Kottwitz, G. - Vanberg, M.
Ein Modell der Wanderungsentscheidung. (=Arbeitsh.a.d.Inst.f. Soziol. d. TU Berlin Nr. 4, Arbeitsgr. Wanderforsch. H. 3). Selbstverlag Berlin, 1972, 98 Seiten, Übers., Lit.

Krysmanski, R.
Bodenbezogenes Verhalten in der Industriegesellschaft. Hrsg.: Zentralinstitut für Raumplanung an der Univ. Münster. (=Materialien zur Raumplanung Bd. 2). Selbstverlag Münster, 1967, 277 Seiten.

Langenheder, W.
Ansatz zu einer allgemeinen Verhaltenstheorie in den Sozialwissenschaften.
Dargestellt und überprüft an Ergebnissen empirischer Untersuchungen über
Ursachen von Wanderungen. (= Die industrielle Entwicklung Abt.B, Bd.1).
Westdeutscher Verlag Köln/Opladen, 1968.

Liedtke, B.
Daten zur territorialen Mobilität in der BRD. Teil 1, hg. vom Institut
f. Soziologie der TU Berlin. (=Arbeitsgruppe Wandungsforschung H. 5,
Arbeitsheft Nr. 6 des Inst.f. Soziologie an der TU Berlin). Berlin,
1972, 221 Seiten.

Liedtke, B. - Pröger, A.
Daten zur territorialen Mobilität in der BRD. Teil 2. Die Wanderungstabelle W - 13. Hg. v. Inst.f. Soziologie der TU Berlin, Arbeitsgruppe
Wanderungsforschung (=Arbeitsheft Nr. 11). Selbstverlag Berlin, 1973,
334 Seiten.

Liedtke, B. - Szell, G. - Vanberg, M.
Dokumentation laufender Forschungsvorhaben zur regionalen Mobilität
in der Bundesrepublik Deutschland und West-Berlin. Abschluß Dez. 1969.
(=Arbeitsh. a.d.Inst.f. Soziologie d. TU Berlin, Arbeitsgr. Wanderungsforsch. H. 1). Berlin 1970, 70 Seiten. Maschinenschriftl. vervielf.

Mälich, W.
Analyse und Prognose räumlicher Bevölkerungsverteilungen und ihrer Veränderungen. (=Schr. zu Regional-u. Verkehrsproblemen in Industrie-u.
Entwicklungsländern Bd. 14). Verlag Duncker u. Humblot Berlin, 1973,
120 Seiten, Abb., Tab., Lit.

Migrations
internationales de la main-d'oeuvre. Bibliographie. International migration of man-power. Bibliography. Hg. OCDE Organisation de Coopération
et de Dévelopement Economique. Edition bilingue: français-anglais.
Paris 1969, 137 S.

Münke, St.
Die mobile Gesellschaft. Einführung in die Sozialstruktur der BRD.
Kohlhammer Verlag Stuttgart, 1967, 192 Seiten, Tab., Übers., Qu.

Packard, V.
Die ruhelose Gesellschaft. Ursachen und Folgen der heutigen Mobilität.
Econ Verlag Düsseldorf, 350 Seiten.

Pfeil, E.
Großstadtforschung. Entwicklung und gegenwärtiger Stand. (=Akad.f. Raumforschung und Landesplanung, Abhandlungen Bd. 65 und Veröff. der Hochschule für Wirtschaft und Politik Hamburg). Jänecke Verlag Hannover,
2. neubearb. Aufl., 1972, 410 Seiten.

Quiel, U.
Der Einfluß regionaler Lohnunterschiede auf die Allokation des Faktors
Arbeit. Eine im Forsch.inst. f. Sozialpolitik d. Univ. Köln durchgeführte
empirische Untersuchung d. Mobilitätsverhaltens v. Arbeitnehmern. Köln
1972, 88 Seiten, Tab., Lit. Maschinenschr. vervielf.

Quiel, U.
Die Allokationsfunktion von Lohnunterschieden. Diss. Wirtschafts-u. Sozialwiss. Fak. Köln 1972. Wuppertal 1973, 208 Seiten, Tab., Lit.

Reding, K.
Wanderungsdistanz und Wanderungsrichtung. Regionalpolitische Folgerungen aus der Analyse von Wanderungsprozessen in der BRD seit 1960. Diss. Marburg 1972. (=Schriftenreihe d. Ges.f. Regionale Strukturentwicklung e.V. Bonn Bd. 2b). Selbstverlag Bonn, 1973, 166 Seiten u. Tabellen-Anhang.

Ruhl, G.
Das Image von München als Faktor für den Zuzug. Dipl.Arbeit. (=Münchener Geogr. Hefte Nr. 35). Verlag Laßleben Kallmünz/Regensburg, 1971, 123 Seiten, Kt., Tab., Lit.

Ruppert, K.
Bevölkerungsentwicklung und Mobilität. (=Westermann-colleg Raum und Gesellschaft H. 2). Westermann Verlag Braunschweig, 1973, 64 Seiten.

Schaffer, F.
Untersuchungen zur sozialgeographischen Situation und regionalen Mobilität in neuen Großwohngebieten am Beispiel Ulm-Eselsberg. (=Münchner Geographische Hefte Nr. 32). Verlag Laßleben Kallmünz/Regensburg, 1968, 105 Seiten.

Schmeling, S.
Räumliche Bevölkerungsbewegungen, ein komplexes Grundproblem der Raumordnung, dargestellt an der Region Nordhessen. Diss. TU Berlin. Berlin 1972, 179 Seiten, Abb., Tab., Kt., Anh.: 38 gez. Bl., Kt., Abb., Tab., Lit. Maschinenschr. vervielf.

Schwarz, K.
Analyse der räumlichen Bevölkerungsbewegung. (=Veröff.d.Akad.f. Raumforschung u. Landesplanung Abhandlungen Bd. 58). Jänecke Verlag Hannover, 1969, 178 Seiten.

Schwarz, K.
Demographische Grundlagen der Raumforschung und Landesplanung. (=Veröff. d. Akad. für Raumforschung und Landesplanung Abhandlungen Bd. 64). Jänecke Verlag Hannover, 1972, 279 Seiten.

Sharma, P.C.
Migration: A selected international research bibliography (Wanderung: Eine ausgewählte, internationale Forschungsbibliographie). (=Exchange Bibliography. Council of Planning Librarians. 497). Monticello, Ill.: Council of Planning Librarians, 1973, 68 S.

Siebert, H.
Regionales Wirtschaftswachstum und interregionale Mobilität. Mohr Verlag Tübingen, 1970, VII, 258 Seiten, Abb., Übers., Lit.

Statistisches Bundesamt (Hg.)
Fachserie A, Reihe 3 Wanderungen erscheint vierteljährlich mit Eilbericht. Kohlhammer Verlag Mainz.

Stöckmann, W.
Die Wohnort- und Arbeitsplatzmobilität der Bevölkerung in ländlichen Räumen. Gutachten erstellt i. Auftr.d. Bundesministeriums d. Innern. METRA DIVO Beratungen GmbH., Stadt- und Regionalforschung Frankfurt/M., 1971, 102 Seiten, Anh.

Struktur
und Motive der Wanderungsbewegungen in der Bundesrepublik Deutschland unter besonderer Berücksichtigung der kleinräumigen Mobilität. Unters.d. PROGNOS AG i. Auftr.d. Bundesmin.d.Innern. Von R.G. Wieting u. J. Hübschle u. Mitarb.v.P.Stolz, W. Nahr u. G. Rudinger. Hrsg.v.Bundesmin.d.Innern, Abt. Raumordnung und Kommunalwesen. Basel 1968, 102 Seiten, Abb., Tab., Lit., Anh.: 34 gez. Seiten Tab., Anl.I-VI m.getr.Pag.:Fragebogen. Maschinenschriftl. vervielf.

Széll, G.
Regionale Mobilität. 11 Aufsätze. (=Nymphenburger Texte zur Wiss. 10). Nymphenburger Verlagshandlung München, 1972, 292 Seiten, Kt., Abb., Tab., Lit.

Vanberg, M.
Kritische Analyse der Wanderungsforschung in der BRD. Hg. v. Inst.f. Soziologie der TU Berlin. (=Arbeitsheft 3 des Inst.f. Soziologie an der TU Berlin, Arbeitsgruppe Wanderungsforschung H. 2). Selbstverlag Berlin, 1971, 99 Seiten.

Wewer, H.
Forschungsdokumentation zur regionalen Mobilität. (=Inst.f. Soziol. TU Berlin, Arbeitsheft Nr. 5, Arbeitsgruppe Wanderungsforschung H. 4). Selbstverlag Berlin, 1972, 139 Seiten.

Zimmermann, H. - Anderseck, K. - Reding, K. - Zimmermann, A.
Regionale Präferenzen. Wohnortorientierung und Mobilitätsbereitschaft der Arbeitnehmer als Determinanten der Regionalpolitik. (=Schriftenreihe d. Ges.f. Regionale Strukturentwicklung Bonn Bd. 2). Selbstverlag Bonn, 1973, XXXII, 241 Seiten Text, 110 Seiten Anhang.

Zühlke, W.
Zu- und Abwanderung im Ruhrgebiet 1966. Ergebnisse einer Umfrage. (=Schriftenreihe Siedlungsverb. Ruhrkohlenbezirk Nr. 13). Essen 1967, 61 Seiten, Abb., Tab., Lit. Masch. autogr.

Zühlke, W.
Zu- und Abwanderung im Ruhrgebiet 1967. Ergebnis einer Umfrage. (=Schriftenreihe Siedlungsverband Ruhrkohlenbezirk Nr. 20. Essen 1968, 39 Seiten, Kt., Tab., Anh.: 2 Formulare. Maschinenschriftl. vervielf.

2. Das Problem der Gastarbeiter

Ausländer
in der Bundesrepublik Deutschland. 2 Bände. Loseblattwerk. Stand 1.7.1972.
VWV-Verlag f. Wirtschaft und Verwaltung Frankfurt/M., ca. 800 Seiten (im Plastikordner).

Die Ausländer
1972. Hg. Stat. Landesamt Baden-Württemberg. (= Statistik von Baden-Württemberg Bd.194). Stuttgart 1973, 49 Seiten.

Ausländische
Arbeitskräfte in Deutschland. Hg. unter Mitarbeit vom Hessischen Institut f. Betriebswirtschaft e.V., H. Weicken, H. Minta, V. Bifulco, L.E. Sorribes, G.B. Papavassiliou, G. Sander, G. Maturi, K. Taprogge, A. Kraus, C. Zwingmann. (= Schriftenreihe d.Dt. Instituts f. Betriebswirtschaft). Econ Verlag Düsseldorf, 1961, 222 Seiten, m. Skizz.

Bingemer, K. - Meistermann-Seeger, E. - Neubert, E.
Leben als Gastarbeiter. Geglückte und missglückte Integration. Westdeutscher Verlag Opladen, 2. Aufl., 1972, 235 Seiten.

Bingemer, K.B. - Meistermann-Seeger, E.
Struktur und Strukturveränderungen ausländischer Arbeitnehmer der europäischen Gemeinschaften von 1960 bis 1970 auf den Gebieten: Staatsangehörigkeit, Wirtschaftsbereiche, Berufe, Beschäftigungsdauer, weibliche ausländische Arbeitskräfte, Integration. Mit einer Schlußfolgerung ü.d. künftigen Bedarf an ausländ. Arbeitnehmern. Eine Unters.d.Dt. Ges.f. Sozialanalytische Forschung e.V. im Auftr.d. Europ. Gem. Generaldirektion soziale Angelegenheiten. Selbstverlag Köln, Getr. Pag., Abb., Tab., Lit. 1972

Borris, M.
Ausländische Arbeiter in einer Großstadt. Eine empirische Untersuchung am Beispiel Frankfurt. Europäische Verlagsanstalt Frankfurt/M., 1973, 318 Seiten.

Dahnen, J. - Kozlowicz, W.
Ausländische Arbeitnehmer in der Bundesrepublik. (= Sozialpolitik in Deutschland Bd.6). Kohlhammer Verlag Stuttgart, 1969, 47 Seiten.

Dokumentation
Unterkünfte für ausländische Arbeitnehmer. Literatur 1960 - 1972. Hg.v. der Dokumentationsstelle für Bautechnik in der Fraunhofer Gesellschaft Stuttgart, Selbstverlag 1972, Nr. N 1812. 21 Titel.

Eingliederung
ausländischer Arbeitnehmer. Hrsg.: Bundesminister für Arbeit und Sozialordnung. Selbstverlag Bonn, 1972, 32 Seiten.

Gastarbeiter
Wirtschaftsfaktor und soziale Herausforderung. Europa Verlag Wien, 1973, 180 Seiten.

Gastarbeiter
in Österreich. (= Schriften zur Sozialarbeit Bd.10). Verlag Jugend und
Volk München, 1973, 84 Seiten.

Geiselberger, S.
Hrsg., Schwarzbuch: Ausländische Arbeiter, hg. im Auftrag des Bundesvorstandes der Jungsozialisten von S. Geiselberger. (= Fischer Taschenbuch Bd.1325). Fischer Verlag Frankfurt/M., 1972, 221 Seiten.

GEWOS (Hg.)
Ausländische Arbeitnehmer. GEWOS-Gespräch zwischen Forschung und Praxis.
Bearb.v. Schildmeier/Jürgensen. Hg. von der GEWOS Hamburg, Selbstverlag,
6.3.1974, 6 Seiten.

Gnehm, A.H.
Ausländische Arbeitskräfte. Ihre Bedeutung für Konjunktur und Wachstum,
dargest. am Beispiel der Schweiz. Diss.rer.pol. Bern 1966, X, 219 S.
Im Buchhandel mit folgendem Titel: Ausländische Arbeitskräfte - Vor- u.
Nachteile für die Volkswirtschaft. (= Berner Beiträge zur Nationalökonomie 2). P. Haupt Verlag Bern/Stuttgart, 1966, XII, 219 Seiten.

Hagen, E.
Arbeitsmotive von Gastarbeitern. Ergebnisse einer Befragung schweizerischer und italienischer Arbeitskräfte in der Schweiz. (= Veröff.d. Hochschule St. Gallen für Wirtschafts- u. Sozialwissenschaften, Schriftenreihe Betriebswirtschaft Bd.2). P. Haupt Verlag Bern, 1973, 348 Seiten.

Heldmann, H.H. - Kasprzyk, P. - Rondholz, E.
Ausländer in der Bundesrepublik Deutschland. Vom Umgang mit einer Minderheit in einem Rechtsstaat. (= Edition Suhrkamp Bd.435). Suhrkamp Verlag
Frankfurt/M., 1971.

Heinrich, B.
Gastarbeiter in der BRD. Melzer Verlag Darmstadt, 1972, 250 Seiten.

Höpfner, K. - Rahmann, B. - Rürup, B.
Ausländische Arbeitnehmer. Gesamtwirtschaftliche Probleme und Steuerungsmöglichkeiten. (= Kl. Schriften der Ges.f. Regionale Strukturentwicklung e.
V.). Bonn 1973, 102 Seiten.

Hoffmann - Nowotny
Soziologie des Fremdarbeiterproblems. Enke Verlag Stuttgart, 1974
(in Vorbereitung).

Hollenberg, W.A.
Beschäftigung und Wohnungsbedarf ausländischer Arbeitnehmer als Problem
der Landesplanung und Landesentwicklung in Nordrhein-Westfalen. Versuch
einer Prognose bis 1980. Institut für Siedlungs- u. Wohnungswesen der
Westfäl. Wilhelms-Universität Münster 1967. Diss. Münster/Westfalen,
Sonderdruck 38, 312 Seiten.

infas (Hg.)
Die volkswirtschaftliche Bedeutung der Beschäftigung ausländischer Arbeitnehmer in Baden-Württemberg. Gutachten i.Auftr.d. Arbeits-u. Sozialmin.
Baden-Württemberg v. S. Bullinger, P. Huber, H. Köhler. Hrsg.: Inst.f.
angewandte Wirtschaftsforschung. Tübingen 1972, XXVIII, 416, 12 Seiten,
Abb., Tab., Lit. Maschinenschriftl. vervielf.

Klee, E. (Hg.)
Gastarbeiter. Analysen und Berichte. (= edition Suhrkamp Bd.539).
Suhrkamp Verlag Frankfurt/M., 1973, 100 Seiten.

Klee, E.
Gastarbeiterreportagen. (= Stichw. Gesellschaftsordnung Bd.26). Imba/
Laetare Verlag Freiburg/Schweiz, 1973, 112 Seiten.

Klee, E.
Die Nigger Europas. Patmos Verlag Düsseldorf, 2. Aufl., 1973.

Klee, E.
Prügelknaben der Gesellschaft. Patmos Verlag Düsseldorf, 1971.

Leudesdorff, R. - Zilleßen, H.
Gastarbeiter gleich Mitbürger. Bilder - Fakten - Gründe - Chancen -
Modelle - Dokumente. (= aktuelle Reihe, ad hoc 4). Burckhardthaus Verlag
Gelnhausen, 1971, 384 Seiten.

Maturi, G.
Arbeitsplatz Deutschland; wie man südländische Gastarbeiter verstehen
lernt. Krausskopf Verlag Mainz, 1964, 171 Seiten.

Mc Rae, V.
Die Gastarbeiter. (= Stichwort Gesellschaftsordnung Bd.11). Imba/Laetare
Verlag Freiburg/Schweiz, 1971, 112 Seiten.

Mehrländer, U.
Beschäftigung ausländischer Arbeitnehmer in der BRD unter spezieller
Berücksichtigung von NRW. (= Forschungsber.d. Landes Nordrhein-Westfalen
Nr.2073). Westdeutscher Verlag Köln/Opladen, 2. Aufl., 1972, 198 Seiten.

Mehrländer, U.
Soziale Aspekte der Ausländerbeschäftigung. Verlag Neue Gesellschaft
Bonn/Bad Godesberg, 1973, 280 Seiten.

Meistermann
Probleme der ausländischen Arbeitskräfte in der BRD. Bericht über den
wissenschaftlichen Teil der 29. Mitgliederversammlung der Arbeitsgemein-
schaft deutscher wirtschaftswissenschaftlicher Forschungsinstitute.
(= Beihefte zur Konjunkturpolitik H.13). Verlag Duncker u. Humblot
Berlin/München, 1966, 173 Seiten.

Piepho, H.E.
Förderung und Integration für Kinder ausländischer Arbeitnehmer. (= Bren-
nende Probleme der Pädagogik. Modelle - Perspektiven Bd.C). Frankonius
Verlag Dornburg/Frickhofen, 1972, 100 Seiten.

Schrettenbrunner, H.
Gastarbeiter. Ein europäisches Problem aus der Sicht der Herkunftsländer
und der Bundesrepublik Deutschland. (= Themen zur Geographie und Gemeinschaftskunde, hg.v.W.W.Puls). Diesterweg Verlag Frankfurt/Berlin/München,
1971, 140 Seiten.

Stirn, H.
Ausländer-Beschäftigung in Deutschland in den letzten hundert Jahren.
In: Ausländer im Betrieb, 5. Beih.z.Zentr.Bl.f. Arbeitswissenschaft;
Frechen 1964. Jetzt "Arbeit und Leistung"Dr.O. Schmidt KG., Köln.

Strube, H.H. - Berg, H. - Berg, S.
Gastarbeiter. Sekundarstufe I. (= rp-Modelle Bd.9). Verlag Kösel/Diesterweg München/Frankfurt/M.
Analyse und Planung, 1973, 48 Seiten. Arbeitsmaterial, 1973, 48 Seiten.

Uhlig, O.
Gastarbeiter in Deutschland. (= Freiheit und Ordnung 48). Pesch-Haus-Verlag Mannheim, 1967.

Weber, R. (Hg.)
Beschäftigung ausländischer Arbeitnehmer - Rechtsvorschriften und Anpassungshilfen. Loseblattausgabe. Stutz Verlag München, 3. Aufl., 1971.

3. Das Problem der Alten- und Krankenversorgung

Altenhilfe
in Österreich - Eine Dokumentation. Zusammengestellt vom Arbeitskreis Altenbetreuung des österreichischen Komitees für Sozialarbeit und des Österr. Städtebundes, hg.v. Institut für Stadtforschung Wien. Verlag Jugend u. Volk Wien/München, 1974, 150 Seiten.

Altenwohnstätten
Planungsempfehlungen des Bundesministers für Altenwohnungen, Wohnungen in Altenwohnheimen, Wohnstätten in Altenheimen vom 30. Dez. 1971. Stand: 8.12.1972. o.O. o.J. 9 Seiten Maschinenschr. vervielf.

Altern
psychologisch gesehen. Arbeitsgruppe Altenforschung Bonn. Theorie und Praxis der Erwachsenenbildung. Mit einem Vorwort von H. Thomae. (= Westermann Taschenbuch 86). Westermann Verlag Braunschweig, 1971, 172 Seiten.

Anpassung
oder Integration? Zur gesellschaftlichen Situation älterer Menschen. (= Konrad-Adenauer-Schriftenreihe). Verlag Eichholz Bonn, 1973, 247 S.

Bauen
für junge und alte Menschen. Hrsg. Baubehörde der Freien und Hansestadt Hamburg, Hochbauamt. (= Hamburger Schriften zum Bau-, Wohnungs- und Siedlungswesen H. 42). Selbstverlag Hamburg, 1967, 54 Seiten, 119 Bild., Grund., Lagepl.

Bauten
für Kranke, Pflegebedürftige und alte Menschen. (= architektur Wettbewerbe H. 72). Krämer-Verlag Stuttgart, 1972, 152 Seiten.

Beidatsch, A.
Wohnungsbau für alte Menschen. Hg. v. Bundesmin.f. Wohn.Städtebau und Raumf. und d. Beratungsinst. f. Städtebau und Wohnungswesen e.V. Nürnberg. (= SIN-Städtebau-Institut Nürnberg Schriftenreihe Nr. 1). Selbstverlag, 1965, 80 Seiten.

Bennedik, K. - Grossmann, J. - Leutiger, H. - Schmitz-Scherzer, R.
Wohnen im Alter. Fachtagung der Evangelischen Akademie Hofgeismar. (= Kl. Schriften d. Deutschen Verbandes f. Wohnungswesen, Städtebau u. Raumplanung, Bd. 29). Stadtbauverlag Köln/Bonn, 1971, 67 Seiten.

Bleuel, H.-P.
Alte Menschen in Deutschland. Hanser-Verlag München, 1972, 182 Seiten.

Blume, Otto
Alte Menschen in einer Großstadt. Ergebnisse einer empirischen Untersuchung in Köln. (= Veröff.d. Instituts f. Selbsthilfe und Sozialforschung H. 6). Verlag Otto Schwartz Göttingen, 1962, 184 Seiten.

Blume, Otto
Möglichkeiten und Grenzen der Altenhilfe. Verlag Mohr Tübingen, 1968, 149 Seiten.

Böhlau, V. (Hg.)
Wege zur Erforschung des Alterns. (= Wege der Forschung Bd. 189). Wissenschaftl. Buchgesellschaft Darmstadt, 1973, XVI, 584 Seiten.

Bolte, K. - Tartler, R. (Hg.)
Die Altersfrage. Soziale Aufgabe der Gegenwart. (= Forschungen und Ergebnisse Bd. 1). Verlag für Wissenschaft, Wirtschaft u. Technik Gehlen Bad Homburg/Berlin/Bonn/Zürich, 1958, 216 Seiten.

Dahl, Wilhelm
Zu den Problemen des Wohnens der älteren Menschen. (= Kleine Schriften des Deutschen Verbandes für Wohnungswesen, Städtebau und Raumplanung e.V. H.43). Stadtbau-Verlag Köln/Bonn, 1970, 27 Seiten.

Dittrich, Gerhard G.
Wohnen Körperbehinderter. Hg. vom SIN-Städtebauinstitut Nürnberg. Deutsche Verlagsanstalt Stuttgart, 1972, 211 Seiten.

Dittrich, Gerhard G.
Wohnen Alleinstehender. Deutsche Verlagsanstalt Stuttgart, 1972, 248 S.

Dittrich, Gerhard G.
Wohnen alter Menschen. Hg. vom SIN-Städtebauinstitut Nürnberg. Deutsche Verlagsanstalt Stuttgart, 1972, 313 Seiten.

Dokumentation
Wohnungsbau für alte Menschen. Literatur 1969 - 1972. Hg. von der Dokumentationsstelle für Bautechnik in der Fraunhofer Gesellschaft Stuttgart, Selbstverlag 1972, Nr. N 1805, 60 nachgewiesene Titel.

EMNID
Sozialforschung und kommunale Altenhilfe. Ein Tagungsbericht. Selbstverlag des Emnid-Instituts Bielefeld, 1970, 80 Seiten.

Feldmann, E. - Demme, H.
Der Mensch im Alter. Grundfragen der Alterskunde und Altersfürsorge. Reinhardt Verlag München, 1972, 286 Seiten.

Fengler, M.
Heime. Studenten-, Berufstätigen- und Altersheime. Deutsch und Englisch. Verlag A. Koch Stuttgart, 1963, 294 Seiten, 320 Abb., Schnitte u. Pläne.

Funktionelle
Erfordernisse zentraler Einrichtungen als Bestimmungsgröße von Siedlungs- u. Stadteinheiten in Abhängigkeit von Größenordnung und Zuordnung. Bearb. von F. Spengelin u.a. (= Schriftenreihe Städtebauliche Forschung des Bundesministers für Städtebau und Wohnungswesen 03.003). Waisenhaus Verlag Braunschweig, 1972, 504 Seiten.

Gesellschaft für sozialen Fortschritt (Hg.)
Die Situation der alten Menschen. (= Schriften d.Ges.f. Sozialen Fortschritt H.16). Verlag Duncker u. Humblot Berlin, 1964, 197 Seiten.

Gores P.
Die sozialen Verhaltensweisen alter Menschen. Versuch einer Systematisierung. Diss. WiSo Köln, 1971, 402 Seiten.

Gross, H.
Rechtsfragen des alten Menschen. (= Kleinere Schriften d.Dt. Vereins
f. öffentl. u. private Fürsorge Bd.13). Grote Verlag Köln, 2. Auflage,
1970, 101 Seiten.

Heime
Altenheime, Altenwohnheime, Jugendheime. (= architektur wettbewerbe Bd.
61). Krämer Verlag Stuttgart, 1970, 126 Seiten, 303 Abb., 1 Falttafel.

Kaufmann, F.X.
Die Überalterung. Ursachen, Verlauf, wirtschaftliche und soziale Auswirkungen des demographischen Alterungsprozesses. (= Veröffentlichungen der
Handels-Hochschule St. Gallen, Reihe A, 58). Polygraphischer Verlag
Zürich/St. Gallen, 1960, 540 Seiten.

Lange, K.
Forschung und Planung in der Altenhilfe. Dargestellt an einer Untersuchung
im Landkreis Düsseldorf-Mettmann. (= Schriften d.Dt. Vereins f. öffentl.
u. private Fürsorge 224). Grote Verlag Köln, 1964, XIV, 270 Seiten.

Lee, D.H.
A selected, annotated bibliography on aging and the aged: 1968 - 1972.
Eine ausgewählte, annotierte Bibliographie über das Altern und alte Menschen: 1968-1972. (= Exchange Bibliography. Council of Planning Librarians. 319). Monticello, Ill.: Council of Planning Librarians, 1972,
46 Seiten.

Nagel, S. - Linke, S.
Heimbauten. Kindergärten, Jugendzentren, Wohnheime, Altenheime. (= DBZ-baufachbücher Bd.7). Bertelsmann Verlag Gütersloh, 1970, 208 Seiten,
604 Abb.

Nomenklatur
von Einrichtungen der Altenhilfe. (= Kleinere Schriften d.Dt. Vereins f.
öffentl. u. priv. Fürsorge 42). Grote Verlag Köln, 1970, 24 Seiten.

Paul, C.H.
Altenpflegerecht. Eine Rechtskunde f. Ausbildung und Praxis des Altenpflegers. (= Luchterhand Arbeitsmittel). Luchterhand Verlag Neuwied,
ca. 220 Seiten.

Rosenmayr, L. - Köckeis, E.
Umwelt und Familie alter Menschen. (= Soziologische Texte Bd.21). Luchterhand Verlag Neuwied, 1965, 244 Seiten.

Schalhorn, K. - Erben, C.
Wohnungen für alte Menschen. Altenheime, Wohnstifte, Seniorenzentren.
(= Reihe e + p - Entwurf u. Planung Bd.17). Callwey Verlag München,
1973, 132 Seiten, zahlr. Abb.

Schmelzer, H. - Tebert, W.
Alter und Gesellschaft. Eine soziol. Unters.d. soz. Voraussetzungen von
Maßnahmen der Altenhilfe. Verlag Eichholz Bonn, 1969, 244 Seiten, Abb.,
Tab., Lit.

Schmidt, A.
Planen für alte Menschen. (= Architektur Wettbewerbe Nr.12: H.42 Altersheime). Krämer Verlag Stuttgart, 1965, 113 Seiten.

Schmidtchen, G.
Die Lage der Selbständigen im Alter. Ergebnisse repräsentativer Sozialenquêten des Inst.f. Demoskopie Allensbach. (= Schriftenreihe des Bundesm. f. Arbeit und Sozialordnung H.13). Kohlhammer Verlag Stuttgart, 1968, 192 Seiten.

Schoeller, I.
Das Alter in der industriellen Gesellschaft. Zur Problematik der Alters-Soziologie. (= Soziologische Studien, hg.v.Inst.f. Soziologie der Rhein.-Westf. TH Aachen, Bd.2). Verlag J.P. Bachem Köln, 1971, 154 Seiten.

SIN (Hg.)
Wohnungsbau für alte Menschen. (= Schriftenreihe des Städtebau-Instituts Nürnberg H.1). Selbstverlag Nürnberg, 1965, 80 Seiten.

Sozialplan-Altenhilfe
Ergebnisse der Altenbefragung. Hg. von der Stadt Braunschweig. (= Schriften der Stadt Braunschweig zur kommunalen Planung H.7). Selbstverlag Braunschweig, 1973, 76 Seiten.

Stemshorn, A.
Bauen für Behinderte und Betagte. Verlag Koch Stuttgart, 1973, 160 Seiten, mit vielen Zeichn., Plänen u. Tab.

Stern, E.
Der alte Mensch und die Gesellschaft. Eine sozialmedizinische Studie. (= Schriften aus dem Gebiet des öffentlichen Gesundheitswesens H.22). Thieme Verlag Stuttgart, 1965.

Sutter, U. - Berger, P. - Wiegand, J.
Altersbetreuung. Planung und Realisation eines Systems der Altersbetreuung und Beispiel eines Altenzentrums. Hatje Verlag Stuttgart, 1973, etwa 150 Seiten, zahlr. Abb.u. Tab.

Tews, H.P.
Soziologie des Alterns. Eine Einführung mit einem Vorwort von K.M. Bolte. (= Uni-Taschenbuch Bd.83 u. Bd.96). Verlag Quelle u. Meyer Heidelberg, 1971 und 1973, 352 und 300 Seiten.

Thomae, H. - Lehr, U. (Hg.)
Altern. Probleme und Tatsachen. (= Akademische Reihe). Akademische Verlagsgesellschaft Frankfurt/M., 2. Aufl., 1972.

Vettiger, G. - Jaffe, A. - Vogt, A.
Alte Menschen im Altersheim. Psychologische und medizinische Untersuchungen in Basel. Verlag Schwabe Basel, 1951, 150 Seiten.

Vincentz, F.
Altenheim - Handbuch. Vincentz Verlag Hannover, 1971, 440 Seiten, 60 Abb. u. Tab.

Wohnungswünsche
und Wohnungsversorgung der Älteren. (= Bauwelt H.48). Bertelsmann Fachverlag Berlin, Ullstein Fachverlag Berlin, 1963.

4. Der Sozialplan (nach dem Städtebauförderungsgesetz)

Blume, O.
Die Obdachlosen in Köln. (= Schriften d. Inst.f. Selbsthilfe u. Sozialforschung 5). Verlag O. Schwartz Göttingen, 1960, 224 Seiten.

Cura, M.
Bibliographie. Sozialplanung im Städtebau, bearbeitet im Institut für Wohnungs- und Planungswesen - Gottlob-Binder-Institut e.V. Köln-Mülheim. Selbstverlag Köln-Mülheim, 1973, 4 Seiten, 30 Titel.

Diederich, J.
Soziographie und Städtebau. Mit Ergebnissen soziographischer Untersuchungen in der Stadt Hanau. de Gruyter Verlag Berlin/New York, 1971, LVI, 138 Seiten.

Dittrich, G.G.
Sozialplanung. (= Die Stadt). Deutsche Verlagsanstalt Stuttgart, 1972, 175 Seiten, 58 Tab., zahlr. Qu.

Eggeling, R.
Der Sozialplan nach §4 und § 8 Abs. 2.Städtebauförderungsgesetz. (= Veröff.d.Inst.f. Städtebau Berlin Bd.43/3). Selbstverlag Berlin, 1972, 22 S.

Fabriclus, G. u.a.
Sozialplanung. EDV-Auswertungsprogramm für Umfragen. Hrsg.: Projektgruppe Sozialplanung Braunschweig. Selbstverlag Braunschweig, 1973, 52 Seiten, Sk., Tab.

Fürstenberg, F.
Lebenslagen und Interessen der Marler Bevölkerung. Unterlagen für einen Sozialplan. Hrsg.: Stadt Marl. Selbstverlag Linz, 1972, 612 Seiten, Tab., 34 Kt.

Hershey, C.
Comparative social planning bibliography (Bibliographie der vergleichenden Sozialplanung). (= Exchange Bibliography. Council of Planning Librarians. 443). Monticello, Ill.: Council of Planning Librarians, 1973, 29 Seiten.

Iben, G.
Menschen unterm Planquadrat. Sozialpolitische und sozialpädagogische Aspekte der amerikanischen Stadterneuerung. (= Hanser-Umweltforschung). Hanser Verlag München, 1971, 176 Seiten, mit graph. Darst.

de Kok, A.M.C.
Gutachten zum Siedlungs- u. Betreuungsprojekt der Stadt Freiburg/Brsg. für Problem-, Zigeuner- und Landfahrerfamilien. Selbstverlag Freiburg, 1971, 61 Seiten.

Mackensen, R. - Stirnemann, P. (Hg.)
Zur Theorie der Sozialplanung. Hg. vom Institut f. Soziologie an der
TU Berlin. (= Arbeitshefte Nr.10). Selbstverlag Berlin, 1973 in Vorb.

Müller, C.W. - Nimmermann, P.
Stadtplanung und Gemeinwesenarbeit. Texte und Dokumente.
2. Aufl., 1973, 256 Seiten.

Prüß, K.P. - Tschoepe, A.
Sozialplanung. (= Beltz Bibliothek Bd. 39). Beltz Verlag Weinheim/Bergstr.,
1973, 180 Seiten.

Schmidt-Relenberg, N. - Feldhusen, G. - Luetkens, Ch.
Sanierung und Sozialplan. Mitbestimmung gegen Sozialtechnik. Callwey-
Verlag München, 1973, 139 Seiten, Abb., Qu.

Sozialplan -
Altenhilfe. Bestandsaufnahme. Ergebnisse der Altenbefragung. Teil 1, vorgel. von der Projektgruppe Sozialplanung Braunschweig. Hrsg.: Stadt Braunschweig. (= Schriften der Stadt Braunschweig zur kommunalen Planung, H. 2).
Selbstverlag Braunschweig, 1971, 89 Seiten, zahlr. Qu., 27 S. Tab. im Anh.

Sozialplan
nach dem Städtebauförderungsgesetz. Mißverständnisse - Grundlagen und
Grundsätze - Sozialplanverfahren. Hrsg.: Bundesvereinigung Deutscher
Heimstätten. Selbstverlag Bonn, 1972, 72 Seiten, zahlr. Qu.

Sozialplanung
und Städtebauförderungsgesetz. (= Arbeitshilfen H.10). Grote Verlag Köln,
1973, 60 Seiten.

Williams, D.F.
Urban social planning: A selected bibliography (Städtische Sozialplanung:
Eine ausgewählte Bibliographie). (= Exchange Bibliography. Council of
Planning Librarians. 458). Monticello, Ill.: Council of Planning Librarians, 1973, 18 Seiten.

Witt, E.
Der Sozialplan als Ausdruck des Demokratisierungsanspruchs des Städtebauförderungsgesetzes. Überarbeitete Fassung der Diplomarbeit: Überlegungen
zum Sozialplan bei Sanierungsarbeiten nach dem StBauFG. Hrsg.: Lehrstuhl
und Institut für Städtebau, Wohnungswesen und Landesplanung an der Techn.
Univ. Hannover. (= Plan. 9). Selbstverlag Hannover, 1972, 159 Seiten,
21 Seiten Qu.

5. Sozialarbeit, Sozialfürsorge, Sozialhilfe

Aich, P. - Bujard, O.
Soziale Arbeit Beispiel Obdachlose. Eine kritische Analyse. (= pocket 35).
Verlag Kiepenheuer u. Witsch Köln, 1972, 176 Seiten, 24 Seiten Dokumente.

Bang, R.
Hilfe zur Selbsthilfe für Klient und Sozialarbeiter. (= Einzelfallhilfe
(Casework) in der Praxis der Sozialarbeit Bd.1). Verlag E. Reinhardt
München, 2. Aufl., 1963, 167 Seiten.

Bangert, W.
Die Sozialhilfe. (= Sozialpolitik in Deutschland 44). Kohlhammer Verlag
Stuttgart, 2. überarb. Aufl., 1969, 52 Seiten.

Bäuerle, W.
Sozialarbeit und Gesellschaft. (= Sozialpädagogisches Forum H.4). Beltz
Verlag Weinheim, 2. Aufl., 1970.

Betriebliche
Sozialarbeit heute. Hg. unter Mitarb.v. Deutschen Institut f. Betriebs-
wirtschaft e.V. W. Hacker, A. Horstkotte, Th. Metze, F. Spiegelhalter,
G. Tölle. Econ Verlag Düsseldorf, 1962, 145 Seiten.

Bornemann, E. - v.Mann, G. (Hg.)
Handbuch der Sozialerziehung. 3 Bände, Herder Verlag Freiburg/Brsg.,
1964.
Band 1: Grundlegung der Sozialerziehung, 446 Seiten.
Band 2: Praxis der Sozialerziehung im geordneten sozialen Feld, 539 S.
Band 3: Praxis der Sozialerziehung bei gestörten sozialen Beziehungen,
    585 Seiten.

Bundessozialhilfegesetz
Textausgabe mit Durchführungsverordnungen. (= Kleinere Schriften d. Dt.
Vereins f. öffentl.u. priv. Fürsorge Bd.33). Grote Verlag Köln, 3. Aufl.,
1972, 100 Seiten.

Butrym, Z.
Sozialarbeit im Gesundheitsbereich. Aus dem Engl.v. U. Stopfel. Lambertus Verlag Freiburg/Brsg., 1972, 102 Seiten.

Einführung
in die Sozialarbeit. Aus dem Engl.v. J. Bianchi. Lambertus Verlag Frei-
burg/Brsg., 1973, 100 Seiten.

Empfehlungen
zur Abgrenzung von Arten der Sozialhilfe untereinander. (= Kleinere Schriften d.Dt. Vereins f. öffentl.u. priv. Fürsorge Bd.34). Grote Verlag Köln,
1969, 53 Seiten.

Empfehlungen
zur Planung, Schaffung und Erhaltung von Spiel- und Erholungsanlagen für
Jugend und Familie. (= Kleinere Schriften d.Dt. Vereins f. öffentl.u.
private Fürsorge Bd.45). Grote Verlag Köln, 1972, 76 Seiten.

Flamm, F.
Sozialwesen und Sozialarbeit in der Bundesrepublik Deutschland. (= Schr.
d.Dt. Vereins f. öffentl.u. private Fürsorge H.241). Grote Verlag Köln,
1971, 196 Seiten.

Frank, W.
Jugendhilferecht. Leitsätze zum Landesrecht Baden-Württemberg. Kohlhammer
Verlag Stuttgart, ca. 40 Seiten.

Frank, W.
Jugendhilferecht in Baden-Württemberg. Kohlhammer Verlag Stuttgart, 1973,
ca. 500 Seiten.

Frank, W.
Sozialhilfe- und Kriegsopferfürsorgerecht. Leitsätze zum Landesrecht Baden-
Württemberg. Kohlhammer Verlag Stuttgart, 1973, ca. 64 Seiten.

Die Fürsorge
im sozialen Rechtsstaat. Standort, Forderungen und Möglichkeiten. Gesamtbericht über den 66. Deutschen Fürsorgetag 1969 in Essen. (= Schriften
d. Dt. Vereins f. öffentl.u. priv. Fürsorge Bd.245). Grote Verlag Köln,
1970, 636 Seiten.

Fuchs, M.
Sozialhilfe und Kriegsfürsorge. Ein Grundriß für Studium und Praxis.
Verlag Reckinger Siegburg, 2. Aufl., 1970, 143 Seiten.

Gedicke, K.
Sozialhygiene Bd. 3: Gesundheitshilfe f. spezielle Bevölkerungsgruppen,
ca. 200 Seiten.
Sozialhygiene Bd. 4: Öffentliches Gesundheitswesen, ca. 200 Seiten.
Luchterhand Verlag Neuwied, 1973.

Gesellschaftliche Perspektiven
der Sozialarbeit. 2 Bände, hg.v. H.U. Otto, S. Schneider. (= Kritische
Texte zur Sozialarbeit und Sozialpädagogik). Luchterhand Verlag Neuwied.
Band 1: 1973, 280 Seiten.
Band 2: 1973, 269 Seiten.

Groell, R.
Organisationsmodelle im Bereich der Kommunalen Sozial- und Jugendhilfe.
(= Arbeitshilfen Bd.7). Grote Verlag Köln, 1972, 48 Seiten.

Groß, H.
Zur Rehabilitierung behinderter Kinder und Jugendlicher. (= Schriften d.
Dt. Vereins f. öffentl.u. priv. Fürsorge Bd.239). Grote Verlag Köln,
1967, XVI, 132 Seiten.

Grundbegriffe
und Methoden der Sozialarbeit. Hrsg. der amerik. Ausgabe: W.A. Friedländer. Hrsg. der deutschen Ausgabe: H. Pfaffenberger. Autoren: W.A.
Friedländer, H.S. Maas, G. Konopka, G.W. Cartner. Luchterhand Verlag
Neuwied, 3. Aufl., 1972, 356 Seiten.

Hänel, W.
Bibliographie zur Sozialversicherung, Sozialhilfe und Versorgung. Betriebswirtschaftl. Verlag Gabler Wiesbaden, 1968, 64 Seiten.

Helfer, J.
Die tatsächlichen Berufsvollzüge der Sozialarbeiter. Daten und Einstellungen. (= Arbeitshilfen H.3). Grote Verlag Köln, 1971, 148 Seiten.

Jans, K.W. - Happe, G.
Handbuch für die Jugendhilfe. Vorschriften zur Jugend- und zur Sozialarbeit mit einer Einführung in Geschichte und Wesen des Jugendrechts. Deutscher Gemeindeverlag Köln, 3. Aufl., 1972, 324 Seiten.

Jacobsen, V. - Monello, P.
Sozialarbeit im Team. Aus dem Französischen von M. Trittler. Rex Verlag Luzern, 1972, 192 Seiten.

Jirasek, H. - Seipp, P. - Schellhorn, W.
Praktische Sozialhilfe. Loseblatt-Ausgabe. Ergänzbare Sammlung v. erläuternden Vorschriften z. Recht der sozialen Hilfen einschl. d. Lexikon d. sozialen Hilfen. Luchterhand Verlag Neuwied, ca. 7.800 Seiten.

Jugendwohlfahrtsgesetz
Textausgabe - mit Nebengesetzen. (= Kleinere Schriften d.Dt. Vereins f. öffentl. u. priv. Fürsorge Bd.38). Grote Verlag Köln, 1970, 136 Seiten.

Jugendwohlfahrtsgesetz
Textausgabe mit ergänzenden Rechtsvorschriften und einer erläuternden Einführung. Deutscher Gemeindeverlag Köln, 1972, 156 Seiten.

Jugendwohlfahrtsgesetz
Kommentar mit einer Einführung in Geschichte und Wesen des Gesetzes. Deutscher Gemeindeverlag Köln, 1971, 1. Lieferung 408 Seiten, Stand Mai 1971.

Junker, H.
Das Beratungsgespräch. Zur Theorie und Praxis kritischer Sozialarbeit. Kösel Verlag München, 1973, 228 Seiten.

Kamphuis, M.
Die persönliche Hilfe in der Sozialarbeit unserer Zeit. Eine Einführung in die Methode der Einzelfallhilfe für Praxis und Ausbildung. Enke Verlag Stuttgart, 4. umgearb. Aufl., 1973, XII, 148 Seiten.

Klumker, Ch.J.
Schriften zur Jugendhilfe und Jugendfürsorge. (= Schriften d.Dt. Vereins f. öffentl.u. priv. Fürsorge Bd.243). Grote Verlag Köln, 1968, VIII, 87 Seiten.

Lange, K.
Forschung und Planung in der Altenhilfe. Dargestellt an einer Untersuchung im Landkreis Düsseldorf-Mettmann. (= Schriften d.Dt. Vereins f. öffentl.u. priv. Fürsorge Bd.224). Grote Verlag Köln, 1964, XIV, 270 Seiten.

Matthes, J.
Gesellschaftspolitische Konzeptionen im Sozialhilferecht. Zur soziologischen Kritik der neuen deutschen Sozialhilfegesetzgebung 1961. (= Soziol. Gegenwartsfragen NF H.23). Enke Verlag Stuttgart, 1964, 134 Seiten.

Mehrländer, U.
Soziale Aspekte der Ausländerbeschäftigung. Verlag Neue Gesellschaft Bonn/Bad Godesberg, 1973, 280 Seiten.

Melzer, G.
Praxisanleitung und Praxisberatung in der Sozialarbeit. (= Kleinere Schriften d.Vereins f. öffentl.u. private Fürsorge H.40). Grote Verlag Köln, 2. Aufl., 1972, 144 Seiten.

Mende, U.
Internationale Sozialarbeit. Luchterhand Verlag Neuwied, VIII, 74 S.

Neue Praxis
Kritische Zeitschrift für Sozialarbeit und Sozialpädagogik. Hrsg.v. H. Eyferth, P. Hirschauer, K. Matthiessen, A. Oswalt, H.U. Otto, K. Utermann. Erscheint vierteljährlich mit 90 Seiten. Luchterhand Verlag Neuwied.

Otto, H.U. - Schneider, S.
Gesellschaftliche Perspektiven der Sozialarbeit. Kritische Texte zur Sozialarbeit und Sozialpädagogik. Luchterhand Verlag Neuwied, 2. Aufl., Band 1: 275 Seiten, Band 2: 269 Seiten.

Persönliche Hilfe
im System der sozialen Sicherung - Sozialarbeit heute. Bericht über die Hauptausschußtagung am 27.u.28. Oktober 1966 in Mannheim. (= Schriften des Dt. Vereins für öffentl.u. private Fürsorge H.238). Grote Verlag Köln, 1967, 58 Seiten.

Petersen, K.
Hilfen für Gefährdete. (= Kleinere Schriften des Dt. Vereins für öffentl. u. priv. Fürsorge H.31). Grote Verlag Köln, 1968, 152 Seiten.

Rössner, L.
Theorie der Sozialarbeit. Ein Entwurf. (= UTB 226). Verlag E. Reinhardt München, 1973, 300 Seiten.

Schäfer, D.
Die Rolle der Fürsorge im System sozialer Sicherung. Ein Beitrag zur Entwicklung und Begründung eines gegliederten Sozialleistungssystems. (= Schriften des Dt. Vereins für öffentl.u. priv. Fürsorge Bd.231). Grote Verlag Köln, 1966, XIII, 304 Seiten.

Schellhorn, W. - Jirasek, H. - Seipp, P.
Das Bundessozialhilfegesetz. Ein Kommentar f. Ausbildung, Praxis und Wissenschaft. Luchterhand Verlag Neuwied, 7. erg.u.überarb. Aufl., 1971, 500 Seiten.

Schmidtobreick, B.
Kriminalität und Sozialarbeit. Lambertus Verlag Freiburg/Brsg., 1972, 104 Seiten.

Schultze, A.
Soziale Gemeinwesenarbeit. Arbeitshilfen für die Praxis. Lambertus Verlag Freiburg/Brsg., 1972, 94 Seiten mit 7 Graph.

Smalley, R.E.
Praxisorientierte Theorie der Sozialarbeit. Aus dem Amerik.v. J. Kalcher. Beltz Verlag Weinheim, 1973, 350 Seiten.

Sozialarbeit
als Beruf. Auf dem Weg zur Professionalisierung? Hg.v. H.U. Otto, K. Utermann. Juventa Verlag München, 2. Aufl., 1973, 168 Seiten.

Sozialarbeit
und die Siebziger Jahre. (= Schriften zur Sozialarbeit des Österr.
Komitees f. Sozialarbeit 7). Jugend und Volk Verlagsgesellschaft Wien,
1971.

Sozialbericht
1971. Kohlhammer Verlag Stuttgart, 1971, 352 Seiten.

Sozialbericht
1972. Kohlhammer Verlag Stuttgart, 1972, 377 Seiten.

Sozialbericht
1973. Kohlhammer Verlag Stuttgart, 1973, 300 Seiten.

Sozialbudget - Sozialplanung
Gutachten eines Arbeitskreises der Gesellschaft f. Sozialen Fortschritt.
(= Schriften d. Ges.f. Sozialen Fortschritt 19). Verlag Duncker u. Humblot
Berlin, 1971, 248 Seiten mit zahlr. Tab.

Sozialhilfe
Grundriß und Praxisanleitung. Deutscher Gemeindeverlag Köln, 2. Aufl.,
1970, 128 Seiten.

Statistisches Bundesamt Wiesbaden (Hg.)
Fachserie K: Öffentliche Sozialleistungen Veröffentlichungsreihe 1:
Sozialhilfe, Kriegsopferfürsorge. Kohlhammer Verlag Mainz.

Statistisches Bundesamt Wiesbaden (Hg.)
Fachserie K: Öffentliche Sozialleistungen Veröffentlichungsreihe 2:
Öffentliche Jugendhilfe. Kohlhammer Verlag Mainz.

Stehmanns, H.
Sozialverhalten und Sozialarbeit. Lambertus Verlag Freiburg/Brsg., 1971,
176 Seiten.

Stoffel - Langerfeld
Bundessozialhilfegesetz. (= FHS Skripten Abt.B). Kohlhammer Verlag
Stuttgart, 1973, 96 Seiten.

Strang, H.
Erscheinungsformen der Sozialhilfebedürftigkeit. Beitrag zur Geschichte,
Theorie u. empirischen Analyse der Armut. Geleitwort von G. Wurzbacher.
Enke Verlag Stuttgart, 1970, 248 Seiten.

Thorun, W.
Öffentlichkeitsarbeit in der Jugend- und Sozialhilfe. (= Luchterhand
Arbeitsmittel). Luchterhand Verlag Neuwied, 1970, 111 Seiten.

Über Ziel
und Methoden der Sozialarbeit. Ein Tagungsbericht, hg.v. W. Dreier,
M. Balkenohl, H.F. Joos. (= Schriftenreihe der Akademie für Jugendfragen 4). Regensberg Verlag Münster, 1971, 136 Seiten.

Das Unterhaltsrecht
und die Sozial- und Jugendhilfe. Bericht über die Hauptausschußtagung
am 6.u.7. Mai 1971 in Düsseldorf. (= Schriften d.Ver.f. öffentl.u. private Fürsorge H.248). Grote Verlag Köln, 1971, 52 Seiten.

Vier Jahre
Bundessozialhilfegesetz und Jugendwohlfahrtsgesetz - Wege in die Zukunft. Gesamtbericht über den 64. Deutschen Fürsorgetag 1965 in Köln.
(= Schriften d. Dt. Vereins f. öffentl.u. priv. Fürsorge H.232).
Grote Verlag Köln, 1966, VIII, 644 Seiten.

Vogt, F.
Sozialhilferecht mit öffentlicher Jugendhilfe. (= Schaeffers Grundriß
d. Rechts und der Wirtschaft Abt.II Bd.42). Kohlhammer Verlag Stuttgart,
12.-14. Tausend 1967, 162 Seiten.

Wehlitz, K.
Die Altenhilfe nach dem Bundessozialhilfegesetz. (= Kleinere Schriften
d.Dt. Vereins f. öffentl.u. priv. Fürsorge H.8). Grote Verlag Köln,
2. Aufl., 1971, 48 Seiten.

6. Planung und Bau von Wohnheimen

Bach, A.
Wohnheime. Verlag Bauwesen Berlin/Ost, 1970, 224 Seiten, 253 Abb.

Bilz, D.
Kinder- und Jugendheime. Hatje Verlag Stuttgart, 1972, 120 Seiten, 232 Abb.

Dokumentation
Studentenwohnheime. Literatur 1970 - 1972. Hg. von der Dokumentationsstelle für Bautechnik in der Fraunhofer Gesellschaft Stuttgart. Selbstverlag Stuttgart, 1972, Nr. N 1818, 43 nachgew. Titel.

Fengler, M.
Heime. Studenten-, Berufstätigen- und Altersheime. Deutsch u. Englisch. Verlag A. Koch Stuttgart, 1963, 294 Seiten, 320 Abb., Schn.u.Pl.

Heime
Altenheime, Altenwohnheime, Jugendheime. (=architektur wettbewerbe Bd.61) Krämer Verlag Stuttgart, 1970, 126 Seiten, 303 Abb., 1 Falttafel

Heymann, D.v.
Kirchen - Schulen - Internate. Verlag Vandenhoeck u. Ruprecht Göttingen, 1971, 315 Seiten.

Jesberg, P.
Studenten wohnen. Hrsg.: Deutsches Studentenwerk. Krämer Verlag Stuttgart, 1971, 64 Seiten, 220 Abb.

Mundt, W.
Die Bauplanung von Schulen, Spiel- und Sportanlagen, Krankenhäusern, Wohnheimen. Zusammenstellung der Richtlinien für Nordrhein-Westfalen. Werner Verlag Düsseldorf, 3. Aufl., 1969, 271 Seiten, mit Erg.Bd. 1972, 72 Seiten.

Nagel, S. - Linke, S.
Heimbauten. Kindergärten, Jugendzentren, Wohnheime, Altenheime. (=DBZ-Baufachbücher 7). Bertelsmann Verlag Gütersloh, 1970, 208 Seiten, 604 Abb., Zeichn., Grundr., Pläne.

Schmalscheidt, H.
Häuser für Studenten. (=Reihe e + p - Entwurf und Planung Bd. 21). Callwey Verlag München, 1973, 132 Seiten, rd. 400 Pl. u. Schnitte.

Schramm, W.
Studentisches Wohnen in der Hochschulstadt. Diss. Hannover 1969, 146 Seiten mit Abb.u. Skiz.

Studenten wohnen
Hg. vom Deutschen Studentenwerk e.V. Bonn. Krämer Verlag Stuttgart, 1971, 64 Seiten, 220 Abb., 1 Tab.

Triebel, W. Achterberg, G. - Tesch, M.
Wirtschaftlichkeit von Studentenwohnheimen und Studentenwohnungen. Untersuchungen an Versuchs- und Vergleichsbauten in Berlin-Dahlem. (= Versuchs- und Vergleichsbauten und Demonstrativmaßnahmen, Informationen aus der Praxis - für die Praxis Bd. 01.041), hg. vom Bundesminister für Städtebau und Wohnungswesen Bonn/Bad Godesberg, 1972, 170 Seiten.

Wild, F. - Busche-Sievers, U.
Kinderheime und Kinderdörfer. (= Reihe e + p, Entwurf und Planung Bd. 16). Callwey Verlag München, 1973, 131 Seiten, ca. 400 Abb.

Wohnen
in Gemeinschaft. (= Baumeister Querschnitte 5). Callwey Verlag München, 1968, 104 Seiten mit vielen Abb.

7. Krankenhausplanung und -gestaltung

Adam, W. - Stiefel, K.H.
Krankenhausfinanzierung. Krankenhausfinanzierungsgesetz - Bundespflegesatzverordnung. Kommentar. 2. wes.erw.Aufl.d. Krankenhausfinanzierungsgesetzes. (= Fortschrittl. Kommunalverw. Bd. 28). Grote Verlag Köln, 1973, 280 Seiten.

Adam, W.
Modernes Krankenhaus. Systematische Darstellung des Krankenhauswesens. (= Fortschrittl. Kommunalverwaltung Bd. 18). Grote Verlag Köln, 2.erw. Aufl., 1973, 180 Seiten.

Die Anwendung
industrialisierter Baumethoden im Krankenhausbau. Vulkan Verlag Essen, 1970, 60 Seiten, 45 Abb.

Architekten
bauen Krankenhäuser. Vulkan Verlag Essen, 1969, 94 Seiten, 141 Abb.

Bachof, O. - Scheuing, H.
Krankenhausfinanzierung und Grundgesetz. Rechtsgutachten zum Entwurf eines Gesetzes zur wirtschaftlichen Sicherung der Krankenhäuser und zur Regelung der Krankenhauspflegesätze (= Bundestags-Drucksache VI/1874). Kohlhammer Verlag Stuttgart, 1971, 88 Seiten.

Beiträge
zur Krankenhausforschung und -praxis. Ergebnisse der Stuttgarter Arbeitstagung des Deutschen Krankenhausinstituts 1960. (= Schriften d.Dt. Krankenhausinstituts Bd. 5). Kohlhammer Verlag Stuttgart, 1960, 132 Seiten, 38 Abb., 3 Tab.

Beiträge
zur Krankenhauswissenschaft. Ergebnisse der Arbeitstagung des Deutschen Krankenhausinstituts. (= Schriften d.Dt. Krankenhausinstituts Bd.2). Kohlhammer Verlag Stuttgart, 1957, 282 Seiten.

Bopp, S.
Regionale Krankenhausplanung. Versuch ihrer theoret. Erfassung u. Untersuchung d. Praxis in d.BRD, in USA u. England. Mit e.Vorwort v.Th.Dams, J.H.Müller. (= Schr.z. Regional- u. Verkehrsprobl. in Industrie-u. Entwicklungsländern Bd. 6). Verlag Duncker u. Humblot Berlin, 1970, 115 Seiten, Abb., Tab., Lit., Zsfssg.

Deilmann, H. - Nagel, S. - Linke, S.
Bauten des Gesundheitswesens. Krankenhäuser der Grundversorgung, der Regelversorgung, der Hauptversorgung und Sonderformen. (= DBZ-Baufachbücher Bd. 13). Bertelsmann Verlag Gütersloh, 1972, 208 Seiten, 643 Abb.

Dokumentation
Krankenhäuser. Literatur 1971 - 1972. Hg. von der Dokumentationsstelle für Bautechnik in der Fraunhofer Gesellschaft Stuttgart, Selbstverlag 1973, Nr. N 1877. 67 nachgewiesene Titel.

Dokumentation
Kurkliniken und Sanatorien. Literatur 1971 - 1972. Hg. von der Dokumentationsstelle für Bautechnik in der Fraunhofer Gesellschaft Stuttgart, Selbstverlag 1972, Nr. N 1819. 15 nachgewiesene Titel.

Eichhorn, S.
Krankenhausbetriebslehre. Theorie und Praxis des Krankenhausbetriebes Band I. (= Schr.d.Dt. Krankenhausinstituts) Kohlhammer Verlag Stuttgart, 1973, 2. überarb.u.erw. Aufl.

Eichhorn, S.
Krankenhausberriebslehre. Theorie und Praxis des Krankenhausbetriebes Band II. (= Schr.d.Dt. Krankenhausinstituts). Kohlhammer Verlag Stuttgart, 2. überarb.u.erw. Aufl., 1973, 352 Seiten.

Elfert, F.W. - Laux, E.
Zur Organisation kommunaler Krankenhäuser. Kohlhammer Verlag Stuttgart, 1964, 48 Seiten.

Elsholz, K.
Krankenhäuser, Stiefkinder der Wohlstandsgesellschaft. Nomos Verlag Baden-Baden, 1969, 138 Seiten.

Funktionelle
Erfordernisse zentraler Einrichtungen als Bestimmungsgröße von Siedlungs- u. Stadteinheiten in Abhängigkeit von Größenordnung und Zuordnung. Bearb. von F. Spengelin u.a. (= Schriftenreihe Städtebauliche Forschung des Bundesministers für Städtebau und Wohnungswesen 03.003). Waisenhaus Verlag Braunschweig, 1972, 504 Seiten.

Grober, J.
Drängende Krankenhausfragen. G. Fischer Verlag Stuttgart, 1962, 185 S.

Haas, A.
Krankenhäuser. Koch Verlag Stuttgart, 1965, 176 Seiten, 207 Abb., 46 zweif. Grundr.

Hafner, O.
Grundlagen des Krankenhausbetriebs. Kohlhammer Verlag Stuttgart.
Band 1: Richtlinien für den betriebstechnischen Dienst, 1966, 104 Seiten.
Band 2: Richtlinien für die Betriebsorganisation, in Vorber.

Harsdorf, H. - Friedrich, G.
Krankenhausfinanzierungsgesetz. Textausgabe mit Materialien zur Entstehungsgeschichte und einer erläuternden Einführung. (= Schriften zur Krankenhausfinanzierung Bd. 1). Kohlhammer Verlag Stuttgart, 1972, 272 S.

Harsdorf, H.
Krankenhausfinanzierungsgesetz. Kommentar. (= Schriften zur Krankenhausfinanzierung Bd. 2). Kohlhammer Verlag Stuttgart, 1973.

Das Krankenhaus
Zeitschrift für das gesamte Krankenhauswesen. U.a. Mitteilungsblatt des Instituts für Krankenhausbau der TH Berlin. Erscheinungsort: Köln. Erscheinungsweise: monatlich. Kohlhammer Verlag Stuttgart, erscheint seit 1945.

Krankenhausplanung
in Frankreich, Großbritannien, Österreich und in der Schweiz. Ergebnisse der Arbeitstagung des Deutschen Krankenhausinstituts 1962. (= Schriften des Dt. Krankenhausinstituts Bd. 6). Kohlhammer Verlag Stuttgart, 1963, 92 Seiten.

Krankenhaussorgen
Kohlhammer Verlag Stuttgart, 1963, 144 Seiten mit Abb. und Skizzen.

Krauskopf, D. - Ziegler, E.
Krankenhausfinanzierungsgesetz. Ein Handbuch für Krankenhäuser und Krankenkassen. Kommentar. Asgard Verlag Bonn/Bad Godesberg, 1. Lieferung Okt. 1972, 128 Seiten.

Krysmanski, R. - Schäfers, B.
Planung und Interessen im Gesundheitswesen. (= Beiträge zur Raumplanung des Zentralinstituts für Raumplanung an der Univ. Münster Bd. 11). Bertelsmann Universitätsverlag Gütersloh/Düsseldorf, 1973, 180 Seiten.

Labryga, F.
Neue Gesundheitsbauten. Planungsquerschnitt, Allgemeine Krankenhäuser, Sonderkrankenhäuser, Rehabilitationszentren. (= Reihe e + p Bd. 4). Callwey Verlag München, 1970, 136 Seiten, zahlr. Abb.

Lohfert, P.
Zur Methodik der Krankenhausplanung. Optimierungsmöglichkeiten bei der Planung von Krankenhäusern mit Hilfe einer planungsbegleitenden, systematischen Funktionsanalyse. Werner Verlag Düsseldorf, 1973, 146 Seiten, 64 Abb., Qu., 1 Anh.

Mundt, W.
Die Bauplanung von Schulen, Spiel- und Sportanlagen, Krankenhäusern, Bauten der Jugend, sozialem Wohnungsbau, Schutzraumbauten. Zusammenstellung der Richtlinien für Nordrhein-Westfalen. Werner Verlag Düsseldorf, 1969, 3., überarb. Aufl., 271 Seiten. Mit Ergänzungsheft 1972, 72 Seiten.

Nedeljkov, G. - Teut, A.
Die Gruppenpraxis. Planungsgrundlagen für Bau, Einrichtung und Betrieb von ambulanten ärztlichen Versorgungseinrichtungen. Bertelsmann Verlag Gütersloh, 1973, 230 Seiten, rd. 220 Abb.

Riethmüller, H.U.
Krankenhäuser. (= architektur wettbewerbe 40). Krämer Verlag Stuttgart/Bern, 1964, 127 Seiten.

Riethmüller, H.U.
Krankenhäuser der Zukunft. (= architektur wettbewerbe Bd.58). Krämer Verlag Stuttgart/Bern, 1969, etwa 120 Seiten, etwa 250 Abb., 2 Falttaf.

Verzeichnis
der Krankenhäuser in der Bundesrepublik Deutschland. Hg. vom Stat. Bundesamt Wiesbaden, 1969. Kohlhammer Verlag Stuttgart, 1969, 201 Seiten.

Vogler, P. - Hassenpflug, G.
Handbuch für den neuen Krankenhausbau. Inhalt: Grundsätzliche Themen -
Das allg.Krankenhaus - Spezialkliniken und Sonderaufgaben - Umbau und
Erweiterung - Bautechnik - Einrichtung - Betriebsführung - Wirtschaftlichkeit - Internat. Krankenhausbau. Urban und Schwarzenberg Verlag
München, 2., neubearb.u.erw. Aufl., 1962, 848 Seiten, 988 Abb.

Wienke, U.
Spital- und Raumplanung. (= Studienunterlagen des Instituts für Orts-,
Regional- und Landesplanung der ETH Zürich Bd.6). Selbstverlag Zürich,
1971, 80 Seiten.

Wilson, D.B. u.a.
Die Anwendung industrialisierter Baumethoden im Krankenhausbau. Referate
des 16. Internat. Krankenhauskongresses 1969 in Düsseldorf. Vulkan Verlag
Essen, 1970, 60 Seiten, 18 Abb.

XIII. Kommunale Ver- und Entsorgung sowie Infrastrukturplanung
1. Wassergewinnung, Wasserversorgung, Wasserbau

Anforderungen
an die Gewässergüte im Hinblick auf die Wassernutzungsmengen. 45.u.46. Kolloquium. (= Stuttgarter Berichte zur Siedlungswasserwirtschaft Bd.40). Oldenbourg Verlag München, 1968, 257 Seiten, 51 Abb., 6 Tafeln, 2 Faltblätter.

Barocka, E.
Wirtschaftliche, organisatorische und finanzielle Probleme des Wasserbaues und des Melorationswesens. Oldenbourg Verlag München.
Band 1: Wirtschaftliche Probleme, 1953.

Bassler, F.
Wasserwirtschaft und Wasserbau. (= Sammlung Göschen Bd.   ). de Gruyter Verlag Berlin, 1973.

Beger, H. - Gerloff, J. - Lüdemann, D.
Leitfaden der Trink- und Brauchwasserbiologie. G. Fischer Verlag Frankfurt/M., 2. Aufl., 1966, 360 Seiten, 135 Abb.

Die Berechnung
und Behandlung der Regenwassermengen. 37.-38. Kolloquium. (= Stuttgarter Berichte zur Siedlungswasserwirtschaft Bd.22). Oldenbourg Verlag München, 1967, 65 Seiten, 10 Abb., 2 Falttafeln.

Bewirtschaftung
und Reinhaltung des Wassers. Bericht über die internationale Vortragstagung Pro Aqua in Basel. (= Pro Aqua - pro Vita Bd.2). Oldenbourg Verlag München, 1963, 448 Seiten, 123 Abb.

Bieske, E.
Bohrbrunnen. Verlag Oldenbourg München, 6. völlig neubearb. Aufl., 1973, etwa 416 Seiten, etwa 210 Abb.

Bieske, E.
Leitfaden für den Brunnen-, Wasserwerks- und Rohrleitungsbau. Verlags-Ges. R. Müller Köln/Hamburg.
Band I : 2. Aufl. 1973, 200 Seiten, 260 Abb., 60 Tab.
Band II : 1973, ca. 200 Seiten.

Bieske, E.
Handbuch des Brunnenbaus. Verlagsges. R. Müller Köln/Hamburg.
Band I : Grundwasserkunde, Geräte, Baustoffe. 2. Aufl. 1960, 464 Seiten, 392 Abb., 71 Taf.
Band II : Grundlagen, Brunnenarten, Bohrungen, Quellfassungen, Rechtsfragen. 1965, 1279 Seiten, 662 Abb., 71 Taf.
Band III: 1958, 340 Seiten, 246 Abb., 21 Taf.

Blume, K. u.a.
Fachwissen für Facharbeiter in der Wasserwirtschaft. Bd. 1: Wasserversorgung. Verlag Bauwesen Berlin/Ost, 2. Aufl., 1971, 184 Seiten, 73 Abb.

Bretschneider, H. (Hg).
Taschenbuch der Wasserwirtschaft. Ein Nachschlagewerk für die gesamte
Wasserwirtschaft für Studium und Praxis. Verlag Wasser u. Boden A. Lindow
Hamburg, 5. völl. neubearb. Aufl., 1971, 1320 Seiten, 850 Abb., 200 Taf.

Brix, J. - Heyd, H. u.a.
Die Wasserversorgung. Wasservorkommen - Wasserbedarf und -deckung -
Wasserbeschaffenheit - Wassergewinnung und -fassung - Wasserförderung -
Wasserspeicherung - Wasserverteilung. Oldenbourg Verlag München, 6. verb.
u. erweit. Aufl., 1963, 642 Seiten, 370 Abb.

Burmeister, H.
Wasserwirtschaftliche Probleme großstädtischer und industrieller Ballungsräume. (= Veröffentlichungen der Akademie für Raumforschung und Landesplanung, Reihe Abhandlungen Bd.30). Verlag Dorn Bremen-Horn, 1955, 148 S.

Dahlhaus, C. - Damrath
Wasserversorgung. Ein Handbuch für Studium und Praxis. Teubner Verlag
Stuttgart, 5. Aufl., 1967, 183 Seiten, 210 Abb., 47 Tab.

Dechema-
Monographien. Band 64: Wasser, Abgas, Abfall. Verlag Chemie Weinheim/
Bergstr., 1970, 349 Seiten, zahlr. Abb.

Die Desinfektion
von Trinkwasser. (= Schriftenreihe d. Ver.f. Wasser-, Boden- u. Lufthygiene Bd.31). Verlag G. Fischer Stuttgart, 1970, 188 Seiten.

Dieterich, B.
Die Einordnung des Oberflächenwassers in die Wassergütewirtschaft.
(= Stuttgarter Berichte zur Siedlungswasserwirtschaft Bd.1). Oldenbourg
Verlag München, 1958, 217 Seiten mit Abb.

Dosch, F.
Untersuchungen zur hygienischen Prüfung eines gedeckten Trinkwasserbehäl-
ters. (= Schriftenreihe GWF: Wasser - Abwasser Bd.14). Oldenbourg Verlag
München, 1966, 105 Seiten, 25 Abb.

Die dritte
Reinigungsstufe und die Wasser- und Abwasserbelüftung. (= Münchner Beiträge zur Abwasser-, Fischerei- u. Flußbiologie Bd.12). Oldenbourg Verlag München, 1965, 393 Seiten, 174 Abb., 65 Tab.

DVGW-
Regelwerk Wasser. (= Dt. Verein v. Gas- u. Wasserfachmännern), ca. 52
Arbeitsblätter in Sammelmappe. o.J., Frankfurt/M.

Eggeling, G. - Karpe, H.J.
Probleme der Nutzenbewertung in der Siedlungswasserwirtschaft. Ein Bei-
trag z. Planungsmethodik. Unter Mitarbeit von B.H. Dieterich u. R. Hansen.
Dortmund 1971, 2, 123 Seiten, Abb., Tab., Lit. Maschinenschriftl. vervielf.

Einheitliche
Anforderungen an die Beschaffenheit, Untersuchung und Beurteilung von
Trinkwasser in Europa. Vorschläge einer vom Europäischen Büro der Welt-
gesundheitsorganisation Kopenhagen berufenen Studiengruppe. Nach der 2.
engl. Auflage übers.v. G. Müller. (= Schriftenreihe d. Vereins f. Wasser-,
Boden- u. Lufthygiene Bd.14b). G. Fischer Verlag Stuttgart, 2. verb. Aufl.,
1971, 50 Seiten.

Erhaltung,
Anreicherung und Schutz des Grundwassers (Titelblatt). Richtlinien zur
Ausscheidung von Grundwasserschutzgebieten und Grundwasserschutzzonen.
(= Provisorische Richtlinien zur Orts-, Regional- und Landesplanung
Nr. 516 021). Hg. vom ORL Institut der ETH Zürich. Selbstverlag Zürich,
1968.

Flemming, H.W.
Die unterirdische Wasserspeicherung. Ein Beitrag zur wasserwirtschaftlichen Rahmenplanung. (= Schriftenreihe GWF: Wasser - Abwasser Bd.10).
Oldenbourg Verlag München, 1962, 79 Seiten, 3 Abb.

Fortschritte
in der Wasser- und Abwasseranalytik. Tagung vom 18.2.1966. (= Haus der
Technik, Vortragsveröffentlichungen Bd.82). Vulkan Verlag Essen, 1966,
52 Seiten mit Abb.

Fragen
des Baues und Betriebes von Wassergewinnungsanlagen. (= Haus der Technik,
Vortragsveröffentlichungen Bd.264). Vulkan Verlag Essen, 1973, in Vorb.

Frank, M.
Der Wasserschatz im Gesteinskörper Württembergs. Verlag Schweizerbarth
Stuttgart, 1951, 252 Seiten, 2 Falttafeln.

Giebler, G. (Bearb.)
Chemische Wasserstatistik der Wasserwerke in der Bundesrepublik und West-
Berlin. Hg. vom Dt. Verein von Gas- und Wasserfachmännern (DVGW). Oldenbourg Verlag München, 1. Nachtrag zur 3. Ausgabe 1968, 21 Blatt.

Gandenberger, W.
Über die wirtschaftliche und betriebssichere Gestaltung von Fernwasserleitungen. (= Schriftenreihe GWF: Wasser - Abwasser Bd.4). Oldenbourg
Verlag München, 1957, 207 Seiten, 186 Abb.

Gieseke, P.
Das Recht der Wasserwirtschaft. (= Veröffentlichungen des Inst.für das
Recht der Wasserwirtschaft Bd.1-10), Oldenbourg Verlag München.
(= Band 11 ff), Heymann Verlag Köln/Bonn.

Gieseke, P. - Weber, W. - Wiedemann, W.
Wasserwirtschaftliche Rahmenplanung - Selbstverwaltung in der Wasserwirtschaft - Praxis der wasserrechtlichen Verleihung. Vorträge der 2. Vortragsveranstaltung des Instituts für das Recht der Wasserwirtschaft am 29.10.54.
(= Das Recht der Wasserwirtschaft Bd.1). Oldenbourg Verlag München, 1955,
76 Seiten.

Hahn, H.H. (Hg.)
Operations Research und seine Anwendung in der Siedlungswasserwirtschaft.
Ein planungstechnisches Seminar für die Praxis. (= Wasser und Abwasser in
Forschung und Praxis Bd.5). Verlagsges. E. Schmid Berlin/Bielefeld/München,
1973, 335 Seiten.

Hauschild, A.
Wasserversorgungsanlagen. Verlag Technik Wiesbaden, 3. Aufl., 1967,
500 Seiten.

Hentze, J. - Timm, J.
Wasserbau. Grundlegende Darstellung für Studium und Praxis. Teubner Verlag
Stuttgart, 14. neubearb. Aufl. jetzt in einem Band, 323 Seiten, 462 Abb.,
39 Tafeln.

Herrmann, W.
Über die Wirkung einer möglichen radioaktiven Verseuchung des Rheinwassers sowie Maßnahmen für eine Dekontamination in gängigen Wasseraufbereitungsanlagen. (= Schriftenreihe der Dt. Dokumentationszentrale Wasser e.V. Bd.11). Verlag E. Schmidt Berlin, 1966, 77 Seiten.

Herth, W. - Arndts, E.
Theorie und Praxis der Grundwasserabsenkung. Verlag W. Ernst Berlin, 1973, XVII, 270 Seiten, 124 Bilder.

Hessing - Stumpf
Unternehmerische Planung für Wasser, Energie und Wärme. (= Beiträge zur kommunalen Versorgungswirtschaft 41). Sigillum Verlag Köln, 1968, 81 S.

Heyn, E.
Wasserversorgung und Gewässerschutz als Gemeinschaftsaufgabe. (= Fragenkreise). Schöningh Verlag Paderborn, 1972, 31 Seiten, 5 Abb., 28 Qu.

Höll, K.
Wasser. Untersuchungen, Beurteilung, Aufbereitung, Chemie, Bakteriologie, Biologie. de Gruyter Verlag Berlin, 5. Aufl., 1970, 441 Seiten, 129 Abb.

Hornef, H.
Siedlungswasserwirtschaft und Raumordnung. (= Informationsbriefe für Raumordnung, hg. vom Bundesminister des Innern, R 6.5.1.). Kohlhammer Verlag/Dt. Gemeindeverlag Mainz, 1968, 12 Seiten.

Hübner, H. (Hg.)
Wasserkalender 1972. Jahrbuch für das gesamte Wasserfach. Hg. von H. Hübner und der Deutschen Dokumentationszentrale Wasser e.V. Verlag E. Schmidt Berlin, 1971, 288 Seiten mit zahlreichen Abb. u. Tab.

Hübner, H. (Hg.)
Wasserkalender 1973. Jahrbuch für das gesamte Wasserfach. Verlag E. Schmidt Berlin, 1972, 280 Seiten, zahlr. Abb.u. Tab.

Kern, J.
Die praktischen Arbeiten im Wasserleitungs-Rohrnetz. Hrsg.v. Magistrat der Stadt Wien, Magistratsabtlg.31. (= Der Aufbau. Monographie 5). Verlag Jugend und Volk Wien, 1955, 235 Seiten, 26 Bl. Abb.

Kittner, H. u.a.
Wasserversorgung. Verlag für Bauwesen Berlin/Ost, 2. Aufl., 1967, 740 Seiten, 362 Abb., 137 Tab.

Klee, O.
Kleines Praktikum der Wasser- und Abwasseruntersuchung. Einfache biologische und chemische Verfahren. Franckh-Verlag Stuttgart, 1972, 77 Seiten, zahlr. Abb. u. Tab.

Kneese, A. - Bower, B.
Die Wassergütewirtschaft. Oldenbourg Verlag München, 1972, 328 Seiten, 48 Abb., 23 Tab.

Koehne, W.
Grundwasserkunde. Verlag Schweizerbart Stuttgart, 2. neubearb. Aufl., 1948, 314 Seiten, 128 Abb.

Köttgen, A.
Gemeindliche Daseinsvorsorge und gewerbliche Unternehmerinitiative im
Bereich der Wasserversorgung und Abwasserbeseitigung. (= Göttinger
Rechtswissenschaftliche Studien 34). Verlag O. Schwartz Göttingen,
1961, 95 Seiten.

Krames, K.
Die Wasserversorgung meteorologisch betrachtet. Verl. R. Schmidt/
R. Müller Köln, 1961, 56 Seiten.

Krumeich, E.
Wartung von Wasserversorgungsanlagen. Verlag Moderne Industrie München,
1967, 129 Seiten, 29 Abb.

Leithe, W.
Die Analyse der organischen Verunreinigungen in Trink-, Brauch- und
Abwässern. Wiss. Verlagsgesellschaft Stuttgart, 1972, 172 Seiten.

Liebmann, H.
Handbuch der Frischwasser- und Abwasserbiologie. Biologie des Trink-
wassers, Badewassers, Frischwassers, Vorfluters und Abwassers. 2 Bände.
Oldenbourg Verlag München.
Band 1 : 2. Aufl., 1962, 588 Seiten, 458 Abb., 22 teils farb Taf.
Band 2 : 1962, 1149 Seiten, Neuauflage in Vorbereitung.

Marotz, G.
Technische Grundlagen einer Wasserspeicherung im natürlichen Untergrund.
(= Schriftenreihe des Kuratoriums für Kulturbauwesen 18). Verlag Wasser
und Boden A. Lindow Hamburg, 1968, 228 Seiten.

Martz, G.
Siedlungswasserbau. Werner Verlag Düsseldorf.
Teil 1: Wasserversorgung. (= Werner-Ingenieur-Texte Bd.17), 1971,
        156 Seiten, zahlr. Abb.
Teil 2: Kanalisation. 1970, 114 Seiten, 57 Abb.
Teil 3: Klärtechnik. (= Werner-Ingenieur-Texte Bd.19), 1973, etwa
        168 Seiten, 81 Abb.

Meinck, F. (Hg.)
Schriftenreihe des Vereins für Wasser-, Boden-, Lufthygiene. G. Fischer
Verlag Stuttgart.
Nr. 27: Neuzeitl. Wasser-, Boden- u. Lufthygiene.
Nr. 33: Beiträge aus dem Gebiet der Umwelt-Hygiene. Wasser, Abwasser,
        Luft, Lärm etc.

Meyer, A.F. - Langbein, F. - Möhle
Trinkwasser und Abwasser in Stichwörtern. Mit einem Anhang: Die wichtigsten fremdsprachlichen Fachausdrücke. Springer Verlag Berlin, 1949, IV,
487 Seiten, 152 Abb.

Mühleck, H.
Wasserwirtschaftliche Rahmenplanung und Raumordnung. Hrsg. Bundesmin.d.
Innern. (= Inf.briefe f. Raumordnung R.6.5.2.), Kohlhammer Verlag Mainz,
Dt. Gemeindeverlag, 1969, 8 Seiten Lit.

Muth, W.
Wasserbauwerke. Werner Verlag Düsseldorf.
Teil 1: Gewässerkunde und Wasserbau. (= Werner-Ingenieur-Texte 34), 1974,
        etwa 168 Seiten, zahlr. Abb.
Teil 2: Landwirtschaftlicher Wasserbau - Bodenkultur. (= Werner-Ingenieur-
        texte 35), 1973, etwa 168 Seiten, zahlr. Abb.
Teil 3: Grosswasserbau. (= Werner-Ingenieur-Texte 36). In Vorbereitung.

Mutschmann, J. - Stimmelmayr, F.
Taschenbuch der Wasserversorgung. Technik der Wasserversorgung. Bau und
Betrieb von Wasserversorgungsanlagen. Vorschriften, Richtlinien, Zahlen-
tafeln, Statik, Vermessung. Franckh Verlag Stuttgart, 6. verb.u.erweit.
Aufl., 1973, 1028 Seiten, 542 Abb., 295 Taf. u. Tab.

Nakel, E.
Gewässerausbau. Instandsetzung und Instandhaltung fließender Gewässer.
Verlag für Bauwesen Berlin/Ost, 1971, 303 Seiten, 185 Abb., 11 Taf.,
mit Lit.-Verz.

Naumann, E. - Heller, A.
Probleme der Verunreinigung von Grund- und Oberflächenwasser durch Mine-
ralöle und Detergentien. Luftverunreinigung und Abhilfemaßnahmen.
(= Schriftenreihe d. Ver.f. Wasser-, Boden- u. Lufthygiene Bd.16). Verlag
G. Fischer Stuttgart, 1960, 26 Seiten.

Neuzeitliche
Wasser-, Boden- und Lufthygiene. (= Schriftenreihe d. Ver.f. Wasser-,
Boden- u. Lufthygiene 27). Verlag G. Fischer Stuttgart, 1968, 88 Seiten,
22 Abb.

Olszewski - Klut
Untersuchung des Wassers an Ort und Stelle, seine Beurteilung und Aufbereitung. Springer Verlag Berlin, 9. Aufl., 1945, VIII, 281 Seiten,
10 Abb.

Praxis
der Umwelthygiene. Practique de la sauvegarde de l'environement. Practice
of Environmental Control. Bericht über die internat. Vortragstagung Pro
Aqua - pro Vita 1971 in Basel. Hrsg.f.d. Pro Aqua AG. Basel v. H. Schmassmann. (= Pro Aqua - pro Vita Bd.5). Oldenbourg Verlag München, 1972,
381 Seiten, 97 Abb., 68 Tab.

Press, H.
Wasserwirtschaft, Wasserbau und Wasserrecht. Werner Verlag Düsseldorf,
1966, 269 Seiten, 208 Abb.

Pürschel, W.
Fördern und Verteilen von Wasser. (= Bauingenieur-Praxis H.92). Verlag
W. Ernst u. Sohn Berlin/München/Düsseldorf-Reisholz, 1966, 176 Seiten,
96 Abb., 3 Tab.

Pürschel, W.
Gewinnung und Speicherung von Trinkwasser. (= Bauingenieur-Praxis H.93).
Verlag W. Ernst u. Sohn Berlin/München/Düsseldorf-Reisholz, 1965, 118 S.,
91 Abb.

Pürschel, W.
Grundlagen der siedlungswasserwirtschaftlichen Meßtechnik. Verlag W. Ernst
u. Sohn Berlin/München/Düsseldorf-Reisholz.
Teil 1: (= Bauingenieur-Praxis H.90). 1965, 88 Seiten, 66 Abb.
Teil 2: (= Bauingenieur-Praxis H.90 II). 1970, 75 Seiten, 56 Abb., 1 Tab.

Pürschel, W.
Wassergüte und Wasseraufbereitung. (= Bauingenieur-Praxis H.91). Verlag
W. Ernst u. Sohn Berlin/München/Düsseldorf-Reisholz, 1965, 79 Seiten,
35 Abb.

Radscheit, W. - Diebold, E. - Hornung, E.
Kommentar zu DIN 1988 Trinkwasser-Leitungsanlagen. Verlag A.W. Gentner Stuttgart, 3. Aufl., 270 Seiten.

Richter, W. (Hg.)
Lehrbuch der Hydrogeologie. Die Beschaffenheit des Grundwassers. Verlag Bornträger Stuttgart, 1973, 330 Seiten, 89 Abb., 86 Tab.

Rössert, R.
Grundlagen der Wasserwirtschaft und Gewässerkunde. Oldenbourg Verlag München, 1969, 302 Seiten, 153 Abb., 44 Taf.

Salzwedel, J.
Die Entschädigungspflicht bei der Festsetzung von Wasserschutzgebieten. (= Wasserrecht und Wasserwirtschaft Bd.11). Verlag E. Schmidt Berlin/Bielefeld/München, o.J., 64 Seiten.

Sander, H.
Hauswasserversorgung und Abwasserbeseitigung für Wohn-, Zweck- und Fabrikbauten. Verlag Marhold Berlin, 1958, 237 Seiten, 60 Abb.

Sattler, K.
Der Wasserkreislauf. Mit Illustrationen von V. Neubauer-Zacharias. Sellier-Verlag Freising, 1972, 16 Seiten, 8 Abb.

Schiffmann
Einführung in Wasserbau und Grundbau. Springer Verlag Wien, 1950, X, 445 Seiten, 533 Abb.

Schneider, H.
Die Wassererschließung. Grundlagen der Erkundung, Bewirtschaftung und Erschließung von Grundwasservorkommen in Theorie und Praxis. Mit Beiträgen von K. Deppermann, H.J. Dürbaum, H. Flathe u.a. Vulkan Verlag Essen, 2. neubearb.u. erweit. Aufl., 1973, 910 Seiten, 1235 Abb.

Schoklitsch, A.
Handbuch des Wasserbaues. Inhalt: Meteorologie - Gewässerkunde und Hydraulik - Wasserversorgung - Ortsentwässerung - Stauwerke und Entnahmeanlagen - Wasserkraftanlagen - Meliorationen - Flußbau - Verkehrswasserbau. Springer Verlag Berlin, 3. Aufl., 1962, 2 Bände zus. 1072 Seiten, 2049 Abb., 113 Zahlentafeln.

Sievers, F.
Leitfaden des Wasserbaues. Kreislauf des Wassers - Hydraulische Berechnungen - Natürliche Wasserläufe - Künstliche Wasserläufe - Staustufen - Landwirtschaftlicher Wasserbau - Die Seeküste. (= Bauingenieur-Praxis H.126). Verlag W. Ernst u. Sohn Berlin/München/Düsseldorf-Reisholz, 1968, 316 Seiten, 335 Abb.

Statistisches Bundesamt Wiesbaden (Hg.)
Fachserie D Industrie und Handwerk. Reihe 5: Energie und Wasserversorgung Teil III: Öffentliche Wasserversorgung und öffentliches Abwasserwesen. Kohlhammer Verlag Mainz. Erscheint unregelmäßig.

Statistisches Bundesamt Wiesbaden (Hg.)
Fachserie D Industrie und Handwerk. Reihe 5: Energie und Wasserversorgung + Abwasserbeseitigung der Industrie. Kohlhammer Verlag Mainz. Erscheint zweijährlich.

Taschenbuch
für das Gas- und Wasserfach. Teil 1: Jahrbuch Gas und Wasser mit Werkverzeichnis. 74. Ausg. 1971/72. Hrsg.v. Deutschen Verein von Gas- und Wasserfachmännern (DVGW) und vom Verband der deutschen Gas- und Wasserwerke (VGW). Oldenbourg Verlag München, 511 Seiten, 2 Abb., 85 Tab.

Taschenbuch
für das Gas- und Wasserfach. Teil 3: Bearb.v. E. Naumann. Zentrale Wasserversorgung. Wissenschaftlich-technische Arbeitsunterlagen für die Wasserversorgung. Oldenbourg Verlag München, 1963, 360 Seiten, 178 Abb.

Technisches
Handbuch Wasseraufbereitungsanlagen. Verlag Technik Berlin/Ost, 2. Aufl., 1969, 776 Seiten, 478 Abb., 86 Taf.

Trinkwassergewinnung
aus Oberflächenwasser. Biologische und chemische Probleme bei der Gewinnung und Aufbereitung von Trinkwasser und Brauchwasser aus Flüssen und Seen. (= Münchner Beiträge zur Abwasser-, Fischerei- und Flußbiologie Bd.4). Oldenbourg Verlag München, 1958, 186 Seiten, 75 Abb., 9 Farbtafeln, 12 Tab.

Schriftenreihe
Wasser und Abwasser, hrsg.v.d. Bundesanstalt für Wasserbiologie und Abwasserforschung Wien-Kaisermühlen. Verlag E. Winkler Wien.
Band 1970: Beiträge zur Gewässerforschung VII. Zahlr. Abb., Tab., Karten, Gütebilder.
Band 1969: Gewässerschutz. Erfahrungen und Entwicklungen. Ca. 200 Seiten, zahlr. Abb. u. Tab.
Band 1968: Beitr. zur Gewässerforschung VI. 160 Seiten, zahlr. Abb.u.Tab.
Band 1967: Erfolge und Schwierigkeiten der Industrie auf dem Gebiete des Gewässerschutzes. 184 Seiten, zahlr. Abb. u. Tab.
Band 1966: Beiträge zur Gewässerforschung V. 200 Seiten, zahlr. Abb.u.Tab.
Band 1964: Beiträge zur Gewässerforschung IV. 230 Seiten, zahlr.Abb.u.Tab.
Band 1960: Beiträge zur Gewässerforschung II. 216 Seiten, zahlr.Abb.u.Tab.
Band 1959: Tagesfragen zur Abwasserforschung. 280 Seiten, zahlr.Abb.u.Tab.
Band 1958: Beiträge zur Gewässerforschung. 400 Seiten, zahlr. Abb.u. Tab.

Wardemann, H.
Wasserwirtschaftliche Probleme der Regional- und Bauleitplanung. (= Veröff.d.Inst.f. Städtebau Berlin Bd.42/7). Selbstverlag Berlin, 1972, 10 S.

Wasser -
die Sorge Europas. Bonner Beiträge zur Raumforschung. Mit Beiträgen v. A. Agatz u.a. (= Forschung und Leben 2). Ardey Verlag Dortmund, 1951, 175 Seiten.

Wasserbedarfsentwicklung
in Industrie, Haushalten, Gewerbe, öffentlichen Einrichtungen und Landwirtschaft. Prognose des Wasserbedarfs in der Bundesrepublik Deutschland bis zum Jahre 2000. Ber.d.Batelle-Inst.e.V. Frankfurt/M. f.d. Bundesmin. d. Innern. Hrsg.v. Bundesmin.d.Innern. Bonn 1972, XIX, 211 Seiten, Abb., Tab., Lit. Maschinenschriftl. vervielf.

Wassergütewirtschaft
Abfallbeseitigung - Probleme - Lösungen. Textschrift zur Einweihung des Lehr- und Forschungsklärwerkes (LFKW) der TH Stuttgart u. zum zehnjährigen Bestehen des Forschungs- und Entwicklungsinstituts (FEI). 3 Bände. Oldenbourg Verlag München, 1966.

Wasserversorgungsnormen
(= DIN-Taschenbücher Bd.12). Beuth Vertrieb Berlin/Köln, 2. Aufl., 1971, 291 Seiten.

Wasserverbund.
Planungsstudie über die Wasserversorgung bei Ausfall des Rheins als Wasserspender in den Regierungsbezirken Düsseldorf und Köln. Bearb.: Ing. büro Schlegel - Spiekermann GmbH.u.Co. Auftraggeber: Arbeitsgem. Rhein-Wasserwerke e.V. Düsseldorf 1973, 118 Seiten, 48 gez. Bl., Kt., Abb., Tab.

Wasserwerksfibel
Hg. vom ZfGW-Verlag Frankfurt/M., 1963, 96 Seiten.

Wasserwirtschafts-ABC
Handbuch und Bezugsquellennachweis für die gesamte Wasserwirtschaft und das Bauwesen, hg. vom Bund der Wasser- und Hüttenbauingenieure (BWH). Verlag Wasser und Boden A. Lindow Hamburg, 4. neubearb. Aufl., 1969, 466 Seiten.

2. Abwasser und Abwasseraufbereitung

Abwasser-
und Abwasserschlammverwertung in hygienischer Sicht. Verlag Wasser u.
Boden, A. Lindow Hamburg, 1967, 84 Seiten.

Abwasser,
Abgas, Schwebstofftechnik. (= Dechema-Monographien 59). Verlag Chemie
Weinheim, 1968, 350 Seiten, zahlr. Abb.u.Tab.

Abwasserabgabe,
Emissionskataster, Emissionsprognose. Inst.f. Gewerbl. Wasserwirtschaft
u. Luftreinhaltung, Selbstverlag Köln, 1973, 56 Seiten, Ill., graph.
Darst., 1 Kt.

Abwasser Normen
(= DIN-Taschenbücher Bd.13). Beuth-Vertrieb Berlin/Köln/Frankfurt/M.,
2. Aufl., 1970, 391 Seiten.

Abwasserreinigung
und Gewässerschutz. Texte der Vortragsreihe zu "Umwelt 72", hg. von den
Universitäten Stuttgart und Hohenheim, Koord. B. Hanisch. (= Reihe Umwelt
Aktuell Bd.2). C.F. Müller Verlag Karlsruhe, 1974 in Vorbereitung.

Aktuelle
Abwasser-Probleme. (= Haus der Technik, Vortragsveröffentlichungen 202).
Vulkan Verlag Essen, 1969, 32 Seiten mit Abb.

Arbeitstechnische
Untersuchungen im Kanalisationsbau. Bearb.v. H.J. Fritz, H. Wagenpfeil.
(= Veröffentl. d. Forschungsgemeinschaft Bauen und Wohnen H.93). Bauverlag
Wiesbaden, 1973, 160 Seiten, 210 Abb.u.Tab.

Aus der Praxis
der Abwasserbehandlung. (= Haus der Technik, Vortragsveröffentlichungen
217). Vulkan Verlag Essen, 1969, 74 Seiten mit Abb.

Barocka, E.
Das Regenwasser im kommunalen Abwasserabgabenrecht. Reckinger Verlag
Siegburg, 1968, 134 Seiten.

Barocka, E.
Die Umlegung der Kosten der Grundstücksanschlüsse an öffentliche Entwässerungs- u. Abwasseranlagen. Reckinger Verlag Siegburg, 1965, 250 Seiten.

Beseitigung
und Reinigung industrieller Abwässer. Bericht der Vortragstagung über industrielle und gewerbliche Abwässer im Rahmen der Internat. Fachausstellung
über Abwasserreinigung 1958 in Basel. (= Pro Aqua - pro Vita Bd.1). Oldenbourg Verlag München, 1959, 346 Seiten, 167 Abb.

Bibliographie
Abwärme. (Thermal Pollution). Hydrobiologische Auswirkungen der Temperaturerhöhung durch die Einleitung von Kühlwasser. Zusammengestellt von M. Kämpfer, hg. von der Bundesanstalt für Vegetationskunde, Naturschutz und Landschaftspflege, Bonn/Bad Godesberg 1971, 38 Seiten, 412 Titel.

Bischofsberger, W.
Kleines Lexikon der Abwassertechnik. Vulkan Verlag Essen, 1973 in Vorb.

Blume, K. u.a.
Fachwissen für Facharbeiter in der Wasserwirtschaft. Band 2: Abwasserbehandlung. Verlag Bauwesen Berlin/Ost, 2. Aufl., 1971, 140 Seiten, 56 Abb. Band 3: Rohrnetzinstandhaltung. Verlag Bauwesen Berlin/Ost, 1971, ca. 190 Seiten, 87 Abb., 15 Tab.

Boddenberg, H.W.
Industrieabwässer. Deutscher Kommunal-Verlag Recklinghausen, 1971, 41 Seiten, Abb.

Bucksteeg, W.
Schaffung geeigneter Grundlagen z. vergleichenden Bewertung organisch und mineralisch verschmutzter Abwässer. Verlag E. Schmidt Berlin/Bielefeld/München, 1965, 67 Seiten.

Burmeister, H.
Wasserwirtschaftliche Probleme großstädtischer und industrieller Ballungsräume. (= Veröff.d. Akademie f. Raumforschung u. Landesplanung, Reihe Abhandlungen Bd.30). Dorn Verlag Bremen-Horn, 1955, 148 Seiten.

Caspers, H.
Abwässer in Küstennähe. Hg. von der Dt. Forschungsgemeinschaft Bonn/Bad Godesberg 1973. H. Boldt Verlag Boppard, 1973, 100 Seiten, 4 Farbtafeln, 15 schwarz-weiße Abb., 16 Zeichn.

Deutsche Einheitsverfahren
zur Wasser-, Abwasser- und Schlammuntersuchung. Physikalische, chemische und bakteriologische Verfahren. 1.-6. Lieferung, hg. von der Fachgruppe Wasserchemie in der Gesellschaft Deutscher Chemiker. Verlag Chemie Weinheim, 3. völlig neubearb. Aufl. 1968-1971, 1971, 440 Bl. u. Ringbuchdecke.

Dieterich, B.
Die Einordnung des Oberflächenwassers in die Wassergütewirtschaft. (= Stuttgarter Berichte zur Siedlungswasserwirtschaft Bd.1). Oldenbourg Verlag München, 1958, 217 Seiten, 24 Abb., 66 Tab.

Dietrich, K.R.
Die Abwassertechnik. Funktionsprinzipien und Leistung der Reinigungsverfahren. Hüthig-Verlag Heidelberg, 2. verb. Aufl., 1973, 481 Seiten, 184 Abb., 34 Tab.

Dietrich, K.R.
Ablaufverwertung und Abwasserreinigung in der biochemischen Industrie. Biochemie und Technologie. Hüthig Verlag Heidelberg, 1969, XII, 385 Seiten, 134 Abb., zahlr. Tab.

Dokumentation
Wasser (DW). Hg. von der Deutschen Dokumentationszentrale Wasser e.V. mit maßgeblicher Unterstützung des Bundesministers f. Gesundheitswesen. Monatlich 1 Heft zu 41 Blättern. Verlag E. Schmidt Bielefeld.

Dorfner, K.
Ionenaustauscher. de Gruyter Verlag Berlin, 3. Aufl., 1970, 320 Seiten, 100 Abb., 27 Tab.

Duic, W.Z. - Trapp, F.C.
Handbuch für die Kalkulation von Bauleistungen. Katalog für die Preisermittlung von Bauarbeiten. Bauverlag Wiesbaden.
Band 2, Teil B: Erdarbeiten für Leitungs-u. Entwässerungsgräben, Baugrubenaushub, offene Gräben. XXXVI, 450 Seiten, 1973.
      Teil C: Erdarbeiten für unterirdische Entwässerungsarbeiten, Kabelleitungen, Sickerleitungen, Schächte. XXXVI, 572 S., Pläne, 1972.
Band 3: Entwässerungsarbeiten, Versorgungsleitungen, Wasserversorgung, Wasserhaltung. 5 Teilbände 1968/1969.

Endrös, J.
Entwässerungssatzung. Kanalsatzung. (= C. Link-Satzungssammlung). C. Link Verlag Kronach, 1965, 23 Seiten.

Feurich, H.
Sanitärtechnik. Sanitär-Einrichtungen, Warmwasserbereitung, Abwasserbeseitigung, Kleinkläranlagen u.a. Krammer Verlag Düsseldorf, 3. erweit. Aufl. des Handbuchs Sanitärinstallation, 1973, 683 Seiten, etwa 300 Abb., 79 Tab.

Finkler, F.
Muster für eine Abwassersatzung und Gebührenordnung. Verlag O. Schwartz Göttingen, 2. überarb.u.erw. Aufl., 1965, 62 Seiten.

Fortschritte
in der Wasser- und Abwasseranalytik. Tagung vom 18.2.1966. (= Haus der Technik, Vortragsveröffentl. Bd.82). Vulkan Verlag Essen, 1966, 52 Seiten mit Abb.

Fortschritte
in der Wasser- und Abwasseranalytik. Tagung vom 27.10.1969. (= Haus der Technik, Vortragsveröff. Bd.231). Vulkan Verlag Essen, 1969, 96 Seiten, ill. u. graph. Darst.

Frechen, B.
Abwasserableitung.(= Schriftenreihe Fortschrittliche Kommunalverwaltung Bd.4). Grote Verlag Köln, 1969, 141 Seiten, Abb.

Gassner, E.
Bauleitplanung und Kanalisation. (= Studienhefte des SIN Städtebauinst. Nürnberg H.34). Selbstverlag Nürnberg, 1969, 87 Seiten, 51 Abb.

Genal, F.
Betrieb, Instandhaltung und Reinigung von Kanalisationsanlagen. Bauverlag Wiesbaden/Berlin, 1968, 224 Seiten, zahlr. Abb.

Genal, F.
Faustwerte für den Kanal- und Klärwerkbau. Abwassertechnische Tabellen. Bauverlag Wiesbaden/Berlin, 1966, 3. wesentl. erweit.u. völlig überarb. Auflage, 297 Seiten, 200 Abb. u. Diagramme.

Gandenberger, O. u.a.
Verölung von Oberflächenwasser und seine Aufbereitung in Wasserwerken. Verlag E. Schmidt Berlin/Bielefeld/München, 1964, 68 Seiten.

Girnau, G.
Begehbare Sammelkanäle für Versorgungsleitungen. Hrsg. Stadt Frankfurt/M. und Studiengesellschaft für unterirdische Verkehrsanlagen. (= Forschung und Praxis 2). Albis Verlag Düsseldorf, 1968, 304 Seiten, zahlr. Abb., mit Literaturangaben.

Girnau, G.
Unterirdischer Städtebau. Planungs-, Konstruktions- u. Kostenelemente. Verlag W. Ernst u. Sohn Berlin, 1970, X, 310 Seiten, 118 Bilder, 64 Tab.

Grasmeier, K.
Kommentar zur DIN 1986. Leitfaden der Grundstücksentwässerung. Pfriemer Verlag München, 2. Aufl., 1972, etwa 152 Seiten, 30 Bilder.

Grasmeier, K.
Rohrnetze der Grundstücksentwässerung. Pfriemer Verlag München, 1968, 86 Seiten, 33 Abb.

Grimm, G.
Montage ABC für Haus- und Hofentwässerung. Pfriemer Verlag München, 1964, 84 Seiten, 106 Abb., Tab.

Gundelach u.a.
Sedimentieren. Absetzapparate, Klärer, Eindicker und Flockungsklärbecken, (= Blattfolgen des Dechema-Erfahrungsaustausches). o.J., Verlag Chemie Weinheim/Bergstr., 70 Blätter, 47 Abb., 5 Tab.

Hartmann, H.
Untersuchungen über die biologische Reinigung von Abwasser mit Hilfe von Tauchtropfkörpern. (= Stuttgarter Berichte zur Siedlungswasserwirtschaft 9). Oldenbourg Verlag München, 1960, 227 Seiten.

Haug, H.P.
Einflüsse auf die Ableitung und den Überlauf von Regenwasser. (= Stuttgarter Berichte zur Siedlungswasserwirtschaft 44). Oldenbourg Verlag München, 1970, 321 Seiten, 119 Abb., 117 Tab.

Hornef, H.
Siedlungswasserwirtschaft und Raumordnung. (= Informationsbriefe für Raumordnung, hg. vom Bundesminister des Innern R 6.5.1). Kohlhammer Verlag/ Dt. Gemeindeverlag Mainz, 1968, 12 Seiten.

Hosang, W. - Bischof
Stadtentwässerung. Grundlegende Darstellung für Studium und Praxis. Teubner Verlag Stuttgart, 5. Aufl., 1969, 245 Seiten, 237 Abb.

Hull, H.
Praxis der Abwasserreinigung. Springer Verlag Berlin, 3. Aufl., 1969, 224 Seiten, 113 Abb.

Husemann, C. (Hg.)
Abwasserschlammverwertung. Parey Verlag Hamburg, 1970, 128 Seiten.

Husmann, W.
Praxis der Abwasserreinigung. Springer Verlag Berlin, 3. Aufl., 1969, 231 Seiten, 133 Abb.

Imhoff, K. - Imhoff, K.R.
Taschenbuch der Stadtentwässerung. Oldenbourg Verlag München, 23. Aufl.,
1972, 397 Seiten, 103 Abb., 12 Taf.

Industriewässer
Mit Beiträgen von Levi und anderen. Krausskopf Verlag Mainz, 1965,
59 Seiten, 26 Abb.

Kempf - Lüdemann - Pflaum
Verschmutzung der Gewässer durch motorischen Betrieb, insbesondere durch
Außenbordmotoren. Verlag G. Fischer Stuttgart, 1967, 47 Seiten, 34 Abb.,
4 Tab.

Kiefer, H. - Maushart, R.
Überwachung der Radioaktivität in Abwasser und Abluft. Teubner Verlag
Stuttgart, 2. erg. Aufl., 1967, 49 Seiten, 26 Abb.

Klee, O.
Kleines Praktikum der Wasser- und Abwasseruntersuchung. Einfache biologische und chemische Verfahren. Franckh Verlag Stuttgart, 2. Aufl., 1973,
78 Seiten, 36 Fotos, 29 Zeichn., 8 Taf., 10 Tab.

Klee, O.
Reinigung industrieller Abwässer. Grundlagen und Verfahren. (= Chemie-
Monographie). Franckh, Kosmos-Verlag Stuttgart, 1970, 176 Seiten, 86 Abb.

Kneese, A.V. - Bower, B.T.
Die Wassergütewirtschaft. Wirtschaftstheoretische Grundlagen, Technologien,
Institutionen. Das amerik. Original übers. H.J. Karpe. Oldenbourg Verlag
München, 1972, 328 Seiten, 48 Abb., 23 Tab.

Knobloch, G.
Beiträge und Gebühren für Abwasseranlagen. Kommentar mit Mustersatzungen.
Kohlhammer Verlag Stuttgart, 1970, 187 Seiten.

Köttgen, A.
Gemeindliche Daseinsvorsorge und gewerbliche Unternehmerinitiative im
Bereich der Wasserversorgung und Abwässerbeseitigung. (= Göttinger Rechts-
wissenschaftliche Studien). Verlag O. Schwartz Göttingen, 1961, 95 Seiten.

Koschare, E.
Haus- und Grundstücksentwässerung. Technische Bestimmungen für Bau und
Betrieb. Verlagsges. R. Müller Köln/Hamburg, 3. Aufl., 1966, 133 Seiten,
110 Abb. und Tab.

Koschare, E.
Kleinkläranlagen. Richtlinien für Anwendung, Bemessung und Betrieb.
Verlagsges. R. Müller Köln/Hamburg, 5. Aufl., 1966, 64 Seiten, 29 Abb.,
6 Tab.

Koschare. E.
Stadtentwässerung und Abwasserbehandlung. (= Städtischer Tiefbau Teil 2).
Verlagsges. R. Müller Köln/Hamburg, 2. verb.u.erw. Aufl., 1963, 176 Seiten,
130 Abb.

Kostenunterschiedliche
Anforderungen an die industrielle Abwasserbeseitigung. Untersuchung d.Inst.
f. gewerbliche Wasserwirtschaft und Luftreinhaltung. (= Beiträge zur Umweltgestaltung Reihe B Bd.4). Verlag E. Schmidt Berlin, 1972, 217 Seiten.

Krauth, K.
Der Abfluß und die Verschmutzung des Abflusses in Mischwasserkanalisationen bei Regen. (= Stuttgarter Berichte zur Siedlungswasserwirtschaft 45). Oldenbourg Verlag München, 1970, 251 Seiten, 43 Abb., 56 Tab.

Lautrich, R.
Der Abwasserkanal. Handbuch für Planung, Ausführung und Betrieb. Verlag Wasser und Boden A. Lindow Hamburg, 3. Aufl., 1972, 587 Seiten, 100 Taf., 540 Abb.

Lehr- und Arbeitsbuch
der Abwassertechnik. Hg. von der Abwassertechnischen Vereinigung e.V. Bonn. Verlag W. Ernst Berlin, 1973.

Liebmann, H.
Handbuch der Frischwasser- und Abwasserbiologie. Biologie des Trink-, Bade-, Frischwassers, Vorfluters und Abwassers. Oldenbourg Verlag München,
Band 1: 1962, 588 Seiten, 458 Abb., 22 Tafeln.
Band 2: 1960, 1149 Seiten, Neuauflage 1974.

Liebmann, H.
Der Einfluß von Einsteigschächten auf den Abflußvorgang in Abwasserkanälen. (= Wasser und Abwasser in Forschung und Praxis 2). Verlag E. Schmidt Berlin, 1970, 125 Seiten.

Liebmann, H. (Hg.)
Die Gewinnung und Verwertung von Methan aus Klärschlamm und aus Mist. (= Münchner Beiträge zur Abwasser-, Fischerei- u. Flußbiologie 3). Oldenbourg Verlag München, 1956.

Liebmann, H. (Hg.)
Gifte und radioaktive Substanzen im Abwasser. Möglichkeiten und Grenzen ihrer Beseitigung in städtischen und industriellen Abwässern. (= Münchner Beiträge zur Abwasser-, Fischerei- u. Flußbiologie 7). Oldenbourg Verlag München, 1960.

Liebmann, H. (Hg.)
Münchner Beiträge zur Abwasser-, Fischerei- und Flußbiologie. Oldenbourg Verlag München.

Band 6 : Die Bewertung von Wasserqualität. 1959, 191 Seiten, 17 Tab., 35 Abb.

Band 8 : Die Reinigung von Abwässern aus Schlachthöfen und Krankenhäusern. 1970, 2. Aufl., 258 Seiten, 68 Abb., 20 Tab.

Band 9 : Detergentien und Öle im Wasser und Abwasser. 2. Aufl., 1967, 303 Seiten, 107 Abb., 16 Tab.

Band 10 : Kläranlagen für kleinere und mittlere Gemeinden ohne und mit gewerblichen Abwässern. 2. Aufl., 1965, 369 Seiten, 180 Abb., 65 Tab.

Band 11 : Neuere Behandlungsverfahren von Industrieabwässern. 1964, 333 Seiten, 122 Abb., 30 Tab.

Band 12 : Die dritte Reinigungsstufe und die Wasser- und Abwasserbelüftung. 1965, 393 Seiten, 174 Abb., 65 Tab.

Band 13 : Die Verwendung und Beseitigung von häuslichen und industriellen Abwasserschlämmen. 1966, 346 Seiten, 133 Abb., 25 Tab.

Liebmann, H. (Hg.)
Münchner Beiträge zur Abwasser-, Fischerei- und Flußbiologie. Oldenbourg Verlag München:

Band 14 : Sachregister der Abwasserbiologie zu den Bänden 1 - 13 der Münchner Beiträge z. Abwasser-, Fischerei- u. Flußbiologie und den Bänden I und II des "Handbuch der Frischwasser- und Abwasserbiologie". 1967, 136 Seiten.

Band 17 : Bemessungsgrundlagen und Einleitungsbedingungen von Abwässern in Kanalisationen, Kläranlagen und Vorfluter. 1970, 377 Seiten, 78 Abb., 70 Tab.

Band 19 : Methodik der Untersuchung von Abwasser und Vorfluter. 1971, 356 Seiten, 162 Abb., 29 Tab.

Band 22 : Abbau und Elimination in Wasser und Abwasser. 1972, 272 Seiten, 110 Abb., 38 Tab.

Band 24 : Stand und Entwicklung der Abwasserreinigung. 1973, ca. 368 S., 196 Abb., 29 Tab.

Martz, G.
Siedlungswasserbau. Werner Verlag Düsseldorf.
Band 1 : Wasserversorgung. 1971, 168 Seiten, Abb. (= Werner Ingenieur-Texte 17).
Band 2 : Kanalisation. 1970, 120 Seiten, 57 Abb. (= Werner Ingenieur-Texte 18).
Band 3 : Klärtechnik. 1972, ca. 160 Seiten, Abb. (= Werner Ingenieur-Texte 19).

Meinck, F. - Stoof, H. - Kohlschütter, H.
Industrie-Abwässer. G. Fischer Verlag Stuttgart, 4. Aufl., 1968, 714 Seiten, 279 Abb.

Meyer, A.F. - Langbein, F. - Möhle
Trinkwasser und Abwasser in Stichwörtern. Mit einem Anhang: Die wichtigsten fremdsprachlichen Fachausdrücke. Springer Verlag Berlin, 1949, IV, 487 Seiten, 152 Abb.

Möhler
Die landwirtschaftliche Verwertung des Abwasserschlammes. Dokumentation und Kurzreferate der Veröffentlichungen von 1946 - 1967. Verlag Wasser und Boden A. Lindow Hamburg, o.J., 334 Seiten.

Mühleck, H.
Wasserwirtschaftliche Rahmenplanung und Raumordnung. (= Informationsbriefe für Raumordnung, hg. vom Bundesminister des Innern R 6.5.2). Kohlhammer Verlag/Dt.Gemeindeverlag Mainz, 1969, 8 Seiten.

Müller, G. - Hessing, F.J.
Kostenträger der Wasserversorgung und Abwasserbeseitigung. Ein Beitrag über die Zusammenhänge zwischen großstädtischer Ballung und "social costs". (= Mitteilungen aus dem Institut für Raumforschung H.44). Selbstverlag Bonn/Bad Godesberg, 1962, 184 Seiten.

Naumann, E. - Heller, A.
Probleme der Verunreinigung von Grund- und Oberflächenwasser durch Mineralöle und Detergentien, Luftverunreinigung und Abhilfemaßnahmen. (= Schriftenreihe d. Vereins f. Wasser-, Boden- u. Lufthygiene 16). G. Fischer Verlag Stuttgart, 1960, 26 Seiten.

Neumann, U.
Schrifttumsverzeichnis Abwasser. Pfriemer Verlag München, 1966, 52 Seiten, 1969 Ergänzungen 26 Seiten.

Normalwerte
für Abwasserreinigungsverfahren. Hrsg.v.d. Ländergemeinschaft für Wasser (LAWA). Verlag Wasser und Boden A. Lindow Hamburg, 2. Aufl., 1970, 24 S.

Pallasch, O. - Triebel, W. u.a.
Lehr- und Handbuch der Abwassertechnik. Hrsg.: Abwassertechnische Vereinigung e.V. Berlin. Verlag Ernst u. Sohn Berlin/München.
Band 1: Grundlagen der Abwassertechnik, Kanalisation, Abwasserpumpwerke.
  2. Aufl., 1973, 836 Seiten, 460 Abb., 71 Tafeln, 2 Ausklapptaf.
Band 2: Abwasserbehandlung. 1969, 650 Seiten, 380 Abb., 42 Tab.
Band 3: Schlammbehandlung, Klärgas, Abwasserbehandlungsanlagen, Kosten.
  1969, 511 Seiten, 190 Abb., 31 Tab.

Palm, R. - Rasch, R.
Möglichkeiten der Beimischung von Klärschlamm bei der Müllverbrennung unter Berücksichtigung der Verbrennungsvorgänge und der Energieausnutzung. (= Schriftenreihe d.Dt. Dokumentationszentrale Wasser e.V. Bd.15). Verlag E. Schmidt Berlin, 1967, 89 Seiten.

Paxmann, W. - Marquardt, E. - Press, H.
Erfahrungen eines Wasserbauers. Die Abwasserreinigung, stoffliche Vorgänge. Druckverteilung im Boden hinter Wänden verschiedener Art. (= Bautechnik-Archiv Bd.2). Verlag W. Ernst Berlin, 1948, 54 Seiten, 53 Bilder.

Pfeiff, S.
Meteorologische, topographische und bautechnische Einflüsse auf den Regenabfluß in Kanalisationsnetzen. (= Wasser und Abwasser in Forschung und Praxis Bd.3). Verlag E. Schmidt Berlin, 1971, 242 Seiten.

Pönninger, R.
Abwasserbeseitigung in kleinen Verhältnissen. Pfriemer Verlag München, 2. Aufl., 1964, 208 Seiten.

Pönninger, R.
Die biologische Abwasserreinigung im Tropfkörper. Pfriemer Verlag München, 1965, 220 Seiten.

Pönninger, R.
Die mechanische Abwasserreinigung im Emscherbrunnen. Pfriemer Verlag München, 1962, 176 Seiten.

Pönninger, R.
Die Verwertung der städtischen Abwässer in Österreich. (= Schriftenreihe des Österr. Wasserwirtschaftsverbandes 10). Springer Verlag Wien, 1948, 67 Seiten, 15 Abb.

Pöpel, F.
Lehrbuch für Abwassertechnik und Gewässerschutz. Loseblattsammlung. Fachschriften-Verlag Elmenhorst, Stand 1973/74, 500 Seiten.

Pöpel, J.
Die Elimination von Phosphaten. (= Stuttgarter Berichte zur Siedlungswasserwirtschaft 16). Oldenbourg Verlag München, 1966, 196 Seiten, 32 Abb., 66 Tab.

Pöpel, J.
Schwankungen von Kläranlagenabläufen und ihre Folgen für Grenzwerte und Gewässerschutz. (= Schriftenreihe GWF: Wasser - Abwasser Nr.16). Oldenbourg Verlag München, 1971, 120 Seiten, 47 Abb., 44 Tab.

Probleme
des Umweltschutzes am Beispiel von großen Abwasserreinigungsanlagen, Symposium September 1971 Wien. (= Schriftenreihe der Technischen Hochschule Wien). Springer Verlag Wien/New York, 1973, 216 Seiten, 66 Abb.

Pürschel, W.
Behandlung häuslichen Abwassers (Klärtechnik). (= Bauingenieur-Praxis. Eine Buchreihe für Praxis und Lehre Bd.94). Verlag W. Ernst Berlin, 1965, VII, 96 Seiten, 66 Bilder.

Pürschel, W.
Kanalisation. Abwasserleitung. (= Bauingenieur-Praxis H.95). Verlag W. Ernst Berlin/München/Düsseldorf-Reisholz, 1965, 167 Seiten, 82 Abb., 6 Tab.

Pürschel, W.
Wasserwirtschaft und Wasserbau. Band 3: Abwasserbehandlung. Hanser Verlag München, 1967, 226 Seiten, 205 Abb., 6 Tab.

Randolf, R.
Kanalisation und Abwasserbeseitigung. Verlag für Bauwesen Berlin/Ost, 2. Aufl., 1972, ca. 480 Seiten, 215 Abb., 26 Taf.

Randolf, R.
Kanalisation und Abwasserreinigung. Verlagsges. R. Müller Köln/Hamburg, 1965, 472 Seiten, 189 Abb., 47 Taf.

Randolf, R.
Wohin mit dem Abwasser? Verlag für Bauwesen Berlin/Ost, 2. Aufl., 1971, 208 Seiten, 150 Abb.

Reger, K. - Plümer, C.H.
Bau und Ausrüstung von Abwasser- und Müllbeseitigungsanlagen. Vulkan Verlag Essen, 1970, 180 Seiten, Bezugsquellenverzeichnis deutsch/engl.

Roedler
Stadthygiene und Bauleitplanung. (= Veröff.d. Inst.f. Städtebau der Dt. Akademie für Städtebau und Landesplanung Berlin Bd. R 6/48). Selbstverlag Berlin, 1968, 18 Seiten.

Rössert, R.
Die Geruchlosmachung von Luft und Wasser. Oldenbourg Verlag München, 1970, 220 Seiten, 1 Abb., 43 Tab.

Röthig, H.
Der moderne Kanalisationsbau. Technik, Ausschreibung, Abrechnung, Winterbau, Kalkulation. Verlagsges. R. Müller Köln/Hamburg, 1967, 376 Seiten, 177 Abb., 76 Tab.

Roske, K.
Wasserversorgung, Abwasser- und Abfallbeseitigung. (= Sammlung Göschen). de Gruyter Verlag Berlin. In Vorbereitung.

Salzwedel, J.
Studien zur Erhebung von Abwassergebühren. Rechtsvergleichende Übersicht - Untersuchungen über das zweckmäßigste System der Erhebung von Abwassergebühren in der BRD. Entwurf eines Gesetzestextes. (= Wasserrecht und Wasserwirtschaft Bd.13). Verlag E. Schmidt Berlin, 1972, 79 Seiten.

Sander, H.
Hauswasserversorgung und Abwasserbeseitigung für Wohn-, Zweck- und Fabrikbauten. Verlag Marhold Berlin, 1958, 237 Seiten, 60 Abb.

Schäfer, K. - Köster, K.H.
Kläranlagen für mittlere und kleinere Gemeinden. (= Schriftenreihe Fortschrittliche Kommunalverwaltung H.11). Grote Verlag Köln, 1966, 192 S.

Schaffer, G.
Die Abwasserschlammverwertung auf landwirtschaftlicher Nutzfläche. Parey Verlag Hamburg, 1967, 31 Seiten, 1 Abb., 15 Tab.

Schubert, W.C.
Kleine Kläranlagen. Einschließlich der Kläranlagen für Krankenhäuser und Schlachthöfe. Bauverlag Wiesbaden/Berlin, 2. erg. Aufl., 1958, 200 Seiten, zahlr. Abb.

Sierp, F.
Die gewerblichen und industriellen Abwässer. Entstehung, Schädlichkeit, Verwertung, Reinigung und Beseitigung. Springer Verlag Berlin, 3. Aufl., 1967, 724 Seiten, 257 Abb.

Spezielle
Abwässer aus kommunalen, gewerblichen und landwirtschaftlichen Betrieben. (= Haus der Technik, Vortragsveröffentlichungen 70). Vulkan Verlag Essen, 1966, 67 Seiten mit 1 Kt.

Spezielle
Möglichkeiten der künstlichen Entwässerung von Klärschlamm. Hg. von der Ges.z. Förderung der Abwassertechnik (GFA). (= Techn.-wiss. Schriftenreihe d. ATV Bd.2). Ges.z. Förderung d. Abwassertechnik Bonn, 1971, 116 Seiten, zahlr. Abb., Tab., 49 Qu.

Statistisches Bundesamt Wiesbaden (Hg.)
Fachserie D: Industrie und Handwerk. Reihe 5: Energie und Wasserversorgung Abt.II Wasserversorgung und Abwasserbeseitigung der Industrie. Erscheint zweijährlich. Kohlhammer Verlag Mainz.

Stier, E.
Betriebstagebuch für kleine und mittlere Kläranlagen. Hg. v.d. Abwassertechn. Vereinigung Landesgr. Bayern. Pfriemer Verlag München, 3. Aufl., 1973, 24 Berichte.

Stier, E.
Kunststoff in der Abwassertechnik. Pfriemer Verlag München, 1968, 136 Seiten mit vielen Abb.

Stier, E.
Typenbauweisen kleiner Kläranlagen. Hg.v.d. Abwassertechn. Vereinigung Landesgr. Bayern, H.21. Pfriemer Verlag München, 1966, 80 Seiten, 25 Abb., Tab.

Stracke, G.
Meß- und Regeltechnik im Klär- und Wasserwerksbetrieb. de Gruyter Verlag Berlin, 1973, 240 Seiten, ca. 100 Abb.

Strell, M.
Wasser und Abwasser. Reinhaltung der Gewässer. Oldenbourg Verlag München, 1955, XVI, 352 Seiten, 296 Abb.

Stuttgarter
Berichte zur Siedlungswasserwirtschaft. Hg. Forschungs- und Entwicklungsinstitut für Industrie- und Siedlungswasserwirtschaft sowie Abfallwirtschaft e.V. Oldenbourg Verlag München.
Nr. 10   : Reinigung und Kreislaufführung von Industrieabwässern. 1966, 274 Seiten, 78 Abb., 3 Tab.
Nr. 17-19: Wassergütewirtschaft, Abfallbeseitigung, Probleme, Lösungen. Festschrift zum 10 j. Bestehen des Forschungs- u. Entwicklungsinstituts. Band 1, 1966, 184 Seiten, 24 Abb., 5 Tab.
Nr. 26   : Über Grundlagen und Grenzen der Gewässerreinhaltung. 1967, 189 Seiten, 63 Abb., 15 Tab.
Nr. 28   : Stabilisierung von Abwasserschlämmen. 43.u.44. Kolloquium. 1967, 245 Seiten, 102 Abb., 11 Tab.
Nr. 40   : Anforderungen an die Gewässergüte im Hinblick auf die Wassernutzungsmenge. 1968, 257 Seiten, 51 Abb., 6 Taf., 2 Faltbl.

Summer, W.
Die Geruchlosmachung von Luft und Abwasser. Oldenbourg Verlag München, 1970, 220 Seiten, 8 Abb., 43 Tab.

Tabasaran, O.
Über Maßnahmen zur Beschleunigung der Schlammfaulung. (= Stuttgarter Berichte zur Siedlungswasserwirtschaft 33). Oldenbourg Verlag München, 1967, 160 Seiten, 35 Abb., 28 Tab.

Taschenbuch
für das Gas- und Wasserfach. Teil 1: Jahrbuch Gas und Wasser mit Werkverzeichnis. Hrsg.v.Dt. Verein von Gas- und Wasserfachmännern (DVGW) und vom Verband der deutschen Gas- und Wasserwerke (VGW). 74. Ausgabe 1971/72. Oldenbourg Verlag München, 1971, 511 Seiten, 2 Abb.

Technologie
der Abwasserreinigung und Emissionskontrolle der Luft. (= Technik und Umweltschutz Nr.3). Deutscher Verlag für Grundstoffindustrie Leipzig, 1973, 171 Seiten, 70 Abb., 7 Tab.

Vom Wasser
Ein Jahrbuch für Wasserchemie und Wasserreinigungstechnik. Hg. von der Fachgruppe Wasserchemie in der Gesellschaft Deutscher Chemiker. Verlag Chemie Weinheim. Erscheint jährlich, letzter Band: Nr. 40, 1973, 399 S.

Wasser
und Abwasser. Preisprobleme und Gewässerschutz. (= Beiträge zur kommunalen Versorgungswirtschaft 27). Sigillum Verlag Köln, 1960, 103 Seiten.

Wasser
und Luft in der Raumplanung. Eau et air dans les plans d'aménagement - Water and Air in Land Development. Internationale Vortragstagung Pro Aqua in Basel. Hg.v. H. Schmassmann. (= pro Aqua - pro Vita Bd.3). Oldenbourg Verlag München, 1966, 424 Seiten, 116 Abb.

Weber, W.
Der Einfluß von Schlachthofabwässern auf die Gestaltung städtischer Entwässerungsnetze und Sammelkläranlagen. (= Stuttgarter Berichte zur Siedlungswasserwirtschaft Bd.14). Oldenbourg Verlag München, 1964, 218 Seiten, 82 Abb., 27 Tab.

Weiner, R.
Die Abwässer in der Metallindustrie. Lenz Verlag Berlin, 4. Aufl., 1972, 380 Seiten.

Wenten, H.
Kanalisations-Handbuch. Verlagsges. R. Müller Köln/Hamburg, 4. Aufl., 1967, 211 Seiten, 117 Abb., 45 Tab.

Zimmermann, W.
Wasser und Mineralöle. Oldenbourg Verlag München, 1967, 199 Seiten, 53 Abb., 29 Tab.

3. Stadtreinigung, Müll und Müllbeseitigung

Abfallbeseitigung.
4. intern. Kongress der intern. Arbeitsgemeinschaft f. Müllforschung.
Juni 1969 in Basel. Birkhäuser Verlag Stuttgart, 1969, 597 Seiten.

Abfallbeseitigung
im Ruhrkohlengebiet 1966 bis 1970. Bericht der Auskunfts- und Beratungsstelle Müll des Siedlungsverbandes Ruhrkohlenbezirk (ABM), hrsg. vom Siedlungsverband Ruhrkohlenbezirk. (= Schriftenreihe Siedlungsverband Ruhrkohlenbezirk H.40). Selbstverlag d. Siedlungsverbandes Ruhrkohlenbezirk, 1971, 170 Seiten.

Abfallbeseitigung.
(Titelblatt). Regenerations- und Deponieflächen für Abfälle und Rückstände aus Abfallbeseitigungsanlagen. Hg. vom ORL Institut der ETH Zürich. (= Provisorische Richtlinien zur Orts-, Regional- und Landesplanung Nr.516031). Selbstverlag Zürich, 1968.

Abfallbeseitigung
und -behandlung. Texte der Vortragsreihe zu "Umwelt 72", hg. von den Universitäten Stuttgart und Hohenheim, Koord. durch W. Kumpf. (= Reihe Umwelt Aktuell Bd.3). C.F. Müller Verlag Karlsruhe, 1973, ca. 80 Seiten.

Abfallbeseitigungsgesetz
Gesetz über die Beseitigung von Abfällen vom 7.6.1972. Vorschriftensammlung mit erl. Einführung, bearb.v. A. Hoschützky. (= Neue Kommunale Schriften 23). Deutscher Gemeindeverlag/Kohlhammer Verlag Köln, 1972, IX, 205 Seiten.

Abfallwirtschaft
in Nordrhein-Westfalen 1973. Hrsg. K. Giesen. (= Vortragsveröff. Nr.326 Haus der Technik Essen). Vulkan Verlag Essen, 1973.

Aktuelle Fragen
der Müllbeseitigung, Müllaufbereitung und Müllverwertung. (= Schriftenr. GWF: Wasser - Abwasser Bd.5). Oldenbourg Verlag München, 1957, 174 Seiten, 16 Abb.

Bau
und Ausrüstung von Abwasser- u. Müllbeseitigungsanlagen. Bezugsquellenverzeichnis (B + A). Hg. Abwassertechnische Vereinigung Bonn. Bearb.v. C. Plümer, K. Reger. Vulkan Verlag Essen, 1970, 180 Seiten.

Beseitigung
von Autowracks. Bericht d. Batelle Inst.e.V. Hrsg.v. Bundesminister f. Gesundheitswesen. Verlag E. Schmidt Berlin/Bielefeld/München, o.J. 55 Seiten, 15 Abb., 42 Tab.

Brasse, P.
Der Beitrag der Abfallwirtschaft zur Verbesserung des Umweltschutzes. Hrsg.: Inst.f. Siedlungs- u. Wohnungswesen u. Zentralinst.f. Raumplanung d. Univ. Münster. (= Beitr.z. Siedlungs- u. Wohnungswesen u.z. Raumplanung Bd.9). Münster 1973, 177 Seiten, Abb., Tab., Übers., Lit., Beil.: 16 gez. Bl., Abb., Tab. Maschinenschriftl. vervielf.

Doose, U.
Abfallbeseitigungsgesetz. Textausgabe mit Erläuterungen. (= Schriftenr. Fortschrittliche Kommunalverwaltung Bd.26). Grotesche Verlagsbuchh. Köln, 1972, 176 Seiten.

Endrös, J.
Müllabfuhr Satzung. (= C. Link Ortsrechtsammlung). C. Link Verlag Kronach, 3. Aufl., 1971, 15 Seiten.

Erbel, A. - Kaupert, W.
Müll- und Abfallbehandlung und Verwertung. (= Fortschrittliche Kommunalverwaltung H.2). Grote Verlag Köln, 1965, 156 Seiten mit Abb.

Erzeugung
und Verwertung von Müllkompost. (= Müll und Abfall. Beiheft 3 der Fachzeitschrift für Behandlung und Beseitigung von Abfällen). Verlag E. Schmidt Berlin, 1969, 22 Seiten.

Feld, E. - Knop, W.
Technik der Abfallbeseitigung. Leitfaden. (= Wasser, Luft und Betrieb Bd.2). Krausskopf Verlag Mainz, 1967, 198 Seiten, 17 Abb., 6 Tab.

Ferber, M. - Kolkenbrock, B. - Neukirchen, H.
Müll-Anfall, Müll-Abfuhr und Beseitigung in Zahlen. (= Stuttgarter Berichte zur Siedlungswasserwirtschaft Nr.12). Oldenbourg Verlag München, 1964, 93 Seiten, 7 Abb., 52 Tab.

Fragen
der Sammlung von Abfällen. Kosten und Gebühren ihrer Beseitigung. (= Stuttgarter Berichte zur Siedlungswasserwirtschaft Nr.29). Oldenbourg Verlag München, 1967, 252 Seiten, 74 Abb., 7 Tab.

Fuß, K.
Abfallbeseitigung und Raumordnung. (= Informationsbriefe für Raumordnung Hg. vom Bundesmin. des Innern R 6.5.3.). Kohlhammer Verlag/Dt. Gemeindeverlag Mainz, 1969, 8 Seiten.

Geordnete
Ablagerung von Hausmüll und Industrieabfällen in Theorie und Praxis. (= Stuttgarter Berichte zur Siedlungswasserwirtschaft Nr.41). Oldenbourg Verlag München, 1968, 300 Seiten, 148 Abb., 11 Tab.

Göb, R.
Stadtreinigung und Umweltschutz. Die Situation der Beseitigung von Abfallstoffen in der BRD unter besonderer Betrachtung von Verpackungsmat. und ihrer Einflüsse auf die Verfahren der Müllbeseitigung. (= Schriftenreihe Fortschrittliche Kommunalverwaltung Bd.29). Grote Verlag Köln, 1973, 171 Seiten.

Grundlagen
und Grenzen der Anwendung von Verfahren zur Aufbereitung von Abfällen. (= Stuttgarter Berichte zur Siedlungswasserwirtschaft Nr.23). Oldenbourg Verlag München, 1967, 114 Seiten, 4 Abb.

Gunter, J.D. - Jameson, W.C.
Solid waste management: Economics and operation (Die Bewirtschaftung
von festem Abfall: Wirtschaftlichkeitsüberlegungen und Durchführung.)
(= Exchange Bibliography. Council of Planning Librarians.395). Monticello, Ill.: Council of Planning Librarians, 1973, 25 S.

Gunter, J.D. - Jameson, W.C.
The ecological impact of solid waste (Ökologische Auswirkungen von
festem Abfall). (= Exchange Bibliography. Council of Planning Librarians.406). Monticello, Ill.: Council of Planning Librarians, 1973,
17 S.

Gunter, J.D. - Jameson, W.C.
Recycling and re-use: The future of solid waste (Umwandlung und Wiederverwendung: Die Zukunft des festen Abfalls). (= Exchange Bibliography.
Council of Planning Librarians.407). Monticello, Ill.: Council of Planning Librarians, 1973, 20 S.

Heigl, F.
Moderne Müllverbrennungsanlagen. Planung, Bau, Betrieb. (= Schriftenreihe
Müll und Abfall H.1). Verlag E. Schmidt Berlin/Bielefeld/München, 1968,
77 Seiten, 19 Abb.

Hösel, G. - Kumpf, W. (Hg.)
Technische Vorschriften für die Abfallbeseitigung. Ergänzbare Sammlung
der Technischen Anleitungen, Technischen Regeln, Richtlinien, Merkblätter,
Musterblätter u.a. für Vorbereitung, Planung und Durchführung von Maßnahmen zur schadlosen Beseitigung von Abfällen aus Haushaltungen, Gemeinden, gewerblichen Betrieben und Landwirtschaft einschl. der Maßnahmen
gesundheitstechnischer und finanzieller Art. (= ESV - Handbücher zum
Umweltschutz). Verlag E. Schmidt Bielefeld, 1. Lieferung 1972, 294 Seiten.

Hösel, G. - Lersner, H.v.
Recht der Abfallbeseitigung des Bundes und der Länder. Kommentar zum
Abfallbeseitigungsgesetz, Nebengesetze und sonstige Vorschriften. Loseblattausgabe. Verlag E. Schmidt Berlin/Bielefeld/München, 1971. Stand
1973: 302 Seiten.

Klärschlamm-
Behandlung, Beseitigung, Verwertung. 1. Kolloquium über Abfallbeseitigung
an der Justus-Liebig-Universität in Gießen am 6. Oktober 1972. Hrsg.: Arbeitsgemeinschaft Gießener Universitätsinstitute für Abfallwirtschaft.
(= Gießener Berichte zum Umweltschutz H.1). Selbstverlag Gießen, 1972,
173 Seiten, zahlr. Abb., Tab., Qu.

Klärschlamm
und Müll. (= Haus der Technik, Vortragsveröffentlichungen 46). Vulkan
Verlag Essen, 1965.

Kommunale
Straßenreinigung - Leistungsentgelte: Katalog örtlicher Regelungen. Hrsg.:
Kommunale Gemeinschaftsstelle für Verwaltungsvereinfachung. Selbstverlag
Köln, 1972, 160 Seiten.

Kunststoffabfälle
als Sonderproblem der Abfallbeseitigung. Ratschläge für Städte, Gemeinden
und gewerbl. Wirtsch. Ber.d. Batelle-Inst.e.V. Frankfurt/M. Hrsg.v.
Bundesmin.d. Innern. (= Schriftenreihe Müll und Abfall Beih.4). Verlag
E. Schmidt Berlin, 1970, 29 Seiten, Tab., Lit. Zsfssg.

Lang, O.
Deponie und Landschaft. Planung und Praxis der geordneten Deponie. Verlag
E. Rentsch Stuttgart,   128 Seiten, über 100 Abb.

Licht, D. - Schütz, G.
Abfallbeseitigungsgesetz vom 7.6.1972. Textausgabe mit Einführungen und
Stichwortverzeichnis. Reckinger Verlag Siegburg, 1972, 50 Seiten.

Müll-
und Abfallbeseitigung. Von Kumpf, Maas, Straub. Handbuch über die Sammlung, Beseitigung und Verwertung von Abfällen aus Haushaltungen, Gemeinden und Wirtschaft. Loseblatt-Sammlung. Verlag J. Schmidt Berlin/Bielefeld/
München. Stand 1973: 3852 Seiten in 3 Ordnern.

Müller, H.J. - Orth, H. - Walprecht, D.
Straßenreinigung. (= Fortschrittliche Kommunalverwaltung 19). Grote Verlag
Köln, 1971, 166 Seiten.

Müllverbrennung
Zusammengestellt aus Aufsätzen der Zeitschrift Brennstoff - Wärme- Kraft.
VDI-Verlag Düsseldorf, 1963, 36 Seiten, 34 Bilder, 6 Zahlentafeln.

Neuzeitliche
Wege der Müllbeseitigung. 2. Tagung vom 22. Mai 1969. Vulkan Verlag Essen,
1969, 69 Seiten, Abb. u. Ktn.

Palm, R. - Rasch, R.
Mindestanforderungen an die Konstruktion von Müllverbrennungsanlagen
für kleine und mittlere Gemeinden. (= Schriftenreihe d. Dt. Dokumentationszentrale Wasser 14). Verlag E. Schmidt Berlin, 1967, 213 Seiten mit Abb.

Palm, R. - Rasch, R.
Möglichkeiten der Beimischung von Klärschlamm bei der Müllverbrennung
unter Berücksichtigung der Verbrennungsvorgänge und der Energieausnutzung.
(= Schriftenreihe des Dt. Arbeitskreises Wasser e.V. (DAW), H.15. Forsch.-
Bericht Nr.9). Verlag E. Schmidt Berlin/Bielefeld/München, 1967, 89 Seiten,
18 Bilder u. Diagr., 7 Tab.

Pfeiffer, E.E.
Anleitung für die Kompostfabrikation aus städtischen und industriellen
Abfällen. G. Fischer Verlag Stuttgart, 1957, 122 Seiten, 7 Abb.

Planung
einer Müllverbrennungsanlage (MVA). Hg. vom Bundesminister d. Innern.
Merkblatt und Anleitung vom Oktober 1970. (= Schriftenreihe Müll und Abfall H.5). Verlag E. Schmidt Berlin/Bielefeld/München, 1971, 38 Seiten,
4 Abb., 3 Tab.

Pöpel, F. - Shin, K.C.
Über Müllsammel- und Transportkosten unterschiedlich dicht besiedelter Gebiete. (= Stuttgarter Berichte zur Siedlungswasserwirtschaft H.38). Oldenbourg Verlag München, 1968, 150 Seiten, 61 Abb., 49 Tab.

Pöpel, F.
Einflüsse auf Menge und Zusammensetzung von Hausmüll, Sperrmüll und Industrieabfällen. (= Stuttgarter Berichte zur Siedlungswasserwirtschaft H.43). Oldenbourg Verlag München, 1969, 232 Seiten, 62 Abb., 60 Tab.

Probleme
der Abfallbehandlung. Stellungn. d.Dt. Rates f. Landespflege u. Ber.v. Sachverständigen (m.Beitr.v.Graf Lennart Bernadotte, F. Höffken, H.H.Schönborn u.a.). (= Schriftenreihe d.Dt. Rates f. Landespflege H.13). Bonn 1970, 63 Seiten, Abb., Tab., Übers., Lit.

Probleme
kommunaler Abfallbeseitigung. Vulkan Verlag Essen, 1971, 174 Seiten, 133 Abb., 5 Tab.

Pütz, M. - Swegat, W.
Müllverbrennungsanlagen im Bundes- und Landesrecht. Heymann Verlag Köln/Bonn, 1970, 41 Seiten.

Reimer, H.
Müllplanet Erde. Hoffmann u. Campe-Verlag Hamburg, 1971, 281 Seiten und Fischer Taschenbuch Bd.6189 Frankfurt/M., 1973.

Russell, C.S.
Neuere Entwicklungen in der Forschung zur Planung der Abfallverhinderung und -beseitigung. Vortrag auf der Arbeitstagung des Inst.f. Siedlungs- u. Wohnungswesen der Westf. Wilhelms-Universität Münster. (= Planung für den Schutz der Umwelt). Selbstverlag Münster, 1972, 24 Seiten, schem. Darst.

Sammlung
und Beseitigung fester Abfälle in der Beziehung zu Raumordnung und Landschaftsschutz. Niederschriften d.5.-7. Mülltechn. Koll.d. TH Stuttgart WS 1964/65. Mit Vortr.v. W. Langer, K. Jülich, O. Andres u.a. Veranst.: Inst.f. Siedlungswasserbau u. Wassergütewirtsch. sowie Abfallwirtsch. Hrsg.: Forsch.-u. Entwicklungsinst.f. Industrie-u. Siedlungswasserwirtschaft e.V. Stuttgart. (= Stuttgarter Ber.z. Siedlungswasserwirtschaft Bd.25). Maschinenschriftl. vervielf. Oldenbourg Verlag München, 1969, 286 Seiten, Abb., Tab., Übers.

Scharnagl, W.
Der Dreck in dem wir leben oder ein Nachruf auf unsere Umwelt. Ehrenwirt Verlag München, 1971, 272 Seiten, zahlr. Abb.

Schmitt-Tegge, J.D. - Ferber, M.
Kostenstrukturanalysen und Wirtschaftlichkeitsuntersuchungen bei verschiedenen Verfahren zur Beseitigung kommunaler Abfälle. Auswertung ausgewählter Kapitel der Müllstatistik 1961 nach Bundesländern. Gutachten erstellt im Auftrag des Bundesmin.f. Gesundheitswesen. (= Schriftenreihe der Dt. Dokumentationszentrale Wasser e.V. 7). Verlag E. Schmidt Berlin, 1965, 250 Seiten.

Schunk, J.
Bau- und Betriebsvorschriften für Feuerungsanlagen (einschl. Müllverbrennungs-Anlagen) und Heizöllagerung in Nordrhein-Westfalen 1963 mit Ergänzung 1969. Werner Verlag Düsseldorf, 1969, 140 Seiten.

Stadtreinigung
und Umweltschutz. Die Situation der Beseitigung von Abfällen in der Bundesrepublik Deutschland unter besonderer Betrachtung von Verpackungsmaterialien und ihrer Einflüsse auf die Verfahren der Müllbeseitigung. Grote-Verlag Köln/Berlin, 1973. 171 Seiten, zahlr. Abb.
Doose, Ulrich: Das Bundesabfallbeseitigungsgesetz und seine Auswirkungen auf Verpackungsmaterialien.
Müller, H.J. : Menge und Zusammensetzung von Müll und Abfall in der BRD.
Schubert, O. : Müllsammlung und -transport unter besonderer Berücksichtigung der Verhaltensweise von Verpackungsmaterialien.
Orth, Helm. : Gedanken zur Wieder- bzw. Weiterverwertung von Verpackungsmaterialien vor und nach ihrer Behandlung durch die bekannten Beseitigungsverfahren.
Sierig, G. : Komparative Analyse der verschiedenen Verpackungsmaterialien bei der Müllbeseitigung.
Greiner, G. : Der Verpackungsmarkt in der BRD.
Haenert, F. : Volks- und betriebswirtschaftliche Aspekte von Verpackungsstoffen und ihre mögliche Auswirkung auf deren Beseitigung.

(= Schriftenreihe Fortschr. Kommunalverwaltung H.11).

Steinbach, W.
Beitrag zur Klärung der Feststoff- und Gas-Emission von mittelgroßen Abfallverbrennungsanlagen. (= Stuttgarter Berichte zur Siedlungswasserwirtschaft H.31). Oldenbourg Verlag München, 1967, 109 Seiten, 41 Abb., 12 Tab.

Strobach, K.H.
Müllbeseitigung aus Wohnungen und Wohnhausanlagen. Bau und Betrieb geeigneter Anlagen. (= Forschungsbericht des Österr. Instituts für Bauforschung Nr.85). 1973, 173 Seiten, 100 Abb., 8 Tab.

Umweltschutz (II)
Luftreinhaltung und Abfallbeseitigung. Hrsg.: Presse- und Informationszentrum. (= Zur Sache; Themen parlamentarischer Beratung, Jg.72, Nr.3). Kohlhammer Verlag Stuttgart, 1972, 271 Seiten.

Untersuchung
über die zukünftige Abfallbeseitigung im Ruhrgebiet. Bericht der Auskunfts- und Beratungsstelle Müll (ABM) des Siedlungsverbandes Ruhrkohlenbezirk (SVR). (= Schriftenreihe Siedlungsverband Ruhrkohlenbezirk 43). Selbstverlag Essen, 1971, 71 Seiten, Kt. im Anh.

Wassergütewirtschaft
Abfallbeseitigung. Probleme - Lösungen. Festschrift z. Einweihung des Lehr- und Forschungsklärwerkes (LFKW) der TH Stuttgart und zum 10 jähr. Bestehen des Forschungs- u. Entwicklungsinstituts (FEI). (= Stuttgarter Berichte zur Siedlungswasserwirtschaft H.17-19). Oldenbourg Verlag München.
Band I : 1966, 184 Seiten, 24 Abb., 5 Tab.
Band II : 1966, 342 Seiten, 74 Abb., 10 Tab.
Band III : 1966, 386 Seiten, 148 Abb., 42 Tab.

Zuck, R.
Abfallbeseitigungsgesetz. Kurzkommentar mit Einführung und Sachverzeichnis. Heggen Verlag Opladen, 1972, 68 Seiten.

4. Infrastrukturplanung und öffentliche Investitionen

Afheldt, H.
Infrastrukturbedarf bis 1980. Eine Bedarfs- und Kostenschätzung notwendiger Verkehrs-, Bildungs- und Versorgungseinrichtungen für die Bundesrepublik Deutschland. Unter Mitarbeit von R. Boos, D. Kauz, R. Bucher. (= Prognos Studien Bd.2). Kohlhammer Verlag Stuttgart/Berlin/Köln/Mainz, 1967, 129 Seiten, 36 Tab., 8 Graph., zahlr. Qu.

Albach, H. u.a.
Optimale Wohngebietsplanung. Band 1: Analyse, Optimierung und Vergleich der Kosten städtischer Wohngebiete. Betriebswirtschaftlicher Verlag Gabler Wiesbaden, 1969, 384 Seiten. 2. Aufl., 1972, 410 Seiten.

Arndt, H. - Swatek, D. (Hg.)
Grundfragen der Infrastrukturplanung für wachsende Wirtschaften. Verh. auf d. Tagung d. Ver.f. Sozialpol., Ges.f. Wirtsch.-u. Sozialwiss. in Innsbruck 1970. (= Schr.d.Ver.f. Sozialpol., N.F., Bd.58). Verlag Duncker u. Humblot Berlin, 1971, XII, 738 Seiten, Abb., Tab., Übers., Lit.

Barby, J.v.
Städtebauliche Infrastruktur und Kommunalwirtschaft. Methoden zur Ermittlung des Investitionsaufwandes und der Folgekosten unter Einbeziehung einer Grundausstattung. Dümmler Verlag Bonn, 1974, 215 Seiten, Abb., Qu.

Binder, V.
Bewertungskriterien für Infrastrukturverbesserungen im Straßenverkehr. (= Schriften zur wirtschaftswissenschaftl. Forschung 67). Hain Verlag Meisenheim/Glan, 1973, 187 Seiten.

Bökemann, D.
Die Kohärenz technischer Infrastruktursysteme im sich wandelnden Siedlungsgefüge. (= Inst.f. Regionalwiss.d.Univ. (TH) Karlsruhe, Disk.papier Nr. 2). Karlsruhe, 1970, 33 Seiten, Abb., Übers., Lit.

Boesler, F.
Beiträge zu einer Karte des Infrastrukturbedarfs in der BRD. (= Abhandlungen der Akad.f. Raumforschung und Landesplanung Bd. 53). Verlag Jänecke Hannover, 1968, 72 Seiten.

Bolsenkötter, H.
Investitionsplanung kommunaler Versorgungsunternehmen. (= WIBERA-Fachschriften NF 1). Kohlhammer Verlag Stuttgart, 1968, 120 Seiten.

Bündgen, M. - Cassing, G. - Geißler, C. u.a.
Überlegungen zur Planung sozialer Dienste im Rahmen der Infrastrukturplanung. (= Arbeitsgr. Standortforschung, TU Hannover, Manuskriptdr. 32). Hannover, 1971, 18 Seiten, Tab., Übers., Anh.: 1 Abb.

Dahlhaus, J. - Marx, D.
Flächenbedarf und Kosten von Wohnbauland, Gemeinschaftseinrichtungen, Verkehrsanlagen und Arbeitsstätten. (= Beitr.d. Akad.f. Raumforschung u. Landesplanung Bd. 1). Verlag Jänecke Hannover, 1968, 47 Seiten.

Dammroff, E.
Finanzierung der Infrastruktur. Diss. Basel. (= Staatswiss. Studien, N.F., Bd. 59). Polygraph. Verlag Zürich, 1970, VII, 167 Seiten, Abb., Tab., Lit.

Diederich - Koller (Hg.)
Städtische und ländliche Infrastruktur. de Gruyter Verlag Berlin, 1973,
192 Seiten.

Elsholz, G.
Altenhilfe als Gegenstand rationaler Infrastrukturplanung. (= Veröff.
d. Hamb. Weltwirtschaftsarchivs und der Akademie f. Wirtschaft u. Politik).
Verlag Weltarchiv Hamburg, 1970, 207 Seiten.

Epping, G.
Städtebaulicher Erneuerungsbedarf und Infrastruktur. Ein methodischer
Beitrag zur Erfassung und Bewertung der Beziehungen zwischen städtebaulicher Erneuerung und Infrastruktur. Hg.v. Inst.f. Siedlungs- u. Wohnungswesen Münster. (= Beiträge zum Siedlungs- und Wohnungswesen und zur Raumplanung Bd.7). Selbstverlag Münster, 1973, XV, 195 Seiten.

Europäische Gemeindekonferenz
7. Tagung v. 28.-31.10.1968. Die Kosten d. Bevölkerungskonzentration in
Städten u.d. Finanzierung d. Ausrüstung d. Großstädte u. städt. Zonen.
vorgel.v. Opsal. Bd.1.2. (= Europarat.CPL. Conférence européenne des
pouvoirs locaux (7) 1.) Strassburg 1968, 106, 61 Seiten, Abb.Tab.

Fest, H.
Zur gesamtwirtschaftlichen Konsistenz des Entscheidungskriteriums für die
Auswahl öffentlicher Investitionen. (= Schriftenreihe zur Industrie- u.
Entwicklungspolitik Bd.6). Verlag Duncker u. Humblot Berlin, 1971, 219 S.

Finanzpolitik
und Raumordnung. (= Veröff. der Akademie für Raumforschung und Landesplanung, Forschungs- u. Sitzungsberichte Bd.28, 3. Wissenschaftliche Plenarsitzung 1963). Jänecke Verlag Hannover, 1964, 132 Seiten.

Frerk, P.
Wirtschaftlichkeit öffentlicher Investitionen. (= Veröff.d. Kommunalen
Gemeinschaftsstelle zur Verwaltungsvereinfachung). Grote Verlag Köln,
1967, 78 Seiten, 11 Seiten Anhang.

Frey, R.L.
Infrastruktur. Grundlagen der Planung öffentlicher Investitionen.
(= Hand- und Lehrbücher aus dem Gebiet der Sozialwissenschaften).
Mohr Verlag Tübingen und Schulthess Verlag Zürich, 1970, X, 132 S.
2., erg. Aufl., 1972, X, 132 Seiten, graph. Darst.

Friedrich, P.
Volkswirtschaftliche Investitionskriterien für Gemeindeunternehmen.
(= Schriften zur angewandten Wirtschaftsforschung 22). Mohr Verlag Tübingen, 1969.

Funktionale
Erfordernisse zentraler Einrichtungen als Bestimmungsgröße von Siedlungs- und Stadteinheiten in Abhängigkeit von Größenordnung und Zuordnung. Hrsg.: Bundesministerium f. Städtebau und Wohnungswesen. (Städtebauliche Forschung 03.003.). Selbstverlag Bonn-Bad Godesberg, 1972,
508 Seiten.

Gassner, E.
Städtebauliche Kalkulation. (= Materialsammlung Städtebau H.5). Ferd.
Dümmler Verlag Bonn, 1973, 32 Seiten, graph. Darst., Abb.

Girnau, G.
Unterirdischer Städtebau. Planungs-, Konstruktions- und Kostenelemente. Verlag Ernst Berlin/München/Düsseldorf, 1970, 308 Seiten, 118 Abb., 64 Tab.

Grabe, H.
Kommunale Entwicklungsanalyse und städtebauliche Kalkulation. Studien im Rahmen der Bauleitplanung für eine Kleinstadt. (= Schriftenr.der Inst. f. Städtebau der Technischen Hochschulen und Universitäten H.6). Karl Krämer Verlag Stuttgart, 1970, 152 Seiten, Kt., Pl., Abb., Tab.

Güller, P. - Dietrich, K. u.a.
Infrastruktur, Diskussion von Bedarf und Prioritäten. Bericht der Arbeitsgruppe Infrastruktur, unter Mitarbeit der Sektion Verkehr. (= Grundlagen des Instituts für Orts-, Regional- und Landesplanung der ETH Zürich). Selbstverlag Zürich, 1967.

Hartz, L.
Kosten und Finanzierung neuer Städte und neuer Stadtteile in Nordrhein-Westfalen. Vergleichende Darstellung und Analyse. Diss. Univ. Münster Inst.f. Siedlungs- und Wohnungswesen. (= Institut für Siedlungs- und Wohnungswesen Sonderdruck 45). Selbstverlag Münster, 1969, 223 Seiten.

Hellmann, H.
Agglomerationseffekte von Infrastrukturkomponenten. (= Inst.f. Regionalwiss.d. Univ. (TH) Karlsruhe, Disk.papier Nr. 4). Karlsruhe, 1972, 15 S. Lit. u. 1 Bl.Lit. (Maschinenschr.vervielf.)

Hennings, G.
Grundlagen und Methoden des Einsatzes raumwirksamer Bundesmittel - dargest. am Beispiel der Politikbereiche Raumordnungspolitik, regionale Gewerbestrukturpolitik und regionale Arbeitsmarktpolitik. (= Beiträge zum Siedlungs-u. Wohnungswesen und zur Raumplanung Bd.2). Selbstverlag d.Inst. f. Siedlungs-u. Wohnungswesen Münster, 1972, XI, 344 Seiten, 9 Abb., 19 Anhangt.

Heuer, J.H.B.
Infrastrukturelles Bauen. Hrsg.: Deutscher Verband für Wohnungswesen, Städtebau und Raumplanung e.V. (= Schriften zur Sozialökologie Bd. 5). Stadtbauverlag Bonn, 1972, 51 Seiten.

Infrastruktur.
8 Vortr.v.P. Güller, A. Nydegger, H. Wildbolz u.a. Hrsg.: Inst.f. Orts-, Regional- u. Landesplanung d. ETH Zürich. (= Schriftenr.z. Orts-, Regional- u. Landesplanung Nr.3). Zürich, 1969, 95 Seiten, Abb., Übers., Lit.

Infrastruktureinrichtungen
Ergebnisse einer Erhebung der kommunalen Spitzenverbände. Hrsg.: Dt. Städtetag, Dt. Landkreistag, Dt. Städte- u. Gemeindebund. Selbstverlag Köln, 1973, 231 Seiten, Tab.

Jansen, P.G.
Infrastrukturinvestitionen als Mittel der Regionalpolitik. Hrsg.v. Zentralinst.f. Raumplanung a.d.Univ. Münster. (= Beitr.z. Raumplanung Bd.3). Bertelsmann Verlag Gütersloh, 1967, 158 Seiten, Anh., Abb., Tab., Übers., Lit., Reg.

Jochimsen, R.
Theorie der Infrastruktur. Grundlagen der marktwirtschaftlichen Entwicklung. Mohr Verlag Tübingen, 1966, 253 Seiten. (Zugl. Habil.Schr.d.Univ. Freiburg i.Brsg.).

Jochimsen, R. - Simonis, U.E.
Theorie und Praxis der Infrastrukturpolitik. (= Schr.d.Ver.f. Sozialpolitik, N.F. Bd. 54). Verlag Duncker u. Humblot Berlin, 1970, XV, 846 Seiten, Kt., Abb., Tab., Lit. u.3 Bl. Abb.

Keun, F.
Die optimale Infrastrukturausstattung einer Region unter Berücksichtigung dynamischer Aspekte. Dargest.am Beispiel sozialer Infrastruktureinrichtungen Zentraler Orte in ländlichen Räumen. Hrsg.: Wissenschaftsrat d.Ges.f. Wohnungs-u. Siedlungswesen (GEWOS e.V.), Hamburg. (= Beitr. z. Stadt- u. Regionalforsch. 6). Verlag Vandenhoeck u. Ruprecht Göttingen, 1973, XXIV, 151 Seiten, Abb., Tab., Lit.

Klaus, J.
Volkswirtschaftliche Aspekte städtebaulicher Planung. Vorlesung. (= Studienhefte des Städtebauinstituts Nürnberg Nr. 31). Selbstverlag Nürnberg, 1968, 36 gez. Bl.

Krumsiek - Lenz - Wimmer
Kommunaler Investitionsbedarf 1971 - 1980. (= Neue Schriften d. Dt. Städtetages 27). Kohlhammer Verlag Stuttgart, 1971, 72 Seiten.

Laux, E. - Naylor, H. - Eschbach, H.
Zum Standortproblem bei öffentlichen Einrichtungen. (= Veröff.d. Akad. für Raumforschung und Landesplanung. Abhandlungen Bd.67). Jänecke Verlag Hannover, 1973, 90 Seiten, Tab., Qu.

Laux, E.
Bedeutung und Methoden der Planung kommunaler Versorgungseinrichtungen. (= Veröff.d. Inst.f. Städtebau Berlin Bd. 17/5). Selbstverlag Berlin, 1966, 16 Seiten.

Marx, D.
Infrastruktureinrichtungen im Ruhrgebiet. Grundlagen f.e. Ermittlung d. erforderlichen Maßnahmen z. Verbesserung d. Standortqualität d. Ruhrgebietes. (= Schriftenr. Siedlungsverb. Ruhrkohlenbezirk Nr.19). Essen 1968, 66 Seiten, Tab., Lit., Anh.: Tab., Lit.

Messmer, O. - Schumacher, G.
Problem und Ansatz für regionale bezw. kommunale Entwicklungsrechnungen und -prognosen. (= Stadt- u. Regionalforsch.stelle, Disk.grundl.3). Bern 1969, 12 Seiten, Abb., Tab., Anl.: 1 Tab. Maschinenschriftl. vervielf.

Michalski, W.
Grundlegung eines operationalen Konzepts der Social Costs. (= Veröff.d. Akademie f. Wirtschaft und Politik und des Hamburgischen Weltwirtschafts-Archivs). Mohr Verlag Tübingen, 1965, 213 Seiten.

Michalski, W.
Infrastrukturpolitik im Engpaß. Alternativen der Planung öffentlicher Investitionen auf der Grundlage einer Berechnung der verfügbaren Finanzmasse von Bund, Ländern u. Gemeinden bis zum Jahre 1970. Verlag Weltarchiv Hamburg, 1966, 129 Seiten.

Müller, G. - Hessing, F.J.
Kostenträger der Wasserversorgung und Abwasserbeseitigung. Ein Beitrag über die Zusammenhänge zwischen großstädtischer Ballung und "social costs". (= Mitteilungen aus dem Institut für Raumforschung H.44). Selbstverlag Bonn/Bad Godesberg, 1962, 184 Seiten.

Messmer, O. - Schumacher, G.
Problem und Ansatz für regionale bezw. kommunale Entwicklungsrechnungen und -prognosen. (= Stadt- u. Regionalforsch.stelle, Disk.grundl.3) Bern, 1969, 12 Seiten, Abb., Tab., Anl.: 1 Tab. (Maschinenschr. vervielf.)

Müller, G.
Erarbeitung von praktisch anwendbaren Grundlagen und Methoden für die Koordinierung des Einsatzes raumwirksamer Bundesmittel. Gutachten erstattet Lehrstuhl f. Raumforschung, Raumordnung u. Landesplanung der TU München. Hrsg.: Bundesmin.d. Innern, Abt. Raumordnung, Bonn. 1972, 136 Seiten mit zahlr. Ktn.

Nutzen - Kosten - Analysen
bei öffentlichen Investitionen. Mit Beiträgen von G. Ludwig, G. Kroes, P. Eichhorn u. P. Friedrich. (= Beiträge und Untersuchungen d. Inst.f. Siedlungs-u. Wohnungswesen d.Univ.Münster, N.F. der Materialiensammlung Bd. 76). Selbstverlag Münster, 1971, 224 Seiten.

Plath, F.
Ökonomische Bewertung öffentlicher Investitionen. Grundlagen und ihre spezielle Anwendung auf Planungsvarianten zum Ausbau städtischer Verkehrssysteme. (= Inst.f. Städtebau Berlin d.Dt. Akad.f. Städtebau u. Landesplanung Nr. 6). Berlin, 1972, XI, 180 Seiten, Abb., Lit. (Maschinenschr. vervielf.)

Pohl, P.
Wirtschaftlichkeit im Siedlungsbau. Social Costs bei unterschiedlichen Bebauungsweisen. (= Mitteilungen aus dem Institut für Raumordnung H.40). Selbstverlag Bonn/Bad Godesberg 1959.

Randzio
Unterirdischer Städtebau. (= Abhandlungen der Akad.f. Raumforschung und Landesplanung Hannover Bd.20). Jänecke Verlag Hannover, 1951, 126 Seiten.

Raske, W.
Die kommunalen Investitionen in der Bundesrepublik. Struktur - Entwicklung - Bedeutung. (= Schriftenreihe des Ver.f. Kommunalwissenschaften 30). Kohlhammer Verlag Stuttgart, 1971, 188 Seiten, 6 Falttab.

Raumordnung
und Infrastrukturplanung bei Bund, Ländern und Gemeinden. Materialien zu einem Seminar für Ministerialbeamte des Bundes und der Länder sowie für leitende Kommunalbeamte, veranst.v. Kommunalwiss. Forschungszentrum u.d. Bundesak.f. öffentl. Verwaltung im Bundesmin.d. Innern, Bonn, vom 19. bis 25. Nov. 1972. Bearb.: S. Heidtmann-Frohne, J. Schulz zur Wiesch. Kommunalwissenschaftliches Forschungszentrum Berlin, o.J. (ca.1973), VIII, 89 Seiten.

Rissel, H.
Agglomeration und Erschließungsaufwand. (= Beitr.a.d.Inst.f. Verkehrswiss. an d. Univ. Münster H.70). Verlag Vandenhoeck u. Ruprecht Göttingen, 1973, 212 Seiten, Abb., Tab., Lit.

Schreiber, R.
Der Einfluß wesentlicher städtebaulicher Faktoren auf die Wirtschaftlichkeit der Erschließung von Wohngebieten. Ein Beitrag zur rationellen Planung und Bebauung von Wohngebieten. Diss.F.f. Ingenieurök. TU Dresden, 1967, 142 gez. Bl. mit Abb. Maschinenschr. vervielf.

Seiler, G.
Optimierungsprobleme der kommunalen Investitionsplanung. (= Schriften zur wirtschaftswissenschaftlichen Forschung 66). Hain Verlag Meisenheim/Glan, 1973, X, 154 Seiten.

Simonis, U.E.
Infrastruktur. Theorie und Praxis. (= Kieler Schrifttumskunden zu Wirtschaft u. Ges. 17). Kiel, 1972, VII, 354 Seiten (Maschinenschr. vervielf.)

Steeb, G.
Die Folgekosten kommunaler Siedlungen und ihre Finanzierung. (= Fachschriften zur Gemeindeprüfung und Gemeindeberatung). Kohlhammer Verlag Stuttgart, 1965, 187 Seiten.

Strack, H.
Erschließungssysteme und ihre Wirtschaftlichkeit. (= Studienheft des Städtebauinstituts Nürnberg Nr. 35). Selbstverlag Nürnberg, 1969, 33 Seiten, 10 Bilder.

Teichgräber, W.
Ermittlung der Gesamtkosten neuerer Wohnanlagen unterschiedlicher Bebauungsdichte unter bes. Berücksichtigung der Erschließungs- und Stellplatzkosten. Köln: Forschungsgesellschaft für das Straßenwesen. (= Forschungsarbeiten aus dem Straßenwesen H.88). Verlag Kirschbaum Bonn-Bad Godesberg, 1972, 92 Seiten.

Umlauf, J.
Öffentliche Vorleistungen als Instrument der Raumordnungspolitik. (= Veröffentl.d. Akademie f. Raumforsch. u. Landesplanung H.55). Verlag Jänecke Hannover, 1969, 42 Seiten.

Waterkamp, R.
Raumordnung und Infrastrukturpolitik. Hrsg.v.d. Bundeszentrale f. pol. Bildung. (= Aus Pol. u. Zeitgeschichte. Beil. zu: Parlament, B 16). Bonn, 1971, 39 Seiten, Kt. Abb., Tab., Übers., Lit.

Weiss, D.
Infrastrukturplanung. Ziele, Kriterien u. Bewertung v. Alternativen. (= Schr.d.Dt. Inst.f. Entwicklungspol. (DIE), Bd. 7). Verlag Hessling Berlin, 1971, 189 Seiten, Abb., Tab., Übers., Lit.

Wirtschaftliche
Folgeeinrichtungen für Wohngebiete. Hg. vom Institut für Stadtforschung und dem Verlag Jugend und Volk Wien, 1973, 30 Seiten.

Zur, E.
Wesen und Arten der "Social Costs" unter besonderer Berücksichtigung der Verhältnisse in der Bundesrepublik Deutschland. Wirtschaftswissenschaftliche Dissertation der Freien Universität Berlin. Berlin, 1961, 123 Seiten, Tab. Lit.